FORSCHUNGEN ZUR DDR-GESELLSCHAFT
Matthias Judt (Hg.)
DDR-Geschichte in Dokumenten

Matthias Judt (Hg.)

DDR-Geschichte in Dokumenten

Beschlüsse, Berichte, interne Materialien und Alltagszeugnisse

Ch. Links Verlag, Berlin

Die Deutsche Bibliothek – CIP-Einheitsaufnahme

DDR-Geschichte in Dokumenten : Beschlüsse, Berichte, interne Materialien und Alltagszeugnisse / Matthias Judt (Hg.). – Berlin : Links, 1997
(Forschungen zur DDR-Gesellschaft)
ISBN 3-86 153-142-9

1. Auflage, November 1997
© Christoph Links Verlag – LinksDruck GmbH
Zehdenicker Straße 1, 10119 Berlin, Tel. (030) 449 00 21
Umschlaggestaltung: KahaneDesign, Berlin, unter Verwendung eines Fotos aus dem Album zum Nationalen Aufbauprogramm der fünfziger Jahre (Deutsches Historisches Museum) und eines Fotos von Stefan Moses, Weimar.
Satz und Lithos: SATZFABRIK 1035, Berlin
Druck und Bindung: Wiener Verlag, Himberg

ISBN 3-86 153-142-9

Inhalt

Matthias Judt
Deutschlands doppelte Vergangenheit: Die DDR in der deutschen Geschichte   9
   Editorische Hinweise   25

Ralph Jessen
Partei, Staat und »Bündnispartner«: Die Herrschaftsmechanismen der SED-Diktatur   27
  1. Konstituierung und Festigung der SED-Herrschaft   28
  2. Ideologische und innerparteiliche Absicherung der politbürokratischen Herrschaft   32
  3. »Blockparteien« und »Massenorganisationen« als Transmissionsriemen der SED   37
  4. Justiz und Verwaltung im Dienste der Staatspartei   40
Dokumente P1–P46   44

Matthias Judt
Aufstieg und Niedergang der »Trabi-Wirtschaft«   87
  1. Ordnungspolitische Weichenstellungen in Industrie und Landwirtschaft   89
  2. Machtverhältnisse und planwirtschaftliches System   92
  3. Fünf Etappen der Wirtschaftsentwicklung   95
Dokumente W1–W75   103

Astrid Segert/Irene Zierke
Gesellschaft der DDR: Klassen – Schichten – Kollektive   165
  1. Soziale Umschichtung der ostdeutschen Gesellschaft   168
  2. Gesicherter Mangel für alle: Die materielle »Gleichstellung« der DDR-Bürger   170
  3. Leben in der Familie und im »Kollektiv«   171
  4. Geschlechterpolitik im Wandel   173
  5. Jugendkultur in der staatssozialistischen Gesellschaft   177
Dokumente G1–G83   182

Peter Th. Walther
Bildung und Wissenschaft 225
  1. Allgemeinbildende Schulen 227
  2. Universitäten und Hochschulen 231
  3. Akademien 235
Dokumente B1–B44 243

Andreas Trampe
Kultur und Medien 293
  1. Kulturpolitische Zäsuren 293
  2. »Kulturnation DDR« 302
  3. Kultureller Alltag 303
  4. Medialer Alltag 308
  5. Instrumente der kultur- und medienpolitischen Lenkung 312
Dokumente K/M1–K/M52 315

Ehrhart Neubert
Kirchenpolitik 363
  1. Das Verhältnis von Staat und Kirche 364
  2. Religion und Religionsersatz 372
  3. Kirche als Gesellschaftsersatz 374
  4. Kirchliches Leben 378
  5. Nachhaltige Veränderungen in der gesellschaftlichen Stellung der ostdeutschen Kirchen 380
Dokumente K1–K45 382

Helmut Müller-Enbergs
Garanten äußerer und innerer Sicherheit 431
  1. Äußere Sicherheit: Sowjetische Truppen, NVA und Auslandsspionage 432
  2. Innere Sicherheit: Grenztruppen, MfS, Volkspolizei, Wehrerziehung und Zivilschutz 436
  3. Entscheidungsgremien der Sicherheitspolitik: Verteidigungsrat und SED-Führung 446
Dokumente S1–S62 450

Matthias Judt
Deutschland- und Außenpolitik 493
  1. Gründungsanspruch und Staatsverständnis der DDR-Führung 493
  2. Das Selbstverständnis der DDR-Bürger 496
  3. Deutsch-deutsche Beziehungen und Außenpolitik der DDR 499
Dokumente D1–D64 508

Matthias Judt
Anhang 559
   Chronik der SBZ- und DDR-Geschichte 559
   Abkürzungsverzeichnis 578
   Literaturverzeichnis 583
   Annotiertes Personenregister 604
   Orts- und Länderregister 625
   Schlagwortregister 628
   Der Herausgeber 639

Matthias Judt

Deutschlands doppelte Vergangenheit: Die DDR in der deutschen Geschichte

*Dasselbe Land zu lange gesehen,
dieselbe Sprache zu lange gehört,
zu lange gewartet, zu lange gehofft,
zu lange die alten Männer verehrt.*[1]

Seit dem Untergang der DDR ist in der politisch interessierten Öffentlichkeit in Deutschland, aber auch im Ausland, eine mitunter emotionsgeladene Diskussion um die Entstehung dieses zweiten deutschen Nachkriegsstaates, seine Geschichte und seinen Zusammenbruch im Gange. Sie dient vor allem der historischen Wahrheitsfindung, doch das Nachwirken der jüngsten Vergangenheit beeinflußt auch andere Prozesse. Die verschiedenen Untersuchungsausschüsse, neben solchen der ostdeutschen Landesparlamente vor allem die des Deutschen Bundestages, haben mit großem Aufwand Studien zum Gesamtverlauf der DDR-Geschichte oder zu Einzelproblemen ihrer Entwicklung unterstützt, die zusätzlich zum Aufzeigen der historischen Prozesse der politischen Willensbildung der Parlamentarier dienten.[2] Die strafrechtliche Bewertung von Handlungen in der DDR hat, so schwierig und so unbefriedigend das Unterfangen sein mußte, einen Beitrag zur juristischen Aufarbeitung der DDR-Vergangenheit geleistet. Der offene Zugang zu den personenbezogenen Akten des Ministeriums für Staatssicherheit hat für jene, die ihre Unterlagen eingesehen haben, nicht nur verdeutlicht, was das MfS über sie wußte, sondern hat auch das Paranoide eines Dienstes gezeigt, der alles wissen wollte und sich seiner Überlegenheit im »Katz-und-Maus-Spiel« mit den Bürgern, die er vor sich selbst »schützen« wollte, bewußt war.

Doch genauso war die Debatte auch eine allgemein-politische mit zwei gegensätzlichen Positionen. Auf der einen Seite wurde die DDR als eine Art unzulässige Abweichung vom Normalverlauf deutscher Geschichte, der in der Erfolgsgeschichte der »alten« Bundesrepublik Deutschland zum Ausdruck käme, bewertet, auf der anderen Seite wurde sie als das »eigentlich bessere Deutschland« präsentiert und die tatsächlichen Exzesse in ihrer Geschichte mit »äußeren Umständen« wie den Bedingungen des Kalten Krieges begründet. Dabei verbergen sich hinter der »Ostalgie«, der nostalgischen Rückbesinnung auf einzelne Werte und Einrichtungen der untergegangenen DDR, die auch im nachhinein als die praktikableren erscheinen, und der Nostalgie

---

1 Text der dritten Strophe des Songs »Langeweile« der Ost-Berliner Rockband Pankow, veröffentlicht 1988.
2 Hervorzuheben ist in diesem Zusammenhang besonders die Arbeit der Enquete-Kommission des 12. Deutschen Bundestages »Aufarbeitung von Geschichte und Folgen der SED-Diktatur in Deutschland«. Siehe Materialien 1995.

für den westdeutschen Nachkriegsstaat bei einigen Westdeutschen die generellen Schwierigkeiten der Deutschen im Umgang mit ihrer jüngsten Geschichte. Bei vielen Ostdeutschen ist am Anfang der neunziger Jahre, trotzdem sie in einer demokratischen Revolution ihre politische Emanzipation vollzogen hatten, nicht unmittelbar eine uneingeschränkte Identifikation mit dem System der Bundesrepublik eingetreten, obwohl dort jene politischen Grundrechte seit Jahrzehnten verwirklicht sind, für die die DDR-Bürger im Herbst 1989 auf die Straße gegangen waren. Auf der anderen Seite kann im Hinblick auf die DDR von den Westdeutschen nicht eine nachträgliche »Identifikation« (im Sinne einer Annahme als »eigene Geschichte«) mit den historischen Prozessen in der DDR erwartet werden, obwohl gerade mit zunehmendem zeitlichen Abstand zur tatsächlichen Existenz der DDR deutlich wird, wie sehr die doppelte Vergangenheit[3] der »neuen« Bundesrepublik nachhaltige Wirkung zeigt. Ein traditionelles Problem der Deutschen in ihrer Selbstdefinition, das schon vor der »Wende« in der DDR von dem Politikwissenschaftler Werner Weidenfeld als der »vagabundierende Identitätsbedarf«[4] der Deutschen charakterisiert wurde, wirkt auch nach der Wende als fortgesetzte Kontrastierung der beiden deutschen Nachkriegsstaaten fort. Hierbei leistet die Tatsache, daß 1989 etwa zwei Drittel der jeweiligen Bevölkerung in dem einen oder in dem anderen deutschen Staat geboren, aufgewachsen und sozialisiert worden waren, also über keine oder nur aus Erzählungen anderer auf »Erfahrungen« aus dem zuvor vereinigten Deutschland aufbauen konnten, einen Beitrag.

Überdies sind die Debatten der neunziger Jahre um die DDR nicht vor der Gefahr ihrer politischen Instrumentalisierung gefeit. Mit dem Untergang des Untersuchungsgegenstandes DDR können gerade jene Zeithistoriker, Politologen und Ökonomen angegriffen werden, die, von der normativen Kraft des Faktischen ausgehend, die Perspektiven der Entwicklung in Deutschland in einer anhaltenden Spaltung sahen. Die Geschichte hat gezeigt, daß sie sich geirrt haben, doch scheint fraglich, inwieweit vor 1989 die Indikatoren erkennbar waren, die zur neuerlichen deutschen Vereinigung im Oktober 1990 führten.

Die durch den seit 1990 fast uneingeschränkt möglichen Zugang zu den historischen Quellen des »ersten Arbeiter- und Bauernstaates auf deutschem Boden« gewonnenen Erkenntnisse haben das Bild von ihm zweifellos verschlechtert, und sogar mehr, als wegen seines schnellen Unterganges nach der demokratischen Revolution vom Herbst 1989 angenommen werden konnte. Die durch eine Vielzahl wissenschaftlicher Untersuchungen begleitete, auch von Publizisten vollzogene retrospektive Analyse der DDR-Geschichte hat im Ergebnis zur notwendigen Revision früherer, von Illusionen um die vermeintliche Stabilität der DDR geprägten Darstellungen geführt.[5] Doch es sind Forschungsergebnisse, die auf Unterlagen beruhen, die vor 1989 nicht einmal für die linientreuesten DDR-Historiker verfügbar gewesen waren. So

---

3 Seinem Essay über die damaligen beiden deutschen Staaten hatte Peter Christian Ludz 1974 den Titel »Deutschlands doppelte Zukunft« gegeben (Vgl. LUDZ 1974). Diese »doppelte Zukunft« stellt sich heute als »doppelte Vergangenheit« dar.
4 WEIDENFELD 1989, S. 15.
5 Vgl. die eingehende Diskussion dieser Entwicklung in: KOCKA 1993, S. 9–26.

Einleitung 11

konnte das Ausmaß der innerstaatlichen Repression in der DDR und die dabei angewendeten Methoden nur ungenau erkannt werden.[6] Das zunehmende Gefühl der Resignation der DDR-Bürger wurde hingegen in Gesprächen mit ihnen oder mittels solcher Texte wie dem eingangs zitierten Ausschnitt aus dem Song »Langeweile« der Ost-Berliner Rockband Pankow deutlich. Gleichwohl bleibt auch im Nachgang der schnellen Entwicklung zur deutschen Vereinigung vom Oktober 1990 zu hinterfragen, in welchem Maße der offensichtlich tiefsitzende Wunsch bei den DDR-Bürgern nach dem Zusammenleben mit den »BRD-Deutschen« und in welchem Maße die Aufgabe jeglicher Hoffnungen in eine Verbesserung der politischen, wirtschaftlichen und gesellschaftlichen Lebensumstände innerhalb der DDR den Ausschlag für die Entscheidung gegeben hatte, die DDR so schnell wie möglich hinter sich zu lassen. So bleibt es nach wie vor eine Aufgabe der historischen Forschung, die Geschichte der DDR in ihrer Gesamtheit zu untersuchen.

Bei dieser Analyse der DDR-Gesellschaft ist zu unterscheiden zwischen ihren konstitutiven Grundlagen, wie sie im wesentlichen in ihrer Entstehungsphase gelegt worden waren, einigen wichtigen Ereignissen, die ob ihrer für nahezu alle Bereiche der DDR-Gesellschaft übergreifenden Bedeutung einen ebenso »konstitutiven Charakter« erlangten, und dem Verlauf sowie den Ergebnissen einzelner Entwicklungsetappen der DDR-Geschichte. Die beiden wesentlichen konstitutiven Grundlagen der DDR sind das Vorhandensein der marxistischen Ideologie, die über kurz oder lang zur entscheidenden Existenzgrundlage der DDR werden mußte, und der Tatbestand der Besetzung des Gebietes zwischen Oder/Neiße und Elbe/Werra durch die Truppen der Roten Armee.

Der britische Historiker Eric Hobsbawn hat das »kurze 20. Jahrhundert« als das »Zeitalter der Extreme« beschrieben.[7] Eines dieser Extreme war die enorme Stärke, die der Staatssozialismus in der Welt als Herausforderung für die kapitalistische Ordnung hatte erreichen können, eine Stärke, die in Wahrheit vor allem auf der Schwäche der westlichen Systeme basierte: Der Zusammenbruch der bürgerlichen Ordnungen des 19. Jahrhunderts war eine der Ursachen der Oktoberrevolution in Rußland 1917, die Weltwirtschaftskrise Anfang der dreißiger Jahre bei gleichzeitig ablaufender, die vorherigen Entwicklungen in anderen Ländern nachholender Industrialisierungspolitik in der Sowjetunion ließ die planwirtschaftliche Ordnung als realistische Alternative zum Kapitalismus erscheinen, und der Aufstieg des Nationalsozialismus in Deutschland machte die Rote Armee zum offensichtlich unverzichtbaren Instrument bei der von außen bewirkten Niederschlagung des Hitlerregimes.[8]

---

6 Prononciert hat der Regensburger Politikwissenschaftler Jens Hacker jene Politiker und Wissenschaftler kritisiert, die ihre Analyse der DDR am Status quo in Europa orientiert hatten (vgl. HACKER 1992). Die besondere Rolle des eingeschränkten Zugangs zu Primärquellen aus der DDR für westliche Historiker und Politologen darf in diesem Zusammenhang nicht außer acht gelassen werden, mußte sich doch die westliche DDR-Forschung weitestgehend auf, in welcher Form auch immer, veröffentlichte Daten der DDR stützen. Siehe hierzu JESSEN 1992.
7 Vgl. HOBSBAWN 1994. Das »kurze 20. Jahrhundert« umfaßt nach seiner Definition den Zeitraum vom Ausbruch des Ersten Weltkrieges 1914 bis zum Zerfall der Sowjetunion 1991.
8 Vgl. HOBSBAWN 1994, S. 8.

Nach dem Ende des Zweiten Weltkrieges entstand nicht nur der Ost-West-Konflikt als Gegensatz der beiden großen Blöcke, dem von der Sowjetunion beherrschten östlichen der staatssozialistischen Länder und dem von den USA geführten westlichen Bündnis. Die wachsenden Spannungen zwischen den vormaligen Kriegsalliierten hatten auch Konsequenzen für die Nachkriegsgeschichte Deutschlands. Vor dem Hintergrund des sich entwickelnden Kalten Krieges konnte zwar die Staatlichkeit des vormaligen deutschen Feindstaates der Alliierten wiederhergestellt werden, allerdings nur in Form der auch von deutschen Entscheidungsträgern in den vier Besatzungszonen betriebenen Gründung zweier Nachkriegsstaaten.[9] Der von Hobsbawn für die Blöcke festgestellte Gegensatz der Extreme spiegelte sich somit in Deutschland selbst als der Gegensatz zwischen dem von deutschen Kommunisten geführten ostdeutschen Staat und dem von deutschen Antikommunisten geführten westdeutschen Staat.

Mit der Gründung des »ersten Arbeiter- und Bauernstaates auf deutschem Boden« folgten die deutschen Kommunisten wohl dem praktischen Beispiel der Sowjetunion. Obwohl die am 7. Oktober 1949 in Berlin ausgerufene DDR zeit ihrer Existenz des Schutzes der Sowjetunion bedurfte, basierte der in den folgenden Jahrzehnten praktizierte »real existierende Sozialismus« doch nicht allein auf einer aus der UdSSR importierten Ideologie. Gerade bei den deutschen Kommunisten war der deutlich artikulierte Anspruch vorhanden, auch im Geburtsland der beiden wichtigen Theoretiker des Kommunismus, Karl Marx und Friedrich Engels, an den Aufbau der scheinbar so erfolgreichen staatssozialistischen Ordnung zu gehen. Und immerhin: Nach den offenkundig schlechten Erfahrungen mit dem deutschen Kapitalismus in der Vergangenheit – der Hyperinflation zu Beginn der zwanziger Jahre, der Weltwirtschaftskrise Anfang der dreißiger Jahre und dem Not und Elend bringenden Krieg in der ersten Hälfte der vierziger Jahre – wirkte das Faszinosum der planwirtschaftlichen Ordnung auch in Deutschland stark. Diese Ordnung letztendlich – im Anfang zweifellos mit dem Anspruch, ein Beispiel für ganz Deutschland zu setzen – in der SBZ einzuführen, bedurfte allerdings der Hilfe der sowjetischen Besatzungsmacht.

Im Zusammenhang mit der Übernahme der Regierungsgewalt in Deutschland durch die vier großen Siegermächte wurde in der Sowjetischen Besatzungszone am 9. Juni 1945 mit der Sowjetischen Militäradministration in Deutschland (SMAD) ein Verwaltungsapparat geschaffen, der zwei wesentliche Stützen hatte. Einerseits war die zentrale SMAD durch sowjetische Militärverwaltungen auf regionaler (SMA der Länder) und lokaler Ebene (Kommandanturen) untersetzt. Andererseits nutzte die Sowjetunion ihre Machtposition, um bei der Reorganisation der deutschen Verwaltung durch die Begünstigung von KPD bzw. SED personell und strukturell den Aufbau eines deutschen Staates zu erreichen, der nicht nur keine Bedrohung für die Sowjetunion, sondern sogar eine Bereicherung im späteren östlichen Bündnis sein würde. Die im Prinzip mit den westlichen Alliierten abgestimmte Politik der Entnazifizierung, Dekartellisierung, Entmilitarisierung und Demokratisierung Deutschlands wurde so von der sowjetischen Besatzungsmacht im Gebiet der späteren DDR in der besonderen Vermischung ihrer Sicherheits- und ideologischen Interessen modifiziert. Die von innen uneingeschränkte und unkontrollierte Macht der SED und ihrer Führung ist auf der Basis dieser vorder-

---

9   Vgl. ZIMMERMANN 1989, S. 699.

gründig an Sicherheitsinteressen orientierten Politik der Sowjetunion geschaffen worden.

Entnazifizierung bedeutete in diesem Kontext nicht allein die »bloße« Entfernung von ehedem aktiven Nazis aus Justiz, Verwaltung und Bildungswesen, sondern vor allem ihren Ersatz durch »antifaschistische Kader«, insbesondere solche, die ihre Zuverlässigkeit dadurch zum Ausdruck bringen konnten, Mitglied oder Sympathisant der Partei zu sein, die tatsächlich darauf verweisen konnte, als erste Opfer der Nazis geworden zu sein, und viele führende Repräsentanten aus Widerstand und Exil in den dreißiger Jahren als Mitglieder hatte: die KPD.

Entmilitarisierung und Dekartellisierung beinhaltete im sowjetischen Verständnis nicht allein die Zerschlagung der Wehrmacht und der Kriegsindustrie, sondern vor allem eine Revolution in den Eigentumsverhältnissen in der Industrie Ostdeutschlands: Die Beschlagnahme von Industriebetrieben (ab Sommer 1945), ihre Überführung in »Volkseigentum« (ab Sommer 1946) sowie die Gründung Sowjetischer Aktiengesellschaften ab Anfang 1946 schufen einen dominanten staatlichen Sektor in der ostdeutschen Volkswirtschaft, der diese bis 1990 prägen sollte. Zusätzlich vollzog sich mit der Bodenreform vom September 1945 und der Kollektivierung 1952 bis 1960 auch in der Landwirtschaft eine Umwälzung der Eigentumsverhältnisse, womit, gemeinsam mit dem Volkseigentum in der Industrie nach der Vorgabe der marxistisch-leninistischen Ideologie letztlich die Ursache von früheren Klassenkonflikten beseitigt sei.

Demokratisierung schließlich orientierte sich am Modell der »Volksdemokratie«: Nicht nur Parteien erlangten darin politische Entscheidungsrechte, sondern auch die sogenannten Massenorganisationen, die nach Gründungsinitiativen seitens der KPD bzw. der SED als vorgebliche Interessenvertreter berufsständischer oder gesellschaftlicher Gruppen in Wahrheit entscheidende Bedeutung für die Ausprägung der Suprematie der SED erlangen sollten. Die Herrschaft durch Kader wurde abgesichert, indem die SED neben den eigenen, im Namen der Partei agierenden Vertretern in Gremien wie dem Demokratischen Block, den drei »Deutschen Volkskongressen für Einheit und einen gerechten Frieden«, der Deutschen Wirtschaftskommission (DWK) oder nach Gründung der DDR in der Volkskammer noch weitere Parteimitglieder über die Vertreter der Massenorganisationen plazieren konnte, die der SED zu jedem Zeitpunkt die Stimmajorität auch dann sichern sollten, wenn Kampfabstimmungen entlang der Parteilinien zu befürchten waren. Sodann die Herrschaft der SED in eine Herrschaft ihrer Führungsspitze zu verwandeln, bedurfte zum einen der Disziplinierung der eigenen Mitgliedschaft, zum anderen der Domestizierung der anderen Parteien und Interessenverbände.

Die Disziplinierung wurde mittels der Durchsetzung des Konzepts von der »Partei neuen Typus« ab 1948 erreicht, das eine straffe Zentralisierung aller Entscheidungsprozesse in der Partei selbst und – über die Mitglieder – in Staat und Gesellschaft beinhaltete. Dazu mußte zunächst innerhalb der SED die innerparteiliche Demokratie beseitigt werden. Im Rahmen ihrer Stalinisierung wurde hierfür der vorgebliche »Kampf gegen den Nationalkommunismus« genutzt, der sich mit dem Konflikt zwischen dem sowjetischen und dem jugoslawischen Parteiführer, Stalin bzw. Tito, »anbot«. Mit wiederholten Säuberungen wurden potentielle Widersacher des Zentralisierungsprozesses entfernt und die verbleibenden Mitglieder diszipliniert. Dabei diente das Instrument des »Parteiverfahrens« (in dessen Verlauf die Verfehlungen des Mitgliedes quasi öffentlich im Rahmen seiner Parteiorganisation behandelt wurden) weniger dem sichtbaren Bestrafungsritual als dem Signal an die eigentlich nicht betroffenen Parteimitglieder: Verfehlungen dieser oder jener Natur führen zu entsprechender Bestrafung. Gepaart mit der unbedingten Bindung der Parteimitglieder an Beschlüsse des Parteigremiums, dem sie angehörten, sowie aller übergeordneten Hierarchieebenen konnte das Entscheidungsmonopol der Parteiführung abgesichert werden: Die Aufgabe von Rechten, die Mitglieder demokratischer Parteien üblicherweise haben, wurde durch deren Privilegierung in der übrigen Gesellschaft kompensiert. Gleichsam wurde mit dem institutionalisierten sogenannten demokratischen Zentralismus auch die wichtigste Grundlage für die Lähmung der Entscheidungsprozesse in der DDR schlechthin gelegt: Jede problematische Entscheidungssituation auf unteren Ebenen wurde hiernach zur eigenen Absicherung und aus Furcht, eine falsche Entscheidung zu treffen, nach oben gereicht, jede unter Umständen als falsch erkannte Entscheidung einer höheren Ebene wurde von unteren Ebenen auch dann nicht in Frage gestellt, wenn deren Nachteile offensichtlich waren. Diese Hierarchie setzte sich bis in den zentralen Parteiapparat fort, wobei dort die Rollen sogar vertauscht wurden: Nach dem Parteistatut war der Parteitag das höchste Organ der SED, und das Zentralkomitee übernahm diese Funktion zwischen den Parteitagen. Formal kam dem Zentralkomitee auch die Wahl des Politbüros zu. Tatsächlich waren die Tagungen des Zentralkomitees der SED jedoch zu Versammlungen willfähriger Claqueure des eigentlich herrschenden und sich selbst wählenden Politbüros mutiert.

Die Domestizierung der anderen Organisationen erreichte man, indem potentielle Widersacher in den bürgerlichen Parteien CDU und LDPD mit massiver Hilfe der sowjetischen Besatzungsmacht ihrer Posten verlustig wurden (und ihrer Verhaftung in der Regel nur durch Flucht in den Westen entgehen konnten) sowie mit der Gründung zweier neuer, vermeintlich bürgerlicher Parteien, der NDPD und der DBD im Jahre 1948, einschließlich der Kooptation einiger ihrer führenden Vertreter in die neugebildeten Organe der staatlichen Verwaltung in der SBZ/DDR. Die neuen Parteien ebenso wie CDU, LDPD und auch die Massenorganisationen wie der Gewerkschaftsbund FDGB und der Jugendverband FDJ gaben Loyalitätserklärungen gegenüber der SED ab, in denen sie den Führungsanspruch der »Partei der Arbeiterklasse« uneingeschränkt anerkannten. Dieser Führungsanspruch der SED, den diese am Ende der vierziger Jahre noch »durchsetzen« mußte, war von Anfang an fester Bestandteil der DDR-Gesellschaftskonzeption, wurde jedoch – formal – erst mit der ersten »sozialistischen Verfassung« der DDR vom 6. April 1968 festgeschrieben.

Das Abdrängen der anderen Parteien und Organisationen in eine vordergründig nicht erkennbare Minderheitenrolle in den staatlichen und gesellschaftlichen Gremien wurde mit der Institutionalisierung der Einheitslistenwahl (erstmals schon bei den Wahlen zum 3. Deutschen Volkskongreß im Mai 1949 angewendet) festgeschrieben. Nach den vergleichsweise »enttäuschenden« Wahlergebnissen im ersten Versuch, wo nur knapp zwei Drittel der Wähler für die Einheitsliste gestimmt hatten, wurde bei allen folgenden Wahlen in der DDR, beginnend mit der Volkskammerwahl im Oktober 1950 bis hin zu den Kommunalwahlen im Mai 1989, nachgeholfen: durch Druck, ausgeübt von Wahlhelfern, die nicht wahlwillige Bürger immer wieder zur Stimmabgabe aufforderten oder – wie die Kontrolle der Wahlergebnisse im Mai 1989 offen-

Einleitung

barte – durch Fälschung. Das Auf und Ab der Zustimmungswerte bei den verschiedenen Wahlen zu kommunalen, regionalen oder zentralen Parlamenten bewegte sich im Zehntel-Prozentpunkt-Bereich, oberhalb der 99,5-Prozent-Marke.

Zur inneren Absicherung der diktatorischen Herrschaft der SED diente letztendlich auch die besondere Ausgestaltung des Rechtssystems der DDR. Getreu der ideologischen Vorgabe, daß es in keiner Gesellschaft eine neutrale und unabhängige Rechtsordnung gäbe, hingegen in den verschiedenen Rechtsordnungen die Durchsetzung unterschiedlicher »Klasseninteressen« zum Ausdruck käme, war folgerichtig die »sozialistische Gesetzlichkeit« durch die Ausrichtung auf die »Interessen des Proletariats« charakterisiert. Sofern keine politischen Implikationen eines konkreten juristischen Verfahrens vorauszusetzen waren, funktionierte das Rechtsprechungssystem der DDR dabei in einer Weise, die rechtsstaatlichen Maßstäben durchaus Genüge tat. Die korrekte Aburteilung von Straftätern und die durchgeführten Zivilrechtsverfahren sind hinsichtlich der Art und Weise der Prozeßführung wenig umstritten, auch wenn im Vergleich mit der BRD eine hohe Verurteilungsquote die schwächere Position der Angeklagten in DDR-Prozessen verdeutlicht und die Strafen relativ hoch ausfielen. Im Falle einfacher Arbeitsrechtskonflikte ermöglichten die sogenannten Konfliktkommissionen in Betrieben und Institutionen sogar, im Gros der Fälle eine gütliche, außergerichtliche Einigung unter Einbeziehung von Kollegen zu erreichen. Sofern jedoch politische Interessen in Strafverfahren involviert waren, diente die »sozialistische Gesetzlichkeit« auch nach dem Buchstaben des Gesetzes der eindeutigen Durchsetzung von »Interessen der Arbeiterklasse«, tatsächlich der Interessen der »Diktatoren des Proletariats«. Die bewußt vage Formulierung von Straftatbeständen ermöglichte es dem Staat, im Falle eines politisch motivierten Konfliktes mit einem Bürger strafrechtliche Disziplinierungsmaßnahmen gegen diesen einzuleiten. Die Anklage reichte von Artikel 6 der ersten Verfassung von 1949 mit seinen Bestimmungen zur sogenannten Boykotthetze bis hin zu den Regelungen entsprechend des 3. Strafrechtsänderungsgesetzes von 1979 mit Straftatbestimmungen wie »Sammeln von Nachrichten [auch nicht geheimen] für ausländische Organisationen« (auch Journalisten), »illegale Verbindungsaufnahme« (wozu das Aufsuchen einer westlichen Botschaft gehören konnte), »staatsgefährdende Hetze«, »Staatsverleumdung« und »Herabwürdigung staatlicher Tätigkeit«. Auch wenn die Bestimmungen des politischen Strafrechts nur in einem geringen Teil der Strafprozesse zur Anwendung kamen, erfüllte es die gleiche Funktion in der gesamten DDR-Gesellschaft wie etwa der bereits erwähnte Kampf gegen »Revisionisten« in der SED. Das Exempel sollte Signalwirkung für all jene besitzen, die eigentlich nicht vor Gericht standen.

Bei der durch die Stalinisierung der SED, die Gleichschaltung der anderen Parteien und der Massenorganisationen, die Durchsetzung des undemokratischen Wahlverfahrens und des Auf- und Ausbaus des Sicherheitsapparates erreichten Festigung der diktatorischen Strukturen in der DDR erlangten zudem einige wichtige Ereignisse in der Geschichte der DDR große Bedeutung, kam ihnen doch ein ähnlich konstitutiver Charakter zu.

Als sich im Juni 1953 aus einem Streik Ost-Berliner Bauarbeiter wegen der Ende Mai administrativ von der »Arbeiterregierung« verordneten Normerhöhungen binnen weniger Stunden ein DDR-weiter Aufstand entwickelte, an dem neben den Arbeitern auch andere Schichten der Bevölkerung teilnahmen, vermittelte der Verlauf der Ereignisse zwei wesentliche »Lernerlebnisse« an beide, am ursprünglichen Konflikt beteiligte Seiten:

1. Die vermeintlich gefestigte diktatorische Macht der SED war »leicht« zu erschüttern, jedoch unmittelbar durch den massiven Einsatz der in der DDR stationierten sowjetischen Truppen wieder zu sichern. Die Erfahrung der DDR-Bürger vom Juni 1953 wurde bis in die achtziger Jahre hinein immer wieder durch Ereignisse in anderen Ländern des sowjetischen Einflußbereiches »bestätigt«. Sowjetische Truppen marschierten 1956 in Ungarn ein, um den auch von ungarischen Kommunisten geführten Unabhängigkeitsprozeß zu stoppen, 1968 in die Tschechoslowakei, um dort die Reformbewegung des »Prager Frühlings« – der wiederum von Kommunisten angeregt worden war – niederzuschlagen, Ende 1979 in Afghanistan, um ein verläßlicheres Regime in Position zu bringen. 1981 bestand die ernsthafte Möglichkeit eines Einmarsches in Polen, der »nur« durch die Verhängung des Kriegsrechtes intern verhindert wurde. 1989 unterstützte die DDR-Propaganda – nach langer Zeit antimaoistischer Tiraden – offensiv die Niederschlagung der Demokratiebewegung in China. Erst als Anfang Oktober 1989 keine sowjetischen Truppen zur befürchteten gewaltsamen Niederschlagung von Demonstrationen in Leipzig anrückten, verlor die alte Erfahrung der DDR-Bürger vom Juniaufstand 1953 ihre Gültigkeit.

2. Der erste massive Konflikt zwischen den Regierenden und den Regierten in der DDR besaß insofern traumatische Bedeutung für den weiteren Verlauf der DDR-Geschichte, als er für wie auch immer initiierte oder motivierte Konflikte in der DDR-Gesellschaft selbst dann eine schnelle Politisierung befürchten ließ, wenn eigentlich kein Anlaß zur Politisierung vorlag. Die Befürchtung, ein ernster Konflikt könne von staatlicher Seite als politischer Angriff mißverstanden werden (was zu ähnlichen Reaktionen wie 1953 führen könne), erzeugte Zurückhaltung bei den Regierten. Genauso bedingte es die schnelle Bereitschaft auf Seiten des Staates, während Spontanstreiks in der DDR-Volkswirtschaft bei gleichzeitiger Suche nach den Rädelsführern auf die Forderungen der Streikenden einzugehen. Charakteristisch für die staatliche Politik der Konfliktvermeidung war es fortan also, prinzipiellen Auseinandersetzungen auszuweichen: Die Propagandalosung der fünfziger und sechziger Jahre »Keine Fehlerdiskussion, Probleme werden im Vorwärtsschreiten gelöst« symbolisierte diese Konfliktscheu. Das Zugeben von »Fehlern« der Regierung im unmittelbaren Vorfeld des 17. Juni 1953 hatte in den Augen der Herrschenden den eigentlichen Grund für den Ausbruch des Aufstandes geliefert. Neue »Fehler« zu benennen war also »gefährlich«, wer sie benannte, würde die »Gefahr« der Konterrevolution heraufbeschwören. Die Nachwirkungen des 17. Juni 1953 ermöglichten der SED-Spitze auch, in den Jahren 1956 bis 1958 innerparteiliche Opponenten der Ulbricht-Führung unter dem Vorwand, ihre Kritik (ihre Fehlerdiskussion) leiste dem »Feind« Vorschub, zu entmachten. Damit konnten sie die Krise, die aus dem Bekanntwerden einiger der Verbrechen Stalins entstanden war, zu ihren Gunsten beenden.

Das zweite Ereignis mit konstitutivem Charakter war in vielfacher Hinsicht der Bau der Berliner Mauer ab dem 13. August 1961. Das Abriegeln der DDR-Grenzen zu Berlin (West) sowie die Verstärkung der Grenzsicherung nach Westdeutschland markierten den Abschluß der ersten Phase der DDR-Entwicklung, in der in Ostdeutschland der Aufbau des staatssozialistischen Systems unter den Bedingungen der offenen Grenze zum Westen begonnen worden war. Die Massenflucht von DDR-Bürgern über

West-Berlin hatte während dieses Aufbaus zu enormen Belastungen geführt, konnte sich der DDR-Staat doch nicht sicher sein, daß etwa die Investition in eine höhere Ausbildung bei einem seiner Bürger sich für ihn durch die Arbeit eines solchen »Kaders« in der DDR auch auszahlen würde. Gleichzeitig begünstigte die »Republikflucht« – wie der Weggang in den Westen offiziell bezeichnet wurde – auch den Elitenwechsel in der DDR auf eine besondere Weise. Die »Entbürgerlichung« der DDR-Gesellschaft war nicht allein in den fünfziger Jahren durch die massive Förderung von solchen Schichten der Bevölkerung bestimmt gewesen, denen zuvor tatsächlich der Zugang zu höheren Bildungseinrichtungen (und damit sozial besser gestellten Berufen) erschwert war, sondern sie war überhaupt an ein vorläufiges Ende gelangt, indem die meisten Träger des Bürgertums das Land bis 1961 verlassen hatten. Zusätzlich führte der Weggang von ca. 2,7 Millionen Menschen von 1949 bis zum 13. August 1961[10] zu struktuellen Veränderungen der Opposition. Die Antikommunisten hatten fast alle das Land verlassen. Geblieben waren die, die eine Reform des staatssozialistischen Systems der DDR forderten, dieses im Prinzip jedoch erhalten, nur verbessern wollten. In anderen staatssozialistischen Ländern blieben in weit stärkerem Maße bürgerliche, antikommunistische Elemente bestehen. Die DDR-Führung selbst nutzte das Instrument der genehmigten ständigen Ausreise von DDR-Bürgern nach dem 13. August 1961 immer wieder dazu, gegebenenfalls entstehende Strukturen einer Opposition durch Ausbürgerung ihrer Vertreter zu zerschlagen oder als gefährlich erachtete Reformkräfte auf diese Weise loszuwerden. Die immer wieder gerade von den evangelischen Kirchen als einer der letzten, nicht SED-dominierten gesellschaftlichen Instanzen vorgetragene Aufforderung an die DDR-Bürger, im Lande zu bleiben, war durch den Gedanken bestimmt, alternatives Denken in der DDR zu halten.

Mit dem Mauerbau, als »zweite« oder sogar »eigentliche« Staatsgründung der DDR[11] charakterisiert, konnte die DDR-Führung Probleme der eigenen Entwicklung nicht mehr (oder nur noch sehr vermittelt) mit den negativen Folgen eines aktiven Einflusses des westdeutschen Staates begründen. Der enge zeitliche Zusammenhang zwischen dem Bau der Mauer und dem Beginn der Reformphase der sechziger Jahre in der DDR verdeutlicht, daß selbst die Reformer innerhalb der SED-Führung in der Vorstellung einer von außen nicht zu »störenden« Vision an die Umgestaltung zunächst des Planungs- und Leitungsmechanismus in der DDR-Volkswirtschaft gingen, die auch in der Liberalisierung des Kulturlebens in der DDR ihren Ausdruck finden sollte. Entscheidende Bedeutung hatte der Mauerbau jedoch auf das Selbstverständnis der DDR und ihrer Bürger. Die diplomatische Isolierung der DDR hielt nach dem 13. August 1961 offiziell noch einige Jahre an, die irrtümliche Vorstellung gerade der von Konrad Adenauer geführten Bundesregierungen allerdings, das »Pankower Regime« einfach übergehen zu können, fand mit dem Mauerbau ein abruptes Ende. Gleichzeitig war er aber auch der Beginn des mehr als 28 Jahre andauernden Traumas der DDR-Bürger, nur als zuverlässige Reisekader während Dienstreisen, als Rentner oder, im Ergebnis eines »Gnadenerweises«, in dringenden Familienangele-

---

10 Berechnet nach HERTLE 1996, S. 320. Siehe auch Dokument **D49**.
11 Vgl. STARITZ 1989, S. 76.

genheiten das Land in Richtung Westen zeitweilig verlassen zu dürfen. Das »Sich-Einrichten« in und mit der DDR begann erst richtig mit dem Bau der Mauer.

Das dritte Ereignis mit konstitutivem Charakter für die Geschichte der DDR ist die Machtübernahme Erich Honeckers im Jahre 1971. Der Umschwung zu dem im Vergleich mit Ulbricht 19 Jahre jüngeren Erich Honecker spiegelte nicht allein einen Generationswechsel auf der Ebene der Parteiführung wider. Mehr als zwanzig Jahre nach Gründung der DDR, mehr als ein Vierteljahrhundert nach dem Ende des Zweiten Weltkrieges hatte sich in der DDR-Gesellschaft generell ein Wechsel zu den Generationen vollzogen, die Ausbildung und Sozialisation überwiegend oder ausschließlich im zweiten deutschen Nachkriegsstaat erlebt hatten. Zwar waren 1971 wichtige Indikatoren[12] der DDR-Geschichte noch unter der vorherigen Führung begonnen bzw. vollzogen worden, doch die Früchte dieser langjährigen Arbeit erntete Erich Honecker. Sein Name wird mit den Höhepunkten der auswärtigen Anerkennung der DDR verbunden: der Austausch von Botschaftern mit den wichtigsten westlichen Industrieländern, besonders mit den westalliierten Siegermächten 1973 und 1974, und vor allem die deutsch-deutschen Verhandlungen, in deren Ergebnis es mit dem Grundlagenvertrag von 1972 zur staatlichen Anerkennung der DDR durch die Bundesrepublik kam.

Wichtiger jedoch ist im Zusammenhang mit dem Machtantritt Erich Honeckers die ausgeprägte Sozial- und Konsumpolitik, die unter seiner Führung durchgesetzt wurde. Das Ankurbeln des Wohnungsbaus, die schnelle Verbesserung des Ausstattungsniveaus mit langlebigen Konsumgütern und das gleichzeitige Beibehalten einer im Endeffekt ruinösen Preissubventionspolitik waren fester Bestandteil der Richtlinien, wie sie die SED auf ihrem VIII. Parteitag 1971 und – mit einem neuen Parteiprogramm 1976 – auf ihrem IX. Parteitag beschlossen hatte. Die Erfahrung der forcierten Modernisierungspolitik unter Walter Ulbricht, besonders im Umfeld des 20. Jahrestages der DDR 1969, der im Vergleich zu Westdeutschland erheblich gewachsene Rückstand im Konsumtionsniveau und die einfache Tatsache, daß in vielen Städten der DDR immer noch Kriegszerstörungen in erheblichem Maße zu erkennen waren, machte die Politik Erich Honeckers in der Bevölkerung zunächst populär. Die vergleichsweise liberale Kulturpolitik in der ersten Hälfte der siebziger Jahre, die Befriedung der Konflikte mit den Kirchen und anderes ließen Hoffnungen entstehen. Doch die Abkehr von der Ulbrichtschen Modernisierungspolitik sollte ein langsames Veralten von Produktlinien, auf denen die ostdeutsche Industrie zuvor international hatte mithalten können, und falsche Reaktionen auf Entwicklungen auf den internationalen Märkten zum Resultat haben: Auf die Ölpreiserhöhungen, die sich auf die DDR wegen deren Einbindung in das östliche Wirtschaftssystem in weit geringerem Maße oder zumindest zeitversetzt auswirkten, reagierte die Führung unter Erich Honecker nicht mit der Wiederaufnahme der Modernisierungspolitik, sondern mit der Hinwendung zur verstärkten Autarkie, das

---

12 Dazu gehörten der »erfolgreiche« Schwenk von der auf Wiedervereinigung ausgerichteten zu einer auf Abgrenzung von Westdeutschland abzielenden Deutschlandpolitik, die zu diesem Zeitpunkt noch andauernde Anerkennungswelle der DDR im Ausland, die Trennung von ehedem gesamtdeutschen Institutionen bis hin zu den Organisationen der evangelischen Kirchen sowie die Festigung der dominanten Rolle des staatlichen Sektors.

Einleitung 19

heißt der Substitution von Importen durch eigene Produkte, z. B. im Energiesektor besonders verdeutlicht durch den verstärkten Einsatz der einheimischen Braunkohle statt möglicher Energieeinsparung.

Das vierte Ereignis, das die DDR-Entwicklung wesentlich bestimmte, war kein Resultat der SED-Politik: Die von Michail Gorbatschow ab 1985 vorangetriebene Umgestaltung und Demokratisierung der sowjetischen Gesellschaft beinhaltete auch die Gewährung weitergehender, tatsächlicher innerer Souveränitätsrechte an die als sowjetische Satelliten bezeichneten ost- und mitteleuropäischen Länder. Die DDR nutzte sie – um so weiterzumachen wie bisher. Der XI. Parteitag der SED 1986 verkündete Kontinuität, wo die Reform der sowjetischen Gesellschaft schon voranschritt. Die jahrzehntelang gebrauchte Losung »Von der Sowjetunion lernen, heißt siegen lernen« – zuvor von der Bevölkerung durch den Austausch des Wortes »siegen« mit »siechen« verhöhnt, verschwand just zu dem Zeitpunkt, als die Bevölkerung »lernbereit« war. Der Verzicht der SED-Führung auf die Reform des eigenen Systems hat die Abkehr der eigenen Bürger von der anfangs von ihr nicht prinzipiell abgelehnten staatssozialistischen Idee beschleunigt und die wesentliche Ursache für die Fluchtwelle von 1989 geliefert.

Ein fünftes Ereignis ist ebenfalls als konstitutiv zu bewerten, obgleich es der Anfang vom Ende der DDR war. Der »Appell Leipziger Bürger«, der am frühen Abend des 9. Oktober 1989 über den Leipziger Stadtfunk verlesen wurde, vermittelte den sich versammelnden Demonstranten zur neuerlichen Montagsdemonstration, daß die unterzeichnenden sechs Leipziger Bürger, drei in dieser Frage tatsächlich machtlose Bürger, ein Pfarrer, ein Kabarettist und ein Dirigent, sowie drei Sekretäre der Leipziger SED-Bezirksleitung, eine Eskalation der Gewalt bei der anstehenden Demonstration verhindern würden. Der Verzicht der Machthaber auf den Einsatz ihrer Machtmittel konnte nicht einmalig bleiben, die »Chance«, die eigene Macht erneut mit Gewalt zu bewahren (wobei man dieses Mal nicht mit der Unterstützung sowjetischer Truppen rechnen konnte), war dauerhaft vertan. Der Versuch von Mitgliedern der SED-Führung, durch die Entmachtung des nunmehr greisen Erich Honecker sich an die Spitze einer von oben gesteuerten und kontrollierten »Reformbewegung« zu setzen, scheiterte, noch ehe er begonnen hatte. Die Öffnung der Berliner Mauer aus dem gleichen Grunde, aus dem sie errichtet worden war – einen Flüchtlingsstrom zu stoppen –, änderte nichts mehr am Schicksal der DDR.

Diese Ereignisse mit konstitutivem Charakter ordnen sich in den Gesamtverlauf der DDR-Geschichte ein, der mehrere Entwicklungsetappen umfaßt.[13] Nach der Vorgeschichte, der Geschichte der sowjetischen Besatzungszone (1945 bis 1949), in der mit Hilfe der Besatzungsmacht das politische und wirtschaftliche System der späteren DDR etabliert worden war, lassen sich sechs weitere Phasen in der Geschichte des zweiten deutschen Staates herausstellen. Die erste Phase umfaßt die Jahre 1949 bis 1955. Im Bereich der Wirtschaftsentwicklung ist sie durch die Perioden des Zweijahrplanes 1949/50 und des ersten Fünfjahrplanes geprägt, die den Übergang der SBZ/DDR-Wirtschaft von Aufbauarbeiten der unmittelbaren Nachkriegszeit zur dauerhaft etablierten, auf langfristige Entwicklung ausgerichteten Planwirtschaft beinhalteten. Für andere Berei-

---

13 Vgl. THOMAS 1996; ZIMMERMANN 1996.

che der Entwicklung der ostdeutschen Gesellschaft sollte diese Phase der DDR-Geschichte ähnlich große Bedeutung erlangen: Anfang Februar 1950 entstand das Ministerium für Staatssicherheit, zeitgleich mit der Ausschaltung der bürgerlichen Opponenten des Einheitslistenwahlsystems. Im Juli 1950 verabschiedete der III. Parteitag der SED ein neues Parteistatut, das die Struktur der SED immer stärker der der KPdSU anglich. 1952 wiederum war es die 2. Parteikonferenz, die Walter Ulbricht nutzte, um den beginnenden Aufbau des Staatssozialismus in der DDR zu verkünden. Der in diesem Zusammenhang forcierte Aufbau des schwerindustriellen Bereiches folgte nicht allein den Notwendigkeiten der immer noch umfangreichen Reparationslieferungen der DDR an die Sowjetunion, sondern stellte als sogenannte sozialistische Industrialisierung den Nachvollzug vorgeblich positiver Erfahrungen der Sowjetunion dar. Bestandteil der Konstituierung des Staatssozialismus sollte genauso die beginnende – noch weitgehend freiwillige – Kollektivierung in der Landwirtschaft sein. All diese Maßnahmen wurden auf Kosten der Entwicklung des konsumtiven Bereiches vollzogen. Die Verwaltungsreform von 1952 begünstigte die Zentralisierung der staatlichen Macht. Mit der Abkehr vom Länderprinzip und der Einführung von 14 Bezirken war auch die Beschneidung der legislativen und exekutiven Rechte der regionalen Verwaltungen verbunden. Der beginnende Aufbau eigener ostdeutscher militärischer Verbände sowie das Scheitern der Wiedervereinigungspolitik verstärkten den Prozeß der getrennten Entwicklung von DDR und BRD. Mehrere Ereignisse begünstigten die schrittweise Ablösung von Verbindungen der DDR mit dem Westen und ihre verstärkte Einbindung in das von der Sowjetunion dominierte System der osteuropäischen Länder: Die Stalin-Noten von 1952 mit dem Vorschlag für ein neutralisiertes, von Besatzungstruppen freies Deutschland blieben ergebnislos. Die Berliner Außenministerkonferenz (1954) und das Genfer Gipfeltreffen der vier Deutschland besetzenden Siegermächte (1955) scheiterten in dem Versuch, eine einvernehmliche Lösung für eine Wiedervereinigung Deutschlands zu finden. Daraufhin gewährte die UdSSR der DDR am 25. März 1954 erweiterte Souveränitätsrechte, die am 20. September 1955 zur »vollen« Souveränität ausgebaut wurden. Höhepunkte der Integration waren der Abschluß des ersten Freundschafts- und Beistandsabkommens mit der UdSSR im September 1955 und die Teilnahme am Militärbündnis des Warschauer Vertrages vom Mai 1955.

Die zweite Phase der DDR-Entwicklung umfaßt den Zeitraum der Jahre von 1956 bis etwa 1963. In ihr setzte die DDR die Umwälzung der gesellschaftlichen Verhältnisse fort. Einerseits forcierte die SED-Führung die Etablierung genossenschaftlicher Strukturen in der Landwirtschaft, indem sie zunehmend und besonders in den Jahren 1959 und 1960 zu offenem Zwang gegenüber solchen Einzelbauern überging, die ursprünglich nicht in die Landwirtschaftlichen Produktionsgenossenschaften (LPG) eintreten wollten. In der Industrie und im Handwerk wurde die Phase der »kalten« Nationalisierung des gewerblichen Privateigentums mittels der rigiden Anwendung des Wirtschaftsstrafrechts durch die der massiv geförderten Gründung von Produktionsgenossenschaften des Handwerks (PGH) und von Betrieben mit staatlicher Beteiligung (BSB) abgelöst. Die wieder ansteigenden Republikfluchtzahlen offenbarten, wie sehr die nunmehr schon etablierte Planwirtschaft der DDR der Reform bedurfte. Die in den Wirtschaftswissenschaften und in der Kultur als Ergebnis der Entstalinisierungskrise seit 1956 (als Nikita Chruschtschow in einer Geheimrede auf dem XX. Parteitag der KPdSU einen Teil der Verbrechen der Stalinzeit offengelegt hatte) existierenden Reformforderungen konnten von der Ulbricht-Führung erneut im Verweis auf die Gefahr einer Konterrevolution[14] abgewendet werden. Trotzdem symbolisierte das Aufstellen eines ehrgeizigen Siebenjahrplanes im Oktober 1959, der jedoch wegen vieler seiner irrealen Zielstellungen scheitern mußte, einen beginnenden Modernisierungsprozeß, wie er sich auch in anderen Bereichen der Gesellschaft, besonders aber im Bildungswesen und in den Wissenschaften offenbarte. Das Trauma der Grenzschließung in Berlin stoppte dabei nicht die Entwicklung hin zur Reform; diese setzte sich stattdessen nach einer kurzen Konsolidierungsphase 1961/62 verstärkt im Neuen Ökonomischen System der Planung und Leitung (NÖSPL/NÖS) fort.

Das NÖS stand am Anfang der dritten Phase der DDR-Entwicklung, die die letzten Jahre der Ulbricht-Führung von 1963 bis 1970 umfaßt. Schwerpunkt der Reformbestrebungen war vordergründig der Planungsmechanismus, doch gingen die Reformüberlegungen weit über dieses Niveau hinaus. Die Aufwertung der ökonomischen Faktoren Lohn, Preis, Kredit, Zins und Gewinn und die gleichzeitige »Abwertung« solcher Kategorien wie Bruttoproduktion und Produktionsausstoß richteten sich auf eine effizientere Gestaltung der Wirtschaftsprozesse. Zur gleichen Zeit strahlte die Wirtschaftsreform auch auf andere Bereiche der DDR-Gesellschaft aus, besonders auf den Kulturbetrieb, in welchem in Literatur und Film die von der Parteiführung geforderte Hinwendung zu Themen der DDR-Entwicklung tatsächlich vollzogen wurde – nur nicht im gewünschten Sinne der Partei. Folge der 11. Tagung des Zentralkomitees des SED, des sogenannten Kultur-Plenums, 1965 war das Verbot einer kompletten Jahresproduktion von DEFA-Filmen. Dies bedeutete eine ideologische Verhärtung besonders im Bereich des Filmschaffens, jedoch noch nicht die endgültige Abkehr vom gesamten Reformkonzept. So war die erneute Einengung des Entscheidungsspielraums der Betriebe nicht mit der generellen Aufgabe der Modernisierungskonzeption verbunden. Im Gegenteil: Mit den sogenannten »zusätzlichen Vorhaben« zum 20. Jahrestag der DDR-Gründung suchte der greise Walter Ulbricht seiner Modernisierungsstrategie neuen Schwung zu verleihen. Indes überzog er nicht nur die Geduld der DDR-Bürger, die ein Vierteljahrhundert nach Kriegsende weniger nach einer Modernisierung der Volkswirtschaft als nach der Modernisierung ihres Alltagslebens trachteten. Gepaart mit den sicherheitspolitischen Interessen der Sowjetunion, die den beginnenden deutsch-deutschen Verhandlungsprozeß mit großem Mißtrauen begleitete, leiteten die wirtschaftlichen Schwierigkeiten besonders des Jahres 1970 das Ende der Ulbricht-Ära ein. Am 21. Januar 1971 erbaten die wichtigsten Mitglieder des SED-Politbüros in einem Brief an die Führung der KPdSU die Ablösung Walter Ulbrichts.

Der Beginn der vierten Phase der DDR-Entwicklung stand im Zeichen des Machtwechsels von Walter Ulbricht zu Erich Honecker. Der Zeitraum der siebziger Jahre symbolisiert auf den ersten Blick augenscheinlich die erfolgreicheren Jahre der Honecker-Ära. Indes bedeutete die massive Hinwendung zur »Politik der Hauptaufgabe«, so die offizielle Bezeichnung der auf dem VIII. SED-Parteitag 1971 eingeleite-

---

14 Nach Auffassung der SED-Führung hatte sich die Konterrevolution zu diesem Zeitpunkt im Aufstand in Ungarn (25. Oktober bis 4. November 1956) und dem »Polnischen Oktober« vom gleichen Jahr gezeigt.

ten Linie, die auf die Erhöhung des materiellen und kulturellen Lebensniveaus der DDR-Bürger auf der Grundlage qualitativ hochwertiger und effizienter Produktion ausgerichtet war, auch den schrittweisen Übergang zu einer die Leistungskraft der ostdeutschen Volkswirtschaft überstrapazierenden Sozialpolitik. Die tatsächliche Liberalisierung in der Kulturpolitik der ersten Hälfte der siebziger Jahre und das Streben nach geregelten Beziehungen zu den Kirchen waren die eine Seite der Medaille, die erneute Verhärtung in der Kulturpolitik, wie sie sich in der Maßregelung jener Künstler zeigte, die gegen die Ausbürgerung des Liedermachers Wolf Biermann 1976 protestiert hatten, und die beginnende Auseinandersetzung mit alternativen und oppositionellen Gruppen unter dem Dach der einzigen autonomen Großorganisation in der DDR, den (evangelischen) Kirchen, die andere. Die außenpolitischen Erfolge der DDR (»Anerkennungswelle« und vertragliche Regelung der deutsch-deutschen Beziehungen) wurden mit einer stärkeren Einbindung der DDR in das Bündnis der staatssozialistischen Länder, der strikten Befolgung der sowjetischen Vorgaben in der Außenpolitik und der in der Verfassung festgeschriebenen Abgrenzungspolitik im Verhältnis zur BRD gegengesichert. Die noch 1968 in einer Volksabstimmung angenommene erste »sozialistische Verfassung der DDR« wurde mit einem einfachen Gesetz[15] der Volkskammer in sehr entscheidendem Maße geändert. Neben der Streichung der Wiedervereinigungsklauseln beinhalteten die Bestimmungen über die verminderten Befugnisse des Staatsrates der DDR eine Stärkung der Machtkompetenzen des SED-Politbüros.

Die fünfte Phase umfaßt die achtziger Jahre bis 1988. Die sich für die DDR verschlechternden wirtschaftlichen Rahmenbedingungen im Binnenhandel sowie im Handel mit der westlichen Welt und den staatssozialistischen Ländern brachten sie in eine diffizile Situation. Die schon früher aufgetretenen Schwierigkeiten in der Sicherung der auswärtigen Zahlungsfähigkeit konnten durch die seitens des damaligen CSU-Vorsitzenden Franz Josef Strauß vermittelten Milliardenkredite nicht endgültig beseitigt werden. Die sich verschlechternde Außenhandelsrentabilität wurde nur halbherzig als Problem angegangen. Das Verschleiern der tatsächlichen wirtschaftlichen Lage gelang der DDR-Führung um so besser, als ihre aktive Rolle in der Aufrechterhaltung des Ost-West-Dialogs im Nachgang des erneuten atomaren Rüstungswettlaufes zwischen der Sowjetunion und den USA und die fortgesetzte deutsch-deutsche Verhandlungspolitik (mit dem ersten und einzigen Besuch eines DDR-Staatsoberhauptes in Bonn im September 1987 als Höhepunkt) den Eindruck erweckten, die offenkundig gewachsene Rolle der DDR basiere auch auf wirtschaftlichen Erfolgen. Gleichsam verstärkte sich bei den DDR-Bürgern das Gefühl, die DDR stagniere und die SED-Führung versäume es, den in der Sowjetunion ablaufenden Reformprozeß eigenständig zu begleiten. Der Reformstau der achtziger Jahre ging 1988 in die Lethargie der DDR-Gesellschaft über.

In der sechsten Phase (1988 bis 1990) vollzog sich der schnelle Niedergang und letztendlich der Zusammenbruch des Herrschaftssystems. Zu Beginn des Jahres 1988 verstärkte die SED den Druck auf oppositionelle Gruppen unter dem Dach der Kir-

---

15 Gesetz zur Ergänzung und Änderung der Verfassung der Deutschen Demokratischen Republik vom 7. Oktober 1974. In: GBl. I, Nr. 47.

chen, Ende 1988 nutzte die DDR-Führung ihre breitere Autonomie gegenüber der Sowjetunion just zur Konfrontation mit der Führungsmacht. Das erstmalige Verbot einer sowjetischen Zeitschrift, *Sputnik*, und die augenscheinliche Parteinahme für die Positionen von Reformgegnern in der Sowjetunion übermittelten der DDR-Bevölkerung die unverblümte Botschaft, Glasnost und Perestroika bekämen keine deutsche Entsprechung. Der Erlaß einer im Vergleich zu vorherigen Bestimmungen deutlich liberaleren Reiseverordnung[16] am 30. November 1988 wurde nach ihrem Inkrafttreten am 1. Januar 1989 bis Ende September 1989 von 160 785 Bürgern genutzt, um die Auswanderung aus der DDR zu beantragen.[17] Zum Vergleich: im Zeitraum von Anfang 1972 bis Ende 1988 stellten nur ca. 32 000 Ausreisewillige mehr einen Antrag.[18] Als die Überprüfung der Ergebnisse der Kommunalwahlen am 7. Mai 1989 durch Bürger die offensichtliche Praxis des Wahlbetruges offenbarte, die Niederschlagung der chinesischen Demokratiebewegung öffentlich verteidigt wurde und die Vorbereitungen der Jubelfeiern zum 40jährigen Bestehen der DDR im Oktober 1989 unbeirrt fortgesetzt wurden, füllten sich die Flüchtlingslager in Ungarn (das der UN-Flüchtlingskonvention beigetreten war) sowie die diplomatischen Vertretungen der Bundesrepublik in mehreren staatssozialistischen Ländern mit ausreisewilligen, vor allem jüngeren DDR-Bürgern. Der Kollaps der SED-Herrschaft wurde sodann am 11. September 1989 ausgelöst, als die ungarische Regierung nach mehrfacher Ankündigung gegenüber der DDR-Führung jene Bestimmungen aus dem bilateralen Abkommen mit der DDR annullierte, die die Ausreise von DDR-Bürgern in westliche Länder via Ungarn in der Vergangenheit verhindert hatten. Die hilflose Reaktion der SED-Führung – Hetzartikel gegen Ungarn und Absperrung der DDR-Grenzen – brachte nunmehr die nicht-fluchtwilligen DDR-Bürger auf die Straße. Unmittelbar nach der ungarischen Grenzöffnung veröffentlichten mehrere, schon länger bestehende bzw. neugegründete Bürgerbewegungen Aufrufe an die DDR-Bürger zur Einmischung in die eigenen Angelegenheiten, von denen der des Neuen Forums vom 10. September 1989 binnen weniger Wochen mehr als 200 000 Unterschriften trug. Unbeirrt von der Tatsache der Gründung neuer Parteien und anschwellender Demonstrationen, besonders in der westsächsischen Bezirksstadt Leipzig, beging die SED-Führung, noch mit Erich Honecker an der Spitze, den 40. Jahrestag der Gründung der DDR. Der Staat, dem anfangs nur wenige ein langes Leben vorausgesagt hatten, existierte nunmehr schon vier Jahrzehnte und schien mit dieser »normativen Kraft des Faktischen« seine ungebrochene Stabilität unter Beweis zu stellen. Kein Wunder also,

---

16 Vgl. Verordnung über Reisen von Bürgern der Deutschen Demokratischen Republik nach dem Ausland vom 30. November 1988. In: GBl. I, Nr. 25 vom 13. Dezember 1988. Die Verordnung ist auch wiedergegeben in: Deutschland Archiv 1/1989, S. 108–112.
17 Zahlenangaben für den Zeitraum 1. Januar bis 30. September 1989 aus: Information über die Entwicklung und Zurückdrängung der Antragstellung auf ständige Ausreise nach der BRD und nach Westberlin [o. D.]. In: BArch, DO 1 34.0 (MdI, HA Innere Angelegenheiten) Nr. 34 127, o. Bl.
18 Vom 1. Januar 1972 bis zum 31. Dezember 1988 stellten 193 009 Bürger einen Antrag auf ständige Ausreise aus der DDR. Vgl. Information über die Unterbindung und Zurückdrängung von Versuchen zur Erreichung der Übersiedlung nach der BRD und nach Westberlin [o. D.]. In: BArch, DO 1 34.0 (MdI, HA Innere Angelegenheiten) Nr. 34 127, o. Bl.

daß gerade die »runden Geburtstage« eine so große Bedeutung für die DDR besaßen, suggerierten sie doch besonders den Herrschenden, wie der zweite deutsche Staat trotz beständiger Anfeindungen von außen immer wieder in sein nächstes Lebensjahrzehnt hatte treten können. So konnten auch diesmal die »Störungen der Volksfeste« durch »Randalierer«, wie sie vom *Neuen Deutschland* und den SED-Bezirkszeitungen genannt wurden,[19] bestenfalls ein volkspolizeiliches, keineswegs jedoch ein Problem der gesamten DDR-Gesellschaft sein.

Doch die vermeintlich stabile Ordnung in der DDR stand Anfang Oktober 1989 kurz vor der Implosion. Innerhalb weniger Wochen, noch im Jahre 1989, wurden die Grundpfeiler der SED-Herrschaft gebrochen, und die Ereignisse überschlugen sich förmlich. Einer Erklärung des SED-Politbüros von Anfang Oktober 1989 folgte am 17. Oktober die Entmachtung Erich Honeckers im Politbüro durch vorgebliche Reformer aus der SED-Führung. Nach der größten Demonstration in der Geschichte der DDR am 4. November 1989, mit 700 000 Teilnehmern auf dem Ost-Berliner Alexanderplatz, leitete der Fall der Berliner Mauer am 9. November 1989 das Ende des deutsch-deutschen Grenzregimes ein. Nachdem der Demokratische Block, der Verbund der Parteien und Massenorganisationen, zusammenbrach, weil die Parteien ihn verließen, der SED-Führungsanspruch aus der DDR-Verfassung gestrichen wurde und das gewendete SED-Politbüro zurücktrat, setzte der Zerfallsprozeß in der ehedem uneingeschränkt herrschenden SED ein. Innerhalb von einem halben Jahr verließen 85 Prozent der Mitglieder die »Partei der Arbeiterklasse«; die einen, weil eine Fortsetzung ihrer Mitgliedschaft keine Vorteile mehr bot, die anderen, weil sie nicht länger bereit waren, entgegen ihren eigenen Vorstellungen die Politik der SED- bzw. PDS-Spitze vertreten zu müssen, wieder andere, weil sie ihre Ideale verraten sahen und den Wechsel zu anderen Parteien vollziehen wollten.

In nicht ganz einem Jahr, zwischen dem 7. Oktober 1989, als die SED-Führung im Beisein ausländischer Gäste den 40. Jahrestag der DDR begangen hatte, und dem 3. Oktober 1990, erlebten die DDR und ihre Bürger einen Schnelldurchlauf des Demokratisierungsprozesses. Die letzte SED-geführte DDR-Regierung unter Hans Modrow konnte keine aktive Gestaltung der Politik nach den Vorstellungen der SED mehr vollziehen: die Partei verwaltete das Land, beherrschte es jedoch nicht mehr. Die einzigen freien Volkskammerwahlen am 18. März 1990 brachten eine, das Programm im Namen, »Allianz für Deutschland« (bestehend aus der DDR-CDU, DSU und dem Demokratischen Aufbruch) an die Macht, die zusammen mit den Liberalen und den Sozialdemokraten der DDR eine große Koalitionsregierung bildeten. Diese Regierung handelte sowohl den Vertrag zur Währungsunion am 1. Juni 1990 als auch den Einigungsvertrag aus. In der Nacht vom 2. auf den 3. Oktober 1990 vollzog die DDR den von der Volkskammer schon Ende August 1990 beschlossenen Beitritt zum Geltungsbereich des Grundgesetzes. Die deutsche Zweistaatlichkeit, Thema und Gegenstand des Ost-West-Konfliktes seit vierzig Jahren, hatte ein Ende gefunden, das noch ein, zwei Jahre zuvor niemand vermutet hätte.

---

19 Vgl. Neues Deutschland vom 9. Oktober 1989, Freie Presse [Chemnitz], Sächsische Zeitung [Dresden], Leipziger Volkszeitung, Das Volk [Erfurt] und Märkische Volksstimme [Potsdam], jeweils vom 10. Oktober 1989.

Editorische Hinweise

In den Jahren vor und insbesondere nach der »Wende« sind eine Fülle von Untersuchungen zur DDR-Geschichte erschienen, die oft einem chronologischen Ansatz folgen. Diese Dokumentation möchte vielmehr Lesern, die mit einem speziellen Interesse an das Thema herangehen, den schnellen Zugang zu einschlägigen Dokumenten erleichtern. Deshalb wurde einer nach Sachkapiteln geordneten Darstellung der Vorzug gegeben. In acht Abschnitten sind Dokumente zusammengestellt worden, denen jeweils eine Einleitung vorangestellt wurde. Diese Einführungen geben einen Überblick über die Entwicklung des jeweiligen Bereiches der DDR-Gesellschaft. Die verschiedenen Sachgebiete sind durch unterschiedliche Signaturen gekennzeichnet, die dem Leser eine einfache Orientierung ermöglichen sollen.[20] Die Chronik im Anhang bietet darüber hinaus einen schnellen Zugang zu bestimmten Ereignissen und erleichtert zum anderen die zeitliche Einordnung der hier vorgestellten Dokumente.

Die Präsentation von insgesamt 471 Dokumenten erlaubt es dem Leser, sich anhand zeitgenössischer Texte ein eigenes Bild von der DDR zu machen, das auch nicht durch eine unmittelbare Kommentierung seitens der Autoren dieses Bandes beeinflußt werden soll. Um möglichst viele Materialien vorstellen zu können, werden sie in der Regel in gekürzter Fassung wiedergegeben. Auf diese Weise kann sowohl mit den einzelnen Quellen gearbeitet als auch über den Verweis auf den Fundort ihr vollständiger Text erschlossen werden.[21]

Ein multiperspektivischer Zugang zu Ereignissen und Prozessen in der Geschichte der DDR wird auf zweierlei Art erreicht: Zum einen werden Herrschaftsdokumente aus den verschiedenen Hierachieebenen und solche mit unterschiedlichem Vertraulichkeitsgrad mit einbezogen. Dadurch werden nicht nur zentrale Herrschaftsinstanzen, sondern auch regionale und lokale Ebenen beleuchtet. Zum anderen konterkarieren von Privatpersonen überlieferte Zeugnisse der DDR-Zeitgeschichte, wie z. B. Briefe und Eingaben, dieses »offizielle« Bild der DDR, indem sie die Wahrnehmung der staatlichen und Parteipolitik durch die Bürger der DDR vorstellen. DDR-Geschichte wird somit sowohl vom Standpunkt der Herrschenden, der Machthaber, als auch von dem der »Beherrschten« – sowohl durch die Kontrolle seitens des Staates als auch die Selbst-Beherrschung der Bürger – präsentiert.

---

20 Die Signaturen im Kapitel »Partei, Staat und »Bündnispartner«: Die Herrschaftsmechanismen der SED-Diktatur« beginnen dementsprechend mit dem Buchstaben P und werden darüber hinaus fortlaufend numeriert. Der Buchstabe W wurde im Kapitel »Aufstieg und Niedergang der ›Trabi-Wirtschaft‹« verwendet, G in »Gesellschaft der DDR: Klassen – Schichten – Kollektive«, B in »Bildung und Wissenschaft«, K/M in »Kultur und Medien«, K in »Kirchenpolitik«, S in »Garanten innerer und äußerer Sicherheit« und D in »Deutschland- und Außenpolitik«.

21 Zum Teil sind Auszüge aus in Fachzeitschriften und anderen Publikationen schon früher veröffentlichten Dokumenten wiedergegeben worden. Sie sind relativ leicht zu erschließen. Bei neu erschlossenen Dokumenten aus Archiven und Privatsammlungen ergibt sich diese Möglichkeit nicht.

Dieser Doppelansatz ist, wie es sich aus der jeweiligen inhaltlichen Schwerpunktsetzung zwangsläufig ergibt, in den einzelnen Sachkapiteln nur in unterschiedlichem Maße durchsetzbar. Die Abschnitte zur Herrschaftsverfassung der SED-Diktatur und zur Sicherheitspolitik konnten nur wenig mit Eingaben, Briefen, Flugblatttexten, Literatur- und Interviewausschnitten sowie anderen »Privatdokumenten«[22] untersetzt werden, die zur sozialen Struktur der DDR-Gesellschaft und zur Kulturpolitik dagegen in stärkerem Maße. Einige, von den Autoren selbst zusammengestellte Übersichten und Statistiken dienen der Erklärung langfristiger Entwicklungsprozesse in der DDR, die in dieser Form nicht als Originaldokument aus Archiven erschließbar gewesen wären.

Die Verbindung von Dokumenten unterschiedlichen Charakters und unterschiedlicher Provenienz sowie die Präsentation der DDR-Geschichte in einer sachbezogenen Darstellung dient dazu, die DDR-Geschichte nicht allein als Herrschafts- und Diktaturgeschichte nachzuzeichnen, sondern sie als Geschichte der DDR-Gesellschaft zu begreifen. Indem die Autoren, die selbst in beiden deutschen Nachkriegsstaaten aufgewachsen sind, den Versuch unternommen haben, einen repräsentativen Querschnitt von zeitgenössischen Texten zusammenzustellen, verfolgten sie das Ziel, die Geschichte eines untergegangenen deutschen Staates vorzustellen. Durch das Engagement eines Verlegers aus Ostdeutschland, Christoph Links, und die Mitarbeit einer Lektorin aus Westdeutschland, Ann-Catherine Geuder, die mit großem Elan an der Fertigstellung des Buches beteiligt waren, ist eine Dokumentation entstanden, die den Lesern genauso viel Nutzen bringen soll, wie die Autoren bei ihrer Zusammenstellung neue Erkenntnisse gewonnen haben.

---

22 Die Autoren sind einer Reihe von Personen zu großem Dank verpflichtet. Stellten die einen aus ihrem Besitz alltagsgeschichtlich relevante Zeitzeugnisse zur Publikation zur Verfügung, waren andere bereit, sich interviewen zu lassen. Kritische Hinweise, sowohl von Fachkollegen als auch von Zeitzeugen, waren den Autoren wichtig und wurden von ihnen dankend angenommen.

Ralph Jessen

Partei, Staat und »Bündnispartner«: Die Herrschaftsmechanismen der SED-Diktatur

Die DDR hatte eine Verfassung und war doch kein Verfassungsstaat. Sie verfügte über ein Parlament, in dem mehr Parteien und Verbände als im Deutschen Bundestag vertreten waren, und sie war dennoch weder eine parlamentarische Demokratie noch hatte sie ein Mehrparteiensystem. Die Regierung und ihre Minister sollten die oberste staatliche Gewalt repräsentieren und waren doch wenig mehr als unselbständige Weisungsempfänger. Die DDR-Bürger konnten regelmäßig an allgemeinen, gleichen Wahlen teilnehmen und waren gleichzeitig von jeder politischen Mitbestimmung ausgeschlossen. Trotz Gesetzen und Gerichten war die DDR kein Rechtsstaat. Fast jeder Arbeitnehmer gehörte dem Freien Deutschen Gewerkschaftsbund (FDGB) an, trotzdem durften Arbeiter und Angestellte ihre Interessen nicht organisiert vertreten. – Wohl niemals zuvor in der deutschen Geschichte war die Kluft zwischen geschriebener Verfassung und Verfassungswirklichkeit so groß wie in der vierzigjährigen Geschichte der DDR. Verfassung, Parlamente, Parteienvielfalt, Wahlen und Gesetze waren nicht Ausdruck eines ernstzunehmenden Versprechens von Freiheit, Volkssouveränität, Pluralismus und Rechtsstaatlichkeit, sondern pseudokonstitutionelles Dekor der kommunistischen Parteidiktatur.

Dreh- und Angelpunkt aller Machtausübung in der DDR war »die« Partei, die Sozialistische Einheitspartei Deutschlands (SED). Jedoch genoß auch die SED-Spitze keine unbeschränkte Souveränität, sondern stand in wechselnder, über die Zeit abnehmender, aber nie ganz aufgehobener Abhängigkeit von der sowjetischen Führung. Bis in die fünfziger Jahre hinein war diese Abhängigkeit sehr direkt und erstreckte sich manchmal bis in die Details der Tagespolitik. Den 17. Juni 1953 überstand das Regime nur durch den Eingriff sowjetischer Truppen, der Mauerbau wäre ohne Zustimmung aus Moskau nicht denkbar gewesen. Später nahm der Handlungsspielraum der SED-Spitze zu, die alleinige Herrscherin ist sie jedoch nie gewesen. Noch der Zusammenbruch des Regimes, der ohne den Entzug der Moskauer Bestandsgarantie gewiß so nicht stattgefunden hätte, hat diese mangelnde Souveränität letztmalig unterstrichen.

Ungeachtet dieser äußeren Abhängigkeit steht das Verhältnis von Partei, Staat und Massenorganisationen in der DDR vor allem im Zeichen der Durchsetzung, Sicherung, Ausgestaltung und Legitimation des Herrschaftsanspruches der SED-Parteiführung. Dieser Blickwinkel auf den Herrschaftsapparat erschließt nicht die ganze Geschichte der DDR, vor allem nicht die Grenzen, auf welche die Diktatur bei der praktischen Umsetzung ihres totalitären Projekts in der ostdeutschen Gesellschaft stieß, und er deckt sich auch nur teilweise mit den Lebenserfahrungen der DDR-Bürger, deren Alltag stets auch unreglementierte Zonen und Nischen bereithielt.[1] Andere Abschnitte dieses Bandes gehen näher auf solche Grenzen und Brüche bei der Formierung der DDR-Gesellschaft ein.

Die in den folgenden Quellen dokumentierte Geschichte der formalen Herrschaftsverfassung der DDR ist die Geschichte der systematischen Entgrenzung diktatorischer Herrschaft. Obwohl die jeweiligen Führungspersönlichkeiten der SED hierbei eine wichtige Rolle spielten – man denke an die Stilisierung des ersten Präsidenten der DDR, Wilhelm Pieck, zum wohlwollenden Landesvater, an die Bemühungen, Ulbricht zum Gegenstand eines stalinistischen Personenkults zu machen, oder an Honeckers selbstherrliche Dominanz über das Politbüro (**P6**) –, war dies keine Führerherrschaft. Anders als im vorangegangenen NS-Regime, das ganz entscheidend vom Mythos um den charismatischen Führer Adolf Hitler getragen und legitimiert wurde, herrschte in der DDR eine bürokratische Parteidiktatur.[2] In ihrem Mittelpunkt stand der Führungsapparat der SED, der sich in den vierziger Jahren als Herrschaftszentrum etablierte, diese Position in den Krisen der fünfziger Jahre behauptete und ausbaute sowie seit den sechziger Jahren immer mehr perfektionierte und routinisierte.

1. Konstituierung und Festigung der SED-Herrschaft

Die Vorgeschichte der DDR zwischen dem Kriegsende im Mai 1945 und der Staatsgründung im Oktober 1949 war zugleich die Konstituierungsphase, in der fast alle wesentlichen Instrumente und Mechanismen der Parteidiktatur entwickelt wurden. Bedenkt man die Ausgangssituation, mit der es die drei kleinen »Initiativgruppen« der KPD zu tun hatten, die im Frühjahr 1945 aus dem Moskauer Exil in das sowjetische Besatzungsgebiet Deutschlands eingeflogen wurden, war dies eine bemerkenswerte Leistung: Die Reihen der Weimarer KPD waren durch die nationalsozialistische Verfolgung stark dezimiert worden, unter den Emigranten in der Sowjetunion hatte Stalins Terror gewütet, die KP-Emigranten in Westeuropa und den USA hatten die Entwicklung in der Moskauer Exilzentrale nur von ferne verfolgen können. Im Lande selbst war der Milieuzusammenhang der kommunistischen Bewegung beschädigt, wenn nicht zerrissen, und die junge Generation war politisch und mental eher durch Nationalsozialismus, Krieg und Besatzung als durch die Traditionen der Arbeiterbewegung geprägt. Obwohl Weimarer Kader beim Wiederaufbau der KPD und dann der SED eine wichtige Rolle spielten, hatte ein sehr großer Teil der Mitglieder, die nach 1946 zu Hunderttausenden in die Partei strömten, bisher keine Beziehung zur kommunistischen Bewegung gehabt. Hinzu kam, daß die KPD, die mit ihrem Aufruf vom 11. Juni 1945 als erste Nachkriegspartei an die Öffentlichkeit trat (**P2**), schon bald mit anderen Parteien konkurrieren mußte: Mit der Gründung von SPD,

---

1 Der Kontrast zwischen dem Anspruch totaler Herrschaft und der vielschichtigen Alltagserfahrung der DDR-Bürger wurde z. B. 1996/97 in der Kontroverse um die Ausstellung »Parteiauftrag: Ein Neues Deutschland« des Deutschen Historischen Museums faßbar. Vgl. VORSTEHER 1996. Siehe auch BESSEL/JESSEN 1996.
2 Vgl. KERSHAW 1980.

Einleitung 29

CDU und LDPD im Juni und Juli 1945 wurden auch in der SBZ die Grundzüge eines pluralistischen Parteiensystems erkennbar.

Aus dieser nur scheinbar offenen Situation heraus gelang der anfänglich bloß einige Dutzend Personen umfassenden KPD-Elite um Walter Ulbricht mit massiver Unterstützung der Sowjetischen Militäradministration in Deutschland (SMAD) in drei Schritten der Aufbau des kommunistischen Herrschaftsapparates:[3]

Erstens hatten die kommunistischen Initiativgruppen von Anfang an maßgeblichen Einfluß auf den Wiederaufbau und die personelle Ausstattung der deutschen Verwaltung. In enger Abstimmung mit der SMAD steuerte die KPD- bzw. SED-Führung zunächst die Besetzung lokaler Verwaltungsfunktionen, später auch die der neuen Länderverwaltungen und der Deutschen Wirtschaftskommission, der ersten zonalen Zentralverwaltung und Vorläuferin der DDR-Regierungen. (P1; W39) Repräsentative Posten überließ man gerne »bürgerlichen« Politikern, während die Rolle des Stellvertreters und die Kontrolle über Personalabteilungen, Schulen und Polizei in kommunistischer Hand lagen. Als die Partei mit den besten Kontakten zur Sowjetischen Militärverwaltung hatte die KPD/SED gegenüber den »bürgerlichen« Parteien ohnehin einen kaum auszugleichenden Vorsprung. So unvollkommen und improvisiert die ersten Schritte bei der Wiederingangsetzung der Verwaltung in den Ruinenstädten des Sommers 1945 auch wirkten – die KPD-gesteuerte Besetzung aller Schlüsselpositionen zeigte doch bereits ein in der DDR nie wieder aufgegebenes Grundprinzip kommunistischer Kaderpolitik.[4]

Zweitens gelang es der KP-Führung innerhalb eines knappen Jahres, alle potentiellen Konkurrenten auszuschalten bzw. zu neutralisieren. Zunächst wurden im Sommer und Herbst 1945 die »antifaschistischen« Komitees und Ausschüsse aufgelöst, die sich wie in den Westzonen auch in etlichen Orten der SBZ als überparteiliche lokale Organisationen spontan gebildet hatten, die weder mit dem tradierten Parteienmodell noch mit den Erfordernissen einer professionellen Lokalverwaltung in Einklang standen und sich aufgrund ihrer lockeren Strukturen, spontanen Entstehung und lokalen Verwurzelung zentraler Steuerung zu entziehen drohten. Schon im Juli 1945 gelang KPD und SMAD außerdem ein entscheidender Schritt zur Neutralisierung der anderen Parteien. Am 14. Juli bildete sich eine Einheitsfront der antifaschistisch-demokratischen Parteien, die Vorläuferorganisation des späteren Demokratischen Blocks, in der sich KPD, SPD, CDU und LDPD zur ständigen Zusammenarbeit verpflichteten. In der »Einheitsfront« bzw. im »Block« galt nicht das Mehrheits-, sondern das Konsensprinzip, das der KPD ein Vetorecht sicherte, ohne sie selbst zu binden.[5] (P21) Die entscheidende Voraussetzung zur Formierung des ostdeutschen Parteiensystems wurde jedoch mit der erzwungenen Vereinigung der SPD mit der KPD zur SED am 21./22. April 1946 geschaffen. Mit der Ausschaltung

---

3 Siehe die neueren Spezialstudien von KOWALCZUK et al. 1995 und KAISER 1993 sowie die Überblicksdarstellungen bei LUDZ/LUDZ 1985; WEBER 1986; KLESSMANN 1991; WEBER 1993; HERBST et al. 1994.
4 Vgl. die klassische Schilderung dieser Vorgänge bei LEONHARD 1992, S. 411–500.
5 Siehe die Geschäftsordnung des Zentral-Ausschusses der Einheitsfront der antifaschistisch-demokratischen Parteien vom 27. Juli 1945. In: WEBER 1982, S. 304.

der Sozialdemokraten entledigte sich die kommunistische Führung ihres wichtigsten politischen Rivalen und konnte zugleich ihren Führungsanspruch mit dem Argument untermauern, daß die SED jetzt die gesamte politische Arbeiterbewegung repräsentiere.[6] Dieses Vorteils willen war man zu vorübergehenden taktischen Zugeständnissen bereit: Die Grundsatzerklärung des Vereinigungsparteitages proklamierte einen »demokratischen Weg« zum Sozialismus **(P8)**, die Mitglieder waren gleichzeitig nach dem sozialdemokratischen Wohngebiets- und dem kommunistischen Betriebszellenprinzip organisiert, die unteren Parteigliederungen behielten Reste politischer Handlungsfreiheit, die Benennung der Führungsgremien folgte sozialdemokratischer Tradition und alle Parteifunktionen wurden zunächst paritätisch mit ehemaligen Sozialdemokraten und Kommunisten besetzt.[7]

Drittens setzte die alte KPD-Elite dieser Übergangsphase eines kontrollierten und institutionell eingehegten inner- und zwischenparteilichen Scheinpluralismus mit dem forcierten Übergang zum stalinistischen Parteikonzept ab 1948 ein Ende. Im Klima des sich versteifenden Ost-West-Konflikts und der heraufziehenden staatlichen Spaltung wurde die SED zur – wie es hieß – Partei neuen Typus umgebaut **(P3)**: Die SED bekannte sich nun offen zum sowjetischen Modell und zur Ideologie des Marxismus-Leninismus und preßte ihre Mitglieder durch ein Schulungssystem, in dem vor allem die kanonischen Texte des Stalinismus, allen voran die »Geschichte der KPdSU (B)«, studiert wurden. An der Basis setzte man das Betriebsgruppenprinzip durch, das die organisatorische Voraussetzung für die kommende Dauerintervention »der« Partei auf allen Ebenen und in allen Bereichen von Staat, Wirtschaft und Gesellschaft werden sollte. Die schon früher durchlöcherte paritätische Besetzung von Parteifunktionen mit ehemaligen Sozialdemokraten und Kommunisten wurde zugunsten einer offenen Dominanz der Kommunisten aufgehoben. Die Erste Parteikonferenz vom Januar 1949 und der III. Parteitag vom Juli 1950, auf denen die organisationspolitischen Veränderungen formell beschlossen wurden, bestellten mit dem Zentralkomitee (ZK), dem Sekretariat des ZK und dem Politbüro die typischen Führungsgremien stalinistischer Parteien. Eine 1948 neu gebildete Parteikontrollkommission (PKK) übernahm die Funktionen eines innerparteilichen Repressionsorgans. **(S60)** Durch deren Aktivitäten und durch den Austausch der Mitgliedsbücher wurden bis 1951 Hunderttausende von Mitgliedern aus der SED entfernt: unter ihnen viele ehemalige Sozialdemokraten, die zum Zeitpunkt der Vereinigung die Mehrheit der Parteimitglieder gestellt hatten und die jetzt verdrängt wurden, um die kommunistische Dominanz endgültig zu sichern, Westemigranten, frühere Angehörige kommunistischer Splittergruppen und – bemäntelt als Kampf gegen »Zionismus« und »Kosmopolitismus« – Juden.[8] Unter dem Etikett des Demokratischen Zentralismus wurde jetzt endgültig jene innerparteiliche Diktatur etabliert, die bis zum Ende der SED Bestand haben sollte. Begünstigt durch die Atmosphäre des Kalten Krieges pflegte die Partei auch an der Macht noch die Rhetorik und Mentalität einer verschworenen kommunistischen Kampfgemeinschaft, die alle Ansätze innerparteilichen Pluralismus' als Ver-

---

6 Siehe MALYCHA 1995.
7 KAISER 1993.
8 Siehe auch KESSLER 1993; WOLLE 1995.

rat an der Einheit der Partei verdammte. Jedes Parteimitglied wurde zu bedingungslosem Gehorsam gegenüber der einmal beschlossenen Parteilinie verpflichtet, deren Festlegung und autoritative Interpretation allen wohlklingenden Versprechungen demokratischer Beschlußfassung zum Trotz allein Sache der Parteispitze im Politbüro und im Sekretariat des ZK war. (P3; P5)

An der Spitze der Machtpyramide stand bis zu seinem Sturz im Frühjahr 1971 Walter Ulbricht, ein Virtuose des stalinistischen Apparates, der aus seiner Position als stellvertretender Parteivorsitzender heraus den Parteiumbau vorantrieb. Ulbrichts innerparteiliche Machtstellung beruhte auf seinem Rückhalt bei der SMAD, der Kontrolle des bürokratischen SED-Apparates und einer Kumulation von Schlüsselfunktionen im Politbüro und im Sekretariat des Zentralkomitees, die es ihm gestattete, die Arbeit dieser Führungsgremien bis ins einzelne vorzustrukturieren und zu dominieren, obwohl er erst nach Abschaffung des von Wilhelm Pieck und Otto Grotewohl gemeinsam wahrgenommenen Amts des Parteivorsitzenden im Jahre 1954 als Erster Sekretär des ZK der SED auch formal an die Parteispitze rückte.[9]

Anfang der fünfziger Jahre war der Umbau der Partei abgeschlossen. Sie beanspruchte ein totales Herrschaftsmonopol, dem alle staatlichen und nichtstaatlichen Organisationen nachgeordnet waren. Mit den Klientel- und Volksparteien in parlamentarischen Demokratien teilte das leninistisch-stalinistische Parteimodell wenig mehr als den Namen. Es ist aber auch nur schwer mit dem Modell der faschistischen Bewegungspartei zu vergleichen, das die NSDAP repräsentierte. Nach der Machteroberung von 1933 agierte die NSDAP nicht als monolithischer Machtblock gegenüber einer weisungsabhängigen Staatsbürokratie, sondern sah sich schnell in ein schwer überschaubares, »polykratisches« Neben- und Gegeneinander von Parteistellen, »gleichgeschalteter« staatlicher Verwaltung, neu aufsteigenden Machtträgern wie der SS und partei-staatlichen Hybridgebilden wie der Gestapo verwickelt, das allein durch den charismatischen Führer Hitler zusammengehalten wurde.[10]

Die damit verglichen hohe Effizienz und große Stabilität der SED als Herrschaftsträgerin hing damit zusammen, daß sie relativ erfolgreich drei Funktionen bündelte: Ihre Führung wirkte als unkontrollierbare, allein sich selbst verantwortliche, faktisch außerhalb jeder rechtlichen Bindung stehende, sich selbst ergänzende Herrschaftselite, deren Herrschaftsanspruch sich sowohl auf alle Bereiche von Staat und Gesellschaft als auch auf die eigene Partei erstreckte. Volle Entscheidungskompetenz hatte dabei allein das rund zwei Dutzend Personen umfassende Politbüro, während das im Laufe der Jahre auf über 200 Mitglieder und Kandidaten anschwellende Zentralkomitee der SED mehr und mehr zu einem bloßen Akklamationsorgan herabsank, als welches die Parteitage schon immer gedient hatten. Die SED war als Massenpartei, deren Mitgliedschaft seit den großen Säuberungen Anfang der fünfziger Jahre kontinuierlich wuchs und Ende der achtziger Jahren bei über 2,3 Millionen lag, so daß der Partei schließlich rund 20 Prozent der erwachsenen DDR-Bevölkerung angehörten, zugleich ein allgegenwärtiger Herrschaftsstab, der die Entscheidungen der Führungs-

---

9 Vgl. KAISER 1993, S. 74, 81 f.
10 Grundlegend hierzu BROSZAT 1981. Zum Diktaturenvergleich siehe den Überblick von HEYDEMANN/BECKMANN 1997.

elite umzusetzen hatte. Jedes Parteimitglied war verpflichtet, sich den Beschlüssen der Führung unterzuordnen und »seine Arbeit in den staatlichen und wirtschaftlichen Organen und in den Massenorganisationen entsprechend den Beschlüssen der Partei im Interesse der Werktätigen zu leisten«. **(P5)** Alle Formen innerparteilicher Gruppenbildung und die sogenannte Fraktionsbildung waren streng untersagt. Mit dem Beitritt zur SED bekundete man nicht nur die Zugehörigkeit zu einer politischen Gesinnungsgemeinschaft, sondern trat zugleich in eine der Herrschaftselite durch ein besonderes Disziplinar- und Loyalitätsverhältnis verbundene Dienstklasse ein. Schließlich lieferte die Parteiideologie die unentbehrliche Herrschaftslegitimation, zumindest gegenüber den Parteimitgliedern. Da sich der Herrschaftsanspruch der SED zu keinem Zeitpunkt auf die mehrheitliche Zustimmung der Bevölkerung stützen konnte, mußten unterschiedliche ideologische Konstruktionen zur Scheinlegitimation des Regimes beitragen. Dazu gehörten die antifaschistische Gründungslegende, derzufolge allein in der DDR unter Führung der SED die richtigen Lehren aus der deutschen Vergangenheit gezogen worden wären **(P2)**, die geschichtsphilosophische These von der aufsteigenden Stufenfolge der Gesellschaftsformationen, die den Kommunismus zur Krönung der menschlichen Geschichte erklärte, und die Behauptung, ihre wissenschaftliche Weltanschauung verleihe der Partei – und vor allem ihrer Führung als der einzig berufenen Interpretin dieser Weltanschauung – einen unfehlbaren Wahrheitsanspruch und damit zugleich die Einsicht in die »objektiven Interessen« der Arbeiterklasse bzw. der ganzen Nation: »Die Partei hat immer recht« dichtete Louis Fürnberg in seinem Hymnus zum III. Parteitag von 1950 **(P4)**, und dies war nicht ironisch gemeint.[11]

2. Ideologische und innerparteiliche Absicherung der politbürokratischen Herrschaft

Das Funktionieren dieses Apparates hing von der Folgebereitschaft der Parteimitglieder ab; die diktatorische Kontrolle der Gesellschaft setzte die diktatorische Kontrolle der Partei voraus. Es gehörte zu den »Erfolgsgeheimnissen« der SED, daß sie diese Parteidisziplin bis zum Ende weitgehend durchsetzen konnte und sich ihre Mitgliedschaft den Weisheiten und Weisungen der Führung in aller Regel widerspruchslos fügte. Nicht zuletzt diese bemerkenswerte Disziplin unterschied die SED von ihren »Bruderparteien« etwa in Ungarn, Polen oder der ČSSR, die in ihrer Geschichte viel stärker mit »Abweichungen« zu kämpfen hatten.[12] Die SED profitierte nicht nur von den kräftigen Überresten einer tradierten und durch das NS-Regime vertieften illiberalen, autoritätshörigen, staatsfixierten, Ordnung und Unterordnung hochschätzenden »deutschen« Mentalität. Die Partei selbst verfügte über ein ganzes Arsenal von Disziplinierungstechniken.[13] Diese setzten bei der Aufnahme in die Partei ein, der

---

11 Vgl. MEUSCHEL 1992.
12 Siehe hierzu FULBROOK 1995, S. 31–43.
13 Zum konfliktreichen Prozeß parteiinterner Disziplinierung im ersten Jahrzehnt der SED siehe KOWALCZUK et al. 1995.

Einleitung

eine ein- bis zweijährige »Kandidatenzeit« als Phase der Probe und Bewährung vorgeschaltet war. **(S51)** War der neue Genosse akzeptiert, forderte die Partei nicht nur die aktive Mitwirkung am Parteileben und die Durchsetzung der Parteibeschlüsse und Parteibefehle in allen seinen Lebensbereichen, sondern auch die regelmäßige Teilnahme an den Schulungsveranstaltungen des »Parteilehrjahrs« oder den Kursen einer Parteischule – bei höheren Funktionären auch der Parteihochschule »Karl Marx« –, auf denen wieder und wieder die Grundlagen des Marxismus-Leninismus, die Probleme des revolutionären Weltprozesses, die jüngsten Beschlüsse der SED-Parteitage etc. pp. repetiert wurden. Eine wichtige Rolle bei der Verinnerlichung unbedingter Parteidisziplin spielten vor allem in den fünfziger Jahren jene Unterwerfungs- und Denunziationsrituale von »Kritik und Selbstkritik«, die nicht zu Unrecht an das *brainwashing* moderner Psycho-Sekten erinnern und wohl auch dieselbe Funktion hatten: die symbolische Trennung des Individuums von seiner »schlechten« Vergangenheit und die Unterordnung unter eine als unfehlbar stilisierte Autorität. **(P9; W39)** Überhaupt nutzte die Parteiführung – besonders häufig in den ersten beiden Jahrzehnten ihrer Herrschaft – rituelle, z. T. pseudoreligiös verbrämte Handlungen und Inszenierungen zur Integration der Partei und zur Mobilisierung (scheinbarer) Massenzustimmung – das Beifallsstakkato auf den Parteitagen, die Stalinverehrung der frühen Jahre, die Körper- und Bildersprache der Umzüge und Aufmärsche, der Märtyrer- und Heldenkult um Thälmann, Luxemburg und Liebknecht gehören in diesen Zusammenhang.[14] **(P19)** Demselben Zweck diente die Verketzerung und Anprangerung aller möglichen Feinde – der »Schumacher-Agenten«, »Tito-Faschisten«, »US-Imperialisten«, »Bonner Ultras«, »Klassenfeinde«, »Saboteure« und »Agenten« aller Art, »Diversanten«, »Kosmopoliten«, »Zionisten« usw. usf. Wer sich der Einheit und Geschlossenheit der Partei widersetzte, konkret: wer sich der unbedingten Autorität der Parteiführung versagte, mußte mit Parteiausschluß und schweren beruflichen Nachteilen, in den fünfziger Jahren auch mit Gefängnisstrafen rechnen. **(P11)** Gravierende Konflikte innerhalb der Parteiführung hat es nur in den fünfziger Jahren, besonders im Umfeld des 17. Juni 1953 und der durch die Entstalinisierung ausgelösten Krise nach dem XX. Parteitag der KPdSU 1956, gegeben, auf dem Chruschtschow die Verbrechen Stalins angeprangert hatte. Die interne Kritik konzentrierte sich auf Ulbricht, der für den Radikalisierungskurs, der Anfang der fünfziger Jahre in die Juni-Krise geführt hatte, verantwortlich gemacht wurde, und der sich bis zum XX. Parteitag als unbedingter Stalin-Anhänger präsentiert hatte. Ob Wilhelm Zaisser und Rudolf Herrnstadt, Ulbrichts Gegner im Politbüro von 1953, oder Karl Schirdewan und Fred Oelßner, Exponenten der Ulbrichtkritik in der Krise von 1956, eine Alternative zur kommunistischen Parteidiktatur eröffnet hätten, ist zweifelhaft.[15] Ein möglicher Sturz Ulbrichts scheiterte in beiden Fällen daran, daß ihn die Moskauer Führung trotz eigener Bedenken und interner Differenzen weiter stützte, um dem Risiko unkontrollierbarer Destabilisierung vorzubeugen. Spätere »Abweichler« wie Havemann, Biermann oder Bahro, die von einer marxistischen Position aus radikale Kritik am SED-Regime übten, fanden zwar in intellektuellen Kreisen z. T. erhebliche Reso-

---

14 Vgl. VORSTEHER 1996.
15 Vgl. MÜLLER-ENBERGS 1991.

nanz und wurden von der Parteiführung als Gegner ernst genommen, standen aber außerhalb des eigentlichen Machtapparates und wurden unterdrückt, ohne daß es zu einer Führungskrise kam. **(W20; W39)** Die Schwäche der innerparteilichen Opposition hing nicht zuletzt mit der deutschen Zweistaatlichkeit zusammen, die die Abwanderung oder Verdrängung kritischer Köpfe in den Westen ermöglichte und den innerparteilichen Kritikern sofort den Vorwurf der Kollaboration mit dem westdeutschen »Klassenfeind« eintrug.

Drohte den Abweichlern die Peitsche der Parteikontrollkommission, winkten den treuen Genossen die Posten, die die Partei zu vergeben hatte. Da der Zugang zu qualifizierten Stellen in Verwaltung, Wissenschaft und Wirtschaft zum Gutteil an die Parteimitgliedschaft gebunden war bzw. Inhaber von Leitungsfunktionen zum Eintritt in die Partei gedrängt wurden, sahen sich ehrgeizige Aufsteiger genötigt, sich der Disziplin der Partei zu unterwerfen, und konnten sich andererseits Parteigenossen deutlich bessere Karrierechancen als ihre parteilosen Konkurrenten ausrechnen. **(P13; P17)** Wahrscheinlich war die systematische Verknüpfung von Berufschancen, Privilegien und Parteimitgliedschaft auf lange Sicht ein weit wirksamerer Mechanismus zur Sicherung von Konformität als alle Schulungskurse und Aufmärsche zusammen.

Die Disziplin der Parteimitglieder ist aber nur zum Teil solch äußeren Faktoren zu verdanken. Hinzu kamen ganz spezifische Milieubindungen und Generationserfahrungen, die verschiedene Gruppen der Parteimitgliedschaft auf unterschiedliche Weise zu Loyalität und Folgebereitschaft disponierten.[16] Etliche Kader der älteren Generation, die bis zum Ende der DDR die Spitzenränge der Nomenklatura besetzten, stammten aus dem kommunistischen Parteimilieu der Zeit vor 1945. Zum Teil hatten sie die Konflikte und Krisen der Weimarer Republik miterlebt, hatten in den Internationalen Brigaden des Spanischen Bürgerkriegs gekämpft, waren von den Nationalsozialisten ins Exil getrieben worden oder hatten in deren Konzentrationslagern und Zuchthäusern gesessen. Sie sahen 1945 völlig selbstverständlich ihre Stunde gekommen, stellten sich sofort in den Dienst ihrer Partei und fanden sich auf einem Funktionärsposten wieder, kaum daß sie – wie Hermann Axen berichtet – auch nur Zeit gehabt hatten, ihre Buchenwalder Häftlingskleidung zu tauschen. **(P1)** Eine andere Gruppe fand durch die Erfahrung des nationalsozialistischen Terrors zur KPD/SED. Der Dresdner Romanist Victor Klemperer, ein Bildungsbürger jüdischer Herkunft, der den nationalsozialistischen Rassenwahn nur dank seiner privilegierten »Mischehe« überlebte, stieß 1945 in der Überzeugung zur KPD, nur diese würde wirklich radikal und endgültig mit dem Nationalsozialismus und seinen Mitläufern und Profiteuren brechen. **(P7)** Eine gewiß größere und wichtigere Gruppe kam aus der Generation der ehemaligen HJ- und BDM-Mitglieder, die ihre Sozialisation unter dem Nationalsozialismus erfahren hatten und durch Krieg, Niederlage, Besatzung und die Enthüllungen über die NS-Verbrechen in eine existentielle Orientierungslosigkeit geraten waren. Ihnen bot die SED mit dem Versprechen eines grundsätzlichen Neuanfangs, das durch die Verfolgungs- und Leidensgeschichte der KPD-Führer unter dem Nationalsozialismus scheinbar auf überzeugende Weise biographisch beglaubigt wurde, die Chance zur radikalen persönlichen Neuorientierung. Auf der Basis

---

16 Vgl. NIETHAMMER et al. 1991.

unausgesprochener Schuldgefühle und Exkulpationsbedürfnisse wurde so zwischen der KZ-Generation der alten KP-Vertreter und der neu zur SED stoßenden HJ-Generation ein politisch-moralischer Generationenvertrag geschlossen.[17] **(P18)** Für die in der DDR aufwachsende Generation wurden diese in die Vorgeschichte zurückweisenden Loyalitätsgründe immer weniger wichtig. Sie mußte sich in den Gegebenheiten und Gelegenheiten der sozialistischen Umwelt einrichten. Für viele wurde die Parteimitgliedschaft zu einer selbstverständlich oder widerwillig akzeptierten Begleiterscheinung und Voraussetzung beruflichen Aufstiegs und gesellschaftlicher Reputation. **(P13)** Wie groß der Anteil derer geworden war, die sich der Partei ohne tiefere politische Bindung aus Opportunismus eingefügt und untergeordnet hatten, wurde deutlich, als die SED-Herrschaft 1989 zusammenbrach und innerhalb eines halben Jahres rund zwei Millionen Parteimitglieder die SED/PDS verließen.[18] **(P20)**

Obwohl die SED-Ideologen behaupteten, der Marxismus-Leninismus befähige sie zu wissenschaftlicher Einsicht in den Gang der Weltgeschichte, und der Aufbau einer neuen, sozialistischen – in der fernen Perspektive: kommunistischen – Gesellschaft stets Fixpunkt ihrer Politik blieb, zeigte die programmatische Entwicklung der Partei charakteristische Phasen und Brüche. Die ersten programmatischen Äußerungen der KPD nach Kriegsende **(P2)** setzten bewußt nicht-sozialistische Akzente, propagierten einen breiten »antifaschistischen« Konsens, forderten den Aufbau einer parlamentarisch-demokratischen Republik und sprachen sich dagegen aus, »Deutschland das Sowjetsystem aufzuzwingen«, da dies nicht seinen gegenwärtigen Entwicklungsbedingungen entspräche.[19] Die Erklärung des Vereinigungsparteitages vom April 1946 sprach deutlicher vom Ziel des Sozialismus und erklärte die Eroberung der politischen Macht durch die Arbeiterklasse zu dessen zentraler Voraussetzung, zeigte aber mit ihrer Vermeidung leninistisch-stalinistischer Terminologie und einem (eingeschränkten) Bekenntnis zum »demokratischen Weg« noch erkennbare Zugeständnisse an die eben vereinnahmten Sozialdemokraten. **(P8)** Erst als die staatliche Teilung vollzogen war, die Polarisierungsdynamik des Kalten Krieges voll eingesetzt und sich der Machtapparat der Einheitspartei konsolidiert hatte, erklärte die SED die bedingungslose Übernahme des stalinistischen Sozialismusmodells zum Tagesziel. In einer rücksichtslos vorangetriebenen Radikalisierung steuerte die Ulbricht-Führung mit Rückendeckung aus Moskau den »planmäßigen Aufbau des Sozialismus« an **(P10)**, bis sich 1953 immer deutlicher herausstellte, daß sie den Bogen überspannt hatte. Der nun von der Sowjetunion verordnete Schwenk zu einem milderen Neuen Kurs kam zu spät, um den Aufstand vom Juni 1953 zu verhindern, der das SED-Regime in seine bis 1989 tiefste Krise stürzte. Auch wenn sich die Parteiführung in den folgenden Jahren in Einzelpunkten um taktische Mäßigung bemühte, verweigerte sie unter der Parole »Keine Fehlerdiskussion« und unter Rückzug auf die Agententheorie von der westlichen, gar »faschistischen« Steuerung des Aufstands jede substantielle Kurskorrektur. Der 17. Juni wurde zu einem traumatischen Datum, das die SED-Führung stets daran erinnerte, wie zerbrechlich die Grundlagen ihrer Herr-

---

17 Vgl. NIETHAMMER 1990; DIETRICH 1996.
18 HERBST et al. 1994, S. 913.
19 Vgl. zur Vorgeschichte ERLER et al. 1994.

schaft waren. Nicht nur die immer weiter ausgedehnte Stasi-Kontrolle (**S25; S28; S35; W39**), sondern auch die sozialpolitische Pazifizierung der Arbeiterschaft gehörten von nun an zur Staatsräson der DDR.[20] Dabei entfernte sich die SED nicht von ihrem Hauptziel eines radikalen, diktatorischen Umbaus von Wirtschaft und Gesellschaft. Anhaltende Schwierigkeiten und Widerstände wurden als Konsequenz kapitalistischer Relikte, Resultat westdeutscher Obstruktion und vor allem als Zeichen »falschen Bewußtseins« in der DDR-Bevölkerung gedeutet, dem die Partei mit ihrem vormundschaftlich-totalitären Erziehungsanspruch abzuhelfen gedachte: Ulbrichts »Zehn Gebote« von 1958 sind ein bizarres Dokument dieser kulturrevolutionär gestimmten Phase. (**P12**) Charakteristisch für die sechziger Jahre waren die Bemühungen um eine vorsichtige und gesteuerte Flexibilisierung des überzentralisierten Planungs- und Entscheidungsapparates im Zeichen des Neuen Ökonomischen Systems der Planung und Leitung (NÖSPL) und ein technizistischer Zukunftsoptimismus, der sich von den Segnungen der »wissenschaftlich-technischen Revolution« genug Schubkraft erhoffte, um endlich den westdeutschen Systemkonkurrenten zu »überholen, ohne einzuholen«. (**P14**) Dies waren die letzten Versuche, der grauen Wirklichkeit der ostdeutschen Mangelgesellschaft eine konkrete Utopie entgegenzusetzen. In der Ära Honecker ab 1971 regierte dagegen eine Mischung aus steriler Ideologie, die unverdrossen das kommunistische Fernziel beschwor, perfektionierter Stasi-Repression und Pragmatismus, der unter der Parole der »Einheit von Wirtschafts- und Sozialpolitik« merkliche Verbesserungen des Lebensstandards der DDR-Bevölkerung zu erreichen und so deren Loyalität zu sichern suchte – auch wenn dieser Kurs die ineffiziente Staatswirtschaft langfristig dem Bankrott entgegentrieb. (**P16**) Je mehr der antifaschistische Gründungsmythos verblaßte und die kommunistische Utopie nur noch in den scholastischen Übungen der Schulungsabende und in den Feiertagsreden der Politiker zu Hause war, desto mehr suchte der »real existierende Sozialismus« der Honecker-Ära seine Legitimität aus dem Versprechen einer autoritär geordneten »Sicherheitsgesellschaft«[21] zu ziehen.

Die SED hat ihr Verhältnis zu Staat und Gesellschaft mit der Formel von der »führenden Rolle« der Partei bezeichnet. Die DDR sei »die politische Organisation der Werktätigen in Stadt und Land unter der Führung der Arbeiterklasse und ihrer marxistisch-leninistischen Partei«, hieß es in Artikel 1 der Verfassung von 1974. (**P15; D2**) Der westdeutsche Kommentator der DDR-Verfassung Siegfried Mampel hat schon 1963 vorgeschlagen, diesen unpräzisen Euphemismus durch den Begriff der Suprematie, also der Oberhoheit und Oberherrschaft der SED über alle anderen Institutionen zu ersetzen.[22] Zweifellos wird dieser Begriff dem totalitären Steuerungsanspruch der SED weitaus besser gerecht. Obwohl es genügend Äußerungen und auch Gesetzesformulierungen gibt, die diesen Suprematieanspruch geltend machen, hat die SED bezeichnenderweise auf eine eindeutige zusammenfassende Regelung ihrer Oberhoheit gegenüber allen staatlichen Institutionen verzichtet und deren konkrete Ausgestaltung nach außen in einer diffusen Grauzone allgemeiner Generalklauseln

---

20 Vgl. KOWALCZUK et al. 1995.
21 Der Begriff bei MISSELWITZ 1996, S. 88. Vgl. auch MEUSCHEL 1992, S. 221–229.
22 MAMPEL 1982, S. 106 f.

verborgen. Überdies unterhielt und pflegte das SED-Regime bis zuletzt eigentlich funktionslos gewordene Institutionen der parlamentarischen Demokratie wie das Mehrparteiensystem, allgemeine Wahlen und Parlamente. Schaut man genauer hin, stellt sich heraus, daß es sich um Attrappen handelte, die Pluralismus und Volkssouveränität nur notdürftig vortäuschten. Tatsächlich sollten die Blockparteien vor allem dazu dienen, auch solche Bevölkerungsteile der SED-Politik zugänglich zu machen, die von der Partei selbst nicht zu erreichen waren, während Wahlen und Parlamenten die Funktion zukam, in einer Art institutionalisiertem Akklamations- und Demonstrationsritual die beschworene Einheit zwischen Volk und Regierung symbolisch zu inszenieren und dadurch den Entscheidungen der SED-Spitze eine Scheinlegitimation zu verschaffen.

3. »Blockparteien« und »Massenorganisationen« als Transmissionsriemen der SED

Bereits die Planung der KPD-Führung im Moskauer Exil hatte vorgesehen, alle Nachkriegsparteien in eine übergreifende Bewegung einzubinden. Die unmittelbar nach Gründung der KPD, SPD, CDU und LDPD im Juli 1945 gebildete Einheitsfront der antifaschistisch-demokratischen Parteien war ein erster Schritt in diese Richtung, da sie die Parteien zur Zusammenarbeit auf Basis des Konsensprinzips verpflichtete. Noch blieb den einzelnen Parteien aber einiger Spielraum, der sich in den folgenden Jahren in Konflikten etwa um die Bodenreform oder die Zukunft der Parlamente niederschlug.[23] In engem Zusammenspiel mit der SMAD, die renitente CDU-Politiker wie Andreas Hermes, Walter Schreiber, Jakob Kaiser und Ernst Lemmer aus ihren Funktionen entfernte, gelang es der SED, bis 1949/50 aus der »Einheitsfront« einen gefügigen Block zu formen, der ihrer Politik jederzeit Beifall spendete. Um den Restwiderstand der ursprünglich selbständigen »bürgerlichen« Parteien CDU und LDPD gegen den Führungsanspruch der SED zu schwächen, initiierten SMAD und SED im Frühjahr und Sommer 1948 die Gründung zweier Konkurrenzparteien, der Demokratischen Bauernpartei Deutschlands (DBD) und der National-Demokratischen Partei Deutschlands (NDPD), die vor allem die kleineren und mittleren Bauern sowie die ehemaligen Reichswehrsoldaten und NSDAP-Mitglieder ins politische System integrieren sollten. Ihre Abhängigkeit von der SED war schon dadurch gesichert, daß ein Gutteil ihres Führungspersonals aus bewährten KPD-Funktionären bestand. Der DBD-Vorsitzende Ernst Goldenbaum gehörte beispielsweise seit 1919 der KPD und ab 1946 der SED an, bevor er von 1948 bis 1982 die Leitung der Bauernpartei übernahm.[24] Zusammen mit diesen neuen Parteien wurde der SED-treue FDGB in die »Einheitsfront« aufgenommen, die sich im Sommer 1949 in »Demokratischer Block der Parteien und Massenorganisationen« umbenannte. **(P21)**

---

23 Siehe SUCKUT 1986 sowie den Überblicksartikel zur »Blockpolitik« in: HERBST et al. 1994, S. 123–129.
24 BARTH et al. 1996, S. 229.

Aus Sicht der SED sollten die Blockparteien jeweils eine spezifische soziale Klientel binden, auf die sie selbst als »Arbeiterpartei« keinen vorrangigen Anspruch erhob: Bauern, ehemalige Nazis, Vertreter des Kleingewerbes und des alten Bildungsbürgertums sowie Christen aus unterschiedlichen Teilen der Gesellschaft. Welche Integrationserfolge mit dieser mechanistischen Politik tatsächlich erreicht wurden, sei dahingestellt. Jedenfalls waren die Blockparteien seit Gründung der DDR kein eigenständiger Faktor auf der politischen Bühne mehr. Die Abteilungen Leitende Organe der Partei und der Massenorganisationen bzw. Befreundete Organisationen des ZK der SED hielten sie fest im Griff und ließen sich alle relevanten Sach- und Personalfragen der Parteien zur Bestätigung vorlegen. (P24; W24) Und das Führungspersonal der Blockparteien ließ sich in der Regel willig führen. (W22; W24) So hieß es 1958 in einem MfS-Bericht über den Generalsekretär der CDU, Gerald Götting: »Es ist im Haus der Parteileitung [der CDU – R.J.] allgemein bekannt, daß *Götting* aus Gründen der Bequemlichkeit eine ihm persönlich nicht genehme Diskussion beendet mit dem Bemerken: ›Das habe ich mit dem ZK vereinbart!‹ oder ›Die Genossen des ZK wünschen das so und nicht anders!‹«[25] Die Blockparteien übernahmen das Prinzip des Demokratischen Zentralismus, ordneten sich dem Führungsanspruch der SED unter und stimmten den Rhythmus ihrer Parteitage wie den Inhalt der dort gefaßten Beschlüsse auf die entsprechenden Kongresse der Einheitspartei ab. (P29)

Wie die »bürgerlichen« Parteien gerieten auch Vereine und Interessenverbände in den Sog politischer Formierung und wurden nach einer Übergangs- und Umformungsphase in den vierziger Jahren zu weitgehend gleichgeschalteten Bestandteilen der »Organisationsgesellschaft« DDR.[26] Die Einheitsgewerkschaft FDGB, die Jugendorganisation FDJ, der Demokratische Frauenbund Deutschlands (DFD), der Kulturbund und die Gesellschaft für Deutsch-Sowjetische Freundschaft (DSF) waren die größten und wichtigsten »Massenorganisationen«. Der Begriff der Massenorganisation bezeichnete dabei nicht allein deren quantitative Größe, sondern aus Sicht der kommunistischen Ideologie eine besondere, der marxistisch-leninistischen Kader- und Avantgardepartei nachgeordnete Qualität, die sie auf letztlich unselbständige Vermittlungs- und Hilfsfunktionen bei der Popularisierung und Durchsetzung der SED-Politik reduzierte. Bei jeder Massenorganisation wird man daher zwei verflochtene Funktionsbereiche unterscheiden können: Erstens einen Bereich eher unpolitischer Service-, Versorgungs- und Dienstleistungsfunktionen, der den Interessen der Mitgliedschaft entgegenkam, und zweitens die von der Partei zugewiesene Funktion eines Transmissionsriemens der offiziellen Politik, die sich in ihrer konsultativen Beteiligung an Entscheidungsprozessen auf unterer Ebene, ihrer Schulungs- und Erziehungsarbeit und ihrer Rolle in den immer wiederkehrenden Mobilisierungskampagnen für alle möglichen politischen und ökonomischen Ziele niederschlug. Aus der Mischung dieser Funktionen entstand ein Organisationstypus, der sich von dem vergleichbarer Verbände etwa der Bundesrepublik weit entfernte.

---

25 Informationen aus dem MfS über die Lage der Ost-CDU nach dem Tod von Otto Nuschke, 7.8.1958, SAPMO BArch DY 30/IV 2/15/3. Zit. nach: HOFFMANN et al. 1993, S. 323–328, hier: S. 326. Hervorhebung im Original.
26 Vgl. POLLACK 1990.

Der FDGB, dem fast alle Arbeitnehmer der DDR angehörten, war 1946 als parteiübergreifende Einheitsorganisation gegründet worden.[27] Zwischen 1948 und 1950 wurde er zu einer unselbständigen Massenorganisation umgebaut, die sich dem Führungsanspruch der SED unterordnete. **(P30)** Die klassischen Aufgaben gewerkschaftlicher Interessenvertretung reduzierten sich auf sorgfältig eingegrenzte Mitwirkungsmöglichkeiten der Betriebsgewerkschaftsleitungen, die die Betriebsräte abgelöst hatten. **(P31; P33)** Weit gewichtiger wurden seine Disziplinierungs- und sozialpolitischen Verteilungsfunktionen: die Instrumentalisierung des FDGB für immer neue Kampagnen zur Steigerung von Produktivität und Arbeitsdisziplin auf der einen und die Organisation des FDGB-Feriendienstes und der Sozialversicherung, seit 1956 in der Hand des FDGB, auf der anderen Seite. Der FDGB-Feriendienst vermittelte in den siebziger und achtziger Jahren Millionen von Ferienreisen **(G52)**, nicht ohne die Vergabe der Ferienschecks mit erzieherischen Absichten zu verknüpfen. **(P28; P32)**

Eine prinzipiell ähnliche Funktionsverteilung läßt sich bei der FDJ feststellen, die ihre Transformation zur Parteijugend mit ihrer »Verfassung« von 1952 besiegelte. **(P23)** Junge Pioniere und FDJ erfaßten einen sehr hohen Prozentsatz aller Kinder und Jugendlichen ab dem sechsten Lebensjahr und führten sie mit einer Mischung aus organisierter Freizeitgestaltung, politischer Schulung, Mobilisierung und Disziplinierung in die Rollenmuster der Organisationsgesellschaft ein. **(P26; P27; P34)**

Auf Basis des formierten Parteienblocks wurden seit 1950 allgemeine Wahlen zur Volkskammer und zu den lokalen Gemeindevertretungen arrangiert und parlamentarische Körperschaften zusammengesetzt. Trägerin der Wahlkampagnen war die 1949 gegründete Nationale Front, der außer den Blockparteien eine große Zahl von Verbänden und Massenorganisationen angehörten. Sie stellte unter Anleitung der SED eine Einheitsliste zusammen, auf der die prozentuale Verteilung der Mandate von vornherein festgelegt war. **(P22)** Obwohl sich die SED nach außen mit einer Minderheit der Mandate zufriedengab, war ihre Majorität nicht nur durch die Dienstbarkeit der Blockparteien, sondern auch dadurch gesichert, daß zahlreiche Mandatsträger der Massenorganisationen gleichzeitig der SED angehörten und damit der Parteidisziplin unterstanden. Bei den Wahlen, die mit großem propagandistischen Aufwand als pseudoplebiszitäre Zustimmung zum Kurs von Partei und Regierung inszeniert wurden, hatten die Bürger der DDR nur die Möglichkeit, der Einheitsliste insgesamt zuzustimmen, sie insgesamt abzulehnen oder einzelne Kandidaten zu streichen. Eine Auswahl zwischen den Parteien bestand ebensowenig wie die Chance, durch die Stimmabgabe die prozentuale Verteilung der Mandate auf die beteiligten Parteien zu verändern. Da die Wahlhandlung faktisch öffentlich war, hatte die Möglichkeit, einzelne Kandidaten auf der Liste zu streichen oder die Liste insgesamt abzulehnen, praktisch keine Bedeutung. Wie interne Anweisungen zur Stimmenauszählung zeigen, mußte sich ein Wähler schon einige Mühe geben und angesichts der Öffentlichkeit der Wahl auch die gefährliche Selbststigmatisierung als nonkonformer Kopf nicht scheuen, wenn er seine Ablehnung der Einheitsliste zu Protokoll geben wollte. **(P25)** Es gehörte zu den Paradoxien der SED-Diktatur, daß diese Wahlen keinerlei Einfluß

---

27 Vgl. GILL 1989. Für Hinweise zur Auswahl der Dokumente zum FDGB danke ich Sebastian Simsch.

auf die politischen Kräfteverhältnisse hatten und die SED dennoch größten Wert auf die übliche 99-Prozent-Zustimmung legte, um sich die angebliche Einheit von Volk und Herrschaft bestätigen zu lassen. Weil schon wenige Gegenstimmen ausreichten, um diese Behauptung als Fiktion zu entlarven, mußten die Wahlergebnisse auch noch gefälscht werden, wenn die Zahl der Gegenstimmen aller Vorsichtsmaßnahmen zum Trotz zu groß wurde. Nur vor diesem Hintergrund ist es verständlich, warum die unabhängigen Bürgerkontrollen der Kommunalwahlen im Mai 1989 solch große symbolische Wirkung im Vorfeld der Herbstrevolution haben konnten: Einmal beim Wort genommen, brach die Legitimationsfassade zusammen. **(P35; P36)**

4. Justiz und Verwaltung im Dienste der Staatspartei

Blockprinzip und Wahlrechtsmanipulation brachten die Parlamente unter feste Kontrolle der SED. Ein ähnlicher Aufwand wurde mit der Steuerung der Judikative betrieben.[28] Nach Ende des Krieges wurde ein sehr großer Teil der Richter- und Staatsanwaltschaft im Zuge der Entnazifizierung entlassen. Die Justizverwaltung nutzte diese durch die extrem hohe NS-Belastung der Juristen gerechtfertigten Eingriffe dazu, das Justizpersonal von Anfang an eng an die neue Ordnung zu binden. In den ersten Nachkriegsjahren lag ein Gutteil der Rechtsprechung in der Hand sogenannter Volksrichter, die lediglich durch kurze Lehrgänge auf ihr Amt vorbereitet worden waren – nicht Fachqualifikation, sondern politische Sauberkeit war die entscheidende Voraussetzung. Aber auch als die Juristenausbildung in den fünfziger Jahren wieder professionalisiert wurde, geschah dies an Universitätsfakultäten, deren Professorenschaft praktisch vollständig gegen Parteigänger der SED ausgetauscht worden war.[29] **(P43)**

Politische Strafjustiz, also die Unterdrückung abweichender politischer Meinungen und Handlungen mit justizförmigen Mitteln, hat es bis zum Ende der DDR gegeben. Besonders drastisch fiel die Instrumentalisierung der Rechtsprechung zum Zwecke der Herrschaftssicherung, der Unterdrückung oppositioneller Meinungen und zur Durchsetzung gesellschaftspolitischer Ziele in den fünfziger Jahren aus. Berüchtigt sind die »Waldheimer Prozesse« des Jahres 1950, in denen über 3 000 bisher nicht verurteilte ehemalige Insassen sowjetischer Internierungslager, denen man – teils zu Recht, teils zu Unrecht – NS-Verbrechen zu Lasten legte, nach Regieanweisung der SED-Spitze in Schnellverfahren, die allen rechtsstaatlichen Anforderungen Hohn sprachen, abgeurteilt wurden.[30] Auf andere Weise instrumentalisiert wurde die Justiz z. B. in der »Aktion Rose« vom Frühjahr 1953, als die Polizei Hunderte von Hotels und Pensionen an der mecklenburgischen Ostseeküste nach Beweisen für angebliche Wirtschaftsvergehen durchsuchte, die dann von den Gerichten mit drakonischen Strafen geahndet wurden, zu denen regelmäßig Enteignungen gehörten. Diese waren das eigentliche Ziel der Kampagne, denn die Aktion sollte den FDGB-Ferien-

---

28 Vgl. DILCHER 1994; ROTTLEUTHNER 1994a; ROTTLEUTHNER 1994b.
29 Vgl. PFANNKUCH 1993; JESSEN 1994.
30 Vgl. EISERT 1993 und WERKENTIN 1997, S. 161–183.

dienst mit eigenen Quartieren ausstatten.[31] **(P28; P38)** In den fünfziger Jahren fanden auch jene eklatanten Fälle politischen Justizmißbrauchs statt, in denen Walter Ulbricht durch Federstrich Freiheitsstrafen in Todesstrafen umwandelte.[32] Neben diesen spektakulären Fällen gab es die alltägliche politische Strafjustiz, die jährlich Tausende traf und deren reibungsloses Funktionieren angesichts einer weitgehend gefügigen Richterschaft nicht mehr von der ständigen einzelfallbezogenen Anleitung durch Parteistellen abhing. Schwammig formulierte, beliebig definierte politische Delikte wie »Beeinträchtigung staatlicher oder gesellschaftlicher Tätigkeit«, »ungesetzliche Verbindungsaufnahme« oder »öffentliche Herabwürdigung« dienten der strafrechtlichen Unterdrückung politisch Andersdenkender und legten zugleich einen diffusen Schleier der Bedrohung über jedes unangepaßte Verhalten, so daß ihre disziplinierende Wirkung weit über den Kreis der unmittelbar Betroffenen hinausreichte.

Zu einem der bekanntesten Symbole der Unterordnung von Recht und Rechtswissenschaft unter die Politik wurde die Babelsberger Konferenz vom 2. und 3. April 1958, auf der Ulbricht in einer Grundsatzrede mit den letzten Relikten »bürgerlicher« Auffassungen von der Unabhängigkeit der Rechtswissenschaft aufräumte. Die Konferenz prägte das Rechtsverständnis der folgenden Jahrzehnte nachhaltig. Sie trug dazu bei, daß der Regelcharakter des Rechts aufgelöst und subjektive, einklagbare Rechte des Bürgers gegenüber dem Staat bedeutungslos wurden. Konsequenterweise wurde in ihrem Gefolge das Verwaltungsrecht, das die Rechtsbeziehungen zwischen Staat und Bürgern zu regeln beansprucht, aufgehoben.[33] **(P39; P40)**

Im Alltagshandeln der staatlichen Verwaltung verschaffte die SED ihrem Herrschaftsanspruch durch eine gezielte Personalpolitik und die unmittelbare Steuerung staatlicher Instanzen Geltung. »Herrschaft durch Kader« – nach diesem Grundsatz kommunistischer Machtpolitik verwandte die SED viel Energie auf die Auswahl, Schulung, Plazierung und Kontrolle loyaler Staatsfunktionäre.[34] Gemäß dem Nomenklatur-Prinzip wurden Verzeichnisse von Positionen aus allen Bereichen von Partei, Staat und Gesellschaft angelegt, in denen geregelt war, welche Parteiinstanz über ihre Besetzung endgültig zu entscheiden hatte. Das erste Nomenklatursystem wurde schon vor Gründung der DDR am 8. März 1949 vom Politbüro beschlossen. Es verzeichnete 18 bzw. 19 Funktionen in Partei, Staat und Massenorganisationen, die vom Politbüro oder dem Kleinen Sekretariat zu besetzen waren, unter ihnen alle Mitglieder der Deutschen Wirtschaftskommission sowie die Präsidenten und Vizepräsidenten der Innen-, Justiz- und Volksbildungsverwaltung.[35] In den folgenden Jahrzehnten wurde dieses System ausgebaut und auf die anderen hierarchischen Ebenen ausgedehnt. **(P45)** Je näher man der Spitze der Verwaltungspyramide kam, desto zwingender wurde die SED-Mitgliedschaft: 1985 gehörten von den leitenden Funktionären und wissenschaftlichen Mitarbeitern des zentralen Staatsapparates 74 Prozent, von den Mitarbeitern der Bezirksverwaltungen 62 Prozent, der Kreisverwaltungen 55 Pro-

---

31 Siehe WERKENTIN 1997, S. 56–69.
32 Vgl. NAMEN DES VOLKES? 1994, S. 219.
33 Siehe MOLLNAU 1994; ECKERT 1993.
34 Vgl. GLAESSNER 1977.
35 KAISER 1993, S. 76.

zent, der Gemeindeverwaltung in Orten über 10 000 Einwohnern 35 Prozent und in kleineren Orten nur 16 Prozent der SED an. (P17) Die SED-Mitglieder waren nicht nur individuell verpflichtet, die Parteipolitik umzusetzen, sondern bildeten in ihrer jeweiligen Dienststelle eine organisierte Gruppe, die diszipliniertes und koordiniertes Vorgehen sicherte. In jedem Bereich der staatlichen Verwaltung existierte so eine Doppelstruktur aus Partei- und Staatsinstanzen, wobei erstere im Zweifelsfall das Sagen hatte.

Unabhängig von dieser personellen Verflechtung zwischen Partei und Staat konnte die SED-Spitze unmittelbar auf alle staatlichen Entscheidungen Einfluß nehmen. Schon am 17. Oktober 1949, zehn Tage nach Gründung der DDR, erließ das Kleine Sekretariat des Politbüros vertrauliche Richtlinien zur Steuerung und Kontrolle der Regierung. (P37) Alle Beschlußvorlagen, Gesetzes- und Verordnungsentwürfe von einigem Belang mußten danach vor ihrer Verabschiedung durch Regierung und Parlament dem Politbüro der SED bzw. dessen Sekretariat zur Genehmigung vorgelegt werden. Für weniger wichtige Dinge waren die Abteilungen des Parteivorstandes bzw. später des Zentralkomitees zuständig, die auch für die Ausarbeitung der Vorlagen an das Politbüro verantwortlich waren und die sich in der Folgezeit zu einer Art parallelem Regierungsapparat ausdifferenzierten, dem die »offiziellen« Ministerien faktisch als ausführende Organe zugeordnet waren. Wenn man so will, steckt in den dürren Paragraphen dieser geheimen Richtlinie die eigentliche Verfassungsurkunde der eben gegründeten DDR, die in anderen Gesetzen später sogar offen »bestätigt« wurde. (P41)

Mit unbeschränkten Entscheidungskompetenzen ausgestattet, wurde das Politbüro der SED so zur »Zentrale der Diktatur«, zur eigentlichen Regierung ohne jede Rechtsbindung und Kontrolle, die auf ihren routinemäßigen Dienstagssitzungen über alles und jeden entscheiden konnte. Obwohl man sich bemühte, die Entscheidungsspitze von Bagatellsachen zu entlasten, lag es in der Natur des diktatorischen Systems, daß untere Instanzen alle irgendwie problematischen Fragen nach oben weiterreichten, um sich selbst vor dem Risiko einer Fehlentscheidung oder unberechenbaren Änderung der politischen Linie zu schützen. Die Beschlußprotokolle des Politbüros lesen sich denn auch oft wie der Terminkalender eines desorganisierten Managers, der unfähig ist, Aufgaben und Entscheidungen zu delegieren. So war es nicht ungewöhnlich, wenn auf einer Sitzung nacheinander über den Wohnungsbau, die Engpässe bei der Produktion von Klosettbecken, die Versorgung mit Äpfeln, Orangen und Zwiebeln, die Entwicklung der Kriminalität, über Termine des Außenministers, die Entsendung von ZK-Delegationen zu den Kongressen kommunistischer Parteien anderer Länder und über den Stand der DDR-Devisenreserven gesprochen wurde. (P42) Als Konsequenz der angemaßten Suprematie der SED stellte sich eine »strukturelle Entdifferenzierung« ein, da alle Fragen, die sonst nach Regeln und Maßstäben des Rechts, der Wirtschaft oder der Kultur von autonomen Institutionen entschieden worden wären, unter dem Interventionsvorbehalt und Letztentscheid der Partei standen.[36] Auf allen Ebenen der Partei – vom Politbüro bis zum 1. Sekretär einer SED-Kreisleitung – schlug sich dies in einer chronischen Überla-

---

36 Vgl. MEUSCHEL 1993; LEPSIUS 1994.

stung der Entscheidungsträger noch mit den letzten Detailproblemen dieser an Problemen so reichen Mangelgesellschaft nieder: Was dem Politbüro die Zwiebelversorgung im April war, waren dem 1. Sekretär vor Ort das Salzgebäck zu Weihnachten und die stockende Kohleversorgung. **(P44)** So spiegelt denn die vierzigjährige Geschichte von Partei, Staat und Massenorganisationen in der DDR sowohl den mit deutscher Gründlichkeit betriebenen Aufbau eines totalitären Herrschaftsapparates als auch dessen innere Grenzen wider. Gerade die angemaßte Allmacht und Allzuständigkeit des illegitimen Parteiregimes führten zu Selbstüberforderung, Innovationsunfähigkeit und Selbstbetrug – und zerrütteten damit selbst die Bestandsbedingungen der Diktatur. **(P46)**

Dokumente

1. Konstituierung und Festigung der SED-Herrschaft

P1: *»Zu gleicher Zeit haben wir bereits Parteiarbeit geleistet ...«*
Hermann Axen erinnert sich an den Beginn seiner Nachkriegskarriere
1945

Bei der Entlassung aus Buchenwald hatte ich einen Anzug bekommen, der mir zwar paßte, aber eingenähte Streifen hatte. Solche Anzüge bekamen Häftlinge, wenn sie von den Nazis als Zeugen zu Gerichtsprozessen mußten oder wenn sie unter Aufsicht an Begräbnissen von Angehörigen teilnehmen durften. Den Anzug trug ich noch, als ich in Dresden Ministerialrat geworden war, bis Jenny, die Frau von Hermann Matern, veranlaßte, daß ich einen neuen Anzug bekam. Sie meinte, so könnte ich nicht mehr herumlaufen.

In Leipzig wurde ich gleich Mitglied eines antifaschistischen Beirates, der bei dem ersten amerikanischen Stadtkommandanten von Leipzig, einem Oberstleutnant, gebildet wurde und aus 11 Leuten bestand. Zu gleicher Zeit haben wir bereits Parteiarbeit geleistet, doch waren Parteien offiziell noch nicht zugelassen. Wir nannten uns »Buchenwalder«. Als Leiter fungierten Harry Kuhn, Rudi Jahn, Kurt Roßberg und ich selbst. Hinzu kamen Genossen aus anderen Lagern und aus Zuchthäusern. Stefan Heymann kam aus Monowitz (Monowicze), einem Zweiglager von Auschwitz. Es dauerte aber nicht lange, bis die amerikanischen von den sowjetischen Besatzungstruppen abgelöst wurden.

Als die Sowjettruppen kamen, hatten wir überall in Leipzig Plakate mit der Aufschrift »Wir grüßen die Rote Armee« angebracht. Das geschah im Namen von 16 Antifaschisten – Rückkehrer aus den Konzentrationslagern und Zuchthäusern und andere, die illegal gearbeitet hatten usw. In Leipzig gab es auch noch Überlebende aus der Gruppe von Georg Schumann. Auf dem Plakat waren alle Namen aufgeführt; hinter meinem Namen stand »Jungarbeiter«, immerhin war ich erst 29 Jahre alt. Nachdem die sowjetischen Truppen eingerückt waren, wurde ich dem Kommandanten von Leipzig, General Trofanow und Oberst Morosow, dem Politoffizier, vorgestellt. [...]

Ich wurde Stadtdirektor beim Stadtrat für Arbeit und Soziales und saß im Rathaus. Stadtrat war Paul Kloß, ein alter Genosse, der viele Jahre im Zuchthaus gesessen und dann in Leipzig überlebt hatte. Meine Funktion war die des Leiters bzw. Vorsitzenden des Stadtjugendausschusses. Denn es entsprach einer Empfehlung von Shukow, antifaschistische Jugendausschüsse zu bilden. Über Harry Kuhn bekamen wir die Orientierung der Partei, nicht sofort einen Jugendverband zu gründen; erst müsse die Frage der Parteigründungen geklärt werden. Es kam darauf an, die Zusammensetzung dieser Ausschüsse sehr breit zu gewährleisten.

AXEN 1996, S. 69 f.

P2: *Antifaschistische Bündnistaktik. Der erste KPD-Aufruf nach Kriegsende 11. Juni 1945*

Schaffendes Volk in Stadt und Land! Männer und Frauen! Deutsche Jugend! Wohin wir blicken, Ruinen, Schutt und Asche. Unsere Städte sind zerstört, weite ehemals fruchtbare Gebiete verwüstet und verlassen. Die Wirtschaft ist desorganisiert und völlig gelähmt. Millionen und aber Millionen Menschenopfer hat der Krieg verschlungen, den das Hitlerregime verschuldete. Millionen wurden in tiefste Not und größtes Elend gestoßen.

Eine Katastrophe unvorstellbaren Ausmaßes ist über Deutschland hereingebrochen, und aus den Ruinen schaut das Gespenst der Obdachlosigkeit, der Seuchen, der Arbeitslosigkeit, des Hungers.

Und wer trägt daran die Schuld?

Die Schuld und Verantwortung tragen die gewissenlosen Abenteurer und Verbrecher, die die Schuld am Kriege tragen. Es sind die Hitler und Göring, Himmler und Goebbels, die aktiven Anhänger und Helfer der Nazipartei. Es sind die Träger des reaktionären Militarismus, die Keitel, Jodl und Konsorten. Es sind die imperialistischen Auftraggeber der Nazipartei, die Herren der Großbanken und Konzerne, die Krupp und Röchling, Poensgen und Siemens. [...]

Nicht nur der Schutt der zerstörten Städte, auch der reaktionäre Schutt aus der Vergangenheit muß gründlich hinweggeräumt werden. Möge der Neubau Deutschlands auf solider Grundlage erfolgen, damit eine dritte Wiederholung der imperialistischen Katastrophenpolitik unmöglich wird.

Mit der Vernichtung des Hitlerismus gilt es gleichzeitig, die Sache der Demokratisierung Deutschlands, die Sache der bürgerlich-demokratischen Umbildung, die 1848 begonnen wurde, zu Ende zu führen, die feudalen Überreste völlig zu beseitigen und den reaktionären altpreußischen Militarismus mit allen seinen ökonomischen und politischen Ablegern zu vernichten.

Wir sind der Auffassung, daß der Weg, Deutschland das Sowjetsystem aufzuzwingen, falsch wäre, denn dieser Weg entspricht nicht gegenwärtigen Entwicklungsbedingungen in Deutschland.

Wir sind vielmehr der Auffassung, daß die entscheidenden Interessen des deutschen Volkes in der gegenwärtigen Lage für Deutschland einen anderen Weg vorschreiben, und zwar den Weg der Aufrichtung eines antifaschistischen, demokratischen Regimes, einer parlamentarisch-demokratischen Republik mit allen demokratischen Rechten und Freiheiten für das Volk.

An der gegenwärtigen historischen Wende rufen wir Kommunisten alle Werktätigen, alle demokratischen und fortschrittlichen Kräfte des Volkes zu diesem großen Kampf für die demokratische Erneuerung Deutschlands, für die Wiedergeburt unseres Landes auf.

Aufruf des Zentralkomitees der Kommunistischen Partei Deutschlands an das deutsche Volk zum Aufbau eines antifaschistisch-demokratischen Deutschlands vom 11. Juni 1945. In: Deutsche Volkszeitung vom 13. Juni 1945.

P3: *Avantgardeanspruch und innerparteiliche Diktatur*
Januar 1949

IV. Die Entwicklung der SED zu einer Partei neuen Typus

1. Die großen Aufgaben, die vor dem werktätigen Volke Deutschlands stehen, machen es erforderlich, das große historische Versäumnis der deutschen Arbeiterbewegung nachzuholen und die SED zu einer Partei neuen Typus zu entwickeln. [...]
2. Die Kennzeichen einer Partei neuen Typus sind:
Die marxistisch-leninistische Partei ist die bewußte Vorhut der Arbeiterklasse. Das heißt, sie muß eine Arbeiterpartei sein, die in erster Linie die besten Elemente der Arbeiterklasse in ihren Reihen zählt, die ständig ihr Klassenbewußtsein erhöhen. Die Partei kann ihre führende Rolle als Vorhut des Proletariats nur erfüllen, wenn sie die marxistisch-leninistische Theorie beherrscht, die ihr die Einsicht in die gesellschaftlichen Entwicklungsgesetze vermittelt. Daher ist die erste Aufgabe zur Entwicklung der SED zu einer Partei neuen Typus die ideologisch-politische Erziehung der Parteimitglieder und besonders der Funktionäre im Geiste des Marxismus-Leninismus.
Die Rolle der Partei als Vorhut der Arbeiterklasse wird in der täglichen operativen Leitung der Parteiarbeit verwirklicht. Sie ermöglicht es, die gesamte Parteiarbeit auf den Gebieten des Staates, der Wirtschaft und des Kulturlebens allseitig zu leiten. Um dies zu erreichen, ist die Schaffung einer kollektiven operativen Führung der Partei durch die Wahl eines Politischen Büros (Politbüro) notwendig.
Die marxistisch-leninistische Partei ist die organisierte Vorhut der Arbeiterklasse. Alle Mitglieder müssen unbedingt Mitglied einer der Grundeinheiten der Partei sein. Die Partei stellt ein Organisationssystem dar, in dem sich alle Glieder den Beschlüssen unterordnen. Nur so kann die Partei die Einheit des Willens und die Einheit der Aktion der Arbeiterklasse sichern. [...]
Die marxistisch-leninistische Partei beruht auf dem Grundsatz des demokratischen Zentralismus. Dies bedeutet die strengste Einhaltung des Prinzips der Wählbarkeit der Leitungen und Funktionäre und der Rechnungslegung der Gewählten vor den Mitgliedern. Auf dieser innerparteilichen Demokratie beruht die straffe Parteidisziplin, die dem sozialistischen Bewußtsein der Mitglieder entspringt. Die Parteibeschlüsse haben ausnahmslos für alle Parteimitglieder Gültigkeit, insbesondere auch für die in Parlamenten, Regierungen, Verwaltungsorganen und in den Leitungen der Massenorganisationen tätigen Parteimitglieder.
Demokratischer Zentralismus bedeutet die Entfaltung der Kritik und Selbstkritik in der Partei, die Kontrolle der konsequenten Durchführung der Beschlüsse durch die Leitungen und die Mitglieder.
Die Duldung von Fraktionen und Gruppierungen innerhalb der Partei ist unvereinbar mit ihrem marxistisch-leninistischen Charakter. [...]
Die marxistisch-leninistische Partei ist vom Geiste des Internationalismus durchdrungen. [...] Sie erkennt die führende Rolle der Sowjetunion und der KPdSU (B)

im Kampfe gegen den Imperialismus an und erklärt es zur Pflicht jedes Werktätigen, die sozialistische Sowjetunion mit allen Kräften zu unterstützen.

Entschließung der Ersten Parteikonferenz: Die nächsten Aufgaben der Sozialistischen Einheitspartei Deutschlands. In: PROTOKOLL 1949, S. 514–531.

P4: Die Partei hat immer recht
1950

Sie hat uns alles gegeben.
Sonne und Wind. Und sie geizte nie.
Wo sie war, war das Leben.
Was wir sind, sind wir durch sie.
Sie hat uns niemals verlassen.
Fror auch die Welt, uns war warm.
Uns schützte die Mutter der Massen,
Uns trägt ihr mächtiger Arm.
Die Partei,
Die Partei, die hat immer recht!
Und, Genossen, es bleibe dabei;
Denn wer kämpft für das Recht,
Der hat immer recht
Gegen Lüge und Ausbeuterei.
Wer das Leben beleidigt,
Ist dumm oder schlecht.
Wer die Menschheit verteidigt,
Hat immer recht.
So, aus Leninschem Geist,
Wächst, von Stalin geschweißt,
Die Partei – die Partei – die Partei.
[...]

Fürnberg, Louis: Die Partei. In: WEBER 1968, S. 56 f.

P5: Die Pflichten der SED-Mitglieder
22. Mai 1976

Das Parteimitglied ist verpflichtet:
a) die Einheit und Reinheit der Partei als die wichtigste Voraussetzung ihrer Kraft und Stärke stets zu wahren und sie in jeder Weise zu schützen; am Leben der Partei und regelmäßig an den *Mitgliederversammlungen* teilzunehmen;
b) aktiv die Parteibeschlüsse zu verwirklichen, unablässig die Deutsche Demokratische Republik allseitig zu stärken, für ein hohes Entwicklungstempo der sozialistischen Produktion, die Erhöhung der Effektivität, den wissenschaftlich-techni-

schen Fortschritt und das Wachstum der Arbeitsproduktivität zu wirken; eine vorbildliche sozialistische Einstellung zur Arbeit zu beweisen, Bahnbrecher des Neuen zu sein, bei der Verbreitung der fortschrittlichen Erfahrungen in der Produktion an der Spitze zu stehen, den anderen Arbeitskollegen Achtung und Aufmerksamkeit entgegenzubringen und vorbildlich die gesellschaftlichen Pflichten zu erfüllen; [...]

c) [...] Jedes Parteimitglied führt den kompromißlosen Kampf gegen alle Erscheinungen des Antikommunismus, Antisowjetismus, Nationalismus und Rassismus. Es enthüllt das menschenfeindliche Wesen des Imperialismus und tritt unermüdlich für Frieden und Freundschaft zwischen den Völkern ein; [...]

g) seine Arbeit in den staatlichen und wirtschaftlichen Organen und in den Massenorganisationen entsprechend den Beschlüssen der Partei im Interesse der Werktätigen zu leisten, die Partei- und Staatsdisziplin zu wahren, die für alle Mitglieder der Partei in gleichem Maße bindend ist. Wer die Partei- und Staatsdisziplin verletzt, ist, unabhängig von seinen Verdiensten und seiner Stellung, zur Verantwortung zu ziehen; [...]

h) [...] Kein Parteimitglied darf Mißstände verbergen und Handlungen, die die Interessen der Partei und des Staates schädigen, mit Stillschweigen übergehen.
Jedes Parteimitglied kämpft konsequent um die Einhaltung der sozialistischen Gesetzlichkeit, von Ordnung, Disziplin und Sicherheit; [...]

i) aufrichtig und ehrlich gegenüber der Partei zu sein und nicht zuzulassen, daß die Wahrheit verheimlicht oder entstellt wird. Unaufrichtigkeit eines Parteimitgliedes gegenüber der Partei ist ein ernstes Vergehen; [...]

j) Partei- und Staatsgeheimnisse zu wahren, in allen Fragen politische Wachsamkeit zu üben und sich stets bewußt zu sein, daß Wachsamkeit der Parteimitglieder auf jedem Gebiet und in jeder Lage notwendig ist.
Der Verrat von Partei- und Staatsgeheimnissen ist ein Verbrechen an der Partei, dem sozialistischen Staat und der Arbeiterklasse. Er ist unvereinbar mit der Zugehörigkeit zur Partei.

k) überall, in jeder Stellung die Weisungen der Partei über die richtige Auswahl und Förderung der Parteiarbeiter nach ihrer politischen und fachlichen Eignung zu befolgen, die notwendige Wachsamkeit zu üben, herzloses und bürokratisches Verhalten in der Arbeit mit den Menschen zu bekämpfen. Wer die Parteiprinzipien bei der Auswahl und Förderung der Parteiarbeiter verletzt, nicht die notwendige Wachsamkeit übt, Mitarbeiter auf Grund freundschaftlicher oder verwandtschaftlicher Beziehungen oder persönlicher Ergebenheit auswählt, ist zur Verantwortung zu ziehen.

Statut der SED vom 22. Mai 1976. In: PROGRAMM 1976, S. 110–112.

P6: Alltag im Politbüro achtziger Jahre

Der Wochenablauf auf der Politbüroetage wurde vor allem vom stetig wiederkehrenden Rhythmus der Arbeit der Parteiführung bestimmt, der irgendwann in früherer Zeit einmal festgelegt worden war. Dieser Wochenablauf begann eigentlich am Wochenende, wenn die Mitglieder des Politbüros zu Hause oder auf der Datsche riesige Stapel von Beschlußvorlagen und Informationen durcharbeiteten, die in den Sitzungen des Politbüros (dienstags) oder Sekretariats (mittwochs) eine Rolle spielen sollten. Diese Papierstapel wurden ihnen freitags am Nachmittag in drei bis vier besonders kenntlich gemachten Aktenkoffern vom »Büro des Politbüros« zugestellt bzw. waren dort von den Chefsekretärinnen oder den »Begleitern« (Leibwächtern) abzuholen.

Am Montag schleppten die Begleiter und Fahrer meist mehrere große schwarze Aktenkoffer hinter sich her. Hatte das betreffende PB-Mitglied eigene wichtige Beschlußvorlagen seines Bereiches mit unterschrieben und es nicht vor den Sitzungen geschafft, sich über den allgemein üblichen Trick einen Vorab-Vermerk des Generalsekretärs »Einverstanden E.H.«[37] zu verschaffen, gab es Unruhe und Nervosität, die den ganzen Montag über zu spüren war. Man sprach sich rasch noch mit Vertretern der Fachabteilungen und Bereiche ab, die an der Ausarbeitung der Beschlußvorlagen mitgewirkt oder sie mit unterzeichnet hatten.

Am Dienstag kamen die Herren dann besonders pünktlich »eingeflogen« und eilten meist schon eine halbe Stunde vor Beginn der Sitzungen in den großen Vorraum vor dem Sitzungssaal des Politbüros. Hier suchte man die Stimmungslage abzutasten, wichtige Dinge »am Rande« in Erfahrung zu bringen, möglichst an den Generalsekretär auf seinem Weg zum Sitzungssaal heranzukommen, vielleicht auch Verbündete zu gewinnen. Eine Minute vor 10.00 Uhr betrat dann der Generalsekretär den Raum. Alle standen auf und nahmen wieder Platz, nachdem Honecker sich gesetzt hatte. Der Leiter des »Büros des Politbüros« verlas das Beschlußprotokoll der letzten Sitzung und rief dann auf Anweisung Honeckers die zu behandelnden Tagesordnungspunkte auf, eventuell geladene Gäste und Experten wurden nacheinander hereingerufen. An diese wurden höchstens kurze Zusatzfragen gerichtet. Wie Schabowski berichtete, herrschte hier »Klassenzimmeratmosphäre«! Das war ermüdend und langweilig.

USCHNER 1993, S. 69 f.

---

37 E. H. meint Erich Honecker.

2. Ideologische und innerparteiliche Absicherung der politbürokratischen Herrschaft

P7: *»Sie allein drängt wirklich auf radikale Ausschaltung der Nazis.«*
Victor Klemperer berichtet über seinen Eintritt in die KPD November 1945

20. Nov., Dienstag Abend
[...] Die Antragsformulare zur Aufnahme in die *KPD* liegen auf dem Schreibtisch. Bin ich feige, wenn ich nicht eintrete – (Seidemann[38] behauptet es); bin ich feige, wenn ich eintrete? Habe ich zum Eintritt ausschließlich egoistische Gründe? Nein! Wenn ich schon in eine Partei muß, dann ist diese das kleinste Übel. Gegenwärtig zum mindesten. Sie allein drängt wirklich auf radikale Ausschaltung der Nazis. Aber sie setzt neue Unfreiheit an die Stelle der alten! Aber das ist im Augenblick nicht zu vermeiden. – Aber vielleicht setze ich persönlich auf das falsche Pferd? Ganz unbegreiflich ist mir nicht, was so viele Pg.'s sagen: »bloß in keine Partei mehr! Einmal hereingefallen zu sein, genügt (...)« Aber ich muß nun wohl Farbe bekennen. – Eva[39] tendiert zum Eintritt, und ich bin eigentlich dafür entschieden. Aber es kommt mir wie eine Komoedie vor: Genosse Kl.! Wessen Genosse?

23. Nov., Freitag Morgen
Heydebroek[40] schreibt unter dem 16. Nov., der Brief war aber erst vorgestern hier: »Die Urkunde Ihrer Ernennung ist bei mir eingegangen. Ich bitte Sie, dieselbe bei mir in Empfang zu nehmen, damit ich Sie in den Lehrkörper aufnehmen und in Ihre Tätigkeit einweisen kann.« –
Ich gehe heute hin. Gleichzeitig gebe ich heute meinen *Antrag* auf Aufnahme in die *KPD* ab. Der sehr kurze *Lebenslauf* schließt nach wenigen Daten mit diesen Sätzen: »Ich habe nie einer Partei angehört, mich aber gesinnungsmäßig und als Wähler zu den Freisinnigen gehalten; man kann das auch aus meinen Publikationen herauslesen. Wenn ich ohne eine Änderung dieser Tendenz, was die philosophische und besonders geschichtsphilosophische Grundanschauung anlangt, dennoch um Aufnahme in die Kommunistische Partei bitte, so geschieht das aus folgenden Gründen: ich glaube, daß Parteilosbleiben heute einen Luxus bedeutet, den man mit einigem Recht als Feigheit oder mindestens allzugroße Bequemlichkeit auslegen könnte. Und ich glaube, daß wir nur durch allerentschiedenste Linksrichtung aus dem gegenwärtigen Elend hinausgelangen und vor seiner Wiederkehr bewahrt werden können. Ich habe als Hochschullehrer aus nächster [Nähe] mit ansehen müssen, wie die geistige Reaction immer weiter um sich griff. Man muß sie wirklich und von Grund aus zu besei-

---

38 Erich Seidemann (1908), kommunistischer Redakteur, Neulehrer und Dozent, Vorsitzender der örtlichen KPD-Gruppe, der Klemperer für die Partei warb. KLEMPERER 1996, S. 88, 97, 232.
39 Klemperers Ehefrau Eva (1882–1951).
40 Enno Heidebroek (1876–1955), von 1945–1947 Rektor der TH Dresden.

tigen suchen. Und den ganz unverklausulierten Willen hierzu sehe ich nur bei der KPD.«

KLEMPERER 1996, S. 186 f.

P8: *Der Kampf um den Sozialismus – Grundsätze des Vereinigungsparteitages 21. April 1946*

Das Ziel der Sozialistischen Einheitspartei Deutschlands ist die Befreiung von jeder Ausbeutung und Unterdrückung, von Wirtschaftskrisen, Armut, Arbeitslosigkeit und imperialistischer Kriegsdrohung. Dieses Ziel, die Lösung der nationalen und sozialen Lebensfragen unseres Volkes, kann nur durch den Sozialismus erreicht werden.

Die Sozialistische Einheitspartei Deutschlands kämpft für die Verwandlung des kapitalistischen Eigentums an den Produktionsmitteln in gesellschaftliches Eigentum, für die Verwandlung der kapitalistischen Warenproduktion in eine sozialistische, für und durch die Gesellschaft betriebene Produktion. In der bürgerlichen Gesellschaft ist die Arbeiterklasse die ausgebeutete und unterdrückte Klasse. Sie kann sich von Ausbeutung und Unterdrückung nur befreien, indem sie zugleich die ganze Gesellschaft für immer von Ausbeutung und Unterdrückung befreit und die sozialistische Gesellschaft errichtet. Der Sozialismus sichert allen Nationen, allen Menschen die freie Ausübung ihrer Rechte und die Entfaltung ihrer Fähigkeiten. Erst mit dem Sozialismus tritt die Menschheit in das Reich der Freiheit und des allgemeinen Wohlergehens ein.

Die grundlegende Voraussetzung zur Errichtung der sozialistischen Gesellschaftsordnung ist die Eroberung der politischen Macht durch die Arbeiterklasse. Dabei verbündet sie sich mit den übrigen Werktätigen.

Die Sozialistische Einheitspartei Deutschlands kämpft um diesen neuen Staat auf dem Boden der demokratischen Republik.

Die gegenwärtige besondere Lage in Deutschland, die mit der Zerbrechung des reaktionären staatlichen Gewaltapparates und dem Aufbau eines demokratischen Staates auf neuer wirtschaftlicher Grundlage entstanden ist, schließt die Möglichkeit ein, die reaktionären Kräfte daran zu hindern, mit den Mitteln der Gewalt und des Bürgerkrieges der endgültigen Befreiung der Arbeiterklasse in den Weg zu treten. Die Sozialistische Einheitspartei Deutschlands erstrebt den demokratischen Weg zum Sozialismus; sie wird aber zu revolutionären Mitteln greifen, wenn die kapitalistische Klasse den Boden der Demokratie verläßt.

Grundsätze und Ziele der Sozialistischen Einheitspartei Deutschlands, Beschluß des Vereinigungsparteitages vom 21. April 1946. In: DOKUMENTE 1951, S. 5–10.

**P9: *Kritik und Selbstkritik auf der Parteischule*
10. November 1949**

Unser Lehrgang wurde in zwei Seminare aufgeteilt, und zwar nach dem Gesichtspunkt: die Genossen mit dem größeren Parteibewußtsein und der längeren Parteierfahrung in das erste Seminar, die anderen in das zweite Seminar. Nachdem wir dann in unserem Seminarzimmer Platz genommen hatten – ich wurde in das erste Seminar einbezogen –, erklärte uns Genosse B., daß sich diejenigen Genossen, die sich durch intensives Schweigen bei dem kommenden Studium auszeichnen, als Parteifeinde besonders verdächtig machen würden, da nur Parteifeinde Interesse daran hätten, ihre wahre Meinung zu verbergen. Einige von uns guckten sich betroffen an. Wie soll man sich nun benehmen? fragten sie sich sicherlich. Reden wir zu viel, so werden wir allzu Eifrigen sehr wahrscheinlich irgendwelche Angriffspunkte bieten und man wird uns der schlimmsten Verfehlungen beschuldigen können, verhalten wir uns still, so ist das auch verdächtig. Es ist nicht leicht, zu diesem »dialektischen« Schulungssystem die richtige Einstellung zu finden. Dann begannen wir mit der parteilichen Kritik und Selbstkritik eines jeden Genossen. Der ganze Tag verging damit, daß wir 20 Teilnehmer unseres Seminars uns selbst kritisierten und kritisieren ließen. Indessen ging nebenan beim zweiten Seminar dasselbe vor sich unter Aufsicht eines anderen Seminarleiters. Diese Kritik vollzog sich ziemlich schonungslos. Jeder Genosse gab einen Überblick über sein bisheriges Leben und Wirken, indem er seine Fehler gebührend behandelte. Danach wurden von den übrigen Genossen Fragen an ihn gestellt, durch die er veranlaßt werden sollte, weitere Verfehlungen seiner Vergangenheit zu beichten. Hatte ein Genosse nun nicht allzuviel zu gestehen, so wies ihn Genosse B. zurecht, er hätte noch nicht das nötige Parteibewußtsein, um die erforderliche Selbstkritik zu entfalten. Mich widerte das alles etwas an. Schließlich sind wir doch nicht im Kloster, sondern auf einem Lehrgang zum Studium der Geschichte der KPdSU (B). Aber vielleicht ist das alles dennoch notwendig, ohne daß ich es schon verstehe? Dieser erste Tag war wirklich nervenaufreibend. In der Tat fühle ich, wie mich diese zermürbende Kritik und Selbstkritik langsam weich macht.

Aus dem Tagebuch eines Parteischülers (Auszug). In: SBZ-Archiv 3/1952, S. 83–85.

**P10: *Walter Ulbricht verkündet den planmäßigen Aufbau des Sozialismus*
Juni 1952**

In Übereinstimmung mit den Vorschlägen aus der Arbeiterklasse, aus der werktätigen Bauernschaft und aus anderen Kreisen der Werktätigen hat das Zentralkomitee der Sozialistischen Einheitspartei Deutschlands beschlossen, der II. Parteikonferenz vorzuschlagen, daß in der Deutschen Demokratischen Republik der Sozialismus planmäßig aufgebaut wird. (Die Delegierten und Gäste erheben sich von den Plätzen, spenden lang anhaltenden Beifall und bringen Hochrufe auf das ZK der SED aus.)

Die Schaffung der Grundlagen des Sozialismus entspricht den Bedürfnissen der ökonomischen Entwicklung und den Interessen der Arbeiterklasse und aller Werktätigen. Unter der Führung der Arbeiterklasse wird das deutsche Volk, aus dem die bedeutendsten deutschen Wissenschaftler Karl Marx und Friedrich Engels, die Begründer des wissenschaftlichen Sozialismus, hervorgegangen sind, in der Deutschen Demokratischen Republik die großen Ideen des Sozialismus Wirklichkeit werden lassen! (Stürmischer Beifall.)

Das Hauptinstrument bei der Schaffung der Grundlagen des Sozialismus ist die Staatsmacht. Die volksdemokratischen Grundlagen der Staatsmacht werden ständig gefestigt. Dazu trägt die weitere Festigung des Blockes der antifaschistisch-demokratischen Parteien bei. Dieser Staat der Werktätigen hat zwei Klassen zur Grundlage: die Arbeiterklasse und die Klasse der werktätigen Bauernschaft. Die beiden Klassen sind durch das Bündnis der Arbeiterklasse mit den werktätigen Bauern verbunden. Außerdem gibt es bei uns die der Arbeiterklasse nahestehende Schicht der Intelligenz, der eine sehr wichtige gesellschaftliche Bedeutung zukommt und die zum Unterschied von der Intelligenz der kapitalistischen Gesellschaft ihre Arbeit, ihre Kräfte, ihr Wissen in den Dienst der Sache des Volkes stellt. Die führende Rolle hat die Arbeiterklasse in ihren Händen, als die fortgeschrittenste Klasse, die von der Sozialistischen Einheitspartei Deutschlands, von der Partei, die sich von der Lehre von Marx-Engels-Lenin-Stalin leiten läßt, geführt wird. (Starker Beifall.)

[...]

Was sind die Aufgaben der Staatsmacht in der Deutschen Demokratischen Republik?

1. Brechung des Widerstandes der gestürzten und enteigneten Großkapitalisten und Großagrarier. Liquidierung aller ihrer Versuche, die Macht des Kapitals wiederherzustellen.
2. Organisierung des Aufbaus des Sozialismus mit Hilfe des Zusammenschlusses aller Werktätigen um die Arbeiterklasse. (Wiederholter starker Beifall.)
3. Schaffung der bewaffneten Streitkräfte der Deutschen Demokratischen Republik zur Verteidigung der Heimat gegen die äußeren Feinde, zum Kampf gegen den Imperialismus. (Lang anhaltender Beifall.)

Ulbricht, Walter: Die gegenwärtige Lage und die neuen Aufgaben der SED. In: PROTOKOLL 1952, S. 58 f.

P11: Die SED entläßt einen Gewerkschaftsvorsitzenden
16. September 1953

In 8 Parteileitungssitzungen und bisher 3 Mitgliederversammlungen beschäftigte sich die Parteileitung und die Grundorganisation mit der parteischädigenden und fraktionellen Tätigkeit von Schmidt[41] sowie der opportunistischen Unterstützung durch die

---

41 Hans Schmidt, geb. 1923, war von September 1952 bis zu seiner Absetzung am 2.10.1953 Vorsitzender der IG Metall in der DDR. Sein Sturz und Parteiausschluß standen im Zusammenhang mit seiner Haltung zum Aufstand vom 17. Juni 1953. Nach dem Verlust seiner Ämter war Schmidt als Maschinenschlosser bei der Rostocker Neptunwerft beschäftigt. Siehe BARTH et al. 1996, S. 646.

Sekretariatsmitglieder Gen. H., Gen. M., Gen. Sch., Gen. L., Gen. K. und Gen. Schn.. [...] Die Parteileitung schlägt vor: Hans Schmidt, bisher geschäftsf. Vorsitzender der IG Metall, aus den Reihen der Sozialistischen Einheitspartei Deutschlands auszuschließen. Dem Gen. B. wird empfohlen, dafür zu sorgen, daß Schmidt in einem Produktionsbetrieb in der Produktion eingesetzt wird.

Begründung:

Schmidt hat sich vom kleinbürgerlichen Karrieristen zum Doppelzüngler und zum offenen Feind der Arbeiterklasse entwickelt. Die Partei hat sich wiederholt in persönlichen Aussprachen und helfender prinzipieller Kritik mit seinen charakterlichen und politischen Fehlern auseinandergesetzt, um Schmidt zu helfen, sein feindliches Verhalten zu ändern [...] Die helfende Hand der Partei hat Schmidt in seiner grenzenlosen Überheblichkeit nicht angenommen, er hat zwar die helfende Kritik in Worten anerkannt, jedoch keine ernsthaften Lehren daraus gezogen, um seine kleinbürgerlichen Charakterschwächen zu überwinden und sein Vertrauen zur Partei zu festigen. [...] Seine grenzenlose Überheblichkeit, die Mißachtung der Kritik und Selbstkritik führten zur Nichtanerkennung der führenden Rolle der Partei und zur Bildung einer gegen die Einheit und Geschlossenheit des FDGB gerichteten Plattform. Darin kommt zum Ausdruck sein mangelndes Vertrauen zur Partei, Regierung und zum Präsidium des Bundesvorstandes des FDGB. Schmidt setzte alles daran, die Genossen des Sekretariats und der Bezirksvorstände in einen Gegensatz zur Partei zu bringen. [...]

Stellungnahme der Parteileitung der Betriebsparteiorganisation im Zentralvorstand der IG Metall, 16. September 1953. In: SAPMO BArch DY 34/45/98/5419.

P12: »Du sollst ...« – Die zehn Gebote der sozialistischen Moral
Juli 1958

Nur derjenige handelt sittlich und wahrhaft menschlich, der sich aktiv für den Sieg des Sozialismus einsetzt, das heißt für die Beseitigung der Ausbeutung des Menschen durch den Menschen. (Lebhafter Beifall.) So kommt er dazu, seinem Leben einen neuen Sinn, einen festen inneren Halt und eine klare Perspektive zu geben.

Das moralische Gesicht des neuen, sozialistischen Menschen, der sich in diesem edlen Kampf um den Sieg des Sozialismus entwickelt, wird bestimmt durch die Einhaltung der grundlegenden Moralgesetze:
1. Du sollst Dich stets für die internationale Solidarität der Arbeiterklasse und aller Werktätigen sowie für die unverbrüchliche Verbundenheit aller sozialistischen Länder einsetzen.
2. Du sollst Dein Vaterland lieben und stets bereit sein, Deine ganze Kraft und Fähigkeit für die Verteidigung der Arbeiter-und-Bauern-Macht einzusetzen.
3. Du sollst helfen, die Ausbeutung des Menschen durch den Menschen zu beseitigen.
4. Du sollst gute Taten für den Sozialismus vollbringen, denn der Sozialismus führt zu einem besseren Leben für alle Werktätigen.

5. Du sollst beim Aufbau des Sozialismus im Geiste der gegenseitigen Hilfe und der kameradschaftlichen Zusammenarbeit handeln, das Kollektiv achten und seine Kritik beherzigen.
6. Du sollst das Volkseigentum schützen und mehren.
7. Du sollst stets nach Verbesserung Deiner Leistungen streben, sparsam sein und die sozialistische Arbeitsdisziplin festigen.
8. Du sollst Deine Kinder im Geiste des Friedens und des Sozialismus zu allseitig gebildeten, charakterfesten und körperlich gestählten Menschen erziehen.
9. Du sollst sauber und anständig leben und Deine Familie achten.
10. Du sollst Solidarität mit den um ihre nationale Befreiung kämpfenden und den ihre nationale Unabhängigkeit verteidigenden Völkern üben. (Stürmischer lang anhaltender Beifall.)

Diese Moralgesetze, diese Gebote der neuen, sozialistischen Sittlichkeit, sind ein fester Bestandteil unserer Weltanschauung.

Ulbricht, Walter: Der Kampf um den Frieden, für den Sieg des Sozialismus, für die nationale Wiedergeburt Deutschlands als friedliebender, demokratischer Staat. In: PROTOKOLL 1959, S. 160 f.

P13: *»Junge, wenn du studieren willst, mußt Du in die Partei eintreten.«*
1959

In der 11./12. Klasse bewarb ich mich an der Universität Rostock für das Medizinstudium. In dem Bewerbungsbogen war ein zweiter Studienwunsch anzugeben. Mein Vater riet mir zur Ökonomie, das könne man immer gebrauchen – sicher mit dem Gedanken, daß ich einmal den Betrieb übernehmen könnte.

Ich erhielt eine Ablehnung: mein Abiturzeugnis würde für das Medizinstudium ausreichen, aber auf Grund von Kontingenten und der Sozialstruktur der Studenten – Arbeiterkinder wurden bevorzugt zugelassen – könne man mich nicht berücksichtigen. Mir wurde empfohlen, einen Beruf zu erlernen und mich in der Praxis weiterzuentwickeln. Ich war verbittert, habe auch mit dem Gedanken gespielt, in den Westen zu gehen. Aber ich hing an meinem Elternhaus und an meinem Freundeskreis in Magdeburg. Ich begann eine Lehre im damaligen Ernst-Thälmann-Werk Magdeburg – später SKET Magdeburg – als Bohrwerksdreher. Anfangs machte es mir keinen rechten Spaß, denn ich war älter als die anderen und als einziger Abiturient unter den Lehrlingen sehr unterfordert. Dann erließ man mir die Grundfächer, ich absolvierte nur die Fachkunde sowie das Technische Zeichnen und die praktische Arbeit.

Ich gehörte seit der Oberschule der FDJ an, war zwar kein Querdenker, konnte jedoch oft meine Gusche nicht halten und bin so mitunter politisch bei der FDJ-Leitung sowie der Gewerkschaft des Betriebes angeeckt. Nach einem Jahr Lehre delegierte mich der Betrieb zum Studium. Das Delegierungsschreiben fiel nicht so positiv aus, und ich erhielt eine vom damaligen Prorektor unterzeichnete Ablehnung: »Auf Grund Ihrer Beurteilung müssen wir Ihnen leider wiederum mitteilen, daß wir Sie weder für ein Medizinstudium noch für ein Ökonomiestudium immatrikulieren können.

Sie müssen sich weiterhin in der gesellschaftlichen Praxis um die nötige politische Reife bemühen und sich zu späterer Zeit noch einmal bei uns bewerben.« Also beendete ich meine Lehre.
Diese Jahre waren für mich keine verlorenen, im Gegenteil. Die handwerklichen Fähigkeiten kommen mir heute noch zugute. Zudem lernte ich die Probleme der Arbeiter und den Kollektivgeist einer Brigade kennen. Meinen Wunsch zu studieren hatte ich noch nicht aufgegeben; so engagierte ich mich gesellschaftlich stärker und diskutierte überlegter. Ich wurde Kandidat der SED. Die Männer in der Brigade sagten: »Junge, wenn Du studieren willst, mußt Du in die Partei eintreten, also, ›rin in den Haufen‹« Zudem hat das Klima unter den Arbeitern – ihre Diskussionen, ihre Handlungsweise – mir die ursprünglichen Ziele dieser Partei nähergebracht. Meine Vorstellungen von der Partei waren natürlich recht diffus.

Voigt, Peter (Soziologe). In: HERZBERG/MEIER 1992, S. 169.

P14: Die Entwicklung des ökonomischen Systems des Sozialismus
April 1967

Die Grundfrage des Überganges zum entwickelten gesellschaftlichen System des Sozialismus in der Deutschen Demokratischen Republik ist die Ausarbeitung und Durchführung des ökonomischen Systems des Sozialismus. Die prinzipielle Bedeutung dieser Aufgabe besteht darin, die produktiven Potenzen des Sozialismus, die seine historische Überlegenheit als fortgeschrittenste Gesellschaftsordnung begründen, in unserer Republik uneingeschränkt wirksam zu machen. Darin liegt der Schlüssel für den Zugang zur richtigen Lösung aller weiteren ökonomischen und gesellschaftlichen Probleme der Vollendung des Sozialismus.
Gemäß den Beschlüssen des VI. Parteitages haben wir im umfassenden Aufbau des Sozialismus die Durchführung des neuen ökonomischen Systems der Planung und Leitung in Angriff genommen. Dabei wurden auf den verschiedenen Gebieten die hauptsächlichen Grundlagen für den komplexen Übergang zum ökonomischen System des Sozialismus geschaffen. Anknüpfend an die bisherige Entwicklung des neuen ökonomischen Systems der Planung und Leitung, insbesondere die mit der zweiten Etappe seiner Verwirklichung getroffenen wegweisenden konkreten Maßnahmen, erfolgt jetzt die weitere Gestaltung des ökonomischen Systems des Sozialismus in der DDR. Nunmehr kommt es darauf an, alle Teilfragen koordiniert in ihren Wechselbeziehungen zueinander anzupacken und das ökonomische System als Gesamtsystem durchzuführen. [...] Damit leiten wir im Prozeß des umfassenden Aufbaus des Sozialismus von den quantitativen und zunächst auf Teilfragen bezogenen qualitativen Veränderungen über zur entscheidenden qualitativen Veränderung, die das ökonomische Gesamtsystem des Sozialismus als Kernstück der entwickelten sozialistischen Gesellschaft in der Deutschen Demokratischen Republik verwirklicht. Ich betone ausdrücklich in der DDR, weil wir von dem neuen ökonomischen System und seiner Entwicklung entsprechend unseren Entwicklungsbedingungen sprechen.

Selbstverständlich unterscheiden sich unsere Entwicklungsbedingungen von denen anderer sozialistischer Länder. [...]

Ulbricht, Walter: Die gesellschaftliche Entwicklung in der Deutschen Demokratischen Republik bis zur Vollendung des Sozialismus. In: PROTOKOLL 1967, S. 133 f.

P15: *Der Führungsanspruch der SED in der DDR-Verfassung*
7. Oktober 1974

Artikel 1: Die Deutsche Demokratische Republik ist ein sozialistischer Staat der Arbeiter und Bauern. Sie ist die politische Organisation der Werktätigen in Stadt und Land unter Führung der Arbeiterklasse und ihrer marxistisch-leninistischen Partei. [...]
Artikel 2: (1) Alle politische Macht in der Deutschen Demokratischen Republik wird von den Werktätigen in Stadt und Land ausgeübt. [...]
Artikel 3: (1) Das Bündnis aller Kräfte des Volkes findet in der Nationalen Front der Deutschen Demokratischen Republik seinen organisierten Ausdruck.
(2) In der Nationalen Front der Deutschen Demokratischen Republik vereinigen die Parteien und Massenorganisationen alle Kräfte des Volkes zum gemeinsamen Handeln für die Entwicklung der sozialistischen Gesellschaft. Dadurch verwirklichen sie das Zusammenleben aller Bürger in der sozialistischen Gemeinschaft nach dem Grundsatz, daß jeder Verantwortung für das Ganze trägt. [...]
Artikel 5: (1) Die Bürger der Deutschen Demokratischen Republik üben ihre politische Macht durch demokratisch gewählte Volksvertretungen aus.
(2) Die Volksvertretungen sind die Grundlage des Systems der Staatsorgane. Sie stützen sich in ihrer Tätigkeit auf die aktive Mitgestaltung der Bürger an der Vorbereitung, Durchführung und Kontrolle ihrer Entscheidungen.
(3) Zu keiner Zeit und unter keinen Umständen können andere als die verfassungsmäßig vorgesehenen Organe staatliche Macht ausüben.

VERFASSUNG 1974, S. 6–8.

P16: *Am Ende der Utopie: Die »Einheit von Wirtschafts- und Sozialpolitik« im »real existierenden Sozialismus«*
22. Mai 1976

Einheit von Wirtschafts- und Sozialpolitik
Unter Führung der Sozialistischen Einheitspartei Deutschlands haben die Arbeiterklasse und alle anderen Werktätigen in der Deutschen Demokratischen Republik eine leistungsfähige stabile sozialistische Planwirtschaft geschaffen, die unablässig gefestigt und vervollkommnet wird. Die Wirtschafts- und Sozialpolitik der Partei beruht auf der bewußten Ausnutzung der objektiven ökonomischen Gesetze des Sozialismus. [...]

Die Sozialistische Einheitspartei Deutschlands geht davon aus, daß die schrittweise Verbesserung des Lebensniveaus aller Werktätigen hohe Leistungen in der sozialistischen Produktion und ein stabiles Wirtschaftswachstum erfordert. Dies wird durch ein optimales Verhältnis von Akkumulation und Konsumtion, durch die volle Nutzung des Wirtschaftspotentials der Deutschen Demokratischen Republik einschließlich der Mobilisierung ökonomischer Reserven im Maßstab der ganzen Volkswirtschaft, in allen Bereichen, Zweigen und Betrieben bewirkt.

Die Steigerung der Arbeitsproduktivität ist die wichtigste Quelle des wirtschaftlichen Wachstums. Durch sie wird das Nationaleinkommen als materielle Grundlage für die immer bessere Befriedigung der Bedürfnisse der Bürger, der gesamten Gesellschaft kontinuierlich erhöht.

Die Wirtschafts- und Sozialpolitik der Sozialistischen Einheitspartei Deutschlands trägt zur weiteren Annäherung der Klassen und Schichten, zur Verringerung wesentlicher Unterschiede zwischen körperlicher und geistiger Arbeit und zur Annäherung der Lebensbedingungen zwischen Stadt und Land bei. Sie verbindet die Verwirklichung des Leistungsprinzips mit der Minderung der sozialen Unterschiede.

Das Wohnungsbauprogramm ist das Kernstück der Sozialpolitik der Sozialistischen Einheitspartei Deutschlands. Es ist darauf gerichtet, bis 1990 die Wohnungsfrage zu lösen. Damit wird ein altes Ziel der revolutionären Arbeiterbewegung verwirklicht. Durch den Wohnungsbau wird in wachsendem Maße Einfluß auf eine hohe Wohnkultur, eine sinnvolle Freizeitgestaltung und die Gemeinschaftsbeziehungen genommen.

Programm der SED vom 22. Mai 1976. In: PROGRAMM 1976, S. 57 f.

P17: *Staatsfunktionäre = Parteifunktionäre. Die Parteimitgliedschaft der Staatsbediensteten*
1985

Angaben, außer bei Gesamtzahl, in vH	Kader insgesamt	Herkunft Arbeiter	Frauen	Mitglieder der SED	Hoch- und Fachschulabschluß
Zentraler Staatsapparat: Leiter und wissenschaftliche Mitarbeiter	21 591	54,5	33,1	74, 0	89,7
Mitarbeiter der Räte der Bezirke	15 698	62,4	56,4	61,5	60,0
Mitarbeiter der Räte der Kreise	52 614	65,2	70,9	54,5	42,2
Bürgermeister kreisangehöriger Gemeinden	7 514	66,3	29,4	83,9	52,9
Mitarbeiter der Räte der kreisangehörigen Gemeinden mit über 10 000 Einwohnern	7 341	71,5	86,2	34,5	13,5
unter 10 000 Einwohnern	17 042	68,8	95, 5	16,1	5,4

Zusammenstellung des Verfassers nach: Soziale Struktur der Kader des Staatsapparates sowie Verteilung der Parteikräfte (ausgewählte Kennziffern) 1980 u. 1985, Anlage zur Studie: Staat, Demokratie und Recht seit dem X. Parteitag. Ergebnisse und Probleme, o. J. In: SAPMO-BArch DY 30/IV 2/2039/15, Bl. 133–136. Der Verfasser dankt Matthias Judt für den Hinweis auf diese Quelle.

P18: *Christa Wolf über Schuldgefühl und Loyalität*
Juni 1987

Als wir fünfzehn, sechzehn waren, mußten wir uns unter dem niederschmetternden Eindruck der ganzen Wahrheit über den deutschen Faschismus von denen abstoßen, die in diesen zwölf Jahren nach unserer Meinung durch Dabeisein, Mitmachen, Schweigen schuldig geworden waren. Wir mußten diejenigen entdecken, die Opfer geworden waren, diejenigen, die Widerstand geleistet hatten. Wir mußten es lernen, uns in sie einzufühlen. Identifizieren konnten wir uns natürlich auch mit ihnen nicht, dazu hatten wir kein Recht. Das heißt, als wir sechzehn waren, konnten wir uns mit niemandem identifizieren. Dies ist eine wesentliche Aussage für meine Generation. Es ist ein nachwirkendes Defizit für junge Menschen, wenn sie sich mit niemandem identifizieren können. Uns wurde dann ein verlockendes Angebot gemacht: Ihr könnt, hieß es, eure mögliche, noch nicht verwirklichte Teilhabe an dieser nationalen Schuld loswerden oder abtragen, indem ihr aktiv am Aufbau der neuen Gesellschaft teilnehmt, die das genaue Gegenteil, die einzig radikale Alternative zum verbrecherischen System des Nationalsozialismus darstellt. Und an die Stelle des monströsen Wahnsystems, mit dem man unser Denken vergiftet hatte, trat ein Denkmodell mit dem Anspruch, die Widersprüche der Realität nicht zu verleugnen und zu verzerren, sondern adäquat widerzuspiegeln. Dies waren aktivierende, auch verändernde Angebote. Die Auseinandersetzung, die unausweichlich war, hat uns tief aufgewühlt. Dazu kam, speziell bei mir, aber nicht nur bei mir, die enge Beziehung zu Kommunisten, Antifaschisten durch meine Arbeit damals seit 1953 im Schriftstellerverband, in der Redaktion der »Neuen Deutschen Literatur« im Verlag »Neues Leben«. Beeindruckendere Leute als sie konnte es für uns damals nicht geben. Natürlich übernahmen sie eine Vorbildrolle, es bildete sich ein Lehrer-Schüler-Verhältnis heraus, sie waren die absolut und in jeder Hinsicht Vorbildlichen, wir diejenigen, die in jeder Hinsicht zu hören und zu lernen hatten. Dies konnte wohl nicht anders sein, wie die Verhältnisse einmal lagen, aber ich glaube, auf die Dauer hat es beiden Teilen nicht gutgetan. Die Älteren kamen nie in die Lage – in der wir jetzt sind –, daß sie das Bedürfnis, ja den Zwang in sich verspürten, von den Jüngeren zu lernen, ihre eigene Art zu leben an dem andersgearteten Anspruch der Jungen zu überprüfen. Wir damals Jungen waren zu lange in Vater-Sohn-, Mutter-Tochter-Beziehungen eingebunden, die es uns schwer machten, mündig zu werden. Ich glaube, viele meiner Generation haben sich nie richtig davon erholt. [...] Für mich ist ein Beweis dafür, daß dieser Zustand weitgehend aus der deutschen Geschichte erwächst, daß Angehörige der gleichen Generation in den anderen sozialistischen Ländern früher kritisch, kühner, weniger brav und zähmbar waren als bei uns. Es lastete nicht die Schuld aus der Zeit des Nationalsozialismus auf ihnen und die Hemmung, sich offen kritisch gegenüber denen zu äußern, die ihre Lehrer und Vorbilder gewesen waren.

Wolf, Christa: Unerledigte Widersprüche. Gespräch mit Therese Hörnigk (Juni 1987/Oktober 1988; Auszug). In: WOLF 1994, S. 29 f.

P19: Heiligenverehrung versus Gedankenfreiheit
28. Januar 1988[42]

Der Trauermarsch für die ermordeten Nationalhelden unseres Staates wurde vorsätzlich gestört, die Totenfeier für die Märtyrer der Kommunistischen Partei sollte mutwillig entweiht werden. Man wollte sich nicht in Ehrfurcht einer Demonstration anschließen, sondern auf sich selbst aufmerksam machen.
 Was da geschah, ist verwerflich, wie eine Gotteslästerung. Keine Kirche könnte hinnehmen, wenn man eine Prozession zur Erinnerung an einen katholischen Kardinal oder protestantischen Bischof entwürdigt. Ebensowenig kann man uns zumuten,

---

42 Anläßlich der jährlichen rituellen Großdemonstration der SED zum Jahrestag der Ermordung Rosa Luxemburgs und Karl Liebknechts am 15. Januar 1919 hatten 1988 einige Bürgerrechtler und Ausreisewillige mit dem Luxemburg-Zitat »Freiheit ist immer die Freiheit des Andersdenkenden« gegen die SED-Diktatur demonstriert. Der Historiker und Schriftsteller Heinz Kamnitzer war von 1970 bis 1989 Präsident des PEN-Zentrums der DDR.

sich damit abzufinden, wenn jemand das Gedenken an Rosa Luxemburg und Karl Liebknecht absichtlich stört und schändet. Wem ein weltlicher Vergleich näher liegt, der braucht sich nur vorzustellen, ein Zug zur letzten Ruhestätte von Olof Palme würde durch Proteste, welcher Art auch immer, besudelt werden. Übrigens in jedem zivilisierten Land treten in einem solchen Fall Gesetze in Kraft, die ahnden, wenn jemand das Andenken von Verstorbenen beleidigt.

Kamnitzer, Horst: Die Toten mahnen. In: Neues Deutschland vom 28. Januar 1988.

P20: »Die tiefe Enttäuschung über den Verrat ...« – Gründe für den Austritt aus der SED-PDS
24. Februar 1990

Seit langem schon ringe ich um die Entscheidung über meine Mitgliedschaft in der ehemaligen SED-PDS, die sich inzwischen nun endlich von ihrer unrühmlichen Vergangenheit als stalinistische Partei getrennt zu haben scheint. Nach reichlichem Überlegen und (vielleicht zu langem) Zögern komme ich zu dem Entschluß, jetzt den Schritt des Austritts aus der PDS aus folgenden Gründen gehen zu müssen.
1. Die tiefe Enttäuschung über den Verrat der ehemaligen Partei- und Staatsführung an der Idee des Sozialismus sowie durch meine Mitgliedschaft in dieser Partei von mir objektiv zu tragende Mitschuld an der tiefen Krise in unserem Land, von der ich mich trotz meines Engagements für Wandlungen in Partei und Gesellschaft innerhalb des mir zugebilligten Rahmens nicht lossprechen kann und will, erlauben es mir nicht, mich – gewissermaßen automatisch – wieder in den Reihen einer sozialistischen Partei für vermeintliche Ideale und Ziele einzusetzen. Damit würde ich mich wieder in die Gefahr begeben, als politisch denkendes und handelndes Subjekt mißbraucht zu werden. [...]
3. Daß ich diesen Schritt nicht schon eher getan habe, ist dem Glauben geschuldet, mit der Stärkung der PDS durch meinen Verbleib in der Partei die eigenständige Entwicklung der DDR hin zu einer demokratischen Alternative zur Bundesrepublik unterstützen zu können. Erschüttert wurde diese Annahme nicht zuletzt auch durch den Modrow-Plan zur deutschen Einheit, der natürlich das Ergebnis nüchterner Realpolitik ist, vor allem aber durch die Entwicklung der letzten Wochen in der DDR, wie wir sie hier im Ausland verfolgen mußten. Ich bin zu der Überzeugung gekommen, daß die »sozialistische« demokratische Alternative in absehbarer Zeit keine Chance mehr haben wird, wenn nicht gar im Weltmaßstab als gescheitert betrachtet werden muß, wenn man die Entwicklung hier, in anderen sozialistischen Ländern und vor allem leider auch in der Sowjetunion betrachtet. [...]

Dr. Eberhardt B., z. Z. am Deutschlektorat beim KIZ der DDR in Budapest, an den Kreisvorstand der PDS der Humboldt-Universität Berlin; Budapest, den 24.2.1990. In: REIHER 1996, S. 238 f.

3. »Blockparteien« und »Massenorganisationen« als Transmissionsriemen der SED

P21: *Prinzip der Blockpolitik: Politische Formierung statt Pluralismus*
20. August 1949

Organisatorische Grundsätze
Im Demokratischen Block haben sich die Sozialistische Einheitspartei Deutschlands, die Christlich-Demokratische Union Deutschlands, die Liberal-Demokratische Partei Deutschlands, die Demokratische Bauernpartei Deutschlands, die National-Demokratische Partei Deutschlands und der Freie Deutsche Gewerkschaftsbund zusammengeschlossen. Sie verpflichten sich zu einer gemeinsamen Politik nach den vorstehenden politischen Grundsätzen und zur Erhaltung der Einheit des Demokratischen Blocks gegen alle Spaltungsbestrebungen.
Der Demokratische Block ist eine auf freier Entscheidung beruhende Gemeinschaft. Seine Beschlüsse werden deshalb nicht durch Mehrheitsabstimmung, sondern durch Einmütigkeit herbeigeführt.
Jede der im Demokratischen Block angeschlossenen antifaschistisch-demokratischen Parteien oder Organisationen hat vier Sitze.
Jede angeschlossene Partei oder Organisation hat das Recht, geeignete Vertreter zur Teilnahme an der Sitzung des Demokratischen Blocks zu delegieren.
Jede angeschlossene Partei oder Organisation kann die Hinzuziehung von Vertretern politischer, wirtschaftlicher, wissenschaftlicher oder anderer Institutionen oder Organisationen als Berichterstatter oder Berater beantragen.
Zur Teilnahme an den Sitzungen des Demokratischen Blocks sind Vertreter anderer antifaschistisch-demokratischer Massenorganisationen auf deren Antrag hin oder auf Einladung mit beratender Stimme zuzulassen, wenn Fragen, die ihr Tätigkeitsfeld betreffen, zur Behandlung stehen.
Den Vorsitz in den Sitzungen des Demokratischen Blocks führen die angeschlossenen Parteien und Organisationen abwechselnd.
Der allgemeine Rahmen für die Arbeit der Landesblockausschüsse sind die Beschlüsse des Demokratischen Blocks. Die Tätigkeit der Landesblockausschüsse darf nicht in Widerspruch zu diesen stehen.
Der Demokratische Block ist verpflichtet, Vorschläge und Anträge der Landesblockausschüsse zu beraten. Differenzen zwischen den dem Block angeschlossenen Parteien und Organisationen sind grundsätzlich an Ort und Stelle zwischen den Beteiligten direkt zu beheben. In Ausnahmefällen kann sich der nächsthöhere Blockausschuß mit der Schlichtung solcher Differenzen befassen. Seine Entscheidung ist endgültig.
Der Demokratische Block, die Landes- und die Kreisblockausschüsse haben das Recht, Fragen und Beschwerden, die an sie herangetragen werden, an den zuständigen Blockausschuß zur Erledigung zu überweisen.

Grundsätze des Demokratischen Blocks vom 19. August 1949. In: Tägliche Rundschau vom 20. August 1949.

P22: Keine Wahl bei der Volkskammerwahl
8. Juli 1950

Der Demokratische Block, die Einheitsfront der antifaschistisch-demokratischen Parteien, trat am Donnerstag, 6. Juli, unter dem Vorsitz von Otto Nuschke zu einer Sitzung zusammen, um zu den Wahlvorbereitungen für den Großwahltag am 15. Oktober dieses Jahres Stellung zu nehmen. Angesichts der überaus ernsten Weltlage, wo der amerikanische Aggressor ein kleines Land wie Korea mit seinen Flugzeuggeschwadern, seinen Seestreitkräften und seinen Divisionen mit Krieg überzieht, wo er in Formosa völkerrechtswidrig die Reste der Tschiangkaischeck-Truppen unter seinen militärischen Schutz nimmt und wo er in Vietnam ein altes freiheitsliebendes Kulturvolk durch seine Waffenhilfe an seine kolonialen Peiniger weiter knechten hilft, ist die Kriegsgefahr auf den Höhepunkt gestiegen. Nur durch die entschlossene Friedensliebe der Sowjetunion, die als Vorkämpferin des Friedens an der Nichteinmischung in die inneren Verhältnisse anderer Länder festhält, ist bisher eine Lokalisierung der durch den amerikanischen Imperialismus vom Zaume gebrochenen Konflikte ermöglicht worden.

Andererseits steht die Deutsche Demokratische Republik vor der Fortführung und Vertiefung ihrer Verständigungspolitik, wie sie in den Abkommen mit den friedliebenden Nationen des Ostens zum Ausdruck kommt, und in ihrer Aufbauarbeit aus eigener Kraft. Innenpolitisch und außenpolitisch erfordert darum die Lage ein rückhaltloses Zusammenstehen aller fortschrittlichen Aufbaukräfte in der Deutschen Demokratischen Republik. Geleitet von diesen Erwägungen hat darum der Demokratische Block einmütig die Vorschläge der Parteiführer für die Wahlen am 15. Oktober gebilligt.

Für die Volkskammer wird an der im Artikel 52 der Verfassung der Deutschen Demokratischen Republik festgesetzten Abgeordnetenzahl von 400 Mitgliedern festgehalten. Sie verteilen sich in dem vereinbarten gemeinsamen Wahlvorschlag[43] prozentual wie folgt:

SED	25 vH	FDJ	5 vH
CDU	15 vH	DFD	3,7 vH
LDP	15 vH	VVN	3,7 vH
NDPD	7,5 vH	Kulturbund	5 vH
DBD	7,5 vH	VdgB	1,3 vH
FDGB	10 vH	Genossenschaften	1,3 vH

43 In einer SED-Hausmitteilung berichtete die ZK-Abteilung Staatliche Verwaltung an Wilhelm Pieck über die Parteizugehörigkeit der Wahlkandidaten der Massenorganisationen. Demnach gehörten von diesen 120 Kandidaten 107 der SED, fünf der CDU, drei der LDP und einer der NDPD an. Vier Kandidaten waren parteilos. Allein mit eigenen Parteimitgliedern verfügte die SED damit über 207 Mandate in der Volkskammer. Siehe »Hausmitteilung Abt. Staatliche Verwaltung an Wilhelm Pieck vom 8. August 1959«. In: SAPMO-BArch NY4036(Nachlaß Pieck)/657, Bl. 156. Der Verfasser dankt Matthias Judt für diesen Hinweis.

Für die Landtage, Kreistage und Gemeindevertretungen gilt ein ähnlicher Schlüssel. Über die Regelung in den kleinen Orten, in denen nur einzelne Organisationen oder Parteien vertreten sind, wurde ebenfalls völlige Übereinstimmung erzielt. [...] Der Wahlkampf findet im Rahmen der Nationalen Front des demokratischen Deutschland statt. Ein gemeinsamer Wahlaufruf ist in Vorbereitung. In der Sitzung des Demokratischen Blocks bestand restlos Einmütigkeit darüber, daß es gilt, die Wahlen vom 15. Oktober zu einer wirkungsvollen und würdigen Manifestation der deutschen Einheit und zu einem leidenschaftlichen Bekenntnis zum Kampfe für den Frieden zu gestalten.

Berlin, den 7. Juli 1950

Leidenschaftliches Bekenntnis für Einheit und Frieden. Einmütiger Beschluß des Demokratischen Blocks zur Oktoberwahl. In: Neues Deutschland vom 8. Juli 1950.

P23: Die Ziele der Freien Deutschen Jugend
1952

I. Grundsätze und Ziele

1. Die Freie Deutsche Jugend ist eine einheitliche, unabhängige, demokratische Organisation, die auf freiwilliger Grundlage die breiten Schichten der Jugend in Stadt und Land vereinigt und erzieht mit dem Ziel, den Interessen des deutschen Volkes zu dienen.
2. Die Freie Deutsche Jugend kämpft unermüdlich und entschlossen für die ständige Festigung der demokratischen Ordnung der Deutschen Demokratischen Republik, für ein einheitliches, unabhängiges, demokratisches und friedliebendes Deutschland, für die Herbeiführung eines gerechten Friedens. Deshalb ist sie ein entschiedener Gegner der Wiederaufrichtung des deutschen Imperialismus und Militarismus und gegen die Verwandlung Westdeutschlands in eine Aggressionsbasis zum Krieg gegen die friedliebenden Völker durch die ausländischen Bank- und Industrieherren.
3. Die Freie Deutsche Jugend steht fest im Lager des Friedens, der Demokratie und des Sozialismus, an dessen Spitze die große sozialistische Sowjetunion steht.
Sie tritt für die unverbrüchliche Freundschaft zur Sowjetunion ein, die die wahren Interessen des deutschen Volkes unbeirrbar vertritt und unser Aufbauwerk uneigennützig unterstützt.
Die Freie Deutsche Jugend erzieht die Jugend im Geiste des Fortschritts, der Liebe und Treue zur Deutschen Demokratischen Republik und der brüderlichen Verbundenheit mit den demokratischen Kräften der ganzen Welt. Sie kämpft in den Reihen der Nationalen Front des demokratischen Deutschlands und anerkennt die führende Rolle der Arbeiterklasse und der großen Sozialistischen Einheitspartei Deutschlands auf allen Gebieten des demokratischen Aufbaus in der Deutschen Demokratischen Republik und im Kampf für ein einheitliches, unabhängiges, demokratisches und friedliebendes Deutschland.

Die Freie Deutsche Jugend bekämpft jeglichen Nationalismus, sie pflegt und fördert die fortschrittlichen Überlieferungen und revolutionären Traditionen unseres Volkes und weckt die Liebe zur Heimat.
4. Die Freie Deutsche Jugend sieht in der neuen demokratischen Ordnung in der Deutschen Demokratischen Republik die Stütze im gesamtdeutschen Kampf für Frieden und Demokratie, für die Einheit Deutschlands und den Aufstieg der jungen Generation. Die Mitglieder der Freien Deutschen Jugend scheuen keine Anstrengungen und setzen alle Kräfte ein, um die demokratischen Rechte des deutschen Volkes und seiner Jugend gegen alle Angriffe der Reaktion und des Imperialismus zu verteidigen. Die Verteidigung des Friedens, unserer Heimat und der demokratischen Errungenschaften ist für jedes Mitglied eine hohe patriotische Pflicht. Sie erzieht die Jugend im Geiste des Patriotismus, zu Kühnheit und Mut, Ausdauer und Unduldsamkeit gegen alle Feinde der Jugend. Sie erzieht die Jugend lebensfroh und zukunftsfreudig, ohne Angst vor Schwierigkeiten, zu Wachsamkeit, zur Wahrung staatlicher Geheimnisse und gewillt, jedes Hindernis im Kampf für den Sieg der gerechten Sache unseres Volkes zu überwinden. Der Dienst in der Deutschen Volkspolizei ist für die Mitglieder der Freien Deutschen Jugend Ehrendienst. [...]

Die Verfassung der FDJ von 1952. In: DOKUMENTE 1963–66, Bd. 2, S. 404 f.

P24: Die SED-Führung plant den 5. Parteitag der Liberal-Demokratischen Partei Deutschlands
4. Mai 1953

[...] Entsprechend der Direktive »Über Maßnahmen zur weiteren Festigung der Blockarbeit« vom 3.2.1953 wurde für die Durchführung der innerparteilichen Wahlen und der Parteitage der LDP folgendes Ziel gestellt:
a) Durch eine Einflußnahme auf die positiven Kräfte in der LDP in den Kreisen, Bezirken und zentral soll erreicht werden, daß der Einfluß der reaktionären Elemente in den Vorständen weitgehendst unwirksam gemacht werden soll. [...]
Folgendes ist einzuleiten und in der Realisierung zu kontrollieren:
1.) Losung für den zentralen Parteitag
Entsprechend dem Charakter der LDP wurde als Losung bereits vorgeschlagen: »Für Frieden, Einheit, demokratischen und sozialen Fortschritt«.
2.) Programm der LDP
Das zur Zeit gültige Programm der LDP, angenommen auf dem 3. Parteitag am 27.2.1949 in Eisenach, entspricht in keiner Weise unserer heutigen ökonomischen und politischen Entwicklung. In diesem Programm werden Forderungen erhoben, die den volksdemokratischen Grundlagen unseres Staates sowie dem planmäßigen Aufbau des Sozialismus entgegenwirken. Somit bildet dieses Programm eine Stütze für reaktionäre Kräfte in der LDP und ist daher durch den 5. Parteitag aufzuheben.

Für den 5. Parteitag ist eine Entschließung nach folgenden Schwerpunkten in Vorbereitung: verstärkte Mitarbeit im Kampf um den Frieden und die Einheit Deutschlands, aktive Tätigkeit der Mitglieder der LDP in den Friedensräten und der Nationalen Front, Erziehung der Mitglieder der LDP zur Freundschaft mit der Sowjetunion, zur Einhaltung der demokratischen Gesetze, zu einem höheren Staatsbewußtsein.

Die Grundlage dieser Entschließung bildet [sic!] die Verfassung unserer DDR und unsere Gesetze. Die Ausarbeitung dieser Entschließung erfolgt durch eine Kommission des Politischen Ausschusses der LDP. Die Einflußnahme und Kontrolle des Sektors auf die Tätigkeit dieser Kommission ist gewährleistet.

3.) a) Satzung der LDP
Die Satzung der LDP geht in verschiedenen Punkten über die Aufgabenstellung hinaus, die der LDP entsprechend der Direktive des Politbüros zufällt, so daß eine Abänderung der Satzung erforderlich ist. In Vorbereitung der neuen Satzung sind folgende Veränderungen zu treffen:

a) In der neuen Satzung sind die Betriebsgruppen der LDP als Orgeinheiten der LDP nicht mehr aufzunehmen. (Direktive des Politbüros)

b) Die Arbeitsausschüsse, Arbeitsaktivs und Arbeitskreise der LDP sind ebenfalls nicht mehr aufzunehmen. Dieser Arbeitsausschuß usw. hat aufgrund unserer Entwicklung seine Existenzberechtigung verloren, ferner bieten sie [sic!] die Möglichkeit der Zusammenfassung reaktionärer Elemente, die diesen Ausschuß als Interessenvertretung der kapitalistischen Elemente in der LDP benutzen.

c) Der Hauptausschuß der LDP ist durch die neue Satzung zu liquidieren. Dieser Hauptausschuß war bisher das höchste Organ der LDP zwischen den Parteitagen. Er setzt sich aus ca. 90 Mitgliedern zusammen und bildet ein Sammelbecken von reaktionären Kräften, die entsprechend der Satzung die Politik der LDP zwischen den Parteitagen entsprechend beeinflussen können. [...]

4.) Die Zusammensetzung des Zentralvorstandes [...]
Hinsichtlich der Vorsitzenden und des Generalsekretärs der LDP bestehen beim Generalsekretär Täschner, sowie Herrn Dr. Loch und Konczock die Voraussetzung einer ständigen Kontrolle ihrer Politik. Dieckmann wird als stellvertretender Vorsitzender vorgeschlagen unter Berücksichtigung seiner guten Mitwirkung in der gesamtdeutschen Arbeit, die er in den letzten Monaten leistete, sowie der Feststellung, daß er in den letzten Monaten beginnt, auch in seiner Partei positiver als in der Vergangenheit in Erscheinung zu treten. Da Dr. Dieckmann einen starken Einfluß auf breite Mitgliederkreise hat, ist es zweckmäßig, diesen Einfluß zu benutzen, um die Positionen von Dr. Loch, Konczock, und Täschner, die teilweise äußerst schwach sind, zu festigen.

Diese Lösung verpflichtet den Sektor, die politische Tätigkeit von Dr. Loch, Staatssekretär Konczock, Generalsekretär Täschner noch stärker zu kontrollieren und den Einfluß von Dr. Dieckmann auf diesen Personenkreis zu beobachten.

Die Zusammensetzung der 10 Beisitzer wurde durch den Sektor beeinflußt. Sämtliche vorgeschlagenen Personen sind überprüft. Die Zusammensetzung der 10 Beisitzer gewährt [sic!] eine fortschrittliche Tätigkeit. [...]

Abteilung leitende Organe der Partei und der Massenorganisationen, Berlin, den 4.5.1953, Entwurf einer Vorlage an das Sekretariat des Zentralkomitees betr. Vorbereitung des 5. Parteitages der LDP. In: SAPMO-BArch DY 30/IV 2/15/65.

P25: *Falten gehen – geheime Anweisung des Politbüros der SED zur Gültigkeit der Stimmzettel bei den Kommunalwahlen*
15. Juni 1957

Für die Auszählung der Stimmzettel soll folgende Instruktion *mündlich* an die Wahlvorsteher gegeben werden:
1. Die Abstimmung über den Wahlvorschlag der Nationalen Front geschieht durch Einwerfen des amtlichen Stimmzettels in die Wahlurne.
 Weist der Stimmzettel weder Veränderungen noch Zusätze auf, so ist damit der Stimmzettel gültig und zugleich eine Entscheidung für den Wahlvorschlag der Nationalen Front.
2. Der Stimmzettel ist gültig und gilt als für den Wahlvorschlag der Nationalen Front abgegeben, wenn folgende Änderungen vorgenommen wurden:
 a) wenn Kandidaten und Nachfolgekandidaten auf dem Stimmzettel gestrichen sind;
 b) wenn auf dem Stimmzettel Zustimmungserklärungen für die Kandidaten und Nachfolgekandidaten enthalten sind, wie ja, einverstanden, Frieden u. ä.;
 c) wenn sich ein Kreuz hinter dem Namen eines Kandidaten oder Nachfolgekandidaten befindet oder die Namen einzelner Kandidaten oder Nachfolgekandidaten einzeln unterstrichen sind.
3. Als ungültig sind Stimmzettel anzusehen, die
 a) nicht amtlich hergestellt sind
 b) die die Aufschrift »ungültig« enthalten
 c) die staatsfeindliche Äußerungen enthalten.
4. Als Stimmen *gegen* den Vorschlag der Nationalen Front sind zu betrachten:
 a) Stimmzettel, auf denen alle Kandidaten und Nachfolgekandidaten einzeln gestrichen sind;
 b) Stimmzettel, auf denen ein Kreuz quer über dem gesamten Stimmzettel angebracht ist;
 c) Stimmzettel, auf denen Äußerungen des Wählers aufgezeichnet sind, die seine Gegenstimme klar zum Ausdruck bringen.

5. Die Veröffentlichung der Wahlergebnisse nach der Auszählung in Presse und Rundfunk erfolgt nur auf besondere Anweisung des Wahlleiters der Republik oder seines Stellvertreters.

Instruktion für die Wahlvorsteher, Anlage Nr. 3 zum Protokoll Nr. 25/57 des Politbüros vom 15. Juni 1957. In: SAPMO-BArch DY 30/J IV 2/2/545, Bl. 9 f.

P26: *Mobilisierung der Jugend für wirtschaftliche Ziele – eine »Blitz«-Kampagne der Berliner FDJ*
11. Juni 1960

Aufruf der Bezirksleitung der FDJ Groß-Berlin vom 11. Juni 1960 zur Blitzaktion der Berliner Jugend: »Blitz kontra Materialschluderei – für sparsamsten Verbrauch von Material«
Denke mit – spare mit!
Die Bezirksleitung der FDJ ruft euch – die Mitglieder der Jugendbrigaden, die jungen Techniker, Konstrukteure und Ingenieure, die Kontrollposten der FDJ, die Mitglieder und Funktionäre unseres Verbandes – zur Blitzaktion der Berliner Jugend: »Blitz kontra Materialschluderei – für sparsamsten Verbrauch von Material«.
Wann? In der Zeit vom 13. bis 16. Juni 1960.
Wo? Überall in den sozialistischen Betrieben der Industrie und Landwirtschaft, des Transports und Bauwesens, in den Labors und Konstruktionsbüros.
Mit welchem Ziel? Um die Vergeudung von Material aufzudecken und Maßnahmen zur Beseitigung der Mängel festzulegen; um mitzuhelfen, Wege zu finden, die zur Senkung des Materialverbrauchs und zur Erhöhung des Ausnutzungsgrades führen, um den Ausgangspunkt für die neue Initiative der Jugend im Kompaßwettbewerb zu Ehren des 11. Jahrestages der DDR im Hinblick auf die ökonomische Verwendung von Rohstoffen, besonders von Metall, Holz und anderen wichtigen Materialien zu schaffen. [...]
Nutzt alle Möglichkeiten, wie Wandzeitung und Betriebsfunk, aber vor allem die ständigen Produktionsberatungen, die »Roten Treffs«, um alle aufgedeckten Mängel und Vorschläge zu veröffentlichen und die Werktätigen zu ihrer Überwindung bzw. ihrer Verwirklichung zu mobilisieren.
Durch diese Aktion beginnt die Berliner Jugend, die Bezirksdelegiertenkonferenz der SED mit Taten auszuwerten. Zur Bezirksaktivtagung der FDJ, am 16. Juni 1960, legen wir die ersten Ergebnisse auf den Tisch.
Bezirksleitung der Freien Deutschen Jugend Groß-Berlin

In: Dokumente 1963–66, Bd. 4, S. 568.

P27: *Schulung, Schulung, Schulung – Themen der FDJ-Zirkel junger Sozialisten*
4. Januar 1961

Auf der Grundlage des Beschlusses des Sekretariats des Zentralrats der Freien Deutschen Jugend »Über die Tätigkeit der Zirkel junger Sozialisten 1960/61« wird für die Tätigkeit der Zirkel für die Zeit vom Februar bis Juni 1961 folgendes beschlossen:

Die Grundlage für die weitere Tätigkeit der Zirkel junger Sozialisten bilden die Erklärung der Beratung mit Vertretern der kommunistischen und Arbeiterparteien vom November 1960 und die Materialien des 11. Plenums des Zentralkomitees der Sozialistischen Einheitspartei Deutschlands. Der Themenzyklus (fünf Seminare vom Februar bis Juni 1961) lautet: »Die Welt, in der wir leben und die wir mitgestalten«.

Seminar Februar 1961
Thema: »Unsere Zeit trägt einen roten Stern«
Die Hauptfrage zum Thema ist, bei allen Zirkelteilnehmern den Hauptinhalt unserer Epoche und die sozialistische Perspektive in Deutschland zu klären. Folgende Probleme sind zu behandeln:

Die Einschätzung des Inhalts unserer Epoche besagt:
Das sozialistische Weltsystem ist zum entscheidenden Faktor der Entwicklung der menschlichen Gesellschaft geworden. Sein Zentrum ist die Sowjetunion; das kapitalistische Weltsystem und die einzelnen kapitalistischen Länder, so auch Westdeutschland, werden von inneren Widersprüchen zerrissen. Die Perspektive der Menschheit ist der Sozialismus. Unsere Generation ist der kühne Erbauer des Sozialismus.

Die Politik der Sozialistischen Einheitspartei Deutschlands befindet sich in Übereinstimmung mit der historischen Entwicklung in der Welt. Die DDR ist der einzig rechtmäßige Staat in Deutschland. Der Triumph des Sozialismus wird im 20. Jahrhundert auch in Westdeutschland zur Tatsache.

Dem Kapitalismus wird die Niederlage in der entscheidenden Sphäre der menschlichen Tätigkeit, der Sphäre der materiellen Produktion, bereitet werden. Das vollzieht sich jedoch nicht im Selbstlauf, sondern erfordert von jeder jungen Arbeiterin und jedem jungen Arbeiter eine hohe Verantwortung, eine bewußte und selbstlose Tätigkeit an seinem Arbeitsplatz zur Erfüllung und Übererfüllung des Siebenjahrplanes.

Literatur:
1. Erklärung der Beratung von Vertretern der kommunistischen und Arbeiterparteien vom November 1960, Abschnitt I (»Junge Generation«, Nr. 24/60, Beilage für den Zirkel junger Sozialisten).
2. Referat des Genossen Walter Ulbricht auf dem 11. Plenum des Zentralkomitees der Sozialistischen Einheitspartei Deutschlands, Abschnitt II und VI (»Junge Generation«, Nr. 3/61, Beilage für den Zirkel junger Sozialisten).

Zusatzliteratur für den Propagandisten:
1. Entschließung des 11. Plenums des Zentralkomitees der Sozialistischen Einheitspartei Deutschlands, Abschnitt I.

2. Programmatische Erklärung des Vorsitzenden des Staatsrats der DDR vor der Volkskammer am 4. Oktober 1960, Abschnitt: »Die geschichtliche Rolle der DDR«.

Über die Veränderung der Themen in den Zirkeln junger Sozialisten. Beschluß des Sekretariats der Freien Deutschen Jugend vom 4. Januar 1961. In: DOKUMENTE 1963–66, Bd. 4, S. 629 f.

P28: »*Der FDGB-Feriendienst gestaltet schöne Urlaubstage*« – *aus dem Ferien- und Bäderbuch des FDGB*
1976

Als umfassende Klassenorganisation der Arbeiterklasse und Interessenvertretung der Arbeiter, Angestellten und Angehörigen der Intelligenz nehmen die Gewerkschaften aktiv Einfluß auf die Gestaltung sozialistischer Arbeits- und Lebensbedingungen und wirken dort unmittelbar mit, wo sie Verantwortung tragen.

Dazu gehört die Verantwortung für Gesundheit, Erholung und Lebensfreude aller Werktätigen. Wie ernst die Gewerkschaften diese Aufgabe nehmen, spiegelt sich auch in der Leitung und Planung des gewerkschaftlichen Feriendienstes und in der Verwaltung der Sozialversicherung der Arbeiter und Angestellten wider. Im März bzw. Mai 1947 entstanden, zählen Feriendienst und Sozialversicherung zu den vielen hervorragenden Leistungen der Gewerkschaften und damit zugleich zu den wichtigen Errungenschaften der Arbeiterklasse. [...]

Durch den Freien Deutschen Gewerkschaftsbund wurde das Kur- und Erholungswesen in unserem Lande maßgeblich profiliert. Die gewerkschaftlichen Kuren- und Feriendienst-Kommissionen sind zu einem festen Begriff für verantwortungsbewußte, zuverlässige ehrenamtliche Arbeit Zehntausender Werktätiger bei der Vergabe von Heil-, Genesungs- und prophylaktischen Kuren und bei der Verteilung von Ferienschecks geworden. Der Feriendienst der Gewerkschaften entwickelte sich zum Haupterholungsträger der Arbeiterklasse. [...]

Bereits im März 1947 konnte vom Bundesvorstand des FDGB die Einrichtung des Feriendienstes der Gewerkschaften beschlossen werden. Noch im gleichen Jahr erholten sich 17 500 Werktätige in zehn FDGB-eigenen Heimen und mehreren Vertragshäusern mit dem Feriendienst der Gewerkschaften. Im Gründungsjahr unserer Republik waren es bereits 210 000 Urlauber. Im Jahre 1968 überstieg die Anzahl der Werktätigen und ihrer Familien, die vom Feriendienst der Gewerkschaften eine Erholungsreise erhielten, bereits die Millionengrenze und wird 1976 1,5 Millionen überschreiten. [...]

FERIEN 1976, S. 4–11.

P29: *Vorbehaltlose Unterordnung – aus dem Parteitagsprotokoll der NDPD April 1977*

Die Mitglieder der National-Demokratischen Partei Deutschlands bekennen sich vorbehaltlos zur gesetzmäßig wachsenden Führungsrolle der Arbeiterklasse und ihrer marxistisch-leninistischen Partei, der Sozialistischen Einheitspartei Deutschlands, und das zu jeder Zeit und überall. Die Macht der Arbeiterklasse, unser sozialistischer Staat der Arbeiter und Bauern sind Kernstück aller Werte und Errungenschaften des Sozialismus in unserem Lande. Sozialistischer Patriotismus und Internationalismus sind deshalb Kern und Konsequenz des Verbundenseins mit unserem sozialistischen Vaterland, der Deutschen Demokratischen Republik.

Die Mitglieder der National-Demokratischen Partei Deutschlands bekennen sich vorbehaltlos zur unverbrüchlichen Freundschaft, zum Bruderbund mit der Sowjetunion. Dieser Bruderbund ist und bleibt Kraftquell und Grundlage für die Entwicklung der sozialistischen Deutschen Demokratischen Republik als fester Bestandteil der sozialistischen Staatengemeinschaft. Sozialistischer Patriotismus und Internationalismus sind deshalb Kern und Konsequenz unseres Verbundenseins mit der Sowjetunion und den anderen Staaten der sozialistischen Gemeinschaft, mit allen fortschrittlichen Kräften der Welt.

Das sind die Grundlagen unseres Handelns und all unserer Entscheidungen, Kriterien unserer Parteilichkeit für den Sozialismus in der Klassenauseinandersetzung mit dem Imperialismus, politische Orientierung für unsere aktive Teilnahme an den historischen Prozessen, die das Antlitz unserer Zeit bestimmen.

Aus dem Referat des Vorsitzenden der NDPD, Prof. Dr. Heinrich Homann. In: NDPD 1977, S. 53 f.

P30: *»Die Gewerkschaften sind treue Kampfgefährten der SED« – Harry Tisch zur Stellung der Gewerkschaften in der DDR 16. Mai 1977*

Liebe Kolleginnen und Kollegen!
Eine erfolgreiche Wegstrecke von fünf Jahren gewerkschaftlicher Arbeit liegt hinter uns. Vor einem Jahr konnte der IX. Parteitag der Sozialistischen Einheitspartei Deutschlands feststellen: Die Politik des VIII. Parteitages, alles zu tun für das Wohl des arbeitenden Menschen, für das Glück unseres Volkes, hat reiche Früchte getragen. Sie leitete die bislang erfolgreichste Periode der Geschichte unseres Volkes ein. Heute, von der Tribüne des 9. FDGB-Kongresses, können wir voll Stolz sagen: Die Gewerkschaften der Deutschen Demokratischen Republik haben als treue Kampfgefährten der Partei diese Politik aktiv mitgestaltet! Denn diese Politik ist Arbeiterpolitik, ist Politik für das Volk und mit dem Volk! [...]

Wir, die Gewerkschafter der Deutschen Demokratischen Republik, stellen uns dieser wahrhaft revolutionären Aufgabe, für die wir unter Führung der Sozialistischen Einheitspartei Deutschlands mit Leidenschaft und Hingabe kämpfen werden!

Als Organisation der machtausübenden Klasse sind die Gewerkschaften berufen, in der weiteren Etappe unserer gesellschaftlichen Entwicklung auf der Grundlage des Marxismus-Leninismus als Schulen des Sozialismus und Kommunismus, als Interessenvertreter der Arbeiterklasse und aller Werktätigen die schöpferische Aktivität, das sozialistische Arbeiten, Lernen und Leben der Millionen Gewerkschafter so zu entfalten, daß die Ideen von Marx, Engels und Lenin das Leben in unserem schönen sozialistischen Land immer mehr prägen und ihre Vollendung finden. [...]

Unter aktiver Mitwirkung der Gewerkschaften wurde zielstrebig ein sozialpolitisches Programm gestaltet, das das größte in der Geschichte unseres Volkes ist. Allein im Jahr des IX. Parteitages wurden für insgesamt etwa 5,6 Millionen Werktätige und Veteranen der Arbeit die Lebensbedingungen spürbar verbessert. So wurden unter anderem ab 1. Oktober 1976 die Löhne für rund 1,4 Millionen Werktätige mit niedrigem Arbeitseinkommen erhöht. Ab 1. Dezember 1976 wurden die Leistungen für 3,4 Millionen Rentner bedeutend heraufgesetzt. [...]

Die Leistungen, die in den Jahren nach dem VIII. Parteitag der SED im Wettbewerb vollbracht worden sind, beweisen, daß wir mit den schöpferischen Leistungen der Werktätigen über eine große Kraft verfügen. Ein deutliches Zeugnis dafür sind die großen Arbeitstaten der Werktätigen in Vorbereitung und Auswertung des IX. Parteitages der SED unter der Losung »Aus jeder Mark, jeder Stunde Arbeitszeit und jedem Gramm Material einen größeren Nutzeffekt!« für die Erfüllung und gezielte Überbietung der Planaufgaben und der Gegenplanziele. So wurde im Jahre 1976, dem ersten Jahr des gegenwärtigen Fünfjahrplanes, in der industriellen Warenproduktion eine Überbietung der Planziele um 2,6 Milliarden Mark erreicht. In diesem Jahr haben sich zu Ehren des 60. Jahrestages der Großen Sozialistischen Oktoberrevolution die Arbeitskollektive in ihren Wettbewerbsbeschlüssen zu Gegenplanzielen in Höhe von 1,8 Milliarden Mark verpflichtet.

Der FDGB – aktiver Mitgestalter der sozialistischen Gesellschaft in der DDR. Aus dem Bericht des Bundesvorstandes an den 9. FDGB-Kongreß, 16. Mai 1977. In: TISCH 1987, S. 108–115.

P31: Gewerkschaften und Arbeitsschutz
16. Juni 1977

§ 201 [...] (2) Die betrieblichen Gewerkschaftsleitungen, die ehrenamtlichen Arbeitsschutzinspektoren, die Arbeitsschutzkommissionen und die Arbeitsschutzobleute haben das Recht, Arbeitsmittel, Arbeitsverfahren und Arbeitsstätten zur Verwirklichung des Gesundheits- und Arbeitsschutzes zu überprüfen, Ermittlungen und Untersuchungen über Ursachen von Arbeitsunfällen, Berufskrankheiten, sonstigen arbeitsbedingten Erkrankungen und Arbeitserschwernissen durchzuführen und die Beseitigung von Mängeln zu fordern. Sie sind berechtigt, zu Projekten für neue oder zu rekonstruierende Arbeitsmittel und Arbeitsstätten Erläuterungen zu verlangen, Stellung zu nehmen, die Gewährleistung des Gesundheits- und Arbeitsschutzes zu fordern und Vorschläge zu seiner weiteren Verbesserung zu unterbreiten. Der Betriebsleiter hat der zuständigen betrieblichen Gewerkschaftsleitung die Einsichtnahme in die entsprechenden wissenschaftlich-technischen Arbeitsunterlagen zu ermöglichen.

Arbeitsgesetzbuch der DDR vom 16. Juni 1977. Berlin 1977, S. 53. Dok. in: GILL 1989, S. 374.

P32: *Kriterien zur Vergabe der FDGB-Ferienschecks: »Besondere Arbeitsleistungen« und »gesellschaftliche Aktivitäten« sind zu berücksichtigen.*
1983

1. Die Verteilung erfolgt unter Berücksichtigung der sozialen Zusammensetzung des Betriebskollektivs: Ein entsprechender Anteil ist für Arbeiter und Angestellte dabei zu gewährleisten.
2. Besondere Arbeitsleistungen bei der Erfüllung der betrieblichen Aufgaben sind zu berücksichtigen. Schichtarbeiter und Werktätige mit erschwerten Arbeitsbedingungen sollten bei der Verteilung der Ferienschecks vorrangig versorgt werden.
3. Auch gesundheitliche und soziale Belange der Gewerkschaftsmitglieder sowie gesellschaftliche Aktivitäten sollten beachtet werden.
4. Schließlich spielt es auch eine Rolle, wann das FDGB-Mitglied den letzten Ferienscheck erhalten hat. Reisen während der Schulferienzeit sollten vor allem an Werktätige mit schulpflichtigen Kindern vergeben werden.

In: Schulen der sozialistischen Arbeit 1983/84. Hinweise und Anschauungsmaterial für den Gesprächsleiter. Berlin 1983, S. 29. Zit. nach: GILL 1989, S. 360.

P33: *Kritik und Unmut auf Gewerkschaftsversammlungen*
November 1986

FDGB-Bundesvorstand   November 1986
Abt. Organisation
Einige Vorschläge, Hinweise und Kritiken aus den gewerkschaftlichen Wahlversammlungen
Gewerkschaftsgruppe TKE[44] VEB Berliner Vergaser- und Filterwerk
Die Hinweise und Kritiken der Kollegen zum Zustand des Hofes bei Regenwetter, der undichten Oberfenster in der Konstruktion und die schlechte Heizungsleistung werden schon über einen längeren Zeitraum nicht beachtet.

Gewerkschaftsgruppe des Kollektivs »XI. Parteitag der SED« PE[45]-Innenbeschichtung des Rohrwerkes II im VE Rohrkombinat Riesa
Die Duschen sind schon sehr lange reparaturbedürftig. Sie reichen auch nicht aus, mitunter stehen 10 Kollegen unter einer Dusche. Außerdem sind in der Halle noch

44 Unbekannte Abkürzung, möglicherweise Technische Kontrolleinrichtung.
45 PE = Polyäthylen.

nicht alle Fenster eingesetzt, und es gibt keine Hallenbeheizung. Das hat Auswirkungen auf die Gesundheit der Kollegen und die Qualität der Rohre.

VEB Laborchemie Apolda, Produktionsabschnitt 4
Vorschläge und Kritiken zur Verbesserung der Arbeits- und Lebensbedingungen wurden schon über Jahre nicht realisiert.

VEB Lederhandschuhe/Lederbekleidung und Holzverarbeitungswerk Klosterfelde
Die Mitglieder kritisierten, daß Schäden an Dächern von Werkhallen und anderen Betriebsgebäuden, die nicht unverzüglich repariert werden, nunmehr wesentliche Verschlechterungen der Arbeitsbedingungen durch eindringendes Regen- und Schmutzwasser in die Arbeitsräume verursachen.

Vertrauensleutevollversammlung – VEB Mikroelektronik »Bruno Baum« Zehdenick
Das seit über 10 Jahren ungelöste Problem der Rekonstruktion der Werkhallendächer (Shedhallendächer) spielte während der Wahlversammlungen einen Schwerpunkt der Diskussion. Nachdem 1985 ein Projekt erstellt wurde und sich 1986 BMK Ost, Industriebau Potsdam, zur Übernahme der Arbeiten ab 1.11.1986 bereit erklärte, konnte dieser Termin nicht gehalten werden, da der VEB Holzwerke Bernsdorf die notwendigen Alu-PUR-Platten[46] aufgrund von Planpräzisierungen nicht liefern kann. Gegenwärtig regnet es so stark durch, daß Wasser ungehindert in Produktions- und Lagerräume eindringen kann. Wertvolle Maschinen, Material, Werkzeuge usw., insbesondere des Metallbereiches und des Werkzeugbaus, die u. a. für die Produktion von Trägerstreifen und Trägerelementen für die Mikroelektronik verantwortlich sind, können so in hohem Maße beeinträchtigt werden. Übergeordnete Leitungen wurden zur Veränderung des Zustandes bereits um Unterstützung gebeten.

Zit. nach: ECKELMANN et al. 1990, S. 217–221.

P34: »Lieber Zentralrat ...« Schülerforderungen an die FDJ-Führung 1988

Lieber Zentralrat!
Was erwarten wir FDJler vom 9. Pädagogischen Kongreß?
Für uns FDJler kommen mit dem 9. Pädagogischen Kongreß auch viele Pflichten in der Schule, z. B. an unserer Schule. Wir sollten ein besseres Verhältnis zu den Lehrern herstellen. Uns bemühen, ihnen höflich gegenüberzutreten, sie akzeptieren und ihnen auch helfen. Wir erwarten aber auch von den Lehrern, uns als vollwertige Jugendliche zu behandeln, was ihnen auch schwerfallen wird, weil sich viele Schüler nicht so verhalten. Also müssen wir an dem Verhältnis Schüler-Lehrer arbeiten. Was an unserer Schule auch ein großes Problem ist, der Schulclub. Viele Schüler sagen, daß zu wenig

---

46 PUR ist eine Abkürzung für Polyurethane.

gemacht wird, aber wenn eine Veranstaltung stattfindet, beteiligen sich kaum Schüler. Also ist es demnach sinnlos, etwas zu organisieren. Mein persönlicher Wunsch wäre, an unserer Schule einen schönen Schulhof anzulegen, wo sich aber alle FDJler an einem Nachmittag beteiligen. Das Schulgebäude von innen zu verschönern und nicht an den Arbeiten herumzuschmieren und sie zu zerreißen. Auch die Schüler müssen an ihrer Einstellung zur Schule arbeiten. Sie dürfen nicht vor jeder Aufgabe die Augen schließen und denken, das macht die FDJ-Leitung. Eigentlich geht es sie doch auch was an. Und meiner Meinung nach macht die FDJ-Leitung noch zu viel. Die Aufgaben müßten auf die ganze Klasse verteilt sein. Später müssen wir unsere Probleme auch selber lösen und nicht denken, das macht schon jemand. Was beim 9. Pädagogischen Kongreß besprochen werden könnte, wäre den Unterricht am Sonnabend abzuschaffen. So hätte eine Familie ein ganzes Wochenende und könnte auch mal weiter wegfahren. Unsere Eltern arbeiten ja auch zum größten Teil nur von Montag bis Freitag. Viele Schüler kommen auch öfters in der Woche erst um 16.00 Uhr nach Hause. Das ist ein voller Arbeitstag. Man müßte ein Höchstmaß an Nachmittagsveranstaltungen festlegen. Ich würde sagen 2 Nachmittage reichen völlig. Man hat ja auch Verpflichtungen zu Hause. Ein Diskussionsthema wäre die Aufteilung des Schulhofes.
J. S., GOL-Sekretär der POS

Brief an den Zentralrat der FDJ in Vorbereitung des IX. Pädagogischen Kongresses (Winter 1988/89). In: JUGEND 1992, S. 130.

P35: Die Wahlfarce beim Wort genommen: Die Bürgerkontrollen der Kommunalwahlen am 7. Mai 1989 aus Sicht des MfS
1989

Internen Hinweisen aus allen Bezirken der DDR zufolge wurden insbesondere Mitglieder sogenannter kirchlicher Basisgruppen und Antragsteller auf ständige Ausreise erkannt, die sich zur »Kontrolle« bzw. »Überwachung« der Wahlhandlung und Stimmenauszählung in Wahllokalen befanden. Bezogen auf die Hauptstadt wurden derartige Personen festgestellt in Berlin-Prenzlauer Berg in 64 Wahllokalen, in Berlin-Friedrichshain in 44 Wahllokalen, in Berlin-Mitte in 23 Wahllokalen.

Die Personen machten sich in der Regel Aufzeichnungen über die durch die Wahlvorstände verkündeten Wahlergebnisse, zum Teil in vorgefertigte Formblätter. In Einzelfällen warfen sie den Wahlvorständen Wahlmanipulationen vor und verlangten, persönlich die Gegenstimmen auszählen zu dürfen. Derartige Provokationen wurden durch die Wahlvorstände zurückgewiesen, woraufhin die Personen kommentarlos die entsprechenden Wahllokale verließen.

Wie bisher streng intern bekannt wurde, sollen die Ergebnisse dieser »Kontrollen« zumindest im Bereich der Evangelisch-Lutherischen Landeskirche in Berlin-Brandenburg zentral ausgewertet werden. [...]

Internen Erkenntnissen aus der Hauptstadt der DDR, Berlin, sowie allen Bezirken der DDR zufolge beteiligte sich eine erhebliche Anzahl der bekannten Antragsteller auf ständige Ausreise sowie der Kräfte des politischen Untergrundes nicht an den

Kommunalwahlen. In Einzelfällen kam es durch diese Personen zum öffentlichen Zerreißen der Wahlscheine im Wahllokal bzw. nahmen sie die Wahlscheine ohne Wahlhandlung mit sich.
Besonders beachtenswert ist ein Vorkommnis am 7. Mai 1989 in Leipzig. Auf dem Vorplatz der Nikolaikirche hatten sich gegen 17.30 ca. 40 Personen gesammelt und begonnen, in losen Gruppen auftretend, sich zusammenzuschließen.

MfS, ZAIG, Nr. 229/89, Information über beachtenswerte Ergebnisse der Sicherung der Durchführung der Kommunalwahlen am 7. Mai 1989. In: MITTER/WOLLE 1990, S. 34–37.

P36: *»... erhebliche Abweichungen vom offiziellen Endergebnis festgestellt.«*
Die Wahlfälschung wird zum Skandal gemacht
Mai und Juni 1989

Am 10.5. beantragten wir und zehn weitere Bürger bei der Nationalen Front Weißensee, Einspruch einzulegen gegen die Gültigkeit der Wahl im Stadtbezirk. Begründet war dieser Antrag mit Differenzen zwischen dem amtlichen Endergebnis und den von den Wahlvorständen verkündeten Zahlen.
Bis zum 20.6. erfolgte keine Antwort auf diese Eingabe. Auf Anfragen unsererseits wurde der Eingang der Eingabe zunächst nicht einmal bestätigt. Nachdem wir den Vorsitzenden der Nationalen Front Weißensee, Prof. Dr. G., über diesen Tatbestand informiert hatten, versprach man uns, mit einer Bemerkung über die Langsamkeit der Post (!), jetzt eine unverzügliche Bearbeitung der Eingabe. Doch wieder vergingen weitere drei Wochen, in denen nichts geschah, so daß sich der Eindruck bestätigte, daß man nicht vorhatte, sich ernsthaft mit unserem Anliegen auseinanderzusetzen.
So gingen wir, zwei der Eingabenschreiber, am 20.6. abermals zum Kreisausschuß der NF-Weißensee, trafen Herrn Z., den Sekretär der NF an. Es kam zu folgendem Gespräch: [...]
Bürger: Wir haben die in den Wahllokalen angesagten Zahlen zusammengezählt und erhebliche Abweichungen vom offiziellen Endergebnis festgestellt.
Herr Z.: Ich weiß, daß Sie in jedes Wahllokal zwei Leute geschickt haben.
Bürger: Wir haben lediglich Kenntnis erhalten von den in den Wahllokalen verkündeten Zahlen und diese addiert. [...]
Herr Z.: Das hieße, Sie unterstellen den Wahlvorständen Wahlbetrug. Außer Ihnen waren auch andere Bürger bei der öffentlichen Auszählung anwesend. Sie haben alle den ordnungsgemäßen Ablauf bestätigt.
Bürger: Das klingt so, als wären wir keine Bürger.
Herr Z.: Ich meinte, die Mehrzahl der Bürger, die den demokratisch gewählten Wahlvorständen eine korrekte Handlungsweise bestätigt haben. Der Kreis, dem sie angehören, ist rechtlich nicht autorisiert und kann deshalb auch über keine autorisierten Statistiken (!?) verfügen.
Bürger: Es geht nicht darum, den Mitgliedern der Wahlvorstände Betrug zu unterstellen. Es geht ja gerade um die Abweichungen des offiziellen Ergebnisses von den in den Wahllokalen verkündeten Zahlen. Wie erklären Sie sich diese Differenz?

Herr Z.: Es gibt keine Differenz. Sie müssen nur in die Zeitung vom 10.5. sehen. (Herr Z. schwenkt eine Mappe.) Hier können Sie das Protokoll vom gesamten Wahlverlauf sehen. Da stehen alle Ergebnisse schwarz auf weiß. Sie sind identisch mit den in der Presse veröffentlichten. Das ist die Wahrheit, es gibt nur diese eine.
Bürger: Kann man in das Protokoll einsehen?
Herr Z.: Das ist allein unsere Sache, das geht nun wirklich nicht. Ein Fünkchen Vertrauen müssen Sie schon in uns haben!

»Es kann nicht zwei Wahrheiten geben«. Mitglieder des Friedenskreises Berlin-Weißensee bestehen auf einer Antwort. In: Umweltblätter, Mai [sic!] 1989, S. 4 f. Zit. nach: RÜDDENKLAU 1992, S. 328 f.

4. Justiz und Verwaltung im Dienste der Staatspartei

P37: Die heimliche Verfassung der DDR: Anweisung des SED-Politbüros zur Steuerung der Regierung
17. Oktober 1949

1. Gesetze und Verordnungen von Bedeutung, Materialien sonstiger Art, über die Regierungsbeschlüsse herbeigeführt werden sollen, weiterhin Vorschläge zum Erlaß von Gesetzen und Verordnungen müssen vor ihrer Verabschiedung durch die Volkskammer oder die Regierung dem Politbüro bzw. Sekretariat des Politbüros zur Beschlußfassung übermittelt werden.
2. Für alle anderen wichtigen Verwaltungsmaßnahmen ist vor ihrer Durchführung die Entscheidung der zuständigen Abteilung beim Parteivorstand herbeizuführen. Die Abteilungen des Parteivorstandes haben auf die in den Regierungsstellen verantwortlichen Genossen in dem Sinne einzuwirken, daß sie in der Durchführung der Aufgaben ihres Geschäftsbereiches Selbstverantwortlichkeit zeigen und die Abteilungen des Parteivorstandes nicht mit Bagatellsachen belasten.
3. Die dem Sekretariat zur Beschlußfassung zu übermittelnden Vorlagen nach Ziffer 1 dieser Richtlinien sind von der für die Materie zuständigen Abteilung des Parteivorstandes anzufertigen. [...]
4. Die Ausarbeitung des Materials als Entwurf erfolgt grundsätzlich durch die dafür zuständige Regierungsstelle. Die Übermittlung des Auftrages vom Parteiapparat erfolgt an den Genossen, der in der entsprechenden Regierungsstelle *die höchste Funktion* bekleidet. Dieser Genosse ist auch verantwortlich für die Zuleitung des Materials an den Parteiapparat. [...]
6. Beschlossene Vorlagen werden vom Büro des Sekretariats der Abteilung Staatliche Verwaltung sowie der für die Vorlage verantwortlichen federführenden Abteilung unmittelbar zugestellt. Die federführende Abteilung ist verpflichtet, den Beschluß dem verantwortlichen Genossen in der zuständigen Regierungsstelle zu übermitteln und für die Durchführung und Kontrolle zu sorgen.
7. Bei der Einreichung von Vorlagen über Gesetzesentwürfe an das Sekretariat hat die betreffende Abteilung des Parteivorstandes vorzuschlagen, ob der Gesetzes-

entwurf durch die Regierung, die Fraktion der Volkskammer oder durch die Länderkammer eingebracht werden soll. [...]
8. Die Abteilung Staatliche Verwaltung informiert die Genossen der Staatskanzlei laufend über alle den staatlichen Apparat betreffenden Beschlüsse des Politbüros oder des Sekretariats. [...]
9. Die Abteilung Staatliche Verwaltung übermittelt bedeutsame Beschlüsse (Verordnungen usw.) der Regierung, den zuständigen Abteilungen beim Parteivorstand sowie den Vorsitzenden der Landesvorstände.
10. Beim Schriftverkehr mit der Regierung, der Volks- und Länderkammer, dem Präsidenten der Deutschen Demokratischen Republik ist der offizielle Charakter zu wahren. Parteischreiben an Genossen im Regierungsapparat usw. sind nur im Ausnahmefall zulässig.
11. Die Verantwortung für den aus der Zusammenarbeit zwischen Partei- und Regierungsstellen zur Herstellung, Durchführung und Kontrolle der Vorlagen sich ergebenden Verkehr trägt der Leiter der für die betreffende Regierungsstelle zuständigen Abteilung beim Parteivorstand. [...]

Richtlinien über die Fertigstellung von Vorlagen und wichtigen Materialien für die Regierung und Regierungsstellen zur Entscheidung durch die zuständigen Organe des Parteivorstandes sowie über die Kontrolle der Durchführung dieser Entscheidungen, Anlage Nr. 5 zum Protokoll Nr. 57 der Sitzung des Kleinen Sekretariats [des Politbüros] am 17. Oktober 1949. In: SAPMO-BArch DY 30/J IV 2/3/57.

P38: *Ein Rock aus Westberlin, der Dritte Weltkrieg und die Enteignung eines Kinderheimes*
1. April 1953

Im Namen des Volkes!
In der Strafsache *gegen* die Betriebsleiterin und Hotelbesitzerin Ilse F. geb. B., geboren am 8.2.1920 in Rostock, wohnhaft in Kühlungsborn, gesch., zur Zeit in U-Haft in der VPHA[47] Bützow-Dreibergen wegen Wirtschaftsvergehens hat die Strafkammer des Kreisgerichts Bützow in der Sitzung vom 1. April 1953 [...] für Recht erkannt:
Die Angeklagte wird wegen eines Vergehens nach §§ 1, 2 und 16 des Gesetzes zur Regelung des innerdeutschen Zahlungsverkehrs in Verbindung mit § 9 der WStVO[48] zu einer Gefängnisstrafe von 9 (neun) Monaten kostenpflichtig verurteilt. Das Kinderheim »Forsteck« in Kühlungsborn und der der Angeklagten gehörige Holzverarbeitungsbetrieb werden eingezogen. Die erlittene Untersuchungshaft wird der Angeklagten auf die erkannte Strafe ab 26.2.1953 angerechnet.
Gründe:
[...] Der Angeklagten wird ein Wirtschaftsvergehen zur Last gelegt. Sie hat in den Jahren 1951 und in den Jahren 1952 bei ihren Besuchen in Westberlin Waren gegen

---

47 Volkspolizeihaftanstalt.
48 Wirtschaftsstrafverordnung.

DM der Deutschen Notenbank eingekauft, und zwar Weihnachten 1951 kaufte sie ein Paar Stiefel im Werte von 27,00 DM West, nachdem sie zuvor dieses Geld in einer Wechselstube gegen DM der Deutschen Notenbank eingetauscht hatte. Im Oktober 1952 kaufte sie sich einen Mantel sowie einen Rock in Westberlin. Diese Bekleidungsgegenstände bezahlte sie mit 684,00 DM der Deutschen Notenbank. Diese eingekauften Gegenstände verbrachte sie in ihre Wohnung nach Kühlungsborn. [...] Der Angeklagten war das Gesetz zwar nicht im Wortlaut bekannt, doch wußte sie, daß man keine Einkäufe in Westberlin tätigen konnte, ohne sich strafbar zu machen. [...] Diese Strafe war aber notwendig, um ihr das Gesellschaftsgefährdende vor Augen zu führen. Es geht nicht an, daß sie ihr Geld im Gebiet unserer Republik verdient, um es nach Westberlin zu bringen, wo es nur zur Vorbereitung eines Dritten Weltkrieges Verwendung findet.

Die Einziehung ihrer beiden Grundstücke fußt auf der gesetzlichen Grundlage des § 16 Abs. 1 WStVO, da sie die Gelder, welche sie nach Westberlin verbrachte, aus den Erträgnissen ihrer Grundstücke erlangt hat. Die Anrechnung der Untersuchungshaft erfolgte gemäß § 219 Abs. 2 StPO.[49] [...]

Urteil des Kreisgerichts Bützow vom 1. April 1953. In: NAMEN DES VOLKES? 1994, S. 17 f.

P39: Parteibeschlüsse und Rechtswissenschaft. Ulbrichts Verdikt von Babelsberg
April 1958

Einigen unserer Genossen Rechtswissenschaftler ist noch nicht klar, daß sie ihre wissenschaftliche Arbeit als Mitglieder unserer Partei, als bewußte und für den Aufbau des Sozialismus kämpfende Genossen zu leisten haben. Manche befinden sich noch in der Situation einer Art »gespaltenen Persönlichkeit«, bei der sich der sogenannte Wissenschaftler von dem Mitglied der Partei der Arbeiterklasse löst und dabei gar nicht merkt, daß er damit zugleich aufhört, Wissenschaftler zu sein. [...] Es gibt zwar viele Wissenschaftler, die von der Erkenntnis durchdrungen sind, daß jeder Beschluß der Partei einen Schritt in der Entwicklung zum Sozialismus vorwärts bedeutet, aber es gibt nicht viele Wissenschaftler, die sich darüber Klarheit verschaffen, daß damit auch die staatlichen und rechtlichen Fragen einer Entwicklung unterworfen sind, die sie zu erforschen und deren allgemeine Gesetzmäßigkeit sie zu erarbeiten haben. So betreffen die Beschlüsse der Partei ihr persönliches Verhalten und ihre politische Einstellung, nicht aber die Wissenschaft. In Wahrheit aber schaffen die Beschlüsse der Partei die Grundlagen der Staats- und Rechtswissenschaft. Sie ergeben eine lückenlose Kette unserer ganzen gesellschaftlichen Entwicklung, die das Fundament ist, auf der allein die Entwicklung der Staatsmacht und damit unseres Staates und Rechts erarbeitet werden kann. [...]

Ulbricht, Walter: Die Staatslehre des Marxismus-Leninismus und ihre Anwendung in Deutschland. In: KONFERENZ 1958, S. 40 f.

49 Strafprozeßordnung.

P40: *Grundrechte im DDR-Sozialismus. Der Kommentar eines Juristen zum Entwurf der neuen DDR-Verfassung*
1968

Auch eine Charakterisierung des Wesens der sozialistischen Grundrechte und Grundpflichten des Bürgers muß stets mit der Frage verbunden sein, wer die politische und ökonomische Macht ausübt und wem sie zu dienen hat. Weil aber unter sozialistischen Bedingungen die Macht der Werktätigen auch den Inhalt der Grundrechte und Grundpflichten, ihrer Verankerung, Verwirklichung und Gewährleistung bestimmt, widerspiegeln auch sie in ihrer Gesamtheit alle *wesentlichen* Seiten der Stellung des Bürgers in der sozialistischen Gesellschaft. [...]

So zeigt und verbürgt der Verfassungsentwurf mit den Grundrechten und Grundpflichten jedem Bürger reale Wege, wie er durch sein bewußtes Handeln gleichermaßen zur Entwicklung der Gesellschaft und seiner Persönlichkeit beitragen kann und soll. Jedes Grundrecht und jede Grundpflicht verkörpert ein objektives Erfordernis für diese sich wechselseitig bedingende Entwicklung. Die Verfassungskonzeption wendet sich entschieden gegen die verlogene bürgerliche Fiktion von einer angeblich staatsfreien Sphäre, die durch die Bürgerrechte gesichert sein soll. Der sozialistische Staat ist das Machtinstrument der Werktätigen; sie brauchen nicht vor der Macht geschützt zu werden, die sie selbst revolutionär geschaffen haben und nach ihrem Willen und Interesse ausüben. Die Inanspruchnahme und Verwirklichung der Grundrechte durch die Bürger führt nicht zu ihrer Isolierung von der Gesellschaft, sondern läßt sie als Glieder der sozialistischen Menschengemeinschaft bewußt handeln. [...]

Eine wesentliche Erkenntnis, die sich im Entwurf der Verfassung durchgängig widerspiegelt, besteht darin, daß die sozialistischen Grundrechte aus den gesellschaftlichen Verhältnissen des Sozialismus selbst erwachsen, keine bloße Weiterentwicklung bürgerlicher Grundrechte sind. Das ist ohnehin evident für die Freiheit von Ausbeutung, Unterdrückung und wirtschaftlicher Abhängigkeit (Art. 18 Abs. 3)[50], die keine bürgerliche Verfassung zu regeln und zu sichern vermag. Sie ist erst in der sozialistischen Gesellschaft mit der Überwindung des Privateigentums an Produktionsmitteln möglich und bildet überhaupt die entscheidende Voraussetzung für die Freiheits- und Persönlichkeitsentfaltung aller Bürger, für die Gleichheit ihrer Grundrechte, für die sozialistische Qualität und Sicherung dieser Rechte. [...]

Einschränkungen, die es bei einigen von ihnen gibt, liegen im objektiv begründeten Interesse der Gemeinschaft und der Bürger selbst. Niemand kann daran interessiert sein, daß beispielsweise unter Vortäuschung freier Meinungsäußerung nach Art. 23[51],

---

50 Dieser Artikel des Entwurfs entspricht Art. 19, 3 der verabschiedeten Verfassung vom 6.4.1968: »Frei von Ausbeutung, Unterdrückung und wirtschaftlicher Abhängigkeit hat jeder Bürger gleiche Rechte und vielfältige Möglichkeiten, seine Fähigkeiten in vollem Umfange zu entwickeln [...]«

51 Entspricht Art. 27, 1 der Verfassung vom 6.4.1968: »Jeder Bürger der Deutschen Demokratischen Republik hat das Recht, den Grundsätzen dieser Verfassung gemäß seine Meinung frei und öffentlich zu äußern. Dieses Recht wird durch kein Dienst- oder Arbeitsverhältnis beschränkt. Niemand darf benachteiligt werden, wenn er von diesem Recht Gebrauch macht.«

anstatt konstruktive Meinungen über die Lösung der gesellschaftlichen und staatlichen Aufgaben und Probleme auszutauschen oder selbst Lösungen zu finden, anstatt sachliche Kritik an auftretenden Mängeln zu üben, destruktiv und absichtlich die sozialistische Demokratie, der Aufbau des Sozialismus geschädigt wird.

Poppe, Eberhard: Der Verfassungsentwurf und die Grundrechte und Grundpflichten der Bürger. In: Staat und Recht 17(1968)4, S. 532–542.

P41: *Die Regierung als Ausführungsorgan der SED – das Ministerratsgesetz 16. Oktober 1972*

§ 1 (1) Der Ministerrat ist als Organ der Volkskammer die Regierung der Deutschen Demokratischen Republik. Er arbeitet unter Führung der Partei der Arbeiterklasse im Auftrage der Volkskammer die Grundsätze der staatlichen Innen- und Außenpolitik aus und leitet die einheitliche Durchführung der Staatspolitik der Deutschen Demokratischen Republik. Der Ministerrat organisiert die Erfüllung der politischen, ökonomischen, kulturellen und sozialen sowie der ihm übertragenen Verteidigungsaufgaben der Deutschen Demokratischen Republik, des sozialistischen Staates der Arbeiter und Bauern. [...]

§ 2 (1) Der Ministerrat erfüllt seine Aufgaben in Verwirklichung der Beschlüsse der Partei der Arbeiterklasse auf der Grundlage der Gesetze und Beschlüsse der Volkskammer. [...]

§ 3 (1) Der Ministerrat leitet unter Ausnutzung der ökonomischen Gesetze des Sozialismus die Volkswirtschaft entsprechend den Direktiven der Sozialistischen Einheitspartei Deutschlands, den langfristigen Plänen, den Fünfjahr- und Jahresplänen und sichert die planmäßige proportionale Entwicklung der Volkswirtschaft. Er legt die Grundrichtung und die Hauptaufgaben zur Verwirklichung des wissenschaftlich-technischen Fortschritts fest und sichert das dafür erforderliche Forschungs- und Entwicklungspotential. [...]

§ 5 (1) Der Ministerrat leitet die Durchführung der Außenpolitik der Deutschen Demokratischen Republik auf der Grundlage der Beschlüsse der Sozialistischen Einheitspartei Deutschlands. Die Tätigkeit des Ministerrates ist darauf gerichtet, die günstigsten äußeren Bedingungen für den weiteren Aufbau des Sozialismus in der DDR zu schaffen. [...]

§ 14 (1) Die Minister und die Leiter der anderen zentralen Staatsorgane leiten die ihnen übertragenen Verantwortungsbereiche nach dem Prinzip der Einzelleitung. Sie sind verpflichtet, die Durchführung der Beschlüsse der Partei der Arbeiterklasse, der Gesetze und anderer Rechtsvorschriften in eigener Verantwortung zu sichern und die hierzu erforderlichen Entscheidungen zu treffen.

Gesetz über den Ministerrat der Deutschen Demokratischen Republik vom 16. Oktober 1972. In: GBl. I, S. 253–256.

P42: *Kloschüsseln, Zwiebeln und die große Politik – aus dem Protokoll des SED-Politbüros 18. April 1978*

Behandelt:
1. Protokollbestätigung
2. Maßnahmen zur materiellen Sicherung des Wohnungsbauprogramms 1976 bis 1980 und seiner gezielten Überbietung, insbesondere zur Gewährleistung der stadttechnischen Erschließung
3. Maßnahmen zur Gewährleistung der planmäßigen Lieferungen für das Bauwesen und ihre gezielte Überbietung sowie zur Erhöhung der Qualität der Zulieferungen
4. Bericht über Ergebnisse bei der Steigerung der Produktion und Entwicklung neuer Sanitärporzellan- und Baukeramikerzeugnisse als wichtige Zulieferungen zum Wohnungsbauprogramm durch Rationalisierung und Einführung neuer Technologien
5. Bericht über die Ergebnisse der Überprüfung von Investitionsvorhaben in Durchführung des Beschlusses des Politbüros des ZK der SED vom 31.1.1978
6. Maßnahmen zum 6-spurigen Ausbau des Autobahnabschnittes im Bereich der Grenzübergangsstelle Marienborn
7. Beschluß über die Versorgung mit Äpfeln, Orangen und Zwiebeln im 1. Halbjahr 1978
8. Bericht über die Entwicklung und Bekämpfung der Kriminalität im Jahre 1977
9. Offizieller Besuch des Premierministers der Kooperativen Republik Guyana, Linden F. S. Burnham, vom 28. April bis 2. Mai 1978 in der Deutschen Demokratischen Republik
10. Arbeitstreffen des Genossen Oskar Fischer mit dem Minister für Auswärtige Angelegenheiten der ČSSR, B. Chnoupek, am 30.3.1978 in Karlovy Vary
11. Teilnahme am XI. Parteitag der Partei der Arbeit der Schweiz vom 13. bis 15. Mai 1978 in Genf
12. Bericht über die Teilnahme einer Delegation des ZK der SED am XI. Parteitag der Kommunistischen Partei Indiens
13. Bericht über die Teilnahme einer Delegation des ZK der SED am X. Parteitag der Kommunistischen Partei Sri Lankas
14. Teilnahme an Veranstaltungen
15. Information über die Staatsdevisenreserve

Protokoll Nr. 15/78 der Sitzung des Politbüros des Zentralkomitees vom 18. April 1978. In: SAPMO-BArch DY 30/J IV 2/2/1722.

P43: *Die Definition des sozialistischen Rechts: Recht ist der Wille der Arbeiterklasse*
1980

a) Das sozialistische Recht ist in der Etappe der Diktatur des Proletariats Willensausdruck der Arbeiterklasse, die von ihrer marxistisch-leninistischen Partei geführt wird und im Bündnis mit den werktätigen Bauern beziehungsweise der Klasse der Genossenschaftsbauern sowie anderen Schichten die Macht ausübt. In der Etappe des Staates des ganzen Volkes verkörpert das Recht den Willen des von der Arbeiterklasse und ihrer marxistisch-leninistischen Partei geführten ganzen Volkes. Der Willensinhalt des Rechts ist letztlich in den jeweiligen materiellen Lebensbedingungen der Klassen und Schichten, die Träger der sozialistischen Staatsmacht sind, begründet.

b) Das sozialistische Recht entspricht zunehmend exakt den Erfordernissen der Ausnutzung der objektiven gesellschaftlichen Gesetze. Es ist ein wichtiges politisch-staatliches Instrument der planmäßigen Gestaltung der sozialistischen und kommunistischen Gesellschaft.

c) Das sozialistische Recht verankert die sozialistischen und kommunistischen Errungenschaften. Es schützt die sozialistischen und kommunistischen Gesellschaftsverhältnisse in allen Lebensbereichen, es sichert und fördert deren Entwicklung.

d) Das sozialistische Recht ist Ausdruck und Instrument einer bewußt organisierten Gesellschaft. Es dient der Entwicklung der bewußten Disziplin und des Verantwortungsbewußtseins der Mitglieder der sozialistischen Gesellschaft.

e) Das sozialistische Recht ist ein System allgemeinverbindlicher Verhaltensregeln (Normen), die vom sozialistischen Staat festgelegt oder sanktioniert sind und deren Verwirklichung durch die sozialistische Staats- und Gesellschaftsordnung gewährleistet wird.

STAATSTHEORIE 1980, S. 405 f.

P44: *Mädchen für alles – aus den Erzählungen eines SED-Kreissekretärs*[52]
November 1986

Er zeigt mir an einem der sonst baumlosen Hügel eine Fichtenschonung. »Sie sieht aus wie der grüne Hemdkragen eines alten Oberförsters«, sage ich.
»Du siehst die Fichten und denkst an den Hemdkragen eines alten Oberförsters. Ich sehe die Schonung und denke an Weihnachtsbäume. Und wenn ich an Weihnachtsbäume denke, dann denke ich an die Weihnachtsversorgung, und wenn ich an

---

52 Der folgende Dialog ist einer Reportage über den Alltag eines 1. Sekretärs einer SED-Kreisleitung entnommen, die 1988 in der DDR erschien. Der Autor der Reportage, Landolf Scherzer, tritt in dem dokumentierten Gespräch mit dem 1. Sekretär als Ich-Erzähler auf.

die Weihnachtsversorgung denke, dann denke ich an Salzstangen (...)« »Ißt Du gern Salzstangen?« »Nein, lieber esse ich Pommes frites, überhaupt esse ich am liebsten Pommes frites. Aber Weihnachten wollen die Leute abends vor dem Fernseher sitzen, Wein trinken und Salzstangen knabbern. Die Hälfte aller Salzstangen für die DDR wird bei uns in der Liebensteiner Keksfabrik gebacken. Aber die neue Salzstangen-Linie hat ihre Mucken. Gestern hatten sie die Maschine zum x-ten Mal auseinandergerissen und zusammengebaut. Sie lief genau 27 Minuten, dann krachte es wieder. Und wenn hinten wirklich Salzstangen herauskommen, fehlen den 12 Verpackerinnen die Kartons. (Stell dir vor, wie viele Arbeiterinnen wir einsparen könnten, wenn wir einen Verpackungsroboter entwickeln würden.) Glücklicherweise war der Parteisekretär der Keksfabrik mit dem vom Stern-Radio Sonneberg zusammen auf der Parteischule, und weil Stern-Radio vorerst genügend Kartons hat, kriegen die Liebensteiner welche aus Sonneberg. Doch nun weigert sich der Handel, die Salzstangen in den großen RFT-Kartons abzunehmen. Aber wenn es Weihnachten keine Salzstangen zu kaufen gibt, fragt niemand von den für die Versorgung Verantwortlichen in Berlin, ob die Maschine gestreikt hat, ob der Handel die großen Kartons abnimmt oder nicht, da fragt man nur: Wo werden Salzstangen hergestellt? In Bad Liebenstein! Zu welchem Kreis gehört Bad Liebenstein? Zu Bad Salzungen! Und was denkt sich der 1. Kreissekretär von Bad Salzungen (...) zu Weihnachten keine Salzstangen! (...) Er soll sofort (...)« [...]

[Der 2. Sekretär der SED-Kreisleitung berichtet:] Heute haben wir in der Kreisleitung täglich Sprechzeit, und, Fluch der guten Tat, es werden nicht weniger Bürger, die mit Sorgen zur Kreisleitung kommen, sondern immer mehr. In diesem Winter zum Beispiel, ich saß wegen einer Statistik noch nach Feierabend hier, brachte der Pförtner um 18 Uhr eine laut heulende Frau, die ihr noch lauter schreiendes Baby auf dem Arm trug, in mein Zimmer. Sie habe seit vier Tagen keine einzige Kohle mehr im Haus, schluchzte die Frau. Der Kohlehandel habe keine geliefert. Heute sei sie mit den drei Kindern dortgewesen, doch man habe ihr nur gesagt: Machen Sie doch nicht so viele Kinder! In der eisigen Kälte könne sie das Baby nicht mehr wickeln [...] Was machst du da? Dem Chef vom Kohlehandel habe ich stehenden Fußes einen strengen Verweis erteilt; dann den Leiter der Zivilverteidigung angerufen und gesagt, er möge in seinem Pkw sofort zwei Säcke Kohlen besorgen. »Woher denn«, fragt der, »ich wohne im Neubau.« Fahr zum Rat des Kreises ins Heizhaus. Als er murrte, sagte ich: »Das ist ein Befehl!« Dann habe ich die Sabine Franke, die Leiterin der Frauenkommission, holen lassen und ihr gesagt: »Du wartest in der Wohnung, bis die Kohlen da sind und es so warm ist, daß die Frau ihr Baby wickeln kann!« Das nennt man operative Parteiarbeit.

SCHERZER 1989, S. 87 f., 183 f.

P45: Herrschaft durch Kader
1987

1. Grundsätze für die Arbeit mit der Kadernomenklatur

1.1. Die Kadernomenklatur des Rates des Bezirkes umfaßt die entscheidenden Funktionen in den örtlichen Staatsorganen, bezirksgeleiteten Kombinaten und Betrieben sowie nachgeordneten Einrichtungen des Staatsapparates. Sie enthält Nomenklaturkader und Kontrollnomenklaturkader. [...]

1.2. Der Einsatz und die Abberufung der Nomenklatur- und Kontrollnomenklaturkader sowie die Beschlußfassung in der jeweiligen Volksvertretung hat erst nach der Bestätigung der zuständigen Nomenklaturstelle zu erfolgen.

1.3. Bei der Auswahl und dem Einsatz der Kader in Nomenklaturfunktionen ist vor allem davon auszugehen, daß die führende Rolle der Arbeiterklasse und ihrer marxistisch-leninistischen Partei gesichert wird. Die zu lösenden neuen Aufgaben nach dem XI. Parteitag der SED stellen bedeutend höhere Anforderungen an die politischen und fachlichen Kenntnisse, Fähigkeiten und Führungseigenschaften der Kader.

Die Nomenklatur- und Kontrollnomenklaturkader sollen sich besonders durch folgende Eigenschaften und Fähigkeiten auszeichnen:
- festes Vertrauen in die Politik der Partei;
- eine kompromißlose Bereitschaft zur Durchführung der Parteibeschlüsse;
- feste politisch-ideologische Standhaftigkeit;
- hohe Partei- und Staatsdisziplin sowie Klassenwachsamkeit;
- parteiliche Sachlichkeit und kommunistische Leidenschaft;
- hohe politisch-ideologische und fundierte fachliche Kenntnisse;
- ein enges und vertrauensvolles Verhältnis zu den Werktätigen und die Fähigkeit, diese für die rückhaltlose Durchsetzung der Parteibeschlüsse zu begeistern und zu mobilisieren sowie die Kollektive zu höchsten Leistungen zu führen;
- Sachlichkeit in der Beherrschung und Anwendung der Schlüsseltechnologien;
- Liebe und Verbundenheit zum sozialistischen Vaterland und die Bereitschaft zur Verteidigung;
- feste Freundschaft zur Sowjetunion und den anderen Bruderländern unserer Gemeinschaft;
- Treue zum proletarischen Internationalismus, aktive antiimperialistische Solidarität;
- offensive Auseinandersetzung mit der Ideologie und Politik des Imperialismus. [...]

2.3. [...] Soweit die Funktionen gleichzeitig der Nomenklatur des Sekretariats der Bezirksleitung der SED bzw. eines Ministeriums unterliegen, sind die Vorlagen erst nach Bestätigung im Sekretariat bzw. Ministerium dem Rat zur Beschlußfassung vorzulegen.

(Muster-)Ordnung über die Arbeit mit der Kadernomenklatur des Rates des Bezirkes (Nomenklaturordnung), Stand: 1987. Zit. nach: KÖNIG 1991, S. 395–401.

P46: *Volksmund*

Die Transsib[53] wird eingeweiht. Plötzlich geht es nicht mehr weiter, die Schienen haben aufgehört. Die Verantwortlichen denken nach, was sie tun können. »Was hätte Lenin in unserer Situation gemacht?« fragen sie sich.
»Lenin hätte gesagt: Alle Bourgeois aussteigen, Ärmel hochkrempeln und weiterbauen!«
»Und was hätte Stalin gemacht?«
»Stalin hätte die Verantwortlichen herausgesucht und sie erschießen lassen.«
»Und was würde jetzt Honecker an unserer Stelle machen?«
»Honecker? Der würde jetzt sagen: Alle Genossen aussteigen und kräftig an den Wagen rütteln, damit die Nicht-Genossen glauben, es geht weiter!«

WROBLEWSKY 1990, S. 17.

---

53 Abkürzung für die Transsibirische Eisenbahn.

Matthias Judt

Aufstieg und Niedergang der »Trabi-Wirtschaft«

Die Liedzeile »Auferstanden aus Ruinen und der Zukunft zugewandt« der DDR-Staatshymne (D1) drückt eindrucksvoll aus, wie der zweite deutsche Staat 1949 wirtschaftlich begann. Auch viereinhalb Jahre nach Kriegsende dauerte der Wiederaufbau der von Bomben zerstörten Städte und Fabriken, die Entminung landwirtschaftlicher Nutzflächen, die Schaffung von Wohnraum und Arbeitsplätzen an. Drei, vier Jahrzehnte später zitierten Spötter die alte DDR-Hymne bewußt falsch: »Einverstanden mit Ruinen und der Zukunft zugewandt« wurde zur treffenden Zustandsbeschreibung der DDR am Ende der achtziger Jahre. Auch ohne Krieg hatte die jahrelange Vernachlässigung Städte verfallen lassen, die Modernisierung von Produktionsanlagen (und damit der Volkswirtschaft insgesamt) war auf prestigeträchtige, noch dazu wechselnde Bereiche beschränkt geblieben, die Ineffizienz der DDR-Wirtschaft hatte sich in dem Maße verschärft, wie die Führung des Landes ihre Autarkiepolitik ausgebaut hatte, seit Jahren fallende Exporterlöse für traditionell in der DDR hergestellte Produkte zeigten überdeutlich, daß das Land im Niedergang begriffen war. (W45; W46; W54; W71; W73) Der Zustand der DDR-Volkswirtschaft Ende der achtziger Jahre stand im offenkundigen Widerspruch zur jahrelang erhobenen Behauptung, zu den zehn führenden Industriestaaten zu gehören. Auch wenn diese Eigenbewertung zum Teil auf das Schönen statistischer Daten zurückzuführen war, gehörte die DDR tatsächlich zu den führenden Industriestaaten der Welt, weil die Binnenwährung DDR-Mark dafür Sorge trug, daß die DDR-Führung ausschließlich nach eigenem Ermessen entscheiden konnte, inwieweit die Wirtschaft des Landes dem Druck internationaler Märkte ausgesetzt werden sollte. DDR-Unternehmen konnten demnach »alles« verkaufen, was sie herstellten. (W45) Ohne VW, Opel, Ford und Renault waren Trabant und Wartburg Autos, für die DDR-Bürger bereit waren, nach geduldigem Warten (W48) und mit Einlösen des einzigen »Wertpapiers« in der DDR – einer viele Jahre alten Autobestellung (W46) – viel Geld für wenig Service zu bezahlen. (W52)

Trabant und Wartburg sind ein adäquates Bild sowohl für den technischen und formgestalterischen Rückstand vieler DDR-Produkte in den letzen Lebensjahren des Landes als auch dafür, wie es zu diesem Rückstand gekommen war. Als beide Autos in der ersten Hälfte der sechziger Jahre der Öffentlichkeit vorgestellt wurden, waren sie keineswegs Objekte spöttischer Witze: Der Trabant demonstrierte die Verwendung neuartiger Werkstoffe, mit denen auch andere Automobilhersteller zu dieser Zeit in der Welt experimentierten. Der Wartburg verfügte über eine damals moderne Formgestaltung, da die bis dahin vorherrschenden Rundungen durch kantigere Formen ersetzt worden waren. Indem die Planungsbehörden in Staat und Partei die Weiterentwicklung dieser Autos oder gar die Neuentwicklung von Nachfolgemodellen verhinderten (weil sie so, wie sie waren, auch ihren Zweck erfüllten), blieben Trabant und Wartburg bis Ende der achtziger Jahre nahezu unverändert. Einzig ein schwererer Motor aus VW-Lizenz »erzwang« 1988 Änderungen, die nur den Ost-Berliner SED-Chef Schabowski im September 1988 zu der Behauptung versteigen ließen, der Wartburg 1.3 sei »ein neues Auto«. (W51)

Die DDR als Land der »Trabi-Wirtschaft« offenbarte sich spätestens Mitte 1990. Als die D-Mark eingeführt wurde (W74) und in der Nacht vom 30. Juni auf den 1. Juli 1990 aus den ehedem 184,7 Milliarden Mark der DDR 122,8 Milliarden D-Mark wurden, verschwand zwar auch der Mythos der »Westmark«, aber vor allem konnten die DDR-Bürger mit »richtigem« Geld nunmehr Dinge kaufen, die ein Teil von ihnen sich vorher nur hatte schicken und mitbringen lassen können. (W66; G23)

Als der DDR-Ministerrat am 27. Juni die Schlußbilanz in DDR-Mark anordnete,[1] war den beiden deutschen Regierungen nicht bewußt, welches Ausmaß die kommenden Probleme für die ostdeutsche Wirtschaft annehmen könnten. Doch nicht nur die DDR-Waren, die für einfache Verbraucher in der Vergangenheit das gewohnte Kaufziel gewesen waren, auch viele Produkte für in- und ausländische Kunden aus der Wirtschaft hatten es nunmehr schwer, an den Mann gebracht zu werden. Selbst die in Jahrzehnten gewachsenen außenwirtschaftlichen Verbindungen der DDR-Betriebe mit den Ländern des Rats für gegenseitige Wirtschaftshilfe (RGW) konnten nur mittels – zudem stark eingeschränkter – Finanzhilfen aus dem einzigen DM-Staatshaushalt der DDR aufrechterhalten werden. (W29) Das Ausmaß des Rückstandes der DDR-Volkswirtschaft zum von der DDR-Propaganda gern postulierten Weltniveau konnte zweifellos bei der Entscheidung zur Währungsunion nicht genau quantifiziert werden. Daß sie jedoch insgesamt einen maroden Eindruck machte und selbst hochmoderne Fertigungsanlagen nur mit erheblichen Subventionen effizient arbeiteten, war selbst jenen offenkundig, die keinen Zugang zu den geheimgehaltenen Analysen über die wahre Lage der DDR-Wirtschaft hatten. (W45; W53; W54; W69) Die nunmehr schon mehrere Jahre andauernde Umstellungskrise der Wirtschaft in den neuen Bundesländern ist jedoch nur vordergründig Ergebnis des »Währungsschocks« vom 1. Juli 1990. Schon in ihrem Herbstgutachten 1990 stellten die führenden deutschen Wirtschaftsforschungsinstitute fest, daß die Umstellungskrise vornehmlich »Folge der fundamentalen Mängel des bisherigen [planwirtschaftlichen] Systems in Ostdeutschland [sei]: Protektionismus nach außen und innen, Autarkiestreben, Verhinderung des notwendigen Strukturwandels und willkürliche und damit ineffiziente Zuteilung der Ressourcen.«[2] Diese Charakterisierung der ostdeutschen Volkswirtschaft war vor allem Ergebnis der vierzigjährigen Entwicklung der »zentral geleiteten sozialistischen Planwirtschaft« in der DDR. Das Verständnis der Wirtschaftsgeschichte der SBZ/DDR setzt dabei die Analyse ihrer natürlichen Ausgangsbedingungen, der geopolitischen Einbindungen in das staatssozialistische System sowie der ordnungspolitischen Entscheidungen – besonders die der Anfangsphase – voraus.

---

1 Siehe »Beschluß über den Abschluß der Buchführung in Mark der DDR (Schlußbilanz) und die Durchführung einer Inventur zum 30.6.1990«. In: BArch Berlin, DC 20 (Ministerrat der DDR), I/3–3005, o. Bl.
2 DIW 1990, S. 613.

1. Ordnungspolitische Weichenstellungen in Industrie und Landwirtschaft

Das DDR-Gebiet war gegen Ende des Zweiten Weltkrieges Schauplatz heftiger Kämpfe, mit denen die deutsche Wehrmacht den aussichtslosen Versuch unternommen hatte, die Besetzung großer Landesteile durch die Rote Armee zu verhindern. Die Auswirkungen der gewaltigen Zerstörungen, die zerrüttete Reichsmark-Währung (W12), die riesigen Flüchtlingstrecks (G3; G4) und der Wiederaufbauzwang sollten nach Kriegsende den Alltag der Ostdeutschen lange Zeit bestimmen. (W1; W10; W16; W19) Zudem prägten die nach Kriegsende vorgefundenen materiellen Voraussetzungen sowie die schon während der Besatzungszeit 1945 bis 1949 getroffenen wirtschafts- und ordnungspolitischen Entscheidungen nachhaltig die spätere Wirtschaftsentwicklung der DDR und begünstigten das Entstehen und Verstärken von Niveauunterschieden zu Westdeutschland in den folgenden Jahrzehnten. Vier Punkte sind hervorzuheben.

Erstens die ungünstige Rohstoffsituation. Die SBZ/DDR war reich an Braunkohle- und Kalivorkommen sowie Kies und Bausanden, hatte hingegen keine oder nicht ausreichende bzw. abnehmende Vorkommen an solch wichtigen Rohstoffen wie Steinkohle, Kupfer- und Eisenerzen. Die von der Wismut[3] erschlossenen Uranvorkommen erlangten für die Sowjetunion strategische Bedeutung, konnten jedoch nur mit enormen Verlusten, besonders wegen der damit verbundenen Umweltschäden, ausgebeutet werden.

Zweitens die Struktur von Industrie und Landwirtschaft. Folge der fehlenden Steinkohle- und Erzvorkommen war die fast vollständige Abwesenheit einer Hüttenindustrie. Andererseits war traditionell im DDR-Gebiet die metallverarbeitende Industrie stark vertreten. Große Bedeutung hatte auch die Chemieindustrie, in der jedoch die Herstellung von Grundprodukten dominierte. Einige Bereiche der Konsumgüterindustrie, u. a. Teile der Elektroindustrie, aber besonders die Textilverarbeitung hatten wichtige Standorte in der SBZ/DDR. Die verhältnismäßig große Landwirtschaft wiederum bedingte die Bedeutung der Nahrungsgüterwirtschaft. Dagegen fehlte weitgehend der Schiffbau.

Drittens das scheinbar »unberechenbare« Verhalten der sowjetischen Besatzungsmacht. Unmittelbar nach der militärischen Besetzung des DDR-Gebietes durch die Rote Armee gingen mehrere Demontagewellen über das Land, die anfangs eher wahllos (W9), später gezielter wichtige Unternehmen in der SBZ betrafen. Ihr Ausmaß und ihre Heftigkeit, besonders in den Jahren 1945/46, bestätigen die Vermutung, daß für die Sowjets Bedürfnisse und Belange der Ostzone (und damit offensichtlich deren potentielle langfristige Einbindung in das »sozialistische Lager«) zunächst eine untergeordnete Rolle spielten. (W5; W8) Der »Ersatz« der Demontagen von Fabrikanlagen durch die Gründung Sowjetischer Aktiengesellschaften (SAG), die ursprünglich

---

3 Die kurz nach Kriegsende entdeckten Uranvorkommen im Süden des DDR-Gebietes wurden von der eigens gegründeten Sowjetischen Aktiengesellschaft »Wismut« ausgebeutet, die nach 1954 in eine Sowjetisch-Deutsche Aktiengesellschaft mit einem 50-Prozent-Anteil der DDR umgewandelt wurde.

zur Demontage vorgesehene Unternehmen übernahmen (W4; W17), und die rasch erreichte klare Dominanz der Lieferungen aus der laufenden Produktion bei den Reparationsleistungen der SBZ (W18) hatten eine differenzierte Wirkung: Durch den Verzicht auf Demontagen blieben größere Teile der ostdeutschen Volkswirtschaft erhalten. Indes stellten die Reparationslieferungen insgesamt wegen ihrer Höhe und wegen des relativ kurzen Zeitabschnittes von achteinhalb Jahren (1945-1953), in dem sie zu leisten waren, eine enorme quantitative und qualitative Belastung im Kleinen (W8) wie im Großen (W13) dar, wie sie von den Westzonen bzw. der Bundesrepublik zur gleichen Zeit nicht zu tragen war. (W28) Doch der nachhaltig wirkungsvollste Effekt der Reparationslieferungen, der noch bei der Umstellung des ostdeutschen Wirtschaftslebens auf marktwirtschaftliche Strukturen nach 1990 zu spüren war, resultierte weniger aus dem Umfang der ostdeutschen Reparationsleistungen als aus der deshalb vollzogenen Umstellung, besonders der Industrieproduktion, auf die Bedürfnisse sowjetischer und osteuropäischer Abnehmer. (W23)

Viertens die Umwälzung der Eigentumsverhältnisse. Verstaatlichungen in der Industrie der SBZ/DDR erfolgten auf drei Wegen. Zum ersten wurden sie über die SAG vollzogen, denn diese zeitweiligen sowjetischen Unternehmen wurden in mehreren Etappen (unentgeltlich oder per Verkauf) an die DDR als Volkseigene Betriebe (mit Ausnahme der SAG Wismut, in die nach 1954 »nur« eine 50prozentige deutsche Kapitalbeteiligung aufgenommen wurde) zurückgegeben. Zum zweiten verwandelten sich nach 1945 (bis 1948) die Schlüsselindustrien durch besatzungsrechtlich gedeckte Beschlagnahme (W15; G2) und vor allem durch Verordnungen und Gesetze der ostdeutschen Länder in »Volkseigentum«. In Sachsen, dem am stärksten industrialisierten Land der SBZ, gründete sich die Bildung des Volkseigentums auf einem propagandistisch wirksam vorbereiteten Volksentscheid (W9) am 30. Juni 1946, bei dem bei einer Abstimmungsbeteiligung von 93,7 Prozent 77,6 Prozent Ja-Stimmen gezählt wurden. Die anderen SBZ-Länder verzichteten auf solche Volksabstimmungen, die aber wahrscheinlich ähnliche Ergebnisse gebracht hätten. Zum dritten sind diese Verstaatlichungen der Zeit der »antifaschistisch-demokratischen Umwälzung« in den vierziger Jahren von denen in den nachfolgenden Jahrzehnten zu unterscheiden. Für lange Zeit verblieben in vielen Branchen, besonders denen der Konsumgüterindustrie, signifikante Teile des Produktionspotentials in privaten Händen.[4] Zwar kam es in den fünfziger Jahren im Zusammenhang mit vermeintlichen Wirtschaftsverbrechen (P38) weiterhin zu entschädigungslosen Enteignungen, doch leitete das Ausreichen staatlicher Beteiligungen in privaten Betrieben seit 1956 eher eine »sanfte« Übernahme dieser Betriebe ein, die 1972 auf Initiative der DDR-CDU schließlich tatsächlich erfolgte. (W24)

Im Großhandel wurde die Verstaatlichung ebenfalls auf »sanfte« Weise durchgeführt, im Einzelhandel sowie im Handwerk hingegen behielt der private Sektor bis zum Ende der DDR größere Bedeutung. Zeitweilig im Zusammenhang mit der Entnazifizierung widerrufene Gewerbegenehmigungen (W14) konnten reaktiviert wer-

---

4 1949 wurden 31 Prozent der SBZ-Industrieproduktion in Privatbetrieben geleistet, 1951 trotz forciert entwickelter VEB immer noch 21 Prozent. Siehe statistische Angaben in: »Volkseinkommen, Mappe XIV«. In: BArch, DE 1, Nr. 28 332, Bl. 28 f.

Einleitung

den. Gleichwohl wurden im Handel die wiederbelebten Konsumgenossenschaften (»Konsum«) und die sogenannten Freien (d. h. von den Beschränkungen der Rationierung befreiten) Läden, die später in der Handelsorganisation (HO) zusammengefaßt wurden, in der Warenbelieferung, Ausgestaltung und (bei Dienstleistungsunternehmen) Preisgestaltung deutlich bevorzugt, wie deren Umsatzentwicklung belegt. (W27) Einzig, wenn der private Gewerbetreibende Kommissionshändler wurde, d. h. Ware der HO oder des Konsum »in Kommission« verkaufte, verbesserte sich auch dessen Belieferungssituation. Im Handwerk spiegelt sich diese Rangfolge auf ähnliche Weise wider: An erster Stelle standen die Betriebe der sogenannten Dienstleistungskombinate, denen die Produktionsgenossenschaften des Handwerks folgten, während reine Privatbetriebe nur den dritten Platz einnahmen.

In der Landwirtschaft gründete sich der Wandel in den Eigentumsverhältnissen auf die Bodenreform vom September 1945. Sie schaffte das Privateigentum an Grund und Boden nicht ab, denn die Losung »Junkerland in Bauernhand« verteilte altes Privateigentum nur neu, wobei die Bodenreformverordnungen der ostdeutschen Länder (W4) die Beleihung oder Veräußerung des erhaltenen Bodens ausdrücklich untersagten. Damit wurde eine Vergrößerung bestehender Wirtschaften auf Kosten von Bodenreformland unmöglich gemacht und eine Rekapitalisierung in der Landwirtschaft verhindert. Die Enteignung von Großgrundbesitz beseitigte gleichzeitig die jahrhundertealte Agrarverfassung im DDR-Gebiet, die – besonders in Mecklenburg-Vorpommern und in Brandenburg – durch die Dominanz der Gutsherrschaft in der dörflichen Gesellschaft gekennzeichnet war. Es entstanden vergleichsweise kleine, und damit ökonomisch schwache Neubauernwirtschaften (W11), die allerdings auch der Integration der Umsiedler, wie Flüchtlinge und Vertriebene offiziell genannt wurden, dienten. (W4; G3) Das Primat gesellschaftspolitischer Ziele der SED über die wirtschaftlichen hielt auch nach der Bodenreform an: Eine frühe, freiwillige Kollektivierung hätte das Effizienzproblem der kleinen (Neu)Bauernwirtschaften lösen können – doch diesbezügliche Bestrebungen wurden von der SED bekämpft. Niedrigere Ablieferungssolls und ein privilegierter Zugang zu Maschinen und Ausrüstungen sollten die »gesellschaftliche Stellung« kleiner und mittlerer Bauern im Dorf gegenüber den Betreibern größerer Höfe deutlich verbessern – gleichzeitig wurde in Kauf genommen, daß damit der Anreiz bei den »Großen« sank, mehr zu produzieren. Bei der 1952 begonnenen SED-gesteuerten Kollektivierung blieb Betreibern größerer Höfe der Beitritt verwehrt, um zu verhindern, daß diese Führungspositionen in den Landwirtschaftlichen Produktionsgenossenschaften (LPG) erlangen konnten. Indes wurde damit in vielen Fällen die wirkliche Zusammenfassung von Agrarflächen innerhalb einer LPG verhindert. Selbst als Ende der fünfziger Jahre und mit besonderer Härte im Frühjahr 1960 die ursprünglich freiwillige in eine Zwangskollektivierung übergeleitet wurde, war die SED bereit, in einem Dorf auch mehrere, getrennte LPG zuzulassen – nur, um dennoch »vollgenossenschaftliche« Dörfer vorweisen zu können. (W22)

Es waren ebenfalls machtpolitische Gründe, die das Wirksamwerden alternativer Vorstellungen zur SED-Agrarpolitik, die eine Art »dritten Weg« in der Landwirtschaft vorschlugen (W20), verhinderten.[5] Die diffuse Agrarpolitik der SED hatte entsprechende Konsequenzen: nicht allein die Witterungsbedingungen verursachten Ernteausfälle, sondern auch die Republikflucht von in ihrer Existenz verunsicherten Bauern, die besagte politisch bestimmte Taktik in der Agrarpolitik (W21), aber auch die staatlich verordnete Abkehr vom traditionellen deutschen Landwirtschaftsverständnis der gemeinsamen Vieh- und Feldwirtschaft in einem Betrieb. Waren noch in den sechziger Jahren die LPG nur nach ihrem Grad der gemeinsamen Bewirtschaftung zu unterscheiden (Typ I: nur gemeinsame Bewirtschaftung des Ackerlandes; Typ II: Einbringen auch von Maschinen und Ausrüstungen sowie Zugkräften; Typ III: zusätzliches Einbringen von Wiesen, Weiden, Wald und vor allem Nutzvieh[6]), wurde seit den siebziger Jahren zunächst mit den Kooperativen Abteilungen Pflanzenproduktion (KAP) und in den achtziger Jahren mit den LPG getrennt nach Tier- und Pflanzenproduktion eine Aufsplitterung der landwirtschaftlichen Sparten angestrebt.[7] Die Trennung der Sparten bewirkte einen höheren Bedarf an zu importierenden Futtermitteln; Zahlungsbilanzschwierigkeiten der DDR Anfang der achtziger Jahre hatten demnach direkte Auswirkungen auf die Fleischversorgung der DDR-Bevölkerung. (W25; W26) Insgesamt blieb der Arbeitskräftebesatz in der ostdeutschen Landwirtschaft – ähnlich wie in anderen Wirtschaftsbereichen – sehr hoch, weshalb nach Umwandlung der LPG in GmbH und Genossenschaften bundesdeutschen Rechts nach 1990 der Abbau von Arbeitsplätzen in der ostdeutschen Landwirtschaft besonders hoch war.

2. Machtverhältnisse und planwirtschaftliches System

Die Institutionalisierung der sozialistischen Planwirtschaft in der SBZ/DDR hatte das vornehmliche Ziel, mit den aus einer Zentrale heraus gesteuerten Instrumenten und Institutionen der Wirtschaft das »sozialistische« und das genossenschaftliche Eigentum gegenüber dem privaten langfristig in die Vorhand zu bringen. Gleichzeitig sollte sie in enger Abstimmung mit den anderen Ländern im RGW, dem die DDR seit September 1950 angehörte, die Struktur der DDR-Volkswirtschaft nachhaltig im Sinne des – offiziell auf der 2. Parteikonferenz der SED 1952 beschlossenen – Auf-

---

5 Die Blockpartei DBD »bewährte« sich in dieser Phase, indem sie sich mit »Anschauungen eines angeblichen ›dritten Weges‹ zum Sozialismus im Dorf und anderen opportunistischen und revisionistischen Auffassungen« auseinandersetzte und darauf orientierte, »den LPG größtmögliche Unterstützung zu gewähren und die sozialistische Umgestaltung der Landwirtschaft konsequent fortzusetzen«. Siehe DBD 1968, S. 87.
6 1966 bestanden in der DDR 8 157 LPG Typ I und II mit 323 180 Mitgliedern sowie 6 059 LPG Typ III mit 662 176 Mitgliedern. Siehe WÖRTERBUCH 1967, S. 375.
7 1981 bestanden in der DDR 1 065 LPG Pflanzenproduktion und 2 819 LPG Tierproduktion, die über rd. 87 Prozent der landwirtschaftlichen Nutzfläche, 89 Prozent der Tierbestände und 80 Prozent des landwirtschaftlichen Maschinen- und Ausrüstungsparks verfügten. Siehe WÖRTERBUCH 1983, S. 557.

Einleitung

baus des Sozialismus verändern. (**P10**) Die SED sicherte ihre ausschließliche Entscheidungsgewalt sowohl personell, indem sie in der Regel von Beginn an die Mehrheit der Mitglieder in Entscheidungsgremien (Nomenklaturkader) stellte (**W34; P22**), sachlich, indem sie durchsetzte, daß Regierungsbeschlüsse der vorherigen Zustimmung durch die Parteiführung bedurften (**P37**), als auch mit der Schaffung von exklusivem Herrschaftswissen, indem sie Informationen dosiert und zensiert an ihre untergeordneten Gremien weiterleitete. (**W53**)

Die Planwirtschaft in der DDR fungierte nicht allein als Instrument der Herrschaftssicherung für die SED. Sie baute zum einen auch auf die in allen Zonen Deutschlands bestehende Bewirtschaftung von Gütern und Dienstleistungen auf, die auch das Alltagsleben der Bevölkerung betraf. (**W1; W31; W32; W35**) Zum anderen übernahm die SBZ/DDR Erfahrungen der Sowjetunion, wo mittels einer straff zentral gesteuerten Planwirtschaft in den dreißiger Jahren der in anderen Ländern schon Jahrzehnte zuvor begonnene Industrialisierungsprozeß nachgeholt worden war. Schließlich lieferte der sowjetische Sieg im Zweiten Weltkrieg eine zusätzliche Motivation, begründete er doch den Mythos, die sozialistische Planwirtschaft hätte diesen Sieg erst ermöglicht.

Die hohen Reparationsforderungen der Sowjetunion, die vornehmlich in Form von Lieferungen aus der laufenden Produktion zu erfüllen waren (**W18**), brachten zwangsläufig die Notwendigkeit mit sich, diesbezüglich adäquate Leitungs- und Lenkungsorgane zu etablieren. Das Eigeninteresse der UdSSR war also eines der Motive dafür, daß am 27. Juli 1945 auf Geheiß der SMAD allein acht wirtschaftsleitende Deutsche Zentralverwaltungen (u. a. für Industrie, für Arbeit und Sozialfürsorge und für Finanzen) geschaffen wurden, denen bis Juni 1947 noch drei weitere folgen sollten.[8]

Doch was in Zeiten akuten Mangels sinnvoll erschien, nämlich knappe Ressourcen zentral gesteuert einzusetzen, wurde zum Menetekel der DDR-Planwirtschaft: Nicht der mögliche Nutzen eines Produktes oder der Gewinn wurde treibendes Motiv bei Wirtschaftsentscheidungen, sondern der zentral anerkannte Mangel an Waren und Dienstleistungen. Wie bei der Bewirtschaftung mußte auch in der institutionalisierten Planwirtschaft am Beginn eines Planungsprozesses qualitativ und quantitativ feststehen, was am Ende des Entwicklungs- und Produktionsprozesses herauskommen und wo das produzierte Gut oder die angebotene Leistung genutzt werden sollte. (**W30**) Innovation und Risiko waren nicht gefragt und ohne Wettbewerbsdruck auch kaum »notwendig«. (**W41**) Nicht allein wurde damit ein langsames Verschlechtern der Produktqualität (**W45; W51; W52**) begünstigt; gepaart mit dem Festpreissystem war sowohl vermeidbarer Mangel (**W40; W46; W48**) als auch eine völlig irrationale Preisgestaltung vorprogrammiert (**G21**), die die Bevölkerung immer wieder zu hohen Abkäufen (also einer Verschärfung des Mangels) motivierte. (**W49; W50**) Die Notsituation, die viele Mitglieder der SED-Führung in den zwanziger Jahren miterlebt hatten (**D33**), erzeugte eine Selbstblockade in der Preispolitik (**W47**), die es ihnen erschwerte, Preisveränderungen als notwendig zu akzeptieren sowie rechtzeitig durchzuführen. (**W55**)

---

8 Siehe ZANK 1993.

Ein weiteres Charakteristikum des planwirtschaftlichen Systems in der DDR, das ebenfalls im Ergebnis zu seiner Unbeweglichkeit führte, war die starke Zentralisierungstendenz im Entscheidungsprozeß. (W38) Der Staatsapparat mußte daher personell immer weiter ausgebaut werden (W37), weil die Staatliche Plankommission und die Ministerien Funktionen übernehmen mußten, die in einer Marktwirtschaft grundsätzlich bei den Unternehmen angesiedelt sind. Den zentralen Entscheidungsträgern sollte schon nach frühen Plänen (1946) der SED-Spitze für ein »Deutsches Amt für Wirtschaftsplanung« die Funktion einer »Überbehörde« der damals bestehenden Deutschen Zentralverwaltungen zukommen; (W33) 1948 enstand in diesem Sinne die Deutsche Wirtschaftskommission. Von Beginn an war daher ein Machtkampf zwischen diesen und den Entscheidungsträgern in den Betrieben vorprogrammiert, bei dem sich die Zentrale letztendlich kraft gesetzlicher Entscheidungsgewalt, Informationshoheit und besonders mit Hilfe der parteidisziplinarischen Maßnahmen gegen subalterne Leitungsebenen immer durchsetzen konnte. (W30; W38; W39) Die Wirtschaftsgeschichte der DDR zeigt ein Auf und Ab in der Frage, in welchem Maße den Unternehmen Entscheidungsfreiheit zugestanden wurde: Alternative Vorstellungen von Mitte der fünfziger Jahre (W39), mit denen die Wirtschaftswissenschaftler Fritz Behrens und Arne Benary die Betriebe gestärkt sehen wollten, wurden sofort mit politischen Mitteln und aus Furcht um den Erhalt der Macht der Parteizentrale unterbunden, das Neue Ökonomische System der Planung und Leitung (NÖSPL) wiederum wendete einige dieser kurz zuvor als »revisionistisch« denunzierten Ideen in der Praxis an – diesmal nach ausdrücklicher Vorgabe der Machtzentrale. (W42) Die Verwässerung der Reformziele erstickte letztendlich die Reform insgesamt, nicht nur, weil der damit verbundene Modernisierungsschub die Ressourcen überstrapaziert hatte (W44; D49), sondern auch, weil erneut die Gefahr einer Machtschwächung in der Zentrale befürchtet worden war. Die Umwandlung von Vereinigungen der Volkseigenen Betriebe (VVB) seit den siebziger Jahren, die nur »Leitungen« von Industriezweigen mit weiterhin selbständigen VEB waren, in Kombinate sollte die Verantwortung der Kombinatsleitungen für die ihnen direkt unterstellten und zugeordneten VEB erhöhen. (W43) Gleichwohl dienten die »Seminare mit den Generaldirektoren der Kombinate«, die der SED-Wirtschaftssekretär Günter Mittag in Leipzig in den achtziger Jahren durchführte, dazu, im laufenden Planjahr erneut zentrale Änderungswünsche durchzustellen. (W30) Im gleichen Jahrzehnt begann in zunächst 16 Kombinaten ein neues »ökonomisches Experiment«, mit dem die eigenverantwortliche Erwirtschaftung der Mittel durch die Kombinate getestet werden sollte. Als am 27. Oktober 1989 fünf führende Wirtschaftsfunktionäre an den gerade gewählten neuen SED-Generalsekretär Egon Krenz eine schonungslose Analyse der ökonomischen Lage der DDR übermittelten (W54), war die Stellung der Betriebe und Kombinate erneut Gegenstand ihrer Vorstellungen für die zukünftige Entwicklung in der DDR. Doch ist begründeter Zweifel angebracht, ob der langfristige Bestand einer Reform gewollt und erreicht worden wäre, immerhin deutet die Erfahrung der DDR-Wirtschaftsgeschichte mit der immer wieder erfolgten Restauration des zentralisierten Systems das Gegenteil an.

3. Fünf Etappen der Wirtschaftsentwicklung

Die ersten acht Nachkriegsjahre (1945–1953) bilden die erste Phase der ostdeutschen Wirtschaftsentwicklung. Sie ist wesentlich durch den beginnenden Wiederaufbau auf lokaler, regionaler und zonaler Ebene (W13; W14; W31), die beginnende Umstrukturierung der Volkswirtschaft und vor allem durch Demontagen und die Ableistung der Reparationslieferungen an die Sowjetunion und Polen bestimmt. (W5; W6; W8; W9; W18) Der Wirtschaftsaufbau begann also mit hohen Belastungen, die sich in einem geringen Nationaleinkommen und einer kleinen Investitionsquote (W73), aber auch in einer beginnenden Umstrukturierung der Volkswirtschaft widerspiegelten. (W56) Überragendes Problem in allen Zonen Deutschlands war jedoch die ungelöste Währungsfrage, denn der Überhang an Bargeld und an Buchgeld in Reichsmark war durch die ökonomisch vernünftige, jedoch nur einseitige Sperrung der Sparguthaben in der SBZ (im Zusammenhang mit der dortigen Bankenschließung 1945) nicht beseitigt worden. (W12) Als im Juni 1948 die längst überfälligen Währungsreformen getrennt nach Ost- und Westzonen durchgeführt wurden, erhielten die Bewohner der SBZ zwar mehr neues Geld (W16) als ihre Landsleute im Westen, weil sie mehr »Kopfgeld« bekamen (statt 40 »Westmark« erhielten sie 70 »Ostmark« sofort ausbezahlt) und ihre Sparguthaben für sie günstiger umgestellt wurden (10 RM für 1 DM im Westen, im Osten 2:1 bis 100 Mark, 5:1 bis 1 000 Mark, 10:1 bis 5 000 Mark und bei allen vor dem 8. Mai 1945 entstandenen Guthaben), die deutlich längere Beibehaltung der Bewirtschaftung von Lebensmitteln und Konsumgütern und das fehlende Vertrauen in die Ostwährung ließen aber schnell einen Schwarzkurs zwischen Ost- und Westmark entstehen, der für die DDR bis zur Währungsunion am 1. Juli 1990 ein politisches und ökonomisches Problem blieb. (W58; D63)

Die Haushalte der SBZ und der Länder mußten nicht nur die Reparationsforderungen und die Stationierungskosten finanzieren (W13; W18), die zentral gesteuerten (verringerten) Investitionen wurden zudem noch nach sowjetischen Vorgaben (z. B. die Forderung, eine DDR-eigene Schiffbauindustrie zur Befriedigung sowjetischer Aufträge aufzubauen oder der schnelle Aufbau [para]militärischer Verbände – S10; S11) gelenkt. (W56; W73) Trotz dieser Bedingungen gelang es mit dem Halbjahresplan 1948 und dem Zweijahrplan 1949/50, das industrielle Produktionsniveau von 1936 mit 98,5 Prozent in etwa zu erreichen,[9] wenn auch die nach Bereichen differenzierte Betrachtung wichtige Elemente der sogenannten sozialistischen Industrialisierung, d. h. des schwerpunktmäßigen Ausbaus der Schwerindustrie auf Kosten der Leichtindustrie, früh erkennen ließ. Bis 1953 erhöhte sich – im Vergleich zu 1936 – der Anteil der Grundstoffindustrie an der gesamten industriellen Produktion in der DDR von 20,3 auf 26,2 Prozent (darunter der Anteil der Chemieindustrie von acht auf 13,4 Prozent) und der der metallverarbeitenden Industrie von 22,6 auf 25,6 Prozent, während der Anteil der Branchen der Leichtindustrie insgesamt von 35,8 auf

---

9 Berechnet nach: »Gesellschaftliches Gesamtprodukt 1936, 1950 bis 1957«. In: BArch, Außenstelle Coswig/Anhalt, DE 1 St (Staatliche Zentralverwaltung für Statistik), Nr. 0643, Bl. 2.

26,1 Prozent fiel und der der Nahrungsgüterwirtschaft mit 22,1 gegenüber 21,4 Prozent nahezu konstant blieb.[10]

Die Lebensumstände vieler, aber nicht aller DDR-Bürger verbesserten sich Schritt für Schritt (W19; W57; W59), was besonders auf den Wiederaufbauwillen der Bevölkerung (W36) und ihre Bereitschaft, Ansprüche hintanzustellen (W35), zurückzuführen war. Der autoritäre Sozialsstaat DDR versuchte dabei, die Verbesserung der Lebensbedingungen der Bevölkerung mit ideologiebestimmten Zielen zu verbinden. Die SED-Führung setzte geradezu voraus, daß die Bevölkerung mit der Parole »So wie wir heute arbeiten, werden wir morgen leben« längerfristig dem Forcieren der wirtschaftlichen Entwicklung widerspruchslos folgen würde. Klar und deutlich bestand diese Intention in der Wettbewerbsbewegung, die 1948 u. a. mit der deutlichen Übererfüllung der Tagesnorm durch den Bergmann Adolf Hennecke offiziell begonnen hatte. Langfristig konnte der tatsächlich vorhandene Wiederaufbauwille nicht die Grundlage für Leistungsmotivation bleiben. Mehr noch: Im Frühjahr 1953 suchte die SED-Führung mit dem Entzug der Lebensmittelkarten für Selbständige und Grenzgänger (W60; G10), der Erhöhung einiger Tarife und vor allem mit einer administrativ verordneten Erhöhung der Arbeitsnormen (W61) der entstandenen wirtschaftlichen Schwierigkeiten Herr zu werden. Als die Unruhe in der Bevölkerung Anfang Juni 1953 weiter zunahm, wurden die Verordnungen und Erlasse zu Preis- und Tariferhöhungen und zu den Lebensmittelkarten als »Fehler« zurückgenommen, jedoch die Normerhöhung ausgerechnet in der Gewerkschaftszeitung *Tribüne* am 16. Juni 1953 nochmals verteidigt. (W62) Angeführt von den Bauarbeitern der »ersten Straße des Sozialismus«, der Berliner Stalinallee, begannen in mehr als 560 Orten der DDR Streiks, die in den Arbeiteraufstand vom 17. Juni 1953 mündeten. Der Aufstand, der nur mit sowjetischer Hilfe niedergeschlagen werden konnte (D6; S15), und die schnelle Rücknahme des Normenbeschlusses wurden zum Lernerlebnis für beide beteiligte Seiten am Juniaufstand: Die SED rettete sich in die Erklärung, »die freimütige Anerkennung der begangenen Fehler vor den Massen [sei] von den Feinden ausgenutzt« worden,[11] weshalb in späteren Jahren mit der Parole »Keine Fehlerdiskussion, Probleme werden im Vorwärtsschreiten gelöst« jegliche Kritik inner- und außerhalb der Partei »als den Feinden Vorschub leistend« unterbunden wurde. Indes hatten die Arbeiter gelernt, wie leicht die Arbeiterregierung unter Druck zu setzen war. Soziale Konflikte, die sich in Arbeitsniederlegungen und langsamerem Arbeiten in den folgenden Jahrzehnten offenbarten, konnten wegen ihrer unmittelbaren politischen Implikationen regelmäßig erfolgreich für die Arbeiterschaft ausgetragen werden.

In einer zweiten Phase der DDR-Wirtschaftsentwicklung, die von 1954 bis 1961 reichte, setzte die DDR-Führung den seit 1952 offiziell angestrebten Aufbau des Sozialismus in der DDR unter den Bedingungen einer offenen Grenze zu Berlin (West) fort. (W73; P10) Der erste Fünfjahrplan wurde 1955 erfolgreich beendet, ein zweiter begonnen und 1959 in den Siebenjahrplan überführt. Schwerpunkte der industriellen Entwicklung wurden die Chemieindustrie (Chemieprogramm), besonders die Herstel-

---

10 STEINER 1995, S. 283.
11 Siehe Erklärung der 15. Tagung des Zentralkomitees vom 25. Juli 1953. In: Tribüne vom 28. Juli 1953.

Einleitung 97

lung von Finalerzeugnissen, die Kohle- und Energieindustrie und die metallverarbeitende Industrie, deren Ausbau auch im Zusammenhang mit der Entwicklung des DDR-Hochseeschiffbaus vorrangig vorangetrieben wurde. In der Standortverteilung versuchte die Staatliche Plankommission, mit Investitionen in den nördlichen Gebieten eine Entlastung der traditionellen industriellen Ballungszentren im Süden der DDR zu erreichen (W63), die langfristig jedoch nicht die Dominanz der alten Industriestandorte im mitteldeutschen Raum, in Sachsen, in der Lausitz und in Berlin aufhob. Die Grundstoffindustrie erreichte 1961 einen gegenüber 1953 etwas höheren Anteil an der gesamten Industrieproduktion von 27,4 Prozent, der Anteil der metallverarbeitenden Industrie stieg stark auf 35,4 Prozent an, während der der Leichtindustrie auf 22,5 Prozent zurückging.[12] Hingegen kann der deutlich gesunkene Anteil der Nahrungsgüterwirtschaft an der Gesamtproduktion (14,7 Prozent 1961) als deutliches Indiz gewertet werden, warum die Rationierung von Lebensmitteln in der DDR offiziell erst 1958 und durch Wegfall von Kundenlisten in Stammgeschäften u. ä. in Wirklichkeit erst Jahre später erfolgen konnte.[13] Von möglichen Handelsbeschränkungen seitens Westdeutschlands bedroht (wie in der Kündigung des Berliner Abkommens über den innerdeutschen Handel als reales Instrument wirklich angewendet), war am Ende der fünfziger und in den sechziger Jahren das Bestreben der DDR-Führung davon bestimmt, die eigene Wirtschaft unabhängig von Zulieferungen aus dem Westen zu machen. (W64; W65) Der Bau der Berliner Mauer im August 1961 (D55) war angesichts wachsender Republikfluchtzahlen (D49) und des Nichterreichens der gesteckten Ziele in der wirtschaftlichen Entwicklung die Notbremse, die von der DDR-Führung in Absprache mit der Sowjetunion gezogen wurde, um das Ausbluten der DDR zu beenden. Die »magnetische Anziehungskraft« der Bundesrepublik und die sich Raum schaffende Erkenntnis, die BRD doch nicht, wie angenommen, »einholen« zu können, »ohne sie zu überholen«, d. h. in wichtigen Produktionsdaten und im Lebensstandard das Niveau der Bundesrepublik zu übertreffen, leiteten das Scheitern des Siebenjahrplanes ein und offenbarten den Reformdruck, der sich im Wirtschaftssystem der DDR angestaut hatte. Die Planwirtschaft der DDR Ende der fünfziger und Anfang der sechziger Jahre bedeutete weniger eine mittel- oder gar langfristige Lenkung der Wirtschaft, sondern ihre Leitung mit Hilfe der Jahresplanung.

Die dritte Periode der DDR-Wirtschaftsgeschichte ist deswegen wahrscheinlich als die interessanteste anzusehen. Die Mauer in Berlin hatte zwar wegen der geheimen Vorbereitung ihres Baus 1961 wirtschaftliche Belastungen mit sich gebracht,[14] die jedoch in der Industrie nicht sehr stark zum Tragen kamen.[15] Innerhalb der folgenden

---

12 Berechnet nach: »Wichtige Kennziffern der Industrie 1955 bis 1966/67«. In: BArch, Außenstelle Coswig/Anhalt, DE 1 St (Staatliche Zentralverwaltung für Statistik), Nr. 5779, S. 5, 5Rs, 6.
13 Siehe hierzu die Beschreibung des Kaufes von Kondensmilch und zusätzlicher Butter aus Anlaß einer Hochzeitsfeier über das zustehende Kontingent in: MÜHLBERG 1996, S. 176 f.
14 Das Wachstum des im Inland verwendeten Nationaleinkommens betrug 1961 gegenüber dem Vorjahr nur 0,7 Prozent gegenüber 6,1 Prozent im Vorjahr und 8,9 Prozent im ersten Jahr des Siebenjahrplanes (1959). Berechnet nach: BAAR et al. 1995, S. 67.
15 Das Industriewachstum 1961 gegenüber dem Vorjahr betrug 6,2 Prozent. Berechnet nach »Wichtige Kennziffern der Industrie 1955 bis 1966/67«, a. a. O., Bl. 6.

zwei Jahre konsolidierte sich die Volkswirtschaft der DDR, ehe die Wirtschaftsreform des Neuen Ökonomischen Systems der Planung und Leitung einen neuen Wachstumsschub auslöste. (W42) Anders als zuvor (und auch anders als wieder in den siebziger Jahren) erhielt der Gewinn als ökonomische Kategorie entscheidende Bedeutung; Preise sollten den realen Aufwand widerspiegeln und damit die Betriebe zu mehr Effizienz anhalten. Die Auswirkungen der Reform waren allenthalben zu spüren. Bis 1967 veränderte sich die Struktur der DDR-Industrie auf der Basis besonders hoher Investitionen (W56) wie folgt: Die Grundstoffindustrie erwirtschaftete 28,1 Prozent der gesamten industriellen Produktion, die metallverarbeitende Industrie 39,1 Prozent, die Leichtindustrie 20,0 Prozent und die Nahrungsgüterwirtschaft 12,8 Prozent.[16] Ein Wachstumsschwerpunkt war die elektrotechnische und elektronische Industrie, aber auch andere technologieintensive Branchen wurden gefördert, was auch in einem deutlichen Wachstum der Aufwendungen für Forschung und Entwicklung zum Ausdruck kam. (W44) Selbst die Vorstellung von Trabant 601 und Wartburg 353 als damals moderne PKW verdeutlichten, daß die DDR unter den Bedingungen der geschlossenen Grenze die Modernisierung ihrer Wirtschaft um jeden Preis, auch um den Preis sozialer Härten, vorantrieb. (P14) Die sogenannten zusätzlichen Vorhaben (ursprünglich nicht in Plänen vorgesehene Projekte) und Automatisierungsprojekte im Umfeld des 20. Jahrestages der DDR im Oktober 1969 wurden auf Kosten der Vernachlässigung der nichtproduzierenden Bereiche, besonders des Wohnungsbaus (W56), der Inkaufnahme von sich verschärfenden Disproportionen zwischen Zulieferindustrien und Finalproduzenten und einer spürbar verschlechterten Versorgungslage durchgezogen. Die kurz nach dem 20. Jahrestag der DDR offen zu Tage tretende Krise im Land wurde innerhalb der SED-Führung dafür benutzt, den greisen Walter Ulbricht zum Rücktritt zu zwingen. Schon die Tatsache, daß das 14. Plenum 1970 (W43) vermeintlich ohne ein Schlußwort des Ersten Sekretärs geendet hatte (tatsächlich wurde es nur nicht veröffentlicht – D58), machte jedermann deutlich, daß Walter Ulbricht sich in seiner eigenen Riege mit seinem Modernisierungskurs nicht mehr durchsetzen konnte. Am 3. Mai 1971 bat er auf der 16. Tagung des SED-Zentralkomitees darum, ihn aus Altersgründen von seiner Funktion als Ersten Sekretär des Zentralkomitees zu entbinden und Erich Honecker zum Nachfolger zu bestimmen.[17] Eine neue Phase der DDR-Wirtschaftsentwicklung begann.

Die Geschichtswissenschaft der DDR hat in ihren historischen Abhandlungen zur Entwicklung des zweiten deutschen Staates den VIII. Parteitag der SED von 1971 als einen Wendepunkt dargestellt.[18] Und wirklich: Erich Honeckers Machtantritt wurde von vielen durchaus als Hoffnungszeichen angesehen. Honecker konnte die Bedingungen, die er vorfand, für seine eigene Profilierung eindrucksvoll einsetzen: Die diplomatische Anerkennungswelle und der deutsch-deutsche Grundlagenvertrag (D15)

---

16 Berechnet nach »Wichtige Kennziffern der Industrie 1955 bis 1966/67«, a. a. O., Bl. 5, 5Rs, 6.
17 Das Rücktrittsgesuch Walter Ulbrichts von 1971 und das von Erich Honecker von 1989 sind im Aufbau und der Abfolge der Argumente gleich: Altersgründe/Krankheit »zwingen« zum Rücktritt, Nachfolger wird vorgeschlagen, Wechsel erfolgt im Interesse von Partei und Gesellschaft. Siehe Utopie kreativ 6/1991, S. 103 f.
18 Siehe u. a. GESCHICHTE 1978, S. 563 f.

Einleitung

verbesserten auch die außenwirtschaftlichen Verbindungen der DDR. In den Beziehungen zur Bundesrepublik halfen das steigende Handelsvolumen, die Vereinbarung von Kompensationsgeschäften und »Gestattungsproduktion«, bei der gelieferte Anlagen durch Lohnfertigung von Erzeugnissen bezahlt wurden, zur Entspannung der deutsch-deutschen Beziehungen beizutragen. Indes vermochte es die DDR-Führung nicht, den von ihr angestrebten Ersatz der mittels des Berliner Abkommens von 1951 bestehenden Sonderbeziehungen im deutsch-deutschen Handel (Berechnung des Handels mit »Verrechnungseinheiten« [VE] bei gleichzeitiger Kontingentierung der gegenseitigen Lieferungen) durch reguläre Wirtschaftsabkommen zu erreichen.[19]

Innerhalb der Jahre von 1971 bis 1980 überstiegen die Importe aus dem Nichtsozialistischen Wirtschaftsgebiet (NSW) die Exporte um 21 Milliarden Valuta-Mark (VM). (W54) Obwohl mit diesen Importen in einigen ausgewählten Industriebranchen die Fortsetzung von Modernisierungsstrategien oder (wie im Falle der Mikroelektronik) ihre Wiederaufnahme Ende der siebziger Jahre unterstützt wurde, entstand damit ein Schuldenberg, den die DDR bis fast zu ihrem Ende vor sich her schob. (W71) Das fortgesetzte Leben über die eigenen Verhältnisse wurde Programm, als auf dem IX. SED-Parteitag 1976 die »Einheit von Wirtschafts- und Sozialpolitik« verkündet wurde. (P16; G25) Sie drückte sich in einer Sozialpolitik aus, die vor allem mit dem Wohnungsbau (G27; G31) der Bevölkerung suggerierte, mit dem erreichten bescheidenen Wohlstand sei ein genereller Aufschwung in allen Lebensbereichen verbunden. (G18) Zieht man das Investitionsgeschehen in den siebziger Jahren (W73) und zum Beispiel die Entwicklung des Ausstattungsniveaus der Haushalte mit langlebigen Konsumgütern (W68) in Betracht, bestätigt sich dieser Eindruck. Die massive Hinwendung zur Sozialpolitik in den ersten Jahren der neuen Führung unter Erich Honecker (1971 bis 1981) ging einher mit der Rückkehr zur bruttobezogenen Abrechnung der Produktionsergebnisse, die denjenigen gut dastehen ließ, der wegen aufwendiger Herstellung auch »viel« bei der Planabrechnung angeben konnte. Gleichzeitig schaffte es die SED-Führung innerhalb weniger Jahre, die Außenverschuldung der DDR im westlichen Ausland von 2 Milliarden VM (1970) auf 27,9 Milliarden VM (1980) hochzuschrauben.[20] Genauso begann die öffentlich verschleierte Binnenverschuldung des DDR-Staatshaushaltes (W53) zu wachsen, insbesondere weil das starre Festhalten an stabilen Preisen für Waren des Grundbedarfs (W47) immer mehr Subventionen aus dem Staatshaushalt verlangte und damit immer größere Teile des im Inland erwirtschafteten Gewinns »wegfraß«.

---

19 Erich Honecker zeichnete am 18. September 1979 einen DDR-Vertragsentwurf sowie die Verhandlungsrichtlinie für die DDR-Delegation zu den deutsch-deutschen Wirtschaftsverhandlungen gegen. Beide Unterlagen wurden vorab der Sowjetunion vorgelegt. Siehe »Ausgangspunkte und mögliches Vorgehen bei Gesprächen mit der BRD zum Abschluß eines längerfristigen Abkommens über die Entwicklung und Vertiefung der wirtschaftlichen und technischen Zusammenarbeit zwischen der DDR und der BRD und Vertragsentwurf (jeweils deutsch und russisch)«. In: SAPMO-BArch, DY 30/IV 2/2035 (Büro Axen)/85, Bl. 123–135.
20 Siehe »Notiz zur ›Vorlage zur Zahlungsbilanz 1990‹.« In: SAPMO-BArch, DY 30/IV 2/2039 (Büro Krenz)/260, Bl. 138.

Der Beginn der wirtschaftlichen Niedergangsphase der DDR kann auf das Jahr 1982 gelegt werden. Nachdem Polen offiziell seine Zahlungsunfähigkeit gegenüber westlichen Gläubigern erklärt hatte, Rumänien »kommentarlos« seinen Schuldendienst unterbrach und der Zugang zu westlichen Krediten für alle staatssozialistischen Länder deshalb, aber auch aus politischen Gründen erschwert bzw. de facto unmöglich gemacht wurde (W26), sah sich die DDR mit den Konsequenzen der Politik der siebziger Jahre konfrontiert. Eine ernste Versorgungskrise besonders mit Fleischerzeugnissen war in doppelter Hinsicht (W25) Folge der »fehlenden« Kreditwürdigkeit: Fehlende Devisen verhinderten den Futtermittelimport für die Aufzucht von Schlachtvieh, und um die Zahlungsfähigkeit unter Beweis zu stellen, erhöhte die DDR gleichzeitig ihren Export an Fleischerzeugnissen in den Westen. Die Kreditkrise der DDR, die durch den vom damaligen Bayrischen Ministerpräsidenten, Franz Josef Strauß, vermittelten Milliarden-Kredit westdeutscher Banken entspannt wurde, sollte während der DDR-Existenz nicht mehr gelöst werden können. Erneut griff die DDR-Führung zu »altbewährten« Methoden. Wie schon zu Beginn der sechziger Jahre (W64) sollte die NSW-Importablösung (W67) die DDR unabhängiger von westlichen Produkten machen. Gleichzeitig wurden die eigenen Exporte mit allen möglichen Mitteln gesteigert. (W54; W70) Durch die Anwendung von geplanten Wechselkursen zwischen westlichen Währungen, die zum Teil erheblich von den tatsächlichen Kursen abweichen konnten, und durch den sogenannten Richtungskoeffizienten wurden NSW-Importe für den Inlandsabnehmer, aber auch die Exporte von DDR-Unternehmen künstlich verteuert und die Inlandsproduktion auf diese Weise mit einem Buchungstrick vergleichsweise rentabel gemacht. Die Beschreibung der Sätze für 1988 soll hier als Beispiel dienen: 1988 war ein US-$ im Durchschnitt 1,75 DM auf den Finanzmärkten wert, intern legte die DDR einen Kurs von 1,85 DM für einen US-$ und – zusätzlich – einen Richtungskoeffizienten von 340 Prozent fest. Für die Ausgabe bzw. die Einnahme eines US-$ durch ein DDR-Unternehmen wurden damit 8,14 Mark (1,85 + 3,4 x 1,85) berechnet. Solange ein Produkt, das im Ausland 1 US-$ kostete, in der DDR für einen Wert unter 8,14 Mark hergestellt werden konnte, war es im System der DDR rentabel und sogar profitabel. Die seit 1984 wieder deutlich höheren Wachstumsraten[21] gaben somit nur eine Krisenbewältigung vor. Mit Hilfe künstlicher Umrechnungssätze, die als Export- und Importlenkungsinstrumente durchaus differenziert einsetzbar waren, verhinderte die DDR-Führung gleichzeitig, die eigene Volkswirtschaft unter einen erneuten Modernisierungsdruck zu setzen. Statt dessen lenkte die SED-Führung Investitionsmittel in nur vermeintlich rentable Industrien (z. B. die verstärkte Braunkohleförderung, die bei den Umrechnungssätzen zu den auf dem Weltmarkt erhältlichen anderen Brenn- und Rohstoffen Erdöl und Erdgas »billig« gemacht wurde), während auf der anderen Seite Bereiche, bei denen diese Rechenkunststücke nicht wirksam sein konnten (wie zum

---

21 Das Wachstum des im Inland verwendeten Nationaleinkommens (im Vergleich zum Vorjahr) stieg nach dem Rückgang von 1982 und dem leichten Wachstum im Jahr darauf (0,6 Prozent) im Jahre 1984 mit 3,4 Prozent wieder deutlich. Berechnet nach: BAAR et al. 1995 S. 67.

Einleitung

Beispiel der Bauwirtschaft), »zwangsläufig« vernachlässigt werden mußten. **(W69; W71)**
Die antidemokratische Grundkonstruktion der DDR-Gesellschaft verhinderte im Bereich des Wirtschaftslebens nicht nur das Entwickeln und Miteinanderkonkurrieren alternativer Strategien in der »großen« Wirtschaftspolitik, sondern beinhaltete auch den Ausschluß der Bevölkerung von der Diskussion etwa des Zieles, des Ausmaßes und der Folgen der Subventionspolitik. Ihr Festschreiben war insofern politisch »notwendig«, weil der Bevölkerung nicht reiner Wein über die Wirkung der irrational hohen Aufwendungen für die Aufrechterhaltung niedriger Preise **(W72)** eingeschenkt wurde und diese daher bei »plötzlichen« neuen Preisen in der Vergangenheit mit massiven Abkäufen reagiert hatte. **(W49; W50)** 1989 wurde sechsmal soviel Geld für die Stützung stabiler Preise für Waren des Grundbedarfs ausgegeben wie 1971, im Wohnungswesen sogar fast achtmal soviel. **(W72)** Im gleichen Zeitraum war hingegen das verwendete Nationaleinkommen »nur« um gut 80 Prozent gestiegen.[22] Gleichwohl waren selbst reformwillige Funktionäre im SED-Zentralkomitee, die den Veränderungsdruck in der Preispolitik anerkannten, nicht bereit, vom System festgeschriebener Preise grundsätzlich abzurücken. Mehr noch: Bei den Mieten war keine Änderung vorgesehen. Sie sollten niedrig bleiben **(W55)** und offensichtlich weiter in den DDR-Städten »Ruinen schaffen ohne Waffen«.

Als Erich Honecker am 18. Oktober 1989 von seinem Amt abtrat, war den DDR-Bürgern das konkrete Ausmaß des wirtschaftlichen Desasters nicht vollständig bekannt, doch die ironische Bemerkung »Nur noch einen Subbotnik[23] und dann besenrein an den Westen übergeben« drückte ihre Stimmungslage zu dieser Zeit sinnbildlich aus. Die »Aufgabe« der DDR durch ihre eigenen Bürger, die mit der Massenflucht über Ungarn begonnen hatte **(D46)**, sich im Umschlagen der Stimmung bei den Demonstrationen hin zur Bevorzugung einer schnellen Vereinigung mit der Bundesrepublik fortsetzte und mit der tatsächlichen Vereinigung **(D34)** ihren Abschluß fand, hatte viel mit dem wahrgenommenen Niedergang im Lande zu tun. Honeckers direkte Nachfolger, die vorgaben, Reformer zu sein, hatten in Wahrheit kein Konzept, auch, weil sie in Unkenntnis der realen Lage vor dem Herbst 1989 keines frühzeitig hätten entwickeln können. **(W54)**

Unter diesen Umständen, und konfrontiert mit dem erneuten, diesmal wahrhaftigen Problem der Republikflucht nach der Maueröffnung am späten Abend des 9. November 1989 und dem in Jahren gewachsenen Kompetenznachteil als Nicht-SED-Mitglieder seitens der neuen Verantwortlichen, konnte die erste demokratisch gewählte DDR-Regierung unter dem Christdemokraten Lothar de Maizière nur wenig gestaltend in die Wirtschaftspolitik eingreifen. Die Verhandlungen zum Vertrag über die Währungs-, Wirtschafts- und Sozialunion **(W74)**, besser bekannt als Staatsvertrag, und zum Einigungsvertrag **(D34)** waren wesentlich durch die Frage bestimmt, wie schnell und zu welchen Konditionen die D-Mark offizielles Zahlungsmittel in der DDR werden würde, um mit deren Hilfe die Produkte kaufen zu können, die ein Teil

---

22 Berechnet nach: BAAR et al. 1995, S. 67.
23 Freiwilliger, unbezahlter Arbeitseinsatz an einem Samstag (russisch: subota), der auch Aufräumarbeiten beinhalten konnte.

der DDR-Bürger bisher nur durch »Westpakete« erhalten hatte. Letztlich konnte die bundesdeutsche Seite den Grundsatz »Rückgabe vor Entschädigung« bei der Behandlung von Grund und Boden, der zu DDR-Zeiten enteignet und später anderen DDR-Bürgern zur Nutzung überlassen worden war, durchsetzen. »Ungerecht« mußte die Entscheidung in dieser Frage allemal sein, doch die Bundesregierung, die sich anschickte, die erste gesamtdeutsche zu werden, trat zugunsten derjenigen auf, die sie schon »immer« regiert hatte.

Mit der Aufgabe der ungeliebten eigenen Währung, die als »Alu-Chips« oder »Lommies« (Lumpige Ostmark) verschrien war, entledigte sich die DDR aber auch des einzigen Instrumentes, das (jedoch unter den Bedingungen der offenen Grenze nur mit anderen, politischen Maßnahmen flankiert) einen vermeintlich sanfteren Übergang der sozialistischen Planwirtschaft der DDR in eine marktwirtschaftliche Ordnung ermöglicht hätte. Es fehlte die Bereitschaft, längerfristig einen privatwirtschaftlich organisierten großen staatlichen Sektor in den neuen Bundesländern zu dulden.[24] Deshalb hat der politisch beschleunigte Verkauf des »Volkseigentums« verhindert, daß es zum Schluß dem Volk, welches dieses Volkseigentum nie als das Seine angenommen hatte, in Form von Anteilscheinen etwas einbringen konnte. (W75) Genauso ist festzustellen, daß der politisch nicht gewünschte und undurchsetzbare »sanftere« Übergang der DDR-Volkswirtschaft zur marktwirtschaftlichen Ordnung ebenfalls ein dornenreicher Weg gewesen wäre. (W54) Der politische Zusammenbruch der SED-Herrschaft im Herbst 1989 hat den wirtschaftlichen Zusammenbruch der DDR in aller Wahrscheinlichkeit nur um verhältnismäßig kurze Zeit vorweggenommen.

---

24 Die Alternative, die ostdeutsche Wirtschaft in größeren Teilen erst zu sanieren und danach zu veräußern, hätte im Aufbau des VW-Konzerns, der erst 1960 teilprivatisiert wurde, durchaus ihr Modell gefunden.

Dokumente

1. Ordnungspolitische Weichenstellungen in Industrie und Landwirtschaft

W1: *Erfassung der Lebensmittelbestände*
7. Mai 1945

Zwecks Erfassung der in Doberlug N/L[25] vorhandenen Lebensmittelbestände werden Sie hiermit aufgefordert, bis morgen Dienstag, den 8. Mai 1945, 18 Uhr, Herrn Max L. in Doberlug N/L alle verfügbaren Lebensmittel, nach Art und Mengen gekennzeichnet, schriftlich aufzugeben. Diese Lebensmittel sollen demnächst auf Grund der neuen Lebensmittelkarten verkauft werden.

Rundschreiben [des Doberluger Bürgermeisters], 7. Mai 1945 (Auszug). In: Archiv des Verfassers.

W2: *Ergebnisse der Bodenreform vom September 1945*

1. Enteignete und in den Bodenfonds[26] überführte Liegenschaften (Gesamtfläche, in ha)

Land aus:	SBZ (gesamt)	Mecklenburg	Brandenburg	Sachsen-Anhalt	Sachsen	Thüringen
Privatbesitz	2 649 099	861 571	739 383	572 702	302 220	173 223
Staatsbesitz	337 507	133 489	86 255	77 117	13 277	27 369
Siedlungsgesellschaften/Naziinstitute	22 764	4 991	10 617	4 963	1 636	557
Staatswälder und Forsten	200 247	50 139	77 309	52 026	14 121	6 632
Sonstiger Grundbesitz	88 465	23 388	34 265	12 949	17 554	309
Gesamt	3 298 082	1 073 578	947 829	719 777	348 808	208 090

2. Aus dem Bodenfonds verteilte Flächen (in ha)

Sowjetarmee[27]	39 648	4 988	26 939	6 565	485	671
Anfang 1950 noch nicht aufgeteilt	57 973	12 597	45 163	99	114	-

25 N/L = Niederlausitz
26 Bezeichnung für Fonds, in den Flächen überführt und aus dem sie wieder verteilt wurden.
27 Güter und Grundstücke einschließlich ehemaliger militärischer Anlagen.

a) verteilte Flächen an neue Privateigentümer (in Klammern: Anzahl der neuen Eigentümer)

Land an:	SBZ (gesamt)	Mecklenburg	Brandenburg	Sachsen-Anhalt	Sachsen	Thüringen
Landlose Bauern und Landarbeiter	932 487 (119 121)	365 352 (38 286)	220 276 (27 665)	218 209 (33 383)	87 289 (13 742)	41 361 (6 045)
Landarme Bauern	274 848 (82 483)	41 316 (10 867)	77 582 (20 821)	71 865 (20 359)	50 865 (17 553)	33 190 (12 883)
Umsiedler	763 596 (91 155)	365 943 (38 892)	208 812 (24 978)	114 227 (16 897)	51 573 (7 492)	23 041 (2 896)
Kleinpächter	41 661 (43 231)	6 561 (3 428)	9 603 (7 004)	12 129 (12 057)	5 062 (6 516)	8 296 (14 226)
Nichtlandw. Arbeiter und Angestellte	114 665 (183 261)	19 437 (9 842)	28 409 (27 251)	33 116 (63 319)	21 142 (55 772)	12 561 (27 077)
Waldzulagen an Altbauern	62 742 (39 838)	16 814 (13 204)	19 254 (8 379)	9 731 (6 374)	8 168 (5 091)	8 775 (6 590)
Gesamt	2 189 999 (559 089)	815 423 (114 519)	563 936 (116 298)	459 287 (152 389)	224 129 (106 166)	127 224 (69 717)

b) verteilte Flächen an Körperschaften des öffentlichen Rechts

Landeseigentum[28]	594 580	111 929	192 553	158 135	92 920	39 043
VEG	170 637	57 381	50 025	43 146	9 764	10 321
Kreiseigentum	6 037	2 144	607	1 890	671	725
Gemeindeeigentum[29]	198 414	47 171	64 537	40 860	18 023	27 823
VdgB[30]	39 881	21 598	3 888	9 536	2 631	2 228
MAS	913	347	181	259	71	55
Gesamt	1 010 462	240 470	311 791	253 826	124 080	80 195

Zusammengestellt und berechnet aus: Gesamtstatistik der Bodenreform nach dem Stand vom 1.1.1950. In: BArch, DK 1 (Ministerium für Land- und Forstwirtschaft), Nr. 10 576, Bl. 1–3, 26–36.

[28] Saat- und Tierzuchtgüter, Lehr- und Versuchsstationen, Obst- und Baumschulen, Forsten, Schulen und sonstige Anlagen.
[29] Flächen zur Versorgung von Städten, öffentliche Plätze, Orts- und Feldwege, Vorfluter und Gewässer.
[30] Grundstücke, landwirtschaftliche Nebenbetriebe, Werkstätten u. a.

W3: *Anordnung der Bodenreform in Sachsen-Anhalt*
3. September 1945

Artikel I:
1. [...] Die Bodenreform muß die Liquidierung des feudal-junkerlichen Grundbesitzes gewährleisten und der Herrschaft der Junker und Großgrundbesitzer im Dorfe ein Ende bereiten, weil diese Herrschaft immer eine Bastion der Reaktion und des Faschismus in unserem Lande darstellte und eine der Hauptquellen der Aggression und der Eroberungskriege gegen andere Völker war. [...]
2. Das Ziel der Bodenreform ist: a) das Ackerland der bereits bestehenden Bauernhöfe unter 5 ha zu vergrößern; b) neue selbständige Bauernwirtschaften für landlose Bauern, Landarbeiter und kleine Pächter zu schaffen; c) an Umsiedler und Flüchtlinge, die durch die räuberische Hitlerische Kriegspolitik ihr Hab und Gut verloren haben, Land zu geben; d) zur Versorgung der Arbeiter, Angestellten und Handwerker mit Fleisch und Milchprodukten in der Nähe der Städte Wirtschaften zu schaffen, die der Stadtverwaltung unterstehen, sowie den Arbeitern und Angestellten zum Zwecke des Gemüsebaus kleine Grundstücke (Parzellen) zur Verfügung zu stellen; e) die bestehenden Wirtschaften, die wissenschaftlichen Forschungsarbeiten und Experimentalzwecken bei den landwirtschaftlichen Lehranstalten sowie anderen staatlichen Erfordernissen dienen, zu erhalten und neu zu organisieren.

Artikel II: [...]
2. Folgender Grundbesitz wird mit allen darauf befindlichen Gebäuden, lebendem und totem Inventar und anderem landwirtschaftlichen Vermögen, unabhängig von der Größe enteignet: a) der Grundbesitz der Kriegsverbrecher und Kriegsschuldigen [...]; b) der Grundbesitz [...], der den Naziführern und den aktiven Verfechtern der Nazipartei und ihren Gliederungen sowie den führenden Personen des Hitlerstaates gehörte, darunter alle Personen, die in der Periode der Naziherrschaft Mitglieder der Reichsregierung und des Reichstages waren.
3. Gleichfalls wird der gesamte feudal-junkerliche Boden und Großgrundbesitz über 100 ha mit allen Bauten, lebendem und totem Inventar und anderem landwirtschaftlichen Vermögen enteignet.
4. [Teile des Bodens in staatlichem Besitz kommen zur Verteilung]
5. [von der Bodenreform ausgenommen: Land von staatlichen Forschungsanstalten; aus Stadt- und Gemeindebesitz sowie aus dem Eigentum der Kirchen]

Artikel V:
1. Wirtschaften, die durch die Bodenreform Land zugeteilt erhielten, haben für den Boden eine Summe zu entrichten, die dem Werte einer Jahresernte entspricht [...]. Der Preis für zugeteilte Waldstücke [...] soll pro ha nicht weniger als die Hälfte [des oben genannten Preises] betragen. [...] Die Bezahlung in Geld und Natura geschieht folgendermaßen: der erste Betrag in einer Summe von 10 Prozent des Gesamtpreises ist bis Ende 1945 zu entrichten, die übrige Summe wird in gleichmäßigen Geld- und Naturalbeträgen entrichtet, für die landarmen Bauern im Laufe von zehn Jahren, für landlose Bauern und Umsiedler im Laufe von zwanzig Jahren. [...]

Artikel VI:
1. Die auf Grund dieser Verordnung geschaffenen Wirtschaften können weder ganz noch teilweise geteilt, verkauft, verpachtet oder verpfändet werden. [...]

Verordnung über die Bodenreform in der Provinz Sachsen[31] [vom 3. September 1945]. In: SAPMO-BArch, DY 30/IV 2/7 (Abteilung Landwirtschaft)/634, Bl. 22 f.

W4: Marschall Schukow zu Demontagen und zur Bildung sowjetischer Unternehmen
13./14. November 1945

[...] Die Alliierten und vor allem Rußland wünschen nicht noch einmal Krieg zu führen [...]. Wir haben keine Haßgedanken gegen das deutsche Volk, sondern den Wunsch, für die Zukunft mit Ihnen in Freundschaft und Frieden zu leben. [...] Die SMA ist ehrlich bereit, Ihnen zu helfen, soweit sie dazu in der Lage ist. Es ist [...] die Frage angeschnitten wegen der Demontierungen, die seitens der Roten Armee und der Alliierten stattfinden. Der Hitlerfaschismus hat der Welt und insbesondere Rußland so tiefe Wunden geschlagen, daß dem deutschen Volk die Möglichkeit genommen werden muß, noch einmal einen Krieg vom Zaune zu brechen. Glauben Sie sicher, daß die Not nicht nur in Deutschland groß ist. Die Verwüstungen in Rußland sind derartig, daß noch Millionen Menschen in Erdlöchern leben, weil ihnen die Wohnungen zerstört worden sind. Wenn wir deswegen diejenigen Industrien abbauen, die für den Krieg benutzt wurden oder werden können, so ist das einerseits erforderlich zur Wiedergutmachung und zum anderen zur Verhinderung eines zukünftigen Krieges. [...]

Um Ihnen zu helfen, werden wir trotzdem mehrere 100 Betriebe in der Sowjetischen Besatzungszone errichten, um Arbeit und Existenzmöglichkeiten zu schaffen, allerdings werden diese unter unserer Leitung arbeiten müssen. [...]

Niederschrift des Präsidenten der Landesverwaltung Mecklenburg-Vorpommern, Wilhelm Höcker, über die Rechenschaftslegung der Präsidenten und Vizepräsidenten der Landes- und Provinzialverwaltungen vor dem obersten Chef der SMAD, Marschall Georgi K. Schukow, am 13. und 14. November 1945. In: BERICHTE 1989, S. 139 f.

W5: Lokale Wirkung der Demontagen
29. November 1945

Infolge Demontage unseres gesamten Betriebes durch die Rote Armee ist uns eine Bearbeitung Ihrer Anfrage zur Zeit unmöglich. Obwohl wir uns ernstlich damit befassen, den Betrieb schnellstens wieder anlaufen zu lassen, Unterhandlungen wegen Anschaffung von Maschinen, Werkzeugen und Materialien schweben bereits, die

---

31 Nach 1945 zunächst gebräuchliche Bezeichnung für das aus der preußischen Provinz Sachsen und dem Land Anhalt gebildete Land Sachsen-Anhalt.

behördliche Genehmigung ist erteilt, wird noch einige Zeit vergehen, ehe wir Ihnen mit Vorschlägen und Angeboten dienen können. Bitte haben Sie noch etwas Geduld.

Brief Firma Volkmar Hänig & Comp., Heidenau-Dresden, an Fachdrogerie Helmut Linke, Doberlug-Kirchhain, 29. November 1945 (Auszug). In: Archiv des Verfassers.

W6: Auswirkungen der Reparationslieferungen für den Binnenbedarf
27. Dezember 1945

[...] Nach einer Mitteilung des Zentralbüros für Reparationen und Lieferungen der SMA Berlin-Karlshorst vom 18.12.1945 können die uns vorliegenden Aufträge an Chemikalien bis auf weiteres nur für denjenigen Bedarf der deutschen Industrie innerhalb der russischen Zone von uns ausgeliefert werden, soweit diese nach bestätigtem Plan der jeweilig zuständigen SMA arbeitet. Soweit deshalb Ihr Bedarf noch nicht entsprechend eingeplant ist und Ihnen eine diesbezügliche Bestätigung nicht vorliegt, sind Ihrerseits umgehend Anträge bei dem Wirtschaftsamt Ihrer zuständigen Provinzialregierung zu stellen zwecks Weiterleitung an die zuständige SMA, Oekonomie-Abteilung. [...] Wir bitten Sie, uns [die Planbestätigung Ihrer zuständigen SMA] zu übersenden, damit wir diese der Abteilung für Reparationen und Lieferungen der SMA Halle vorlegen können. Die letztere Stelle stellt aufgrund dieser Bestätigung die endgültige Freigabe aus, die uns zur Auslieferung berechtigt. [...] Die bewirtschafteten Chemikalien [...] müssen unabhängig von der Oekonomieabteilung der SMA bzw. Freigabe der Abteilung für Reparationen und Lieferungen der SMA nach wie vor auch von der Kontigentierungsstelle des Wirtschaftsamtes Halle freigegeben werden. [...]

Rundschreiben IG Farbenindustrie AG, Verkaufsgemeinschaft Chemikalien, Bitterfeld, 27. Dezember 1945. In: Archiv des Verfassers.

W7: Der Volksentscheid in Sachsen wird vorbereitet
25. Juni 1946

[...] Diese einmütige Zusammenarbeit [der antifaschistisch-demokratischen Parteien] hat es uns ermöglicht, auch die schwierigsten Probleme anzupacken und einer raschen Lösung zuzuführen. Aus der Fülle unserer Aufgaben will ich nur zwei hervorheben: die Enteignung des Großgrundbesitzes und den Volksentscheid. Diese beiden politischen Aktionen verfolgen das Ziel, eine Wiederkehr der Verhältnisse zu verhindern, aus denen sich der Zusammenbruch Deutschlands zwangsläufig entwickeln mußte. Die Grundlage für den Volksentscheid bildet die von der Besatzungsmacht verfügte Beschlagnahme des nazistischen Vermögens und des Vermögens der Kriegsverbrecher.[32] Alle diese Vermögensmassen sind durch [...] Befehl des Marschalls Sokolowski

---

32 Gemeint sind die SMAD-Befehle 124 vom 30. Oktober 1945 (betreffend Eigentum von Kriegsverbrechern) und 126 vom 31. Oktober 1945 (betreffend NS-Vermögen).

[...] den [deutschen] Selbstverwaltungen zur Verfügung gestellt worden.[33] Auf diese Weise haben wir die Möglichkeit erhalten, durch eine allgemeine Volksabstimmung ein Bekenntnis unseres Friedenswillens abzulegen. Sie sind wohl alle mit mir einig, daß wir das Vertrauen der anderen Völker brauchen. Dieses Vertrauen kann aber nur gewinnen, der sich nicht allein in Beteuerungen und Versprechen ergeht, sondern der durch die Tat die endgültige Abkehr von Faschismus und Militarismus unter Beweis stellt. Der Volksentscheid bedeutet diese historische Tat. [...]

Begrüßungsansprache des Präsidenten der Landesverwaltung Sachsen, Dr. h.c. Rudolf Friedrichs, an die erste Tagung der Beratenden Versammlung des Landes Sachsen. Stenografisches Protokoll. In: BERICHTE 1989, S. 289.

W8: Ein dringendes Telegramm[34] an Wilhelm Pieck
13. März 1946

[...] Die SMA hat Demontage unseres Zementwerkes Göschwitz bei Jena[35] verfügt. Göschwitz ist das einzigste [sic!] Zementwerk, das die Länder Thüringen und Sachsen versorgt. [...] Der ganze Wiederaufbau in Thüringen und Sachsen – Städte, Dörfer, Neubauern,[36] Brücken, Straßen – wird lahmgelegt, wenn Göschwitz zum Erliegen kommt. Ohne Göschwitz müssen auch die Zweigwerke Stüdnitz und Unterwellenborn stillgelegt werden. Hilf uns. Thüringer Landesverwaltung und Thüringer SMA sind machtlos. Marschall Schukow hat letzte Entscheidung in der Hand. Hilf Du uns. Schnellste Hilfsmaßnahmen erforderlich. Gib [uns] bitte Nachricht.
Zementwerk Göschwitz [Unterschriften]

Telegramm KPD- und SPD-Betriebsgruppen und Betriebsrat an Wilhelm Pieck, 13. März 1946. In: SAPMO-BArch, DY 30/IV 2/6.02 (Abteilung Wirtschaftspolitik)/52, Bl. 303 und 303Rs.

W9: Protest lokaler SED-Kräfte gegen Demontagen
16. Dezember 1946

[Der] Betrieb Eckold [wird] demontiert. Lt. Befehl, der von der Kommandantur gleichfalls vorliegt, handelt es sich um eine Teildemontage. [...] Der Demontage-Offizier erklärt, daß der Befehl für ihn nicht gültig ist und er sämtliche Maschinen abtransportieren läßt [...] Wenn dieser Befehl durchgeführt würde, bedeutet es, daß der

---

33 Gemeint sind die SMAD-Befehle 97 vom 29. März 1946 (über die Schaffung einer Zentralen Deutschen Kommission für Sequestrierung und Beschlagnahme) und 154/181 vom 21. Mai 1946 (über die Übergabe sequestrierten Eigentums an deutsche Selbstverwaltungen).
34 Das Telegramm ist hier in Normalschrift übertragen und mit regulären Satzzeichen versehen worden.
35 Göschwitz ist heute Teil der Stadt Jena.
36 Gemeint ist ein Bauprogramm für Neubauernhöfe.

letzte Maschinenbaubetrieb aus Wernigerode verschwindet. [...] Die Demontage-Offiziere erkennen [...] Befehle nicht an und handeln willkürlich, angeblich nach Befehlen, die in ihren Händen sind. Das sind Widersprüche, die für uns den Wirtschaftstod bedeuten. Wir denken gar nicht daran, zum Totengräber der deutschen Wirtschaft zu werden, sondern wollen aufbauen. Deshalb fordern wir, daß eine Teildemontage durchgeführt wird, sodaß ein organisch gegliederter Restbetrieb verbleibt, mit dem wirklich eine dem Betrieb angemessene Fabrikation aufgenommen werden kann. [...]

Brief von Karl G., SED-Kreisvorstand Wernigerode, an den SED-Zentralvorstand, 16. Dezember 1946. In: SAPMO-BArch, IV 2/6.02 (Abteilung Wirtschaftspolitik)/52, Bl. 53 und 53Rs.

W10: Aufruf der Märkischen Volkssolidarität
Ende 1946

[...] Große Not und viel Elend sind durch die verbrecherische Politik der nazistischen Kriegstreiber über das gesamte deutsche Volk hereingebrochen. [...] Die Märkische Volkssolidarität hat sich die Aufgabe gestellt, denen, die am meisten von der Not betroffen sind, eine Weihnachtsfreude zu bereiten. [...] Darum richtet die Märkische Volkssolidarität an alle in Stadt und Land den Aufruf, sich in großherzigster Weise an dieser Solidaritätsaktion zu beteiligen. Es sollen nicht nur allein die Kinder Weihnachten feiern, nein, es sollen alle die sein, die sonst nicht in der Lage wären, überhaupt an Weihnachten zu denken. Dazu gehören Alte und Hilfsbedürftige, Umsiedler und heimatlose Heimkehrer. Was soll gespendet werden? Geld und Sachwerte jeder Art. Kleidung[:] Viele Sachen liegen heute noch in Truhen und Kisten und zerfallen. Hier kann den Kindern, Umsiedlern und heimatlosen Heimkehrern durch Ändern der Kleidungsstücke geholfen werden. Auch viele Uniformstücke werden als Andenken aufbewahrt. Diese können umgearbeitet unseren Kindern Wärme spenden und sie vor Krankheiten bewahren. Möbel[:] Vieles an alten Möbeln steht noch nutzlos auf Böden und Kellern. Diese als Spenden zu geben, würde unter den Umsiedlern und Neubauern sehr viel Freude bereiten, sind sie doch diejenigen, die alles verloren haben.

Lebensmittel[:] Die Märkische Volkssolidarität richtet ferner ihre Bitte an alle Bauern in der Provinz Mark Brandenburg, Spenden an Getreide (Weizen und Roggen), Kartoffeln und Zuckerrüben für die Weihnachtsfeiern dem Kreis- bzw. Ortsausschuß der Märkischen Volkssolidarität zur Verfügung zu stellen. Wenn alle etwas geben, kann auch durch diese kleinen Mengen sehr viel Freude zu den Weihnachtsfeiern bereitet werden. Weihnachten 1946, ein Fest des Friedens und der Freude.

Gebt allen eine Weihnachtsfreude, habt ein Herz, helft mit, Euren Mitmenschen, die ärmer sind als Ihr, eine Freude [zu] machen! Hilfe für alle – Alle helfen mit. [...]

Aufruf der Märkischen Volkssolidarität, Ende 1946. In: Archiv des Verfassers.

W11: Die Struktur der ostdeutschen Landwirtschaft 1939 und 1946

Anteil der Betriebsgrößen (in vH)[37] an der jeweiligen Gesamtfläche 1939 und 1946[38]

Land	Jahr	Unter 1 ha	1 bis 5 ha	5 bis 10 ha	10 bis 20 ha	20 bis 50 ha	50 bis 100 ha	100 bis 200 ha	Über 200 ha
Brandenburg	1939	1,9	7,0	9,2	17,3	22,3	9,2	7,7	25,4
	1946	3,2	8,8	22,4	20,5	22,8	8,3	3,8	10,1
Mecklenburg-Vorpommern	1939	1,2	3,5	4,2	13,5	18,3	9,0	6,7	43,6
	1946	1,4	5,4	31,9	21,2	20,6	8,0	2,4	9,2
Sachsen-Anhalt	1939	1,9	6,6	9,0	18,1	24,8	11,7	7,9	20,0
	1946	11,3	6,5	20,3	21,2	22,9	9,8	1,8	6,3
Thüringen	1939	4,4	19,1	19,4	26,0	16,2	6,1	5,2	3,7
	1946	12,0	16,7	21,7	27,4	15,7	4,1	1,4	1,0
Sachsen	1939	3,8	12,5	15,2	26,9	19,1	8,8	7,2	6,5
	1946	3,0	14,4	23,5	28,1	22,3	6,7	0,9	1,1
SBZ gesamt	1939	2,4	8,7	10,4	19,4	20,6	9,2	7,1	22,3
	1946	5,9	9,4	24,1	22,9	21,3	7,8	2,2	6,3

Berechnung durch den Verfasser. Nach: »Statistische Daten (Abgeschlossen 1949)«. In: BArch Berlin, DE 1 (Staatliche Plankommission), Nr. 28 327, Bl. 97 f.

W12: Notwendigkeit einer Währungsreform
10. Januar 1947

[...] Die Lenkung der Produktion ist nicht nur behindert durch Rohstoffmangel, unzureichende Versorgung mit Fachkräften und durch weitgehende Desorganisation der Produktionsmittel überhaupt, sondern in zunehmendem Maße beeinflußt die schlechte Geldverfassung die Produktion und Verteilung. Gelegenheitsgeschäfte bringen mehr als organisierte gesellschaftlich notwendige Arbeit. Ein großer Teil des Sozialproduktes entzieht sich [...] durch illegale Abzweigungen jeglicher Kontrolle und vergrößert damit die Summe der Steuerhinterziehungen, fördert den Schwarzen

---

37 Die Ergebnisse sind auf eine Stelle hinter dem Komma gerundet. Die Fehlermarge der Summierung beträgt +/-0,1.
38 1946 existierten nur noch staatliche (überwiegend) und kirchliche Güter, die über 100 ha Fläche einnahmen.

Markt und das Steigen der Preise für alle Güter [...] Die Masse der Bevölkerung verlangt eine Geldreform [...] Die in der [SBZ] durch Schließung der alten Banken blokkierten Buchgeldbestände haben den Gesamtgeldumlauf wesentlich beschränkt und gewisse deflationistische Wirkungen erzielt. Da aber die riesige Menge Notengeldes in der Zone allein (mindestens 20 Milliarden) nicht erfaßt wurde und in Gesamtdeutschland zufolge der freien Verfügung über Noten- und Buchgeld [in den] anderen Zonen ein [...] großer Geldüberhang besteht, [...] wurde die finanzpolitisch richtige Maßnahme in Berlin und in der sowjetischen Zone in ihrem Ergebnis mehr und mehr verwässert. [...] Die unterschiedliche Entwicklung zwischen Osten und Westen [...] darf die einheitliche Regelung der Währungsreform nicht verhindern, obgleich rein technisch die Währungsreform zonenweise durchführbar wäre. Da die Partei sich aber im Interesse der Wiederherstellung der wirtschaftlichen und politischen Einheit einer zonenweisen Währungsreform sich [sic] grundsätzlich widersetzen muß, ist ein Weg zu einer für alle Zonen tragbaren Lösung zu wählen [...] Soweit in der sowjetischen Zone als Sparguthaben oder sonstwie bei den Banken angelegte Geld aus neuem, ehrlich erarbeitetem Einkommen herrührt, soll dies natürlich geschützt werden [...] Eine [...] gefürchtete Schockwirkung [infolge] eines nochmaligen Geldschnittes kann [durch] Freigrenzen [für] die kleinen Geldvermögen [verhindert werden.] Es ist damit zu rechnen, daß bei einer kommenden Währungsreform innerhalb des Kontrollrates die Vereinbarungen [...] auf eine Blockierung von 90 % der Geldvermögen hinauslaufen werden [...] Der Westen will zwar das Geldvermögen bis auf 10 % des ursprünglichen Wertes vermindern lassen, jedoch versucht man, den Eingriff in das Sachvermögen im Zuge der Vermögensabgabe bei 50 % zu stoppen. Eine solche Regelung bedeutet, daß der Geldvermögensbesitzer praktisch enteignet wird, dagegen der Besitzer von Sachvermögen die Hälfte seines Vermögens behält. [...] Wird [...] das Geldvermögen um 90 % vermindert, so müssen Zwangshypotheken auf Sachvermögen gleichfalls auf 90 % des Wertes lauten [...] Es kommt [...] darauf an, daß der neue Staat auf Grund dieser Zwangshypotheken eine Deckungsgrundlage hat, um die durch den Lastenausgleich zu entschädigenden Bevölkerungsteile evtl. auf dem Wege über Kredite oder langfristige Anleihen zu befriedigen. [...] Die Vertreter der alten Banken und die gesamte Reaktion [...] wollen [...] die Anerkennung mindestens eines großen Teils der alten Schuldtitel erzwingen. [...] Für die alten Banken ist die Anerkennung der Schuldtitel des faschistischen Staates in mehr oder minder großem Umfang eine Lebensfrage, weil sie bis $^8/_{10}$ ihrer Einlagen in diesen Schuldtiteln angelegt haben. Da wir wollen, daß sie ihrer ökonomischen Macht beraubt werden, müssen wir schon aus diesem Grunde die Annullierung der alten Schuldtitel verlangen. [...]

Kommentar zur vorgesehenen Erklärung [der SED] zur Währungsreform, 10. Januar 1947. In: SAPMO-BArch, NY 4090 (Nachlaß Grotewohl), Nr. 332, Bl. 1–7.

W13: Haushaltspläne der SBZ-Länder und Reparationen Oktober 1945 bis März 1947

Anteil der Ausgaben für Reparationen und Besatzungskosten (in vH)[39]

Quartal	Mecklenburg-Vorpommern	Brandenburg	Sachsen-Anhalt	Sachsen	Thüringen
IV./1945	4,7	15,9	42,3	4,8	26,4
I./1946	2,5	5,2	43,4	15,8	24,2
II./1946	6,8	14,2	27,7	22,2	18,2
III./1946	5,8	9,2	29,2	20,4	20,6
IV./1946	4,1	5,3	20,4	17,3	15,8
I./1947	8,4	2,5	17,6	12,8	15,5

Berechnung durch den Autor nach den Angaben aus Befehlen der SMAD. In: SAPMO-BArch, DX 1 (Befehle der SMAD), Film Nr. 45051 [für III. und IV. Quartal 1946 sowie I. Quartal 1947]; Nr. 45052 [für IV. Quartal 1945, I. und II. Quartal 1946], o. Bl.

W14: »Wollte man nur dem gesunden Volksempfinden der Bevölkerung folgen ...«
30. Oktober 1947

[...] Bei der am 16.10.1947 vor der Entnazifizierungskommission in Luckau stattgefundenen Verhandlung wurde dem Drogen- und Lebensmittelgeschäftsinhaber Helmut Linke wegen aktiver Betätigung in der ehemaligen NSDAP das Recht zur Weiterführung seines Geschäftes abgesprochen. [...] Von Stadtseite aus wird nach gewissenhafter Überprüfung und nach Anhörung sämtlicher antifaschistischer Parteien u. a. auch des Antifa mit dem ebenfalls vertretenen FDGB festgestellt, daß alle einstimmig erklärten, daß Linke ein sehr tüchtiger, umsichtiger, auf Kundschaft bedachter Geschäftsmann ist, was aber nicht dazu ausgelegt werden kann, aktiv für die NSDAP tätig gewesen zu sein. Von der Fa. Linke ist bekannt, [...] daß der Ortsgruppenleiter der NSDAP zum öffentlichen Boykott des Geschäftes aufgerufen hatte. [...] Um schwere Schäden nicht nur für das Geschäft, sondern auch für die Familie abzuwenden, trat Linke 1938 als einfaches Mitglied der NSDAP bei [...] In den darauffolgenden Jahren ist L. alles andere gewesen als ein Aktivist für die NSDAP [...] Nach

---

39 Die Haushaltspläne zeigen einen Zusammenhang zwischen Reparationen und Abführungen der Länderfinanzverwaltungen an die Deutsche Zentralverwaltung für Finanzen: Je höher der Anteil für Reparationen war, um so geringer waren die Abführungen an den zentralen Zonenhaushalt, und umgekehrt. Siehe SAPMO-BArch, DX 1 (Befehle der SMAD), Film Nr. 45051 [für III. und IV. Quartal 1946 sowie I. Quartal 1947]; Nr. 45052 [für IV. Quartal 1945, I. und II. Quartal 1946], o. Bl.

[der] Entlassung aus der Kriegsgefangenschaft [...] ging er wieder unverdrossen an den Aufbau seines Geschäftes, welches zu einem weit überwiegenden Teil von der werktätigen Bevölkerung deswegen benutzt wird, da sich L. hervorragend für das Wohl und Wehe seiner Kundschaft einsetzt und eine äußerst korrekte Preisgestaltung und Geschäftsführung ausübt, welches ihm das wohlwollende Urteil der gesamten Stadtbevölkerung in allen Jahren gesichert hat. [...] Wenn L. [als] Aktivist gelten soll, so wurde von allen beteiligten Parteien und Antifaschisten festgestellt, daß es dann überhaupt keine Mitläufer gäbe, sondern daß die dann alle durchweg Aktivisten sein müßten, da Linke ebenfalls und dies in ganz besonderem Maß nur zu den Mitläufern gerechnet werden kann. Im Interesse großer Teile der hies. Bevölkerung muß ich daher feststellen, daß die Beschwerde des L. an den Regierungsausschuß [Brandenburg] zur nochmaligen Überprüfung seines Falles völlig zu Recht besteht, und wollte man nur dem gesunden Volksempfinden der Bevölkerung folgen, diese die Aufhebung des ergangenen Urteils erwartet, da die Durchführung des Befehls 201 [über die Entnazifizierung] des Marschalls Sokolowski von Gerechtigkeit getragen sein soll und in erster Linie die wirklichen Aktivisten, aber nicht kleine Mitläufer treffen soll.[40]

Brief Bürgermeister der Stadt Doberlug an den Regierungsausschuß zur Durchführung des Befehls 201, Potsdam, 30. Oktober 1947. In: Archiv des Verfassers.

W15: *Marschall Sokolowski befiehlt das Ende des Sequesterverfahrens 17. April 1948*

[...] Die deutsche Wirtschaftskommission teilte mit, daß das Eigentum der Kriegs- und Naziverbrecher sowie der Monopolherren wirklich sequestriert und in den Besitz des Volkes übergeführt worden ist und daß sie es deshalb für unzweckmäßig halte, das Sequesterverfahren weiterhin anzuwenden und die Kommissionen zur Verteilung des sequestrierten Eigentums weiterbestehen zu lassen. Unter Berücksichtigung der Vorschläge der [DWK] befehle ich:
1. Die von der [DWK] vorgelegten Listen der [enteigneten] Betriebe [...] werden bestätigt.
2. Es wird festgelegt, daß das Volkseigentum unantastbar ist. Dementsprechend wird der Verkauf oder die Übergabe von in das Eigentum des Volkes übergegangenen Industriebetrieben an Privatpersonen und Organisationen verboten. Bei der [DWK] ist ein Ausschuß zum Schutze des Volkseigentums zu schaffen [...].
3. Alle Betriebe, die ohne genügenden Grund sequestriert wurden und die nicht in die durch Punkt 1 dieses Befehls bestätigten Listen aufgenommen wurden, sind den früheren Besitzern bis zum 30. April dieses Jahres zurückzugeben. [...]

40 Das Schreiben des Doberluger Bürgermeisters, das ein entsprechendes Gesuch Helmut Linkes unterstützen sollte, wurde noch von »Persilscheinen« von SED, CDU, LDP, Antifa-Ausschuß sowie Einzelpersonen ergänzt. Linkes Gesuch hatte keinen Erfolg, er verlor seine Gewerbeerlaubnis, setzte für einige Jahre einen Strohmann ein, an den er sein Geschäft vorgeblich verpachtete, und erhielt 1953, nach einer Ermahnung durch die Kreisverwaltung, er habe trotz Aufforderung nach 1948 seine Gewerbegenehmigung nicht erneuern lassen, eine neuerliche Gewerbeerlaubnis.

5. Der Befehl [...] Nr. 124 vom 30. Oktober 1945 wird [...] außer Kraft gesetzt und jegliche weitere Sequestrierung von Eigentum auf Grund des erwähnten Befehls verboten.
6. Die [zentralen und örtlichen Kommissionen] für Sequestrierung und Beschlagnahme [...] sind aufzulösen, da sie ihre Aufgabe erfüllt haben. [...]

Befehl des Obersten Befehlshabers der sowjetischen Besatzungstruppen und des Obersten Chefs der Sowjetischen Militärverwaltung in Deutschland Nr. 64 [vom] 17. April 1948 [...] Beendigung des Sequesterverfahrens in der sowjetischen Besatzungszone Deutschlands [unterzeichnet von Sokolowski und Lukjantschenko]. In: BArch Berlin, DO 3 (Zentrale Deutsche Kommission für Sequestrierung und Beschlagnahme), Nr. 45, Bl. 118 f.

W16: Die ersten Geldscheine der SBZ 1948

Banknoten. In: Archiv des Verfassers.

W17: Anteil der SAG-Produktion an der gesamten SBZ/DDR-Produktion (vH) 1947 bis 1951

Branche	1947	1948	1949	1950	1951
Energie	34,7	44,1	42,1	42,2	36,6
Bergbau	33,4	33,5	36,9	37,6	36,6
Metallurgische Industrie	58,5	44,5	36,2	31,7	26,7
Chemische Industrie	54,0	56,7	54,8	57,8	55,5
Maschinenbau	39,4	28,0	29,6	26,4	27,8
Elektroindustrie	39,6	40,8	38,3	36,2	35,6
Feinmechanische und optische Industrie	35,5	26,8	20,0	25,5	28,5
Baumaterialien	15,3	15,8	14,5	12,9	12,0
Textilindustrie	2,4	2,4	2,4	2,9	2,9
Zellulose- und Papierverarbeitung	?	6,4	6,1	5,8	5,4
Leichtindustrie	-	0,2	2,4	1,9	1,9
Holzverarbeitung	-	0,8	0,5	0,5	0,5
Lebensmittelindustrie	-	-	-	0,2	0,2*)
Druckindustrie	?	?	0,0	0,0	0,1
Industrie insgesamt	19,5	22,0	21,9	22,6	21,9*)

*) 1951 ohne Produktion der Handelsorganisation in der Lebensmittelindustrie.

Zusammenstellung sowie Berechnung für 1951 durch den Verfasser. Nach: JUDT/CIESLA 1996, S. 34.

W18: Von der SBZ/DDR geleistete Reparationen und Besatzungskosten Mai 1945 bis Dezember 1953

Art der Reparationsleistung	Betrag in Millionen US-$ (1938)[41]
Demontagen	2 436,0
Lieferungen aus der laufenden Produktion	2 614,3
Lieferungen der SAG Wismut	1 584,5
Rückkauf von SAG-Unternehmen	382,0
Illegale Beschlagnahmungen	352,1
Besatzungsgeld	1 240,0
Außenhandelsverluste der SBZ/DDR	400,0
Transport der Reparationsgüter über Derutra[42]	133,3
Verdeckte Reparationen	266,7
Zwischensumme	9 408,9
Besatzungskosten	5 914,1
Vermutliche Gesamtkosten bis Ende 1953	15 323,0

Berechnung durch den Verfasser. Nach: JUDT/CIESLA 1996, S. 33 f.

---

[41] Die Umrechnung basiert auf einem Umrechnungskurs von 2,50 RM für einen US-$ (1938), wobei – sofern nicht von vornherein US-$ (1938) angesetzt waren – die Angaben in RM zu »Meßwerten« (das sind in der Regel Preise von 1944) aus den vorhandenen Materialien genutzt und auf Werte von 1938 zurückgerechnet wurden. Der Verfasser betont zudem, daß die Angaben in der Tabelle in einigen Positionen auf nur vagen Schätzungen beruhen.
[42] Deutsch-Russische Transport AG.

W19: *Versorgung der Bevölkerung 1946 bis 1953 (1950 = 100%)*
Anfang 1954

Artikel	1946	1947	1948	1949	1950	1951	1952	1953
Fleisch und Fleischwaren	29	45	38	47	100	129	182	206
Fisch und Fischwaren	16	23	51	79	100	172	142	174
Fette (insgesamt)	33	36	36	56	100	146	164	164
Trinkmilch (2,5% Fettgehalt)	54	38	46	70	100	121	128	138
Eier	35	53	48	57	100	172	261	276
Weißzucker	44	61	77	92	100	114	133	127
Obertrikotagen	25	25	83	94	100	200	293	362
Untertrikotagen	13	10	21	74	100	168	188	218
Strümpfe und Socken	9	12	28	83	100	130	142	96
Lederschuhe	7	11	32	63	100	131	165	207

Entwicklung des Einzelhandels. In: BArch Berlin, DE 1 (Staatliche Plankommission), Nr. 12561, Bl. 123.

W20: *Ein alternatives Agrarprogramm für die DDR*
1956

Das Ziel des Sozialismus, ohne Ausbeutung den Menschen zu ständig wachsendem Wohlstand zu verhelfen, läßt sich nur durch Maßnahmen erreichen, die von der Masse der Werktätigen [...] gebilligt werden. [...] Die Agrarpolitik der DDR muß künftig von dem Grundprinzip ausgehen, daß ein sozialistischer Staat auch über einen historisch langen Zeitraum auf ein Nebeneinanderbestehen [von] staatlichen und genossenschaftlichen Sektor und [...] einem großen Sektor einzelbäuerlicher Familienbetriebe [beruhen kann.] Dementsprechend muß neben einer sinnvollen Förderung der LPG auch den Familienbetrieben die Möglichkeit gegeben werden, ihre Betriebe mit moderner Technik auszustatten [...] In dem neuen Agrarprogramm [...] werden folgende Maßnahmen vorgeschlagen: [...] Aufhebung der Pflichtablieferung [nach einer Übergangszeit] und Einführung eines einheitlichen Preissystems [...] Die Einzelbauernwirtschaften erhalten die Möglichkeit, alle [...] notwendigen Produktionsmittel zu kaufen [...] Die industrielle Produktion ist so auszurichten, daß sie qualitativ hochwertige und den Bedingungen der Einzelwirtschaft angepaßte landwirtschaftliche Maschinen [...] in großem Umfang kaufen kann. [...] Die Herstellung [...] von Mineraldünger hat in größerem Umfang [...] zu erfolgen [...], [um] den freien Verkauf von Düngemitteln zu ermöglichen. [...] Es [...] sind Züchtervereinigungen [mit einzelbäuerlicher Beteiligung] zu gründen und staatliche zu fördern. Die bäuerlichen Betriebe erhalten die Möglichkeit, an der Saatguterzeugung teilzunehmen. [...] Die [...] Besitzer [größerer Wirtschaften] können mit anderen Personen, Familienangehörigen oder auch Fremden einen Anteilsvertrag abschließen, in dem die langfristige, gemeinsame Nutzung der Wirtschaft festgelegt ist. [...] Die [...] unterschiedliche Festlegung, Bezeichnung und Behandlung der Bauern nach dem Umfang ihres Bodenbesitzes wird aufgehoben; in Zukunft sind [...] nur zwei [...] Betriebsformen zu unterscheiden: [...] Familienbetriebe [...], die ohne Beschäftigung fremder Arbeitskräfte oder mit Anteilsvertrag wirtschaften, [und] Lohnarbeitsbetriebe [...], die ständig fremde Lohnarbeiter beschäftigen [...] Die Genehmigungspflicht für Betriebs- und Bodenverkäufe durch den Staat bleibt bestehen. [Landwirtschaftliche] Spezialbetriebe, wie Gärtnereien, Zierpflanzenexport- und Saatzuchtbetriebe, erhalten die Möglichkeit einer staatlichen Kapitalbeteiligung. [...] Für alle Bauernwirtschaften wird ein Beratungsdienst [...] im Rahmen des VdgB organisiert. [...] Aufbauend auf den langjährigen genossenschaftlichen Traditionen der deutschen Landwirtschaft sind sowohl die alten genossenschaftlichen Einrichtungen als auch nichtkapitalistische neue [...] Formen der genossenschaftlichen Zusammenarbeit zu entwickeln [...] Die bestehenden VdgB (BHG) müssen eine richtige Handelstätigkeit ausüben; daneben ist ein [...] Netz von bäuerlichen Ein- und Verkaufsgenossenschaften zu bilden. [...] Bereits bestehende Spezialgenossenschaften, wie Meliorationsgenossenschaften [...], erhalten stärkere Unterstützung. [...] Der sozialistische Staat erweist den Bauern und Landarbeitern, die sich auf freiwilliger Grundlage [...] zusammengeschlossen haben, beim Aufbau ihrer LPG alle erforderliche Hilfe. [LPG werden Maschinen aus] dem Maschinenbestand der MTS [...] erhalten. [LPG ab einer bestimmten Größe und die, die] staatliche Kredite in Anspruch nehmen, müssen zukünftig einen Agronomen [einstellen]. [...] Zur Festigung der innergenossenschaftlichen Demokratie werden die Wahlen zu den Vorständen und Revisionskommissionen mit geheimer Abstimmung durchgeführt. [...] Für diejenigen Bauern, die [zwar nicht in die LPG eintreten wollen], aber trotzdem mit einigen Nachbarwirtschaften [...] auf genossenschaftlicher Grundlage produzieren wollen, wird ein besonderes Statut des »Bäuerlichen Genossenschaftsbetriebes« ausgearbeitet. [...] Die Maschinen-Traktoren-Stationen werden in Maschinengenossenschaften mit staatlicher Kapitalbeteiligung von 51 % umgewandelt und arbeiten ohne Subventionen als Lohnbetriebe. [...] Die [bisherigen] Traktorenbrigaden [der MTS] können mit ihrem [...] Maschinenbestand [...] in die LPG aufgenommen werden. Die Maschinen werden von den LPG käuflich erworben [...] Bei den Maschinengenossenschaften wird eine staatliche technische Maschineninspektion [...] mit einem [...] Stab von Technikern stationiert [...] Der volkseigene Sektor [...] wird vergrößert durch Einbeziehung von ÖLB[43] bzw. von nicht lebensfähigen Genossenschaften [...] Um eine allseitige Interessiertheit der Landarbeiter an einer höheren Rentabilität zu erreichen, ist ein [...] Teil des Reingewinns der VEG als Gewinnbeteiligung auszuschütten. [...]

Neues Agrarprogramm für die Entwicklung der Landwirtschaft beim Aufbau des Sozialismus in der DDR, 1956. In: SCHOLZ 1994, S. 80–87.

---

43 Örtliche Landwirtschaftsbetriebe, in denen die verlassenen Höfe geflohener Bauern zusammengefaßt wurden.

W21: Ernteverluste und die Folgen
Juli 1959

[...] Das geringe Aufkommen aus der eigenen Landwirtschaft [infolge einer Trockenperiode] führt zu einer Reihe ernster Probleme in der Versorgung der Bevölkerung. [...] Es wird für erforderlich gehalten, die Mitglieder und Kandidaten des Politbüros über die Maßnahmen zu informieren:
1. [Es ist notwendig,] nur noch Butter mit dem niedrigen Fettgehalt von 74% zu produzieren; [...] den Fettgehalt in der eigenen Produktion von Käse zu senken; [...] den Butterverbrauch für Großverbraucher und Gaststätten zu senken; [...] im III. und IV. [Quartal]/[19]59 die Sahneproduktion und -versorgung auf 50% der jetzigen Menge zu senken; [...] die Trinkmilchversorgung im 2. Halbjahr nur im Rahmen des Volkswirtschaftsplanes durchzuführen (der Bedarf liegt etwa 15% über dem Plan); [...] den Warenfonds bei Fettkäse im 2. Halbjahr 1959 auf die Mengen des Verbrauchs im 2. Halbjahr 1958 zu senken. [...]
2. [...] Da aus der eigenen Landwirtschaft [...] mit einem Ausfall von 38% der Planmenge [bei Obst] gerechnet werden muß, kann für die Frischobstversorgung der Bevölkerung nicht die geplante Menge bereitgestellt werden. [...]
3. [Die] Landwirtschaft [rechnet bei Gemüse] mit einem Ausfall von etwa $1/3$. [...]

Information für die Mitglieder und Kandidaten des Politbüros, Juli 1959. In: SAPMO-BArch, DY 30/IV 2/2029 (Büro Apel)/34, o. Bl.

W22: »Mit großer Freude können wir Ihnen heute mitteilen ...«
6. April 1960

Werter Genosse Walter Ulbricht!
Mit großer Freude können wir Ihnen heute mitteilen, daß sich mit dem heutigen Tage alle Bauern des Bezirkes Gera für den Weg der genossenschaftlichen Produktion und des sozialistischen Lebens entschieden haben. Der freiwillige Zusammenschluß unserer Bauern zu vollgenossenschaftlichen Dörfern, ihr Schritt in die sozialistische Zukunft ist eine eindeutige Absage an das Adenauer-Regime, ist die unmißverständliche Antwort der Bauern unseres Grenzbezirkes auf die Bonner Blitzkriegsstrategie.
Der ehemalige Einzelbauer Willi R. aus R. [...] sagte bei seinem Eintritt in die Genossenschaft: »Dem Adenauer und seinen Blitzkriegern müssen auch wir Bauern die richtige Antwort geben. Unsere Antwort heißt: LPG – Sozialismus – Frieden! [...] Und wenn Adenauer und seine Minister [...] meinen, wir wären in die LPG gezwungen worden, dann sollen sie einmal nach R. kommen. Wir werden ihnen schon den Marsch blasen, damit ihnen ihre Kriegs- und Eroberungsgelüste für immer vergehen.« [...]
Mit Freude und Stolz schauen unsere Genossenschaftsbauern einer gesicherten und reichen sozialistischen Perspektive entgegen. Sie haben den festen Willen, die

großen Ziele des Siebenjahrplanes zu erreichen, um auf diesem Wege den deutschen Militarismus zu bändigen und den Sozialismus zum Siege zu führen. Mit herzlichen Grüßen [Unterschriften]

Brief führender Vertreter der Bezirksorganisationen Gera von SED, Nationaler Front, DBD, NDPD, LDPD, CDU, FDGB, FDJ, VdgB und des Vorsitzenden des Rates des Bezirkes an Walter Ulbricht, 6. April 1960. In: SAPMO-BArch, DY 30/IV 2/7 (Abteilung Landwirtschaft)/378, o. Bl.

W23: »Die Freunde« bestimmen die Lieferkonditionen
15. Juli 1960

[...] In der Abwicklung der Außenhandelsgeschäfte mit der UdSSR gibt es seit Jahren eine Reihe von Problemen, die sich nachteilig für die DDR auswirken. Trotz intensiver Bemühungen [...] war es bisher nicht möglich, diese Probleme mit der sowjetischen Seite zu klären. [...] Die sowjetische Seite besteht seit Jahren auf die Vereinbarung von Quartalslieferfristen für sowjetische Lieferungen. [Dazu] kommt noch eine sogenannte 30tägige Karenzzeit, [mit der] der sowjetische Verkäufer einer Ware volle 4 Monate Spielraum für die Erfüllung seiner vertraglichen Verpflichtungen erhält, innerhalb derer er nicht mit Sanktionen (Konventionalstrafen) belegt werden kann. Trotz Festlegung gleicher Bedingungen für Lieferungen der DDR an die UdSSR besteht die sowjetische Seite unnachgiebig entsprechend der bisherigen Praxis auf die Festlegung von Monatslieferterminen durch die Außenhandelsorgane der DDR. [...] Demzufolge hat der DDR-Verkäufer [...] nur bis zu 2 Monaten Spielraum für die Erfüllung seiner Lieferverpflichtungen. [...] In den Allgemeinen Liefer- und Zahlungsbedingungen des [RGW] konnte eine verbindliche Festlegung über monatliche Lieferfristen zwischen den Teilnehmerländern [...] infolge der Haltung der UdSSR nicht erreicht werden. Die Regelung dieser Frage blieb den zweiseitigen Vereinbarungen der Partnerländer überlassen. Mit Ausnahme der UdSSR wurde von allen anderen [RGW-Mitgliedsländern] der Festlegung monatlicher Lieferfristen in den zweiseitigen Vereinbarungen grundsätzlich zugestimmt. [...]

Probleme in der Abwicklung des Außenhandels mit der UdSSR, 15. Juli 1960. In: SAPMO-BArch, DY 30/IV 2/2029 (Büro Mittag)/89, o. Bl.

W24 Ost-CDU-Vorschläge zu den Betrieben mit staatlicher Beteiligung[44]
11. Januar 1972

[...] Die staatliche Beteiligung ist keine statische, sondern eine dynamische ökonomische Kategorie. Die CDU hat stets erklärt: [...] Die staatliche Beteiligung ersetzt nicht den Sozialismus, sondern ist ein Weg dazu [sic!]. [...] Die Betriebe mit staatlicher Beteiligung bilden keine Reservate innerhalb der Volkswirtschaft, sondern sind entsprechend den gesellschaftlichen Erfordernissen in diese zu integrieren. [...] Die staatliche Beteiligung unterliegt dem Wirken der ökonomischen Gesetze des Sozialismus und deren bewußter Nutzung durch die sozialistische Gesellschaft. Diese Prinzipien schließen den Übergang zu sozialistischen Betrieben [VEB] entsprechend den gesellschaftlichen und volkswirtschaftlichen Erfordernissen ein. [...] Für den Übergang zu sozialistischen Produktionsverhältnissen sollten folgende Prinzipien gelten: [...] Der Übergang zum sozialistischen Betrieb geschieht durch Aufkauf der privaten Gesellschafteranteile. [...] Die Entscheidung der Komplementäre soll freiwillig sein. Die Gesellschafterversammlung hat darüber zu beschließen. [...] Wo die Befähigung und die Bereitschaft der Komplementäre gegeben ist, können die Betriebe unter ihrer Leitung – als staatliche Leiter – fortgeführt werden. [...] Bei der Abfindungsregelung sollte geprüft werden, ob unter Beibehaltung der allgemeinen Verfügungsbeschränkung die aus abgegoltenen Kapitalanteilen gebildeten Sparguthaben (Höchstgrenze 10 T[ausend] M[ark] jährlich) bei entsprechender Begründung bzw. bei Komplementären im fortgeschrittenen Lebensalter ganz oder teilweise eine Freigabe erfolgen kann. Das weitere [sic!] Anwachsen der privaten Kapitalanteile in den bestehenden Betrieben mit staatlicher Beteiligung sollte mit einer Sofortmaßnahme begegnet werden. Dazu wird angeregt, durch Nachträge in den Gesellschaftsverträgen die vertraglichen Voraussetzungen zu schaffen, um bei notwendigen Erhöhungen der Eigenmittel nur noch die Erhöhung der staatlichen Anteile vorzunehmen und die privaten Kapitalanteile auf ihre derzeitige Höhe zu begrenzen. [...]

Studie zur Weiterentwicklung der Betriebe mit staatlicher Beteiligung in der entwickelten sozialistischen Gesellschaft [mit Anschreiben von Gerald Götting an Erich Honecker am 11. Januar 1972 gesandt]. In: SAPMO-BArch, DY 30/ vorl. SED, Nr. 19 400/2 (hier: Abteilung Befreundete Parteien des ZK der SED), o. Bl.

---

44 Das SED-Politbüro nahm diese Vorschläge in eigene, noch weitergehende Vorstellungen auf. Am 8. Februar 1972 beschloß es eine durchgreifende Aufkaufaktion. Dieser Beschluß wurde innerhalb weniger Monate ausgeführt und in den Jahren danach keine staatliche Beteiligung mehr an Privatbetriebe ausgereicht. Siehe »Maßnahmen über die schrittweise Durchführung des Beschlusses vom 4. Tagung des ZK der SED hinsichtlich der Betriebe mit staatlicher Beteiligung, der privaten Industrie- und Baubetriebe sowie der Produktionsgenossenschaften des Handwerks, 8. Februar 1972«. In: SAPMO-BArch, DY 30/IV 2/3 (Politbüro)/72, o. Bl.

W25: Das Politbüro berät zur Fleischversorgung[45]
18. Mai 1982

[...] Die Mehrzahl der Bezirksleitungen weist daraufhin [sic], daß vor allem infolge der angespannten Lage bei Konzentratfutter in den letzten Monaten die geplanten Tagesrationen – insbesondere bei Schlachtschweinen – nicht erreicht wurden. Im Ergebnis dessen gingen die durchschnittlichen Schlachtgewichte gegenüber dem gleichen Zeitraum des Vorjahres mit 7 bis 16 kg [10 bis 15 % des Normalgewichtes] pro Tier zurück. Zur Gewährleistung der Versorgungs- und Exportaufgaben war [...] auf Grund der niedrigen Durchschnittsschlachtgewichte ein erhöhter Eingriff in die Tierbestände erforderlich. [...] Die Mehrzahl der 1. Sekretäre der Bezirksleitungen macht darauf aufmerksam, daß ein weiterer Eingriff in die Bestände trotz vielfältiger Maßnahmen zur Reproduktion der Tierbestände Auswirkungen auf die Versorgung der Bevölkerung im 2. Halbjahr 1982 bzw. I. Quartal 1983 erwarten läßt. [...] Alle Bezirksleitungen berichten über eine angespannte Lage in der Fleischversorgung. [...] Solche Bezirksleitungen wie Dresden, Potsdam, Cottbus, Halle, Suhl, Leipzig und Schwerin schätzen ein, daß mit graduellen Unterschieden im Einzelhandel kein durchgängiges Angebot an allen Wochentagen gesichert werden kann, verstärkt Angebotslücken sichtbar werden und Diskussionen in der Bevölkerung zunehmen. [...]

Zusammenfassung der Informationen der 1. Sekretäre der Bezirksleitungen der SED zur Sicherung des staatlichen Aufkommens und zur Lage in der Versorgung mit Fleisch [Anlage zu Brief Werner Jarowinsky an Erich Honecker, 18. Mai 1982]. In: SAPMO-BArch DY 30/J IV 2/6.10 (SED, ZK, Abteilung Handel, Versorgung und Außenhandel)/5, o. Bl.

W26: Schwierigkeiten mit der Zahlungsfähigkeit in den Plänen für 1984
18. November 1983

[...] Der von den USA entfachte Kreditboykott hält unverändert an. DDR erhält auf den internationalen Geld- und Kreditmärkten keine Finanzkredite. Nur in einem ganz begrenzten Umfang Warenkredite zur Finanzierung von Importen. [Die Anforderungen der einzelnen Ministerien für Importe 1984 sind nicht finanzierbar.] Zur Gewährleistung der Zahlungsfähigkeit der DDR gegenüber kapitalistischen Banken müssen auch 1984 außerplanmäßige Export-Importgeschäfte mit dem kapitalistischen Wirtschaftsgebiet durchgeführt werden. [...] Durch die Zahlungsunfähigkeit einer Reihe von Entwicklungsländern [...] werden die Exportmöglichkeiten der DDR in diese Länder erschwert. [...] Die Handelsbeschränkungen, insbesondere in den westeuropäischen kapitalistischen Industrieländern, erschweren den Export der DDR [...]. Durch die EWG werden in zunehmendem Maße sogenannte Anti-Dumping-Verfahren eingeleitet, um die DDR vom Markt der EWG durch sogenannte Anti-Dumping-Zölle bzw. Mengenbeschränkungen zu verdrängen. [Die anhaltende Wirtschaftskrise in westlichen Ländern mindert Investitionstätigkeit dort und damit

---

45 Grammatik nach dem Original.

Exportmöglichkeiten der DDR.] Durch eine starke Aufwertung des US-Dollars in der letzten Zeit ergibt sich, daß im Jahre 1984 zur Erwirtschaftung von einem US-Dollar mehr materielles Produkt im Export in das NSW aufgewendet werden muß, als in der Vergangenheit. [...] Durch die Nichterfüllung unserer ursprünglichen Ziele im NSW-Export 1983 entstehen im Jahre 1984 Ausfälle an Valutaeinnahmen [...] Insgesamt ergeben sich für die DDR 1984 Rückzahlungsverpflichtungen ins NSW in Höhe von 23 Mrd. VM. Davon sind 18,5 Mrd. VM Kreditrückzahlung und weitere 3,5 Mrd. VM Zinsen. 1984 sind die Verbindlichkeiten der DDR noch schneller fällig als vorher. [...]

Äußere und innere Faktoren, die den Volkswirtschaftsplan und den Staatshaushaltsplan 1984 beeinflussen, 18. November 1983. In: SAPMO-BArch, DY 30/IV 2/2039 (Büro Krenz)/26, Bl. 17–20.

W27: »Sozialistische Betriebe« und die privaten Händler 1949 bis 1987
1988

Anteil der Eigentumsformen am Einzelhandelsumsatz

Eigentumsform	1949	1950	1955	1960	1965	1970	1975	1980	1985	1987
»Sozialistische Betriebe«[46]	38,5	47,2	68,0	77,2	77,9	80,5	86,4	88,3	88,5	88,7
Privatbetriebe[47]	61,5	52,8	32,0	22,8	22,1	19,5	13,6	11,7	11,5	11,3

Zusammenstellung durch den Verfasser. Nach: STATISTISCHES JAHRBUCH 1988, S. 100.

W28: 727 Milliarden DM Reparationsausgleich für die DDR?[48]
Jahreswende 1989/1990

Deutschland hat in seiner Gesamtheit den Zweiten Weltkrieg begonnen, geführt und verloren. Es hat in seiner Gesamtheit bedingungslos kapituliert und hat deshalb auch insgesamt für die Reparationen der Siegermächte aufzukommen. [...] Deutschland hat [...] nach dem zweiten Weltkrieg bis zum 31.12.1953 an Reparationen aufgebracht:

Bundesrepublik Deutschland	2,1 Milliarden DM/1953
Deutsche Demokratische Republik	99,1 Milliarden DM/1953
Insgesamt	101,2 Milliarden DM/1953

46 Läden der HO (Handelsorganisation) und der Konsumgenossenschaften.
47 Private Händler, Kommissionshändler und Betriebe mit staatlicher Beteiligung.
48 Bis Ende 1996 sind etwa eine Billion DM für die Rekonstruktion und Erweiterung der Verkehrs- und Telekommunikationsstruktur, den Ausgleich der Deckungslücken im Sozialversicherungssystem, Investitionsbeihilfen und Sanierungsleistungen und andere Aufgaben aus den alten in die neuen Bundesländer geflossen.

[...] Bei einer Einwohnerzahl von 67 765 400 (1953) waren von jedem Deutschen aufzubringen: 1 494,86 DM/1953. [...] Entsprechend ihrer Einwohnerzahl von 49 763 400 (1953) hätte die [BRD] aufbringen müssen: 74,3 Milliarden DM/1953 [...] Entsprechend ihrer Einwohnerzahl von 18 002 000 (1953) hätte die [DDR] aufbringen müssen: 26,9 Milliarden DM/1953 [...] Die Differenz in Höhe von 72,2 Milliarden DM/ 1953 hat die [DDR] stellvertretend für die [BRD] gezahlt [Bei Verzinsung mit dem Zinssatz, den die DDR für Kredite deutscher Banken zwischen 1983 und 1988 zahlen mußte,] ergibt sich aus dem am 31.12.1953 fälligen Schuldbetrag von 72,2 Milliarden DM/1953 zum Jahresende 1989 eine Schuld von 727,1 Milliarden DM/1989. [...] Die Bundesregierung wird aufgefordert, umgehend mit der Regierung der [DDR] eine Wirtschaftskommission zu gründen, die über die Modalitäten der Umsetzung dieser Reparations-Ausgleichszahlung berät. [...]

Aufruf an die Regierung der Bundesrepublik Deutschland zur Zahlung einer Reparations-Ausgleichs-Schuld an die Deutsche Demokratische Republik. In: Archiv des Verfassers.

W29: *Finanzhilfen für den RGW-Handel der DDR im 2. Halbjahr 1990*
27. Juni 1990

[...] Nach dem bisherigen System werden beim Export und Import [mit dem RGW] Gewinne und Verluste über den Staatshaushalt verrechnet. Mit dem Eintritt in die Währungsunion wird dieses System der Umverteilung außer Kraft gesetzt [...] Nach der Währungsunion wird eine Vielzahl von Betrieben die Exportverträge für das 2. Halbjahr nur mit Verlust realisieren können. Die Realisierung dieser Exportverträge ist aber ein wichtiger stabilisierender Faktor für die wirtschaftliche Lage der Betriebe und die Sicherung der Arbeitsplätze. [...] Auf der Grundlage des [...] Staatsvertrages können Finanzhilfen für die mit den RGW-Ländern abgeschlossenen Exportverträge für das 2. Halbjahr 1990 gewährt werden. Bei den Verhandlungen zum Staatsvertrag wurde [...] von einem Verlust von mindestens 2 Mrd. DM ausgegangen. Darüber hinaus muß [wegen eines Regierungsabkommens mit der UdSSR vom 14. Juni 1990 mit weiteren] Verlusten [...] im Umfang von 460 Mio. DM gerechnet werden. [...] Wenn sich ergibt, daß durch die zusätzlichen Exporte in die UdSSR [der Fonds für Exportfördermaßnahmen mit den RGW-Ländern] überzogen wird, muß erneut mit dem Bundesministerium der Finanzen über die zusätzliche Mittelbereitstellung verhandelt werden. Es muß auch für die Realisierung von Importverträgen mit Anträgen auf Stützungen gerechnet werden [...]. Aufgrund der begrenzt zur Verfügung stehenden Mittel [sind] an ihre Verausgabung strengste Maßstäbe anzulegen [...]: Der Einsatz der Mittel erfolgt nur für Exportaufträge mit RGW-Ländern. [...] Es werden nur Exportverträge berücksichtigt, die bis zum 30.06.1990 für das 2. Halbjahr abgeschlossen wurden. [Ausnahme: Lieferungen nach dem Regierungsabkommen mit der UdSSR] Eine Subventionierung erfolgt nur, wenn die Verluste aus Verträgen zu einem negativen Ergebnis aus der gesamten wirtschaftlichen Tätigkeit des Betriebes führen. [...] Die Gewährung finanzieller Unterstützung zur Strukturanpassung der Unternehmen schließt eine gesonderte finanzielle Hilfe für Verluste aus Verträgen mit RGW-Ländern aus. [...]

Beschluß [des DDR-Ministerrates] zur Finanzierung und Verrechnung des Handels mit den RGW-Ländern [vom 27. Juni 1990]. In: BArch Berlin, DC 20 (Ministerrat der DDR), I/3–3007, Bl. 29 f.

2. Machtverhältnisse und planwirtschaftliches System

W30: *Grobablauf des Planungsprozesses in der DDR-Volkswirtschaft*

1. Informationsaustausch zwischen Betrieben, einerseits, und Kombinaten/VVB, Wirtschaftsräten der (Territorial-)Bezirke, andererseits, über betriebliche, regionale und zentrale Prognosen und Analysen, Konzeptionen der Industriebranchen und -bereiche, internationale Wirtschaftsverträge und Regierungsabkommen
2. Aufstellen einer Plankonzeption durch den Betrieb (Entwicklungsziele für Wachstum und Effektivität, Hauptproportionen, Grobbilanzierung)
3. Übergabe strategischer Vorgaben vom SED-Politbüro und den ZK-Fachabteilungen an den DDR-Ministerrat und die Staatliche Plankommission (SPK) nach wechselseitiger Information über volkswirtschaftliche Prozesse und wirtschafts- und sozialpolitische Prioritäten
4. Erstellen der Staatlichen Planaufgabe (zentral »gewünschte« Produktionskennziffern beim Ministerrat, der SPK und den Fachministerien
5. Übergabe der Staatliche Planaufgabe an die Kombinate/VVB bzw. Wirtschaftsräte der Bezirke
6. Umsetzung der Staatlichen Planaufgabe in den Plänen der Kombinate/VVB, Auffächerung nach Kombinatsbetrieben (bei selbständigen VEB übernehmen Wirtschaftsräte der Bezirke Funktion der Kombinate)
7. Übergabe der Staatlichen Planaufgabe an die Betriebe
8. Umsetzung der Staatlichen Planaufgabe in den Plänen der Betriebe
9. Laufende Abstimmung zwischen Betrieb und Kombinat/VVB bzw. Wirtschaftsrat des Bezirks
10. Erarbeiten eines Planentwurfs einschließlich der Planberatung in den Arbeitskollektiven, Bilanzierung und Abstimmung mit den Territorialverwaltungsorganen (Räte der Gemeinden, Kreise und Bezirke), Bilanzorganen (Ministerium, Kombinat oder Betrieb, der über die Verwendung von Materialien verfügen darf) und Bedarfsträgern (offiziell anerkannter, in der Regel seit langen Jahren aufgetretener Großabnehmer von Erzeugnissen, wie z. B. Finalproduzenten oder Großhandelsbetriebe)
11. Verteidigung des Planentwurfs des Betriebs vor dem Kombinat/VVB bzw. dem Wirtschaftsrat des Bezirks
12. Verteidigung des Planentwurfs des Kombinats/VVB vor dem Ministerium oder der SPK

13. Erteilen der Staatlichen Planauflage (zentral »geforderte« Produktionskennziffern) an Kombinate/VVB
14. Übergabe der Staatlichen Planauflage an die Betriebe
15. Präzisierung der Planentwürfe von Betrieben und Kombinaten/VVB entsprechend der Planauflage
16. Beginn der Plandurchführung
17. Kontrolle der Planerfüllung durch Betriebe und Kombinate/VVB bzw. dem Wirtschaftsrat des Bezirks
(17a. Zeitweilig stellten Betriebe und Kombinate/VVB »Mehr-« bzw. »Zusatzpläne« auf, die den Planungsprozeß noch einmal verlängerten)
18. »Seminare des Zentralkomitees und der SPK mit den Generaldirektoren der Kombinate« aus Anlaß der Leipziger Frühjahrsmesse: Änderung von laufenden Plänen auf zentralen Eingriff hin

Zusammenstellung und Ergänzung durch den Verfasser. Nach: SBW 1980, S. 455.

W31: Lokaler »Merkantilismus«
19. November 1945

[...] Nach einem Zusammenbruch ohnegleichen, den uns das Nazisystem [beschert] und hinterlassen hat, beginnt die deutsche Wirtschaft wieder zu atmen. Auch [in der] Stadt Doberlug [...] muß nunmehr versucht werden, [...] die Versorgung der Stadt mit den lebenswichtigsten Gütern zu heben. Eine völlig veränderte Verkehrslage zwingt uns, neue Wege einzuschlagen. [...] Alle Inhaber von Einzelhandelsgeschäften, insbesondere von Manufakturen und Schuhwarengeschäften, werden hiermit aufgerufen, alles daran zu setzen, um größere Kaufabschlüsse zu tätigen. Die Bemühungen der Stadtverwaltung richten sich unausgesetzt auf die Herbeischaffung eines größeren Fahrzeuges, welches dann in Verbindung mit der Wirtschaftsabteilung die Waren herbeischaffen soll. Bei einer solchen Fahrt müssen mehrere Aufträge von verschiedenen Geschäften zusammengelegt werden können. Das Zustandekommen einer solchen Fahrt hängt dieserhalb von genügenden sicher abgeschlossenen Aufträgen ab. Ist ein Geschäft als sicher abgeschlossen, so ist die Wirtschaftsabteilung in Kenntnis zu setzen, um über den Zeitpunkt der nächsten Fahrt verhandeln zu können. [...] Die Lebensmittelgeschäfte haben sämtlich auf die Hauptprodukte eine Grundlage erhalten. Trotz anderwertiger Anordnungen wird nach wie vor nur mit den Lebensmittelkartenabschnitten (nicht Bestellscheine) und zwar direkt mit dem Ernährungsamt in Luckau abgerechnet. Das Auffüllen des jeweiligen baren Bestandes mit der neu erhaltenen Lieferanweisung obliegt dem einzelnen Kaufmann. Auch hier kann und soll helfend eingegriffen werden [...]. Dasselbe trifft auf Reparaturwerkstätten, Schuhmacher und Schneiderbetriebe bei der Heranschaffung von Instandsetzungsmaterial zu. [...]

Aufruf an sämtliche Einzelhandelsgeschäfte der Stadt Doberlug, 19. November 1945. In: Archiv des Verfassers.

W32: »Ich werde ... strengste Maßnahmen ergreifen«
14. Januar 1946

[...] Auf meiner Bekanntmachung vom 12. Januar 1946 war der Verkauf von 125 Gramm Kakao-Erzeugnissen angeordnet worden. Trotzdem hatten einzelne Geschäfte bereits am Sonnabend mit dem Verkauf dieser Erzeugnisse begonnen. Ich will hier mit aller Deutlichkeit darauf hinweisen, daß, wenn in der heutigen schweren Zeit von der Bevölkerung eine gewisse Kaufdisziplin gefordert werden muß, diese in weit höherem Maße von den einzelnen Geschäften verlangt werden kann. [...] Wenn sich durch den verfrühten Verkauf auswärtige Käufer ebenfalls mit Kakao von Doberlug eingedeckt haben, mache ich die betreffenden Geschäfte dafür voll verantwortlich. In Zukunft werde ich jeden Verstoß gegen meine Bekanntmachung bestrafen und das Geschäft schließen lassen. Trotz meiner verschiedenen Hinweise ist festgestellt worden, daß Butter nach außerhalb von Doberlug verkauft wurde, was zur Folge hat, daß diese Butter für Doberlug verloren ist. Jede Lebensmittelkarte ist deutlich mit dem Doberluger Stadtsiegel versehen, so daß Mißgriffe überhaupt nicht stattfinden können. Ich werde auch in diesen Fällen in Zukunft strengste Maßnahmen ergreifen, um die Stadt und damit die Bevölkerung vor Nachteilen zu schützen, die durch das undisziplinierte Verhalten von Geschäften entstehen. [...]

Rundschreiben [des Bürgermeisters] an örtliche Lebensmittelgeschäfte der Stadt Doberlug, 14. Januar 1946. In: Archiv des Verfassers.

W33: SED-Vorschläge für die Errichtung einer sowjetzonalen Planungsbehörde
26. Oktober 1946

[...] Als höchstes deutsches Wirtschaftsorgan in der sowjetischen Besatzungszone wird ein deutsches Amt für Wirtschaftsplanung (DAW) gebildet. An der Spitze des DAW steht ein Präsident, zwei Vizepräsidenten und eine Plankommission, bestehend aus 9 Kommissionsmitgliedern. [Sie] werden von der SMAD berufen. [...] Das Deutsche Amt für Wirtschaftsplanung ist verantwortlich für die Ausarbeitung und Durchführung des Wirtschaftsplanes. Der Gesamtwirtschaftsplan wird von der SMAD geprüft und bestätigt. [...] Das Deutsche Amt für Wirtschaftsplanung hat Verordnungs- und Verfügungsrecht auf wirtschaftlichem Gebiet an die wirtschaftlichen Zentralverwaltungen, die Landes- und Provinzialverwaltungen, die Kreis- und Stadtverwaltungen und Betriebe mit Einschluß des Rechtes, Strafbestimmungen zu erlassen. [...] Das Deutsche Amt für Wirtschaftsplanung verfügt über die Verwendung der Rohstoffe, der Arbeitskräfte, der erzeugten und eingeführten Güter und Geldmittel. [...] Das Deutsche Amt für Wirtschaftsplanung hat das Recht und die Pflicht der obersten Kontrolle der Durchführung der Wirtschaftspläne und aller von ihm erlassenen Verordnungen und Verfügungen. [...] Das Statut des Deutschen Amtes für Wirtschaftsplanung bedarf der Bestätigung durch die SMAD. [...]

Strukturplan. Vorschlag für die Organisation der Deutschen Wirtschaftlichen Verwaltungen in der Sowjetischen Besatzungszone, [Anlage zu] Brief Ulbricht an Bokow und Kowal, 26. Oktober 1946. In: SAPMO-BArch, NY 4182 (Nachlaß Ulbricht), Bl. 74, 76 f.

W34: »*Es muß demokratisch aussehen.*« *Die Zusammensetzung der Deutschen Wirtschaftskommission*
26. November 1948

	SED	CDU	LDPD	NDPD	DBD	SPD[49]	parteilos
Sachsen	8	3	4	-	-	-	-
Sachsen-Anhalt	6	3	3	-	-	-	-
Thüringen	4	2	2	-	-	-	-
Mecklenburg-Vorpommern	3	2	1	-	-	-	-
Brandenburg	4	2	1	-	-	-	-
Berlin	2	1	1	-	-	1	-
Parteivertreter	3	3	3	3	3	-	-
Freie Deutsche Jugend	1	-	-	-	-	-	-
Demokratischer Frauenbund Deutschlands	1	-	-	-	-	-	-
Kulturbund	1	-	-	-	-	-	-
Konsum	1	-	-	-	-	-	-
Landwirtschaftliche Genossenschaften	1	-	-	-	-	-	-
Bisherige DWK-Mitglieder	3	1	1	-	-	-	-
Sekretariat der DWK	4	-	-	-	-	-	-
Freier Deutscher Gewerkschaftsbund	3	-	-	-	-	-	-
Vereinigung der gegenseitigen Bauernhilfe	2	-	-	-	-	-	-
DWK-Hauptverwaltungen	15	1	-	-	-	-	2
Gesamt (106)	61	18	16	3	3	1	2

Zusammenstellung durch den Verfasser. Nach: SAPMO-BArch, NY 4036 (Nachlaß Pieck), Nr. 687, Bl. 251–254.

---

[49] Als in Gesamt-Berlin vertretende Partei konnte die SPD auch einen Vertreter in die DWK entsenden.

Dokumente

W35: *Teil einer Punktkarte für den Kauf von Textilien*
1952

Punktkarte, 1952. In: Archiv des Verfassers.

W36: *Lotterielos des Nationalen Aufbauwerkes 1952*

Lotterielos des Nationalen Aufbauwerkes. In: Archiv des Verfassers. Der Verfasser dankt Andreas Kiebel für die Überlassung des Dokuments.

W37: Seite eines NS-Arbeitsbuches, weiter verwendet beim Aufbau der DDR 1952

Arbeitsbuch. In: Archiv des Verfassers. Der Verfasser dankt Andreas Kiebel für die Überlassung des Dokuments.

W38: Maßnahmen gegen die Bürokratisierung der Planwirtschaft 5. November 1956

[...] Die bisherige Praxis, die Volkswirtschaft in vielen Einzelheiten durch den Staatsplan direkt zu lenken, muß beseitigt werden. Die Minister, Leiter der zentralen Staatsorgane und Vorsitzenden der Räte der Bezirke müssen im Rahmen ihres Verantwortungsbereiches über die durch den Staat gestellten Aufgaben hinaus größere Möglichkeiten zur planmäßigen Einwirkung auf die ihnen unterstehenden Bereiche erhalten. Den Leitern der sozialistischen Betriebe müssen andererseits im System der Planung größere Möglichkeiten zu eigenverantwortlichen Entscheidungen gegeben werden. Dazu ist es u. a. notwendig, in den vom Ministerrat zu beschließenden Staatsplan nur solche volkswirtschaftlich wichtigen Aufgaben aufzunehmen, die für die proportionale Entwicklung der Wirtschaft entscheidend sind. [...] Die einzelnen zur Beschlußfassung vorgeschlagenen Maßnahmen [sind der Verzicht auf das Erteilen einer Planvorgabe in Betrieben folgender Ministerien und Staatsorgane, weil deren Produktion überwiegend selbst oder bei Reparaturen in anderen Betrieben verbraucht wird:] Min. f. Land- und Forstwirtschaft, Min. f. Post- und Fernmeldewesen, Min. f. Volksbildung, Amt für Wasserwirtschaft, Staatliche Geologische Kommission, [der Verzicht bei Betrieben] aufgrund ihres geringfügigen Anteils an der gesamten Produktion einzelner Erzeugnisse, [die bereits beschlossene] Umstellung der Planung der Industriezweige nach technischen Einheiten (Erzeugnismethode) auf die Planung nach örtlichen Einheiten (Betriebsmethode) [...], [die Erhöhung der Befugnisse örtlicher Volksvertretungen bei Planauflagen an Privatbetriebe und genossenschaftliche Handwerksbetriebe, das Beschlußrecht der Bezirkstage über Entwicklung des Handwerks, die] Beseitigung der zentralen Planung des Kommunalwesens, [das Übertragen des Entscheidungsrechts über die Entwicklung des Verkaufsstellennetzes aus dem zentralen Staatsplan auf die örtlichen Räte und den Verzicht auf die] bis 1956 durchgeführte zentrale Planung der Selbstkostensenkung aller Wirtschaftsbereiche bzw. Institutionen [...]

Begründung zum Beschluß über einige Maßnahmen zur Beseitigung der übermäßigen Zentralisierung im Zusammenhang mit der Ausarbeitung und Durchführung des Staatsplanes 1957, 5. November 1956. In: BArch, DE 1 (Staatliche Plankommission), Nr. 10810, Bl. 32–39.

W39: Ein Revisionist bekennt sich
Dezember 1959

[...] Politisch-ideologische und theoretische Auseinandersetzungen, besonders aber die gesellschaftliche Praxis, haben mich davon überzeugt, daß die Auffassungen, die ich vertrat [...], eine revisionistische Konzeption darstellten. [...] Wäre die Broschüre[50], in der meine Auffassungen niedergelegt waren, [...] im Herbst 1956 erschienen, so hätten diese Auffassungen zur ideologischen Plattform für konterrevolutionäre Kräfte und Bestrebungen [...] werden und damit die Existenz der DDR gefährden können, Kritik und entschiedene Zurückweisung der Konzeption durch die Partei haben das verhindert. In den kritischen Wochen und Monaten des Jahres 1956 habe ich somit – was ich nicht gewollt und nicht gewußt habe – den Interessen der Arbeiterklasse Schaden zugefügt. Meine damaligen Auffassungen konnten diese Rolle spielen, weil sie der Theorie und der Politik der Partei widersprachen, eine Kritik an der Politik der Partei darstellten und der Konzeption der Partei eine andere entgegenstellten. [...] Der revisionistische Charakter dieser Auffassungen kam vor allem in folgendem zum Ausdruck: [...] Ich habe die beiden Hauptfaktoren der Überlegenheit des Sozialismus über den Kapitalismus – die Initiative der Werktätigen und die planmäßige Wirtschaftsführung – als Einheit von Gegensätzen aufgefaßt, während es in Wirklichkeit darauf ankommt, die planmäßige Leitung der Produktion zum Gegenstand der Masseninitiative zu machen. [...] Ich habe eine der Lenin'schen widersprechende, von

---

50 »Zur ökonomischen Theorie und zur ökonomischen Politik in der Übergangsperiode« (zusammen mit dem gleichfalls gemaßregelten Fritz Behrens).

Lukács stammende Auffassung des Begriffes der Spontaneität vertreten, die Bedeutung des wachsenden sozialistischen Bewußtseins der Werktätigen für die planmäßige Wirtschaftsführung unterschätzt, die Wirtschaftsführung an der Spontaneität der Massen orientieren wollen und damit faktisch die führende Rolle der Partei negiert. [...] Ich habe die staatliche Leitung der Wirtschaft durch die sogenannte Selbstverwaltung der Wirtschaft ersetzen wollen und damit die wirtschaftsorganisatorische Funktion des Staates negiert. [...] Die Ablehnung der Leitung der Wirtschaft durch staatliche Organe und die Forderung nach sogenannten ökonomischen Methoden in Verbindung mit der »Selbstverwaltung der Wirtschaft« bedeutete in der Konsequenz, das Wertgesetz zum Regulator der Produktion zu machen und die Politik der Partei und des Staates dem Ablauf ökonomischer Prozesse unterzuordnen.

In der Praxis würde diese Konzeption die Hauptfaktoren der Überlegenheit des Sozialismus abschwächen, weil sie die Masseninitiative der organisierten Führung und der planmäßigen Wirtschaftsführung der wirksamen Instrumente beraubt; sie würde die politische Macht der Arbeiterklasse untergraben, weil sie das System der Diktatur des Proletariats durchlöchert; sie würde aus diesem Grunde den Gegnern des Sozialismus innerhalb und außerhalb unserer Republik ein Operationsfeld liefern. [...] Die Ursache dafür, daß ich diese Konzeption ausarbeitete und vertrat, sehe ich darin, daß ich reale Widersprüche der Übergangsperiode nicht auf ihre wirklichen Ursachen [...], sondern auf vermeintliche Fehler in der Konzeption der Partei zurückführte. Anstatt meine damaligen Meinungsverschiedenheiten mit der Politik der Partei innerhalb des Parteikollektivs zur Diskussion zu stellen und zu bereinigen, glaubte ich, die Partei zu einer öffentlichen Diskussion veranlassen zu müssen. [Es] bedurfte [...] der praktischen Mitarbeit im Parteikollektiv eines Betriebes,[51] damit ich die Richtigkeit des Weges, den wir unter der Führung der Partei gehen, und die Fehlerhaftigkeit meiner eigenen damaligen Position in vollem Umfang erkannte. [...] Nachdem ich mit Hilfe der Genossen die revisionistischen Auffassungen überwunden habe, will ich gemeinsam mit ihnen den Sozialismus in unserer Republik vollenden helfen. [...]

Erklärung [von Arne Benary], Dezember 1959.[52] In: SAPMO-BArch, DY 30/J IV 2/2 (Reinschriftenprotokolle der Politbürositzungen)/696, Bl. 111–114.

---

51 Benary wurde 1958 in einen Betrieb strafversetzt, sein Partner Behrens konnte in der Wissenschaft verbleiben, verlor jedoch seine Leitungspositionen.
52 Einen ähnlich lautenden Selbstbezichtigungsbrief mit gleichen »Argumenten«, nur in anderer Reihenfolge, verfaßte Fritz Behrens am 17. Januar 1960. Siehe Brief von Fritz Behrens. In: SAPMO-BArch, DY 30/J IV 2/2 (Reinschriftenprotokolle der Politbürositzungen)/696, Bl. 108–110.

W40: Niedrige Preise und ihre Folgen
15. November 1960

[Viele] Artikel, bei denen noch Fehlbedarf [...] besteht, hätten produziert werden können, [...] aber zu den festgesetzten Industrieabgabepreisen [ist] die Herstellung nicht möglich. [Freie] Kapazitäten [...] und Material [sind in einem Betrieb] vorrätig, um einen Teil des Fehlbedarfs [an] Eisensägen oder [bei Kohleeimern] der GHG [Haushaltswaren] abzudecken. Zum Preis von 1,89 DM für den Bügel und 3,20 DM für den Kohleeimer ist die [...] Produktion für diesen Betrieb unmöglich. Er brauchte etwa das 3-fache des festgesetzten Industrieabgabepreises. Dasselbe trifft auch für die Produktion von Fußbänken [...] zu. [Zwei Betriebe] könnten zum Preis von 4,20 DM bis 4,40 DM die Produktion aufnehmen. Der zulässige Industrieabgabepreis beträgt aber nur 3,10 DM bis 3,30 DM. [...] Ähnlich verhält es sich bei der Herstellung von Erzeugnissen, bei denen [...] infolge von Lohnerhöhungen [...] der Festpreis nicht mehr gehalten werden kann. [Eine Privatfirma] hatte vor [...] der Lohnerhöhung Kaffeetöpfe aus Porzellan hergestellt, für die ein IAP von 0,60 DM bis 0,63 DM festgelegt ist. Nach den Lohnerhöhungen kann dieser Betrieb den gleichen Artikel nur für 0,70 DM bis 0,71 DM fertigen. Dieser Preis wurde aber nicht genehmigt. Die GHG bekommen keine Kaffeetöpfe [mehr] aus diesem Betrieb. [Ein anderer Privatbetrieb] stellt Herrenhosenträger [...] her. Bei der Produktion entstehen bei den Gummibändern Abschnitte, die für Kinderhosenträger verwendet werden können, für die großer Bedarf besteht. [...] Das Zentralreferat [Preise im Bezirk Karl-Marx-Stadt erklärt], daß [nur] der gleiche Preis wie für Herrenhosenträger genehmigt werden kann, weil der »Gebrauchswert« der gleiche wäre. [...] Zu diesem EVP will der Betrieb die Träger nicht herstellen, weil er meint, daß das Betrug ist. Es wurde dem Betrieb empfohlen, anstelle Kinderhosenträgern Sockenhalter zu fertigen. [...]

Vermerk über den Einfluß der Preisorgane auf die Produktion industrieller Konsumgüter, 15. November 1960. In: BArch Berlin, DE 1 (Staatliche Plankommission), Nr. 27 905, Bl. 8–10.

W41: Carl Zeiss Jena blockt EDV-Entwicklung ab
19. Januar 1962

[...] Die Werkleitung des [VEB Carl Zeiss Jena] hat in diesem Zusammenhang den Volkswirtschaftsrat gebeten, den Betrieb von der Verantwortung für die Entwicklung von wissenschaftlichen Rechenanlagen zu entlasten. [...] Der VEB Carl Zeiss Jena will sich auch künftig an der Entwicklung der maschinellen Rechentechnik beteiligen, die eigenen Entwicklungsarbeiten aber auf Rechenanlagen konzentrieren, die für eine Komplettierung der von Zeiss zu entwickelnden Meßgeräte erforderlich sind. [...] Als Ergebnis der Erörterungen wurde festgestellt, daß die Aufgaben auf dem Gebiet der Datenverarbeitung in der DDR nur gelöst werden können, wenn nach einem zwischen allen Beteiligten abgestimmten Programm, insbesondere auch in der Arbeitsteilung zwischen der Büromaschinenindustrie und dem VEB Carl Zeiss Jena, gearbeitet wird. [...] Die Vertreter des VEB Carl Zeiss Jena [...] wiesen darauf hin, daß zur Erhaltung des eingearbeiteten Mitarbeiterstabes auf dem Gebiet der maschinellen Rechentechnik bei Zeiss möglichst rasch die Festlegung einer klaren Perspektive für die weitere Tätigkeit dieser Mitarbeiter erforderlich ist. [...]

Protokoll über die Besprechung am 19.1.1962 betr. Perspektive und Aufgabenabgrenzung auf dem Gebiet der Entwicklung datenverarbeitender Anlagen in der Deutschen Demokratischen Republik. In: Archiv des Verfassers. Das Dokument stammt aus dem zwischenzeitlich an das BArch abgegebenen Archiv des MWT. Seine Signatur im BArch lautet demnach vorläufig DF 4 (MWT), Nr. 458.

W42: Erste Schritte im Neuen Ökonomischen System
Ende 1963

1. Januar 1963: Einführung der wirtschaftlichen Rechnungsführung und Einrichtung von »Industriebankfilialen« der Deutschen Notenbank (Zentralbank der DDR) in den zentralgeleiteten VVB, zunächst als »ökonomisches Experiment« in vier VVB.

1. September 1963: Auszahlung einer Prämie (in Höhe von 5 – 10 Prozent des Erlöses) bei zusätzlichen Exporten durch die volkseigene Industrie.

1. Oktober 1963: Einführung der wirtschaftlichen Rechnungsführung in allen zentralgeleiteten VVB; Erprobung zwischenbetrieblicher Verrechnungsverfahren bei Warenlieferungen und Dienstleistungen in drei VVB.

1964: Differenzierung nach »alten« und »neuen« Preisen bei sechs VVB; Erproben der Finanzierung von Investitionen durch Kredite; Bildung von »zentralen« Rationalisierungsfonds bei den VVB sowie »differenzierten« bei den einzelnen VEB; Erprobung neuer Verträge mit neuen Preisen, Sanktionsmöglichkeiten u. a.; Vorbereitung von »ökonomischen Hebeln« im Transport- und Verkehrswesen; Erprobung der wirtschaftlichen Rechnungsführung in wissenschaftlich-technischen Instituten; Festlegung der Grundsätze der »materiellen Interessiertheit«: leistungsabhängige Regelungen zu Urlaub, Gehalt und Prämien; Bestimmung des »moralischen Verschleißes«.

1. Januar 1964: Einführung »beweglicher Preise« bei den Endverbraucherpreisen (EVP): neue Spitzenprodukte erhalten den Spitzenpreis alter Produkte, schlechtere müssen im Preis gesenkt werden; Umbewertung der Grundmittel in volkseigener Industrie und Bauwesen.

I. Quartal 1964: Preisdifferenzierung nach Güteklassifizierung in der eisen- und metallverarbeitenden Industrie (2 Prozent Preisaufschlag für Produkte höchster Qualität, 5 Prozent Abschlag für veraltete Produkte); Gewährung von Anteilen am Devisenerlös, insbesondere bei Exporten ins kapitalistische Ausland.

1. April 1964: 1. Etappe der Industriepreisreform: Angleichung von Preisen an ihren »Wert« (= Selbstkostendeckung und Sicherung eines Reineinkommens für die erweiterte Reproduktion); damit verstärkte Bedeutung des Gewinns in der Planabrechnung und Anregen eines sparsamen Verbrauchs bei Sicherung einer qualitätsorientierten Fertigung; Festlegung differenzierter Zinssätze bei kurzfristigen Krediten an VVB; Erprobung einer »Produktionsfondsabgabe« in sechs VVB sowie sechs weiteren VEB.

1. Mai 1964: Einführung von Gewinnaufschlägen bei Preisen für Ersatzteile bei einer VVB.

Ende 1964: Maßnahmen zur Senkung der Gemeinkosten.
1965: Fortsetzung der Industriepreisreform für Erzeugnisse des Maschinenbaus unter Anwenden der vollen Wirksamkeit neuer Metallurgiepreise; Durchsetzung der »beweglichen Preisbildung«; volle Durchsetzung der Kreditfinanzierung bei gleichzeitiger Einschränkung der direkten Haushaltsfinanzierung von Investitionen; durchgängige Einführung der Produktionsfondsabgabe; Erprobung der neuen Grundsätze der materiellen Interessiertheit.
1966: Durchsetzung der neuen Grundsätze der materiellen Interessiertheit.

Zusammenstellung durch den Verfasser. Nach: Übersicht der SPK über Maßnahmen zur Einführung ökonomischer Hebel, Ende 1963. In: SAPMO-BArch, NY 4182 (Nachlaß Walter Ulbricht)/969, Bl. 130–144.

W43: *Gerhard Schürer im Jahre 1970*
13. November 1970

Lieber Willi! [In Deinem Referat auf der bevorstehenden 14. ZK-Tagung solltest] Du vielmehr als bisher im Material enthaltene sogenannte »heiße Eisen« anfassen [...]. Ich will hier nur stichwortartig einige Gedanken nennen. [...] Die Entwicklung der Automatisierung ist unter den Bedingungen der DDR richtig, wenn sie konzentriert auf entscheidende Stellen und aus eigener Kraft bzw. in Gemeinschaftsarbeit mit den sozialistischen Ländern durchgeführt wird. [...] Die Formulierungen über die Automatisierung haben sich in den siebenten Himmel gesteigert. Die materielle Realisierbarkeit der Systemautomatisierung in der jetzt ausgelegten Breite ist nicht bewiesen [und] ist zu sehr auf Westimporte aufgebaut. Die Rationalisierung wird unterschätzt. [Die Aufnahme zusätzlicher Aufgaben in den Perspektivplan erfolgte] zu Lasten der Energie, der Metallurgie und anderer Bereiche [...], die heute zur entscheidenden Bremse der Weiterentwicklung der Produktion geworden sind. [Bei der Arbeit der Großforschungseinrichtungen] wird überhaupt zu viel gelobt für gute Formulierungen und zu wenig an den Ergebnissen gemessen. [...] Neue wissenschaftliche Erkenntnisse werden zu einem Zeitpunkt autoritär als einzige angesehen, ohne daß der wissenschaftliche Meinungsstreit geführt wurde. Bei Widerstand gegen eine Meinung wird oft gar nicht erst geprüft, ob es echte Probleme und Argumente gibt. [...] Das sogenannte Weltniveau und Wissen über das Weltniveau wird [...] meist aus [der] Weltliteratur entnommen. Zwischen der Literatur und der Praxis gibt es aber einen großen Abstand in der westlichen Welt. [...] Wenn wir Kennziffern mit Weltniveau als Aufgabe vorgeben, losgelöst von den materiellen Voraussetzungen der DDR, dann kommt die Frage zu irgendeinem Zeitpunkt auf uns zurück und bringt uns die Pläne durcheinander. [...] Natürlich sind die Leitungskader bei uns politisch-ideologisch und fachlich gewachsen. Es war auch richtig, zur Kombinatsbildung überzugehen. Ob das Tempo allerdings mit den realen Bedingungen im Einklang steht, möchte ich stark bezweifeln. [...] Wir werden uns bei den Problemen, die wir zu lösen haben, oft streiten müssen, aber immer mit dem Ziel, bessere Lösungen zu finden, und zwar solche, die auch real zu verwirklichen sind. [...] Es gibt [aber] zu viele Tabus, Rückversicherungen und zu wenig persönliche Verantwortung gegenüber dem eigenen Parteigewissen zu seiner eigenen Entscheidung. [...] Wir müssen [...] solche grundsätzlichen Schlußfolgerungen ziehen, weil es unmöglich so weitergehen kann, daß wir immer nach einer gewissen Periode [...] Korrekturen unserer übersteigerten Wünsche vornehmen müssen, die mit hohen Verlusten verbunden sind. [...]

Brief von Gerhard Schürer an Willi Stoph, 13. November 1970. In: STEINER 1991, S. 101–104.

W44: »Forschungsintensität« 1965 bis 1972 in den Industrieministerien 24. September 1973

Gesamtausgaben für Wissenschaft und Technik je 100 Mark Warenproduktion (zu IAP) in effektiven Preisen

	1965	1966	1967	1968	1969	1970	1971	1972
Industrieministerien insgesamt	1,77	2,00	2,18	2,29	2,34	2,99	3,22	2,98
Darunter:								
Ministerium für Kohle und Energie	0,32	0,54	0,49	0,50	0,42	0,79	0,96	0,86
Ministerium für Erzbergbau, Metallurgie und Kali	0,67	0,73	0,69	0,67	0,70	1,02	1,09	1,02
Ministerium für Chemische Industrie	1,88	2,34	2,64	2,89	3,30	3,58	3,72	3,22
Ministerium für Elektrotechnik/Elektronik	4,56	5,13	5,99	6,16	6,3	7,79	8,44	7,64
Ministerium für Schwermaschinen- und Anlagenbau	2,39	2,63	2,86	3,01	2,60	3,21	3,50	3,37
Ministerium für Verarbeitungsmaschinen- und Fahrzeugbau	2,60	2,43	2,41	2,23	2,13	3,23	3,02	3,05
Ministerium für Leichtindustrie	0,27	0,27	0,28	0,36	0,35	0,55	0,72	0,72
Ministerium für Lebensmittelindustrie[53]	0,36	0,45	0,47	0,63	0,43	0,41	1,10	0,61
Ministerium für Glas- und Keramikindustrie	1,93	2,07	2,92	3,07	2,58	3,36	3,17	4,47

Forschungsintensität in ausgewählten Staatsorganen, 24. September 1973. In: Archiv des Verfassers.

[53] Nur zentralgeleitete Industrie.

W45: Q-Produktion
4. Dezember 1975

[...] Die Analyse [von 70 Industriezweigen, die 55% der Industrieproduktion, 80% des Exports und 87% des Forschungspotentials der Industrie umfassen,] zeigt [...:] Den höchsten »Q«-Anteil haben Zweige des Werkzeugmaschinenbaues, des Verarbeitungsmaschinenbaues und des Landmaschinenbaues. Ein niedriger Anteil wird vor allem von Zulieferzweigen der chemischen Industrie, der metallverarbeitenden Industrie, der Leichtindustrie und der Glas- und Keramikindustrie erbracht. [...] Der [...] Stand im qualitativen Niveau der Haupterzeugnisse ist zwischen den Betrieben innerhalb der Zweige differenziert. [...] Der [...] Stand der Qualitätsentwicklung bei den Zuliefererzeugnissen liegt erheblich unter dem der Finalerzeugnisse. [...] Das Qualitätsniveau in den Produktionsmittelzweigen liegt im Durchschnitt höher als in den Konsumgüterzweigen. [...] Solche Gesichtspunkte wie Handhabbarkeit, Bedienbarkeit und eine ansprechende und funktionsgerechte äußere Form genießen bei der Erzeugnisentwicklung [von Konsumgütern] noch nicht immer die erforderliche Aufmerksamkeit. [...] In einigen Zweigen [ist] in den vergangenen Jahren die Qualität der Haupterzeugnisse [...] zurückgegangen. Farbfilme für den Kino-, Fernseh- und Amateurbedarf werden gegenwärtig nur noch an der unteren Grenze des internationalen Niveaus hergestellt. [...] Der Marktanteil der DDR bei Büromaschinen am Import europäischer kapitalistischer Länder ging seit 1970 auf die Hälfte zurück. Der größte Teil der seit 1971 im Industriezweig Rundfunk und Fernsehen in die Produktion überführten Erzeugnisse sind Nachentwicklungen mit einem Rückstand zum internationalen Niveau von 4–7 Jahren. Vordringlich ist [...] die rasche Erhöhung des wissenschaftlich-technischen Niveaus in solchen Zweigen, die in der Vergangenheit mit ihren Erzeugnissen Spitzenpositionen im internationalen Maßstab gehalten haben, bei denen aber jetzt der Anteil der Produktion mit dem Gütezeichen »Q« extrem niedrig ist bzw. in keinem Verhältnis zur Bedeutung dieser Zweige für die Intensivierung der Volkswirtschaft und den Export steht: VEB Fotochemisches Kombinat [Filme] (9,1%), VEB Chemische Werke Buna (0%), VEB Kombinat Zentronik [Büromaschinen] (13,8%), VEB Carl Zeiss Jena (30,6%), VVB Elektrische Konsumgüter (18,4%), VVB Rundfunk und Fernsehen (4,8%), VVB Nachrichten- und Meßtechnik (7,8%), VEB Kombinat Technisches Glas (0,8%). [...]

Information über das erreichte wissenschaftlich-technische Niveau in wichtigen Industriezweigen, bewertet an der Entwicklung der Qualität und Zuverlässigkeit ausgewählter Exporterzeugnisse, Konsumgüter und Zulieferungen, und die sich daraus ergebenden Schlußfolgerungen, 4. Dezember 1975 [gestempeltes Datum]. In: Archiv des Verfassers. Das Dokument stammt aus dem zwischenzeitlich an das BArch abgegebenen Archiv des MWT. Seine Signatur im BArch Berlin lautet vorläufig: DF 4 (MWT), Nr. 8539.

W46: Anmeldung für einen Trabant Universal, die mit dem Ende der DDR ihren Wert verlor
13. November 1979

PKW-Bestellbestätigung, 13. November 1979. Privatbesitz.

W47: Proklamierte Unbeweglichkeit in der Preispolitik
11. April 1981

[...] Es ist von besonderem Gewicht für die soziale Sicherheit der Bürger der sozialistischen DDR, daß unsere Partei auch unter den veränderten Bedingungen auf den Außenmärkten die Politik der stabilen Einzelhandelspreise für Waren des Grundbedarfs fortführte. Durch Subventionen wurden die stabilen Preise für diese Waren, die über vier Fünftel des gesamten Warenfonds ausmachen, gestützt. Westliche Massenmedien, denen unsere ganze Wirtschafts- und Sozialpolitik nicht paßt, haben an diesen Subventionen etwas auszusetzen. Dabei tun sie so, als könne nur das »freie Spiel von Angebot und Nachfrage« zu richtigen Preisen und einer gesunden Wirtschaft führen. Das ist natürlich ein Märchen. [...] Bereits seit mehr als zwei Jahrzehnten werden in der DDR die Verbraucherpreise für die Erzeugnisse des Grundbedarfs unverändert beibehalten. [...] Auch künftig werden wir die Politik stabiler Verbraucherpreise für die Waren des Grundbedarfs sowie für Mieten, Tarife und Dienstleistungen fortführen. Wie bisher werden die Preise bei neuen und hochwertigen Erzeugnissen so festgelegt, daß sie in der Regel die Kosten decken und einen normalen Ertrag gewährleisten, der für die volkswirtschaftlichen Rechnungen erforderlich ist. [...]

Bericht des Zentralkomitees der Sozialistischen Einheitspartei Deutschlands an den X. Parteitag der SED. Berichterstatter: Genosse Erich Honecker [11. April 1981]. Berlin 1981, S. 45, 81.

W48: Wartezeiten für einen PKW
31. Dezember 1987

PKW-Typ	Wartezeit in Jahren		Bezirk
Trabant Lim[ousine]	Kürzeste	12,5	Cottbus, Erfurt, Halle, Leipzig, Magdeburg, Neubrandenburg
	Längste	14	Frankfurt/Oder
Trabant Universal	Kürzeste	13,5	Halle, Magdeburg, Neubrandenburg, Schwerin
	Längste	15	Frankfurt/Oder
Wartburg Lim[ousine]	Kürzeste	14	Halle, Neubrandenburg
	Längste	16	Frankfurt/Oder, Gera
Wartburg Tourist	Kürzeste	14,5	Halle, Neubrandenburg, Schwerin
	Längste	16,5	Frankfurt/Oder, Gera
Skoda	Kürzeste	15	Halle, Neubrandenburg, Schwerin
	Längste	16,5	Frankfurt/Oder
Lada 2103/2104	Kürzeste	14,5	Halle, Neubrandenburg
	Längste	16,5	Frankfurt/Oder
Lada 2105	Kürzeste	15,5	Halle, Neubrandenburg, Rostock, Schwerin
	Längste	17	Cottbus, Dresden, Frankfurt/Oder, Potsdam
Lada 2107	Kürzeste	15,5	Halle, Schwerin
	Längste	17	Cottbus, Dresden, Frankfurt/Oder, Gera, Karl-Marx-Stadt, Potsdam
Dacia	Kürzeste	13,5	Halle
	Längste	16	Frankfurt/Oder

Lageeinschätzung [des MdI] zum spekulativen Handel mit gebrauchten PKW, 2. Januar 1988, Anlage 2: Wartezeiten bis zur Realisierung von PKW-Bestellungen (ohne Hauptstadt Berlin und Arbeiterversorgung der Wismut)[54] (nach Angaben der Bestellerhebung des VEB IFA-Vertrieb Karl-Marx-Stadt per 31.12.1987 für PKW und Anhänger). In: SAPMO-BArch, DY 30/IV 2/2039 (Büro Krenz)/269, Bl. 9–23.

W49: Stabile Preise (I): »alte« und »neue« Produkte, »alte« und »neue« Preise
8. April 1988

[...] Preisbestätigung [Beispiele für Erhöhungen des Endverbraucherpreises (EVP) für neuartige Freizeitschuhe im Vergleich zu vorherigem Angebot:] von 192,00 M alt auf 282,00 M neu, von 180,00 M alt auf 260,00 M neu, von 150,00 M alt auf 233,00 M neu. [...]

Information zur Diskussion über angebliche Preiserhöhungen im Bezirk Karl-Marx-Stadt, 8. April 1988. In: SAPMO-BArch, DY 30/IV 2/2039 (Büro Krenz)/268, Bl. 21f.

W50: Stabile Preise (II): Ängste in der Bevölkerung und hilflose Funktionäre
11. April 1988

[...] »Seit einigen Tagen häufen sich Aussagen seitens unserer Bevölkerung [im Kreis Dessau], daß es in Kürze enorme Preiserhöhungen für Schuhe und Lederwaren geben wird. [...] In diesem Zusammenhang kommt es zu Äußerungen, die unvertretbar, ja schon provokatorisch sind, z. B. Kindergelderhöhung war ein Trick, zu erwartende Rentenerhöhung 1989 sichert dann wenigstens, daß wir uns auch noch ein Paar Schuhe kaufen können. Wir wissen, daß die gültigen Verträge [...] keine Preiserhöhungen beinhalten. Wir brauchen aber für unsere politisch-ideologische Arbeit eine offizielle Aussage des Ministeriums für Finanzen [...], falls für das Ex-Sortiment ab 2. Halbjahr 1988 Veränderungen zu erwarten sind.« [...] Die [Gewerkschaftsleitung der Baustelle des KKW Stendal sowie Vertreter der Versorgungsbetriebe] informierten [...] über eine breit geführte Diskussion zu bevorstehenden Preiserhöhungen für Schuhe/Lederwaren sowie Wein, Sekt und Spirituosen. [...] Bauarbeiter aus den südlichen Bezirken [...] haben zu Ostern und für Jugendweihen in den Verkaufsstellen große Mengen Sekt und Spirituosen gekauft [...], da bei ihnen [zu Hause] das Angebot »bereits verknappt wurde«, um die Preiserhöhungen vorzubereiten. [Staats- und Gewerkschaftsfunktionäre treten dagegen auf.] Sie werden angehört, aber ihnen wird im allgemeinen entgegnet: »Ihr wißt doch auch nicht, was da oben alles beschlossen wird«. [...] Die BGL [eines Betriebes in Dresden] informierte [...] über eine durchgängig in allen Kollektiven geführte Diskussion zu bevorstehenden Preiserhöhungen für Schuhe. Sie verlaufe im allgemeinen sachlich, widerspiegele aber eine zunehmende Unsicherheit

---

54 Die Wartezeiten in Ost-Berlin betrugen nach den Angaben der »Lageeinschätzung« durchschnittlich 11–15, bei der Wismut 9–13 Jahre.

im Vertrauen zur Preispolitik in der DDR. Grundtenor: Wenn solche Schritte notwendig werden, soll man uns offen und ehrlich über Beweggründe und Umfang informieren. [...]

Information des Zentralvorstandes der Gewerkschaft Handel, Nahrung und Genuß zu Diskussionen über Preiserhöhungen bei Schuhen und Lederwaren, 11. April 1988. In: SAPMO-BArch, DY 30/IV 2/2039 (Büro Krenz)/268, Bl. 25-27.

W51: *Günter Schabowski lobt den neuen Wartburg*
17. September 1988

Ich möchte hier ein Wort für die Automobilbauer der DDR einlegen. Sie haben einen neuen Wartburg, sagen wir ruhig, ein neues Auto in Produktion genommen. Sie haben dabei in Rechnung zu stellen, daß ein völlig neuer Motor, der sich konstruktiv grundsätzlich von dem bisherigen Zweitaktmotor unterscheidet und der zugleich dem wissenschaftlich-technischen Höchststand entspricht, eingesetzt wurde.

Neu sind der Vergaser und das entsprechende Abgassystem, das Getriebe und das ganze Antriebssystem. Neugestaltet wurde das Fahrwerk. Verbessert wurde die Innenausstattung. Es wurden Maßnahmen zur Erhöhung der Lebensdauer der Karosserie getroffen. Für besonders Mißtrauische sei hinzugesetzt: Fünf Räder, eins davon als Reserve, sind im Preis inbegriffen. Der Minister hat mir das ausdrücklich bestätigt. (Diese Feststellung des Redners löste Heiterkeit im Saal aus.)

Kämpferische Position und ein fester Wille zum Erfolg. Günter Schabowski: Verantwortungsbewußtes Handeln auf dem Weg des XI. Parteitages [Ansprache Schabowskis auf der 13. Berliner Bestarbeiterkonferenz; Auszug]. In: Neues Deutschland vom 17./18. September 1988.

W52: *Herr S. aus Nelkanitz zum neuen Wartburg*
14. April 1989

Wertes Prismakollektiv! Am 08.02.1989 hatte meine Familie das Glück, nach einer Wartezeit von 15 $^1/_2$ Jahren [...] einen Wartburg 1.3 käuflich zu erwerben. Frohen Mut's ging es [...] zum Autovertrieb. Nach einer Wartezeit von 4 Stunden wurde uns ein Auto, Wartburg 1.3, vorgestellt. Mit den Worten »Das ist Ihr Fahrzeug, schauen Sie sich es an, inzwischen mache ich die Papiere fertig!« war das Problem des »Autokaufes« erledigt. Ich persönlich konnte in der Verkaufshalle keine Fehler am Fahrzeug erkennen [...] Unser Auto hatten wir nun in unserem Besitz. In dem Autovertrieb [...] befindet sich eine Autozubehörverkaufsstelle. Könnte es nicht möglich sein, daß für ein neues und teures Auto auch Schonbezüge [...] und Radkappen zum Verkauf zur Verfügung gestellt werden? [...] Sollen wir erst nach Berlin fahren? Wenn wir vom Dorf wegen jeder Kleinigkeit nach Berlin fahren sollen, reicht unser 18tägiger Jahresurlaub einfach nicht zu. [...] Auf der Heimfahrt [...] blies mir von der Seitenlüftung die Luft direkt ins Gesicht. Also verkehrte Einstellung. Durch Drehen der Belüftungsfächer wollte ich die richtige Einstellung erreichen. Beide Fächer fielen nach innen. Diesen kleinen Fehler beseitigte ich zu Hause selbst. [Nach nur wenigen Tagen Betrieb war die] Batterie [...] fast völlig leer. Nach ausgiebiger Fehlersuche bemerkte ich, daß der Ausschalter im Kofferraum verbogen und nicht unterbrochen war. Also brannte seit [...] dem Kauftag das Licht im Kofferraum. Resultat, die Batterie war vollkommen entladen. Die Ursache war, daß der Winkel an der Kofferklappe, welcher diesen Schalter betätigt, zu weit nach innen reichte. Der Winkel wurde nachgebogen und somit dieser Fehler behoben. Bei dieser Aktion stellte ich fest, daß die Arretierung der Kofferklappe [...] nur links funktionierte. Die rechte Seite rastete nicht ein. [...] Auf [einer anderen] Heimfahrt [zwei Tage später] stellte sich starker Regen ein und die Scheibenwischer sollten in Aktion treten. Aber [kein] Scheibenwischer bewegte sich. Nach Abstellen des Motors hörte ich, daß sich der Scheibenwischermotor drehte, aber die Scheibenwischerarme bewegten sich nicht. Die Ursache war, daß sich die Mutter von der Scheibenwischerwelle gelöst hatte, und das Gestänge baumelte lustig herum. Auch dieser Fehler wurde von mir beseitigt [...]

Nach einer größeren Fahrt [...] stellte ich fest, daß das Getriebe eigenartige Geräusche von sich gab. Dieses erwog mich, meine Vertragswerkstatt [...] aufzusuchen und das Fahrzeug einer genauen Kontrolle zu unterziehen. [Die Werkstatt hat] sofort eine Garantiemeldung an das Autowerk Eisenach eingeleitet. Am 12.4.1989 war nun der Termin, an dem ein Vertreter vom AWE Eisenach [...] kam. Unser Fahrzeug war leider nicht das einzige, welches größere Fehler aufzuweisen hatte, es waren 5 oder 6 Stück [...] Nach einer genauen Einsicht durch den Vertreter vom Autowerk Eisenach, Koll. K., zu meinen Aufzeichnungen und einer Probefahrt zur Feststellung der Mängel kam es zu einer unschönen Aussprache. Zu dem Problem »Getriebe« gab es keine Einwände. Es soll ein neues eingebaut werden, auch die Türen (sie klemmen) [sollen] neu eingestellt werden. Alles andere, so sagte Koll. K., seien keine Garantiefälle. Auch die Antriebe weisen Mängel auf. Man sagte mir, daß dieses konstruktionsbedingt sei, was ich auch verstand. Es ist und bleibt aber ein Konstruktionsfehler! [...] Aber was soll denn alle Pflege, wenn schon nach 6–8 Wochen aus allen Falzen des Wartburgs 1.3 der Rost austritt. Nach meinen Bemerkungen, daß ich und meine Familie für gutes Geld, durch unser Hände Arbeit auch gute Ware verlangen kann, bekam ich zur Antwort, daß dieses nicht sein Problem sei und ich dieses Auto ja nicht kaufen brauchte. Auch er sei bereit, mir für den Wartburg 1.3 30 200,00 Mark zu bezahlen und das Auto wäre sein eigen! [...] Muß man sich so eine Frechheit gefallen lassen? [...] Können wir uns so etwas, besonders jetzt in der Vorzeit der Kommunalwahlen am 7. Mai 1989[55] leisten? [...]

Mit freundlichem Gruß,
Anton S.

Brief Anton S. an Redaktion »Prisma« des Fernsehens der DDR, 14. April 1989. In: Stiftung Deutsches Rundfunkarchiv, Historisches Archiv, Zeitzeugensammlung, ohne Signatur, ohne Paginierung. Der Verfasser dankt Ina Merkel für den Hinweis auf das Dokument.

---

55 »Klassische« Androhung, den Wahlen fernzubleiben.

W53: DDR-Staatshaushalt wie immer ohne Defizit
9. Mai 1989

[...] Die Einnahmen des Staatshaushaltes wurden [...] mit 268,3 Mrd. Mark erfüllt. [...] Die Ausgaben des Staatshaushaltes waren in Höhe von 273,5 Mrd. Mark erforderlich [...]. Insgesamt konnte [...] der Staatshaushalt 1988 nicht ausgeglichen werden und weist ein Defizit von 5,4 Mrd. Mark aus. [...] Es wird vorgeschlagen, die Haushaltsrechnung für das Jahr 1988 der Volkskammer nicht mit einem solchen Defizit vorzulegen, sondern mit ausgeglichenen Einnahmen und Ausgaben. Dazu werden folgende Vorschläge zur Entscheidung vorgelegt: [...] Die mit dem Plan 1988 festgelegte Tilgung von Grundmittelkrediten für produktive Investitionen in Höhe von 4,0 Mrd. Mark gegenüber der Staatsbank ist nicht vorzunehmen. In den internen Bilanzen ist dieser Betrag als Verpflichtung des Staatshaushaltes zur Tilgung in den folgenden Jahren auszuweisen. Damit erhöhen sich die Verpflichtungen des Staatshaushaltes gegenüber dem Kreditsystem auf insgesamt 121 Mrd. Mark. [...] Die den Bezirken und Kreisen gewährten Liquiditätshilfen in Höhe von 1,4 Mrd. Mark sind zu Lasten des zentralen Haushalts in das Jahr 1989 zu verlagern. [...] Bei Zustimmung zu den Vorschlägen würde ein ausgeglichener Staatshaushalt erreicht und an die Volkskammer zur Beschlußfassung wie folgt eingereicht werden:[56]

– in Mio. Mark	Plan 1988	Ist 1988	Erfüllung in %
Einnahmen	266 809,4	269 699,1	101,1
Ausgaben	264 634,4[57]	269 465,7	101,1
Überschuß [...]	175,0	233,4	-

Information [des DDR-Finanzministeriums an das SED-Politbüro] über die endgültigen Ergebnisse der Abrechnung des Staatshaushaltsplanes 1988, 9. Mai 1988.[58] In: SAPMO-BArch, DY 30/J IV 2/2 (Politbüro)/2328, o. Bl.

56 Die Volkskammer erhielt eine ausführliche Abrechnung des Staatshaushaltes auf der Basis der frisierten Zahlen, aus der dennoch in der Gegenüberstellung von Plan- und Ist-Zahlen die differenzierte Erfüllung des Staatshaushaltsplanes 1988 ersichtlich werden konnte. Die offizielle Veröffentlichung der Daten für die Bürger ließ letzteren Rückschluß nicht mehr zu.
57 Hier handelt es sich vermutlich um einen Tippfehler. Die korrekte Summe müßte 266 634,4 Millionen Mark lauten, da nur so der im »üblichen Rahmen« liegende Überschuß von 175 Millionen Mark (laut Dokument wären es 2 175 Millionen Mark) und die Erfüllungsquote von 101,1 Prozent (die Nachrechnung der angegebenen Werte ergäbe eigentlich 101,8 Prozent) als Rechenergebnisse herauskämen. Die Fälschung der Staatshaushaltsabrechnung zeugt damit zudem von großer Nachlässigkeit.
58 Zusammen mit der endgültigen Abrechnung des Staatshaushaltsplanes 1988 billigte das Politbüro in gleicher Sitzung die diesbezügliche Rede des DDR-Finanzministers, in der die Ausgeglichenheit der Etats als wesentlicher Unterschied zwischen der Haushaltsführung in staatssozialistischen Ländern gegenüber der in kapitalistischen Ländern hervorgehoben wurde.

W54: Offenbarungen führender Wirtschaftsfunktionäre der DDR
27. Oktober 1989

[...] Infolge der Konzentration der Mittel [auf den Wohnungsneubau] wurden [...] dringendste Reparaturmaßnahmen nicht durchgeführt und in solchen Städten wie Leipzig, und besonders in Mittelstädten wie Görlitz u. a. gibt es Tausende von Wohnungen, die nicht mehr bewohnbar sind. [...] Die Feststellung, daß wir über ein funktionierendes System der Leitung und Planung verfügen, hält einer strengen Prüfung nicht stand. [Es] entwickelte sich ein übermäßiger Planungs- und Verwaltungsaufwand. Die Selbständigkeit der Kombinate und wirtschaftlichen Einheiten sowie der Territorien wurde eingeschränkt. [...] Die vorgegebene Strategie, daß die Kombinate alles selbst machen sollten, führte zu bedeutenden Effektivitätsverlusten [...] Dadurch trat u. a. eine Tendenz der Kostenerhöhung ein, wodurch die internationale Wettbewerbsfähigkeit abnahm. Das bestehende System der Leitung und Planung hat sich hinsichtlich der notwendigen Entwicklung der Produktion der »1 000 kleinen Dinge« sowie der effektiven Leitung und Planung der Klein- und Mittelbetriebe [...] nicht bewährt, da ökonomische und Preis-Markt-Regelungen ausblieben. [...] Im [...] Vergleich der Arbeitsproduktivität liegt die DDR gegenwärtig um 40 % hinter der BRD zurück. [...] Die Verschuldung im nichtsozialistischen Wirtschaftsgebiet ist seit [1971] auf eine Höhe gestiegen, die die Zahlungsfähigkeit der DDR in Frage stellt. [...] Die Konzentration der ohnehin zu geringen Investitionen auf ausgewählte Zweige hat zum Zurückbleiben in anderen Bereichen, darunter der Zulieferindustrie, geführt. Dazu kommt, daß große Investitionsobjekte mit bedeutendem Aufwand nicht den geplanten Nutzen erbracht haben. [Der] Verschleißgrad der Ausrüstungen in der Industrie hat sich von 47,1 % 1975 auf 53,8 % 1988 erhöht, im Bauwesen von 49 % auf 67 %, im Verkehrswesen von 48,4 % auf 52,1 % und in der Land-, Forst- und Nahrungsgüterwirtschaft von 50,2 % auf 61,3 %. In bestimmten Bereichen der Volkswirtschaft sind die Ausrüstungen so verschlissen, woraus sich ein überhöhter und ökonomisch uneffektiver Instandhaltungs- und Reparaturbedarf ergibt. [...] Der Rückgang der produktiven Akkumulation ist Hauptursache für das Abschwächen des Wachstumstempos der Produktion und des Nationaleinkommens. [...] Im Zeitraum seit [1971] wuchs insgesamt der Verbrauch schneller als die eigenen Leistungen. [Die Verschuldung im NSW erhöhte] sich von 2 Mrd. VM 1970 auf 49 Mrd. VM 1989 [Die] Sozialpolitik seit [1971 basierte] nicht in vollem Umfang auf eigenen Leistungen [und führte] zu einer wachsenden Verschuldung im NSW [...] Hinzu kommt, daß das [höhere Wachstumstempo bei den] Geldeinnahmen der Bevölkerung [gegenüber dem] des Warenfonds zur Versorgung der Bevölkerung zu einem beträchtlichen Kaufkraftüberhang [führte]. [...] Die Spareinlagen einschließlich Versicherungssparen erhöhten sich von 136 Mrd. M 1985 auf 175 Mrd. M Ende 1989. [...] Das Wachsen der Spareinlagen ist einerseits Ausdruck [...] des Wunsches, mit wachsendem Lebensstandard über persönliche Reserven zu verfügen, hängt aber andererseits zum Teil mit nicht realisierbaren Kaufwünschen, besonders nach langlebigen und hochwertigen Konsumgütern, zusammen [...] Die Verbindlichkeiten des Staatshaushaltes gegenüber dem [inländischen] Kreditsystem entwickelten sich aufgrund der höheren Ausgaben gegenüber den erreichten Einnahmen von rd. 12 Mrd. M 1970 auf [...] 123 Mrd. M 1988. In den Jahren 1989 und 1990 können die höheren Ausgaben des Staatshaushaltes gegenüber den Einnahmen nur durch zusätzliche Kreditaufnahme in Höhe von 20 Mrd. M erreicht werden, so daß die Gesamtverschuldung 1990 insgesamt 140 Mrd. M beträgt. [...] Die ungenügende Erhöhung der Effektivität im volkswirtschaftlichen Reproduktionsprozeß, die Angleichung der Industrieabgabepreise an den im internationalen Vergleich zu hohen Aufwand sowie die wachsende Verschuldung des Staatshaushaltes hat zu einer Schwächung der Währung der DDR geführt. [...]

[In] den Jahren 1971–1980 wurden [Waren im Werte von] 21 Mrd VM mehr [aus dem NSW] importiert als [dorthin DDR-Waren] exportiert. [Die daher notwendige Kreditaufnahme und die erforderlichen Zinszahlungen] sind die Hauptursache des heutigen außergewöhnlich hohen Schuldenberges. [...] Exportüberschüsse [in den Jahren 1981–1986] ermöglichten es, den [Schuldensaldo in diesen Jahren] etwa auf gleichem Niveau in Höhe von 28 Mrd VM zu halten. [Eine] grundlegende Änderung der ökonomischen Situation in der DDR [trat ein, als die] Exportziele des Fünfjahrplanes 1986–1989 [...] aufgrund der fehlenden Leistung und ungenügenden Effektivität mit 14 Mrd. VM unterschritten und der Import mit rd. 15 Mrd. VM [darunter 6,9 Mrd. VM für Importe zur Leistungssteigerung in der metallverarbeitenden Industrie und der Mikroelektronik] überschritten [wurden. Anstelle] des geplanten [NSW-] Exportüberschusses von 23,1 Mrd. VM [trat] ein Importüberschuß im Zeitraum 1986–1989 von 6 Mrd. VM [ein. Der deswegen eingetretene Anstieg des Schuldensockels] entspricht damit etwa dem 4-fachen des Exports des Jahres 1989. [...] Die DDR hat, bezogen auf den NSW-Export, 1989 eine Schuldendienstrate von 150%. Die Lage in der Zahlungsbilanz wird sich [...] 1990 weiter verschärfen. [Zur] Aufrechterhaltung der Zahlungsfähigkeit [der DDR in den folgenden Jahren müßten hohe] Exportüberschüsse erreicht werden [...]

1. [...] Es ist eine grundsätzliche Änderung der Wirtschaftspolitik der DDR verbunden mit einer Wirtschaftsreform erforderlich. Aufgaben sind: [...] Das vorhandene Leistungsvermögen [der DDR] ist umfassend auszuschöpfen durch konsequente Stärkung der produktiven Akkumulation vorrangig in Zweigen, die zur Erreichung eines wachsenden NSW-Exportüberschusses einen maximalen Beitrag zur Sicherung der Liquidität zu leisten haben, zu Lasten der Investitionen in den nichtproduzierenden Bereichen [...] Die vorhandenen Kräfte und Ressourcen sind auf die Lösung der Zulieferprobleme [...], auf den Export zur Sicherung der Rohstofflieferungen aus der UdSSR, [...] einen wachsenden NSW-Export sowie die Lösung der Versorgungsaufgaben der Bevölkerung zu konzentrieren. [...] Es ist eine Umstrukturierung des Arbeitskräftepotentials erforderlich, [...] d. h. [ein] drastischer Abbau von Verwaltungs- und Bürokräften sowie hauptamtlich Tätiger in gesellschaftlichen Organisationen und Einrichtungen. [Die] Erhöhung der Einnahmen [der Bevölkerung ist] an höhere Leistungen zu binden. Das erfordert zugleich für nicht gebrachte Leistungen, Schluderei und selbstverschuldete Verluste Abzüge vom Lohn und Einkommen. [...] Die Investitionen sind für die Erhaltung, Modernisierung und Rationalisierung einzusetzen. [Es] müssen grundlegende Veränderungen in der Preis- und Subventionspolitik erfolgen [...] Es sind weitere [...] kaufkraftbindende Maßnahmen erforderlich [...:] Produktion hochwertiger Konsumgüter [...], durch Entwicklung von Dienstleistungen und Gewer-

be bzw. Bildung von Sachvermögen, durch [...] Eigenheimbau und [...] Kauf von Etagenwohnungen [...]
2. Durchführung einer Wirtschaftsreform. [Dazu gehört:] Abschaffung der zentralen Planung und Abrechnung der Tagesmeldungen sowie der zentralen Dekaden- und Monatsplanung. [...] Die Bilanzierung der Erzeugnissortimente ist den Kombinaten als Hauptproduzenten zu übertragen. [Erhöhung der Eigenverantwortlichkeit] der Kombinate und Betriebe für [die] Plandurchführung [Überprüfung der Zugehörigkeit kleiner und mittlerer Betriebe zu Kombinaten]. Im Rahmen der auszuarbeitenden Grundsätze für die Eigenerwirtschaftung der Mittel durch [die Unternehmen sind] Initiativen zur zusätzlichen Valutaerwirtschaftung materiell [durch Beteiligung der Betriebe an den Valutaeinnahmen] zu stimulieren. [...] Die Rolle des Geldes [...] ist wesentlich zu erhöhen. [...] Der Wahrheitsgehalt der Statistik und Information ist auf allen Gebieten zu gewährleisten.

Insgesamt geht es um die Entwicklung einer an den Marktbedingungen orientierten Planwirtschaft [...] Es ist eine neue Stufe der Zusammenarbeit mit der UdSSR zu verwirklichen, [wobei] Produktion und Lieferungen [...] von dem mit der Umgestaltung sich wesentlich ändernden Investitionsbedarf der UdSSR ausgehen [müssen]. [...] Auch wenn alle diese Maßnahmen [...] durchgeführt werden, ist der [...] für die Zahlungsfähigkeit der DDR erforderliche NSW-Exportüberschuß nicht sicherbar. [...]

Allein das Stoppen der Verschuldung würde im Jahre 1990 eine Senkung des Lebensstandards um 25–30 % erfordern und die DDR unregierbar machen. [...] Aus diesem Grunde wird [...] vorgeschlagen: [...] ein konstruktives Konzept der Zusammenarbeit mit der BRD und mit anderen kapitalistischen Ländern [...] auszuarbeiten [Übernahme von Lizenzen und weiteren Gestattungsproduktionen, aus der künftigen Produktion refinanzierte Modernisierung kleiner und mittlerer Betriebe sowie Aufbau einiger großer Objekte, Ausbau der touristischen Infrastruktur.]

Alle genannten Maßnahmen müssen bereits 1992 zu höheren Valutaeinnahmen für die Sicherung der Liquidität des Staates führen. [Trotzdem] ist es [...] unerläßlich, zum gegebenen Zeitpunkt mit der Regierung der BRD über Finanzkredite in Höhe von 2–3 Mrd. VM [...] zu verhandeln [und dafür gegebenenfalls] die Transitpauschale der Jahre 1996–1999 als Sicherheit einzusetzen. [...] Mit diesen [...] Vorschlägen läßt sich die DDR als Land des Sozialismus, als Mitglied des Warschauer Paktes und des [RGW] leiten [...]. Dabei schließt die DDR jede Idee von Wiedervereinigung mit der BRD oder der Schaffung einer Konföderation aus. [Es ist der BRD] zu erklären, daß durch diese [...] Maßnahmen [...] noch in diesem Jahrhundert solche Bedingungen geschaffen werden könnten, [die] die heute existierende Form der Grenze zwischen beiden deutschen Staaten überflüssig [...] machen. [...] Als Zeichen der Hoffnung und der Perspektive ist die DDR bereit, 1995 zu prüfen, ob sich die Hauptstadt der DDR und Berlin (West) um die gemeinsame Durchführung der Olympischen Spiele im Jahre 2004 bewerben sollten.

Analyse [von Gerhard Schürer, Gerhard Beil, Alexander Schalck-Golodkowski, Ernst Höfner und Arno Donda] der ökonomischen Lage der DDR mit Schlußfolgerungen [vom 27. Oktober 1989]. In: BERICHT 1994, S. 54–74.

W55: Stabile Preise (III): Unausweichliche Vorschläge für den politischen Selbstmord
2. November 1989

1. Abbau der Subventionen für Waren und Dienstleistungen des Grundbedarfs, jedoch nicht für Wohnungsmieten, um insgesamt 49,8 Milliarden Mark (= 97,6 Prozent der 1989 dafür aufgewendeten Mittel des DDR-Staatshaushaltes) bei Ausgleich durch gleichzeitige Erhöhung von Renten, Stipendien, des Kindergeldes und der Löhne und Gehälter sowie durch Preissenkungen für Industriewaren. Kein Ausgleich der Preiserhöhungen für alkoholische Getränke. Erhöhungen der Preise und Tarife für:
Kinderbekleidung, Kinderschuhe und Spielwaren (um 90 %); Elektroenergie und Gas (120 %); feste Brennstoffe (200 %); Trinkwasser (300 %); Schuhe für Erwachsene (30 %); Handschuhe und Lederwaren (20 %); Arbeits- und Berufsbekleidung (50 bis 240 %); Haushaltswäsche (10 %); Nahrungsmittel (im Durchschnitt 80 %); Gaststättenpreise (im Durchschnitt 25 %); Baustoffe (40 %, darunter Zement 100 %); Kleinbedarfsartikel (»1000 kleine Dinge«: 20 bis 200 %); Spirituosen (30 %); Wein (20 %) und Sekt (30 %).
2. Preissenkungen für insgesamt 3,26 Milliarden Mark bei Industriewaren durch Verringern der »produktgebundenen Abgabe« (staatlich verordneter Preisaufschlag) und effizienteres Herstellen: Damenstrumpfhosen (um 40 %); Obertrikotagen (30 %); Tülle und Gardinen (40 %); Oberbekleidung für Damen und Herren (20 %); Textiler Fußbodenbelag (30 %); Haushaltsporzellan, Farbfernsehgeräte, Kühl- und Gefrierschränke (je 10 %); Kosmetika (20 %); Waschmittel (25 %); Zahnpasta (10 %).

Zusammenstellung durch den Verfasser. Nach: Vorlage [des Leiters des Amtes für Preise, Walter Halbritter] für das Politbüro des Zentralkomitees der SED »Vorschläge auf dem Gebiet der Verbraucherpreise und der Subventionspolitik unter den Bedingungen einer ausgewogenen Einheit von Wirtschafts- und Sozialpolitik in den neunziger Jahren, 2. November 1989«. In: SAPMO-BArch, DY 30/IV 2/2039/325, Bl. 223–231.

3. Fünf Etappen der Wirtschaftsentwicklung

W56: *Anteile der Bereiche an den Investitionen in der DDR-Volkswirtschaft (in vH, auf Basis fester DDR-Preise von 1985) 1949 bis 1989*

Periode	Industrie	Landwirtschaft und Forsten	Verkehr	Sonstige produzierende Bereiche	Nichtproduzierende Bereiche Gesamt (Wohnbau)
1945 bis 1953: Reparationen und Demontagen	43,2	12,0	13,0	4,0	27,8 (12,0)[59]
1954 bis 1961: Zwischen »Neuem Kurs« und Mauerbau	44,6	12,8	11,1	5,7	25,8 (16,3)[60]
1962 bis 1970: Konsolidierung, Reformansatz und Ulbrichtsturz	48,2	14,3	8,6	9,5	19,4 (9,7)
1971 bis 1981: Sozialpolitik und Industrieentwicklung	49,9	11,7	6,9	8,5	21,5 (10,3)
1982 bis 1989: Niedergang und Lethargie	55,9	8,5	7,0	7,0	21,4 (12,6)

Zusammenstellung und Berechnung durch den Verfasser. Nach: BAAR et al. 1995, S. 68 f.

W57: *Umstellung einer Pension auf eine DDR-Rente*
16. Januar 1950

Ihre bisherige Rente erhöht sich vom 1.11.49 ab wegen Neuberechnung um monatlich 22,30 DM. Die P.-Alters-Rente beträgt deshalb vom 1.11.49 ab jährlich 1791,60 DM, das sind monatlich 149,30 DM. Sie setzt sich wie folgt zusammen:
Grundbetrag   360,00 DM
Steigerungsbetrag 1 430,58 DM
Kinderzuschlag   [0] DM
Insgesamt aufger. 1 791,60 DM
[Stempel:] Rentenerhöhung ab 1.9.50 monatl. 10,00 DM

---

59 Anteil in den Jahren 1949 und 1950.
60 Anteil im Zeitraum 1954 bis 1961.

Den nachzuzahlenden Betrag erhalten Sie von der Sozialversicherungskasse ihres Wohnortes. [Stempel:] Ehegattenzuschlag ab 1.9.50 monatl. 10,00 DM

Bescheid der Sozialversicherungsanstalt des Landes Brandenburg zum Antrag von Richard Linke auf Umstellung seiner Pension,[61] 16. Januar 1950 (Auszug). In: Archiv des Verfassers.

W58: *Warenbegleitscheine für Lieferungen zwischen der DDR und Berlin*
21. April 1950

Im Interesse der weiteren Verbesserung der Lebenslage unserer Bevölkerung ist es notwendig, den [innerdeutschen] Handel gegen jeden zersetzenden Einfluß zu sichern. Feinde unserer demokratischen Wirtschaft versuchen, den innerdeutschen Handel und dadurch unseren Wirtschaftsaufbau zu stören. Von derartigen Elementen wird die politische Lage Berlins ausgenutzt, um besonders von hier aus den Aufbau unserer Wirtschaft zu erschweren. [...] Deshalb hat die Provisorische Volkskammer dieses Gesetz beschlossen:

§ 1 [...] Für den Warenverkehr zwischen den Gebieten der [DDR] und den Westsektoren von Groß-Berlin finden die Bestimmungen über den innerdeutschen Handel entsprechende Anwendung. [...] Das Ministerium für innerdeutschen Handel, Außenhandel und Materialversorgung stellt die erforderlichen Warenbegleitscheine aus. [...] Waren, die ohne Einhaltung dieser Bestimmung befördert wurden, sowie die zu ihrer Beförderung benutzten Transportmittel sind durch das Amt für Kontrolle des Warenverkehrs entschädigungslos zugunsten der [DDR] einzuziehen. [...]

§ 2 [...] Wer es unternimmt, Transporte von Waren entgegen den Bestimmungen des § 1 [...] durchzuführen, wird mit Gefängnis nicht unter drei Jahren bestraft. [...] In besonders schweren Fällen[62] ist die Strafe Zuchthaus nicht unter fünf Jahren und Vermögenseinziehung. [...]

§ 3 Der Warenversand auf dem Postwege zwischen der [DDR] und den Westsektoren Groß-Berlins unterliegt der Kontrolle durch die Postverwaltung.

§ 4 Ab 1. Mai 1950 müssen für den Transport von Waren aus dem Gebiet der [DDR] nach dem Ostsektor Großberlins für [gesondert festgelegte Warengruppen] Warenbegleitscheine mitgeführt werden. [...]

§ 6 [...] Wer im Zusammenhang mit seiner Berufsausübung davon Kenntnis erhält, daß Waren entgegen den gesetzlichen Bestimmungen in den Verkehr gebracht oder befördert werden sollen, ist verpflichtet, dies unverzüglich einer Dienststelle des Amtes für Kontrolle des Warenverkehrs oder der Volkspolizei persönlich an-

---

61 Richard Linke hatte bis zum 31. April 1945 eine monatliche Pension als Oberschullehrer a. D. von insgesamt 393,25 RM bezogen.
62 Schwere Fälle lagen vor, wenn dafür besondere Warenlager unterhalten wurden, Unterlagen gefälscht oder mißbraucht oder Kontrollpunkte für den Transport bewußt umgangen worden waren.

zuzeigen. [...] Mit Gefängnis oder Geldstrafe wird bestraft, wer [...] eine Anzeige unterläßt, zu der er nach Absatz 1 verpflichtet war. [...]

Gesetz zum Schutze des innerdeutschen Handels [vom 21. April 1950]. In: POLITIK 1955, S. 347–351.

W59: *Propagandistische Einführung einer Putzanleitung* 1953

[...] Lieber Bewohner der Stalinallee! Durch die großartigen Leistungen der Bauschaffenden Berlins, und gestützt auf die patriotische Hilfe der Bevölkerung der DDR, die alle Kräfte für die Verwirklichung des Nationalen Aufbauprogramms Berlin 1952, dieser gewaltigen Tat für den Frieden, einsetzen, wurde es möglich, die Bauten der Stalinallee termingerecht bezugsfertig herzustellen. Im Namen aller am Bau der herrlichen Wohnblöcke beteiligten, haben wir nun eine Bitte an Dich. Wir setzen Dein Verständnis voraus, daß z. B. die Ölanstriche in den Küchen und in den Treppenhäusern noch nicht in diesem Jahre vorgenommen werden konnten, da das Mauerwerk noch eine gewisse Feuchtigkeit besitzt, die eine bestimmte Zeit der Austrocknung bedarf. Ein vorzeitiger Ölanstrich würde durch noch innewohnende Feuchtigkeit zerstört werden und einen volkswirtschaftlich nicht zu vertretenden Schaden herbeiführen. Wir wollen aber in der Entwicklung unserer Bauwirtschaft nicht stehen bleiben [...] In Bauarbeiterkonferenzen [...] wollen wir alle Anregungen auswerten [...] Hier kann Deine Meinung als Bewohner der Stalinallee in vielfacher Hinsicht große Bedeutung haben. Wir bitten Dich deshalb, uns schonungslos alle Mängel, aber auch besondere Vorteile, die sich aus der Erfahrung des Bewohnens aufzeigen, mitzuteilen und uns somit [...] zu helfen, den weiteren Aufbau der deutschen Hauptstadt Berlin noch besser zu gestalten.

Hinweis [...]

Die zur Verwendung gekommenen Badewannen sind aus Gußeisen [...] Die Reinigung derselben wird am besten mittels eines gewöhnlichen Waschmittels vorgenommen. [...]

Da Baderäume gewöhnlich gesättigte feuchte Luft enthalten, wird empfohlen, zur Pflege der Klosettsitze die Scharniere derselben des öfteren mit einem Tropfen Öl zu versehen, um ein Festrosten zu verhindern. [...] Die vernickelten Armaturen [des Handwaschbeckens und des Stufenausgußbeckens in den Küchen] sind nur mit einem Wollappen abzureiben; auf keinen Fall dafür [...] Putzmittel verwenden. [...] Regelmäßige Pflege aller Installationsgegenstände hilft die Lebensdauer derselben verlängern. [...]

Merkblatt Nationales Komitee für den Wiederaufbau der Hauptstadt Deutschlands, Sekretariat, an Bewohner der Stalinallee, 1953 [Datum der Druckgenehmigung]. In: Archiv des Verfassers. Der Verfasser dankt Andreas Kiebel für die Überlassung des Dokumentes.

W60: Verordneter Entzug der Lebensmittelkarten
9. April 1953

Aus der Verordnung über die Neuregelung der Lebensmittelkartenversorgung in der [DDR]
[...] § 1 An alle in der [DDR] und im demokratischen Sektor von Groß-Berlin[63] wohnenden Personen, die in Westberlin beschäftigt sind oder dort eine selbständige Existenz haben, und ihre Angehörigen, mit Ausnahme der Kinder unter 15 Jahren werden [ab 1. Mai 1953] keine Lebensmittelkarten ausgegeben. [...]

Aus der Verordnung über die Ausgabe von Lebensmittelkarten in der [DDR]
Da die Möglichkeit besteht, Waren frei zu kaufen, hält es der Ministerrat für angebracht, den Kreis der Kartenempfänger einzuschränken. Es wird deshalb verordnet:
§ 1 Lebensmittelkarten werden [ab 1. Mai 1953] nicht ausgegeben an [...] Besitzer, Mitbesitzer, Aktionäre oder Pächter privater Industriebetriebe, [...] Besitzer, Mitbesitzer oder Pächter von Handwerksbetrieben mit mehr als fünf Beschäftigten, [...] freiberuflich tätige Rechtsanwälte, [...] private Großhändler, [...] freiberuflich tätige Helfer in Steuersachen und Bücherrevisoren, [...] Haus- und Grundstücksmakler, [...] Hausbesitzer [von Miethäusern], [...] Besitzer und Pächter von Kaffees und sonstigen Schanklokalen, [...] Einzelhändler [...], [...] Handelsvertreter und Handlungsreisende von privaten Betrieben, [...] Besitzer von devastierten landwirtschaftlichen Betrieben sowie deren Angehörige. Kinder unter 15 Jahren dieses Personenkreises fallen nicht unter diese Verordnung [...]

Verordnung über die Neuregelung der Lebensmittelkartenversorgung in der Deutschen Demokratischen Republik und im demokratischen Sektor von Großberlin [und] Verordnung über die Ausgabe von Lebensmittelkarten in der Deutschen Demokratischen Republik und im demokratischen Sektor von Großberlin, 9. April 1953. In: GBl. I, Nr. 48 vom 14. April 1953, S. 543.

W61: Der Ministerrat beschließt eine Normerhöhung
28. Mai 1953

[...] Die Regierung der [DDR] begrüßt die Initiative der Arbeiter zur Erhöhung der Arbeitsnormen. [...] Die Regierung der [DDR] kommt gleichzeitig dem Wunsche der Arbeiter, die Normen generell zu überprüfen und zu erhöhen, nach. Diese generelle Erhöhung der Arbeitsnormen ist ein wichtiger Schritt zur Schaffung der Grundlagen des Sozialismus. Die Regierung der [DDR] hält es dazu für erforderlich, daß die Minister, Staatssekretäre sowie Werkleiter alle erforderlichen Maßnahmen zur Überprüfung der Arbeitsnormen durchführen. Das Ziel dieser Maßnahmen ist, [...] zunächst

---

63 Gemeint ist der Ostteil Berlins.

eine Erhöhung der für die Produktion entscheidenden Arbeitsnormen im Durchschnitt um mindestens 10 % bis zum 30. Juni 1953 sicherzustellen [...]

Beschluß des Ministerrates, 28. Mai 1953. In: GBl. I, Nr. 72 vom 2. Juni 1953, S. 781.

W62: Die Zeitung der Gewerkschaft gibt das »Streiksignal«
16. Juni 1953

[Die Beschlüsse der 13. Tagung des SED-Zentralkomitees vom 13. und 14. Mai 1953 und des Ministerrates vom 28. Mai 1953] legen fest, daß die Normen in unseren volkseigenen Betrieben generell überprüft und entsprechend den Möglichkeiten um durchschnittlich mindestens 10 Prozent bis zum 30. Juni 1953 erhöht werden. [...] In vielen Betrieben haben die Betriebsleitungen und die Betriebs-Gewerkschaftsleitungen gewissenhaft nach diesem Beschluß [des Ministerrates] gehandelt. Es gibt jedoch nicht wenige Betriebe, die den Beschluß des Ministerrates nicht durchführen oder verletzen. [...] Im Zusammenhang mit der Veröffentlichung des Kommuniqués des Politbüros und des Ministerrates vom 9. bzw. 11. Juni 1953[64] wird in einigen Fällen die Frage gestellt, inwieweit die Beschlüsse über die Erhöhung der Arbeitsnormen noch richtig sind und aufrecht erhalten bleiben. Jawohl, die Beschlüsse über die Erhöhung der Normen sind in vollem Umfang richtig. [...][65]

Lehmann, Otto: Zu einigen schädlichen Erscheinungen bei der Erhöhung der Arbeitsnormen. In: Tribüne vom 16. Juni 1953.

W63: Prinzipien der Standortverteilung der Investitionen
20. Oktober 1958

[...]
1. Die Verteilung unserer Industrie zeigt eine äußerst einseitige Zusammenballung auf die mitteldeutschen Gebiete. Dort sind nahezu $9/10$ der insgesamt in der Industrie Beschäftigten konzentriert. Diese Zusammenballung ist mit bedeutenden ökonomischen und politischen Schwierigkeiten in den überlasteten Gebieten, aber auch mit einer teilweisen Stagnation der unterentwickelten Gebiete verbunden. Die Lenkung der Standortverteilung der Investitionen [...] muß darauf gerichtet sein, [...] eine weitere Verschärfung der Lage in den Ballungsgebieten unserer Industrie [Großraum Leipzig – Halle – Bitterfeld – Dessau – Zeitz; Groß-

---

64 Am 11. Juni nahm der Ministerrat den am 9. April 1953 verordneten Entzug der Lebensmittelkarten für Selbständige und Grenzgänger (W60) sowie einige Preiserhöhungen für Waren und Tarife zurück. Siehe Tribüne vom 12. Juni 1953.
65 Am Abend des 16. Juni 1953 »schlug« das Politbüro des ZK der SED in einer Erklärung »vor«, die Normenerhöhung »als unrichtig aufzuheben« und den Beschluß des Ministerrates vom 28. Mai 1953 (W61) »zu überprüfen«. Siehe Tribüne vom 17. Juni 1953.

raum Chemnitz – Zwickau – Schneeberg; Berlin; Großraum Dresden; Großraum Forst – Senftenberg – Cottbus] zu verhindern; [...] in den nördlichen Gebieten Ansatzpunkte für die Ansiedlung von Industriekomplexen und die dafür erforderlichen Voraussetzungen in verkehrs-, versorgungstechnischer und städtebaulicher Hinsicht zu schaffen; [...] örtliche Arbeitskräftereserven durch Ansiedlung von Industrieobjekten zu erschließen; [...] Schaffung wirtschaftlicher Impulse für verschiedene vom Krieg zerstörte Städte der DDR. [...]
3. Bei einer Verlagerung der Investitionen nach dem Norden sind vor allem folgende Gebiete vorzusehen: [...] Das Oder-Gebiet nördlich Frankfurt/O., insbesondere für wasserverbrauchende Zweige, [...] das Gebiet Neubrandenburg und Neustrelitz, [...] das Gebiet Schwerin, Ludwigslust [und] das Gebiet Neuruppin.
4. Als Städte mit besonders dringenden Anforderungen hinsichtlich der Ansiedlung neuer Industrien kommen in erster Linie in Frage: Frankfurt/O., Neubrandenburg, Schwerin sowie eine Reihe von kriegszerstörten Kleinstädten wie Zerbst, Halberstadt, Müncheberg usw. [...]

Prinzipien der Kommission zur Überprüfung der Standortverteilung der Investitionen, 20. Oktober 1958. In: BArch Berlin, DE 1 (Staatliche Plankommission), Nr. 1 195, Bl. 25–27.

W64: *Die Volkswirtschaft gegen willkürliche Störmaßnahmen schützen*
4. Januar 1961

Die vom 11. Plenum des ZK der SED gestellte Aufgabe, die Volkswirtschaft der DDR gegen willkürliche Störmaßnahmen militaristischer Kreise Westdeutschlands zu schützen, erfordert die Durchführung einer großen Anzahl von Maßnahmen [...] und deren Koordinierung und Zusammenfassung. Dazu wird folgendes beschlossen:
1. In allen Abteilungen der [SPK] sind die Materialien des 11. Plenums des ZK der SED, die sich auf die Aufgabe, die Wirtschaft der DDR von willkürlichen Störmaßnahmen militaristischer Kreise Westdeutschlands unabhängig zu machen, beziehen, gründlich zu behandeln und auszuwerten. [...]
2. Es ist notwendig, Klarheit zu schaffen über den Grad der Abhängigkeit der Wirtschaft der DDR von Importlieferungen aus Westdeutschland. Dazu ist es erforderlich:
   a) [innerhalb einer Woche] eine Übersicht zu schaffen, welche Waren [...], die [...] im Jahre 1961 für den Bezug aus Westdeutschland vorgesehen waren, [...] entweder aus sozialistischen Ländern bezogen oder aus dem Importprogramm überhaupt gestrichen werden können. [...]
   b) [innerhalb von zwei Wochen] zu ermitteln, welche Waren [...] im Jahre 1961 [...] aus Westdeutschland bezogen werden müßten [...], aber [...] keine Gewähr gegeben ist, daß die [...] Waren auch tatsächlich geliefert werden. Die Übersicht über die aus Westdeutschland zu beziehenden Waren ist deshalb auf den dringendsten Bedarf, der auf keine andere Weise abgedeckt werden kann, zu beschränken.
   c) [Bezieher von westdeutschen Waren in der DDR über das Ausmaß dieser Lieferungen zu unterrichten], um [sie] in den Stand zu versetzen, den Kampf

darum zu führen, auch ihren Betrieb oder ihre Einrichtung weitgehend unabhängig zu machen vom Bezug von Waren aus kapitalistischen Ländern [...]
d) [innerhalb von drei Wochen] festzustellen, für welche [unbedingt zu importierenden] Waren bereits Lieferverträge [...] abgeschlossen wurden oder [...] Vertragsabschlüsse noch vorgesehen bzw. möglich sind.
3. Alle Fachabteilungen der [SPK] werden beauftragt, eine gründliche Auswertung der Protokolle der Kommissionen zur Senkung des Imports aus Westdeutschland vorzunehmen und im Ergebnis [dessen bis zum 15. Februar 1961] ein zusammenhängendes Programm für die Unabhängigmachung von westdeutschen Importen aufzustellen. Dieses Programm muß [...] Aufgaben der Forschung und Entwicklung für [...] Erzeugnisse, bei denen die Wirtschaft der DDR [...] noch von [westdeutschen] Zulieferungen [...] abhängig ist, sowie Aufgaben zur Umstellung der Produktion bestimmter dafür geeigneter Betriebe auf solche Waren [enthalten]. Dabei sind die Möglichkeiten der Bedarfsdeckung, die sich aus der internationalen Zusammenarbeit mit den Ländern des sozialistischen Lagers ergeben, [...] zu berücksichtigen. [...]
4. Die Abteilung Außenhandel wird beauftragt, [...] schon jetzt eine Liste aller [erfahrungsgemäß aus Westdeutschland bezogenen] Waren [...] aufzustellen, um bei der Vorbereitung der Importpläne [...] für 1962 und die folgenden Jahre alle auszuschließen, die nicht unbedingt aus Westdeutschland notwendig sind. [...]
8. Ein wesentliches Hindernis für die Sicherung der Wirtschaft der DDR gegen willkürliche Maßnahmen militaristischer Kreise Westdeutschlands besteht darin, daß Importforderungen in der Regel nach Normen spezifiziert werden, die nur für Bezüge aus Westdeutschland anwendbar sind. Eine entscheidende Voraussetzung für die Sicherung der Wirtschaft der DDR ist deshalb, die Standardisierung [nach anderen Richtlinien] fortzusetzen [...].
a) Die Abteilung Investitionen, Forschung und Technik wird beauftragt, dafür zu sorgen, daß vorrangig TGL für gegenwärtige und künftige Bezüge aus der Sowjetunion und den sozialistischen Ländern in Übereinstimmung mit den Standards des sozialistischen Lagers gebracht werden.
b) Die Fachabteilungen der [SPK] haben dafür zu sorgen, daß [schon mit anderen Ostblockländern abgestimmte] TGL [...] alleinige Arbeitsgrundlage aller Entwicklungs-, Konstruktions- und Projektierungsstellen werden. DIN-Normen, die durch TGL abgelöst wurden, dürfen nicht mehr in Arbeitsgrundlagen verwendet werden.
c) DIN-Normen [...] sind nach einer Dringlichkeitsreihenfolge durch TGL zu ersetzen. [...] DIN-Normen [sind] den entsprechenden GOST-Standards in einem Verzeichnis gegenüberzustellen, [damit] Entwickler, Konstrukteure und Handelsfunktionäre [...] ihre Berechnungen, Konstruktionen und Bestellungen auf der Grundlage von GOST-Standards [vornehmen können].
d) Das Amt für Standisierung wird beauftragt, [alles zu tun,] um zu einer noch engeren Zusammenarbeit mit dem Komitee für Standards, [Maße] und Meßgeräte beim Ministerrat zu kommen, damit neu zu entwickelnde TGL und GOST-Standards [in Übereinstimmung] gebracht werden. Die Pläne der

Standardisierung der DDR müssen mit den [sowjetischen] abgestimmt werden. [...]

Beschluß der Staatlichen Plankommission über die Sicherung der Wirtschaft der DDR gegen willkürliche Störmaßnahmen militaristischer Kreise in Westdeutschland. Vom 4. Januar 1961. In: SAPMO-BArch, DY 30/IV 2/2029 (Büro Erich Apel)/15, o. Bl.

W65: Westdeutsches Kreditangebot im Frühjahr 1961[66]
18. April 1961

Werter Genosse Ulbricht!
[...] Nach Beendigung der zur Debatte stehenden Fragen bat Dr. Leopold [Leiter der Treuhandstelle für den Innerdeutschen Handel in Berlin (West)] einige private Bemerkungen machen zu dürfen: [...] Dr. Leopold [sagte], daß die westdeutsche Regierung unterrichtet sei, daß sowohl die UdSSR als auch die USA es für wünschenswert hielten, wenn Westdeutschland der DDR gegenüber, was ökonomische Dinge betreffen, großzügiger auftreten würde. Dazu sei man jetzt bereit. Dr. Leopold setzte voraus, daß die Fragen der Aufhebung der Wasserstraßenbenutzungsgebühren und der Bau der Brücke bei Hirschberg erledigt seien [...]. Unter Vermeidung jeglichen Prestigeverlust für die DDR und in aller Vertraulichkeit wäre die westdeutsche Regierung bereit, sofort mit umfangreichen zusätzlichen Warenlieferungen gegen langfristigen Kredit einzuspringen. Dabei soll es der DDR überlassen bleiben, um welche Waren es sich handelt und wie hoch die Lieferungen seien, wobei aber Dr. Leopold später dann das letzte einschränkt zuerst einmal auf 1 Mrd. DM. Dr. Leopold betont dann sehr stark, daß an der Hergabe eines solchen Kredits unter günstigsten Bedingungen keinerlei politische oder andere Fragen geknüpft werden, die nicht direkt etwas mit dem innerdeutschen Handel zu tun haben. Dabei setzt er wieder voraus, daß selbstverständlich die westdeutsche Regierung erwartet, daß von unserer Seite nicht Neues gegenüber Westberlin bzw. dem Verkehr von Westberlin nach Westdeutschland unternommen wird. [...] Abschließend betont er, daß er die heutigen Äußerungen zwar »privat« mache, aber [...] mit Wissen seiner Regierung erfolgen. [...]

[Die] Einschätzung [der ZK-Abteilung Handel, Versorgung und Außenhandel zu diesen Äußerungen] ist,
1. daß die westdeutsche Seite versucht, unsere Bestrebungen zur Beseitigung der Störanfälligkeit zu durchkreuzen, um unsere Wirtschaft in Abhängigkeit von Westdeutschland zu halten;
2. müssen die Absichten Bonns als ein Versuch gewertet werden, mit Hilfe einer hohen Verschuldung und Abhängigkeit der DDR Druck auf die West-Berlin-Frage entsprechend ihrer Konzeption auszuüben und bei Verhandlungen über einen Friedensvertrag mit beiden deutschen Staaten wirtschaftliche Trümpfe auf der Westseite in der Hand zu haben. [...]
3. kommt damit die westdeutsche Regierung Teilen der Wirtschaft entgegen, [...] die die DDR unter keinen Umständen an die britische, französische u. a. Konkurrenz verlieren will [...]

---

66 Grammatik nach dem Original.

4. sind die westdeutschen Absichten als Test zu werten, um unsere Kräfte und Reaktion einzuschätzen und als Druckmittel, die Aufhebung der Wasserstraßen-Benutzungsgebühren zu erreichen. [...]
[gez.] Lange

SED-Hausmitteilung Abteilung Handel, Versorgung und Außenhandel an Walter Ulbricht, 18. April 1961 [weitergeleitet an Erich Apel]. In: SAPMO-BArch, DY 30/ IV 2/2029 (Büro Apel)/90, o. Bl.

W66: Kaffee und Schokolade aus Westdeutschland 1979

Artikel	Mengeneinheit	Postverkehr	Personenverkehr[67] durch BRD-Brg. DDR-Brg.	gesamt[68]
Röstkaffee	kt	9,3	5,0　2,4	16,7
Schokoladenerzeugnisse (insges.)	kt	7,7	7,3　3,6	18,6
Kakaopulver	kt	1,9	1,3　0,5	3,7
Konserven aller Art	Mio. Stck.	3,0	6,6　2,4	12,0
Seife	Mio. Stck.	13,5	6,5　4,5	24,5
Herrenoberbekl[eidung]	Mio. Stck.	1,8	0,6　0,2	2,6
Damenoberbekl[eidung]	Mio. Stck.	8,8	2,4　1,5	12,7
Obertrikotagen	Mio. Stck.	8,7	4,0　3,0	15,7
Oberhemden	Mio. Stck.	2,0	1,0　0,3	3,3
Strumpfhosen	Mio. Stck.	11,4	9,2　4,4	[25,0]
Untertr[ikotagen]/Leibwäsche	Mio. Stck.	5,1	2,0　1,0	8,1
Haushaltwäsche	Mio. Stck.	5,3	1,4　0,8	7,5
Herren- und Damenschuhe	Mio. Paar	1,1	0,8　0,3	[2,2]
Kinderschuhe	Mio. Paar	0,4	0,3　0,1	0,8
Uhren	Mio. Stck.	0,5	0,5　0,1	1,1
Transistorgeräte	Mio. Stck.	0,4	0,4　0,1	0,9
Taschenrechner	Mio. Stck.	0,2	0,4　0,1	0,7

Volumen der im Rahmen des Post- und Reiseverkehrs aus der BRD und Westberlin eingeführten Konsumgüter und Zahlungsmittel, o. D. In: SAPMO-BArch, DY 30 vorl. SED (hier: Abt. Handel, Versorgung und Außenhandel), Nr. 31 788, o. Bl.

67 Geschätzte Angaben.
68 Offensichtliche Rechenfehler wurden korrigiert.

W67: »Ohne Zeitverzug NSW-Importe ablösen«
21. Juli 1983

[...] Die Minister haben unverzüglich eine konkrete Strategie zur beschleunigten Ablösung von NSW-Importen in ihren Bereichen auszuarbeiten. Die bestehenden NSW-Importablösekonzeptionen sind kompromißlos mit den politischen und ökonomischen Erfordernissen in Übereinstimmung zu bringen. Die Leitungstätigkeit ist [...] auf folgende Schwerpunkte zu richten: [Ohne] Zeitverzug [sind] diejenigen NSW-Importe abzulösen, die auf Grund nicht ausreichender Produktionskapazitäten noch durchgeführt werden. Vorhandene wissenschaftlich-technische Lösungen, die eine NSW-Importablösung ermöglichen, sind vorrangig in die Produktion überzuleiten. [...]
Die zur Verfügung stehenden Investitionen sind zielstrebiger und mit bedeutend höherer Wirksamkeit zur NSW-Importablösung einzusetzen. [...] Es sind keine Investitionsvorhaben vorzubereiten und durchzuführen, die eine Abhängigkeit von NSW-Importen nach sich ziehen. [...] Die Bereiche des Maschinenbaus und der Elektrotechnik und Elektronik haben in wesentlich größerem Umfang Maschinen und Ausrüstungen bereitzustellen, die der NSW-Importablösung dienen. [...] Unter Leitung der Staatlichen Plankommission sind [...] solche Abrechnungsmethoden sofort zu korrigieren, die eine Verschleierung der tatsächlichen Höhe der NSW-Importe ermöglichen. [...]

Beschluß zur Gewährleistung der beschlossenen Ablösung von NSW-Importen im Planjahr 1983 [Beschluß des Ministerrates vom 21. März 1983]. In: Archiv des Verfassers. Das Dokument stammt aus dem zwischenzeitlich an das BArch abgegebene Archiv des MWT. Die vorläufige Signatur im BArch lautet: DF 4 (MWT), Nr. 20 793.

W68: Autos, Motorräder, Fernsehgeräte, Waschmaschinen, Kühlschränke: Bescheidener Wohlstand der DDR-Haushalte
1955 bis 1987

Anzahl je 100 Haushalte	1955	1960	1965	1970	1975	1980	1985	1987
Personenkraftwagen	0,2	3,2	8,2	15,6	26,2	38,1	48,2	52,6
Motorräder, Motorroller	10,8	12,7	16,5	19,4	19,5	18,4	18,4	18,4
Kühlschränke	0,4	6,1	25,9	56,4	84,7	108,8	137,5	152,1
Waschmaschinen	0,5	6,2	27,7	53,6	73,0	84,4	99,3	104,6
Fernsehgeräte	1,2	18,5	53,7	73,6	87,9	105,0	117,6	121,6

Zusammenstellung durch den Verfasser. Nach: STATISTISCHES JAHRBUCH DDR 1980, S. 278; STJB-DDR 1988, S. 117.

W69: Modernisierungsbedarf in der DDR-Bauindustrie
12. Mai 1988

Das jährliche Investitionsvolumen für das Bauwesen verringerte sich in den 80er Jahren auf etwa die Hälfte des im Zeitraum 1975/76 realisierten Umfangs, wobei vor allem 1981/83 rund [...] ein Jahresinvestitionsvolumen für Aufgaben der Energieumstellung [von Heizöl auf Braunkohlenstaub] eingesetzt worden sind. Demzufolge wurden Erweiterungsinvestitionen nur noch für solche Erzeugnisse vorgenommen, wo der Bedarf nicht gedeckt werden konnte.[...] Ein beträchtlicher Teil der Kapazitäten [etwa ein Drittel] des Rationalisierungsmittelbaus des Bauwesens muß für die Eigenfertigung von Ersatzteilen und die Regenerierung von Verschleißteilen eingesetzt werden. [In] den vergangenen 7 Jahren [ist] die Bereitstellung neuer Baumaschinen und Fahrzeuge wesentlich reduziert worden. Damit stieg der Anteil von vollständig abgeschriebenen und nur noch bedingt reparaturfähigen Ausrüstungen erheblich an. [...]

Bestand und Auslastung produktivitätsbestimmender Maschinengruppen

Maschinengruppe	Bestand			Auslastung 1987		
	insgesamt	darunter nicht mehr modernisierungsfähig		Leistungsnormativ *)	Ist*)	Ist [%]
		1979 [%]	1987 [%]			
Turmdrehkrane	907	35,2	36,0	11,9	12,6	105,9
Mobildrehkrane	275	62,9	86,4	8,7	9,1	104,6
Autodrehkrane	1 980	39,8	92,3	8,1	8,6	106,2
Bagger 0,6–2,0 m³	1 950	20,0	91,1	7,5	8,0	106,7
Planierraupen	1 349	41,0	90,5	7,1	7,5	105,6
Lader T 174	2 421	17,1	82,0	6,3	7,0	111,1
Mischanlagen	301	22,5	74,0	8,8	8,9	101,1
Transportbetonfahrz.	979	20,6	44,9	8,0	8,5	106,3
Zugmaschinen und Sattelzugmaschinen	1 902	21,6	34,1	9,4	10,0	106,4
Tieflader und Plattenanhänger	1 159	18,7	73,0	8,8	9,6	109,1
LKW-Kipper	7 280	30,0	65,1	8,4	9,9	107,1
Gabelstapler	5 075	18,7	60,0	–	–	–

*)[Einsatz-]Stunden/Arbeitstag

Anlage 1 und Anlage 5 zum Politbüro-Beschluß zu den Vorschlägen für die Modernisierung der technischen Ausstattung des Bauwesens, einschl. der Baumaterialienindustrie, vom 12. Mai 1988. In: SAPMO-BArch, DY 30/J IV 2/2 (Politbüro)/2275, Bl. 226, 228, 253.

W70: Bürger fordern das Ende des Umweltkrieges gegen sie
30. Oktober 1989

[...] In der Stadt Ilsenburg werden in dem Betrieb Kupferhütte seit über dreißig Jahren kupferhaltige Materialien verhüttet. Für die Stadt Ilsenburg und Umgebung ergeben sich daraus Belastungen für Mensch und Umwelt, die nicht vertretbar sind. [...] Wir sind für Frieden und Abrüstung, wir sind aber gegen den »lautlosen Krieg«, den die Ilsenburger Kupferhütte gegen die Bevölkerung des Territoriums führt.

In der Ilsenburger Kupferhütte werden u. a. auch Materialien verarbeitet, die in keinem westlichen Land, auf Grund gesetzlicher Bestimmungen, verhüttet werden dürfen – warum? Wiegt der wirtschaftliche Nutzen der Kupferhütte alle Nachteile – erkannte und noch nicht erahnte – auf? Wir meinen nein. Devisen sind wichtig, aber das Leben in einer attraktiven sozialistischen DDR ist wichtiger. Wissenschaftler und Ärzte gaben Werte über die Umweltbelastung bekannt, die bis zu 80 % über den Grenzwerten liegen. Erkrankungen der Atemorgane sowie Krebserkrankungen nahmen einen nachweisbar sprunghaften Anstieg. [...] Wir stellen uns die Frage, ob es richtig ist, daß Kinder geboren werden, die in dieser verseuchten Umgebung leben müssen. Die Schwermetallemission der Ilsenburger Kupferhütte steht seit Jahren durch Eingaben im Mittelpunkt der Öffentlichkeit. Trotz Investitionen zur Verringerung der Luftbelastung kam es zu keiner spürbaren Verbesserung [...]

Im Monat Oktober 1989 erhielt der VEB Walzwerk Ilsenburg, auf dessen Territorium die Kupferhütte sich befindet, ein Ehrenbanner des ZK der SED. Die Genossin Inge Lange überreichte diese Auszeichnung. Abgesehen von der ungewohnten Sauberkeit, kam es am Tag der Auszeichnung auch zu keiner Rauchgasbelästigung durch die Kupferhütte. Dieser Betrieb hatte offensichtlich eine Reparaturschicht »eingeplant«.

Wir sind für Dialog, aber nicht auf Lebenszeit ohne spürbare Ergebnisse. Wir fordern die Schließung der Kupferhütte zum 31.12.1989. Nur mit der Realisierung dieser Maßnahme kann verlorenes Vertrauen in Partei und Regierung zurückgewonnen werden. Wir hoffen, daß wir den Dialog über dieses Problem nicht auf der Straße austragen müssen. [...] Auf die Lösung der genannten Probleme freuen sich[69]
[Unterschriften]

Brief Werner S. [und anderer] an Egon Krenz, 30. Oktober 1989. In: SAPMO-BArch, DY 30/ IV2/2039 (Büro Krenz)/323, Bl. 176 f.

---

[69] Am 20. November 1989 wurde dem »Eingabekollektiv« in einer Aussprache die Einstellung der Kupferschrott-Verhüttung per 30. Juni 1990 und eine »umweltfreundlichere Fahrweise« der Anlage bis dahin zugesagt. Siehe Aktennotiz über das Ergebnis des Gesprächs mit dem Eingabe-Kollektiv zur Problematik der Schließung der Kupferhütte Ilsenburg. In: SAPMO-BArch, DY 30/IV 2/2 039/323, Bl. 179.

W71: Egon Krenz hat Michail Gorbatschow einige Mitteilungen zu machen
Ende Oktober 1989

[...] Wir rechnen bis Ende [1989] mit einer Verschuldung von 26,5 Mrd. US-Dollar (49 Mrd. Valutamark) [...] Zahlungsbilanz 1990 [aus gegenwärtiger Sicht]: Weiteres Anwachsen der Verschuldung um 3,5 Mrd. US-Dollar [auf] insgesamt 30 Mrd. US-Dollar. [...] Zinsen an kapitalistische Banken in Höhe von 4,5 Mrd. US-Dollar = 62 Prozent des Planexportes [in westliche Länder].
[...] Der Grundfondsbestand der Volkswirtschaft entwickelte sich bedeutend [von] 1970 734 Mrd. Mark [auf] 1988 1 684 Mrd. Mark. [...] Der ökonomische Nutzen entwickelte sich rückläufig, produziertes Nationaleinkommen je 1000 Mark Grundfonds: 1980 224,7 Mark, 1988 223,8 Mark. [...] Eine Ursache für die rückläufige Effektivitätsentwicklung ist [der] sich verschlechternde technische Zustand und das zunehmende Alter der Ausrüstungen. [...] Anteil der physisch verschlissenen Ausrüstungen im produzierenden Bereich: 1980 51,3 %, 1988 56,0 %. [Besonders] gravierend hoch ist dieser Anteil (1988) im Bauwesen mit 67,0 %, in der Land-, Forst- und Nahrungsgüterwirtschaft mit 62,2 %.

Gesprächsmaterialien für das Treffen des Genossen Egon Krenz mit Genossen Michail Gorbatschow [Ende Oktober 1989]. In: SAPMO-BArch, DY 30/IV 2/2039 (Büro Krenz)/329, Bl. 21 und 113.

W72: Ausgaben für die »2. Lohntüte« 1971 und 1989
2. November 1989

– Mrd M –	1971	1989
Wohnungswesen	2,1	16,6
Sicherung stabiler Preise für Waren des Grundbedarfs und Tarife	8,5	51,0
Bildung [...] und Erwachsenenqualifizierung	5,8	15,7
[medizinische Betreuung,] Unterstützung von Mutter und Kind sowie Betreuung älterer Bürger	2,5	8,4
[...] Renten, Krankengeld, Arzneien, Schwangerschafts- und Wochengeld	6,2	18,2
Erholung [und Ausgaben für Kultur und Sport]	1,1	4,1
Insgesamt	26,2	114,0

Vorlage [des Leiters des Amtes für Preise, Walter Halbritter] für das Politbüro des Zentralkomitees der SED »Vorschläge auf dem Gebiet der Verbraucherpreise und der Subventionspolitik unter den Bedingungen einer ausgewogenen Einheit von Wirtschafts- und Sozialpolitik in den 90er Jahren«. In: SAPMO-BArch, DY 30/IV 2/2039/325, Bl. 207.

W73: Verwendetes Nationaleinkommen (zu DDR-Preisen von 1985) und Investitionsquote 1949 bis 1989

Periode	Verwendetes Nationaleinkommen (Mill. DDR-Mark)	Investitionsquote[70] insgesamt (vH)	Darunter: Industrie (vH)
1945 bis 1953: Reparationen und Demontagen	194 094	16,3	7,0
1954 bis 1961: Zwischen »Neuem Kurs« und Mauerbau	590 697	21,8	9,7
1962 bis 1970: Konsolidierung, Reformansatz und Ulbrichtsturz	1 008 654	27,8	13,4
1971 bis 1981: Sozialpolitik und Industrieentwicklung	1 827 460	34,9	17,4
1982 bis 1989: Niedergang und Lethargie	2 054 803	26,5	14,8

Zusammenstellung und Berechnung durch den Verfasser. Nach: BAAR et al. 1995, S. 67.

W74: Vertrag über die Schaffung einer Währungs-, Wirtschafts- und Sozialunion 18. Mai 1990

[...] Artikel 1 [...]
(2) Die Vertragsparteien bilden beginnend mit dem 1. Juli 1990 eine Währungsunion mit einem einheitlichen Währungsgebiet und der Deutschen Mark als gemeinsamer Währung. Die auf Mark der [DDR] lautenden Verbindlichkeiten und Forderungen werden [...] auf Deutsche Mark umgestellt.
(3) Grundlage der Wirtschaftsunion ist die Soziale Marktwirtschaft [...] Sie wird insbesondere bestimmt durch Privateigentum, Leistungswettbewerb, freie Preisbildung und grundsätzlich volle Freizügigkeit von Arbeit, Kapital, Gütern und Dienstleistungen [...]
(4) Die Sozialunion [...] wird insbesondere bestimmt durch eine der Sozialen Marktwirtschaft entsprechende Arbeitsrechtsordnung und ein auf den Prinzipien der Leistungsgerechtigkeit und des sozialen Ausgleichs beruhendes umfassendes System der sozialen Sicherung.

---

70 Anteil der Bruttoinvestitionen am verwendeten Nationaleinkommen.

[...] Artikel 10 [...]
(5) [...]
- Löhne, Gehälter, Stipendien, Renten, Mieten und Pachten sowie weitere wiederkehrende Zahlungen werden im Verhältnis 1 zu 1 umgestellt.
- Alle anderen [...] Forderungen und Verbindlichkeiten werden grundsätzlich im Verhältnis 2 zu 1 [...] umgestellt. [...]
- Guthaben bei Geldinstituten [der DDR] von [Bewohnern der DDR, die am 1. Juli 1990 mindestens 60 Jahre alt sind] werden auf Antrag bis zu [6 000 Mark, von Bewohnern, die am 1. Juli 1990 zwischen 14 und 59 Jahre alt sind, bis zu 4 000 Mark und Bewohnern, die unter 14 Jahre alt sind, bis zu 2 000 Mark] im Verhältnis 1 zu 1 umgestellt [...]

Artikel 11 [...]
(1) Die [DDR] stellt sicher, daß ihre wirtschafts- und finanzpolitischen Maßnahmen mit der Sozialen Marktwirtschaft in Einklang stehen. [...]
(3) Die [DDR] richtet ihre Politik unter Beachtung ihrer gewachsenen außenwirtschaftlichen Beziehungen mit den Ländern des [RGW] schrittweise auf das Recht und die wirtschaftspolitischen Ziele der Europäischen Gemeinschaften aus.
(4) Die Regierung der [DDR] wird bei Entscheidungen, welche die wirtschaftspolitischen Grundsätze der Absätze 1 und 2 berühren, das Einvernehmen mit der Regierung der [BRD] [...] herstellen.

Artikel 12 [...]
(1) Das [...] Berliner Abkommen vom 20. September 1951 [für die Regelung des innerdeutschen Handels] wird [...] angepaßt, [der] geregelte Verrechnungsverkehr [...] beendet und der Abschlußsaldo des Swing [in Deutscher Mark] ausgeglichen. [...]

[Artikel 18 bis 24 regeln die Einführung folgender bundesdeutscher Systeme in der DDR: gegliedertes System der Sozialversicherung; Arbeitslosenversicherung einschließlich Arbeitsförderung; Rentenrecht, Krankenversicherungsrecht und Unfallversicherungsrecht der BRD; System der Sozialhilfe.]

Artikel 27 [...]
(1) Die Kreditermächtigungen in den Haushalten der Gebietskörperschaften der [DDR] werden für 1990 auf 10 Milliarden [DM] und für 1991 auf 14 Milliarden [DM] begrenzt. Für das Treuhandvermögen wird [...] ein Kreditermächtigungsrahmen für 1990 von 7 Milliarden [DM] und für 1991 von 10 Milliarden [DM] festgelegt. [...]

Artikel 28 [...]
(1) Die [BRD] gewährt der [DDR] zweckgebundene Finanzzuweisungen zum Haushaltsausgleich für das 2. Halbjahr 1990 von 22 Milliarden [DM] und für 1991 von 35 Milliarden [DM]. [...]

Für die Bundesrepublik Deutschland Für die Deutsche Demokratische Republik
Dr. Theo Waigel Dr. Walter Rombach[71]

Vertrag über die Schaffung einer Währungs-, Wirtschafts- und Sozialunion zwischen der Bundesrepublik Deutschland und der Deutschen Demokratischen Republik. In: BULLETIN Nr. 63, S. 517–525.

---

71 Im Bulletin des Bonner Presse- und Informationsamtes wurde der Name des DDR-Finanzministers falsch angegeben. Tatsächlich lautet er Dr. Walter Romberg.

**W75: Treuhandgesetz: Das Volk wird das Volkseigentum los
17. Juni 1990**

Getragen von der Absicht, [...] die unternehmerische Tätigkeit des Staates durch Privatisierung so rasch und so weit wie möglich zurückzuführen, [...] wird dieses Gesetz erlassen:
§ 1 [...]
(1) Das Volkseigentum ist zu privatisieren. [Es] kann auch in [...] bestimmten Fällen Gemeinden, Städten, Kreisen und Ländern sowie der öffentlichen Hand als Eigentum übertragen werden. [...]
§ 2 [...]
(1) Die Treuhandanstalt [...] dient der Privatisierung und Verwertung volkseigenen Vermögens nach den Prinzipien der sozialen Marktwirtschaft. [...]
§ 5 [...]
(1) Die Einnahmen der Treuhandanstalt werden vorrangig für die Strukturanpassung der Unternehmen [...], in zweiter Linie für Beiträge zum Staatshaushalt und zur Deckung der laufenden Ausgaben der Treuhandanstalt verwendet. [...]
(2) Nach einer Bestandsaufnahme des volkseigenen Vermögens und seiner Ertragsfähigkeit sowie nach seiner vorrangigen Nutzung für die Strukturanpassung der Wirtschaft und für die Sanierung des Staatshaushaltes wird nach Möglichkeit vorgesehen, daß den Sparern zu einem späteren Zeitpunkt für den bei der Umstellung von Mark der DDR auf DM 2:1 reduzierten Betrag ein verbrieftes Anteilsrecht an volkseigenem Vermögen eingeräumt werden kann.
[...]
§ 24 [...]
(1) Vorschriften dieses Gesetzes berühren nicht etwaige Ansprüche auf Restitution oder Entschädigung wegen unrechtmäßiger Enteignung oder enteignungsähnlichen Eingriffen. [...]

Treuhandgesetz. In: Neues Deutschland vom 29. Juni 1990.

Astrid Segert/Irene Zierke

Gesellschaft der DDR:
Klassen – Schichten – Kollektive

Um die DDR-Gesellschaft zu verstehen, ist es notwendig, neben den gesellschaftlichen Institutionen auch den Alltag zu betrachten. Er hat das Verhalten der DDR-Bürger ebenso stark geprägt wie die offiziellen Verlautbarungen und politischen Zwänge. Sein Verständnis ist darüber hinaus von Bedeutung, da die in der DDR entstandenen Orientierungsmuster auch den andauernden Vereinigungsprozeß beeinflussen. »Indem zusammenwächst, was zusammengehört, wird deutlicher, daß da ein beachtlicher Rest verbleibt, der sich organischer Verschmelzung widersetzt. Die besondere Konstellation der Geschichte der DDR wird noch lange weiterwirken, nicht nur in ihren materialen Relikten und den Defiziten ihrer Anpassungsfähigkeit an das erweiterte westdeutsche Modell. Sie wird auch auf dieses Modell zurückwirken, nicht zuletzt durch die weiterwirkende Wahrnehmungspraxis, die sich in der Erfahrung der DDR kristallisiert hat.«[1]

Aus all diesen Gründen ist es wichtig, den Blick über die offizielle Gesellschaftspolitik hinaus auf das Alltagsleben der DDR-Bürger zu erweitern. Der folgende Abschnitt beschäftigt sich mit Fragen, die beide Perspektiven miteinander verknüpfen: Was war das für eine Gesellschaft, in der die DDR-Bürger lebten? Welche Lebenschancen und -begrenzungen bot sie unterschiedlichen sozialen Gruppen? Welche wichtigen Zäsuren der Gestaltung sozialer Strukturen lassen sich zwischen Nachkriegszeit und Mauerfall erkennen? Inwiefern prägten sie unterscheidbare Erfahrungswelten der Nachkriegs-, mittleren und jüngeren Generationen? Wie lebten die Menschen in dieser Gesellschaft, wie gingen sie mit Hoffnungen, Lebenschancen und den vielfältigen Widrigkeiten des Alltags um? In welchem Maß ließ staatliche Einmischung in individuelle Lebensplanung unterscheidbare Lebensstrategien zu?

Um diesen Fragen auf die Spur zu kommen, ist es sinnvoll, die DDR als »blockierte moderne Gesellschaft« zu kennzeichnen.[2] Das bedeutet, daß solche sozialen Differenzierungen wie in westlichen Industrieländern nur in begrenztem Maß möglich waren, da sie politisch gehemmt wurden. Gleichzeitig lassen sich aus dieser Perspektive auch soziale Veränderungen während der DDR-Geschichte besser wahrnehmen, die den friedlichen Übergang in das vereinte Deutschland ermöglichten.

Die politische Blockierung individueller Lebensentwürfe stellt eine soziale Grunderfahrung aller DDR-Generationen dar. 3,5 Millionen flohen zwischen 1945 und 1989 in den Westen, um ein selbstbestimmteres Leben führen zu können. Die Mehrheit der Bürger verblieb in der DDR-Gesellschaft und arrangierte sich mehr oder we-

---

1 NIETHAMMER 1994, S. 94.
2 Vgl. GLAESSNER 1995, S. 143–206.

niger mit den gesellschaftlichen Verhältnissen, versuchte, ihr persönliches Leben so weit wie möglich sinnvoll zu gestalten. (G1; G6; G7; G15; G57; G71) Eine Zustimmung oder Ablehnung des sozialistischen Gesellschaftsmodells läßt sich aus der Entscheidung für ein Leben in der DDR nicht unmittelbar ableiten. Weniger politische Bekenntnisse als vielmehr solche Aspekte des Alltagslebens wie familiäre und andere persönliche Bindungen, berufliche Entwicklungschancen, die Zuweisung einer Wohnung oder eines Kindergartenplatzes waren dafür ausschlaggebend.

Drei historische Phasen kennzeichnen die »blockierte moderne Gesellschaft« in der DDR. Die erste Phase von 1945 bis Ende der sechziger Jahre war vom Anspruch getragen, ein soziales Gegenmodell zur bürgerlichen Gesellschaft der Bundesrepublik zu verwirklichen. Dem offiziellen Ziel, eine Gesellschaft ohne Klassengegensätze zu schaffen, die allen Bürgern auf der Basis des Volkseigentums gleiche soziale Chancen einräumt und die gleichzeitig den »neuen Menschen« erzieht, diente in den fünfziger und sechziger Jahren eine Politik umfassender sozialer Umschichtungen. Sie veranlaßte einen Teil der Bevölkerung, vor allem die bürgerlichen Gruppen, zum Verlassen der DDR. Anderen, quantitativ großen Bevölkerungsgruppen, insbesondere der Arbeiterschaft, den unteren Angestellten und den »werktätigen Bauern«, bot der neue Staat Chancen für soziale Aufstiege. Diese widersprüchlichen Erfahrungen sozialer Umschichtungen prägten die Nachkriegsgeneration der DDR.[3] (P18)

Die zweite Phase begann 1971 mit dem VIII. Parteitag der SED. Das ursprüngliche Ziel, eine soziale Alternative zur Bundesrepublik zu gestalten, wurde aufgegeben. Es erfolgte eine Hinwendung zu einer pragmatischen Konsum- und Sozialpolitik, mit der man auch einen stärkeren Leistungsbezug anstrebte. Die Parteiführung verbreitet als neue Losung: »Ich leiste etwas, ich leiste mir etwas!« Diesen eingeleiteten Kurswechsel bezeichnete man als gesellschaftspolitische »Hauptaufgabe in ihrer Einheit von Wirtschafts- und Sozialpolitik«. Die damit verbundenen Konsequenzen für die ursprünglichen Gesellschaftsperspektiven wurden nicht öffentlich diskutiert, wirkten aber über sozialstrukturelle Veränderungen auf das Alltagsleben der DDR-Bürger ein. Die Erfahrungen wachsenden materiellen Wohlstandes und einer vor allem am Anfang der siebziger Jahre liberalisierten Kultur- und Jugendpolitik beeinflußten die Weltsicht und die Lebensansprüche der mittleren Generationen der DDR. Gleichzeitig erlebten sie, daß der Zugang zu Universitäten und politischer Öffentlichkeit, und damit ihre soziale Mobilität und politische Freiheit, zunehmend begrenzt wurden.[4]

Die dritte Phase umfaßt die achtziger Jahre. Es wurde immer deutlicher, daß der westdeutsche Lebensstandard nicht erreicht werden konnte. Die Verbesserung des materiellen und kulturellen Lebensniveaus wich einem »Krisenmanagement« durch die SED-Führung. Die jüngsten DDR-Generationen wuchsen bereits mit dieser Erfahrung auf.[5] Für sie stellten ein gewisses Maß an materiellem Reichtum und an sozialer Differenzierung bereits selbstverständliche Erfahrungen dar, von denen aus

---

3 Vgl. NIETHAMMER et al.1991, S. 67–73.
4 Als Stichworte sollen hier nur die 3. Hochschulreform und die Ausweisung des Liedermachers Wolf Biermann genannt werden.
5 Siehe FRIEDRICH/GRIESE 1991.

Einleitung 167

sie ihre Lebensansprüche formulierten. Die gesellschaftlichen Ideale der »Aufbaugeneration« verloren bei ihnen deutlich an Einfluß.

Die Charakterisierung der DDR als »blockierte moderne Gesellschaft« wird neben ihrer generationsspezifischen Differenzierung an zwei weiteren Aspekten deutlich. Zum einen war sie eine Gesellschaft, in der traditionelle Lebensweisen stärker als in der Bundesrepublik ausgeprägt blieben. Soziale Milieus[6] mit traditionellen Bindungen und Lebensorientierungen dominierten nicht nur zahlenmäßig; ihre Alltagskultur, in der lebenslange soziale Bindungen einen hohen Stellenwert besitzen, wurde zudem im Interesse politischer Stabilität offiziell gefördert.[7] Zum anderen kann die DDR als eine weibliche Gesellschaft wahrgenommen werden. Der in der unmittelbaren Nachkriegszeit gewonnene Einfluß von Frauen auf die Gestaltung des Alltagslebens wurde nicht, wie in der Bundesrepublik in den fünfziger Jahren, wieder zurückgenommen. Vielmehr setzte sich eine ökonomisch-pragmatisch intendierte Politik für Frauen durch, die von diesen für individuelle Entwicklungen genutzt wurde.[8]

Die Geschichts- und Sozialwissenschaften untersuchen die historischen Zäsuren und sozialen Differenzierungen verschiedener Generationen, Milieus und zwischen den Geschlechtern seit 1989 in verstärkter Weise, um einen differenzierten Zugang zur DDR-Geschichte zu gewinnen. Biographische Schlüsselerlebnisse und individuelle Lebenschancen erweisen sich dabei als ein wichtiger Indikator für soziale Differenzierungen.[9] Aus diesem Grunde finden die Leser im Dokumententeil eine Reihe von privaten Unterlagen und Ausschnitten aus biographischen Interviews. Sie helfen zu verstehen, wie Menschen in der DDR mit ihren alltäglichen Lebensbedingungen umgingen und welche Bedeutung sie ihnen beigemessen haben. Die meisten Interviews sind in den Jahren nach dem Mauerfall entstanden, in einer Zeit der Offenheit, in der die Befragten gern bereit waren, ihre Erfahrungen zu erzählen. Biographische Interviews sind Dokumente der Wahrnehmung von Geschichte aus der jeweiligen aktuellen Perspektive des Erzählers.[10] Aus diesem Grund ist der Vergleich persönlicher Geschichtsdokumente mit den ausgewiesenen offiziellen Dokumenten als Gegenpol individueller Erfahrungen wichtig. Daneben finden sich auch einige Auszüge aus Romanen, die den Blick auf das Alltagsleben in der DDR schärfen können, auch wenn sie eine fiktive und somit vermittelte Perspektive bieten. Die Tatsache, daß sich die DDR-Gesellschaft offiziell nur zensiert präsentierte, macht ihre Gegenwartsliteratur zur wichtigen Quelle für ihre Gesellschaftsgeschichte. Die Literatur der ausgewählten Autoren (Neutsch, Reimann, Strittmatter, Wander) war gleichzeitig aufgrund des Mangels an Öffentlichkeit in der DDR prägend für das Gesellschaftsbild bestimmter Generationen. Sie wurden daher als Belege für Alltagserfahrungen der sozialen Schichten in der DDR einbezogen.

---

6 Als soziale Milieus werden Gruppierungen bezeichnet, die auf der Basis ähnlicher sozialer Lagemerkmale durch je spezifische Alltagspraktiken und Mentalitäten, Selbst- und Fremdbilder charakterisiert sind und sich durch diese wechselseitig voneinander abgrenzen. Vgl. HRADIL 1987.
7 Vgl. BECKER et al. 1992, S. 98–103.
8 Vgl. NICKEL 1993, S. 311–322.
9 Siehe FRIEDRICH/GRIESE 1991; VESTER et al. 1995; DÖLLING 1995.
10 Vgl. NIETHAMMER/PLATO 1985, S. 392–447.

1. Soziale Umschichtung der ostdeutschen Gesellschaft

Offiziell verstand sich die DDR als »Arbeiter- und Bauernstaat« ohne Klassengegensätze, in dem die Arbeiterklasse mit der Klasse der Bauern die »Führung innehat« und mit der »Schicht der Intelligenz und den Handwerkern verbündet« ist.[11] (G8; G9; G14; P8) Bis zur Mitte der sechziger Jahre wurde das Ziel verfolgt, durch »Enteignung der Kapitalisten« und »Erziehung zur sozialistischen Persönlichkeit« eine klassenlose »sozialistische Menschengemeinschaft« zu gestalten. (G12; P10; P12) Als in den sechziger Jahren deutlich wurde, daß sich soziale Differenzierungen nicht so einfach beseitigen ließen, wurde das Ziel pragmatisch verändert. Die Konzepte des »entwickelten gesellschaftlichen Systems des Sozialismus«[12] bzw. der »entwickelten sozialistischen Gesellschaft«[13] akzeptierten ausdrücklich soziale Differenzierungen, ohne daß damit verbal das Ziel aufgegeben wurde, irgendwann zum Kommunismus überzugehen. (G25; P16) Diesbezügliche Klassenpolitik erlebten die verschiedenen sozialen Gruppen unterschiedlich.

Die soziale Umschichtung in der DDR-Gesellschaft begann 1945/46 mit Enteignungen in Industrie und Landwirtschaft. Die von der SMAD verordnete Beschlagnahme von Betrieben (G2; W16; W20; W24), die Länderverordnung zur Schaffung volkseigener Betriebe[14] und die Bodenreform entzogen neben Nazis und Kriegsverbrechern auch den bürgerlichen und adligen Oberschichten weitgehend ihre Existenzgrundlage. Auflagen, Gesetze und andere Benachteiligungen erschwerten zudem den verbleibenden Privateigentümern das Leben seit 1945. Zwischen 1952 und 1960 wurden die Bauern genötigt, sich in Genossenschaften zusammenzuschließen. (G5) Eine ähnliche Kollektivierungserfahrung machte die Mehrzahl der kleinen Handwerker. Um diesem Druck zu entweichen, gaben viele ihr Haus und Unternehmen auf und siedelten nach Westdeutschland über. (G10; G11; G16; G17; G22) 1972 fand in der DDR noch einmal eine große Nationalisierungswelle statt, bei der innerhalb weniger Monate Tausende privater Unternehmer und Handwerker zum »freiwilligen« Verkauf ihrer Betriebe an den Staat genötigt wurden. Gleichwohl wurde damit das private Eigentum an Kleinstunternehmen nicht vollständig aufgehoben. (W37; W40)

Ganz anders gestaltete sich die soziale Umschichtung seit 1945 aus der Sicht der »kleinen Leute«. Sie wurden in vielfältiger Weise gefördert. Als soziale Leistung ist die Integration der großen Flüchtlingsströme vor allem im Norden Ostdeutschlands zu sehen.[15] Nach 1945 befanden sich ca. 4,4 Millionen »Umsiedler«[16] auf dem Gebiet der späteren DDR.[17] Nicht wenige Kriegsflüchtlinge erhielten Land und konnten sich

---

11 Siehe WEIDIG 1988.
12 Zielformulierung des VII. Parteitages 1967.
13 Zielformulierung des VIII. Parteitages 1971.
14 Beim Volksentscheid vom 30. Juni 1946 in Sachsen votierten 77,6 Prozent der Wahlberechtigten für die Enteignung.
15 Vgl. PLATO 1985, S. 172–219.
16 Ein Teil dieser »Umsiedler« zog später in die westlichen Teile Deutschlands weiter. Die in der SBZ/DDR gebräuchliche Bezeichnung »Umsiedler« meinte Flüchtlinge und Verfolgte, wobei dieser Begriff gewählt wurde, um jeglichen Angriff auf Polen und die ČSSR zu vermeiden.
17 Vgl. BAUERNKÄMPER 1994, S. 125.

Einleitung 169

als Neubauern wieder eine neue Existenz aufbauen.[18] (G3; G4; W15; W24) Haus und Hof oder eine berufliche Entwicklung banden viele Umsiedler an die DDR. Ein weiteres Mal wollten sie die neu gewonnene Heimat auch für ein materiell besseres und freieres Leben im Westen nicht aufgeben.

In besonderer Weise wurden in der DDR Industriearbeiter sozial gefördert. Sie erhielten im Vergleich zu Angestellten oder Akademikern relativ hohe Löhne, vorzugsweise durch steuerliche Begünstigungen. Volkseigene Betriebe, besonders in den industriellen Ballungsgebieten, unterhielten vielfältige soziale Einrichtungen für die Beschäftigten.[19] Der Zugang zu höherer allgemeiner und beruflicher Bildung wurde Arbeitern vor allem in den fünfziger und sechziger Jahren erleichtert. Solche und weitere Momente ermöglichten Arbeitern, kleinen Angestellten und Bauern aus der Nachkriegsgeneration soziale Aufstiege.[20] (G1; G6; G22) Diese veränderten Aufstiegschancen in der DDR erklären ein beispielsweise unter DDR-Arbeitern verbreitetes Wir-Gefühl, welches die Akzeptanz der sozialen Strukturen trotz der erlebten Barrieren lange Zeit mit einschloß. (G6; G15)

Gegenüber der Intelligenz verfolgte der DDR-Staat eine zwiespältige Politik, die durch den Wechsel zwischen Privilegierung und Beschränkung geprägt wurde, wobei sich historisch unterschiedliche Schwerpunkte zeigten. In der Nachkriegszeit erhielten, ihre politische Loyalität vorausgesetzt, verschiedene anerkannte Wissenschaftler und Künstler sie privilegierende Einzelverträge. (K/M7) Gleichzeitig existierten ein breitgefächertes System beruflicher und politischer Bevormundung sowie eine soziale Abwertung durch relativ geringe Löhne für akademische Berufe. (G7; G13; G16) Intellektuelle reagierten darauf in vielfältigen Schattierungen: mit Bereitschaft zur politischen Integration, mit Pragmatismus oder mit persönlicher Distanz zur politischen Ordnung.[21] (G5; G7; G13; G16; P18)

Für die soziale Schichtung während der DDR-Zeit läßt sich ein grundlegender Wandel feststellen, das ursprüngliche Ziel einer klassenlosen Gesellschaft wurde jedoch nicht erreicht. Soziale Differenzierungen wurden zwar politisch blockiert, letztlich konnten sie jedoch nicht aufgehalten werden. Insofern verbanden sich Elemente einer modernen mit solchen einer traditionellen Gesellschaft. (G83) Das belegt die eingangs formulierte These von der »politisch blockierten Differenzierung« in der DDR-Gesellschaft.

---

18 Siehe auch DDR 1974, S. 64.
19 Vgl. EBERT 1997, S. 29–41.
20 Vgl. auch NIETHAMMER et al.1991, S. 302–447; GEISSLER 1992a, S. 214.
21 Vgl. dazu das Kapitel Kultur und Medien, v. a. **K/M12; K/M16; K/M17; K/M18; K/M26; K/M27; K/M28.**

2. Gesicherter Mangel für alle: Die materielle »Gleichstellung« der DDR-Bürger

Ein grundlegendes Ziel der Gesellschaftsentwicklung in der DDR war darauf gerichtet, den Grundbedarf für alle Bürger auf möglichst gleichem Niveau zu sichern. Dem diente die zentral gesteuerte Verteilungspolitik: Die Preisgestaltung und die Versorgung mit Lebensmitteln und Gütern des täglichen Bedarfs wurden von einer Zentrale aus geregelt; das Recht auf Arbeit wurde über Anweisungen gesichert (G24; W3; W38; W47; W52; W58); der Bau von Sozialeinrichtungen wurde zentral geplant (G45) und das Niveau der Löhne und Gehälter auf der Grundlage des entwickelten »gesellschaftlichen Reichtums« zentral festgelegt. (G18)

Die umfassende Subvention von Preisen stellte ein wichtiges Prinzip der Verteilungspolitik dar. Gestützt wurden nicht nur Grundnahrungsmittel, sondern auch Mieten, Kinderkleidung, Kindertagesstätten, öffentliche Verkehrsmittel, Urlaubseinrichtungen, Dienstleistungen und selbst das Taxifahren. (G20; G21; G30; G33; P21; P28; W38; W58) Auf diese Weise wurden insbesondere Familien mit Kindern und Menschen mit geringen Einkommen indirekt unterstützt. Das verhinderte nicht, daß beispielsweise ein Teil der Altersrentner an der offiziell tabuisierten Armutsgrenze lebte.[22] (G32)

Das zentralistische Verteilungssystem bewirkte, daß es einen Markt für Konsumgüter und Leistungen im westlichen Sinne nicht gab. Daher blieben die Möglichkeiten zur selbstbestimmten Auswahl von Gütern nach dem individuellen Geschmack sehr begrenzt. Auch vor diesem Hintergrund wurde die DDR – im Gegensatz zur reichen Bundesrepublik – von allen DDR-Generationen als Mangelgesellschaft erfahren. Dennoch lassen sich deutliche Unterschiede im Lebensniveau zwischen den einzelnen Jahrzehnten erkennen. Die fünfziger Jahre waren aufgrund fehlender Marshallplan-Hilfen und der hohen Reparationslasten gegenüber der Sowjetunion mit erheblichen Entbehrungen verbunden. (G19; W17; W18; W19; W31; W32; W47; W48) Gerade in dieser Zeit hatten deutsch-deutsche Familienbeziehungen eine besondere Bedeutung für jene DDR-Bürger, die darauf zurückgreifen konnten. Sie ermöglichten – wie auch zu späteren Zeitpunkten – über die begehrten Westpakete und -besuche einen begrenzten Zugang zum Reichtum des Westens. (G23)

Seit Beginn der siebziger Jahre entspannte sich die Versorgungssituation durch ein spezielles Konsumgüter- und Wohnungsbauprogramm, ohne damit die anwachsenden Bedürfnisse befriedigen zu können. (G25; G27; G31; P16; W3; W5) Das Gefühl der Unzufriedenheit mit dem Waren- und Dienstleistungsangebot wuchs, obwohl – oder besser weil – sich der Lebensstandard verbessert hatte.

Die DDR-Bürger begegneten dem anhaltenden Mangel auf ihre Weise. Zum einen halfen sie sich mit vielem selbst. Statt nach Dingen herumzulaufen, die es nur schwer gab, wurden sie häufig eigenhändig gebaut. Dabei ging man sich in der Verwandtschaft und Bekanntschaft wechselseitig zur Hand.[23] Dinge, die es gerade gab, wurden

---

22 Vgl. WINKLER 1990a, S. 316–337.
23 Vgl. SEGERT/ZIERKE 1997, S. 149–174.

Einleitung

im Dutzend gekauft, gehortet und, wenn man etwas anderes brauchte, getauscht. So wurde der Mangel mitunter durch massenhafte private Lagerhaltung verstärkt. Das betriebliche Volkseigentum wurde häufig für private Zwecke genutzt, Materialdiebstähle galten als Kavaliersdelikte.[24] Es war geradezu selbstverständlich, während der Arbeitszeit einzukaufen, wenn sich »Sonderangebote« herumsprachen.

Der Mangel wurde zur ungeliebten Gewohnheit, er wurde von den Bürger bespöttelt (G34) oder erfinderisch überwunden. (G26) Wichtige Dinge wurden nicht selten auf dem einzig offiziell zugelassenen Weg der Eingabe[25] erkämpft. Besonders beliebt waren sie kurz vor Wahlen, verband sich doch damit direkt oder indirekt die Drohung, dem »Wählen« fernzubleiben oder aber akute Probleme öffentlich anzusprechen. In diesem Sinne waren die DDR-Bürger sehr erfindungsreich, wenn es darum ging, gegen Widerstände langfristig eigene Interessen wahrzunehmen.

3. Leben in der Familie und im »Kollektiv«

Das »Kollektiv« war eine zentrale Kategorie im Gesellschaftsmodell der DDR. Der »neue Mensch« sollte als Angehöriger eines Kollektivs frei von Eigennutz seine »Fähigkeiten allseitig entfalten« und ganz »in den Dienst des Sozialismus stellen«. Um dies zu erreichen, knüpfte die SED-Politik an traditionelle Lebensweisen an, sofern damit ein solidarisches Zusammenleben in der Gemeinschaft über die Interessen der einzelnen gestellt wurde. Die Förderung von Gemeinschaftsorientierungen zielte gleichermaßen darauf, die sozialen Kräfte der Menschen auf zentrale gesellschaftliche Ziele hin zu bündeln, wie auch das individuelle Verhalten zu zügeln, zu lenken und zu kontrollieren. Der daraus folgende Dauerkonflikt zwischen individuellen Ansprüchen und »gesellschaftlichen Notwendigkeiten« wurde mit der Garantie von sozialer Sicherheit nur überdeckt. Im Laufe der DDR-Geschichte wurde die offizielle Politik kollektiver Selbstbindungen deshalb zunehmend mit eigenständigen persönlichen Ansprüchen konfrontiert.

Seit den Anfangsjahren der DDR wurden zwei Gemeinschaftsformen, die auf eine Unterstützung des gemeinsamen Anliegens durch den einzelnen orientierten, in besonderer Weise staatlich protegiert. Zum einen war die Familienförderung ein wichtiges politisches Anliegen. (G37; G45) Das betraf nicht nur die eher private Sphäre, sondern ging einher mit einem breiten öffentlichen Betreuungsnetz für Kinder und Jugendliche in Kinderkrippen, Kindergärten, Schulhorts, Ferienlagern und Jugendfreizeiteinrichtungen, die durch örtliche Betriebe bzw. die Kommunen zu unterhalten waren. Zum anderen wurden Betriebe als Orte gemeinschaftlicher Aktivitäten gefördert. Sie waren nicht nur Arbeitsort, sondern auch Raum für soziale Kommunikation. Brigaden und Kollektive bildeten eine wichtige Grundlage für Freundeskreise und damit für die Freizeitgestaltung. Das kulturelle Leben in ihrem Rahmen konnte sich auch deshalb relativ breit entfalten, da für entsprechende Aktivitäten umfassende

---

24 Vgl. OBERSTES GERICHT 1988, S. 418.
25 Eingaben waren der offiziell genehmigte Weg, Leistungen von einer staatlichen Instanz einzufordern.

Mittel zur Verfügung gestellt wurden.[26] (G48) Die Realisierung von Berufsbildungsmaßnahmen gehörte ebenso wie gemeinsame Brigadeveranstaltungen nach Arbeitsschluß zum Wettbewerb »Sozialistisch arbeiten, lernen und leben«. (G39; K/M8; K/M9; K/M10; K/M27; K/M37)

Um die DDR-Bürger in die neue Gesellschaft einzubinden, wurden nicht nur die sozialen Kernbereiche Betrieb und Familie, sondern vielfältige Initiativen und Vereine gefördert. So wurde beispielsweise das in der unmittelbaren Nachkriegszeit entstandene Nationale Aufbauwerk (NAW) in ein Gefüge von Subbotniks[27] und von unbezahlten Arbeitseinsätzen übergeleitet. Häufig ging es dabei um eine attraktivere Gestaltung der Wohngebiete. (G39) Im Alltagsleben der DDR-Bürger spielten solche Aufrufe zu freiwilliger unbezahlter Arbeit jedoch eine untergeordnete Rolle. Für die Mehrheit besaßen solche Gemeinschaftsbindungen und -aktivitäten Priorität, die den individuellen Lebensbedürfnissen unmittelbar entsprachen. (G38; G42; G47) Auf diese Weise erklärt sich beispielsweise die massenhafte Mitgliedschaft in den Garten- und Sportvereinen. Noch am Ende der achtziger Jahre verfügte mehr als die Hälfte der Bevölkerung über einen Kleingarten. Der Verband der Kleingärtner, Siedler und Kleintierzüchter zählte fast 1,5 Millionen Mitglieder.[28] Im Deutschen Turn- und Sportbund (DTSB) waren 3,6 Millionen Menschen organisiert, darunter 846 000 Kinder.[29] Derlei Organisationen repräsentieren sinnbildlich die Nischengesellschaft DDR, indem sie auch Orte waren, an denen eine gewisse Stabilität im Alltag (G46), Rückhalt bei erfahrenen Konflikten und bei Entscheidungen in komplizierten Lebenssituationen gesucht wurden. (G35; G40; G41; G45)

Gleichzeitig behielt die »gemeinschaftliche Erziehung zum neuen Menschen« für die Beteiligten einen bitteren Beigeschmack: Vieles wurde für die Bürger geregelt, wodurch Spielräume für eigene Initiativen und persönliche Strategien systematisch beschränkt wurden. (G49) Diese Grenzen der Gesellschaft erschienen vielen aufgrund der Einbindung der DDR in das »sozialistische Lager« als unabänderlich. Das bedeutete für sie gleichzeitig, die strukturell begrenzten Alltagsbedingungen nach eigenen Vorstellungen ausgestalten und persönliche Lebensvorstellungen so gut es ging umsetzen zu müssen. Als eine Besonderheit der DDR-Gesellschaft ist in diesem Zusammenhang die für sie charakteristische eigene Witzkultur (G43) hervorzuheben. Mit dem »Kenn'ste den schon?« wurden persönliche Distanzen zu den als unabänderlich wahrgenommenen Gesellschaftsstrukturen ausgedrückt. Indem die Grenzen der Gesellschaft verlacht wurden, erleichterte man sich den Alltag.

Das seit Mitte der siebziger Jahre gestiegene Lebensniveau, die relative Normalisierung der alltäglichen Ost-West-Beziehungen u. a. m. erweiterten in gewissem Maße die Möglichkeiten, individuelle Lebensvorstellungen zu entwickeln. Das Alltagsleben der DDR-Bürger wurde merklich bunter. Auch wenn kollektive Formen der Freizeit-

---

26 Vgl. auch WINKLER 1990a, S. 251.
27 Als Subbotniks galten nach russischem Vorbild freiwillige, unbezahlte Samstagsarbeiten, zu denen unter einer spezifischen Zielstellung aufgerufen wurde – Erfüllung der Produktionspläne, Verschönerung der Wohngebiete, Geld erwirtschaften für bestimmte Zwecke etc.
28 Vgl. ERHOLSAME FREIZEIT 1977, S. 3; STJB-DDR 1989, S. 22; WINKLER 1990a, S. 235.
29 STATISTISCHES TASCHENBUCH 1989, S. 132.

Einleitung 173

gestaltung nach wie vor eine große Rolle spielten, wuchs die Gruppe derjenigen, die nach alternativen Lebensformen im persönlichen Umfeld suchten. **(G44; G49; G50; G51)**. Dieser private Bereich bot die einzige Rückzugsmöglichkeit, die Nische des gesellschaftlichen Alltags der DDR.

Die zunehmende Differenziertheit in der Gestaltung des DDR-Alltags zeigt sich in der Struktur der ostdeutschen sozialen Milieus. In einer ersten vergleichenden Studie wurden 1990/91 neun solcher Sozialmilieus in der DDR-Gesellschaft nachgewiesen. **(G83)** Vergleicht man die Milieustruktur Ostdeutschlands mit der Westdeutschlands,[30] so ist besonders auffällig, daß in der DDR quantitativ eher traditionelle soziale Milieus überwogen, die sich an herkömmlichen Verhaltensmustern orientieren.[31] Milieuformationen mit neuen, auf ausgeprägte Individualisierung orientierten Mustern waren seltener bzw. begannen erst, sich zu entwickeln.[31] An dem in traditionellen Milieus vorhandenen Gemeinschaftsbezug wurde mit den Maßnahmen und Förderregelungen für sozialistisches Gemeinschaftsleben durch die staatliche Politik in gewisser Weise angeknüpft. Im Laufe der DDR-Entwicklung zeigte sich gleichwohl, daß die Bürger darauf durchaus ambivalent und in bestimmtem Maß eigenständig reagierten. **(G40; G44)** Insbesondere Angehörige aus eher traditionellen Milieus konnten mit diesen Kollektivformen der Freizeitgestaltung gut umgehen. **(G48; G52)** Sie nahmen sie mit in die »neue Zeit« und gestalten sie unter den neuen gesellschaftlichen Bedingungen auf sehr unterschiedliche Weise. Junge Leute, die in traditionellen Milieus aufgewachsen sind, lösen sich nach der Wende stärker aus ihren bisherigen Lebensformen, während ihre Eltern an diesen nach wie vor festhalten. In den eher modernisierten Milieus entwickelte sich bereits in der DDR-Zeit ein ausgeprägtes Bedürfnis nach »Persönlichkeit«. Sie ordnen sich dadurch unauffälliger in die individualisierte Gesellschaft ein.[32]

4. Geschlechterpolitik im Wandel

In der DDR-Gesellschaft bekamen Frauen historisch neue Chancen und Rechte eingeräumt, gleichzeitig aber auch bestimmte Pflichten auferlegt. Nicht allein ihre rechtliche Gleichstellung, sondern vor allem ihre materielle Eigenständigkeit bot ihnen Möglichkeiten, sich freier als in vergangenen Zeiten zu entwickeln. Die offizielle Frauenpolitik in der DDR beruhte auf traditionellen Vorstellungen in der Arbeiterbewegung von einer Gleichbehandlung der Geschlechter in einer sozialistischen Gesellschaft.[33] Gleichzeitig erwuchs sie aus der Notwendigkeit, alle erwerbsfähigen

---

30 Siehe BECKER et al. 1992; VESTER et al. 1995, SPELLERBERG 1997.
31 Prägnante Beispiele sind das Traditionsverwurzelte Arbeiter- und Bauernmilieu, das Kleinbürgerlich-materialistische Milieu und das Bürgerlich-humanistische Milieu (G83; siehe BECKER et al. 1992, S. 77–114).
31 Beispiele hierfür sind das Subkulturelle Milieu, das Linksintellektuell-alternative Milieu und das Hedonistische Arbeitermilieu (G83; siehe BECKER et al. 1992, S. 77–114).
32 Vgl. SEGERT/ZIERKE 1997.
33 Vgl. BEBEL 1879.

Bürger aufgrund eines dauerhaften Mangels an Arbeitskräften in den Produktionsprozeß einzubeziehen. Die DDR-Frauen haben diese neuen Möglichkeiten und Herausforderungen als lebensweltliche Chancen genutzt, sie aber zugleich als konfliktbehaftet erfahren. Insbesondere ihre materielle Unabhängigkeit veränderte schichtübergreifend weibliche Denk- und Verhaltensmuster. Sie entwickelten eine Vorstellung von Emanzipation, die auf eine Vereinbarkeit von Mutterschaft, Familie und Berufstätigkeit im Alltag gerichtet war. Bezüglich ihrer gegenwärtigen Lebenssituation ergibt sich daraus die Frage, ob ostdeutsche Frauen tatsächlich einen »Emanzipationsvorsprung« hatten, oder ob sie unter DDR-Verhältnissen vorrangig als »Quotenfrauen« fungierten.[34] Was verbirgt sich hinter der These, daß die DDR die »weiblichste Gesellschaft Europas«[35] war?

Ein Anliegen staatlicher DDR-Politik bestand darin, für Frauen sowohl die generell zugänglichen Angebote sozialer Positionierung zu öffnen als auch darüber hinaus besondere Formen der Frauenförderung zu schaffen. (G53; G56) In den ersten Jahren nach der DDR-Gründung erlassene Gesetze orientierten auf die Erweiterung allgemeiner Grundrechte von Frauen. Seit Ende der fünfziger Jahre wurden weitergehende Maßnahmen getroffen, die sich unmittelbar auf die Gestaltung des weiblichen Alltags auswirkten. In den volkseigenen Betrieben (G56) wurden zielgerichtet Qualifizierungsangebote für Frauen angeboten, um ihren Nachholbedarf an formaler Bildung zu decken. Dabei nahm man beispielsweise durch die Einrichtung von »Frauensonderklassen«[36] in besonderer Weise auf bestimmte Pflichten in ihrem Alltag Rücksicht. Vor diesem Hintergrund vollzog sich eine Öffnung technischer Berufe, leitender Tätigkeiten in unteren und mittleren Positionen sowie wissenschaftlicher Arbeit für Frauen.[37] (G66) Damit drangen sie in klassische Männerdomänen ein, ohne daß eine wirkliche Gleichstellung erreicht wurde. Fast alle heranwachsenden Mädchen erlernten einen Beruf, die Zahl der studierenden Frauen entsprach seit Mitte der siebziger Jahren der von männlichen Studenten.[38] Dennoch nahmen sie innerhalb der Berufsstruktur eher untere Positionen und Arbeitsplätze in Branchen mit geringerem Prestige ein.

Dem Ziel einer höheren weiblichen Beschäftigungsquote dienten verschiedene außerbetriebliche Maßnahmen, wie z. B. der Ausbau des Netzes öffentlicher und betrieblicher Einrichtungen zur Kinderbetreuung. (G45) In zyklischen Abständen wurden Dienstleistungsangebote verbessert, um die Hausarbeit zu rationalisieren (G55) und die Frauen zu entlasten. Seit Mitte der siebziger Jahre befreiten zentral eingeführte, besondere Arbeitszeitregelungen Mütter von bestimmten Problemen, die eine öffentliche Kindererziehung wie auch ein notwendiger Familienrhythmus mit sich brachten. Die innerfamiliäre Rollenverteilung zwischen Männern und Frauen bei der Hausarbeit veränderte sich jedoch kaum.

---

34 Siehe MERKEL 1994; DÖLLING 1996.
35 NIETHAMMER 1994, S. 100.
36 Frauensonderklassen bei Weiterbildungseinrichtungen und Universitäten wurden im regionalen Umfeld organisiert, so daß lange Fahrzeiten entfielen. Auch die Stundenplanung wurde dem zeitlichen Rhythmus von arbeitenden Müttern angepaßt.
37 Siehe WINKLER 1990b.
38 Vgl. GEISSLER 1992a, S. 240 f.

Einleitung 175

Um eine Gleichbehandlung der Geschlechter zu fördern, wurden in den siebziger Jahren nach mehreren Anläufen Gesetze wie das Abtreibungsrecht liberalisiert, was Frauen eine eigenständige Entscheidung über ihren Körper und ihre Lebensperspektiven gestattete. (**G58**; **G59**; **G60**) Diese Möglichkeit wurde von den Frauen verantwortungsbewußt genutzt: Die Abtreibungszahlen schnellten nicht, wie mancherorts befürchtet, in die Höhe.[39] Die Erfahrung solcher staatlichen Regulierungen trug mit dazu bei, daß ostdeutsche Frauen nach der Vereinigung in der Auseinandersetzung um die Abtreibungsrechte wenig in Erscheinung traten, obwohl bzw. weil sie ihre Erweiterung für selbstverständlich hielten.

Diese verschiedenen Maßnahmen erklären in ihrer Gesamtheit einen hohen Anteil berufstätiger Frauen[40] (**G64**) und die damit einhergehende »Verweiblichung« der Gesellschaft. Am Ende der DDR lag der weibliche Beschäftigungsgrad (unter Einbeziehung der Lehrlinge und Studentinnen) bei 92 Prozent und erreichte damit einen historisch einmaligen Stand. Zugleich lag die Mütterrate in der DDR bei 90 Prozent[41], weibliche Erwerbsbeteiligung war auch bei einem oder mehreren Kindern möglich.

Diese hohe Erwerbstätigkeit der DDR-Frauen erklärt sich nicht allein aus der offiziellen Frauenpolitik, sondern auch aus dem Bedürfnis vieler Frauen, am beruflichen Leben teilzunehmen. Zum einen wurde dieses Bedürfnis von der Notwendigkeit des »Zuverdienstes« zu den Familienbudgets getragen, zum anderen stärkte die Berufserfahrung sowohl die Kompetenzen und Handlungsmöglichkeiten als auch die soziale Akzeptanz von Frauen.[42] Berufliche Tätigkeit und die damit verbundene ökonomische Unabhängigkeit steigerten ihr Selbstwertgefühl. Sie gestalteten und koordinierten unterschiedlichste soziale Beziehungen und individuelle Handlungsfelder (**G60**; **G62**; **G65**) und entwickelten dabei eigenständige Vorstellungen über Lebensziele, Handlungsstrategien und Aufgabenfelder. Das kam in politischen und gesellschaftlichen Funktionen von Frauen zum Ausdruck,[43] die sich in ihrem unmittelbaren Lebensumfeld (Wohngebiet, Einrichtungen ihrer Kinder, Nachbarschaften) konzentrierten. Die Eigenständigkeit in beruflichen und privaten Lebensabläufen zeigte sich auch (im Vergleich zu anderen Ländern) im hohen Anteil alleinerziehender Mütter.[44] (**G41**; **G43**) In der Kunst fand diese weibliche DDR-Typik in solchen Filmen wie »Die Legende von Paul und Paula« oder »Der Dritte« einen prägnanten Ausdruck. Besonderen Einfluß auf die Selbstbilder und Lebensansprüche der Generationen und Schichten von DDR-Frauen hatten beispielsweise die Romane von Christa Wolf (»Der geteilte Himmel«, »Nachdenken über Christa T.«, »Kassandra«), Brigitte Reimann (»Franziska Linkerhand«) und Maxie Wander (»Guten Morgen Du Schöne«).

All diese Prozesse weiblicher Emanzipation vollzogen sich weder für die Gesellschaft insgesamt noch für die einzelnen Frauen und ihr soziales Umfeld konfliktlos. (**G63**) Frauen artikulierten wiederholt, daß sie sich überfordert und überlastet fühl-

---

39 Vgl. WINKLER 1990b, S. 167.
40 Vgl. WINKLER 1990b, S. 55–100.
41 WINKLER 1990a, S. 26–32.
42 Vgl. NIETHAMMER et al. 1991; SCHWEIGEL et al. 1994.
43 Vgl. WINKLER 1990b, S. 199–203.
44 Vgl. WINKLER 1990b, S. 112 f. Alleinerziehend zu sein implizierte aufgrund materieller Sicherheiten nicht automatisch einen sozialen Abstieg.

ten. (G57) Entwicklungsmöglichkeiten auf dem einen Gebiet zogen Nachteile auf anderen nach sich. Eine nachhaltige Prägung weiblicher Verhaltensmuster im Sinne einer individuellen oder politischen Artikulation von Gleichstellungsinteressen blieb auf einzelne soziale Gruppierungen unter Frauen beschränkt. Diese Schwierigkeiten weiblicher Emanzipation erwuchsen aus einem generellen Problem: In der DDR waren es nach wie vor meist Männer, die Maßnahmen für Frauen festlegten. Einige sozialpolitische Beschlüsse (G25) brachten nicht nur mehr Entscheidungsmöglichkeiten, sondern auch -zwänge, die nicht ohne weiteres emanzipatorisch wirkten. Das betrifft die Reduzierung der Arbeitszeit für berufstätige Frauen ebenso wie Freistellungen nach den Geburten der Kinder vorzugsweise für Frauen oder Maßnahmen zur Reduzierung der Hausarbeit für weibliche Haushaltsmitglieder. Damit wurden Frauen für bestimmte Seiten des familiären Lebens verantwortlich gemacht, die reale Gleichstellungsprozesse im Alltag erschwerten. Obwohl frauenbezogene Organisationsstrukturen wie Frauenausschüsse und Frauenkommissionen existierten, konnten Frauen in der DDR nur unzureichend für sich selbst sprechen und damit politische Entscheidungen beeinflussen. Die auf sie gerichtete Massenorganisation, der Demokratische Frauenbund Deutschlands (DFD), erfüllte eher politische Alibifunktionen, als daß sie sich zu einer eigenständigen weiblichen Interessenvertretung entwickelt hätte. Weibliche Handlungsspielräume blieben insofern in der DDR vor allem im politischen Bereich begrenzt. Sie konzentrierten sich im Berufsleben.

Wie die juristische Gleichberechtigung der Frau sollte auch die Aufhebung des § 175, der homosexuelle Handlungen generell unter Strafe stellte, altes Unrecht beseitigen. Mit der Entkriminalisierung homosexueller Beziehungen zwischen Erwachsenen wurde die Strafrechtstradition der SPD und KPD der dreißiger Jahre wieder aufgenommen. Der § 175, der solche Beziehungen unter Strafe stellte, seit dem Strafrechtsänderungsgesetz von 1957 jedoch ohnehin kaum noch zur Anwendung kam, wurde 1968 aus dem Strafgesetzbuch gestrichen. Der § 175a hingegen, der homosexuelle Beziehungen zu Minderjährigen verbot, wurde aus der Zeit des Nationalsozialismus übernommen und 1968 durch den § 151 ersetzt. Dieser Paragraph zum »Schutz der Jugend«, der sexuelle Handlungen eines Mannes mit Jugendlichen gleichen Geschlechts unter Freiheitsstrafe bis zu drei Jahren stellte,[45] wurde im Dezember 1988 mit dem 5. Strafrechtsänderungsgesetz ersatzlos gestrichen.[46]

Im gesellschaftlichen Leben fand die Gleichberechtigung der Schwulen und Lesben weniger Berücksichtigung: In den fünfziger und sechziger Jahren wurden Homosexuelle als abnormal bzw. krank diskriminiert. Dieses Bild wurde vor allem durch Aufklärungsmaterial (G54) gesteuert, das mehrere Generationen nachhaltig prägte. Seit den siebziger Jahren gingen Schwule und Lesben vermehrt an die Öffentlichkeit und erzwangen einen liberalen Umgang mit sich; die Zugangsmöglichkeiten zu politisch relevanten Berufen und insbesondere Aufstiegsmöglichkeiten blieben ihnen jedoch verwehrt. Da keine Formen der Selbstorganisationen möglich waren, konzentrierte sich das kulturelle Leben auf Kneipen, Klappen, Parks und private Räume.

---

45 StGB der DDR vom 12. Januar 1968. In: GBl. I, Nr. 1 vom 22. Januar 1968, S. 32.
46 Siehe zu den Paragraphen THINIUS 1990.

Einleitung

In den siebziger Jahren, nachdem 1973 das westdeutsche Fernsehen Rosa von Praunheims Film »Nicht der Schwule ist pervers, sondern die Situation, in der er lebt« ausgestrahlt hatte, entwickelte sich eine Lesben- und Schwulenbewegung, die in der Homosexuellen Interessengemeinschaft Berlin (HIB) ihren ersten organisatorischen Ausdruck fand.[47] Das Gründerzeitmuseum des Transvestiten Lothar Berfelde alias Charlotte von Mahlsdorf war bis zum Verbot 1978 ein beliebter Treffpunkt Schwuler und Lesben. (G61) Anfang der achtziger Jahre bot die evangelische Kirche den Homosexuellen vermehrt Raum und versuchte, sie in ihre kirchliche Arbeit einzubeziehen, so daß sich in verschiedenen Gemeinden Selbsthilfegruppen bilden konnten.[48] Die Staatssicherheit interessierte sich für sie, da sie einen hohen Prozentsatz der Antragsteller auf Ausreise darstellten und Westkontakte konstatiert wurden. Im Herbst 1984 erarbeitete man an der Humboldt-Universität Berlin in der »Interdisziplinären Arbeitsgruppe Homophilie« eine Studie zum »sozialismusgemäßen« Umgang mit Homosexuellen,[49] die die soziale Integration Homosexueller bewirken sollte, um die »Leistungsfähigkeit aller Bürger, ihr volles Engagement und ihre unbeschwerte Identifikation mit der sozialistischen Gesellschaft«[50] zu fördern.

Mitte der achtziger Jahre gelang es Berliner Schwulen und Lesben, einen Jugendclub für sich zu nutzen, der als »Sonntags-Club« 1987 als erste lesbisch-schwule Vereinigung in der DDR offiziell anerkannt wurde. Clubs in anderen Städten (»Rosa Linde« in Leipzig) folgten. Erst nach dem Mauerfall gründete sich am 18. Februar 1990 in Leipzig der Schwulenverband der DDR, aus dem nach der Wiedervereinigung der Schwulenverband in Deutschland (SVD) wurde.

Geradezu metaphorisch ist die Geschichte des ersten und letzten Spielfilms der DEFA über Homosexualität: »Coming out« von Heiner Carow, ein Film, der von einem Lehrer erzählt, der seine Homosexualität entdeckt und akzeptiert, feierte am 9. November 1989 im Berliner Kino »International« Premiere. In dieser Nacht hatten nicht nur Schwule ihr »Coming out«.

5. Jugendkultur in der staatssozialistischen Gesellschaft

Die SED hat der Jugend in allen Jahrzehnten sehr große Aufmerksamkeit geschenkt. (G68; G70; G72) Sie sollte für den Aufbau des Sozialismus ideologisch gewonnen und aktiviert werden. Das Motto lautete: Wer die Jugend gewinnt, dem gehört die Zukunft.

Zunächst wurde dieses Ziel vorrangig durch Bildung und »Erziehung zur sozialistischen Persönlichkeit« verfolgt. Dazu diente nicht nur die Schule als allgemein verbindliche Erziehungsinstanz, sondern seit 1946 auch die FDJ sowie die Ende 1948

---

47 SILLGE 1991, S. 89 f.
48 So 1982 der »Arbeitskreis Homosexualität« in Leipzig und 1983 »Schwule in der Kirche« in Berlin.
49 Vgl. Thinius in: STARKE 1994, S. 25–31.
50 Aus dem Positionspapier »Zur Situation homophiler Bürger in der DDR«, 1985. Zit. nach: STARKE 1994, S. 27.

gegründete Pionierorganisation »Ernst Thälmann«. Beide Organisationen vereinten zunächst jenen politisierten Teil der Heranwachsenden, der am Aufbau der neuen Gesellschaft aktiv teilnehmen wollte. Nach einer kurzen Phase postulierter parteipolitischer Unabhängigkeit wurde die FDJ als »Kampfreserve der Partei« organisiert. (P23; P26; P27) Mit Hilfe von Werbekampagnen wurde versucht, immer mehr Jugendliche als Mitglieder zu gewinnen. Von Anfang an war die FDJ einem Spagat zwischen ideologischer Erziehung und einer Freizeitgestaltung, die den Vorstellungen von Jugendlichen entspricht, ausgesetzt. War die erste Generation der FDJler noch aus unmittelbar politischen Motiven angeschlossen, gehörte es für nachfolgende Generationen eher zur Routine, den Jugendorganisationen beizutreten, ohne daß damit von Seiten der Kinder und Jugendlichen unbedingt bestimmte politische Ziele akzeptiert wurden. Die Jugendlichen lernten die FDJ vielmehr als Organisationsmonopol für Freizeitveranstaltungen kennen und versuchten, deren Möglichkeiten im eigenen Interesse zu nutzen.

Eine ähnliche Umdeutung erfuhr die Instanz der Jugendweihe[51]. Gedacht war ihr Reaktivieren seitens der SED in den fünfziger Jahren als ein Instrument zur Durchsetzung eines atheistischen Initiationsrituals, das die Jugendlichen auf die aktive Teilnahme beim Aufbau des Sozialismus verpflichtete. Die Jugendweihe sollte den Einfluß der Konfirmation und der Kirche insgesamt zurückdrängen. (G69; K3; K17) Massenhafte Verbreitung erlangte die Jugendweihe jedoch erst, als Eltern und Schüler sie als Familienfeier annahmen, bei der der Schritt zum Erwachsenwerden gemeinsam gefeiert wurde. Wichtiger als abverlangte Gelöbnisse war den Jugendlichen, Geschenke von Verwandten zu bekommen und an diesem Tag im Mittelpunkt der Familie zu stehen.[52] Aus diesen Gründen überlebte die Jugendweihe als Ritus ihre sozialistische Einbindung.

Neben der Schule[53] und den Jugendorganisationen wurden durch den Staat weitere Gemeinschaftseinrichtungen für Kinder und Jugendliche geschaffen. Auch sie befanden sich wie die FDJ im Zwiespalt zwischen materieller Betreuung, sozialistischer Erziehung und Freizeitgestaltung. Sie prägten die Erfahrungswelt vieler Kinder und Jugendlicher in der DDR. So besuchte eine wachsende Anzahl von Kindern die betrieblichen und staatlichen Vorschuleinrichtungen, wie Kindergärten und später auch Kinderkrippen. (G45; G67; G81) In allen Schulen konnten die Schüler zu Mittag essen. Wenn beide Eltern arbeiteten, war es möglich, einen Schulhort[54] zu besuchen, in dem sie gemeinsam spielten und die Hausaufgaben erledigten. Beliebt waren die Ferienlager, die von den elterlichen Betrieben, Schulen oder den Jugendorganisationen jährlich organisiert wurden und staatlich oder über die Betriebe subventioniert wur-

---

51 Die Jugendweihe geht auf eine Tradition der Freidenker zurück, die mit diesem Ritus Jugendliche in ihre Gemeinde aufnahmen. Seit der Jahrhundertwende war sie eng mit der politischen Arbeiterbewegung verbunden.
52 Daraus läßt sich auch die Renaissance der Jugendweihefeiern in der Gegenwart erklären.
53 Die Schule selbst wurde durch Verträge mit Patenbrigaden aus örtlichen Betrieben für einzelne Schulklassen mit der Produktion »verbunden«. Diese sollten einer Erziehung zur Arbeit dienen.
54 In diesem Sinne waren alle Schulen bis zum Ende der 4. Klasse Ganztagsschulen, deren Angebote nach persönlichem Bedarf genutzt werden konnten, aber nicht mußten.

den. Dadurch waren zwei bis drei Wochen Ferien in einem der – teilweise sehr bescheiden eingerichteten – Kinderferienlager für den Einheitspreis von zwölf Mark für jeden bezahlbar. (G77) Durch Ferienspiele am Heimatort wurde den Eltern die Obhutspflicht während langer Ferien erleichtert.

Während des Schuljahres erlebten die Schüler zahlreiche Kampagnen. Dem lag ein Verständnis zugrunde, daß den staatlichen Autoritäten nicht nur die Pflicht zur Erziehung auferlegte, sondern auch eine Art Animationspflicht, die davon ausging, individuelle Aktivitäten der Kinder und Jugendlichen erst wecken zu müssen. Die Angebote reichten von jährlichen Sport-, Sprach- und Mathematikolympiaden auf schulischer, Kreis-, Bezirks- und DDR-Ebene über Altstoffsammelaktionen verschiedenster Reichweite[55] (G76) oder Ausstellungen der Messe der Meister von morgen (MMM)[56], auf denen Ergebnisse der Teilnahme an außerunterrichtlichen Arbeitsgemeinschaften[57] präsentiert wurden. Sie verschafften den Schülern auch ohne ideologische Bindung ganze Sammlungen an Urkunden und Medaillen für aktive »gesellschaftlich nützliche Arbeit«.

Diese »kollektiv« geprägte Erlebniswelt von Kindern und Jugendlichen beeinflußte sie zweifellos ideologisch, jedoch weit subtiler, als Propagandabilder vermuten lassen. Eigenständige Lebensvorstellungen ließen sich durch die politische Beeinflussung nie ganz unterdrücken. Schulentlassungen und öffentliche Kampagnen gegen »westlichdekadente« Ringelsocken, Jeans oder Beat-Musik erwiesen sich eher als kontraproduktiv im Sinne ihrer Initiatoren. (K/M26) Mit wachsendem Lebensniveau und beeinflußt durch verwandtschaftliche Beziehungen nach Westdeutschland sowie den dauerhaften Einfluß westlicher Medien nahm deren Verbreitung zu. (G7; K/M39)

Den sich unaufhaltsam verstärkenden Bedürfnissen nach einer eigenen Jugendkultur mußte der SED-Staat seit Beginn der siebziger Jahre in begrenztem Umfang nachgeben. Mehr noch: Die SED-Führung versuchte sogar, mittels staatlicher Förderung die Heranwachsenden wieder mehr an den Sozialismus zu binden. Bei einem Teil der mittleren Generation ist das zunächst auch gelungen. Er nutzte die neuen materiellen Möglichkeiten und insbesondere die Öffnung gegenüber den osteuropäischen Ländern zur Erweiterung seines kulturellen Horizontes. So verstärkte sich der Einfluß ungarischer und polnischer Musikgruppen in der DDR. Reisen dorthin wirkten nicht allein als Ventil für unmögliche Fahrten in westliche Länder. (G71)

Seit den siebziger Jahren wurden als neu entstehende Freizeitmöglichkeiten für Jugendliche insbesondere Jugendklubs und Diskos staatlich gefördert. Hier konnten

---

55 Bei den Annahmestellen für Sekundärrohstoffe (SERO) wurden leere Flaschen und Gläser, Lumpen, Zeitungs- und Knüllpapier abgegeben. Man erhielt ein geringes Rückgabegeld: 5–15 Pfennige für Gläser und Flaschen (später 30 Pfennige), 30 Pfennige für gebündeltes Zeitungspapier, 15 Pfennige für Knüllpapier und Lumpen. Die Beteiligung war relativ hoch.
56 Bei der MMM handelte es sich um die DDR-Version der Jugend-forscht-Bewegung.
57 Jeder sollte wenigstens an einer solchen Arbeitsgemeinschaft teilnehmen. Sie wurden vom DTSB, von den örtlichen Pionier- und Klubhäusern und von den FDJ-Organisationen der Schulen organisiert. Die Teilnahme wurde als »gesellschaftlich nützliche Arbeit« häufig im Zeugnis erwähnt.

sich junge Leute unter Einhaltung bestimmter Regeln[58], die die Interessen der offiziellen Politik formell berücksichtigten, in zunehmendem Maße ihre eigene Welt gestalten. (G74; G78)
Als nicht weniger bedeutsam, obwohl ebenso begrenzt, wurde die Erweiterung des Bekleidungssortimentes für Jugendliche erlebt. Betriebe mußten nun für die neu eingerichtete Marke »Jugendmode« eigenständige Kollektionen entwerfen, die es in dieser Form vorher nicht gab. (G75) Dennoch reichte das Angebot nie aus. Spezielle Jugendmedien wurden etabliert. DT 64, bereits 1964 zum Deutschlandtreffen als Sender geschaltet, dann als mehrstündige Jugendsendung des DDR-Rundfunks fortgesetzt und zuletzt wieder als regulärer DDR-Rundfunkkanal etabliert, profilierte sich zum beliebten Jugendsender. Es entstand die DDR-Rockmusikszene, die mit ihren deutschsprachigen Titeln großen Einfluß auf das Lebensgefühl eines Teils der DDR-Jugendlichen gewann.[59] (K/M34) Gleichwohl waren jugendorientierte Einrichtungen nicht vor wiederholtem staatlichem Eingriff in der »Tradition« des Vorgehens zum Kulturplenum 1965[60] (K/M26; K/M29) gefeit. Die Studentenzeitung *forum* wurde Ende der siebziger Jahre auch wegen der in ihr relativ freien politischen Diskussion eingestellt. In weit geringerem Maß fand diese in dem Jugendmagazin *neues leben* statt, in dem Themen wie Musik und Mode, Sexualität und FKK, Kinderwunsch und Geburtenkontrolle eher private Freiräume vermittelten. (G73; G74; G75)

Auch bei der Gestaltung von sozialpolitischen Maßnahmen dieser Zeit wurden Bedürfnisse von Jugendlichen stärker beachtet. Junge Eheleute erhielten zinslose Ehestandsdarlehen (G25) und wurden bei der Wohnungsvergabe bevorzugt.[61] (G27) Alle genannten Maßnahmen verfolgten das Ziel, die jungen Generationen an die DDR zu binden, und konnten doch nicht verhindern, daß sich eigenständige Lebensansprüche entwickelten. Die offiziell eingeräumten neuen Möglichkeiten wurden für eine individuelle Lebensgestaltung von den Jugendlichen immer selbstbewußter genutzt. (G74; G75; G79) Dennoch konnte das rasant wachsende Bedürfnis, eigenständige Lebensstile auszuprobieren, in seinem Kern nicht befriedigt werden.[62] Dies fand seinen Ausdruck zum einen in den verschiedenen Kunstformen. Das Theaterstück »Die neuen Leiden des jungen W.« oder der DEFA-Film »Solo Sunny« sind Beispiele dafür. Zum anderen entstanden in der jüngsten DDR-Generation kleine Gruppen mit einer eigenen Subkultur, beispielsweise Punks und Skinheads.[63] Sie gerieten immer mehr in Konflikt mit dem DDR-Staat. Besonders problematisch war es, wenn der Staat – wie im Falle des obligatorischen Wehrunterrichts geschehen – gegenüber den Schülern direkt einen Konfrontationskurs fuhr, der »Wahlmöglichkeiten« in bestimmten Berei-

---

58 So sollten bei Diskoveranstaltungen die westliche und die DDR-Musik in einem Verhältnis von 40:60 stehen. Im Alltag haben sich die Veranstalter daran häufig nicht gehalten.
59 So zum Beispiel die Schallplatten von Renft, Puhdys, Stern Meißen in den siebziger Jahren und später auch der Gruppen City, Pankow, Silly.
60 Auf diesem SED-Plenum wurden die Beat-Musik und einzelne Künstler wie Stefan Heym angegriffen und verschiedene DEFA-Filme verboten.
61 Die Wohnungsvergabepolitik hat nicht wenige junge Leute veranlaßt, früher als geplant zu heiraten.
62 Vgl. FRIEDRICH/GRIESE 1991, S. 191–200; JUGEND 1992, Bd. 3, S. 29–60.
63 Siehe STOCK/MÜHLBERG 1990.

chen definitiv ausschloß. (G82) Neben diesen immer wieder aufbrechenden Alltagskonflikten formulierten einige wenige Jugendliche auch öffentlich Kritik an den gesellschaftlichen Verhältnissen. Sie forderten mehr oder weniger deutlich erweiterte politische Handlungsmöglichkeiten (G80; P34), jedoch ohne Erfolg. Im Ergebnis dieser Entwicklungen verbreitete sich das Gefühl von Unzufriedenheit unter den Jugendlichen immer mehr.[64] Kein Wunder also, daß 1989 so viele von ihnen der DDR den Rücken kehrten.

Als Fazit des sozialen Wandels in der DDR läßt sich festhalten, daß die Politik systematisch versucht hat, in das Alltagsleben der Menschen einzugreifen. Dies ist ihr auch in allen Bereichen gelungen. Sie setzte die Rahmenbedingungen für individuelles Handeln. Das heißt aber nicht, daß die DDR-Bürger wie Marionetten von morgens bis abends an den Schnüren der SED hingen. Die offizielle Gesellschaftspolitik, durch zentralistische Maßnahmen bessere Lebenschancen für alle zu schaffen, schloß in begrenztem Maße Möglichkeiten für die Entfaltung individueller Fähigkeiten und Aktivitäten ein. Daher läßt sich die Grunderfahrung vieler DDR-Bürger als Wechselbad zwischen gesellschaftlichen Blockaden und individuellen Handlungsräumen beschreiben. Zwar konnte man in der DDR der siebziger und achtziger Jahre weitaus besser leben als in den entbehrungsreichen fünfziger Jahren, aber das verheißungsvolle Ziel einer besseren Gesellschaft, mit dem die DDR 1949 gegründet worden war, hatte sich nicht erfüllt. Daraus läßt sich erklären, warum so viele Ostdeutsche in die andere deutsche Gesellschaft große Hoffnungen setzten und nur sehr wenige die DDR zurückwünschen. Gleichwohl haben die in ihr gemachten Erfahrungen die Lebensansprüche und Verhaltensmuster der Menschen nachhaltig geprägt. Das wiedererwachende Selbstbewußtsein der Ostdeutschen drückt den Anspruch aus, diese eigenständigen Lebenswerte und Erfahrungen gleichberechtigt in die gemeinsame deutsche Gesellschaft einbringen zu können.

---

64 Vgl. BECKER et al. 1992, S. 98–103.

Dokumente

1. Soziale Umschichtung der ostdeutschen Gesellschaft

G1: *Vom Kfz-Schlosser zum Offizier – ein Berufsweg aus der Nachkriegsgeneration*
1945 bis 1990

HL[65]: [...] Hab meine Lehre unterbrochen 44, hab denn noch zwoeinhalb Jahre in Polen gelebt und bin denn 1947 hierhergesiedelt, umgesiedelt worden.
I[66]: Was war das für eine Lehre?
HL: Kfz-Schlosser hab ich gelernt und unterbrochen, so und denn hab ich erst mal bei der Sowjetarmee gearbeitet und da hab ich och bei den Polen gearbeitet und ich, ich bin einer derjenigen, der wenigen, der heute noch sacht: »Ich hab in Polen die schönste Zeit verlebt«. [...] Ich war kein Nazi [...], ich konnte nicht wählen, ich bin zwar Hitlerjunge gewesen, ich bin och in diesem System, aber ich war keen Nazi, also da war ich gegen und wo ich diese Not und Elend kennengelernt habe, die Trecks gesehen habe damals, wie se damals kamen, ja, von Arabien und von Polen und sei's och immer, dieses Elend bei diesem Frost, die Kinder, hab ich gesagt, jetzt kämpf'ste für Ideale. Da hab ich mich politisch arrangiert, bin in de FDJ, komischerweise sogar bei der Gewerkschaftsjugend hab ich mich arrangiert. Ich war in H[...] Vorsitzender IG [...] der Jugend, der Jugendkommission. Wir war'n Tausende, wir ham damals in den schweren Jahren neunzehnhundertachtund, '47, achtund, '49 dolle Feste gefeiert. Die Leute hatten nischt zu essen, aber der Zusammenhalt war besser als in den Jahren darauf, weil die Not die Leute zusammengehalten hat. [...] Und dann stand die Frage, wo de ausgelernt hast: Was machst'e? Ick war Jugendfunktionär in Betrieben, Privatbetrieben, ich hab schwer gearbeitet. Mir sind se mit'n Schmiedehammer auf mich zujegangen 1947/48, weil ich 'ne politische Meinung vertreten hab. [...] Und da hab ich gesacht: Du wirst keen Kfz-Schlosser, du bleibst keen Kfz-Schlosser, sondern du gehst zur Polizei, um Menschen zu schützen, Menschen zu helfen, damit sowat nich mehr vorkommt. Also so und da hat ich'n guten Freund, der war auf 'ner Station als in H[...] und der hat mich dann hingeholt. Und dann stand die Frage: Mach bei der Gewerkschaft weiter, du engagierst dich mächtig mit der Gewerkschaftsjugend, geh ich auf Gewerkschaftsschule, werde Förster. Wie ich dazu kam, weeß ich och nicht, ich habe nie Ambitionen gehabt, aber die suchten damals Leute in der schweren Zeit, ja. Weil ich 'n bißchen helle war, ham se gesagt, na der kann wat wer'n, denn so war's ja. Und denn hab ich gesagt, ich geh zur Polizei, und denn bin ick eben 49, ich hab ausgelernt gehabt 49, aufgrund meiner Lehrunterbrechung zweieinhalb Jahre hab ich weitergemacht, Gott sei Dank oder auch nicht. Ich mein', ich hab von dem Beruf

---

65 Herr L (HL) nahm zeitweise an dem biographischen Interview mit seiner Frau teil und beteiligte sich aktiv an dem Gespräch. Er ist Jahrgang 1930, NVA-Offizier, verheiratet, sechs Kinder.
66 I = Interviewerin.

nischt mehr jetzt, aber ich war immer stolz, 'n Beruf zu ham. Und denn bin ich 49 zur Fahne gegangen und bin bis 1990 bei der Fahne geblieben. Aber, obwohl, es war meine Konzeption, du gehst 'n paar Jahre zu Verwaltungsschule, sprich Polizeischule, und wirst denn später mal irgendwie Kriminalpolizei oder irgendwie mal noch weiter. Und denn bin ich eben von der damaligen Polizei mit rotem Binder und blauem Hemd bis zur KVP, bis in die Armee überjejangen, ja. Und da hatt' ich natürlich 'ne Möglichkeit, die's, die ich als Arbeiter wahrscheinlich nie gehabt hätte, denn ich konnte eben 'ne höhere Offizierslaufbahn eingehen.

Biographisches Interview mit Frau L[67] vom 15. Oktober 1991, anwesend Herr L (HL). Interviewtranskript im Archiv der Verfasserinnen.

G2: *Über die Beschlagnahme einiger Eigentumskategorien in Deutschland*
30. Oktober 1945

1. Das Eigentum, das sich auf dem von den Truppen der Roten Armee besetzten Territorium Deutschlands befindet und
   a) dem deutschen Staat und seinen zentralen und örtlichen Behörden;
   b) den Amtsleitern der Nationalsozialistischen Partei, den führenden Mitgliedern und einflußreichen Anhängern; [...]
   f) Personen, die von dem Sowjetischen Militärkommando durch besondere Listen oder auf eine andere Weise bezeichnet werden,
   gehört, als beschlagnahmt zu erklären. [...]
3. Sämtliche deutsche Ämter, Organisationen, Firmen, Unternehmen und sämtliche Privatpersonen, in deren Nutzung sich gegenwärtig das [...] aufgezählte Eigentum befindet [...], sind verpflichtet, [...] eine schriftliche Erklärung über dieses Eigentum an die örtlichen Selbstverwaltungsorgane [...] einzureichen. [...]

Sämtliche Abmachungen über dieses Eigentum, ohne die Einwilligung der Sowjetischen Militärverwaltung getroffen, werden als ungültig erklärt. [...]

Befehl des Obersten Chefs der Militärverwaltung und Oberbefehlshabers der Gruppe der sowjetischen Besatzungstruppen in Deutschland, Nr. 124, vom 30. Oktober 1945. In: BEFEHLE 1945, S. 20 f.

G3: *Jede Hilfe für Umsiedler*
Juli 1946

Bei einer Tagung für Umsiedler kam zur Sprache, daß in vielen Orten des Kreises [Dippoldiswalde] den Umsiedlervertretern von den Bürgermeistern noch Schwierigkeiten bei der Zusammenarbeit bereitet werden. In einer Entschließung fordern die

---

67 Der Name und verschiedene personenbezogene Angaben sind bei diesem und allen folgenden Auszügen aus biographischen und themenzentrierten Interviews bzw. Gruppengesprächen anonymisiert worden.

Umsiedler u. a. folgendes: »Schaffung von Verdienstmöglichkeiten für Umsiedler; Gewährung von Verdienstmöglichkeiten für Umsiedler; Gewährung von Auszahlungen aus eingefrorenen Guthaben auch für Umsiedler aus den Ostgebieten; Zulassung der Umsiedler in alle Ortsausschüsse; Beschaffung von dringend benötigter Kleidung und Hauswirtschaftsgeräten sowie Schaffung von Handhaben zur Freimachung von unbenutztem Wohnraum für Umsiedler«.

Neues Deutschland vom 10. Juli 1946.

G4: Probleme einer Umsiedlerin aus Zentralpolen
1947

S[68]: [...] Was soll ich nu zu sag'n? Nach wo Stalin ringekomm' [ist], bin ich 47 hierhergekomm'n, in Q[...] hab ich niescht zu lachen gehabt und bis heute nich. Die alten Umsiedler, die sin tot und von den jungen wird man ja kaum beachtet. [...] War schon immer so. Die erste Zeit wo ich nach Q[...] gekomm bin, hab ich sehr viel geweint, weil ich des nich gewehnt war von Zuhause. Da war des allesch anderscht. [...] Der Vater von meine erschte Tochter is ja gefallen. [...] Da hab ich 45 Mark Rente für, Jeld 'krigt. Für die Zweite hab ich gar nichts gekrigt. Des hat ja geheißen, für die Polenkinder und für Russenkinder[69] hat ja die DDR nichts gezahlt. Die mußt se, muß die Mutter selber aufkomm. Stand of dem Schein droff un fertich. [...]

Biographisches Interview mit Frau S vom April 1992. Interviewtranskript im Archiv der Verfasserinnen.

G5: Mystifizismus und Melioration
1947/1948

Es ist wahr: Über Lehrer Sigel kann sich niemand beklagen, ausgenommen Frieda Simson [Parteisekretärin]. Für sie ist der neue Lehrer eine *gesellschaftliche Niete*. Er steht für Friedas Begriffe zu wenig im Vordergrund. Das hat aber seinen Hintergrund: Frieda und Lehrer Sigel streiten sich zuweilen gelehrt und fahren aufeinander los. Frieda fährt dabei im Tank mit drei Geschützrohren und Lehrer Sigel spaziert zu Fuß. »Der Mensch entwickelt sich«, sagt Frieda.

»Aber langsam«, gibt Lehrer Sigel zu bedenken, denn er hat soeben die Bildnisse altägyptischer Kunst studiert. Frieda fährt mit Vollgas. »Der Mensch entwickelt sich von Stunde zu Stunde.« Lehrer Sigel springt zur Seite. »Was das menschliche Mundwerk betrifft, so sind wir einer Meinung, aber Herz und Hirn, und darauf kommt's an.« Frieda läßt die Motoren aufheulen. »Das Herz ist ein Muskel! Bizeps!« »Aber die Seele«, schreit Lehrer Sigel gequält. Frieda überrollt Lehrer Sigel. »*Mystifizismus,*

---

68 Frau S ist Jahrgang 1922, ungelernte Arbeiterin, verwitwet, vier Kinder.
69 Gemeint sind Kinder, die offensichtlich nicht wenige Umsiedlerfrauen nach Vergewaltigungen durch sowjetische Soldaten oder die polnischen »Sieger« ausgetragen haben.

Lyrik, Psychopatrie, Melioration und Reaktion!« Lehrer Sigel läßt sich überrollen und bleibt eine Weile scheintot liegen, dann steht er auf, rückt seine Brille zurecht und sagt: »Auch die marxistischen Klassiker verschmähten den Begriff Seele nicht!« [...] Frieda zerrt den Lehrer vor die Parteigruppe. [...] »Richtig, daß ihr die Sache hier verhandelt, damit alle was davon haben!« sagt Karl Krüger und erzählt von frommen Männern, die in der Vergangenheit darum stritten, wieviel Engel auf einer Nadelspitze tanzen könnten. Moderne Leute streiten sich natürlich um ökonomische Dinge: Was war früher: das Ei oder die Henne? Gescheite Leute, die sich wie die Krähen um einen Knochen balgen, bis sie der Hund mitsamt den Knochen schnappt. Scholastiker – eine feine Sorte! Seele hin, Seele her – ein Hilfswort für eine Qualität, die man Menschlichkeit nennt.

STRITTMATTER 1963, S. 299–301.

G6: *Sonderrechte und Sonderverpflichtungen für Arbeiter*
10. August 1950

Die jetzt in unseren Betrieben abgeschlossenen Kollektivverträge werden weiter dazu beitragen, daß bei der Erfüllung der gegenseitigen Verpflichtungen mit jedem Monat, mit jedem Quartal und mit jedem Jahr unsere Lage verbessert wird und der Wohlstand unseres Volkes ständig und unaufhaltsam wächst. Bergarbeiter, Angestellte, Steiger und Techniker!

Unsere Regierung gab uns Sonderrechte, zeigen wir uns ihrer würdig und übernehmen wir Sonderverpflichtungen. Schaffen wir noch mehr Kohle, mehr Erz, mehr Kali, mehr Schiefer, und sichern wir damit die Erfüllung des Fünfjahrplanes. Unsere Arbeit dient dem Frieden, dem Aufbau, der Einheit und dem Wohlstand aller Werktätigen.

Verordnung zur Verbesserung der Lage der Bergarbeiter. In: VERORDNUNG 1951, S. 9.

G7: *Soziale Diskriminierung und Anpassung von Bürgerkindern*
fünfziger/sechziger Jahre

[Franziska:] Wir beide, wir waren unserer alten Welt abtrünnig, und die neue nahm uns nicht auf oder nahm uns nur mit Vorbehalten. Es gab Zeiten, Ben, da waren wir wie besessen, radikal, intolerant bis zur Grausamkeit, wir verleugneten uns [...] Wie soll ich dir das erklären, Ben aus Berlin-Kreuzberg [...] Wir waren Sonstige ... Beim Abitur füllten wir Fragebogen aus; für die Rubrik Klassenzugehörigkeit gab es drei Buchstaben, A, B und S, Arbeiter, Bauern und Sonstige. Du siehst, ich habe diese Bagatelle bis heute behalten, das verdammte S muß mich schrecklich gekränkt haben. Im Kalvinismus, glaube ich, gibt es den Begriff Prädestination, Gnadenwahl, weißt du, und da kannst du dich abstrampeln wie du willst und kannst dich auf den Kopf stellen – du bist auserwählt oder bist es nicht, eine höhere Macht hat längst über dich entschieden, bevor du deinen ersten Schrei getan hast: Himmel oder Hölle. Genauso fühlten wir uns, etikettiert: einmal ein Bürger, immer ein Bürger. Ich kann dir nicht sagen, wie wir darunter gelitten haben... Ach nein, es geschah nichts Erschütterndes, ich kann mich nicht mal hinstellen und schreien: Seht, an uns ist ein Verbrechen begangen worden! Verdächtigungen, Nadelstiche, ein idiotischer Kleinkrieg um ein Buch (denn natürlich hatten wir einen dekadenten Geschmack), um Wilhelms Kreppsohlenschuhe (denn natürlich war er anfällig für die westliche Mode), unsere Sorgen – intellektuelle Wehwehchen... Ach, wozu diesen tollen Unsinn wiederholen? Alte Geschichten, die niemand mehr hören will. Wir sind nicht dran gestorben. Wir haben gelernt, den Mund zu halten, keine unbequemen Fragen zu stellen, einflußreiche Leute nicht anzugreifen, wir sind ein bißchen unzufrieden, ein bißchen unehrlich, ein bißchen verkrüppelt, sonst ist alles in Ordnung.

REIMANN 1974, S. 63.

G8: Offizielle Statistik der sozialökonomischen Struktur der Berufstätigen der DDR 1955 bis 1988

Sozialökonomische Stellung (Angaben in Prozent)	1955	1970	1988
Berufstätige (einschließlich Lehrlinge)	100	100	100
Arbeiter und Angestellte (einschließlich Lehrlinge)	78,4	84,5	88,8
Mitglieder von Produktionsgenossenschaften	2,4	12,3	9,2
darunter			
LPG	2,3	8,7	7,0
PGH	0,0	3,1	1,8
Übrige Berufstätige	19,3	2,8	2,0
darunter			
Einzelbauern und private Gärtner	12,6	0,1	0,1
Private Handwerker	3,9	1,7	1,2
Private Groß- und Einzelhändler	1,8	0,3	0,4
Freiberuflich Tätige	0,4	0,2	0,1

STJB-DDR 1989, S. 11.

Dokumente

G9: *Gesetzbuch der Arbeit schreibt das Recht auf Beschäftigung fest*
12. April 1961

Die Arbeiter-und-Bauern-Macht und das Volkseigentum garantieren erstmals in der Geschichte Deutschlands die Freiheit und die sozialen Rechte der Werktätigen, wie das Recht auf Arbeit, das Recht auf gleichen Lohn für gleiche Arbeit, das Recht auf Bildung, das Recht auf Erholung und das Recht auf Gesundheits- und Arbeitsschutz sowie auf materielle Versorgung bei Krankheit, Invalidität und Alter. Das sind entscheidende sozialistische Errungenschaften der Werktätigen.

Gesetzbuch der Arbeit der DDR vom 12. April 1961 (Auszug). GBl. I, 5/1961, S. 27.

G10: *Grenzgänger schädigen die Allgemeinheit*
7. Juli 1961

Es ist doch hinreichend bekannt, daß das Grenzgänger-Problem im Ergebnis der Einführung der Spaltermark und des Schwindelkurses in Westberlin und der Spaltung Berlins durch die Westmächte entstand. [...] Mit der Abwerbung von Arbeitskräften aus der Hauptstadt der DDR und den Randgebieten um Berlin [...] verfolgten sie das Ziel, unserer Wirtschaft systematisch Schaden zu bereiten, den Aufbau des Sozialismus aufzuhalten, sowie den gesunden Bürgersinn und die Moral unserer Bürger zu untergraben.

[...] Diese Menschenhändler scheuen sich sogar nicht, Personal aus unseren Krankenhäusern abzuwerben, um die Betreuung und Heilung der Kranken zu gefährden.

Durch die Abwerbung dieser Arbeitskräfte beläuft sich der jährliche Produktionsverlust auf eine Milliarde DM.

[...] Die Grenzgänger helfen mit ihrer Arbeitskraft den kalten Kriegern, ohne daß ich behaupten will, daß das von ihnen in jedem Fall schon erkannt wird. [...] Sie schaffen keine Werte für unsere Gesellschaft, leben aber auf Grund des Schwindelkurses billiger und im Grunde genommen auf Kosten unserer Werktätigen. Dabei kommen sie noch in den vollen Genuß unserer Errungenschaften, wie z. B. der billigen Mieten, der Dienstleistungen, der kulturellen Einrichtungen, der Leistungen unserer Sozialversicherung und v. a. m., die unser Staat unseren Bürgern bietet.

[...] An anderer Stelle habe ich schon darauf hingewiesen, daß die Kaufkraft unserer Bevölkerung von Jahr zu Jahr stark gestiegen ist, aber daß der Bedarf z. B. an hochwertigen und langlebigen Industrieartikeln noch nicht schnell genug befriedigt werden kann. Wir begrüßen deshalb den Beschluß des Magistrats von Groß-Berlin, daß beim Kauf von Autos, Motorrädern und Mopeds, Fernsehapparaten, Kühlschränken, Waschmaschinen und Wasserfahrzeugen aller Art sowohl bei der Anmeldung wie bei der Abholung dieser Waren der Betriebsausweis und eine eidesstattliche Erklärung vorzulegen sind, wonach der Käufer und die in Arbeit stehenden Familienmitglieder im demokratischen Berlin oder in einem anderen Bezirk der DDR beschäftigt sind. [...]

Verner, Paul[70]: Berlin bereitet sich auf den Friedensvertrag vor. Rede auf der Parteiaktivtagung der Bezirksleitung der SED am 7. Juli 1961. In: Berliner Zeitung vom 9. Juli 1961.

70 Paul Verner war zu dieser Zeit 1. Sekretär der Bezirksleitung Berlin der SED.

G11: Komitees gegen Menschenhandel in vielen Betrieben
4. August 1961

Im VEB »7. Oktober«, Berlin Weißensee, hat sich auf Vorschlag der Brigade ›Neues Deutschland‹ das erste Betriebskomitee des Stadtbezirkes zur Bekämpfung des Menschenhandels gebildet und sofort seine Tätigkeit aufgenommen. Eine Abordnung des 16-köpfigen Komitees [...] überbrachte dem Rat des Stadtbezirkes eine Erklärung, in der es heißt: Das Komitee fordert im Namen der Belegschaft unseres Betriebes weitere und schärfere Maßnahmen gegen das Grenzgängertum, da unsere Kollegen der Meinung sind, daß die bestehenden nicht ausreichen. [...] Darum sollen sie (die Grenzgänger) auch andere Leistungen wie Steuern, Gas, Heizung, Wasser, Miete in der Währung bezahlen, die sie erhalten. Gegen solche Nutznießer in unserem Staat muß man streng vorgehen.

BWG – ein Beispiel macht Schule. In: Berliner Zeitung vom 4. August 1961.

G12: Unser guter Weg zur sozialistischen Menschengemeinschaft
22. März 1969

Die sozialistische Menschengemeinschaft, die wir Schritt um Schritt verwirklichen, geht weit über das alte humanistische Ideal hinaus. Sie bedeutet nicht nur Hilfsbereitschaft, Güte, Brüderlichkeit, Liebe zu den Mitmenschen. Sie umfaßt sowohl die Entwicklung der einzelnen zu sozialistischen Persönlichkeiten als auch der vielen zur sozialistischen Gemeinschaft im Prozeß der gemeinsamen Arbeit, des Lernens, der Teilnahme an der Leitung und Planung der gesellschaftlichen Entwicklung, besonders auch in der Arbeit der Nationalen Front und an einem vielfältigen, inhaltsreichen und kulturvollen Leben.

In den vergangenen Jahren haben sich in den Brigaden der sozialistischen Arbeit, in den Hausgemeinschaften und bei der Entwicklung der sozialistischen Demokratie viele Elemente der sozialistischen Menschengemeinschaft herausgebildet. Die Grundsätze der sozialistischen Moral üben zunehmend Einfluß auf das Zusammenleben der Bürger der Deutschen Demokratischen Republik aus.

Ulbricht, Walter: Unser guter Weg zur sozialistischen Menschengemeinschaft. Rede des Ersten Sekretärs des ZK der SED und Vorsitzenden des Staatsrates der DDR auf dem Kongreß der Nationalen Front des Demokratischen Deutschland am 22. März 1969. In: Neues Deutschland vom 23. März 1969.

G13: Alte versus neue Intelligenz in der DDR
sechziger Jahre

H[71]: [...] Ick denk och nicht so gern an meine Abi-Zeit zurück, weil dort, da waren sehr viele alte Lehrer gewesen und die waren so sehr dünkelhaft, ja. Also ick erinner'

71 Frau H ist Jahrgang 1949, Fachschulingenieurin, verheiratet.

mich immer noch dran, wenn also der Herr Geschäftssohn Sowieso, ja, da kannten wir doch die Eltern und das war alles nicht so schlimm, als wenn da derjenige von, von dem [NVA-Offizier] die Tochter, von dem jetzt nun, det war immer anders geprägt, die haben also so 'ne eigenartige Verhaltensweise an'n Tag gelegt da, die Lehrer. [...]

Biographisches Interview mit Frau H vom 7. Oktober 1991. Interviewtranskript im Archiv der Verfasserinnen.

G14: *Programm der SED: Gesellschaft befreundeter Klassen und Schichten 18. bis 22. Mai 1976*

[...] In der Deutschen Demokratischen Republik hat sich auf der Grundlage der sozialistischen Produktionsweise die soziale Struktur der Gesellschaft grundlegend verändert. Für immer ist die Ausbeutung des Menschen durch den Menschen beseitigt und der Klassenantagonismus verschwunden. Dank der zielstrebigen Bündnispolitik der SED sind auf der Grundlage der sozialistischen Macht- und Eigentumsverhältnisse sowie des sozialistischen Bewußtseins der Werktätigen enge und dauerhafte Beziehungen zwischen der Arbeiterklasse, der Klasse der Genossenschaftsbauern, der Intelligenz und den anderen Werktätigen entstanden. [...] Die Arbeiterklasse ist die politische und soziale Hauptkraft des gesellschaftlichen Fortschritts und die zahlenmäßig stärkste Klasse. [...]

Programm der SED. In: PROTOKOLL 1976, S. 36 f.

G15: *Arbeiter über ihren Betrieb und »ihre« Gesellschaft achtziger Jahre*

M[72]: [...] Stasi [...], so 'ne Leute mußten wir hier miternähren und große Parteigenossen und alles mögliche. Die ham uns eben so kaputt gemacht. Die Leute wurden ja bezahlt und nich wenig, die wurden hoch bezahlt [...].
L[73]: [...] und unsere Betriebe, die wurden so langsam runtergewirtschaft', fülle kam nischt Neuet,
M: et wurde immer nur [an] die alten Maschinen, die wir hatten, wenn die kaputt warn', Ersatzteile gab et nich, rumgepfriemt. [...]
L: Im Prinzip [...] war det in de 80er Jahre schon vorprogrammiert, daß wir enes Tages wirtschaftlich zu Boden gehen. Der ganze Staatsapparat [...], überall saßen Hunderte von Menschen, die ham sich mit Sachen beschäftigt, Statistiken gemacht, aber in der wirtschaftlichen Strategie, die wir hier durchgeführt ham und jedes Mal bei die

---

72 M ist Jahrgang 1951, Gießer, verheiratet, zwei Kinder.
73 L ist Jahrgang 1945, Instandhaltungsmechaniker (Meister), verheiratet, zwei Kinder.

Parteitage gemeldet ham, woll'n ma mal ehrlich sein, ham ma uns echt was vorgemacht. [...]

Gruppengespräch mit M und L vom September 1991. Interviewtranskript im Archiv der Verfasserinnen.

G16: Geschwister reisen in den Westen aus achtziger Jahre

C[74]: [...] Ich habe es [die Ausreisewelle] mehr persönlich erlebt, weil meine Geschwister nach und nach alle gegangen sind. Da war es für mich dann ganz konkret. Ich hab es eigentlich nicht, wie soll ich es sagen, also das ist unterschiedlich, bei meiner einen Schwester habe ich es zwar so verstehen können, daß sie das wollte. Ich habe aber gleichzeitig die Angst gehabt, daß sie sich nicht sehr verbessern würde, also daß sie sich täuscht über das, was ihre Möglichkeiten sein werden. Und das ist auch gekommen. Und bei der anderen Schwester war es so, die hat in der C[...] gearbeitet und ist wirklich so unter Druck gewesen von der Staatssicherheit her. Der habe ich es wirklich gegönnt, die ist so unter Druck gesetzt worden, einfach in ihrem normalen Arbeitsfeld als Stationsschwester. Da war ein Sohn von Mielke als Oberarzt und entsprechend waren die da. Sie hat solche Angst nachher gehabt und ist so fertig gewesen, auch durch diese, diese ständige Angst, beobachtet zu sein und jedes bißchen und hat natürlich auch keine Reise in den Westen gekriegt, daß ich es bei ihr verstehen konnte. Wie sie da gequält wurde, sie ist sehr sensibel und hat sich alles furchtbar zu Herzen genommen, da dachte ich, die muß raus. [...] Und mein Bruder ist gegangen, der hat es richtig provoziert. Der hat zum 25. Jahrestag der Mauer eine Veranstaltung gemacht in seinem Dorf. Da ist er Pastor und hat dann 'ne Karte hingehängt und das hat dann gereicht, daß er innerhalb von drei Wochen raus war [1986]. Und dem hab ich es am meisten verübelt. [...]

Biographisches Interview mit Frau C vom 26. Oktober 1993. Interviewtranskript im Archiv der Verfasserinnen.

G17: Freiheitsstrafe von drei Jahren für Fluchtversuch
7. März 1984

Der zulässige Antrag auf Rehabilitierung hat in der Sache vollen Erfolg. Nach der Feststellung des angegriffenen Urteils sei der Betroffene, der sich ab 1981 mit Überlegungen, die DDR zu verlassen, befaßt habe, im Juli 1982 in der Absicht, die bulgarisch-griechische Grenze zu überqueren und über Griechenland in die Bundesrepublik zu gelangen, nach Bulgarien gefahren und habe sich in der Nähe von Melnik über die Grenzsicherungen informiert. Da sich das Überschreiten der Grenze als nicht durch-

---

74 Frau C ist Jahrgang 1950, Pastorin, verheiratet, ein Kind.

führbar erwiesen habe, habe er den Fluchtversuch einstweilen aufgegeben. Nach der Rückkehr in die DDR habe der Betroffene den Entschluß gefaßt, im Sommer 1983 über Ungarn die Donau durchschwimmend nach Jugoslawien und weiter in die Bundesrepublik zu gelangen. Zur Vorbereitung dieses Vorhabens habe er sich einem Schwimmtraining unterzogen und mehrere Gespräche mit einem ebenfalls fluchtbereiten Bekannten geführt. Gemeinsam mit diesem Bekannten sei der Betroffene Anfang August 1983 nach Budapest und von dort allein mit dem Zug in Richtung Nagykaniza gefahren. Im Zug sei der Betroffene gestellt und festgenommen worden. Da der Betroffene ein Scheitern seines Fluchtversuches einkalkuliert gehabt habe, habe er noch in der DDR persönliche Unterlagen wie Zeugnisse etc. photographiert und den Film in Ungarn einer Bundesbürgerin zur Übermittlung an seinen Bruder in der Bundesrepublik übergeben. In einem Begleitschreiben habe der Betroffene seinen Bruder aufgefordert, »Verbindung zum Bundesministerium für innerdeutsche Beziehungen der BRD in Bonn aufzunehmen und im Falle seiner Inhaftierung über seine Person, seine angeblichen beruflichen Schwierigkeiten wegen seiner pazifistischen Haltung und seine Antragstellung auf ständige Ausreise in die BRD zu berichten«.

Bezirksgericht Dresden – 1. Senat für Rehabilitierung – Beschluß vom 8. Januar 1992 über die Aufhebung des Urteiles des Kreisgerichtes Dresden-Ost vom 7. März 1984 [...] gegen H. In: ARNOLD 1995, S. 757.

2. Gesicherter Mangel für alle: Die materielle »Gleichstellung« der DDR-Bürger

G18: *Geldeinkommen der DDR-Bevölkerung und Volumen des Einzelhandelsumsatzes*
1950 bis 1988

	Monatl. Durchschnittseinkommen vollbeschäftigter Arbeiter und Angestellter (in Mark) *	darunter Bauindustrie **	darunter Handel **	Nettogeldeinnahmen der Bevölkerung * (in Mrd. Mark)	Einzelhandelsumsatz (in Mrd. Mark) ***
1950	311			25,8	17,3
1960	555			57,7	45,0
1970	755			79,4	64,1
1980	1 021	1 041	905	120,9	100,0
1985	1 130	1 158	1 021	162,6	113,2
1988	1 269	1 310	1 168	162,6	125,6

* STJB-DDR 1989; ** STJB-BRD 1990; *** STJB-DDR 1989.

G19: Windeln – ham wa nich
Januar 1953

Vor einigen Tagen erhielt die Kreisredaktion der »Märkischen Volksstimme« eine Zuschrift zweier um das Wohl ihrer Sprößlinge besorgter Väter. Sie fragten bei uns an, woran es liegt, daß es in Brandenburg keine Windeln gibt. Es ginge auf die Dauer nicht, daß sie ihre Hemden und Unterhosen für Säuglinge opfern, weil die DHZ Textil nicht in der Lage ist, die HO und den Konsum mit diesen dringend benötigten Artikeln zu beliefern.

Märkische Volksstimme vom 28. Januar 1953.

G20: Kinderreichtum in der DDR
fünfziger Jahre

HL[75]: [...] Aber ein Vorteil, das mußte sagen, war Gerechtigkeit. Wir ham natürlich in der Frage nicht schlecht gelebt, weil wir viel Lebensmittelkarten gehabt haben in der Zeit. Des konn'ste gar nich alles verbrauchen, weil so viel Kinder war'n [fünf Kinder] in der Zeit, wo's Lebensmittelkarten gab. [...] Also wir hatten viel und das hat sich natürlich summiert, weil ja auf Lebensmittelkarten die Preise relativ billig war'n. [...] Und dadurch ham wir uns natürlich ganz schön über Wasser gehalten, weil wir also in sogenannten HO-Geschäften nischt koofen brauchten, weil wa Lebensmittelkarten immer so hatten. [...]

Später, als das, ich meine, wir sind ja in diese Lage nich mehr gekommen, wo die kinderreichen Familien so begütert worden sind, ja, von hinten und vorne, da hätt' ich ja 'n Reibach machen können, ja, aber es sind ja nun alle frühzeitig gebor'n, die Kinder, nich. Wir ham ja wenig Zuschüsse, ja. Ja, also so genau kann ich das gar nicht mehr sagen, was das war, wir ham, was ham wir gehabt, im Monat 200 Mark, vielleicht mehr, ja. [...]

Biographisches Interview mit Frau L vom 15. Oktober 1991, anwesend Herr L (HL). Interviewtranskript im Archiv der Verfasserinnen.

G21: Der Butterpreis – Beispiel für DDR-Preis- und Subventionspolitik
1949 bis 1989

In diesen [HO-]Läden kostete ein kg Butter zum Zeitpunkt der Eröffnung [1948] zunächst einhundertdreißig Mark. [...] Ab 24.5.1949 kostete die Butter einhundert Mark, ab 11.7.1949 siebzig Mark, ab 30.10.1949 vierzig Mark, ab 17.7.1950 achtundzwanzig Mark, ab 4.9.1950 vierundzwanzig Mark und schließlich ab 9.12.1951 zwanzig Mark. [...] Der neue einheitliche Verbraucherpreis wurde [1958] mit zehn Mark je

---

75 Lebensdaten von Herrn L siehe Anmerkung 65.

Dokumente 193

kg festgelegt. Und dieser Preis galt bis 1990. Er blieb damit über 30 Jahre stabil. Dieser Preis von zehn Mark lag bereits 1958 unter den für die Erzeugung von Butter notwendigen Aufwendungen. Das heißt, der Staat verkaufte zu einem Preis, der geringer war als die Kosten für die Erzeugung, den Transport und den Verkauf der Waren.

Bis 1989 kostete die Schrippe fünf Pfennige, die Kilowattstunde Strom acht Pfennige, ein Fahrschein im öffentlichen Nahverkehr zwanzig Pfennige.

Auszug aus: EBERT 1997, S. 30.

G22: *Schnellere Wohnungszuweisung durch Westflüchtlinge 1960*

J[76]: [...] Und denn 1960, da war die große Zeit, da mußten se an der Grenze noch of de Bäume klettern, damit se nich totgetreten werden, 'ne.
FJ: Da krichte man schneller 'ne Wohnung als man wollte.
J: Da ging's ruck zuck, alle vier Wochen war AWG-Versammlung.
FJ: Und dann hatte man 'ne andere Mitgliedsnummer. [...]
J: Ne, dann hieß et: Die rücken auf, so jetzt rücken die nächsten auf. [Nach] 4 Wochen wieder war det 'm Rathaus, Nummer sowieso, sowieso, sowieso scheidet aus, hieß det. [...]
FJ: Da wußten wa schon ...
J: durfte ja nich gesagt werden. War ja nur: »Scheidet aus.«
FJ: Det gab ja nur een Grund zum Ausscheiden.
J: [...] 250 Aufbaustunden mußten wa machen, det wa 'n Anrecht auf 'ne Wohnung hatten. Dann ging's los mit Einzahlen der Anteile, 2 100 Mark mußten eingezahlt werden. Wir hatten uns damals gleich für 'ne 2½-Zimmerwohnung angemeldet, ham aber gleich gesagt gekricht, wer keene Kinder hat, der kann keene 2½-Zimmerwohnung kriegen, wir waren ja nich verheiratet und och keene Kinder, aber mit'n mal waren wir mit 'ner Wohnung dran. Da ging's glashart los: heiraten binnen kürzester Zeit, damit wa die Wohnung kriegen.

Biographisches Interview mit Herrn J vom 22.3.1993, anwesend Frau J (FJ). Interviewtranskript im Archiv der Verfasserinnen.

G23: *Typisches Lebensmittelpaket Weihnachten 1962*

3 kg Nivea-Creme, 2 Pfd. Rama, 2 Pfd. Biskin, eine Fl. Öl in der Plastikflasche, ein Paket Reis, ein Paket Grieß, ein Paket Kakao, 3 Tafeln Schokolade, eine kl. Wurst, 2 Pfd. Kaffee, 2 Päckchen Zigaretten, Datteln, Feigen, ein Pfd. Mandarinen, 2 Zitro-

---

76 Herr J ist Jahrgang 1935, Meister, verheiratet, zwei Kinder.

nen, ca. 2 Pfd. Äpfel, ein Päckchen Tee, ein Päckchen Pudding, eine Suppe, 3 Soßen, 2 klare Fleischbrühwürfel, 2 Päckchen Salzbrezeln.

Dokument im Archiv der Verfasserinnen; siehe auch DIETZSCH 1996.

G24: *Verfassung der DDR: Arbeit – Recht und Pflicht*
1968

Artikel 24
(1) Jeder Bürger der Deutschen Demokratischen Republik hat das Recht auf Arbeit. Er hat das Recht auf einen Arbeitsplatz und dessen freie Wahl entsprechend den gesellschaftlichen Erfordernissen und der persönlichen Qualifikation. Er hat das Recht auf Lohn nach Qualität und Quantität der Arbeit. Mann und Frau, Erwachsene und Jugendliche haben das Recht auf gleichen Lohn bei gleicher Arbeitsleistung.
(2) Gesellschaftlich nützliche Tätigkeit ist eine ehrenvolle Pflicht für jeden arbeitsfähigen Bürger. Das Recht auf Arbeit und die Pflicht zur Arbeit bilden eine Einheit.

VERFASSUNG 1968, S. 29.

G25: *Sozialpolitisches Programm der SED*
April 1972

Das Zentralkomitee der Sozialistischen Einheitspartei Deutschlands, der Bundesvorstand des Freien Deutschen Gewerkschaftsbundes und der Ministerrat der Deutschen Demokratischen Republik beschließen:
– für 3,4 Millionen Bürger die Renten und die Sozialfürsorge zu erhöhen;
– Maßnahmen zur Förderung berufstätiger Mütter, junger Ehen und der Geburtenentwicklung durchzuführen;
– die Wohnverhältnisse für Arbeiter und Angestellte günstiger zu gestalten und die Mieten für Neubauwohnungen in ein besseres Verhältnis zum Einkommen zu bringen.

Gemeinsamer Beschluß des ZK der SED, des Bundesvorstandes des FDGB und des Ministerrates der DDR über sozialpolitische Maßnahmen in Durchführung der auf dem VIII. Parteitag beschlossenen Hauptaufgabe des Fünfjahrplans. In: Neues Deutschland vom 28. April 1972.

G26: Gewöhnung an die Mangelwirtschaft
8. Februar 1973

Achtung, Selbstfahrer!
Wir weisen darauf hin, daß die Verleihung von PKW zur Zeit ohne Vorbestellung möglich ist.
Ruf 269 [...]
VEB Kombinat Verkehrsbetriebe der Stadt Leipzig (LVB)
– Betrieb Taxi –

Annonce in der Union [CDU-Zeitung, Leipzig] vom 8. Februar 1973.

G27: Bericht zum Wohnungsbauprogramm
2. Oktober 1973

Im Bericht des Politbüros an die 9. Tagung des Zentralkomitees ist die Orientierung gegeben, für die Lösung der Wohnungsfrage in unserer Republik 2,8 bis 3 Millionen Wohnungen in den Jahren 1976 bis 1990 zu bauen beziehungsweise zu modernisieren. Das bedeutet, dafür in den kommenden drei Planjahrfünften mehr als 200 Milliarden Mark unseres Nationaleinkommens aufzuwenden. Es wäre jedoch falsch, die Investitionen für den komplexen Wohnungsbau einseitig und allein unter dem Aspekt des Verbrauchs von Nationaleinkommen zu betrachten. Die vom VIII. Parteitag beschlossene Hauptaufgabe berücksichtigt die Gesetzmäßigkeit des Sozialismus, daß die Verbesserung der Lebensbedingungen der Werktätigen eine entscheidende Triebkraft für die Entwicklung der gesellschaftlichen Produktion ist. Diese Erkenntnis des Marxismus-Leninismus hat das Leben vielfältig bestätigt, und wir wissen sehr gut, welche große Rolle dabei die Verbesserung der Wohnverhältnisse spielt.

Bei der Begründung unserer Ziele zur Lösung der Wohnungsfrage in der DDR gehen wir aus von der Analyse des vorhandenen Wohnungsbestandes. Wir verfügen über rund 6,2 Millionen Wohnungen. Seit Gründung der DDR bis zum Jahre 1970 wurden 1 240 000 Wohnungen gebaut und die Wohnverhältnisse für etwa 4 Millionen Bürger verbessert. Wir alle wissen aber, daß trotz dieser Anstrengungen unseres Staates die Wohnbedingungen noch hinter den Anforderungen unserer gesellschaftlichen Entwicklung zurückbleiben. Viele Altbauten entsprechen insbesondere hinsichtlich ihrer Ausstattung und ihrer hygienischen Bedingungen nicht mehr den heutigen Erfordernissen.

Aus: TAGUNG 1973, S. 16.

G28: Auszeichnungs(un)wesen – Lob für bezahlte Miete
1973

VEB Kommunale Wohnungsverwaltung Berlin Prenzlauer-Berg
Urkunde
verliehen der
»Mietschuldenfreien Hausgemeinschaft«
207 B 169 – [...]Straße 10
für die Erfüllung ihrer gesellschaftlichen Pflicht
und die vorbildliche Mietzahlung im Jahr 1972
Allen Hausbewohnern Lob und Anerkennung
Ihr VEB Kommunale Wohnungsverwaltung
Prenzlauer Berg
Unterschrift Leiter   Unterschrift Verwaltung

Urkunde. In: Archiv der Verfasserinnen.

G29: Tausche Ferienplatz
Juli 1976

Biete Oberhof, 25.9. – 8.10.1976, 2-Bett-Zimmer, 175,00 Mark
Suche Baabe, 14.9. – 27.9.1976, Wochenendheim
Feriendienst-Komission Kirchmöser, S[...] – TK 2 – App 284

Roter Stahl [Betriebszeitung, Brandenburg] vom 9. Juli 1976.

G30: Zahl der Essenportionen stieg um mehr als 70 000
Januar 1977

Das Kollektiv der Vorbereitungsküche trägt eine hohe Verantwortung bei der Verbesserung der Arbeits- und Lebensbedingungen der Werktätigen unseres Betriebes. Im vergangenen Jahr ging es darum, die höheren Zielstellungen in der Versorgung der sieben Endküchen im Betrieb voll zu erfüllen und die Qualität unserer Arbeit weiter zu erhöhen. Eine gesunde Ernährung unserer Werktätigen ist die Voraussetzung mit dafür, zielstrebig den neuen Fünfjahrplan zu verwirklichen. [...]
Ferdinand R[...], Küchenleiter der Vorbereitung

Roter Stahl [Betriebszeitung, Brandenburg] vom 28. Januar 1977.

G31: Die einmillionste Wohnung an Berliner Arbeiterfamilie vergeben
7. Juli 1978

Im Beisein des Generalsekretärs des ZK der SED und Vorsitzenden des Staatsrates der DDR, Erich Honecker, wurde die einmillionste Wohnung übergeben, die in Durchführung des vom VIII. Parteitag der SED beschlossenen Wohnungsbauprogramms seit 1971 in der DDR fertiggestellt wurde. Den Schlüssel erhielt die Familie des Berliner Bauarbeiters Hermann G., Brigadier in der Berliner Werkzeugmaschinenfabrik Marzahn. Beim Rundgang durch das Wohngebiet folgte Erich Honecker der Einladung der Familie zu einem Beisammensein in der neuen Wohnung. [...] Erhard Krack[77] überreichte der Berliner Arbeiterfamilie [...] symbolisch die Schlüssel für ihr neues Heim. Bewegt sprach der Brigadier aus der BWF Marzahn für diese Ehrung seinen herzlichen Dank aus. Die Partei hat beschlossen, sagte er, daß die Wohnungsfrage für die Menschen in unserer Republik bis 1990 gelöst werden soll. Wie sie Wort hält, erleben wir täglich. [...] Die Brigade von Hermann G. will zum vierten Mal den Staatstitel[78] verteidigen. Daran hat der Brigadier großen Anteil, der als guter Facharbeiter zugleich ein anerkannter Neuerer ist. [..]

Neues Deutschland vom 7. Juli 1978.

G32: Bescheid über eine Mindestrente
1984

In Verwirklichung des Gemeinsamen Beschlusses des Zentralkomitees der SED, des Bundesvorstandes des FDGB und des Ministerrates der DDR vom 22. Mai 1984 über die weitere Erhöhung der Mindestrenten und anderer Renten wurden auf der Grundlage der vom Ministerrat der DDR in Übereinstimmung mit dem Bundesvorstand des FDGB erlassenen Rechtsvorschriften auch Ihre bisherigen Rentenleistungen auf die neue Mindestrente/den neuen Mindestbetrag erhöht. Ihre Alters-Rente wurde um 30 M auf 340 M erhöht. Ihre Gesamtrentenleistungen erhöhen sich ab 1.12.1984 auf 486 M. Sofern Ihnen weitere Rentenleistungen, Pflegegeld oder Zuschläge gewährt werden, erhalten Sie diese unverändert weiter. Sie sind im vorstehenden Betrag der Gesamtrentenleistung enthalten.[79]

Bescheid über die Erhöhung der Rente (Auszug). In: Archiv der Verfasserinnen.

---

77 Damaliger Oberbürgermeister von Berlin (Ost).
78 Der Titel »Kollektiv der sozialistischen Arbeit« wurde im Wettbewerb der Gewerkschaften »Sozialistisch arbeiten, lernen und leben« massenhaft vergeben.
79 Die Höhe der Gesamtrente ergibt sich aus diesen Zuschlägen.

G33: *Mietvertrag für eine Altbauwohnung*
1986

§ 2
1. Der Vermieter vermietet an den Mieter zum vertragsmäßigen Gebrauch die im Grundstück [...] Berlin, [...]str. 82, 0. Etage VH [...] Links [...] gelegene Wohnung, bestehend aus:
4 Zimmern 1 Küche/Kochnische [...] 1 Bad, 1 Korridor [...] 1 Toilette
2. Die Wohnung ist ausgestattet mit: 4 Öfen [...] 1 Küchenherd: Gas [...] Einbaumöbel (Art und Anzahl): 1 Spülschrank, 2 Gamat 3 000[80]

§ 5
1. Der Mietpreis für die Wohnung beträgt monatlich 62,73 M. [...]

Mietvertrag [vom 4. November 1986]. In: Archiv der Verfasserinnen.

G34: *Kleinstauswahl an Versorgungswitzen*

– fünfziger Jahre
Der nächste Parteitag findet im Harz statt, zwischen Elend und Sorge.
– sechziger Jahre
Der Trabi belegte bei der letzten Designmesse einen guten zweiten Platz hinter einem Heizkörper und vor einer Schrankwand.
Warum kostet eine S-Bahn-Fahrkarte bei uns zwanzig Pfennig und im Westen zwei Mark? Bei uns mußt du zehnmal fahren, um etwas zu kriegen.
– siebziger Jahre
Die DDR ist eine ausgesprochene Gebirgsrepublik. Sie besteht nur aus Engpässen.
Wo ein Genosse ist, ist die Partei, und wo 20 Genossen sind, da ist bestimmt ein Intershop.
– achtziger Jahre
Schon gehört? Alle Intershops sollen mit einem schalldichten Raum ausgestattet werden. Da kann man für Westmark dann »Heil Hitler« rufen.
Schneeflocke, wo flieg'sten hin? In de DDR, bissel Panik machen.

Auszüge aus: SCHLECHTE/SCHLECHTE 1991; WAGNER 1996.

---

80 Markenname für Gaswandheizgeräte.

3. Leben in der Familie und im »Kollektiv«

G35: *Arbeiterstolz wendet sich gegen Zulieferprobleme fünfziger Jahre*

Bis zur Frühstückspause hatte Balla gewartet, daß Kies geliefert würde. Das waren zwei und eine halbe Stunde. Wer Balla kannte, wußte, daß er damit bereits eine große Geduld bewiesen hatte. Mehr konnte man nicht von ihm verlangen; denn über zwei Stunden lang wegen Mangels an Material hier ein bißchen und dort ein bißchen auszuflicken, zu gammeln, wie die Zimmerer es nannten, hätte selbst für einen anderen Brigadier bedeutet, ihn zu versuchen. Balla jedoch war nicht wie ein anderer. Daß er sich diesmal jedoch auf die Wartezeit eingelassen hatte, war allein Büchner und Elbers zu verdanken, die von dem gestrigen Tag berichteten. [...] als er endete, sagte Balla zu Bolbig und Jochmann: »Kommt, packt eure Stullen ein. Frühstücken können wir draußen. Wir werden die Wege belagern, es bleibt uns nichts anderes übrig.« Sie postierten sich an der Straßenkreuzung in der Nähe des Südtores, fünfhundert Meter von ihrem Objekt entfernt. Sie lauerten den Dumpern auf, die hier entlangfuhren, um den Kies von den Gruben an die Baustellen innerhalb des Werkes zu bringen. Als der erste Transporter mit der leuchtendgelben Ladung in der Wanne auftauchte, stellten sie sich breitbeinig auf die Fahrbahn. [...] »wir kommen nicht auf unseren Kies, weil uns der Kies fehlt. Sag selbst, wie sollen wir ohne ihn betonieren?«

NEUTSCH 1964, S. 73 f.

G36: *Die gewerkschaftliche Initiative »Sozialistisch arbeiten, lernen und leben« 1959*

Als wir vor 1½ Jahren anfingen, mit unserer Brigade »Nikolai Mamai« zu arbeiten, als wir mit unserer Jugendbrigade ein Beispiel für bessere Arbeit schaffen wollten, haben wir nicht nur Musterknaben zusammengestellt. Wir waren Arbeiter wie in allen Betrieben. Wir waren damals 5 Genossen, die Brigade selbst bestand aus 25 Mann [...] Wir haben in der Brigade junge Menschen, die nur eine drei- oder vierjährige Schulbildung haben. Als sie zur Schule gehen mußten, wurden sie durch den verfluchten Krieg aus einem Land ins andere gehetzt. Heute sind sie 26 bis 28 Jahre alt und können sich ihrer Verantwortung und Macht noch gar nicht voll bewußt sein. Da haben wir angefangen zu lernen. Wir haben nicht nur fachlich gelernt, sondern auch politisch. Wenn es im Kopf klar ist, kann man besser arbeiten. Wir fragten uns: Muß man erst die Produktion bringen und dann kommt das Bewußtsein? Oder muß man erst das Bewußtsein verändern, damit eine höhere Produktion kommt? Wir entschlossen uns, doch bei den Klassikern nachzulesen. [...]

Der Jugend gehört das Herz und die Hilfe der Partei im Kampf für den Sieg des Sozialismus. In: KONFERENZ 1960, S. 110 f.

G37: Familiengesetzbuch der DDR
20. Dezember 1965

Grundsätze: § 1
(1) Der sozialistische Staat schützt und fördert Ehe und Familie. Staat und Gesellschaft nehmen durch vielfältige Maßnahmen darauf Einfluß, daß die mit der Geburt, Erziehung und Betreuung der Kinder in der Familie verbundenen Leistungen anerkannt und gewürdigt werden. Staat und Gesellschaft tragen zur Festigung der Beziehungen zwischen Mann und Frau und zwischen Eltern und Kindern sowie zur Entwicklung der Familie bei. Die Bürger haben ein Recht auf staatlichen Schutz ihrer Ehe und Familie, auf Achtung der ehelichen und familiären Bindungen.
(2) Die sozialistische Gesellschaft erwartet von allen Bürgern ein verantwortungsvolles Verhalten zur Ehe. Die Gleichberechtigung von Mann und Frau bestimmt entscheidend den Charakter der Familie in der sozialistischen Gesellschaft. Sie verpflichtet die Ehegatten ihre Beziehungen zueinander so zu gestalten, daß beide das Recht auf Entfaltung ihrer Fähigkeiten zum eigenen und gesellschaftlichen Nutzen voll wahrnehmen können. Sie erfordert zugleich, die Persönlichkeit des anderen zu respektieren und ihn bei der Entwicklung seiner Fähigkeiten zu unterstützen.

Familiengesetzbuch der DDR vom 20. Dezember 1965 (Auszug). GBl. I, 1/1966, S. 2.

G38: Statut des Verbandes der Kleingärtner, Siedler und Kleintierzüchter 1966/69

I. Ziele und Aufgaben
   (2) Der Verband fördert die Entfaltung der politischen, wirtschaftlichen und kulturellen Tätigkeit aller Kleingärtner, Siedler und Kleintierzüchter, deren Arbeit zugleich der Erholung und Entspannung seiner Mitglieder dienen soll.
   (5) In seinem Aufgabenbereich unterstützt der Verband alle Maßnahmen, die der Ertrags- und Qualitätssteigerung dienen. Er fördert den Anbau und die Zucht hochleistungsfähiger Arten, Sorten und Rassen und setzt den wissenschaftlich-technischen Fortschritt im Garten und in der Kleintierzucht durch.
   (6) Der Verband fördert den sozialistischen Gemeinschaftsgedanken seiner Mitglieder beim Austausch der besten Erfahrungen, die gegenseitige Hilfe mit der sozialistischen Landwirtschaft und dem Gartenbau auf der Grundlage von Patenschaftsverträgen und die aktive Teilnahme am Nationalen Aufbauwerk.
   (9) Der Verband stellt sich zur Erreichung seiner Ziele insbesondere folgende Aufgaben:

a) die Durchführung von Vorträgen und Schulungen gesellschaftlicher und fachlich-wissenschaftlicher Art;
b) die Durchführung von Wettbewerben unter Kleingärtnern, Siedlern und Kleintierzüchtern, von Ausstellungen, Lehr- und Leistungsschauen, Prämierungen von gartenbaulichen, züchterischen und kulturellen Leistungen;
c) die kostenlose Beratung der Mitglieder in allen Fachfragen;
d) die Schaffung und Unterhaltung von Lehr- und Mustereinrichtungen;
e) die Sicherung und Durchführung von Pflege- und Schutzmaßnahmen im Obst- und Gemüsebau und bei der Kleintierzucht;
f) die Unterstützung der Mitglieder bei der Material- und Futterbeschaffung.

Auszug aus: STATUT 1969, S. 1 f.

G39: Wir sind dabei! Aufruf des Kreisausschusses Torgau der Nationalen Front
21. Januar 1967

Liebe Mitbürger, liebe Mitbürgerinnen!
An Sie wenden wir uns in den Dörfern und in den Städten unserer Republik, an Sie in den Wohngebieten und neuen Stadtteilen, die in unseren Tagen entstanden und entstehen, und auch an Sie, die Sie in alten Straßenzügen, in den vom Kapitalismus und Krieg hinterlassenen Wohnbezirken unsere neue Zeit, die Zeit des sozialistischen Fortschritts atmen.
    Wir wenden uns an Sie aus Torgau an der Elbe. In unserer Stadt und im ganzen Kreis haben die Arbeiter, die Genossenschaftsbauern und die Intelligenz, die Alten und die Jungen Beachtliches geleistet. Aber am Ende des vergangenen Jahres zogen wir nicht nur Bilanz. Wir schauen auch voraus. Wir wissen, daß die Zusammenarbeit, die gegenseitige Achtung, die daraus erwachsenden Erfolge nur unter den Bedingungen der Arbeiter- und Bauern-Macht und der Zusammenarbeit aller Kräfte unseres Volkes in der Nationalen Front möglich waren. Das gibt uns Impulse für die kommenden Vorhaben.
    Wir wollen weitere Leistungen vollbringen, wo wir leben, wo wir arbeiten, wo unser Zuhause ist. Handfeste, praktische Leistungen sollen das sein, für uns selber, für unseren sozialistischen Staat. [...]

Weitgespannte Volksinitiative der Nationalen Front. Aufruf des Kreisausschusses Torgau der Nationalen Front. In: Neues Deutschland vom 21. Januar 1967.

G40: *Eheschließungen und Ehescheidungen in der DDR und im Vergleich zur BRD*
1950 bis 1988

Jahr (je 1 000 der Bevölkerung)	1950	1960	1970	1980	1988
Ehescheidungen in der DDR*	2,7	1,4	1,6	2,7	3,0
Eheschließungen in der DDR*	11,7	9,7	7,7	8,0	8,2
Eheschließungen in der BRD**	10,7	9,4	7,3	5,9	6,5

* STJB-DDR 1989; ** STJB-BRD 1992.

G41: *Alleinerziehende Fernstudentin mit vier Kindern
sechziger/siebziger Jahre*

U[81]: [...] Und dann nach Beendigung der Lehrzeit bekam ich mein erstes Kind. Ick hab' vier Kinder. [...] April [1967] sind wa geschieden worden und im Dezember ist N erst geboren. Von da an habe ich dann immer alleine gelebt. Die Kinder alle allein großgezogen praktisch. Und war eigentlich 'ne schöne Zeit, möchte ick sagen. Wir waren, wir haben, meine Eltern haben 'n Grundstück gehabt hier in der H[...] und da waren wir eben Wochenende immer mit den Kindern. Ick habe dann zwischendurch, det habe ick ganz vergessen, habe ick dann mich beruflich weiterentwickelt, weil, bloß gut, daß ick es gemacht habe, sage ick jetzt manchmal und habe dann noch ein Fernstudium aufgenommen, det war 1963 bis '66 oder so. War natürlich sehr schwierig, ja, aber nu bin ick denn medizinisch-technische Assistentin geworden. Und wenn ick det jetzt nicht gewesen wäre, dann wäre ick wahrscheinlich schon auf der Straße gewesen. [...]

Biographisches Interview mit Frau U vom 9. Dezember 1993. Interviewtranskript im Archiv der Verfasserinnen.

G42: *Jedermann an jedem Ort – mehrmals in der Woche Sport*
21. September 1968

[...] Da wir in unserer Deutschen Demokratischen Republik das entwickelte System des Sozialismus gestalten, haben wir auch damit begonnen, das Menschenbild des Sozialismus zu verwirklichen. Aus dem Programm des Sozialismus erwächst das neue Ziel: Jedermann an jedem Ort jede Woche mehrmals Sport. Anläßlich der Begründung unserer Verfassung vor der Volkskammer habe ich bereits darauf hingewiesen,

---

81 Frau U ist Jahrgang 1939, medizinisch-technische Assistentin, geschieden, vier Kinder.

daß die frühere Losung: »... einmal in der Woche Sport« nicht mehr ausreicht, da sich die Werktätigen und insbesondere die Jugend regelmäßiger mit Körperkultur und Sport beschäftigen sollten. In diesem Sinne haben wir die Losung aus dem Jahre 1958, aus der Zeit der Vorbereitung des III. Turn- und Sportfestes, für die heutige Zeit [...] weiterentwickelt.

Ulbricht, Walter: Körperkultur und Sport – Ein Grundelement des sozialistischen Lebens. Rede auf der 11. Sitzung des Staatsrates der DDR. In: Neues Deutschland vom 21. September 1968.

G43: Drei Gebote der Arbeitsmoral
Mai 1973

PGH »Drömling« Oebisfelde
Hier arbeitet Brigade
Sägewerk

von	6.45 bis 9.00	Frühstück
von	9.20 bis 12.00	Mittag
von	12.45 bis 16.30	Feierabend*

Am Dienstag wurde dem Genossenschaftsbauern Ernst R. eine außerplanmäßige Prämie überreicht, weil er die leeren Regale des Materiallagers der LPG »Knorrige Eiche« mit 12 beinahe neuwertigen Akkumulatoren aufgefüllt hatte. Die Prämie wurde wieder gestrichen, als bekannt wurde, daß R. die Akkus einfach und ohne Anweisung aus den im Freien abgestellten genossenschaftlichen Maschinen ausgebaut hatte. **

[Meister zu den Kollegen auf einer Baustelle:] »Kinder, aast nicht so mit'n Material, denkt an den Garagenbau nach Feierabend.« ***

* Einsendung des Fotos eines Aushanges an einer PGH an den Eulenspiegel 5/1973, S. 10;
** Glosse aus dem Eulenspiegel 5/1973, S. 13; *** Cartoonunterschrift im Eulenspiegel 45/1973.

G44: Ideal Großfamilie
siebziger Jahre

[Ute:] Dabei war ick früher ooch janz schön spießig, wa? Ich war zum Beispiel janz scharf uffs Heiraten, und allet jenau wie die anderen. Det hat Ralph damals den Rest gegeben. Jetzt haben wir die Großfamilie vor. Die Idee is uns gemeinsam gekommen: Ralph und mir, Tom und Erni. Wir wollen zusammen wohnen, weil wir ooch sonst jern zusammen sind, wa? Nu haben wir son Film jesehn, über 'ne Großfamilie. Die habens zwar falsch gemacht, aber unter unsere Verhältnisse müßte det doch besser jehn, wa? Mensch, zusammen hausen wie die andern Ehen, Fernsehn gucken, immer detselbe, immer zu zweit, und wenn man mal Gemeinschaft sucht, muß man die Kinder alleene lassen, oder die Frau muß zu Hause bleiben, nee! Zuerst dacht ick: Bloß mit gehn, damit ick Ralph nicht verlier. Denn meine Liebe zu ihm war größer gewesen als von ihm zu mir. Det hat sich inzwischen ausjeglichen. Inzwischen will ick die Großfamilie wirklich ausprobieren. Wir arbeiten alle Schicht. Da is immer eener zu Hause, der die Kinder betreut. Später möchte ick noch een Kind adoptieren, wenn ick mit dem Fernstudium fertig bin. Is ja ooch wejen der Fijur, wa? Ralph sagt: Wie du aussiehst, wenn du noch een Kind kriegst! Er is janz scharf uff ne jute Figur. Und meine is wirklich nich besonders. Det is eigentlich mein Handicap, ooch wenn ick an die Männer denke. Ick hätte det vielleicht schon mal ausprobiert, aber dann denk ick mir: Für den Mann is det bestimmt keen Vergnüjen!

WANDER 1978, S. 81 f.

G45: *Geburtenentwicklung und Versorgungsgrad mit Kindereinrichtungen 1950 bis 1988*

Jahr (je 1 000 der Bevölkerung)	1950	1960	1970	1980	1988
Kindergartenplätze[82] *	205	461	645	922	940
Kinderkrippenplätze[83] *	91[84]	143	291	612	799
Lebendgeborene in der DDR*	16,5	17,0	13,9	14,6	12,9
Lebendgeborene in der BRD**	16,2	17,4	13,4	10,1	11,0

* STJB-DDR 1989; ** STJB-BRD 1992.

G46: *Petunien schmücken Haus und Garten*
März 1976

Unschöne Fassaden, besonders von Altbauten, erhalten mit wenig Mühe und Kosten ein freundliches Gesicht, wenn uns von Fenstern und Balkons bunte Blumen anleuchten. Dazu ist neben der Pelargonie (Geranie) die Petunie das geeignetste und dankbarste Objekt.

Gartentip, Roter Stahl [Betriebszeitung, Brandenburg] vom 19. März 1976.

82 Kindergärten waren öffentliche Kindereinrichtungen, in denen Kinder von drei Jahren bis zum Schuleintritt betreut wurden.
83 Kinderkrippen waren öffentliche Kindereinrichtungen, in denen Kinder zwischen sechs Monaten und vollendetem dritten Lebensjahr betreut wurden.
84 Angabe für 1955.

G47: Wir decken Reserven auf
29. Juni 1979

Ausgehend von der Vertrauensleutevollversammlung am 30.5.1979 möchte ich anhand einiger Zahlen aufzeigen, wie durch Verringerung von Ausfallzeiten die Produktion gesteigert werden konnte. Grundsätzlich dürfen Warte- und Stillstandszeiten sowie unentschuldigtes Fehlen nicht geplant werden. Da aber beide Arten von Ausfallzeiten anfallen, muß ihnen der Kampf angesagt werden. So stiegen die Warte- und Stillstandszeiten vom 1. Januar bis zum 31. Mai dieses Jahres gegenüber dem gleichen Zeitraum des Vorjahres um eine Stunde je vollbeschäftigten Werktätigen des Produktionspersonals an, das entspricht einer Erhöhung der Ausfallzeit um 817 Stunden. In dieser Zeit könnten 14 Tonnen Dauerbackwaren unseres Sortiments hergestellt werden, so wie wir es 1979 geplant haben. Die Ausfallzeiten durch unentschuldigtes Fehlen stiegen um 0,8 Stunden an, was eine Erhöhung der Ausfallzeit um 654 Stunden ergibt. Mit diesem Arbeitszeitfonds könnten 36 Tonnen Erdnußflips abgepackt werden.
Bereits an diesen beiden Beispielen wird erkennbar, daß die Senkung der beeinflußbaren Ausfallzeiten von besonderer Bedeutung ist.
K. F., Direktor für Ökonomie

Das Kombinat [Betriebszeitung, Wurzen; Auszug] vom 29. Juni 1979.

G48: Brigadeleben im Betrieb
achtziger Jahre

A[85]: [...] Im alten Kollektiv haben wir immer zusammengehalten, ham 'ne Weihnachtsfeier gemacht. Das hab ich organisiert. Haben Bowling gespielt in der [...]-Straße und an der Schleuse. Da hatten wir jemanden, der DDR-Meister war, da konnten wir immer leicht hin. Ja, was noch? Weihnachtsfeier und Himmelfahrt schön gefeiert oder mal mit'm Partner 'ne größere Veranstaltung, Theater oder so besucht oder mal in' Friedrichstadtpalast[86]. Das war schon sehr schön. Jetzt treffen sich einige von uns noch manchmal zum Geburtstag oder zur Gartenparty.
I[87]: Sie sind doch alle entlassen, wie erfahren Sie denn das?
A: Über's Telefon und wer kommt, der kommt. [...]

Themenzentriertes Interview mit Frau A vom 10.3.1992. Interviewtranskript im Archiv der Verfasserinnen.

---

85 Frau A ist Jahrgang 1940, Profilwalzerin, verheiratet, zwei Kinder.
86 Variete-Theater in Berlin, wurde von Arbeitskollektiven aus der ganzen DDR besucht.
87 I = Interviewerin.

G49: Vorteile einer Datsche gegenüber einem Garten
achtziger Jahre

FS: [...] Also, beim Kleingarten, da muß man ja bestimmte Regeln einhalten. Da muß auch alles bebaut werden, da darf man irgendwie nicht nur Rasen haben und man muß ja immer dafür sorgen, daß das Stück sauber aussieht und daß man auch was erntet. Das ist jetzt nicht mehr, so war das aber, ja. Unsere Freunde hatten 'nen Kleingarten. Die standen ja nur am »Schwarzen Brett«[88]. Also, nichts angebaut, denn nichts abgegeben. Dann war der Rasen zu groß, mußten sie den Rasen wieder umbuddeln. Denn haben sie des alles voll Kohlköppe gepflanzt, und wenn die gut war'n, dann haben sie die untergebuddelt, weil sie sie ja gar nicht brauchten. Aber es mußte ja jedes Stück bebaut sein, ja. Und da haben die beizeiten gesagt, den Garten müssen sie aufgeben. Da hatten die dann 'n Bungalow angefangen zu bauen. [...]

Biographische Interviews mit Herrn Sch vom September/Oktober 1991, anwesend Frau Sch (FS). Interviewtranskript im Archiv der Verfasserinnen.

G50: Nomade in GDR
achtziger Jahre

Die Verhaltensmuster der Camper sind so vielfältig, wie es das Leben ist. Dennoch sei hier der Versuch riskiert, drei Grundmuster herauszufinden. Da ist einmal das Ur-Campen als ein sport-, familien-, erholungsorientiertes Ereignis. Die kleine Familie Camper wird Teil der großen Familie Camper. Ein freundliches »Guten Morgen!« auch für den Nachbarn. [...] (In Wieck verbreitet.) Das zweite Grundmuster ist von Hemingwayschem Zuschnitt. Camping, ein Fest fürs Leben. Man trifft sich des Abends bei Kerzenschein zum feierlichen Grill-Dinner im abgegrenzten Areal. Man kennt sich seit Jahren und hat die bevorzugte Rotweinsorte in ausreichenden Mengen mitgebracht. Und auch alles andere sonst. (Prerow – ein Fest fürs Leben!) Das dritte Muster ist von mehr rustikalem Zuschnitt. Camping – die Superfete. Bierorientiert, nachtorientiert, tagschlaforientiert. Viele fröhliche Spiele, wie Kampftrinken und so.

Glosse von Christian Klötzer. In: Eulenspiegel 38/1988.

---

[88] Bezeichnung für eine Wandzeitung als öffentlicher Ort für alle möglichen Mitteilungen, Aufrufe usw., die überall üblich waren: in den Pausenräumen der Betriebe, in Hausfluren, in Schulen, in Gartenvereinen und vielerorts mehr.

G51: Solidaritätsakt '88
1988

Das Magazin erwartet Sie auch in diesem Jahr wieder zum Solibasar der Berliner Journalisten am 26. August auf dem Alexanderplatz. Von 8 bis 19 Uhr finden Sie uns vor dem Centrum-Warenhaus mit echt magazinischem Angebot. Dazu gehört das neuste Kalenderposter für 1989 im Format 40 x 60 cm – natürlich ein Akt. Er ist beidseitig bedruckt. [...] Weiterhin bieten wir an: Magazine, Lose, Tragetaschen mit neuem Design, Aufkleber, Blöcke, Postkarten und weitere Poster. Wir freuen uns auf Ihren Besuch.

Das Magazin 7/1988.

G52: Urlaubs- und Erholungseinrichtungen in der DDR
1988

Urlaubs- und Erholungseinrichtungen	Leistungen 1988
FDGB	3 695 Erholungseinrichtungen 555 429 Bettenplätze 5 170 643 Urlaubsreisen 63 914 758 Übernachtungen
Staatliche Campingplätze	528 Campingplätze 3 854 000 Plätze Tageskapazität 24 532 000 übernachtende Personen 1 968 000 Ausländer darunter
Inlandsreisen über das Reisebüro	80 629 Reisende 882 950 Aufenthaltstage
Auslandsreisen über das Reisebüro	1 123 000 Reisende 540 180 Urlaubsreisen
Jugenderholungseinrichtungen	268 Einrichtungen 24 437 Übernachtungsplätze 1 624 732 übernachtende Personen
Zentrale Pionierlager	49 Pionierlager 36 817 Plätze 110 980 betreute Kinder

WINKLER 1990a, S. 238.

4. Geschlechterpolitik im Wandel

G53: *SMAD zur Organisation von Frauenausschüssen bei den Stadtmagistraten*
3. November 1945

In Anbetracht dessen, daß die Heranziehung der Frauen zur demokratischen Umbildung Deutschlands von großer Wichtigkeit ist, hat der Oberste Chef der Sowjetischen Militärverwaltung, Marschall *Shukow,* die Schaffung antifaschistischer Frauenausschüsse bei den Stadtmagistraten gestattet. Den antifaschistischen Frauenausschüssen liegen folgende Aufgaben ob:
1. Die Durchführung politisch-erzieherischer und kultureller Aufklärungsarbeit unter den Frauen auf antifaschistisch-demokratischer Grundlage;
2. die Heranziehung deutscher Frauen zum aktiven öffentlichen Leben des Landes, um ihre Mitwirkung an der demokratischen Umbildung Deutschlands zu ermöglichen;
3. die Unterstützung der Mütter bei der Erziehung der Kinder im demokratischen Geiste.

Den Ausschüssen dürfen ehemalige Mitglieder der faschistischen Partei und die Funktionäre der faschistischen Frauenorganisationen nicht angehören. Die Schaffung irgendwelcher Frauenorganisationen bei den Parteien usw. ist verboten.

Befehle des Obersten Chefs der Sowjetischen Militärverwaltung in Deutschland, Nr. 080, vom 3. November 1945. In: BEFEHLE 1945, S. 47.

G54: *»Abweichungen der Sexualität«*
1956

Homosexualität kann man übersetzen mit »gleichgeschlechtlicher Liebe«. Bei dieser Erscheinung handelt es sich z. T. um eine Mißbildung der inneren Drüsen. So, wie es eine angeborene fehlerhafte Bauchspeicheldrüse gibt und die damit behafteten Jugendlichen an Zuckerkrankheit leiden, so gibt es auch Menschen mit angeboren fehlerhaften Keimdrüsen. Diese Menschen sind ebenso bedauernswert wie jeder mit einer Mißbildung Geborene. Die ärztliche Wissenschaft und Kunst hat Wege gefunden, auch ihnen zu helfen, teils mit Hilfe von Hormonpräparaten, teils mit Hilfe von Operationen (Überpflanzung von Drüsengewebe), vor allem aber durch Psychotherapie, das heißt: erzieherische Beeinflussung durch den Arzt. Die Zahl dieser echten Homosexuellen ist klein, größer ist die Zahl derer, die durch ungünstige Umwelteinflüsse, Verführung, insbesondere während der Wachstumszeit, sich stärker zum eigenen Geschlecht hingezogen fühlen. Ihnen hilft die Heilerziehung, die Psychotherapie.

»Abweichungen der Sexualität«. In: NEUBERT 1956, S. 80 f.

G55: *Schnelle Töpfe für eilige Frauen*
sechziger Jahre

An die Frau von heute werden hohe Ansprüche gestellt. Sie soll gepflegt und gut angezogen sein, im Beruf ihren Mann stehen und dennoch eine gute Hausfrau sein. Kein Wunder also, daß die moderne Frau immer in Eile ist. Das wissen Sie selbst am besten. Wie oft müssen Sie für Ihre Familie ein schnelles Essen »zaubern«. Gerade im großen Haushalt fehlt es dann an der Zeit, ein anspruchsvolles Menü vorzubereiten. Und Sie möchten doch sicher gern Ihre Lieben mit phantasievoll zubereiteten Speisen und Getränken verwöhnen, besonders wenn Sie sich mit netten Gästen zusammenfinden. [...] Deshalb werden Sie ganz besonders froh über den neuen SKT-Schnellkochtopf aus dem VEB Union Quedlinburg sein. [...]

Einleitung einer Gebrauchsanweisung für einen Schnellkochtopf. In: Archiv der Verfasserinnen.

G56: *Die Frau – der Frieden und der Sozialismus*
16. Dezember 1961

Das Politbüro des Zentralkomitees hat in Auswertung der 14. Tagung zur politischen Arbeit unter den Frauen und Mädchen in der Deutschen Demokratischen Republik ausführlich Stellung genommen und beraten, was getan werden muß, damit die Frauen beim Aufbau des Sozialismus mehr als bisher zur Geltung kommen und ihre Lebensbedingungen verbessert werden. [...] Das Programm des Kommunismus, wie es auf dem XXII. Parteitag der KPdSU angenommen wurde, eröffnet den Frauen eine schöne Zukunft.

Die Verwirklichung dieser Aufgabe erfordert vor allem, durch den Abschluß des Friedensvertrages und die Lösung der Westberlinfrage die Reste des Krieges zu beseitigen und durch Abrüstung den Frieden zu sichern, die Arbeiter-und-Bauern-Macht zu stärken, die ökonomischen Aufgaben zum Siege des Sozialismus zu erfüllen und die neuen, sozialistischen Beziehungen zwischen den Menschen zu fördern. Die schöpferische Mitarbeit aller Kräfte unseres Volkes, vor allem auch der Frauen und Mädchen, ist für die Erreichung dieses hohen Zieles von entscheidender Bedeutung. [...]

Kommuniqué des Politbüros der SED: Die Frau – der Frieden und der Sozialismus vom 16. Dezember 1961. In: Neues Deutschland vom 23. Dezember 1961.

G57: *(Weibliche) Erfahrungen aus der Teilnahme an der Facharbeiterqualifizierung*
1970 bis 1974

Ich[89] wollte also an dem im Jahre 1970 beginnenden Facharbeiterlehrgang teilnehmen. Aus persönlichen Gründen – Geburt meines zweiten Kindes – war mir die Teilnahme jedoch nicht möglich. Ich habe ein dreiviertel Jahr aussetzen müssen, da es Probleme bei der Unterbringung der Kinder gab. Durch die Unterstützung des Werkes ist es mir nun möglich, an der Ausbildung zum Facharbeiter teilzunehmen. 1973 begann ich zunächst eine Teilausbildung im Ausbildungsberuf Elektromontierer, den ich im Oktober dieses Jahres mit Erfolg abschließen konnte. Die Ausbildung fand zweimal wöchentlich statt, wobei der Sonnabend als Unterrichtstag mit genutzt wurde. Selbstverständlich ging diese Qualifizierung nicht problemlos vor sich. So konnte ich mehrere Male nicht am Unterricht teilnehmen, weil die Kinder krank waren oder weil mein Mann, der als Kranfahrer tätig ist und auch über die normale Arbeitszeit hinaus Fahrten durchzuführen hat, die Kinder sonnabends nicht immer betreuen konnte. Alles in allem möchte ich doch behaupten, daß diese Probleme dank unseres guten Klassenkollektivs und auch dank des Verständnisses, das mein Mann für mich aufbrachte, überwunden werden konnten. [...]

Durch die Ausbildung erlange ich mehr Selbstbewußtsein. Ich erkenne die Fehler und Mängel der jeweiligen Steckeinheitentype schneller und kann vor allem denjenigen, die den Fehler verursacht haben, erklären, was aus den Fehlern für ein Schaden in der Schaltfolge der Steckeinheiten entsteht.[...]

THIELE 1974, S. 107 f.

G58: *Gesetz über die Unterbrechung der Schwangerschaft*
1972

§ 1 (1) Zur Bestimmung der Anzahl, des Zeitpunktes und der zeitlichen Aufeinanderfolge von Geburten wird der Frau zusätzlich zu den bestehenden Möglichkeiten der Empfängnisverhütung das Recht übertragen, über die Unterbrechung einer Schwangerschaft in eigener Verantwortung zu entscheiden.
(2) Die Schwangere ist berechtigt, die Schwangerschaft innerhalb von zwölf Wochen nach deren Beginn durch einen ärztlichen Eingriff in einer geburtshilflichgynäkologischen Einrichtung unterbrechen zu lassen.
(3) Der Arzt, der die Unterbrechung der Schwangerschaft vornimmt, ist verpflichtet, die Frau über die medizinische Bedeutung des Eingriffs aufzuklären und über die künftige Anwendung schwangerschaftsverhütender Methoden und Mittel zu beraten.

---

89 Die Autorin, Gerda Thiele, ist verheiratet, Mutter zweier Kinder, Kontrolleurin in der Technischen Kontrollorganisation.

§ 4 (1) Die Vorbereitung, Durchführung und Nachbehandlung einer nach diesem Gesetz zulässigen Unterbrechung der Schwangerschaft sind arbeits- und versicherungsrechtlich dem Erkrankungsfall gleichgestellt.
(2) Die Abgabe ärztlich verordneter schwangerschaftsverhütender Mittel an sozialversicherte Frauen erfolgt unentgeltlich.

Gesetz über die Unterbrechung der Schwangerschaft vom 9. März 1972. GBl. I, 5/1972, S. 89f.

G59: Jugendliche zum Abtreibungsgesetz
1975

»Die Möglichkeit der Unterbrechung der Schwangerschaft ist einwandfrei. Da wachsen vielleicht nicht mehr Kinder unter manchmal noch unmöglichen Verhältnissen auf.« *R (19), Cottbus*

»Unterbrechung für mich lehne ich ab. Wozu gibt es die Pille! Ein Grund dafür wäre, wenn das Mädchen 14 oder 15 ist, es also ein Kind noch gar nicht erziehen kann.« *V (19), Dresden*

Leserbriefe an neues leben [Jugendmagazin] 9/1975.

G60: Abtreibung als Moment der Familienplanung
siebziger Jahre

Ja[90]: [...] als wir ausgelernt haben, haben wir noch im selben Jahr geheiratet, mußten heiraten. Das heißt, wir hätten eigentlich viel früher heiraten müssen, aber meine Schwiegereltern waren schon nicht so sehr damit einverstanden und meine Frau war noch nicht 18, also mußte sie ins Krankenhaus und da, äh, mußte eben unser erstes Kind abtreiben. Wir hätten jetzt drei oder vier, vier ja. Vier. Schon fast vergessen. Ja, es hat dann nicht lange gedauert, dann kam das nächste, und dann konnten sie eigentlich nichts mehr dagegen haben, daß wir heiraten. Wir haben dann auch geheiratet. Es war 'ne relativ schwere Zeit, aber wir empfanden es als sehr günstig und als positiv von unseren damaligen Staat, daß wir einen Kredit bekommen haben äh, 5 000,00 DM warn's. [...]

Biographisches Interview mit Herrn Ja vom 1.3.1993. Interviewtranskript im Archiv der Verfasserinnen.

---

90 Herr Ja ist Jahrgang 1954, Diplomökonom, verheiratet, zwei Kinder.

G61: *Charlotte von Mahlsdorf erinnert sich*
1974 bis 1978

1974 war es, glaube ich, als in der Ost-Berliner Stadtbibliothek erstmals ein wissenschaftlicher Vortrag über Homosexualität gehalten wurde. Nachdenklich stieg ich anschließend die Treppen hinunter. Als ich aus der Tür trat, drang Stimmengewirr an mein Ohr. Auf der Straße führten Männer und Frauen, sich pantomimisch ereifernd, das Wort: Wie leben wir denn eigentlich? Versammlungsverbot, keine Inseriermöglichkeiten. Ich stand zunächst abseits und verfolgte die Diskussion. Dann ging ich auf sie zu und bot an: »Ja, Kinder, wenn ihr Räume für ein Beisammensein sucht, könnt ihr zu mir nach Mahlsdorf kommen. Miete braucht ihr nicht zu zahlen, nur ein bißchen was für Licht und Heizung.«

So fingen die Diskussions- und Kennenlerntreffen im Museum an, hinter denen die Staatssicherheit schlimmste konspirative Auswüchse vermutete.
[...]
Im April 1978 wollten die homosexuellen Frauen ein Lesbentreffen bei mir veranstalten. Sie verschickten Einladungen in die ganze DDR, was der Staatssicherheit nicht verborgen blieb. Die Deutsche Post tat schon immer etwas mehr, als Briefe nur zu befördern. Zuweilen nahm sie den Empfängern gleich die Arbeit der Lektüre ab.

Einen Tag vor dem Treffen klingelten zwei Polizisten an meiner Tür. Der eine, ganz Nieselprim, hatte eine gleichmütige Amtsmiene aufgesetzt, während der andere mich, belustigt über meinen Aufzug, aus hochmütig-spöttischen Augenwinkeln musterte. Nieselprim kam gleich zur Sache und faselte etwas von einer verbotenen Veranstaltung. »Ich lade mir nur Gäste ein.« – »Was sind das für Gäste?« – »Schwule Mädchen wie ich. Was soll diese Fragerei?«
[...]
»Sie kennen das Recht der Deutschen Demokratischen Republik schlecht«, belehrte er mich. Träfen sich mehr als sechs Menschen, und sei es zum Geburtstag von Onkel Otto, sei dies eine Veranstaltung, welche die Polizei genehmigen müsse. Ich sollte ein Schild an die Tür hängen: »Wegen Wasserrohrbruchs fällt die Veranstaltung aus.« Ich weigerte mich.
[...]
Da von den Gästen keiner mehr informiert werden konnte, trommelten sie [die Lesben] kurzerhand alle Berliner Gruppenmitglieder zusammen, stellten sich am nächsten Tag an die Bahnhöfe, fingen die ahnungslosen Frauen ab und dirigierten sie zu einem geheimen Treffpunkt. [...] Ein paar Tage darauf erhielt ich ein Schreiben vom Stadtrat für Kultur: »Hiermit werden Herrn Lothar Berfelde jegliche Art von Versammlungen und Veranstaltungen im Gründerzeitmuseum untersagt.«

MAHLSDORF 1995, S. 157–159.

G62: DDR-Frauen emanzipieren sich
siebziger Jahre

[Rosi]: Unser familiäres Klima, das wiegt alles andere auf. Ich könnte es ja auch so wie gewisse Frauenrechtlerinnen machen, die wie die Wilden schießen, weil man es ihnen erlaubt hat, die über ihre Männer schimpfen, weil sie ihnen den Abwasch nicht abnehmen oder die Scheißwindeln von den Kindern. Sie rennen Amok, die kommen nie zu einer Verständigung mit ihrem Mann. Man muß lernen, die kleinen Veränderungen beim anderen wahrzunehmen, und sich vor allem selber ändern. Ohne Liebe bleiben die ganzen Emanzipationsversuche ein Krampf. Was nützt es den Frauen, wenn sie sich *gegen* ihren Partner emanzipieren? Ich sehe eine Menge Zerstörerisches. Alles, was hemmt, sich in den Weg stellt, Leiden verursacht, das eigene Glück beschneidet, wird bekämpft. Ich glaube, man kann nur von Kompromiß zu Kompromiß gehen. Wenn man aus einer Bindung aussteigt, muß man bei einer neuen wieder von vorne beginnen, denn man läuft ja nicht vor sich selber davon. [...]

WANDER 1978, S. 19 f.

G63: Lied aus der Singebewegung über Alleinerziehende
siebziger Jahre

1. Dieses Lied sing ich den Frauen
die allein sind in den Nächten,
ihr Alleinsein nicht verdauen
und so gern bei ihm sein möchten.
Dieses Lied sing ich Maria,
die schon auf der Penne
eines ausprobierte und dann abging,
denn sie kriegte etwas Kleines.
Und der Vater von Maria,
und der des begonnenen Kindes,
wollten nichts mehr von ihr wissen.
»Geh Maria und verwind es.«
Und Maria schluckte heftig,
und es lag ihr schwer im Magen,
und ihr Kindchen lag daneben,
und sie wollt's nicht nur ertragen.

2. Sie besorgte sich ein Zimmer,
schlug mit ihrer kleinen frommen
Faust das Mutterschutzgesetz
auf den Tisch, bis sie's bekommen.
Und sie malte es auch selber,
wußte bald schon mit den Türen
und Handwerkern umzugehen,
wenn sie knarren, muß man
schmieren.
Nach gesetzmäßigem Ablauf
und, wie man ihr sagte, schmerzarm
schenkte sie 'nem Sohn das Leben,
und der machte ihr das Herz warm.
Klagte auf mehr Alimente,
denn das Söhnchen war ihr teuer,
zahlpflichtig ein Tanzmusiker,
der beschiß nämlich die Steuer.

3. Später ging sie selbst verdienen,
lange stand es auf der Kippe.
Arbeit gab es, wo sie suchte,
aber dort gab's keine Krippe.
Als sie eine Krippe hatte,
war die Arbeit ihr nicht lieb,
doch was nicht war, wollt' man ihr machen,
's war ein Zulieferbetrieb.
Abends ging sie noch zur Schule,
und das Abitur fiel schwer,
ihre Augen kriegten Ringe,
und ihr Ringfinger blieb leer.
Manchmal saß zwar ein dem Kinde
fremder Mann am Tische früh,
doch 's war immer nur ein Onkel,
und ein Vati war es nie.

4. Dann bekam sie noch ein Studium,
das man gerade reformierte,
so daß sie es ein Jahr kürzer als
vorher und nachher passierte.
Und sie wurde Redakteurin
einer guten Wochenzeitung,
kam, weil sie den Mund aufmachte,
gleich in die Gewerkschaftsleitung.

Wurde Mitglied DFD,
DSF, na und so weiter,
setzte sich nicht immer durch,
wurde doch Abteilungsleiter.
Wurde mit dem Kollektiv
sozialistische Brigade,
manchmal lag sie ja auch schief,
doch auch dafür stand sie gerade.

5. Elternbeirat war sie auch,
doch ihr Sohn war gut gelungen,
kürzlich hat sie nun dem Handel
'nen Trabanten abgerungen.
Und der fuhr die zwei in Urlaub,
dort erholten sie sich sehr,
an 'nen Vater dachten beide
angeblich schon lange nicht mehr.
Heute nacht sah ich Maria,
eine Frau von Mitte Dreißig,
steht in einer Telefonzelle,
Tränen sah ich und nun weiß ich:
Daß emanzipierte Frauen,
die uns ach so stark erscheinen,
noch jahrzehntelang und länger
nachts um ihre Schwächen weinen.

Worte und Musik: Kurt Demmler. In: LIEDERBUCH 1979, S. 177–179.

G64: Frauen im arbeitsfähigen Alter und erwerbstätige Frauen in der DDR 1955 bis 1988

Jahr	weibliche Bevölkerung im arbeitsfähigen Alter (in 1 000)	weibliche Erwerbstätige (in 1 000)	Anteil der weiblichen Erwerbstätigkeit an der weiblichen Bevölkerung (in Prozent)
1955	6 182	3 244	52,5
1970	5 011	3 312	66,1
1980	5 257	3 848	73,2
1989	5 074	3 962	78,1[91]

WINKLER 1990b, S. 63.

---

91 Bezieht man Lehrlinge und Studierende ein, so betrug der Beschäftigungsgrad der Frauen im Jahre 1989 91,2 Prozent.

Dokumente

G65: *Frau sucht Mann mit Mut zu Schwächen*
1989

»Jg. Frau, 31/164, mit 3 netten Mädchen (10,11,13), sucht zärtl. und verständnisv. Partner, der auch Schwächen hat und zeigt. Ihre Fehler sollten toleriert werden. [...] PSF 84, Jena 6900.«

»Frau in der Mitte des Lebens sucht niveauvollen Gefährten ohne Angst vor weiblicher Intelligenz und Unabhängigkeit, jung darf er sein oder auch gereift, langweilig wird es auf keinen Fall. [...] PF 71, Bln. 1056.«

Annoncen in: Wochenpost 27/1989; 33/1989.

G66: *Gleichstellungsvorsprung von DDR-Frauen im Vergleich zu BRD-Frauen*
achtziger Jahre

Frauenanteil in Bildung, Beruf, Politik (Angaben in Prozent)	BRD	DDR
Studierende an Hochschulen (1989)	41	59
Promotionen (1988)	26	38
Habilitationen (1988)	9	15
Richter (1989)	18	50
Schuldirektoren (1988 bzw. 1982)	20	32
Gewerkschaftsmitglieder (1989 bzw. 1988)	25	53
Betriebsrat/BGL-Vorsitz (1986/1987)	21	50

GEISSLER 1992b, S. 18.

5. Jugendkultur in der staatssozialistischen Gesellschaft

G67: *Anordnung zur Durchführung der Schulspeisung*
30. März 1950

Auf Grund des § 12 des Gesetzes vom 8. Februar 1950 über die Teilnahme der Jugend am Aufbau der Deutschen Demokratischen Republik und die Förderung der Jugend in Schule und Beruf, bei Spiel und Erholung (GBl. S. 95) wird bestimmt:
§ 1 Es sind sofort alle organisatorischen Maßnahmen zu treffen, um spätestens ab 15. April 1950 die Ausgabe einer warmen Mahlzeit (Schulspeisung) in allen Grund-, Ober-, Fach- und Berufsschulen an den Schultagen und in den Kindergärten und Kindertageskrippen während der Zeit ihrer Tätigkeit durchzuführen.

§ 2 Für die Vorbereitung und die Durchführung der Schulspeisung sind die Räte und Landgemeinden und die sonstigen Unterhaltsträger verantwortlich.
§ 4 Die Räte der Kreise haben die Belieferung der Schulspeisung nach folgenden Tagessätzen für jedes teilnehmende Kind vorzunehmen:
50g Roggenmehl, 20g Nährmittel, 10g Fleisch, 5g Fett, 10g Zucker.

Anordnung zur Durchführung der Schulspeisung vom 30. März 1950. In: GBl. I, 65/1950, S. 489 f.

G68: Gesetz über die Herabsetzung des Volljährigkeitsalters
17. Mai 1950

Mit dem hervorragenden Anteil der Jugend am Aufbau der antifaschistisch-demokratischen Ordnung ist eine gesetzliche Regelung, welche die Volljährigkeit erst mit dem einundzwanzigsten Lebensjahr eintreten läßt, nicht mehr zu vereinbaren. In der Verwaltung und Wirtschaft der Deutschen Demokratischen Republik haben unzählige Männer und Frauen, die dieses Alter noch nicht erreicht haben, in verantwortlichen Funktionen ihre Reife bewiesen. Dieser Stellung der Jugend hat auch die Verfassung der Deutschen Demokratischen Republik Rechnung getragen, indem sie allen Bürgern mit dem vollendeten achtzehnten Lebensjahr das Wahlrecht gewährte.

Die Provisorische Volkskammer der Deutschen Demokratischen Republik hat dieses Gesetz beschlossen:
§ 1 Die Volljährigkeit tritt mit der Vollendung des 18. Lebensjahres ein.
§ 2 Die Erlangung der Volljährigkeit hat die Ehemündigkeit zur Folge, soweit diese auf Grund anderer gesetzlicher Bestimmungen nicht früher eintritt.

Gesetz über die Herabsetzung des Volljährigkeitsalters vom 17. Mai 1950. In: GBl. I, 57/1959, S. 437.

G69: Jugendweihegelöbnis
1955

Gelöbnis
Liebe Junge Freunde!
Seid Ihr bereit, für ein glückliches Leben der werktätigen Menschen und ihren Fortschritt in Wirtschaft, Wissenschaft und Kunst zu wirken?
Ja, das geloben wir!
Seid Ihr bereit, für ein einheitliches, friedliebendes, demokratisches und unabhängiges Deutschland mit Eurem ganzen Wissen und Können einzutreten?
Ja, das geloben wir!

Seid Ihr bereit, im Geiste der Völkerfreundschaft zu leben und rastlos Eure Kräfte einzusetzen, um gemeinsam mit allen friedliebenden Menschen den Frieden zu verteidigen und zu sichern?
Ja, das geloben wir!

Dokument im Archiv der Verfasserinnen.

G70: Jugendgesetz der DDR
4. Mai 1964

[...] Sozialistische Jugendpolitik in der DDR bedeutet,
- das selbständige Denken und Handeln der Jugendlichen in allen Bereichen des gesellschaftlichen Lebens zu fördern; [...]
- die aktive Mitwirkung der Jugend bei der Leitung des Staates und der Volkswirtschaft zu gewährleisten; [...]
- das eigene Bemühen der Jugend, moralische und charakterliche Eigenschaften zu erwerben, die dem sozialistischen Menschenbild und einer gesunden Lebensführung entsprechen, zu fördern;
- die Beziehungen zwischen Mädchen und Jungen sowie zwischen alt und jung auf der Grundlage menschlicher Anerkennung und Achtung des Grundsatzes der Gleichberechtigung zu gestalten.

Das Mitentscheidungs- und Mitspracherecht der Jugend ist auf allen Gebieten des politischen, wirtschaftlichen und kulturellen Lebens gesichert. Alle Fragen der jungen Menschen sind geduldig und überzeugend zu beantworten. [...]

Gesetz über die Teilnahme der Jugend der DDR am Kampf um den umfassenden Aufbau des Sozialismus. In: GBl. I, 4/1964, S. 75 f.

G71: Als ehrenamtlicher Jugendtourist-Reiseleiter unterwegs
sechziger bis achtziger Jahre

Sch[92]: [...] Also, ich habe mit Jugendtouristik eigentlich angefangen schon im Jahre 1963. Also, als ich vom Studium zurückkam. [...] Es war'n ja dann vor allem die Reisen in die Sowjetunion, Bulgarien, Rumänien und diese Länder dort. [...] Und als dann die Möglichkeit bestand, in die andere Richtung zu fahren, also meine erste Reise war ja dann nach Finnland, dann nach Österreich, dann nach Jugoslawien. Äh, da durfte dann immer nur einer von der Familie reisen. Ja, das war'n die Vorschriften, [...] das war, globe ich, Anfang der 70er Jahre. [...]
I[93]: Gab es da nicht die Überprüfung?

---

92 Herr Sch ist Jahrgang 1940, Stahlingenieur, verheiratet, zwei Kinder.
93 I = Interviewerin.

Sch: Ja, die wird schon stattgefunden haben. Es hat lange gedauert [bis die Anträge bestätigt waren], ansonsten hab ich mich gewundert über die Leute, die da mitfahren. [...] so und so viel Prozent mußten aus der Landwirtschaft kommen und so und so viel aus der Industrie und so und so viel Lehrer, dann noch ein oder zwei Oberschüler, [...] aber ansonsten war'n das keine ausgesuchten Leute. Bei den Oberschülern war'n das meistens so die besten aus der Klasse [...]
I: Und wenn jemand abgelehnt wurde, wurde das begründet?
Sch: Es wurde keine Begründung [gegeben ...] Ich war selbst bei der Polizei und überall gewesen: Ich lege die Hand für die in's Feuer. Es wurde keine Auskunft gegeben. [...]
FS: Da war der Freund [von einer Bekannten] nach drüben gegangen vor 2 Jahren.
Sch: Die war'n nich ma verliebt, verlobt, gar nichts. Die durfte nie mehr in's Ausland fahren, das hing der an bis zuletzt. Also, es war manchmal überhaupt nicht festzustellen, [warum einer abgelehnt wurde.] Da war'n andere dabei, die haben die ganze Verwandtschaft drüben gehabt und war'n Hallodries hier und, und die haben, konnten fahren. Ob se dis ausgewürfelt haben, das is schwer [zu sagen].

Biographische Interviews mit Herrn Sch vom September/Oktober 1991, anwesend Frau Sch (FS). Interviewtranskript im Archiv der Verfasserinnen.

G72: *Jugendgesetz der DDR*
28. Januar 1974

§ 1 (1) Vorrangige Aufgabe bei der Gestaltung der entwickelten sozialistischen Gesellschaft ist es, alle jungen Menschen zu Staatsbürgern zu erziehen, die den Ideen des Sozialismus treu ergeben sind, als Patrioten und Internationalisten denken und handeln, den Sozialismus stärken und gegen alle Feinde zuverlässig schützen. Die Jugend trägt selbst hohe Verantwortung für ihre Entwicklung zu sozialistischen Persönlichkeiten. [...]

§ 4 (2) Presse, Rundfunk, Film und Fernsehen der Deutschen Demokratischen Republik sind verpflichtet, die Qualität und die Anzahl von Veröffentlichungen, Sendungen und Produktionen zu erhöhen, die den vielseitigen Interessen der Jugend und den Erfordernissen sozialistischer Jugenderziehung entsprechen. [...]

§ 11 Zur Förderung und Anerkennung der volkswirtschaftlichen Initiativen der Jugend wird ein »Konto junger Sozialisten« gebildet. Das Konto umfaßt finanzielle Mittel, die von der Jugend zusätzlich zum Plan bzw. durch spezielle Jugendinitiativen erwirtschaftet werden. Diese Mittel werden auf Vorschlag der Freien Deutschen Jugend vor allem zur Unterstützung politischer, kultureller, sportlicher, touristischer und anderer Initiativen der Jugend sowie zur planmäßigen Erweiterung der materiellen Bedingungen für die Jugendarbeit eingesetzt. Zuführung und Verwendung der Mittel des »Kontos junger Sozialisten« sind durch den Ministerrat in Übereinstimmung mit dem Zentralrat der Freien Deutschen Jugend zu regeln.

Jugendgesetz der DDR vom 28. Januar 1974. In: VERFASSUNG 1974, S. 51, 53, 58.

G73: Prof. Dr. Bormann antwortet: Was ist Bisexualität?
1975

Wörtlich übersetzt: Doppelgeschlechtlichkeit. Auf den Menschen bezogen drückt dieser Begriff die Hinneigung zu beiden Geschlechtern aus, sowohl des anderen (heterosexuell) als auch des eigenen (homosexuell). Eine mehr oder minder ausgeprägte bisexuelle Potenz ist zunächst allen Menschen eigen. Heterosexuelle und bisexuelle Reaktionen und Verhaltensweisen können in verschiedenen Lebensabschnitten gesondert, aber auch gemeinsam auftreten. Sehr oft erweist sich die Homosexualität als Durchgangsstadium in Entwicklungsprozessen des Heranwachsenden, wobei es sich nicht um eine manifestierte Homosexualität handelt, sondern lediglich um ein zeitlich begrenztes Überwiegen der homosexuellen Komponente der Bisexualität, die sehr bald wieder abgebaut wird und bei zunehmenden Kontaktmöglichkeiten mit Angehörigen des anderen Geschlechts, verbunden mit zunehmender Verhaltenssicherheit ihnen gegenüber, durch heterosexuelles Verhalten verdrängt wird.

Rubrik Sexualerziehung, neues leben [Jugendmagazin] 10/1975.

G74: Dorfklub
Mai 1975

Anläßlich des 25. Jahrestages unserer Republik verpflichteten wir uns als FDJ-Dorf-Organisation einen Jugendklub auszubauen. Vom Rat der Gemeinde bekamen wir dafür Räumlichkeiten zur Verfügung gestellt. Begonnen hat das Ganze im Februar 1974 mit drei Jugendlichen. Als dann die Jugend unseres Dorfes merkte, daß wir wirklich ernst machten, arbeiteten viele tatkräftig beim Durchbrechen der Wände, mauern, putzen, malen usw. mit. Die Diskoanlage wurde aus einem alten Musikschrank hergestellt. [...] Die Reinigung des Klubs haben wir ebenfalls selbständig übernommen, ganz ehrlich, wir hatten uns das leichter vorgestellt. [...] Nun zu unserer Bitte. Wir würden gern mit anderen Jugendklubs unserer Republik in Erfahrungsaustausch treten. [...]
Jugendklub Philipp Müller 9304 Cranzahl (Erzgebirge) S

Brief. Abgedruckt in: neues leben [Jugendmagazin] 5/1975.

G75: »Reden wir doch mal von Festbekleidung zur Jugendweihe«
April 1974

»Am besten gefallen mir der rosa und grüne Hosenanzug, aber leider gibt es solche Arten von Anzügen zu selten oder auch gar nicht im Handel zu kaufen, darum lohnt es sich auch nicht, solche Bilder in die Zeitschriften zu setzen.« C (15) Leipzig.

»Ich finde, daß knielange Röcke überhaupt nicht zur Jugendweihe passen. So etwas wirkt nicht festlich und ist auch ziemlich unpraktisch.« H (14) Nauen.

Leserbriefe. Abgedruckt in: neues leben [Jugendmagazin] 4/1975.

G76: *Erfolgreiche Pionieraktion*
Februar 1977

Sekundärrohstoffe für die Volkswirtschaft im Werte von mehr als 5,9 Millionen Mark sammelten Mitglieder der Pionierorganisation »Ernst Thälmann« in der Aktion Großfahndung »Millionen für die Republik«. Ihre Zielstellung wurde um 900 000 Mark überboten. Das teilte u. a. H von der Otto-Grotewohl-Schule Suhl im Namen der rund zwei Millionen Jung- und Thälmannpioniere der DDR in der vergangenen Woche im Stahl- und Walzwerk Brandenburg mit.
   Die besten Pioniere aus allen Bezirken der DDR waren einen Tag bei unseren Werktätigen liebe Gäste. [...] Während des Betriebsbesuches erlebten die Pioniere, wie der Schrott aufbereitet wird, und bei einem Rund-Tischgespräch beantworteten Staatssekretär Dr. O[...], Horst M, stellvertretender Betriebsdirektor und Vertreter von Jugendbrigaden die vielen Fragen der Jungen und Mädchen.

Roter Stahl [Betriebszeitung, Brandenburg] vom 25. Februar 1977.

G77: *Kinderferienlager als kollektives Erlebnis*
achtziger Jahre

I[94]: Du bist altersmäßig gar nicht soweit gekommen, daß Du in's Ausland fahren konntest?
FJ[95]: Doch, in 'ne Tschechei. Det war ooch in 'ner achten Klasse jewesen. Da hatten se 'ne Reise anjeboten für fünfzig Mark und so, mußte man dazubezahlen und det war mit Flug jewesen. Und da bin ick det erste Mal jeflogen, und det fand' ick irgendwie janz jut. Naja, det Essen war au nich schlecht jewesen, zwar 'n bißchen anders als hier, aber ansonsten... Und die janzen Jahre im Ferienlager war'n ooch irgendwie janz toll jewesen, weil man immer neue Leute kennenjelernt hat, und det hab' ick irgendwie jebraucht, irgendwie neue Leute kennenlernen und dort irgendwie wat unternehmen. Un denn immer die Sportfeste, det fand' ick immer janz toll. Naja. Und das war'n immer Ferienlager vom [...]werk aus, von Vati aus. Am Anfang war't och von Mutti's Arbeit aus, in 'ner zweeten Klasse, in 'ner dritten war'n wir ooch und in 'ner vierten, ne, da sind wir von Mutti aus jefahr'n.
J[96]: Und immer neue Leute kennengelernt, ich ha' mich, ick kann mich erinnern, daß grade am Ferienlager det Schöne war, daß man denn nach'm Jahr die Leute wiederjetroffen hat, die man jahrelang nich' jesehn hat. [...]

Biographisches Interview mit Frau J vom 14. Mai 1993, anwesend deren Schwester (FJ). Interviewtranskript im Archiv der Verfasserinnen.

---

94 I = Interviewerin.
95 Schwester von Frau J (FJ) ist Jahrgang 1976, Schülerin, ledig.
96 Frau J ist Jahrgang 1972, Lehrling (Krankenschwester), ledig, ohne Kinder.

G78: »Blaues T« für Tausend Gaststätten
21. Oktober 1982

[...] Liebe Freunde! Als die wohl beliebtesten Stätten sinnvoller Freizeitgestaltung haben sich die Jugendklubhäuser und Jugendklubs der FDJ bewährt. Wir verfügen gegenwärtig über 285 Jugendklubhäuser. Die Zahl der Jugendklubs stieg von 4 327 im Jahre 1976 auf gegenwärtig 6 915. [...] Allein 1981 stellte unser Staat 23 Millionen Mark für die Stützung der gesetzlich geregelten Eintrittspreise zur Verfügung. Von 1978 bis 1981 stieg allein in den gastronomischen Einrichtungen die Zahl der Jugendveranstaltungen von 111 000 auf 164 000. Der Kampf um die seit zwei Jahren vom Zentralrat der FDJ und dem Ministerium für Handel und Versorgung verliehenen »blauen T« hat in Tausend Gaststätten, Jugendklubs und kulturellen Einrichtungen für eine regelrechte Wettbewerbsatmosphäre gesorgt. Das Ergebnis sind viele gute Ideen und ein deutlicher Niveauanstieg unserer Jugendtanzveranstaltungen. [...] Der Hauptanteil der Jugendtanzveranstaltungen wird von über 6 000 Amateurdiskotheken gestaltet. [... Es] muß allen Veranstaltern darum gehen, daß Notenbild und Weltbild übereinstimmen. (Beifall)

König, Hartmut[97]: Die Verantwortung der FDJ für Kultur und Kunst in den Kämpfen unserer Zeit. In: KULTURKONFERENZ 1982, S. 19 f.

G79: Jugendweihe und Konfirmation
Mitte der achtziger Jahre

K[98]: [...] Ja, ick hatte erst die Jugendweihe. Det war etwas, was ich gut fand, daß mir das frei gestellt war, abzuwägen. Also teilweise kannte ick det aus anderen Elternhäusern och mit kirchlichen Hintergrund so, daß die Jugendweihe gezwungenermaßen trotz alledem war, weil du mußt Abitur machen und du mußt, und du mußt. Ick hatte damals die freie Auswahl. Mir wurde also gesagt, du willst dein, ick wollte auf 's Gymnasium, oder auf die EOS hieß es ja früher, und hatte die Wahl. Wußte, daß es da Schwierigkeiten geben könnte, auf jeden Fall, wenn man es nicht macht und sollte mich entscheiden, ob ick dran teilnehme und wie ick die Sache ernst nehme oder nicht ernst nehme, war mir freigestellt. Und habe mich dann selber dafür entschieden.
I[99]: Für die Jugendweihe.
K: Hm. Und habe im nächsten Jahr Konfirmation gehabt. [...]

Biographisches Interview mit Herrn K vom 17. Oktober 1993. Interviewtranskript im Archiv der Verfasserinnen.

---

97 Sekretär des Zentralrates der FDJ für Kulturarbeit.
98 Herr K ist Jahrgang 1972, Student, ledig, ohne Kinder.
99 I = Interviewerin.

G80: Jugendliche aus der DDR pochen auf die Verwirklichung der Grundrechte
Juli 1985

[...] Wir meinen, daß die volle und allseitige Entwicklung und Verwirklichung der Menschen, speziell der Jugend, nur möglich ist, wenn die in der Allgemeinen Erklärung der Menschenrechte festgeschriebenen Grundrechte voll verwirklicht werden. Da dies bisher nach unserer Kenntnis in keinem Land erreicht ist, sehen wir es als eine internationale Aufgabe an, die volle Verwirklichung der Allgemeinen Menschenrechte durchzusetzen, dabei werden auf Grund unterschiedlicher Strukturen die Ansatzpunkte verschieden sein. Für uns in der DDR ist die Durchsetzung folgender Rechte eine wichtige Aufgabe:

Recht auf freie Meinungsäußerung; Recht auf freie Information; Recht auf Freizügigkeit; Recht auf uneingeschränkte Reisefreiheit; Recht auf Versammlungs- und Vereinigungsfreiheit; Chancengleichheit in der Bildung, unabhängig von Religion und Weltanschauung. Um diese Rechte durchzusetzen, sind nach unserer Meinung in unserem Land u. a. folgende Maßnahmen notwendig:

1. Das Recht auf freie Meinungsäußerung wird durch strafrechtliche Bestimmungen, deren Tatbestände nur sehr allgemein formuliert sind, eingeschränkt. Da dieses Recht jedoch nicht nur auf das Recht der Zustimmung zu staatlichen Maßnahmen reduziert werden darf, müssen Paragraphen, die die Ausübung dieses Rechts unter Strafe stellen können, außer Kraft gesetzt bzw. geändert werden.
2. Ein freier und unzensierter Informationsaustausch muß möglich werden. Dazu ist es unumgänglich, Zensurbestimmungen aufzuheben, freie Publikationen unterschiedlichster Art zu garantieren und noch immer vorhandene Einschränkungen für Publikationen aus dem Ausland aufzuheben. Ebenfalls dürfen Veröffentlichungen im Ausland aus der DDR heraus nicht von staatlicher Genehmigung abhängig sein. Auch hierbei sind umfassende Gesetzesänderungen notwendig.[100]

Offener Brief an die Teilnehmer der Weltfestspiele in Moskau. In: Frankfurter Allgemeine Zeitung vom 18. Juli 1985.

G81: Kindergarten
Ende der achtziger Jahre

M[101]: [...] wir sind mit 'm Martin seine Erzieherin nisch' ganz einverstanden, weil die macht ihren Job eb'n nur, um Geld zu verdienen, un' nisch', [...] so 'n Job wie eh normaler vielleicht, wo ma's bloß mit toten Gegenständen zu tun hat. Die Erzieherin von meiner Tochter in der ander'n Gruppe, die is' natürlich wesentlich besser, woll'n wa mal einfach sag'n, die bringt den Kindern einfach mehr bei. Und och der Kindergarten, wo unser Sohn erst war, der war hervor[ragend], da war auch die Er-

---

100 Der Brief ist von 34 Erstunterzeichnern unterschrieben, darunter Pfarrer Eppelmann und Sascha Anderson.
101 Herr M ist Jahrgang 1959, Stahlbauschlosser, verheiratet, zwei Kinder.

zieherin dran int'ressiert, daß die Kinder einfach mehr von der Natur mitkriegen. Die ham zum Beispiel mit ihren vier Jahr'n [...], da hat der schon die verschiedenen Baumsorten im Park mir gezeigt und die Blätter, und das is' meiner Ansicht nach erst mal 'n Zeichen dafür, daß sisch die Erzieherin sehr intensiv mit den Kindern beschäftischt, worauf se Wert legt, und trotzdem und (is' ja) enorm, daß die Kinder das denn dann schon beherrschen, wie gesacht, er, die brauchten das nur einmal zu zeigen, (un' dann) konnt' er's [...] es war schon immer so, und [...] mit dem Um-Umschwung, jetzt sind die Programme weg, diese [...] Erziehungsprogramme, es heißt eb'n, jedes Kind kann machen, was es will, außer (lacht) randalieren. Und unserer, der hat sisch jetzt wohl mal beschwert, er kann nisch' basteln, er kann .., mh es wird nisch' mehr gebastelt, also keine Beschäftigung mehr, wa, und das ist das, was mir nisch' gefällt, was wir auch schon kritisiert haben, aber wir sag'n uns, na ja, die paar Monate, bis er in die Schule kommt, ... da kann man jetzt och nischts mehr dran ändern.

SCHWARZER 1991, S. 43.

G82: *Verweigerung des Wehrunterrichtes achtziger Jahre*

Mo[102]: [...] det gab ja so'n Wehrlager für Jugendliche, für neunte Klasse für Jungen und 'n Wehrunterricht. Und dann dieses Wehrlager, da mußte man nicht mitfahren, och als Junge nicht, da gab es schon einige, die gesagt haben, die machen bei den Mädchen mit, diesen DRK-Lehrgang. Ähm, das haben auch einige aus meiner Klasse gemacht, aber ich wollte auch partout diesen Wehrunterricht nicht mitmachen. [...] Meine Mutter, ich wollte überhaupt nicht, ähm, und da ist meine Mutter zu dem Direktor hin und der hat dann gesagt, also er kann sich an keinen Fall erinnern, das es sowas gibt, ähm, und er wüßte nicht, was man da macht. Den Wehrunterricht, den gab's da auch erst gerade zehn Jahre, wurde ja erst, glaube ich, Anfang der '80iger Jahre eingeführt, wo's dann nicht mehr mit Entspannung war, sondern wieder bißchen härter wurde alles und Nachrüstung. Und, ähm, da wurde der ja glaube ich erst eingeführt, '79 in dem Dreh. Und er meinte, er kann sich, er hat noch nie gehört, das hier in Stadt sowas passiert ist, aber er wird keinen Schüler zwingen, an so'nem Unterricht teilzunehmen. [...] Ich konnte dann, hab einfach nicht teilgenommen an dem Unterricht, sondern hab woanders gesessen. Alle Lehrer kamen vorbei, hör dir es doch erst mal an, diss fanden schon viele komisch, aber ich saß denn da und hab dann den anderen die Englischhausarbeiten gemacht. Haben mir alle ihre Englischbücher gegeben. Einer hat mir die Hausaufgaben gegeben, weil ich sie och nicht konnte und hab dann, ich war einfach nicht so gut zu seiner Zeit, und hab dann einfach von dem richtigen Buch allen das in's Buch rübergeschrieben, die Übersetzung. (Lachen) Das war nun meine Aufgabe in diesen zwei Stunden, wenn die anderen sich dann irgendwas über Panzer angehört haben.

Biographisches Interview mit Herrn Mo vom 8. September 1993. Interviewtranskript im Archiv der Verfasserinnen.

102 Herr Mo ist Jahrgang 1973, Zivildienstleistender, ledig, ohne Kinder.

G83: *Vergleich der Lebenswelten Soziale Milieus in Ost- und Westdeutschland*[103]
1989

Ost	West
Bürgerlich-humanistisches Milieu (10 %)	Konservativ gehobenes Milieu (8 %)
Rationalistisch-technokratisches Milieu (6 %)	Aufstiegsorientiertes Milieu (24 %)
Status- und karriereorientiertes Milieu (9 %)	Technokratisch-liberales Milieu (9 %)
Kleinbürgerlich-materialistisches Milieu (23 %)	Kleinbürgerliches Milieu (22 %)
Traditionsverwurzeltes Arbeiter- und Bauernmilieu (27 %)	Traditionelles Arbeitermilieu (5 %)
Traditionsloses Arbeitermilieu (8 %)	Traditionsloses Arbeitermilieu (12 %)
Hedonistisches Arbeitermilieu (5 %)	Hedonistisches Milieu (13 %)
Subkulturelles Milieu (5 %)	
Linksintellektuell-alternatives Milieu (7 %)	Alternatives Milieu (2 %)

BECKER et al. 1992, S. 104.

---

[103] Der in Klammern ausgewiesene Prozentwert verweist auf die quantitative Ausdehnung der einzelnen Sozialmilieus im ost- und westdeutschen Raum 1990/91.

Peter Th. Walther

Bildung und Wissenschaft

Die DDR war zu einem guten Teil eine erziehungsbesessene, bildungsbeflissene und schulungsgeplagte Veranstaltung. Bildung und Wissenschaft wurden und waren gleichermaßen »Transmissionsriemen« zugunsten einer im Aufbau befindlichen und als bedroht hingestellten sozialistischen Gesellschaft und einer Weiterentwicklung der bis 1945 entstandenen kulturellen und wissenschaftlichen Ressourcen und Potentiale, die sich allerdings nun in einem als »antifaschistisch« definierten Paradigma zu bewähren hatten. Lernen und Schulung als kognitiver und sozialer Prozeß begleiteten das Leben jedes einzelnen und sollten die Bevölkerung auf dem langen Weg in den Sozialismus zusammenschweißen.

Spätestens in den letzten Kriegswochen stellten die Bildungs- und wissenschaftlichen Einrichtungen in Deutschland ihre Arbeit ein. Bereits in den ersten Monaten nach Kriegsende versuchten in der SBZ und in ganz Berlin viele von ihnen die Arbeit wieder aufzunehmen, wurden aber mehr oder minder durch sowjetische bzw. von ihnen eingesetzte deutsche Verwaltungen daran gehindert. Während die SMAD in Berlin-Karlshorst oder ihre Militärverwaltungen in den fünf Ländern (und Provinzen) die Wiedereröffnung von Schulen und Hochschulen selbst anordnete und mitunter bis ins Detail regelte, übernahm die bereits Ende Juli 1945 neu gegründete Zentralverwaltung für Volksbildung zuerst die kleineren Verwaltungsaufgaben und allmählich sogar die traditionell ministeriellen Aufgaben für die Sowjetische Besatzungszone, auch wenn die Kultusministerien der Länder bis 1952 einige Zuständigkeiten behalten konnten.[1] Neben der unumstrittenen Zuständigkeit für die SBZ griff die SMAD auch in die unter Vier-Mächte-Kontrolle stehende Stadt Berlin ein, allerdings nur im sowjetischen Sektor. Die verbliebenen Professoren der Friedrich-Wilhelms-Universität zu Berlin führten im Sommer 1945 unter ihrem kommissarischen Rektor eine Art Selbst-Entnazifizierung durch, um die Arbeitsaufnahme der Universität zum Wintersemester 1945/46 sicherzustellen; sie folgte dabei den Richtlinien des Magistrats, der wiederum die Befehle der Alliierten Hohen Kommandantur auszuführen hatte. Trotz des Protestes der westlichen Alliierten entzog die SMAD im September 1945 die Universität der gemeinsamen alliierten Kontrolle, unterstellte sie der Zentralverwaltung für Volksbildung und ernannte einen neuen Rektor. Neue Studienpläne wurden ausgearbeitet, eine weitere Entnazifizierungsrunde folgte, und im Januar 1946 eröffnete schließlich der Präsident der Zentralverwaltung Paul Wandel die Universität Berlin, der allerdings nur wenige der vor 1933 üblichen Selbstverwaltungsrechte zugestanden wurden.[2] Nach dem Konzept der juristischen Diskontinuität galten zudem sämtliche

---

1 Vgl. BROSZAT/WEBER 1993.
2 Vgl. TENT 1988.

Rechte, Ansprüche und Verpflichtungen – also auch die Arbeitsverträge und Berufungen – der alten Universität als erloschen. Doch änderte diese juristische Fiktion, die in der SBZ für alle öffentlichen Arbeitgeber (Universitäten, Schulen, Verwaltungen, Feuerwehr) galt, nichts an der Tatsache, daß man Wissenschaft und Bildung nur mit den Leuten betreiben kann, die an Ort und Stelle sind und auch dort bleiben. Die entnazifizierten Hochschulangehörigen wurden wieder in ihre alten Verhältnisse eingesetzt, in lebenswichtigen Bereichen wie der Medizin gewährte man Ausnahmen, und schon längst Emeritierte wie der Historiker Friedrich Meinecke wurden reaktiviert.

Nach der Konsolidierung der deutschen Verwaltungen in der SBZ/DDR unterstanden, wie in allen Bereichen des öffentlichen Lebens üblich, auch Wissenschaftsverwaltung und Bildungspolitik der doppelten Kontrolle durch den Staats- und den im Zweifelsfall »zuständigeren« Parteiapparat. Seitens der Partei ist dabei teilweise eine geradezu frappierende personelle Stabilität festzustellen: Die Abteilung Wissenschaften leitete bis 1955 Kurt Hager, danach bis 1989 Johannes (Hannes) Hörnig; die Abteilung Volksbildung unterstand seit 1963 Lothar Oppermann; Abteilungsleiter für Forschung/technische Entwicklung war seit ihrer Gründung 1961 Hermann Pöschel. Zu den maßgebenden Persönlichkeiten im Wissenschafts- und Bildungsbereich zählte von 1945 bis zu seiner Degradierung 1957 Paul Wandel, spätestens seit 1964 Margot Honecker (weniger durch ihre Funktion in der SED denn als Minister für Volksbildung und Gattin des Generalsekretärs des ZK der SED) und von 1949 bis 1989 Kurt Hager. Auffällig ist, daß die Zuständigkeiten von Leitungsorganen auf der staatlichen Seite dagegen relativ zersplittert blieben: aus der Zentralverwaltung, seit 1950 Ministerium für Volksbildung, wurde 1951 das selbständige Staatssekretariat für Hochschulwesen ausgegliedert, das 1967 zum Ministerium für Hoch- und Fachschulwesen avancierte. Von 1949 bis 1957 existierte für die Koordination der industrierelevanten Forschung das Zentralamt für Forschung und Technik bei der Staatlichen Plankommission. Dieses Gremium wurde aufgelöst zugunsten des Forschungsrates der DDR, der von der Analyse von Forschungslücken über die Grundlagen- und angewandte Forschung bis zur planmäßen Produktion die naturwissenschaftlich-technische Forschung in der DDR effizient anleiten sollte. Damit entstand – institutionell – ein Konkurrenzunternehmen zur Deutschen Akademie der Wissenschaften (DAW), die »als höchste wissenschaftliche Einrichtung« des Landes seit 1954 direkt dem Ministerrat unterstand und die Richtlinienkompetenz für die Forschung beanspruchte.[3] Die Akademie gründete 1957 die Forschungsgemeinschaft der naturwissenschaftlichen, technischen und medizinischen Institute der DAW, um dadurch Strukturen einrichten und kontrollieren zu können, die eine effektive Koordination zwischen Forschung und Volkswirtschaft garantieren sollten. Die entscheidenden Funktionen in Forschungsrat und Forschungsgemeinschaft waren allerdings von einem nahezu identischen Wissenschaftlerkreis in Personalunion besetzt. Im Verlauf

---

3 Die Funktion und die Ansprüche der Akademie spiegeln sich in ihren Jahrbüchern – Jahrbuch der Deutschen Akademie der Wissenschaften zu Berlin bzw. ab 1972 Jahrbuch der Akademie der Wissenschaften der DDR – wider, die von 1950 (für die Jahre 1946 bis 1950) bis 1989 erschienen.

der Akademiereform 1968/72 verdrängte die Akademie erfolgreich den Forschungsrat als zentrales Wissenschaftssteuerungsorgan: Der Forschungsrat mutierte zu einem untergeordneten Beraterstab des Ministeriums für Wissenschaft und Technik, das 1967 aus dem 1961 gegründeten Staatssekretariat für Forschung und Technik hervorgegangen war. Sodann wurde die Forschungsgemeinschaft aufgelöst und die natur- und gesellschaftswissenschaftliche Akademieforschung administrativ in eine Handvoll Forschungsbereiche (mit wechselnden Bezeichnungen) aufgegliedert. Bei diesen wiederholten Kompetenzneuverteilungen ging es um straffere und effizientere Organisationsformen – als Antwort auf ökonomische Talfahrten oder als Vorgriff auf Schwerpunktsetzungen in der Forschung, um das viel zitierte »Weltniveau« einzuholen. Daneben spielten auch militärische Interessen sowie die Belange des Ministeriums für Staatssicherheit eine bedeutende, allerdings bisher nur partiell aufgeklärte, Rolle.[4] Insbesondere die Abkoppelung von Westkontakten nach dem Mauerbau und die dadurch verstärkte Orientierung gen Osten gab Raum für Reorganisationsprojekte. Auf die 1989/90 durchgeführten organisatorischen Veränderungen, die Zusammenlegung der Ministerien für Hoch- und Fachschulwesen und für Volksbildung zum Ministerium für Bildung (November 1989) sowie die Überführung des Ministeriums für Wissenschaft und Technik ins Ministerium für Forschung und Technologie (März 1990) lohnt sich kaum einzugehen, denn mit Oktober 1990 galt die zwar nicht sehr bewährte, aber im Westen gut eingespielte Arbeitsteilung zwischen dem Bundesforschungsministerium (wie immer gerade die offizielle Bezeichnung auch lautet), den Forschungsorganisationen, wie der Max-Planck-Gesellschaft, und den Landeskultusministerien.

1. Allgemeinbildende Schulen

Die Hauptsorge der sowjetischen und vor allem der deutschen Verwaltungen galt dem Schulsystem.[5] Ein sehr hoher Anteil der Schullehrer war in der NSDAP oder einer ihrer Untergliederungen gewesen und verlor im Zuge der Entnazifizierung seine Anstellung. An seine Stelle traten unbelastete, jedoch hastig ausgebildete, meist sehr junge Neulehrer, die Anfang der fünfziger Jahre zwei Drittel der Lehrerschaft ausmachten.[6] Gleichzeitig mußten die Bauschäden behoben werden, und da in den meisten Fächern die nazifizierten Schulbücher ausgemustert wurden, führte man vorübergehend wieder Exemplare aus der Weimarer Republik ein, bis neu geschriebene Schulbücher gedruckt und verteilt werden konnten. (B4) Auch die Integration der Umsiedler, der Flüchtlinge und Vertriebenen strapazierte die Anfangsjahre des Schulsystems in der SBZ/DDR. Die letzten einklassigen Landschulen konnten erst 1960 zugunsten klassenübergreifender ländlicher Zentralschulen aufgelöst werden.

Die Schulpolitik sah von Anfang an die Ablösung der verschiedenen, faktisch soziale Scheidelinien bestätigenden Schultypen und der wenigen Privatschulen – Aus-

---

4 Siehe ECKERT 1996.
5 DÖBERT 1995.
6 Dazu ein ausführliches Kapitel in: LINIE 1996.

nahme blieb ein katholisches Mädchengymnasium in Ost-Berlin – durch ein gestaffeltes Einheitsschulsystem vor.[7] Statt der Gymnasien, Realgymnasien, Oberschulen usw. setzte man auf ein System, demnach dem fakultativen, seit 1949 systematisch ausgebauten Kindergarten die achtklassige Volksschule folgte, an die wiederum eine zweijährige Mittelschule oder die vierjährige Oberschule anschloß. Jeder religiöse Einfluß wurde systematisch zurückgedrängt. Ab 1959 wurde innerhalb von fünf Jahren die Volksschule in die zehnklassige allgemeinbildende polytechnische Oberschule überführt. Die zum Abitur führende Erweiterte Oberschule (EOS) umfaßte bis 1982 die 9. bis 12. Klasse, danach fand der Übergang zur EOS erst nach der 10. Klasse statt. (B1; B2; B3) Die Einrichtung berufsausbildender Schulgänge variierte; der Regelfall blieb jedoch der Übergang auf eine Fach- oder Ingenieurschule nach der 10. Klasse. Nach mehreren Varianten zum Abitur, die bis Ende der sechziger Jahre durchgespielt wurden, setzte sich die Erweiterte Oberschule als Normalweg zum Abitur durch. Die Berufsausbildung mit Abitur (BMA) blieb eine Ausnahme, die vorrangig für den Zugang zu technischen Studienrichtungen genutzt wurde. Abiturkurse an der Volkshochschule waren die Alternative für diejenigen, die als Angehörige der »falschen« Klasse oder aus politischen Gründen nicht zur EOS zugelassen wurden, den BMA-Ausbildungsweg nicht beschreiten wollten oder erst später Interesse an der höheren Bildung entwickelten. (B23) Nachdem in den fünfziger und sechziger Jahren der Anteil von Abiturienten mit 18 Prozent je Jahrgang die westdeutschen Werte deutlich überstiegen hatte, fiel die DDR ab Mitte der sechziger Jahre deutlich hinter das westdeutsche Niveau zurück.[8] Die Zulassung zum Abitur und zum Studium blieben reglementiert durch Zulassungshürden; in den achtziger Jahren konnten in der Regel nur zwei Schüler pro 10. Klasse in die EOS übergehen. Der Anteil von DDR-Abiturienten stagnierte bis 1990 bei 12 Prozent eines Jahrganges.

In dieser Entwicklung lassen sich mehrere Phasen unterscheiden: nach Unsicherheiten im Umgang mit reformpädagogischen und anderen Konzeptionen, die in der Weimarer Republik diskutiert worden waren, die oft schroffe Absage an die alte Schule, verbunden mit einer enthusiastischen Proklamation einer neuen disziplinbetonten, volksverbundenen Schule (B5), wobei, bedingt durch mitunter inkompetente Improvisationen, erhebliche Niveauverluste in Kauf genommen wurden. (B8) Ein Ostabitur nach zwölf Schuljahren galt weniger als das westdeutsche, und DDR-Abiturienten, die in den Westen gingen, waren gezwungen, in Spezialschulen ein Schuljahr nachzuholen, um ein westdeutsches »Reifezeugnis« zu erhalten.[9] Die Reformen führten schließlich zu einem einheitlichen und zentral gelenkten Schulsystem, das Wert darauf legte, Schüler frühzeitig in die Arbeitswelt einzuführen; ähnliche Versuche gab es auch im Westen wie z. B. an den Kollegschulen in Nordrhein-Westfalen. Neben berufsbezogenen Ausbildungseinheiten in der Schule (»Einführung in die so-

---

7   Aus der Fülle der Veröffentlichungen seien drei hervorgehoben, auf die ich mich im allgemeinen stütze: ANWEILER et al. 1992, HOFFMANN/NEUMANN 1994, TENORTH et al. 1996.
8   SCHLUCHTER 1996, S. 67.
9   Siehe dazu die Artikel Bildung, Schulwesen etc. in den vom Bundesministerium für innerdeutsche bzw. gesamtdeutsche Fragen in den fünfziger und sechziger Jahren mehrfach herausgegebenen Bänden »Die SBZ von A bis Z« (1. Aufl., Bonn 1953; 10., überarb. und erw. Aufl., Bonn 1964).

zialistische Produktion«, »Technisches Zeichnen«) fanden auch praxisbezogene Veranstaltungen in den Betrieben statt (»Unterrichtstag in der Produktion«, »Produktionsarbeit«), mehrwöchige Praktika ergänzten das Programm in den höheren Klassenstufen. Verschiedene Formen von Patenschaften zwischen Schulen und Betrieben waren Kennzeichen dieses polytechnischen Schulsystems. Doch erwies sich diese Form von Einheitsschule als relativ unflexibel, da sie – wie es hieß – Begabungen nicht rechtzeitig erkannte und förderte. Infolge dieser verkappten Elitediskussion entstanden 1964/65 einige Spezialschulen mit Schwerpunkten (z. B. Mathematik, Russisch, Sport), die Hochbegabten eine Chance gaben, eine ihnen adäquate Kombination von Schulen zu finden. Die Praktika ab der 7. Klasse erwiesen sich offenbar für Betriebe wie für Schüler als wenig hilfreich, sondern eher als eine Art Zeitverschwendung: zu kurz, um Kenntnisse aus der Produktion solide und sinnvoll zu vermitteln, aber auch zu knapp, um die unerfahrenen Schüler produktiv in leichte Arbeitsprozesse einzugliedern. Insofern wurde der theoretische Anspruch des polytechnischen Unterrichts kaum eingelöst – eher schärfte sich der Blick der Jugendlichen für die Unzahl unproduktiver Arbeitsabläufe in den Werken. Die vom Ministerium für Volksbildung vorgegebenen pädagogischen Richtlinien stärkten die Funktionen des autoritativen Lehrers, behielten den Frontalunterricht als Regelunterricht bei und verlangten von den Schülern insbesondere diszipliniertes Verhalten und Konformität. Das betraf lange Zeit Äußerlichkeiten wie die Kleidung (so die Kampagne gegen Jeans als »Niethosen« und Werkzeug des Imperialismus), aber auch die erwartete Bestätigung der Inhalte des Staatsbürgerunterrichts oder vergleichbare deklamatorische Veranstaltungen. **(B9)** Die Lehrpläne und Schulbücher wurden mit Unterstützung der Akademie der Pädagogischen Wissenschaften im Volksbildungsministerium ausge- und überarbeitet. **(B6)** Diese Akademie war 1970 aus dem 1949 gegründeten Deutschen Pädagogischen Zentralinstitut entstanden, untersuchte theoretische Grundlagen der sozialistischen Pädagogik und gestaltete deren Umsetzung in die Schulpraxis. **(B7)** Die Akademie unterhielt eine Reihe von Forschungsinstituten mit mehreren hundert Mitarbeitern und besaß das Promotionsrecht A und B (die Habilitation) für pädagogische Disziplinen.[10] Der immerwährende industrielle Nachholbedarf der DDR und die Klagen der Industrie über die nicht ausreichende Schulbildung von Anfangssemestern ließen das Ministerium wiederholt Maßnahmen ergreifen, die den naturwissenschaftlichen Unterricht verstärkten. Auf einem anderen Blatt steht, daß Margot Honecker die Arbeit ihres Ministeriums und »ihrer« Akademie als Fronteinsatz im Klassenkampf verstand und dadurch die Neigung zur Reglementierung, ja sogar Militarisierung in Schule und Unterricht vorgab. Die Befehlslinien vom Ministerium über die Bezirke und Kreise in die Schulen sowie die Berichtspflicht in die Gegenrichtung lassen sich wohl nur mit militärischen Begriffen fassen. Es war denn auch eine Frage bezüglich des Militärs – nämlich nach der Notwendigkeit einer Militärparade anläßlich des 39. Gründungsjahrestages der DDR –, die an einer renommierten und auch von Kindern hoher Funktionäre besuchten EOS in Berlin-Pankow im Herbst 1988 zu einem Eklat führte: Der Minister für Volksbil-

---

10 Hierüber geben, wenn auch mit Einschränkungen, die Jahrbücher der Akademie der Pädagogischen Wissenschaften Auskunft.

dung, Margot Honecker, setzte gegen den Rat zahlreicher hoher Funktionäre die Relegation mehrerer Schüler, die auf einer Wandtafel eben diese Frage formuliert hatten, durch. Relegation hieß Ausschluß aus der Schule, keine Möglichkeit zum Abitur – also ein drastischer Eingriff in die Chancen, sein eigenes Leben mitzugestalten. (B10, B11)

Ziel der schulischen Erziehung – neben dem allerorts erwarteten Erwerb kanonisierten Wissens und gewisser Fertigkeiten – und aller weiteren Schulungen war die »sozialistische Persönlichkeit«. Lernen und Wissen boten in einem Staat, der nach den Regeln des »wissenschaftlichen Sozialismus« funktionieren sollte, in dem die »alten Eliten« geschwächt waren und sich – sieht man von Ärzten, Pfarrern und einigen Wissenschaftlerdynastien ab – nur selten reproduzieren konnten, Zugang zum sozialen Aufstieg. (G1) Die entscheidenden Zugangshürden waren die Zulassung zur EOS, damit zum Abitur, und die Zulassung zum Studium, dem in einigen Studienrichtungen ein einjähriges Praktikum, mit dem auch der diesbezügliche Facharbeiterbrief erworben wurde, oder die dreijährige Verpflichtung für die Nationale Volksarmee vorausging. Üblich war bei Studienbeginn die Unterzeichnung einer Verpflichtung, »dort zu arbeiten, wo einen die Gesellschaft braucht«. Daneben bestand aber auch die Möglichkeit, das Abitur an der Volkshochschule oder in einem Berufsausbildungsgang mit Abitur zu erwerben; eine Chance für diejenigen, deren Aufnahme in die EOS abgelehnt worden war – ohne daß sie einen Studienplatz garantierte. Überhaupt war die Erwachsenenbildung als ständiges Angebot der Breitenbildung personell und institutionell stark ausgebaut (Urania, Betriebsakademien). Die Studienplatzverteilung beruhte einerseits auf einer Bedarfsplanung von erwünschten Absolventen, andererseits auf einem »Aufnahmegespräch«. Kinder von Arbeitern und Genossenschaftsbauern konnten mit Bevorzugung rechnen, selbst wenn sich hinter diesen Bezeichnungen im Personalbogen eine 30jährige Tätigkeit im Staats- oder Parteiapparat verbarg. So reproduzierte sich seit den siebziger Jahren die neue Elite im Wissenschaftssystem. Denn eine der markantesten Entwicklungen in der DDR bestand eben darin, daß ein weitgehend parteikonformer Personenkreis die alten Eliten in Forschung und Wissenschaft ersetzte. Entnazifizierung, Abwanderung in den Westen, Privilegierung zwecks Pazifizierung, Verdrängung aus Entscheidungsgremien, Kontrolle über die Nachwuchszulassung bei Abitur und Studienbeginn sowie die Studienlenkung waren die gravierenden Schritte dieses Elitenwechsels.[11]

Das Ende der DDR führte zu einer Art pädagogischem Vakuum, das durch keine nachhaltigen Reformen gefüllt werden konnte. 1990/91 bedeutete die »neue Ordnung« im Schulbereich einen drastischen personellen Austausch auf den Leitungsebenen, die Zuständigkeitsübertragung auf die neu etablierten Landeskultusministerien und die Einrichtung unterschiedlich strukturierter Schulsysteme: so gibt es jetzt drei- und zweigegliederte schulische Ausbildungsgänge und Abiturklassen des 12. und 13. Schuljahres.

---

11 Vgl. JESSEN 1994.

Einleitung 231

2. Universitäten und Hochschulen

Die Versuche der Universitäten in Jena, Greifswald und Berlin sowie der Bergakademie in Freiberg, schon im Herbst 1945 quasi autonom den Lehrbetrieb wieder aufzunehmen, wurden von den sowjetischen Militärbehörden unterbunden. Erst nach der Überprüfung des Lehrpersonals und der Billigung des Semesterprogramms konnte die Universität Jena bereits im Oktober 1945, die anderen im Januar und Februar 1946 wieder eröffnet werden. (B13) An den Universitäten richtete man Vorstudienanstalten ein, die es Nichtabiturienten ermöglichten, sich auf ein reguläres Studium vorzubereiten. Daneben wurden Pädagogische Fakultäten eröffnet, um die alten – alt auch im Sinne von »bürgerlich dominiert« – Philosophischen Fakultäten »auszutrocknen«. Aus den Vorstudienanstalten gingen 1949 die Arbeiter- und Bauernfakultäten (ABF) hervor. Die Pädagogischen und die Arbeiter- und Bauernfakultäten waren die beiden Institutionen im Hochschulbereich, mit deren Hilfe das »bürgerliche Bildungsprivileg« gebrochen werden sollte; ein Prozeß, der in Westdeutschland sehr viel bedächtiger, z. B. durch den Ausbau des 2. Bildungsweges, in Gang gesetzt wurde. Entsprechend den jeweiligen »Etappensiegen« schloß man sie daher auch wieder: die Pädagogischen Fakultäten (mit Ausnahme der Humboldt-Universität) ab 1950, da mit der Pädagogischen Hochschule Potsdam und mehreren neuen Pädagogischen Instituten neue Ausbildungsstätten zur Verfügung standen, die ABF 1963 (mit zwei Ausnahmen in Freiberg und Halle/Saale, die dann allerdings auf ein Studium in der Sowjetunion vorbereiteten). Absolventen der Vorstudienanstalten und ABF erhielten die Chance zum sozialen wie zum politischen Aufstieg, zumal sie jederzeit gegen die qua definitionem rückständigen bürgerlichen Studenten mobilisiert werden konnten.

Bei der Öffnung der Zugangsmöglichkeiten zum Studium ging es um eine gewichtete Chancengleichheit für Personen ungleicher Startbedingungen, gewissermaßen eine hochschulpolitische *affirmative action* – also Privilegierung um der Chancengleichstellung willen – in der SBZ.[12] Allerdings führte diese proklamierte Gleichberechtigung aller Begabten allzuoft und allzubald zu einer Privilegierung der von den Vertretern der FDJ und SED befürworteten Studienkandidaten. Denn die durchaus parteilich agierenden Auswahlausschüsse der meisten Fakultäten entschieden in der Regel so, daß »Bürgerliche«, egal wie ausgewiesen, weniger Chancen hatten gegen politisch sichere Kantonisten.[13] An der Universität Berlin führte diese offensichtlich manipulierte Zulassungspolitik 1947/48 zu öffentlich ausgetragenen Kontroversen zwischen Repräsentanten des gewählten Studentenrats, einigen Professoren und Dozenten auf der einen und der von der Zentralverwaltung gestützten Universitätsleitung auf der anderen Seite. Hier kam es angesichts der speziellen Berliner Umstände (Beginn der administrativen Teilung der Stadt, doppelte Währungsreform, Berliner Blockade) zu einer rasanten Verschärfung der Situation, die schließlich im Dezember

---

12 Diese Entwicklung stellen STEIGER/FLASCHENDRÄGER 1981 aus dem Blickwinkel des – damaligen – Siegers dar und enden mit einem Kapitel zur »Weitere[n] Gestaltung des Hochschulwesens der entwickelten sozialistischen Gesellschaft«.
13 Siehe TENT 1988; AMMER 1994.

1948 in die Gründung der Freien Universität Berlin (FUB) mündete. Bis 1961 war ein beträchtlicher Teil der Studentenschaft der FUB aus der DDR. Allerdings wechselten kaum Professoren der nun in Humboldt-Universität zu Berlin umbenannten Ost-Universität nach West-Berlin, wo finanzielle Knappheit und die informelle studentische Mitbeteiligung bei Berufungen bis Mitte der fünfziger Jahre das Klima prägten; man ging dann doch lieber in den richtigen Westen, in dem von Reformen noch jahrelang nichts zu spüren war. Die FUB war bis 1961 quasi die provokativ positionierte Gegenuniversität zu den Universitäten in der DDR und insbesondere zur Humboldt-Universität. Die Wissenschaftspolitiker der DDR versuchten, die »Spalteruniversität« als wissenschaftliche Institution zu isolieren und ignorieren (B12); gleichzeitig scheuten sie keine Mühe, die Humboldt-Universität als die »wahre« Berliner Universität zu profilieren.[14]

Die 2. Hochschulreform von 1951 – als erste Reform sind wohl die Wiedereröffnungen 1946 anzusehen – bestimmte die Einrichtung des obligatorischen marxistisch-leninistischen Grundlagenstudiums, führte ein zehnmonatiges Studienjahr als »Zeiteinheit« ein (statt der Semesterzählung) und koppelte die Studentenvertretungen organisatorisch an die FDJ. Ein Wechsel des Studienfaches war seither erschwert, fast unmöglich. Diese Verschulung der Universitäten lief parallel zu einem Prozeß, der die Forschungsvorhaben tendenziell gegenüber den Lehrverpflichtungen zurückstellte. Während die Universitäten sich vorrangig der Ausbildung widmeten, konzentrierte die Akademie der Wissenschaften verstärkt die Forschung bei sich.

Die DDR war darauf angewiesen, durch Technik und Wissenschaft ihren Mangel an natürlichen Ressourcen wettzumachen. Es kam daher zur Gründung und zum Ausbau einer beachtlichen Anzahl neuer Hochschulen und Fachhochschulen, insbesondere für naturwissenschaftliche und technische Ausbildungsgänge (B14) sowie im pädagogischen Bereich. 1950/51 wurde zum ersten Mal in der deutschen Hochschulgeschichte eine technische Fakultät an einer klassischen Universität gegründet: die Fakultät für Schiffbautechnik der Universität Rostock. Seit 1953 richtete man zudem Fernstudienprogramme für Personen ein, die von einem Betrieb oder einer Institution zum Studium delegiert, d. h. von ihrer Arbeitsstelle bei fortlaufender Bezahlung für etwa fünf Wochen freigestellt wurden. Im Verlauf der Jahre erhielten mehr und mehr Studenten ein Stipendium: Seit 1981 gab es unabhängig vom Einkommen der Eltern ein Grundstipendium in Höhe von M 200,00 (in Berlin M 215,00), ein Betrag, der durchaus zum Leben ausreichte, zumal die meisten Studenten Plätze in Internaten oder Studentenwohnheimen hatten, für die monatlich M 10,00 zu zahlen waren.

Auch wenn formell die traditionellen Bezeichnungen der akademischen Selbstverwaltung weitgehend erhalten blieben (Rektor, Senat), so wurde mit der Zeit ein System eingeführt, in dem die Ernennungen durch den Minister relevanter waren als die Wahlen in den akademischen Gremien, zumal auf allen Ebenen die Vorabsprachen und -entscheidungen der zuständigen Parteiorganisationen – von der ZK-Abteilung bis zur Grundorganisation der SED in den Sektionen – personelle, konzeptionelle, organisatorische und inhaltliche Fragen bereits fürsorglich geregelt hatten.

---

14 Besonders eindrucksvoll zu erkennen in HUB 1960.

Einleitung

Der Mangel an Ärzten und die Überalterung der Ärzteschaft, aber auch das (noch) fehlende marxistisch-leninistische Grundlagenstudium an den Medizinischen Fakultäten bewogen Partei und Staat seit 1950, die Gründung neuer medizinischer Hochschulen vorzubereiten, die schließlich 1954 als Medizinische Akademien (mit Hochschulrang) in Dresden, Erfurt und Magdeburg gegründet wurden, welche sich in kürzester Zeit als quasi selbständige medizinische Fakultäten etablierten. Im Hochschulbereich war ein eindeutiger Trend zur Spezialisierung bzw. Profilierung der Hochschulen und ihrer Sektionen festzustellen, der z. B. die Ausbildung aller Betriebswirte mit finanzwirtschaftlicher Ausrichtung bei den Wirtschaftswissenschaftlern der Humboldt-Universität konzentrierte. Diese Spezialisierung in Ausbildung, Lehre und Forschung an einzelnen Sektionen erzeugte monopolartige Wissensschwerpunkte, erschwerte schließlich die Berufung oder Einstellung von Wissenschaftlern aus anders profilierten Sektionen und förderte die Tendenz zu Hausberufungen. Während diese Tendenz durch die 3. Hochschulreform (1967) mit der Auflösung der Fakultäten und der Einrichtung von Sektionen verstärkt wurde, kam es nie zur Etablierung einer Akademie für Medizinische Wissenschaften als Gelehrtengesellschaft mit angeschlossenen Instituten, wie es dem Moskauer Vorbild entsprochen hätte.

Die Jahre um 1958 bedeuteten wohl die maßgebliche symbolische Wegscheide der Wissenschaftsentwicklung der DDR. Nach den Aufständen in Berlin, Posen und Budapest von 1953 und 1956, der Verhinderung einer Entstalinisierungspraxis in der DDR 1956/57 und der Ausschaltung tatsächlicher oder vermeintlicher Gegner der Herrschenden hatte die alte Garde um Ulbricht wieder Fuß gefaßt und forcierte die sozialistische Umgestaltung in der DDR auf allen Gebieten. Jetzt wurden die Weichen neu gestellt, bislang gelebte Kompromisse entwertet oder gekündigt. In diesem Zusammenhang ist das Chemieprogramm zu nennen, mit dem Industrie und Wissenschaft mobilisiert und formiert wurden, auch im Sinne der Ablösung der »bürgerlichen Wissenschaftler« aus leitenden Stellen. In den Gesellschaftswissenschaften wurden die »Bürgerlichen« verdrängt, isoliert oder majorisiert. So wurde der Professor der Germanistik in Greifswald, H. Rosenfeld, als »Bürgerlicher« wie ein Tanzbär vor einer »revolutionär«-dominierten Fakultätssitzung vorgeführt, die beschloß, ihn von seiner Lehrtätigkeit zu entbinden. (B16) Bezeichnend ist, welche Signalwirkung ein Einzelfall der Repression auf den Wissenschaftsbereich ausübte: Zum einen steigerte sich die Staats- und Parteitreue ins Groteske (B17), zum anderen nahm die Anzahl der Wissenschaftler, die in den Westen flüchteten, deutlich zu. (B18) Inwiefern dabei gezielte Abwerbungen aus der Bundesrepublik eine Rolle spielten, läßt sich wohl kaum rekonstruieren. Das Ablösen der »Bürgerlichen« durch die neuen Kader erfolgte jedoch nicht reibungslos; unorthodoxe Karrieren und langfristige Perspektivpläne überkreuzten sich. (B19; B20) Im Vorlauf der Trennung schränkten sich die Kontakte ebenso ein wie die Repressalien anstiegen. Zwar wurden schon seit 1952 spezielle wissenschaftliche Gesellschaften wie die Physikalische Gesellschaft der DDR gegründet, ohne daß dadurch die gesamtdeutschen Vernetzungen behindert wurden. Doch jetzt wurde mit der Gründung der Deutschen Historiker-Gesellschaft in Leipzig und einem inszenierten Konflikt auf dem noch gesamtdeutschen Historikertag in Trier das Tischtuch zerschnitten – in den Publikationen der DDR empörter und emphatischer als in der Praxis der privaten Kontakte, aber maßgeblich für die öffentliche Wahrnehmung und das Protokoll.[15] Die von maßgeblichen Historikern der DDR wie Max Steinmetz angekündigte Aberkennung der akademischen Grade für »Republikflüchtlinge« (B16) führte zu einer Verhärtung der Fronten, ungeachtet der Tatsache, daß ein derartiges Verfahren keinerlei Chance auf Erfolg gehabt hätte, da sämtliche deutschsprachigen Universitäten dem Aberkennungsverfahren hätten zustimmen müssen. Der Kurs der Konfrontation kumulierte schließlich im Bau der Mauer – der massivsten Disziplinierungsveranstaltung der DDR-Führung –, der einige studentische Reaktionen herausforderte und pikanterweise die Frage nach den Gründen, in West-Berlin statt in der DDR zu studieren, zur Staatsaffäre machte. (B24)

Anfang der sechziger Jahre befanden sich die Universitäten in einer Krise: Der Ausbildungsstandard der Studienbeginner war – bedingt durch die polytechnische »Nutzung« der Studenten – drastisch gesunken (B21), und es war zu deutlichen Verstimmungen zwischen den Universitäten und der Akademie gekommen. Dies lag an dem schleichenden Prestigeverfall der Hochschulen, da größere Forschungskomplexe in der Regel in der Akademie betrieben wurden und die Universitäten, eh schon stark verschult, befürchten mußten, zu reinen Lehranstalten zu verkommen. (B22) Die Forschung an den Universitäten entsprach zunehmend Aufträgen aus der Industrie und Wirtschaft, die naturgegebenermaßen an schnellen Ergebnissen und in die Produktion umsetzbaren Vorschlägen interessiert waren. Grundlagenforschung konnten sich unter diesen Rahmenbedingungen nur wenige leisten: ein Dilemma, das von Amts wegen durch semantische Spielereien – Auftragsforschung, Industrieforschung, angewandte Grundlagenforschung, projektorientierte Grundlagenforschung – verschleiert wurde. Andererseits vermochten Großmogule der Wissenschaft, ihre Forschung als geplante auszugeben und gleichzeitig an den Instanzen vorbei den direkten Draht ins Zentrum der Macht zu nutzen. (B15) Darüber hinaus gab es noch einen eher banalen Grund: bis Ende der sechziger Jahre zahlte die Akademie besser und erlaubte auch die partielle Akkumulation mehrerer Gehälter. (B30) Nach dem Mauerbau gelang es, sich von der noch weitgehend funktionierenden Einbettung in die Vernetzungen mit dem Westen auf eine Verzahnung mit den osteuropäischen Staaten umzuorientieren. Trotz der materiellen Zusammenarbeit im RGW richteten sich Forschungsstrategien in der DDR weiterhin nach westlichen Entwicklungslinien. Spätestens Mitte der sechziger Jahre wurde klar, daß es bei den Konzentrationsbemühungen im Wissenschaftssystem der DDR vor allen Dingen darauf ankam, die knappen Ressourcen möglichst ergiebig zu nutzen, daß man statt des bisherigen extensiven Ausbaus einen intensiven Aufbau verfolgen müßte. Als Lösung verfiel man auf die Zentralisierung und Konzentration von Kapazitäten, wodurch Doppelarbeit und innerwissenschaftliche Konkurrenzen, die sich ja meist auf die Produktivität auswirken, abgebaut wurden. In der 3. Hochschulreform wurden unter dem Schlagwort »organische Einheit von wissenschaftlicher Ausbildung und Praxis« nun als administrative Grundeinheit Sektionen gebildet, die sich wiederum in Wissenschaftsbereiche aufteilten. Organe der akademischen Selbstverwaltung blieben formal erhalten; in ihnen bestimmte ein Kreis aus akademischen Parteivertretern die Geschicke einer Sektion –

---

15 KOWALCZUK 1994, S. 302–304.

Einleitung 235

nach den Vorgaben von »oben«. Staatliche und Parteifunktionen ergänzten sich zunehmend durch die etappenweise Einführung von »Personalunionen«.

Es ist unter diesen (symbiotischen) Voraussetzungen in der Personalpolitik und im Anleitungs- und Kontrollapparat kaum verwunderlich, daß die Hochschulen in der DDR ein systemkonformes Leben generierten: zumindest nach außen hin war kaum Dissens zu finden. Zwar gab es immer wieder örtlich beschränkte Relegationen und Verfahren gegen Studenten – Zyniker meinen, in Zyklen, die jede Studentengeneration einmal einschüchtern soll –, doch auch hier kam es nach 1961 zum ersten Mal anläßlich der Niederschlagung des Prager Frühlings zu öffentlichen Unmutsbezeugungen und offiziellen Reaktionen darauf. (B25) Im Verlauf der siebziger Jahre wiederholten sich derartige »Widersprüche« in Jena (B26), auch der Ausbürgerung Wolf Biermanns folgten Zustimmungen, Unterwerfungsrituale und Ablehnungen. (B27) In den Jahren der bornierten Stagnation nach 1985 gab es vereinzelt kritische Stimmen, die nun – und das war eben das – das Ohr der Öffentlichkeit suchten. Mit der Wende begannen Distanzierungsmanöver (B28), für eigene, greifende Reformen blieb angesichts der sich überstürzenden Ereignisse keine Zeit. Die Mehrheit der Studentenschaft sah 1989 ihr Ziel wahrscheinlich in einer gründlich reformierten, nach wie vor sozialistischen DDR und fühlte sich seit dem Frühjahr 1990 durch die politische Entwicklung überrollt. Das Sich-zurecht-finden in den neuen Strukturen, Kennenlernen der neuen Lehrstoffe und – nicht zuletzt – die vielen neuen Gesichter aus dem Westen in leitenden Positionen absorbierten alle Kraft. Ein Großteil der gesellschaftswissenschaftlichen Hochschullehrer hat die Evaluierungen nach 1990/91 nicht überstanden, während die Quote im naturwissenschaftlichen und medizinischen Bereich für die Autochthonen günstiger aussieht. Auch wenn die Binnen- und Herrschaftsstrukturen der Hochschulen das Gepräge durch die SED verloren haben, so blieben sie doch als Körperschaften erhalten, was sich von der Akademie der Wissenschaften, dem größten Forschungskomplex der DDR, nicht sagen läßt.

3. Akademien

Im Gebiet der SBZ und Gesamtberlins existierten vier Akademien als Gelehrtengesellschaften: die Preußische Akademie der Wissenschaften in Berlin, die Sächsische Akademie der Wissenschaften in Leipzig, die Gesellschaft gemeinnütziger Wissenschaften in Erfurt sowie die Leopoldina in Halle/Saale. Ihre Entwicklungen nach 1945/46 unterschieden sich drastisch: Die Gesellschaft in Erfurt, eine thüringische Landesakademie minderen Ranges, mußte ihre Tätigkeit einstellen, die Sächsische Akademie mit etwa 80 Mitgliedern und einigen Dutzend Mitarbeitern konnte Ende der vierziger Jahre ihre Arbeit wieder aufnehmen und blieb eine der üblichen Regionalakademien im deutschen Sprachgebiet, in diesem Falle für die Länder Sachsen, Thüringen und Sachsen-Anhalt bzw. die entsprechenden Bezirke der DDR. Die Leopoldina als naturwissenschaftlich-medizinische Gelehrtengesellschaft wurde 1952 anläßlich ihres 300jährigen Gründungstages reaktiviert, neben ihrer wissenschaftlichen Funktion als Kommunikationsforum gelang es ihr, den Stamm ihrer Mitglieder – ca. 1 000 – weiterhin im gesamten deutschen Sprachraum zu finden und damit auch als Scharnier während der deutschen Zweistaatlichkeit zu wirken.

Ganz anders entwickelte sich die Preußische Akademie der Wissenschaften.[16] Die wenigen in Berlin verbliebenen Mitglieder – etwa 20 von 80 – führten die Arbeit der Akademie bereits im Juni 1945 weiter, wobei ihnen der Umstand zu Hilfe kam, daß sie nun dem Magistrat von Berlin unterstand, der wahrhaft andere Sorgen hatte, als sich um die Zukunft der Akademie zu kümmern: So wählte die Akademie ein neues Präsidium, schloß in einem nicht rekonstruierbaren Verfahren einige ihrer Mitglieder als politisch Belastete aus, gab sich eine neue Satzung und stellte einen Arbeitsplan auf. Doch hatte die Marginalität der Akademie zur Konsequenz, daß die Stadt sie völlig aus ihrem Haushalt zu streichen beabsichtigte. In dieser Situation erwiesen sich kursorische Kontakte zu sowjetischen Kulturoffizieren als hilfreich, die nach etlichen Irritationen und Verzögerungen schließlich im Juni 1946 zu einem SMAD-Befehl führten, demzufolge die vormalige Preußische Akademie der Wissenschaften als Deutsche Akademie der Wissenschaften zu Berlin (DAW) wiederzueröffnen sei. **(B29)** Wie die Akademie aus der städtischen Obhut und damit der Vier-Mächte-Verwaltung unter die Kontrolle der Zentralverwaltung für Volksbildung mit Paul Wandel an der Spitze und damit der SMAD gelangte, ist nach wie vor ungeklärt. Es ist weder eine Zuständigkeit der SMAD für die Akademie noch eine Reaktion der Stadt oder der anderen Alliierten erkennbar. Die DAW formulierte bald Ansprüche, die sie zu mehreren Spagaten zwang: Einerseits war sie satzungsgemäß eine gesamtdeutsche Gelehrtengesellschaft, andererseits dominierten stets die Mitglieder aus Berlin und der SBZ/DDR, bis schließlich 1969 die Ordentliche und Korrespondierende Mitgliedschaft an die Staatsbürgerschaft der DDR gekoppelt wurde und alle anderen zu Auswärtigen Mitgliedern, also einer diplomatisch-protokollarischen Staffage erklärt wurden. Dann war sie einerseits eine Gelehrtengesellschaft, andererseits zunehmend ein vorwiegend naturwissenschaftlich orientierter Forschungsverbund mit zahlreichen Instituten, Arbeitsstellen und Sektionen. Und gerade dadurch traten neben die traditionellen, meist geisteswissenschaftlichen Langzeitvorhaben, wie Grimms Wörterbuch, neue Forschungsprojekte, deren Nutzen für die volkswirtschaftliche Entwicklung der DDR entscheidendes Kriterium war. Die Angliederung bestehender Forschungsinstitute löste ein Problem, mit dem einige Länder seit 1945 zu kämpfen hatten: Sie hatten mit dem Ende des Funktionierens der Reichsbehörden und dem faktischen Erlöschen der Kaiser-Wilhelm-Gesellschaft in der SBZ die Trägerschaft über mehrere Forschungsinstitute übernehmen müssen; angesichts der Haushaltsengpässe der Nachkriegsjahre waren sie nur zu bereit, sich von diesen kostspieligen Instituten zu trennen. In der Regel waren die Direktoren in dieser ersten Welle von 1946/47 angegliederten Akademieinstituten bereits Akademiemitglieder, deren Interessen durch diese Lösung auch gewahrt blieben.[17] Daß bei dieser Erweiterung der Aufgaben der Akademie sowjetischer Einfluß maßgebend war, darf bezweifelt werden.

---

16 Zur Entwicklung der Akademie in Berlin siehe Nötzoldt, Peter: Wolfgang Steinitz und die Deutsche Akademie der Wissenschaften zu Berlin. Phil. Diss.-Ms. 1997, Humboldt-Universität zu Berlin (der Verfasser dankt für die Überlassung des Manuskriptes) sowie WALTHER 1995. Weitere Details sind zu erschließen in dem Projekt des Verfassers »Mit den preußischen Traditionen zur sozialistischen Nationalakademie der DDR: Die Deutsche Akademie der Wissenschaften zu [Ost-]Berlin 1945/46 – 1972«.

Einleitung 237

Doch dürfte es in der SMAD – mit dem Wissen um die Strukturen der Akademie der Wissenschaften der UdSSR, die seit ihrer Gründung als Kaiserliche Akademie der Wissenschaften in St. Petersburg 1725 eigene Institute unterhielt – als »selbstverständlich« gegolten haben, daß eine Akademie ihre eigenen Institute hat. Und es blieb bis 1950 die SMAD bzw. SKK, die letztendlich über die Erweiterung der Aufgaben der Akademie befand. Ein gravierender Einschnitt, der allerdings die gesamte Wissenschaft und Forschung betraf, war die Erste Kulturverordnung von 1949, die nicht nur erhebliche finanzielle und materielle Privilegien für Wissenschaftler und Kulturschaffende jeder Art vorsah, sondern auch der Akademie eine neue Einteilung gab. (B30) Statt der bisherigen, seit 1830 existierenden zwei Klassen – der philosophisch-historischen und der mathematisch-naturwissenschaftlichen – mit zuletzt jeweils 40 Stellen für Ordentliche Mitglieder wurden sechs neue Klassen eingerichtet: 120 Planstellen waren für Ordentliche Mitglieder vorgesehen, die nun neben ihren Gehältern aus Universität oder Institut auch eine stattliche monatliche Dotation von steuerfrei DM (Ost) 1 000,00 erhielten. So wurden sowohl Wissenschaftler an die SBZ/DDR gebunden als auch die Binnenorganisation der Akademie derart verändert, daß sie – wie von Partei und Staat vorgesehen – verstärkt volkswirtschaftlich relevante Aufgaben übernehmen konnte. Die Akademie wurde so allmählich eine der zentralen Steuerungsinstanzen im Wissenschaftsbereich – allerdings bis Ende der sechziger Jahre immer in Konkurrenz mit anderen Institutionen, so seit 1949 mit dem Zentralamt für Forschung und Technik, nach dessen Auflösung mit dem 1957 gegründeten Forschungsrat der DDR. Die zum 200jährigen Gründungstag der Akademie veranstalteten Festlichkeiten im Juli 1950 wurden von westlicher Seite boykottiert und von der Publikation eines Geburtstagstelegrammes des Akademiepräsidenten an Stalin überschattet, die zu einer Reihe von Austritten führte. (B31)

Es bedurfte dann aber noch langer und schwieriger Kontakte zwischen Partei, Staat und Akademie, bis im Februar 1953 ein »Pairsschub« von Zuwahlen die Akademie auch personell wieder auffüllte. Denn zahlreiche nominelle Akademiemitglieder hatten Berlin mit den kriegsbedingten Institutsverlagerungen oder angesichts der Entwicklung an der Universität Berlin in Richtung Westen verlassen und nahmen weder ihre Rechte noch Pflichten in der Akademie wahr. So gab es die Akademie lediglich als Rumpfakademie, überaltert und höchst zögerlich, was die Zuwahl neuer Mitglieder betraf. Denn sämtliche Zuwahlen wurden vorab zuerst in der SMAD und in der Zentralverwaltung mit Wandel, ab 1952 mit der Partei (in der Regel dem Stab von Hager) abgestimmt; eine Prozedur, die fast ausnahmslos funktionierte, bis sie sich seit 1969 nach der personellen Symbiose von Akademiepräsidium und Akademiekreisleitung der SED erübrigte, da diese Vorentscheidungen nun im kleinen Rahmen getroffen werden konnten. Es ist vielleicht bezeichnend, daß die sorgfältig vorbereiteten Zuwahlen im Februar 1953 eben doch nicht zu dem gewünschten Ergebnis

---

17 Ein Vergleich der Mitgliedsliste der Akademie mit den im »Tätigkeitsbericht der Abteilung Volksbildung der Provinzialverwaltung Mark Brandenburg für die Zeit Mitte 1945 bis Mai 1946« genannten wissenschaftlichen Institutionen, die die Provinz über die Zentralverwaltung an die Akademie abgab und deren nicht genannte Direktoren eben Akademiemitglieder waren, läßt diesen Schluß zu. BERICHTE 1989, S. 267.

führten: zwei der vorgesehenen 28 Kandidaten verfehlten die notwendige Mehrheit: ein Westemigrant, ein Ostemigrant, beide Juden. In Moskau waren gerade Stalins Ärzte – eindeutig identifiziert als Juden – verhaftet worden. Das Vorgehen der Partei in der Akademie blieb jedoch deutlich rücksichtsvoll und kompromißbereit, denn als mögliche Karte im gesamtdeutschen Spiel wünschte selbst Ulbricht sie noch nach dem Mauerbau zu erhalten.

Im Gegensatz zu den Universitäten war die Akademie also lange Zeit ein Reservat und Rückzugsgebiet, für das der zuständige SED-Apparat besondere Geduld aufbrachte. Schon im Herbst 1946 war die Stelle des Direktors bei der Akademie, also des Verwaltungsleiters, mit Josef Naas besetzt worden, einem Mathematiker und Altkommunisten. Er, wie auch mehrere andere Vertrauens- und Verbindungsleute der SED in der Akademie, arbeitete stärker daran, mit der Akademie im Rücken seine Wissenschaftspolitik zu lancieren, als die Beschlüsse und Hinweise aus der Parteizentrale auszuführen. Naas wurde schließlich abgesetzt, aber auch seine Nachfolger lavierten mit den Interessen der »bürgerlichen« Mitglieder, jonglierten mit Begriffen wie »gesamtdeutscher Wissenschaft« und erhielten so ein weit erträglicheres Maß an Freiraum als an den Hochschulen. Es gab allerdings eine Grundregel: in Fragen des Protokolls und der Rituale hatte die Akademie sich an das von ihr Erwartete zu halten, also stets Loyalität zu bewahren. Davon zeugen die Festreden auf Jahrestagungen der Akademie ebenso wie die Stellungnahme zum 17. Juni 1953. (B33)

Seit 1952 war Kurt Hager Leiter der Abteilung Wissenschaft des ZK der SED, eine Position, die 1955 Johannes Hörnig übernahm, während Hager seit 1958 als Mitglied des Politbüros die Wissenschaften steuerte. Die Akademie erklärte sich zwar auf einer Sondersitzung im Januar 1953 öffentlich bereit, ihre Kräfte dem Aufbau des Sozialismus zur Verfügung zu stellen (B32), doch blieb dies in erster Linie das Zugeständnis, sich protokollarisch und rituell an die Vorgaben von Partei und Staat zu halten. Hinter den Kulissen konnte sich die Akademie, insbesondere einflußreiche Mitglieder und renommierte Institutsdirektoren, ihre eigenen Räume erhalten und Interessenspolitik betreiben. Dieser aus Sicht der Partei unbefriedigende, da der Steuerung entzogene Zustand sollte daher durch die Einführung neuer Leitungsstrukturen und die Verstärkung des Einflusses der SED überwunden werden. (B34) Allerdings wurden nahezu gleichzeitig konkurrierende Institutionen eingerichtet: einerseits der Forschungsrat der DDR, andererseits die Forschungsgemeinschaft der naturwissenschaftlichen, technischen und medizinischen Institute der DAW.[18] Während der Forschungsrat die Kompetenz über die wissenschaftliche und industrielle Forschungslenkung in der DDR beanspruchte, betrachtete sich die Forschungsgemeinschaft als Koordinationszentrum der Grundlagenforschung, obwohl viele der Akademieinstitute eher industrierelevante (Auftrags-)Forschung betrieben als Grundlagenforschung. An Fachakademien wurden 1951 die Deutsche Akademie für Landwirtschaftswissenschaften und die Deutsche Bauakademie gegründet, die in ihren Sparten forschend und konzipierend arbeiteten.

---

18 Dazu Tandler, Agnes Charlotte: Geplante Zukunft. Wissenschaftler und Wissenschaftspolitik in der DDR 1955–1971. Phil. Diss.-Ms. 1997, Europäisches Hochschulinstitut Florenz. Für die Überlassung des Manuskripts dankt der Verfasser.

Einleitung

Der Akademie der Wissenschaften gelang es schon 1951, sich der Unterstellung unter das Ministerium für Volksbildung zu entziehen; 1954 wurde sie schließlich auch formell dem Ministerrat direkt unterstellt. Der Akademiepräsident hatte damit faktisch den Rang eines Ministers. Um möglichst reibungslose Abstimmungen zwischen Partei, Staat und Akademie zu gewähren, benötigte man »Mittelsmänner« – Frauen in entscheidenden Funktionen gab es damals in der Akademie nicht –, die sich des Interessenausgleiches annahmen: So verhandelten mitunter die Akademiepräsidenten direkt mit Otto Grotewohl, zu anderen Zeiten verliefen die Kontakte über Fritz Selbmann (B15) oder den Vizepräsidenten der Akademie, Wolfgang Steinitz. Dabei ging es immer wieder darum, die Akademie, ihre Mitglieder und ihre Institute in die Volkswirtschaftsplanung der DDR einzubeziehen und das internationale Renommee der Akademie zugunsten der DDR auszuspielen, gleichzeitig aber auch darum, die wissenschaftlichen Interessen der Akademiker zu fördern und ihnen das – nicht unberechtigte – Gefühl gesellschaftlicher Bedeutung wie autonomer Handlungskompetenz zu bestätigen. Kennzeichnend – bis etwa zum Bau der Mauer – ist eine weitgehende Fluktuation dieser Persönlichkeiten auf der Ebene der konkreten Interessenformation, während die zuständigen Funktionäre im ZK die gleichen blieben. Daß es bis etwa 1963 nicht gelang, eine informierte, tatkräftige und kompetente Parteiorganisation in der Akademie zu etablieren, erzwang geradezu diese »Kohabitation« zu aller Beteiligten Nutzen. Allerdings zeigten sich die Auswirkungen der verschärften Gangart im Wissenschaftsbereich seit 1957/58, die ja zur Ablösung der meisten »Bürgerlichen« in den Universitäten geführt hatte, auch an der Akademie, wie die ungewöhnlichen Umstände der Akademiepräsidentenwahl im Herbst 1958 andeuten. (B35; B36) Denn daß hier mit den eingeübten Ritualen kurzfristig gebrochen wurde, zeigt den Grad der Spannungen in der Akademie und des Drucks von Partei und Staat auf die Akademie. Daß aber selbst »allerhöchste« Entscheidungen Ulbrichts – den Ausschluß eines in den Westen geflüchteten Akademiemitgliedes – nicht ausgeführt wurden, mag andeuten, wie wenig die Verhaltensregeln im Detail festgeschrieben oder verbindlich waren. (B37; B38) Der Spagat zwischen gesamtdeutschem Anspruch und Akademie in der DDR endete jedoch nicht einmal mit dem Mauerbau, auch wenn faktisch Westkontakte drastisch reduziert und intensiv kontrolliert wurden. Die »Störfreimachung«, also die Abkoppelung von westlichen Abhängigkeiten jeder Art und die damit Hand in Hand gehende notwendige Integration in Richtung Osten, dominierte die Wissenschaft und Forschung in den ersten Jahren nach 1961. Mit dem Mauerbau, der »zweiten Staatsgründung«, entfiel ein Großteil der Geschäftsgrundlage, die bisher zu verschiedensten Privilegien für Wissenschaftler geführt hatte.

Die Akademie wurde nach 1961 zweifach diszipliniert: der Leipziger Philosoph Ernst Bloch, der bereits 1958 als Ordinarius demontiert worden war, befand sich im Sommer auf Urlaubsreise im Bayerischen. Nach dem Mauerbau entschied er sich, nicht nach Leipzig zurückzukehren, und informierte den Präsidenten der Akademie, daß er seine Pflichten als Ordentliches Mitglied der DAW nicht mehr wahrnehmen könne. Präsident Hartke manipulierte diese Mitteilung – versetzt mit Pressemeldungen und anderen, für die Beteiligten nicht überprüfbaren Informationen – um angesichts der »echte[n] Empörung der Akademiemitglieder über E. B. und seine Machenschaften« seinen Ausschluß aus der Akademie durchzusetzen.[19] Bloch wurde damit das Vehikel zur endgültigen Domestizierung der Gesellschaftswissenschaftler.

Bei den Naturwissenschaftlern fiel fünf Jahre später das Verdikt auf Robert Havemann: Jahrgang 1910, war er 1943 wegen kommunistischen Widerstandes zum Tode verurteilt worden, doch gelang es seinem Chef, Prof. Wolfgang Heubner von der Berliner Universität, ihm kriegsrelevante Forschungsprojekte zuzuordnen, die sein Überleben garantierten. Heubners Assistent, Fritz von Bergmann, ab 1948 erster Kurator der Freien Universität Berlin, verhalf ihm zu »Einzelteilen«, die sich zu einem Radioapparat zusammenfügten, so daß Havemann seine Mitgefangenen über die Kriegslage realistisch informieren konnte.[20] Havemann hatte 1945/46 die Verwaltung der Reste der Kaiser-Wilhelm-Institute in Berlin-Dahlem übernommen, entwickelte sich zu einem aggressiven Stalinisten, wurde im Februar 1950 vom West-Berliner Magistrat entlassen und zog sich auf seine Professur an der Humboldt-Universität zurück. Dort machte er sich einen Namen, weil er studentische Angehörige der Jungen Gemeinde (der evangelischen Kirchen) zu sich bestellte und, sofern sie nicht mit der Kirche brachen, exmatrikulieren ließ. 1961 war er – wohl eher als Mann der SED denn als überragender Wissenschaftler – zum Korrespondierenden Mitglied der Akademie gewählt worden.[21] Doch hatte er sich nach 1956 vom Stalinismus abgewandt und formulierte in einer gut besuchten Vorlesungsreihe 1963/64 an der Humboldt-Universität grundsätzliche und marxistisch fundierte Kritik an den wissenschaftlichen Restriktionen durch den allmächtigen Parteiapparat. Innerhalb von drei Jahren verlor er seine Mitgliedschaft in der Volkskammer, wurde aus der Partei ausgeschlossen, von der HUB und der Akademie als Mitarbeiter entlassen und – obwohl eine Abstimmung der Akademie nicht die erforderliche Mehrheit erbracht hatte – aus der Akademie ausgeschlossen. (**B39; B40**) Die autonomen Bereiche der Akademie waren weggeschmolzen.

Nach einer kurzen Phase der Improvisation und einer Binnen-Liberalität zwischen 1963–65 wurden die Zügel wieder deutlich angezogen. Ziel der Ulbrichtschen Vorstellungen war es, die DDR als kleinen Staat im Verbund des RGW für die Wirtschaftsentwicklung der Zukunft fit zu machen. Angesichts der kargen Ressourcen und der Unabweisbarkeit der Zusammenarbeit innerhalb des RGW – nach oft »ungleichen Verträgen« zugunsten der Sowjetunion (**W25**) – galt es, Schwerpunkte zu bilden und somit Doppelarbeit zu vermeiden; eine derartige institutionelle Neuorganisation würde auch im Akademiebereich die Anleitung und Kontrolle der wissenschaftlichen wie politischen Arbeit erleichtern, denn es war nunmehr nur eine Altersfrage, bis viele der »bürgerlichen« Großgelehrten, auf deren Interessen, Arbeitsgebiete, Institute und Schüler man so lange Rücksicht genommen hatte, ausscheiden würden. Es ging also um einen forcierten Modernisierungsschub, begünstigt durch einen Generationswechsel, befördert durch ökonomische Engpässe, angeregt auch durch kybernetisches Systemdenken, das wissenschaftliche Selbstregulierung und parteiliche Steuerung kom-

---

19 ERNST/KLINGER 1995, S. 93–125.
20 DRAHEIM/HOFFMANN 1991, S. 42.
21 MÜLLER/FLORATH 1996.

binieren sollte, und unterstützt durch die damals aufkommende Konzeption von der Produktionskraft Wissenschaft.

Unter diesen Voraussetzungen kam es in den Jahren nach 1967 zur 3. Hochschulreform und zur Akademiereform. Auf allen Ebenen wurden jetzt die berufenen Vertreter der SED »geborene« Mitglieder der Leitungsorgane im Wissenschaftsbereich. In der Akademie entstanden zahlreiche große, disziplinumfassende Zentralinstitute als Leitinstitute für die Forschung in der DDR. Kleinere Arbeitsstellen wurden zusammengelegt, so daß eine neue Übersichtlichkeit entstand, die – abgesehen von einigen Neugründungen und Institutsteilungen – bis 1990 stabil blieb. Die im Kern innovativste Reform in der Akademie, nämlich die Klassen, die aus Vertretern gleicher oder benachbarter Disziplinen bestanden, zugunsten problemorientierter Klassen (z. B. »Optimale Gestaltung der Umweltbedingungen« oder »Sprachwissenschaft und Wissenschaft der Sprache«) umzugestalten, scheiterte nach drei Jahren. Die führenden Akademiemitglieder zogen die stabileren Strukturen der disziplinären Klassen vor, die sich in den Herbstmonaten 1973 konstituierten. In diese Zeit fiel auch der Durchbruch der internationalen Anerkennung der DDR, der es jetzt uneingeschränkt erlaubte, gleichberechtigt in der Ökumene der Wissenschaftler aufzutreten. Mit der Satzung von 1969 wurden die letzten Reste gesamtdeutschen Anspruchs aufgegeben und die Oberkompetenz der SED im Statut verankert (B41); die Namensänderung in »Akademie der Wissenschaften der DDR« im Jahre 1972 bestätigte einen schon längst beendeten Prozeß. Bestimmte Gebiete gesellschaftswissenschaftlicher Forschung waren schon seit langer Zeit Parteiinstituten vorbehalten, von denen die Akademie für Gesellschaftswissenschaften schließlich einen führenden Platz einnahm. Im Gegensatz zu den Naturwissenschaften, deren Forschungsplanung eher indirekt aus den Volkswirtschaftsplänen entwickelt wurde, existierten für die Gesellschaftswissenschaften in der theoretischen Zeitschrift der SED *Einheit* publizierte Fünfjahrespläne.

Es mag verwundern, aber mit dem Ende der Akademiereform war bis 1989 die Stabilität des institutionellen Gefüges erreicht. Nach einer Phase des Aufbruchs in den ersten Honeckerjahren setzte sich nach 1976 Saturiertheit und Sterilität durch, auch wenn die Akademie durch die partielle Freigabe von Westkontakten sich wieder als Teil der wissenschaftlichen Welt fühlte. Die Akademie nahm wieder am internationalen wissenschaftlichen Leben teil – mit den üblichen Einschränkungen. Doch auch hier überwog 1989/90 die Trägheit der alten Strukturen und Mächte gegenüber dem geringen »revolutionären Potential«. Die Reformen einfordernde Rede eines Historikers im Juli 1989 war bei ihrer Veröffentlichung Ende Oktober vom Verlauf der Ereignisse bereits überholt und hatte daher ihre Brisanz verloren. (B42) Der Selbstrekonstituierungsprozeß der Akademie als autonome Körperschaft gelang trotz eines Runden Tisches, eines neuen Präsidenten und eines neuen Reglements nicht; selbst vermeintlich harmlose Rehabilitierungsrituale gerieten zur Farce. (B43) Zudem ließen die wissenschaftspolitischen Kräfteverhältnisse in (West-)Deutschland den Fortbestand einer Forschungsakademie als weitere Säule im gesamtdeutschen Wissenschaftssystem nicht zu, so daß die Akademie entsprechend den Bestimmungen des Einigungsvertrages »abgewickelt« wurde. (B44) Strukturell wurde die Gelehrtengesellschaft von den Instituten getrennt: Die Institute wurden durch Kommissionen des Wissenschaftsrates evaluiert, geschlossen und je nach Evaluierungsergebnis und finanziellen Möglichkeiten der neuen Träger – oft in veränderter Stückelung – neu gegründet.[22] Der Ablösung der alten Leitungskader folgte in den Geisteswissenschaften in der Regel die Berufung westdeutscher Wissenschaftler, während die leitenden Stellen auf den naturwissenschaftlichen Gebieten eher »durchmischt« wurden. Denn insbesondere Geisteswissenschaftler aus der DDR, die wenig systemnah und damit nach den damaligen Kriterien »unbelastet« gewesen waren, kamen für Leitungsfunktionen meist nicht in Frage, weil ihnen die formelle Qualifikation (die Dissertation B, wie die Habilitation seit 1969 in der DDR hieß) fehlte – was wiederum meist Resultat der Systemferne war. Der Gelehrtengesellschaft wurde schließlich staatlicherseits abgesprochen, die juristische Nachfolgerin der Preußischen Akademie der Wissenschaften zu sein. 1992 wurde dementsprechend die Preußische Akademie – nun als Berlin-Brandenburgische Akademie der Wissenschaften – neu konstituiert.[23]

---

22 Eine Übersicht über die Abwicklung und die erste Stufe der Neustrukturierung findet sich in: Jahrbuch 1990/91 der Akademie der Wissenschaften der DDR und der Koordinierungs- und Abwicklungsstelle für die Institute und Einrichtungen der ehemaligen Akademie der Wissenschaften der DDR (KAI-AdW).
23 Siehe besonders das erste Jahrbuch der Berlin-Brandenburgischen Akademie der Wissenschaften.

Dokumente

1. Allgemeinbildende Schulen

B1: *Das Bildungssystem der SBZ/DDR 1945–1959*

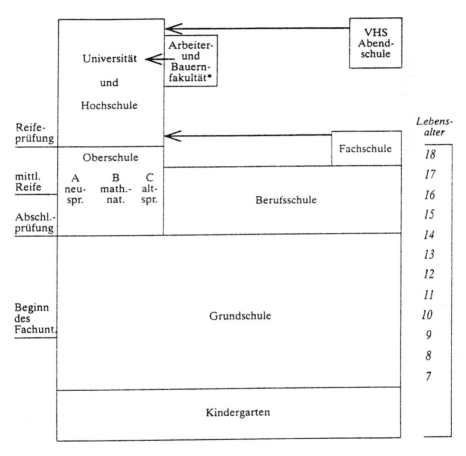

* bis 1949 Vorstudienanstalten

Aus: ANWEILER et al. 1992, S. 527.

B2: Das Bildungssystem der DDR ab 1959

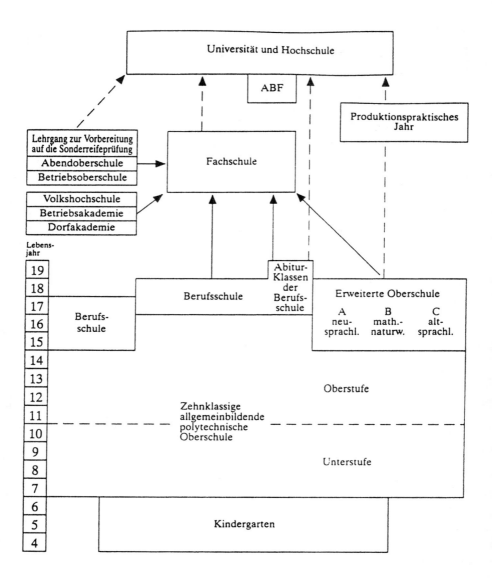

Aus: ANWEILER et al. 1992, S. 529.

B3: Das Bildungssystem der DDR 1989

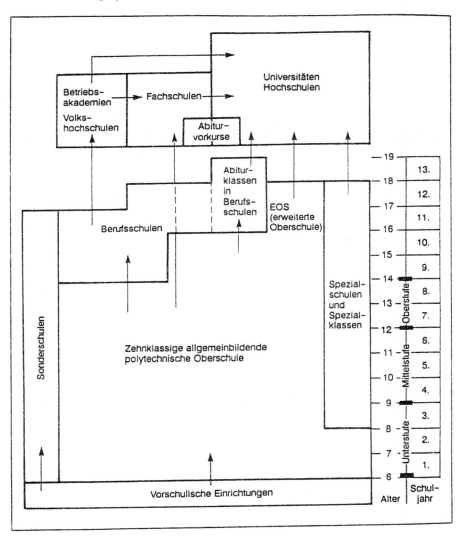

Aus: ANWEILER et al. 1992, S. 531.

B4: *Aufbaustimmung*
5. Juli 1946

Im Schulwesen galten die ersten Monate der Vorbereitung des Schulbeginnes, vor allem der Instandsetzung der beschädigten Schulräume, der Feststellung des Istbestandes an Schulen, Schülern und Lehrern und – der Säuberung. Von den rund 2 000 Schulgebäuden war fast die Hälfte beschädigt. 100 Schulen sind völlig zerstört, 170 schwer beschädigt und 600 leicht beschädigt. Alle Schulrats- und die meisten Lehrerstellen wurden neu besetzt. Eine tiefgreifende Säuberung der gesamten Lehrerschaft von nazistischen Elementen setzte ein. 2 000 neue Lehrer und 1 500 unbelastete Flüchtlingslehrer ersetzten zunächst die Entlassenen. Sämtliche Lehrer wurden politisch umgeschult. Zugleich begann eine Schulung aller Neulehrer.

Nach Eröffnung der Schulen am 1. Oktober 1945 gab es: 2 009 Volksschulen, 16 Hilfsschulen, 5 862 Lehrer, 332 640 Schüler. Der Schuldienst begann mit 1 500 Pg's und beschäftigt im Augenblick noch 825. Zahlenmäßig wurde der Verlust durch Einstellung von 940 Lehrkräften ausgeglichen. Unter diesen befinden sich nur zum geringen Teil voll ausgebildete Lehrer. Es ist möglich gewesen, 66 Volksschulen neu zu eröffnen, desgleichen 3 Hilfsschulen. [...] So gibt es jetzt also: 2 075 Volksschulen, 19 Hilfsschulen, 6 127 Lehrer und 345 931 Schüler.

Die nazistischen Lehrbücher wurden ausgemerzt. Als Ersatz wurden 528 000 neue Lehrbücher den Kindern zur Verfügung gestellt. 12 800 russische Lehrbücher sind in die Kreise geschickt worden, 35 000 folgen demnächst. Die Schulen arbeiten nach völlig neuen Lehrplänen. [...]

Seminare für Umschulung der Geschichts- und Deutschlehrer finden als Zentralseminare der Provinz in Potsdam statt. Außerdem gibt es Bezirksseminare in Cottbus, Brandenburg, Bernau und Eberswalde. Die Provinz besitzt jetzt 56 Oberschulen mit 14 119 Schülern, 3 Gymnasien mit 389 Schülern. An diesen höheren Schulen unterrichten 675 Lehrkräfte. Hinzu kommen 34 Mittelschulen mit 5 476 Schülern und 208 Lehrern.

Zur Zeit bestehen 48 Berufsschulen mit 19 242 Schülern und 385 Lehrkräften. Während des Winters waren 273 landwirtschaftliche Berufsschulen in Betrieb mit 376 Lehrkräften und 11 240 Schülern. Diese Schulen sollen erst nach der Ernte wieder ihren Unterricht aufnehmen. Eine Kunstschule und drei technische Fachschulen können erst nach Genehmigung durch die SMA eröffnet werden.

Zur Ausbildung von Lehrern – es fehlen etwa 3 000 – finden 14 Kurse von achtmonatiger Dauer statt. In ihnen werden 3 123 zukünftige Lehrer, besonders aus werktätigen Kreisen stammend, herangebildet. Am 1. Mai waren 40 % von ihnen in einer der antifaschistischen Parteien organisiert. Mit Beginn des neuen Schuljahres sollen die Kursteilnehmer bereits eingesetzt werden. Die rund 3 000 in der Praxis stehenden Lehrer ohne normale pädagogische Ausbildung sind je nach den örtlichen Bedingungen zu Arbeitsgruppen zusammengefaßt und werden ausgebildet bzw. weitergebildet. [...]

In Perleberg, Brandenburg und Werder laufen seit dem 1. April Lehrgänge zur Ausbildung von russischen Sprachlehrern. An ihnen nehmen insgesamt 247 Kursisten teil. Ihre Ausbildung soll in einem Jahr beendet sein.

BEWÄHRUNG 1946, S. 25–27.

B5: *Pädagogische Ambivalenzen*
1947

Die Schule verlangt von dem Schüler außer dem pünktlichen Besuch: ein offenes, kameradschaftliches Verhältnis zu den Mitschülern, eine der jeweiligen Reife entsprechende Duldsamkeit gegenüber allen aus demokratisch-humanistischen Weltanschauungen entwickelten Meinungen und Achtung vor den Menschen anderer Rasse oder Herkunft, anderen Standes oder Glaubens; Ordnung, Sauberkeit und Fleiß in allen Schuldingen und schonende Behandlung des Schuleigentums; ein williges Sicheinfügen in die Klassen- und Schulgemeinschaft und ein Verhalten innerhalb und außerhalb der Schule, das dieser Gemeinschaft Ehre macht; die Befolgung aller Anordnungen, die von der Schule erlassen werden, insbesondere der Hausordnung.

Auszug aus der Schulordnung von 1947. In: Monumenta Paedagogica VI, S. 239 f.

B6: *Erinnerungen eines Akademiepräsidenten – nach der Wende*

Ich hatte Anfang der achtziger Jahre mit der Arbeit an einem Buch »Wissenschaft und Kunst der Erziehung« begonnen und arbeitete damals in jeder freien Minute daran. Darauf bezog sich offensichtlich die [...] Kritik von Frau Honecker, die über Informationskanäle [...] längst von diesem Vorhaben wußte, ich würde Bücher schreiben und nicht so »leiten«, wie sie sich die Leitung von wissenschaftlichen Einrichtungen vorstellte. Die Konzeption einer dialektischen Prozeßpädagogik ist in dem Manuskript auf der Grundlage von Lehrererfahrungen und Untersuchungsergebnissen aus verschiedenen Bereichen pädagogischer, psychologischer und soziologischer Forschung ausgebaut worden. Unter anderem knüpfte ich an Feldtheorien an, die der Psychologe Kurt Lewin, der nach dem Machtantritt Hitlers in die USA emigrierte, in den dreißiger Jahren an der Berliner Universität entwickelt hatte. Von dorther angeregt, formulierte ich die These, der pädagogische Prozeß verlaufe über Situationen unterschiedlicher Reichweite. Der Erzieher, so eine der wichtigsten Schlußfolgerungen, müsse sich von der Illusion verabschieden, man könne Erziehungsprozesse direkt und dirigistisch steuern; vielmehr solle er pädagogische Situationen herbeizuführen suchen, die geeignet sind, die Schüler zu »eigentätigen Agenten« werden zu lassen, wenn er Prozesse unterschiedlicher Reichweite wirklich auslösen und beeinflussen will.

[...] Dieses Buchmanuskript also mußte herhalten, um [im Konflikt mit Frau Honecker], der bis dahin unentschieden geblieben war, den Sieg davonzutragen. Da ich das ahnte, hatte ich dafür gesorgt, daß das Manuskript umfassend diskutiert und begutachtet wurde, auch von solchen Pädagogen in der Akademie und außerhalb, von denen ich wußte, daß sie andere Auffassungen als ich vertraten. Der Verlag Volk und Wissen hatte das Manuskript bereits zum Druck angenommen und im Verlagsprospekt für die Frankfurter Buchmesse 1984 annonciert. Bundesdeutsche Verlage interessierten sich auf der Messe dafür und äußerten die Absicht, Lizenzen zu erwerben. Da legt die Ministerin in einer Dienstberatung, an der einer meiner Stellvertreter teilnahm, fest: »Abweichend von den geltenden Regelungen ist das Manuskript (Wissenschaft und Kunst der Erziehung) dem Publikationsrat der APW [Akademie der Pädagogischen Wissenschaften] und dem Verlagsausschuß vorzulegen... Das widersprach eindeutig dem Statut, wonach die Akademie Publikationsvollmacht hatte und die Beratung in ihrem Publikationsrat, den das Buch bereits passiert hatte, für die Druckgenehmigung ausreichte. Nunmehr war klar, die Ministerin wollte die Veröffentlichung um jeden Preis verhindern.

Ich lehnte es ab, dem Verlagsausschuß, der voll den ministeriellen Weisungen unterworfen war, das Manuskript vorzulegen. Wenn schon Streit, dann sollte er mit der Ministerin direkt und nicht mit deren Satrapen ausgetragen werden. Ich gab ihr das Manuskript zur Durchsicht, und das lief dann so: Die Abteilung Wissenschaft und ein stellvertretender Minister fertigten Gutachten zum Gesamtmanuskript an, die Ministerin versah einzelne Kapitel mit ihren Randnotizen [...] Andere stellvertretende Minister erhielten jeweils einzelne, aus dem Zusammenhang gerissene Kapitel zur Stellungnahme. Da jeder wußte, was erwartet wurde, fielen die Urteile entsprechend aus. [...] Es geht mir überhaupt nicht darum, mich – im übrigen wäre das dann bereits stark verspätet – als »Widerstandskämpfer« zu präsentieren. Das war ich nicht, und trotz aller Auffassungsunterschiede, hier vor allem mit Frau Honecker, gab es breite Bereiche der Übereinstimmung. Die schweren Geschütze, die aufgefahren wurden, waren hauptsächlich dafür bestimmt, ein unerwünschtes und in der Tendenz tatsächlich für »gefährlich« gehaltenes Buch zu verhindern. Außerdem sollte dem Akademiepräsidenten, der sich Selbstbewußtsein, eine eigene Linie und eigene Gedanken leistete, ein gehöriger Dämpfer verpaßt werden. Und, nicht zuletzt, sollte sein Ansehen bei Wissenschaftlern und Lehrern vorsorglich öffentlich demontiert werden, damit man ihn bei Gelegenheit leichter los würde. Der Stil ist freilich bemerkenswert, mit dem hier Kontroversen mit einem im Grunde Gleichgesinnten ausgetragen wurden.

[...] Das Buch war natürlich gestorben; denn welcher DDR-Verlag hätte es gewagt, eine solche nahezu feindliche, zumindest ideologisch höchst anrüchige Schrift, die von Frau Honecker und ihrer engsten Umgebung so negative Zensuren erhalten hatte, herauszugeben! [...]

Es konnte keinen Zweifel geben, wer in der sich länger hinziehenden Kontroverse den Sieg davongetragen hat. Und außerdem: Wie war das Ganze »aufgezogen« worden!? Ich erklärte in einer Audienz bei der Ministerin, unter den gegebenen Umständen würde ich in der Akademie nicht weiter arbeiten, schon gar nicht als deren Präsident. Sie antwortete erregt, das könne mir so passen, einfach »abzuhauen«. Da ich Mitglied des ZK sei, müsse eine Funktionsveränderung im Sekretariat des Zentralkomitees beraten werden. Und da hätte ich kaum eine Chance; denn sie würde das entschieden ablehnen. Ich wußte natürlich genausogut wie sie, daß dieses Sekretariat von ihrem Mann geleitet wird, und den würde sie schon »vorbereiten«, wenn sie es nicht bereits getan hatte. Außerdem drehte sie den Spieß nicht ungeschickt um, indem sie mir mit meiner Unabkömmlichkeit zu schmeicheln und mich bei meinem zweifellos vorhandenen Ehrgeiz zu packen suchte. Es stünde eine erneute Lehrplanreform an, eben die [...] der achtziger Jahre, und dafür gäbe es keinen besseren Mann als mich. Für meine wissenschaftlichen Leistungen im Zusammenhang mit der letzten in den sechziger und siebziger Jahren war ich 1974 von der DDR-Regierung mit dem Nationalpreis der DDR für Wissenschaft und Technik, II. Klasse, ausgezeichnet worden.

Auszug aus: NEUNER 1996, S. 245–249.

B7: *Ein Akademiepräsident bezieht Position*
Mai 1971

Im Klassenkampf zwischen Sozialismus und Imperialismus nehmen Volksbildungswesen und Pädagogik eine wichtige Position ein; sie sind wesentliche Instrumente und Bereiche des politischen Kampfes, der weiteren Festigung des Sozialismus, seiner politischen und ideologischen Abgrenzung gegenüber dem Imperialismus [...] Das bedeutet für die pädagogische Wissenschaft und Forschung nach dem VIII. Parteitag, daß jedes pädagogische Problem unter den politischen Aspekten des VIII. Parteitages durchdacht und gelöst werden muß.

Neuner, Gerhard: »Aufgaben der wissenschaftlich-pädagogischen Arbeit in Umsetzung der Beschlüsse des VIII. Parteitages der SED«. In: Pädagogische Forschung 5/1971, S. 9.

B8: *Tücken der Neulehrerausbildung*
fünfziger Jahre

Also nach diesen ersten Wochen [...] wurde da alles umdirigiert. Da wurde gesagt, der alte Kollege – das war noch mein Lehrer aus meiner Schulzeit in B., den kannte ich noch –, der wurde abgesetzt als Leiter des Kurses. Und da kam ein gewisser Trieloff hin – die sind nachher alle nach'm Westen gegangen! – und dann dieser König hier. Und die fingen jetzt nun an, uns mit der Arbeitsschule zu traktieren. Also mit dieser »Ganzheitsmethode«. Nicht mehr dieses lautierende Lesen zum Beispiel, sondern ein Wort gleich dem Sinn nach zu erfassen. Das war die erste Fibel »Guck in die Welt«. Auf der ersten Seite stand dann: Emil, Susi, Leo, sowieso.

Und bei der Arbeitsschulmethodik – das haben wir schon während der Ausbildung mitgekriegt – war es zum Beispiel verpönt, überhaupt sich zu melden. Es wurde nur mit »Denkanstößen« gearbeitet. Und nun kam das Schönste: hierher. Als wir noch in Bernau in der Ausbildung waren, hatten wir ja auch Praktika, und da kamen wir zu diesem König hier nach Sachsenhausen. Eine Woche mußten wir hospitieren, also streng nach Arbeitsschulmethodik, und da führte er uns dann die Klassen vor. Also, nur mal um ein Beispiel zu nennen. Da kam also die Lehrerin – das war noch 'ne frühere Mitschülerin von mir, die hat dann den König-Sohn geheiratet – die hatte dann da 'ne Klasse, und da kam die rein und – es war Winter – faßte an den Ofen und sagte: »Huh, das ist aber heute kalt!« Das war erstmal der Eingang. Und nun sollten die Schüler daraufhin – also das war der Denkanstoß für die Schüler. Und letzten Endes sollte das Ergebnis sein: »Braunkohlentageabbau«! Nun stellen Sie sich mal vor, wie weit der Weg da ist – also praktisch ist er ja gar nicht mal so weit, vom Ofen, Kohle und so, zum Braunkohlentagebau. Aber, ich meine, sicher, wenn Sie hochintelligente Schüler haben, dann schalten die natürlich und sehen recht bald die Zusammenhänge. Aber – also nicht melden, nun wartete die da erstmal auf Reaktionen der Schüler. Und irgendwie kamen die auch prompt, und zwar nach 45 Minuten, was uns damals ein Buch mit sieben Siegeln war, landeten die wirklich noch, und wenn's in den letzten zehn Minuten war, bei der Braunkohle. [...] Also, wir haben das dem nicht abgenommen. Wir haben gesagt, die sind vorher präpariert, die haben irgendwie schon das Stundenthema genannt bekommen, also so läuft das nicht. Ich dachte dann immer an die Schule in H. – da habe ich auch son Praktikum gemacht – also, wenn ich denen damit gekommen wäre, die hätten 'ne ganze Stunde überhaupt nichts gesagt! Und dann hatten wir nachher [...] einen Biologielehrer, ein junger Kollege, und der war in Sachsenhausen zu der Zeit Schüler, das haben wir rausbekommen, und fragten den nun. Der wußte genau über die Stunden Bescheid und sagte, also er wäre zu doof gewesen, er war bei den Schülern nicht dabei. Also, es waren wirklich ausgesuchte Schüler, die man vorher darauf getrimmt hatte. Aber das wurde ja alles abgestritten. Dann ist man dem König nachher auf die Schliche gekommen – der hat das ja nun alles ausgebaut und als Beispielschule und Hospitantenschule ..., und daraufhin dann seinen Orden gekriegt. Und dann ist man nachher dahinter gekommen, daß das alles Lug und Trug und Schwindel war, und dann ist der – ich weiß nicht, ist der nachher noch nach'm Westen gegangen? Jedenfalls wurden ihm die Orden dann irgendwie, zu irgendeiner Zeit aberkannt.

Interview mit Frau L. In: LINIE 1996, S. 378 f.

B9: Rituale und Verpflichtungen
18. Oktober 1979

Liebe Pioniere! Liebe Mitglieder der Freien Deutschen Jugend! Werte Gäste! Liebe Genossen und Freunde!
Im Namen aller Ausgezeichneten sage ich für diese Ehrung ein herzliches Pionier-Dankeschön! Wir sind stolz darauf, daß wir am Bezirkstreffen Junger Historiker teilnehmen konnten und heute ausgezeichnet wurden. Wir wollen diese Gelegenheit nutzen, um den Genossen der Partei der Arbeiterklasse, den antifaschistischen Widerstandskämpfern, unseren Freundschaftspionierleitern, allen Lehrern, die uns immer mit Rat und Tat zur Seite stehen, zu danken. Nur durch ihre Hilfe und Unterstützung und durch ihre tägliche Fürsorge konnten wir solche Ergebnisse erreichen und abrechnen.
Das Bezirkstreffen Junger Historiker und unsere Auszeichnung sind uns Ansporn, auch weiterhin gute Taten für den Sozialismus zu vollbringen. Mit noch größerem Elan werden wir an das Forschen gehen, denn viel gilt es für uns auch in Zukunft zu tun. So werden wir die Erfahrungen der Besten, die wir heute austauschen und sammeln konnten, an alle Jungen Historiker unseres Bezirkes Potsdam weitergeben.

Dokumente 251

Bei unserer Pionierehre versprechen wir, unseren Pionierauftrag »Dem Sozialismus Eure Tat – lernt für unseren Friedensstaat« in Vorbereitung des 35. Jahrestages der Befreiung vom Hitlerfaschismus und des 110. Geburtstags W. I. Lenins würdig zu erfüllen.
Immer bereit!

Einschätzungen und Informationen zur Arbeit im Bereich des Bildungswesens 1977–1980, hier: Das Bezirkstreffen der Arbeitsgemeinschaften Junger Historiker am 18. Oktober 1979 in Potsdam. Brandenburgisches Landeshauptarchiv, Bez. Potsdam, Rep. 530, SED-Bezirksleitung Potsdam, IV D-2/8.02, Bd. 847. In: TENORTH et al. 1966, S. 195.

B10: *Eskalation an einer EOS in Berlin-Pankow: Sicht eines couragierten Schülers*
September 1988

So[nntag], 11.9.88 Teilnahme an der Großkundgebung zu Ehren der Opfer des Faschismus.
1. Wir (Benjamin L., Philipp L., Shenja-Paul W. u. a.) hatten zwei Transparente vorbereitet. Auf dem ersten stand »Neonazis raus«, auf dem zweiten »Gegen faschistische Tendenzen«. Wir wollten damit demonstrieren, daß wir uns mit dem Staat entschieden gegen Neonazis und gegen faschistische Tendenzen aussprechen. Die Transparente wurden uns nach kurzer Zeit abgenommen. Unsere Aktion bewirkte rege Diskussionen.
2. Unabhängig davon unterschrieb ich eine Woche später einen Artikel, der den Sinn der Militärparade in Frage stellte, wobei ich diesen Artikel an diesem Tage zum erstenmal gelesen hatte.
3. Am 21.9.88 setzte ich meine Unterschrift unter einen Artikel, der sich gegen ein Gedicht aussprach, welches wir in der Zeitung »Volksarmee« abgedruckt fanden. Außer mir unterschrieben noch vier andere Schüler. Diesen Artikel befestigten wir an der Speakers Corner [der Wandzeitung der Schule]. Wir betrachteten ihn nicht als Provokation, sondern als passenden Beitrag zum Thema, welches gerade in der Schule durchgenommen wurde.
4. Am selben Tag erhielt meine Mutter einen Anruf vom Klassenlehrer, der sie wegen der Unterschrift ihres Sohnes unter eine Unterschriftensammlung, die den Sinn von Militärparaden in Frage stellte, in die Schule zum Donnerstagabend einlud.
5. Am Donnerstag, dem 22.9.88, ging meine Mutter in die Schule und traf sich dort mit dem Direktor, dem Klassenleiter und den Eltern von sieben anderen Schülern meiner Klasse (12/4). Dort sagte sie im Gegensatz zu den meisten anderen Eltern, daß ihr Sohn sich den Artikel richtig durchgelesen und bewußt unterschrieben hat, immer noch dazu steht.
6. Am Freitag, dem 23.9.88, wurde ich ohne vorherige Benachrichtigung ins Direktorat runtergerufen (während des Unterrichts!). Dort befragte man mich ungefähr 1 h und 15 min. Es ging dabei um meine persönliche Haltung zu drei Punkten

1. Die Teilnahme an der Großkundgebung am 11.9.88
2. Die Unterschrift unter den Artikel zur Thematik Militärparade
3. Die Unterschrift gegen ein, für unsere Begriffe militantes Gedicht.

Ich sprach mich in diesem Gespräch nicht gegen diesen Staat aus und wehrte mich gegen unterstellte Anschuldigungen, wie z. B. »antisozialistisches Verhalten« und »staatsfeindliche Aktivitäten«. Außer mir saßen der Direktor, zwei GOL-Vertreter, eine fremde Person, die man mir nicht vorstellte und zwei Personen im Hintergrund, die protokollierten, und teilweise mein Klassenlehrer im Zimmer.

Mein Engagement gegen Neonazis in der DDR, welches ich in der 11. Klasse freiwillig entwickelte, warf mir der Direktor unter anderem als Aktivität vor, die negative Erscheinungen in unserem Staat aufdeckt und damit als staatsfeindlich interpretiert werden kann.

7. Am Dienstag, dem 27.9.88, deutete eine Maßnahme vom Direktor darauf hin, daß mein Mitschüler Benjamin L. bestraft werden soll. Daraufhin übergab ich mit Shenja-Paul W. einen sachlich geschriebenen Brief an den Direktor, in dem festgehalten war, daß sich die Schüler Kai F., Philipp L., Shenja-Paul W., Georgia C., Katja I. und ich mit Benjamin L. solidarisierten und die moralische Pflicht hätten, gemeinsam die Konsequenzen zu tragen.

8. Am Freitag, dem 30.9.88, wurden in einer außerordentlichen Schülervollversammlung die Schulstrafen für sieben Schüler bekanntgegeben. Für Kai, Philipp, Katja und Benjamin wurde hiermit Antrag auf Relegierungsverfahren gestellt, für Wolfram und für mich ein Verweis ausgesprochen, für Shenja-Paul ein Verweis und eine Umschulung in die EOS »Max Planck« bekanntgegeben. Kein Schüler hatte die Möglichkeit, nach der Verkündigung noch etwas zu sagen. Kai, der es dennoch versuchte, wurde gewaltsam entfernt. Ich sagte, daß ich mich für diese Schule schäme. Herr F. [der Direktor] sagte darauf: »Wenn Sie sich für diese Schule schämen, können Sie ja gleich hinterhergehen!« Daraufhin verließ ich dann die Schule. Bei Shenja verhielt es sich ähnlich, auch er ging.

Am Nachmittag wurde meine Mutter in die Schule bestellt und vom Direktor und der Schulrätin informiert, daß ich einen Verweis erhalten habe und daß für mich, falls ich am 1.10.88 nicht in der Schule erscheinen würde, eine Relegierung beantragt werde. Seit dem 1.10.88 bin ich ärztlich krank geschrieben.

Gedächtnisprotokoll des Schülers Alexander K., EOS »Carl von Ossietzky« in Berlin-Pankow. In: GRAMMES/ZÜHLKE 1994, Dok. 26.

B11: Eskalation an einer EOS in Berlin-Pankow: Mechanismen der Volksbildungsbürokratie
September 1988

Frage: Am 22.09.88 und 23.09.88 wurden die Aussprachen der Schüler an der EOS »C. v. O.« [»Carl von Ossietzky«] Pankow durchgeführt. Was war der Sinn und der Inhalt dieser Aussprachen mit den Schülern?
Antwort: Sinn und Inhalt der Gespräche waren, die Auffassungen der Schüler konkret kennenzulernen, einschließlich der möglichen Ursachen und Motive.
Frage: Durch die Schüler bzw. ehemaligen Schüler F., L., L., K., W., I., C., und Frau G. wurde mitgeteilt, daß diese Aussprachen von der Art und dem Inhalt der gestellten Fragen mehr einer »Vernehmung« glichen. Was möchten Sie dazu sagen?
Antwort: Ich möchte sagen, daß die Gespräche durch Herrn F. geführt und geleitet wurden. Ich habe auch Fragen gestellt. Die Zielstellung war, die Auffassung der Schüler kennenzulernen. Das Ergebnis der Gespräche wurde mit der Bezirksschulrätin Frau O. ausgewertet.
Ich muß jedoch sagen, daß es auf Grund der Zusammensetzung des beteiligten Personenkreises und der Gesprächsführung den Anschein erwecken konnte, daß es wie ein »Verhör« aussah.
Frage: Zu welchem Ergebnis kam man bei dem beteiligten Personenkreis nach Abschluß der Gespräche?
Antwort: Nach Abschluß der Gespräche war sichtbar, daß alle Schüler übereinstimmende Standpunkte, mit einigen Unterschieden, hatten, es war auch klar ersichtlich, daß die Standpunkte bei den Schülern gefestigt waren.
Frage: Wurden Protokolle über diese Gespräche geführt?
Antwort: Ja. Herr R. und Frau V. haben Protokoll geführt. Diese Mitschriften wurden dann der Bezirksschulrätin Frau O. vorgetragen. Auch den stellv. Herrn wurden diese Mitschriften teilweise vorgetragen.
Frage: Welche Entscheidungen wurden nach diesen Aussprachen getroffen?
Antwort: Durch Frau O. und auch durch Herrn R. wurde das Ministerium für Volksbildung schriftlich informiert. Diese Informationen müßten im Ministerium noch vorliegen.
Frage: Durch Herrn F. wird ausgesagt, daß ab dem 20.09.88 jeder »Schritt« von ihm in der Schule vorgeschrieben wurde. Zum Beispiel wurde festgelegt, daß er über alle Vorkommnisse zu informieren hat, keine Entscheidungen allein treffen darf, alle Gespräche mit betroffenen Personen wurden vom Wortlaut her vorgeschrieben, er konnte keine Entscheidungen an der Schule allein treffen. Was können Sie dazu sagen?
Antwort: Durch den Staatssekretär Herrn Lorenz wurde bei einer Beratung festgelegt, daß der Direktor exakt nach den getroffenen Festlegungen zu verfahren hat. Das betraf die Meldepflicht über alle weiteren Aktivitäten von Schülern in Zusammenhang mit dem Vorkommnis. Die Auswertung in der Direktorenkonferenz durch den Kreisschulrat Frau Dr. V. [sic!] – Eine Schülervollversammlung wurde von mir nicht untersagt. Mir ist jedoch bekannt, daß Herr F. mindestens drei Mal bei dem Staatssekretär Herrn Lorenz war. Dort hat er auch Anweisungen erhalten. [...]

Frage: Auf wessen Weisung bzw. Anweisung erfolgten die Anträge auf Relegierungen, Umbesetzungen an eine andere Schule und Verweisen von Schülern der EOS »C. v. O.« Pankow im September 1988?
Antwort: In einer der Aussprachen beim Staatssekretär Herrn Lorenz wurde festgelegt, daß für vier Schüler Anträge auf Relegierung zu stellen sind. Diese Schüler wurden auch von Herrn Lorenz benannt. Es ist auch richtig, daß ich den Herrn F. in Anwesenheit des Schulrates Frau Dr. V. die Relegierungsordnung vorgetragen habe. Dies tat ich auf Anweisung von Herrn Lorenz.
Frage: In der Schulordnung § 32 Abs. 2 wird ausdrücklich festgelegt, daß der Antrag auf Relegierung durch den Bezirksschulrat zu erfolgen hat. Warum mußte Herr F. als damaliger Direktor die Relegierungsanträge stellen?
Antwort: Es gab eine interne Weisung des Ministers für Volksbildung zur Relegierung von Schülern der EOS. Darin war festgelegt, daß der Direktor den Antrag stellt. Dies hatte über den Kreisschulrat an den Bezirksschulrat zu erfolgen. Der Kreisschulrat und der Bezirksschulrat mußten zusätzlich eine Stellungnahme dazu abgeben. Ich kenne den Inhalt der Begründung zum Antrag auf Relegierung persönlich nicht.
Frage: Wie stehen Sie gegenwärtig zu den damaligen Relegierungen und Bestrafungen von Schülern?
Antwort: Ich schätze ein, daß es ein untauglicher Versuch war, Andersdenkende zu überzeugen oder mit ihnen umzugehen. Heute kann man dies durch nichts rechtfertigen.

Auszug aus der »Befragung einer Verdächtigten«, Christa H.,[24] Kriminalamt Pankow, 4. April 1990. In: GRAMMES/ZÜHLKE 1994, Dok. 31.

2. Universitäten und Hochschulen

B12: Rechtmäßige und Spalteruniversität in Berlin
1960

In den Plänen der deutschen Reaktion und den mit ihr verbündeten Westmächten, die gemeinsam Deutschland spalteten, um ein Übergreifen der fortschrittlichen Entwicklung im Osten Deutschlands auf Westdeutschland zu verhindern, spielte Berlin eine entscheidende Rolle. Westberlin sollte als Brückenkopf inmitten der sowjetischen Besatzungszone den weiteren Aufbau stören und als Zentrum des vom amerikanischen Imperialismus bereits unmittelbar nach Kriegsende entfachten »kalten Krieges« dienen. So wurde Berlin durch die Westmächte und die deutsche Reaktion gespalten, wobei die reaktionäre Mehrheit der Berliner Stadtverordnetenversammlung und des Magistrats Handlangerdienste leisteten. Wie stets in der deutschen Geschichte verriet die – im Westen noch herrschende – Ausbeuterklasse die nationalen Interessen. Entsprechend ihren Plänen bezüglich der deutschen Hauptstadt konzen-

---

24 Christa H. war im September 1988 vom Bezirksschulrat Frau Herta O. als Verantwortliche Inspektorin an der EOS »Carl von Ossietzky« eingesetzt worden.

trierte sie sich in besonderem Maße auch auf die Universität. 1945 war der Plan, sie in den amerikanischen Sektor zu verlegen, an der Haltung der antifaschistisch-demokratischen Kräfte, insbesondere auch des Lehrkörpers gescheitert. In der Folgezeit ließ die Reaktion nichts unversucht, die Demokratisierung der Berliner Universität aufzuhalten und selbst wieder dominierenden Einfluß zu bekommen. Ihre Aktionen wurden, je mehr der Einfluß der Reaktion zurückgedrängt wurde, brutaler und wissenschaftsfeindlicher.

Eine große Rolle spielte die einheitlich gesteuerte Pressekampagne aller Westberliner Blätter, die besonders nach den Oktoberwahlen 1946 die Hetze gegen die Universität entfachten. Der Tagesspiegel vom 18. Oktober 1946 schrieb sogar, daß bei der weiteren Demokratisierung das wissenschaftliche Niveau so weit absinken werde, daß »die Universität aus der kulturellen Liste Deutschlands gestrichen werden müßte«. [...]

Anfang des Jahres 1948 steigerte sich die Aktivität der Westberliner Presse und der militaristischen und faschistischen Elemente noch. Nach verschiedenen Provokationen glaubten sie, den lange vorbereiteten Anschlag gegen die Universität ausführen zu können. Sie begannen fieberhaft, den Aufbau einer universitätsähnlichen Institution in Dahlem zu betreiben. Sie hofften, von dort aus durch eine großangelegte »Abwerbungsaktion« von Studenten und Professoren die weitere Entwicklung der Berliner Universität zu verhindern. Anfang Mai faßte die reaktionäre Mehrheit der Berliner Stadtverordnetenversammlung gegen die Stimmen der Fraktion der SED und fünf anderer Stadtverordneter einen Beschluß zur Errichtung einer Universität in den Westsektoren Berlins.

Mit dieser Maßnahme, die gegen eine so traditionsreiche Stätte deutscher Wissenschaft gerichtet war, hatten sich jene Kräfte selbst die Maske vom Gesicht gerissen, die ohne Unterlaß von der Freiheit der Wissenschaft, der Wahrung und Pflege der alten Traditionen sprachen. Unmißverständlich wandten sich Lehrkörper und Studenten gegen den Versuch, die traditionelle und rechtmäßige Universität der Hauptstadt durch eine Institution in den Westsektoren zu spalten. [...]

Die Gründung der Dahlemer Universität fügte dem Ruf der deutschen Wissenschaft großen Schaden zu, da sie nicht geschaffen wurde, um dem friedlichen Aufbau der Wissenschaft und dem gesellschaftlichen Fortschritt zu dienen. An der Wiedereröffnung der Humboldt-Universität hatten die Westmächte kein Interesse gezeigt. Jetzt war es anders, denn es handelte sich darum, wie der Tagesspiegel zynisch gestand, »eine politisch-psychologische Wirkung im kalten Krieg« auszuüben. Deshalb war die Entwicklung der »Freien« Universität vom ersten Tag an mit unwürdigen, gegen die Wissenschaft und die Interessen der Wissenschaftler gerichteten Mitteln betrieben worden. Methoden wie Abwerbung, Erpressung und Einschüchterung gehören zu dieser Universität, die sich durch Dollarbeträge und durch geraubte Institute der Humboldt-Universität in den Westsektoren eine gewisse Grundlage ihrer Existenz schuf. [...]

Gegen die Pläne, die Humboldt-Universität aus der Liste der deutschen Kulturstätten zu streichen und die Wissenschaftler und Studenten für die Politik aggressiver militaristischer Kreise zu mißbrauchen, setzten die Angehörigen der Universität den Entschluß, noch aktiver für die demokratische Entwicklung des Hochschulwesens und für Erfolge auf allen Gebieten der Wissenschaft zu kämpfen. [...]

In Anerkennung des bis dahin im Kampf um die demokratische Universität Erreichten und als Verpflichtung für die Zukunft erhielt die Berliner Universität den Namen HUMBOLDT-UNIVERSITÄT.
[...]
Man kann es als symbolisch betrachten, daß wenige Tage nach der Gründung unseres Staates der Präsident der DDR, WILHELM PIECK, an der Eröffnungsfeier der Arbeiter- und Bauern-Fakultät der Humboldt-Universität teilnahm.
[...]
Die Entwicklung der Humboldt-Universität spiegelt die Anstrengungen der DDR und den Aufschwung von Lehre und Forschung wider. Nicht nur die schweren Schäden, die die Universität durch den Krieg erlitten hatte, galt es zu beheben, auch die in Westberlin widerrechtlich in Beschlag genommenen Institute waren zu ersetzen.

Aus: HUB 1960, S. 130-135.

B13: *Universitäten und Hochschulen in der SBZ/DDR: Altbestand*

Universitäten
Universität Berlin, 1810 eröffnet, seit 1834 »Friedrich-Wilhelms-Universität zu Berlin«, 29. Januar 1946 wieder eröffnet als »Universität Berlin«, Anfang 1949 in »Humboldt-Universität zu Berlin« umbenannt, 1985 mit knapp 20 000 Studenten die größte Universität des Landes.
Ernst-Moritz-Arndt-Universität Greifswald, 1456 gegründet, seit 1933 »Ernst-Moritz-Arndt-Universität«, am 15. Februar 1946 wieder eröffnet, allerdings ohne Juristische Fakultät. 1955/56 Errichtung einer Militärmedizinischen Sektion, 1970-1981 in den Rang einer »Fakultät für Militärmedizin« erhoben. Mit der Gründung der Militärmedizinischen Akademie in Bad Saarow-Pieskow 1981 wieder Sektion, seit 1988 mit dem Namen »Maxim Zetkin«. 1985 war die Universität Greifswald mit gut 3 500 Studenten die kleinste Universität der DDR.
Martin-Luther-Universität Halle-Wittenberg, 1817 entstanden aus der Fusion der alten Hallenser Universität, 1694 gegründet, mit der 1502 eröffneten Wittenberger Universität. Seit 1933 »Martin-Luther-Universität Halle-Wittenberg«, am 1. Februar 1946 wieder eröffnet. Mitte der achtziger Jahre etwa 10 000 Studenten.
Friedrich-Schiller-Universität Jena, 1557 gegründet, seit 1934 »Friedrich-Schiller-Universität Jena«, bereits am 15. Oktober 1945 wieder eröffnet, 1985 etwa 5 500 Studenten.
Universität Leipzig, 1409 gegründet, den Versuch, den Universitätsbetrieb bereits im Mai 1945 wieder aufzunehmen, unterbinden die Besatzungsmächte, Wiedereröffnung daher erst am 5. Februar 1946, am 5. Mai 1953 anläßlich des 135. Geburtstages von Karl Marx Verleihung des Namens »Karl-Marx-Universität Leipzig«; das Konzil der Universität beschloß im Februar 1991 die Rückbenennung in »Universität Leipzig«. Bis 1956/61 wohl die attraktivste und lebendigste Universität in der DDR; 1985 etwa 15 000 Studenten, darunter etwa 1 000 Ausländer. Das »Herder-Institut« bereitete ausländische Studenten auf das Studium an den Hoch- und Fachschulen in der DDR vor.

Universität Rostock, 1419 gegründet, wieder eröffnet am 25. Februar 1946. 1951 Eröffnung der Fakultät für Schiffbautechnik, die 1963 in Technische Fakultät umbenannt wurde. Dagegen wurde die Juristische Fakultät 1951 geschlossen. Eine 1952 gegründete Technische Fakultät für Luftfahrtwesen wurde bereits 1953 an die Technische Hochschule Dresden verlagert und dort mit der Einstellung der Flugzeugproduktion 1961 aufgelöst. 1976 verlieh der Ministerrat der DDR der Universität den Namen »Wilhelm-Pieck-Universität Rostock«, der nach einer Abstimmung der Hochschulangehörigen im April 1990 zugunsten des Traditionsnamens abgelegt wurde. In Rostock studierten 1985 etwa 7 000 Studenten.

Technische Hochschulen und Universitäten
Technische Hochschule Dresden, 1828 gegründet, 1851 als »Königlich Sächsische Polytechnische Schule« bezeichnet, seit 1890 als Technische Hochschule. Am 1. Oktober 1946 wieder eröffnet, am 5. Oktober 1961 in Technische Universität Dresden umbenannt. In den achtziger Jahren etwa 18 000 Studenten
Bergakademie Freiberg, 1765 gegründet, Wiederaufnahme der Arbeit am 15. Juni 1945, doch am 27. Juli 1945 durch den sowjetischen Kommandanten wieder geschlossen. Wiedereröffnung am 8. Februar 1946, durchschnittlich 2 500 Studenten.
Hochschule für Architektur und Bauwesen, Weimar. 1860 als »Großherzoglich Sächsische Kunsthochschule« gegründet und von 1919 bis 1925 Teil des »Staatlichen Bauhauses in Weimar«, wurde die Hochschule am 24. August 1946 als »Staatliche Hochschule für Baukunst und bildende Kunst« wieder eröffnet. Entwickelte sich zu einer Hochschule für Architekten, Städteplaner und Bauingenieure und erhielt 1954 die Bezeichnung »Hochschule für Architektur und Bauwesen, Weimar«.
Daneben existierten mehrere künstlerische Hochschulen.

Zusammenstellung durch den Verfasser nach Angaben in: HERBST et al. 1994, passim.

B14: Universitäten und Hochschulen in der SBZ/DDR: Neugründungen

Technische Hochschulen/Universitäten
Hochschule für Verkehrswesen »Friedrich List«, Dresden. 1952 wurde die Fakultät für Verkehrswesen der TH Dresden aufgelöst, um aus ihrem Bestand die selbständige Hochschule für Verkehrswesen zu errichten, der 1962 der Name Friedrich List verliehen wurde.
Technische Universität Karl-Marx-Stadt. Aus einer 1953 gegründeten Hochschule für Maschinenbau ging 1963 die Technische Hochschule hervor, die 1986 den Status einer Technischen Universität erhielt. 1985 gut 7 000 Studenten.
Technische Universität »Otto von Guericke« Magdeburg. 1953 als Hochschule für Schwermaschinenbau gegründet, seit 1961 Technische Hochschule »Otto von Guericke«, 1987 Technische Universität.
Technische Hochschule Ilmenau. 1953 als Hochschule für Elektrotechnik aus dem 1894 etablierten Thüringischen Technikum zu Ilmenau hervorgegangen, seit 1963 Technische Hochschule.

Technische Hochschule Leipzig. Entstand 1977 durch die Zusammenlegung der 1954 gegründeten Hochschule für Bauwesen Leipzig mit der 1969 entstandenen Ingenieurhochschule Leipzig. Hatte 1989 knapp 3 000 Studenten.
Technische Hochschule Leuna-Merseburg. 1954 als Technische Hochschule für Chemie in Halle/Saale etabliert, ab 1958 Umzug nach Merseburg. 1974 Namensverleihung Technische Hochschule »Carl Schorlemmer«, Leuna-Merseburg.
Hochschule für Seefahrt, Warnemünde-Wustrow. Vorgänger dieser Institution war die 1846 gegründete »Großherzoglich Mecklenburgische Navigationsschule« in Wustrow und eine 1948 in Stralsund gegründete »Fachtechnische Lehranstalt für Schiffbau«, aus der die kurz in Franzburg, seit 1951 in Warnemünde ansässige Ingenieurschule für Schifftechnik »Ernst Thälmann« hervorging. 1969 fusionierten beide Institutionen zur »Ingenieurhochschule für Seefahrt Warnemünde-Wustrow«, am 1. November 1989 wurde ihr der Status einer Technischen Hochschule verliehen.
Technische Hochschule Wismar. Entstand 1988 aus der seit 1969 bestehenden Ingenieurhochschule, zu deren Vorgängern eine 1908 gegründete »Ingenieur-Akademie Wismar« und eine 1955 aus Blankenburg übergesiedelte »Fachschule für Bauwesen Wismar« mit unübersichtlich wechselnden Profilen und Namen zählen.
Technische Hochschule Zittau. 1969 als Ingenieurhochschule mit Schwerpunkt Kraftwerkanlagen, Energieumwandlung und Elektroenergieversorgung gegründet und 1988 zur Technischen Hochschule erhoben.
Technische Hochschule Zwickau. Aus einer 1953 gegründeten Ingenieurschule für Kraftfahrzeugtechnik ging nach der Fusion mit einer Bergingenieurschule 1959 die Ingenieurschule für Maschinenbau und Elektronik hervor. 1969 wurde sie zur Ingenieurhochschule Zwickau, der 1989 der Status einer Technischen Hochschule verliehen wurde.

Medizinische Hochschulen
Medizinische Akademie »Carl Gustav Carus«, Dresden
Medizinische Akademie Erfurt
Medizinische Akademie Magdeburg
Nach längerer Vorbereitungszeit im Partei- und Staatsapparat wurde im Oktober 1953 die Gründung von drei selbständigen medizinischen Hochschulen, Akademien genannt, beschlossen. Die Medizinischen Akademien wurden am 7. September 1954 eröffnet.

Landwirtschaftliche Hochschulen
Hochschule für Landwirtschaft und Nahrungsgüterwirtschaft »Thomas Müntzer«, Bernburg. Entstand 1961 durch Zusammenschluß und Verlegung zahlreicher Vorgängerinstitute aus dem Potsdamer Raum in Bernburg als Hochschule für »Landwirtschaft«, 1969 Umbenennung.
Hochschule für Landwirtschaftliche Produktionsgenossenschaften, Meißen. 1953 als »Zentrale Hochschule für landwirtschaftliche Produktionsgenossenschaften des Ministeriums für Land- und Forstwirtschaft« gegründet, ab 1961 Promotions-, ab 1965 Habilitationsrecht.

Außerdem existierten einige neu gegründete künstlerische Hochschulen sowie ursprünglich zehn 1969 gegründete Ingenieurhochschulen, von denen sich einige zu Technischen Hochschulen mauserten.

Zusammenstellung durch den Verfasser nach den Angaben in: HERBST et al. 1994, passim.

B15: *Die Vorteile sozialistischer Fürsorge und des direkten Drahtes 13. September 1957*

Ich fühle mich verpflichtet, im Zusammenhang mit der Frage der Fürsorge unserer Regierung für die Intelligenz ein paar Bemerkungen zu machen über die Gründung, die in der letzten Woche erfolgte. Ich meine [...] den Forschungsrat. Es ist das erfreuliche Ereignis – ich möchte bemerken, daß ich, solange ich Wissenschaftler bin, forsche – geschehen, daß wir jetzt sozusagen eine zentrale Organisation für die Forschung haben. Es ist in erster Linie selbstverständlich die naturwissenschaftliche Forschung, und die Regierung hat einen sogenannten Forschungsrat gegründet, in dem etwa 44 – sagen wir mal – nicht unbekannte naturwissenschaftliche Forscher vereint sind und die damit die Problematik der Forschung nach allen Richtungen sozusagen unter der Regie der Regierung wissen. Ich möchte dazu zwei Bemerkungen machen, die mich außerordentlich beeinflußt haben.

Ich bin, solange ich wissenschaftlich arbeite, als Forscher tätig gewesen. Ich kann nicht leugnen, daß ich in der kapitalistischen Zeit in einem chemischen Unternehmen Forschung geleistet und geleitet habe unter Voraussetzungen, die für mich außerordentlich erfreulich und glücklich waren. Ich hatte als Leiter des Unternehmens einen Mann, der selber Chemiker war, von Forschung und Entwicklung etwas verstand und in großzügiger Weise meine Arbeiten unterstützte. Aber gerade wenn man das gehabt hat und weiß, wie schwer es war, so etwas zu finden, und welchen Widersprüchen man unterworfen war, so ist natürlich die Forschung in der Deutschen Demokratischen Republik, die bewußt für einen Staat arbeitet, der auf den Sozialismus zustrebt, doch eine andere Aufgabenstellung, eine andere Betrachtung, und es ist erfreulich, daß die Regierung diese Situation gesehen hat und uns zusammengebracht hat. [...] Forschung kann natürlich nicht im leeren Raum geschehen, sondern Forschung muß in der Praxis landen. Das wird vom Forschungsrat unterstützt, und wir haben das große Glück, daß sozusagen der Verbindungsmann zwischen diesem Forschungsrat und der Repräsentant der Regierung in diesem Forschungsrat der stellvertretende Ministerpräsident Selbmann ist, der ein ausgezeichnetes Referat bei uns gehalten hat und von dem ich aus persönlicher Begegnung von früher her folgendes sagen kann: Ich treibe auch jetzt Forschung und bin mit meiner Forschung an verschiedenen Stellen so weit gekommen, daß sie in die Praxis überführt werden kann, und ich habe, als ich soweit war, an Selbmann einen Brief geschrieben, daß es soweit ist, daß ich aber für die Überführung 400 000 Mark brauche. Acht Tage später hatte ich über das Amt für Forschung und Technik die Mitteilung: 100 000 Mark stehen Ihnen noch in diesem Vierteljahr zur Verfügung, der Rest im kommenden Jahr. Also ich muß sagen: Diese Aufnahme von Forschung und die Behandlung der Forscher und die Hilfe für den Forscher bei der Überführung in die Praxis konnte auch in besten kapitalistischen Zeiten nicht von solch einer Fürsorge übertroffen werden.

Prof. Hans-Heinrich Franck[25] auf der Sitzung des Präsidialrates des Kulturbundes am 13. September 1957. In: HEIDER/THÖNS 1990, S. 129.

B16: Greifswalder Schau-Tribunal[26]
12. März 1958

Bericht Dr. Qu.: Auch unsere Fakultät ist ideologisch nicht auf der Höhe. Zwei Punkte sind hervorzuheben: 1) In den Gesellschaftswissenschaften kann nur auf der Grundlage des historischen und dialektischen Materialismus gelehrt werden. – Danach ist die Lage in den einzelnen Disziplinen einzuschätzen. Vernachlässigt worden ist z. B. Geschichte der Neuzeit. Hier wie auch in der Literatur- und Sprachwissenschaft ist unerläßlich die Grundlage des historischen und dialektischen Materialismus. – Lange Ausführungen über Republikflucht besonders der Assistenten und Oberassistenten. Assistenten und Oberassistenten sind in den letzten Jahren sehr großzügig gefördert worden. Wenn heute jemand die Republik verläßt, so bedeutet dies ausgesprochenen Verrat am Staat und am Sozialismus. Von solchen Leuten muß man sich abgrenzen, z. B. durch Aberkennung der akademischen Grade u. ä. m. – Die verschiedenen Aufgaben [sind] nur zu lösen, wenn enger Kontakt zwischen Universität und Staat hergestellt wird.
B. [Sekretär der SED]: Hauptfrage ist: Wieso ist es [...] nicht gelungen, das Germanistische Seminar zu einem sozialistischen Institut zu machen? Es ist nicht gelungen, diese wichtige Fachschaft zu einer sozialistischen auszubauen. Man sollte eine sachliche Aussprache mit Herrn Rosenfeld (im folgenden R. genannt) führen. Unsere Meinung: Herr R. ist seinen durch den Einzelvertrag aufgenommenen Verpflichtungen nicht nachgekommen. Was hat bisher die von R. geleitete Fachwissenschaft den Werktätigen genutzt? Herr R. hat sich bis heute nicht mit der Weltanschauung des Marxismus-Leninismus beschäftigt. Hat seinerzeit sogar die ideologische Koexistenz an Fakultät und Institut gefordert. Herr R. hat in den Jahren nach 1945 keine Lehren aus der Geschichte gezogen. 1946 wurde ihm die Lehrtätigkeit [an der Universität Greifswald] entzogen. [...] Durch die spätere Wiedereinstellung als Professor [in Rostock] wurde Herrn R. die Gelegenheit gegeben, seine Meinung zu revidieren. [...] Aufforderung an Herrn R., ob er selber es für richtig hält, weiterhin an der Universität lehren zu können. Wir sind der Meinung, daß Wissenschaft und Politik nicht zwei verschiedene Dinge sein dürfen, sondern beide eine Einheit bilden müssen.

25 Franck wurde 1937 aus politischen Gründen seine Professur an der TH Berlin-Charlottenburg entzogen. 1945 wieder eingesetzt, entließ ihn 1950 der West-Berliner Magistrat – als Mitglied der SED. Seit 1950 o. Prof. an der Humboldt-Universität zu Berlin und bereits seit 1949 Ordentliches Mitglied der DAW.
26 Grammatik nach dem Original. Unübliche Abkürzungen wurden aufgelöst.

Rosenfeld: [...] Ich erkläre, daß ich [1955 von Rostock] nach Greifswald berufen worden bin mit dem ausdrücklichen Auftrag, Ruhe ins Germanistische Institut hineinzubringen. Es ist noch nie von jemandem behauptet worden, – auch während der Entnazifizierungsverhandlungen im Rathaus – ich hätte irgendeine Funktion in der NSDAP gehabt, auch in Finnland nicht.
Ich habe bisher keine Wünsche der SED, die an mich herangetragen worden sind, abgelehnt. – Ich habe mich dagegen seinerzeit scharf gegen das Amt Rosenberg gewandt in der Nazizeit. Ich hatte damals dem Rektor gesagt, ich wende mich gegen alles, was gegen die Erfordernisse der Wissenschaft stehe. [...]
[...] W.: ... Man darf keine Starrheit zeigen. Hier aber kommt Ihr formelles Herangehen an die aufgezeigten Fehler zum Ausdruck! Prinzipienlosigkeit zeigt sich [...] auch in dem Delegieren-Wollen des [Assistenten] Herrn Sch. nach Westdeutschland [nach Marburg, dem damaligen Zentrum der Dialektforschung. Rosenfeld war Leiter des Pommerschen Wörterbuches.] Warum hat Herr R. im Falle Sch. und in anderen Fragen nicht mit dem Parteisekretär P. gesprochen oder mit dem FDJ-Sekretär?
A.: Man muß in der Tat aus der Diskussion den Eindruck gewinnen, daß R. nicht in der Lage ist, die sozialistische Erziehung im Institut für Germanistik zu gewährleisten. ANTRAG: Herr Prof. soll aus der Lehre zurückgezogen werden und [sic!] dafür zu sorgen, daß er in einer ihm angemessenen Form seine Tätigkeit verrichtet und dadurch unter Beweis stellt, wie er den Marxismus-Leninismus in Form und Inhalt zu verbinden imstande ist.
[...] E.: Mir ist diese Diskussion äußerst peinlich. Ich weiß genau, um was es geht. Ich war im Herbst 1954 in Rostock Mitglied jener Kommission, die [...] auch zu entscheiden hatte über die Berufung von R. Ich kannte R. damals kaum von Ansehen, war also gleichsam neutrales Mitglied dieser Kommission. Voraussetzung für die Berufung von R. nach Rostock war damals: Namhafte Vertreter und Persönlichkeiten der DDR hatten damals die Fakultät bedrängt und waren der Auffassung, man könne überhaupt keinen besseren berufen als eben R. – Wenn heute Herrn R. das Vertrauen entzogen wird, frage ich mich: Wer ist eigentlich schuld an dieser großen Verwirrung? Meine Meinung: Die Gesellschaft ist schuld. R. ist hin- und hergekommen (?) [sic!], wir sind in eine bodenlose Situation geraten, es müßten große Gutachten eingeholt werden, auf Grund der damaligen Entscheidung. Ich möchte dringend darum bitten, daß wir nicht vorzeitig eine Entscheidung treffen, die nachher vielleicht von seiten des Staates bitter bereut wird!
Rosenfeld: Ich habe die Situation hier in der Germanistik wieder zur Ruhe geführt. Ich habe verhindert, daß in der Germanistik derselbe Zustand eintrat wie vorher. Ich habe mich loyal verhalten zu diesem Staat, habe die Studenten wissenschaftlich erzogen, und glaube, die Studenten für die Germanistik wenigstens interessiert zu haben und auch als Lehrer ein Vorbild gewesen zu sein.
Cl.: Ich habe Bedenken, ob wir überhaupt nach der Verfassung der Universität das Recht haben, eine solche Entscheidung zu treffen, jedenfalls sehe ich nicht völlig durch. [...]
B.: Wir werden die Sache gemeinsam richtigstellen. (zu R.): R. sagte, ich solle beweisen, daß er aktiver Nationalsozialist gewesen sei. Schon allein die Drucklegung Ihrer Werke im Faschismus bezeigt, daß Ihre ganze Sache und Ideologie anerkannt wurde. Die Frage für uns aber ist: Welche Ideologie soll heute vorherrschen? Antwort: die

marxistische!! Wir gestalten unsere Unis so, wie das im weiteren Interesse des Sozialismus für notwendig befunden wird. Diese Macht werden wir mit niemandem teilen!
Frage: Welche Ideologie war und ist die Grundlage Ihrer Lehrtätigkeit? Es war: die Ideologie mit verhältnismäßig starkem faschistischen Einschlag. Ihre Arbeiten 1933 – 1945 haben letzten Endes dem Faschismus gedient!
Antwort an E.: Wahrheit ist für uns, was unserer Klasse dient. Und die Wahrheit wird gefunden durch den dialektisch-historischen Materialismus, der die Gesetzmäßigkeiten erkennen läßt.[27]

Universitätsarchiv der Ernst-Moritz-Arndt-Universität Greifswald, nicht-offizielles Protokoll der Fakultätssitzung der Philosophischen Fakultät der Ernst-Moritz-Arndt-Universität Greifswald vom 12. März 1958. Vollständig publiziert im Anschluß von: BODEN/ROSENBERG 1997, S. 150–159.

B17: Überzeugende Argumente
12. September 1960

Prorektor Prof. Heidorn[28] teilt mit, daß nach dem Ableben des ersten Präsidenten unseres Arbeiter- und Bauern-Staates verschiedene Personen der Universität und der Öffentlichkeit der Stadt Rostock an das ZK der SED die Bitte gerichtet haben, zu prüfen, ob die Universität Rostock würdig genug sei, den Namen des teuren Verstorbenen tragen zu dürfen. Das ZK hat die Bitte geprüft und hat, wie bereits in der Presse veröffentlicht wurde, die Universität Rostock für würdig gefunden. Sollte die Universität für würdig befunden werden, den Namen des Präsidenten des ersten Arbeiter- und Bauern-Staates zu tragen, so bringt diese Würde Verpflichtungen mit sich, denen wir gerecht werden müssen. Er unterstreicht noch einmal, daß der Name Wilhelm Pieck nicht nur als Staatsmann, sondern auch für die Wissenschaft große Bedeutung hat. Die Entwicklung in der DDR nach 1945 ist aufs engste mit seinem Namen verknüpft. So hat er im Jahre 1935 auf der Parteikonferenz der KPD in Brüssel das Hauptreferat gehalten. In Bern wurde im Jahre 1939 von ihm ganz klar der Weg vorgezeichnet, wie wir ihn unter der Führung der Arbeiterklasse nach 1945 gegangen sind. Das allein würde genügen, um Wilhelm Pieck für immer einen Namen in der Wissenschaft zu geben. Darüber hinaus kommen seine Verdienste für den Bereich aller Wissenschaften unter anderem dadurch zum Ausdruck, daß er die Verleihung der Nationalpreise an alle Wissenschaftler immer selbst vorgenommen hat. Besonders verdiente Studenten erhielten das Wilhelm-Pieck-Stipendium. Die Universität Rostock wurde von ihm zweimal besucht, einmal im Jahr 1949 sehr bald nach seinem Amtsantritt und 1951 zur Eröffnung der Schiffbautechnischen Fakultät.

---

27 Der Antrag auf Lehrverbot für Rosenfeld wurde mit 14 Stimmen bei vier Gegenstimmen und einer Enthaltung angenommen. Hildegard Emmel [E.] verließ die DDR noch im gleichen Jahr, Rosenfeld nahm 1960 einen Ruf nach München an.
28 Günther Heidorn war 1959–1965 Prorektor, 1965–1976 Rektor der Universität Rostock, danach stellvertretender Minister für Fach- und Hochschulwesen und o. Prof. für allgemeine Geschichte an der Humboldt-Universität zu Berlin.

Da die Volkskammer der DDR heute um 12 Uhr zu einer außerordentlichen Sitzung zusammentritt, schlägt Prorektor Heidorn vor, der Senat möge offiziell an die Volkskammer, an den Ministerrat und an das ZK der SED die Bitte richten, den Namen Wilhelm-Pieck-Universität tragen zu dürfen. Die Senatoren werden hierzu um ihre Stellungnahme gebeten.
[...] Prorektor Heidorn bittet um Abstimmung zu dem Antrag, die Universität Rostock in Wilhelm-Pieck-Universität Rostock umzubenennen. Dem Antrag wird einstimmig zugestimmt.[29]

Auszug aus dem Protokoll der Senatssitzung der Universität Rostock vom 12. September 1960. In: AMMER 1994, S. 154 f.

B18: *Nicht mehr zur Verfügung stehende Mitarbeiter 1955 bis 1959*

Republikflucht in % zur Zahl der Mitarbeiter

Jahr	Wiss.	Wiss. -techn. Mitarbeiter	Arbeiter und Angestellte	Insgesamt	In absolut. Zahlen
1955	1,6	2,1	2,3	2,0	82
1956	1,4	1,7	0,8	1,3	78
1957	1,5	1,5	0,3	1,2	76
1958	3,2	2,3	1,0	2,1	166
davon FG[30]	3,4	2,4	0,7	2,1	144
I/1959	0,7	–	–	0,7	10
davon FG	0,6	–	–	0,6	6

Republikfluchtfälle aus der DAW 1955–I. Quartal 1959 (Auszug). In: SAPMO-BArch, ZPA, IV 2/9.04, Bd. 370, Bl. 52.

---

29 Die angekündigte Umbenennung zum 3. Januar 1961, dem Geburtstag Piecks, fand allerdings vorerst nicht statt; der Name »Wilhelm Pieck« wurde der Universität erst 1976 anläßlich des 100. Geburtstags Piecks verliehen.
30 FG = Forschungsgemeinschaft der naturwissenschaftlichen Institute der DAW.

B19: Ein eifriger junger Genosse
4. Juni 1959

Bei mir gab es einen Fall, [...] daß ein Abiturient von seiner Oberschule eine so feurige Beurteilung erhielt, als ob er noch vor Marx alles entdeckt hätte – nach 14 Semestern ging er ins Diplom – Jahr für Jahr wegen guter gesellschaftlicher Arbeit [...] Er machte ein gutes Examen, ging ins Buna-Werk, erklärte dort Herrn [Johannes] Nelles[31] zu einem Anfänger – ging nach dem Westen und schrieb einen Brief, daß eben im Buna-Werk keine wissenschaftliche Atmosphäre wäre, die ihm genüge.

Beitrag von Eberhard Leibnitz, Kurzprotokoll über die Sitzung des Forschungsrates am 4. Juni 1959. In: SAPMO-BArch, DY 30/IV 2/9.04 (Abteilung Wissenschaft)/277, Bl. 41.

B20: Nachwuchsperspektiven
Ende 1959

Die Erfahrungen des sozialistischen Aufbaus zeigen, daß die Menschen vor allem im Prozeß der Arbeit für den Sozialismus gewonnen werden. Die Parteiorganisationen müssen sich mit Nachdruck dafür einsetzen, daß für alle Nachwuchswissenschaftler die persönliche Entwicklungsperspektive festgelegt wird. In diesem Zusammenhang muß auch das Staatssekretariat für das Hoch- und Fachschulwesen ernsthaft überprüfen, ob vor allem an medizinischen [und] naturwissenschaftlichen Fakultäten zusätzliche Professoren- und Dozentenstellen geschaffen werden können, um befähigten Kräften eine Aufstiegsmöglichkeit zu eröffnen.

Notizen der Abt. Wissenschaft des ZK der SED über »Fragen der Perspektivplanung der ideologischen Bewußtseinsentwicklung und der Republikflucht«, o. D. [Ende 1959]. In: SAPMO-BArch DY 30/IV 2/9.04 (Abteilung Wissenschaft)/428, Bl. 241 f. Der Verfasser dankt Agnes Tandler für den Hinweis auf dieses Dokument.

B21: Polytechnische Ausbildung oder Studium
8. Februar 1961

3) Zur Frage der Lehrerausbildung wurde vom Akademiepräsidenten Prof. Dr. Hartke und allen an der Lehrerausbildung arbeitenden Professoren ausgeführt, daß sich die polytechnische Ausbildung in der augenblicklichen Form ganz und gar nicht bewährt habe. Ganz besonders mißlich sei die Regelung, wonach die Studierenden des ersten Jahres drei Tage in der Produktion und drei Tage (worunter nur der halbe Sonnabend) in der Universität arbeiten. Damit sei ihre Tätigkeit für beide Seiten völlig unbefriedigend. Die dauernde Umstellung von körperlicher und geistiger Arbeit

---

31 Werkdirektor der Buna-Werke, Prof. an der TH Leuna-Merseburg und Mitglied der DAW.

führt zu keiner Konzentration. Auch die Studenten halten die augenblickliche Regelung für schlecht. Damit geht auch das erste Jahr für die wissenschaftliche Ausbildung so gut wie verloren, und es verbleibt noch ein dreijähriges Studium. Alle Professoren der Fakultät stimmen darin überein, daß bei der augenblicklichen Regelung eine solide Lehrerausbildung nicht gewährleistet ist. Es werden auch erneut Klagen über die schlechte Vorbildung auf den Schulen, besonders in den sprachlichen Fächern erhoben. Oft muß mit der Sprachausbildung auf der Universität von vorn begonnen werden. Die polytechnische Ausbildung in der gegenwärtigen Form wirkt sich auch in gesellschaftspolitischer Hinsicht negativ aus. Bei der halbwöchigen polytechnischen Ausbildung werden die jungen Studenten nicht zum guten Mitarbeiter im Betrieb und vermögen den Arbeitern weder auf geistigem noch auf ideologischem Gebiet etwas zu bieten. Sie stehen allen Gegenargumenten und -fragen hilflos gegenüber, wie die bisherige Erfahrung gezeigt hat. Es wird auch darauf hingewiesen, daß sich bei der augenblicklichen Regelung schon früh körperliche Schäden bei den Studierenden und Unlustgefühle einstellen, da sie weder polytechnisch noch fachlich im ersten Studienjahr ausgebildet werden. Viele vorzeitige Abgänge erklären sich allein aus dieser Tatsache.

Einer schnellen und radikalen Reduzierung bedarf auch die zu hohe Pflichtstundenzahl für unsere Studierenden. Die Pädagogen haben in der letzten Zeit ihre Anforderungen wieder auf ein unerträgliches Maß hinaufgeschraubt, so daß die Fächer viel zu kurz wegkommen. Sollte es nicht möglich sein, die Stundenzahl der außerfachlichen Fächer radikal zu beschneiden (die speziellen Fachgebiete sind schon auf ein fast nicht mehr vertretbares Minimum an Stundenzahlen zurückgegangen), so hält die gesamte Fakultät eine Studienverlängerung um mindestens ein Jahr für unumgänglich. Zeit für eigene wissenschaftliche Hausarbeit bleibt den Studierenden, die ja auch einmal nachdenken und nacharbeiten wollen und müssen, schon seit Jahren nicht mehr. Die augenblickliche Form der Lehrerausbildung kann so nicht zum Wohle aller fortgesetzt werden.

Universitätsarchiv der Humboldt-Universität zu Berlin, Philosophische Fakultät, Dekanat 1945–1968, Nr. 7, Bl. 343–345: Protokoll der Sitzung des Rates der Phil. Fak. der HUB am 8.2.61 unter Leitung des Dekans Prof. Dr. Lehnert. Rückseite von Bl. 345 mit handschriftlichen Korrekturen des auf der Vorderseite maschinenschriftlich abgefaßten Protokolls. Der Verfasser dankt Petra Boden für die Überlassung dieses Dokumentes.

B22: *Universitätsklagen und -vorschläge*
4. Juli 1961

Zur Zeit betrachten wir eine ständige Abwanderung qualifizierter Wissenschaftler, aber auch mittlerer Kader und technischer Hilfskräfte von den Universitäten zur Akademie der Wissenschaften, der nur ein verschwindend geringer Zuzug zur Universität von der Akademie gegenübersteht. Daraus resultiert einerseits eine Senkung der Qualität der Ausbildung durch den laufenden Verlust der erfahrensten Fachkräfte, andererseits aber auch eine steigende Überbelastung der verbliebenen Lehrkräfte durch Lehrverpflichtungen, die ihnen nur wenig Zeit für die eigene wissenschaftliche Entwicklung lassen. Dies ist zweifellos der stärkste Grund der ständigen Abwanderung von der Universität. Verstärkt wird diese Tendenz noch durch die höhere gesellschaftliche Anerkennung, die alle Mitarbeiter der Akademie genießen, die Schlüsselposition, die die Akademie in der Lenkung der Forschungsarbeit der Universitätsinstitute eingeräumt wird, die reiche Ausstattung der Akademieinstitute mit Räumen, Apparaten und Hilfskräften, und, was insbesondere bei Nachwuchskräften und beim technischen Personal eine Rolle spielt, auch die ökonomische Besserstellung und die Sicherstellung im Falle von Krankheit und Invalidität.

Begründet wird die unterschiedliche Behandlung mit dem Schlagwort von den »vordringlichen Aufgaben der Akademie«, was bei den schwer arbeitenden Lehrkräften der Hochschulen das bittere Gefühl erzeugt, daß ihre verantwortliche Tätigkeit als minderwertig eingeschätzt wird und für das Verlassen der Universität die Ausrede bereitstellt, man gebe dem Wunsche der Regierung nach, indem man sich vorzugsweise denjenigen Aufgaben widme, die als vordringlich bezeichnet werden.

Einen Ausweg aus dieser Situation sehen viele Hochschullehrer darin, daß sie in Personalunion zwei Institute – eines an der Universität und eines an der Akademie – betreuen, oder auch, daß sie ein Akademieinstitut leiten, daneben aber auch eine Professur an der Universität übernehmen. Beides ist gleich schädlich, denn das entscheidende am Unterrichtsbetrieb ist nicht eine glanzvolle Vorlesung, sondern der ständige Kontakt mit den jüngeren Lehrkräften und den Studenten, die persönliche Übermittlung eines reichen Erfahrungsschatzes. Wenn heute an vielen Instituten Diplomanden und auch Doktoranden von nicht habilitierten, ja nicht einmal promovierten Kräften angeleitet werden, so muß sich das katastrophal auf die Qualität des Nachwuchskräfte auswirken, von denen ja auch die Akademie abhängig ist. Wie weit diese Entwicklung bereits gegangen ist, geht aus der Tatsache hervor, daß von den über 20 Lehrstühlen der mathematisch-naturwissenschaftlichen Fakultät [der Humboldt-Universität zu Berlin] nur 6 von Professoren besetzt sind, die nicht zugleich oder sogar hauptamtlich an einem Akademieinstitut tätig sind. Die restlichen Lehrstuhlinhaber verfügen sämtlich über Institute oder Forschungsstellen an der Akademie und tragen durch die Überführung ihrer besten Mitarbeiter in den Akademiesektor noch dazu bei, die Universität weiter zu verarmen.

[...] Der Drang der Nachwuchskräfte zur Akademie ist ebenso verständlich. An der Universität wie an der Akademie haben sie 4 Jahre zur Promotion. Aber an der Akademie können sie die einmal eingeschlagene Richtung weiterverfolgen, während sie gemäß der Assistentenordnung die Universität zum größten Teil nach der Promotion zu verlassen haben und sich in ein neues, ihrer neuen Wirkungsstätte entsprechendes Gebiet einarbeiten müssen. An der Akademie werden sie durch erfahrene Wissenschaftler beraten, qualifizierte technische Hilfskräfte nehmen ihnen die Routinearbeit ab (an der Akademie im Durchschnitt 2 technische Assistentinnen pro wissenschaftlichen Assistent, an den Instituten der Math.-nat.-Fakultät der Humboldt-Universität Berlin 3-a technische Assistentin pro Wissenschaftler). Reiche Geldmittel, eine Vorzugsbehandlung bei Importanträgen, bessere Unterstützung durch Werkstätten gestatten, allen Bedürfnissen des Problems rasch Rechnung zu tragen, Auslandsreisen und Teilnahme an Tagungen erweitern den Horizont. Letzten Endes promoviert der Assistent an der Akademie schneller, habilitiert sich schneller und mit besseren Arbeiten als sein durch Lehrverpflichtungen überlasteter wissenschaftlich,

technisch und finanziell nicht genügend unterstützter Kollege an der Universität. Es endet damit, daß ein neuer Akademiedozent an die Universität berufen wird und dort sein wöchentliches kurzes Gastspiel gibt, während der Assistent an der Universität sich um seine Karriere betrogen fühlt, da ihm das einzige, wofür er vielleicht an der Universität geblieben ist, die Möglichkeit, junge Menschen auszubilden, ihm von einem Menschen aus der Hand gerissen wird, der ohne jede pädagogische Praxis als Nebenbeschäftigung eine Professur wahrnimmt, auf die sich der Hochschulassistent in vielen Jahren mühsam vorbereitete. Hinzu kommt noch das wesentlich schlechtere Gehalt, die mangelnde Sicherheit im Falle der Invalidität, aber das sind nur zusätzliche Momente. Die Hauptursache der Unzufriedenheit ist in der ungleichen Aussicht auf eine wissenschaftliche Weiterentwicklung zu suchen.
[...]

Vorschläge
Nachdem die durch den Krieg und die soziale Umgestaltung bedingten Schwierigkeiten weitgehend überwunden wurden, ist es Zeit, eine Organisationsform zu suchen, die, ausgehend von gesunden nationalen Traditionen, auf lange Sicht die Schaffung eines höchstqualifizierten wissenschaftlichen Nachwuchses gewährleistet, ohne hierbei die Produktion von Forschungsresultaten einzuschränken. Die besten Lehrer reproduzieren die besten Schüler, und ohne die Mitwirkung der erfahrensten und erfolgreichsten Forscher kann man keine neue Forschergeneration schaffen. Da man aber diese erfolgreichen Forscher nicht ohne die erforderlichen materiellen Hilfsmittel lassen kann, besteht der einzig gangbare Weg in einer weitgehenden Verschmelzung der Hochschulen mit den Akademieforschungsstätten. [...]
Sofortmaßnahmen
1. Bei der ersten passenden Gelegenheit sollte eine amtliche Erklärung erfolgen, durch die anerkannt wird, daß die Arbeit an den Hochschulen ebenso wichtig ist wie an der Akademie, daß an beiden Institutionen Wissenschaftler gleicher Qualifikationen – wenn auch mit verschiedenen Schwerpunktaufgaben – wirken und daß die unterschiedliche Behandlung in Bezug auf Gehälter, finanzielle Hilfsmittel, Behörden (Zuweisung von Wohnungen, Telephonanschlüssen, Ferienplätzen) jeder Grundlage entbehrt. [...]

Vorschläge zur Regelung der Beziehungen zwischen der Deutschen Akademie der Wissenschaften und den Universitäten der DDR (Auszug), ausgearbeitet von [Mitarbeitern, die SED-Mitglieder sind] der mathematisch-naturwissenschaftlichen Fakultät der Humboldt-Universität zu Berlin. Am 4. Juli 1961 vom 1. Sekretär der Parteiorganisation der Humboldt-Universität zu Berlin an Kurt Hager ins SED-Zentralkomitee übersandt. In: SAPMO-BArch DY 30/IV 2/9.04 (Abteilung Wissenschaft)/373, Bl. 267–276.

B23: *Studentische Reaktionen auf den Mauerbau*
21. November 1961

Medizinische Akademie Magdeburg: Zwei Studentinnen des 2. Studienjahres wurden am 13. August in Westberlin »überrascht«. Sie kehrten erst am 30.8. zurück. Die Gruppe lehnte ihren Ausschluß aus der FDJ ab. Daraufhin wurde die Grundeinheit des 2. Studienjahres aufgelöst.

Hochschule für Ökonomie Berlin-Karlshorst: Ein Student des 1. Studienjahres Volkswirtschaft äußerte: »Die DDR ist nicht mein Staat. Wir bauen den Sozialismus falsch auf. Für mich liegt die Zukunft nur im Ausland.« Er wurde aus der FDJ ausgeschlossen.

An der Hochschule für Ökonomie kursierte folgendes Gedicht: »Lieber Gott, mach mich blind, daß ich nicht die Grenze find. Lieber Gott, mach mich taub, daß ich nicht an RIAS glaub. Bin ich taub und bin ich blind, bin ich Walters liebes Kind.«

Martin-Luther-Universität Halle: Studenten der Wirtschaftswissenschaftlichen Fakultät traten im Praktikum an der Deutschen Notenbank in Leipzig provokatorisch und staatsfeindlich auf. Sie verunglimpften Walter Ulbricht, stellten die Behauptung auf, der 13. August hätte die internationale Lage verschärft, Westberlin wäre ohne den RIAS und Adenauer keine Freie Stadt. Die Auseinandersetzung mit diesen Provokateuren ging nur schleppend voran.

Am 6.10. wurde an einem Universitätsgebäude an gut sichtbarer Stelle ein Hakenkreuz angeschmiert.

Friedrich-Schiller-Universität Jena: Der 2. Sekretär der FDJ-Hochschulgruppenleitung, H.-J. Z., trat gegen die Losung auf: »Deine Tat für den Weg und die Politik Walter Ulbrichts«. Er äußerte, daß er zu dieser Meinung gelangt sei, da führende Genossen des Lehrkörpers dieser Ansicht seien und Genossen des Grundstudiums für Marxismus-Leninismus sowie der Universitätsparteileitung auch nicht entschieden diese Losung verteidigt hätten.

Eine Geschichtsstudentin lehnte es ab, eine Unterrichtsstunde über das Leben Walter Ulbrichts zu halten. Sie sagte: »Eine solche Unterrichtsstunde führe ich nicht durch, da das Personenkult wäre, und den mache ich nicht mit.«

Bericht der Abteilung Studenten des Zentralrates der FDJ vom 21. November 1961 (Auszug), wahrscheinlich an den 1. Sekretär Horst Schumann. In: SCHUSTER 1997, S. 217–220.

B24: *Akademische Grenzgängeranalyse*
1961

[Es] wurden in Berlin und in den Bezirken Potsdam und Frankfurt 876 Fachschüler und Studenten registriert. [...] Davon besuchten:
Hochschulen 530, Fachschulen 291, Künstl. Schulen 55

A. Gliederung nach Bereichen bzw. Fachrichtungen

Hochschulen
Medizin 112, Mathematik/Naturwissenschaften 93, Technik (ohne Bau) 88, Bauwesen 49, Veterinärmedizin 15, Wirtschaft 51, Sprachen und Geschichte 30, Jura und Publizistik 32, Pädagogik 13, sonstige und ohne Angabe der Fachrichtung 46

Fachschulen
Chemie 10, Bauwesen 55, Heiztechnik 4, Elektrotechnik 63, Maschinenbau 71, MTA 20, Wirtschaft 12, Techn. Zeichner 6, Hauswirtschaft 15, sonstige 35
Von den 876 Registrierten wurden an die Beratungsstelle Karlshorst – Hochschule für Ökonomie – 123 Studenten und Fachschüler verwiesen, die im Examen bzw. vor dem Examen stehen. [...] Hauptgründe, die für die Aufnahme des Studiums in Westberlin angegeben werden:

Eine kleine Gruppe war mit der Politik unserer Regierung oder mit einzelnen Maßnahmen nicht einverstanden und nahm aus diesem Grunde das Studium in Westberlin auf, ohne überhaupt die Möglichkeit einer Bewerbung an den Hochschulen der Deutschen Demokratischen Republik zu nutzen. So schickte z. B. der Chefarzt des Sankt Joseph Krankenhauses, Dr. W., alle seine Kinder in Westberlin zur Schule bzw. zum Studium, damit sie, wie er meinte, nicht mit »Rotlicht« bestrahlt würden. Er wollte verhindern, daß seine Kinder durch das Studium des dialektischen Materialismus in Konflikt mit ihrem katholischen Glauben gebracht würden.

Andere Studenten waren mit der Aufnahme einer Tätigkeit in der Produktion nicht einverstanden und vertraten die Meinung, daß sie dadurch nur unnötige Zeit für ihre Ausbildung verlieren würden.

Der größte Teil nahm ein Studium in Westberlin auf, weil ihre ein- oder mehrfachen Bewerbungen aufgrund schlechter schulischer Leistungen, ungenügender gesellschaftlicher Arbeit oder aufgrund der sozialen Herkunft der Eltern abgelehnt wurden. [...]

Nur ein kleiner Teil trat provozierend auf, sah die Maßnahmen nicht ein und verlangte unbedingt weiter in Westberlin zu studieren. Dieser Teil argumentierte, daß das Selbstbestimmungsrecht und die Freizügigkeit eingeschränkt sei, und lehnte auch eine Tätigkeit in der sozialistischen Produktion ab.

Der größte Teil der Studenten und Fachschüler gab sich »unpolitisch«. Sie meinten, daß sie der DDR nicht geschadet hätten, sondern »nur« lernen wollten. [...]

Maßnahmen, die in der Dienstbesprechung beim Staatssekretär am 28.8.1961 beschlossen wurden [...]:
Der Sektor Zulassung und Absolventen legt eine alphabetische Übersichtskartei über diese ehemaligen Grenzgänger an, die es ermöglicht, einen zentralen Überblick zu geben, wer sich zur Registrierung gemeldet hat, von wem evtl. Unterlagen und an welcher Hochschule der DDR vorhanden sind und in der die Entscheidungen des Staatssekretariats bei evtl. Eingaben vermerkt sind.

Für diejenigen, die sich als Examenskandidaten [der medizinischen, naturwissenschaftlichen und technischen Studiengänge] in Karlshorst haben registrieren lassen, ist eine gesonderte Kartei anzulegen. Diese Kartei ist unter Verschluß aufzubewahren. [...]

Es ist in allen möglichen Fällen anzustreben, daß der Abschluß als Externer erreicht wird.

Bericht [des Staatssekretariats für das Hoch- und Fachschulwesen] über die Registrierung der Studenten und Fachschüler, die Bürger der DDR sind und in Westberlin studiert haben, sowie am 28. August festgelegte Maßnahmen. In: SAPMO-BArch, DY 30/IV 2/9.04 (Abteilung Wissenschaft)/48, Bl. 106–110.

B25: »Prager Schatten: Konterrevolutionäre aller Schattierungen werden gesichtet«
13. April 1969

Unsere FDJ-Hochschulkonferenz zeigt doch sehr anschaulich, wie wir als einheitlicher Jugendverband die Interessen der studentischen Jugend am besten vertreten können. Und auch, wenn wir die Verbindung nehmen, studentische Jugend und Arbeiterjugend, da sehen Sie ja hier ganz praktisch, daß es so besser geht. Warum soll ich jetzt noch einen Arbeiterjugendverband gründen, um mich dann mit dem Vorsitzenden zu verständigen [...] Also, diese Logik aus Richtung Jugoslawien und Prag usw. verstehe ich nicht und werde ihr auch nicht folgen.

Was ist denn rausgekommen mit den Interessenvertretungen, mit der Föderation?[32] Unter der Flagge, jedes Teil der Jugend braucht seinen eigenen Jugendverband, wurde der einst stolze ČSM aufgelöst. Damals hieß es, damit sie die Interessen der Jugend besser vertreten, und jetzt wurde die Katze aus dem Sack gelassen, da wurde auf dem Gründungskongreß der Föderation klar ausgesprochen, der ČSM wurde beseitigt, weil sie die Beschlüsse der Partei durchgeführt haben. Offen wurde das gesagt.

Also mit allen Ideen einer föderativen Jugendorganisation soll man uns verschont lassen, und wir wissen auch, daß hinter den Begriffen der Ent-Ideologisierung nichts anderes steht, als das Ideengut des wissenschaftlichen Sozialismus aus der Jugendbewegung rauszudrängen. [...]

Meine persönliche Meinung ist es sowieso, es wäre die beste Lösung, wenn sich die Konterrevolution auf einen Schlag auf dem Wenzelsplatz verbrennen würde.[33] Aber den Gefallen tut sie uns ja nicht, und darum müssen wir uns mit dem revisionistischen Gedankengut auseinandersetzen. Und wir wollen diesen Beweis gegen die Föderalisierung, gegen die Zersplitterung der einheitlichen Kraft in der Praxis erbringen und erbringen ihn tagtäglich in der Praxis.

Schlußwort des 1. Sekretärs des Zentralrates der FDJ, Günther Jahn, auf der FDJ-Hochschulkonferenz am 13. April 1969 im Kulturhaus Maxhütte in Unterwellenborn. In: SCHUSTER 1997, S. 270 f.

---

32 Jahn bezieht sich auf die 1968/69 gegründete Föderation tschechoslowakischer Jugendorganisationen, die den einheitlichen Sozialistischen Jugendverband ablöste.
33 Anspielung auf die Selbstverbrennung von Jan Palach, Student der Karls-Universität in Prag, aus Protest gegen den Einmarsch der Truppen des Warschauer Vertrages in die ČSSR.

B26: Klassenfeind im ersten Studienjahr
1975

Der Disziplinarausschuß [der Friedrich-Schiller-Universität Jena] entschied in mündlicher Verhandlung:
Der Student Siegfried Reiprich wurde wegen gröblicher Mißachtung der Studiendisziplin zeitweilig vom Studium an allen Universitäten und Hoch- und Fachschulen der Deutschen Demokratischen Republik ausgeschlossen.
Siegfried Reiprich ist Student der m.-l. Philosophie im ersten Studienjahr. Seit September 1975 gab es ständig Auseinandersetzungen wegen vermeintlicher Unklarheiten, die sich aber im Verlauf als klassenfeindliche Positionen herausstellten. Es fanden mehrere Aussprachen seitens der FDJ-Gruppe und auch mit dem Studienjahrbetreuer, Dr. H. und dem Sektionsdirektor Dr. A. statt.
Im wesentlichen ging es in den Aussprachen um folgendes:
Der Student Siegfried Reiprich ist befreundet mit dem ehemaligen Studenten der Psychologie Jürgen Fuchs. Jürgen Fuchs mußte am 17.6.1975 exmatrikuliert werden, weil er in öffentlich vorgetragenen sogenannten Prosawerken unseren Arbeiter- und Bauernstaat und die Nationale Volksarmee in den Schmutz zog. Herr Reiprich machte sich die Position von Fuchs völlig zu eigen und unterstützte darüber hinaus Fuchs' Angriffe auf die Nationale Volksarmee, indem er behauptete, er habe in seiner eigenen Dienstzeit Soldatenmißhandlungen erlebt, die von militärischen Vorgesetzten gedeckt wurden. Weiter brachte er zum Ausdruck, daß er das Eingreifen der Bruderarmeen anläßlich der konterrevolutionären Ereignisse in der ČSSR 1968 nicht billige, sondern vielmehr, was Dubček gewollt habe, für diskussionswert halte. Außerdem zeigte sich, daß er in Grundfragen der marxistisch-leninistischen Weltanschauung die Position der Sozialistischen Einheitspartei Deutschlands und der anderen kommunistischen und Arbeiterparteien anzweifelte. [...]
Insgesamt ist festzustellen, daß sich der Beschuldigte in einer Art und Weise engagiert hat, die sich nur als antisozialistisch bezeichnen läßt. [...]
Wie man bemerken muß, hat sich die Sektion geduldig bemüht, sich mit dem Beschuldigten so auseinanderzusetzen, daß er eine klassengemäße Position einnimmt. In der Verhandlung ergab sich der Eindruck, daß es sich bei dem Beschuldigten um einen ausgesprochen überheblichen, keinen Argumenten zugänglichen, auf einer antisozialistischen Position bestehenden jungen Menschen handelt. Dies ist um so unverständlicher, als er sich in der Begründung des Studienwunsches mit Leidenschaft zu den Werken der Klassiker des Marxismus-Leninismus bekannte und sagte, daß er mit seinem Vater, der Mitglied der Sozialistischen Einheitspartei Deutschlands und Zirkelleiter im Parteilehrjahr ist, alle Fragen durchgesprochen habe.
[...] Der Disziplinarausschuß ist folgender Ansicht:
Bei dem Beschuldigten handelt es sich um einen jungen und intelligenten, aber völlig fehlgeleiteten, auf einer ausgesprochen klassenfeindlichen Position beharrenden Menschen. Er steht offenbar unter dem Einfluß einer unserem Arbeiter- und Bauernstaat feindlich gesinnten Gruppe, die keine Gelegenheit ausläßt, um gegen unseren Arbeiter- und Bauernstaat zu hetzen. Dies hat er durch sein Verhalten gezeigt und keine Gelegenheit ausgelassen, um die Politik der Sozialistischen Einheitspartei Deutschlands zu bezweifeln. Wir meinen, daß es nicht möglich ist, mit einer solchen

Geisteshaltung ein Studium an einer der Hoch- und Fachschulen der Deutschen Demokratischen Republik, egal in welcher Fachrichtung, zu absolvieren. Es ist deshalb notwendig, den Studenten Reiprich zeitweilig vom Studium auszuschließen. Das soll jedoch nicht heißen, daß der Beschuldigte überhaupt keine Möglichkeit hat, ein Studium aufzunehmen. Eine erneute Bewerbung kann jedoch nur dann Aussicht auf Erfolg haben, wenn die antisozialistische Position grundsätzlich aufgegeben ist, ein Prozeß der inneren Wandlung, der sicher einige Jahre in Anspruch nehmen wird, zur Voraussetzung hat.

REIPRICH 1996, hier Dok. 7, S. 66–68.

B27: »*Bleibe im Lande und wehre dich redlich*«
29. November 1976

[...] Neben der generellen Zustimmung zu den Entscheidungen unserer Regierung zeigen sich im einzelnen folgende weitere Tendenzen:
1. Der Mehrheit der Studenten war Biermann nicht bekannt. Die Unkenntnis fördert Fragen zur Person Biermann. (Wer ist Biermann? Was hat er geschrieben? Warum hat er Auftrittsverbot? Woran erkennt man bei uns einen Feind?) Das führte bei einigen Studenten zu einem stärkeren Westfunkhören als üblich.
2. [...] Studenten der Filmhochschule Potsdam äußerten, ob wir uns nicht Biermann leisten könnten.
3. Viele Studenten sind über die Stellungnahmen von Kulturschaffenden für die Entscheidung der DDR-Regierung erfreut. Allerdings löst die große Differenziertheit viele Fragen und Verwunderung über die »recht zweideutigen« Äußerungen (TU Dresden) mancher prominenter Künstler im ND aus. Es treten allerdings auch sektiererische Positionen auf, die gegen die Künstler überhaupt gerichtet sind (»es geht ihnen zu gut«, »man müßte ihnen die Faust zeigen«). In diesem Zusammenhang gibt es die Frage, warum das Hören und Sehen von Westsendungen durch die Stellungnahme einiger Künstler so popularisiert wurde.
4. In einzelnen Fällen gibt es gezielte Provokationen und feindliche Aktivitäten. Sie treten in der Regel an Orten auf, wo es schon in früherer Zeit Versuche des ideologischen Einbruchs gab. [Die folgenden Einzelfälle werden aufgezählt:]

Humboldt-Universität
Von sich aus organisierte die FDJ-Leitung des 3. Studienjahres Medizin zum Zeitpunkt, als noch vieles unklar war, eine Unterschriftensammlung gegen Biermann. 10 Studenten weigerten sich, dies zu unterschreiben.
Seit längerer Zeit war von den FDJ-Grundorganisationen Germanistik und Geschichte eine Diskussionsveranstaltung mit Heiner Müller zu seinem Stück »Die Schlacht« geplant, die in einer Gaststätte in der Borsigstraße stattfinden sollte. Entsprechend der Lage wurde diese Veranstaltung mit 150 Teilnehmern im Senatssaal der Universität mit vorbereiteten Fragen und einem gründlichen Einlaßdienst politisch ohne Komplikationen durchgeführt.

Karl-Marx-Universität
[...] Im Rahmen der planmäßig durchgeführten Veranstaltung des zentralen FDJ-Studentenklubs »Durstiger Pegasus« kam es zu Provokationsversuchen [...] In Gedichten und Aphorismen boten zwei junge Künstler Teilen des Publikums (zum großen Teil Kunststudenten Leipziger Hoch- und Fachschulen und der KMU) Anlaß für unqualifizierte Meinungsäußerungen zum Regierungsbeschluß. Einer von ihnen [...] formulierte zum Beispiel: »Bleibe im Lande und wehre dich redlich«. Er betonte extra, daß er diesen bekannten Aphorismus aus aktuellem Anlaß leicht verändert habe.

Information von Egon Krenz, 1. Sekretär des Zentralrates der FDJ, an Erich Honecker, 29. November 1976. In: SAPMO-BArch, DY 24/11 230. In: MÄHLERT/STEPHAN 1996, S. 212 f.

B28: *Dresdner Wenden*
1. Dezember 1989

Ehrendoktorwürde von TU Dresden aberkannt
Dresden (ADN). Die Technische Universität Dresden hat dem ehemaligen SED-Politbüromitglied Günter Mittag die Ehrendoktorwürde der Alma mater aberkannt. Sie war ihm am 4. Oktober 1986 verliehen worden. Wie es dazu in einer am Donnerstag dem ADN übermittelten Information heißt, hat der Senat des Wissenschaftlichen Rates der TU auf einer Sitzung diesen Beschluß einstimmig gefaßt. Das Gremium habe sich dabei »von den Erkenntnissen über die tatsächliche Entwicklung der DDR-Volkswirtschaft« leiten lassen, die während der jüngsten Tagungen des SED-Zentralkomitees und der Volkskammer bekannt wurden. Die Mitteilung nennt in diesem Zusammenhang Disproportionen in der Wirtschaft, die von Mittag hervorgerufen wurden, sowie seine »Eingriffe in das Planungs- und Investitionsgeschehen zum Nachteil der sozialistischen Gesellschaft« und andere Verfehlungen.

Neues Deutschland vom 1. Dezember 1989.

3. Akademien

B29: Kontinuität oder Neubeginn?
1. Juli 1946

Zum Zwecke der Heranziehung der Wissenschaft zum Aufbau des demokratischen Deutschlands befehle ich:
1. Dem Gesuch des Chefs der Deutschen Verwaltung für Volksbildung und des Präsidenten der ehemaligen Preußischen Akademie der Wissenschaften über die Eröffnung auf der Grundlage der letzten Deutschen Akademie der Wissenschaften mit dem Sitz in Berlin ist stattzugeben.[34]
2. Die Deutsche Akademie der Wissenschaften ist der Deutschen Verwaltung für Volksbildung in der Sowjetischen Besatzungszone zu unterstellen, welche die Verantwortung für die fristgerechte und ausreichende Finanzierung der Akademie trägt.
3. Der Akademiker Johannes Stroux ist als Präsident der Deutschen Akademie der Wissenschaften zu bestätigen.
4. Der Chef der Deutschen Verwaltung für Volksbildung und der Präsident der Deutschen Akademie der Wissenschaften haben der Abteilung Volksbildung der SMA zum 15. Juli 1946 zur Bestätigung vorzulegen:
    a) die Statuten der Akademie
    b) ein Verzeichnis der als Vizepräsidenten und Sekretäre der Klassen der Akademie gewählten Personen
    c) ein Verzeichnis der ordentlichen Mitglieder der Akademie 1946
5. Der Chef der Deutschen Verwaltung für Volksbildung in der Sowjetischen Besatzungszone hat bis zum 10.7.1946 den Arbeitsplan der Akademie für 1946 zu überprüfen und zu genehmigen.
[...]
8. Der Chef der Abteilung Volksbildung der SMA in Deutschland Gen. Solutuchin ist die Kontrolle der Durchführung des vorliegenden Befehls aufzuerlegen.

Befehl des Obersten Chefs der SMA und Oberkommandierenden der Sowjetischen Besatzungstruppen in Deutschland Nr. 187 [vom 1. Juli 1946]. Betrifft: Eröffnung der Deutschen Akademie der Wissenschaften in Berlin. In: BBAW-AA, Akademieleitung, 661, Bl. 200 f.

---

34 Diese offizielle, aber unverständliche Übersetzung des russischen Befehlstextes wurde zu DDR-Zeiten nicht korrigiert. Es muß statt dessen in etwa heißen: »Dem Gesuch des Chefs ... und des Präsidenten der ehemaligen Preußischen Akademie der Wissenschaften über die Eröffnung der Deutschen Akademie der Wissenschaften mit dem Sitz in Berlin ist stattzugeben, und zwar auf der Grundlage der Preußischen Akademie.« – Das Wort »letzte« meint »letztgenannte« und bezieht sich in der russischen Wortfolge, die im Deutschen nicht eingehalten werden kann, auf die Preußische Akademie.

B30: *Strukturveränderung und Privilegienverteilung*
31. März 1949

20. Mit Rücksicht auf die besonders große Bedeutung der Wissenschaft für die weitere Entwicklung der deutschen Friedenswirtschaft wird die Deutsche Akademie der Wissenschaften zu einem leistungsfähigen Zentrum für die Forschungsarbeit umgestaltet.

Unter Beachtung der Stellungnahme des Plenums der Deutschen Akademie der Wissenschaften erfolgt der Ausbau und die Reorganisation nach folgenden Grundsätzen:
a) Gliederung der Deutschen Akademie der Wissenschaften in folgende 6 Klassen:
Klasse für Mathematik und Naturwissenschaften
Klasse für Sprach-, Literatur- und Kunstwissenschaften
Klasse für Gesellschaftswissenschaften
Klasse für medizinische Wissenschaften
Klasse für landwirtschaftliche Wissenschaften
Klasse für technische Wissenschaften

Die Zahl der Mitglieder der Deutschen Akademie der Wissenschaften wird von 60 bis zu 120 erhöht. Dementsprechend ist das Statut der Akademie bis zum 15. Juli zu überprüfen, die Bildung der neuen Klassen vorzunehmen und der Mitgliederstand der Deutschen Akademie der Wissenschaften durch Zuwahlen im Plenum der Akademie zu erweitern.

[...]
c) Im Zusammenhang mit der Reorganisation wird der Deutschen Akademie der Wissenschaften das in Berlin C2, Jägerstr. 22/23 befindliche Gebäude für die Unterbringung der Hauptinstitutionen und des Präsidiums der Akademie der Wissenschaften, das Gebäude des Aerodynamischen Institutes in Adlershof, der Gutshof in Paulinenaue im Lande Brandenburg sowie das Institut für Kulturpflanzenforschung in Gatersleben zur Verfügung gestellt. Zur Entfaltung der wissenschaftlichen Tätigkeit und zur Unterbringung der Sächsischen Akademie der Wissenschaften wird dieser das Gebäude in der Döllnitzer Straße 1 in Leipzig übergeben.
d) Der Deutschen Akademie der Wissenschaften sind für das Jahr 1949 zur Durchführung der wichtigsten Bauvorhaben und zur Anschaffung der wissenschaftlichen Einrichtungen ihrer Institutionen 3 Millionen DM zur Verfügung zu stellen. Die Deutsche Akademie der Wissenschaften ist mit den notwendigen Baumaterialien, wissenschaftlichen Einrichtungen sowie Transportmitteln und weiteren Unterkunftsräumen zu versorgen.
e) Der Akademie der Wissenschaften wird zur Erweiterung ihrer Verlagstätigkeit ein Kontingent von 250 t Papier für das Jahr 1949 zur Verfügung gestellt. Im Haushalt der Akademie sind im Jahr 1949 zusätzliche Mittel für ihren Verlag vorzusehen.

f) Für Mitglieder der Deutschen Akademie der Wissenschaften wird im Verlauf der Jahre 1949 und 1950 ein Kredit von 500 000 DM pro Jahr zum Bau von Eigenheimen der Mitglieder der Akademie gewährt. Die dazu notwendigen Baumaterialien sind zur Verfügung zu stellen. Die Landesregierungen und der Berliner Magistrat haben die notwendigen Baugrundstücke für diese Eigenheime zur Verfügung zu stellen.

g) Vom 1. April 1949 ab sind die jährlichen steuerfreien Zuwendungen an die Mitglieder der Deutschen Akademie der Wissenschaften zu Berlin von 60 DM auf 120 DM zu erhöhen.

h) Die Direktoren der Institute der Deutschen Akademie der Wissenschaften, die Leiter von Abteilungen der Institute und der Kommissionen der Akademie, die noch eine andere feste Anstellung haben, erhalten für ihre Tätigkeit unbeschadet ihrer weiteren Bezüge 50 % des Gehaltes, das für diese Stelle vorgesehen ist.

Verordnung über die Erhaltung und die Entwicklung der deutschen Wissenschaft und Kultur, die weitere Verbesserung der Lage der Intelligenz und die Steigerung ihrer Rolle in der Produktion und im öffentlichen Leben vom 31. März 1949[35]. In: Zentralblatt[36] 1(1949)28 vom 21. April 1949.

B31: Eindeutige Absage
26. Januar 1951

The University of Chicago – Chicago 37, Illinois –
Institute of Radiobiology and Biophysics

January 26, 1951
An die Deutsche Akademie der Wissenschaften in Berlin
Zu Händen des Herrn Praesidenten
Berlin, Deutschland

Sehr geehrter Herr!
Als ich vor einigen Monaten die Einladung zur Teilnahme an der 200. Jahresfeier der Akademie mit einem Dank und besten Wünschen für die dieser gelehrten Gesellschaft, würdig ihrer ruhmreichen Vergangenheit, beantwortete, war mir das Glückwunschtelegramm, das Sie Herr Präsident im Namen der Akademie an Stalin gesandt haben, unbekannt. Jetzt, da ich über das Telegramm und seinen Inhalt durch eine Publikation in Science informiert bin, sehe ich mit Bedauern, auf welches Niveau politischer Unterwürfigkeit die Akademie gesunken ist. Ich breche hier-

---

35 Diese Verordnung wird auch als erste Kulturverordnung bezeichnet.
36 Amtliches Organ der Deutschen Wirtschaftskommission und ihrer Hauptverwaltungen sowie der Deutschen Verwaltungen für Inneres, Justiz und Volksbildung.

durch alle Beziehungen zu der Akademie ab und bitte meinen Namen in ihrer Mitgliedsliste zu streichen.
James Franck
Professor am Institut für Strahlungsbiologie und Biophysik der Universität Chicago[37]

BBAW-AA, Akademieleitung, Personalia, 107.

B32: »... kühn die neuen Aufgaben in Angriff nehmen«
22./23. Januar 1953

Die Deutsche Akademie der Wissenschaften zu Berlin eröffnete am 22. Januar ihre Sondersitzung des Plenums in Anwesenheit zahlreicher geladener Gäste.

Es waren erschienen der stellvertretende Ministerpräsident Herr Walter Ulbricht, der Vorsitzende der Volkskammer Herr Johannes Dieckmann, Herr Minister [Paul] Wandel und Herr Minister [Hans] Reingruber. Unter den Gästen befanden sich Nationalpreisträger, Helden der Arbeit, Direktoren der volkseigenen Betriebe, Rektoren sowie Wissenschaftler und Ingenieure aus Universitäten, Hochschulen und Forschungsinstituten.

In seinen bedeutungsvollen einleitenden Worten stellte Prof. Friedrich fest, daß diese Sondersitzung einen wichtigen Schritt in der Entwicklung der Deutschen Akademie der Wissenschaften darstellen muß, da in den letzten zwei Jahren ein merkliches Zurückbleiben der wissenschaftlichen Entwicklung der Akademie hinter der allgemeinen Entwicklung der Deutschen Demokratischen Republik zu verzeichnen ist. Zu einem Teil ist dies darauf zurückzuführen, daß die Akademie sich bisher nicht genügend auf die Bedürfnisse der Deutschen Demokratischen Republik eingestellt hat. Zu einem anderen Teil muß aber festgestellt werden, daß die Akademie sich ihrer Verantwortung nicht genügend bewußt war, manche Mitglieder nicht ausreichend an der Entwicklung der Akademie teilgenommen haben. Die hohe Stellung, die der Staat der Deutschen Akademie der Wissenschaften zubilligt und die das Ansehen der Wissenschaften auf eine Stufe hebt, wie sie in den kapitalistischen Ländern unbekannt ist, muß von der Akademie auch real erfüllt werden.

Hierzu ist die Auffüllung der Lücken in der Akademie erforderlich, ferner eine grundsätzliche, gut organisierte kollektive Planung, die auch der Notwendigkeit Rechnung trägt, die grundsätzlichen theoretischen Probleme der Wissenschaft in allen ihren Zweigen zu pflegen. Auf der anderen Seite ist festzustellen, daß die staatlichen Stellen bisher keine konkreten Anforderungen und Aufgaben der Akademie gestellt haben und daß sie keine Anleitung ausgeübt haben. Die Struktur der Akademie muß ergänzt, verändert und verbessert werden, wobei viel von der Akademie der Wis-

---

[37] Franck, seit 1920 Ordinarius in Göttingen, war 1929 zum Korrespondierenden Mitglied der Preußischen Akademie der Wissenschaften gewählt worden und am 19. November 1942 von der Akademie als »Nichtarier« aus der Mitgliederliste gestrichen worden. Diese Streichung wurde im Frühjahr 1946 für ungültig erklärt.

senschaften der Sowjetunion zu lernen sein wird, die erst kürzlich durch ihren Präsidenten Nesmejanow ihre Hilfe angeboten hat.

Vizepräsident Prof. Ertel wies zu Beginn seines Referates auf die unerschöpflichen Möglichkeiten hin, die die wissenschaftliche Erkenntnis für die Entwicklung der menschlichen Gesellschaft bietet, und daß aus diesem Grunde die Haltung eines produktiv arbeitenden Wissenschaftlers notwendigerweise eine positive zu den Problemen des Aufbaues des Sozialismus sein muß. Er zeigte die wissenschaftliche Haltlosigkeit des Agnostizismus auf und führte als markanten Gegenbeweis die großen Aufgaben der Umgestaltung der Natur an, die in der Sowjetunion betrieben wird. Weiterhin begründete er die Notwendigkeit grundsätzlicher theoretischer Forschungsarbeit auf breiter Basis bei Ablehnung formalistischer Entgleisungen. Des weiteren berichtet Vizepräsident Ertel über die Beratung des Präsidiums der Deutschen Akademie der Wissenschaften hinsichtlich der Mitwirkung der Akademie beim Aufbau des Sozialismus in der Deutschen Demokratischen Republik und unterbreitete der Versammlung zur Diskussion Vorschläge über die Formulierung der Grundaufgabe der Akademie beim Aufbau des Sozialismus und die Gründung von Kommissionen für einige wichtige Probleme des Planens. Die Bereitschaft der Mitglieder und des Präsidiums der Deutschen Akademie der Wissenschaften, energisch am Aufbau des Sozialismus in der Deutschen Demokratischen Republik teilzunehmen, fand damit sichtbar ihren Ausdruck.

In der Diskussion des ersten Tages ergriff der stellvertretende Ministerpräsident Herr Walter Ulbricht das Wort zu längeren grundsätzlichen Ausführungen, in denen er die Bedeutung der Wissenschaft für den Aufbau des Sozialismus in der Deutschen Demokratischen Republik und die Rolle der Akademie der Wissenschaften klar umriß. Er bezeichnete die von Vizepräsident Ertel vorgetragenen Vorschläge als eine brauchbare Grundlage für die Umgestaltung der Arbeit der Akademie.

Planung der wissenschaftlichen Arbeit ist nicht nur notwendig, sie ist auch möglich!

Besonders wünschenswert ist die Beteiligung der Deutschen Akademie der Wissenschaften an der Lösung der Probleme der Energiewirtschaft, wo es darauf ankommt, einen umfassenden Plan für die Entwicklung der Energiewirtschaft aufzustellen. Die geschichtliche Aufgabe der Schaffung der Grundlagen des Sozialismus macht es erforderlich, daß die bisherige Arbeit überprüft wird und die neuen Probleme, die sich für alle Zweige der Wissenschaft ergeben, kühn in Angriff genommen werden. Die führende Rolle der Akademie sollte stärker als bisher ihren Ausdruck finden in der neuen Qualität der in ihren Institutionen geleisteten wissenschaftlichen Arbeit, in der Organisierung und Beeinflussung des gesamten wissenschaftlichen Lebens in der Deutschen Demokratischen Republik und in der umfassenden und bestens beratenden Tätigkeit für die höchsten Organe der staatlichen Wirtschaftsführung sowie in der Organisierung eines regen Erfahrungsaustausches und wissenschaftlichen Meinungsstreites.

[...] Bei der Erfüllung der verantwortungsvollen wissenschaftlichen Arbeiten mögen sich alle Mitglieder der Akademie bewußt sein, daß sie ihre Arbeiten unter besonders komplizierten Bedingungen durchführen. Durch die in Westberlin ansässigen Spionage- und Diversionszentralen wird täglich versucht, die wissenschaftliche Arbeit zu stören. Deshalb ist es notwendig, in den Instituten der Akademie die Wachsamkeit zu erhöhen.

Der stellvertretende Ministerpräsident Walter Ulbricht schloß mit den Worten: Möge die Deutsche Akademie der Wissenschaften kühn die neuen Aufgaben, die vor ihr in der Periode der Schaffung der Grundlagen des Sozialismus stehen, in Angriff nehmen, zum Nutzen unseres ganzen deutschen Volkes!

In der Diskussion ergriffen dreizehn Redner das Wort. Es wurden wertvolle kritische Beiträge zur bisherigen Arbeit der Akademie, zur Planung der wissenschaftlichen Forschungsarbeit, zu den Vorschlägen des Präsidiums gebracht. Es wurden ferner Anregungen für konkrete organisatorische Maßnahmen und wissenschaftliche Unternehmen gebracht, welche die Arbeit der Deutschen Akademie der Wissenschaften auf allen Gebieten verbessern und eine intensive Mitwirkung am Aufbau des Sozialismus sicherstellen sollen.

[...] Alle diese wertvollen Beiträge werden bei der weiteren Arbeit zur Umgestaltung der Akademie gründlich überprüft und Berücksichtigung finden.

Protokoll der Sondersitzung der Deutschen Akademie der Wissenschaften zu Berlin vom 22. und 23. Januar 1953. Als Manuskript gedruckt. In: Archiv des Verfassers.

B33: *Prompte Loyalitätserklärung*
18. Juni 1953

An die Regierung der Deutschen Demokratischen Republik
Herrn Ministerpräsidenten Otto Grotewohl
Berlin W 1
Leipziger Str 5/7

Sehr geehrter Herr Ministerpräsident!
Im Auftrag der Deutschen Akademie der Wissenschaften zu Berlin beehre ich mich, die beigegebene Zustimmungserklärung der Akademie zur Politik unserer Regierung zu überreichen. Ich bitte Sie, sehr geehrter Herr Ministerpräsident, diese Erklärung freundlich zur Kenntnis zu nehmen und gegebenenfalls die Veröffentlichung zu veranlassen.
Ich verbleibe, sehr verehrter Herr Ministerpräsident, mit dem Ausdruck meiner größten Wertschätzung Ihr sehr ergebener

[Hans] E[rtel]

1 Anlage

***

An die Regierung der Deutschen Demokratischen Republik
Herrn Ministerpräsidenten Otto Grotewohl
Berlin W 1
Leipziger Str 5/7

Die Deutsche Akademie der Wissenschaften zu Berlin begrüsst die von der Regierung der Deutschen Demokratischen Republik im Interesse aller Bevölkerungskreise getroffenen Massnahmen zur Normalisierung des täglichen Lebens.

In Verbundenheit mit der entscheidenden und ehrlichen Mehrheit aller Arbeiter, Bauern und der Intelligenz verurteilt sie schärfstens die provokatorischen Ausschreitungen in Berlin, die eine direkte Störung der sich anbahnenden Bemühungen zur friedlichen Wiederherstellung der Einheit Deutschlands waren.

Die Deutsche Akademie der Wissenschaften zu Berlin unterstützt zugleich berechtigte Forderungen der werktätigen Bevölkerung und bittet die Regierung um schnellste Durchführung aller hierzu erforderlichen Massnahmen.

Der Präsident[38]

i.V. gez. Ertel
(Vizepräsident)

i.V. gez. Stroux
(Vizepräsident)

In: BBAW, Akademie-Archiv, Akademieleitung 665 (Akademie, Grundsätzliches, 1951–1964).

B34: Langfristige Akademiepläne
Sommer 1954

Die Lage an der Akademie der Wissenschaften
Die Deutsche Akademie der Wissenschaften ist ein in ganz Deutschland anerkanntes Zentrum der wissenschaftlichen Tätigkeit. Aus dieser Feststellung ergibt sich für die Akademie die entscheidende Aufgabe, wesentlich mitzuwirken beim Aufbau des Sozialismus in der DDR und beim Kampf um die Herstellung eines friedliebenden, einheitlichen, demokratischen Deutschland.

In seinem Referat auf der Sondersitzung der Akademie am 22. Januar 1953 stellte Gen. Walter Ulbricht eine Reihe von Aufgaben, die zur Lösung des Hauptproblems beitragen. Auch aus dem Beschluß des 16. Plenums des ZK ergeben sich für die Akademie gewisse Aufgaben, die man in fünf Probleme zusammenfassen kann:
1. Planung der wissenschaftlichen Arbeit
2. Enge Verbindung zwischen Wissenschaft und Praxis
3. Verstärkte Teilnahme von Wissenschaftlern an Tagungen und Kongressen in Westdeutschland

---

[38] Geschrieben auf Papier mit dem Briefkopf des Präsidenten, aber nicht von ihm, sondern den beiden Vizepräsidenten unterzeichnet.

4. Verstärktes Studium der Sowjet-Wissenschaft, Anwendung des Marxismus-Leninismus in der Wissenschaft und Kampf gegen die kapitalistische Ideologie
5. Entfaltung des wissenschaftlichen Meinungsstreites und verstärkte Durchführung wissenschaftlicher Tagungen.

Der nachfolgende Bericht soll zeigen, wie diese Aufgaben erfüllt wurden, und welche Schwierigkeiten es dabei gab:

I. Wissenschaftliche Basis der Akademie

1. Plenum, a) Zahl der Mitglieder: Von den 107 ordentlichen Mitgliedern der Akademie nehmen an den Akademie-Veranstaltungen im allgemeinen regelmäßig teil:
33 aus der DDR; 23 aus dem demokr. Sektor;[39] 10 aus Westberlin
Zus. 66
unregelmäßig: 6 aus Westdeutschland [...]; sehr lose Verbindung (gelegentliche Beantwortung von Briefen usw.): 11 [...]; keinerlei Verbindung mit der Akademie: 4 aus West-Berlin [...], 12 aus Westdeutschland

b) Politische Lage
Von den 66 politisch mitarbeitenden Mitgliedern sind: Angehörige der SED = 16
Davon nehmen aktiv im Sinne unserer Partei am Akademieleben teil: Oelssner, Rompe, Bertsch, Steinitz, Rienäcker, Frühauf, Meusel, Franck. Wenig als Genossen treten in Erscheinung: Krauss, Klemperer, Leibniz. Gar nicht als Genossen treten in Erscheinung: Binder, Deubel, Frenzel, Petersen, Treibs.
Von den verbleibenden 49 Mitgliedern sind anzusprechen als fortschrittlich-sympathisierend: Baumgarten, Correns, Friedrich, Gottschaldt, Stroux; loyal-sympathisierend: Brugsch, Dobberstein, Frings, Stubbe, Grapow; unbedingt loyal: Kegel, Scheunert, Mangold, Gothan, Bubnoff, Justi, Mitscherlich, Schröder-Kurt, Schröder-Robert, Mothes; sehr kritisch – aber loyal: Lohmann, Thilo, Noack, Hartung.
[...]
Die restlichen 26 Akademiemitglieder sind als vollkommen unpolitisch loyal zu bezeichnen.
Die sporadisch an den Sitzungen teilnehmenden westdeutschen Mitglieder Stille und Kienle sind in ihrer Einstellung undurchsichtig. Es besteht Anlaß zu der Vermutung, daß sie als Horchposten westdeutscher Stellen in der Akademie fungieren.
[...]
d) Schlußfolgerungen:
1. Die Zusammensetzung des Plenums muß bei den nächsten Zuwahlen in zweierlei Richtung verbessert werden. Einmal müssen mehr fortschrittliche, posi-

---

39 Gemeint ist der Ostteil Berlins.

tiv zu uns stehende Wissenschaftler gewählt werden. Zum anderen müssen einige bisher nicht oder nur schwach vertretene Fachgebiete unbedingt vertreten werden. Besonders theoretische und technische Physik, Chirurgie und Gesellschaftswissenschaften.

2. Das Plenum tritt nur alle 4 Wochen einmal zusammen. Die wissenschaftlichen Vorträge sollen von prinzipieller und umfassender Bedeutung sein.

3. Die Genossen Akademiemitglieder müssen regelmäßig (im Monat einmal) in einer Besprechung zusammengefaßt werden, um ihr Auftreten im Plenum und in den Klassen parteimäßig zu koordinieren.

2. Das Präsidium
Es besteht zur Zeit aus 9 Mitgliedern:
2 Genossen = Wittbrodt und Binder, wobei sich Gen. Binder in den meisten Fällen nicht an die Weisungen der Partei hält und völlig passiv ist.
Die übrigen Mitglieder: Präsident Friedrich: zwar völlig loyal, aber bedingt durch sein Alter und körperliche Verfassung ohne jede eigene schöpferische Initiative.
Vizepräsident Ertel: sehr aktiv. Seine Aktivität kann aber nicht immer im positiven Sinne gewertet werden. In [s]einer Stellung zu uns sehr schwankend und unberechenbar. Beziehungen zu Westdeutschland undurchsichtig.
Vizepräsident Stroux sehr positiv, seine schwere Erkrankung aber behindert ihn an einer aktiven Mitarbeit.
Nowack:[40] in letzter Zeit loyaler geworden. Sein Verhältnis zu uns kann z. Zt. als neutral bezeichnet werden.
Lohmann: ebenfalls loyal, aber mit sehr starken Tendenzen zur Krittelei.
Frings: positiv, gute Mitarbeit. Sein äußerst autoritatives Auftreten wirkt jedoch hemmend.
Baumgarten: in allen Fragen engste Zusammenarbeit mit uns. Durch seinen körperlichen Zustand aber stark behindert.
Im neuen Statut wird vorgeschlagen, die Zahl der Vizepräsidenten auf 3 zu erhöhen [...] Dadurch wird es möglich sein, unsere Position im Präsidium vor allen Dingen bei den Präsidentenbesprechungen zu verbessern.
Um das Präsidium zu einem arbeitsfähigen Instrument zu machen, das imstande ist, die Arbeiten der Akademie wirklich anzuleiten und seine Beschlüsse mehr als bisher im Sinne der Partei zu fassen, ist es notwendig, das Präsidium durch die Zuwahl von Genossen zu verstärken. Das ist möglich durch die Wahl eines Genossen zum Sekretär der Klasse Gesellschaftswissenschaften und die neu zu bildende Klassen für Chemie und Biologie sowie für Physik und Mathematik
[...] Schlußfolgerungen:
1. Wenn sich die Akademie zum größten und bedeutendsten wissenschaftlichen Organ der DDR entwickeln soll, ist es notwendig, einen Perspektivplan für die wissenschaftliche Entwicklung auszuarbeiten, auf der Grundlage der Bedürfnisse unserer Volkswirtschaft und der Wirtschaftspläne.

---

40 Gemeint ist Noack.

2. Um die Forschung untereinander besser zu koordinieren und die Verbindung zwischen Wissenschaft und Industrie enger zu gestalten, ist es notwendig, sobald wie möglich einen Koordinierungsrat für die Planung und Zusammenfassung der gesamten wissenschaftlichen Forschungsarbeit in der DDR zu gründen. [...]
3. Zur Beseitigung von Disproportionen wissenschaftlicher Kapazität sind eine Reihe neuer Institute und Einrichtungen zu schaffen. [...] Hierbei ist zu berücksichtigen, daß es noch einige Genossen Akademiemitglieder gibt, die kein Akademie-Institut leiten. [...]
4. Die Positionen der Gesellschaftswissenschaften in der Akademie ist durch die Gründung von Instituten, in denen eine fortschrittliche Arbeit und eine gute kadermäßige Zusammensetzung gewährleistet ist, unbedingt zu verstärken. Dies wäre zur Zeit möglich durch die Gründung von Instituten für Geschichte, für romanische Literaturwissenschaft, für Rechtswissenschaft und für Philosophie.

[...]

6. Die kadermäßige Situation ist an allen Einrichtungen der Akademie als außerordentlich schlecht zu bezeichnen. Das gilt besonders für die Wissenschaftler, aber auch für Teile der Verwaltung und der wissenschaftlich-technischen Hilfskräfte. Alle staatlichen Stellen – besonders aber das Staatssekretariat für Hochschulwesen und die Berufslenkungskommissionen der Universitäten – müssen stärker als bisher die Kaderabteilung der Akademie bei der Suche nach fortschrittlichen Kadern unterstützen. Dabei ist besonders darauf zu achten, daß fortschrittliche Absolventen der Hochschulen in die Institute kommen, damit die Parteiorganisationen der Institute verstärkt werden können.
7. [...] Um eine große Zahl von Wissenschaftler[n], die für die Arbeit bei der Akademie dringend benötigt wird, heranzuziehen, wird vorgeschlagen, Investmittel für den Bau akademieeigener Wohnungen in Berlin zur Verfügung zu stellen. Dadurch kann auch die Treue zum Betrieb gefestigt werden.

Großer Bericht [vom Sommer 1954]. In: SAPMO-BArch DY 30/IV 2/9.04 (Abteilung Wissenschaft)/373, Bl. 78–90.

B35: *Sprachpolitik (I)*
23. Oktober 1958

Den Vorsitz führt [der Generalsekretär der Akademie] Hr. Rienäcker. Einziger Punkt der Tagesordnung ist die Neuwahl des Präsidenten. Nachdem Hr. Volmer über das Ergebnis der Vorbesprechungen berichtet hat, nimmt das Plenum die Wahl vor.

Es wird eine Wahlkommission gebildet, bestehend aus [fünf Akademiemitgliedern] und [zwei Wahlhelfern].

Nach dem Ergebnis der abgegebenen Stimmen ist Hr. Hartke gewählt. (Einzelergebnis s. Anlage)[41]
Hr. Hartke nimmt die Wahl an. Hr. Grapow spricht Hrn. Volmer den Dank des Plenums für seine Amtsführung aus. Im Zusammenhang mit dem Wahlakt entsteht eine Diskussion über Fragen des Wahlverfahrens, an der sich die HH. Grapow, Steinitz, Rienäcker, Volmer, Kienle, Gottschaldt und Ertel beteiligen.

Protokoll der Sitzung des Plenums vom 23. Oktober 1958. In: BBAW-AA, P 1/2, Bl. 486, 488.

B36: Sprachpolitik (II)
24. Oktober 1958

Präsident Volmer erhält zur Begründung eines Wahlvorschlages vom Gen. Rienäcker das Wort. Er weist darauf hin, daß in Gesprächen mit dem Ministerpräsidenten der DDR für diese Wahl von Grotewohl gefordert worden sei, daß der betreffende zu wählende Präsident Angehöriger der Gesellschaftswissenschaften sein und darüber hinaus seinen Wohnsitz in Ostberlin haben müsse. Mithin, so fügte Volmer hinzu, sei die Wahlfreiheit bereits wesentlich eingeschränkt. Er erwähnte dann weiter, daß er nach Ermittlung eines Wahlvorschlages, nämlich des Herrn Hartke, den Ministerpräsident gefragt habe, ob ihm dieser Wahlvorschlag genehm sei. Das sei ihm bestätigt worden.

[Von 67 abgegebenen Voten entfielen 36 auf Hartke, zwei auf Steinitz, eine auf Frings, acht stimmten gegen Hartke, 18 enthielten sich. Nach der Annahme der Wahl durch Hartke und Austausch von Dankesworten erklärt der aus Heidelberg angereiste Astrophysiker Hans Kienle,] man dürfe sich keinerlei Täuschung darüber hingeben, wie dieses Wahlergebnis im Westen aufgefaßt werden würde. Er erinnere sich sehr wohl des Jahres 1950, wo im Juli die Präsidentenneuwahl stattfinden sollte. Heute sei er froh, daß er damals sich nicht zur Verfügung gestellt habe, denn bekanntlich hätte Herr Stroux einen Brief von Herrn Wandel aus der Tasche gezogen, worin dieser darauf hinwies, daß es z. Zt. gar keine gültigen Statuten für die Akademie gebe und daß er Herrn Stroux beauftrage, die Präsidentengeschäfte zu führen. Damals wie heute handele es sich offensichtlich um Eingriffe der Regierung. So müsse man auch angesichts der durch den Ministerpräsidenten verfügten Einschränkungen leider feststellen, daß heute nicht gewählt, sondern abgestimmt worden sei.

[Es folgt eine chaotische Diskussion über Grotewohls Vorbedingungen und den Umstand, daß auf den Wahlzetteln lediglich Hartkes Name gedruckt stand. Hartke verläßt angesichts dieser Umstände das Akademiegebäude; Frings, Volmer und Rienäcker überzeugen ihn in getrennten Gesprächen, trotz der starken Opposition die Präsidentschaft anzutreten.]

Vermerk über die Geschäftssitzung des Plenums der DAW am 23.10.1958, Berlin, 24. Oktober 1958 von Dewey. In: SAPMO-BArch DY 30/IV 2/9.04 (Abteilung Wissenschaft)/370.

---

41 Die Anlage mit dem exakten Wahlergebnis befindet sich nicht im Archiv.

B37: Republikflucht
25. November 1958

Sehr geehrter Herr Präsident!
Ich fühle mich zu der Mitteilung an Sie verpflichtet, daß ich vor wenigen Tagen mit meiner Familie die DDR verlassen habe. Die Gründe hierfür liegen gewiß nicht in meiner Tätigkeit innerhalb der Akademie und ihrer Institutionen. Hier habe ich mich vielmehr immer wohlgefühlt und gern an allen mir gestellten Aufgaben mitgearbeitet. Diese Seite meiner Arbeit lasse ich also nur mit tiefem Bedauern hinter mir.

Die Gründe für einen Entschluß, den ich erst nach langem Ringen gefaßt habe, liegen durchaus bei der [Martin-Luther-] Universität [Halle-Wittenberg], an der Einschränkung meiner Lehrtätigkeit bis nahe an den Nullpunkt und an den äußerst scharfen Angriffen von maßgebender Parteiseite auf meine Veröffentlichungen, an der Unmöglichkeit, andere als ganz kleine Arbeiten drucken zu lassen. Wenn noch ein Zweifel geblieben wäre, so haben die Perspektivpläne gezeigt, welche Perspektive ein nichtmarxistischer Historiker in der DDR noch hat.

Immerhin hoffe ich, daß meine Entfernung das Band zwischen der Akademie und mir nicht ganz zerschneidet. Ich würde es jedenfalls begrüßen, wenn die Akademie mich weiterhin als ein auswärtiges Mitglied behandelt. Aber die Entscheidung darüber steht bei Ihnen und dem Präsidium.

Wie Sie sich auch entscheiden mögen, so danke ich Ihnen persönlich, sehr verehrter Herr Präsident, für die Freundlichkeit, die Sie mir jederzeit erwiesen haben, und ich bitte Sie, falls Sie das für richtig halten, diesen Dank und meine besten Grüße an den Herrn Sekretär und an die Mitglieder meiner Klasse weiterzugeben.
Es bleibt Ihr Ihnen sehr ergebener
[gez.] Haussherr

Brief aus Göttingen von Haussherr an Präsidenten der DAW vom 25. November 1958.[42] In: SAPMO-BArch, DY 30/IV 2/9.04 (Abteilung Wissenschaft)/376, Bl. 229.

B38: »... mit allerhöchster Reaktion«
2. Dezember 1958

Deutsche Akademie der Wissenschaften zu Berlin – Büro des Präsidiums
Berlin, den 2.12.1958
An den ersten Sekretär des ZK der SED Genossen Walter Ulbricht
im Auftrag des Genossen Präsidenten [Werner Hartke] zur Kenntnis überreicht. [den Brief von Haussherr an den Akademiepräsidenten vom 25. November 1958]
[handschriftliche Notiz von Walter Ulbricht:]
Gen. Hager: Als Republikflüchtiger kann er nicht Akademiemitglied bleiben WU
[maschinenschriftliche Notiz:]

---

42 Siehe **B38**.

Genossen Kurt Hager: Als Republikflüchtling kann er nicht Akademiemitglied bleiben.
6.12.58 W. Ulbricht

[maschinenschriftliche Notiz:] Gen. Hörnig zur Erledigung 2.2.59[43]

SAPMO-BArch, DY 30/IV 2/9.04 (Abteilung Wissenschaft)/376, Bl. 228.

B39: *Ein trügerischer Protokollentwurf*
24. März 1966

I
Die Beschlußfähigkeit des Plenums gemäß Teil B § 2 Abs. 2 der Abstimmungs- und Wahlordnung wurde festgestellt.
II
1. Anwesend: 85
2. Vorzeitige Stimmangabe lt. anliegenden Listen: 16
Anwesenheit insgesamt: 101
3. Stimmangabe
   a) gültige Stimmen: 100
   b) ungültige Stimmen: 1
Stimmabgabe insgesamt: 101
4. Abstimmungsergebnis
Zustimmung: 70   Ablehnung: 13   Enthaltung: 13
das Verhältnis der für die Beendigung der Mitgliedschaft abgegebenen Stimmen 101 zur Anwesenheit insgesamt 101 beträgt 70

[Der folgende Text wurde durchgestrichen:]
Die Mitgliedschaft des Herrn R. Havemann ist somit gemäß §§ 10 und 13 des Akademie-Statuts in Verbindung mit der Abstimmungs- und Wahlordnung mit sofortiger Wirkung aufgehoben.
[Es folgen die Unterschriften der Mitglieder der Wahlkommission]

Protokoll der geheimen Abstimmung über die Beendigung der Mitgliedschaft des korrespondierenden AkM R. Havemann am 24. März 1966. In: BBAW-AA, Leitung, Personalia, 164, Bl. 356. Als Faksimile abgebildet in: MÜLLER/FLORATH 1996, S. 344.

---

[43] Hans Haussherr, der am 17. September 1960 in Köln starb, wurde nicht aus dem Mitgliederverzeichnis der Akademie der Wissenschaften gestrichen, deren Ordentliches Mitglied er seit 1955 war.

Dokumente 287

B40: *Wie man seine eigenen Statuten umschifft*
1966

Die geheime Abstimmung im Plenum am 24.3.66 über den auf einstimmiger Empfehlung der Klasse für Chemie, Geologie und Biologie vom Präsidium einhellig gestellten Antrag auf Beendigung der Mitgliedschaft des KAkM [Korrespondierenden Akademiemitgliedes] Havemann erbrachte 70% zustimmende Voten. Infolge der hohen Zahl von Enthaltungen (17%) und infolge der Gegenstimmen (13%) sind die vom Statut geforderten 75% zustimmender Voten nicht erreicht, und es kann formell keine Beendigung der Mitgliedschaft erfolgen.

Die absolute Mehrheit von zustimmenden Voten und die hohe Zahl von Enthaltungen (zusammen 87%) haben eine besonders schwierige Lage für die Akademie entstehen lassen. Eine weit überwiegende Mehrheit von Ordentlichen Mitgliedern, die die Meinung in den Klassen maßgebend bestimmen, hat sich für bzw. nicht gegen eine Trennung von Prof. Havemann ausgesprochen.

Gemäß § 12 Abs. 3 des Statuts gehört jedes AkM derjenigen Klasse, die seinen Wahlvorschlag gemacht hat. AkM, die keiner Klasse angehören, kann es laut Statut von 1963 nicht geben.

Dementsprechend sind auch die Korrespondierenden Mitglieder aus der Zeit vor 1963 jetzt auf die Klassen aufgeteilt.

Die Klasse für Chemie, Geologie und Biologie hat laut Protokoll eindeutig erklärt, daß sie das von ihr seinerzeit zur Wahl vorgeschlagene KAkM Havemann nicht mehr sich zugehörig rechnen möchte. Ähnliche Entschließungen liegen von Klassen für Philosophie, Staats-, Rechts- und Wirtschaftswissenschaften, Mathematik, Physik und Technik sowie für Bergbau, Hüttenwesen und Montangeologie vor.

Alle Klassen, denen Prof. Havemann einer wissenschaftlichen Arbeitsrichtung nach allenfalls zugeordnet werden könnte, haben sich also von ihm klar durch Beschluß distanziert.

Offensichtlich ist es den Klassen nicht zumutbar, sich von einer geringen Minderheit des Plenums ihre Haltung vorschreiben zu lassen.

Damit ist ein im Statut nicht vorgesehener Zustand in Bezug auf ein AkM eingetreten, für dessen Beendigung es auch keine Bestimmungen im Statut gibt.

Die Verantwortung für diesen statutenwidrigen Zustand liegt bei Prof. Havemann, der durch sein Verhalten sich selbst von allen in Frage kommenden Klassen getrennt hat. Im Interesse des Ansehens der Akademie sieht das Präsidium seine Pflicht und moralische Berechtigung darin, den unhaltbaren statutenwidrigen Zustand zu bereinigen und volle Klarheit zu schaffen.

Das Präsidium stellt fest, daß die im Statut vorgeschriebenen Voraussetzungen für das tatsächliche Verbleiben des KAkM Havemann in der Akademie entfallen sind.

Eine Mitgliedschaft, die nicht wirksam werden kann und rein formeller Natur ist, ist mit dem Akademiestatut und dem Wesen einer Gelehrten Gesellschaft unvereinbar, ein solcher Zustand führt notwendigerweise zu weiteren Konflikten und Komplikationen. Das Präsidium, eingedenk seiner Verpflichtung, die Einheit der Akademie und ihre Arbeitsfähigkeit zu wahren, beschließt deshalb, sich von dem Verantwortlichen für diesen für die Akademie höchst abträglichen Zustand, Prof. Havemann, zu trennen und veranlaßt die Streichung aus den Listen der Akademie.

Vorlage für das Präsidium (mit handschriftlichen Korrekturen), BBAW-AA, Leitung, Personalia, 162, Bl. 6–8. Abgedruckt in: MÜLLER/FLORATH 1996, S. 360 f.

B41: Satzungsgemäße Symbiose
20. Mai 1969

§ 1: Funktion
(1) die Deutsche Akademie der Wissenschaften zu Berlin (im folgenden »Akademie« genannt) ist eine wissenschaftliche Institution der Deutschen Demokratischen Republik, die in Theorie und Praxis die Einheit der Wissenschaft verwirklicht. Als Forschungsakademie konzentriert sie ihr Forschungspotential auf prognostisch abgeleitete, strukturbestimmende Gebiete der Natur- und Gesellschaftswissenschaften. Sie formt und fördert die Entwicklung des wissenschaftlichen Lebens der Deutschen Demokratischen Republik, das sie im Rahmen ihrer Aufgaben vertritt.
(2) Die Akademie erfüllt ihre Aufgaben auf der Grundlage der Verfassung der Deutschen Demokratischen Republik, der Gesetze und Beschlüsse der Volkskammer, der Erlasse und Beschlüsse des Staatsrates sowie der Verordnungen und Beschlüsse des Ministerrates.
[...]
§ 8: Der Präsident
(1) Der Präsident leitet die Akademie nach dem Prinzip der Einzelleitung auf der Grundlage der Beschlüsse der Sozialistischen Einheitspartei Deutschlands und der Rechtsvorschriften (§ 1 Abs. 1) mit dem Ziel, den Wirkungsgrad des gesamten Forschungsprozesses und den gesellschaftlichen Nutzeffekt der Forschung zu steigern. Er ist dafür verantwortlich, daß die der Akademie zur Gestaltung des entwickelten gesellschaftlichen Systems des Sozialismus gestellten Aufgaben unter Anwendung moderner Methoden der Wissenschaftsorganisation erfüllt werden. Der Präsident ist dem Ministerrat rechenschaftspflichtig.
[...]
§ 10: Das Präsidium
(1) Das Präsidium der Akademie ist das kollektive Beratungsorgan zur Vorbereitung von Entscheidungen des Präsidenten über die inhaltliche und organisatorische Gestaltung der Forschung und des wissenschaftlichen Lebens in der Akademie.
(2) Dem Präsidium gehören der Präsident, der Generalsekretär, die Vizepräsidenten, die Leiter der Forschungsbereiche, der Erste Sekretär der SED-Kreisleitung der Akademie, der Vorsitzende der Gewerkschaftsleitung und vom Präsidenten befristet zu berufene Wissenschaftler an.
(3) Der Vorsitzende des Forschungsrates der Deutschen Demokratischen Republik nimmt an den Beratungen des Präsidenten teil.
(4) Auf Einladung des Präsidenten können auch andere Akademiemitglieder, Wissenschaftler und Mitarbeiter der Akademie sowie Vertreter staatlicher Organe

und gesellschaftlicher Organisationen an den Beratungen des Präsidiums teilnehmen.

Auszug aus: Verordnung über das Statut der Deutschen Akademie der Wissenschaften zu Berlin vom 20. Mai 1969. GBl. II, Nr. 49, 18. Juni 1969, S. 317–323.

B42: Späte Mahnungen
11. Juli 1989

Ich bin tief überzeugt von der Lebenskraft der sozialistischen Idee des Aufbaus einer gerechten Gesellschaft der Freien und Gleichen und von der Fähigkeit des Sozialismus, wieder echte Fortschritte in dieser Richtung zu machen. Freilich – dazu gehört die Bereitschaft, die Dinge zu sehen, wie sie sind, gehört der entschiedene und konsequente Wille zur durchgreifenden Erneuerung. Das Mittel der Gewalt, ein Zeichen der Schwäche und nicht der Stärke, sollte ausgeschlossen sein. Man kann mit ihr, vielleicht, vorübergehend eine Situation »stabilisieren«, untergräbt aber, mit Sicherheit, auf die Dauer das, was man erhalten will. Was könnte der Beitrag der Historiker zu diesem Erneuerungsprozeß sein? Die Antwort, die ich heute geben möchte, mag naiv klingen. Sie ist ebenso leicht gesagt wie schwer verwirklicht: Wir sollten uns redlich und nach Kräften darum bemühen, immer die volle Wahrheit zu suchen und zu sagen. Kürzlich hörte ich von einem jungen Mann, der, als er die Mitteilung der Sowjetisch-Polnischen Historikerkommission über ihre Beratungen zur unmittelbaren Vorgeschichte des zweiten Weltkrieges[44] gelesen hatte, zu seinem Vater, einem gestandenen Historiker, sagte: »Vater, wenn das stimmt, was da steht, dann habt ihr uns Jahrzehnte hindurch nicht die Wahrheit gesagt. Warum habt ihr das gemacht?« Die Frage sollte jedem von uns unter die Haut gehen. Das ist nicht gesagt, um die zahlreichen und wichtigen Wahrheiten, die wir gefunden und ausgesprochen haben, vergessen zu machen oder auch nur ihre Bedeutung zu schmälern. Die volle Wahrheit aber, seien wir ehrlich, blieben wir nicht selten, und in ziemlich wichtigen Belangen, uns und unseren Lesern schuldig.

Klein, Fritz: »Laßt uns die Wahrheit sagen«.[45] In: Die Weltbühne 44(1989)44.

---

44 Diese Bemerkung bezieht sich auf die Feststellung der Sowjetisch-Polnischen Historikerkommission, daß kurz vor dem deutschen Angriff auf Polen der sowjetische und der deutsche Außenminister, Molotow und Ribbentrop, ein Abkommen unterzeichnet hatten, der die Aufteilung Polens unter den beiden Mächten regelte. Die Existenz dieses Zusatzabkommens zu den deutsch-sowjetischen Verträgen vom August 1939 war bislang in Moskau geleugnet und als üble imperialistische Propaganda zurückgewiesen worden.
45 Klein hatte diese Rede anläßlich seiner Emeritierung im Institut für Allgemeine Geschichte der Akademie der Wissenschaften der DDR am 11. Juli 1989 gehalten.

***B43**: Rehabilitierung oder Geschichtsklitterung?*[46]
16. November 1989

Im Jahre 1961 wurde in der Klasse für Chemie, Geologie und Biologie der Physikochemiker Prof. Dr. Robert Havemann zum Korrespondierenden Mitglied unserer Akademie gewählt. Anfang 1966 wurde im Geschäftsführenden Präsidium der Akademie erörtert, daß die Klasse für Chemie, Geologie und Biologie im Interesse des Ansehens der Akademie, insbesondere im Interesse des Vertrauensverhältnisses zur Regierung der DDR, die Frage des Ausschlusses von Robert Havemann aufwerfen soll. Der Kernpunkt, unter dem diese Problematik in den Vordergrund gerückt wurde, war die Tatsache, daß sich Robert Havemann in Verbindung mit philosophischen Aspekten wiederholt in Angelegenheiten der politischen Machtfrage unter Einbeziehung alternativer Gesichtspunkte öffentlich geäußert hatte. Nach Beratungen in den Klassen beschloß seinerzeit das Präsidium der Akademie, im Plenum über einen Antrag auf Beendigung der Akademiemitgliedschaft von Robert Havemann abzustimmen. Die überwiegende Mehrheit im Plenum sprach sich für eine Streichung aus der Mitgliederliste aus. Diese Streichung erfolgte mit Beschluß des Präsidiums vom 31.3.1966. Die in der Sitzung der Klasse Chemie am 16.11.1989 anwesenden Ordentlichen und Korrespondierenden Mitglieder der Akademie der Wissenschaften der DDR vertreten den Standpunkt, daß diese Streichung dem Ansehen der Akademie geschadet hat und sachlich nicht tragbar ist. Wir empfehlen dem Plenum der Akademie der Wissenschaften der DDR, dafür zu stimmen, diese Streichung aus der Mitgliederliste rückgängig zu machen. In den Schriften der Akademie ist eine Richtigstellung vorzunehmen.

Empfehlung der Klasse Chemie [der Akademie der Wissenschaften der DDR] vom 16. November 1989 zur Aufhebung der Streichung des Korrespondierenden Mitgliedes Robert Havemann. In: Jahrbuch 1990/1991 der Akademie der Wissenschaften der DDR und der Koordinierungs- und Abwicklungsstelle für die Institute und Einrichtungen der ehemaligen Akademie der Wissenschaften der DDR (KAI-AdW). Berlin 1994, S. 187.

***B44**: Definitive Ab- und vage Aufwicklungen*
31. August 1990

Artikel 38 Wissenschaft und Forschung
[...]
(2) Mit dem Wirksamwerden des Beitritts wird die Akademie der Wissenschaften der Deutschen Demokratischen Republik als Gelehrtensozietät von den Forschungsinstituten und sonstigen Einrichtungen getrennt. Die Entscheidung, wie die Gelehrtensozietät der Akademie der Wissenschaften der Deutschen Demokratischen Republik fortgeführt werden soll, wird landesrechtlich getroffen. Die Forschungsinstitute und sonstigen Einrichtungen bestehen zunächst bis zum

---

46 Vgl. die Dokumente **B39** und **B40**.

31. Dezember als Einrichtungen der [neuen Länder und Berlins] fort, soweit sie nicht vorher ausgelöst oder umgewandelt werden. Die Übergangsfinanzierung dieser Institute und Einrichtungen wird bis zum 31. Dezember 1991 vom Bund und [den neuen Ländern und Berlin] bereitgestellt.

(3) Die Arbeitsverhältnisse der bei den Forschungsinstituten und sonstigen Einrichtungen der Akademie der Wissenschaften der Deutschen Demokratischen Republik beschäftigten Arbeitnehmer bestehen bis zum 31. Dezember 1991 als befristete Arbeitsverhältnisse mit den Ländern fort, auf die diese Institute und Einrichtungen übergehen. [...]

(4) Für die Bauakademie der Deutschen Demokratischen Republik und die Akademie der Pädagogischen Wissenschaften der Deutschen Demokratischen Republik sowie die nachgeordneten wissenschaftlichen Einrichtungen des Ministeriums für Ernährung, Land- und Forstwirtschaft gelten die Absätze 1 bis 3 sinngemäß.

(5) Die Bundesregierung wird mit den Ländern Verhandlungen mit dem Ziel aufnehmen, die Bund-Länder-Vereinbarungen gemäß Artikel 91b des Grundgesetzes so anzupassen oder neu abzuschließen, daß die Bildungsplanung und die Förderung von Einrichtungen und Vorhaben der wissenschaftlichen Forschung von überregionaler Bedeutung auf [die neuen Länder und Ost-Berlin] erstreckt werden.

(6) Die Bundesregierung strebt an, daß die in der Bundesrepublik Deutschland bewährten Methoden und Programme der Forschungsförderung so schnell wie möglich auf das gesamte Bundesgebiet angewendet werden und daß den Wissenschaftlern und wissenschaftlichen Einrichtungen in [den neuen Ländern und Ost-Berlin] der Zugang zu laufenden Maßnahmen der Forschungsförderung ermöglicht wird. [...]

(7) Mit dem Wirksamwerden des Beitritts der Deutschen Demokratischen Republik ist der Forschungsrat der Deutschen Demokratischen Republik aufgelöst.

Vertrag zwischen der Bundesrepublik Deutschland und der Deutschen Demokratischen Republik über die Herstellung der Einheit Deutschlands – Einigungsvertrag. In: BULLETIN Nr. 104, S. 887.

Andreas Trampe

Kultur und Medien

1. Kulturpolitische Zäsuren

Schon neun Tage nach der bedingungslosen Kapitulation des Deutschen Reiches meldete die von der Sowjetischen Militäradministration in Deutschland (SMAD) herausgegebene *Tägliche Rundschau*: »In Berlin gibt es wieder vier aufführungsbereite Bühnen, 30 Kinos spielen, viel Kleinkunst und bunte Abende.«[1] Der heutige Leser dieser fast fröhlich klingenden Nachricht reibt sich verwundert die Augen: war Berlin, die Machtzentrale des mörderischen Krieges, nicht völlig zerstört? Hatten die Alliierten neben dem militärischen Apparat nicht auch die kulturpolitischen und ideologischen Strukturen des Reiches zerschlagen? Waren die Menschen, die neben der physischen Vernichtung ihrer Umwelt durch Bombardements und Häuserkampf auch die Demütigung des »Besiegtseins« erfahren mußten, nicht selbst psychische Wracks, gebrochene und hilflose Wesen? Trotz allem: das Nachkriegs-Berlin kam schnell auf die Beine, und unter oft schwierigen Bedingungen erneuerte sich das kulturelle Leben. Freilich überließen die Alliierten diesen Prozeß nicht dem Selbstlauf. Kaum etwas geschah ohne ihre Zustimmung, ohne Stempel und Lizenz. Sie verfolgten eine Politik der Umerziehung (*reeducation*), die auf das Denken und die Kultur der Besiegten zielte, wobei die ethischen und kulturellen Werte der Sieger den Maßstab bildeten.[2] Von den vier Siegermächten, die den Aufbau des Berliner Kulturlebens förderten und kontrollierten, waren die sowjetischen Besatzer in jeder Beziehung die ersten. Sie nutzten die zwei Monate ihrer Alleinherrschaft (Mai und Juni 1945), um wichtige Weichen für das künftige Geschehen zu stellen. Als ihre Bündnispartner im Juli in Berlin eintrafen, mußten sie sich zu den von der SMAD geschaffenen Fakten ins Verhältnis setzen.

Sehr früh schon hatte die SMAD die Tätigkeit von Parteien und Gewerkschaften in der SBZ gestattet.[3] Die KPD rief in ihrem Aktionsprogramm zur Errichtung »einer parlamentarisch-demokratischen Republik mit allen demokratischen Rechten und Freiheiten« auf. Sie proklamierte die »Vollendung der bürgerlichen Revolution von 1848« und sprach sich für die »Schaffung eines Blocks der antifaschistisch-demokratischen Parteien« aus.[4] Programmatisch knüpfte die KPD damit an das Konzept der

---

1 Tägliche Rundschau vom 17.5.1945. Die TR erschien von Mai 1945 bis Juni 1955.
2 Vgl. SCHIVELBUSCH 1995, S. 49.
3 Befehl Nr. 2 des Obersten Chefs der SMAD in Deutschland, 10. Juni 1945. In: WEBER 1987, S. 31f.
4 Aufruf des ZK der KPD an das deutsche Volk, 11. Juni 1945. In: Deutsche Volkszeitung vom 13.6.1945. Vgl. P3.

Volksfrontpolitik an, das auf dem VII. Weltkongreß der Kommunistischen Internationale sowie auf zwei Parteikonferenzen 1935 und 1939 im Moskauer Exil entwickelt worden war. Es orientierte auf ein Bündnis der verschiedenen politischen Parteien, sozialen Klassen und Schichten im Kampf gegen den Faschismus.

Als überparteilich agierende Massenorganisation, die nach dem Krieg die demokratischen Kräfte zusammenführen sollte, wurde der »*Kulturbund zur demokratischen Erneuerung Deutschlands*« konzipiert. In seinem Manifest vom 4. Juli 1945 verpflichtete sich der Kulturbund, an einer »grundsätzlichen Wende und Wandlung auf allen Lebens- und Wissensgebieten« mitzuwirken. Seine Ziele fixierte er in sieben »Leitsätzen«, die vom Sommer 1945 bis zum II. Bundeskongreß im November 1949 Gültigkeit hatten und die Basis für die Mitgliederwerbung während der »antifaschistisch-demokratischen« Übergangsperiode bildeten. (K/M1) Johannes R. Becher wurde zum Präsidenten gewählt, den greisen Gerhart Hauptmann ernannte die Gründungsversammlung zum Ehrenpräsidenten. Diese öffentliche Würdigung eines Autors, der während des Dritten Reiches nicht emigriert war, qualifizierte den Kulturbund zu einer kulturellen und personellen Integrationsinstanz ersten Ranges. Becher präsentierte Hauptmann als »Modell von Katharsis, mit dem sich die vielen anderen Mitläufer identifizieren können sollten«, was aber unter den politischen Freunden Bechers nicht unwidersprochen blieb.[5] In seinen Integrationsbestrebungen konnte sich Becher jedoch der Unterstützung der sowjetischen Kulturoffiziere sicher sein; auch sie warben um das Vertrauen der bürgerlichen Intellektuellen.[6] (K/M2) Im August 1945 gründete der Kulturbund den Aufbau Verlag, der sich zu einem der bedeutendsten belletristischen Buchverlage in der DDR entwickelte. Hier erschien die kulturpolitische Zeitschrift *Aufbau*. Schon ab Oktober 1945 konnte der Kulturbund über den Berliner Rundfunk dreimal wöchentlich eine eigene Sendung gestalten, und ab Juli 1946 gab er die Wochenzeitschrift für Kulturpolitik, Kunst und Unterhaltung *Sonntag* heraus. Mit der Verbreitung dieser Medien stieg die Mitgliederzahl im Bund schnell an.[7] Die westlichen Besatzungsmächte

---

5   F. C. Weiskopf: »Bei aller Sympathie für die Versuche, eine ganz breite Mitarbeiterschaft für den kulturellen Neuaufbau zu gewinnen, gibt es doch gewisse Grenzen. Diese Grenzen sind im Fall Hauptmann überschritten worden, würdelos und, wie sich zeigen dürfte, ohne Gewinn. Was insbesondere die ›Weltöffentlichkeit‹ anbelangt, von der behauptet wurde, daß sie auf Hauptmann blickt, so blickt sie, wenn überhaupt, mit Hohn und Abscheu auf diesen Überlebenden seiner selbst, auf diesen Gallerthampelmann und Immerzurverfügungsteller.« In: SCHIVELBUSCH 1995, S. 138 f.

6   Die Frage nach dem »Rätsel der liberalen russischen Kulturpolitik und der hochgebildeten sowjetischen Kulturoffiziere« in der SBZ beschäftigt auch W. Schivelbusch. Er findet eine überzeugende Erklärung in der Neuinterpretation der sowjetischen Kulturpolitik durch Sheila Fitzpatrick: »Nicht Bauern- und Arbeitersöhne, die im Schnellverfahren zu ›Ingenieuren der Seele‹ ausgebildet worden waren, traten in Berlin auf, sondern die Kinder der alten Bildungs- und Großbourgeoisie.« Sie hatten an einer der alten, von Lunatscharski protegierten Bildungsinstitutionen studiert und waren Ende der zwanziger Jahre im Begriff, ins Kulturleben einzusteigen, als die Kulturrevolution durch alles einen Strich machte. In: SCHIVELBUSCH 1995, S. 58–60.

7   Begonnen hatte der Kulturbund im Juli 1945 mit 116 Mitgliedern, im Dezember waren es schon 1 008, im Juli 1946 45 252, im Dezember 1947 114 696, im Dezember 1949 152 530 Mitglieder. In: HEIDER 1993, S. 206 f.

förderten in der Anfangsphase die Ziele und Veranstaltungen des Kulturbundes, denn sein Programm der demokratischen Erneuerung korrespondierte mit ihrer Politik der Umerziehung. Doch im November 1947, als sich der politische Konflikt zwischen den beiden Weltmächten zuspitzte und eine Teilung Berlins immer wahrscheinlicher wurde, ließen die amerikanischen und englischen Besatzer die von der SMAD erteilte Lizenz des Bundes ohne Verlängerung auslaufen, was faktisch einem Verbot gleichkam. Der Kulturbund in der SBZ dagegen rückte 1948/49 vom Konzept der Überparteilichkeit schrittweise ab und suchte sein Heil im engen Bündnis mit der SED.[8]

Während der Kulturbund in den Nachkriegsmonaten die Integration demokratisch gesinnter Intellektueller auf breiter politischer Basis anstrebte, mußte die KPD-Führung eigene Kompetenzen in kulturellen wie künstlerischen Fragen erst einmal nachweisen. Sie berief im Februar 1946 ihre Erste Zentrale Kulturtagung ein, um der »noch immer verbreiteten irrigen Auffassung [...] entgegenzutreten, daß die Kommunistische Partei die Schätze des deutschen Kulturerbes mißachte oder daß sie dem deutschen Kulturschaffen und der Intelligenz sogar feindlich gegenüberstehe«.[9] Vom Gegenteil sollte die Konferenz überzeugen. Anton Ackermann fiel die Aufgabe zu, in seiner Rede die Position der KPD zur »Freiheit der Kunst« zu definieren. Obwohl er verkündete, daß sich die KPD in künstlerische Prozesse nicht einmischen wolle, deutete er in seiner Rede schon die Konturen einer künftigen Ausgrenzung der künstlerischen Moderne an. (K/M3)

Ein Jahr vor Gründung der DDR begann die sogenannte *Formalismus*-Debatte, die für ca. fünf Jahre den kunstpolitischen Diskurs beherrschen und sich später wie ein Schatten durch die Kulturgeschichte des Landes ziehen sollte. Den Auftakt gab im November 1948 eine Abhandlung in der *Täglichen Rundschau* über formalistische Tendenzen in der Malerei. Mit diesem Artikel »importierte« das SMAD-Blatt den von Andrej Schdanow 1947/48 in der Sowjetunion geführten Kampf gegen den Formalismus.[10] In der SBZ diente der Formalismus-Streit bis 1951 vor allem der öffentlichen Veranschaulichung einer kunstpolitischen Problemstellung. Doch in der folgenden, wiederum von der *Täglichen Rundschau* eingeleiteten Phase brach die Kampagne gegen »formalistische Kunst« offen aus und das dahinter stehende kulturpolitische Verdikt wurde hart verteidigt. Der im Januar 1951 veröffentlichte Artikel, der mit dem Pseudonym N. Orlow[11] unterzeichnet war, übte vernichtende Kritik an Abweichungen vom Kanon realistischer Kunst in der DDR. (K/M4) Im März 1951 machte das ZK der SED die kulturelle Entwicklung im Lande zum Hauptthema seiner 5. Tagung. Nur wenige Stunden, nachdem

---

8 Vgl. SCHIVELBUSCH 1995, S. 153–168.
9 Pieck, Wilhelm: Um die Erneuerung der deutschen Kultur. Rede auf der Ersten Zentralen Kulturtagung der KPD in Berlin, 3.2.1946. In: DIETRICH 1983, S. 101.
10 Dymschitz, Alexander: Über die formalistische Richtung in der deutschen Malerei. In: Tägliche Rundschau vom 19./24.11.1948. Vgl. SCHUBBE 1972, S. 97–103.
11 Über den wahren Verfasser dieses Artikels wurde häufig spekuliert. Das russisch klingende Pseudonym sollte zum Ausdruck bringen, daß der im Text vertretene Standpunkt mit Vertretern der SMAD abgestimmt war. Der Verfassername tauchte in der Presse der SBZ/DDR auch in anderen Themenbereichen auf.

am 17. März 1951 der ZK-Sekretär für Kulturfragen, Hans Lauter, in seinem Grundsatzreferat eindringlich vor der »unharmonischen« und »Verwirrung des Geschmacks« stiftenden Oper »Das Verhör des Lukullus« von Brecht/Dessau gewarnt hatte,[12] öffnete sich deren Premierenvorhang in der nicht weit vom Tagungsort entfernten Staatsoper. (K/M6) Damit erreichte ein schon längere Zeit schwelender Konflikt, bei dem sich auf der einen Seite Autor Bertolt Brecht, Komponist Paul Dessau, Intendant Ernst Legal sowie auf der anderen Seite Musikwissenschaftler Karl Laux, Komponist Ernst H. Meyer und verschiedene Kultur- und Parteifunktionäre gegenüberstanden, seinen Höhepunkt. Brecht und Dessau waren der Meinung, daß eine neue Gesellschaft auch einer neuen Kunst bedürfe, die international auf der Höhe ihrer Zeit steht. Doch wie viele Künstler, die sich nicht auf affirmative Grundmuster, klassizistische Stilnormen und funktionalistische Eingrenzungen einer verkürzten Realismusperspektive einlassen wollten, ernteten sie das Mißtrauen vor allem jener Funktionäre, die durch die »Schmiede« der Emigration, des Spanienkrieges oder der Antifa-Schule in Moskau gegangen waren und nun, in einem ihnen zugewiesenen Amte, Kunstentwicklungen zu bewerten hatten.[13] Die »Entschließung des ZK gegen den Formalismus und für eine fortschrittliche Kultur« gibt über ihre Denkungsart und ihre Ziele Auskunft. (K/M5) Doch es würde eine Verkürzung darstellen, wollte man etwa den Konflikt um »Lukullus« auf die Polarität Intellektuelle – Funktionäre, Kunst – Macht reduzieren oder gar diese Polarität als Erklärung anbieten. Denn die Fronten des Meinungsstreites verliefen quer durch die Lager der Diskutanten. Der Präsident der Akademie der Künste, Arnold Zweig, verteidigte als Gast der ZK-Tagung die Aufführung der Oper, ihre Aktualität. Und der an Kunst interessierte Staatspräsident Wilhelm Pieck nahm unmittelbar nach deren Absetzung Gespräche mit Brecht und Dessau auf. Ergebnis dieser Treffen war, daß nach Änderungen am Libretto der Oper diese wieder im Spielplan erschien. Ihr neuer Name spiegelte die Akzentverschiebungen am deutlichsten: »Die *Verurteilung* des Lukullus«.

Doch nicht nur das Musiktheater, sondern auch andere künstlerische Bereiche wurden mit Formalismus-Vorwürfen konfrontiert. 1952 etwa veröffentlichte der Kulturredakteur des *Neuen Deutschland*, Wilhelm Girnus, eine Ausstellungskritik zu Ernst Barlach. Dieser sei »ein Beispiel dafür, wie ein wirklich großes künstlerisches Talent infolge des Fehlens der Orientierung auf diejenige Klasse, der die Zukunft gehört, trotz der besten subjektiven Absichten in den Sumpf des Mystizismus gerät«[14]. In die Formalismus-Kritik gerieten auch Arbeiten des Bildhauers Fritz Cremer, der Maler Max Lingner und Horst Strempel. Den DEFA-Film »Das Beil von Wandsbek«, nach einem Roman von Arnold Zweig, ereilte das erste Aufführungsverbot der DEFA-Geschichte. Selbst eine Kunsthochschule konnte das

---

12 LAUTER 1951, S. 28.
13 Vgl. LUCCHESI 1993, S. 15. Dieser Band dokumentiert in bestechender Detailtreue den Verlauf der Debatte um Brecht/Dessaus Oper und belegt exemplarisch die Brisanz des kunstpolitischen Diskurses jener Jahre.
14 Girnus, Wilhelm: Ernst Barlach. Ausstellung in der deutschen Akademie der Künste. In: Neues Deutschland vom 4.1.1952. Vgl. SCHUBBE 1972, S. 225 f. Siehe auch SCHULZ 1996, S. 139–159.

Einleitung 297

Formalismus-Verdikt treffen, was dann unweigerlich Sanktionen und Personalveränderungen nach sich zog.[15] Erst durch den Druck der Ereignisse um den 17. Juni 1953 sah sich das ZK der SED auf seiner 15. Tagung zu einer Kritik der eigenen Kulturpolitik veranlaßt. Es beschloß eine Kurskorrektur, die den Umbau des administrativen Apparates vorschrieb und 1954 in der Gründung des Ministeriums für Kultur kulminierte. (K/M7; vgl. K/M12; K/M46; K/M47)

Nach den Schauprozessen 1956/57 gegen die aus Berliner Kultureinrichtungen stammenden Mitglieder der zwar DDR-kritisch, aber systemimmanent agierenden Gruppe um Wolfgang Harich (K/M38, K/M47) startete die SED-Führung eine neue kulturpolitische Offensive, die direkt in den »*Bitterfelder Weg*« mündete. Der V. Parteitag der SED im Juli 1958 proklamierte die Kulturrevolution als notwendigen Bestandteil der sozialistischen Revolution und wies dieser drei Hauptaufgaben zu: Erstens müsse die Arbeiterklasse die »Höhen der Kultur erstürmen«, zweitens sollten die Kulturschaffenden endlich die »Kluft zwischen Kunst und Leben« überwinden, drittens gelte es, den Weg zur »gebildeten Nation« zu ebnen. Die Steigerung der Industrieproduktion, die Verbesserung des Lebensstandards sollte sich auch in der Kultur niederschlagen. Tatsächlich verschwanden 1958 die Lebensmittelkarten, erhöhten sich die Löhne, stieg die Konsumgüterproduktion. Ende 1958 wurde in der Industriestadt Leuna das nationale Chemieprogramm mit der Vision verabschiedet: »Chemie gibt Brot, Wohlstand und Schönheit«. Die Produktion des Schönen und Angenehmen, so die Botschaft, erfordere eine Annäherung und Verquickung von industrieller und künstlerischer Arbeit. Bedingung weiterer Modernisierungsschübe waren jedoch Veränderungen in der Arbeit und in der Arbeitswelt selbst. In diesem Kontext startete die im Elektrochemischen Kombinat Bitterfeld tätige Brigade »Nikolai Mamai« am 3. Januar 1959 einen Aufruf, der die aktuellen Forderungen programmatisch vereinte. (K/M8) Drei Monate später fand die I. Bitterfelder Konferenz statt. Ursprünglich war dieses Treffen als eine Veranstaltung des Mitteldeutschen Verlages Halle (Saale) geplant, um Autoren und Arbeiter miteinander ins Gespräch zu bringen.[16] Als Ulbricht um seine Teilnahme gebeten wurde, kündigte er an, zugleich »Grundfragen der Kulturpolitik« klären zu wollen. (K/M9) Sein Appell an die Schriftsteller, am Alltag der Arbeiter teilzunehmen, sie zum Schreiben zu motivieren und über ihr Leben zu berichten, fand Zustimmung bei Arbeitern und Laienkünstlern. Einer von ih-

---

15 EBERT 1996, S. 99–216. Ulbricht: »Wir wollen in unseren Kunstschulen keine abstrakten Bilder mehr sehen. Wir brauchen weder die Bilder von Mondlandschaften noch von faulen Fischen und ähnliches. Es ist höchste Zeit, an den Kunsthochschulen einen entschiedenen Kampf gegen den Formalismus und Kosmopolitismus zu führen und gründlicher als bisher die Geschichte der Kunst vom Standpunkt des historischen Materialismus zu studieren. Die Grau-in-Grau-Malerei, die ein Ausdruck des kapitalistischen Niedergangs ist, steht in schroffstem Widerspruch zum neuen Leben in der Deutschen Demokratischen Republik.« Ulbricht, Walter: Zur Vorlage des Gesetzes über den Fünfjahrplan. Rede vor der Volkskammer, 31.10.1951. In: Neues Deutschland vom 1.11.1951. Vgl. SCHUBBE 1972, S. 213–215.
16 Zur Entstehung der Konferenz und zum Bitterfelder Weg siehe JÄGER 1995, S. 87; DUHM 1996, S. 564–574.

nen, Werner Bräunig, lieferte mit seinem Beitrag das später berühmt gewordene Motto für den Bitterfelder Weg: Es kann »nur der Schriftsteller Erfolg haben, der den Menschen in der Produktion kennt, mit ihm fühlt und mit ihm lebt. Ja, die größte Unterstützung bekommt unsere literarische Entwicklung durch den Arbeiter selbst, wenn er zum Autor wird. *Kumpel, greif zur Feder, die sozialistische Nationalkultur braucht dich!*«[17] In der Folgezeit entstanden Hunderte von Zirkeln Schreibender Arbeiter sowie zahlreiche Malzirkel, Theater- und Kabarettgruppen, deren Arbeit finanziell und organisatorisch von den Betrieben, Gewerkschaften und Kulturinstitutionen gefördert wurde.[18] Zeitungen verbreiteten Gedichte und Prosatexte von Arbeitern. (K/M10) Auf Seiten der professionellen Schriftsteller stellte sich jedoch bald Ernüchterung ein. Es gab zwar zahlreiche Lesungen in den Betrieben und Genossenschaften und viele Autoren arbeiteten auch direkt in der Produktion. Dennoch konnte von einem Zusammenleben auf Dauer keine Rede sein. In einem Brief an den Kulturminister schilderte der Schriftsteller Franz Fühmann im März 1964, kurz vor Beginn der II. Bitterfelder Konferenz, seine Erfahrungen auf dem Bitterfelder Weg. Sein Resümee für die eigene Arbeit: »... dabei kommt nicht viel heraus«[19]. (K/M11)

Der Bau der Berliner Mauer im Sommer 1961 wurde von namhaften Intellektuellen, die in der DDR lebten, öffentlich verteidigt.[20] Ein Motiv dafür findet sich in der damals weit verbreiteten Überzeugung, daß durch Ausgrenzung des äußeren Feindes die reale Chance bestünde, von der sozialistischen Demokratie einen anderen, einen besseren Gebrauch zu machen als in der unmittelbaren Konfrontation. Doch bereits sechs Wochen nach der Grenzziehung demonstrierten die Funktionäre des Parteiapparates Härte. Sie bewerteten Heiner Müllers Komödie »Die Umsiedlerin oder Das Leben auf dem Lande« als »konterrevolutionäres, antikommunistisches und antihumanistisches Machwerk«, schlossen den Autor aus dem Schriftstellerverband aus und schickten Regisseur Bernhard Klaus Tragelehn ein Jahr zur »Bewährung in die Produktion«.[21] Um die Jahreswende 1962/63 richtete sich der Zorn der Kulturbürokra-

---

17 EMMERICH 1996, S. 129.
18 Vgl. K/M27; K/M37. Einige dieser Laiengruppen bestanden bis zum Ende der DDR.
19 Fühmann, Franz: Brief vom 1. März 1964 an den Kulturminister Hans Bentzien. In: KOHN 1964, S. 38. Die II. Bitterfelder Konferenz fand am 24./25. April 1964, wieder im Kulturpalast des Elektrochemischen Kombinates, statt. Veranstalter waren diesmal die Ideologische Kommission des ZK der SED und das MfK.
20 Als G. Grass und W. Schnurre am 16.8.61 in einem offenen Brief die Mitglieder des DDR-Schriftstellerverbandes aufforderten, offen zu bekennen, ob sie »die Maßnahmen Ihrer Regierung gutheißen oder den Rechtsbruch verurteilen. [...] Wer schweigt wird schuldig«, erhielten sie Bekenntnisse deutlicher Zustimmung. In St. Hermlins Antwort hieß es u. a.: »Offenbar haben Sie doch nicht sehr genau überlegt, an wen Sie das geschrieben haben, denn Ihre Adressaten, zumindest die Mehrzahl von ihnen, schwiegen gerade zwischen 1933 und 1945 nicht, im Gegensatz zu so vielen patentierten Verteidigern der westlichen Freiheit des Jahres 1961.« In: WAGENBACH 1979, S. 184–188.
21 Vgl. BRAUN 1995, S. 63–77. Die »Bewährung in der Produktion« diente in den fünfziger und sechziger Jahren der Disziplinierung von Intellektuellen, deren Denken und Tun sich scheinbar vom »wirklichen Leben« entfernt hatte. Nach ihrer Entlassung aus kulturellen oder wissenschaftlichen Institutionen arbeiteten sie für ein bis drei Jahre in der »materiellen Praxis«. Ihre »Bewährung« endete mit einem Anerkennungsschreiben des Betriebes.

ten gegen den Chefredakteur der renommierten Zeitschrift *Sinn und Form,* Peter Huchel. Im Herbst 1948 von Becher berufen, hatte Huchel im Periodikum der Kunst-Akademie häufig Literatur aus dem Westen publiziert, darunter Essays von Sartre, Adorno und Horkheimer. 1962 veröffentlichte er Ernst Fischers Aufsatz »Entfremdung, Dekadenz, Realismus«, ein Plädoyer für Klassiker der Moderne wie Joyce, Proust und vor allem Kafka. Wenig später erfolgte Peter Huchels Entlassung aus der Redaktion. Diese begründete Kurt Hager, Mitglied der Kulturkommission des SED-Politbüros, damit, daß die Zeitschrift kein eindeutiges Bekenntnis zum »sozialistisch-realistischen Weg unserer Literatur und Kunst« ablege und sich von der Entwicklung in der DDR »unter Berufung auf eine ›gesamtdeutsche Aufgabe‹« distanziere.[22] Gegen diesen politischen Kleingeist regte sich Widerstand. Auf dem V. Kongreß des Verbandes Bildender Künstler (März 1964) formulierte Fritz Cremer, Schöpfer des Denkmals im Konzentrationslager Buchenwald, eine scharfe Abrechnung mit der dogmatischen Kunstpolitik der vergangenen Jahre. Cremers Kollegen reagierten darauf mit Jubel. **(K/M12)**

Doch die offizielle Kulturpolitik steckte nicht zurück. Neue radikale Eingriffe in Kunstprozesse offerierte schon bald das *11. Plenum des ZK der SED im Dezember 1965.* Die spektakulärsten Folgen dieses kulturpolitischen »Kahlschlags« hatte die DEFA mit zwölf Filmverboten zu tragen, aber auch Literatur, Dramatik, Beat-Musik und bildende Kunst blieben von Restriktionen nicht verschont.[23] Erich Honecker geißelte an konkreten Beispielen »dem Sozialismus fremde, schädliche Tendenzen« und mahnte alle Künstler, stets »den parteilichen Standpunkt« zu vertreten. **(K/M13)** Einer der im Geiste des 11. Plenums verbotenen Filme war »Spur der Steine«, in dem Frank Beyer Regie führte und Manfred Krug die Hauptrolle spielte. Obwohl dieser Streifen vom Kulturministerium das Prädikat »besonders wertvoll« erhalten hatte und mit 56 Kopien landesweit anlaufen sollte, gestaltete sich die offizielle Kino-Uraufführung am 1. Juli 1966 zu einem Eklat. Statt der eingeladenen Journalisten saßen bestellte Randalierer im Saal, die mit Drohungen wie »Ins Gefängnis mit dem Regisseur«, »Krug in die Produktion« oder »Unsere Parteisekretäre schlafen nicht mit fremden Frauen« Stimmung gegen den Film machten. Denn nach heftigen Interventionen des Leipziger SED-Bezirkschefs Paul Fröhlich beim ZK hatte sich dort die Meinung durchgesetzt, daß der Film eine innerlich tief zerstrittene und durch Flügelkämpfe geschädigte SED vorführe. Die Abteilung Agitation des ZK telegraphierte daraufhin der Presse: »hinweis: wir bitten, keinerlei veroeffentlichungen – auch keine werbung – fuer den film ›spur der steine‹ vorzunehmen. gez. lamberz«.[24] Die schon zur Imprimatur vorliegende positive Filmkritik für das *Neue Deutschland* wurde zurückgezogen und durch eine andere, unter Pseudonym erscheinende, ersetzt. Deren Argumentation kam nun direkt aus dem Politbüro der SED.[25] **(K/M14)**

---

22 Hager, Kurt: Diskussionsbeitrag auf der Delegiertenkonferenz des Deutschen Schriftstellerverbandes. In: Neues Deutschland vom 28.5.1963. Vgl. SCHUBBE 1972, S. 901 f.
23 Vgl. AGDE 1991, S. 71–170. Zu den Filmen und den Filmverboten siehe RICHTER 1994, S. 159–211.
24 In: SCHENK/FILMMUSEUM 1995, S. 56.
25 SCHENK/FILMMUSEUM 1995, S. 114 f.

Mit der Ablösung Walter Ulbrichts durch Erich Honecker im Mai 1971 und den wenig später auf dem VIII. Parteitag der SED beschlossenen politischen, ökonomischen und ideologischen Kurskorrekturen verbanden viele DDR-Bürger die Hoffnung auf mehr Freizügigkeit und innerstaatliche Demokratie. Außenpolitisch erfuhr die DDR in den siebziger Jahren einen beträchtlichen Prestigezuwachs: Die BRD-Regierung hatte den staatlichen Alleinvertretungsanspruch für ganz Deutschland aufgegeben und die diplomatische Anerkennung der DDR kam weltweit in Gang. Ein kulturpolitisch positives Signal schien die 4. ZK-Tagung im Dezember 1971 auszusenden, als Honecker verkündete: »Wenn man von der festen Position des Sozialismus ausgeht, kann es meines Erachtens auf dem Gebiet von Kunst und Literatur keine Tabus geben. Das betrifft sowohl Fragen der inhaltlichen Gestaltung als auch des Stils – kurz gesagt: die Fragen dessen, was man die künstlerische Meisterschaft nennt.«[26] Das klang zwar neu, doch unklar blieb, worauf Honecker den Finger legte: auf die interpretier- und einklagbare »feste Position« oder auf den Abschied von allen Tabus? Spätestens im November 1976 hatte sich diese Frage erledigt. Der Autor und Sänger Wolf Biermann, laut eigenem Bekenntnis Kommunist, wurde nach seinem Kölner Konzert am 13. November 1976 auf Anweisung des Politbüros der SED ausgebürgert; das *Neue Deutschland* lieferte die Begründung. (K/M15) Von einer spontanen Entscheidung in dieser Sache kann nicht gesprochen werden, denn schon 1973 hatte das MfS dem Politbüro ein Szenario vorgeschlagen, das den Entzug der Staatsbürgerschaft im *Fall Biermann* vorsah.[27] Zwar hatte Biermann in seinem Kölner Konzert scharfe Kritik an Mißständen in der DDR geübt, doch zugleich verteidigte er das Land als den besseren deutschen Staat. In den Tagen und Wochen nach seiner Ausbürgerung demonstrierten viele Künstler in der DDR Zivilcourage und bekundeten dem Sänger ihre Solidarität. Auf Initiative von Stephan Hermlin verfaßten zwölf Autoren einen offenen Brief, dem sich innerhalb kurzer Zeit über 150 Künstler und Intellektuelle anschlossen.[28] (K/M16)

Neben dieser Form des offenen Protestes, der sich über informelle Strukturen organisierte und nur über die Westmedien wirklich Öffentlichkeit finden konnte, entwickelte sich eine DDR-spezifische Variante des persönlichen (schriftlichen) Intervenierens bei den Trägern der Macht, des Appellierens an deren Vernunft, des in die Waagschale-Werfens der eigenen Autorität. Diese Art »Fürstenprotest« konnte den Adressaten bloßstellen, ohne ihm die Loyalität schon völlig aufzukündigen. Mit deren Entzug wurde nur gedroht. Einer der wenigen bedeutenden Philosophen der DDR, Wolfgang Heise, ging in seiner Klageschrift an das Politbüromitglied Kurt Hager über den Fall Biermann hinaus und warnte vor weiterem »Konformismus polizeistaatlicher Prägung«. Zugleich verteidigte er die landesweiten Protestaktionen als produktive moralisch-politische Erscheinung.[29] (K/M17) Doch das Politbüro dachte

---

26 Honecker, Erich: Schlußwort auf der 4. Tagung des ZK der SED. In: Neues Deutschland vom 18.12.1971. Vgl. RÜSS 1976, S. 287.
27 Vgl. EMMERICH 1996, S. 252.
28 Zugleich druckte das ND über mehrere Tage Stellungnahmen und Erklärungen bekannter DDR-Bürger, in denen die Ausbürgerung Biermanns verteidigt wurde. Siehe LÜBBE 1984, S. 311–331.
29 Die überraschenden Ausmaße der Protestbewegung ließen Parteiapparat und MfS eine härtere Gangart anschlagen. Weniger bekannte Kritiker der Ausbürgerung wie J. Fuchs,

nicht daran, über die Ausbürgerung zu diskutieren oder sie zurückzunehmen. Das kulturpolitische Klima in der DDR verschärfte sich weiter, und zahlreiche Schriftsteller, bildende Künstler, Musiker, Schauspieler und Regisseure verließen in der Folgezeit das Land.

Als im Sommer 1989 täglich Tausende Bürger der DDR über die nun offene ungarische Grenze in den Westen flüchteten, versank die Partei- und Staatsführung in Hilflosigkeit. Die Motive der Ausreisenden ähnelten sich: eingeschränkte Reisefreiheit, Manipulationen am Ergebnis der Kommunalwahl im Mai, schlechte Versorgung mit Konsumgütern, verlogene Medien, die offizielle Zustimmung zum Massaker in Peking, Mißachtung von Glasnost und Perestroika durch die Führung. Doch nicht alle Bürger wollten ihr Land aufgeben. Die überall entstehenden Oppositionsgruppen, die »zum demokratischen Dialog über die Aufgaben des Rechtsstaates, der Wirtschaft und der Kultur« (Neues Forum, September 1989) aufriefen, fanden schnell großen Zulauf, besonders, nachdem der Staat mit Gummiknüppeln und Massenfestnahmen auf sie reagiert hatte. Gegen die »unerträgliche Ignoranz der Partei- und Staatsführung« protestierten im September 1989 bekannte Rockmusiker und Liedermacher in einer aufsehenerregenden Resolution, für deren Verbreitung sie auf ebenso ungewöhnliche Weise sorgten. Da der Text von der DDR-Presse nicht gedruckt wurde, verlasen die Musiker ihre Resolution vor jedem ihrer Konzerte.[30] (K/M18) Ab Oktober entwickelte sich in vielen Städten der DDR eine Demonstrationskultur, die mit den ritualisierten Kundgebungen der Vergangenheit nichts mehr gemein hatte. Durften am 1. Mai oder zum Gründungstag der Republik ausschließlich Losungen gezeigt werden, die aus der Agitationsabteilung des ZK der SED stammten, präsentierten die Demonstrationen der Wende ein verändertes Selbstbewußtsein. Mit ihren Sprüchen und Plakaten reagierten die DDR-Bürger flexibel und direkt auf das politische Geschehen im Lande. Der Leipziger Ruf »Wir sind das Volk« wurde weltweit bekannt. Am 4. November 1989 forderten in Berlin etwa 700 000 Menschen Presse-, Reise- und Versammlungsfreiheit sowie freie Wahlen. Die dort gezeigten Losungen waren für Christa Wolf Ausdruck des »literarischen Volksvermögens«: »Ja, die Zeitungssprache springt aus dem Ämter- und Zeitungsdeutsch heraus, in das sie eingewickelt war, und erinnert sich ihrer Gefühlswörter«.[31] (K/M19)

G. Pannach, C. Kunert, F. Schöne wurden zu längeren Haftstrafen verurteilt. Gegen protestierende Schriftsteller legte das MfS »Operative Vorgänge« an, so gegen F. Fühmann, S. Kirsch, R. Schneider, St. Hermlin, G. Kunert, Ch. u. G. Wolf. Sechs Erstunterzeichner der Biermann-Petition wurden aus dem Vorstand der Berliner Sektion des Schriftstellerverbandes ausgeschlossen: J. Becker, V. Braun, S. Kirsch, U. Plenzdorf, G. de Bruyn, Ch. Wolf. Vgl. Mytze 1977, S. 140–143; Walther 1996, 88–92.
30 Sängerin Tamara Danz: »Wir haben eine Resolution verfaßt, um Bürgerbewegungen zu unterstützen, die als verfassungsfeindlich kriminalisiert wurden. Ehrlich gesagt ist uns der Arsch auf Grundeis gegangen. Wir wußten genau, daß die Aktion überwacht wird. Der Handlungsbedarf war so akut und der kollektive Adrenalinspiegel so hoch, daß der Selbsterhaltungstrieb ausgeschaltet war.« In: Osang 1997, S. 211 f.
31 Wolf, Christa: Ansprache auf der Demonstration am 4.11.1989 in Berlin. In: Hahn et al. 1990, S. 171 f.

Mit den Demonstrationen und dem Fall der Mauer im Herbst 1989 endete jedoch nicht die Kulturgeschichte der DDR. Im Feuilleton begann eine Phase intensiver Abrechnung und Umwertung. Literatur etwa wurde erneut zum Vehikel konkreter Machtinteressen: »Wer bestimmt, was gewesen ist, der bestimmt auch, was sein wird. Der Streit um die Vergangenheit ist ein Streit um die Zukunft«, bekannte einer der Akteure.[32] In diesem bis weit in die neunziger Jahre andauernden Literaturstreit ging es weniger um ästhetische Fragen als vielmehr um die »kulturelle Definitionsmacht im Lande«, um »Deutungsmonopole und ständische Privilegien«.[33] Bis zum Tag des staatlichen Beitritts der DDR zur BRD, am 3. Oktober 1990, beteiligten sich ostdeutsche Intellektuelle kreativ an der Suche nach gesellschaftlichen Alternativprogrammen, arbeiteten partei- und konfessionsübergreifend am Runden Tisch, sicherten Archive, analysierten die Geschichte ihrer Institutionen. Die deutsch-deutsche Perspektive blieb dabei nicht alleiniger Maßstab. Auf dem Bonner Symposion zur europäischen Kulturpolitik, im September 1990, unterbreitete der Maler und Graphiker Rolf Xago Schröder vor dem Hintergrund des sich etablierenden Bildersturms Vorschläge zu einem sinnvollen Umgang mit Geschichte, wobei er auf einen symmetrischen Wechsel zwischen den divergierenden Perspektiven setzte.[34] (K/M20)

2. »Kulturnation DDR«

»Es geht um die Existenz der deutschen Kultur, die nicht geteilt werden kann.« Fünf Monate nach Festschreibung der deutschen Zweistaatlichkeit beschwor Otto Grotewohl 1950 die Einheit der deutschen Kultur. (K/M21) Am Topos der gesamtdeutschen Verantwortung in kulturellen Fragen[35] hielt die SED aus deutschlandpolitischen Gründen in den fünfziger Jahren ebenso fest wie an der Überzeugung, daß »ihr« Staat der einzig legitime Erbe aller großen Kulturleistungen des deutschen Volkes sei. Dieses Konzept entsprach dem historischen Selbstverständnis der Partei, nach dem die Gründung der DDR die logische Konsequenz und den Höhepunkt der gesamten deutschen Geschichte markierte. Diesem Absolutheitsanspruch zum Trotz unterwarf sich die offizielle Erberezeption schon früh einem ideologisch begründeten Selektionsprozeß. Spätestens die Formalismus-Kampagne hatte klargestellt, welches Erbe legitime Anknüpfungspunkte für DDR-Kultur bietet: erstens das nationale klassische Kulturerbe, womit Literatur und Kunst der Aufklärung, der Weimarer Klassik, des Vormärz und schließlich des bürgerlichen Realismus im

---

32 Greiner, Ulrich: Die deutsche Gesinnungsästhetik. In: Die Zeit vom 2.11.1990. Vgl. ANZ 1991, S. 208–216.
33 Siehe EMMERICH 1996, S. 462 f. Erinnert sei an die Debatten um Ch. Wolf, St. Heym, H. Müller, St. Hermlin.
34 SCHRÖDER 1992, S. 43 f. Schröder wurde in der Wendezeit erster frei gewählter Präsident des VBK-DDR.
35 Rüdiger Thomas sieht hier ein »merkwürdiges kulturpolitisches Pendant zum politischen Alleinvertretungsanspruch der Bundesregierung«. In: THOMAS 1996, S. 26.

19. Jahrhundert gemeint waren, sowie zweitens die fortschrittliche Kunst der Sowjetunion und der Volksdemokratien.[36] Avantgarde und Moderne dagegen galten den Kulturverwaltern schlicht als Symptome schnöden Verfalls.

Ende der fünfziger, Anfang der sechziger Jahre vermischte sich das Konzept der »Nationalkultur« mit dem Leitbild einer »Volkskultur«. Beide Begriffe wurden oft nur noch gegenwartsbezogen als »sozialistisch« charakterisiert. Ihre Traditionsbindung »deutsch« verlor an Bedeutung.[37] Geradezu exemplarisch spiegelte der Begriff »Sozialistische Kulturrevolution« diese Entwicklung. Nach der Errichtung der Grenzanlagen 1961 verflüchtigte sich die Rede von der »Einheit der Kultur« aus dem politischen Vokabular, betont wurde nun die Unversöhnlichkeit der beiden herrschenden Kulturen. (K/M22) Dennoch richtete sich die Verfassung von 1968 in ihrer Präambel weiterhin an die »ganze deutsche Nation«. Sie definierte die DDR als »sozialistischen Staat deutscher Nation« (Art. 1) und benannte die Überwindung der deutschen Spaltung sowie eine »Vereinigung auf der Grundlage der Demokratie und des Sozialismus« als Staatsziele. Doch diese hatten nur drei Jahre Gültigkeit. Auf dem VIII. Parteitag der SED 1971 verkündete Erich Honecker, daß über »die nationale Frage [...] bereits die Geschichte entschieden« habe. Während sich in der DDR »ein neuer Typ der Nation, die sozialistische Nation« entwickele, würde in der Bundesrepublik »die bürgerliche Nation« fortbestehen.[38] Vehement verteidigte das Politbüro in den Folgejahren dieses Konzept, das – wie selbstverständlich – eine Festschreibung zweier deutscher Literaturen einschloß. (K/M23) Schriftsteller der DDR wiesen diese kulturpolitische Kapriole schon in den siebziger Jahren zurück. Stephan Hermlin etwa meldete in dieser Frage deutlichen Widerspruch an: »Die Existenz einer Literatur ist nicht deckungsgleich mit der Existenz von Staaten.«[39] Andere Künstler unterliefen das Diktum praktisch durch längerfristige Aufenthalte in der Bundesrepublik. Die gemeinsame Formulierung zur Einheit der Kultur, wie sie die beiden deutschen Regierungen 1990 im Einigungsvertrag offerierten, erinnert an die fünfziger Jahre. Mit dem Unterschied, daß die Perspektive jetzt Europa heißt. (K/M24)

3. Kultureller Alltag

Autobiographische *Dokumente des Scheiterns* gehören zum kulturellen Kapital aller Gesellschaften. Ihr dokumentarischer Wert liegt weniger in der Schilderung einer realen Handlungsabfolge oder eines Zustandes als vielmehr in der Spiegelung individueller Orientierungsmuster, Ängste und Illusionen. Lebensweltliche Zwänge, aber auch Motive konkreten Handelns werden transparent.

---

36 Vgl. LAUTER 1951, S. 24f; OELSSNER 1951, S. 53.
37 THOMAS 1996, S. 27.
38 Bericht 1971, S. 30f. Aus der Verfassung von 1974 wurden alle gesamtdeutschen Bezüge getilgt.
39 Hermlin, Stephan: In den Kämpfen dieser Zeit. Rede vor dem Schriftstellerkongreß der DDR am 30. Mai 1978. In: Tintenfisch. Jahrbuch für Literatur 14/1978, S. 32–36.

»Ich muß nicht mehr schweigen. Ich brauche nicht das Gefühl zu haben, weiterhin mitschuldig zu werden dadurch, daß ich schweige.« Dies notierte Johannes R. Becher 1956, ohne jedoch sein Schweigen zu brechen. Passagen des Eingeständnisses politischer Selbsttäuschung und individuellen Versagens strich er kurz vor Drucklegung aus seinem Manuskript. (K/M25) Becher, dessen literarische Spannbreite von der expressionistischen Lyrik bis zum hymnischen Gesang reichte, zählt zu den schillerndsten und umstrittensten Figuren der deutschen Kulturgeschichte nach 1945. Er betrieb erfolgreich die Gründung des Kulturbundes zur demokratischen Erneuerung Deutschlands, wurde dessen Präsident, später ZK-Mitglied, Volkskammerabgeordneter, Präsident der Deutschen Akademie der Künste, dann Kulturminister der DDR. Zugleich blieb er »der gespaltene Mensch, der politische Masochist, der sich nach Ausbruchsversuchen immer wieder einer ›fast wollüstigen Disziplinierung‹ unterwarf«[40]. Sein fast grenzenloser Opportunismus, der mit dem Kalten Krieg einsetzte und bis zur Duldung politischer Willkür gegen Weggefährten reichte, beschäftigt die Historiker bis heute.

Andere, spätere Varianten des Scheiterns dokumentieren der Ausreiseantrag von Manfred Krug (K/M28), der Brief Frank Beyers an Kurt Hager (K/M31) sowie der Parteiaustritt Wolfgang Mattheuers. (K/M35) Die Texte von Krug und Beyer spiegeln verschiedene Facetten der Wahrnehmung beruflicher Ausgrenzung, mit der die Kulturgewaltigen von Partei, Staat und MfS Kritiker der Biermann-Ausbürgerung unter Druck setzten. Beide Autoren beschränken sich nicht auf die Artikulation von Enttäuschung. Sie demonstrieren zugleich ihre Entschlossenheit, die erstarrten Konfliktsituationen aufzubrechen. Manfred Krug, einer der populärsten Schauspieler und Sänger des Landes, sah keine Perspektive mehr in der DDR und verließ sie »für immer«.[41] Regisseur Frank Beyer dagegen beantragte ein längerfristiges Arbeitsvisum für das westliche Ausland und hielt sich so die Option DDR offen.[42]

Das Gefühl persönlicher Mitverantwortung für den politischen Zustand des Landes, vor allem nach der Zurückweisung des Reformkurses Gorbatschows durch die SED-Führung, veranlaßte den international bekannten Maler Wolfgang Mattheuer, ein öffentliches Zeichen zu setzen: demonstrativ verließ er die Partei. Sein argumentativer Bezugspunkt war dabei nicht die eigene künstlerische Tätigkeit, sondern das im und mit dem Land »Gewordene«, dessen äußere Symptome er zugleich benannte: »Mangel und Verfall, Korruption und Zynismus«[43].

---

40 SCHIVELBUSCH 1995, S. 126.
41 1996 veröffentlichte Krug Dokumente über die Ereignisse nach der Biermann-Ausbürgerung. Darunter das Tonbandprotokoll eines Treffens der Petitionsverfasser mit dem Leiter der Abteilung Agitation des ZK, W. Lamberz, sowie das Tagebuch, in dem er die Wochen vor seiner Ausreise schildert.
42 Beyer drehte einige der bedeutendsten DEFA-Filme: »Nackt unter Wölfen« (1963), »Karbid und Sauerampfer« (1963), »Spur der Steine« (1966), »Geschlossene Gesellschaft« (1978). Sein Film »Jakob der Lügner« (1974), nach einem Buch von J. Becker, wurde 1975 – als einziger DDR-Film überhaupt – für den Oscar nominiert. Siehe SCHENK/FILMMUSEUM 1995.
43 In: Die Welt vom 8. Januar 1990.

In den Erzählungen über den Alltag in der DDR taucht häufig der Begriff der »Nische« (G. Gaus) auf, der im Sinne von »kultureller Nische« den Rückzug oder Ausschluß aus dem offiziellen Diskurs, aus etablierten Strukturen und – idealerweise – die Entwicklung einer Gegen-, Protest- oder Alternativkultur meint. Nun ist das Ausklinken aus dem *mainstream*, das Leben in der Nische allein noch nichts spezifisch Ostdeutsches, sondern als Verhaltensmuster auch in moderneren Gesellschaften gang und gäbe, ja mitunter als Trend etabliert. Das »DDR-Spezifische« der *Nischenkultur* erschließt sich erst durch ein Mitdenken des konkreten Alltags, doch gerade an dieser Stelle setzen häufig Verkürzungseffekte ein.

Nach dem Untergang der DDR erlebte im deutschen Feuilleton die »Literaturszene vom Prenzlauer Berg« – die übrigens zu keiner Zeit als feste Gruppe, sondern immer nur als Milieu, als informelle Struktur existierte – eine Wiederauferstehung. Dieses plötzliche Interesse an einer Kunstszene, die sich offenbar parallel zum staatlichen Kulturbetrieb entwickelt hatte, entzündete sich aber weniger an den Arbeiten der gemeinten Protagonisten als vielmehr an der aktiven IM-Tätigkeit prominenter Vertreter. Doch diese Reduktion wird der Widersprüchlichkeit und Lebendigkeit selbstbestimmter Literatur und Kunst, wie sie sich Ende der siebziger Jahre an vielen Orten in der DDR herausbildete, nicht gerecht. Die Stasi-Perspektive benennt zwar einen wichtigen, aber dennoch äußeren Aspekt, der als solcher noch nichts über die wirklichen Spielräume und Motive derjenigen sagt, die sich in alternative Räume zurückzogen. Und sie sagt nur wenig über die Irritationen, die »Alternatives« in Kulturverwaltungen auslöste.[44]

Mit über dreißig Zeitschriften, Hunderten von Künstlerbüchern, unzähligen Aktionen und Ausstellungen in Wohnungen oder auf privaten Grundstücken setzten Autoren, Künstler, couragierte Kunsthistoriker dem offiziellen Kulturbetrieb Alternativdiskurse entgegen, die eigenen Spielregeln folgten. (K/M36) Als Förderer solcher Projekte trat die evangelische Kirche in Erscheinung, beispielsweise indem sie Räume für Konzerte oder Ausstellungen zur Verfügung stellte. So öffnete sich im Juni 1986 die Berliner Samariterkirche für junge, nicht organisierte Künstler. Der Kritiker Christoph Tannert nahm diese Ausstellung zum Anlaß, um exemplarisch die Wirksamkeit alternativer Kunst zu beschreiben. (K/M33)

In alternativen Räumen entstandene Kunst polemisierte immer auch mit der offiziellen kulturpolitischen Leitlinie des *sozialistischen Realismus*. Dessen Begriffsbildung und theoretische Konzeption haben ihren Ursprung in der Stalinschen Kulturpolitik Anfang der dreißiger Jahre. Andrej Schdanow wies 1934 den sowjetischen Schriftstellern die Aufgabe zu, als »Ingenieure der menschlichen Seele« an der ideologischen Erziehung der Werktätigen mitzuwirken. In dieser Funktionalisierung wurde der sozialistische Realismus in seinem Ursprungsland seit 1950, spätestens seit der 1956 durch den XX. Parteitag der KPdSU eingeleiteten »Tauwetterperiode« deutlicher Kritik unterzogen. Autoren, die ihm dennoch verpflichtet blieben, mußten sich plötzlich »Schematismus«, »Schönfärberei« und »Konfliktlosigkeit« vorwerfen lassen. In der

---

44 Vgl. auch GILLEN/HAARMANN 1990; MUSCHTER/THOMAS 1992; SCHWEINEBRADEN 1996; BLUME 1996; KRELL 1996.

DDR erhielt das Konzept des sozialistischen Realismus seine Prägung vor allem durch die Literaturtheorie von Georg Lukács, die ästhetisch an den Normen der Klassik und des bürgerlichen Realismus anknüpfte. Lukács setzte die Maßstäbe der bürgerlichen Kunstproduktion des 18. und 19. Jahrhunderts als überzeitlich gültig und allgemeinverbindlich. Das Kunstwerk sollte die »Totalität des Lebens« in adäquater Weise, sprich in typischer, organischer und geschlossener Form, widerspiegeln. Kunstwerke, die von diesen Prinzipien abwichen oder gar auf die Traditionslinie der Moderne setzten, fielen in den fünfziger Jahren unter das Verdikt des Formalismus und Kosmopolitismus. Zu den Schlagworten des sozialistischen Realismus späterer Jahre zählten vor allem »Parteilichkeit« und »Volksverbundenheit«, doch im Alltag interessierten sich nur wenige Künstler wirklich dafür, welche Definition gerade gängig war. Auf dem VII. Kongreß des Verbandes Bildender Künstler der DDR, 1978, beklagte der damals 74jährige Maler Fritz Duda diesen Rückzug. Er konstatierte das »Vordringen modernistischer Kunstrichtungen, vor allem Symbolismus, Verschlüsselungen, Surrealismus, bis hin zur abstrakten Malerei. Diesem Vordringen entspricht eine verschämte Anerkennung durch die Auflösung des Realismusbegriffs in z. B. Phantastischer Realismus, Expressiver Realismus, Unmittelbarer Realismus, Konstruktiver Realismus, Magischer Realismus, Surrealismus, Imaginativer Realismus usw. Alle diese Richtungen werden in den Topf des ›Sozialistischen Realismus‹ geworfen.«[45] Also Begriffsauflösung auf der ganzen Linie, sowohl bei Künstlern als auch bei Theoretikern. Zwei Jahre später glaubte der Kritiker Karl Max Kober noch einmal, die Verbandsmitglieder an ihre im Statut formulierte Verpflichtung zum »sozialistischen Realismus als der Hauptmethode des Kunstschaffens« erinnern zu müssen. (K/M30) Doch diese Mahnung wurde selbst von Verbandskollegen als unzeitgemäß zurückgewiesen. (K/M32)

Anspruch auf Zuständigkeit und Reglementierung erhoben die Bürokraten des Partei- und Staatsapparates auch in Fragen der *Rockmusik*, und sie demonstrierten dies auf dem »Kahlschlag«-Plenum des ZK der SED, 1965. Zu jener Zeit hatte die weltweite Beatles-Manie auch in der DDR massenhafte Begeisterung ausgelöst, denn diese Musik brach radikal mit den Traditionen herkömmlicher Unterhaltung und damit auch mit einem als überlebt empfundenen Zeitalter. Ältere Semester dagegen, in Ost wie West, hielten den Beat schlicht für störenden Krawall. In der sich verändernden Kleidung und Tanzbewegung junger Menschen sahen sie nicht mehr als Zeichen von Unsittlichkeit, Enthemmung, Morbidität. Außerdem schien sich der Beat, im Verständnis der Funktionäre, direkt gegen das kulturpolitische Konzept der SED zu richten, das auf die Herausbildung einer sozialistischen Tanz- und Unterhaltungsmusik setzte.[46] Sie beschworen künstlerische Werte, Traditionsverbundenheit und die

---

45 Zit. nach: MUSEUMSPÄDAGOGISCHER DIENST 1990, S. 112 f.
46 Ulbricht: »Sind wir denn wirklich nur angewiesen auf die monotonen westlichen Schlager und Tänze? Haben wir in den sozialistischen Ländern nicht genügend herrliche und temperamentvolle Tänze, die vollständig ausreichen, daß sich die Jugend dabei genügend austoben könnte? [...] Die ewige Monotonie des ›yeah, yeah, yeah‹ ist doch geisttötend und lächerlich.« Ulbricht, Walter: Referat auf dem 11. Plenum des ZK der SED, Dezember 1965. In: Neues Deutschland vom 18.12.1965. Vgl. SCHUBBE 1972, S. 1081–1088.

Verwirklichung eines sozialistischen Persönlichkeitsideals. Und im Angesicht des Kalten Krieges verdächtigten sie den Beat der ideologischen Verführung »ihrer« Jugend.[47] (K/M26) Ende der sechziger Jahre setzte die FDJ ein kulturpolitisches Korrektiv: sie stellte sich an die Spitze der Singebewegung, deren Arbeit der FDJ-Zentralrat mit Beschlüssen und Konferenzen zu koordinieren gedachte. (K/M29) In Abstimmung zwischen Partei und FDJ wurde ein verzweigtes System von Strukturen, Institutionen und Zuständigkeiten geschaffen, um Jugendkultur und Unterhaltungskunst nach Plan entwickeln und steuern zu können. Im Zuge ständiger Differenzierung und Eigendynamik der Basiskultur gelang das jedoch nur bedingt. Unterhalb der Schwelle öffentlicher Kontrolle oder auch in heftiger Auseinandersetzung mit dem Apparat verwirklichten Musiker eigene Konzepte, durchaus im Bewußtsein, daß ein Konflikt mit staatlichen Behörden zur Zerstörung ihrer Bands führen konnte (Auftrittsverbot, Bandauflösung).[48] Bands wie Renft, Pankow, Silly ließen es sich trotzdem nicht nehmen, in ihren Liedern kritisch den Alltag zu reflektieren. (K/M35)

In ihrem offiziellen Selbstverständnis sah sich die DDR-Gesellschaft als eine der Arbeiter und Bauern. Die Interessen dieser sozialen Klassen zu vertreten war Staatsziel, auch in der Kulturpolitik. Nach dem Krieg entwickelten sich in der SBZ/DDR neben dem Kulturbund vor allem die Gewerkschaften zur wichtigsten kulturellen Förderinstanz. Sie waren dem Konzept der »kulturellen Massenarbeit« verpflichtet, das auf die Brechung bürgerlicher Bildungsprivilegien zielte und den Arbeitern und Bauern den Zugang zur Hochkultur ermöglichen sollte. Es ging seit der I. Bitterfelder Konferenz, wie Ulbricht formulierte, darum, daß die »Arbeiter die Höhen der Kultur erstürmen«. (K/M9) Die wichtigsten Institutionen dieses Programmes waren die Betriebe und LPG, in denen gewerkschaftlich angeleitete Kulturobleute die Brigaden bei der Gestaltung ihrer Kulturarbeit unterstützten. Die Arbeitskollektive, die in der Regel miteinander im »sozialistischen Wettbewerb« standen, stellten Jahr für Jahr »Kulturpläne« auf, deren Erfüllung eine Voraussetzung für mögliche Prämienzahlungen darstellte.[49] (K/M27) Gewerkschaftliche Kulturarbeit umfaßte auch die Organisation von Freizeitangeboten, die vielen Menschen erstmals eine künstlerische Betätigung (Zirkelarbeit) oder eine Teilnahme an den regelmäßig stattfindenden zentralen Arbeiterfestspielen ermöglichten. In größeren Betrieben unterhielten die Gewerkschaften auch Bibliotheken und kümmerten sich um Patenschaften mit Schulen, Museen oder Theatern.[50]

---

47 RAUHUT 1991, S. 52.
48 WICKE/MÜLLER 1996, S. 13.
49 Daß der betrieblichen Leistungsbewertung auch außerökonomische Kriterien zugrunde lagen, sollte der in den sechziger Jahren eingeführte Begriff »ökonomisch-kultureller Leistungsvergleich« (»Ökulei«) deutlich machen.
50 Die Theaterdichte in der DDR war fast doppelt so hoch wie jene in der Bundesrepublik (RUBEN/WAGNER 1994, S. 15). Regelmäßig erhielten Arbeitskollektive kostenlose Theaterkarten oder gar Abonnements geschenkt, die von Betrieben und FDGB finanziert wurden. Doch da nur wenige Kollegen wirklich Interesse am Theater hatten, spielten häufig »ausverkaufte Häuser« vor wenig Publikum.

Als bedeutende Stätten betrieblicher wie kommunaler Kulturarbeit entstanden seit Ende der vierziger Jahre überall im Lande Klubs und Kulturhäuser, die das System der traditionellen Kulturinstitutionen Theater, Opernhaus, Museum, Bibliothek spezifisch ergänzen oder, wenn nicht vorhanden, kompensieren sollten.[51] Sie galten als materielle Basis für die Entwicklung einer »wirklichen Massenkultur«. Kulturhäuser boten Platz für verschiedene Vereinstätigkeiten, verfügten aber immer auch über große Säle für Versammlungen, Theater- und Filmvorführungen, Diskotheken und Konzerte. Zugleich »ersetzten« sie die Kirche als Institution und veranstalteten deren weltlich übersetzte Rituale: Namengebungen, Hochzeiten, Jugendweihen. (K/M37)

4. Medialer Alltag

»Die Informationspolitik war eine wichtige, in gewissen Zeiten die wichtigste Stütze der Führung und des Apparates der SED. Dieses Monopol funktionierte kurz gesagt so: Es gab eine Wirklichkeit und es gab eine über sie verbreitete Wahrheit der Partei.«[52] Diese Einschätzung Manfred Kleins, bis 1989 Chefredakteur Nachrichten des DDR-Rundfunks, bringt das Problem auf den Punkt: *Funk- und Printmedien* waren Herrschaftsinstrumente der Partei. Im Selbstverständnis ihrer Führung hatten sie die politisch-ideologische Massenarbeit der SED wirksam zu unterstützen. (K/M43) Stichworte, die diese Funktionsbeschreibung illustrieren, sind schnell parat: Aktuelle Kamera, Schwarzer Kanal, *Neues Deutschland.* Dennoch ist mit ihnen allein die mediale Wirklichkeit in der DDR nicht zu beschreiben. Zum einen veränderte sich diese über die Jahrzehnte. Beispielsweise orientierten sich die Programmgestalter seit den siebziger Jahren zunehmend an den Bedürfnissen ihrer Zielgruppen, um für diese attraktiv zu werden. Zum anderen sind die jeweils variierenden »Spielräume« für eigenständige Programm- und Themengestaltungen zu berücksichtigen: sie waren beim Fernsehen sehr viel geringer als beim Rundfunk, bei Kulturzeitschriften andere als beim »Zentralorgan« *Neues Deutschland.* Das wichtigste Gegengewicht zum medialen Totalitätsanspruch der Parteiführung stellten jedoch die westlichen Funkmedien – Rundfunk, Fernsehen – dar. Sie konnte man fast überall empfangen, und sie bildeten »die eigentliche Gegenöffentlichkeit in der DDR«[53]. Am Bildschirm waren die Deutschen vereint.

Natürlich spielten die Print- und Funkmedien eine herausragende Rolle im »Klassenkampf«. Im August 1961 rief die Freie Deutsche Jugend unter dem Schlachtruf »Blitz kontra NATO-Sender« zum Kampf gegen »Ochsenköpfe« auf. Ziel war, den Emp-

---

51 Die Kulturhaus-Idee ist keine originäre DDR-Erfindung, sondern so alt wie die organisierte Arbeiterbewegung und eng mit dem Emanzipationsstreben dieser Klasse verbunden. Die Kulturhäuser stehen in der Tradition der Volks- und Gewerkschaftshäuser der Weimarer Zeit und korrespondieren zugleich mit dem Modell der sowjetischen Kulturpaläste als Repräsentationsorte politischer Macht. Vgl. HAIN/STROUX 1996, S. 89–115.
52 KLEIN 1993, S. 84.
53 HANKE 1991, S. 9.

fang des Westfunks in Oststuben für alle Zeiten zu unterbinden. Dabei gingen die jugendlichen Agitatoren nicht zimperlich vor. (K/M39) Wenn die FDJ-Aktion auch einige »Erfolge« brachte, war der Westempfang auf Dauer nicht zu verhindern. Und in den achtziger Jahren schien die Medienpolitik der SED sogar davon auszugehen, daß die Mehrheit der Zuschauer sich schon beim »Gegner« informiert hatte, denn erst durch das gedankliche Zusammenfügen beider Quellen erhielten viele Ost-Nachrichten einen Sinn.

Am 31. März 1960 zeigte das DDR-Fernsehen erstmals den Schwarzen Kanal von und mit Karl-Eduard von Schnitzler. Diese Sendung ging 29 Jahre wöchentlich über den Sender und wurde zum Inbegriff ideologischer Indoktrination im Klassenkampf. Das journalistische Prinzip blieb immer gleich: von Schnitzler zeigte und kommentierte kurze Passagen aus publizistischen Sendungen von ARD oder ZDF, mit dem Ziel, Verzerrungen, Lügen oder Manipulationen nachzuweisen. Doch da sein Publikum viele der kritisierten Sendungen ebenfalls gesehen hatte, war seine Methode des Umfälschens und der Funktionalisierung von Informationen bald durchschaut. Für Witze war von Schnitzler gut, jedenfalls in Zeiten ohne Fernbedienung: Frage: »Was ist ein ›Schnitz‹?« Antwort: »Maßeinheit zum Messen der Zeit, die man braucht, um aufzustehen und einen anderen Kanal einzustellen.« Die beste und bis zur letzten Sendung gültige Kritik des Schwarzen Kanals stammt aus dem Jahre 1964, Autor: Uwe Johnson.[54] (K/M40)

Für Journalisten aus der Bundesrepublik blieb die DDR bis zur Aufnahme zwischenstaatlicher Beziehungen eine fremde Welt. Zu eigenen Recherchen wurden sie nur selten eingeladen, und als Besucher mit Tagesvisum blieb ihnen das Leben hinter den Kulissen verborgen. Andererseits hatten viele Westmedien kaum Interesse an einer differenzierenden Berichterstattung über den deutschen Osten, denn eine solche hätte sie schnell als »Kommunistenfreunde« stigmatisiert.[55] Erst die Verhandlungen über den deutsch-deutschen Grundlagenvertrag brachen diese Polarität von publizistischer Selbstisolierung und westlichem Desinteresse schrittweise auf. Beide Regierungen vereinbarten 1972, »im Rahmen ihrer geltenden Rechtsordnung Journalisten [...] das Recht zur Ausübung der beruflichen Tätigkeit und der freien Information und Berichterstattung« zu gewähren.[56] Wenig später veröffentlichte die DDR per Gesetzblatt eine Verordnung über die Tätigkeit ausländischer Medien, in welcher Verhaltensnormen für Journalisten und ihre Agenturen festgeschrieben wurden. Sie sollten »wahrheitsgetreu« berichten und »keine böswilligen Verfälschungen« zulassen. Recherchen in staatlichen Institutionen wurden genehmigungspflichtig.[57] (K/M41)

---

54 Johnson hatte 1959, nach seinem Examen bei Hans Mayer in Leipzig, die DDR verlassen. Für den Tagesspiegel schrieb er 1964 ein halbes Jahr Rezensionen zum Programm des DDR-Fernsehens.
55 PETERSEN 1978, S. 16.
56 Siehe Briefwechsel zwischen den Regierungen der DDR und der BRD vom 8.11.1972. In: BÖHME 1978, S. 276.
57 Die Verordnung über die »Tätigkeit von Publikationsorganen anderer Staaten und deren Korrespondenten in der DDR« wurde am 11.4.1979 durch eine neue Durchführungsbestimmung verschärft. Ab 1979 waren nicht mehr nur »journalistische Vorhaben« in staatlichen Institutionen und Betrieben, sondern nun auch solche in gesellschaftlichen Einrichtungen genehmigungspflichtig. Ebenso »Interviews und Befragungen jeder Art«.

Die Reporter aus dem Westen arbeiteten in der DDR unter argwöhnischer Beobachtung des ZK, des Außenministeriums und des MfS. Sie berichteten über Themen, die in Ostmedien nicht vorkamen oder dort anders präsentiert wurden. Mit ihren Beiträgen in Funk und Fernsehen, die immer auch Millionen DDR-Bürger erreichten, unterliefen sie das Informationsmonopol der SED-Führung und lösten dort heftige Reaktionen aus. Sie schlugen sich nieder in offiziellen Verwarnungen durch das Presseamt des Außenministeriums oder in der Ausweisung von Korrespondenten aus der DDR. Möglich war aber auch die Schließung eines Nachrichtenstudios.[58] Doch nicht nur Westmedien konnten Sanktionen treffen. Als Perestroika und Glasnost eine reale Pluralisierung der sowjetischen Medienlandschaft bewirkten, richtete sich die Reglementierungspraxis plötzlich auch gegen Filme und Zeitschriften aus dem »Bruderland«. Sie traf Anfang 1988 einige Nummern der Moskauer Wochenzeitung *Neue Zeit* wie auch einige antistalinistische Filme, die im Herbst 1988 auf dem 17. Festival des sowjetischen Films liefen, doch gleich danach aus dem Programm verschwanden. Empörung rief das von Erich Honecker veranlaßte Verbot der sowjetischen Monatszeitschrift *Sputnik* hervor, die in der DDR einen großen Leserkreis über den Verlauf der Perestroika und vor allem über die aktuelle Debatte zur Geschichte des Stalinismus in der Sowjetunion, und damit auch in den »Bruderländern«, informierte. Doch diese Diskussion sollte keinesfalls in der DDR aufgenommen, das heile Geschichtsbild der SED-Führung nicht in Frage gestellt werden. (K/M44) Das vom Generalsekretär diktierte *Sputnik*-Verbot demonstrierte das politische Selbstverständnis der Herrschenden. Es ignorierte nicht nur das Informationsbedürfnis der Bürger, sondern offenbarte zugleich das Machtverhältnis zwischen dem Politbüro, der Regierung und den Blockparteien. Denn obwohl ADN vorgab, sich auf das Postministerium zu beziehen, erfuhr der zuständige Minister, Rudolph Schulze (CDU), vom Verbot des deutschsprachigen Digests erst aus der Zeitung. Die *Sputnik*-Affäre bescherte dem Politbüro die umfangreichste Protestaktion vor der Wende. Nicht nur einzelne Bürger oder Arbeitskollektive, sondern ganze Parteigruppen forderten in ihren Briefen eine sofortige Rücknahme dieser Entscheidung. Ohne Erfolg.

Medienkritik in der DDR artikulierte sich öffentlich kaum als Kritik an der Informationspolitik oder als Grundsatzdebatte über einzelne Medien, sondern eher als Kritik an ausgewählten Sendungen oder Beiträgen (Rezensionen). An Wurzeln greifende Medienkritik gärte im Verborgenen; über sie diskutierte man im kleinen Kreis. Öffentlichkeit finden konnte sie nur über westliche Medien. Oder ihre Entwürfe ver-

---

58 Ausweisungen: 1975 SPIEGEL-Autor J. Mettke wegen eines im SPIEGEL publizierten, doch nicht von Mettke verfaßten Berichtes über »Zwangsadoptionen« in der DDR; 1976 ARD-Journalist L. Loewe wegen des Gleichsetzens der DDR-Grenzsoldaten mit Hasenjägern; 1979 ZDF-Reporter P. v. Loyen wegen eines nicht genehmigten Interviews mit St. Heym; 1983 Stern-Mitarbeiter D. Bub wegen seiner Recherchen über ein angebliches Honecker-Attentat. Anfang 1978 wurde das SPIEGEL-Büro in Ost-Berlin geschlossen. Anlaß war die Veröffentlichung eines DDR-kritischen Manifestes des »Bundes demokratischer Kommunisten Deutschlands«. Siehe dazu LOEWE 1977; SCHWARZ 1978; PLEITGEN 1994; GEPPERT 1996.

schwanden im Archiv. Im Jahre 1956, als der XX. Parteitag der KPdSU sich offen von Stalin distanzierte, sah sich auch die SED-Führung zu vorsichtiger Selbstkritik veranlaßt. Diese wurde vor allem von Intellektuellen aus Berliner Kultur- und Wissenschaftsinstitutionen aufgenommen und forciert. Es entstanden informelle Gruppen, in denen nicht nur über die Enthüllungen Chruschtschows, sondern auch über sich daraus ergebende politische Konsequenzen diskutiert wurde. Der bekannteste Kreis bildete sich um den Verleger Walter Janka und den Philosophen Wolfgang Harich. Unter dem Eindruck der Entwicklungen in Osteuropa verfaßte Harich im November 1956 ein umfangreiches Programm zur Demokratisierung der Gesellschaft. Für den Medienbereich notierte er: »Presse und Rundfunk der DDR muß in breitestem Maße den Arbeitern, Bauern, Intellektuellen und dem Mittelstand als Forum der freien Meinungsäußerung und der Kritik von unten zur Verfügung stehen, wobei auch die Möglichkeit bestehen muß, falsche Auffassungen zu äußern, die sachlich widerlegt werden müssen, aber nicht von vornherein unterdrückt werden dürfen.«[59] Fast gleichzeitig beklagte sich Walter Janka beim Kulturminister über die von Verlagsmitarbeitern als katastrophal beurteilte Medienpolitik der Partei, über Bürokratie und Zentralismus, über Ulbricht und Grotewohl. Die Unzufriedenheit über die Presse sei Ausdruck genereller Mißstimmung. »Was soll bzw. was wird werden?« fragte Janka den Minister. (K/M38) Wenige Wochen später saßen Harich und Janka im Gefängnis, verurteilt wegen konterrevolutionärer Pläne und Boykotthetze.[60] 1979 veröffentlichte Stefan Heym in der Bundesrepublik ein Buch über die politischen Geschehnisse der fünfziger Jahre. Sein Roman »Collin« beschrieb, leicht verschlüsselt, den abenteuerlichen, aber authentischen Plan des Ministers Becher, mit Jankas Hilfe den ungarischen Philosophen Georg Lukács aus sowjetischem Gewahrsam zu befreien, wo er sich, ihrer Meinung nach, seit den Budapester Unruhen aufhielt.[61]

Stefan Heym zählte in der DDR zu den schärfsten Kritikern des politischen Alltags. Während er im eigenen Land von Behörden und Verbänden gemaßregelt wurde, galt er im Westen als kompetenter Interviewpartner in Sachen Sozialismus. 1977 analysierte Heym, der selbst jahrelang journalistisch gearbeitet hatte, die Hauptnachrichtensendung des DDR-Fernsehens Aktuelle Kamera. Exemplarisch für das Prinzip offizieller Selbstdarstellung kritisierte er die Struktur der Sendung, ihre Sprache, ihre mediale Präsenz, ihr Alltagsbild sowie die psychologische Wirkung des Ganzen. (K/M42)

Natürlich spiegeln offizielle Medien nicht per se die Wirklichkeit. Diese ist selbst hinsichtlich möglicher Kritikvarianten bunter als ein flüchtiger Blick glauben macht. Als spezifische Variante kritischer Artikulation gelangte zu DDR-Zeiten der politische Witz zu hohem Ansehen. Seine Grundkonstruktion entlehnte sich der lebens-

---

59 Plattform für einen besonderen deutschen Weg zum Sozialismus. Entwurf 1956. In: HARICH 1993, S. 152.
60 Verurteilt wurden in den Schauprozessen auch der Ökonom Bernhard Steinberger, der Redaktionssekretär der DZfPh M. Hertwig, die Redakteure des Sonntag, H. Zöger und G. Just, sowie der Rundfunkjournalist R. Wolf.
61 Wegen seines Ministeramtes in der Regierung von Imre Nagy galt Lukács der SED-Führung ab 1956 als Verräter. Daß Janka diesen in die DDR holen wollte, spielte in seinem Prozeß 1957 eine wesentliche Rolle. Becher schwieg zu den Vorwürfen. Vgl. JANKA 1989.

weltlich erfahrbaren Diskrepanz zwischen Anspruch und Wirklichkeit, Pathos und Banalität. Die besten Medien-Witze drehten sich um den imaginären »Sender Jerewan«. An diesen richtete man eine politisch hinterlistige oder auch banale Anfrage und bat um klärenden Bescheid. Die Antwort klang meist prinzipienfest (»im Prinzip ja«), verkehrte dann aber überraschend und scheinbar naiv die erwartete Auskunft ins Gegenteil. Mit ihren verblüffenden Wendungen setzten die Jerewan-Witze nicht nur politische Themen, sondern auch die sich dahinter verbergenden Autoritäten dem Spott aus. Zugleich kompensierte der imaginäre Sender Jerewan mediale Alltagserfahrung; hier bekamen politische Floskeln endlich einen Sinn. (**K/M45**)

5. Instrumente der kultur- und medienpolitischen Lenkung

Nach Kriegsende übertrug die SMAD der von ihr eingesetzten Deutschen Zentralverwaltung für Volksbildung (ZVV) die administrativen Aufgaben für die Bereiche Schule, Wissenschaft, Kulturelle Aufklärung, Kunst und Literatur. Ab 1949 entflechtete sich die Behörde, und es entstanden eigenständige Verwaltungen: das Volksbildungsministerium, das Staatssekretariat für Hochschulwesen und die *Staatliche Kommission für Kunstangelegenheiten*, ebenfalls ein Staatssekretariat. Die Errichtung dieser Kunstkommission (»Stakuko«[62]) wurde vom ZK in jener schon erwähnten Grundsatzerklärung bekanntgegeben, die zum »Kampf gegen den Formalismus« aufrief.[63] Motor dieses Kampfes sollte ab August 1951 die neue Behörde sein. (**K/M46**) Die Arbeit der »Stakuko« war zentralistisch organisiert. So konnte sie in Kunstprozesse und Ausstellungsprogramme ebenso selbstverständlich eingreifen wie in die Verwaltungsarbeit künstlerischer Institutionen. Dazu nutzte die »Stakuko« ihren Apparat, ihre enge personelle Anbindung an das ZK sowie die Medien. Im März 1953 meldete ihr Vorsitzender, Helmut Holtzhauer, Vollzug: »Der Formalismus hat eine Niederlage erlitten, von der er sich nicht wieder erholen wird.«[64] Als jedoch nach den Ereignissen um den 17. Juni das Verhältnis Staat–Kunst neu zur Diskussion stand, entlud sich der angestaute Zorn auch gegen die mächtige Kommission. Brecht widmete ihr ein Spottgedicht.[65] Mit scharfer Polemik reagierte Wolfgang Harich; er beschuldigte die »Stakuko«, »einen Geist der Furcht, der Unaufrichtigkeit und der Kriecherei großgezüchtet zu haben«. Harichs Kritik richtete sich auf Personen und Methoden, nicht aber auf die Prinzipien der Kulturpolitik und die Strukturen der Verwaltung. (**K/M47**) Das ZK lenkte schließlich ein und verkündete am 26. Juni 1954 in einer Entschließung, »daß die Schriftsteller und Künstler von den Auffassungen der Partei [...] geduldig überzeugt und ihnen diese Auffassungen in keinem Falle administrativ aufgezwungen werden dürfen«[66]. Die Kunstkommission wurde aufgelöst.

---

62 Staatliche Kunstkommission.
63 Vgl. LAUTER 1951, S. 148–167.
64 THOMAS 1996, S. 25.
65 Nicht feststellbare Fehler der Kunstkommission. In: BRECHT 1967, S. 1007.
66 Entschließung der 15. Tagung des ZK vom 26. Juni 1954. In: SED-DOKUMENTE 1954, S. 463 f.

Einleitung

Ihren Apparat und ihre Aufgaben übernahm ab Januar 1954 das neugeschaffene Ministerium für Kultur. Neben dem Ministerium entstanden parallele Verwaltungs- und Kontrollabteilungen im Apparat des Zentralkomitees der SED, deren Abteilungsleiter mit mehr exekutiver Macht ausgestattet waren als die Mitglieder des Ministerrates.[67] Innerhalb dieser Strukturen kam es dann in den fünfziger und sechziger Jahren zur Gründung zentraler Künstlerverbände, die im System kultureller Verwaltung und Förderung sowie der Abstimmung aller Institutionen untereinander eine wichtige Rolle spielen sollten.

Bei der Verwirklichung ihrer *Kultur- und Medienpolitik* verließ sich die SED-Führung nicht allein auf die Überzeugungskraft politischer Argumente oder auf das Wirken historischer Gesetzmäßigkeiten. Sie baute auf die politisch-operativen Fähigkeiten des MfS. Dessen kulturpolitische Aufgabenstellung lautete: »Mit dem Ziel, die Durchsetzung der sozialistischen Kulturpolitik zuverlässig zu sichern und wirksam zu unterstützen, ist die politisch-operative Arbeit des MfS darauf auszurichten, – die gegnerischen Bestrebungen zur ideologischen Einflußnahme auf kulturpolitischem Gebiet rechtzeitig zu erkennen, sorgfältig zu verfolgen, zu analysieren und ihnen wirksam zu begegnen; – Versuche feindlich-negativer Kräfte, die Beschlüsse und Orientierungen der Partei, des Staates und kulturpolitischer Gremien zu ignorieren, zu unterlaufen bzw. zu verfälschen, aufzudecken und in geeigneter Form zurückzuweisen; – ein Wirksamwerden gegnerischer und feindlich-negativer, oppositioneller Kräfte im kulturpolitischen Bereich konsequent zu unterbinden.«[68] Die Zuständigkeit für die »politisch-operative Sicherung« der Bereiche Kultur und Massenkommunikationsmittel lag in den Händen der 1969 gegründeten Hauptabteilung XX/7 des MfS. (K/M49)

Statistisch gesehen wurden in der DDR pro Kopf und Jahr sechs bis neun Bücher hergestellt. Mit dieser Menge an Büchern pro Einwohner stand das Land, neben der Sowjetunion und Japan, an der Spitze in der ganzen Welt. Die fast 80 Verlage brachten jährlich über 6000 Titel mit durchschnittlich fast 25 000 Exemplaren heraus.[69] Zahlen, die sicher noch nichts über Inhalte und Qualitäten verraten, aber doch darüber, daß Bücher in der DDR einen gesellschaftlich hohen Stellenwert hatten. So gesehen behält der Begriff »Literaturgesellschaft« auch im Rückblick seine Gültigkeit. Dagegen steht das über Jahrzehnte entwickelte System der Kontrolle und Reglementierung literarischer Produktion, an deren Spitze die Hauptverwaltung Verlage und Buchhandel stand.[70] Dieses Amt war zuständig für die Lizensierung und Anleitung der Verlage sowie für die Begutachtung der Manuskripte. Jeder für den Druck vorgesehene literarische Text mußte hier vorgelegt werden; ohne »*Druckgenehmigungsverfahren*« lief nichts. Durch diese institutionelle Struktur sicherte sich der Staat die Möglichkeit des Eingreifens in die Tätigkeit der Verlage und Autoren; Zensur wurde

---

67 WALTHER 1996, S. 37.
68 Zentrale Planvorgabe für 1986 und den Zeitraum bis 1990. In: WALTHER 1996, S. 30.
69 EMMERICH 1996, S. 49.
70 Vorläufer: Amt für Literatur und Verlagswesen 1951–1956.

möglich. Welche Motive hinter dieser Praxis standen, vermittelt ein frühes Arbeitspapier aus dem Ministerium für Kultur, in dem die Begutachtung von Manuskripten als »eine der wichtigsten operativ-konkreten Formen der Wahrnehmung der kulturell-erzieherischen Funktionen des Staates« bezeichnet wurde. (K/M48) Die Entscheidungsfindung in der seit 1973 von Klaus Höpcke geleiteten Behörde konnte sich in Einzelfällen über Jahre hinziehen. Es wurden mehrere Gutachten angefordert und nicht selten auch diese einer Begutachtung unterzogen.[71] Die Zensurpraxis hat das Erscheinen vieler Bücher in der DDR verhindert oder Änderungen an Texten bewirkt. Zugleich konnte sie den Schreibprozeß des Autors im Sinne einer Selbstzensur prägen; problematische Stellen wurden vorauseilend »entschärft«. Massive Kritik an der Höpcke-Behörde war auf dem X. Schriftstellerkongreß 1987 zu hören. Christoph Hein bezeichnete die Zensur als »überlebt, nutzlos, paradox, menschenfeindlich, volksfeindlich, ungesetzlich, strafbar«. (K/M50) Dieser Kongreß hatte eine große Wirkung, denn seine Materialien wurden veröffentlicht. Parteiführung und HV Verlage und Buchhandel vereinbarten daraufhin, den Konflikt äußerlich zu entschärfen und eine verdeckte Variante einzuführen. Die Zensur sollte, so Höpckes Plan, in die Verlage vorverlegt werden, die Behörde aber das letzte Wort behalten.[72] (K/M51)

Als Instrumente politischer Herrschaft wurden auch die Massenmedien zentralistisch angeleitet und kontrolliert. Demokratische Funktionen, die eine politisch unabhängige Presse in modernen Gesellschaften zu erfüllen hat – wie etwa die Kontrolle der Regierenden, Artikulation verschiedener Interessen, Trennung von Nachricht und Kommentar –, waren im Medienkonzept der SED-Führung nicht vorgesehen. Politbüromitglieder gaben nicht nur die allgemeine »Linie« vor, sondern griffen auch selbst in journalistische Gestaltungsprozesse ein. Sie formulierten ADN-Meldungen, bestimmten Schlagzeilen, übermittelten Redakteuren der Aktuellen Kamera die neuesten Sprachregelungen. Ohne formal über eine eigene Zensurbehörde zu verfügen, dominierte die Parteiführung die Berichterstattung und ließ journalistische Arbeit in den zentralen Medien oft zur Farce verkommen. (K/M52)
Die politische Wende in der DDR brachte auch den Medien die Chance eines Neuanfangs, der von der Öffentlichkeit und der Politik zum Teil mit Sympathie, zum Teil aber auch mit Argwohn begleitet wurde. Schließlich konnten die ostdeutschen Funk- und Printmedien kaum auf einen Vertrauensbonus ihrer Zielgruppen setzen. Die Umgestaltungs- und Differenzierungsprozesse im letzten Jahr der DDR bewirkten einen völligen Wandel der Medienlandschaft. Nachrichtensendungen des Fernsehens und viele ehemalige Bezirkszeitungen der SED waren kaum wiederzuerkennen. Statt sich dem Diktat partikularer Interessen zu beugen, beteiligten sie sich 1990 mit ihren Mitteln an der Demokratisierung der Gesellschaft. Aus den früheren Instrumenten der Herrschaftssicherung entwickelte sich ein breites Spektrum medialer Angebote, für das nun die Normen des Grundgesetzes sowie die Spielregeln des freien Marktes Gültigkeit haben.

---

71 Am Beispiel des über sechs Jahre laufenden Druckgenehmigungsverfahrens zu »Das Erlebnis und die Dichtung« von W. Dilthey (Reclam Verlag, Leipzig 1988) wird dieser Prozeß exemplarisch nachvollziehbar. In: BEHRENS 1993.
72 WALTHER 1996, S. 283.

Dokumente

1. Kulturpolitische Zäsuren

***K/M1:** Integrationsinstanz Kulturbund*
3. Juli 1945

1. Die Vernichtung der Naziideologie auf allen Lebens- und Wissensgebieten. Kampf gegen die geistigen Urheber der Naziverbrechen und der Kriegsverbrechen. Kampf gegen alle reaktionären, militaristischen Auffassungen. Säuberung und Reinhaltung des öffentlichen Lebens. Zusammenarbeit mit allen demokratisch eingestellten weltanschaulichen, religiösen und kirchlichen Bewegungen und Gruppen.
2. Bildung einer nationalen Einheitsfront der deutschen Geistesarbeiter. Schaffung einer unverbrüchlichen Einheit der Intelligenz mit dem Volk. Im Vertrauen auf die Lebensfähigkeit und die Wandlungskraft unseres Volkes: Neugeburt des deutschen Geistes im Zeichen einer streitbaren demokratischen Weltanschauung.
3. Überprüfung der geschichtlichen Gesamtentwicklung unseres Volkes und damit im Zusammenhang Sichtung der positiven und negativen Kräfte, wie sie auf allen Gebieten unseres geistigen Lebens wirksam waren.
4. Wiederentdeckung und Förderung der freiheitlichen humanistischen, wahrhaft nationalen Traditionen unseres Volkes.
5. Einbeziehung der geistigen Errungenschaften anderer Völker in den kulturellen Neuaufbau Deutschlands. Anbahnung einer Verständigung mit den Kulturträgern anderer Völker. Wiedergewinnung des Vertrauens und der Achtung der Welt.
6. Verbreitung der Wahrheit. Wiedergewinnung objektiver Maße und Werte.
7. Kampf um die moralische Gesundung des Volkes, insbesondere Einflußnahme auf die geistige Betreuung der deutschen Jugenderziehung und der studentischen Jugend. Tatkräftige Förderung des Nachwuchses und Anerkennung hervorragender Leistungen durch Stiftungen und Preise.

Leitsätze des Kulturbundes zur demokratischen Erneuerung Deutschlands. Beschlossen von der Gründungskundgebung des Kulturbundes zur demokratischen Erneuerung Deutschlands, 3. Juli 1945. In: Aufbau 2/1945, S. 200.

***K/M2:** Werben des SMAD um die bürgerliche Intelligenz*
vierziger Jahre

Die Sowjets gaben sich Mühe, die bürgerlichen Intellektuellen für sich zu gewinnen. Noch herrschte starker Lebensmittelmangel. Die Präsidialratsmitglieder erhielten Pakete mit Würsten, Butter und Spirituosen, im Winter Kohlenscheine. [...] Einmal hatte ich Willmann von einem früheren Plan erzählt, einen Club der Intelligenz in Berlin in überparteilichem Sinne zu schaffen. Willmann griff diesen Plan sofort auf und trug ihn den Sowjets vor. Sie gingen unverzüglich darauf ein. Der frühere Herrenclub in der Jägerstraße, der schwere Bombenschäden aufwies, wurde dazu ausersehen, in den Club der Kulturschaffenden umgewandelt zu werden. Baumaterial und Glas wurden herbeigeschafft. Der Parkettboden aus Hitlers Reichskanzlei wurde herausgerissen und in die Jägerstraße gebracht. Nach einiger Zeit konnte der Club eingeweiht werden. Die Sowjets versorgten ihn mit Lebensmitteln und Getränken, so daß die Clubmitglieder mit Bons ausgestattet werden konnten, auf Grund deren sie monatlich fünfzehn Mittagessen zu erschwinglichen Preisen erhalten konnten. Überhaupt war der Kulturbund mit reichlichen Mitteln versorgt. Sein bürokratischer Apparat wuchs. Die Mitglieder genossen allerlei Vorteile. So wiesen die Sowjets das Bad Ahrenshoop dem Kulturbund zu. In Bad Saarow verfügte der Kulturbund über das wunderschöne Haus »Eibenhof«, einen Schinkel-Bau, in dem der Besitzer, ein Arzt, bisher ein Sanatorium unterhalten hatte.

Ernst Niekisch über seine Erfahrungen mit den Kulturoffizieren der SMAD. In: NIEKISCH 1974, S. 53 f.

K/M3: *Kulturpolitische Programmatik der KPD*
3. Februar 1946

Freiheit für Wissenschaft und Kunst bedeutet, daß dem Gelehrten und Künstler kein Amt, keine Partei und keine Presse dreinzureden hat, solange es um die wissenschaftlichen und künstlerischen Belange geht. Über dieses Recht soll der Gelehrte und Künstler uneingeschränkt verfügen. Die Freiheit für den Wissenschaftler, die Wege der Forschung einzuschlagen, die er selbst für richtig hält, die Freiheit für den Künstler, die Gestaltung der Form zu wählen, die er selbst für die einzig künstlerische hält, soll unangetastet bleiben. Was daher richtig oder falsch ist, darüber soll man nicht voreilig und laienhaft urteilen. Entscheidend sind die Resultate der Forschung und die fertigen Schöpfungen der Künstler im freien Wettstreit der Leistungen. So möchten wir die Freiheit der Kunst und Wissenschaft aufgefaßt und angewandt wissen.

Wenn dann aber irgendein Pseudokünstler herkommt, um Zoten über den Humanismus, die Freiheit und Demokratie oder über die Idee der Völkergemeinschaft zu reißen, dann soll er das »gesunde Volksempfinden« ebenso empfindlich spüren wie der Pseudowissenschaftler, der mit anderen, aber nicht weniger verwerflichen Mitteln dasselbe versuchen sollte. Hier sind die Grenzen der Freiheit gezogen, über die hinauszugehen den Tod aller Freiheit und Demokratie bedeuten würde. Das haben wir von 1918 bis 1933 bitter genug erfahren. [...] Aber es genügt, einmal gewisse Gemäldeausstellungen zu besuchen, um die bedauerliche Feststellung treffen zu müssen, daß mitunter Ismen gewählt werden, die schon nach dem ersten Weltkrieg versucht worden sind und heute offensichtlich nichts Besseres hervorzubringen vermögen, als damals. Solche Pseudokunst kann nicht erwarten, daß sie von unserem verarmten Volke eine besondere materielle Förderung erfährt. Denn das hieße, die kargen Mittel am falschen Objekt verschwenden, und so etwas können wir uns heute am allerwenigsten leisten. [...] Wir sehen unsere Aufgabe heute keineswegs darin, Partei ausschließlich für die eine oder die andere Kunstrichtung zu ergreifen. Unser Ideal sehen wir in einer Kunst, die ihrem Inhalt nach sozialistisch, ihrer Form nach realistisch ist. Wir wissen aber auch, daß diese Kunst erst in einer sozialistischen Gesellschaft zur Geltung kommen kann und selbst dann noch lange Zeit zu ihrer Entwicklung braucht. In der Sowjetunion macht diese neue Kunstrichtung eine äußerst verheißungsvolle Entwicklung durch, und wir wünschten, daß unsere deutschen Künstler recht bald die Möglichkeit haben, sich mit ihr näher bekanntzumachen.

Ackermann, Anton: Unsere kulturpolitische Sendung. Rede auf der Ersten Zentralen Kulturkonferenz der KPD, 3. Februar 1946. In: Neues Deutschland vom 23. April 1948.

K/M4: N. Orlow über »Irrwege« moderner Kunst 20./21. Januar 1951

Leider sind in einigen Kunstzweigen der DDR noch Tendenzen des Verfalls und der Zersetzung, des Mystizismus und Symbolismus, die Neigung zu einer verzerrten und unrichtigen Darstellung der Wirklichkeit sowie ein flacher und vulgärer Naturalismus festzustellen. Sie gehen darauf aus, den schlechtesten Geschmack zu befriedigen, und grenzen zuweilen an groben Unfug. [...]

Die formalistischen Künstler wollen die Forderung, daß Form und Inhalt einander entsprechen müssen, nicht gelten lassen. Sie stellen die Form, die Farbe, das Licht usw. in den Vordergrund und halten diese für die »Hauptperson« im Bilde des Malers. Dadurch verarmt die Kunst aufs äußerste. Sie wird inhaltlos, leer, ideenlos und vom Standpunkt der Gesellschaft aus unnütz. [...]

Wenn die Malerei aufhört, die Wirklichkeit darzustellen, und der Maler an Stelle von Menschen stereometrische Figuren, Linien, Punkte und anderen Unsinn in Würfelform zeichnet, dann ist das das Ende der Malerei, ihre Liquidierung, ihre Zerstörung. Alle derartigen Bilder sind nichts als Absurditäten. Einige Vertreter dieser absurden Richtung in der Malerei der DDR versuchen, sich hinter dem Namen Picasso zu verstecken. Picasso malt aber bekanntlich nicht wenige bedeutende Bilder im realistischen Stil. Ein Beispiel für das Schaffen des realistischen Picasso ist seine berühmte Darstellung der Taube als Friedenssymbol, die mit einem Internationalen Friedenspreis ausgezeichnet worden ist. Die formalistischen Verrenkungen Picassos bedeuten eine Vergeudung der außerordentlichen Begabung dieses Künstlers. [...]

Entartung und Zersetzung sind charakteristisch für eine ins Grab steigende Gesellschaft. Für eine aufsteigende Klasse, die vertrauensvoll in die Zukunft blickt, sind Optimismus und das Streben charakteristisch, die inneren Kräfte, den Adel, und die Schönheit einer neu entstehenden Gesellschaftsordnung, die neuen Beziehungen zwischen den Menschen und den neuen Menschen selbst darzustellen. Das Schöne ist das Leben, das freie Leben eines Volkes, das eine neue Gesellschaft aufbaut – das ist die Devise der Ästhetik einer echt demokratischen Kunst. [...]

Der Kampf gegen jeglichen Einfluß der westlichen Dekadenz und des Kultes des Häßlichen in der Kunst der DDR ist eine wichtige gesellschaftliche Aufgabe. Man darf die Arbeiteraktivisten oder die Menschen, die von der Arbeiterklasse und dem Volk zur Führung des neuen demokratischen Staates berufen worden sind, nicht als mißgestaltet und primitiv darstellen. Man darf sich nicht darauf verlassen, daß die

Arbeiter und Bauern »alles schlucken«, daß für sie »alles gut genug« ist, zumal doch die entartete »Kunst« von den »Autoritäten« der zerfallenden bürgerlichen Gesellschaft sanktioniert ist. Weit richtiger ist die Annahme, daß die Arbeiterklasse und die Werktätigen der DDR vor keinen »Autoritäten« haltmachen und in sich selbst Kraft genug finden werden, um eine derartige volksfeindliche »Kunst« aus dem Wege zu räumen.

Orlow, Nikolai: Wege und Irrwege moderner Kunst. In: Tägliche Rundschau vom 20./21. Januar 1951.

K/M5: *ZK-Beschluß gegen Formalismus und Kosmopolitismus* 17. März 1951

Die Hauptursache für das Zurückbleiben in der Kunst hinter den Forderungen der Epoche ergibt sich aus der Herrschaft des Formalismus in der Kunst sowie aus Unklarheiten über Weg und Methoden des Kunstschaffenden in der Deutschen Demokratischen Republik. [...] Das wichtigste Merkmal des Formalismus besteht in dem Bestreben, unter dem Vorwand oder auch der irrigen Absicht, etwas »vollkommen Neues« zu entwickeln, den völligen Bruch mit dem klassischen Kulturerbe zu vollziehen. Das führt zur Entwurzelung der nationalen Kultur, zur Zerstörung des Nationalbewußtseins, fördert den Kosmopolitismus und bedeutet damit eine direkte Unterstützung der Kriegspolitik des amerikanischen Imperialismus. [...]

In der Architektur, die im Rahmen des Fünfjahrplans vor großen Aufgaben steht, hindert uns am meisten der sogenannte »Bauhausstil« und die konstruktivistische, funktionalistische Grundeinstellung vieler Architekten an der Entwicklung einer Architektur, die die neuen gesellschaftlichen Verhältnisse in der Deutschen Demokratischen Republik zum Ausdruck bringt. [...] Die meisten Architekten gehen abstrakt und ausschließlich von der technischen Seite des Baues aus, vernachlässigen die künstlerische Gestaltung der Bauwerke und lehnen das Anknüpfen an Vorbilder der Vergangenheit ab. In der gleichen Lage befindet sich die Innenarchitektur der Wohnungen, Verwaltungsgebäude, Klubhäuser, Kinos und Theater. Ebenso verhält es sich mit den Entwürfen für die serienweise Herstellung von Möbeln und anderen Gebrauchsgegenständen für das tägliche Leben. Die Produktion an Steingut und Porzellan ist weder künstlerisch noch praktisch und entspricht nicht den berechtigten Anforderungen, die unser Volk an künstlerische Produktion stellt [...]

Um auf dem Gebiet der Kunst weiter vorwärtszukommen, hält das Zentralkomitee der Sozialistischen Einheitspartei Deutschlands folgende Maßnahmen für erforderlich:

a) Das Zentralkomitee der Sozialistischen Einheitspartei hält die Zeit für gekommen, die Staatliche Kommission für Kunstangelegenheiten vorzubereiten, deren Hauptaufgabe die Anleitung der Arbeit der Theater, der staatlichen Einrichtungen für Musik, Tanz und Gesang, der Institute der bildenden Kunst und der Kunsthoch- und -fachschulen sein wird.

[...]

h) Durch das Studium des Marxismus-Leninismus – der Wissenschaft von den Entwicklungsgesetzen in Natur und Gesellschaft – wird es den Kunstschaffenden am besten möglich, das Leben in seiner Aufwärtsentwicklung richtig darzustellen. Da die aktive Teilnahme der Künstler am politischen Leben und am demokratischen Neuaufbau, z. B. an der Arbeit der Friedenskomitees, der Ausschüsse der Nationalen Front des demokratischen Deutschland, an den gesellschaftlichen Organisationen, und die enge, unmittelbare Verbindung mit den Aktivisten, Arbeitern und Angehörigen der Intelligenz in den volkseigenen Betrieben, MAS und VEG usw. die Voraussetzung für eine erfolgreiche Gestaltung von Gegenwartsproblemen ist, muß durch die Leitung der Verbände die Teilnahme der Kunstschaffenden an dieser Arbeit planmäßig organisiert werden.

Der Kampf gegen den Formalismus in Kunst und Literatur, für eine fortschrittliche deutsche Kultur. Entschließung des ZK der SED auf der 5. Tagung vom 15.–17. März 1951. In: LAUTER 1951, S. 148–167.

K/M6: *Oper im Verhör*
22. März 1951

Ein hochbegabter Dramatiker und ein talentierter Komponist, deren fortschrittliche Absicht außer Zweifel steht, haben sich in ein Experiment verirrt, das aus ideologischen und künstlerischen Gründen mißlingen mußte und mißlungen ist. Wir meinen die Oper »Das Verhör des Lukullus« von Bertolt Brecht und Paul Dessau, deren Berliner Uraufführung lebhafte Diskussionen hervorgerufen hat.

Lukullus, der als feinschmeckerischer Vielfraß in die Geschichte eingegangen ist, war ein Feldherr des Altertums, der das römische Imperium durch brutale Eroberungskriege in Asien vergrößerte. Die Oper beginnt mit seinem Begräbnis und handelt im wesentlichen davon, daß dieser Räuber und Unterdrücker in der Unterwelt vor ein Gericht gestellt wird, dessen Schöffen die Schatten Armer und Ausgebeuteter sind. Die Opfer des Lukullus treten als Ankläger auf; für ihn zeugen nur sein Koch und ein Gärtner, der auf Befehl des Eroberers den Kirschbaum nach Europa verpflanzt hat. Das Totengericht verstößt den Feldherrn aus den Gefilden der Seligen und schickt ihn in den Orkus. Der Schlußchor verkündet das Urteil: Ins Nichts mit ihm!

Bertolt Brecht hat den Text vor zwölf Jahren als Radiohörspiel geschrieben. Damals erschien es ihm richtig, den Kampf gegen den deutschen Faschismus gleichnishaft in die Unterwelt zu verlegen und die Voraussage des unvermeidlichen Endes aller Aggressoren in symbolische Hüllen zu kleiden. Als Analytiker von hohen Graden dürfte er selbst zu der Einsicht kommen, daß dieses dichterische Sinnbild schon um 1940 nicht auf der Höhe der historischen Situation und ihren Entwicklungstendenzen war und daß es heute ganz offensichtlich nicht der Wirklichkeit entspricht. Das Weltfriedenslager mit seinen mehr als 800 Millionen unter der Führung der Sowjetunion ist nicht nur kein »Schattengericht«, sondern es hat die reale Macht, alle Kriegsverbrecher einer sehr irdischen Gerichtsbarkeit zu unterwerfen. Was am Anfang des Hitlerkrieges als Ausdruck der unsicheren Position eines heimatlos gewordenen antifaschistischen Schriftstellers verständlich war, wirkt 1951, wenn es durch eine repräsentative Aufführung als Äußerung zum Tagesgeschehen dargeboten wird, wie ein Rückfall in Zweifel und Schwächen, die der Dichter längst überwunden haben dürfte. Die Musik ist dünn und bruchstückhaft. Einzelne Gesänge bestätigen Paul Dessaus Talent. Aber er wird verantwortungsbewußt an sich arbeiten und etliche kabarettistische Unarten ablegen müssen, wenn er aus einem Komponisten interessanter Songs und Klanguntermalungen zum musikdramatischen Schöpfer werden will. Welchen Irrweg er dabei vermeiden muß, mag ihn das wenig rühmliche Lob des *Tagesspiegels* [20.3.51] lehren: »Dessau musiziert mit den Fragmenten der abendländischen Musik, die Strawinsky noch übriggelassen hat.«

Igor Strawinsky, ein in den USA lebender Kosmopolit, ist ein fanatischer Zerstörer der europäischen Musiktradition. Als Häuptling der formalistischen Schule bestreitet er, daß die Musik einen anderen »Inhalt« als rhythmische Spielereien haben könnte. Wer einem solchen »Vorbild« folgt, vernichtet die eigene Begabung. Dessau beraubt sich auf diese Weise selbst der Möglichkeit, die Massen durch seine Kompositionen zum Kampf gegen einen neuen Eroberungskrieg zu begeistern. Eine Musik, die ihre Hörer mit Mißtönen und intellektualistischen Klügeleien überschüttet, bestärkt den rückständigen Teil des Publikums in seinen Auffassungen und stößt den fortschrittlichen Teil vor den Kopf. Sie erreicht also das Gegenteil von dem, was sie zu bewirken wünscht.

»Das Verhör des Lukullus«. Ein mißlungenes Experiment in der Deutschen Staatsoper. Rezension. In: Neues Deutschland vom 22. März 1951.

K/M7: *ZK-Beschluß über den neuen Kurs und den Umgang mit Intellektuellen*
26. Juli 1953

Auf dem Gebiet der *Kultur* besteht der neue Kurs in der weiteren Pflege des nationalen Kulturschaffens. Bei der besonderen Förderung der fortschrittlichen Wissenschaft und Kunst muß den Wissenschaftlern und Künstlern die Möglichkeit einer freien schöpferischen Tätigkeit gesichert werden. [...] In der Kunst und Literatur ist der ideologische Kampf für den Realismus gegen alle Erscheinungen der antinationalen, antidemokratischen Dekadenz fortzusetzen, wobei darauf geachtet werden muß, daß die Künstler und Schriftsteller von den Auffassungen der Partei über die Entwicklungswege von Kunst und Literatur geduldig überzeugt und diese Auffassungen ihnen in keinem Falle administrativ aufgezwungen werden. [...]

In Bezug auf die Intelligenz setzt die Partei ihre bisherige Linie der materiellen Sicherstellung, der Förderung ihrer Arbeitsmöglichkeiten zur Entwicklung der nationalen Kultur und Wirtschaft fort. Gleichzeitig ist es erforderlich, den Intellektuellen größere Toleranz entgegenzubringen. Es ist falsch, auf Wissenschaftler, Künstler oder Ingenieure einen Zwang zur Anerkennung des Marxismus-Leninismus auszuüben. Durch Zwang können keine überzeugten Anhänger gewonnen werden. Die Intellektuellen sind in Zukunft in größerem Maße als bisher zur Staatsverwaltung heranzuziehen, besonders auf den kulturellen Gebieten. Der Verkehr der Intellektuellen der

Deutschen Demokratischen Republik mit den Intellektuellen Westdeutschlands ist entsprechend dem neuen Kurs der Partei zu fördern.

Entschließung des ZK der SED auf der 15. Tagung vom 24.–26. Juli 1953. In: SED-DOKUMENTE 1954, S. 463 f.

K/M8: »*Sozialistisch arbeiten, lernen, leben!*« *Aufruf der Jugendbrigade* »*Nikolai Mamai*«
Januar 1959

Wir haben uns in der Vergangenheit bemüht, auf sozialistische Weise zu arbeiten, und wir sind ein gutes Kollektiv geworden. Über die Hälfte der Brigade hat sich im Jahre 1958 fachlich und gesellschaftlich qualifiziert. Aber all das reicht noch nicht aus, um die neuen und größeren Aufgaben, die vor unserer Republik stehen, zu meistern. Wir wollen entsprechend dem Beschluß des V. Parteitages der SED unseren Beitrag zur Erfüllung der ökonomischen Hauptaufgabe leisten. Dazu gehört vor allem unser Anteil an der Erfüllung des Chemieprogramms, das allen Brot, Wohlstand und Schönheit bringt. [...]

Wir Mitglieder der Jugendbrigade »Nikolai Mamai« sind der Meinung, daß es für die Durchsetzung des wissenschaftlich-technischen Fortschritts besonders notwendig ist, daß sich alle Werktätigen, vor allem die Jugend, ständig weiterqualifizieren, ihr kulturelles Bildungsniveau erhöhen und die sozialistische Gemeinschaftsarbeit in den Mittelpunkt ihres Schaffens stellen. *Deshalb haben wir uns das Ziel gestellt, auf sozialistische Weise zu arbeiten, zu lernen und zu leben, um eine »Brigade der sozialistischen Arbeit« zu werden.*

Sozialistisch arbeiten wollen wir, indem wir nach der Methode Christoph/Wehner und entsprechend dem Vorbild unserer Brigade, Nikolai Mamai, täglich den Plan übererfüllen, um bis zum 30. Juni 1959 vier Tage Planvorsprung zu erreichen. [...]

Sozialistisch lernen wollen wir, indem alle Brigademitglieder ihre theoretischen Kenntnisse über die elektrochemischen Vorgänge in ihren Elektrolyse-Öfen erheblich verbessern. Wir streben für alle Brigademitglieder an, daß sie die Qualifikation der Lohngruppe VI erreichen.

Die Mitglieder unserer Brigade, die Kollegen Nagel, Schröder und Bücher, bereiten sich zur Zeit auf den Abschluß ihrer Meisterschule vor. Ferner wollen wir uns fachlich so qualifizieren, daß alle anfallenden kleineren Reparaturen selbst ausgeführt werden können. Ein Teil der Kollegen wird sich die Kenntnisse eines zweiten Berufes aneignen.

Sozialistisch leben wollen wir, indem sich die ganze Brigade für jeden einzelnen und jeder einzelne für die Brigade als Kollektiv verantwortlich fühlt.

Deshalb werden wir gegen alle Überreste der Arbeitsbummelei und Trinkerei entschieden kämpfen. Wir Mitglieder der Jugendbrigade wollen ständig aus den politischen und fachlichen Erfahrungen klassenbewußter Arbeiter lernen. Wir erstreben, daß die Freunde unserer Brigade das Buch des Monats lesen, um auf diese Weise zu erreichen, daß jedes Mitglied sich eine Hausbibliothek schöngeistiger Literatur zulegt.

Wir wollen uns bemühen, daß unsere Frauen am Leben der Brigade teilhaben. Dazu gehören auch Brigadenachmittage.
Wir wollen uns in wahrer Freundschaft bei der Arbeit, beim Lernen und im Leben gegenseitig helfen. Das ist der Kompaß unserer Brigade für das Jahr 1959.
Wir fordern die Jugendkomplexbrigade »Einheit« unseres Werkes auf, zur Erreichung dieser Ziele mit uns in den sozialistischen Wettbewerb zu treten. Wir wenden uns gleichzeitig an alle Brigaden unserer Republik, zu Ehren des 10. Jahrestages der DDR mit uns einzutreten in den Kampf um den ehrenvollen Titel »Brigade der sozialistischen Arbeit«.

Aufruf der Jugendbrigade »Nikolai Mamai« des Aluminiumwerkes I des Elektrochemischen Kombinates Bitterfeld, Januar 1959 (Auszug). In: BÜHL 1974, S. 137 f.

K/M9: *»Arbeiter erstürmen die Höhen der Kultur«* 24. April 1959

Es ist kein Zufall, daß sich hier in Bitterfeld, im Zentrum der chemischen Industrie, des Industriezweiges, der für die Erfüllung des großen Siebenjahrplanes entscheidend ist, die Brigaden der sozialistischen Arbeit und die Gemeinschaften der sozialistischen Arbeit entwickelt haben. Die Mitglieder der Brigaden, die täglich in den Produktionsbetrieben ihre Kraft und ihre Fähigkeiten für die Durchführung des Chemieprogrammes und unseres Siebenjahrplanes einsetzen, entwickeln sich zu den fortschrittlichsten Menschen, zum *Typ des sozialistischen Arbeiters.* Sie stehen an den Maschinen, sie beherrschen die komplizierten Prozesse der Produktion, sie bilden sich ständig fachlich weiter, sie lesen, ihre Lektüre sind Fachbücher und in immer höherem Maße auch schöngeistige Literatur. Die Mitglieder der Brigaden der sozialistischen Arbeit erwerben sich nicht nur hohe Fachkenntnisse, sondern haben begonnen, die Höhen der Kultur zu erstürmen. Aus dem Arbeiter, der im kapitalistischen Deutschland nur ein Objekt der reaktionären Kulturpolitik der herrschenden Klasse war, dem mit geringen Ausnahmen die kulturellen Güter der Nation bis vor kaum eineinhalb Jahrzehnten verschlossen waren, die Schätze der Weltliteratur vorenthalten wurden, wird immer mehr ein Mensch, der schöpferisch an der Weiterentwicklung unseres gesamten kulturellen Lebens Anteil nimmt. Die kulturellen Ansprüche der Arbeiterklasse und breitester Kreise der Werktätigen sind gewachsen. [...]
Es ist notwendig, daß der Schriftsteller, der das Neue in der Entwicklung der Menschen gestaltet, in Verbindung mit der Lösung der großen Produktionsaufgaben, in Zusammenarbeit mit einer Gruppe von Arbeitern oder auch Angehörigen der technischen Intelligenz – je nachdem wie das Thema ist – diese ganzen Probleme studiert und ausarbeitet. [...] Ich möchte also unterstreichen, daß wir die Aufgaben der Schriftsteller in den Rahmen der sozialistischen Umwälzung, in den Rahmen der Lösung der ökonomischen Hauptaufgabe stellen, die das Ziel hat, das Übergewicht gegenüber Westdeutschland in bezug auf den Pro-Kopf-Verbrauch der Bevölkerung und im Kampf um das wissenschaftlich-technische Weltniveau zu erreichen. Selbstverständlich brauchen wir dieses Tempo der ideologisch-kulturellen Entwicklung der Deutschen Demokratischen Republik nicht etwa nur, um das Leben der Werktätigen

schöner zu gestalten, und deshalb, weil der Sozialismus nicht anders zum Ziel geführt werden kann, sondern auch, *weil wir auf allen Gebieten der Kultur die absolute Überlegenheit gegenüber Westdeutschland in den nächsten Jahren unter Beweis stellen müssen.* Das gilt für alle Zweige der Kunst.

Ulbricht, Walter: Rede vor Schriftstellern, Brigaden der sozialistischen Arbeit und Kulturschaffenden in Bitterfeld, 24. April 1959. In: Neues Deutschland vom 15. Mai 1959.

K/M10: »Greif zur Feder, Kumpel!«
1959

Der 1921 in Reinowitz im Gebiet der jetzigen ČSR geborene Karl Kabelka ist von Beruf Bäcker. Heute arbeitet er als UP[73]-Schweißer im VEB Schiffswerft »Neptun« in Rostock. Auf Grund von 8 eingereichten und zum Teil realisierten Verbesserungsvorschlägen auf dem Gebiet des Elektroschweißverfahrens wurde er 1956 als Neuerer ausgezeichnet. Neben seiner beruflichen Tätigkeit ist er als Volkspolizei-Helfer, Straßenvertrauensmann und in der Nationalen Front tätig.

Obwohl er im Beruf und für die gesellschaftliche Arbeit seine ganze Kraft einsetzt, findet er noch Zeit zum Schreiben. Er ist Volkskorrespondent der *Ostsee-Zeitung*. Etliche seiner Gedichte – dieser literarischen Gattung hat er sich besonders zugewandt – sind im *Werftecho*, in der *Ostsee-Zeitung* und in der *Tribüne* gedruckt worden.

An öffentlichen Leseabenden des Literaturzirkels der Neptunwerft, dessen Mitglied Karl Kabelka ist, war er mit Arbeiten beteiligt.

Schreibende Arbeiter

Wir stehen acht Stunden in den Betrieben
an den Maschinen und auf dem Kran,
und weil auch wir die Heimat lieben,
fangen wir mit dem Schreiben an.

Die Hände, ölverschmiert, greifen zur Feder,
die Zähne leuchten weiß im Gesicht.
Und du willst schreiben, fragt ein jeder,
einen Roman, eine Novelle, ein Gedicht?

Viele Arbeiter schreiben von großen Taten,
welche vollbracht in Stadt und Land,
wie Kollegen und Intelligenz beraten,
wie sie die Pläne erfüllen – Hand in Hand –,

---

73 UP = ungesättigte Polyester.

von der Entwicklung der Jugendbrigaden,
wie sie arbeiten mit großem Elan,
von der Einführung der Neuerermethoden,
von der Arbeit an unserem Siebenjahrplan.

Kabelka, Karl: Schreibende Arbeiter. Biographische Notiz und ein Gedicht. In: GREIF ZUR FEDER, KUMPEL 1959, S. 152 f.

K/M11: Fühmann: »Bitterfelder Weg – eine Formel, die ich nicht liebe« 1. März 1964

Ich möchte daher, sehr geehrter Herr Minister, Ihnen von Überlegungen berichten, die ich in den letzten Monaten über mein eigenes Schaffen angestellt habe.

Wir sprechen oft und mit Recht davon, daß der soziale und der persönliche Auftrag zusammenfallen muß, wenn ein Kunstwerk entstehen soll. Der soziale Auftrag nun ist in den letzten Jahren sehr oft formuliert und sehr leidenschaftlich verfochten worden: Er ist das, was wir mit einer Formel (die nicht zu lieben ich eingestehe) den Bitterfelder Weg nennen.

Wie aber steht es mit dem persönlichen Auftrag. Ich glaube, daß jeder Schriftsteller sich immer wieder besinnen müßte, welche Themen, Stoffe und Genres ihm nach Maßgabe seiner Fähigkeiten, seines Talents, seiner Herkunft und seines Lebensweges am gemäßesten sind und wo er mit seinen spezifischen Ausdrucksmitteln das Beste und Qualifizierteste zu leisten vermag. Dies mag eine Binsenwahrheit scheinen, aber die gesamte öffentliche Kritik und wohl auch unsere Kulturinstitutionen drängen den Schriftsteller nicht in seiner spezifischen Richtung vorwärts, sondern in der Richtung der jeweiligen Tages-, Monats- oder Jahresaktualität, das heißt, sie sehen den Bitterfelder Weg nicht als Auftrag zur Eroberung eines Landes, einer neuen ästhetischen Provinz, sondern als schmalen Weg einer bestimmten Lebensänderung für einen bestimmten Genretyp: Der Schriftsteller gehe in einen Betrieb oder in eine LPG und schreibe dann einen Roman. Viele meiner Freunde und Kollegen sagten nach dem Erscheinen meines »Kabelkrans«[74]: »Jetzt erwarten wir von dir den großen Betriebsroman; du hast mit diesem Buch ein Versprechen gegeben, das du nun einlösen mußt!« Ich räume meinen Freunden dabei ein, daß sie das Wort »Betriebsroman« nicht eng auffassen und es als Abbreviatur gebrauchen, so wie sie etwa Strittmatters »Bienkopp« einen Genossenschaftsroman nennen würden.[75] Auch mir ist diese Konsequenz logisch erschienen, doch nun werde ich diese Freunde und mit ihnen vielleicht die öffentliche Erwartung enttäuschen: Ich werde diesen Roman nicht schreiben. Weder liegt mir der Roman als Genre, noch glaube ich, jemals in der Lage zu sein, die differenzierten Gestalten des Arbeiters heute und hier in ihren Lebensmilieus, ihren Gedanken, Träumen, Wünschen, Sehnsüchten, Glücks- und Leidempfin-

---

74 Fühmann, Franz: Kabelkran und Blauer Peter. Mit Illustrationen von Armin Münch. Rostock 1961.
75 Strittmatter, Erwin: Ole Bienkopp. Berlin 1963.

dungen so prall und poetisch echt darstellen zu können wie dies etwa Strittmatter mit seinen Blumenauern getan hat. Ich kenne sie, die Arbeiter, dafür viel zuwenig, und der üblich gewordene Weg: in einen Betrieb gehen und dort längere, auch lange Zeit mit einer Brigade zu arbeiten oder sich anders umzutun, fügt den ersten schönen und tiefen Erlebnissen der Begegnung von Schriftsteller und Arbeiter zu wenig neue Erlebnisse und Erfahrungen hinzu, als daß sich der große Aufwand an Zeit noch rentiere, und auch wenn man den Betrieb wechselt, wie ich es getan habe, kommt man doch schließlich einmal an eine Grenze, die nicht mehr zu überschreiten ist, obwohl jenseits noch weites Land liegt. Letzten Endes ist man bei aller freundlichen, ja freundschaftlichen, ja herzlich-erwartungsvollen Aufnahme, die mir und anderen überall zuteil wurde, doch eben nur ein Außenstehender, der auf die Dauer der Brigade zur Last fällt, wenngleich sie das auch nicht eingesteht. [...] Ich möchte auch gern weiterhin einen Kontakt, über dessen Form ich mir allerdings noch nicht im klaren bin, halten. Ich halte es aber in meinem Fall für falsch, dies Bemühen rein quantitativ fortzusetzen: Man geht in eine Brigade und noch in eine und noch in eine und noch – dabei kommt nicht viel heraus.

Fühmann, Franz: Brief an den Kulturminister Hans Bentzien, 1. März 1964. In: KOHN 1964, S. 34–46.

K/M12: *Cremer gegen Dogmatismus in der Kulturpolitik 1964*

Wir brauchen eine Art XX. oder XXII. Parteitag auf dem Gebiet der Kultur. Wir brauchen – sowenig dies zunächst anwendbar, sosehr es ja sogar sinnwidrig erscheint – auch auf dem Gebiet der Kunst die Wiederherstellung Leninscher Normen. [...] Wir brauchen auf dem Gebiet der Kultur und Kunst offenere und differenziertere Verhaltensweisen im praktischen und theoretischen Bereich. Und wir brauchen keine Verhaltensweisen, die jeder kleinsten Regung von irgend etwas Neuem, Unbekanntem mit politischen Verdächtigungen begegnen. Wir brauchen wahrhaftig und tatsächlich die Abschaffung dieses dogmatischen Teufels. Wir brauchen die Abschaffung der schlagwortartigen Anwendung der Worte und Begriffe wie Abstraktionismus, Formalismus, Dekadenz, Meisterschaft, Schönheit usw. usf. Wir brauchen echte Untersuchungen in dieser Richtung und erklärende Begründungen bei der Anwendung dieser Begriffe. Die Anwendung dieser Begriffe ist noch lange keine ästhetische Theorie und am wenigsten eine marxistische Theorie. Eine solche Praxis werden wir eines Tages gezwungen sein als Theorie der Dummheit und Unwissenheit zu bezeichnen. Deshalb brauchen wir ihre Abschaffung. [...]

Wir brauchen keine Kunst, in der Beschlüsse, Aufrufe und Dekrete über diese zum Ausdruck kommen, die den Künstler vom Aufruf zum Termin einer Ausstellung bis zum nächsten Aufruf und Termin torkeln lassen, sondern wir brauchen eine Kunst, die der eigenen Verantwortung und möglichst den marxistisch-leninistischen Erkenntnistheorien entspricht und das Recht hat, auf diese Veränderungen schöpferisch zurückzublicken. [...] Wir brauchen eine Kunst, die die Menschen zum Denken veranlaßt, und wir brauchen keine Kunst, die ihnen das Denken abnimmt. [...] Brauchen wir einen »Realismus ohne Ufer«? Ich weiß es nicht [sic!], wieso hier etwas Realistisches gefährlich sein soll. Das verstehe ich wahrhaftig nicht. Wenn man beim ausdrücklichen Betonen des Wortes »realistisch« bleibt und bei der Abgrenzung das Irrealistische als etwas Mystisches betrachtet, so erübrigt sich wohl das wütende Geschrei hierüber. Wenn wir von der Notwendigkeit des Realismus in der Kunst sprechen, so wird die schöpferische Kraft des einen oder anderen Künstlers die Ufer übertreten, ganz gleich, ob wir nun diese Übertretung genehmigt haben oder nicht. Warum haben wir nur so eine furchtbare Angst vor uns selbst? [...]

Wir brauchen die Befreiung von auf Forderungen des Tages und Pseudoerkenntnissen aufgebauten Theorien in der bildenden Kunst, nach denen einmal die Glanzlichter auf den Stiefeln Stalins als »Treue des Details«, die im Fotografismus endet, dann Feuerbachsche Romantik als mißverstandenes klassisches Erbe, ein andermal aufgeblasene Muskelprotze, halbimpressionistisches Genregetue, viertelmodernistische Koketterien mit anthroposophischem Einschlag usw. usf. als Sozialistischer Realismus angepriesen werden. In diesen verschiedenen Perioden befand sich der tätige Künstler dem absolutistischen, dummdreisten Auftreten der jeweiligen Erfinder dieser sogenannten Theorien gegenüber, und am Ende solcher Auseinandersetzungen hatte der Künstler sich die hämische Frage anzuhören, in der auch schon die verhöhnende Antwort des sogenannten Theoretikers enthalten war, ob er sich nun einbilde, daß auch die Kunst von ihm, dem Kritiker, geschaffen würde. O nein, die Kunst müsse er schon selber machen.

Cremer, Fritz: Rede auf dem V. Kongreß des VBKD im Kulturhaus des Werkes für Fernsehelektronik, Berlin Oberschöneweide, 1964. In: MUSEUMSPÄDAGOGISCHER DIENST 1991, S. 52–55.

K/M13: *Honecker kritisiert »schädliche Tendenzen« in der Kunst*
Dezember 1965

Unsere DDR ist ein sauberer Staat. In ihr gibt es unverrückbare Maßstäbe der Ethik und Moral. [...] In einigen während der letzten Monate bei der DEFA produzierten Filmen, »Das Kaninchen bin ich« und »Denk bloß nicht, ich heule«, im Manuskript des Bühnenwerkes »Der Bau«, veröffentlicht in *Sinn und Form*, in einigen Fernsehproduktionen und literarischen Veröffentlichungen zeigen sich dem Sozialismus fremde, schädliche Tendenzen und Auffassungen. In diesen Kunstwerken gibt es Tendenzen der Verabsolutierung der Widersprüche, der Mißachtung der Dialektik der Entwicklung, konstruierte Konfliktsituationen, die in einen ausgedachten Rahmen gepreßt sind. Die Wahrheit der gesellschaftlichen Entwicklung wird nicht erfaßt. Der schöpferische Charakter der Arbeit der Menschen wird negiert. Dem einzelnen stehen Kollektive und Leiter von Partei und Staat oftmals als kalte und fremde Macht gegenüber. Unsere Wirklichkeit wird nur als schweres, opferreiches Durchgangsstadium zu einer illusionären schönen Zukunft – als »die Fähre zwischen Eiszeit und Kommunismus« (Heiner Müller: »Der Bau«) angesehen. [...]

Wir sind selbstverständlich nicht gegen die Darstellung von Konflikten und Widersprüchen, wie sie beim Aufbau des Sozialismus auftreten. Wir sind nicht für eine oberflächliche Widerspiegelung der Wirklichkeit. Uns geht es um den parteilichen Standpunkt des Künstlers bei der politischen und ästhetischen Wertung der Wirklichkeit und damit auch um sein aktives Mitwirken bei der Darstellung der Konflikte und ihrer Lösungen im Sozialismus.

Die Orientierung auf die Summierung von Fehlern, Mängeln und Schwächen wird von Kreisen genährt, die daran interessiert sind, gegenüber der Politik der DDR Zweifel zu erwecken und die Ideologie des Skeptizismus zu verbreiten. Zu diesen Kreisen gehört zum Beispiel Wolf Biermann. In einem Gedichtband, der im Westberliner Wagenbach-Verlag erschien, hat Biermann die Maske fallen lassen. Im Namen eines schlecht-getarnten spießbürgerlich-anarchistischen Sozialismus richtet er scharfe Angriffe gegen unsere Gesellschaftsordnung und unsere Partei. Mit seinen von gegnerischen Positionen geschriebenen zynischen Versen verrät Biermann nicht nur den Staat, der ihm eine hochqualifizierte Ausbildung ermöglichte, sondern auch Leben und Tod seines von den Faschisten ermordeten Vaters.

Honecker, Erich: Bericht des Politbüros an das 11. Plenum des ZK der SED, Dezember 1965. In: Neues Deutschland vom 16. Dezember 1965.

K/M14: »Spur der Steine« verzerrt sozialistische Wirklichkeit
6. Juli 1966

Unter der Regie von Frank Beyer entstand nach Motiven des gleichnamigen Romans von Erik Neutsch der Film »Spur der Steine«.

Die Handlung ist auf einer sozialistischen Großbaustelle unserer Republik angesiedelt. In ihrem Mittelpunkt stehen Arbeiter, Parteifunktionäre und Angehörige der Intelligenz. Die Spuren der Steine, so konnten wir erwarten, sind die Schicksale von Menschen, die im Werk ihrer Hände eigene und die Größe der sozialistischen Gesellschaft entdecken. Die Behandlung eines bedeutenden zeitgenössischen Themas deutete sich an.

Der Film »Spur der Steine« wird der Größe seines Themas nicht gerecht. Er gibt ein verzerrtes Bild von unserer sozialistischen Wirklichkeit, dem Kampf der Arbeiterklasse, ihrer ruhmreichen Partei und dem aufopferungsvollen Wirken ihrer Mitglieder.

Das sozialistische Aufbauwerk der vergangenen zwanzig Jahre ist ohne die mobilisierende und führende Kraft der Partei nicht denkbar. Aber der Film »Spur der Steine« reduziert, durch seine Begrenzung auf einen Dreieckskonflikt, das Wirken der Parteiorganisation einer Großbaustelle betont vordergründig auf die Auseinandersetzung über das moralische Versagen eines Parteisekretärs. Ein merkwürdiger Schematismus macht sich in diesem Film breit. Mitglieder der Partei der Arbeiterklasse werden im Widerspruch zur Wirklichkeit fast ausnahmslos als unentschlossene Menschen oder Opportunisten geschildert, die hinter den Anforderungen des Lebens zurückbleiben und das Neue nicht erfassen. [...]

Welche Verantwortung und welche Pflicht zur künstlerischen Wahrheit übernimmt ein sozialistischer Künstler, wenn er Arbeiter auf die Leinwand bringt. Doch es gibt in diesem Film kaum einen Arbeiter, der einen klaren Klassenstandpunkt bezieht, der weiß, was die sozialistische Gesellschaft von ihm erwartet, der sich im Prozeß des sozialistischen Aufbaus wandelt. [...] Der Film erfaßt nicht das Ethos, die politisch-moralische Kraft der Partei der Arbeiterklasse und der Ideen des Sozialismus, bringt dafür aber Szenen auf die Leinwand, die bei den Zuschauern mit Recht Empörung auslösten.

Konrad, Hans: »Spuren der Steine? Zu einem Film von Frank Beyer«. Filmkritik. In: Neues Deutschland vom 6. Juli 1966.

K/M15: *Neues Deutschland zur Ausbürgerung: »Biermann verletzte Treuepflicht«*
17. November 1976

Wie aus obenstehender Mitteilung hervorgeht,[76] ist Wolf Biermann die Staatsbürgerschaft der Deutschen Demokratischen Republik aberkannt worden. Er befindet sich gegenwärtig in der BRD, und die Tore zur DDR werden für ihn in Zukunft verschlossen sein.

Weshalb wurde diese Maßnahme notwendig? Am 13. November trat er in einer Massenveranstaltung in der Kölner Sporthalle auf, die vom Fernsehen und Rundfunk der BRD verbreitet wurde. Er hat den Abend ganz allein bestritten und ein Programm gestaltet, das sich ganz bewußt und gezielt gegen die DDR und gegen den Sozialismus richtete. Was er dort, noch als DDR-Bürger und in einem kapitalistischen Land, an Haß, an Verleumdungen und Beleidigungen gegen unseren sozialistischen Staat und seine Bürger losgelassen hat, macht das Maß voll. Schon jahrelang hat er unter dem Beifall unserer Feinde sein Gift gegen die DDR versprizt. Dabei wurde er von den gehässigen Gegnern der DDR noch angestachelt und hochgejubelt. Unser sozialistischer Staat hat mit diesem Treiben viel Geduld gehabt, eher zuviel als zuwenig. Die Szene, die sich in Köln abgespielt hat, verlangte eine angemessene Antwort.

Was er dort sang, rezitierte und zusammenredete, das waren massive Angriffe gegen unseren sozialistischen Staat, gegen unsere sozialistische Gesellschaftsordnung. Es enthielt die Aufforderung, diese Ordnung in der DDR zu beseitigen. Er beleidigte aufs gröbste die Bürger der DDR, von den Arbeitern in den Betrieben bis zur Führung der Partei und des Staates. Er verstieg sich dort zu der Erklärung: »Ich bin zu jeder Schandtat bereit.« Sein Auftritt hat das in der Tat bestätigt. [...]

Biermann, der links zu fahren vorgibt, steht in Wahrheit rechts. Er diffamierte, wie das Organ der Deutschen Kommunistischen Partei schrieb, nicht nur den realen Sozialismus, sondern auch seine Erbauer. Wörtlich erklärte er in Köln: »In der DDR gibt es eine hochentwickelte Form der Selbsthilfe der Arbeiter, nämlich daß sie sich persönlich bereichern, daß sie klauen, dort, wo sie arbeiten.« Was wir geschafft haben, das ist in erster Linie das Werk der Arbeiter. Biermann hat dazu jedenfalls nicht

---

76 Der Autor bezieht sich auf die hier nicht wiedergegebene Pressemitteilung zur Ausbürgerung Wolf Biermanns, die am gleichen Tage veröffentlicht wurde. Vgl. Neues Deutschland vom 17. November 1976.

beigetragen. Dafür bringt er es fertig, die Arbeiterklasse, deren Leistungen bei uns hoch geehrt werden, zu beschimpfen, Die Arbeiter in der DDR brauchen keinen »Dichter«, der ihnen andichtet, sie wären Gauner und Diebe.

Um den Grad der Unverschämtheit dieses sogenannten Liedermachers zu ermessen, muß man sich vergegenwärtigen, auf welcher Bühne sich das alles abgespielt hat, nämlich in einem kapitalistischen Land, in der BRD. Daß dort die kapitalistische Ausbeutung noch immer fortdauert, daß Unsicherheit, Arbeitslosigkeit, Kurzarbeit, Inflation die werktätigen Menschen quält, daß jede progressive Betätigung bespitzelt und mit Repressalien belegt wird, daß alles stört Biermann nicht.

Er befindet sich in der Front derer, die ihre Hetzkampagne, ihre psychologische Kriegführung gegen die DDR wieder auf eine Höhe getrieben haben, die hinter der Zeit des kalten Krieges kaum noch zurücksteht. In dieser Front ist er einer unter vielen, ganz konform und kaum zu unterscheiden. Er verschwindet in der dunklen Masse der antikommunistischen Krakeeler.

Zur Staatsbürgerschaft gehört eine Treuepflicht gegenüber dem Staat. Das ist nicht nur in der DDR so. Biermann hat diese Treuepflicht bewußt und ständig grob verletzt. Die Konsequenzen daraus wurden entsprechend dem Staatsbürgerschaftsgesetz der DDR gezogen. Biermann hatte einst, aus der BRD kommend, die Staatsbürgerschaft der DDR erhalten, nun hat er sie durch seine eigene Schuld, durch sein feindliches Auftreten gegen unseren sozialistischen Staat, wieder verloren.

Die Arbeiterbewegung hat es immer wieder mit Leuten zu tun gehabt, die innen ganz schwarz waren, sich aber eine rote Mütze aufgesetzt hatten. Für die Betreffenden ging das meistens nicht lange gut, den Sozialismus hat es nicht aufgehalten.

Kertzscher, Günter: Angemessene Antwort auf feindseliges Auftreten gegen DDR. In: Neues Deutschland vom 17. November 1976.

K/M16: *Protest der Schriftsteller gegen die Biermann-Ausbürgerung* 17. November 1976

Wolf Biermann war und ist ein unbequemer Dichter – das hat er mit vielen Dichtern der Vergangenheit gemein.

Unser sozialistischer Staat, eingedenk des Wortes aus Marxens »18. Brumaire«, demzufolge die proletarische Revolution sich unablässig selber kritisiert, müßte im Gegensatz zu anachronistischen Gesellschaftsformen eine solche Unbequemlichkeit gelassen nachdenkend ertragen können.

Wir identifizieren uns nicht mit jedem Wort und jeder Handlung Biermanns und distanzieren uns von Versuchen, die Vorgänge um Biermann gegen die DDR zu mißbrauchen. Biermann selbst hat nie, auch nicht in Köln, Zweifel daran gelassen, für welchen der beiden deutschen Staaten er bei aller Kritik eintritt.

Wir protestieren gegen seine Ausbürgerung und bitten darum, die beschlossene Maßnahme zu überdenken.

Sarah Kirsch, Christa Wolf, Volker Braun, Franz Fühmann, Stephan Hermlin, Stefan Heym, Günter Kunert, Heiner Müller, Rolf Schneider, Gerhard Wolf, Jurek Becker, Erich Arendt: Offener Brief vom 17. November 1976. In: Frankfurter Rundschau vom 23. November 1976.

K/M17: *Protestschreiben des Philosophen Wolfgang Heise*
18. November 1976

Zur Biermannaffäre und ihren voraussagbaren Folgen Stellung zu nehmen, wähle ich diesen Weg – nicht ohne ein Gefühl der Vergeblichkeit. Es geht dabei nicht nur um Biermann.

Ich halte die Maßnahme seiner Ausbürgerung in Inhalt und Form für schädlich. Sie hat nach innen Vertrauen zerstört, eine Kluft aufgerissen, die zu überwinden wir uns doch bemühten, und dieser eine Tiefe und Breite gegeben, die sie in ihrer gewiß vorhandenen Latenz nicht hatte. Konfrontationen wurden provoziert, die im Grunde – gerade weil die Machtverteilung so eindeutig – nicht austragbar sind.

Nach außen hin – abgesehen vom Festessen für die Propaganda des Westens – wurde politisch-moralische Glaubwürdigkeit abgebaut, dafür entstand der Eindruck, ein Konformismus polizeistaatlicher Prägung sei in unserer Republik Zwangsnorm.

Biermann selbst, den ich nicht überschätze, in der Versteinerung seiner Anfänge vor 14 Jahren, mit den damaligen Illusionen und Erwartungen, unfreiwillig tragikomisch mit dem verzweifelten, doch ehrlich gemeinten Gestus des »Ich lasse Dich nicht, Du segnest mich denn« – er ist ein Produkt unserer Republik und Behandlungen. Aber ein Feind, der auszubürgern? Sind wir so schwach? So argumentslos? Zumal die positiven Argumente, die Dr. K. im ND-Kommentar für unsere Republik vortrug, auch von Biermann auf seiner Veranstaltung vorgetragen wurden.

Daß die Situation, in der Biermann war, ihn in alle möglichen Intrigen etc. verwickeln mußte – ja, was erwarten wir denn für eine schweigende, übermenschliche Frömmigkeit von einem, der seine Lieder singen wollte, dafür Publikum suchte und fand?

Hat nun Biermanns Auftreten oder das Verbot seiner Rückkehr die DDR mehr Sympathien gekostet? Das Auftreten, meine ich, keine. Die öffentlichen Proteste, eine neue Erscheinung bei uns, resultieren sie nicht aus dem Mangel an öffentlichem Leben, Diskussion, Auseinandersetzung, die in unseren Ritualen zwischen Feier und Belehrung nicht vorhanden sind? Unser Ideal ist doch kein brav singender heiterer Chor – oder die Gemütsbedürfnisse derjenigen, die in pur exekutiver Existenz zufrieden sind.

Die jetzt für Biermann eintreten, treten nicht für sein Programm in dessen Verworrenheit ein. Ihre Sorge gilt der möglichen Dominanz polizeilich-militärischen Denkens. Sie ist nicht unbegründet. Ich halte ihre Stellungnahme für den Ausdruck einer Solidarität, die eine positive und produktive moralisch-politische Erscheinung ist: Ausdruck eines gereiften Bewußtseins der Mitverantwortung für politische Entscheidungen der Partei- und Staatsführung. Das gilt auch dann, wenn die Westpresse Kapital daraus zu schlagen sucht, manch falscher Freund sich anschließt oder Beifall klatscht.

Mir scheint es nötig, damit die Situation sich nicht weiter zuspitzt oder zum lähmenden Stau wird, zu einem offenen kollektiven Gespräch zu kommen – innerhalb der Partei und der Öffentlichkeit, nicht unter dem Aspekt der Belehrung von oben, sondern des Weckens und der Entwicklung bewußter gesellschaftlicher Aktivität – etwa im Sinne der Intentionen des leider in Vergessenheit geratenen Jugendkommuniqués. Das löst keine Probleme, öffnet aber den Raum dafür.

Ich sehe ein Zunehmen der Kluft zwischen Oben und Unten, zunehmenden Widerspruch zwischen Ideologie und Wirklichkeit, öffentlichem Rollenspiel und privatem Verhalten, zwischen dem, was alle wissen, und dem, was sie sagen, Müdigkeit und Subjektivismus in kulturell-geistigen Bereichen, was nicht aus diesen selbst zu erklären ist. Ich sehe Konflikte zunehmen, die aus dem Bewußtsein und der Erfahrung eines bloßen Objektseins – »derer da oben«, der Institutionen, Verhältnisse etc. erwachsen – und die gekontert werden mit jenem Subjektivismus, der die Spontaneität der Wirkung objektiver Bedingungen, Lebensumstände etc. auf bösen Willen oder ideologische Unklarheiten zurückführt. Wie sprechend sind nicht in dieser Hinsicht die verschiedenen Nostalgien, privaten Glücksurrogate etc., die melancholische Gestimmtheit der jungen Poetengeneration! Die Sinngebungen, die wir gesellschaftlich und offiziell proklamieren, erscheinen als bloßes Wort älterer Leute, die es geschafft haben.

Bei allen objektiven Zwangsläufigkeiten unserer Entwicklung – aus Ökonomie, geschichtlicher Konstellation etc. stammend, trotz der relativen Kleinheit des Spielraumes – scheint mir doch dieser im politischen wie kulturellen Bereich weder ausgeprobt noch erschöpft. Wie anders als durch kollektiv bewußte, d. h. nicht administrierte, gemeinsam gewollte Anstrengung ist die Produktion von Widersprüchen, von denen ich einige genannt, zu bemeistern: Ich sehe nicht, wie wir sonst mit der langsam wachsenden Akkumulation ideologischer Aushöhlung fertig werden können. Ideologie lebt ja nicht als gelernter Bewußtseinsinhalt, nicht als parates Bekenntnis, sondern nur als praktizierte Beziehung und Tätigkeit.

Da das Wirkliche nicht das Mögliche, da wir auch nicht in einer vom Weltgeist gesteuerten Geschichtsmaschine sitzen, schrieb ich diesen Brief, mit dem Risiko, als Narr meiner Vernunftromantik dastehen zu können.

Brief von Prof. Dr. Wolfgang Heise an Kurt Hager, 18. November 1976. In: Humboldt Universität zu Berlin, Archiv Wolfgang Heise, Sign. II-1.1./3.

K/M18: *Rockmusiker und Liedermacher fordern öffentlichen Dialog*
18. September 1989

Wir, die Unterzeichner dieses Schreibens, sind besorgt über den augenblicklichen Zustand unseres Landes, über den massenhaften Exodus vieler Altersgenossen, über die Sinnkrise dieser gesellschaftlichen Alternative und über die unerträgliche Ignoranz der Staats- und Parteiführung, die vorhandene Widersprüche bagatellisiert und an einem starren Kurs festhält. Es geht nicht um »Reformen, die den Sozialismus abschaffen«, sondern um Reformen, die ihn weiterhin in diesem Land möglich machen. Denn jene momentane Haltung den existierenden Widersprüchen gegenüber gefährdet ihn.

Wir begrüßen ausdrücklich, daß Bürger sich in basisdemokratisch orientierten Gruppen finden, um die Lösung der anstehenden Probleme in die eigene Hand zu nehmen; dieses Land braucht die millionenfache Aktivierung von Individualität; die alten Strukturen sind offenbar kaum in der Lage dazu. So haben wir den Aufruf des *Neuen Forum* zur Kenntnis genommen und finden in dem Text vieles, was wir selber denken, und noch mehr, was der Diskussion und des Austausches wert ist. Wir halten es für überfällig, alte Feindschaften und Vorbehalte abzubauen und zu überwinden. Es ist nun wichtig, daß der politische Wille großer Teile der interessierten Bevölkerung eine positive Entsprechung »von oben« findet. D. h. auch Anerkennung dieser Gruppen, ihre Tolerierung und Einbeziehung in das Gespräch und in die Gestaltung dieser Gesellschaft, wie es die Verfassung der DDR mit ihren Bestimmungen gebietet. Dieses unser Land muß endlich lernen, mit andersdenkenden Minderheiten umzugehen, vor allem dann, wenn sie vielleicht gar keine Minderheiten sind.

Das Anwachsen rechtsextremer und konservativ-nationaler Elemente auch bei uns, das Beliefern gesamtdeutscher Anschauungen ist ein Ergebnis fehlenden Reagierens auf angestaute Widersprüche und historisch unverarbeitete Tatsachen. Linke Kräfte fallen dieser Politik des Festhaltens erneut zum Opfer. Wir wollen in diesem Land leben, und es macht uns krank, tatenlos mit ansehen zu müssen, wie Versuche einer Demokratisierung, Versuche der gesellschaftlichen Analyse kriminalisiert bzw. ignoriert werden. Wir fordern jetzt und hier sofort den Dialog mit allen Kräften. Wir fordern eine Öffnung der Medien für diese Probleme. Wir fordern Änderung der unaushaltbaren Zustände. Wir wollen uns den vorhandenen Widersprüchen stellen, weil nur durch ihre Lösung und nicht durch die Bagatellisierung ein Ausweg aus dieser Krise möglich sein wird. Feiges Abwarten liefert gesamtdeutschen Denkern Argumente und Voraussetzungen.
Die Zeit ist reif. Wenn wir nichts unternehmen, arbeitet sie gegen uns!
[U. a. unterzeichneten Gerhard Schöne, André Herzberg, Hans-Eckardt Wenzel, Jürgen Ehle, Toni Krahl, Tamara Danz, Frank Schöbel, Rüdiger Barton, Herbert Junck, Hans-Jürgen Reznicek, Uwe Hassbecker, Jürgen Abel, Lutz Kerschowski, Jürgen Eger, Angelika Weiz, Conny Bauer, Wolfgang Fiedler, Kurt Demmler, Norbert Bischoff]
Verteiler:
ADN, ND, JW, FDGB, Ferns. d. DDR, Rundf. d. DDR, ZK d. SED, MfK, Staatsrat, GD b. Kom. f. UK, Volkskammer, Schriftstellerverband, VBK, FDJ, Theaterverband, VdJ, MfS, MdI

Resolution von Rockmusikern und Liedermachern zur inneren Situation und zum Aufruf des Neuen Forums, 18. September 1989. In: Der Morgen vom 18. Oktober 1989.

K/M19: *Losungen der Wende*
4. November 1989

Haben Sie schon gewendet? / 1949–1989 Presse, wo warst Du? / Verfassung ist keine Auslegware! / Keine Gewalt! / Konsequente Durchführung der Oktoberrevolution! / Staatssicherheit! Raus aus der Presse, rein in die Produktion! / Wende statt Wände / Kein Artenschutz für Wendehälse! / Krenz Xiao Ping? Nein danke! Reformer an die Macht! / Aus dem russischen Funken wird eine deutsche Flamme! [Arbeiterlosung aus den zwanziger Jahren] / Ein waches Volk ist die beste Staatssicherheit! / Medien aus Privatbesitz in Volkeshand / Egon – wir sind nicht die Olsenbande! / Freies Wort an jedem Ort / Zensur ist Unkultur / Mode '89 – Wendejacken / China, Knüppel, Wahlbetrug – Egon Krenz es ist genug! / Am Anfang war das Wort – am Ende die

Phrase! / Frei sein wie ein Vogel / Rechtsschutz ist die beste Staatssicherheit / Links um zum Rechtsstaat / Kompetenz statt Parteibuch / Freie Waldorf-Schulen / Entsesselt die Ärsche / Keine Krenzbefestigung / Wir lassen uns nicht auskrenzen / Die Armee reduziert, wann folgen die Krenztruppen? / Neues Denken in alten Köpfen? / Wer ewig schluckt, stirbt von innen / Für eine Wirtschaft, welche die Länder der 3. Welt nicht noch weiter verarmen läßt / Egons Rechenheft: $100 - 20 = 98{,}9$ / Glaube keiner Statistik, die du nicht selbst gefälscht hast / Wartezeiten: Auto 15 Jahre, Telefon 20 Jahre, demokratische Wahlen 40 Jahre – jetzt ist Schluß. Auch darum Neues Forum / Nie wieder vorwärts in die Vergangenheit! / Visafrei bis Hawaii / Stell Dir vor, hier ist Sozialismus und keiner geht weg / Aneinandergereihte Phrasen ergeben noch keine Linie / Statt Phrasnost Glasnost / Rücktritt ist Fortschritt / Lieber eine Wanze im Bett, als eine in der Steckdose / Wendehals, ich hör dir trapsen / Tschüs! [unter einer Zeichnung mit dem symbolischen Händedruck des Vereinigungsparteitages von KPD und SPD]

Losungen auf Transparenten und Spruchbändern, gezeigt auf der Demonstration in Berlin am 4. November 1989. In: HAHN et al. 1990, S. 12–111.

K/M20: *Vorschläge zum Umgang mit Geschichte*
September 1990

Ich bin Maler und nach der Wende Präsident des Verbandes bildender Künstler. [...] Ich komme aus einer Kleinstadt zwischen Berlin und Dresden, da gibt es nur eine Hauptstraße, die hieß mal Bismarckstraße, die hieß mal Wilhelmstraße, die hieß mal Hindenburgstraße, die hieß mal Hitlerstraße, dann hieß sie Berliner Straße, dann hieß sie Stalinstraße, jetzt heißt sie wieder Berliner Straße. Ich würde mich freuen, wenn an ausgewählten Beispielen in vielen Städten an dieser Stange, wo die Schilder hängen, alle bisherigen Namen hingen. So gibt es ein unmittelbares Geschichtsbewußtsein vor jeder Schultür.

Ich habe noch einen zweiten Vorschlag. Bei uns geistert jetzt sehr stark das Abräumen von Denkmalen herum. Ich war nie dafür. Hier wird die politische Diskussion mit der kulturellen sehr durcheinander gebracht. Ich wäre dafür, daß man zu jeder Zeit immer die neue Haltung dazugestellt hätte, so daß eine historische Collage entsteht. Dann könnten wir in einen Austausch historischer Collagen in allen Ländern eintreten.

SCHRÖDER 1992, S. 43f.

2. »Kulturnation DDR«

K/M21: *Grotewohl zur Einheit der Kultur*
22. März 1950

Es geht um die Existenz der deutschen Kultur, die nicht geteilt werden kann. Unser Ziel ist die Pflege und Weiterentwicklung einer wahren, edlen Kultur der Nation. Zu dieser Nation gehören für uns auch die Menschen im Westen unserer Heimat. Deshalb unsere entschiedene Abwehr gegen den Amerikanismus und seine hervorstechendste Ideologie, den Kosmopolitismus. Mit seiner Hilfe wird der Versuch unternommen, die nationalen Widerstandskräfte europäischer Völker zu brechen, um sie für die Welteroberungspläne amerikanischer Imperialisten einspannen zu können.

Daß bei solchen Plänen das nationale Bewußtsein und die nationale Widerstandskraft gegen eine Kolonisierung und Überfremdung, gegen eine Kriegsvorbereitung zunächst einmal von innen her untergraben werden muß, scheint allerdings verständlich.

Von hierher also ist alles das, was an Kulturverrat in Westdeutschland geschieht, begreiflich. An Stelle von lebensbejahender, vorwärtsweisender Kultur werden Ausweglosigkeit, Pessimismus und Barbarei gesetzt. Der *Telegraf* erklärt – und er kann es bestimmt beurteilen – : »Westdeutschland und Westberlin tanzen Samba und Raspa. Packt uns ihr Rhythmus, dann werden die Menschen gleich massenhaft weich in den Knien.« Solche Menschen braucht die amerikanische Kriegsvorbereitung. Wer mit festen Schritten nationalen Selbstbewußtseins geht, wird schwer für amerikanische Kriegsziele einzuspannen sein.

Grotewohl, Otto: Rede auf der 13. Tagung der Volkskammer, 22. März 1950 (Auszug). In: Neues Deutschland vom 23. März 1950.

K/M22: *Zwei Staaten – zwei Kulturen*
April 1967

Der Existenz von zwei Staaten in Deutschland entsprechen zwei verschiedene herrschende Kulturen, die einander unversöhnlich gegenüberstehen. Mit der entwickelten sozialistischen Gesellschaft schaffen wir systematisch und planmäßig die unserer Ordnung gemäße sozialistische Kultur, die frei sein muß von allen Einflüssen imperialistischer Ideologie und Unkultur. Jene geistlosen und dekadenten Produkte der Unterhaltungskunst, wie sie zur Verdummung und Manipulierung der Menschen von den die kulturellen Bereiche beherrschenden Monopolen in Westdeutschland produziert werden, sind mit der sozialistischen Kultur ebenso unvereinbar wie die philosophischen oder ästhetischen Auffassungen der spätbürgerlichen Kultur. [...] Die leitenden Organe der Partei haben vor allem die Einhaltung der politischen Grundlinie dieser Konzeption zu vertreten und bei den allgemeinen wie den einzelnen Erscheinungen der Kultur den ideologischen und politischen Gesichtspunkten vor den rein ästhetischen den Vorzug zu geben, ohne dabei die Forderung hoher Meisterschaft aufzugeben.

Wie es die Partei vor Jahren verstanden hat, nicht nur die Massen ihrer Mitglieder, sondern auch Hunderttausende von Parteilosen zum Studium der Politischen Ökonomie und wichtiger Standardwerke des Marxismus-Leninismus zu bewegen oder sie in Massen zum Besuch politisch besonders wichtiger und künstlerisch hochwertiger Filmveranstaltungen oder anderer Aufführungen anzuregen, so ist die Zeit gekommen, jetzt ein für allemal die Anerkennung der Kultur als eines entscheidenden Hebels für die gesamte sozialistische Entwicklung durchzusetzen.

Ulbricht, Walter: Rede auf dem VII. Parteitag der SED, April 1967 (Auszug). In: Neues Deutschland vom 18. April 1967.

K/M23: *Sozialistische Nationalkultur der DDR – Teil der sozialistischen Weltkultur*
19. Juni 1980

Neuerdings redet man in der BRD wieder viel von der angeblichen »einheitlichen deutschen Kultur«. Die Einheitlichkeit soll auf Geschichte und Sprache gegründet sein. Sie wird auch mit einer bloßen Aufzählung von Schriftstellern beider deutscher Staaten begründet. Hier wird Kultur gänzlich – und dies ist wohl beabsichtigt – von der jeweiligen Gesellschaftsordnung getrennt. Es wird von ihrem ideellen Gehalt, ihrer Thematik, ihrer sozialen Stellung und Wirkung abstrahiert. Das erlaubt es, die Behauptung von der »Einheit der Kultur« oder einer »Kulturgemeinschaft« aufzustellen. Doch mit solchen »Argumenten« lassen sich historische Tatsachen nicht aus der Welt schaffen. Es ist eine unwiderlegbare Tatsache, daß in der DDR durch die antifaschistisch-demokratische Umwälzung und den Aufbau des Sozialismus auch eine Literatur und Kunst entstanden ist, die durch die Ideen des Friedens, des Humanismus, des Sozialismus geprägt wird. Es ist eine eigenständige sozialistische Nationalkultur der DDR entstanden. Diese Kultur ist Teil der sich entwickelnden sozialistischen Weltkultur. Sie ist solidarisch verbunden mit allen progressiven, humanistischen Strömungen in der Literatur und Kunst der BRD. [...]

Im übrigen muß man um der historischen Wahrheit willen eine weitere Tatsache feststellen, daß es in der deutschen Geschichte seit dem Mittelalter stets zwei entgegengesetzte Strömungen in Literatur und Kunst gegeben hat, die progressive, demokratische und humanistische, realistische, proletarisch-revolutionäre und sozialistische Strömung auf der einen Seite und die reaktionäre, dem Humanismus feindliche, die Ausbeuterherrschaft verteidigende, ja die faschistische Strömung auf der anderen Seite. Soviel zum Thema. In Wirklichkeit nährt diese Losung von der angeblichen »Einheitlichkeit der deutschen Kultur« nur die illusionären Hoffnungen jener Kreise, die sich immer noch nicht mit den historischen Gegebenheiten, mit der Existenz eines sozialistischen deutschen Staates abfinden können.

Hager, Kurt: Schlußwort auf der zentralen Parteiaktivtagung im Kulturbund der DDR in Berlin, 19. Juni 1980. In: Sonntag vom 29. Juni 1980.

K/M24: *Einigungsvertrag zur Einheit der Kultur*
31. August 1990

Kapitel VIII
Kultur, Bildung und Wissenschaft, Sport
Artikel 35 Kultur
(1) In den Jahren der Teilung waren Kunst und Kultur – trotz unterschiedlicher Entwicklung der beiden Staaten in Deutschland – eine Grundlage der fortbestehenden Einheit der deutschen Nation. Sie leisten im Prozeß der staatlichen Einheit der Deutschen auf dem Weg zur europäischen Einigung einen eigenständigen und unverzichtbaren Beitrag. Stellung und Ansehen eines vereinten Deutschlands in der Welt hängen außer von seinem politischen Gewicht und seiner wirtschaftlichen Leistungskraft ebenso von seiner Bedeutung als Kulturstaat ab. Vorrangiges Ziel der Auswärtigen Kulturpolitik ist der Kulturaustausch auf der Grundlage partnerschaftlicher Zusammenarbeit.

Vertrag zwischen der Bundesrepublik Deutschland und der Deutschen Demokratischen Republik über die Herstellung der Einheit Deutschlands – Einigungsvertrag –, 31. August 1990 (Auszug). In: BULLETIN Nr. 104, S. 886.

3. Kultureller Alltag

K/M25: *Bechers geheime Bilanz*
1956/57

Gewisse Ereignisse in letzter Zeit haben mir ein Thema wiedergegeben, auf das zu verzichten mir nicht nur schwer gewesen wäre, sondern dessen Verzicht mir auch als Lebenslüge hätte vorgeworfen werden können, und darum bin ich dankbar, daß diese Ereignisse eingetroffen sind, trotzdem ... Denn auch das »Trotzdem« will behandelt werden in seiner ganzen tragischen Schwere. So ist in mir nun der Konflikt offen ausgebrochen, in dem ich mich, nur wenigen Menschen erkennbar, jahrelang verzehrte. Ich muß nicht mehr schweigen. Ich brauche nicht das Gefühl zu haben, weiterhin mitschuldig zu werden dadurch, daß ich schweige. Es gilt, nur noch die Sprache zu finden, um all das Ungeheuerliche beredt zu machen und wiedergutzumachen, was ich durch Schweigen mitverschuldet habe. Durch mir »aufgezwungenes« Schweigen, darauf kann ich mich nicht hinausreden, denn ich habe mich zu wenig ernsthaft bemüht, dieses Schweigen zu durchbrechen. Erst, als die Erde bebte und die Gräber sich öffneten, habe ich mich auch zu denen bekannt, die anklagend aus der Tiefe stiegen. Aber ohne mich selber anzuklagen, will ich nun nicht in die Reihe derer treten, die ebenfalls zur gegebenen Zeit nichts gewagt haben, aber jetzt sich so gebärden, als ob sie schon immer »dagegen« gewesen seien. Ein Werk wartet meiner, das nun zu vollbringen ist, soll ich nicht weitere Schuld auf mich laden und mich als erbärmlicher Schuldner, ohne jene unendliche Schuldenlast wenigstens zu einem winzigen Teil abzuzahlen, durch irgendeine obskure Hintertür aus dem Leben hinausschwindeln.

Der Grundirrtum meines Lebens bestand in der Annahme, daß der Sozialismus die menschlichen Tragödien beende und das Ende der menschlichen Tragik selber bedeute. In diesem Grundirrtum zeigt sich einerseits eine gleichsam kleinbürgerliche, spießerhafte, idyllische Auffassung des Sozialismus und andererseits das nur allzu beflissene Bestreben, das sozialistische Experiment, wie es sich in seiner aktuellen Wirklichkeit darbietet, mit einer Apologetik zu umgeben. Das Gegenteil aber, wie sich gezeigt hat, ist der Fall, und man muß diese ungeheuerliche Tatsache zur Kenntnis nehmen und bemüht sein, daraus die Folgerungen zu ziehen. Es ist so, als habe mit dem Sozialismus die menschliche Tragödie in einer neuen Form ihren Anfang genommen, in einer neuen, ganz und gar bisher ungeahnten und von uns noch nicht übersehbaren. Der Sozialismus hat erst die menschliche Tragik in Freiheit gesetzt. In ihm hat sich die Tragödie gleichsam selbst überstiegen und übersteigert und kündet uns nicht eine »frohe Zukunft«, wie es im allgemeinen heißt, sondern ein Zeitalter an, dessen tragischer Gehalt mit keinem der vorhergehenden vergleichbar ist. Wer vom Sozialismus träumt und schwärmt als von einem Erdenparadies und einem Glück für alle, der wird furchtbar belehrt werden in dem Sinne, daß die sozialistische Ordnung ganze Menschen hervorbringt, die aufs Ganze gehen, wenn auch nicht unter Anwendung der barbarischen Mittel der Vorzeit, aber auch diese bleiben noch eine Zeitlang in Gebrauch, wie es gerade in letzter Zeit bewiesen wurde, und dadurch, daß sich ihrer Sozialisten bedienten, übertreffen sie in ihrer Barbarei noch die vordem gebräuchlichen.

Becher, Johannes R.: Passagen aus dem Manuskript »Bemühungen«, 1956/57.[77] In: Sinn und Form 3/1988, S. 543, 550 f.

K/M26: *Honecker über Beat-Musik*
Dezember 1965

Über eine lange Zeit hat »DT 64« in seinem Musikprogramm einseitig die Beat-Musik propagiert. In den Sendungen des Jugendsenders wurden in nicht vertretbarer Weise die Fragen der allseitigen Bildung und des Wissens junger Menschen, die verschiedensten Bereiche der Kunst und Literatur der Vergangenheit und Gegenwart außer acht gelassen. Hinzu kam, daß es im Zentralrat der Freien Deutschen Jugend eine fehlerhafte Beurteilung der Beat-Musik gab. Sie wurde als musikalischer Ausdruck des Zeitalters der technischen Revolution »entdeckt«. Dabei wurde übersehen, daß der Gegner diese Art Musik ausnutzt, um durch die Übersteigerung der Beat-Rhythmen Jugendliche zu Exzessen aufzuputschen. Der schädliche Einfluß solcher Musik

---

77 Becher (1891–1958) übergab das Manuskript des vierten Bandes seiner »Bemühungen« im Juni 1956 dem Aufbau-Verlag. Bevor der Band 1957 gedruckt wurde, strich er aus den Fahnenkorrekturen sieben Absätze, darunter auch diese beiden. Rekonstruiert man das ursprüngliche Manuskript, erhalten einige Abschnitte des »Poetischen Prinzips« eine andere Gewichtung. Einzuordnen sind die beiden Absätze in den Band 14 der Gesammelten Werke Johannes R. Bechers (Berlin 1972): Der erste Absatz folgte nach Abschnitt 257, S. 512; der zweite Absatz folgte nach Abschnitt 352, S. 598. In: Sinn und Form 3/1980, S. 679.

auf das Denken und Handeln von Jugendlichen wurde grob unterschätzt. Niemand in unserem Staate hat etwas gegen eine gepflegte Beat-Musik. Sie kann jedoch nicht als die alleinige und hauptsächlichste Form der Tanzmusik betrachtet werden. Entschieden und systematisch müssen ihre dekadenten Züge bekämpft werden, die im Westen in letzter Zeit die Oberhand gewannen und auch bei uns Einfluß fanden. Daraus entstand eine hektische, aufpeitschende Musik, die die moralische Zersetzung der Jugend begünstigt.

Honecker, Erich: Bericht des Politbüros an das 11. Plenum des ZK der SED, Dezember 1965 (Auszug). In: Neues Deutschland vom 16. Dezember 1965.

K/M27: »Morgens in die Werft, abends ins Theater«. Kulturplan einer Gewerkschaftsgruppe 1970

1. Der Kulturobmann propagiert in Zusammenarbeit mit der Gewerkschaftsbibliothek ständig die bedeutendsten Neuerscheinungen unserer sozialistischen Literatur sowie Werke der Weltliteratur und des klassischen Erbes. Wir wollen in diesem Jahr 90 Prozent unseres Kollektivs als ständige Leser gewinnen.
2. Zur Teilnahme an der Diskussion um den Kunstpreis des FDGB wird unser Kollektiv das Buch von Fritz Selbmann »Alternative-Bilanz-Credo« lesen.
3. Um unser Wissen von der bildenden Kunst zu vervollkommnen und die enge Zusammenarbeit mit Künstlern zu pflegen, schließt unser Kollektiv mit dem Direktor der Kunsthalle Rostock einen Freundschaftsvertrag ab.
4. Gemeinsam mit unseren Ehegatten werden wir interessante Aufführungen des Volkstheaters Rostock besuchen und dahingehend wirken, daß zehn Kollegen unseres Kollektivs ein festes Theater-Anrecht abschließen.
5. Aussprachen über bedeutende Fernsehspiele und Filme werden Bestandteil unseres geistig-kulturellen Lebens sein. Um diese Aussprachen so fruchtbar wie möglich zu gestalten, werden wir dazu Mitarbeiter des Studio Rostock des Deutschen Fernsehfunks einladen.
6. Um am Neuaufbau unserer Stadt Anteil zu nehmen, das Interesse für Architektur und baugebundene Kunst zu wecken, werden wir mit dem Kollektiv der Architekten und Künstler, das den Kabutzenhof neu gestaltet, eng zusammenarbeiten.
7. Anläßlich des 200. Geburtstages von L. v. Beethoven werden wir eine Veranstaltung über das Leben und Wirken des großen humanistischen Musikers organisieren und für den Besuch von musikalischen Veranstaltungen werben.
8. In Zusammenarbeit mit den Volkskunstgruppen und Zirkeln der Werft sowie der Klubleitung soll in unserem Kollektiv die eigene künstlerische Betätigung weiter entfaltet werden. Anläßlich der 12. Arbeiterfestspiele werden wir uns an der Ausstellung »Künstlerische Selbstbetätigung« beteiligen. Kollege Günter L. hat es übernommen, für den neu eingerichteten Kulturraum der Abteilung Schlosserei ein Wandgemälde zu gestalten. Anläßlich der öffentlichen Rechenschaftslegung über den ökonomisch-kulturellen Leistungsvergleich zwischen der Neptun-Werft

Dokumente 339

und der Warnow-Werft werden sich die künstlerischen Talente unseres Kollektivs vorstellen.
9. Der Kulturobmann wird die Mitglieder der Gewerkschaftsgruppe rechtzeitig über das Programm der 12. Arbeiterfestspiele informieren. Wir werden mit unseren Angehörigen die wichtigsten Veranstaltungen während der Festtage besuchen.
10. In unserem Brigade-Tagebuch werden wir über die Arbeit, das Leben und die Entwicklung unseres Kollektivs sowie der einzelnen Kollegen berichten. An der Gestaltung unseres Tagebuchs wird das gesamte Kollektiv teilnehmen. Wir werden unsere Erfahrungen bei der Führung des Brigade-Tagebuchs anderen Arbeitskollektiven vermitteln.

Kultur- und Bildungsplan der Gewerkschaftsgruppe Schlosserei FA 1 im Meisterbereich Steitz des VEB Neptun-Werft Rostock (Auszug). In: BÜHL 1976, S. 118 f.

K/M28: *Begründung eines Ausreiseantrages in die BRD (Manfred Krug)*
20. April 1977

Mein Name ist Manfred Krug, ich bin Schauspieler und Sänger. Infolge der Scheidung meiner Eltern bin ich als Dreizehnjähriger aus Westdeutschland in die DDR gekommen, wo ich seither lebe. Ich bin verheiratet und habe drei Kinder.

1956 lernte ich Wolf Biermann kennen, mit dem ich befreundet war und bin. 1965 erschien ein erster gegen Biermann gerichteter Artikel im *Neuen Deutschland*, gegen den ich polemisiert habe. Daraus erwuchsen mir Maßregelungen und die üblichen Nachteile. Ich gehörte nie zum »Reisekader«, durfte nicht an einer der vielen in ferne Länder reisenden DEFA-Delegationen teilnehmen. Weitergehende Folgen sind mir damals jedoch nicht erwachsen.

Diesmal ist das anders: Wie bekannt, verfaßten nach der Biermann Ausweisung 12 Schriftsteller einen Protest, den auch ich unterschrieb. Nachdem ich nicht bereit war, diese Unterschrift zurückzuziehen, hat sich mein Leben schlagartig verändert.
– Das Fernsehen der DDR schloß mich von jeder Mitarbeit aus. Das war hart, weil mir dadurch zwei unwiederbringliche Rollen in Erstverfilmungen verlorengegangen sind: der Ur-»Götz« und »Michael Kohlhaas«.
– »Die großen Erfolge«, eine fertige LP, wird nicht erscheinen.
– Der DEFA-Film »Feuer unter Deck« wird nicht Beitrag der *Sommerfilmtage 77* sein, mit der Begründung, ich hätte in Erfurt einen Genossen niedergeschlagen.
– Zwei Tage vor der Biermann-Ausweisung war mir durch das *Komitee für Unterhaltungskunst der DDR* eine Tournee durch Westdeutschland angeboten worden. Diese Tournee findet nicht statt.
– Im letzten Herbst habe ich auf eine schon genehmigte Reise nach Westdeutschland zur Hochzeit meines Bruders verzichtet, weil mich das *Komitee für Unterhaltungskunst der DDR* gebeten hatte, statt dessen an den *Tagen der Unterhaltungskunst der DDR in der ČSSR* teilzunehmen, was ich mit Erfolg tat. Das Versprechen des Kulturministeriums, die Reise später antreten zu dürfen, wurde nicht gehalten, mein Antrag nicht einmal beantwortet.

- Obwohl alle meine Jazzkonzerte in den vergangenen Jahren ausverkauft waren, gibt es keine neuen Angebote. Von 15 im Vorjahr zugesagten Konzerten sind 9 ersatzlos und unbegründet gestrichen worden.

Dies ist eine unvollständige Auswahl von Repressalien, von denen angekündigt worden war, daß es sie nicht geben würde.

- Neuerdings werden mich betreffende unwahre Informationen verbreitet wie z. B. die Behauptung des Kulturministers, ich hätte Leute unter Druck gesetzt, um ihre Unterschriften unter die Petition zu erwirken.
- Falsche Geschichten werden in Umlauf gebracht. In Erfurt hat ein Mann mir gegenüber öffentlich behauptet, ich würde über ein Dollarkonto in der Schweiz verfügen. Die berufliche Tätigkeit dieses Mannes, er ist Mitarbeiter der Staatssicherheit, läßt vermuten, daß ihm nicht ein Gerücht diente, sondern eine gezielte Verleumdung.

Schmerzlich ist die durch solche Mittel erzielte Isolation. Erste Bekannte verzichten auf Besuche; bei der Auszahlung der Jahresendprämie wagten es in der DEFA unter Hundert noch fünf, mir die Hand zu geben; Eltern verbieten ihren Kindern, weiterhin mit meinen Kindern zu spielen; auf Parteiversammlungen wird gesagt, Krug spiele zwar Parteisekretäre, führe aber das Leben eines Bourgeois, man müsse sich von solchen Leuten trennen; eine Berliner Staatsbürgerkundelehrerin sagt ihren Schülern, Schauspieler verkauften für Geld ihre Meinungen, insbesondere Krug sei ein Krimineller, der schon mehrmals im Gefängnis gesessen habe; einem befreundeten Bildhauer wird von Armeeoffizieren, seinen Auftraggebern, geraten, sich von mir zu distanzieren; Beamte stellen in der Nachbarschaft Recherchen darüber an, wen ich wann und wie oft besuche; auf einem Potsdamer Forum wird öffentlich geäußert, ich sei ein Staatsfeind und ein Verräter an der Arbeiterklasse. Das war ich nie, und ich werde es nie sein.

[...] Nach reiflichem Bedenken beantrage ich für meine Familie und mich die Ausreise aus der DDR in die BRD, wo meine Mutter und mein Bruder leben. [...]

Krug, Manfred: Antrag auf Ausreise aus der DDR in die BRD, 20. April 1977. In: KRUG 1996, S. 122–125.

K/M29: *Die politischen Aufgaben der FDJ-Singeklubs* *16. Februar 1978*

Auf der Grundlage des Beschlusses »Kämpft und singt mit uns« aus dem Jahre 1969 hat sich die FDJ-Singebewegung gut entwickelt und ist zu einem wesentlichen Bestandteil der Kulturarbeit des Jugendverbandes geworden. [...] Die FDJ-Singeklubs haben in den letzten Jahren ein bedeutendes Liedgut wiederentdeckt und neu geschaffen. Dieses Liedgut bereichert unser Leben. Es ist uns Werkzeug beim sozialistischen Aufbau und Waffe im antiimperialistischen Kampf, Brücke der internationalen Solidarität und Spiegel unserer sozialistischen Menschlichkeit. Von der Aufforderung zur persönlichen Entscheidung »Sag mir, wo du stehst« bis zum neuen »Fahnenlied«: »Schön ist die Fahne, die blutrote Fahne, wenn sie der Richtige trägt«, spannt sich ein weiter Bogen vom leidenschaftlichen Bekenntnis zum realen Sozialismus bis zum selbstbewußten Anspruch an das Leben in all seiner Vielfalt. [...] Die FDJ-Singeklubs und Liedermacher haben die Möglichkeit, schnell und wirksam auf politische Tagesereignisse zu reagieren. Zur Befreiung Saigons und zur Ankunft Luis Corváláns in Moskau wurden massenwirksame Lieder in wenigen Stunden geschaffen. »Alle auf die Straße, rot ist der Mai« hieß es bei uns und »Was wollen wir trinken, dieser Kampf war lang«. Die FDJ-Singeklubs haben sich zu allen gesellschaftlichen Höhepunkten zu Wort gemeldet. Von den vielen Liedern der X. Weltfestspiele ist auf jeden Fall die Hymne unserer Siegeszuversicht geblieben, ebenso schlicht wie voller Pathos in Melodie und Text: »Wir sind überall«. Aber wir singen auch »Große Fenster wünsch ich allen Menschen« und »So ist ein Pionier«. Wir haben Liebeslieder für »Maria«, für »Die Kellnerin« und den »Alten aus der Schweißerei«, für »Ewald, den Vertrauensmann«, für den »Hausmeister Petzold« und »Regine, die Schöne am Band«.

Wir haben konkrete Lieder über den Kampf in der Produktion, wie den »Waggonbau«, und Lieder mit umfassenden Aussagen über Sehnsucht und Glücksgefühl der Volksmassen, wie »Was das Volk liebt«. Wir singen »Postengang« und »Mein kleiner Bruder«. Wir haben Lieder wie das über »Bruno«, und Lieder einer produktivkritischen Haltung, wie »Freilich, wir leben in anderen Zeiten« und »Kommunisten voran«.

Wir besingen die Gastfreundschaft eines sibirischen Kolchos und die Arbeit an der Drushba-Trasse, die MPi Kalaschnikow und die Unentbehrlichkeit der Lehrlinge, »10 böse Autofahrer« und »Ernas Kneipe«. Und wir haben ganze Singeprogramme, Stücke und Kantaten, wie »Manne Klein« mit dem schönen Vaterlandslied, das »Integrationsprogramm«, »Lehrer sein«, das »Bauernkriegsprogramm«, »Made in GDR« oder die »Liebesschicht«.

Die Lieder sind konkret geworden, vielschichtig und anspruchsvoll, so reich an Gedanken und Gefühlen wie unsere Gegenwart. Der Sozialismus ist in ihnen nicht mehr Traum, sondern Wirklichkeit. Die großen Errungenschaften des entwickelten Sozialismus, die Bilanzen unserer Erfolge sind die Grundlage unserer Vorstellungen von den Möglichkeiten des heraufziehenden Kommunismus. Von diesen kommunistischen Idealen aus gehen wir schöpferisch-kritisch, revolutionär an unsere heutigen Aufgaben heran – so wie sie die Partei der Arbeiterklasse in den Beschlüssen des IX. Parteitags formuliert, so wie die Traditionen des opferreichen Kampfes für den Sieg der Klasse verpflichten. Unsere Lieder sind »Brüder der Revolution«.

Beschluß des Zentralrats der FDJ vom 16. Februar 1978 (Auszug). In: Junge Generation 4/ 1978, S. 70–80.

K/M30: *Sozialistischer Realismus als Hauptmethode des Kunstschaffens* *Februar 1980*

Unsere heutige Kunst kommt in geringerem Maße als früher aus dem Leben, sie kommt zunehmend stärker wieder von anderer Kunst her. Das ist gut so und zeigt zugleich eine Gefahr des Verlustes von jenem Wurzelgrund, der immer schon die wirkliche Existenzbasis der Kunst war. Da wir den Realismus als ein offenes System betrachten und verstehen, dürfen auch hier keine Kanonisierungen in ausschließlich kunstinterner Sicht zugelassen werden. Wohin das führt, hat uns nicht nur die ältere, sondern auch unsere eigene, jüngste Kunstgeschichte gezeigt.

Zum Streitpunkt in diesem Zusammenhang wurde in den letzten Jahren die Aufnahme von nicht realistischer Kunst in unsere Ausstellungen und deren Bewertung. [...]

Ich betrachte die eingetretene Situation als eine Herausforderung an die Realisten. Nicht die lauteren Worte, sondern die besseren Werke und Argumente werden sich letztendlich durchsetzen. Was wir jedoch von den Kollegen des Verbandes, die der Überzeugung sind, daß sie sich vom Bekenntnis unseres Statuts zum sozialistischen Realismus als der Hauptmethode des Kunstschaffens distanzieren müssen, erwarten dürfen, ist eine Begründung und Erklärung ihres Tuns. Bisher haben sie uns fast ausschließlich nur mit ihren Arbeitsergebnissen konfrontiert. Auch die Realisten waren und sind genötigt, sich immer wieder neu um eine theoretische Artikulation zu bemühen. In der Vergangenheit konnte wiederholt der Eindruck entstehen, daß aber auf der anderen Seite Dialogen ausgewichen wird. [...]

Ich konzediere jedoch die Möglichkeit des Irrtums und noch unzureichender Einsichten und bin deshalb auf der Suche nach besseren Argumenten der anderen Seite. Dabei möchte ich betonen, daß ich immer noch von Kunst rede, sei sie nun abbildhaft oder nicht, auf jeden Fall also von Geformtem nach den Gesetzen der Gestaltlogik. Nicht mehr auf den Tisch des Kunstwissenschaftlers zu gehören scheint es mir aber, wenn diese Grenze überschritten wird und entsprechendes Tun zur bloßen Materialmanipulation degeneriert, sich aber mit dem Kunstbegriff tarnt und entsprechend anspruchsvoll auftritt. Ich habe nicht gesagt, daß uns solche Ereignisse nicht zu interessieren brauchen, aber ich kann andererseits die Kunstwissenschaft nicht als eine Art von Kübel betrachten, in den jeder, der vorbeigeht, etwas hineinwirft – sei es sich selbst, seien es Fotografien, Filme, Vorführungen aller möglichen Art oder auch einfach nur als irgendwie für bedeutsam erklärte Abfälle. Vielleicht muß hier eine neue Disziplin aus der Taufe gehoben werden, eine Art von »ästhetischer Kommunikationswissenschaft«, eine – um im gängigen Sprachgebrauch zu bleiben – »Animationskunde« oder ähnliches, die dann aber vielmehr mit Soziologie, Psychologie, vielleicht auch mit Psychiatrie, Anthropologie, Film- und Theaterwissenschaft zu tun hätten als mit bildender Kunst. Bei allem Willen zur Offenheit kann es doch wohl nicht sein, daß wir alles das als Kunst akzeptieren wollen, was irgend jemand dazu erklärt.

Kober, Karl Max: Die Verantwortung des Künstlers in unserer Zeit. Rede auf der 4. Tagung des Zentralvorstandes des VBK-DDR, Februar 1980. In: Bildende Kunst 2/1980, S. 54–60.

K/M31: *Beantragung eines Arbeitsvisums für das westliche Ausland (Frank Beyer)*
9. März 1980

Vor etwa zwei Jahren habe ich meinen letzten Film gedreht: *Geschlossene Gesellschaft*. Seitdem bin ich ohne Arbeit. Ich lebe als hochbezahlter Frührentner. Dieser

Dokumente

Zustand ist für mich unerträglich und ich bin entschlossen, ihn zu beenden. Ich erlebe etwas, von dem ich sicher war, daß es ein zweites Mal nicht geschehen kann. 1966, nach dem Film *Spur der Steine*, wurde ich, wie Sie wissen, aus dem DEFA Studio für Spielfilme entfernt. Damals hatte ich Pläne für mehrere Jahre. Ich wollte *Jacob der Lügner*, *Die Aula* und *Warten an der Sperre* drehen. Eines dieser Projekte konnte ich schließlich acht Jahre später realisieren. Die 1966 getroffene Verabredung, nach zwei Jahren in das DEFA Studio für Spielfilme zurückzukehren, wurde bis heute nicht eingehalten. 1978, zur Zeit der Arbeit an *Geschlossene Gesellschaft*, gab es wieder Verabredungen für die Produktion von drei Filmen: *Franziska Linkerhand*, *Der rote Ballon* (Martin) und *Extempore* (Poche), also Arbeit für mehrere Jahre. Auch diese Verabredungen wurden gebrochen. Zwar hat jetzt niemand den Versuch gemacht, mir meinen Arbeitsvertrag wegzunehmen, dennoch empfinde ich meine Lage heute als trostloser: 1966 hatte ich, wenn auch auf einem anderen Gebiet, wenigstens Arbeit. Außerdem war ich damals 34, heute bin ich 48 und bemerke, daß meine Fähigkeit, Demütigungen hinzunehmen, rasant abgenommen hat und sich gegen Null hin bewegt.

Parallel zum Entzug der Arbeit wurde – wieder unter Bruch getroffener Vereinbarungen – eine Kampagne gegen meinen Film *Geschlossene Gesellschaft* geführt. Die Sendung dieses Films unter Ausschluß der Öffentlichkeit, der totale Presseboykott, das Exportverbot und die Methoden der politischen Verunglimpfung mir gegenüber schienen den Verantwortlichen im Fernsehen die angemessene Antwort zu sein auf die Realisierung eines Projekts, das sie vorher stark gefördert hatten. Insofern ähnelt die Sache wie ein Ei dem anderen den Vorgängen um *Spur der Steine* 1966. In äußerst arrogantem Ton und Vokabular wurde ein offizieller Text des Staatlichen Komitees für Fernsehen verbreitet, den man zusammenfassend nur mit dem Wort Meinungsterror charakterisieren kann. Mir gegenüber versprach man sich offenbar einen Einschüchterungseffekt. Vermutlich war es ein Fehler von mir, daß ich mich in dieser Zeit weiterhin geduldig und kooperativ verhalten habe. Ich dachte, daß ein solches Verhalten die Partner im Fernsehen und im DEFA Studio für Spielfilme zu gemeinsamen Anstrengungen bei der Suche nach einem neuen Projekt bringen könnte. Das muß ich nun als einen Irrtum einsehen. Ich habe vermutlich unbeabsichtigt die Leitung des Fernsehens in dem Gedanken bestärkt, daß sie genau die rechte Art des Umgangs mit mir gefunden hat. Ich bin entschlossen, diesen Irrtum aufzuklären. Auf den Wortbruch hinsichtlich der verabredeten Projekte habe ich mit neuen Vorschlägen geantwortet. Meine Vorschläge wurden entweder abgelehnt oder auf die lange Bank geschoben. Unter den mir gemachten Gegenvorschlägen befindet sich kein einziger, der Aussicht hätte, 1980 realisiert zu werden. Und es ist anzunehmen, daß auch in den Produktionsplänen für 1981 mein Name wieder fehlen wird. Ich werde ausgeschlossen aus einem Kunstprozeß, an dem ich doch zwei Jahrzehnte lang an exponierter Stelle mitgewirkt habe.

Ich schreibe Ihnen, sehr geehrter Genosse Hager, diesen Brief bewußt unter Mißachtung aller »Unterstellungsverhältnisse«, als einen beinahe letzten Versuch, ein Minimum an Konsens aufrechtzuerhalten. Ich habe mich immer als Mitgestalter an einem Kunstprozeß gefühlt, für den Sie die Verantwortung in unserem Lande tragen. Und ich weiß, daß Ihnen die Umstände, unter denen künstlerische Arbeit stattfinden kann, einigermaßen vertraut sind. Ich fühle mich auf der Höhe meiner Möglichkeiten. Um so mehr erbittert es mich, daß ich fast zwei Jahre lang daran gehindert wurde und weiterhin daran gehindert werde, meinen Beruf auszuüben. Ich bin entschlossen, dem jetzt ein Ende zu machen, ich sagte es bereits zu Beginn dieses Briefs. Ich habe präzise Vorstellungen von dem, was jetzt geschehen soll und ich will sie hier mitteilen. Wie Sie sich denken können, erreichen mich als Resultat meiner in der DDR produzierten und auch im westlichen Ausland erfolgreich gelaufenen Filme auch Angebote dortiger Produktionsfirmen. Zunehmend befinden sich darunter Stoffe, die meinen Qualitätskriterien entsprechen und es gibt einige mit Chancen für eine Produktion in diesem Jahr. Aus diesem Grunde beantrage ich ein Visum, das mir erlaubt, ab Ende März nach der BRD, Westberlin, Schweiz, Österreich und Italien zu reisen, die Angebote zu überprüfen und gegebenenfalls die Produktion an Ort und Stelle in die Wege zu leiten. [...] Für die Zukunft sind meinerseits alle Möglichkeiten offen, neue Filmvorhaben mit der DEFA oder dem Fernsehen der DDR zu erörtern und vorzubereiten.

Im übrigen ist Arbeit im internationalen Rahmen für Regisseure überall auf der Welt etwas ganz Normales. Ich äußere also hier keine unüblichen Wünsche. [...]

Beyer, Frank: Brief an Kurt Hager vom 9. März 1980. In: SCHENK/FILMMUSEUM 1995, S. 141 f.

K/M32: *Plädoyer für Grenzüberschreitungen in der Kunst* November 1980

Mir war der Versuch, die Decke des sozialistischen Realismus so lang zu ziehen, daß jede (aber auch jede!) künstlerische Erscheinung in unserem Lande darunter paßt, von Anfang an suspekt. Das was dieser Begriff bezeichnet, muß gewiß etwas mit Sozialismus zu tun haben, aber – ich möchte ergänzen – es muß auch etwas mit Realismus zu tun haben. Daraus folgt, daß künstlerisches Schaffen, das sich vom sozialistischen Realismus entfernt, sich mit der Abkehr vom Realismus nicht notwendig auch vom Sozialismus entfernen muß; und umgekehrt. Hinzu kommt, daß mit der Definition des sozialistischen Realismus als einer Methode, nicht als eines Stils, Ernst gemacht werden müßte. Das hieße, daß man auch an Werke, die im »realistischen« Stil gemalt sind, die Frage stellen müßte, ob sie dem sozialistischen Realismus entsprechen; was bis dato nicht geschieht. Man sollte jedenfalls den Begriff nicht dazu benutzen, »Realisten« und »Nichtrealisten« (»Abstrakte«) gegeneinander auszuspielen. Sicher werden sich »die besseren Werke [...] letztlich durchsetzen«, aber die können weder »Realisten« noch »Abstrakte« für sich pachten. Und jedenfalls sind beide nicht verpflichtet, »eine Begründung und Erklärung ihres Tuns« zu liefern. Das ist ganz gewiß unsere Aufgabe, die der Kunstwissenschaftler. Und warum sollte sich die Kunstwissenschaft nicht als »ästhetische Kommunikationswissenschaft« verstehen? Da gehören dann wohl auch Soziologie, Psychologie, Anthropologie, Film- und Theaterwissenschaft und einige andere Disziplinen dazu. Ich vermag die Tatsache (wenn sie zutrifft), daß sich nur die Kunstwissenschaft mit »Grenzüberschreitungen« befaßt, nicht als Zeichen ihrer Dummheit oder Verlotterung, sondern nur als ihren Vorteil und ihre Chance zu sehen. Die Begrenzung der bildenden von anderen Künsten hat ohnehin nur methodische Bedeutung. Den Künstler wird und darf es nicht interessieren, ob sein Werk in vorhandene Schubladen paßt.»Grenzüberschreitungen« sind ein wesentliches Merkmal der Kunst unserer Tage. Und hier liegt auch gerade eine besondere Leistung der nichtgegenständlichen Bereiche. Dabei deuten sich Möglichkeiten der Zusammenarbeit mit Architektur, Design, Musik, Literatur, Film und Theater an, die hochinteressant sind und die durchaus auch wieder in realistische Gestaltungsweisen umschlagen können.

Hüneke, Andreas: Entgegnung auf Kobers Referat zur »Verantwortung des Künstlers«. In: Bildende Kunst 11/1980, S. 567 f.

K/M33: Öffentliche Wirksamkeit im alternativen Raum
Juni 1986

das solidarische miteinander von malern, grafikern, fotografen und lyrikern der jungen generation in der ddr, eine aktionistische antwort auf die behördliche verknappung von möglichkeiten, öffentliche wirksamkeit zu finden, währt bereits so lange, wie es erfahrungen im umgang mit dem dauerkonflikt zwischen »asche und atmen« (anderson) gibt.

grafische bücher und mappen mit texten lebender dichter, für die sich keine chancen der veröffentlichung in der ddr boten (es sei denn als kalligrafische gerüste eines grafischen entwurfs, in die radierplatte geritzt, in holz oder linol geschnitten, für steinzeichnung oder siebdruck vorbereitet), gibt es in unserem land schon seit mehr als einem jahrzehnt. neu sind die, seit 1982 existierenden, kartonierten din-a4-hefte, deren herausgeber auf buchbinderische noblesse verzichten und kunstanspruch zugunsten eines anspruchs auf ein ende der stummheit zurückgenommen haben. nichtsdestotrotz sind diese hefte rare sammler-objekte geworden, gerade wegen ihres unikat-charakters, denn umschläge und die allermeisten der eingelegten zeichnungen, druckgrafiken, collagen, fotos und postkarten sind einzelstücke. das textmaterial wird mit den jedermann zugänglichen reproduktionstechniken vervielfältigt, wobei die schreibmaschinendruckschrift dominiert. diesen initiativen einer ergänzungskultur, die, rücksichtslos gegen sich selbst, der resignation den rücken kehrt und, indem ihre gestalter »ich« sagen, atmungsaktive zonen mit blick ins offne schafft, gingen voran bzw. folgten projekten wie »POE-SIE-ALL-BUM« und »POE-SIE-ALL-PENG« (dresden, berlin)[78], happenings zum tag des freien buches am 10. mai, ver- und zersammlungen verschiedenster art. es entstanden schriftplakate, buch-objekte, illustrierte stück-abdrucke, künstlerische selbstdarstellungen, aktionsdokumentationen und frei produzierte tonbandcassetten.

Tannert, Christoph: FRISCHWÄRTS. Eröffnungsrede zur Ausstellung »WORT + WERK – Grafik und Lyrik junger DDR-Künstler« in der Samariterkirche Berlin, Juni 1986 (Auszug). In: TANNERT 1991, S. 285–287.

---

78 POESIEALLBUM erschien von 1978/79 bis 1984 mit zehn Heften in Dresden, dann in Berlin. Sondernummer POE-SIE-ALL-BUM ZERSAMMLUNG (Sammlung von 18 Autoren, Berlin 1984). Texte als Typoskripte vervielfältigt; Hefte als Unikate gestaltet, mit teils mehrfarbigen eingehefteten Leporellos; Umschläge als Unikate. Siehe MICHAEL/ WOHLFAHRT 1991, S. 411.

K/M34: *Alltagsbild in der Rockmusik*
1986

Dein cabaret ist tot

die dame ohne unterleib
ist doch an krebs gestorben
der letzte clown wurde dir
vom zirkus abgeworben
dein dichter macht sein moos
mit herben fernsehschwänken
die garderobiere trinkt likör
wer kann es ihr verdenken
dein cabaret ist tot monsieur
na laß mich trotzdem rein
dein cabaret tut nicht mehr weh
es geht mir nur ans portemonnaie
dein cabaret ist tot
man sendet keine büttel mehr
die das gestühl zerschlagen
im besten falle geht dir noch
herr fiskus an den kragen
wenn du bei hofe aufmarschierst
salutiern die wachen
man räumt dir ein ventil zu sein
man läßt dich lachen machen
dein cabaret ist tot monsieur
na laß mich trotzdem rein
dein cabaret tut nicht mehr weh
es geht mir nur ans portemonnaie
dein cabaret ist tot
nun teilst du sekt und salzgebäck
zu deinen liedern aus
die räume sind zentralbeheizt
ein orden steht ins haus
du zwinkerst mit dem auge
bis die pupille glüht
du bist um eine heiterkeit
die traurig macht bemüht
dein cabaret ist tot monsieur
na laß mich trotzdem rein
dein cabaret tut nicht mehr weh
es geht mir nur ans portemonnaie
dein cabaret ist tot

Titel der Rockband Silly auf der LP »Bataillon d'amour«, 1986; Text: Werner Karma, Sängerin: Tamara Danz. In: Beiheft zur CD »Bataillon d'amour«, Deutsche Schallplatten GmbH Berlin, 1996.

K/M35: *Parteiaustritt als Zeichen der Resignation (Wolfgang Mattheuer)*
7. Oktober 1988

Was tun? Ich fühle mich mitverantwortlich, im Engen wie im Weiten, und ich denke nicht daran, meine Verantwortung zu leugnen oder nach »oben« zu delegieren und mich zum Mitläufer selbst zu entwerten. Ich kann nicht jubeln und kann auch nicht »Ja« sagen, wo Trauer und Resignation, Mangel und Verfall, Korruption und Zynismus, wo bedenkenloser, ausbeuterischer Industrialismus so hochprozentig das Leben prägen und niederdrücken und wo programmatisch jede Änderung heute und für die Zukunft ausgeschlossen wird. Mit aller Vernunft und selbstkritischem Zweifel eines geborenen Proletariers: Ich kann das Gewordene nicht anders sehen und bezeichnen.

Meine Verantwortungswilligkeit und Verantwortungsfähigkeit haben ihre Grenzen erreicht. Ich muß meine Konsequenzen ziehen.

Ich werde weiterhin in dem Land und in der Stadt, in denen ich verwurzelt bin, mit aller Kraft und mit allen meinen Fähigkeiten arbeiten, aber ich kündige meine Mitgliedschaft in der Sozialistischen Einheitspartei Deutschlands.
Wolfgang Mattheuer

Mattheuer, Wolfgang: Brief an die SED Grundorganisation Bildende Kunst, Leipzig, 7. Oktober 1988 (Auszug). In: Die Welt vom 8. Januar 1990.

K/M36: *Literaturzeitschrift MIKADO[79] – Motive ihrer Gründung*
1988

Auch am siebenten Tag ruhte der Gott des Sozialismus nicht, sondern erschuf die Kulturpolitik. Er erschuf ein Kulturministerium, die Kulturhäuser, Verlage, Verbände, die Zirkel schreibender Arbeiter und drei Literaturzeitschriften. Und Gott sah alles an, was er gemacht hatte, und siehe da, es war sehr gut. Doch es kam ein achter Tag, ein neunter, ein zehnter ...

Das immer tiefere Versinken einer Gesellschaft in Agonie kann im einzelnen die Illusion fördern, er müsse mit seiner Arbeit alles das ersetzen, was die Gesellschaft nicht leistet. Ein hoffnungsloses, in den Wahnsinn oder Journalismus treibendes Unternehmen. Und doch, scheint es, muß erst ein ähnlicher Punkt von lange gestauter Energie, Wut und Langeweile erreicht werden, bevor eine Schranke wirklich durchbrochen und sich auf Neuland gewagt wird. Es bedurfte etlicher Winter der Depression, einer Bibliothek voll ungedruckter Texte und schließlich des Zurückgewiesenwerdens einer gesamten Schriftstellergeneration, bevor der Blick überhaupt in eine solche Richtung gehen konnte.

Gleich, ob es nie existierte oder ob es vergessen wurde: Was es nicht gibt, muß neu erfunden werden. Es bedurfte des kindlichen, die Realität so verkennenden wie sich

---

79 MIKADO erschien zwischen 1983 und 1987 mit neun Heften in Berlin; Texte als Ormig-Vervielfältigung; Umschläge zum Teil gedruckt als Offset- bzw. Tiefdruck (Heft 1: 60). Siehe MICHAEL/WOHLFAHRT 1991, S. 410.

selbst Mut zuflüsternden Ausrufes »DER KAISER IST NACKT« – Titel des seit 1981 erscheinenden Vorläufers von MIKADO –, um zu begreifen, daß Literatur auf ihrem Weg in die Öffentlichkeit nicht allein auf Verlage, Redaktionen, Buchhandlungen und Druckereien angewiesen ist. Im fünften Jahrhundert nach Gutenberg wurde zum literarischen Unikat zurückgekehrt. [...]
So unterschiedlich die Motive gewesen sein mögen, die uns zusammengeführt hatten – gemeinsam war uns die Suche nach einer erfrischenden Form des Zusammenlebens, die hinausgeht über trostloses Zusammensitzen in Kneipen, über unnützes Herumdiskutieren hinter verschlossenen Türen. Deutlicher als an einzelne Texte bleibt vermutlich die Erinnerung daran, durchs Schneetreiben einen kleinen Handwagen mit einem Apparat gezogen zu haben, mit dem man unter keinen Umständen hätte erwischt werden dürfen, oder mit hundert Umschlägen unter dem Arm vom Atelier eines befreundeten Malers zurück nach Pankow oder Weißensee zu trampen.

Will man resümierend von einem Ergebnis reden, muß zunächst einmal festgestellt werden, daß mit MIKADO das bis dahin Undenkbare gelungen ist: über mehrere Jahre hinweg in relativ regelmäßigen Abständen in der DDR eine Zeitschrift ohne staatliche Genehmigung zu drucken und zu vertreiben, eine Zeitschrift, die nicht nur von einem kleinen Kreis von Bekannten getragen wurde und sich auch an diese wandte, sondern durchaus für ein weites Umfeld Bedeutung hatte. [...]

Vorwort der Herausgeber Uwe Kolbe, Lothar Trolle und Bernd Wagner. In: KOLBE et al. 1988, S. 7–10.

K/M37: *Jahresplanung eines Kulturhauses*
1989

Kreisliche Theaterbespielung: [...] Folgende Theatervorstellungen werden im Jahre 1989 durchgeführt und samt Zubringerdienst organisiert: 12 musikalische Stücke, 6 gesprochene Stücke, 3 Weihnachtskonzerte, 4 Märchenvorstellungen, 1 Vorstellung der Puppenbühne, 2 Vorstellungen im Stammhaus Wittenberg, 5 Brett'l Keller Vorstellungen, 2 Sonderfahrten nach Bergwitz. [...]

Sonstige Veranstaltungen unter Einbeziehung gesellschaftlicher Partner: In Zusammenarbeit mit der KGD Potsdam und dem Stadtklub Niemegk werden 14 künstlerische Großveranstaltungen und 6 musikal.-lit. Programme durchgeführt. Neu in diesen Veranstaltungsreihen ist der Sonntagnachmittag für die Familie sowie ein Preisträgerkonzert, in dem internationale Musikpreisträger vorgestellt werden.

In Zusammenarbeit mit der POS »Robert Koch«, Niemegk, werden folgende Veranstaltungen organisiert: Schülerkonzerte, Empfang der Besten, Treff »Junger Talente«, Jugendweiheveranstaltungen, Schulentlassungsfeiern, Einschulungsfeiern, Discotheken.

In der Zusammenarbeit mit der Kreisfilmstelle Belzig sind folgende Veranstaltungen vorgesehen:
- jeden Mittwoch und Sonntag Filmvorführungen,
- innerhalb der Ausstellung »Elektronik, Kunst und Kultur« läuft die Veranstaltungsreihe »Film zur Nacht«,

- zu den Tagen des sowj. Buches und Films findet ein Filmgespräch statt,
- im Monat Dezember eine Filmwoche für Jung und Alt.

[...] Durch die Übernahme des Vors. der Gruppe der Volkssolidarität Niemegk durch eine Mitarbeiterin des Kulturhauses werden die wöchentlichen Rentnertreffs inhaltlich durch Veranstaltungsreihen verbessert wie: Vorträge, Tanzveranstaltungen, Auftritte von Volkskünstlern zu kulturellen Höhepunkten sowie zur Anleitung in der Handarbeit.

Höhepunkt für alle Rentner des Gemeindeverbandes wird die Veranstaltung »Weidmanns Heil« im Kulturhaus sein. Die Kosten werden vom Gemeindeverband übernommen.

In Zusammenarbeit mit dem HO-Kreisbetrieb Belzig ist wieder eine niveauvolle Gastronomie zu erreichen, damit Brigade- und Familienfeiern lt. Profilierungskonzeption realisiert werden können.

Vorträge, Foren und Diskussionsrunden zur aktuellen Politik, Ökonomie, Wissenschaft und Technik, Kunst und Literatur sind vor allem innerhalb der Frauenakademie, Jugendstunden, Rentnertreffs und im Jugendklub zu organisieren. Hier wird vor allem mit der Urania, Parteien, DSF Kreisvorstand und dem Geomagnetischen Observatorium zusammengearbeitet.

Höhepunkt zu den Feierlichkeiten des 40. Jahrestages der DDR wird ein Gala-Abend der Volkskunst sein, aus dessen Anlaß die besten Aktivitäten und Leistungen in Vorbereitung dieses Höhepunktes ausgezeichnet werden.

Jahresplanung des Kulturhauses im Gemeindeverband Niemegk von 1989. In: RUBEN/ WAGNER 1994, S. 310–316.

4. Medialer Alltag

K/M38: »Presse der DDR informiert ungenügend«
3. November 1956

In der Diskussion wurde viel über zahlreiche konkrete Fragen gesagt, oft sehr Kritisches und in vielen Fällen auch Konstruktives, zumindest nach Ansicht der Redner. [...]
Die Presse der DDR entspricht nicht unseren Notwendigkeiten, Wünschen und Forderungen. Sie informiert ungenügend und in verschiedenen Fällen falsch. Sie ist kein Spiegelbild der notwendigen Auseinandersetzungen, die im Lager des Sozialismus zur Zeit geführt werden oder geführt werden müßten. [...] Weiter wurde diskutiert über Probleme der Superplanung, Bürokratie, der schädlichen Auswirkungen überzentralistischer Apparate, sowohl in der Partei als auch im Staatsapparat usw. Eine wichtige Frage war die Forderung nach Wahrheit und insbesondere die Frage, wie kommen wir weiter.
Ich halte es für meine Pflicht, darauf hinzuweisen, daß diese Diskussion ein Spiegelbild der Mißstimmung und Unzufriedenheit und eines stark verankerten Mißtrauens gegenüber Partei und Staatsapparat war. Ich meine jedoch, daß daraus keines-

wegs die Schlußfolgerung gezogen werden kann, daß es sich hier um bösartige Feinde des sozialistischen Aufbaus handelt, sondern im Gegenteil. Es handelt sich um junge Intellektuelle, die leidenschaftlich sich mit den Fragen des sozialistischen Aufbaus auseinandersetzen wollen und die eben leider der Psychose, des mangelnden Vertrauens, der Demoralisation usw. teilweise unterliegen; selbstverständlich auch den Einflüssen unserer Gegner viel zu viel Gehör schenken und dabei oftmals gar nicht merken, wie sie dann ideologisch solchen Einflüssen nachgeben oder zum Teil sogar unterliegen.

Ich meine auch, daß die Situation bei uns durchaus vergleichbar ist mit der allgemeinen Situation in allen anderen Betrieben und überhaupt in der DDR. [...]

Eine scharfe Kritik bei fast allen Teilnehmern, auch den Genossen, fand das Rundfunkinterview der Genossen Ulbricht und Grotewohl. Ich will die einzelnen Argumente nicht wiederholen. Auch ich bin der Meinung, daß dieses Interview Schaden und keinen Nutzen erbracht hat. Ich halte es für unklug, von Modekrankheiten zu sprechen und immer wieder festzustellen, daß bei uns alles in bester Ordnung ist. Was wollen wir damit anfangen. Im meine, daß es vieles gibt, was eben nicht in Ordnung ist, und daß es richtiger ist, zur rechten Zeit und Schritt für Schritt das eine oder das andere zu ändern und nicht immer im gleichen Atemzug zu sagen, daß schon alles geordnet ist. Das Interview hätte von großer Bedeutung sein können, wenn Ulbricht und Grotewohl ein paar neue Gedanken auf neue Weise zum Ausdruck gebracht hätten und nicht nur die Feststellung treffen, daß der ungarische Weg in die Katastrophe geführt hat. [...]

Die entscheidende Frage, die in der Diskussion immer wieder zur Sprache kam und über die wir auch zu keinem irgendwie befriedigenden Ergebnis gekommen sind, war: was soll bzw. was wird werden.

Janka, Walter: Brief an Johannes R. Becher, Minister für Kultur, 3. November 1956. In: FABER/WURM 1992, S. 20–25.

K/M39: *Antennenkrieg der FDJ*
1961

Preisfrage: Was ist ein Ochsenkopf?
1. Ein Berg im Fichtelgebirge, auf dem die Bonner Ultras einen Fernsehsender zur Hetze gegen die DDR errichtet haben, oder
2. eine Antenne zum Empfang des Westfernsehens, wie sie noch einige vom Westdrall Infizierte auf dem Dach haben, oder
3. die volkstümliche Bezeichnung für jemand, der immer noch nicht kapiert hat, daß der »Schwarze Kanal« einen Ochsen aus ihm macht?

Antwort: Nicht nur eine, sondern alle drei Erklärungen treffen zu.

Eilenburg (ADN/JW). In allen Teilen der Republik beginnen Mitglieder der Freien Deutschen Jugend jetzt mit solchen Bürgern und Jugendlichen zu diskutieren, die ihre Fernsehantenne auf »Westempfang« stehen haben. In Eilenburg diskutierten Mitglieder unseres Jugendverbandes zusammen mit Wählervertretern mit Besitzern von

Fernsehgeräten, deren Antennen auf den »Ochsenkopf« gerichtet sind. Fleischermeister Arno L., der nach der Aussprache seine Antenne auf den richtigen Kanal stellte, bekannte freimütig: »Ich hätte das schon viel früher tun sollen. Wir haben bisher vor der falschen Röhre gesessen, obwohl wir die Beispiele kannten, daß Menschen durch die Hetze des Westfernsehens und Rundfunks zu Verbrechern geworden sind.« (JW). Mit vielen Ideen sind die FDJ-ler überall dabei, die Aktion »Blitz kontra NATO-Sender« zu einem kräftigen Schlag gegen die kalten Krieger zu machen. [...] Eine besonders originelle Idee hatten die Freunde der FDJ-Organisation der Mathias-Thesen-Werft in Wismar. Sie schufen die Figur »Tele-Conny«, die all jenen an die Haustür geheftet wird, die noch immer die Fernsehsendungen des Westens empfangen. Sobald die Antennen aber Richtung Sozialismus zeigen, wird »Tele-Conny« wieder abgeholt.

Im Ergebnis der politischen Diskussion von FDJ-lern in Bad Düben, Kreis Eilenburg, wurde der unverbesserliche Otto P. entlarvt. P., der Westfernsehen mit Jugendlichen in seiner Wohnung organisierte und sich auch des Menschenhandels mit DDR-Bürgern schuldig gemacht hat, wurde inhaftiert. Seine Antenne wurde abgesägt, auf dem Marktplatz in Bad Düben für alle Einwohner sichtbar ausgestellt und daneben auf zwei Bildern geschrieben: »Wir dulden keine Lügen- und Hetzantennen – durch sie wurde P. zum Verbrecher an der Arbeiterklasse.«

»Blitz kontra NATO-Sender«. FDJ-Aktion gegen den Empfang westlicher Rundfunkstationen in der DDR, 1961. In: Junge Welt vom 29. August 1961 (erster und zweiter Absatz) und in: Junge Welt vom 7. September 1961 (dritter Absatz).

K/M40: Schwarzer Kanal
5. August 1964

Am Montagabend, nach einem konventionellen Zirkusfilm, betrieb Herr von Schnitzler abermals sein Reprisenkino, immer noch einmal zeigte er Stücke aus westdeutschen Fernsehsendungen, die sich befaßten mit den Verstößen gegen das Grundgesetz der Bundesrepublik. Herr von Sch. sprach von der Einsetzung des Parlamentarischen Rates im Gegensatz zu einer ordentlichen Wahl, als sei seine Volkskammer das Ergebnis eines Plebiszits. Er gedachte der Abhöraffäre, er sprach nicht über das eigene Telefon. Er gedachte der westdeutschen Filmzensur, er achtete der eigenen nicht. Er zeigte sein bitterstes Lächeln und blickte die westdeutschen »Damen und Herren« an, als sollten sie die Maus spielen, und wäre ja gern die Katze gewesen. Aber die öffentliche Diskussion solcher Verstöße gegen demokratische Ordnung wollte er nicht als demokratische Praxis erkennen, sondern als innenpolitisches Ventil und Ablassen von Dampf, hinter dem das Grundgesetz zum Notstand werde, und vielleicht hatte er wirklich vergessen, daß diese übertragene Wendung von Ventil und Dampfablassen aus der Praxis diktatorischer Staaten stammt und zuletzt im Schwange war im Ostdeutschland des Herbstes 1956. Es war allerdings bedauerlich, von solcher Seite eine fast sachgemäße Darstellung des Status von Berlin zu hören, den Senat und Bund je nach Bedarf befolgen oder verletzen unter dem Schweigen der westlichen

Publizistik, und es war durchaus nicht Trost und Rechtfertigung, daß Herr von Sch. die östlichen Verstöße gegen diesen Status unterschlug, denn seine Praxis sollte einen Maßstab nicht abgeben. Insgesamt, da die Sendung diesmal auf ihr Thema konzentriert war, wurden die westlichen Zuschauer um so nachdrücklicher an ihre tatsächlichen Verhältnisse erinnert, als die Behauptungen darüber verstiegen waren, entgegen den Absichten des Erfinders, der Richter hatte sein wollen und Repetitor wurde.

Johnson, Uwe: Schwarzer Kanal. Fernsehkritik, Berlin 1964. In: Tagesspiegel vom 5. August 1964.

K/M41: *Die Pflichten ausländischer Journalisten in der DDR*
21. Februar 1973

§ 5 [der Verordnung]
(1) Die in der Deutschen Demokratischen Republik akkreditierten ständigen Korrespondenten sowie Reisekorrespondenten von Publikationsorganen anderer Staaten haben bei der Ausübung ihrer journalistischen Tätigkeit
   - die allgemein anerkannten Normen des Völkerrechts einzuhalten,
   - die Gesetze und anderen Rechtsvorschriften der Deutschen Demokratischen Republik einzuhalten,
   - Verleumdungen oder Diffamierungen der Deutschen Demokratischen Republik, ihrer staatlichen Organe und ihrer führenden Persönlichkeiten sowie der mit der Deutschen Demokratischen Republik verbündeten Staaten zu unterlassen,
   - wahrheitsgetreu, sachbezogen und korrekt zu berichten sowie keine böswillige Verfälschung von Tatsachen zuzulassen,
   - die gewährten Arbeitsmöglichkeiten nicht für Handlungen zu mißbrauchen, die mit dem journalistischen Auftrag nichts zu tun haben.
[...]
(3) Bei Verletzung der im Abs. 1 genannten Grundsätze oder getroffener Vereinbarungen kann die Akkreditierung des ständigen Korrespondenten und die Genehmigung zur Eröffnung eines Büros eines Publikationsorgans eines anderen Staates aufgehoben werden; Reisekorrespondenten kann die Arbeitsgenehmigung entzogen werden.

§ 4 [der Durchführungsbestimmung]
(1) Akkreditierte Korrespondenten haben die Möglichkeit, die Deutsche Demokratische Republik bis auf Gebiete, für die besondere Genehmigungen erforderlich sind, zu bereisen. Sie sind verpflichtet, die Abteilung Journalistische Beziehungen des Ministeriums für Auswärtige Angelegenheiten über Reisen außerhalb der Hauptstadt der Deutschen Demokratischen Republik, Berlin, vorher zu informieren.
(2) Journalistische Vorhaben in staatlichen Organen und Einrichtungen, volkseigenen Kombinaten und Betrieben sowie Genossenschaften in der Deutschen Demokratischen Republik sind genehmigungspflichtig. Die Genehmigung ist durch den Korrespondenten beim Ministerium für Auswärtige Angelegenheiten, Abtei-

lung journalistische Beziehungen, zu beantragen. Anträge auf Interviews mit führenden Persönlichkeiten sind ebenfalls an die Abteilung Journalistische Beziehungen zu richten.

Verordnung über die Tätigkeit von Publikationsorganen anderer Staaten und deren Korrespondenten in der Deutschen Demokratischen Republik vom 21. Februar 1973. Erste Durchführungsbestimmung zur Verordnung über die Tätigkeit von Publikationsorganen anderer Staaten und deren Korrespondenten in der Deutschen Demokratischen Republik vom 21. Februar 1973 (Auszug). In: GBl. I, Nr. 10 vom 1. März 1973, S. 99 f.

K/M42: *Aktuelle Kamera – Beschwörung statt Information*
10. Februar 1977

Die Sprache ist Hoch-DDRsch, gepflegt bürokratisch, voll hochtönender Substantiva, die mit den entsprechenden Adjektiven verbrämt werden; die Sätze erfordern langen Atem von den Sprechern und Konzentration von den Hörern. Erleichtert wird das Verständnis allerdings durch die im Text reichlich verstreuten Klischees: Codewörter eigentlich, die in den Köpfen eines durch Zeitungslektüre, Versammlungsbesuche, Schulungskurse wohltrainierten Publikums sofort gewisse Gedankenverbindungen auslösen. Hätte man den Kanal etwa versehentlich eingeschaltet, man würde den Sender sofort identifizieren: So redet man nur im Fernsehen der DDR.
Hier eine keineswegs vollständige Liste, alles aufgeschnappt während eines Monats und als Psychotest verwendbar:

Veränderung	ist immer	tiefgreifend
Verwirklichung	–	zielstrebig
Gedankenaustausch	–	umfassend
Atmosphäre	–	schöpferisch
Anliegen	–	vorrangig
Beratung	–	eingehend
Beschluß	–	weitreichend
Fundament	–	unerschütterlich
Vertrauensverhältnis	–	unzerstörbar
Bekenntnis	–	eindrucksvoll
Verwirklichung	–	vollinhaltlich
Stärkung	–	allseitig
Voraussetzung	–	grundlegend
Anerkennung	–	weltweit
Wachstum	–	dynamisch
Zustimmung	–	millionenfach

Es handelt sich also um Beschwörungsformeln, je voller der Mund, desto tiefer die Wirkung; es gemahnt, wie vieles andere bei der Aktuellen Kamera auch, an autogenes Training – Herz schlägt ganz ruhig, Sonnengeflecht strömend warm – und wird ergänzt durch weitere Redewendungen der gehobenen Sprache: So werden Personen zu Persönlichkeiten, und sie sind nicht irgendwo, sie weilen dort. Mitunter erreicht das dichterische Qualität, so am 14. Oktober, wo wir anläßlich der Verleihung des Karl-

Marx-Ordens an die Akademie der Wissenschaften der DDR erfahren, der wissenschaftlich-technische Fortschritt sei *eine unerschöpfliche und ständig stärker fließende Quelle, um das Leben der Menschen, das materielle wie das geistige, umfassend zu bereichern.*
Die Struktur der Sendungen ist unkompliziert und gleichfalls von beruhigender Einförmigkeit. Das beginnt nicht etwa mit aufregenden Hauptnachrichten, die den Zuschauer packen und an den Fernsehschirm fesseln könnten. Nein, zuerst kommen Staatstelegramme und Staatsempfänge, offizielle Reden und offizielle Begrüßungen, das ganze gravitätische Zeremoniell, zu dem eigentlich Allongeperücke und Seidenfrack gehören; darauf ein optimistisches Allerlei von kleinen, mit Statistiken und Kurzinterviews dekorierten Feuilletons aus dem Wirtschaftsleben der DDR – die Reihenfolge mag auch umgekehrt sein. Erst nach etwa fünfzehn Minuten dieser beschaulichen Bilder aus einem ordentlichen Land erfährt man, daß im Libanon geschossen, in Genf verhandelt, in Thailand gelitten, in Frankreich gestreikt, in Soweto verhaftet, in Chile gefoltert wird. Danach wieder Wirtschaftsmeldungen, diese nun negativ, weil aus dem Westen stammend: Arbeitslosigkeit, Inflation, Elend, Gewalttätigkeit, aber gesteigerte Profite für die Monopole. Man fühlt sich erleichtert, daß es so etwas bei uns nicht gibt. Gelegentlich dann etwas zum Launemachen: bei einem Unwetter entkommt eine Schar Kühe dem Transport zum Schlachthaus, amerikanische Polizisten müssen sie wieder einfangen. Zum Schluß dann eine Reportage aus unserm oder einem Bruderland: aus Betrieb, Schule, Restaurant, Bibliothek, Warenhaus, mit eingeblendeten Kurzinterviews, alles geht vorwärts, alle sind zufrieden, der Plan wird erfüllt, neue Initiativen werden entwickelt, die Welt des Sozialismus ist in Ordnung.

Heym, Stefan: Je voller der Mund, desto leerer die Sprüche. Vier Wochen Aktuelle Kamera, 1977 (Auszug). In: Stern vom 10. Februar 1977.

K/M43: »Ideologie in die Massen tragen«
1984

Auf der Grundlage umfangreicher Erfahrungen der Arbeiterpresse gab Lenin die klassische Bestimmung der Funktionen des sozialistischen Journalismus: »Die Zeitung ist nicht nur ein kollektiver Propagandist und kollektiver Agitator, sondern auch ein kollektiver Organisator.« (Werke, Bd. 5, S. 11) Der Journalismus nimmt damit an der Erfüllung aller Funktionen teil, die der politischen Massenarbeit der marxistisch-leninistischen Partei und der anderen politischen Organisationen der Arbeiterklasse bzw. der Werktätigen zukommen.

Die beiden Funktionen der politisch-ideologischen Arbeit zur Führung der Werktätigen, zur Leitung der sozialistischen Gesellschaft sind die Propaganda und die Agitation. Beide sind erforderlich, um die wissenschaftliche Ideologie der Arbeiterklasse in die Massen zu tragen, sie mit der praktischen Aktion der Werktätigen zu verbinden; beider Anliegen ist »die Verbreitung von Ideen, ... die politische Erziehung und die Gewinnung politischer Bundesgenossen«. (Lenin, Werke, Bd. 5, S. 11) [...]

Für die Methode der Propaganda ist gründliche theoretische Erörterung und Erläuterung der zu behandelnden Fragen charakteristisch. Als Verbreitung der Theorie und theoretische Begründung der Politik ist sie den methodischen Anforderungen wissenschaftlicher Arbeit unterworfen: vollständige, allseitige, streng logische Beweisführung. Außerdem hängt die Wirksamkeit der Propaganda wesentlich von ihrer Streitbarkeit ab (Polemik) sowie davon, wie die Beziehungen zwischen Verstand und Gefühl beachtet werden. [...]
Die Methode der Agitation ist als Aufrütteln und Anspornen zu charakterisieren. Agitation hat das Wesen gesellschaftlicher Verhältnisse und Prozesse im einzelnen Ereignis, das Große im Alltäglichen aufzudecken; sie hat politische Ideen und Ziele mit den Erfahrungen und Vorstellungen der Massen, die wissenschaftliche Ideologie mit dem Alltagsbewußtsein zu verbinden. Sie wendet sich in starkem Maße an die Gefühle der Menschen, geht auf ihre Stimmungen ein, appelliert an ihre Begeisterungsfähigkeit und ihren Haß. Sie erzielt ihre Wirkung nicht mit umfassender, systematischer Beweisführung, sondern mit konzentrierter, möglichst anschaulicher Darstellung und mit dem Herausarbeiten des in der gegebenen Situation schlagenden Arguments.

Stichwort: Funktionen des sozialistischen Journalismus. In: WÖRTERBUCH 1984, S. 70–73.

K/M44: *Verbot der Zeitschrift Sputnik*
19. November 1988

(ADN). Wie die Pressestelle des Ministeriums für Post- und Fernmeldewesen mitteilt, ist die Zeitschrift *Sputnik* von der Postzeitungsliste gestrichen worden. Sie bringt keinen Beitrag, der der Festigung der deutsch-sowjetischen Freundschaft dient, statt dessen verzerrende Beiträge zur Geschichte.

ADN-Meldung zum Verbot der sowjetischen Zeitschrift Sputnik in der DDR, 19. November 1988. In: Neues Deutschland vom 19. November 1988.

K/M45: *Medienbild im politischen Witz*
siebziger/achtziger Jahre

Anfrage an den Sender Jerewan: »Kann ein sozialistischer Leiter sozialistisch leiten?«
Antwort: »Im Prinzip ja. Aber haben Sie schon einmal einen Zitronenfalter gesehen, der Zitronen faltet?«
Anfrage an den Sender Jerewan: »Was passiert, wenn der Sozialismus in der Sahara eingeführt wird?«
Antwort: »Die ersten zehn Jahre passiert gar nichts. Und dann wird allmählich der Sand knapp.«
Anfrage an den Sender Jerewan: »Stimmt es, daß der Kapitalismus im Sterben liegt?«
Antwort: »Im Prinzip ja. Aber was für ein schöner Tod!«

Anfrage an den Sender Jerewan: »Stimmt es, daß die DDR mit Volldampf in den Sozialismus fährt?«
Antwort: »Im Prinzip ja. Aber achtzig Prozent davon braucht sie zum Tuten.«
Anfrage an den Sender Jerewan: »Kann das Politbüro irren?«
Antwort: »Natürlich, das Politbüro ist auch nur ein Mensch.«
Anfrage an den Sender Jerewan: »Kann ein junger Genosse einen älteren Genossen kritisieren?«
Antwort: »Im Prinzip ja. Aber es wäre schade um den jungen Genossen.«
Preisausschreiben des Senders Jerewan für den besten eingesandten Witz. Erster Preis: zwanzig Jahre.

Anfragen an den Sender Jerewan. Witze aus der DDR, 1949–1989. In: WROBLEWSKY 1990, S. 50, 110f., 114.

5. Instrumente der kultur- und medienpolitischen Lenkung

K/M46: *Führungsanspruch der Kunstkommission*
31. August 1951

Am 12. Juli 1951 hat die Regierung der Deutschen Demokratischen Republik zwei Verordnungen beschlossen, die tief in das Leben und die Organisation unserer Kunst und Kultur eingreifen. Es sind dies die Verordnung über die Errichtung der Staatlichen Kommission für Kunstangelegenheiten und die Verordnung über die Aufgaben der Staatlichen Kommission für Kunstangelegenheiten. [...] Die Präambel der Verordnung über die Errichtung der Staatlichen Kommission für Kunstangelegenheiten geht von der Auffassung aus, daß die Regierung es als ihre nationale Aufgabe betrachtet, die Entwicklung einer fortschrittlichen deutschen Kultur, ich füge dabei hinzu, einer gesamtdeutschen fortschrittlichen Kultur, weiterzuführen, das kulturelle Schaffen zu einer reichen Entfaltung zu bringen und die Qualität der künstlerischen Leistung zu erhöhen.
   Nach dieser Feststellung stößt die Verordnung auf den entscheidenden Punkt vor, indem in der Präambel gesagt wird: »Das erfordert die Errichtung einer realistischen Kunst«. [...]
   Der Staatlichen Kommission für Kunstangelegenheiten wird eine große und bedeutende Autorität gegeben. Ihr Führungsanspruch soll aber nicht begründet werden durch altertümlichen engen Polizeigeist, durch Anmaßung oder Überheblichkeit, sondern durch Wissen und Können, durch Anleitung und Hilfe. [...]
   Der Kulturschaffende muß sich entscheiden. Er kann nicht mehr zwischen den Lagern stehen, wenn er wirken will. Der Ideengehalt der Kunst steht auf der Tagesordnung. Die Kunst hat eine wichtige führende Rolle im gesellschaftlichen Leben zu spielen. Das heißt, das Volk verlangt von seinen Künstlern Parteinahme für seine Sache, Parteinahme für die Sache der Arbeit, denn die Sache der Arbeit ist die Sache der Kultur.

Grotewohl, Otto: Rede zur Berufung der Staatlichen Kommission für Kunstangelegenheiten am 31. August 1951. In: Neues Deutschland vom 2. September 1951.

K/M47: Harichs Kritik an der Kunstkommission
14. Juli 1953

Warum steht die Staatliche Kunstkommission so gänzlich anders da? Warum wird sie von der überwiegenden Mehrheit der Künstler, vornehmlich der bildenden Künstler, so verabscheut? Warum werden ihre führenden Funktionäre gefürchtet oder lächerlich gefunden? Warum gilt sie, zusammen mit den Kritikern Wilhelm Girnus und Kurt Magritz, als hauptverantwortlich für Schaffenskrisen psychotischen Charakters selbst bei Menschen, die als hervorragende Künstler politisch ohne Schwankung auf dem Boden unserer Republik stehen? Liegt das wirklich am alten Kurs und an den *Prinzipien*[80], denen die kulturell-erzieherische Funktion des Staates Geltung verschaffen sollte?

Keineswegs! Die Mehrheit der bildenden Künstler in der DDR ist durchaus dagegen, daß die Republik mit den Machwerken der abstrakten Kunst überschwemmt wird. Sie ist durchaus bereit, alle Maßnahmen zu bejahen, die der Erziehung des Nachwuchses zu hoher technischer Meisterschaft dienlich sind. Sie versteht sehr gut, daß die Hanswurstereien des dekadenten Modernismus in eine Sackgasse geführt haben. [...]

Die Verteidigung und Pflege des klassischen Kulturerbes war unter den Voraussetzungen des alten wie unter denen des neuen Kurses ein Grundprinzip unserer Kulturpolitik, sie war es, ist es und wird es bleiben. Aber wer denkt noch an die Wartburg-Restauration, um die sich Holtzhauer gewisse Verdienste erworben hat, wenn derselbe Holtzhauer sich nicht geniert, aus der III. Deutschen Kunstausstellung, am Vorabend ihrer Eröffnung, Bilder, die ihm und seinem Gefolge unerwünscht sind, hinter dem Rücken der Jury entfernen zu lassen? Und wer hält es für erheblich, daß Wilhelm Girnus mit seiner Kritik an Hanns Eislers radikalistischem »Faustus«-Libretto im Entscheidenden recht hat, wenn derselbe Girnus ohne jede Differenzierung das Erbe Ernst Barlachs schmäht, in der Architekturdiskussion einen Schriftsteller vom Range Ludwig Renns mit trotzkistischen Verbrechern auf eine Stufe stellt, im Falle des Buchenwald-Ehrenmals schikanöse Methoden der Auftragserteilung gegenüber Fritz Cremer auslöst usw. usw., ohne daß es möglich wäre, ihm öffentlich zu erwidern?

Maßgebend sind nicht einzelne Verdienste, die die Kunstkommission und die Kritiker Girnus und Magritz haben mögen; maßgebend ist die Grundtendenz ihrer Tätigkeit, die faktisch die Produktivität der Maler, Bildhauer, Graphiker, Illustratoren gehemmt, die Produktion der Kunstverlage (etwa verglichen mit den polnischen und tschechoslowakischen) eingeengt, unsere besten Kunsthistoriker abgestoßen und das Ansehen der kulturellen Errungenschaften unserer Republik in ganz Deutschland geschädigt hat. [...]

Für all dies sind Staatssekretär Holtzhauer und Ernst Hoffmann, Wilhelm Girnus und Kurt Magritz entweder direkt verantwortlich oder auch indirekt, sofern sie nämlich durch ihre Methoden in anderen Institutionen und Organisationen (wie dem Verband der bildenden Künstler), in Verlagen und Redaktionen, bei den Leitungen von

---

80 Hervorhebung im Original.

Kunstkabinetten usw. einen Geist der Furcht, der Unaufrichtigkeit und der Kriecherei großgezüchtet haben.

Harich, Wolfgang: Es geht um den Realismus – Die bildenden Künste und die Kunstkommission. In: Berliner Zeitung vom 14. Juli 1953.

K/M48: *Anleitung zur Zensur*[81]
21. März 1960

Entwurf. Dringend! Vertraulich!

A. Einleitung

Die Begutachtung eingereichter Manuskripte und Bücher ist eine der wichtigsten operativ-konkreten Formen der Wahrnehmung der kulturell-erzieherischen Funktionen des Staates gegenüber den Verlagen im Bereich des sozialistischen Literatur- und Buchwesens. Auf der Konferenz des Verlagswesens im Februar 1960, die einen grundlegenden Umschwung der Literaturpolitik auf der Grundlage des Siebenjahrplanes einleitete, sagte Genosse Staatssekretär Wendt: »*Die Leistungen unserer Lektorate müssen danach bemessen werden, wieweit sie* es verstehen, *dem Autor* zu *helfen, seine Werke zur höchstmöglichen künstlerisch-ideologischen Reife zu führen.*« Und an anderer Stelle führte er aus: »Hohe ideologisch-künstlerische Meisterschaft kann natürlich nicht vom Ministerium verordnet werden. Das *Ministerium* kann und *muß den Verlagen diese Forderung stellen, muß konkrete Hinweise geben, muß anleiten und beraten.*« [...]

Es ist ein außerordentlich großes Hemmnis, daß gerade die Lektorats- und Begutachtungsarbeit eines der schwächsten Glieder unserer kulturpolitischen Tätigkeit war und ist. Darum ist es erforderlich, gerade in diesem Bereich eine generelle Wende herbeizuführen! [...]

Die Begutachtung eingereichter literarischer Werke bis zur Druckgenehmigung erstreckt sich hauptsächlich auf 3 Etappen (bzw. Stadien):
1. die Arbeit der Verlagslektorate mit dem Autor, Übersetzer, Bearbeiter oder Editor;
2. die Vergabe von Werken, für die ein Druckantrag gestellt wurde, an einen Außenlektor bzw. Lektorierung durch einen Mitarbeiter;
3. die gründliche Prüfung der Verlags- und Außengutachten, die Erarbeitung und Formulierung eines eindeutigen Standpunktes im Fachgebiet und Sektor (gegebenenfalls in der Abteilung) und die Entscheidungen über den gestellten Antrag.

Um ernste ideologische Fehler, die in letzter Zeit wiederholt aufgetreten sind, zu vermeiden und alle bestehenden Schwächen und Mängel auf diesem Gebiet unverzüglich zu überwinden, muß das gesamte Begutachtungswesen ernsthaft geprüft, verbessert und auf eine höhere Stufe gehoben werden.

---

81 Hervorhebungen im Original.

B. Worin bestehen die hauptsächlichsten Fehler und Mängel in unserer Arbeit mit Manuskripten?
Die Hauptursache liegt im sorglosen, nicht parteilichen Herangehen an die Begutachtung und ist ideologischer Natur. Deshalb ist es notwendig, sowohl die kollektive Zusammenarbeit als auch die persönliche Verantwortung jedes politischen Mitarbeiters entscheidend zu verbessern und zu erhöhen.

Nur durch größte ideologische Wachsamkeit sind die bestehenden Mißstände zu beseitigen und alle Erscheinungen der Routinearbeit, der Duldsamkeit und der liberalen Einstellung zur literarischen Begutachtung schnellstens zu überwinden.

Dabei ist von dem Grundsatz auszugehen, daß sich die staatliche Kontrollfunktion in erster Linie auf die politisch-ideologische Richtigkeit und Nützlichkeit literarischer Arbeiten erstreckt, bei gleichzeitiger Beachtung des Prinzips der Übereinstimmung von Inhalt und Form.

Fragen der künstlerischen Gestaltung und des ästhetischen Gehalts müssen Gegenstand der täglichen praktischen Arbeit des Sektors sein, wobei sie den vorgenannten politischen Gesichtspunkten unterzuordnen sind.

Grundsätze zur Verbesserung der Begutachtung im Sektor Schöne Literatur des Ministeriums für Kultur, Entwurf, 21. März 1960. In: BArch, Aktentitel Gutachtertätigkeit 1960–1967, Sign. DR-1–1949, 14 Bl.

K/M49: *Politisch-operative Aufgaben des MfS im Kulturbereich* 31. Oktober 1975

Die Prinzipien der Kulturpolitik der DDR und ihre detaillierte Verwirklichung werden durch die Partei und die zuständigen staatlichen Organe, speziell durch das Ministerium für Kultur und seine nachgeordneten Einrichtungen, bestimmt. Das MfS hat in diesem Prozeß, insbesondere bei der Festlegung der konkreten Maßnahmen zur Durchsetzung der Kulturpolitik, keine bestimmende oder entscheidende Funktion. Die Aufgabe des MfS besteht darin, die Partei und die zuständigen Staatsorgane über das Verhalten von Künstlern im Ergebnis unserer operativen Arbeit zu informieren. Dieser Grundsatz wird durch die HA XX/7 dergestalt realisiert, daß das ZK bzw. der Minister für Kultur oder zuständige Funktionalorgane bei notwendigen Entscheidungen über Reisekadereinsatz, Auftrittserlaubnis, Zulassung, Förderung o. ä. bzw. bei operativen Vorkommnissen mit der Formel »Zu ihrer Entscheidungsfindung/Information teilen wir Ihnen mit, daß beim MfS Hinweise folgender Art vorliegen ...« unterrichtet werden, wobei eine Stellungnahme hinsichtlich der Entscheidungsrichtung nicht erfolgt. Nur in seltenen Ausnahmefällen wird die Information mit einer Empfehlung, nicht aber mit einer Forderung, verbunden. Prinzipiell bleibt die Auswertung unserer Hinweise der Entscheidung der Partei- bzw. Staatsorgane überlassen.

»Grundsätzliche Orientierung« zum Verhältnis SED – MfS auf kulturpolitischem Gebiet, formuliert von Oberstleutnant Karl Brosche, stellvertretender Abteilungsleiter der HA XX/7, 31. Oktober 1975. In: BStU, ASt Leipzig, AOP 1231/76, Bd. 1, Bl. 58 f. Zit. nach: WALTHER 1996, S. 54.

K/M50: *Christoph Hein contra Zensur*
November 1987

Das Genehmigungsverfahren, die staatliche Aufsicht, kürzer und nicht weniger klar gesagt: die Zensur der Verlage und Bücher, der Verleger und Autoren ist überlebt, nutzlos, paradox, menschenfeindlich, volksfeindlich, ungesetzlich und strafbar. Ich werde das im folgenden begründen:
Die Zensur ist überlebt. Sie hatte ihre Berechtigung in den Jahren nach dem zweiten Weltkrieg, als der deutsche Faschismus von den Alliierten militärisch vernichtet, aber die geistige Schlacht um Deutschland, um die Deutschen damit noch nicht entschieden war. Damals hatte die Zensur, ähnlich den Lebensmittelmarken, die Aufgabe, den allgemeinen Mangel zu ordnen, das Chaos zu verhindern und die Aufbauarbeit zu ermöglichen. Zudem begünstigte die damalige historische Situation die Existenz einer Zensur, also das, was unsere neuere Geschichtsschreibung mit den seltsam verwaschenen Formulierungen »jene tragischen Ereignisse der dreißiger Jahre in der Sowjetunion« und »zeitweilig aufgetretene Verletzungen der Leninschen Normen des Parteilebens« eher zu verdecken sucht als zu benennen. Die Zensur hätte zusammen mit den Lebensmittelmarken Mitte der fünfziger Jahre verschwinden müssen, spätestens im Februar 1956. [...]
Die Zensur ist menschenfeindlich, feindlich dem Autor, dem Leser, dem Verleger und selbst dem Zensor. Unser Land hat in den letzten zehn Jahren viele Schriftsteller verloren, unersetzliche Leute, deren Werke uns fehlen, deren Zuspruch und Widerspruch uns bekömmlich und hilfreich war. Diese Schriftsteller verließen gewiß aus sehr verschiedenen Gründen die DDR. Einer der Gründe, weshalb diese Leute und ihr Land einander vermissen – das eine weiß ich, das andere vermute ich – heißt Zensur; denn wie die Engländer sagen: »You can take the boy out of the country, but you can't take the country out of the boy.« (Du kannst einen Menschen aus einem Land herausnehmen, aber nicht das Land aus einem Menschen.)
Und der Autor, dem es nicht gelingt, aus seiner Arbeit die ihr folgende Zensur herauszuhalten, wird gegen seinen Willen und schon während des Schreibens ihr Opfer: er wird Selbstzensur üben und den Text verraten oder gegen die Zensur anschreiben und auch dann Verrat an dem Text begehen, da er seine Wahrheit unwillentlich und möglicherweise unwissentlich polemisch verändert.
Den Leser entmündigt die Zensur. Er kann ihr folgen und die Beschränkungen akzeptieren oder ihr widerstehen und sich ihr dann mit dem nötigen größeren Aufwand entziehen, um das nicht genehmigte Buch zu lesen. In jedem Fall ist seine Wahl von der Zensur bestimmt.
Die Zensur zerstört den Verleger, sie zerstört seine Autorität, seine Glaubwürdigkeit. Sie verbietet es dem Verleger, Verleger zu sein, da sie ihm nicht erlaubt, das Programm seines Verlages zu bestimmen. Welche Weisheit zeichnet eigentlich jene Leute aus, die Druckgenehmigungen erteilen oder nicht, daß sie sich anmaßen, einem ausgewiesenen und befähigten Menschen – denn anders wäre ein Verleger bei uns nie Verleger geworden – Vorschriften zu machen? [...]
Und die Zensur zerstört den Zensor. Der kunstsinnigste Mensch wird in der Funktion, Genehmigungen zu erteilen oder zu verhindern, zum Büttel. Sein Blick, seine

Sinne verengen sich notwendigerweise in dem Bemühen, Mißfälliges aufzufinden. Und wie so mancher Kollege habe ich Beispiele erlebt, wie dieser verengte Blick unsinnige Interpretationen, absurde Verdächtigungen und zweideutige Mißverständnisse produzierte, die eindeutigen Aussagen unterschoben wurden.

Die Zensur ist volksfeindlich. Sie ist ein Vergehen an der so oft genannten und gerühmten Weisheit des Volkes. Die Leser unserer Bücher sind souverän genug, selbst urteilen zu können. Die Vorstellung, ein Beamter könne darüber entscheiden, was einem Volk zumutbar und was ihm unbekömmlich sei, verrät nur die Anmaßung, den »Übermut der Ämter«.

Die Zensur ist ungesetzlich, denn sie ist verfassungswidrig. Sie ist mit der gültigen Verfassung der DDR nicht vereinbar, steht im Gegensatz zu mehreren ihrer Artikel.

Und die Zensur ist strafbar, denn sie schädigt im hohen Grad das Ansehen der DDR und kommt einer »Öffentlichen Herabwürdigung« gleich.

Das Genehmigungsverfahren, die Zensur muß schnellstens und ersatzlos verschwinden, um weiteren Schaden von unserer Kulturpolitik abzuwenden, um nicht unsere Öffentlichkeit und unsere Würde, unsere Gesellschaft und unseren Staat weiter zu schädigen.

Hein, Christoph: Diskussionsbeitrag auf dem X. Schriftstellerkongreß, 24.–26. November 1987. In: SCHRIFTSTELLERKONGRESS 1988, S. 224–247.

K/M51: *Kulturminister lehnt Zensur-Debatte ab*
14. April 1988

Laut Mitteilung des stellvertretenden Ministers für Kultur, Gen. Klaus Höpcke, wurden in Auswertung des X. Schriftstellerkongresses der DDR in Abstimmung und Konsultation mit zentraler Stelle durch einen kleinen Personenkreis von Mitarbeitern der Hauptverwaltung Verlage und Buchhandel und Verlagsdirektoren Überlegungen angestellt und Vorschläge erarbeitet, in welcher Weise das Druckgenehmigungsverfahren verändert bzw. zeitlich verkürzt werden könnte, ohne die staatliche Aufsicht und Entscheidungsbefugnis einzuschränken. [...] Es ist weder vorgesehen, die vorgeschlagenen Änderungen im Druckgenehmigungsverfahren beim Schriftstellerverband, Verlagen bzw. anderen gesellschaftlichen oder staatlichen Institutionen zur Diskussion zu stellen, noch sie nach erfolgter Bestätigung im Gesetzblatt zu veröffentlichen. [...] Gen. Höpcke wies darauf hin, daß alle Diskussionen und Spekulationen über Veränderungen des Druckgenehmigungsverfahrens, soweit sie nicht die von ihm genannten Vorstellungen betreffen oder berühren, bedeutungslos sind. Sollte es Hinweise geben, daß die Ergebnisse seiner internen Beratungen mit dem eingangs erwähnten Personenkreis in der Öffentlichkeit diskutiert werden oder auch nur bekannt sind, würde er sofort Untersuchungen und strenge disziplinarische Maßnahmen einleiten.

Bericht des MfS über interne Diskussionen zur Zensur, 14. April 1988. BStU, ZA, HA XX/ AKG 852, Bl. 202. In: WALTHER 1996, S. 283 f.

K/M52: *Zur politischen Tränke ins ZK*

Allwöchentlich donnerstags nach der Sitzung des Politbüros (dienstags) und nach der Beratung des ZK-Sekretariats (mittwochs) versammelten sich die Chefredakteure der in Berlin ansässigen Zeitungen der SED und der Massenorganisationen, aber auch der Leiter des Presseamtes der Regierung in der Abteilung Agitation zur politischen Tränke. Dort wurden die politischen Sprachregelungen ausgegeben für die Propagierung der Parteibeschlüsse, für die aktuelle innen- und außenpolitische Berichterstattung und Kommentierung. Am selben Tag, unmittelbar nach dem »Linie«-Empfang im ZK, rief der Leiter des Presseamtes die Chefs der Blockzeitungen zu sich und verabreichte ihnen nicht minder autoritativ die Richtlinien, die durch ihn zu Regierungsempfehlungen geworden waren. Die Redaktionen der Bezirkszeitungen wurden per Fernschreiber von den Agitations-Dekreten in Kenntnis gesetzt. Über den »Ticker« wurden auch täglich aktuelle Hinweise, Gebote und Verbote an die Redaktionen übermittelt. Die in Berlin zu Hause waren, wurden von Mitarbeitern der ZK-Abteilung auf Nachrichten aufmerksam gemacht, die nicht unter den Tisch fallen durften oder je nach taktischem Ermessen besonders groß auf der Seite 1 oder unauffällig auf den Innenseiten zu placieren waren.

Günter Schabowski über die Anleitung der Chefredakteure im ZK, 1991 (Auszug). In: SCHABOWSKI 1991, S. 91.

Ehrhart Neubert

Kirchenpolitik

Für die SED war der Marxismus-Leninismus die einzige wissenschaftliche Weltanschauung, die der Menschheit soziales und individuelles Glück garantiere, weil sie den geschichtlichen Weg bereiten könne, die sozialen Widersprüche aufzuheben und das Gute zu verwirklichen. Mit dem Anspruch auf Wahrheit war der Bereich des Politischen überschritten. Dieser Anspruch konkurrierte direkt mit dem der Religion, auf letzte Fragen Antworten geben zu können. Menschliches Glück (K16) und menschliche Vollkommenheit konnten in dieser Weltanschauung nicht mehr transzendiert und dem Jenseits anvertraut, sondern sollten in dieser Welt realisiert werden. Als dies politisch praktiziert wurde, war eine Auseinandersetzung mit der Religion unausweichlich. Sie war schon im Entstehungsprozeß des theoretischen Gebäudes des Marxismus angelegt. Marx und die ihm nahestehenden Philosophen hatten daher bewußt antireligiöse aufklärerische Theorien integriert, womit sie gleichzeitig mit ihrer Philosophie auch eine kritische Theorie schufen. Von der Religion ging für sie jedoch »bei aller verbalradikalen Ablehnung eine Faszination aus«, da in ihr die Synthese von »Gegenwart transzendierenden Glücksversprechen und Kompensation akuter sozialer Misere«[1] gelungen schien. Das Theoriekonstrukt von der großen Harmonie auf Erden blieb deshalb in religiösen Denkmustern befangen. Im Zuge späterer Dogmatisierungen und Simplifizierungen, d. h. im Zuge der Entwicklung einer marxistischen Weltanschauung zur politischen, kulturellen, sozialen und ökonomischen Gebrauchsanweisung, fielen die intellektuellen Hüllen immer mehr, und die Religion wurde schließlich zum doppelten Schicksal des Marxismus.

Einerseits nahm er selbst besagte quasireligiöse Gestalt an und trug damit die Züge dessen, was er just überwinden wollte. (P19) Dazu gehörte der absolute Wahrheitsanspruch einer Vorstellung von Natur, Gesellschaft und Geschichte, der alle Erfahrung in ein monistisches Weltbild preßte. In der Praxis des Sozialismus mußte diese fiktive Einheitswelt um der Wahrnehmbarkeit willen inszeniert und ritualisiert werden. Viele dieser Weltanschauung anhängenden Menschen wurden mit den Bildern von Wirklichkeit über die Wirklichkeit getäuscht. Diese Täuschung bzw. Selbsttäuschung band und beschränkte wissenschaftliche Rationalität, unterband und reduzierte die geistige und kulturelle Kommunikation und zerstörte ein rationales und ethisch begründetes Verhältnis von Mitteln und Zielen der Politik.

So ist andererseits festzustellen, daß das, was als Säkularisierung – als Befreiung von der Religion – erschien, gar keine war: erst das institutionelle Ende der marxistischen Weltanschauung ist als eine Form wirklicher Säkularisierung zu verstehen. Als

1 BIALAS 1996, S. 287 f.

die marxistische Aufklärung die sich verselbständigenden Rationalitäten nicht mehr bändigen konnte, kam es zur Enttäuschung der inszenierten Welt des Sozialismus. Das der Religion zugedachte Schicksal der Aufhebung ereilte den Marxismus selbst. Die Fixierung des Marxismus auf eine dem Religiösen entgegensetzte Position prägte auch seine gesamte Machtgeschichte. Selbst als die SED den Einfluß der Kirchen längst beschnitten hatte, trieb sie die Religionsfrage immer noch um, als würde sie ihre Wahrheit einzig und allein durch die Aufhebung der Religion bestätigen können. Da ihre Ideologie nur die einseitige Wahrnehmung von Religion als Gegner zuließ, wurde diese zum ideologischen Überbau der Klassengesellschaft auf der Seite der Ausbeutenden gezählt und war als solche zu bekämpfen. Schon Lenin konzipierte nach der russischen Oktoberrevolution 1917 eine Religions- und Kirchenpolitik, die zu blutigen Verfolgungen der Kirchen in der UdSSR führte. Unter Stalin und Chruschtschow kam es zu erneuten Wellen der Unterdrückung. Milderungen gab es nur, wenn die Kirchen für innen- und außenpolitische Zwecke instrumentalisiert werden konnten. Für die deutschen Kommunisten war die strikte antireligiöse Politik in der Sowjetunion zunächst normierend, ohne daß sie zu solch blutigen Exzessen wie in der UdSSR führte. Immerhin wurden später eigene und intelligentere Politiken entwickelt.

Die gesamte Geschichte der staatlichen Kirchenpolitik enthält jedoch eine gewisse Paradoxie. Legitimierte die SED ihre frühe Kirchenpolitik mit dem Umstand, daß die deutschen Kirchen durch eine lange Periode des Staatskirchentums bis 1918 geprägt waren, der sozialistischen Bewegung überwiegend ablehnend gegenüber gestanden hatten und teilweise mit Ideologie und Politik des NS-Staates verstrickt gewesen waren, sollten die Kirchen in den achtziger Jahren als Stabilitätshilfe für die DDR genutzt werden. Diese merkwürdige Paradoxie von scharfer Konkurrenz und bedingter Duldung, die auch die lebensweltlichen Erfahrungen vieler Christen geprägt hat, drückte sich sowohl im Wandel des Staat-Kirche-Verhältnisses, im geistigen Gegen- und Nebeneinander von Christen und Marxisten, in der bedeutenden gesellschaftlichen Rolle der Kirche trotz gesellschaftlicher Verdrängung als auch in der Lebendigkeit des kirchlichen Lebens trotz vieler Einschränkungen aus.

1. Das Verhältnis von Staat und Kirche

Nach dem Krieg wurden den Kirchen durch die sowjetischen Militärbehörden, die zunächst den Schein einer demokratischen Entwicklung in der SBZ wahrten, einige Freiheiten zugestanden, die sie für den Wiederaufbau der durch die Auseinandersetzungen in der NS-Zeit und die desolaten Zustände der Nachkriegszeit beschädigten kirchlichen Strukturen zu nutzen suchten. (K1) Sie waren faktisch die einzige intakte Institution, die den Besatzungsmächten Ansprechpartner sein konnte, und galten als Träger des Widerstandes gegen das NS-Regime, wenn das auch nur auf eine Minderheit zutraf. Die Kirchen, die Diakonie und die Caritas konnten in den Nöten der Nachkriegszeit wirksam Hilfe leisten, waren Bittsteller bei den sowjetischen Behörden, um Erleichterungen für die vielen, oft unschuldig Verhafteten und für die Kriegsgefangenen zu erreichen. Die Kommunisten machten aus ihrem geschichtlich bedingten Antiklerikalismus keinen Hehl, behinderten aber gemäß den Weisungen aus Moskau die Kirchen nicht. Vor den ersten Landtagswahlen 1946 warb die SED mit Unterstützung der ihr nahestehenden religiösen Sozialisten noch um die Gunst der Christen und versicherte ihre Toleranz. Einige Wortführer der in der NS-Zeit unangepaßten Bekennenden Kirche (BK) sahen in der langen historischen Bindung der Kirchen an die konservativen Kräfte einen Grund für die Anfälligkeit gegenüber dem Nationalismus. Nun schien ihnen im Sozialismus eine Entsprechung zum Auftrag der Kirche für die sozial Entrechteten zu liegen. Trotz dieser Bereitschaft zum Arrangement kam es mit der zunehmenden Stalinisierung zu Konflikten mit der SED, als sich deren politischer Führungsanspruch immer deutlicher durchsetzte und sie mit ihrer Verdrängungspolitik gegenüber den Kirchen begann. Kirchliche Jugendarbeit, Frauenarbeit und kirchliche Vereine wurden behindert. Die SED versuchte damit – analog zu einer ähnlichen Vorgehensweise in der UdSSR –, die staatlich anerkannte kirchliche Tätigkeit auf »Kulthandlungen«, also Gottesdienste, zu reduzieren und soziale und kulturelle Aktivitäten als unzulässig zu betrachten.

Als die Kirchen gegen Wahlnötigung und Wahlmanipulationen bei den Wahlen zum III. Volkskongreß am 15./16. Mai 1949 protestierten, reagierten die Behörden mit der Konfiszierung kirchlicher Zeitungen sowie mit Übergriffen auf Pfarrer und kirchliche Amtspersonen, die bis zu Verhaftungen gehen konnten. Ehemalige Mitglieder der Bekennenden Kirche, wie der Magdeburger Bischof Ludolf Müller und der Bischof von Berlin, seit Januar 1949 Ratsvorsitzender der EKD, Otto Dibelius, verglichen öffentlich die sich etablierende kommunistische Macht mit dem Nationalsozialismus. Dibelius, der bald zur Symbolfigur des kirchlichen Widerspruchs wurde, kritisierte den Mangel an Rechtsstaatlichkeit.

Andere Kirchenvertreter hingegen, wie der Thüringer Bischof und ehemalige BK-Pfarrer Moritz Mitzenheim, suchten ein gutes Verhältnis zur SMAD und nahmen am ersten von der SED initiierten Volkskongreß im Dezember 1947 teil. Mitzenheim, der hierbei sogar als Redner aufgetreten war, kritisierte die SED in der Folgezeit zwar gelegentlich, hielt sich aber aus der Demokratiedebatte heraus.

Nach der Gründung der DDR 1949 und der politischen Gleichschaltung blieben nur die Kirchen als unabhängige Großorganisationen mit einem formal noch durch die Verfassung geschützten Status übrig. So wuchsen sie in die Rolle des Anwalts für gesellschaftliche und politische Fragen in der DDR hinein. Seit 1950 beklagten sie immer häufiger das »Abweichen von der Demokratie«[2] und die zahlreichen politischen Zwangsmaßnahmen gegen die Bevölkerung. Die SED reagierte mit weiteren Unterdrückungsmaßnahmen und verfolgte eine Differenzierungspolitik, mit der sie kirchliche Mitarbeiter und inzwischen auch CDU-Politiker veranlaßte, den bis dahin relativ geschlossenen kirchlichen Widerspruch aufzuweichen. Der Höhepunkt der Auseinandersetzungen wurde nach 1952 als Ergebnis des für alle gesellschaftlichen Bereiche folgenreichen Beschlusses zum Aufbau des Sozialismus erreicht. Der Staat schloß kirchliche Einrichtungen, brach Verträge, ließ in der Presse Bischöfe und kirchenleitende Personen verleumden. Da sich die SED in ihrem »Kampf um die Jugend« durch die damals blühende Jugendarbeit der Kirchen behindert sah, leitete sie 1952 unter Federführung des FDJ-Vorsitzenden Honecker den systematischen Kampf ge-

---

2 BESIER 1993, S. 69.

gen die Jugend- und Studentenarbeit der Kirchen ein. Sie inszenierte eine Verleumdungskampagne gegen die Jungen Gemeinden, ihre Mitglieder, Pfarrer und Leiter, denen Agententätigkeit für den Westen, Sabotage, Kriegshetze, Tötungstraining, Sittlichkeitsvergehen, Kindesentführung, faschistische und militaristische Propaganda, Kasernierung und halbmilitärische Ausbildung von Mitgliedern u. a. m. vorgeworfen wurde. Verhaftungen von zahlreichen Jugendlichen, über 70 Theologen und Jugendleitern, die Relegation von etwa 3 000 Schülern und knapp 2 000 Studenten sowie das öffentliche Anprangern derer, die sich nicht von der Jungen Gemeinde lossagten, sollten die christliche Bevölkerung verunsichern. (K2) Viele flohen in den Westen. Andere hielten öffentlicher Verleumdung, Vorladungen vor Versammlungen und pogromähnlichen Verfolgungen stand. Aus Angst vor Verhaftung und Schulverweis beugten sich viele, sagten sich von der Kirche los oder bestätigten – im Extremfall – gar die ihnen zuvor diktierten Erfindungen. Der Widerstand gegen solche Praktiken des Staates war durch eine Gruppe von opportunistischen Theologen geschwächt worden, die in dieser Situation schrieben: »Nicht der Staat der DDR ist anzugreifen [...] sondern die jungen Christen sind zur Buße zu rufen.«[3] Solche Theologen haben sowohl innerhalb der CDU als auch in der Kirche selbst sowie im universitären Bereichen agiert. Als offenkundige Werkzeuge der SED blieb ihr Einfluß auf die Kirchen und die Gemeinden allerdings gering.

Kurz vor dem Aufstand des 17. Juni 1953 kam es unerwartet zu einem Umschwung in der Kirchenpolitik. Die SED-Führung hatte bei einem Besuch in Moskau Anfang Juni die Weisung erhalten, die Maßnahmen gegen die Kirchen im Rahmen des sogenannten Neuen Kurses zurückzunehmen. Bei einem Gespräch zwischen der Regierung und den Bischöfen am 10. Juni 1953 wurde den überraschten kirchlichen Vertretern eine Beilegung des Kirchenkampfes angekündigt. Ein Teil der Verfolgungsmaßnahmen wurde rückgängig gemacht. Noch bevor sich Erleichterung ausbreiten konnte, kam es zum Aufstand am 17. Juni, dem kirchlicherseits eine Ernüchterung und staatlicherseits eine härtere Gangart der SED folgte. Ende 1953 wurde durch die SED der Kirchenkampf praktisch in der alten Form wieder aufgenommen. Dadurch konnte die kirchliche Jugendarbeit das Niveau der früheren Jahre nicht wieder erreichen. Die Menschen waren zudem durch den Schock des niedergeschlagenen Aufstandes vorsichtiger und ängstlicher geworden.

Am 14. März 1954 faßte das Politbüro der SED einen folgenreichen Beschluß zur Neukonzeption der Kirchenpolitik, der zahlreiche gegen die Kirchen gerichtete Maßnahmen enthielt (K3) und die eingangs beschriebene Doppelstrategie systematisch fortsetzte. 1956 spitzte sich die Lage erneut zu. U. a. wurden Mitarbeiter der Bahnhofsmission verhaftet und ihr sozialer Dienst eingestellt. Insgesamt hatten die Verhaftungen wieder zugenommen. Eine schwere Belastung des Staat-Kirche-Verhältnisses brachte der von der gesamtdeutschen EKD und der Bundesregierung abgeschlossene

---

3   Brief von Hanfried Müller u. a. an den Kirchenpräsidenten Martin Niemöller in Wiesbaden, Berlin 25.4.1953, IZJA 3661/I; Niemöller, der sich ansonsten häufig wohlwollend gegenüber der DDR geäußert hatte, wies den Brief von Müller in einem Schreiben vom 29.5.1953 zurück. Müller und einige der Unterzeichneten wurden später Theologieprofessoren und Funktionäre der CDU(Ost).

Einleitung 367

Militärseelsorgevertrag im Februar 1957. Die SED sah in ihm eine Parteinahme für den westdeutschen Staat. Zur weiteren Verschärfung führte der sogenannte Lange-Erlaß im Jahre 1958, der den Religionsunterricht in den Schulen fast unmöglich machte.[4] Danach durften an Schulen nur noch jüngere Kinder ausschließlich an Nachmittagen unterrichtet werden und konnten die Schulleiter im eigenen Ermessen über die Zulassung der Lehrkräfte entscheiden.

Ziel dieser Maßnahmen war es, die Kirchen zu einer grundsätzlichen Loyalitätserklärung gegenüber dem DDR-Staat zu zwingen. Die Kirchen warfen im Gegenzug dem Staat vor, die in der Verfassung garantierten Rechte zu verletzen. In dieser angespannten Lage kam es zu Verhandlungen zwischen Grotewohl und Bischof Mitzenheim. Am 21.7.1958 wurde eine »Gemeinsame Erklärung« veröffentlicht, die faktisch einen Erfolg der SED darstellte, weil der bisher von den Kirchen erhobene »Vorwurf des Verfassungsbruchs nicht aufrechterhalten«[5] wurde. Das wohl wichtigste Mittel des Widerspruchs, die Berufung auf geltendes Recht, wurde aus der Hand gegeben, weshalb sich einige Kirchenleitungen und Synoden von der Erklärung distanzierten. Dennoch war erstmals eine Art Status quo zwischen den Kirchen und der SED erreicht worden, der allerdings noch nicht belastungsfähig war.

1959 veröffentlichte Bischof Dibelius seine Obrigkeitsschrift, in der er dem DDR-Staat jede Legitimität und Legalität absprach und zu dessen Umgang mit dem Recht erklärte: »In einem totalitären Bereich gibt es überhaupt kein Recht [...] Weder ein Maximum noch ein Minimum, sondern überhaupt kein Recht [...] Es gibt nur noch eine ›Gesetzlichkeit‹, [...] die die Machthaber im Interesse ihrer Macht erlassen [...]«[6] Die SED reagierte mit einer Diffamierungskampagne, in der Dibelius als Atomkriegsbefürworter und Faschist abqualifiziert wurde. Tatsächlich wurde der Bischof auch in der Kirche zunehmend isoliert und seine Absetzung betrieben, weil die kompromißlose Negation des DDR-Staates absehbar zu immer neuen Konflikten führen mußte und manche glaubten, mit einer Opferung von Dibelius das Regime besänftigen zu können.

In der erbitterten Diskussion um Dibelius vertrat der Naumburger Theologiedozent Johannes Hamel einen Mittelweg »zwischen Dibelianismus und Mitzenheimismus«[7], zwischen Abwendung und Anpassung. Wenn auch der Gegensatz zwischen dem Totalanspruch der SED und den gesellschaftlichen Ansprüchen der Kirchen so nicht aufzulösen war, trugen diese Unschärfen doch dazu bei, eine theologisch begründete Akzeptanz der Situation zu ermöglichen, ohne auf eine Situationskritik ganz zu verzichten. (K4) Dieser Notbehelf unklarer Formulierungen wurde weithin normierend für das Auftreten der DDR-Kirchen.

Nach dem Mauerbau am 13. August 1961 war die kirchliche Jugendarbeit erneut von Verhaftungen betroffen. (K5) Bischof Dibelius, der in Westberlin residierte, durfte nicht mehr nach Ostberlin einreisen. Der eingesetzte Bischofsverweser Kurt

---

4 Der Minister für Volksbildung, Fritz Lange, gab den Erlaß heraus. Vgl. BESIER 1993, S. 253.
5 BESIER 1993, S. 279.
6 BESIER 1993, S. 319.
7 HAMEL 1957, S. 8.

Scharf, der in Ostberlin wohnte, wurde kurz darauf ausgebürgert. In dieser Situation trat die Kirche allerdings nicht einheitlich auf. Bischof Mitzenheim ließ sich den Vaterländischen Verdienstorden verleihen. Die Sonderrolle Mitzenheims beruhte auf einer konservativen Haltung, die in Auslegung der lutherischen Zweireichelehre den Gehorsam gegenüber dem Staat als geboten ansah.

Die widersprüchlichen Haltungen der führenden Kirchenvertreter zeigten, daß eine Klärung der Standortbestimmung der Kirchen in der DDR immer dringlicher wurde. Am 8. März 1963 verabschiedete die Konferenz der Kirchenleitungen die »Zehn Artikel über Freiheit und Dienst der Kirche«. Die umfassende Grundsatzerklärung war inhaltlich und formal an der »Barmer Theologischen Erklärung« der Bekennenden Kirche von 1934 orientiert, die in Abwehr des totalitären NS-Staates formuliert worden war. In den »Zehn Artikeln« (K6) hieß es u. a.: »Wenn die Kirche in der Welt für ihr Recht eintritt, verteidigt sie damit die Freiheit der Verkündigung und des Dienstes.«[8] Die »Zehn Artikel« lösten eine Hetzkampagne der SED und ihrer Verbündeten in der CDU aus. Opportunistische Theologen verfaßten einen Gegentext, die »Sieben Sätze von der Freiheit der Kirche zum Dienen« (K7), der den Kritik- und Rechtsverzicht theologisch begründete. Die Kirchenleitungen hatten bald nicht mehr den Mut, zu den antitotalitären »Zehn Artikeln« zu stehen.

Die SED drang Mitte der sechziger Jahre darauf, die ostdeutschen Kirchen von der gesamtdeutschen EKD abzutrennen, um auch in diesem Bereich ihre Zweistaaten-Doktrin durchzusetzen. Neben dem anhaltenden staatlichen Druck nutzte sie die Ost-CDU, die IM des MfS in wichtigen kirchlichen Funktionen und die um des Ausgleichs willen stärker gewordenen Loyalisten in den Kirchen, zu denen auch Albrecht Schönherr gehörte, der 1966 Bischofsverweser geworden war. Nachdem gesamtdeutsche Synoden seit 1965 verboten worden waren, bekannte sich die östliche Teilsynode der EKD aber noch einmal eindeutig auf ihrer Tagung vom 1.–7.4.1967 in Fürstenwalde zur Einheit der deutschen Kirchen. (K8) Doch kurz darauf traten Schönherr und andere Kirchenführer in vertrauliche Verhandlungen mit staatlichen Stellen ein, um diese Entscheidung zu revidieren.[9] Nachdem durch die neue Verfassung von 1968 auch eine rechtliche Vorgabe geschaffen war, weil damit die Tätigkeit der Kirchen an »die Übereinstimmung mit der Verfassung und den gesetzlichen Bestimmungen«[10] der DDR gebunden wurde, plädierten nahezu alle Kirchenleitungen für die organisatorische Trennung von der EKD. Im September 1969 konstituierte sich die 1. Synode des neu gegründeten Bundes der Evangelischen Kirchen in der DDR (BEK). Seine Gründung sicherte der Kirche keineswegs eine staatlich anerkannte Position. Wenige Monate später erließ der Staat wieder eine restriktive Veranstaltungsordnung mit neuen Einschränkungen für die kirchliche Jugendarbeit. Die kirchlichen Aktivitäten sollten demnach allein auf »kultische« Betätigungen beschränkt werden. Trotz Strafandrohungen und Strafbescheiden hielten sich viele kirchliche Mitarbeiter nicht an die enge Auslegung der Anordnung. Die Behörden lenkten bei Verhandlungen mit den Kirchen ein.

---

8   CHRISTOPH 1994, S. 112 f.
9   Zu den Vorgängen bei der Gründung des BEK vgl. BESIER 1993, S. 620 f.
10 Vgl. Artikel 39 der Verfassung der DDR vom 6. April 1968. In: VERFASSUNG 1968, S. 36 f.

Die von Schönherr vertretene theologische und kirchenpolitische Linie strebte entschlossen danach, die Konfrontation zwischen Kirche und Staat zu beenden. Viele Protestanten sahen zwischen einer sozialethischen Ausrichtung der Theologie und der sozialistischen Idee keine unüberbrückbaren Gegensätze. Die Bereitschaft in den Kirchen, sich bewußt im Konflikt zur sozialistischen Ordnung in der DDR zu definieren, nahm ab. Im Juli 1971 sprach Schönherr den berühmten Satz, der konstitutiv für den BEK wurde: »Eine Zeugnis- und Dienstgemeinschaft von Kirchen in der Deutschen Demokratischen Republik wird ihren Ort genau zu bedenken haben: In dieser so geprägten Gesellschaft, nicht neben ihr, nicht gegen sie.«[11] Aus dieser Formulierung ging der Begriff »Kirche im Sozialismus« hervor. Diese Formel bestimmte die Rolle der Kirche im sozialistischen Staat nicht eindeutig. Sie ließ offen, ob es sich um eine reine Ortsbestimmung handelte, ob sie den Anspruch auf Selbstbehauptung der Kirche im sozialistischen Staat bekräftigen oder ob mit ihr eine positive Wertung des gesellschaftlich-politischen Systems ausgedrückt werden sollte. Diese Mehrdeutigkeit erlaubte der kirchlichen und der staatlichen Seite jeweils eigene Interpretationen. Erst in den letzten Jahren der DDR wurde die Formel »Kirche im Sozialismus« wegen ihrer Unschärfe in den Kirchen heftig kritisiert. Der Streit wurde auch nach 1990 weitergeführt, da er manchen Kritikern allein als Ausdruck der politischen Anpassung erschien. Im Sinne einer das sozialistische System der DDR in Rechnung stellenden Politik agierte auch der Sekretär des BEK, Manfred Stolpe, der zu diesem Zweck konspirative Kontakte zum MfS unterhielt. (K14; K15)

In diesem politisch-rechtlichen Schwebezustand wurde die Freiheitsrede von Heino Falcke auf der Synode des BEK vom 30.6.–4.7.1972 in Dresden unter dem Thema »Christus befreit – darum Kirche für andere« zu einem Plädoyer für politische Freiheit und gesellschaftliche Mündigkeit, ohne die Grundlagen der DDR und die Intention des Sozialismus zu bestreiten. Falcke sagte: »Die Aufgabe, gegen Unfreiheit und Ungerechtigkeit zu kämpfen, bleibt auch in unserer Gesellschaft [...] Eben weil wir dem Sozialismus das Reich der Freiheit nicht abfordern müssen, treiben uns solche Erfahrungen nicht in die billige Totalkritik, die Ideal und Wirklichkeit des Sozialismus vergleicht und sich zynisch distanziert. Unter der Verheißung Christi werden wir unsere Gesellschaft nicht loslassen mit der engagierten Hoffnung eines verbesserlichen Sozialismus.«[12] Falcke, der damit einen Weg für eine systemimmanente Opposition aufgezeigt hatte, wurde Revisionismus und Dubček-Ideologie vorgeworfen, also Sympathie für das 1968 in der ČSSR von den Truppen des Warschauer Paktes niedergeschlagene Experiment eines menschlichen Sozialismus.

Auf dem Hintergrund solcher Konflikte wirkte ein publizistisch groß aufgemachtes Gespräch zwischen Honecker und der Leitung des BEK am 6.3.1978 überraschend. Der dort geschlossene Burgfrieden brachte tatsächlich eine gewisse Entspannung. Die SED räumte den Kirchen einige Verbesserungen ein, z. B. Genehmigungen zu kirchlichen Bauvorhaben, zur Einfuhr von Büchern und zu kirchlichen Sendungen im DDR-Fernsehen. Der Staat sagte Unterstützung für das Lutherjahr 1983 zu, dem Erhalt der kirchlichen Kindergärten wurde zugestimmt und die Seelsorge im Straf-

---

11 HENKYS 1982, S. 70.
12 FALCKE 1986, S. 12–14.

vollzug und in Altenheimen konnte ausgebaut werden. Honecker versprach »Gleichberechtigung und Gleichachtung aller Bürger«. **(K9)** Indes befriedeten diese Übereinkünfte, unter denen die Erlaubnis zu Kirchenneubauten in den neuen Wohngebieten besonders wichtig war, das Staat-Kirche-Verhältnis nicht, auch wenn nun bei großen Staatsfeierlichkeiten kirchliche Vertreter auf den Ehrentribünen standen. Das Mißtrauen unter Pfarrern und in Gemeinden blieb, denn trotz der angekündigten Verbesserungen brachte das Gespräch keine Rechtssicherheit. **(K10)** Das Entgegenkommen der SED war jedoch nicht uneigennützig. Die Kirchen schienen der SED als Stabilitätsfaktor förderlich zu sein. Das 500. Geburtsjubiläum Luthers konnte die DDR für die Verbesserung ihrer außenpolitischen Reputation und innenpolitisch für eine Verbreiterung ihrer Legitimationsbasis nutzen. Erich Honecker als Schirmherr der Lutherehrungen ließ großzügig die zahlreichen Gedenkstätten wiederherstellen. Luthers Rolle in der Geschichte erfuhr eine Neubewertung, indem die DDR, wie schon das Kaiserreich und der NS-Staat, ein Lutherbild kreierte, das das Staatswesen in der deutschen Tradition verankern und das »Geschichts- und Nationalbewußtsein«[13] stärken sollte. Protestantismus und DDR-Staat wären demnach aus einer revolutionären Bewegung hervorgegangen und könnten nun unabhängig von ideologischen, sich ausschließenden Ansprüchen ihre Beziehungen im Sinne einer Stabilisierung der Verhältnisse regulieren. Dazu gehörte auch der Versuch, das traditionelle protestantische Arbeitsethos zu mobilisieren, um so der spürbar mangelnden Arbeitsmotivation abzuhelfen.

Unter Berufung auf die nun eher positive Würdigung des Protestantismus versuchten die evangelischen Kirchen, ihre Handlungsspielräume durch Verhandlungen auf der Basis eines Minimalkonsenses zu erweitern. Sinnfälligster Ausdruck dieses Bemühens waren die großen Kirchentage im Jahr 1983 und die repräsentativen Lutherfeiern. »Vertrauen wagen«, die Losung der Kirchentage 1983, wurde von den auf den Staat fixierten Loyalisten als Einordnung in die gegebenen Verhältnisse interpretiert. Dagegen war es vor allem ein Zweig der protestantischen Sozialethik, der die zivilisationskritischen Elemente des Protestantismus betonte, und damit eine kritische Theorie für oppositionelle Haltungen in der DDR zur Verfügung stellte. Der Theologe Edelbert Richter schrieb damals: »Wenn aber der offizielle Marxismus paradoxerweise die konservativen Züge am protestantischen Erbe für sich entdeckt und zu seiner Sache macht, dann ist umgekehrt der Protestantismus herausgefordert, ihm gegenüber die kritische Intention des ursprünglichen Marxismus mitzuvertreten. Und geschieht das nicht auch schon? Christliche Friedensgruppen stellen den modernen Staat in Frage und Umweltgruppen die moderne Ökonomie!«[14]

Die Sprengkraft dieser Kritik zeigte sich dort, wo der Staat und die offizielle Kirche in Aussparung der fälligen geistigen Auseinandersetzung gemeinsam unter dem Motto der Friedenssicherung sich von denen distanzierten, die »Frieden« nicht als verschleiernde Formel von Kompetenzteilung zur jeweiligen Macht- oder Bestandssicherung verstanden, sondern als konkretes politisches Ziel sahen. Tatsächlich gab es

---

13 Honecker, Erich: Im Ringen um Frieden dem Erbe Luthers verbunden. In: Neues Deutschland vom 10. November 1983.
14 RICHTER 1983, S. 6.

Einleitung 371

zwischen der DDR-Regierung und großen Teilen der Kirchen in der Friedenspolitik eine gewisse Annäherung. Die DDR-Kirchen haben die Abschreckungstheorie zu Gunsten der Idee von einer Sicherheitspartnerschaft der Blöcke abgelehnt und kritisierten von diesem Standpunkt aus auch die westliche Hochrüstung. (K11) Die DDR-Regierung folgte Anfang der achtziger Jahre nur unwillig der sowjetischen Nachrüstungspolitik und stellte damit 1983 die Abschreckungsdoktrin, die zu immer weiteren Raketenstationierungen führte, in Frage. Honecker sprach von einer »Koalition der Vernunft« zwischen den Blöcken. Ein Dissens zur Friedenspolitik der DDR blieb kirchlicherseits aber wegen der inneren Militarisierung erhalten. Die Kirchen wollten sich jedoch auch nicht die weitergehenden politischen Forderungen der kirchlich geprägten und vom Staat unabhängigen Friedensbewegung zu eigen machen. So waren die frühen achtziger Jahre und auch das Lutherjahr von politischen und innerkirchlichen Konflikten wegen der kirchlichen Friedensbewegung überschattet. In zahlreichen Verhandlungen mit den Staatsorganen versuchten die Verantwortlichen in den Kirchen, sowohl Maßnahmen des Staates gegen die Friedensbewegung abzumildern (K12) als auch die Friedensbewegung zur Zurückhaltung anzuhalten.

In den nächsten Jahren wurde die Doppelrolle der Kirchen immer offenkundiger. Einerseits konnte die Konsolidierung des Kirchenwesens wegen des besseren Staat-Kirche-Verhältnisses erreicht werden. Andererseits waren nur die Kirchen in der Lage, der sich formierenden Opposition, die überwiegend von Laienchristen und Theologen getragen war, Bewegungsräume zu bieten. Dies mußte zu innerkirchlichen Auseinandersetzungen führen. Als die inneren Krisen des SED-Staates Ende der achtziger Jahre immer mehr zu Tage traten, wurden die Kirchen vom Strudel der gesellschaftlichen Auseinandersetzungen mitgerissen. Seit 1988 kam es immer häufiger zu ernstlichen Verstimmungen zwischen dem Staat und den Kirchen. Ein Vermittlungsversuch zwischen Bischof Werner Leich und dem für Kirchenfragen Beauftragten des Politbüros der SED Jarowinsky bei einer Verhandlung am 19. Februar 1988 scheiterte. Die Absetzbewegung der Kirchen von der bisherigen Kirchenpolitik gipfelte in einer Erklärung der Septembersynode des BEK 1989, die sich nun offen für eine Demokratisierung der DDR-Gesellschaft aussprach. (K13) Die veränderte gesellschaftliche Rolle der Kirchen kam vor allem in der Herbstrevolution 1989 zum Tragen. Sie stellten mit den Friedensgebeten den öffentlichen Raum zur Artikulation des Freiheitswillens und boten die Formen einer religiösen Kultur des Widerstandes. Sie übernahmen schließlich eine vermittelnde Rolle in der Auseinandersetzung zwischen Gesellschaft und SED-Staat, wie etwa an den Runden Tischen auf den lokalen und zentralen Ebenen.

Die in der DDR viel kleinere Katholische Kirche war von den kirchenpolitischen Auseinandersetzungen stets mitbetroffen, wenn sie auch nicht im gleichen Maße politisch in Erscheinung trat. Sie beschränkte sich auf Proteste, wenn ihre unmittelbaren Lebensinteressen berührt oder Katholiken von Übergriffen des SED-Staates betroffen waren. Die öffentliche politische Zurückhaltung fußte auf einem Ansatz der »Überwinterung«, der zugleich die innere Konsistenz bewahren und die geistliche Substanz erhalten sollte. Dies ist der Katholischen Kirche besonders gut in den kleinen Gebieten gelungen, wo sie traditionell die Mehrheitskirche darstellte. Als Protagonist dieser kirchenpolitischen Orientierung galt seit 1962 der Bischof von Berlin,

Alfred Bengsch, der 1967 Kardinal wurde. Erst im November 1989 riefen die Bischöfe die Katholiken zu einem verstärkten gesellschaftlichen Engagement auf.

2. Religion und Religionsersatz

Die politischen Auseinandersetzungen zwischen dem DDR-Staat und den Kirchen sind nur auf dem Hintergrund der Bekämpfung der christlichen Religion und ihrer Traditionen durch die kommunistische Ideologie verständlich. Die SED bot mit ihrer Weltanschauung gleichzeitig eine antireligiöse Propagandaplattform und einen Religionsersatz. Seit etwa 1948 begann eine am stalinistischen Vorbild orientierte atheistische Propaganda in den Schulen, im Wissenschaftsbereich und in den Medien, in der Religion als Ideologie des Kapitalismus und Imperialismus denunziert wurde. Die Kirchen sahen sich in einer ähnlichen Situation wie schon im Nationalsozialismus. Sie forderten die weltanschauliche Neutralität des Staates und Religionsfreiheit. Zunächst beteiligten sich viele Menschen am kirchlichen Leben, da die Bevölkerung nach dem Zusammenbruch des NS-Staates weithin orientierungslos war. Die Restauration von Kirchlichkeit führte zu einer Überschätzung der kirchlichen Bindungen der Bevölkerung. Die Kommunisten hatten nicht nur die traditionellen, antiklerikalen Stimmungen in den eigenen Reihen mobilisieren können, sondern boten mit der Antifaschismusoption den Orientierungslosen eine Perspektive. So konnten sie nationalsozialistisch erzogene junge Menschen »umorientieren«. Sie nutzen außerdem den Machtvorteil durch die von ihnen geschaffenen Apparate, Verwaltungen und militärischen Formationen, um den massenweisen Kirchenaustritt zu organisieren. Trotz des äußeren Druckes blieb aber zunächst die volkskirchliche Struktur erhalten. Doch die nach 1954 verstärkte antireligiöse »populärwissenschaftliche« Propaganda (K3) zeigte Wirkung im Volk. »Der Sputnik und der liebe Gott« hieß eine Broschüre in Massenauflage, die die SED 1958 herstellen ließ. Sie enthielt die simple Botschaft, daß bei den Flügen ins Weltall keine Anzeichen Gottes gefunden worden wären. Gleichzeitig führten kirchliche Versuche, der ideologischen Herausforderung zu begegnen, zu Verfolgungen. Der Studentenpfarrer Siegfried Schmutzler in Leipzig wurde 1958 zu einer hohen Strafe verurteilt, weil er den offenen Dialog mit Studenten um den marxistischen Philosophen Ernst Bloch organisierte.[15]

Da in den sechziger Jahren die Entkirchlichung der Bevölkerung schon spürbar war, deutete die SED dies als Bestätigung der marxistischen Religionstheorie. Zur wissenschaftlichen Begleitung des Prozesses der Aufhebung der Religion wurde 1964 an der Friedrich-Schiller-Universität in Jena ein Lehrstuhl für Wissenschaftlichen Atheismus aufgebaut. (K16) Diese Einrichtung wurde allerdings schon 1968 wieder aufgelöst, da im Zuge der Gesellschaftstheorie Ulbrichts von einer »sozialistischen Menschengemeinschaft« auf weichere Formen der ideologischen Auseinandersetzung umgeschaltet wurde. Es gab aber nie einen echten, christlich-marxistischen Dialog, da sich der Staatsmarxismus einer wirklichen geistigen Debatte nicht stellte und die ideologischen Fragen selbst dann ausklammerte, wenn Christen und Marxisten zu-

---

15 Vgl. SCHMUTZLER 1992.

sammenarbeiteten. Nur in intellektuellen kirchlichen Kreisen wurden die Arbeiten undogmatischer und dissidentischer Marxisten rezipiert und Dialogangebote unterbreitet.

In dem Projekt, eine sozialistische und atheistische Kultur als Ersatz wesentlicher, traditioneller Grundlagen der Gesellschaft durchzusetzen, schreckte die SED selbst vor Formen des Kulturvandalismus nicht zurück. Die Sprengung der Leipziger Universitätskirche am 30.5.1968 gehört in die Reihe von Abrissen kulturell und historisch bedeutender Bauwerke, die trotz des langjährigen Widerstandes der Kirchen und auch einiger nichtkirchlicher Intellektueller erfolgte.

Die DDR konnte sich Anfang der siebziger Jahre im Zuge der Entspannungspolitik zwar vielfacher diplomatischer Anerkennung erfreuen, mußte aber die Auswirkungen der sich ausweitenden innerdeutschen Kontakte eindämmen. Nach einer kurzen ideologischen Lockerung verschärfte die SED wieder den ideologischen Kampf. Betroffen von immer neuen Beeinträchtigungen waren auch die Christen, und wiederum vor allem Kinder und Jugendliche. Zu den Zeichen der Verhärtung gehörte das Verbreiten des vielfältigen, antireligiösen marxistischen Schrifttums, besonders sowjetischer Autoren.[16] (K19; K22)

Die administrativen und ideologischen Maßnahmen gegen die Kirchen wurden durch eine kompensatorische Religionsbekämpfung ergänzt. Im November 1954 rief ein Zentraler Ausschuß für Jugendweihe Eltern und Kinder auf, an der Jugendweihe[17] teilzunehmen. (K3) Gleichzeitig liefen Werbungen in den Schulen an, bei denen erheblicher Druck ausgeübt wurde. Die Jugendweihe bildete in wesentlichen Teilen die kirchliche Konfirmation bzw. Firmung nach. Die Teilnehmer sollten durch ein Gelöbnis auf Staatstreue und Sozialismus festgelegt werden. (K17; G69) Das 1954 erschienene Geschenkbuch zur Jugendweihe »Weltall, Erde, Mensch« enthielt massive atheistische Agitation und vermittelte eine Art sozialistische Heilsgeschichte. Zunächst blieb trotz des Drucks der durchschlagende Erfolg für die Jugendweihe aus. Bis 1957 nahm nur gut ein Fünftel aller Jugendlichen teil. 1957 leitete Ulbricht persönlich eine beispiellose Kampagne zur »Werbung« für die Jugendweihe ein, die durch die eingesetzten Druckmittel, u. a. tatsächliche und angedrohte Benachteiligungen im Bildungsbereich, praktisch zur Zwangsveranstaltung wurde. 1958 stieg die Teilnehmerzahl auf 44 Prozent, 1959 auf 80 Prozent und nach etwa zehn Jahren auf über 90 Prozent an. (G82) Unter diesem Druck brach die kirchliche Gegenwehr zusammen. Die Kirchen traten nun immer weniger als öffentliche Instanz für Angebote zur rituellen Gestaltung sozialer Abläufe in Erscheinung. Religion wurde gemäß der leninistischen Religionspolitik zur Privatsache. Außerdem führte der Verlust der jungen Generation zur Schwächung ihrer Reproduktionsfähigkeit. Dies war beabsichtigt und wurde über Jahrzehnte weiter gefördert. (K22)

---

16 Vgl. LENZMANN 1973; TIMOFEJEW 1975. Timofejew bietet zudem eine scharfe Polemik gegen alle Formen eines christlichen Sozialismus.
17 Die Jugendweihe knüpfte an ältere freireligiöse und proletarische Traditionen des 19. Jahrhunderts an, die aber in der DDR zunächst nach dem Kriege fast ganz zum Erliegen gekommen waren.

Neben der Jugendweihe wurden auch andere kirchliche Rituale kopiert. Die sozialistische Namensweihe sollte die Taufe (K21), die sozialistische Eheschließung die Trauung ersetzen. Einige Versuche, wie die »sozialistische Arbeiterweihe«, konnten sich nicht durchsetzen. Dazu kam eine Fülle von nahezu kultischen Verehrungen von Personen (K20; P19), ein mit sozialistischen Festen durchgestalteter Jahreskalender sowie ein ausgeprägter Staatskult und die Ritualisierung des Militärischen. Trotz innerer Abwehr gegenüber Ideologie und den propagandistischen Überzeichnungen haben große Teile der Bevölkerung den sozialistischen Religionsersatz angenommen, da – wie in jeder anderen Religion – lebensbegleitende Riten stets auch einen sozialen Anteil besitzen, der von den Menschen privat genutzt werden kann.

Die sozialistische Staatsreligion kreierte auch einen Ethikersatz, wie Ulbrichts »10 Gebote der sozialistischen Moral« aus dem Jahr 1958 vorführen. (P12) Die auf Machterhalt und Klassenkampfideologie gestutzte Ethik konnte letztlich nur einige banalisierte, konservative deutsche Werte, wie Pflichtbewußtsein, Sauberkeit und Disziplin, reproduzieren.

Die Entwicklung einer eigenen Weltanschauung wurde durch eine einseitige kommunistische Erziehung behindert: die marxistischen Lehren ersetzten weite Bereiche der nichtmarxistischen Geisteswissenschaften. Zusätzlich zu dieser Steuerung von Bildungsdefiziten wurden die Arbeiten von Marx und anderen Philosophen seiner Schule als eine Art »heilige Schriften« behandelt, die die Wahrnehmung von Realität nur noch in den marxistischen Deutungsmustern von Geschichte und Gesellschaft zuließen. Das metaphysische Geschichtsbild, in dem praktisch handelnde und eigenverantwortliche Individuen keinen Platz hatten, tröstete über die politische Entmündigung der Bürger hinweg, indem die Angehörigen des Staatskollektivs zu »Siegern der Geschichte« erklärt wurden. Die emotionale Stütze der Religion ersetzend, förderte es auch emotionale Prozesse: Hier war es vor allem die Erziehung zum Haß und Feindbilddenken, daß dem Glauben an die kommunistische Vision Erlösungsqualität gab. (K8; K18; G69) Um die inneren religiösen Bindungen auf die eigenen Mühlen umzuleiten, initiierte die SED noch 1988 einen von ihr und vom MfS kontrollierten Freidenkerverband. Dieser sollte ebenfalls die sozialpsychologischen bzw. seelsorgerischen Funktionen der Kirchen ersetzen und gleichfalls kritische Potentiale binden. (K24)

Der erzwungene Traditionsabbruch und die Entchristianisierung führten zu einem rasanten Schrumpfungsprozeß der Kirchen. (K23) Die gewollte Entchristlichung der DDR-Gesellschaft hatte aber auch weitere Faktoren, die auf den seit dem 19. Jahrhundert abnehmenden Bindungen der Bevölkerung an die Kirchen sowie der intellektuellen Kritik traditionell religiöser Lebensweise beruhten und sich durch die betont antichristliche Politik verstärkten.

3. Kirche als Gesellschaftsersatz

In dem Maße, wie die SED die Gesellschaft kontrollierte und im Inneren jede unabhängige Öffentlichkeit unterband, kam den Kirchen mehr und mehr die Funktion des Gesellschaftsersatzes zu. Seit den fünfziger Jahren konnten bald nur noch in den Kir-

chen politisch tabuisierte Fragen erörtert werden. Dies schleppte allerdings auch die in der Gesellschaft verdrängten Konflikte in die Kirchen ein.
Dazu gehörte die nationale Frage, in der die Kirchen schon auf Grund ihrer eigenen Geschichte gefordert waren. (K25) In einem Friedenswort vom 6.12.1950 hieß es: »Die Aufteilung Deutschlands durch einen Eisernen Vorhang ist nicht nur für unser Volk, sondern auch für Europa und die ganze Welt eine Gefahrenquelle geworden, aus der unabsehbares Unheil entstehen kann.«[18] Im Juli 1951 fand in Berlin der Kirchentag unter dem Motto »Wir sind doch Brüder« statt, der zu einem eindrücklichen Zeugnis des Willens zur Einheit wurde. Selbst als die ostdeutschen Kirchen genötigt waren, sich von der EKD zu trennen, hielten sie ausdrücklich an der »besonderen Gemeinschaft« mit der EKD fest, die zu allen Zeiten bis 1989 auch praktisch ausgelebt wurde. Die Kirchen aller Konfessionen sowie die Gemeinden unterhielten intensive partnerschaftliche Beziehungen, aus dem Westen kam materielle und immaterielle Unterstützung. Einerseits behinderte die SED solche Verbindungen, andererseits nutzte sie sie für ihre Zwecke. Die Kirchen wurden mitunter als diplomatische Vermittler zur Bundesregierung in Anspruch genommen. Zahlreiche Politiker der Bundesrepublik, wie der ehemalige Bundeskanzler Helmut Schmidt oder verschiedene Ministerpräsidenten der Länder, besuchten den BEK. (K11) Zudem vermittelten die Kirchen bei den Freikäufen politischer Häftlinge durch die Bundesregierung. Zu einem einträglichen Devisengeschäft für die DDR wurden die finanziellen Transferleistungen, u. a. für die Restaurierung oder den Neubau von Kirchen.

Die Kirchen haben zwar in Zeiten großer Fluchtbewegungen stets für ein Bleiben in der DDR plädiert (K33), machten sich aber in unterschiedlicher Weise auch zum Anwalt derer, die den Verhältnissen in der DDR entkommen wollten. So übten die Kirchen Kritik an der Abgrenzungspolitik und ihren menschlichen Folgen. Als im Zuge der Wende die Möglichkeit gegeben war, haben sich die Kirchen beider großer Konfessionen 1990 schnell auf eine Vereinigung bzw. die Zusammenführung ihrer jeweiligen Strukturen verständigt. (K36)

Die Kirchen wurden seit den sechziger Jahren auch zum letzten, relativ freien öffentlichen Kulturraum. Kritische Autoren wie Reiner Kunze, Wolf Biermann, Stephan Heym, Gabriele Eckart und viele andere traten mit Lesungen auf, bildende Künstler stellten in den Kirchen aus, Musiker und Liedermacher fanden hier letzte Refugien, wenn sie verboten wurden. Die Kirchen konnten trotz vieler Einschränkungen auch ihre eigenen, kirchlichen Kunsttraditionen bewahren. Fast uneingeschränkt wurde die protestantische Kirchenmusik auf einem hohen quantitativen und qualitativen Niveau gepflegt.

Auch die sozialen Bewegungen zur Emanzipation von Randgruppen, wie z. B. Homosexuelle, konnten fast nur in den Kirchen Gruppen bilden und ihre Themen bearbeiten. Dies traf auch auf die unterschiedlichsten jugendlichen Subkulturen zu, die Ausdruck des Wunsches waren, sich der Dauerdisziplinierung zu entziehen. Eine politische Qualität bekamen die unangepaßten Milieus in der Offenen Arbeit der Kirchen. Diese bekenntnisunabhängige Jugendarbeit bot jugendlichen Verweigerern Sozialisation und Integration.

---

18 MERZYN 1993, S. 113.

Innerhalb der Kirchen entwickelte sich auch die politische Opposition, die durch ihre kirchliche Prägung oft einen protestantisch-sozialethischen Charakter und überwiegend ein kirchliches Selbstverständnis hatte. Sie war der einzige Ort, an dem nichtmarxistisches Gedankengut rezipiert werden konnte. Dies wurde 1976 bei den Solidarisierungen mit dem ausgebürgerten Wolf Biermann und vor allem bei der Selbstverbrennung des Pfarrers Oskar Brüsewitz in Zeitz sichtbar. Pfarrer Brüsewitz' Tat ist als eine Widerstandsaktion im Ringen um individuelle Selbstbehauptung und gegen die totalen ideologischen Ansprüche der SED (K28) zu sehen. Während ein Teil der Kirchenleitungen die Handlung von Brüsewitz nicht billigte (K29), solidarisierten sich viele Christen mit ihm. An den Protesten gegen die Verunglimpfung von Brüsewitz beteiligten sich auch junge Marxisten, die dafür hart bestraft wurden.[19]

In den siebziger Jahren wurden die geistigen Grundlagen für eine Delegitimation der SED-Herrschaft geschaffen. Der Görlitzer Bischof Joachim Fränkel distanzierte sich schon 1973 von der Antifaschismusideologie und warf der SED vor, diese zur Verschleierung der Menschenrechtsproblematik zu benutzen. 1975 gaben die ostdeutschen Bischöfe eine Erklärung zur Zionismusresolution der UNO heraus, die feststellte, »daß wir die Gleichsetzung von Rassismus und Zionismus nicht mitvollziehen können«.[20] In der Folge entstanden kirchliche Arbeitsmaterialien zum Antizionismus, es wurden zahlreiche Arbeitsgruppen gegründet und trotz Einspruch der SED 1978 erstmals in der DDR der »Kristallnacht« gedacht. Auf Synoden wurde die SED kritisiert, daß sie gegen latenten Rassismus in der DDR nichts unternehme. In den siebziger Jahren begann eine kontinuierliche Menschenrechtsarbeit in den Kirchen. Einer der Wortführer war Fränkel (K27), der aus der reformatorischen Theologie ein Menschenrechtsverständnis entwickelte: »In der Rechtfertigung spricht Gott sein entscheidendes Ja zum Menschen. [...] In dieser Entscheidung macht Gott sein Recht auf sein Geschöpf offenbar und enthüllt den Menschen als den, der dieses Recht Gottes verneint und gerade damit sein Menschenrecht verloren hat. In dieser Entscheidung richtet Gott um Jesu Christi willen, der den Schuldspruch Gottes über des Menschen Rechtsbruch trägt, sein Recht wieder auf und schenkt damit dem Menschen sein Menschenrecht wieder.«[21] Andere kirchliche Meinungsführer näherten sich dem sozialistischen Menschenrechtsverständnis an. (K30) Es entstanden mehrere Menschenrechtsgruppen, die zumeist scharf verfolgt wurden. Die Kirchen reagierten auf die akuten Friedens- und Umweltprobleme mit der Institutionalisierung sozialethischer Arbeitsbereiche, wie dem Ausschuß Kirche und Gesellschaft, dem Facharbeitskreis Friedensfragen in der Theologischen Studienabteilung (ThSA) beim BEK und dem Kirchlichen Forschungsheim Wittenberg (KFHW), die die geistigen Grundlagen der oppositionellen Ökologie- und Friedensbewegungen schufen.

Die Kirchen betreuten seit der Einführung der Wehrpflicht im Jahre 1962 die Wehrdienstverweigerer, die oft strafrechtlich belangt wurden. 1964 wurden die waffenlosen Einheiten der sogenannten Bausoldaten in der NVA geschaffen, die ebenfalls von den Kirchen betreut wurden. Daraus entwickelten sich Kommunikations-

---

19 Vgl. NEUBERT 1995, S. 52 f.
20 FALKENAU 1995, S. 145.
21 FRÄNKEL 1975, S. 25.

Einleitung 377

strukturen, die zu einer Wurzel der kirchliche Friedensbewegung wurden. **(K26)** Einen Schub bekam die Bewegung während des Widerstandes gegen den 1978 eingeführten, obligatorischen Wehrkundeunterricht. Es entstanden Friedensseminare und erste stabile Friedensgruppen. Die kirchliche Friedensbewegung richtete sich sowohl gegen die Hochrüstung als auch gegen die Militarisierung und Disziplinierung der Gesellschaft und entwickelte sich zu einer energischen Demokratiebewegung. Eine größere Öffentlichkeit erreichten die 1980 eingeführten und jährlich wiederholten Friedensdekaden, die Bewegung für einen Sozialen Friedensdienst (SoFD), 1981 von Christoph Wonneberger initiiert, 1981 bis 1983 die Bewegung »Schwerter zu Pflugscharen«, die seit 1982 eingerichteten Dresdner Friedensforen jeweils am 13.2., dem Tag der Bombardierung der Stadt, und der Berliner Appell, der von Robert Havemann und Rainer Eppelmann am 25.1.1982 initiiert worden war. Die frühe Friedensbewegung nahm den direkten Kampf um Freiheitsrechte auf und wurde deswegen verfolgt. U. a. wurden Mitglieder der Jenaer Friedensgemeinschaft **(K31)** inhaftiert und gewaltsam in den Westen abgeschoben. Die politisierte, kirchliche Umweltbewegung wurde etwa ab 1980 zu einer Basisbewegung, die ihre Aktionsformen mit der Baumpflanzbewegung und den Aktionen, z. B. »Mobil ohne Auto«, fand.

Seit Anfang 1984 wurden die innerkirchlichen Konflikte um diese politischen Aktivitäten immer spürbarer. Die Kirche als Ganze konnte und wollte nicht als politische Opposition gelten. **(K32)** Diese Zurückhaltung und politische Passivität beruhte bei der Mehrheit der Kirchenmitglieder und kirchenleitend Verantwortlichen einerseits auf der Sorge um die eigene Existenz, andererseits sah man politische Aktivitäten aus theologischen Gründen als nicht angemessen für die Kirche an. Außerdem hatte das MfS auch Agenten eingeschleust, die die Entpolitisierung fördern sollten.

Mitte der achtziger Jahre verbesserte sich die Vernetzung und die innere Kommunikation der Oppositionsgruppen unter Nutzung der kirchlichen Strukturen. Die Opposition richtete ihre Arbeit verstärkt auf Rechtsfragen und gegen die Abgrenzungspolitik der SED. Ende 1987 versuchte die SED, mit einem Schlag gegen die wichtige oppositionelle Berliner Umweltbibliothek in der Zionsgemeinde **(K34)** und einer Verhaftungswelle im Januar 1988 die Opposition zu schwächen. Diese Ereignisse lösten eine bisher beispiellose Solidarisierungswelle in der DDR und im Ausland aus. Seit 1988 reagierte die Opposition auf jedes politische Unternehmen der SED. Neue Energien brachte die teilweise Verbindung mit Ausreiseantragstellern in Berlin und besonders in Leipzig. Zu den größten Erfolgen der Opposition gehörte die Kontrolle der Auszählung der Kommunalwahlen am 7. Mai 1989 und die Aufdeckung von Wahlfälschungen. **(P35; P36)** Bei all diesen Aktivitäten blieben die offiziellen Kirchen zurückhaltend oder bremsten die Opposition ab. Wohl aber gab es immer noch enge Verbindungen, die sich etwa in den Ökumenischen Versammlungen in Magdeburg und Dresden der Jahre 1988 und 1989 zeigten, wo äußerst kritische Texte zur Situation in der DDR verabschiedet werden konnten. **(K35)** Seit Anfang 1989 wurde in der Opposition überlegt, wie die Strukturen effektiver gestaltet werden könnten, da der rechtliche Freiraum der Kirchen inzwischen nicht mehr ausreichte und die kirchliche Bindung eher als hinderlich – auch von zahlreichen Theologen in den Oppositionsgruppen – empfunden wurde. Mit der Konstituierung der neuen oppositionellen Organisationen (Neues Forum, Demokratie jetzt, Demokratischer Aufbruch, SDP, Vereinigte Linke) zogen diese im Herbst 1989 auch aus den Kirchen aus.

4. Kirchliches Leben

Das Gebiet der SBZ/DDR war traditionell protestantisch geprägt und in acht Landeskirchen, die seit 1969 im BEK in der DDR zusammengeschlossen waren, gegliedert: die Evangelischen Kirchen in Berlin-Brandenburg, der Kirchenprovinz Sachsen, des Görlitzer Kirchengebietes (seit 1992 der schlesischen Oberlausitz), Anhalts und Greifswald (seit 1990 Pommersche Kirche) sowie die Evangelisch-Lutherischen Kirchen in Mecklenburg, Thüringen und Sachsen. Letztere war die größte der Landeskirchen. **(K39)** Nur kleine Gebiete, wie das Eichsfeld in Thüringen und ein Teil der sorbischen Region, hatten eine überwiegend katholische Bevölkerung. Die Katholische Kirche war seit Mitte der siebziger Jahre in das Bistum Berlin, das Bistum Dresden-Meißen, die Bischöflichen Ämter Erfurt-Meiningen, Magdeburg, Schwerin und die Apostolische Administratur Görlitz gegliedert. Diese hatten mit der Berliner Bischofskonferenz (bis 1990) eine gemeinsame Struktur.

Die Hoffnung mancher evangelischer Theologen, daß die Kirche im Schrumpfen eine besonders bekenntnistreue Minderheitskirche werden würde, erfüllte sich nicht. Deswegen konnte nur von einer »minimierten« Volkskirche gesprochen werden. In der Volkskirche blieb die innere Pluralität mit ihren verschiedenen Traditionen, unterschiedlichen Frömmigkeitsformen und theologischen Orientierungen erhalten. Neben konservativen Milieus standen experimentierfreudige Modernisierungsversuche, und neben betont geistlich orientierten Gruppen existierten vorwiegend ethisch bzw. sozialethisch engagierte. Die Entkirchlichung war regional sehr unterschiedlich vorangekommen, so daß es in einigen Gebieten noch fast vollständig erhaltene volkskirchliche Verhältnisse gab, während vor allem in den neuen Satellitenstädten nur noch kleine Minderheiten zu den Gemeinden zählten. **(K40)** Auf die Minorisierung reagierten die beiden großen Kirchen mit verschiedenen theologischen Konzepten. In der Evangelischen Kirche wurde das Konzept von einer Missionarischen Gemeinde vor allem durch den Magdeburger Bischof Werner Krusche entwickelt. In der Katholischen Kirche setzten sich die Theologen mit der Diasporasituation auseinander. **(K38)** Ein Mahner gegen Resignation und für die Mission war der über die Grenzen seiner Kirche überaus beliebte Erfurter Theologe und Bischof Hugo Aufderbeck.

Obwohl die Gemeinden kleiner wurden, entfaltete sich in ihnen oft ein vielfältiges Leben. Durch die strikte Begrenzung kirchlicher Aktivitäten in der Öffentlichkeit bildete sich ein spezieller Gemeindetyp aus. Die Gemeinden wurden zum Träger der Kinderarbeit, der Christenlehre und der Jugendarbeit, der Jungen Gemeinde. Sie unterhielten, allerdings insgesamt wenige, Kindergärten, betrieben gemeindliche Sozialarbeit, wie z. B. die Arbeit mit Ausländern. In den Gemeinden waren Frauen- und Männergruppen und verschiedenste thematische Kreise angesiedelt. Die Gottesdienste galten als das alle Gruppen verbindende Zentrum der Gemeindearbeit. Die Kirchen und Gemeinden finanzierten sich durch Spenden und Kollekten sowie durch die immer noch Kirchensteuer genannte Abgabe der Mitglieder, die von den Kirchen selbst auf der Basis einer Einkommensschätzung eingesammelt wurde. Ein Dauerproblem war der schlechte Zustand der kirchlichen Bausubstanz. Die Gemeinden rangen oft zäh um den Erhalt ihrer Kirchen **(K41)**, von denen Hunderte verfielen. Staatliche Hilfe gab es nur bei einer Reihe bekannter und historisch bedeutender Kirchen.

Einleitung

Die Ausbildung eines Teils der Theologen an den staatlichen Universitäten blieb erhalten, weil der Staat sich den Einfluß auf den theologischen Nachwuchs sichern wollte und wegen seiner internationalen Reputation Einschnitte nicht wagte. Eine unabhängige theologische Lehre und Forschung war allerdings nur an drei kirchlichen Hochschulen und zahlreichen Ausbildungsstätten für kirchliche Berufe möglich. Die Katholische Kirche unterhielt in Erfurt ein Priesterseminar. Trotz ständiger Zensur blieben den beiden großen Konfessionen auch die in den Auflagen limitierten Kirchenzeitungen, Zeitschriften und einige kirchliche Buchverlage erhalten. Daneben entwickelte sich ein halboffizielles, kirchliches Veröffentlichungswesen, das Schriften und Informationen mit einfachster Technik herstellte und verbreitete. Zu den Höhepunkten des kirchlichen Lebens in der DDR gehörten die evangelischen und katholischen Kirchentage, die trotz vieler Reglementierungen bis zu 100 000 Menschen zusammenbrachten. Daneben konnten seit den siebziger Jahren auch wieder große Landesjugendsonntage stattfinden.

Einen besonderen Stellenwert hatte in der DDR die ökumenische Zusammenarbeit der großen Konfessionen und auch teilweise der kleinen Freikirchen und religiösen Sondergemeinschaften. Die jeweiligen Gemeinden konnten durch die ökumenische Zusammenarbeit ihre Kräfte bündeln und stellten angesichts der atheistischen Staatsmacht konfessionelle Unterschiede zurück. Die kleinen Freikirchen und Religionsgemeinschaften, von denen die Neuapostolische Kirche die größte war, waren rechtlich den großen Kirchen gleichgestellt. Manche von ihnen versuchten, ihre Stellung in der DDR zu verbessern, indem sie sich öffentlich loyal zur SED verhielten. Unterschiedlich behandelte die SED die kleinen Sekten im Grenzbereich des Christlichen. Während die Mormonen in den achtziger Jahren gefördert wurden, sogar einen Tempel bauen durften, zumal sie durch ihre amerikanischen Förderer Devisen einbrachten, wurden die Zeugen Jehovas hart verfolgt und einige ihrer Gruppen stark vom MfS unterwandert. (K37)

Die wenigen, sich nach dem Krieg wieder sammelnden jüdischen Gemeinden mit 4 500 Mitgliedern, die nach erneuten Verfolgungen in den fünfziger Jahren durch die Flucht von über 500 Mitgliedern (bis 1953) zusammengeschmolzen waren, konnten sich nur mühsam behaupten. Erst 1987 hatten sie wieder einen eigenen Rabbiner. In den letzten Jahrzehnten übten die jüdischen Gemeinden eine gewisse Faszination auf junge Menschen aus, die sich der teilweise tabuisierten Judenfrage und der ihnen unbekannten jüdischen Kultur zuwandten. Auch unter den jüdischen Kommunisten gab es eine neue Hinwendung zum Judentum. Bekannt wurde der Fall der Publizistin Salomea Genin, die als junge Kommunistin nach Australien emigriert war und 1963 nach Berlin in die DDR zurückkehrte. (K42)

Die kirchlichen sozialen Einrichtungen, wie die Diakonie und die Caritas, haben ihre Stellung in der DDR weitgehend verteidigen können. Die Kirchen konnten schon in der Nachkriegszeit durch ihre Hilfswerke viel Not lindern. Nachdem in den fünfziger Jahren die sozialen Aktivitäten der Kirchen schwer behindert worden waren, verbesserte sich deren Lage in den folgenden Jahren wieder. Seit 1978 waren Caritas, Diakonie und freikirchliche Einrichtungen den staatlichen fast gleichgestellt. In der kirchlichen Sozialarbeit, etwa in der Arbeit mit Behinderten und Alten, wurde schließlich mit westlicher Hilfe ein qualitativ höherer Standard als in der staatlich gelenkten erreicht. Die Kirchen unterhielten eigene Krankenhäuser, bei denen auch die eigene Ausbildung des pflegerischen Personals angesiedelt war. 1989 standen etwa 15 Prozent aller Krankenhausbetten in konfessionellen Häusern.

5. Nachhaltige Veränderungen in der gesellschaftlichen Stellung der ostdeutschen Kirchen

Mit dem Sturz der SED 1989/90 verbesserte sich die rechtliche Lage der Kirchen. Die sich daraus ergebenden Vorteile konnten sie allerdings nur im beschränkten Maße nutzen. Ihre Mitgliedschaft war zu einer Minderheit von etwa einem Viertel der Bevölkerung geworden, und die personellen Ressourcen reichten vielfach nicht aus, um die neuen sozialen und pädagogischen Arbeitsfelder auszufüllen. Gesellschaftliche Multiplikatoren, wie Lehrer und intellektuelle Eliten an den Hochschulen, Journalisten, Angestellte und Beamte des öffentlichen Dienstes, Fachkräfte in Technik und Wirtschaft usw. sind den Kirchen weithin verloren gegangen. Obwohl die Kirchen in der Wende noch eine große Bedeutung hatten, verloren sie ihre gesellschaftliche Ersatzfunktion. Viele Aktivitäten wanderten aus den Gemeinden in unabhängige Vereine und die nun freie Öffentlichkeit aus.

Zudem steht den Kirchen in Ostdeutschland eine mehrheitlich konfessionslose Bevölkerung gegenüber. Die Entchristianisierung ist in der inzwischen zweiten und dritten Generation internalisiert und stützt sich auf das Bewußtsein eigener Entscheidungen. Der Traditionsabbruch und der Verlust christlicher Bildungsinhalte werden nicht als Mängel erlebt, sondern als eine Art Emanzipation von Religion verstanden. Dadurch können Vorurteile gegenüber den Kirchen ebenso weiterleben wie auch Elemente der kommunistischen Ersatzreligion und ihre Riten, wie die Jugendweihe, wenn auch wesentliche Teile ihrer ideologischen Ausstattung weggebrochen sind.

Wie in keiner anderen Gruppe in Deutschland entbrannte in den Kirchen nach der Wende eine Diskussion um die Verstrickungen und die Zusammenarbeit von Kirchenleuten mit dem MfS. Damit wiederholte sich die Debatte um die Schuldfrage in der Nachkriegszeit. Am 19. Oktober 1945 hatten die Evangelischen Kirchen mit der Stuttgarter Schulderklärung (K43) ihren Anteil am Nationalsozialismus bekannt. Wie nach 1945 wurden diese inneren Auseinandersetzungen nach 1990 in einem Klima der allgemeinen gesellschaftlichen Verdrängung der Verantwortung für die Diktatur geführt. Fast alle Landeskirchen ließen ihre Mitarbeiter nach den Beschlüssen ihrer Synoden überprüfen. (K44) Es kam trotz heftiger Widerstände zur Enttarnung und schließlich zur Disziplinierung zahlreicher IM des MfS.

Die Kirchen sind von den Schwierigkeiten des gesellschaftlichen Transformationsprozesses betroffen, da sie mit den neuen rechtlichen Vorgaben und den neuen Formen der öffentlichen Vermittlung erst zurecht kommen müssen. So gab es in den evangelischen Kirchen eine Diskussion, ob die Kirchen wieder in den Schulen Religionsunterricht erteilen sollten. Am deutlichsten wurde die Distanz zur Praxis staatskirchenrechtlicher Regelungen in der Frage der Militärseelsorge. Die ostdeutschen Landeskirchen lassen ihre Militärseelsorger nicht vom Staat verbeamten. In der internen kirchlichen Kommunikation und in öffentlichen Äußerungen machte sich bemerkbar, daß die ostdeutschen Kirchen seit der Wende nach ihrer neuen gesellschaftlichen Rolle suchen und dabei ebenso auf ihrer kritischen Kompetenz beharren, wie sie die Veränderungen akzeptieren. **(K45)** Ein katholischer Theologe erklärte: »Besonders den Christen obliegt es als ihre spezifische Sendung, das ›evangelische Ethos‹ in diesen neuen Staat einzubringen und nach neuen Inhalten der Gerechtigkeit zu fragen.«[22]

---

22 FEIEREIS 1993, S. 110 f.

Dokumente

1. Das Verhältnis von Staat und Kirche

K1: *Kirchliche Bilanz und Aufruf zum Neuanfang nach dem Krieg*
August 1945

Treysa – August 1945
Gottes Zorngericht ist über uns hereingebrochen. Gottes Hand liegt schwer auf uns. Gottes Güte ist es, daß wir nicht gar aus sind. [...]
    Heute bekennen wir: Längst ehe Gott im Zorn sprach, hat er uns gesucht mit dem Wort seiner Liebe, und wir haben es überhört. Längst ehe Kirchen in Schutt sanken, waren Kanzeln entweiht und Gebete verstummt. Hirten ließen die Herden verschmachten, Gemeinden ließen ihre Pfarrer allein.
    Längst ehe die Scheinordnung des Reiches zerbrach, war das Recht verfälscht. Längst ehe man Menschen mordete, waren Menschen zu bloßen Nummern und daher nichtig geworden. Wessen Leben selbst nichtig ist, dem fällt es nicht schwer, Leben zu vernichten. Wer die Liebe verachtet, kämpft nicht für das Recht des anderen. Er kümmert sich nicht um Verführung von Menschen und hört nicht die Stimme ihrer Qual. Er lebt und redet, wie wenn dergleichen nicht geschähe. Er scheut die Verantwortung, wie es Christen und Nichtchristen getan haben. Er versteckt sich hinter Befehlen von Menschen, um Gottes Gebot zu entgehen. Diese Lüge ist unser Tod geworden. Scheu vor dem Leiden hat das maßlose Leid über uns gebracht.
    Aber mitten in den Versäumnissen der Kirche und des Volkes gab Gott Männern und Frauen aus allen Bekenntnissen, Schichten und Parteien Kraft, aufzustehen wider Unrecht und Willkür, zu leiden und zu sterben. Wo die Kirche ihre Verantwortung ernst nahm, rief sie zu den Geboten Gottes, nannte beim Namen Rechtsbruch und Frevel, die Schuld in den Konzentrationslagern, die Mißhandlung und Ermordung von Juden und Kranken und suchte der Verführung der Jugend zu wehren. Aber man drängte sie in die Kirchenräume zurück, wie in ein Gefängnis. Man trennte unser Volk von der Kirche. Die Öffentlichkeit durfte ihr Wort nicht mehr hören; was sie verkündigte, erfuhr niemand. Und dann kam der Zorn Gottes. Er hat uns genommen, was Menschen retten wollten.
    Nun ist die Tür wieder aufgegangen. Was hinter Mauern in der Stille gebetet und geplant ist, kommt an den Tag. Viele Fromme haben im Dunkel der Haft und erzwungener Untätigkeit die neue Ordnung von Kirche und Volk bedacht. [...]
    Auch von der Kirche sind drückende Fesseln gefallen. Sie erhofft ein Neues für ihre Verkündigung und ihre Ordnung. Die bisherige Gefangenschaft hat geendet [...]
Wir rufen unser Volk: Wendet euch wieder zu Gott!
    In Gott haben die ungezählten Männer und Frauen nicht umsonst gelitten. Wir segnen, die gelitten haben. Wir segnen, die lieber sterben wollten, als ehrlos leben und sinnlos vernichten, alle, die die Wohlfahrt ihres Volkes in der Wahrheit gesucht haben [...] Der Friede Gottes ist auch die Kraft der Trauernden, der Gefangenen und Wartenden, der Hungernden und Frierenden, der Heimatlosen und an Leib und Seele Verletzten. Der Friede Gottes ist euer Trost! Besteht Jammer und Elend in Geduld!

Verschließt nicht Auge und Herz vor der Not des Bruders an eurer Seite. Nehmt auch mit euren schwachen Kräften teil an den Werken der Liebe, mit denen wir versuchen, die ärgste Not zu lindern. Seid barmherzig! Mehrt nicht durch Lieblosigkeit das ungerechte Wesen in der Welt! Enthaltet euch der Rache und der bösen Nachrede! Laßt uns fragen nach Gottes Willen in jedem Stand und Beruf! Flieht nicht vor Leid und Hunger in den Tod! »Wer glaubt, flieht nicht!« Christus will die Mühseligen und Beladenen erquicken. Er bleibt unser Heiland. Keine Hölle ist so tief, daß Gottes Hand nicht hinabreicht.
»Fürchtet euch nicht!«

Wort der Kirchenkonferenz der Evangelischen Kirche in Deutschland an die Gemeinden. In: MERZYN 1993, S. 6f.

K2: Verfolgung junger Christen
20. April 1953

Seit einiger Zeit werden in der Öffentlichkeit, besonders in der Presse, schwere Angriffe gegen die Junge Gemeinde erhoben. Die Angriffe haben sich immer mehr verstärkt und das Ausmaß einer systematischen Agitation gegen die Junge Gemeinde und die kirchliche Jugendarbeit und damit auch gegen die Evangelische Kirche als solche angenommen.

Trägerin dieser Agitation ist vor allem die in Berlin erscheinende Zeitschrift »Junge Welt«. Sie befaßt sich nahezu in jeder Nummer mit der Jungen Gemeinde und greift sie mit schweren Beschimpfungen und verleumderischen Behauptungen an [...]

Ausgabe vom 10. April 1953: Unter der Überschrift: »Schläger und Hetzer unter religiöser Maske« heißt es u. a.:

»Es ist für jeden bereits offensichtlich geworden, daß die ›Junge Gemeinde‹ unter der Maske der Religion im Auftrag Westberliner Terror- und Spionagezentralen die Einheit der Jugend zu spalten versucht.«

Im April d. J. hat die »Junge Welt« eine Sondernummer als Extrablatt herausgebracht, das sich ausschließlich mit der Jungen Gemeinde und mit anderen kirchlichen Arbeitszweigen befaßt. Diese Ausgabe trägt an ihrer Kopfseite in großen Schlagzeilen die Überschrift »Junge Gemeinde – Tarnorganisation für Kriegshetze, Sabotage und Spionage im USA-Auftrage«. In dem dazu gehörigen Text finden sich u. a. folgende Sätze:

»Es erweist sich, daß die heuchlerische, mit christlichem Schein verbrämte ›Junge Gemeinde‹ direkt durch die in Westdeutschland und vorwiegend in Westberlin stationierten amerikanischen Agenten- und Spionagezentralen angeleitet wird. Der christliche Glaube vieler junger Menschen wird durch eine geschickt aufgebaute religiöse Staffage mißbraucht, um sie unter Vorspiegelung angeblich kirchlicher Betätigung nicht nur gegen die Deutsche Demokratische Republik aufzuhetzen, sondern auch zu feindlichen Handlungen, die schweren Strafen unterliegen, aufzuwiegeln. Somit ist die ›Junge Gemeinde‹ nichts weiter als ein verlängerter Arm der Terrororganisation BDJ.«

In derselben Nummer wird auf Seite 2 unter der Schlagzeile »Der ›Kaisersekretär‹ Althausen« gegen alle Leiter der Jungen Gemeinde mit der Behauptung, daß sie unter dem Vorwande auftreten, Vertreter des Christentums zu sein, der Vorwurf der Heuchelei erhoben.

In ihrer Ausgabe vom 27. April 1953 spricht die »Junge Welt« unter der Überschrift »Sie wollen die Spuren ihrer Verbrechen verwischen« von den »Umtrieben der illegalen ›Jungen Gemeinde‹, die unter dem Deckmantel der Kirche zum Kriege hetzt und Sabotage und Spionage in unserer Republik treibt«.

Nach einer Meldung des ADN vom 21. April 1953 sind von dem Vorsitzenden der FDJ auf der 5/IV. Tagung des Zentralrates der Freien Deutschen Jugend diese Angriffe der »Jungen Welt« zum Anlaß genommen, die Junge Gemeinde als »illegale Organisation« zu kennzeichnen, die »unter Anleitung imperialistischer Drahtzieher versuche, das friedliche Schaffen in der Deutschen Demokratischen Republik zu stören und den Kriegskurs der verräterischen Adenauer-Clique zu erleichtern«.

Diese Agitation, die auch noch durch zahlreiche Beispiele von Angriffen gegen einzelne Persönlichkeiten innerhalb der Jungen Gemeinde und ihrer Arbeit belegt werden könnte, hat zu einer unerträglichen Diffamierung der Jungen Gemeinde geführt und für die ihr Angehörenden schwerwiegende Folgen gehabt. So sind vor allem zahlreiche Schüler von den Oberschulen verwiesen oder von der Reifeprüfung zurückgestellt und Studenten relegiert worden, nur weil sie sich zur Jungen Gemeinde oder zur Studentengemeinde bekannten und dem Drängen, sich von der Jungen Gemeinde zu lösen, nicht nachgegeben haben. Belege hierfür stehen in großer Zahl zur Verfügung.

Die Angriffe gegen die Junge Gemeinde sind sachlich in keiner Weise begründet [...] Dadurch sind die in der Deutschen Demokratischen Republik geltenden Gesetze gröblich verletzt worden.

Artikel 6 Absatz 1 der Verfassung der Deutschen Demokratischen Republik bestimmt, das alle Bürger vor dem Gesetz gleichberechtigt sind [...] In Artikel 41 der Verfassung ist jedem Bürger die volle Glaubens- und Gewissensfreiheit zugesichert und die ungestörte Religionsausübung unter den Schutz der Republik gestellt. Nach Artikel 42 der Verfassung werden private oder staatsbürgerliche Rechte durch die Religionsausübung weder bedingt noch beschränkt.

Diese verfassungsmäßigen Rechte stehen auch denjenigen Bürgern der Deutschen Demokratischen Republik zu, die sich zur Jungen Gemeinde bekennen. Sie werden aber dauernd verletzt und empfindlich beeinträchtigt durch die fortlaufenden Verunglimpfungen und Bedrohungen, die sich aus den erwähnten Presseangriffen ergeben. Diese Angriffe verstoßen auch gegen § 166 StGB. Die Junge Gemeinde ist keine Organisation, sondern ein Teil der Gesamtgemeinde und der gesamten Kirche.[23] [...]

Da nach dem Gesetz über die Staatsanwaltschaft der Deutschen Demokratischen Republik vom 23. Mai 1952 Ihnen, Herr Generalstaatsanwalt, die höchste Aufsicht über die strikte Einhaltung der Gesetze der Deutschen Demokratischen Republik übertragen ist, bitte ich Sie, gemäß §§ 10 ff. dieses Gesetzes darauf hinzuwirken, daß

---

23 Da außer der FDJ alle unabhängigen Jugendorganisationen verboten waren, legten die Kirchen darauf wert, daß die kirchlichen Jugendgruppen als Teil der gemeindlichen Arbeit galten.

die geschilderten Verfassungs- und Gesetzesverletzungen abgestellt werden. Zugleich beantrage ich, gegen die für die dargestellten Presseangriffe Verantwortlichen, insbesondere gegen die Schriftleitung der »Jungen Welt«, ein Strafverfahren einzuleiten [...]
gez. Dibelius

Brief Bischof Otto Dibelius an Generalstaatsanwalt der DDR, 20. April 1953.[24] In: KIRCHLICHES JAHRBUCH 1954, S. 141 f.

K3: Grundlagen der Kirchenpolitik seit 1954
14. März 1954

Anlage Nr. 6
Die Politik der Partei in Kirchenfragen [...]
Die Organisationen eines neuen Weltkrieges in den USA und in Westdeutschland verstärken ihre Anstrengungen, um durch Provokationen den Aufbau in der DDR zu stören und zu hemmen. Sie finden die Unterstützung der Leitungen der ev. und kath. Kirche. Diese, mit Dibelius, Lilje, Frings u. a. an der Spitze, stehen offen auf dem Boden der Adenauer-Politik der Militarisierung, des Revanchismus und Chauvinismus. Zur Durchsetzung ihrer verbrecherischen Ziele benutzen sie in der Deutschen Demokratischen Republik die Kirche und ihre Einrichtungen als stärkste legale Position der imperialistischen Kräfte.

Vor der Partei, den Massenorganisationen und dem Staatsapparat steht deshalb die Aufgaben, eine systematische Aufklärungsarbeit unter der gesamten christlichen Bevölkerung zu leisten. In der Gewinnung dieser Menschen sind bisher von den Parteiorganisationen und den Massenorganisationen sowie von den Funktionären im Staatsapparat ernste Versäumnisse zu verzeichnen.

Das Politbüro lenkt die Aufmerksamkeit aller Genossen auf die Fragen der Kirchenpolitik und beschließt:
I. Maßnahmen der Partei im Kampf um die Durchführung einer fortschrittlichen Kirchenpolitik
1. Unter den Anhängern aller Religionsgemeinschaften muß eine feste Massenbasis für den Kampf um die Erhaltung und Sicherung des Friedens, gegen die amerikanische und Bonner Kriegspolitik, für die demokratische Wiedervereinigung Deutschlands, für die aktive Teilnahme an der friedlichen Aufbauarbeit in der Deutschen Demokratischen Republik und für die Stärkung der Freundschaft mit allen friedliebenden Völkern, vor allem den Völkern der Sowjetunion, geschaffen werden. Dieser Kampf entspricht den Interessen der christlichen Menschen. Er muß so geführt werden, daß er in keiner Weise die religiösen Gefühle und Empfindungen dieser Menschen verletzt [...]
   a) Die Parteileitungen müssen bestrebt sein, durch eine systematische Arbeit unter der christlichen Bevölkerung diese zur Mitarbeit bei der Lösung der

---

24 Der Generalstaatsanwalt wies diese und ähnliche Anzeigen zurück.

Lebensfragen des deutschen Volkes zu gewinnen. Dabei sind die reaktionären Kräfte zu isolieren [...] Sie stützen sich dabei auf die fortschrittlichen Kräfte in den Religionsgemeinschaften und helfen ihnen, ihren Einfluß zu verstärken und zu festigen.

Es kommt darauf an, in den gewählten Organen feste Positionen zu schaffen.

b) Die Parteileitungen leiten die Genossen in der Nationalen Front, in den Friedensräten und im Staatsapparat an, Maßnahmen durchzuführen, die auf die Schaffung einer Massenbasis unter der christlichen Bevölkerung gerichtet sind. Sie sorgen dafür, daß bei Blocksitzungen in den Bezirken, Kreisen, Städten und Gemeinden diese Fragen mit in den Mittelpunkt der Tätigkeit des Blocks gestellt werden.

Es muß erreicht werden, daß immer mehr Geistliche in ihren Predigten, Reden und in der Presse für die Verwirklichung der Vorschläge der Sowjetunion auf der Außenministerkonferenz und gegen die amerikanische Kriegspolitik Stellung nehmen [...]

c) In Verbindung damit ist die unter dem Deckmantel der christlichen Nächstenliebe getarnte chauvinistische und militaristische Hetze durch bestimmte Kreise der evangelischen und katholischen Kirchenhierarchie zu entlarven. Das Ziel muß sein, diese Elemente von den Massen der Kirchenanhänger zu isolieren. Presse und Rundfunk müssen diesen Kampf ständig unterstützen.

Solche Elemente, die ihr religiöses Amt dazu benutzen, indem sie z. B. gegen die Weltfriedensbewegung sowie gegen die Steigerung der Leistungen unserer Werktätigen hetzen, muß man offen anprangern. Dabei soll auch die Bevölkerung mitwirken. In Versammlungen, die vom Demokratischen Block, der Nationalen Front, dem Friedensrat, den Elternräten usw. einberufen und zu denen diese Geistlichen eingeladen werden, ist deren Verhalten zu verurteilen.

Um die Verleumdungen über die Unterdrückung des kirchlichen Lebens in der Deutschen Demokratischen Republik wirklich zu zerschlagen, müssen Presse und Rundfunk die Unterstützungsmaßnahmen der Regierung der Deutschen Demokratischen Republik gegenüber der Kirche, wie z. B. Wiederaufbau von Kirchen, Staatszuschüsse usw. noch mehr popularisieren. [...]

d) Um die Arbeit der fortschrittlichen Menschen der protestantischen Kirche zu unterstützen, ist eine überparteiliche protestantische Monatszeitschrift herauszugeben. Über die politische Linie dieser Zeitschrift, der personellen Besetzung der Redaktion usw., legt die Abteilung Staatliche Verwaltung dem Sekretariat bis zum 15. April 1954 einen Plan vor.

e) Unter Anleitung und Kontrolle der Partei ist die populärwissenschaftliche Aufklärungsarbeit in der Partei und unter den Massen zu verstärken. Leichtverständliche Bücher, Broschüren und Zeitschriften über naturwissenschaftliche Themen sind herauszugeben, die besonders unter den Jugendlichen Anklang finden sollen. [...]

f) Die Bezirks- und Kreisleitungen nehmen regelmäßig zu Kirchenfragen Stellung. [...]

g) Beim Zentralkomitee wird eine Abteilung für Kirchenfragen geschaffen, die in ihrer Arbeit durch eine zu bildende ständige Kommission beraten wird. [...]

II. Aufgaben der Massenorganisationen
1. Die Genossen im Büro des Präsidiums des Nationalrates und des Deutschen Friedensrates werden verpflichtet, geeignete Maßnahmen zu treffen, um die Ortsausschüsse der Nationalen Front des demokratischen Deutschland und die Friedensräte für eine verstärkte Zusammenarbeit mit den fortschrittlichen und loyalen Kräften der Kirchen zu befähigen. Die Hauptaufgabe muß sein, den bisher engen Rahmen der kirchenpolitischen Arbeit zu sprengen und sich systematisch auf die Gewinnung breiter Kreise der Gläubigen, der Mitglieder der Gemeindekirchenräte und der Geistlichkeit zu orientieren. Es darf nicht länger geduldet werden, daß von seiten der Nationalen Front und der Friedensräte die Bedeutung der religiös gebundenen Schichten im Kampf um die demokratische Einheit Deutschlands unterschätzt wird.
2. Durch die Freie Deutsche Jugend ist der ideologische Kampf unter der Jugend zu verstärken. Alle Reste sektiererischen Verhaltens gegenüber religiös gebundenen Jugendlichen und Angehörigen der »Jungen Gemeinde« sind zu beseitigen. Die kulturelle Massenarbeit muß dabei zum entscheidendsten Mittel zur Heranführung christlicher Jugendlicher an die FDJ werden [...]
Gegenwärtig werden von vielen Eltern, die keine innere Bindung zur Kirche haben, Kinder in die Kurse zur Vorbereitung der Konfirmation und der Kommunion geschickt, da keine andere Einrichtung zur feierlichen Einführung der Kinder in den neuen Abschnitt ihres Lebens nach dem Verlassen der Grundschule vorhanden ist. Um diesen Zustand zu beenden, wird im Interesse der Verstärkung der staatsbürgerlichen Erziehung schon in diesem Jahr mit der Vorbereitung und Durchführung von Jugendweihen ab 1955 begonnen. [...]

III. Verhältnis von Staat und Kirche
1. Das gegenwärtige Verhältnis zwischen Staat und Kirche ist durch die Verfassung der Deutschen Demokratischen Republik klar geregelt. Dieser Regelung entspricht auch die von den Vertretern des Ministerrates und der Kirche geführte Besprechung vom 10. Juni 1953 und die getroffenen Vereinbarungen in den Fragen der Tätigkeit der »Jungen Gemeinde« und »Studentengemeinde« zwischen den Vertretern der FDJ, dem Amt für Jugendfragen und der Kirche vom 11. Juli 1953.
Während der Staat allen seinen eingegangenen Verpflichtungen nachgekommen ist, haben die reaktionären Kreise der Kirchenhierarchie gegen die Vereinbarungen ständig verstoßen und sie nicht eingehalten [...]
Die staatlichen Organe werden verpflichtet, gegen jede Verletzung der staatlichen Autorität und insbesondere unserer Gesetze einzuschreiten. Die Autorität des Staates als höchste Autorität im Staatsgebiet in allen politischen, wirtschaftlichen und kulturellen Fragen gilt auch für diejenigen Menschen, die den Religionsgemeinschaften angehören, einschließlich ihrer Bischöfe, Pfarrer u. a.
2. Die Beachtung dieser Prinzipien im staatlichen Leben gelten auch für die Schularbeit, Lehrkräfte, die diese nicht anerkennen, nicht entsprechend diesen Prinzipien tätig sind, sind zur Verantwortung zu ziehen. Die Bedingungen, unter denen es den Religionsgemeinschaften gestattet ist, die Räume der Schulen zu benutzen, sind streng einzuhalten.

Bei der Durchführung des Religionsunterrichtes ist es den Geistlichen, Religionslehrern und Katecheten nicht erlaubt, die Klassenzimmer zu verändern, Lebens- und Genußmittel Paketscheine [sic!] zu verteilen. Bei Verstößen ist ihnen die Genehmigung zum Betreten der Schule zu entziehen. Durch die Pionierleiter, Lehrerschaft und Elternbeiräte ist dafür Sorge zu tragen, daß sich in den Schulen das Pionierleben frei entwickelt. Ungesetzliche Handlungen gegen Kinder durch kirchliche Kreise, wie Geistliche, Religionslehrer, Katecheten usw. sind in Elternversammlungen und in breiter Öffentlichkeit zu behandeln, unbeschadet der erforderlichenfalls notwendigen Maßnahmen durch die Rechtsorgane des Staates.

3. Öffentliche Veranstaltungen außerhalb der kircheneigenen Räume, wie Kirchentage, Prozessionen, Waldgottesdienste und andere traditionelle religiöse Handlungen werden den Kirchen weiterhin nur unter der Bedingung gestattet, daß dort nichts getan werden darf, was der Friedenspolitik der Regierung der Deutschen Demokratischen Republik widerspricht. Die Kirchenleitungen müssen sich verpflichten, auf diesen Veranstaltungen nichts zu dulden, was in irgendeiner Weise eine Unterstützung der EVG-Politik der Bonner Regierung bedeutet.

Protokoll Nr. 15/54 der Sitzung des Politbüros des Zentralkomitees am Sonntag, dem 14. März 1954 im Amtssitz des Genossen Pieck.[25] In: WILKE et al. 1992, S. 41–49.

K4: *Anpassung statt Akklamation*
1957

Nun erlaubt oder gebietet sogar der Glaube eine weitgehende Anpassung an Situationen und Gebräuche der Umwelt. Ebenso ist eine innere Distanz zu den dem Glauben widersprechenden Auffassungen und Maßnahmen gefordert. Verhängnisvoll werden Anpassung und Abwendung erst durch etwas Drittes. Wir nennen es die »innere Emigration«, das heißt die Hoffnung, entweder in absehbarer Zeit wieder zu einem – nicht-kommunistischen – Gesamtdeutschland zu gehören, oder dann nach der Bundesrepublik auswandern zu können, wenn die Lage in der DDR »unerträglich« werden sollte. Es ist bekannt, daß diese innere Emigration selbst Pfarrerkreise ergriffen hat, in der einen oder in der anderen Form. [...]

Weiter wäre damit verbunden die Erkenntnis unseres Botendienstes auch den Machthabern gegenüber. Auch sie gehören zu den von Gott geliebten Sündern und Zöllnern, die vor den Schriftgelehrten und Pharisäern in das Reich Gottes eingehen könnten. Das »Ja« zu unseren Machthabern ist nicht das Ja der gewünschten Akklamation. Es kann auch nicht jenes »Ja« eines mißverstandenen Luthertums sein, das

---

25 Das Protokoll enthält einen weiteren, hier nicht abgedruckten Anhang »Administrative Maßnahmen«, in dem u. a. Zensurmaßnahmen, Beschränkung von Zuzügen westdeutscher Theologen, die Verhinderung von kirchlichen Paketsendungen und das Verbot der Einfuhr von Hilfsgütern aus dem Westen festgelegt wurden.

immer ja sagt, wenn es der jeweiligen Macht begegnet. Es kann auch nicht das Ja einer rauschhaften Erkenntnis sein, die kraft »geheimer Offenbarungen« diese Form der Regierung für zukunftsträchtiger hält als eine andere. (Mag der eine oder andere Christenmensch nun auch die eine oder andere politische Überzeugung vertreten und hoffentlich ständig überprüfen!) Sondern unser, uns geschenktes und abgefordertes Ja zu unseren Verwaltern der Macht, wird gelebt und ausgesprochen in der Entsprechung zum Ja Gottes, der diese Welt geliebt hat, der diese Welt erhält, der diese Welt seinem Sohn unterworfen hat. Er ruft diese Welt zur Umkehr und wird diese Menschenwelt richten und diesen Kosmos neu schaffen. Kraft dieses Ja Gottes werden wir einen langen Atem haben; denn Gott hat mit uns noch einen viel längeren Atem. Und wir werden uns im Ansatz trennen von der menschlich-natürlichen Empörung und Erbitterung über Unrecht, Gewalttat, Lüge und Verletzung der Menschenwürde. Es müßten Kommunisten endlich glaubhaft erkennen können, daß sie jedenfalls einen Platz und Raum in unseren Herzen haben zum Guten und nicht zur Rache. Unser Ja zu unserer Regierung, kommt aus dem Ja zu Gottes Majestät, zu der Allmacht seiner Erbarmung, zu unserer Beauftragung als Boten Jesu Christi, zu der gewissen Hoffnung auf die Erscheinung des Herrn.

Hamel, Johannes: Erwägungen zum Weg der evangelischen Christenheit in der DDR. In: HAMEL 1957, S. 3–30.

K5: *Maßnahmen gegen die christliche Jugend*
21. September 1961

In der gegenwärtigen Situation trägt die FDJ eine besondere Verantwortung für die Arbeit unter den im Bewußtsein zurückgebliebenen Teilen der Jugend, d. h. auch unter den Schichten der religiös gebundenen Jugendlichen.

Die Mehrheit von ihnen nimmt gegenwärtig eine abwartende Haltung ein, scheut sich vor einer offenen politischen Stellungnahme. Pazifistische Stimmungen sind vorherrschend. Ein geringer Teil unterstützt die Maßnahmen von Partei und Regierung.

Unter dem Deckmantel der Religion sind auch konterrevolutionäre Elemente tätig, wie das Beispiel einer in Rostock abgeurteilten Gruppe[26] beweist. Unter den aktiven Kreisen der »Jungen Gemeinde«, besonders ihren Leitern, gibt es Fanatiker, die bereit sind, Verbrechen zu begehen und für Gott und Adenauer zu sterben. Die schwankende und abwartende Haltung der Mehrheit der religiös gebundenen Jugend erleichtert es diesen Kräften, Teile der »Jungen Gemeinde« zur Wühlarbeit gegen unseren Staat zu mißbrauchen.

Es mehren sich die Beispiele, wo Angehörige kirchlicher Jugendgruppen gegen die Stärkung der Verteidigungsbereitschaft und gegen unsere Aktion »Blitz contra

---

26 Gemeint ist eine Gruppe der Jungen Gemeinde aus Berlin-Schmöckwitz. Dieser wurde kurz nach dem Mauerbau unterstellt, daß sie während ihrer Ferien ein Schiff kapern wollte, um über die Ostsee in den Westen zu fliehen. Der Prozeß diente der Abschreckung.

NATO-Sender«[27] auftraten. Die bisherigen Anstrengungen des Verbandes zur Veränderung dieser Situation sind ungenügend. Die Aufgabe, in Vorbereitung des Abschlusses eines Friedensvertrages das feste Bekenntnis *jedes* Jugendlichen zu unserer Republik zu sichern, erfordert die unverzügliche Aufnahme des politischen Gesprächs mit der religiös gebundenen Jugend mit folgendem Ziel:

a) Gewinnung aller jungen Christen für ein klares Bekenntnis zur Politik unseres Arbeiter- und Bauernstaates
b) Überwindung des gegnerischen Einflusses und Entlarvung aller konterrevolutionären Elemente
c) Sicherung einer beständigen Arbeit des Verbandes in den Schwerpunkten des kirchlichen Einflusses.

Aufgabe des Verbandes ist die Führung einer politischen Offensive zur Gewinnung jedes Jugendlichen, unabhängig von seiner religiösen Bindung, nicht aber Führung einer Kampagne gegen die »Junge Gemeinde« schlechthin.

Ein Erfolg ist nur zu erreichen durch die Einbeziehung und aktive Mithilfe aller staatsbewußten jungen Christen, durch die Isolierung der schwankenden Mehrheit von den Einflüssen des Gegners und ihrer Heranführung an die bewußte gesellschaftliche Tätigkeit und schließlich durch das Anprangern und Schlagen der konterrevolutionären Werkzeuge der westdeutschen Militärkirche. Hand in Hand mit der politischen Offensive muß die Aufweichung und Zersetzung[28] der Gruppen der »Jungen Gemeinde« von innen und die Bildung bzw. Festigung der Grundeinheiten der FDJ in Schwerpunkten des kirchlichen Einflusses erfolgen [...]

Maßnahmen für die Arbeit unter der religiös gebundenen Jugend [Geheime Verschlußsache des Sekretariats des FDJ-Zentralrates vom 21. September 1961]. In: Pahnke, Rudi: Das FDJ-Archiv aus der Sicht evangelischer Jugendarbeit 1945–1989, Auswertung von Stichproben, kommentierte Dokumentensammlung, geheftet, Selbstverlag. Berlin 1991, o. S.

K6: »Die Obrigkeit kann nicht Gott entlaufen«
8. März 1963

Die Kirche bekennt Jesu Christus als den Herrn, dem alle Gewalt gegeben ist im Himmel und auf Erden, der der Herr auch über die Inhaber der staatlichen Macht ist [...] Die Träger der staatlichen Macht bleiben in der Hand Gottes und unter seinem Auftrag, auch wenn sie diesen verfehlen, sich zu Herren der Gewissen machen und in das Amt der Kirche eingreifen. In dieser Gewißheit haben wir der Obrigkeit die Wahrheit zu bezeugen, auch wenn wir dafür leiden müssen.

Wir verfallen dem Unglauben, wenn wir die Anordnung Gottes nicht in Dankbarkeit erkennen oder aber meinen, daß ein Staat, der seinen Auftrag verfehlt, der Herr-

---

27 Dies war eine der Aktionen, um nach dem Mauerbau das Hören und Sehen westdeutscher Sender zu unterbinden.
28 Zersetzung war ein Fachausdruck aller repressiven Organe, besonders des MfS, für die innere Zerrüttung von Gruppen und die psychische und soziale Beeinträchtigung von Einzelpersonen mit Hilfe von Spitzeln.

schaft Gottes entlaufen könnte und ihm nicht mehr dienen müßte [...] Wir handeln im Ungehorsam, wenn wir für die Wahrheit nicht einstehen, zum Mißbrauch der Macht schweigen und nicht bereit sind, Gott mehr zu gehorchen als den Menschen.

Zehn Artikel über Freiheit und Dienst der Kirche vom 8. März 1963. In: MATERIALIEN 1995, S. 1 232 f.

K7: »Dem Staat bei der Erfüllung seiner Aufgaben helfen«
Januar 1964

Wir bekennen Jesus Christus als den Herrn, dem alle Macht im Himmel und auf Erden gegeben ist, unter dessen gnädiger Herrschaft wir darum auch gemeinsam mit allen Inhabern staatlicher Gewalt im politischen Leben stehen. Nach göttlicher Anordnung hat der Staat die Aufgabe, nach dem Maße menschlicher Einsicht und menschlichen Vermögens unter Androhung von Gewalt für Recht und Frieden zu sorgen. Diese gnädige Anordnung Gottes ehren wir, indem wir für diejenigen, die staatliche Funktionen ausüben, beten, ihnen bei der Erfüllung ihrer Aufgaben helfen, uns selber in unserem politischen Handeln allein von der Sorge um Recht und Frieden und nicht von eigensüchtigen Interessen leiten lassen und allen, die Recht und Frieden gefährden, entschlossen entgegentreten.

Im Glaubensgehorsam werden wir die politische Ordnung unserer Gesellschaft, den Staat, weder fürchten noch lieben, sondern uns an der Erfüllung seiner von Gott angeordneten Aufgabe beteiligen.

Sieben Sätze von der Freiheit der Kirche zum Dienen, Theologische Sätze des Weißenseer Arbeitskreises, Januar 1964 (Auszug). In: MATERIALIEN 1995, S. 1 249.

K8: Erklärung zur Einheit
April 1967

Die Kirchen werden aufgefordert, ihre Einheit in der Evangelischen Kirche in Deutschland aufzugeben, weil sie sonst den Menschen, die in zwei entgegengesetzten Gesellschaftsordnungen leben, nicht mehr dienen könnten. Damit wird die Gesellschaftsordnung zur Herrin über den Christusdienst gemacht. Gerade dadurch wird der Christusdienst gehindert. Denn die Menschen sind in allen Situationen und Gesellschaftsordnungen einander darin gleich, daß sie Christus nötig haben.

Fürstenwalder Erklärung zur Einheit der EKD, verabschiedet auf der EKD-Teilsynode Ost in Fürstenwalde am 1.–7.4.1967 (Auszug). In: KIRCHLICHES JAHRBUCH 1967, S. 28.

K9: Abkommen zwischen Staat und Kirche
6. März 1978

Berlin (ADN). Der Generalsekretär des Zentralkomitees der Sozialistischen Einheitspartei Deutschlands und Vorsitzende des Staatsrates der Deutschen Demokratischen Republik, Erich Honecker, empfing am 6. März 1978 den Vorstand der Konferenz der Evangelischen Kirchenleitungen in der Deutschen Demokratischen Republik unter Leitung seines Vorsitzenden, Bischof D. Dr. Albrecht Schönherr, zu einem Antrittsbesuch [...] In einem konstruktiven und freimütigen Gespräch erörterten der Vorsitzende des Staatsrates und die leitenden Persönlichkeiten der evangelischen Kirchen gemeinsam interessierende Fragen [...] Erich Honecker würdigte das Friedensengagement, zu dem sich die Kirchen gemäß der christlichen Maximen der Achtung vor dem Leben und des Dienstes am Nächsten gerufen wissen. Ihr Eintreten für die Erhaltung des Friedens, für Entspannung und Völkerverständigung könne man nur mit Befriedigung aufnehmen. Insbesondere sei die große Bedeutung des Beitrages der Kirchen zur Beendigung des Wettrüstens, zum Verbot der Massenvernichtungsmittel, vor allem der Neutronenwaffe, zu unterstreichen [...] »Der Ruf der ganzen friedliebenden Menschheit geht nicht nach neuen Waffen, sondern nach Beendigung des Wettrüstens und nach Abrüstung.«

Der Vorsitzende des Staatsrates brachte seine Wertschätzung für die humanitäre Hilfe der Kirchen in der DDR an notleidende und um ihre Befreiung kämpfende Völker zum Ausdruck. Dadurch werde dem edlen Anliegen ein Dienst geleistet, Rassismus und Neokolonialismus aus dem Leben der Menschheit zu verbannen [...] Innenpolitisch verfolge die DDR unbeirrbar den Kurs des Wachstums, des Wohlstandes und der Stabilität weiter. Vorrangiges Bestreben sei es, daß die Menschen unseres Landes in Frieden leben können und ihnen die Früchte ihres Fleißes sowohl in materieller als auch in kultureller Hinsicht zugute kommen. »Den Kirchen als Kirchen im Sozialismus«, so betonte Erich Honecker, »eröffnen sich heute und künftig viele Möglichkeiten des Mitwirkens an diesen zutiefst humanistischen Zielen. Wir gehen von der Beteiligung aller Bürger am Werk des Sozialismus aus, das im gesellschaftlichen wie im individuellen Interesse liegt.«

Dafür seien die Wertschätzung und die großzügige Unterstützung der diakonischen Arbeit der Kirchen durch unsere staatlichen Organe ein deutlicher Ausdruck. Die Arbeit, die in kirchlichen Einrichtungen des Gesundheits- und Sozialwesens geleistet werde, diene gesamtgesellschaftlichen Interessen. Sinnvoll füge sie sich in das Grundanliegen des Sozialismus ein, alles für das Wohl des Menschen zu tun. Auch weiterhin werde diese Tätigkeit materiell und durch die Ausbildung qualifizierter Fachkräfte unterstützt.

An seine Erklärung am 29. Oktober 1976 vor der Volkskammer erinnernd, erklärte der Vorsitzende des Staatsrates, daß unsere sozialistische Gesellschaft jedem Bürger, unabhängig von Alter und Geschlecht, Weltanschauung und religiösem Bekenntnis Sicherheit und Geborgenheit bietet [...] Wie Erich Honecker betonte, stellen die Gleichberechtigung und die Gleichachtung aller Bürger, ihre uneingeschränkte Einbeziehung in die Gestaltung der entwickelten sozialistischen Gesellschaft eine Norm dar, welche die zwischenmenschlichen Beziehungen prägt und für alle verbindlich ist. Dementsprechend stehe in der DDR jedem Bürger, gerade auch jedem Jugendlichen, der Weg zu hoher Bildung, beruflicher Ausbildung und Entwicklung offen.

Der Vorsitzende des Staatsrates erklärte zur Situation der Kirchen und der Christen in der DDR, daß die Freiheit der Religionsausübung bei klarer Trennung von Staat und Kirche verfassungsmäßig garantiert und in der Praxis gesichert ist. »Wir bringen hier sehr viel Verständnis auf, und daran halten wir fest.« [...]

Bischof Schönherr führte namens der Konferenz der Evangelischen Kirchenleitungen in der DDR aus, »es gehe beiden Seiten, je von ihren Voraussetzungen aus, um die Verantwortung für die gleiche Welt und für den gleichen Menschen. Und dieser Mensch ist nun einmal immer zugleich Staatsbürger und Träger einer Grundüberzeugung. Weil man den Menschen nicht zerteilen kann, sind solche Begegnungen aller Art nicht nur nützlich, sondern lebensnotwendig. Und ich darf betonen, daß der Christ seine Existenz als Staatsbürger nicht nur so versteht, daß er die bestehenden Gesetze rein formal betrachtet, sondern daß er sich von seinem Glauben her mitverantwortlich sowohl für das Ganze als auch für den Einzelnen und für dessen Verhältnis zum Ganzen weiß.«

Bischof Schönherr bezeichnete die Kirche im Sozialismus als Kirche, die dem christlichen Bürger und der einzelnen Gemeinde hilft, daß sie einen Weg in der sozialistischen Gesellschaft in der Freiheit und Bindung des Glaubens finden und bemüht sind, das Beste für alle und für das Ganze zu suchen. Kirche im Sozialismus wäre eine Kirche, die auch als solche, in derselben Freiheit des Glaubens, bereit ist, dort, wo in unserer Gesellschaft menschliches Leben erhalten und gebessert wird, mit vollem Einsatz mitzutun und dort, wo es nötig ist, Gefahr für menschliches Leben abwenden zu helfen.

»Menschliches Leben zu erhalten – Gefahren für menschliches Leben abzuwenden: Darum geht es vor allem bei dem Hauptthema unserer Zeit: Erhaltung und Sicherung des Friedens [...] Der Ökumenische Rat der Kirchen hat Helsinki ein »Zeichen der Hoffnung« genannt. Es ist bekannt, daß die Kirchen in der DDR sich von Anfang an der Verwirklichung dieses hohen Zieles gewidmet haben. Sie hoffen mit aller Kraft, daß die hohen Ziele, vor allem Sicherheit und Gewährung der Menschenrechte als Teil der Friedenssicherung sich über Belgrad[29] hinaus schrittweise verwirklichen.«

Abschließend äußerte er den aufrichtigen Wunsch, daß durch die Begegnungen und Gespräche zwischen Vertretern des Staates und der Kirche jenes Vertrauen wachsen kann, das die Redlichkeit des anderen nicht in Frage stellt, sondern voraussetzt. Dieses Vertrauen werde sich um so mehr durchsetzen, je mehr die entsprechenden Erfahrungen auf allen Ebenen gemacht werden. »Offenheit und Durchsichtigkeit sind das Barometer des Vertrauens. Das Verhältnis von Staat und Kirche ist so gut, wie es der einzelne christliche Bürger in seiner gesellschaftlichen Situation vor Ort erfährt.«

Im Verlaufe des Gesprächs wurden verschiedene Sachfragen erörtert bzw. einer Lösung zugeführt. So unter anderem über kirchliche Sendungen im Rundfunk und Fernsehen, zu Fragen der Seelsorge in Strafvollzugsanstalten und zur Altersversor-

---

29 In Belgrad fand eine der Nachfolgekonferenzen der KSZE statt.

gung für auf Lebenszeit angestellte kirchliche Mitarbeiter. Kirchlichen Aktivitäten zum Luther-Jubiläumsjahr 1983 wurde Unterstützung staatlicherseits zugesichert [...]

Gemeinsame Pressemitteilung über das Gespräch zwischen dem Vorstand der Konferenz der Evangelischen Kirchenleitungen in der DDR und dem Vorsitzenden des Staatsrates der DDR, Erich Honecker, am 6. März 1978 in Berlin. In: epd Dokumentation 15/1978, S. 4 f.

K10: Gibt es Rechtssicherheit?
10. März 1978

Betr.: kirchliche Basis nach dem Gespräch vom 6.3.78 mit Honecker
Wir an der Basis werden von Herrn Bischof Dr. Schönherr aufgefordert, die Ergebnisse des Gespräches bei Honecker abzurufen, und er sagt weiter: »Toleranz wird hier nicht freiwillig gleichsam auf silbernem Tablett angeboten. Sie ist, wenn überhaupt, nur zu haben, wenn sie eingefordert wird.«

Ich an der Basis habe abgerufen und Nutzungsverträge für unseren kirchlichen Grund und Boden angefertigt. Ich hoffe sehr, daß dieser bisherige Unrechtszustand, wenigstens in diesem Bereich, erträglicher wird.
Meine Fragen:
1.) Was kann ich hier an der Basis noch abrufen?
2.) Was soll mit Toleranz, die eingefordert werden darf, gemeint sein?

Toleranz, die eingefordert werden kann, setzt einigermaßen verbindliche Normen voraus. Wo gibt es diese »größtmögliche Verbindlichkeit«? Soll Toleranz im Sinne des Völkerrechts verstanden werden, dessen Einhaltung an der Basis eingefordert werden darf?

Was steht unsererseits für die kirchliche Basis zur Ratifizierung an?

Ich vermute, daß Sie als zentrale kirchliche Institution ähnliche Anfragen häufig bekommen; Sie werden sicher eine Handreichung bereit haben, die auf diese Fragen etwa verbindlich antwortet.

Ich wäre jedenfalls an einem solchen Text sehr interessiert.

Ich danke Ihnen schon jetzt für Ihre Bemühungen.

N. für das ev. Pfarramt

Brief des Pfarrers N. aus G. an Bund der Evangelischen Kirchen, 10. März 1978. In: BStU, Sonderakte Stolpe 1993, Bd. 1, 108–110, aus BV Frankfurt/O, AOP 923/85, Bd. IV, OV »Botschaft« zu Pfarrer D. N.

K11: Kirche und deutsch-deutsche Diplomatie
14./15. Februar 1981

Privatbesuch des Ministerpräsidenten des Rheinlandes und Mitglied der Rheinischen Kirchenleitung, Rau, Johannes und des Präses der Evangelischen Kirche im Rheinland, Immer, Karl bei Bischof Schönherr (Berlin) am 14. u. 15.2.1981

Auf Einladung des Evangelischen Bischofs Schönherr (Berlin) hielten sich der Ministerpräsident des Rheinlandes und Mitglied der Rheinischen Kirchenleitung, Rau, und des Präses der Evangelischen Kirche im Rheinland, Immer, am 14. und 15.2.1981 zu einem privaten Besuch in der DDR auf.

Die Einreise erfolgte am 14.2.1981 über die GÜSt Marienborn und wurde verbunden mit einem Besuch des Bischofs der Evangelischen Kirche der Kirchenprovinz Sachsen, Krusche [...] Bischof Krusche machte Rau und Immer Vorhaltungen darüber, daß sie zu wenig gegen die durch die BRD in Verbindung mit den USA betriebene Hochrüstung unternehmen würden [...] Krusche schilderte die in der DDR von ihm unterstützte Jugendarbeit hinsichtlich des Friedensdienstes. Er forderte seine Gesprächspartner auf, stärker pazifistische Positionen zu beziehen. Ministerpräsident Rau und Präses Immer bezogen dazu eine übereinstimmende Haltung. Ein Kampf um Frieden ohne Waffen sei illusionär. Rau legte dar, daß es im Rheinland einige Städte gebe, wo die Mehrheit der Jugendlichen Wehrdienstverweigerer sei. Dadurch entstünden Sorgen für die Bundeswehr, besonders hinsichtlich des Offiziersnachwuchses [...]

Bei den Gesprächen mit Bischof Schönherr in Berlin zeigte sich Rau sehr interessiert an der Einschätzung des Verhältnisses zwischen Staat und Kirche in der DDR. Bischof Schönherr machte dazu Darlegungen, welche die reale Situation widerspiegelten und keine Angriffe gegen die DDR enthielten. Rau brachte zum Ausdruck, daß er ebenso wie Bischof Schönherr Interesse daran hätte, daß sich die Verhältnisse in der VR Polen beruhigen. Nach Ausführungen von Rau würde die BRD ökonomisch sehr viel für die VR Polen tun, was in verdeckter Weise geschehe [...]

Rau führte weiter aus, daß durch die Wahl des neuen Präsidenten der USA, Reagan, eine Phase der Komplikationen in der Welt, besonders hinsichtlich der Politik in Europa eingetreten sei. Die Regierung der BRD müsse sich in dieser Situation Spielraum lassen, denn die USA hätten Interesse daran, die BRD an die Leine zu legen [...]

Am 15.2.1981 gab der Staatssekretär für Kirchenfragen, Genosse [Klaus] Gysi, im Johannishof ein Frühstück. Genosse Gysi machte dabei Ausführungen zur Politik der DDR gegenüber den Kirchen, so wie sie am 6.3.78 im Gespräch des Generalsekretärs des ZK der SED, Genossen Honecker, mit dem Vorstand der Konferenz der evangelischen Kirchenleitungen dargelegt worden war [...]

Rau trat insgesamt zurückhaltend auf und war mitunter in seinen Äußerungen befangen. Er betonte mehrfach, daß seine Ansicht die der Führung der SPD in der BRD sei und mit ihr abgesprochen wäre.

Die Information kann wegen Quellengefährdung offiziell nicht ausgewertet werden.
HA XX/4 IM »Sekretär«/OSL Wiegand
Verteiler [...]

BStU, Rechercheergebnisse zum IM »Sekretär«, Reg.-Nr. IV/1192/64, 2. Lieferung, Stand 11.9.1992, Anlage II, Blatt 169–171, Information des MfS vom 16.2.1981, 123/81, (Kürzel unleserlich) AKG.[30]

---

30 Die hier abgedruckte Textgattung »Information« läßt aber keine zuverlässigen Rückschlüsse auf den bzw. die Informanten zu. Dies wäre nur bei einem dokumentierten »Treffbericht« zwischen einem IM und seinem Führungsoffizier festzustellen. Bei dem hier erwähnten IM »Sekretär« kann es sich auch um eine sachbezogene Zuordnung zum Zwecke der Registrierung handeln.

K12: *Konflikte um das Symbol »Schwerter zu Pflugscharen«*
7. April 1982

Der Staatssekretär für Kirchenfragen hatte der Konferenz der Evangelischen Kirchenleitungen für den 7.4.1982 ein Sachgespräch zu Erläuterung des neuen Wehrdienstgesetzes und des Gesetzes über die Staatsgrenze der DDR angeboten.
Auf Wunsch der Konferenz wurden in dieses Gespräch die Belastungen einbezogen, die für das Verhältnis zwischen Staat und Kirche durch die staatliche Entscheidung gegen das Symbol »Schwerter zu Pflugscharen«[31] entstanden sind.
Die Vertreter der Konferenz haben [...] folgende Positionen vertreten:
- Die Friedensbemühungen der DDR erübrigen nicht den kirchlichen Abrüstungsimpuls.
- Die Kirche betreibt eine eigenständige Friedensarbeit.
- Sie ist nicht einfach Verstärker der Außenpolitik des Staates.

Die Konferenz hat unterstrichen, daß sie in der staatlichen Entscheidung gegen das Symbol der Friedensdekade eine Einschränkung des öffentlichen Zeugnisses der Kirche und eine Einschränkung der Glaubens- und Gewissensfreiheit sehen muß.
Sie hat unter Nennung einer Fülle konkreter Fälle dagegen Einspruch erhoben,
- daß das eigenständige christliche Friedenszeugnis als Bildung einer »unabhängigen Friedensbewegung« verdächtigt wird;
- daß das Tragen des Friedenssymbols »Schwerter zu Pflugscharen« als Bestreitung der Friedenspolitik der DDR und als Versuch der Schwächung der Verteidigungsbereitschaft angesehen wird;
- daß das Friedenssymbol als im Westen hergestellt und illegal in die DDR eingeführt ausgegeben wird;
- daß seitens der Sicherheitsorgane den Trägern dieses Symbols unterschiedslos mißbräuchliche Absichten unterstellt und sie durch weithin unangemessene Maßnahmen kriminalisiert, in ihrer persönlichen Würde verletzt und in ihrem Vertrauen nachhaltig beeinträchtigt werden [...].

Die Konferenz hat ihre Betroffenheit darüber zum Ausdruck gebracht, daß bei Eingriffen keine klare Auskunft über die rechtliche Grundlage gegeben wird.
Der Staatssekretär hat gegenüber der Konferenz offiziell wiederholt [...]: Die Einwände des Staates richten sich nicht gegen die Aussage und Bedeutung des Symbols [...] Da das Symbol aber mißbräuchlich zur Schwächung der Wehrbereitschaft in der DDR benutzt worden sei, könne es in der Öffentlichkeit nicht mehr geduldet werden.
Es wurde im Gespräch deutlich, daß es sich um eine politische Entscheidung handelt, für deren generelle Durchsetzung verschiedene Rechtsvorschriften oder Anordnungen herangezogen werden [...]. Er [der Staatssekretär] bestätigte, daß die Kirchen in Fällen von Übergriffen sich unmittelbar mit den zuständigen staatlichen Organen in Verbindung setzen sollten [...]

---

31 Das Symbol »Schwerter zu Pflugscharen« wurde mit der Gebetswoche, der Friedensdekade, 1981 eingeführt und auf einem bedruckten runden Stoffaufnäher ausgegeben, den bis zu 100 000 Menschen trugen. Die Staatsorgane verboten den Aufnäher und erzwangen häufig durch die Polizei seine Entfernung. Das Motiv war die stilisierte Wiedergabe des Bibelwortes Micha 4.3. nach einem Denkmal eines sowjetischen Künstlers.

Unter Berufung auf die staatliche Verantwortung hat die Konferenz dringlich um eine positive Würdigung des Symbols der Friedensdekade, um eine differenzierte Behandlung seiner Verwendung und um Abstellung der Übergriffe gebeten.
Die Konferenz informiert Mitarbeiter und Gemeinden über dieses Gespräch, das fortgesetzt wird. Sie bittet in den gegenwärtigen Belastungen das christliche Friedenszeugnis so auszurichten, daß es gehört und wirksam werden kann [...] An einer Verschärfung des Konflikts kann angesichts unseres Friedensauftrages niemand gelegen sein.

Der Vorsitzende der Konferenz der Evangelischen Kirchenleitungen in der DDR
Bischof Dr. Werner Krusche   7. April 1982

Mitteilung der Konferenz der Evangelischen Kirchenleitungen in der DDR an die Gliedkirchen über ein Gespräch mit dem Staatssekretär für Kirchenfragen vom 7. April 1982. In: FALKENAU 1995, hier Band 2 (1981–1991), S. 68 f.

K13: Forderung nach Demokratisierung
19. September 1989

Die Massenauswanderung von Bürgern der DDR in die Bundesrepublik Deutschland zwingt dazu, Ursachen dafür zu benennen, daß offensichtlich viele, besonders auch junge Menschen, in unserem Land keine Zukunft mehr sehen. In der Synode wurden vielfältige Erfahrungen genannt:
- erwartete und längst überfällige Reformen werden offiziell als unnötig erklärt;
- die Mitverantwortung des einzelnen Bürgers und seine kritische Einflußnahme sind nicht ernsthaft gefragt;
- den Bürgern zustehende Rechte werden vielfach lediglich als Gnadenerweis gewährt;
- hier geweckte und von außen genährte Wohlstandserwartungen können nicht befriedigt werden;
- ökonomische und ökologische Mißstände erschweren zunehmend das Leben;
- Alltagserfahrungen und die Berichterstattung der Medien klaffen weit auseinander;
- eine öffentliche Aussprache über Ursachen der Krisenerscheinungen wird nicht zugelassen;
- Hinweise auf offensichtliche Unkorrektheiten in der Durchführung der Wahl und der Bekanntgabe der Ergebnisse blieben ohne Reaktionen;
- offizielle Äußerungen zu Vorgängen in China und Rumänien wecken Befürchtungen und Ängste für die Zukunft;
- gewaltlose Demonstrationen junger Menschen werden gewaltsam unterdrückt, Beteiligte werden zu Unrecht und überdies unangemessen bestraft;
- Freizügigkeit im Reiseverkehr wird nicht gewährt.

Aus diesen und anderen Gründen sind viele Hoffnungen auf Veränderungen in der DDR erloschen [...]

Unser Glauben gibt uns Grund, nach Wegen zu suchen, die heute und morgen gegangen werden können. Wir wissen uns von Gott in unsere Zeit und an unseren Ort gestellt. 40 Jahre DDR sind auch ein Lernweg unserer Kirchen, Christsein in einem sozialistischen Staat zu bewähren. Wir sehen uns heute vor die Herausforderung gestellt, Bewährtes zu erhalten und neue Wege in eine gerechtere und partizipatorische Gesellschaft zu suchen. Wir wollen mithelfen, daß Menschen auch in unserem Land gern leben. Wir möchten sie dazu ermutigen.

So bitten wir sie, hier zu leben und einen Beitrag für eine gute gemeinsame Zukunft in unserem Land zu leisten. Wir können und dürfen aber nicht alle Probleme gleichzeitig lösen wollen.

Wir brauchen:
- ein allgemeines Problembewußtsein dafür, daß Reformen in unserem Land dringend notwendig sind;
- die offene und öffentliche Auseinandersetzung mit unseren gesellschaftlichen Problemen;
- jeden für die verantwortliche Mitarbeit in unserer Gesellschaft;
- Wahrhaftigkeit als Voraussetzung für eine Atmosphäre des Vertrauens;
- verantwortliche pluralistische Medienpolitik;
- demokratische Parteienvielfalt;
- Reisefreiheit für alle Bürger;
- wirtschaftliche Reformen;
- verantwortlichen Umgang mit gesellschaftlichem und persönlichem Eigentum;
- Möglichkeit friedlicher Demonstrationen;
- ein Wahlverfahren, das die Auswahl zwischen Programmen und Personen ermöglicht [...]

Um uns den Weg in eine sozial gerechte, demokratische, nach innen und außen friedensfähige und ökologisch verträgliche Gesellschaft nicht zu verbauen, ist jetzt ein offener gesamtgesellschaftlicher Dialog dringlich geworden. Dazu gehört auch eine Öffnung der bisherigen politischen Strukturen.

Keiner hat gegenwärtig die Lösung.

Auf der Suche nach Wegen, die Zukunft eröffnen, werden wir der Tatsache ins Auge sehen müssen, daß uns Veränderungen nicht in den Schoß fallen. Es bedarf geduldiger und beharrlicher Bemühungen. Darum wollen wir uns nicht entmutigen lassen von Schwierigkeiten und Rückschlägen, von Mißverständnissen und Verdächtigungen. Es kommt auf den langen Atem an. Unser Glaube kann uns dazu Mut und Kraft geben. Uns ist nicht verheißen, daß uns das Kreuz erspart bleibt, aber daß unser Herr mit uns das Kreuz trägt und einen Weg in die Zukunft eröffnet.

Eisenach, den 19. September 1989
Der Präses der Synode des Bundes der Ev. Kirchen in der DDR
Dr. Gaebler

Beschluß der Bundessynode in Eisenach zum Bericht des Vorsitzenden der Konferenz der Evangelischen Kirchenleitungen und dem Arbeitsbericht des Sekretariats des Bundes der Evangelischen Kirchen in der DDR vom 19. September 1989. In: FALKENAU 1995, hier Band 2 (1981–1991), S. 339–343.

K14: Manfred Stolpe, Selbsteinschätzung seiner MfS-Kontakte
20. Januar 1992

Mich hatte die Staatssicherheit vermutlich seit 1956 im Visier und seitdem sicherlich nicht mehr aus den Augen und Ohren gelassen. Unter Verfolgungswahn habe ich nie gelitten, doch mehr als 30 Jahre vermutete Observation prägen Handeln und Reden. Trotzdem habe ich von Mitte der siebziger Jahre an den Versuch gemacht, politische Ziele gezielt auch auf dem Umweg über die Staatssicherheit zu erreichen.

Ich war nicht der einzige Vertreter der Kirche, der begriffen hatte, daß nichts in unserem Sinne zu bewegen war, wenn wir uns ausschließlich an die staatlich vorgeschriebenen Wege hielten. Unabhängig von mir hatten auch andere begonnen, außer mit Vertretern von Staat und Partei auch mit Mitarbeitern der Staatssicherheit zu sprechen, um den SED-Staat durch seine eigenen Machtmittel zu überlisten. [...]

Jedem, der mit Stasi-Mitarbeitern zu tun hatte, wurde bald deutlich, daß der Umgang mit Sprache nicht ihre stärkste Seite war. Ich konnte nicht sicher sein, daß sie genau weitergaben, was sie gehört hatten. Deshalb habe ich mir zunehmend angewöhnt, mehrfach zu wiederholen, was wichtig war. Faktisch habe ich auf diese Weise Dutzende von Berichten diktiert, damit auch wirklich richtig weitergegeben wurde, worauf es der Kirche ankam.

Ich selbst habe natürlich nie Berichte geschrieben. Ein freier Gesprächspartner gab der Staatssicherheit nichts Schriftliches. Wer Berichte lieferte, war in die Pflicht genommen. Wer abhängig wurde, verlor die innere Freiheit. Das gilt selbst, wenn er nichts unterschrieben, sich nicht als IM, als Inoffizieller Mitarbeiter, verpflichtet hatte. [...]

Mein eigentliches Ziel und das vieler Mitstreiter in der Kirche war, das System zu verändern. Niemand von uns dachte auch nur entfernt daran, das System zu stürzen. Daß es verschwinden könnte, lag außerhalb des Vorstellbaren. Wir wollten durch die uns allein möglich scheinende Politik der kleinen Schritte eine allmähliche Veränderung bewirken: Die Menschen sollten sich im Inland ebenso wie auf Reisen ins Ausland frei bewegen können. Darüber hinaus sollten sie die Chance bekommen, in ihren eigenen Angelegenheiten mitzuwirken. Teilhabe, Partizipation hieß unser harmloses Wort für dieses Ziel, gemeint war Demokratie. Wir forderten mehr gesicherte Menschenrechte. Kurz gesagt: Wir wollten die DDR auf den Weg zum Rechtsstaat locken.

Stolpe, Manfred: »Man bekam dann einen Anruf...«, Ministerpräsident Manfred Stolpe über seine Zusammenarbeit mit der Staatssicherheit in der DDR. In: Der Spiegel 4/1992 vom 20.1.1992, S. 22–27.

K15: Kirchliche Untersuchung der MfS-Kontakte von Manfred Stolpe
20. März 1995

Dr. Manfred Stolpe ist im Jahre 1970 vom MfS als IM (Inoffizieller Mitarbeiter) unter dem Decknamen »Sekretär« registriert worden. Er hatte von 1963 bis 1989 geheime Kontakte zu Mitarbeitern des MfS unterhalten. Die jeweiligen Vorgesetzten der Konferenz der Kirchenleitungen (KKL) und der Bischof der Evangelischen Kirche in Berlin-Brandenburg (EKiBB) waren darüber nicht unterrichtet. Die Kontakte standen angesichts ihrer Art und ihres Umfangs mit den Amtspflichten Dr. Stolpes nicht in Einklang. [...]
  Dr. Stolpe hatte keinen kirchlichen Auftrag für eine dauerhafte, feste Gesprächsverbindung mit dem MfS [...]
  Von Seiten Dr. Stolpes müssen deshalb in die Gespräche auch Informationen eingeflossen sein, die für das MfS von substantiellem Wert waren und auf anderem Wege überhaupt nicht oder jedenfalls nicht schon zu dem angegebenen Zeitpunkt oder mit gleich großer Zuverlässigkeit verfügbar waren. Dafür spricht auch die große Bedeutung, die das MfS seinen Informationen beimaß. Sie zeigt sich in den Einschätzungen des MfS, in dessen Mitwirkung bei der Verleihung der Verdienstmedaille der DDR und in der Übergabe eines Nachdrucks des Atlasses des Großen Kurfürsten (1980) und einer antiquarischen Bibel (1986/87), von Geschenken, die den Rahmen üblicher Aufmerksamkeiten überschritten und die gemäß § 30 des Kirchenbeamtengesetzes zu ihrer Annahme der – hier nicht eingeholten – ausdrücklichen Genehmigung des Dienstvorgesetzten bedurften. [...]
  Lediglich in zwei Punkten nimmt der Ausschuß eine Verletzung der Pflicht zur Amtsverschwiegenheit an. [...]
  Ausführungen und Bewertungen, die von Dr. Stolpe stammten, dürften aber für das MfS schon angesichts seiner Stellung, seines Wissens und seiner Urteilskraft von besonderer Authentizität gewesen sein und zur Absicherung der Beurteilungen und Planungen des MfS gedient haben. So waren beispielsweise Äußerungen über die Haltung einzelner Personen geeignet, Überlegungen über die vom MfS angestrebte »Differenzierung« innerhalb der Kirchen zu fördern. [...]
  Eine Bewertung des Verhaltens Dr. Stolpes im kirchlichen Raum der DDR erfordert eine Gesamtschau. [...]
  Vor allem aber sind bei einer Gesamtschau seines Wirkens sein außergewöhnlicher Einsatz für die Kirche und für Menschen, die sich in Bedrängnis und Not befanden, zu berücksichtigen. Dr. Stolpe hat für die von ihm vertretene Kirche viel erreicht. Insbesondere ist hinzuweisen auf die Erweiterung kirchlicher Freiräume, zum Beispiel bei Großveranstaltungen wie Kirchentagen und Luther-Jubiläen, bei Rüstzeiten und in der Jugendarbeit. [...]
  Eine Trennung der Kirche von ihm als einen ihrer herausragenden Vertreter wäre bei der gebotenen Gesamtschau seines Wirkens nicht zu rechtfertigen. [...]

Vorprüfungsausschuß der Evangelischen Kirche in Deutschland. In: BESCHLÜSSE 1995, S. 2–11.

2. Religion und Religionsersatz

K16: »*Wirkliches Glück*« *statt Religion*
1966

Der sich im Kapitalismus andeutende Wandel von Religion und Kirche vollzieht sich in qualitativ neuen Formen nach Errichtung der ökonomischen und politischen Macht der Arbeiter und Bauern im Sozialismus. Entscheidend ist, daß die sozialen Bedingungen, die Religion und Kirche bisher möglich machten und hervorbrachten, nicht nur gewandelt, sondern aufgehoben werden.
Die neuen Bedingungen sind:
1. Durch das sozialistische Eigentum an den wichtigsten Produktionsmitteln wird nicht nur schlechthin die Form des Eigentums verändert, sondern die Ausbeutung abgeschafft. Damit werden die Voraussetzungen für die Gleichberechtigung der Menschen hergestellt, allen Menschen eröffnen sich die Perspektiven, die ihren individuellen Fähigkeiten entsprechen. Die menschlichen Beziehungen können erstmals in der gesamten Gesellschaft Beziehungen des Miteinander, wirklich mitmenschliche Verhaltensweisen werden und sein.
2. Die sozialistische Gesellschaft kann durch ihre Wirtschafts- und Sozialpolitik Armut, Not und Elend aufheben. Damit werden wesentliche Quellen für die Notwendigkeit der Religion als ›Seufzer der bedrängten Kreatur‹ beseitigt.
3. Das soziale Eigentum erheischt nicht nur die aktive Beteiligung des Volkes am wirtschaftlichen Geschehen, sondern auch die Leitung der öffentlichen Angelegenheiten durch die ganze Gesellschaft. Die sozialistische Demokratie führt die Volksmassen aus der passiven bzw. Abwehrhaltung zur positiven und aktiven Bewältigung des eigenen Schicksals. Die politische Ohnmacht weicht der eigenen Macht.
4. Diese Umstände erfordern Bildung und Kultur für das ganze Volk, d. h. die Beseitigung der Unwissenheit und der Unbildung durch die soziale Bildungs- und Kulturpolitik.

Damit wird aus der ausgebeuteten, unterdrückten, unwissenden Kreatur, die der Religion im irdischen Jammertal bedarf, die freie sozialistische Persönlichkeit, die aktiv das eigene Schicksal meistert, einen festen Halt in der Gemeinschaft der Menschen findet und optimistisch in die Zukunft schaut. Der Mensch bedarf nicht mehr eines illusorischen Glücks, das ihm der christliche Glaube vermittelt, weil er das wirkliche Glück findet. Er gibt den Zustand auf, der der Illusion bedarf. Sein Denken wird weltlich, ist im gesellschaftlichen und privaten Bereich auf die konkrete Meisterung des Lebens gerichtet.

Die Bewältigung des menschlichen Lebens, im staatlichen wie im privaten Bereich, erfordert, wie die Beherrschung der Natur, wissenschaftliche Kenntnisse. Der Entwicklungsstand der Wissenschaften von der Gesellschaft [...] ermöglicht heute, basierend auf dem Marxismus-Leninismus, die Planung und Leitung der menschlichen Gesellschaft auf allen Ebenen. Die schnelle Entwicklung dieser Wissenschaften in den letzten Jahren trägt zur Vervollkommnung der Möglichkeiten wesentlich bei. Echte sozialistische Demokratie, Volksherrschaft erfordert jedoch, daß sich möglichst viele Menschen solche wissenschaftlichen Kenntnisse aneignen und sich damit in die Lage versetzen, selbst an der Bestimmung des eigenen ›Schicksals‹ und desjenigen der Gesellschaft mitzuarbeiten. Aus diesen Gründen erzeugen die gesellschaftlichen Verhältnisse kein Bedürfnis nach Religion [...]

Klohr, Olof: Theoretische Grundsätze und Aufgaben der Soziologie der Religion. In: RELIGION 1966, S. 24 f.

K17: Gelöbnis zur Jugendweihe
1968 bis 1989

Gelöbnis
Liebe junge Freunde!
Seid ihr bereit, als junge Bürger unserer Deutschen Demokratischen Republik mit uns gemeinsam, getreu der Verfassung, für die große und edle Sache des Sozialismus zu arbeiten und zu kämpfen und das revolutionäre Erbe des Volkes in Ehren zu halten, so antwortet:
Ja, das geloben wir!
Seid ihr bereit, als treue Söhne und Töchter unseres Arbeiter- und Bauernstaates nach hoher Bildung und Kultur zu streben, Meister eures Faches zu werden, unentwegt zu lernen und all euer Wissen und Können für die Verwirklichung unserer großen humanistischen Ideale einzusetzen, so antwortet:
Ja, das geloben wir!
Seid ihr bereit, als würdige Mitglieder der sozialistischen Gemeinschaft stets in kameradschaftlicher Zusammenarbeit, gegenseitiger Achtung und Hilfe zu handeln und euren Weg zum persönlichen Glück immer mit dem Kampf für das Glück des Volkes zu vereinen, so antwortet:
Ja, das geloben wir!
Seid ihr bereit, als wahre Patrioten die feste Freundschaft mit der Sowjetunion weiter zu vertiefen, den Bruderbund mit den sozialistischen Ländern zu stärken, im Geiste proletarischen Internationalismus zu kämpfen, den Frieden zu schützen und den Sozialismus gegen jeden imperialistischen Angriff zu verteidigen, so antwortet:
Ja, das geloben wir!
Wir haben euer Gelöbnis vernommen. Ihr habt euch ein hohes und edles Ziel gesetzt. Feierlich nehmen wir euch auf in die große Gemeinschaft des werktätigen Volkes, das unter Führung der Arbeiterklasse und ihrer revolutionären Partei, einig im Willen und im Handeln, die entwickelte sozialistische Gesellschaft in der Deutschen Demokratischen Republik errichtet.
Wir übertragen euch eine hohe Verantwortung. Jederzeit werden wir euch mit Rat und Tat helfen, die sozialistische Zukunft schöpferisch zu gestalten.

In: GANDOW 1994, S. 47.

Dokumente

K18: *Sozialistische Religion im Kindergarten*
Mai 1970

Wenn die Tränen ins Meer marschieren[32]
Und jetzt werde ich etwas erzählen, das sich wie ein Märchen anhört, das aber Wahrheit wird. Und das weiß ich, genau wie alle Arbeiter, die Lenins Glücksschlüssel kennen. Eines Tages wird es eine große Wanderung auf der Landstraße geben. Wißt ihr, wer dort marschiert oder rollt? Unsere Tränen. Alle Menschentränen der Welt werden ins große Meer rollen. Das Meer ist salzig. Die Tränen sind salzig. Probiert's! Die Tränen gehören ins Meer, Menschen, die glücklich sind, brauchen sie nicht mehr! Da wird es das Hänschen geben. Worüber sollte es weinen? Wenn es nicht weiß, was es spielen soll, geht es ins Kinderhaus. Dort gibt es viele Spiele und Spielzeuge, die du dir heute noch nicht ausdenken kannst. Jede Stadt, jedes Dorf hat ein Kinderhaus.

Das Hänschen, wird es sich nicht mit einem anderen Jungen schlagen, und dann weint es, weil es weh getan hat? Nein. Das Hänschen wird gar nicht wissen, warum es sich mit einem anderen Jungen schlagen soll. Der andere Junge ist doch auch lieb und spielt mit Hänschen.

Wenn Hänschen krank wird, tut ihm vielleicht der Hals weh, oder er bekommt Bauchschmerzen, Zahnschmerzen, dann braucht er Tränen zum Weinen, denkt ihr? Nein! Kluge Menschen haben sich ausgedacht, wie die Krankheiten, eine nach der anderen, vertrieben werden. Und fällt Hänschen hin, gibt es ein Pflaster, das den Schmerz sofort wegnimmt.

Wird Hänschens Mutti niemals schimpfen mit ihrem Jungen? Warum sollte sie? Die Kinder werden alle brav und gut sein, fröhlich und lustig. Sind Mutti oder Vati auf ein braves Kind böse? Nein! Warum weinen Menschen sonst noch? Weil Krieg ist. Krieg – den gibt es dann nicht mehr, weil nur noch gute Menschen leben. Oma und Opa? Sie werden nicht krank und alt sein, sondern lange, lange leben und sich mit uns freuen über alles. Überlegt selbst, wozu Tränen noch gebraucht werden? Ich sage euch, zu nichts! Und darum marschieren sie eines Tages los. Zuerst die ganz kleinen Tränen, dann die größeren, hübsch der Reihe nach, damit es keine Überschwemmung gibt.

Lenin hat gesagt, diese Zeit, in der die Tränen nicht mehr gebraucht werden, hat einen Namen. Sie heißt nicht Weihnachtszeit und nicht Frühlingszeit. Merkt euch das schwere Wort. Sie heißt: Kommunismus! Wann beginnt sie? Viele Tränen, die früher noch geweint werden mußten, sind heute schon nicht mehr nötig und schwimmen in der Ostsee. Also, hat sie schon bei einigen begonnen. Wenn ihr erwachsen seid, ist diese schöne Zeit für die ganze Welt nahe![33]

Vergeßt nicht, das hat Lenin gesagt! Und der wußte es genau!

Werner-Böhnke, Ursula: Wenn die Tränen ins Meer marschieren. In: Bummi [Kinderzeitung] 9/1970.

---

32 Die religiöse Metapher vom Versiegen der Tränen und der Überwindung von Tod und Leid entspricht u. a. dem Bibelwort über die endzeitliche Erwartung: »Gott wird abwischen alle Tränen von ihren Augen, und der Tod wird nicht mehr sein, noch Leiden, noch Geschrei noch Schmerz wird mehr sein.« Offenbarung 21,4.
33 Diese Metapher entspricht u. a. dem Bibelwort: »... die Zukunft des Herrn ist nahe.« Jakobus 5,8.

K19: Religion als Recht zum Irrtum
1975

Dabei führen die Kommunisten den Kampf gegen die Religion ausschließlich auf ideologischem Wege, indem sie den Gläubigen geduldig die Unrichtigkeit und Schädlichkeit der religiösen Weltanschauung erklären. Der Kampf der Kommunisten für die Verbreitung der wissenschaftlich-materialistischen Weltanschauung ist in keiner Weise gegen die Gläubigen persönlich gerichtet und schränkt ihre Rechte nicht ein. Im Gegenteil, nur in den Ländern, wo an der Spitze des gesellschaftlichen Lebens kommunistische Parteien stehen, ist die volle Gewissensfreiheit gewährleistet. Als Beispiel mögen das Leninsche Dekret über die Trennung der Kirche vom Staat und der Schule von der Kirche (aus dem Jahre 1918) und die heute gültige Verfassung der UdSSR dienen.

Den Kampf gegen die Religion muß man als Kampf für die Befreiung der Gläubigen vom Joch der religiösen Irrtümer betrachten. Dabei haben die Kommunisten niemals für zulässig gehalten, den Gläubigen das Recht zu nehmen, solche falschen Ansichten zu haben. [...] Die atheistische Propaganda, welche die Kommunisten betreiben, soll den Gläubigen helfen, schneller zu der wissenschaftlich begründeten marxistischen Weltanschauung zu gelangen.

TIMOFEJEW 1975, S. 215 f.

K20: Vom ewigen Leben Lenins
1978

Lenin im Himmel

Als Lenin sich niederlegte
sein roter Geist stieg hinauf
und klopfte beim Petrus ans Türchen:
He, mach mir den Himmel auf!

Da erhob sich im Himmel die Frage:
»Darf denn der Kerl hier herein?
Der verführte in Rußland die Popen
und manch frommes Mütterlei(n).«

Man entschied: Der muß in die Hölle,
sonst macht er den Himmel noch rot
und verführt uns die keuschen Engelein
und vielleicht noch den lieben Gott.

Der Petrus pumpt voll seine Lungen,
daß er Lenin zur Hölle schickt.
Da schreit der liebe Gott. »Halt!
Da wird's ja erst recht verrückt!«

Gott kam nämlich auf den Gedanken:
»Wenn man Lenin zur Hölle schickt,
hat der Teufel den besten Strategen,
und die Himmelsmacht wäre geknickt.«

Da war guter Rat nun sehr teuer.
Dem Himmel, dem drohte Gefahr,
sowohl, wenn der Kerl in der Hölle,
auch, wenn er im Himmel war.

Es störte der rote Geist mächtig,
die oben und unten regiern.
Doch Himmel und Höllenfürst fanden:
Man kann sich doch arrangiern.

Gott schloß einen Pakt mit dem Teufel:
»Wir lassen ihn beide nicht rein.
Der soll auf der Erde bleiben
bei seinem roten Verein.«

Darauf schickten sie Lenin herunter.
Der war auch darüber nicht bös,
Nun lebt er in unserer Mitte
und macht alle Herrscher nervös.

Denn, wo sich die Völker erheben,
der Lenin ist mittendrin.
Und der Himmel, der hat nun den Schaden,
denn seine Macht ist nun hin.

Bernreuther, Werner: Lenin im Himmel (1978). In: NEUBERT 1996, 2. Deckblatt, innen.

K21: *Namensweihe statt Taufe* 1980

Namensweihe
Für [...] geboren am [...] in [...] hat am [...] in [...]
die Namensweihe stattgefunden.
Wir, die Eltern und die Paten, wollen alles tun, um das Kind im Geiste des Friedens, der Völkerfreundschaft und zur Liebe zu unserer Heimat zu erziehen und ihm eine glückliche Zukunft im Sozialismus zu sichern.

[Unterschriften]

Textformular einer Verpflichtungserklärung bei der Namensweihe, Urkundenformat, Titelgestaltung Kinderkopfzeichnung, Golddruck DEWAG-Schwerin Ag 736-45-90, 1980. In: Archiv des Verfassers.

K22: *Schädlichkeit der Religion für Schüler*
1982

Eine der wichtigsten Aufgaben der Schule ist es, bei den Schülern die Grundlagen für die Herausbildung der kommunistischen Weltanschauung zu legen [...]
   Die Schüler nehmen im täglichen Leben viele unterschiedliche Informationen über die sie umgebende Wirklichkeit auf. Indem sie die einzelnen Ereignisse geistig verarbeiten, entwickeln sie Vorstellungen und Urteile über die Erscheinungen in Natur und Gesellschaft; daraus bilden sich spontan ihre Ansichten über die Welt. Eine spontane Weltanschauung erlaubt nicht, in das Wesen der Dinge einzudringen und die wirklichen Ursachen der sich zutragenden Ereignisse zu sehen. Sie ermöglicht auch nicht, die Gesetzmäßigkeiten in der Entwicklung von Natur und Gesellschaft zu erkennen. Eine Weltanschauung dieser Art kann sich auch auf religiöser, antiwissenschaftlicher Grundlage herausbilden, bei der der Mensch alle Ereignisse in Natur und Gesellschaft als Äußerung eines göttlichen Willens auffaßt.
   Die einzig richtige und zuverlässige theoretisch-ideologische Grundlage für die Erziehung der Schüler ist die wissenschaftliche, die dialektisch-materialistische Weltanschauung. Sie ist die Voraussetzung dafür, daß Schüler zu kommunistischen Überzeugungen gelangen, die Erscheinungen der Wirklichkeit richtig verstehen und eine aktive und schöpferische Einstellung zu ihrer Umwelt finden [...]
   Der Hauptgegner der wissenschaftlichen Weltanschauung ist die Religion. Es ist die Aufgabe der Schule, die Schüler zu bewußten Atheisten zu erziehen, die bereit und fähig sind, einen unversöhnlichen Kampf gegen die Religion zu führen. [...] Die atheistischen Vorstellungen und Überzeugungen der Schüler werden gefestigt und aktiviert, wenn sie von emotionalen Erlebnissen begleitet werden. Wichtig ist, daß man den Schülern das Schädliche der religiösen Moral zeigt und daß man sie als Ausbeutermoral charakterisiert [...]
   In der kommunistischen Überzeugtheit verbinden sich Verstand und Gefühl organisch. Hierin liegt seine Kraft. Der Mensch, der sich eine Idee mit Herz und Verstand angeeignet hat, wird sie mit Standhaftigkeit und Leidenschaft verteidigen [...]

Achajan, T. K.: Die politisch-ideologische Erziehung und die Herausbildung gesellschaftlicher Aktivitäten der Schüler. In: STSCHUKINA 1982, S. 91–104.

K23: Bestandsaufnahme der Kirchenmitgliedschaft

Mitgliederentwicklung in den Evangelischen Kirchen, Rückgang von 1946 bis 1988/89 (in Tausend, Rückgang auf % der Ausgangsdaten)

Landeskirche	1946	1988/89	auf %
Landeskirche in Anhalt	385	85	22,1
Landeskirche in Berlin-Brandenburg	2 199	560	25,1
Görlitzer Kirchengebiet	230	65	28,3
Landeskirche in Greifswald	610	148	24,3
Kirchenprovinz Sachsen	3 465	723	20,1
Landeskirche in Mecklenburg	1 145	240	21,2
Landeskirche in Sachsen	4 413	938	21,2
Landeskirche in Thüringen	1 653	461	27,9
Gesamt	14 000	3 220	22,8

Mitgliederentwicklung in den Katholischen Kirchen, Rückgang von 1983 bis 1988/89 (in absoluten Zahlen)

Jurisdiktionsbezirk	Mitglieder 1983 (offiziell)	Mitglieder 1988/89 Berechnungen
Berlin	160 000	100 000
Dresden-Meißen	273 000	195 000
Magdeburg	241 000	205 000
Erfurt-Meiningen	247 000	205 000
Schwerin	84 000	55 000
Görlitz	65 000	45 000
Gesamt	1 070 000	750 000

In: KLOHR et al. 1989, S. 8 f.[34]

34 Diese Studie ist die einzige noch 1989 veröffentlichte Untersuchung zur Entwicklung der Kirchenmitgliedschaft in der DDR. Die Angaben erscheinen zuverlässig, da sie den späteren Untersuchungen seit 1990 weitgehend entsprechen. In der Tabelle werden keine Zahlen für die Mitgliedschaft der katholischen Kirche im Jahr 1946 genannt. Die Studie gibt an anderer Stelle die Zahl 2,11 Millionen an.

K24: *Letzter Versuch der Bekämpfung der Religion*
13. Januar 1989

2. [...] Die verschiedenen Gegner unserer Innen- und Außenpolitik, auch Kirchenvertreter und manche der über 30 Religionsgemeinschaften versuchen verstärkt, die verfassungsmäßige Trennung von Kirche und Staat auszuhöhlen und zu unterlaufen. Klerikale Kräfte mißbrauchen religiöse Gefühle gläubiger Bürger für antisozialistische Ziele. Im Zentrum stehen [...] Angriffe auf unser sozialistisches Menschenbild, Bestrebungen zur Erhöhung des Einflusses in der Jugend, so zum Wehrdienst, zu Freundschaft, Liebe, Mündigkeit, alternative Vorstellungen zum Freund-Feind-Bild, Selbstdarstellungen als Verfechter der Menschenrechte, Mißbrauch der Parolen von Perestroika und Glasnost, Forderungen nach einer anderen DDR [...] 3. Das vielleicht diffizilste Problem der weltanschaulichen Wirksamkeit des Verbandes besteht in folgendem:
Der Verband muß seine materialistisch-dialektische Propagandatätigkeit richtig in die Gesamtpolitik unseres Staates einordnen; sein atheistisches Wirken soll nicht nur die christlichen Bürger nicht diskriminieren, sondern darf auch die bewährte Zusammenarbeit von Marxisten-Leninisten und Christen nicht stören.
Mit anderen Worten: Der Verband stellt negatives Auftreten von Kirchenvertretern unter Kritik, soll aber keine Märtyrer schaffen. Das auferlegt den Genossen in hauptamtlichen Funktionen des Verbandes eine besondere Verantwortung, das verlangt strategisches Denken und taktisches Geschick. Man muß sich aber wohl klar sein, schon vorher: ohne gewisse ideologische Reibungen kann solche Arbeit nicht abgehen.
In diesem Zusammenhang ist zu beachten: Der Verband wird keine Befugnisse bezüglich der Kirchenpolitik haben; das bleibt wie bisher Angelegenheit der zuständigen staatlichen Organe auf zentraler wie auf örtlicher Ebene.
4. [...] – Der Verband verbreitet unsere Weltanschauung, aber es gibt verständlicherweise kein Interesse, den atheistischen Charakter des Verbandes überall auf den Märkten auszurufen.
5. Der Verband soll weltanschaulich wirken und praktische Arbeit leisten, indem er interessierten Bürgern auf sozialistische Art Lebenshilfe gewährt. Er soll ihnen in komplizierten Lebenssituationen mit Rat und Tat beistehen. Die Pressemitteilung hat dazu über solche Probleme informiert, wie Beistandsgewährung bei Krankheit, Alter, Partnerwahl, Einsamkeit, Gewissensnot u. a. Das verlangt natürlich eine breite ehrenamtliche Arbeit. Notwendig wird die Kontaktvermittlung zu Ärzten, Pädagogen, Juristen, Psychologen u. a. fachkundigen Vertrauenspersonen, wo bisher vielleicht nur ein Weg zum Pastor gesehen wurde.
Aufklärungsarbeit des Verbandes ist weiter durch Vorträge, Publikationen, Gesprächsgruppen und in anderen Formen vorgesehen, darunter eine vierteljährlich erscheinende Zeitschrift. Bei all dem wird es viele neue Möglichkeiten geben, den Gegensatz von Wissen und Glauben immer wieder deutlich zu machen.
Zur Mitwirkung des Verbandes bei der Förderung der sozialistischen Lebensweise gehört auch die Unterstützung bei der Ausrichtung würdiger weltlicher Feiern, wie sozialistische Namensgebung, sozialistische Eheschließung, Trauerfeiern u. a.

Das alles natürlich im Zusammenwirken mit anderen gesellschaftlichen Organisationen und Kräften [...]
6. [...] Verständlich, daß es Aufgabe des Parteikerns im Verband ist, zu sichern, daß nirgends Sammelbecken für Dissidenten entstehen, aber auch, daß nicht religiös Gebundene oder Sektierer das Sagen bekommen [...]. Die Erfahrungen zeigen die Richtigkeit der Hinweise der Klassiker unserer Theorie und Weltanschauung, daß sich die Reproduktion religiösen Denkens auch noch im Sozialismus vollzieht. Und es handelt sich dabei offensichtlich um einen Prozeß, der länger anhält, als wir das früher einmal angenommen haben. Dem Verschwinden der Religion muß also durch die bewußte Gestaltung der objektiven gesellschaftlichen Verhältnisse und auch durch zielstrebiges systematisches und planmäßiges ideologisches Wirken nachgeholfen werden [...].

Parteisekretariat [des MfS], Notiz zur Bildung des Verbandes der Freidenker der DDR (VdF) – Argumentation zur Pressemitteilung im ND vom 13.1.1989. In: BESIER/WOLF 1993, S. 605–607.

3. Kirche als Gesellschaftsersatz

K25: *Zur Teilung Deutschlands und zur sozialen Lage*
13. Juni 1948

Die Versammlung der Evangelischen Kirche in Deutschland kann an der gegenwärtigen Not des deutschen Volkes nicht vorübergehen. Um der Liebe des Herrn Jesu Christi willen fühlt sie sich gedrungen, das Nachfolgende auszusprechen:
1. Drei Jahre nach dem Krieg sind noch immer nicht alle Kriegsgefangenen in die Heimat zurückgekehrt. Tausende werden ohne öffentlichen Richterspruch in Lagern gefangengehalten. Immer wieder werden Menschen unseres Volkes zur Arbeit in anderen Ländern genötigt. Wir bitten, diesem Zustand ein Ende zu machen.
2. Die Aufrechterhaltung der Zonengrenzen und alle Maßnahmen, die auf eine endgültige Aufspaltung Deutschlands hinauslaufen, müssen zu immer weiterer Verelendung und zur Auflösung der sittlichen Bindungen führen. Wir beschwören alle, die es angeht, jedem Versuch einer solchen Aufspaltung entschieden und beharrlich entgegenzutreten und immer wieder darauf zu dringen, daß dem deutschen Volk nicht durch unmögliche Grenzziehungen die Lebensgrundlagen genommen werden.
3. Über die Nöte, die die Reform der Währungen Tausenden von Familien gebracht hat, darf nicht zur Tagesordnung übergegangen werden. Es muß dafür gesorgt werden, daß die, die keine Arbeit finden oder keine Arbeit tun können, insbesondere auch die, die als völlig arbeitsunfähig der Fürsorge von Staat und Kirche anbefohlen sind, ein menschenwürdiges Dasein führen können.

Wenn infolge der Währungsreform zu einer Neuordnung der Besitzverhältnisse und der wirtschaftlichen Gestaltung geschritten wird, so muß alle Aufmerksamkeit darauf gerichtet werden, daß Sauberkeit und Redlichkeit wiederkehren. Bei keiner wirtschaftlichen Maßnahme darf vergessen werden, daß die Wirtschaft um des Menschen willen da ist und nicht umgekehrt. Es geht darum, daß der Mensch bleibe und nicht zu einer bloßen Sache erniedrigt wird. Laßt den Menschen um Gottes willen Mensch sein und laßt ihn ein Leben führen, das eines Menschen würdig ist.

Wort der Kirchenversammlung [in Eisenach] der Evangelischen Kirche in Deutschland zur deutschen Not (vom 13. Juni 1948). In: MERZYN 1993, S. 59.

K26: *Aufruf von Bausoldaten gegen die Militarisierung der Gesellschaft* 2. März 1966

An alle Christen
In ernster Sorge wendet sich ein Bruderkreis Prenzlauer Bausoldaten an alle Christen. Mit Beunruhigung beobachten wir Wehrdienstverweigerer die wachsende Aufrüstung in unserem Land [...]. Neben der Nationalen Volksarmee und den Kampfgruppen fördert man die vormilitärische Ausbildung in der Gesellschaft für Sport und Technik, an den Universitäten und Schulen. Die Manöver »Oktobersturm« und der 10. Jahrestag der Nationalen Volksarmee waren erneut Höhepunkte der militärischen Propaganda. In aller Öffentlichkeit wird unsere Jugend zu Haß erzogen. »Der andere ist nicht unser Freund und Bruder, sondern unser Feind«, heißt es zum Beispiel in einer propagandistischen Schrift der Armee [...]
Wir bitten euch alle: Forscht in der Heiligen Schrift, was uns vom Friedensfürsten für unser Verhalten zum Frieden geboten ist.
Wir bitten euch Eltern: Erzieht eure Kinder im Geist der Versöhnung, bewahrt sie vor jedem Haß, kauft und verschenkt kein Kriegsspielzeug. Habt acht, daß man die Kinder nicht militärisch vergiftet [...]
Wir bitten euch Männer: Überlegt euch, ob ihr in die Kampfgruppen eintreten könnt. Auch die Kampfgruppen sind eine militärische Formation.
Wir bitten euch Frauen: Wenn ihr eine Ausbildung beim Roten Kreuz mitmacht, verweigert Schieß- und sonstige militärische Übungen [...]
Wir bitten euch Wehrpflichtige: Überlegt euch, ob ihr als junge Christen den Dienst in der Armee leisten könnt. Wie ihr euch entscheidet, ihr müßt es im Glauben mit gutem Gewissen tun können, damit dem Frieden zu dienen [...]
Wir bitten euch Schüler und Studenten: Bedenkt, ob ihr – vielleicht aus falscher Angst um eure berufliche Entwicklung – freiwillig an der vormilitärischen Ausbildung teilnehmen könnt. [...] Beruft euch auf die Glaubens- und Gewissensfreiheit, die auch in der Anordnung über die Aufstellung von Baueinheiten vom 7. September 1964 bestätigt und im Blick auf den Waffendienst besonders formuliert worden ist [...]
»Liebet eure Feinde, segnet, die euch fluchen, tut wohl denen, die euch hassen, bittet für die, so euch beleidigen und verfolgen, auf daß ihr Kinder seid eures Vaters im Himmel.«
Prenzlau, am 2. März 1966

Aufruf von Bausoldaten gegen die Militarisierung der Gesellschaft, 2. März 1966. In: KOCH/ ESCHLER 1994, S. 51–53.

K27: Reformatorische Menschenrechtsauffassung
April 1973

Menschenwürde, Freiheit, Rechtsgleichheit usw. sind im Marxismus-Leninismus an das Maß der Leistung für den Sozialismus gebunden, werden also auf Grund erfüllter Bedingungen nachträglich zugesprochen. Damit aber werden Menschenwürde und die mit ihr verbundenen Freiheiten wie Grundrechte in ihrem Wesen verkannt. Sie sind das, was sie sind, nur, wenn sie als dem Menschen vorgegeben anerkannt und nicht unter das Soll einer bestimmten Gesinnung gebeugt werden. [...] Die Anerkennung dieses Vorgegebenseins ist ein unbewältigtes Problem in unserer Gesellschaft. Das hängt damit zusammen, daß unsere Gesellschaft sich als Einheitsgesellschaft unter den ideologischen Führungsanspruch einer Partei formieren soll, und das in einem Volk, in welchem bereits seit der Reformation, dann aber besonders durch die seit der Aufklärung bedingte geschichtliche Entwicklung eine Mehrheit von Überzeugungen und Weltauffassungen besteht und bestehen wird. Anerkennung des Vorgegebenseins der grundlegenden Menschenrechte bedeutet die Respektierung dieser Pluralität und damit echte Toleranz, durch die zwar der ideologische Führungsanspruch der Partei nicht aufgehoben, aber begrenzt wird.

Fränkel, Hans-Joachim: Ein Wort zur öffentlichen Verantwortung der Kirchen in der gegenwärtigen Stunde. Vortrag, 3. Tagung der 6. Provinzialsynode der Ev. Kirche des Görlitzer Kirchengebiets, 30.3.–2.4.1973. In: epd Dokumentation 17/1973, S. 50.

K28: Die Anklage von Oskar Brüsewitz
18. August 1976

1. Seite: »Funkspruch an alle – Funkspruch an alle –
Wir klagen den Kommunismus an wegen Unterdrückung der Kirchen in Schulen an Kindern und Jugendlichen«
2. Seite: »Funkspruch an alle – Funkspruch an alle –
Die Kirche in der DDR klagt den Kommunismus an!
Wegen Unterdrückung der Kirchen in Schulen an Kindern und Jugendlichen«

Brüsewitz, Oskar: Texte von Plakaten, die er bei seiner Selbstverbrennung am 18.8.1976 in Zeitz mitführte. In: SCHULTZE 1993, S. 154. Vgl. MÜLLER-ENBERGS et al. 1993.

K29: Kein Einverständnis mit Brüsewitz
21. August 1976

In großer Betroffenheit müssen wir bestätigen, daß ein Pfarrer unserer Evangelischen Kirche der Kirchenprovinz Sachsen, Oskar Brüsewitz aus Droßdorf-Rippicha, am Mittwoch, dem 18. August 1976, in Zeitz den Versuch unternommen hat, sich selbst öffentlich zu verbrennen. Wir sind davon völlig überrascht worden. Bruder Brüsewitz hat weder seiner Familie noch einem unserer Mitarbeiter sein Vorhaben in irgendeiner Weise zu erkennen gegeben. Wir beklagen es, daß in der Gemeinschaft unserer Kirche ein solcher Entschluß nicht abgewendet werden konnte.

Wir wissen, daß Bruder Brüsewitz sich in seinem Dienst als Zeuge Gottes verstand, auch mit manchen ungewöhnlichen Aktionen. Selbst mit dieser Tat wollte er auf Gott als den Herrn über unsere Welt hinweisen. Er war getrieben von der Sorge, daß unsere Kirche in ihrem Zeugnis zu unentschlossen sei.

Wir können der Tat unseres Bruders nicht zustimmen. In der Nachfolge Jesu Christi sollen wir bereit sein Opfer zu bringen – aber nicht so, daß wir vorsätzlich unser Leben beenden. Wir meinen, daß unsere Aufgabe darin besteht, in unserer Gesellschaft mitzuarbeiten, um durch das Zeugnis und Beispiel unseres Lebens dazu zu helfen, daß Gottes Ziele in dieser Welt verwirklicht werden. Wir dürfen unseren Bruder Oskar Brüsewitz nicht verurteilen. »Wir alle werden vor Gott stehen und von ihm gerichtet werden.« (Röm. 14, 10b)

Wir bedauern, daß Äußerungen verantwortlicher Mitarbeiter des Kirchenkreises Zeitz und der Kirchenleitung sinnentstellt veröffentlicht worden sind. Jeden Versuch, das Geschehene in Zeitz zur Propaganda gegen die Deutsche Demokratische Republik zu benutzen, weisen wir zurück. Zur Zeit befindet sich Bruder Brüsewitz mit lebensgefährlichen Verletzungen im Krankenhaus. Wir bitten die Gemeinden, ihn und seine Familie in die Fürbitte einzuschließen.

Magdeburg, am 21. August 1976.

Die Kirchenleitung der Evangelischen Kirche der Kirchenprovinz Sachsen

Wort an die Gemeinden der Kirchenleitung zur Selbstverbrennung von Oskar Brüsewitz, 21.8.1976. In: SCHULTZE 1993, S. 168.

K30: *Annäherung an das sozialistische Menschenrechtsverständnis 1981*

Thesen [...]
2. Konkrete Ausgestaltung und Interpretation der Menschenrechte sind historisch und relativ. Partikulare Interpretationen können nicht zum allgemeinen Maßstab erhoben werden.
3. Menschenrechte müssen heute in einem universalen Bezugsfeld verstanden werden. Menschenrechte sind Rechte und Pflichten der Menschheit, der Staaten und der einzelnen; Menschenrechte sind universal.
4. Die universalen Menschenrechte sind unteilbar und gleichwertig. Bei Interessenkonflikten muß eine Güterabwägung erfolgen.
5. Menschenrechte werden erst durch innerstaatliche Rechtssetzung zum Rechtsanspruch für den einzelnen. [...]
8. Die DDR hat sich völkerrechtlich verpflichtet, die universalen Menschenrechte in ihrem Bereich zu verwirklichen. Sie hat diese Verpflichtung in ihrer innerstaatlichen Rechtsordnung erfüllt. Von den völkerrechtlich vorgesehenen Anwendungsmodalitäten hat sie auf gesetzlicher Grundlage in Güterabwägung Gebrauch gemacht.

9. Gegenwärtige Schwerpunkte in der Mitverantwortung für den Menschen und die Menschheit sind das Engagement für den Weltfrieden und die Unterstützung des Anti-Rassismus-Programms[35] sowie das Eintreten für die Hilfsbedürftigen und Schwachen im eigenen Land.
10. Universale Menschenrechte erfordern auch universale Bemühungen der Christen in Fürbitte, gemeinsamer theologischer Arbeit, Informationsaustausch, Appellen und konkretem Eintreten für die Menschen. Der Weltrat der Kirchen und die Weltbünde sind hier besonders gefordert.
11. Das Ringen um Verwirklichung universaler Menschenrechte beginnt bei jedem einzelnen. Der Christ muß vorleben, wie eigene Rechte mit den Rechten anderer und der Menschheit zusammenhängen.

Stolpe, Manfred: Universale Menschenrechte. In: LEWEK et al. 1981, S. 50 f.

K31: Selbstverständnis einer Friedensgruppe
1983

Wer sind wir:
Solidargemeinschaft – bestehend aus Christen, Atheisten, konfessionell Ungebundene, keine politische Organisation, ohne Leitung, ohne eingeschriebene Mitglieder
Warum haben wir uns zusammengefunden:
- Angst vor Krieg, Terror, Ungerechtigkeit, Einsamkeit, Isolierung
- gemeinsames Gefühl der Ohnmacht und des Entmündigtseins und der Bedrohung
- gemeinsame Erlebnisse und Erfahrungen

Motivation: christlicher, pazifistischer, humanistischer Ursprung
Was wollen wir:
Frieden zwischen den Menschen als Voraussetzung zum Leben, als Freiheit, Gleichheit, Brüderlichkeit – unter Verzicht auf Gewalt
Was ist für uns Frieden:
- Leben in freier Verantwortung in Gemeinschaft
- Lebensweise der Menschen, durch die die menschliche Würde und Persönlichkeit geachtet wird, durch die die persönliche Freiheit des Einzelnen nicht eingeschränkt wird, durch die es zur Selbstverständlichkeit wurde [sic!], einander beizustehen und zu helfen, durch die Konflikte gewaltfrei gelöst werden können, durch die Gerechtigkeit unter den Menschen waltet
- Harmonie zwischen Menschen und Natur/Umwelt

---

35 Das Anti-Rassismus-Programm wurde 1969 vom Ökumenischen Rat der Kirchen beschlossen und führte in der Folgezeit zu verschiedenen Hilfsprogrammen für rassisch Unterdrückte. Die Kirchen der DDR waren beteiligt. In den Kirchen war umstritten, ob auch Gruppen in der Dritten Welt unterstützt werden sollten, die Gewalt anwendeten.

Voraussetzungen für unser konkretes Friedensengagement:
- Engagement für den Frieden ist mehr als Engagement gegen den Krieg
- aktive Auseinandersetzung mit persönlichen und gesellschaftl. Lebenssituationen und Strukturen
- eigenständige Handlungsfähigkeit und Verantwortlichkeit
- aktive Beteiligung am gesellschaftl. Leben
- Bereitschaft zur Auseinandersetzung und Dialogführung
- kritische Auseinandersetzung mit sich selbst
- Offenheit für Neues und Andersdenkende
- Bereitschaft, Risiken einzugehen, Leiden auf sich zu nehmen

Inhalt:
- Warnung und Information über die Ausmaße von Kriegen, besonders eines Atomkrieges
- Kennzeichnung der Militarisierung im gesamten Leben
- Dialogführung mit staatl., gesellschaftl. und kirchl. Vertretern
- Warnung und Information über Umweltzerstörung und ihre Folgen
- Erziehung zu Sensibilität, Kreativität, Sozialverhalten, Kommunikationsfähigkeit = Mündigkeit
- Solidaritätsbekundung mit Notleidenden und Gleichgesinnten
- Darstellung eigener Gedanken und eigener Position vor Öffentlichkeit, um Mißverständnisse abzubauen und Vorurteilen vorzubauen

Formen:
- Arbeit in themenbezogenen Gruppen, künstlerische Tätigkeiten
- Treten in und vor die Öffentlichkeit durch das Durchführen von Gottesdiensten und Meditationen, Ausstellungen und Vorstellungen, Ausgestaltung von Gesprächsrunden und Organisation derselben, Eingaben, Schreiben und Anrufe
- persönl. Zuwendung zum Einzelnen durch Gespräche, prakt. Hilfe, Geldspenden
- Aufsuchen staatl. und kirchl. Stellen zwecks Verständigung, Nutzen öffentlicher Sprechstunden, Teilnahme an Gesprächsforen, Einladen zu Gesprächsrunden
- Verbindungsaufnahme zu anderen Friedensgemeinschaften im In- und Ausland zwecks Austausch und Zusammenarbeit

Frieden ist für uns kein Endziel, sondern Geschehen, lebbar, immer in konkreten Situationen.

Jena, März 1983

Konzeption der Friedensgemeinschaft Jena, 1983, Ormigabzug. In: Archiv des Verfassers.

K32: *Kirchliche Friedensarbeit: Keine politische Opposition*
März 1984

Trotz ihrer Eigenständigkeit geschieht kirchliche Friedensarbeit nicht unabhängig von der sie umgebenden Gesellschaft. Die Sorge um den Frieden und die Bedrohung durch den Rüstungswettlauf teilen Christen mit allen Menschen. Deshalb suchen wir die Zusammenarbeit mit allen Menschen [...] Aus dem gleichen Grunde suchen wir die Zusammenarbeit mit staatlichen Organen der DDR und Möglichkeiten der DDR. Die Standortbestimmung in der sozialistischen Gesellschaft läßt innere und äußere Emigration nicht zu. Wir bitten daher alle, die mit uns für den Frieden wirken wollen, in der DDR zu bleiben. Die kirchliche Friedensarbeit darf nicht zu einer politischen Opposition werden.

KRUSCHE 1984, S. 2.

K33: *Kirchliche Haltung zu Flucht und Ausreise* Februar 1984

Liebe Brüder und Schwestern!
In den letzten Wochen war viel von einer »Ausreisewelle« die Rede. Das beschäftigt viele in unseren Gemeinden, und auch so mancher, der gar nicht ausreisen will, hört in sich die Frage: Warum bleibe ich eigentlich in der DDR? Auch wenn es mit der Ausreisewelle bald vorbei sein sollte, diese Frage bleibt und will beantwortet sein, wenn es nicht zu einer Welle der inneren Emigration kommen soll.

Natürlich gibt es eine ganze Reihe von Ausreiseanträgen, die wir alle gut verstehen und nur unterstützen können: Familienzusammenführungen, Krankheiten, die Spezialbehandlungen erfordern, schwere Konflikte mit der politisch-ideologischen Macht und so weiter.

Aber ist die Ausreise aus der DDR denn überhaupt zu problematisieren? Ist es heute nicht das Normalste von der Welt, daß ein Mensch, eine Familie von einem Land in das andere umzieht, zumal wenn es nur aus dem einen Deutschland in das andere geht? Mobilität kennzeichnet das Leben in der modernen Welt, Freizügigkeit gehört zu den Menschenrechten. Liegt das Problem einer Übersiedlung in die BRD nicht einzig darin, daß es unser Staat zum Problem macht?

Die geschlossene und schwerbewachte Grenze ist in der Tat einer der wundesten Punkte unseres Staates.

Vielen seiner Bürger gibt sie das Gefühl des Eingesperrtseins, das für manche zum Motiv für den Ausreiseantrag wird. Ich weiß keinen Grund, diese so beschaffene Grenze zu rechtfertigen [...] Auch mit einer theologischen Problematisierung der Ausreiseanträge müssen wir kritisch und genau sein. Daß die meisten von uns hier aufgewachsen, oder doch hier zu Hause sind, hier die »Heimat« haben, und daß wir als Christen darin die Fügung des Schöpfers und keinen sinnlosen Zufall sehen: ist das ein theologischer Grund, der uns an dieses Land bindet? [...] Wo also liegt das Problem bei den Ausreiseanträgen? Wir dürfen uns diese Frage darum nicht leicht machen, weil die im Lande Bleibenden dazu neigen, die Ausreisenden festhalten zu wollen. Ihr Weggang macht uns ja ärmer, und er rührt vielleicht auch eine Sehnsucht in uns auf, die wir gar nicht so leicht unter Kontrolle bekommen [...] Auf keinen Fall können wir ja die Diskriminierung der »Antragsteller« mitmachen, wie sie in unserer Umwelt bisweilen geschieht.

Soweit ich sehe, hätten wir in unseren Gesprächen mit Ausreisewilligen [...] vor allem drei Fragekreise anzusprechen:

1. Ist die Übersiedlung in den Westen wirklich der Ausweg aus den wirklichen Problemen, die ihr habt?
2. Wenn ihr an die Menschen denkt, die ihr zurückläßt, sind sie nicht doch eure Nächsten, denen ihr Nächste sein und bleiben sollt?
3. Wenn euch die politischen Verhältnisse kein sinnvolles Leben zu erlauben scheinen, sollen wir nicht auch unser Land und unser Leben in ihm trotz aller Enttäuschungen unter Gottes Herrschaft und Verheißung sehen?

Zu 1.: Mehrfach habe ich beobachtet, und andere haben diese Beobachtung bestätigt, daß die Motivation für den Ausreiseantrag nicht in der gesellschaftlich-politischen Situation lag, die man verlassen will, sondern in persönlich-familiären Problemen, die man mitnimmt.

Gewiß wirken Schwierigkeiten, die man in Staat, Berufsleben und Bildungswesen hat, oft problemverschärfend, aber sind sie wirklich die Ursache? [...] Könnte der Übersiedlungswunsch in der Illusion gründen, man könne mit dem Land auch die persönlichen Probleme zurücklassen, und ist diese Illusion nicht darum gefährlich, weil sie die notwendige Aufarbeitung dieser Probleme verhindert? [...]

Zu 2.: Bedenken wir genügend, wieviel für unser Leben das Geflecht menschlicher Beziehungen bedeutet, in das wir biographisch hineingewachsen sind? Manchmal habe ich den Eindruck, daß diese mitmenschliche Lebenswirklichkeit durch das Leiden an den Verhältnissen und durch den Wunsch nach besserer Selbstverwirklichung in den Hintergrund gedrängt wird [...]

Bedenken die Ausreisewilligen genügend, welche Lücke sie in diesem Geflecht hinterlassen und wie ihr Weggang andere entmutigt? Wie ein Durchstehen der Schwierigkeiten hier, wie tapferer Widerstand gegen den Opportunismus und wie ein wenig Mut zum Verzichten andere stärken und aufrechterhalten könnte? Ob sich die aus politischen Gründen Ausreisenden nicht ernster fragen müßten, wieviel Zurückbleibende durch ihre Emigration in die innere Emigration abtreiben? [...]

Der Apostel Paulus spricht von der Befreiung aus traditionellen Ordnungen und Abhängigkeitsverhältnissen. »In Christus« sei weder Mann noch Frau, weder Herr noch Sklave (Gal. 3,28). Trotz dieser Emanzipation in Christus empfiehlt er Frauen und Sklaven, im Blick auf die politischen Ordnungen den Christen überhaupt, in den untergeordneten Verhältnissen zu bleiben (1. Kor. 7,20 f.) [...] Leitend dabei war aber der Gedanke, daß der Ort in der Gesellschaft als Berufung zum Dienst am Mitmenschen in der Liebe angenommen werden soll. Wir haben in Christus das Recht zur Emanzipation, aber der Gebrauch dieses Rechtes soll von der Liebe zum Nächsten geleitet und auch begrenzt sein.

Vor dem Ausreiseantrag sollte daher die Erwägung stehen, ob das Geflecht mitmenschlicher Beziehungen, in dem wir leben, nicht der »Ort der Berufung« ist, an dem uns Gottes Ruf zur Praktizierung unserer Freiheit in der Liebe festhält. Sollten wir wirklich eine andere Freiheit suchen? Politische Verhältnisse können uns diese Freiheit weder gewähren noch nehmen.

Zu 3.: Nicht wenige Antragsteller tun diesen Schritt, weil sie bei ihrer politischen und/oder christlichen Überzeugung für sich und ihre Familie hier keine Zukunftschancen sehen und weil sie keine Hoffnung mehr haben, daß sich der Sozialismus ändert oder sie ihn durch ihr politisches Engagement ändern könnten. Einige von ihnen können von Enttäuschungserfahrungen berichten, die schwer zu überwinden sind und ratlos machen. Gerade in letzter Zeit sind Hoffnungen, daß es mit Frieden und Entspannung und ökologischer Verantwortung vorangeht, schwer enttäuscht worden. Gerade politisch bewußt und verantwortlich lebende Menschen, die daran leiden, daß unser Staat hinter den drei Hauptaufgaben unserer Zeit – Überwindung des Abschreckungssystems, globale Gerechtigkeit, Naturbewahrung – weit zurückbleibt, kann man oft nur schwer zum Bleiben ermutigen.

Braucht unsere Gesellschaft nicht besonders dringend diese Menschen, die an den Verhältnissen leiden, sich an ihnen reiben und damit ihre Schäden bewußt machen? Wenn es eine Hoffnung auf Besserung gibt, dann doch nur so, daß wir Konflikte durchstehen und nicht aus ihnen fliehen [...].

Die Grundfrage freilich bleibt: Gibt es denn Hoffnung? Hier kann ich nur die Glaubenswahrheit wiederholen, die wir schon oft gehört und gepredigt haben, und die ich vor zwölf Jahren mit der Wendung vom »verbesserlichen Sozialismus« deutlich machen wollte: Wir dürfen auch unser Land unter der Herrschaft des Schöpfers, Versöhners und Vollenders sehen und darum als veränderbare Größe in der offenen Geschichte, die Gott mit uns hat. Gerade als Christen sollten wir sehr lange überlegen, ob wir aus dieser Geschichte und also aus dem Versuch, Christsein in der sozialistischen Gesellschaft zu leben, aussteigen wollen. Zwei Generationen sind noch keine Zeit für solch einen Versuch, den Gott uns erstmalig in der deutschen Geschichte zumutet und den nicht nur viele in der weltweiten Ökumene, sondern sicher auch die Engel im Himmel mit Spannung beobachten! »Werft euer Vertrauen nicht weg«, heißt es im Hebräerbrief, der an Christen der zweiten Generation gerichtet war.

Falcke, Heino (Propst in Erfurt): Brief an die Pfarrer und Mitarbeiter im Verkündigungsdienst in der Propstei Erfurt, Februar 1984. In: AKTION SÜHNEZEICHEN 1985, S. 15f.

K34: Schlag gegen die Umweltbibliothek in Berlin
25. November 1987

Öffentliche Erklärung
In der Nacht vom 24. zum 25. November wurde zwischen 0.00 Uhr und 2.30 Uhr die Umweltbibliothek des Friedens- und Umweltkreises der Zionskirchgemeinde von etwa 20 Mitarbeitern des Generalstaatsanwaltes der DDR und des Ministeriums für Staatssicherheit durchsucht. Unter Berufung auf eine anonyme Anzeige gegen die Umweltbibliothek, deren Inhalt nicht bekannt wurde, und unter Auslassung der konkreten Rechtsgrundlagen drangen Einsatzkräfte in die Dienstwohnung des geschäftsführenden Pfarrers, Herrn Simon, ein. Es wurden 7 Personen festgenommen, Vervielfältigungsgeräte, Matrizen und Schriftmaterial beschlagnahmt. Inzwischen wurde einer der Festgenommenen, der 14-jährige Timm, wieder entlassen. Die Räume der Umweltbibliothek gehören zur Dienstwohnung des geschäftsführenden Pfarrers. Das Beschlagnahmeprotokoll wurde vom beauftragten Staatsanwalt nicht unterschrieben. Diese Vorgänge stellen einen eklatanten Rechtsbruch dar.

Wir sehen in dieser Aktion gegen die Umweltbibliothek einen Angriff auf alle Gruppen der Unabhängigen Friedensbewegung, auf die Ökologie- und Menschenrechtsgruppen.
In der Zionskirche begann am 3. September dieses Jahres die 1. unabhängige Demonstration der Basisgruppen anläßlich des Olof-Palme-Friedensmarsches.[36] Diese anscheinend hoffnungsvolle Entwicklung, die der DDR auch international gut zu Gesicht stand, wurde durch die jüngsten Vorgänge in Frage gestellt. Während sich gestern in Genf die Außenminister der UdSSR und der USA auf ein wichtiges Abrüstungsabkommen einigten, bereiteten in der DDR die Vertreter des harten Kurses nach altem Muster einen Angriff auf die Friedensbewegung vor. Dies war der vorläufige Höhepunkt eines zunehmenden Drucks auf politisch Engagierte nach dem Honecker-Besuch in der BRD.
Wir fordern:
1. Die unverzügliche Freilassung der Festgenommenen;
2. Die Offenlegung der Verdachtsgründe;
3. Die sofortige vollständige Wiederherstellung der Arbeitsfähigkeit der Umweltbibliothek;
4. Die Einstellung jeglicher Repressionen gegen politisch Engagierte.

Berlin, den 25. November 1987

Die Umweltbibliothek, Kirche von unten, Initiative Frieden und Menschenrechte, Friedenskreis Friedrichsfelde, Frauen für den Frieden, Gegenstimmen, Glieder der Zionsgemeinde, Solidarische Kirche[37]

Öffentliche Erklärung. In: Dokumenta Zion. Dokumentationsgruppe der Umweltbibliothek in der Zionsgemeinde, Dezember 1987, Ormigabzug, Samisdat. In: Archiv des Verfassers.

K35: *Für mehr Gerechtigkeit in der DDR*
Frühjahr 1989

In seiner Verkündigung vom Reich Gottes hat Jesus uns die Vollendung der Gerechtigkeit verheißen. Gottes Gerechtigkeit ist Maßstab und Perspektive für unser Handeln. Menschliche Gerechtigkeit kann daran gemessen nur vorläufig sein [...]
Wir sind als Christen berufen, »der Stadt Bestes« zu suchen (Jer. 29,7). Wir sind nicht dazu berufen, weil wir besser wären oder alles besser wüßten. Wichtige Fragen sind unter uns strittig und bedürfen eines weiteren Gesprächs [...]

---

36 Der »Olof-Palme-Friedensmarsch« im September 1987 wurde in vielen Orten der DDR durchgeführt und sollte die Bemühungen um einen atomwaffenfreien Korridor unterstützen. Am Marsch beteiligten sich zahlreiche Oppositionsgruppen und Kirchenmitglieder. In Berlin demonstrierten erstmals 1 000 Personen mit eigenen Losungen gegen die innere Militarisierung der DDR. Die Staatsorgane schritten nicht ein, da sich Honecker zu dieser Zeit zum Staatsbesuch in der Bundesrepublik befand.
37 Dies waren die wichtigsten Berliner Oppositionsgruppen.

Die DDR ist eines der Länder, in denen die Befriedigung materieller Grundbedürfnisse für alle gewährleistet ist. Andererseits leben in unserem Land viele Menschen mit enttäuschten Erwartungen. Nicht alle Gründe für solche Enttäuschungen sind DDR-spezifisch. Der rapide ökonomische und soziale Wandel, den die wissenschaftlich-technische Revolution verursacht, überfordert das Orientierungsvermögen vieler. Die gesellschaftliche Wirklichkeit wird oft als undurchschaubar erlebt. Das fördert Nischenexistenz und Aussteigermentalität. Diese Gegebenheiten teilt die DDR mit vielen anderen Ländern.

Es gibt aber Probleme, die das gesellschaftliche Zusammenleben zusätzlich belasten. In Ausbildung und Beruf wird großer Wert auf sogenannte gesellschaftliche Arbeit gelegt. Viele fühlen sich dadurch bedrängt. Aus unterschiedlichen Gründen gehen sie darauf ein, weil sie meinen, ihre »Staatstreue« durch Funktionen und Mitgliedschaften in Organisationen beweisen zu müssen, da davon Fortkommen, Anerkennung und Privilegien in höherem Maß abhängen als von beruflicher Leistung. Schon in der Schule wirken Zwänge zur Mitgliedschaft in der Pionierorganisation und in der FDJ sowie zur Teilnahme an Jugendweihe und Wehrunterricht. Sie sind Teil einer umfassenden ideologischen Erziehung. Konformismus und Opportunismus sind oft ihre Folgen.

Der grundsätzliche Anspruch der Staats- und Parteiführung in Politik und Wirtschaft zu wissen, was für den einzelnen und die Gesellschaft als Ganzes notwendig und gut ist, führt dazu, daß der Bürger sich als Objekt von Maßnahmen, als »umsorgt« erfährt, aber viel zu wenig eigenständige, kritische und schöpferische Mitarbeit entfalten kann [...]

Es fehlt in der DDR weithin an Ehrlichkeit und Wahrhaftigkeit. Weil vom Bürger erwartet wird, daß er sagt, was man hören will, hat er sich daran gewöhnt, etwas anderes zu sagen, als er denkt, und anders zu handeln, als es seinen Überzeugungen entspricht.

Es fehlt in der DDR an Rechtssicherheit. Das Eingabewesen macht den Bürger zum Bittsteller, ohne die wichtigste Einsicht zu vermitteln, daß seine Interessen durchaus im Widerspruch zu anderen berechtigten Interessen stehen können [...].

Jugendliche werden gesellschaftlich und staatlich gefördert. Wenn sie aber durch besondere Ausdrucksformen, zu denken, zu sprechen und sich zu kleiden, auffallen, werden sie oft als störend betrachtet, mitunter sogar kriminalisiert [...].

Frauen sind in der DDR gesetzlich gleichberechtigt. Aber in von Männern geprägten Strukturen können sie sich nicht genügend entfalten und ihren Einfluß geltend machen. Belastungen durch Beruf und Familie und die Abhängigkeit von Traditionen erschweren es ihnen, ihre eigenen Werte zu erkennen und sie zu verwirklichen [...]

Wir Christen und Kirchen leben und wirken in dieser Gesellschaft, deshalb hängt es auch von uns ab, wie sich Gerechtigkeit in ihr entfaltet [...]

Ökumenische Versammlung für Gerechtigkeit, Frieden und Bewahrung der Schöpfung, Dresden – Magdeburg – Dresden. Abschlußtext der Arbeitsgruppe »Mehr Gerechtigkeit in der DDR – unsere Aufgabe, unsere Erwartung«. Hrsg. vom Büro der Ökumenischen Versammlung Dresden, Frühjahr 1989, Wachsmatrizenabzug, S. 41–43.

K36: *Planung der Vereinigung der Kirchen*
17. Januar 1990

Ihre Dankbarkeit und Freude über die in der DDR mit dem 9. Oktober 1989 begonnenen Veränderungen haben Bischöfe und Beauftragte des Bundes der Evangelischen Kirchen in der DDR (BEK) und der Evangelischen Kirche in Deutschland (EKD) bei einer Klausurtagung bekundet, die unter Leitung der Bischöfe Martin Kruse (EKD) und Werner Leich (BEK) vom 15. bis 17. Januar 1990 in der Evangelischen Akademie Loccum stattgefunden hat. Sie erklären:

I. Wir danken Gott für den Erfolg der gewaltfreien Demonstrationen und für die neugewonnene Freiheit in der DDR. Nach langer Trennung können Menschen wieder zusammenkommen.

In der Öffentlichkeit beider Staaten wurde mit großer Hochachtung der Beitrag gewürdigt, den die evangelische Kirche zum Wandel in der DDR geleistet hat. Vieles ist hier zu nennen: die Friedensgebete und Fürbittgottesdienste, die Gespräche in den Gotteshäusern, die Erklärungen der evangelischen Synoden und der Ökumenischen Versammlung und besonders der persönliche Einsatz vieler Mitarbeiter und Gemeindemitglieder.

Wir haben in diesen Monaten neu erfahren, welche politischen Wirkungen der geistliche Auftrag der Kirche Jesu Christi hat.

II. In unseren kirchlichen Verfassungen haben wir uns zu der »besonderen Gemeinschaft der evangelischen Christenheit in Deutschland« bekannt. Diese besondere Gemeinschaft wurde jahrzehntelang in zahllosen Verbindungen gelebt. Damit wurde der kirchliche Zusammenhalt gewahrt und das Verlangen nach weiterer Gemeinschaft gestärkt. So hat sich diese Gemeinschaft als kräftige Klammer zwischen den Menschen im geteilten Deutschland erwiesen. Das hat sich politisch ausgewirkt.

Das Bewußtsein der Zusammengehörigkeit der Deutschen in beiden Staaten ist für die Kirchen eine wichtige Grundlage ihres gemeinsamen Wirkens. Wir haben dieses Gefühl gestärkt, wir empfinden es selbst. Wir wollen, daß die beiden deutschen Staaten zusammenwachsen. Das wird in mehreren Schritten im Rahmen eines gesamteuropäischen Verständigungsprozesses geschehen.

Während der langen Trennungszeit haben sich die Verhältnisse in beiden deutschen Staaten unterschiedlich entwickelt. Unsere Interessen und Überzeugungen stimmen nicht immer überein. Das muß berücksichtigt werden.

Der Frieden muß erhalten und gestärkt werden. Deshalb wollen wir die Sorgen und Vorbehalte ausländischer Freunde und europäischer Nachbarn gegen die Einigung Deutschlands ernst nehmen. Wir wollen um ihr Vertrauen werben. Klarheit in der Darlegung deutscher Absichten und Besonnenheit bei der Verwirklichung neuer Einheit werden Vertrauen im In- und Ausland fördern.

Die besondere Gemeinschaft der evangelischen Christenheit in Deutschland ist trotz der Spaltung des Landes und der organisatorischen Trennung der Kirchen lebendig geblieben. Wie sich auch die politische Entwicklung künftig gestalten mag, wir wollen der besonderen Gemeinschaft der evangelischen Christenheit in Deutschland auch organisatorisch angemessene Gestalt in einer Kirche geben.

Dokumente 421

Mit den während der Zeit der Trennung gewachsenen Erfahrungen und Unterschieden wollen wir sorgsam umgehen.
Seit langem arbeiten Beratungsausschüsse beider Kirchen intensiv zusammen. Wir empfehlen, nun eine gemeinsame Kommission der evangelischen Kirchen in beiden deutschen Staaten zu bilden. Sie soll gemeinsame Aufgaben benennen, weitere Schritte der Zusammenführung beraten und dazu Vorschläge machen.

III. Wir sind beeindruckt, welche Bereitschaft zum risikoreichen Engagement und zur selbstlosen Hilfe in diesen Monaten in beiden deutschen Staaten wirksam geworden ist und nach wie vor wirksam wird.
Wir bitten die Gemeinden in beiden deutschen Staaten, die neuen Chancen der Veränderung zu nutzen und zu unterstützen. Es ist nötig, daß die Menschen sich entscheiden, in der DDR zu bleiben. Das wird geschehen, wenn ihre Hoffnung wächst.
Trotz aller verständlichen Aufmerksamkeit, die derzeit den deutsch-deutschen Themen gilt, bitten wir, die Aufgaben, die wir gegenüber den Armen in unserer Welt haben, nicht zu vernachlässigen.
Wir bitten die Gemeinden weiterhin, für die Gerechtigkeit, den Frieden und die Bewahrung der Schöpfung zu beten und zu arbeiten.

Gemeinsame Abschlußerklärung [vom 17. Januar 1990, unterzeichnet von Martin Kruse, Ratsvorsitzender der EKD, und Werner Leich, Vorsitzender der KKL]. Klausurtagung der Evangelischen Kirche in Deutschland und des Bundes der Evangelischen Kirchen in der Deutschen Demokratischen Republik, Loccum 15. bis 17. Januar 1990. In: AKTION SÜHNEZEICHEN 1990, S. 3 f.

4. Kirchliches Leben

K37: Unterwanderungsversuche der Zeugen Jehovas durch das MfS 1969

Referat III – »Zeugen Jehovas«[38]
Geplante Werbungen[39]
1. »Konrad«. Der Kandidat ist Leiter der Sekte »Zeugen Jehovas« für die DDR. Er steht in ständiger Verbindung mit der Zentrale Wiesbaden und ist verantwortlich für die Anleitung und Kontrolle der sogenannten Bezirksdiener.
Die Werbung wird im Zusammenhang mit der Liquidierung der Materialschleuse[40] durchgeführt. Termin: 2. Halbjahr 1969. Verantw.: Major Meffert.

---

38 Die Hauptabteilung XX/4 des MfS hatte ein eigenes Referat zur Bearbeitung, Kontrolle und Unterwanderung der 1950 verbotenen und seit den sechziger Jahren geduldeten Zeugen Jehovas.
39 Ob diese Werbungsversuche zum Erfolg geführt haben, ist nicht bekannt.
40 Heimlicher Kurierdienst der Zeugen Jehovas für die aus der Bundesrepublik in die DDR illegal eingeführten Materialien.

2. »Reinhardt«. Der Kandidat ist »Bezirksdiener«. Sein Anleitungs- und Kontrollbereich umfaßt den gesamten Berliner Raum sowie die Bezirke Neubrandenburg, Schwerin und Rostock. Mit R. wurden schon Kontaktgespräche geführt, als er noch nicht die Funktion des »Bezirksdieners« hatte. Termin: 1. Halbjahr 1969. Verantw.: Hptm. Herbich.
3. »Otto«. Der Kandidat ist »Kreisdiener« und Stellvertreter des »Bezirksdieners«. Er wurde von der Zentrale für die Verteilung der eingeschleusten Originalliteratur für die gesamte DDR eingesetzt. Die Werbung erfolgt mit der Liquidierung der Materialschleuse. Termin: 2. Halbjahr 1969. Verantw.: Hptm. Herbich.
4. »Fritz«. Der Kandidat ist Stellvertreter des »Bezirksdieners« für die Bezirke Leipzig, Erfurt, Gera und Suhl. Durch operative Maßnahmen wurde der »Bezirksdiener« weitgehend ausgeschaltet, so daß F. die gesamte Tätigkeit durchführt. F. ist in systematischer Überzeugungsarbeit für die Zusammenarbeit zu gewinnen. Termin: 2. Halbjahr 1969. Verantw.: Hptm. Herbich.

Werbungs- und Qualifizierungsplan der HA XX/4 für die Jahre 1969 und 1970 über die Erweiterung und Qualifizierung des IM-Netzes, Berlin, den 10. Februar 1969 (Auszug). In: BESIER/WOLF 1993, S. 265–274.

K38: Katholische Diaspora mit Anspruch 1975

1.1 Die katholische Kirche in der DDR ist eine Diasporakirche. (1) Wir sind eine kleine Herde, (2) deren Reichtum es ist, trotz ihrer Unvollkommenheit und Sündhaftigkeit Keimzelle der Einheit, der Hoffnung und des Heils zu sein. (3.) Auf die Last und Chance des Christseins in der Diaspora sind unsere Gemeinden nicht genügend vorbereitet.
1.2 Durch gläubige Christen in der Diaspora wird der Geist des Evangeliums in einer nichtchristlichen Umwelt gegenwärtig und wirksam.
Darüber hinaus läßt ein Leben unter Nichtchristen erkennen, daß der Geist Gottes auch außerhalb der christlichen Gemeinden wirkt. Die Vielfalt des Wirkens Gottes anzuerkennen und sich daran zu freuen, kann eine Stärkung des Glaubens an den Gott sein, der für alle Menschen da ist. [...]
1.5 Viele Anfragen unserer Umwelt müssen wir als Herausforderung verstehen, die Botschaft vertieft zu begreifen und neu zu entfalten. Dabei werden wir uns trennen müssen von Gewohnheiten und Verhaltensweisen, die das Glaubenszeugnis unnötig belasten. Geläutert und erneuert, wird die Kirche auch bei uns Angebot und Anspruch des Evangeliums in die Zukunft einbringen.

Pastoralsynode Dresden 1973–1975, Glaube heute. Dok. bei: Nachtwei, Gerhard: Erfahrungen mit dem Bemühen um eine missionarische Diaspora vor und nach der Wende. In: Pastoral-katechetische Hefte. Abbrüche. Umbrüche. Aufbrüche 72/1993, S. 139–150.

K39: Porträt der Landeskirche Sachsen
1978

Zu ihrem Territorium gehört das Gebiet des ehemaligen Königreiches Sachsen und späteren »Freistaates« (Landes) Sachsen. Es umfaßt heute die Bezirke Dresden (ohne Kreise Görlitz, Niesky), Karl-Marx-Stadt, Leipzig (ohne Kreise Schmölln, Altenburg, Delitzsch, Eilenburg, Torgau). Hinzu kommt das Gebiet um Blankenburg (Harz) und Ilfeld (Harz) als in der DDR gelegene ehemalige Teile der Landeskirche Hannover.

Der Anfang ihrer Geschichte datiert 968 in der Gründung des Bistums Meißen durch Otto I.,1423 erhielten die Wettiner die Kurwürde und den Namen Sachsen. Ab 1517 Reformation von Wittenberg aus. 1697 trat August der Starke zum Katholizismus über. Die Kirchengewalt ging auf »in evangelicis« beauftragte Staatsminister über. 1873 Gründung des Landeskonsistoriums (Vorläufer des Landeskirchenamtes), 1899 Gemeinschaftsbewegung als Gegenbewegung zum Liberalismus, 1922 Kirchenverfassung und Einführung des Bischofsamtes. Nach 1933 wurde der Kirchenkampf geführt – Auflehnung der Bekennenden Kirche unter Hugo Hahn gegen den nationalsozialistischen Bischof Friedrich Coch. Nach 1945 erfolgte der Wiederaufbau. 1950 gab sich die L. eine neue Verfassung.

Der Aufbau gliedert sich nach Kirchengemeinde – Kirchenbezirk oder Superintendentur (Superintendent, Bezirkskirchenamt, Bezirkssynode) – Kirchenleitung (Landesbischof, Landeskirchenamt, Landessynode). Die L. ist in 33 Superintendenturen aufgeteilt, dazu eine sorbische Superintendentur, die Propstei Blankenburg und der Konsistorialbezirk Ilfeld – fünf Kirchenamtsratsstellen. Sie umfaßt 2 270 000 Gemeindeglieder in 1 175 Gemeinden mit 1 460 Pfarrstellen, 34 Pastorinnen- und Pfarrvikarinnenstellen. 1 104 Pfarrer, 20 Pastorinnen und Pfarrvikarinnen stehen im Dienst der L. Theologinnen sind den Theologen gleichgestellt.

Auf dem Gebiet der L. liegen folgende Stätten kirchl. und theol. Ausbildung: Theologisches Seminar Leipzig, Predigerkolleg St. Pauli Leipzig, Predigerseminar Lückendorf, Pastoralkolleg Krummhennersdorf (Fortbildung), Kirchenmusikschule Dresden, Diakonenhaus Moritzburg und Amalia-Sieveking-Haus (für Frauen im kirchl. Dienst), die Sektion Theologie der Karl-Marx-Universität Leipzig.

Zu den diakonischen Einrichtungen gehören: Diakonissenhäuser in Dresden, Leipzig, Borsdorf, Aue. Ihre soziale Aufgabe nimmt die L. wahr in 6 Krankenhäusern, und Krankenstationen mit 725 Betten, 44 Alters- und Alterspflegeheimen mit 1 784 Betten, 6 Mütter-, Kinder- und Säuglingsheimen mit 348 Betten, 11 Erholungs- und Rüstzeitheimen mit 301 Plätzen, 3 Kindererholungsheimen mit 220 Plätzen, 44 Kindergärten, 2 Tagesstätten für geistig behinderte Kinder

Die theol. Gruppierungen sind vielschichtig. In der L. herrscht eine luth. Theologie mit pietistischen Einflüssen vor. Das zeigt sich in Bekennender Kirche (bewußt bekenntnisgebunden), Volksmissionskreis, Landeskirchlicher Gemeinschaft und Pfarrergebetsbund. Ferner prägen das kirchl. Leben der Lutherische Konvent, die hochkirchliche Evangelische Michaelsbruderschaft, die Kirchlichen Bruderschaften, und die aus dem Pfarrerbund hervorgegangenen zur geistigen und gesellschaftlichen Neuorientierung beitragenden Kreise.[41]

Die L. ist Gliedkirche der VELK in der DDR und des Bundes der Evangelischen Kirchen in der DDR.

Berger, M.: Evangelisch-Lutherische Landeskirche Sachsens. In: JESSEN et al. 1978, S. 130 f.

K40: Porträts von Gemeinden
2. Mai 1979

Die Konsultation diente dem Austausch unterschiedlicher Erfahrungen und Beobachtungen aus der Gemeindearbeit in der DDR

a) Landgemeinde Thüringen nahe Weimar: 800 Einw., davon 600 Evangelische, 5 Kirchen, Pfarrstelle war zeitweise vakant, kirchliches Leben eingeschlafen, Pfarrer (seit 1966) scheiterte mit dem Versuch, neue Gruppen in der Gemeinde aufzubauen. Deshalb neuer Ansatz unter bewußtem Anknüpfen an alte Sitten und Gebräuche mit dem Ergebnis, daß in wenigen Jahren volkskirchliches Leben in 90 % des Bereiches wieder lebendig ist. Ausnahme: ein Dorf mit Neubaublock; darin vorwiegend leitende Kader in der Landwirtschaft (LPG).

Pfarrer zugleich Studentenpfarrer in der ESG Weimar: regelmäßige Angebote von Tauf- und Konfirmationsseminaren im Rahmen der ESG, viele Erwachsenentaufen (nicht nur ESG-Glieder), Verbindung von Tauffeiern mit alten Sitten (Johannes-Feuer).

b) Landgemeinde Kirchenprovinz Sachsen: 5 Dörfer, 4 Kirchen, Bev. überwiegend landwirtschaftlich geprägt, obwohl ein Tagebau im Gebiet liegt. Pfarrer seit 1991 hier tätig; schon sein Vorgänger (seit 1945) fand keine volkskirchliche Tradition mehr vor. ⅕ bis ⅓ der Bev. gehören noch zur Kirche, meist wegen Begräbnissen, über 50 % der Gemeindeglieder im Rentenalter, verschwindend geringe Taufzahlen, Versuche, junge Ehepaare – in benachbarten Industriegebieten arbeitend (Pendler) – zu sammeln, Interesse an Fragen des Christseins (bzw. allgemein religiöses Interesse) ist der Anknüpfungspunkt, nicht Kirchenzugehörigkeit oder Taufbegehren.

c) Großstadtgemeinde Berlin-Prenzlauer Berg (Altbaugebiet): 30 000 Einw., davon 2 700 als Kirchensteuerzahler (»Zensiten«) erfaßt, traditioneller Gemeindekern, jedoch »Volkskirche ohne Hinterland« (Kennzeichen: kleinbürgerliche Moral), große Wohnungsprobleme, Fluktuation der Bev. durch Wegzug in Neubaugebiete, zahlreiche Familien mit einem Kind, die beengt wohnen und ihre Situation als Zwischenzustand auffassen, daher Bereitschaft zur Sammlung in kirchlichen Räumen oder bei Angeboten gemeinsamer Unternehmungen. Bei diesen Grup-

---

[41] Da das Theologische Lexikon der Zensur unterworfen war, wurden die DDR-kritischen Gruppen nicht erwähnt.

pen ist ein allgemeines Interesse an der Kirche feststellbar, das sich aber nicht aus dem Bewußtsein der Kirchenzugehörigkeit speist.
Insgesamt ca. 20 Taufen im Jahr (13 Säuglinge, 5 Kinder, 2 Erwachsene), zwei der getauften Säuglinge tauchen später in den Christenlehregruppen wieder auf, in den Christenlehregruppen gibt es bis zu 40% Ungetaufte.

d) Hoyerswerda: seit 1945 rapides Bev.-wachstum (Verzehnfachung) auf gegenwärtig ca. 70000 Einw. im Zusammenhang mit intensivierter Industrialisierung (Braunkohle).
Altstadt: rund 5000 erfaßte Gemeindeglieder (nicht nur »Zensiten«) einschließlich 10 kleine Dörfer im Randgebiet (Sorben), 20 bis 30 Taufen im Jahr, meist aus den Dörfern (gute sorbische Sitte), fast ausschließlich Säuglingstaufe, weniger als 50% der getauften Kinder der eigentlichen Altstadt kommen zur Christenlehre (wenig Ungetaufte).
Neustadt: rund 3300 erfaßte Gemeindeglieder (etliche Tausend sicher nicht erfaßt), niedriger Altersdurchschnitt der Bev. (27 Jahre), relativ hohes Taufinteresse, auch abhängig von der Herkunftsgegend der Hinzuziehenden, 20 bis 30 Taufen im Jahr, zu 80% Säuglings- und Kindertaufe, mehr als 50% der getauften Kinder kommen zur Christenlehre, auch Ungetaufte aus christlichen Elternhäusern (bewußter Taufaufschub).

e) Großstadtgemeinde Berlin-Neubauviertel (Fennpfuhl): gegenwärtig bereits rund 40000 Einw., erste Einzüge vor fünf Jahren, Bev. überwiegend aus Altberliner Altbau- bzw. Abrißgebieten kommend, insgesamt sehr junge Bev., Aufbau einer Gemeinde seit 3 Jahren, gegenwärtig zwei Pfarrer und ein Diakon, Kontakte durch Besuche (keine Besuchsaktionen) nach Umzugsmeldungen der zentralen Berliner Kirchensteuerstelle (Stadtsynodalverband), gegenwärtig rund 3000 Gemeindeglieder erfaßt (8% der Bev.), Zahl der Christen vermutlich höher (noch unbekannt bzw. in anderen Gemeinden beheimatet), mittlere technische Intelligenz dominiert in der Gemeinde, Gemeindearbeit durch Hauskreise geprägt, einmal pro Monat Gottesdienst in benachbarten kirchlichen Räumen (Bau eines Gemeindezentrums im Viertel geplant), bisher keine Erwachsenentaufe, Täuflingsalter: 2 bis 4 bzw. 5 Jahren, auch Taufen im Zusammenhang mit Konfirmation (zuletzt 3 von 15 Konfirmanden), in der Kinderarbeit tauchen bis ⅓ Ungetaufte auf, bei der Arbeit mit Jugendlichen kann an eine Beziehung zur Kirche nicht angeknüpft werden. Sie kommen »von der Straße«.

Niederschrift über die Konsultation der Theologischen Studienabteilung über »Taufe und Kirchenzugehörigkeit« am 2. Mai 1979, 6021-264/79, Ormigabzug USB 439/79, S. 1-9. In: Archiv des Verfassers.

K41: *Erhaltung von Dorfkirchen*
2. Dezember 1979

»Was lange währt, wird endlich gut«
Die Wahrheit dieses wohl allgemein bekannten Sprichwortes haben wir in der Kirchgemeinde Holzthaleben in doppelter Weise erfahren. Denn 9 Jahre lang hat es gedau-

ert, ehe wir die Renovierung des Innenraumes unserer Kirche haben zum Abschluß bringen können und sie in einem Festgottesdienst am Erntedanktag, dem 30. September 1979, in großer Dankbarkeit haben neu einweihen dürfen.
9 Jahre – eine lange Zeit. Sie war ausgefüllt mit den verschiedensten Vorbereitungen auf die Neuausmalung, angefangen mit der Erneuerung des Altars, der Lichtanlage, der Wände und Teilen des Podestes für das Gestühl bis hin zum Abbruch eines Emporenfeldes und zur Erstellung einer neuen Kanzelsäule. Sie war aber auch ausgefüllt mit Zeiten des Wartens, weil es oftmals nicht weitergehen wollte.

Im Mai dieses Jahres war es aber endlich soweit, daß unter der künstlerischen und fachmännischen Anleitung von Kurt Thümmler, Gera, die Maler der PGH Sollstedt ans Werk gingen und ihre Arbeit im September beenden konnten.

Und es ist wirklich gut geworden. Nicht nur in neuem Glanz und in wunderbarer Farbabstimmung, sondern auch hier und da mit kleinen Umgestaltungen bot sich unsere Kirche einer überaus zahlreichen Gemeinde, als Oberkirchenrat Prof. Dr. Saft sie neu einweihte und dann die Erntedankpredigt hielt. Eine anschließende Kaffeetafel mit Dankes- und Grußworten, mit Chorgesang und einem fröhlichen Beisammensein ließ diesen Festtag ausklingen [...].

Daß unser Vorhaben so lange auf eine Vollendung warten ließ, sollte denen Mut und Zuversicht machen, die Gleiches in ihrer Kirche planen oder schon dabei sind und infolge von Rückschlägen und langsamen Vorankommen zu resignieren drohen [...]

Götze, M.: »Was lange währt, wird endlich gut«. In: Glaube und Heimat vom 2. Dezember 1979.

K42: *Rückkehr zum Judentum*
Juli 1989

Fazit am 16.5.1989: Heute vor 26 Jahren kam ich in die DDR. 45 Jahre nach meinen Eintritt in den KJV[42] und 40 Jahre nach meinem Eintritt in die Kommunistische Partei, stelle ich fest, den Sozialismus, für den ich mich mein Leben lang eingesetzt habe, gibt es nicht. Die führenden Genossen meiner Partei glauben, die einzige Wahrheit zu besitzen. Das macht sie blind und taub. Sie verstehen vieles nicht, doch haben sie keine Fragen, weil sie andere Lebenserfahrungen, andere Standpunkte und andere Glücksansprüche als die ihrigen nicht anerkennen. Jede Kritik ihrer bevormundenden und entmündigenden Herrschaftspraxis wird als Opposition zum Sozialismus und damit zur klassenfeindlichen Tätigkeit stigmatisiert bzw. kriminalisiert.

Heute, nach 26 Jahren in der DDR lebend, ersticke ich durch den Mangel an Öffentlichkeit. Hiermit stelle ich meine sinnlosen Bemühungen ein, den Blinden Farben zu erklären. Indem ich dies aufschreibe und veröffentliche, gebe ich mein jüdisches Schutzschild auf und bin mir sehr bewußt, wieder einmal, wie alle engagierten Juden in der Geschichte, doppelt gefährdet zu sein: als Andersdenkende und als Jüdin.

---

42 Kommunistischer Jugendverband

Meine Erfahrung ist, trotz aller offizieller Behauptungen vom Gegenteil: es gibt in diesem Land unter den Machthabern vorwiegend Mißtrauen gegenüber den vielfach selbständig denkenden Juden und unter der »Normal«-Bevölkerung den schon immer dagewesenen Antisemitismus. Er ist seit 1945 von sehr vielen Menschen zusammen mit der echten Schuld und den dazugehörigen Schuldgefühlen nur verdrängt worden. Es gibt keine kollektive Schuld, aber ein kollektives Schuldgefühl, das, da nicht verarbeitet, auch an die »Nachgeborenen« weitergegeben worden ist. Trotz der »Gedenkepedemie« vom Frühjahr bis November 1988[43] und ein neues Bewußtsein, daß es Juden hier gibt, wird um das vergangene Schweigen keine Auseinandersetzung geführt. Damit hat kaum jemand die Chance, sich mit seinem eigenen, oft unbewußten Antisemitismus auseinanderzusetzen. So bleibt alles beim Alten, denn die DDR hat einen »Tapetenwechsel«[44] nicht nötig.

Ich kehrte zum Judentum zurück, weil die – immer freundliche, niemals explizite, immer gummiwändige, mich schonende und daher für mich so lange nicht erkennbare Ablehnung der anderen, deren Annahme ich so sehnlichst wünschte, daß ich bereit war, mich dafür völlig aufzugeben, mich zwang, mich auf mich zu beziehen. Aber da war nichts mehr, worauf ich mich beziehen konnte, außer den mir verbliebenen Werten, verblieben weil sie in meinem Sozialismus aufgegangen waren; einem Sozialismus, geboren aus den wunderbaren aber illusionären Menschheitsvisionen der rabbinischen Vorfahren des Juden Karl Marx. Und so schrieb ich in mein neu erworbenes jüdisches Gebetbuch im Oktober 1986: »This belongs to Salomea Genin who returned to the fold between Roshasonah and Yom Kippur 5747«.

Genin, Salomea: Wie ich in der DDR aus einer jüdisch-sich-selbst-hassenden Kommunistin zu einer Jüdin wurde. Oder: How I Came Back to the Fold (Wie ich in den Schoß der Familie zurückkehrte). In: Umweltblätter, Juli 1989, Samisdat, Berlin, S. 59–74.

5. Nachhaltige Veränderungen in der gesellschaftlichen Stellung der ostdeutschen Kirchen

K43: *Deutsche Schuld*
19. Oktober 1945

Der Rat der Evangelischen Kirche in Deutschland begrüßt bei seiner Sitzung am 18./19. Oktober 1945 in Stuttgart Vertreter des Ökumenischen Rates der Kirchen:
 Wir sind für diesen Besuch um so dankbarer, als wir uns mit unserem Volke nicht nur in einer großen Gemeinschaft der Leiden wissen, sondern auch in einer Solidarität der Schuld. Mit großem Schmerz sagen wir: Durch uns ist unendliches Leid über

---

43 Erst seit 1988 ließ die SED offiziell an die Judenverfolgungen, etwa die »Reichskristallnacht« vom 9. November 1938, gedenken.
44 Anspielung auf eine Äußerung des Mitglieds des Politbüros Kurt Hager, der die Notwendigkeit von Reformen in der DDR wie in der Sowjetunion unter Gorbatschow zurückwies, weil die DDR keinen Tapetenwechsel nötig hätte.

viele Völker und Länder gebracht worden. Was wir in unseren Gemeinden oft bezeugt haben, das sprechen wir jetzt im Namen der ganzen Kirche aus: Wohl haben wir lange Jahre hindurch im Namen Jesu Christi gegen den Geist gekämpft, der im nationalsozialistischen Gewaltregiment seinen furchtbaren Ausdruck gefunden hat; aber wir klagen uns an, daß wir nicht mutiger bekannt, nicht treuer gebetet, nicht fröhlicher geglaubt und nicht brennender geliebt haben.

Nun soll in unseren Kirchen ein neuer Anfang gemacht werden. Gegründet auf die Heilige Schrift, mit ganzem Ernst ausgerichtet auf den alleinigen Herrn der Kirche, gehen sie daran, sich von glaubensfremden Einflüssen zu reinigen und sich selber zu ordnen. Wir hoffen zu dem Gott der Gnade und Barmherzigkeit, daß er unsere Kirchen als sein Werkzeug brauchen und ihnen Vollmacht geben wird, sein Wort zu verkündigen und seinem Willen Gehorsam zu schaffen bei uns selbst und bei unserem ganzen Volk.

Daß wir uns bei diesem neuen Anfang mit den anderen Kirchen der ökumenischen Gemeinschaft herzlich verbunden wissen dürfen, erfüllt uns mit tiefer Freude.

Wir hoffen zu Gott, daß durch den gemeinsamen Dienst der Kirchen dem Geist der Gewalt und der Vergeltung, der heute von neuem mächtig werden will, in aller Welt gesteuert werde und der Geist des Friedens und der Liebe zur Herrschaft komme, in dem allein die gequälte Menschheit Genesung finden kann.

So bitten wir in einer Stunde, in der die ganze Welt einen neuen Anfang braucht: »Veni, creator spiritus!«

Stuttgart, den 19. Oktober 1945.
D. Wurm, Asmussen D D., D. Meiser, Dr. Lilje, Hahn, Held, Dr. Heinemann, Smend D. Dr., Dibelius, Martin Niemöller, Lic. Niesel

Stuttgarter Schulderklärung vom 19. Oktober 1945. In: MERZYN 1993, S. 14.

K44: Das MfS-Problem der Kirchen
November 1990

Laut eines Berichtes des Berliner Landesamtes für Verfassungsschutz vom Oktober dieses Jahres, standen die Kirchen der ehemaligen DDR seit den fünfziger Jahren unter ständiger Observation des Stasi. Weil die Kirchen als »Sammlungszentrum« feindlich-negativer Kräfte galten, gerieten vor allem die Verantwortlichen in Kirche und Gemeinde – Pfarrer und Pastorinnen, Mitarbeiter und Angestellte, GKR[45]-Mitglieder und Synodale – in das besondere Schußfeld dieser Organisation [...] Aufgrund dieser Informationen und Berichte müssen wir uns der Tatsache stellen, daß möglicherweise ein nicht geringer Teil kirchlich verantwortlicher Personen für den Stasi in verschiedenster Weise und in unterschiedlichem Ausmaß gearbeitet haben [...]

---

45 GKR = Gemeindekreisrat.

Deshalb,
- um der künftigen Glaubwürdigkeit der Kirche, deren Mitarbeiter und ihres Auftrags willen;
- um ein positives Zeichen für unsere Gesellschaft willen bitten wir die Synode, sich für eine aufrichtige und glaubhafte Aufarbeitung dieses Problemkreises auszusprechen.

Im einzelnen bitten wir die Synode, sich dafür einzusetzen,
1. daß sich Pfarrer und Pastorinnen, Mitarbeiter im Verkündigungsdienst, Synodale und kirchenleitende Amtsträger auf eine eventuelle Stasi-Mitarbeit überprüfen lassen;
2. daß auf Propsteiebene in besonders zu schaffenden Gremien geeignete Frauen und Männer berufen werden, die den belasteten Personen ein kompetentes Gegenüber für die Vergangenheitsaufarbeitung bieten [...]
3. daß an die GKR unserer Kirche eine Empfehlung ergeht, sich auf eigenen Beschluß hin auf eine eventuelle Stasi-Mitarbeit von GKR-Mitgliedern überprüfen zu lassen;
4. daß den Synodalen während der Provinzialsynode die Möglichkeit gegeben wird, sich im gegebenen Fall zu einer ehemaligen Stasi-Mitarbeit zu bekennen und sich so zu entlasten;
5. daß von verantwortlicher Seite alle erdenklichen Schritte unternommen werden, die ein Klima in Kirche und Gemeinde fördern, welches eine verständnis- und vergebungsbereite Aufarbeitung der stasibelasteten Vergangenheit ermöglicht.

gez. Lothar König [...]

Antrag an die Provinzialsynode der Kirchenprovinz Sachsen vom 1.11.–4.11.1990 in Halle. In: RECHT UND VERSÖHNUNG 1991, S. 5 f.

K45: *Rückschau und neue Aufgaben der Kirchen*
7. Juni 1991

Die Gliedkirchen des Bundes der Evangelischen Kirchen werden vom 27. Juni 1991 an wieder der Evangelischen Kirche in Deutschland angehören [...]
 Hinter uns liegt ein Abschnitt, auf dem der Weg der Kirche zwischen Anpassung und Verweigerung ständig neu zu bestimmen war. Wir wissen, daß uns das nicht immer überzeugend und auftragsgemäß gelungen ist. Besonders die Basisgruppen und die kirchliche Jugend haben uns energisch darauf hingewiesen [...]
 »Ich bin mit Euch, spricht der Herr.« Diese die ganze Bibel durchziehende Zusage Gottes ist für uns Ermutigung. Gott hat seine Geschichte nie mit perfekten Menschen gemacht. Wie er sich in den zurückliegenden Jahrzehnten nicht aus der Gesellschaft hat herausdrängen lassen, so brauchen wir auch nicht die Sorge zu haben, daß er sich von unzulässigen Erwartungen vereinnahmen läßt. Die alte Aufgabe wird sich in veränderter Weise wieder stellen: in kritischer Solidarität mitzuwirken an der Gestaltung der Lebensverhältnisse unseres Volkes, nunmehr auf dem Wege zu einem europä-

ischen Haus in der Gemeinschaft der Völker der Erde. Wir werden auch dabei nicht ohne Versäumnisse und Irrtümer sein [...]

Auch in Zukunft wollen wir Kirche mit anderen und Kirche für andere sein. Solange die Lebensverhältnisse in unserem Land so unterschiedlich sind wie gegenwärtig, werden wir dazu beitragen müssen, daß die Gegensätze überwunden werden [...] Die Zuversicht, daß Gott in einer ernsten Zeit einen gütigen Weg mit uns geht, soll uns mit dem Wort aus dem Prophetenbuch Haggai begleiten: »Das Volk fürchtete sich vor dem Herrn«, und »Ich bin bei Euch, spricht der Herr.«
Berlin, den 7. Juni 1991, Dr. Demke, Bischof

Wort der Konferenz der Evangelischen Kirchenleitungen zum Ende der Arbeit des Bundes der Evangelischen Kirchen vom 7. Juni 1991. In: SCHRÖTER/ZEDDIES 1995, S. 221–223.

Helmut Müller-Enbergs

Garanten äußerer und innerer Sicherheit

Im Sicherheitskonzept der Sowjetunion hatte die DDR angesichts ihrer geopolitischen Lage und des geteilten Deutschlands stets eine doppelte Funktion. Teils war sie sozialistischer Vorposten, eingebunden in politische, wirtschaftliche und militärische Vorstellungen der UdSSR, teils veräußerbares Faustpfand. Die staatliche Existenz der DDR hing primär vom sowjetischen Willen und ihrer militärischen Präsenz in Ostdeutschland ab. (D3; D6; D53; D60) Diesbezüglich äußerte der sowjetische Minister für Staatssicherheit, Lawrenti P. Berija, höhnisch, nachdem im Juni 1953 der Arbeiteraufstand in der DDR mit Hilfe russischer Panzer unterdrückt worden war: »Die DDR? Was ist das schon, diese DDR? Nicht einmal ein richtiger Staat. Sie existiert nur aufgrund der sowjetischen Truppen, auch wenn wir sie die ›Deutsche Demokratische Republik‹ nennen.«[1] Diese Sichtweise bestätigte sich überraschend im Herbst 1989, als die Sowjetunion – anders als in Ungarn im Jahre 1956 oder in der Tschechoslowakei 1968 – die militärischen Formationen nicht gegen das zivile Aufbegehren in der DDR einsetzte und in der Folge das ostdeutsche Staatsgebilde binnen weniger Monate von der Bildfläche verschwand.

Die SED-Führung war sich dieser für sie bitteren Möglichkeit stets bewußt und daher einerseits um die staatliche Anerkennung der DDR, andererseits um einen eigenen, hoch entwickelten Sicherheitsapparat bemüht. Zum klassischen Instrumentarium äußerer Sicherheit gehörte auch für sie die Pflege diplomatischer Beziehungen, Spionageinformationen über gegnerische Absichten und die Unterhaltung von Streitkräften, verpflichtet und abhängig von der Sowjetunion. Die innere Sicherheit der DDR sollten zahlreiche, für sozialistische Staaten typische polizeiliche, geheimpolizeiliche und zivile Institutionen in exorbitanten Größenordnungen garantieren, die schon im Ansatz jede nur denkbare Gefährdung zu verhindern hatten. Demnach zog die SED-Führung eine Bedrohung des Staates auch durch die eigene Bevölkerung besorgt in Erwägung: Sowohl die Ereignisse um den 17. Juni 1953 als auch Massenfluchten, die erst durch den Mauerbau am 13. August 1961 unterbunden werden konnten (D49), mußte sie als ernsthafte Menetekel hinnehmen.

Aus all dem ergibt sich, daß für die DDR die äußere als auch die innere Sicherheit existentiell waren, welche man aber kaum sachlich voneinander trennen kann, da sie sich vielmehr bedingten. Lediglich zur besseren Übersicht werden hier die einzelnen Sicherheitsgaranten künstlich separiert erläutert.

---

1 Stellvertretend für viele die Erinnerung des »Ohrenzeugen« und späteren sowjetischen Außenministers, Andrej Gromyko. Zit. nach: GORDIEWSKY/ANDREW 1990, S. 550.

1. Äußere Sicherheit: Sowjetische Truppen, NVA und Auslandsspionage

Die äußere (und innere) Sicherheit der DDR garantierten maßgeblich *sowjetische Besatzungstruppen.* Ihr Status war, so stellte das SED-Politbüro im Jahre 1988 fest, »nicht klar definiert«. Es waren nach den bestehenden Abkommen »in der DDR verbliebene ehemalige Besatzungstruppen ohne Besatzungsfunktion«[2]. Hervorgegangen aus Großverbänden der 1. und 2. Belorussischen Front sowie der 16. Luftarmee, die 1944/45 entscheidend an der Befreiung Deutschlands mitgewirkt hatten, entstand die Gruppe Sowjetischer Streitkräfte in Deutschland (GSSD). Doch der Ruhm war rasch verblaßt und überschattet durch Internierungs- bzw. Konzentrationslager, in denen mehr oder weniger willkürlich 160 000 bis 260 000 Deutsche als »aktive Faschisten« oder Kriegsverbrecher interniert wurden, von denen etwa 70 000 in den Lagern starben. Stereotype Bestrafungen von rund 10 000 Personen zu 25 Jahren Zwangsarbeit oder die Deportation von etwa 40 000 Menschen in die Sowjetunion durch die Besatzungsmacht taten ihr übriges. Zunächst hatten die sowjetischen Streitkräfte eine personelle Stärke von etwa 450 000, im Oktober 1990 trotz erheblicher Reduzierungen noch 363 690 Soldaten (sowie 200 000 zivile Angestellte und Angehörige) – ein Staat im SED-Staat. Sie waren auf fünf Armeen verteilt und unterstanden dem Oberkommandierenden, der seinen Sitz in Wünsdorf hatte.[3]

Obgleich die Regierung der UdSSR im März 1954 die DDR für »souverän« erklärt hatte und nunmehr von einem »zeitweiligen Aufenthalt« sowjetischer Truppen im Land sprach, behielt sie sich nach dem Abkommen über die Truppenstationierung vom März 1957 im Falle einer Bedrohung das uneingeschränkte Recht vor, Maßnahmen zur Beseitigung einer eintretenden Gefahr zu treffen, ohne daß der DDR ein Mitspracherecht eingeräumt worden war. (S4) Entsprechend den Vereinbarungen im Zwei-plus-Vier-Vertrag vom 12. September 1990, drei Wochen vor der deutschen Einheit getroffen, zogen sich die sowjetischen Streitkräfte bis zum 31. August 1994 aus der ehemaligen DDR zurück, in der sie auf einer Fläche von 240 000 Hektar – vier Prozent des Staatsterritoriums – neben Mittelstreckenraketen über 4 000 Panzer, mehr als 8 000 Panzerfahrzeuge, jeweils 600 Flugzeuge und Hubschrauber und rund 680 000 Tonnen Munition deponiert hatten.[4]

Die Streitkräfte sind von der ostdeutschen Bevölkerung zwar freundlich verabschiedet worden, doch war das Verhältnis zueinander teilweise gespannt. Dafür mochten auch die bedrückenden Bedingungen in den Kasernen ausschlaggebend gewesen sein: Den Wehrpflichtigen standen regulär weder Tages- noch Wochenendurlaub zu. Der seltene Ausgang hatte in geschlossenen Gruppen unter Führung eines Offiziers zu erfolgen. Die Kontaktaufnahme mit ihren deutschen »Waffenbrüdern« war erschwert durch Sprachprobleme und auch – mit Ausnahme der einmal jährlich verordneten »Woche der Waffenbrüderschaft« – nicht sonderlich erwünscht, da Be-

---

2 Zit. nach: KOOP 1996b, S. 11.
3 Vgl. DDR 1985, S. 587.
4 Vgl. HERBST et al. 1994, S. 385–387.

Einleitung 433

zahlung und Unterkunft bei der Nationalen Volksarmee weit aus besser waren. So mußten sowjetische Soldaten in aller Regel in Schlafsälen mit 50 bis 80 Betten wohnen und mit monatlich 15 Rubel Sold auskommen, was etwa 50 DDR-Mark entsprach. Abgeschottet von der Gesellschaft lebten sie in geschlossenen Siedlungen mit eigenen Einkaufsmöglichkeiten, Schulen und Freizeitangeboten.[5]

Dennoch kam es zu besorgniserregenden Konflikten mit der Bevölkerung. Die von Angehörigen der sowjetischen Truppen ausgehende Kriminalität, ein Tabu-Thema in der DDR, belegt, daß die Disziplin im argen lag. Allein in den Jahren von 1976 bis 1989 registrierte der DDR-Militäroberstaatsanwalt über 27 000 Vorgänge, von denen rund 20 000 Eigentumsdelikte (täglich vier), knapp 3 000 Verkehrsunfälle (629 mit tödlichem Ausgang) und 705 Vergewaltigungen (wöchentlich eine) betrafen, ohne daß auch nur ein einziger Täter, trotz abgeschlossenem Rechtshilfeabkommen, vor einem DDR-Gericht zur Verantwortung gezogen worden ist.[6] (S8)

Die ostdeutsche *Spionage* gegen West-Berlin und die Bundesrepublik Deutschland oblag primär der Hauptverwaltung A (Aufklärung – HV A), die im September 1951 als Außenpolitischer Nachrichtendienst (APN) gegründet wurde und dem Ministerium für Auswärtige Angelegenheiten unterstand. Parallel dazu unterhielten zahlreiche Diensteinheiten des MfS eigene Agentennetze im »Operationsgebiet« Bundesrepublik. Zwei Jahre später erhielt der Staatssicherheitsdienst die Zuständigkeit für den APN, die zunächst als Hauptabteilung XV eingegliedert und im Jahre 1956 zur HV A umgebildet wurde. Nach Anton Ackermann war Markus Wolf (1953–1986) ihr Leiter; ihm folgte Werner Großmann.[7]

Neben dem 4 600 hauptamtliche und mehrere tausend Personen umfassenden inoffiziellen Mitarbeiterstab der HV A verfügte das Ministerium für Nationale Verteidigung mit der Verwaltung Aufklärung über einen eigenen Spionageapparat, der sich primär auf Militär und Rüstung konzentrierte. Die dort beschäftigten 1 000 Mitarbeiter führten im »Operationsgebiet« und in der DDR zuletzt mehrere hundert inoffizielle Mitarbeiter.[8]

Wichtige Zielobjekte der DDR-Spionage waren neben NATO und Bundeswehr nahezu alle Bundes- und Landesministerien, Parteien und Gewerkschaften, aber auch Wirtschaftsunternehmen und Forschungseinrichtungen. (S5) Der HV A war es gelungen, zahlreiche Agenten erfolgreich zu plazieren: So den »Spion im Kanzleramt« Günter Guillaume, im Bundesnachrichtendienst Gabriele Gast, beim Bundesamt für Verfassungsschutz Klaus Kuron, bei der NATO in Brüssel Rainer und Ann-Christine Rupp oder im Bundesministerium für Verteidigung Lothar und Renate Lutze. Diese Spitzenquellen lieferten zuweilen über Jahre vertrauliche Unterlagen von hohem Wert für die DDR, darunter detaillierte NATO-Planungen mit höchster Geheimhaltungsstufe. Obgleich der eigentliche Schwerpunkt der HV A in der Spionage lag, bestand stets eine enge Zusammenarbeit mit dem MfS-Abwehrbereich, der in den achtziger Jahren enorm zunahm.[9] (S9)

5 Vgl. EPPELMANN et al. 1996, S. 272–274.
6 Vgl. KOOP 1996b, S. 245.
7 Vgl. RICHTER/RÖSLER 1992; SIEBENMORGEN 1993.
8 Vgl. KABUS 1993; NAUMANN 1993.
9 Vgl. SCHLOMANN 1986; MÜLLER-ENBERGS 1997.

Im Juli 1948 befahl die Sowjetische Militäradministration (SMAD) die Bildung von Kasernierten Bereitschaften innerhalb der Deutschen Volkspolizei (DVP). Binnen sechs Monaten waren rund 10 000 Personen zu zwei oder drei Jahren in diesem paramilitärischen Dienst für den »Fall der Fälle« verpflichtet worden. (S1) Ihre Ausbildung erfolgte unter Anleitung sowjetischer Berater. Im Herbst 1949 wurde der Personalbestand auf 31 000 und bis Oktober 1951 auf 52 000 erweitert. Die systematische militärische Schulung oblag nun der Hauptverwaltung für Ausbildung, der zunächst Wilhelm Zaisser und nach ihm Heinz Hoffmann vorstand. Ziel war es, »kämpferische Menschen zu erziehen, die sich mit ihrer ganzen Person für den Schutz« der DDR einsetzen sollten.[10]

Die Kasernierten Bereitschaften, mehrfach umstrukturiert und umbenannt, unterstanden nach Gründung der DDR dem Ministerium des Innern (MdI), zunächst Minister Karl Steinhoff, dann Willi Stoph. Von 1951 an hießen die Bereitschaften Volkspolizei-Dienststellen, aufgeteilt in 24 Einheiten und aufgestellt nach dem Muster sowjetischer Schützenregimenter. Die Hauptverwaltung Ausbildung im MdI, der diese Dienststellen unmittelbar unterstanden, erhielt ab 1. Juli 1952 die Bezeichnung Kasernierte Volkspolizei (KVP).[11]

Die KVP bestand bis zum Jahre 1956 und war vier Territorialverwaltungen unterstellt. Mit sowjetischen Waffen ausgerüstet stieg die Anzahl der Angehörigen im Jahre 1952 auf 80 000 an. Während der Unruhen um den 17. Juni 1953 kamen einzelne Einheiten zum Einsatz. (S15) Als »Mangel« stellte sich dabei das Verbot des Schußwaffengebrauchs heraus, denn Demonstranten gingen, als ihnen das bewußt wurde, gegen VP und KVP »tätlich« vor und entwaffneten sie. In den Monaten danach wurden einige tausend KVP-Angehörige als unzuverlässig entlassen. Im September 1953 wurden im Zuge einer Umstrukturierung zwei Territorialverwaltungen (Schwerin, Dresden) aufgelöst, eine kleinere in Potsdam gebildet. Es erfolgte eine verstärkte parteipolitische Durchdringung der KVP: Im Jahre 1955 gehörten 80 Prozent der Offiziere (40 Prozent der Unteroffiziere) der SED an; etwa 100 000 kasernierte Volkspolizisten erhielten eine militärische und ideologische Ausbildung. Nachdem 1954 die Vier-Mächte-Konferenz über Deutschland in Berlin gescheitert und die Bundesrepublik Deutschland in die NATO integriert worden war, wurde am 14. Mai 1955 mit dem Warschauer Vertrag ein Verteidigungsbündnis geschaffen, dem die *Nationale Volksarmee* (NVA) am 28. Januar 1956 unterstellt wurde. Diese ging im April 1955 aus der KVP hervor. (S2) Gleichwohl verfügte die DVP auch weiterhin über kasernierte VP-Bereitschaften in 21 Garnisonen mit etwa 18 000 Mann, ausgerüstet mit mittelschweren Waffen.[12]

Die NVA verfügte über Land-, Luft- und Seestreitkräfte, aufgeteilt in fünf Militärbezirke. Das Ministerium für Nationale Verteidigung war oberste Führungsinstanz und hatte seinen Sitz in Strausberg (Militärbezirk I); die Luftstreitkräfte (LSK) und Luftverteidigungseinheiten (LV) bezogen ihren Sitz in Eggersdorf (Militärbezirk II); ein Armeekorps der Landstreitkräfte mit allen Verbänden und Einheiten bestand in

---

10 Vgl. THOSS 1994.
11 Vgl. BOHN 1960; GLASER et al. 1995.
12 Vgl. DDR 1985, S. 710.

Leipzig (Militärbezirk III), in Neubrandenburg (Militärbezirk V) und ab 1972 in Potsdam. Sämtliche Einheiten der Volksmarine, die ihr Kommando in Rostock hatte, bildeten den Militärbezirk IV. Die personelle Gesamtstärke belief sich zuletzt auf 173 000 Mann, von denen u. a. 106 000 auf die Landstreitkräfte, 38 000 (davon 15 000 Wehrpflichtige) auf die LSK/LV und 14 000 auf die Volksmarine entfielen. Hinzu kamen 385 000 gediente Reservisten. Im Kriegsfall war der Einsatz von 437 000 Soldaten geplant.[13]

Die Militärdoktrin ging stets von einer äußeren Bedrohung durch den »aggressiven Imperialismus« aus. In den sechziger und siebziger Jahren orientierte sie, selbstverständlich unter dem Primat der Sowjetunion und für alle Teilnehmer des Warschauer Vertrages verbindlich, auf »Vorwärtsverteidigung«, wonach das Territorium des Gegners bis zum Atlantik binnen 12–16 Tagen erobert werden sollte. Der KSZE-Prozeß Mitte der siebziger Jahre, die Polenkrise im Jahre 1980 und das amerikanische Rüstungsprogramm führten zu einem strategischen Umdenken, das sich im Mai 1987 in der Verkündung einer defensiven Militärdoktrin äußerte. (S7) Zugleich konnte die NVA auch bei inneren Unruhen (»Konterrevolution«) zum Zuge kommen. (S3) Für die Soldaten bedeuteten diese Doktrinen stets hohe Gefechtsbereitschaft. Etwa ein Drittel der Luftverteidigungskräfte war ständig bereit und binnen zwei Stunden konnten die Landstreitkraftverbände voll aufmunitioniert die Kasernen verlassen. Im Diensttag bedeutete das stets die 85prozentige Bereitschaft, wonach nur 15 Prozent wegen Urlaub oder Krankheit fehlen durften; Offiziere und Unteroffiziere hatten nur einen Tag und Abend pro Woche Freizeit. Während unter diesem Gesichtspunkt Waffentechnik und Ausrüstung meist im guten Zustand waren, galt das für die Mannschaftsunterkünfte, Sanitätseinrichtungen oder Speiseräume nicht.[14]

Bis 1962 war der Wehrdienst freiwillig, doch das Wehrdienstgesetz (S6) verlangte die Einberufung aller wehrtauglichen männlichen Jugendlichen ab dem 18. Lebensjahr. Der Wehrdienst dauerte mindestens 18 Monate, für Soldaten, Unteroffiziere und Offiziere auf Zeit mindestens drei Jahre. Je nach Dienstzeit wurde unter den Soldaten nach »Keime«, »Sprutze«, »Mi-Pi« und »Entlassungskandidaten« unterschieden – eine inoffizielle Rangordnung. Nach der Entlassung bestand die Wehrpflicht bis zum 50., beim Mobilisierungs- bzw. Verteidigungsfall sogar bis zum 60. Lebensjahr. Minister waren Willi Stoph (1956–1960), Heinz Hoffmann (1960–1985), Heinz Keßler (1985–1989), Theodor Hoffmann (1989/90) und zuletzt Rainer Eppelmann.[15]

Eine Reihe von Institutionen arbeitete der militärischen Sicherheit zu. Eine Gesellschaft war für Militärmedizin zuständig, die Militärakademie »Friedrich Engels« in Dresden bildete für die NVA Stabsoffiziere aus und die Militärjustiz hatte das »sozialistische Recht« auf militärischem Gebiet durchzusetzen. Die Militärmedizinische Akademie (MMA) war die höchste akademische Forschungs- und Ausbildungsstätte

---

13 Vgl. SCHÖNBOHM 1992; GIESSMANN 1992; NAUMANN 1993; BALD et al. 1995; THOSS et al. 1995.
14 Vgl. FORSTER 1983; DDR 1985, S. 931–937; HERBST et al. 1994, S. 740–754; KUBINA/ WILKE 1995.
15 Vgl. HOLZWEISSIG 1985; DDR 1985, S. 1466; EPPELMANN et al. 1996, S. 111–115; BARTH et al. 1996.

der NVA für Militärmedizin und -pharmazie. Die Produktion von Waffen und Ausrüstung koordinierte das 1956 geschaffene Amt für Rüstungstechnik, ehemals Amt für Auftragsangelegenheiten, das zwei Jahre später im Ministerium für Nationale Verteidigung aufging. Schwerpunkte der Rüstungsproduktion waren Erzeugnisse auf dem Gebiet der Elektronik und des Kraftfahrzeug- und Schiffbaus.[16]

Einen Zivildienst wie in der Bundesrepublik Deutschland gab es in der DDR nicht. Es war lediglich möglich, den Wehrdienst ohne Waffe zu leisten. Diese etwa 3 000 kasernierten Wehrpflichtigen hatten den Dienstrang »Bausoldaten« und wurden bei Straßen- und Verkehrsbauten, zum Ausbau von Verteidigungsanlagen und zur Beseitigung von Übungsschäden eingesetzt. Als Reaktion auf diese restriktiven Festlegungen entstand die oppositionelle Bewegung Sozialer Friedensdienst, eine der Wurzeln der staatsunabhängigen Friedensbewegung in der DDR.[17] (K16; K34)

2. Innere Sicherheit: Grenztruppen, MfS, Volkspolizei, Wehrerziehung und Zivilschutz

Die Deutsche Grenzpolizei und später die *Grenztruppen* hatten die Landesgrenzen der SBZ/DDR in einer Gesamtlänge von 2 236 km (davon 1 378 km der innerdeutschen Demarkationslinie) zu sichern und die Sperranlagen zu überwachen, um Fluchten und illegale Grenzübertritte zu verhindern (D37; D38); im Kriegsfall hatten sie die Grenze militärisch zu schützen.[18]

Die Kontrolle der DDR-Grenzen unterlag bis 1955 sowjetischen Einheiten. Angesichts hoher Fluchtzahlen aus der damaligen SBZ hielt es die Sowjetische Militäradministration bereits im November 1946 für erforderlich, die Deutsche Grenzpolizei aufzustellen und zu bewaffnen. Im Jahre 1948 wurden die unterdessen rund 10 000 Mann kaserniert und militärisch ausgebildet. Die Grenzpolizei (ab 1974 Grenztruppen) war zeitweise dem Ministerium des Innern oder dem Minsterium für Staatssicherheit unterstellt, ab dem Mauerbau jedoch dem Ministerium für Nationale Verteidigung. Ihre Befugnisse waren zuletzt im »Grenzgesetz« vom 25. März 1982 festgelegt.[19] (S30)

Nach dem Mauerbau hatte die Grenzpolizei eine Stärke von 50 000 Mann. Hinzu kamen etwa 2 000 »freiwillige Helfer der Grenztruppen«, die monatlich einmal zwölf Stunden den Grenzraum überwachen halfen. (S22; S41) Ursprünglich beruhte der 18monatige Wehrdienst bei den Grenztruppen auf dem Freiwilligenprinzip, doch ging man später dazu über, besonders überprüfte Wehrpflichtige auszuwählen, was den mitunter auch als »Garde« bezeichneten Grenztruppen den Charakter einer militärischen Elite gab. Leiter waren Hermann Rentzsch (1948/49), Josef Schütz (1949 – 1952), Richard Smolosz (1952/53), Heinrich Garthmann (1953 – 1956), Paul Ludwig

---

16 Vgl. HERBST et al. 1994, S. 625 – 627, 635 – 637.
17 Vgl. EISENFELD 1995 sowie das Kapitel Kirchen in diesem Band.
18 Vgl. DDR 1985, S. 575 f.
19 Vgl. FRICKE 1993; HERBST et al. 1994, S. 373 – 380.

(1957-1960), Erich Peter (1960-1979), Klaus-Dieter Baumgarten (1979-1990) und Dieter Teichmann (1990).[20]

Zunehmende Perfektion bestimmte das Grenzregime. Im Mai 1952 wurde nach sowjetischem Modell eine fünf Kilometer tiefe Sperrzone, ein Schutzstreifen von 500 Metern Breite und ein zehn Meter breiter Kontrollstreifen vor der eigentlichen Grenze errichtet. Zugleich erfolgte die Sperrung der Westgrenze, Land- und Wasserwege gleichermaßen. Auch wurden bei der vom MfS geleiteten Aktion »Ungeziefer« über 8000 und bei der Aktion »Festigung« im September 1961 nochmals über 3000 im Grenzgebiet wohnende Personen zwangsweise umgesiedelt.[21] (S20) Auf sowjetisches Verlangen hatte ein »strenges Grenzregime« zu erfolgen, das die Anbringung der ersten Minensperren zur Folge hatte. Fünf Jahre später ließ die SED-Führung die Absperranlagen zur »modernen Grenze« ausbauen. Je nach Grenzlage gehörten dazu Stacheldrahtsicherungen, teils elektrische Metallgitterzäune, Stahlbetonmauern, Sperrgräben, Stolperdrähte, Minenfelder, automatische Selbstschußanlagen, Lichtsperren sowie akustische und elektrische Warnsysteme. Weiter waren zuletzt 715 Beobachtungstürme, Erdbunker, Hunde-Laufanlagen, Kolonnenwege und ein Meldenetz installiert. Für den Zeitraum von 1988 bis 2000 war an eine modernisierte und mit Mikrowellen und Infrarot ausgestattete Grenze gedacht; allein für das Material waren 257 Millionen Mark veranschlagt worden.[22]

Die wichtigste Absperrmaßnahme, um DDR-Einwohner an der Flucht zu hindern, war jedoch der Mauerbau. Allein in der Zeit von 1949 bis 1961 registrierten Bundesbehörden drei Millionen Flüchtlinge. Bis zum Jahre 1988 waren es dann noch knapp 220000, ein Jahr später 340000, bedingt durch ungehinderte Ausreisemöglichkeiten über Ungarn und den Mauerfall am 9. November 1989. Von Anbeginn ihrer Tätigkeit galt für die Grenztruppen die Devise, notfalls die Schußwaffe einzusetzen, um »Grenzübertreter« beim Verlassen der (bzw. Eindringen in die) DDR zu hindern. Dies belastete die meist recht jungen Grenzsoldaten sehr. Im Ernstfall mußten sie in kürzester Zeit zwischen Festnahme und »Vernichtung« entscheiden; manch einer schoß bewußt daneben. (S39) Andererseits gelang es der SED-Führung recht wirkungsvoll, »Grenzverletzer« propagandistisch als Klassenfeinde abzustempeln. Seit dem Mauerbau konnten rund 40000 Personen die Grenzanlagen erfolgreich überwinden; insgesamt sind jedoch über 900 Personen bei den Fluchtversuchen ums Leben gekommen, darunter weit mehr als 200 an der Mauer in Berlin.[23] (S38; D40) Die Todesschützen erhielten Belobigungen und Auszeichnungen (D38), wurden aber vom Grenzdienst abgezogen.[24] (S26)

Die Kontrolle des Personenverkehrs an den Grenzübergangsstellen (GÜSt) oblag nicht den Grenztruppen, sondern den Paßkontrolleinheiten (PKE) des MfS. Sie trugen zwar Grenztruppenuniformen und waren formal dem Grenzkommandanten, tatsächlich jedoch dem MfS unterstellt. Ihre bessere Besoldung und ein anderes Regle-

---

20 Vgl. LAPP 1987; EPPELMANN et al. 1996, S. 111-115; BARTH et al. 1996.
21 Vgl. BENNEWITZ/POTRATZ 1997, S. 59, 121.
22 Vgl. ALEXY 1993; BENNEWITZ et al. 1994; KOOP 1996a, S. 23.
23 Vgl. FAZ vom 12.8.1997.
24 Vgl. FILMER/SCHWAN 1991; EPPELMANN et al. 1996, S. 263f.

ment bewirkten einen Sonderstatus, was das Verhältnis zu den Angehörigen der Grenztruppen belastete, zumal das notorisch schikanöse Auftreten bei den Kontrollen ebenfalls zu ihren Lasten ging.[25]

Die Überwachung des grenzüberschreitenden Waren-, Devisen- und Geschenkverkehrs lag in Händen der im Jahre 1962 gegründeten Zollverwaltung. Sie war aus dem 1950 entstandenen Amt für Zoll und Kontrolle des Warenverkehrs (AZKW) hervorgegangen. Im relevanten Maße nahm sie ordnungs- und polizeirechtliche Aufgaben wahr. Leiter waren Anton Ruh (1951–1962), Gerhard Stauch (1963–1990) und zuletzt Günter Arndt.[26]

Im Januar 1990 veranlaßte die DDR-Regierung die Reduzierung der Grenztruppen um die Hälfte; unmittelbar vor der Währungsunion, am 30. Juni 1990, wurde die Grenzüberwachung zwischen DDR und Bundesrepublik Deutschland aufgehoben. In zahlreichen Verfahren wurden und werden im vereinten Deutschland sogenannte Mauerschützen, Leiter der Grenztruppen und politisch Verantwortliche vor Gericht gestellt. Bei diesen Verfahren wurde von den angeklagten Entscheidungsträgern stets die Existenz eines Schießbefehls geleugnet.[27] (S27)

Das *Ministerium für Staatssicherheit* (MfS) war das konstitutive Herrschaftsinstrument der SED-Führung. Es vereinte Überwachungs- und Unterdrückungsfunktionen mit Spionage und Diversion; es war politische Geheimpolizei mit exekutiven Befugnissen. (S17) Es hatte als »Sicherheits- und Rechtspflegeorgan die staatliche Sicherheit und den Schutz« der DDR zu gewährleisten. Zu seinen Hauptaufgaben zählte die »Sicherung der sozialistischen Errungenschaften und der Staatsgrenze«. Im einzelnen hatte es »feindliche Agenturen zu zerschlagen«, geheime Pläne und Absichten des Gegners aufzudecken, »militärische Anschläge und Provokationen« gegen die DDR zu verhindern, bestimmte Straftaten zu untersuchen und über all das die Parteiführung umfassend zu informieren. Darüber hinaus mußte es die Sicherheit innerhalb der NVA und den »bewaffneten Organen« gewährleisten.[28] (S25)

Hervorgegangen war das MfS im Jahre 1950 aus der politischen Polizei, die auf Kreis- und Landesebene ab 1947 als Kommissariat 5 (K 5) der DVP tätig war (S21), und der Hauptverwaltung zum Schutz der Volkswirtschaft. (S12) Bis Ende der fünfziger Jahre stand das MfS unter unmittelbarer Kontrolle sowjetischer Berater, die in späteren Jahren lediglich als Verbindungsoffiziere fungierten. Das MfS stützte sich neben seiner Berliner Zentrale auf 14 Bezirksverwaltungen (und zeitweilig auf die Verwaltung Wismut) sowie auf 217 Kreis- und Objektdienststellen. Mit Stand von 1989 verfügte es über 13 Hauptabteilungen, 20 selbständige Abteilungen sowie mehrere Arbeitsgruppen. Ihre Arbeitsfelder erstreckten sich auf alle gesellschaftlichen Bereiche, Institutionen, Organisationen und Parteien (mit Ausnahme der SED) in der DDR und – in nicht unerheblichem Maße – der Bundesrepublik; alle Informationen liefen zuletzt bei der Zentralen Auswertungs- und Informationsgruppe (ZAIG) zusammen. Im einzelnen waren Hauptabteilungen und Abteilungen zuständig für:

---

25 Vgl. ORGANISATIONSSTRUKTUR 1995.
26 Vgl. HERBST et al. 1994, S. 1234 f.; BARTH et al. 1996.
27 Vgl. KOOP 1996a.
28 Vgl. FRICKE 1989; FRICKE 1991; FRICKE 1995; HENKE 1995.

Einleitung 439

NVA und Grenztruppen (I), Spionageabwehr (II), Funküberwachung (III), Paßkontrolle und Tourismus (VI), DVP (VII), Untersuchungs- und Ermittlungsverfahren (IX), Internationale Verbindungen (X), Chiffrierwesen (XI), Archiv (XII), Datenverarbeitung (XIII), Strafvollzug (XIV), Besucherbüro West-Berlin (XVII), Wirtschaft (XVIII), Verkehrs- und Nachrichtenwesen (XIX), Staatsapparat, Kirche, Kultur und Opposition (XX), Terrorabwehr (XXII), Personenschutz, Kader und Schulung, Finanzen, Post- und Telefonkontrolle und weiteres. Darüber hinaus verfügte das MfS über ein Wachregiment mit knapp 12 000 Angehörigen.[29]

Unbeschadet außenpolitischer Entwicklungen nahm der Bestand an hauptamtlichen Mitarbeitern stetig zu. Gab es im Jahre 1950 nur rund 1 000 hauptamtliche Mitarbeiter des MfS, so standen 1957 schon 14 000, 1973 über 52 000 und 1989 schließlich 91 015 Mitarbeiter beruflich in seinen Diensten.[30] Minister waren Wilhelm Zaisser (1950–1953), Ernst Wollweber (1953–1957), Erich Mielke (1957–1989) und zuletzt Wolfgang Schwanitz.[31] Sie verstanden das MfS zu Recht nicht als »Staat im Staate«, sondern als »Schild und Schwert der Partei«. Sie verfügten über ein Netz inoffizieller Mitarbeiter (IM) mit beträchtlichem Umfang, das anfangs, teils auf geringem Niveau (S16), bei 10 000 und zuletzt bei 174 000 IM lag. Demnach war im Jahre 1989 jeder hunderste DDR-Einwohner IM. Mit dieser »Hauptwaffe im Kampf gegen den Feind« war eine »totale flächendeckende Überwachungsarbeit« möglich gewesen.[32] Hauptamtliche und inoffizielle Mitarbeiter hatten über ein »konkretes und reales Feindbild« zu verfügen, wobei Haß ein wesentlicher Bestandteil ihrer »tschekistischen Gefühle« sein sollte.[33] (S34)

Die IM können nach drei grundlegenden Funktionstypen unterschieden werden: (1.) In IM zur Sicherung bestimmter Bereiche, die zur inneren Sicherheit beitragen, vorbeugend und schadenverhütend wirken sollten; (2.) in IM zur »Feindbekämpfung«, die »Feinde« überprüfen, beobachten und gegen sie zu ermitteln hatten, um mögliche Absichten zu erkennen und an Beweismaterial zu gelangen; und (3.) IM für logische Aufgaben, die etwa ihre Wohnung für Treffen zwischen Führungsoffizier und IM zur Verfügung stellten. Nach 1990 wurden rund 110 000 der mindestens 600 000 IM, die es in der DDR-Geschichte gab, enttarnt. Nicht wenige empfinden Angst davor (S33) oder ärgern sich, ihre Rolle als Marionette des MfS akzeptiert zu haben. (S40) Jedoch trugen IM allein mit ihrer Existenz, aber mehr noch mit ihrer Tätigkeit, zu Angst und Anpassung in der DDR-Gesellschaft bei. Zugleich waren sie Seismographen für den Grad tatsächlicher Machtgefährdung und ebenso stiller Ausdruck der Repressionsgewalt. Unbeschadet der Intentionen unterstützte die Schattenarmee der IM den Machterhalt der SED-Führung.[34]

Das MfS verfügte, wenn es Personen im Visier hatte, über verschiedene Vorgangsarten. Neben Sicherungsvorgängen (SiVo), Ermittlungsverfahren (EV) und Untersu-

---

29 Vgl. GILL et al. 1991; ORGANISATIONSSTRUKTUR 1995.
30 Vgl. GIESEKE 1995.
31 Vgl. BARTH et al. 1996.
32 Vgl. MÜLLER-ENBERGS 1996.
33 Vgl. KUKUTZ/HAVEMANN 1990; SUCKUT 1996.
34 Vgl. MÜLLER-ENBERGS 1996.

chungsvorgängen (UV) waren das die Operative Personenkontrolle (OPK) und der Operative Vorgang (OV), wobei bei letzterem den Observierten Straftaten nachzuweisen und diese zu unterbinden waren bzw. die Betroffenen »zersetzt« werden sollten. (S28) Im inneren Spannungsfall und im Verteidigungszustand fielen dem MfS zahlreiche Aufgaben zu, darunter die Einrichtung von Internierungslagern, in denen man Personen isolierte. Die in Frage kommenden Personen wurden in ständig zu erneuernden Listen geführt, die zuletzt 86 000 Menschen erfaßte. Jedem von ihnen war eine von fünf Kennziffern zugeordnet, die über unmittelbare Festnahme, Isolierung oder Erfassung als »feindlich-negative« Person Auskunft gab. (S35) Die Zuordnung einer Kennziffer basierte im wesentlichen auf Erkenntnissen von IM. Im inneren Spannungsfall waren etwa Personen mit der Kennziffer 4.1.1 und 4.1.3, zuletzt rund 13 000, in »Isolierungsobjekten« unterzubringen.[35] (S32)

Als das »unmittelbar bewaffnete Organ der Arbeiterklasse« wurden im September 1953 die *Kampfgruppen* (KG) gegründet. Es hatte schon im Herbst 1952 erste Betriebskampfgruppen gegeben, die in Folge des Aufstandes am 17. Juni 1953 systematisch aufgebaut wurden. Ursprünglich waren sie zum Schutz der Betriebe gedacht, doch sollten sie auch ein »wirksames Instrument der Heimatverteidigung« sein.[36]

Den Kampfgruppen gehörten etwa 400 000 Kämpfer an, die von den örtlichen SED-Leitungen dienstverpflichtet wurden; die Mitgliedschaft war jedoch freiwillig. Die Grundausbildung erfolgte außerhalb der Arbeitszeit in 33 Wochen an 16 Wochenenden durch die DVP. Zu ihren Aufgaben zählte die Unterdrückung von Aufständen, die Erschließung von Hilfsgütern, der Schutz der Bevölkerung und wichtiger Gebäude, die Sicherung der Operationsfähigkeit der Streitkräfte oder die Übernahme logistischer Aufgaben. Die größte »Bewährungsprobe« war die Unterstützung bei der Abriegelung der Grenze im August 1961 (S18) und das tatkräftige Mitwirken beim Mauerbau. (S19) Kommandeure bzw. Leiter der Hauptabteilung Kampfgruppen im Ministerium des Innern waren Willi Seifert (1957–1961), Karl Mellmann (1961–1972) und Wolfgang Krapp (1972–1989).[37]

Zu den ersten Maßnahmen in der SBZ zählte der Aufbau der *Deutschen Volkspolizei* (DVP), deren Leitungspersonal sich vornehmlich auf zuverlässige Kommunisten stützte. Aus ihr ging die Deutsche Grenzpolizei, die Kasernierte Volkspolizei (spätere NVA) und das Ministerium für Staatssicherheit hervor.

Die Einheiten der Schutz-, Kriminal- und Ordnungspolizei waren bis zum Jahre 1948 den Landes- und Provinzialbehörden der SBZ unterstellt. (S10) Sodann wurden sie offiziell in der bereits im Juni 1946 gegründeten Deutschen Verwaltung des Innern (DVdI) zentralisiert. Mit Gründung der DDR unterstand die Volkspolizei dem Ministerium des Innern, und dort die Polizeiverbände der Hauptverwaltung der Deutschen Volkspolizei (HVDVP). In den Jahren von 1952 bis 1982 bestanden die Hauptabteilungen Politische Verwaltung, Personal, Schutzpolizei, Betriebsschutz, Kraftfahrzeuginspektion (später Verkehrspolizei), Feuerwehr, Transportpolizei,

---

35 Vgl. GAUCK 1991; WOLLENBERGER 1992; LOEST 1992; AUERBACH 1995; FRICKE 1996; WALTHER 1996.
36 Vgl. HERBST et al. 1994, S. 465–468.
37 Vgl. DDR 1985, S. 707 f.; BARTH et al. 1996; KOOP 1997.

Einleitung 441

Bereitschaften, Grenze, Intendantur (später Technische Dienste), Haftsachen (später Strafvollzug) und Gesundheitswesen. Die DVP hatte im Jahre 1989 eine Gesamtstärke von 80 000 Personen (ohne Betriebsschutz und Transportpolizei).[38]

Neben den traditionellen Aufgaben der »Gewährleistung der öffentlichen Ordnung und Sicherheit« (S23) hatte die DVP auch zur »allseitigen Stärkung und zum zuverlässigen Schutz der Arbeiter-und-Bauernmacht« beizutragen (S11), was auch am 17. Juni 1953 deutlich wurde. (S15) Die meisten DVP-Angehörigen waren Mitglieder der SED. Um die DVP als »Polizei des Volkes« zu etablieren, wurde die Mitarbeit in Volksvertretungen begrüßt. Im Jahre 1989 waren 5 600 Polizisten Abgeordnete in Volksvertretungen, rund 29 000 Angehörige arbeiteten in Hausgemeinschaften und Wohnbezirksausschüssen mit. Die gesellschaftliche Unterstützung polizeilicher Tätigkeit war in der DDR stark ausgeprägt: Es gab 470 000 Kameraden der Freiwilligen Feuerwehr, 280 000 Mitglieder gesellschaftlicher Kollektive für Verkehrssicherheit in Betrieben, Einrichtungen und Wohngebieten, 64 000 Mitglieder der Ordnungsgruppen der FDJ, 39 000 Junge Brandschutzhelfer, 9 000 Schülerlotsen sowie 45 000 Mitglieder von Arbeitsgemeinschaften Junger Verkehrshelfer.[39]

Eine spezielle Abteilung innerhalb der DVP war das Arbeitsgebiet 1 der Kriminalpolizei (K1), das 1964 aus der 1959 gegründeten Operativ-Abteilung entstand. Es beschäftigte sich zunächst mit jenen Delikten, die es in der DDR nicht geben durfte, wie Spekulationen mit Autos, Grundstücken und Antiquitäten. Später kamen schwerwiegende Gewaltkriminalität und politische Delikte hinzu. Zu diesem Zweck operierte die K1 mit geheimpolizeilichen Methoden und verfügte über ein inoffizielles Mitarbeiternetz von 15 000 Personen; hauptamtliche Mitarbeiter der K1 waren mitunter Offizier im besonderen Einsatz (OibE) des MfS oder inoffizielle Mitarbeiter.[40]

Die bereits erwähnte Bereitschaftspolizei, kaserniert und militärisch ausgebildet, wurde ab 1969 als VP-Bereitschaft bzw. als Innere Truppe bezeichnet. Sie war ausgerüstet mit Schützenpanzerwagen, Feldgeschützen, Granatwerfern, schweren Maschinengewehren und Wasserwerfern. Sie nahm an Manövern der Warschauer Vertragsstaaten teil. Zu ihren Aufgaben zählte der Einsatz bei inneren Unruhen und Katastrophenfällen. Beim Mauerbau wirkte sie ebenso mit wie bei den Einsätzen gegen Demonstranten am 7. Oktober 1989.[41]

Ein weiterer Dienstzweig war die Transportpolizei, deren Zuständigkeit sich auf die Anlagen und Einrichtungen der Deutschen Reichsbahn erstreckte. Zu ihren Aufgaben gehörte der Schutz des Eisenbahnverkehrs und der Militärtransporte, desweiteren die Kontrolle von Reisenden, wozu Zugbegleitkommandos (ZBK) eingesetzt wurden. Von den rund 80 Kompanien mit einer Personenstärke von etwa 8 000 Mann waren 17 kaserniert. Der Dienst war mit dem Wehrdienst gleichgestellt. Die Transportpolizei war ausgerüstet mit Maschinenpistolen und Granatwerfern. Da die Reichsbahn bis Ende der achtziger Jahre auch den S-Bahn- und Fernverkehr in

---

38 Vgl. THOSS 1994.
39 Vgl. DDR 1985, S. 275 f.; HERBST et al. 1994, S. 212–225.
40 Vgl. ARBEITSGEBIET I 1994.
41 Vgl. STEIKE 1992; EPPELMANN et al. 1996, S. 471 f.

West-Berlin betrieb, wurden unter der Bezeichnung »Bahnpolizei« dort ebenso Transportpolizei-Einheiten eingesetzt.[42]
Für bestimmte städtische Abschnitte oder Gemeinden waren Abschnittsbevollmächtigte (ABV) zuständig. Diese Angehörigen der DVP waren für die öffentliche Ordnung und Sicherheit verantwortlich und arbeiteten mit staatlichen Organen, darunter dem MfS, zusammen. Unterstützung erhielten die ABV durch etwa 177 500 freiwillige Helfer der DVP, die es seit 1952 gab.[43]
Eine weitere Gliederung der DVP war der Betriebsschutz, dem die ständige Bewachung von Betrieben und Behörden sowie der Werksschutz innerhalb dieser unterstand. Er gliederte sich in den Betriebsschutz A, dem etwa 15 000 aktive Volkspolizisten angehörten, und den Betriebsschutz B, dem Beschäftigte der jeweiligen Institution dienten, die daher unter Polizeibefehl standen. Der Betriebsschutz bestand zwar unabhängig von den Kampfgruppen, doch bildeten die dort beschäftigten Volkspolizisten oftmals Kampfgruppen aus, denen die Beschäftigten des Betriebsschutzes B stets angehörten.[44] Präsidenten der DVP waren Erich Reschke (1946–1948), Kurt Fischer (1948/49), Karl Steinhoff (1949–1952), Willi Stoph (1952–1955), Karl Maron (1955–1963), Friedrich Dickel (1963–1989) und zuletzt Dieter Winderlich (1989/90).[45]

Nach sowjetischem Vorbild wurde 1952 als »sozialistische Wehrorganisation« die *Gesellschaft für Sport und Technik* (GST) gegründet. (S13) Sie hatte 14- bis 18jährige Jugendliche im Rahmen der Wehrerziehung auf den Wehrdienst vorzubereiten, auf ihr ruhte die Hauptlast der vormilitärischen Ausbildung. In der zweijährigen Ausbildung fand im ersten Jahr die Grundausbildung, im zweiten Jahr die Ausbildung für die NVA-Laufbahnen statt. Die Leistungen während der GST-Ausbildung floßen in die Beurteilung der Schüler und Lehrlinge ein, wodurch eine hohe Beteiligung erreicht wurde. Ein gewisser Anreiz für diese Ausbildung war der Erwerb des Führerscheins, sogar des Flugscheins. Das Angebot sportlicher Betätigung reichte vom Automodell- bis zum Wehrkampfsport. Schließlich traten mehr als 90 Prozent der Wehrpflichtigen den Dienst bei der NVA mit einer abgeschlossenen vormilitärischen Ausbildung an.[46] (S24)

Der GST gehörten an: Deutscher Schützenverband (247 000 Mitglieder), Flug- und Fallschirmsportverband (5 300), Militärischer Mehrkampfverband (102 000), Modellsportverband (18 200), Motorsportverband (134 000), Radiosportverband (25 200), Seesportverband (10 700), Tauchsportverband (7 900) und Wehrkampfsportverband (112 300). Im Jahre 1988 zählte die GST etwa 670 000 Mitglieder in 19 000 Organisationseinheiten, die es in Betrieben, Wohngebieten und auf Stadt- und Kreisebene gab. Sie besaßen Dienstuniformen, Kampf- und Arbeitsanzüge. Ihre Bewaffnung beschränkte sich auf Kleinstkalibergewehre. Die Anleitung und Koordination der GST lag seit 1956 beim Ministerium für Nationale Verteidigung.[47] GST-

---

42 Vgl. HERBST et al. 1994, S. 212–215.
43 Vgl. DDR 1985, S. 275 f.
44 Vgl. HERBST et al. 1994, S. 212–215.
45 Vgl. BARTH et al. 1996.
46 Vgl. HENKEL 1994; EPPELMANN et al. 1996, S. 249–251.
47 Vgl. HERBST et al. 1994, S. 344–352.

Vorsitzende waren Arno Berthold (1952–1955), Richard Staimer (1955–1963), Kurt Lohberger (1963–1968), Günter Teller (1968–1982), Günter Kutzschebauch (1982–1990) und zuletzt Dieter Sommer.[48]
Eine ebenfalls 1952 gegründete Organisation war der Dienst für Deutschland, die jedoch nur ein Jahr Bestand haben sollte. Der »sozialistische Arbeitsdienst« mit 7 000 Jugendlichen, unter militärischer Aufsicht in Zeltlagern zusammengefaßt, hatte vornehmlich beim Bau von Kasernen und Truppenübungsplätzen mitzuwirken.[49] (S14)

Zum Kontext der Sicherheitspolitik ist die *Wehrerziehung* zu zählen, die weite Bereiche der Gesellschaft einschloß und zu ihrer zunehmenden Militarisierung beitrug. Sie zielte auf die systematische Entwicklung der Wehrbereitschaft und -fähigkeit der Bürger und umfaßte ideologische Beeinflussung, Vermittlung militärtechnischer Kenntnisse und Fähigkeiten sowie wehrsportliche Tätigkeit. (S31) Die Wehrerziehung begann schon im Kindergarten, wo der Besuch von Kindern in Kasernen vorgesehen war. (S37) In den ersten Schuljahren stimmten »kindgemäße« Wehrpropaganda und Begegnungen mit NVA-Angehörigen auf den späteren Wehrdienst ein. Schon der Erstkläßler erlernte im Sportunterricht einfache militärische Kenntnisse und Fähigkeiten im Geländespiel, die in der 2. und 3. Klasse mit steigendem Niveau ausgebaut wurden. In der 5. bis 6. Klasse erfolgte die wehrpolitische Arbeit im Geschichts- bzw. Staatsbürgerkundeunterricht, Kartenlesen und -zeichnen im Geographieunterricht und das Einüben militärischer Ordnungsformen im Sportunterricht. Die konkretere Vorbereitung auf den Wehrdienst erfolgte in den nachfolgenden Klassen; Wehrerziehung war integraler Bestandteil eines jeden Unterrichtsfaches. Für die 9. und 10. Klasse war das Fach Wehrkunde für alle Schüler obligatorisch und umfaßte vier Doppelstunden. (S29; S36; G85) Die Wehrausbildung in Lagern, auch für Nichtmitglieder organisiert und angeleitet durch die GST, erfolgte an 14 zusammenhängenden Unterrichtstagen anhand eines zentralen Ausbildungsprogramms. Hinzu kam ein Lehrgang zur Zivilverteidigung. In der 10. Klasse fand als Abschluß des Wehrunterrichts ein militärisches Großgeländespiel in der »Woche der Waffenbrüderschaft« statt. Weiter wurden in den Schulen für die 9. und 10. Klasse Arbeitsgemeinschaften für Wehrausbildung angeboten, die im außerunterrichtlichen Bereich systematisch und kontinuierlich Wehrbereitschaft und -fähigkeit schulten; im Jahre 1982 gab es rund 9 000 dieser Arbeitsgemeinschaften. Die Wehrerziehung fand in der 11. und 12. Klasse durch die Vermittlung der »Grundlagen der Militärpolitik« ihre Fortsetzung. Die Schüler und Auszubildenden waren an der Teilnahme zur vormilitärischen Ausbildung im Rahmen der GST verpflichtet; sie war Bestandteil der Berufsausbildung. Auch während des Studiums war die wehrerzieherische Arbeit ein Element der Erziehung. (S6) Dazu gehörten Vorlesungen zur Militärpolitik, der Wehrsport sowie, für männliche Studenten in der Regel, die militärische Qualifizierung (MQ) und, für weibliche Studenten, die Ausbildung in der Zivilverteidigung (ZV). Einmal während des Studiums absolvierten die Studenten ein fünfwöchiges MQ-Lager, die Studentinnen im gleichen Zeitraum ein ZV-Lager. Formal fanden

---

48 Vgl. BARTH et al. 1996.
49 Vgl. BUDDRUS 1994.

diese Lager in Einrichtungen des Ministeriums für Hoch- und Fachschulwesen der DDR statt, tatsächlich oblag die Ausbildung der NVA bzw. der Zivilverteidigung.[50]

Neben der schulischen und universitären Wehrerziehung bestand ein Netz von Organisationen und Institutionen, in denen diese Thematik ebenfalls breiten Raum einnahm. In der Pionierorganisation, die die sechs- bis 14jährigen Schüler umfaßte, und der FDJ war die »Liebe und Achtung« vor den NVA-Soldaten zu vermitteln. In spielerischen Formen wie Puzzlespiele über NVA-Übungen, Geländespiele und militärischem Modellbau wurden entsprechende Grundkenntnisse vermittelt. Auch gab es Wettbewerbe im Schießen und Keulenzielwurf (als Ersatz für Handgranaten), Karten- und Kompaßlesen und Pioniermanöver. In jeder Grundorganisation der FDJ war ein Funktionär für Wehrerziehung und Sport vorgesehen, der für die Wehrfähigkeit der Jugendlichen zuständig war. Bei den Hans-Beimler-Wettkämpfen fanden wehrpolitische und -sportliche Übungen statt: Überwinden der Hindernisbahn, Handgranatenweitzielwurf, Luftgewehrschießen und »Marsch der Bewährung« (10 km), bei dem Tarnung und Geländeorientierung geübt wurden.[51]

Die SED-Führung entwickelte ein weitverzweigtes System von zivilen Sicherheits- und Kontrollinstitutionen, die verschiedentlich miteinander verbunden waren. Die Sicherheitspolitik begann schon im Wohnhaus. Alle Hausbewohner und deren Besucher mußten sich in ein von den Meldestellen der Volkspolizei herausgebenes Hausbuch eintragen, dessen Führung seit 1964 in jedem Wohngebäude zwingend vorgeschrieben war; MfS und Volkspolizei konnten es einsehen. Im Jahre 1989 gab es 2 100 000 Beauftragte der DVP zur Führung des Hausbuches. Seit 1953 wurden Mieter in Hausgemeinschaften zusammengefaßt, die auf Versammlungen eine Hausgemeinschaftsleitung (HGL) wählten und ein Arbeitsprogramm verabschiedeten. Dem HGL-Vorsitzenden oblagen organisatorische Arbeiten und die Berichterstattung. Im Jahre 1986 gab es rund 32 000 Hausgemeinschaften, die »die Politik der SED in jede Familie zu tragen« hatten. Oftmals war ein Hausbewohner auch ehrenamtlicher Brandschutzbeauftragter. Bei einem Wohnungswechsel mußte der zukünftige Aufenthaltsort bei der Meldestelle angezeigt werden; Besucher, die länger als 30 Tage blieben, waren ebenfalls meldepflichtig. In die DDR eingereiste Personen hatten sich an jedem Aufenthaltsort binnen 24 Stunden bei der Volkspolizei anzumelden und bei Abreise wieder abzumelden; sie hatten sich ebenfalls in das Hausbuch einzutragen.[52]

Auch der Freie Deutsche Gewerkschaftsbund (FDGB) hatte sich verpflichtet, in seinen Grundorganisationen vielfältige militärisch-politische Propaganda zu betreiben, Fragen der »sozialistischen Landesverteidigung« fest zu integrieren. In diesem Kontext hatten Gewerkschaftsorganisationen betrieblichen Wehrsport anzubieten, FDGB-Pokalwettbewerbe im Sportschießen und Wehrkampfsport fanden statt. Darüber hinaus verfügte die Urania, eine Gesellschaft zur Verbreitung wissenschaftlicher Erkenntnisse, über eine Sektion Militärpolitik, die auf Kreis-, Bezirks- und zentraler Ebene eine breitenwirksame militärpolitische Propagandaarbeit leistete. Allein im Jahre 1981 führte diese Sektion rund 39 000 Vorträge zu militärpolitischen Fragen

---

50 Vgl. DDR 1985, S. 1467–1470; GEISSLER et al. 1996; EPPELMANN et al. 1996, S. 414–417.
51 Vgl. DDR 1985, S. 1467–1470; EPPELMANN et al. 1996, S. 414–417.
52 Vgl. DDR 1985, S. 595 f.; HERBST et al. 1994, S. 397 f.

Einleitung 445

durch. Weiter mußten die SED-Parteileitungen in allen größeren Betrieben, Verwaltungen und Institutionen Arbeitsgruppen für sozialistische Wehrerziehung bilden, die die Wehrerziehung koordinieren sollten. Bei den Räten der Kreise und Bezirke gab es darüber hinaus Kommissionen für sozialistische Wehrerziehung, die die Wehrbereitschaft zu fördern hatten. Ferner bestanden in den Kreisen sogenannte Militärpolitische Kabinette, die durch Schulungsveranstaltungen die Wehrerziehung unterstützen sollten. Auch die Arbeitsgemeinschaft ehemaliger Offiziere, 1958 gegründet, leistete einen Beitrag zur militärgeschichtlich-propagandistischen Arbeit vor allem gegen die »Rüstungspolitik« der Bundesrepublik Deutschland.[53]

Neben der Wehrerziehung gab es ein entwickeltes System von Einrichtungen, die bei Katastrophen zuständig werden sollten. Die Koordinierung bei Katastrophen infolge ziviler oder militärischer Ereignisse lag in Händen der Zentralen Katastrophenkommission (ZKK), die über Kommissionen auf Kreis- und Bezirksebene verfügte. Sie waren in das System der *Zivilverteidigung* der DDR (ZV) integriert. Die ZV wurde 1970 gegründet und war eine militärisch organisierte Formation für Rettungs-, Bergungs-, Entgiftungs- und Instandsetzungsarbeiten im Verteidigungsfall oder in anderen Notsituationen. Sie ging aus den 1958 gebildeten Luftschutzformationen, die rund 15 000 Mann umfaßten, hervor und unterstand von 1976 an dem Ministerium für Nationale Verteidigung. Zuletzt gehörten ihr 1 300 hauptamtliche und 490 000 ehrenamtliche Mitarbeiter an. Teil der ZV war auch das Deutsche Rote Kreuz (DRK) als Träger des zivilen Bevölkerungsschutzes; alle seine Grundorganisationen gehörten der ZV an; auch fielen ihm Aufgaben im Zuge der Territorialverteidigung zu.[54]

Bereits im Jahre 1946 waren Volkskontrollausschüsse (später Volkskontrollbewegung) als Hilfsorgane der Deutschen Volkspolizei eingerichtet worden, die man zur Bekämpfung von Wirtschaftsdelikten einsetzte. Zugleich entstanden bei der Deutschen Wirtschaftskommission (DWK) Kontrollkommissionen, aus denen 1952 die Zentrale Kontrollkommission (ZKK) hervorging. In der Arbeiter- und Bauerninspektion (ABI) wurden diese Organisationen im Jahre 1963 zusammengefaßt. Die ABI war eine staatliche und gesellschaftliche Behörde zur Überwachung der Einhaltung von Gesetzen, Beschlüssen und volkswirtschaftlichen Planvorgaben. Unterstützung erfuhr sie durch Kontrollposten der FDJ, die seit 1952 für betriebliche und regionale FDJ-Kontrollaktionen zu Qualität, Material- und Energieeinsparung zum Zuge kamen. Bei einem Kontrollpostenalarm 1972/73 sammelten 1 710 FDJ-Grundorganisationen über 30 000 Tonnen Stahlschrott.[55]

---

53 Vgl. DDR 1985, S. 1467–1470; EPPELMANN et al. 1996, S. 414–417.
54 Vgl. DDR 1985, S. 278 f., 1557 f.; HERBST et al. 1994, S. 471 f., 1231–1233.
55 Vgl. DDR 1985, S. 53 f.; HERBST et al. 1994, S. 74–76; EPPELMANN et al. 1996, S. 414–417.

3. Entscheidungsgremien der Sicherheitspolitik: Verteidigungsrat und SED-Führung

In dem 1960 geschaffenen *Nationalen Verteidigungsrat* (NVR) liefen formal alle Fäden zusammen, die Maßnahmen zur inneren und äußeren Sicherheit der DDR betrafen; er war gesetzlich betrachtet die DDR-eigene Sicherheitszentrale. (S59; S62) Real stand er jedoch in der Hierarchie der Gremien an dritter Stelle, nach dem SED-Politbüro und dem Sekretariat des ZK. Hervorgegangen aus der Sicherheitskommission des ZK der SED, die 1954 eingerichtet worden war, hatten die Beschlüsse des NVR für alle »bewaffneten Organe« verbindlichen Charakter. Der NVR-Vorsitzende, stets auch Erster Sekretär der SED und Vorsitzender des Staatsrates, verfügte über erhebliche Macht: im sogenannten Verteidigungszustand war er der Oberste Befehlshaber aller bewaffneten Kräfte der DDR. Seine »Wahl« erfolgte durch die Volkskammer, die dabei eine rein akklamatorische Rolle spielte.[56] Den Vorsitz hatten Walter Ulbricht (1960–1971), Erich Honecker (1971–1989) und Egon Krenz (1989) inne.[57]

Dem NVR gehörten mindestens zwölf Mitglieder an, die durch den Staatsrat zu bestimmen waren. Überwiegend waren dies Mitglieder des SED-Politbüros, zu keiner Zeit Mitglieder der Blockparteien. Im Jahre 1986 zählte der NVR 17 Mitglieder: Neben dem Vorsitzenden gehörten elf dem SED-Politbüro an (darunter die Minister für Staatssicherheit und Verteidigung und fünf ZK-Sekretäre) sowie fünf dem ZK (darunter der Minister für Inneres und NVA-Generäle).[58]

Die Zuständigkeiten des NVR waren im Verteidigungsgesetz vom 13. Oktober 1978 geregelt. Demnach kam ihm die »zentrale Leitung der Verteidigungs- und Sicherheitsmaßnahmen« und der Beschlüsse über die »allgemeine oder teilweise Mobilmachung« zu. (S60) Das Statut vom 2. Oktober 1981 sah darüber hinaus »die Festlegung der grundsätzlichen politischen Konzeptionen und Maßnahmen, die sich aus einer Besetzung des Territoriums des Kriegsgegners« ergaben, sowie die »Festlegung der Gesamtstärke der bewaffneten Kräfte der DDR« vor. (S61) Dem NVR waren im Zuge der Territorialverteidigung neben der Nationalen Volksarmee die VP-Bereitschaften, Kampfgruppen, Transportpolizei, Zivilverteidigung, Grenztruppen, GST und das MfS unterstellt.[59]

Der NVR war kein eigentliches Machtzentrum, sondern eine »Akklamationsmaschine« für Vorlagen, die vom SED-Politbüro kamen, bzw. eine Notstandsregierung im »Wartestand«. Er war eine unter strenger Geheimhaltung arbeitende Institution, die zwei- bis dreimal im Jahr tagte und deren Mitglieder – mit Ausnahme des Vorsitzenden und des Sekretärs – namentlich erst nach Herbst 1989 öffentlich genannt wurden. Zu den Vorbereitungen auf den »Verteidigungszustand« (eigentlich Kriegszustand) gehörte schon zu Friedenszeiten »kriegsbezogenes Denken und Handeln«, wie es NVR-Vorsitzender Honecker verlangte.[60]

---

56 Vgl. WENZEL 1995.
57 Vgl. BARTH et al. 1996.
58 Vgl. DDR 1985, S. 937 f.; HERBST et al. 1994, S. 754–757.
59 Vgl. EPPELMANN et al. 1996, S. 433–435.
60 Vgl. WENZEL 1995.

Bekanntlich erweist sich gerade unter dem Gesichtspunkt äußerer und innerer Sicherheit die SED-Führung und insbesondere das Politbüro als das eigentliche Machtzentrum. Die zahlreichen (gesetzlichen) Bestimmungen zu Sicherheitsfragen gingen von ihr aus und vollzogen sich unter ihrer Kontrolle. Dabei war das Verständnis von Sicherheit sehr weit gefaßt und reichte von den bewaffneten Organen bis in den Alltag hinein, beschränkte sich keineswegs auf militärische Fragen, sondern schloß ideologische »Reinheit« in den Reihen der eigenen wie der anderen Parteien, in allen Institutionen und Organisationen sowie in der Gesellschaft ein; schließlich konnte sich dem kein DDR-Bürger entziehen.[61]

Im engeren Sinne waren sicherheitspolitische Aufgaben allerdings in der Abteilung für Sicherheitsfragen des ZK der SED konzentriert. Sie war Scharnier zwischen dem SED-Politbüro und den Ministerien für Staatssicherheit, Inneres und Verteidigung sowie allen Organisationen mit militärischem Charakter, wie z. B. der Gesellschaft für Sport und Technik. Wie andere Abteilungen des ZK hatte sie die Aufgabe, die Durchführung der Beschlüsse des ZK und der wichtigsten Regierungsbeschlüsse zu kontrollieren, die Kaderarbeit in den von ihr betreuten Institutionen zu überwachen sowie Beschlußvorlagen für das Politbüro, das Sekretariat des ZK der SED und die Sicherheitskommission (dem späteren Nationalen Verteidigungsrat) zu verfassen. Außerdem leitete sie die Parteiorganisationen der mit Sicherheitsfragen betrauten Ministerien an. Sie hatte jedoch keine Entscheidungsbefugnis, sondern arbeitete den Entscheidungsträgern lediglich zu.[62] Leiter dieser Abteilung waren Gustav Szinda (1949–1951), Gustav Roebelen (1951–1958), Walter Borning (1958–1972), Herbert Scheibe (1972–1985) und Wolfgang Herger (1985–1989).[63]

Eine weitere Institution waren die Parteikontrollkommissionen, die auf allen Kreis- und Bezirksebenen sowie als Zentrale Parteikontrollkommission (ZPKK) bestanden. Unter Sicherheitsaspekten kam ihr für die zuletzt 2,3 Millionen Mitglieder zählende Partei (jeder 7. DDR-Einwohner gehörte ihr an) die bedeutende Aufgabe zu, diese zu disziplinieren und die »Einheit und Reinheit« der Partei zu gewährleisten. (P5) Die Kontrollkommissionen hatten gegen »Parteifeinde«, »Schädlinge«, Korruption, Funktionsmißbrauch, »Karrieristen« und »Verleumdungen führender Genossen« in Untersuchungen, teils gar in »Säuberungswellen«, vorzugehen und abgestufte Parteistrafen auszusprechen. Ihre Aufgaben wurden zuletzt im SED-Statut vom 21. Mai 1976 festgelegt.[64] (P5) Vorsitzende der ZPKK waren Otto Buchwitz (1949/50), Hermann Matern (1949–1971), Erich Mückenberger (1971–1989) und zuletzt kurzzeitig Werner Eberlein.[65] Vor allem in den fünfziger Jahren fanden sowohl gegen ehemalige Parteimitglieder als auch gegen »Klassenfeinde« Schauprozesse vor »erweiterter« Öffentlichkeit, also vor einem eingeladenen Zuhörerkreis, statt. Sie sollten vor nonkonformem Verhalten und Denken abschrecken bzw. zur »politisch-ideologischen Erziehungsarbeit« beitragen.[66]

---

61 Vgl. WEBER 1993; HERBST et al. 1994, S. 875–923; EPPELMANN et al. 1996, S. 547–557.
62 Vgl. SCHUMANN 1997.
63 Vgl. BARTH et al. 1996.
64 Vgl. DDR 1985, S. 1183 f.
65 Vgl. BARTH et al. 1996.
66 Vgl. FINN 1989; WEBER/STARITZ 1993; BECKERT 1995.

Die nach innen gerichtete Sicherheitspolitik der SED-Führung soll exemplarisch an einigen Äußerungen führender Funktionäre während der ersten Jahre der SBZ/ DDR verdeutlicht werden. Seinerzeit war der staatliche Aufbau und die Macht der Partei, trotz sowjetischer Militärpräsenz, gesellschaftlich noch nicht so gefestigt wie in späteren Jahren; zudem neigten SED-Führer, geprägt vom Geist der Stalin-Ära, teilweise zu besonders drastischen Aussagen, die sie später zu vermeiden trachteten. So sollte im Jahre 1945 die innere Sicherheit vor allem durch die »restlose Säuberung« von ehemaligen NS-Akteuren erreicht werden (S42; P2), wobei die SED-Führung recht bald die Zielgruppe systematisch erweiterte. »Großgrundbesitzer« etwa standen als »Opposition« außerhalb der Gesetze. (S43) Bei der Sicherung der politischen Macht hatte es »keine Freiheit für die Feinde« zu geben, wie es programmatisch auf einem SED-Parteitag 1947 hieß (S44), es galt, alle staatlichen Verwaltungen systematisch von ihnen zu »säubern«. (S45) Schon in dieser Zeit war zentrales ideologisches Grundaxiom, daß äußere Feinde auf die SBZ einwirken würden, um den Aufbau zu stören. Das diente als Legitimationsmuster, obgleich nur bedingt begründet, und erfuhr im Zuge des Kalten Krieges eine immense propagandistische Ausweitung. Allein schon Kritik an der Sowjetunion galt als »verbrecherisches Handwerk« (S46; S48) und jeder, der »formaldemokratische Verhältnisse« herstellen wollte, hatte sich als »Feind« zu betrachten, der niedergehalten werden müßte. (S47)

Der Sicherheitsapparat wurde über die Jahrzehnte fortwährend ausgebaut, um die Stabilisierung der Ordnung zu garantieren. Er diente dem »heiligen Kampf« gegen »Reaktionäre« (S49), die jeglichen »Anspruch auf die Menschenrechte« verloren hätten. (S50) Säuberungen gingen auch durch die Reihen der SED, als Organisation und Programm nach kommunistischem Modell ausgerichtet wurden, um die »Reinheit und Sauberkeit« zu sichern. (S51) Die Wachsamkeit der Parteimitglieder, zu dieser Zeit noch als »mangelhaft« gescholten, sollte sich auf die gesamte Gesellschaft und auch auf die »bürgerlichen« Parteien erstrecken. (S52) Den Ministerien für Staatssicherheit und Inneres wurde die Aufgabe zugewiesen, »Schädlinge«, worunter alle Menschen mit abweichender Einstellung zur Parteimeinung zusammengefaßt wurden, zu »fassen und unschädlich« zu machen. (S53) Aber auch »breiteste Volksmassen« waren angehalten, »bürgerlich-nationalistische Elemente« und andere »Feinde« zu entlarven und zu denunzieren. (S54; S 56) Wiederholte Parteiüberprüfungen waren sogar mit der Absicht verbunden, die Mitglieder vor »feindlicher« Tätigkeit »immun zu machen« (S55), wobei die SED-Führung selbst vor dem Ausschluß prominenter Parteimitglieder nicht zurückschreckte. (S58) Auf einer SED-Parteikonferenz im Jahre 1952 formulierte der Vorsitzende Otto Grotewohl das grundsätzliche Ziel der Sicherheitspolitik, wie es für die gesamte DDR-Geschichte gültig sein sollte: Aufgabe sei es, das »Hinterland zu festigen und von den Feinden zu säubern«, wobei der Staat »sicher und stark« sein müsse, damit er von niemandem gestört werden könne. (S57) Im Gegensatz dazu unterlag die außenpolitische Sicherheitsdoktrin der SED-Führung einem Wandel.[67]

Welchen Rang der Sicherheitspolitik für die SED-Führung zukam, wird auch aus den im Verteidigungshaushalt benötigten Mitteln ersichtlich. Er umfaßte neben den

---

67 Siehe dazu auch das Kapitel Außenpolitik in diesem Band.

Kosten für NVA und Grenztruppen auch MfS und Volkspolizei, soweit sie mit Aufgaben der Landesverteidigung betraut waren, sowie Kampfgruppen und Zivilverteidigung. Hinzu kamen Ausgaben für Einrichtungen zur Sicherstellung bewaffneter Kräfte, für wissenschaftliche und Bildungseinrichtungen sowie Organisationen, die sich mit der Wehrerziehung befaßten. Nach offiziellen Angaben waren dafür im Jahre 1984 rund 17 Milliarden DM zur Verfügung gestellt worden, was für die Sicherheitspolitik nach der Wirtschaftsförderung und der sozialen Sicherheit den dritten Rang bedeutete; tatsächlich gab die DDR für die Landesverteidigung pro Kopf sogar mehr aus als die Sowjetunion.[68]

Faßt man alle Personen zusammen, die mit Fragen äußerer und innerer Sicherheit hauptamtlich oder ehrenamtlich beschäftigt waren, so war weit mehr als eine Million Einwohner der DDR damit betraut. Die DDR war ein diktatorischer Sicherheitsstaat, auf den sich die Sowjetunion bei allen Eventualitäten hätte verlassen können. Doch im Herbst 1989 erwies sich die Sicherheitskonzeption, die nicht zuletzt auf der aktiven Zustimmung der Bevölkerung beruhte, als wertlos, weil das Volk in seltener Allianz mit der sowjetischen Führung die staatliche Existenz der DDR friedlich suspendierte.

---

68 Vgl. EPPELMANN et al. 1996, S. 111–115.

Dokumente

1. Äußere Sicherheit: Sowjetische Truppen, NVA und Auslandsspionage

S1: *Kasernierte Bereitschaften für alle Fälle*
23./24. Juli 1948

Wir alle wissen, daß sich der Klassenkampf verschärft. In dieser Situation müssen wir natürlich unsere Polizei zu einem sehr schlagkräftigen Instrument machen. Wir sprechen sehr viel davon, daß wir die Herrschaft der Arbeiterklasse sichern wollen. In der Polizei haben wir dazu das Instrument; dort sind 90 % unserer Genossen eingestellt und damit die führende Rolle unserer Partei absolut gesichert. [...] Bei dieser Lage, bei der Bewaffnung der Industriepolizei für den Bürgerkrieg und der Verschärfung des Klassenkampfes haben wir keine operative Reserve für den Fall der Fälle. Wir werden deshalb einige Bereitschaften schaffen, die gewissermaßen die Verstärkung für unsere Grenzpolizei bilden werden, die ja heute schon im operativen Einsatz steht, kaserniert ist und unter strenger militärischer Disziplin steht und stehen muß. Diese Hundertschaften werden militärisch ausgebaut sein; anders kann man das bei Kasernierten nicht machen.

Fischer, Kurt: Referat auf einer Konferenz der Abteilung Landespolitik des Zentralsekretariats der SED in Werder (Havel) am 23./24. Juli 1948. In: SAPMO-BArch, IV 2/1.01/95, Bl. 124–126.

S2: *Gesetz zur Schaffung der NVA*
18. Januar 1956

Der Schutz der Arbeiter-und-Bauern-Macht, der Errungenschaften der Werktätigen und die Sicherung der friedlichen Arbeit sind elementare Pflicht unseres demokratischen, souveränen und friedlichen Staates. Die Wiedererrichtung des aggressiven Militarismus in Westdeutschland und die Schaffung der westdeutschen Söldnerarmee sind eine ständige Bedrohung des deutschen Volkes und aller Völker Europas.

Zur Erhöhung der Verteidigungsfähigkeit und der Sicherung der Deutschen Demokratischen Republik beschließt die Volkskammer auf der Grundlage der Artikel 5 und 112 der Verfassung der Deutschen Demokratischen Republik[69] das folgende Gesetz:

---

69 Im Artikel 5 wird zu den Grundlagen der Staatsgewalt gezählt, daß sie an die Regeln des Völkerrechts gebunden ist, freundschaftliche Beziehungen zu allen Völkern unterhalten werden müssen, und daß kein Bürger an kriegerischen Handlungen teilnehmen darf, die der Unterdrückung eines Volkes dienen. Im Artikel 112 wird das Recht der Republik zur ausschließlichen Gesetzgebung definiert. Vgl. die Verfassung der Deutschen Demokratischen Republik vom 7. Oktober 1949. In: GBl. I, Nr. 1 vom 8. Oktober 1949, S. 5–16, hier 6 und 14.

§ 1
(1) Es wird eine »Nationale Volksarmee« geschaffen.
(2) Die »Nationale Volksarmee« besteht aus Land-, Luft- und Seestreitkräften, die für die Verteidigung der Deutschen Demokratischen Republik notwendig sind. Die zahlenmäßige Stärke der Streitkräfte wird begrenzt entsprechend den Aufgaben zum Schutze des Territoriums der Deutschen Demokratischen Republik, der Verteidigung ihrer Grenzen und der Luftverteidigung.

§ 2
(1) Es wird ein »Ministerium für Nationale Verteidigung« gebildet.
(2) Das »Ministerium für Nationale Verteidigung« organisiert und leitet die »Nationale Volksarmee« (Land-, Luft- und Seestreitkräfte) auf der Grundlage und in Durchführung der Gesetze, Verordnungen und Beschlüsse der Volkskammer und des Ministerrates der Deutschen Demokratischen Republik.
(3) Die Aufgaben des »Ministeriums für Nationale Verteidigung« werden vom Ministerrat festgelegt.

§ 3
Dieses Gesetz tritt mit seiner Verkündung in Kraft.

Gesetz über die Schaffung der Nationalen Verteidigungsarmee und des Ministeriums für Nationale Verteidigung. In: GBl. I, Nr. 8 vom 24. Januar 1956, S. 81.

S3: »Maßnahmen zur Unterdrückung der Konterrevolution«
8. November 1956

Die imperialistischen und militaristischen Kräfte geben ihre Absichten, ihre alten Machtpositionen wiederzugewinnen, nicht auf. Sie bedienen sich dazu aller Mittel der Hetze, der Agentenarbeit, der Provokation und sogar gewaltsamer Aktionen, um unsere Arbeiter-und-Bauernmacht zu untergraben und zu erschüttern.

Um diese Machenschaften der Feinde des deutschen Volkes zu unterdrücken und zu zerschlagen, wird beschlossen:

I. Die Deutsche Demokratische Republik ist auf Grund des Warschauer Vertrages und des Moskauer Vertrages ein souveräner Staat. Daher ist sie verpflichtet, mit ihren eigenen Kräften die Ruhe und Ordnung auf ihrem Territorium aufrecht zu erhalten und alle konterrevolutionären Aktionen zu unterdrücken und zu zerschlagen.
1. Einsatz der bewaffneten Kräfte
   a) 1. Etappe
      Es kommen zum Einsatz:
      Volkspolizei,
      bewaffnete Kräfte der Staatssicherheit,
      Kampfgruppen.
      Zur Unterstützung sind heranzuziehen Kräfte der Arbeiterklasse und der Werktätigen, die zu einem solchen Einsatz fähig und bereit sind, sowie Mitglieder der GST über 18 Jahre.
      Unterstützung durch die Nationale Volksarmee in Einzelfälllen.

b) 2. Etappe
Wenn die Kräfte der 1. Etappe nicht ausreichen, übernimmt die Nationale Volksarmee die Lösung der Aufgabe. Dazu werden ihr alle bewaffneten Kräfte der 1. Etappe unterstellt.
Die Vorbereitungen zu a) und b) sind so zu treffen, daß sie nach Maßgabe der Lage sowohl insgesamt wie in einzelnen Teilen der Republik durchgeführt werden können.
c) 3. Etappe
Eingreifen der Sowjetischen Truppen in Deutschland auf Anforderung durch die Regierung der Deutschen Demokratischen Republik.
2. Gemäß den vorstehenden Angaben sind unter Federführung des Ministers für Nationale Verteidigung für alle bewaffneten Kräfte in der Deutschen Demokratischen Republik Einsatzpläne ausarbeiten zu lassen.
Ausbildungs- und Übungspläne sind gemäß den Erfordernissen für den inneren Einsatz zu überprüfen und zu verändern.

II. Grundsätze für die Führung zur Durchsetzung der Beschlüsse des Politbüros und des Ministerrates der Deutschen Demokratischen Republik
1. Zentral
Die politische und operative Führung wird einer Kommission übertragen. Sie besteht aus den Genossen: Ulbricht (Vorsitzender), Grotewohl, Matern, Schirdewan, Stoph, Honecker, Wollweber, Maron.
Die Führung der bewaffneten Kräfte handelt auf Grundlage der Beschlüsse dieser Kommission.
2. In den Bezirken und großen Städten sind Einsatzleitungen in folgender Zusammensetzung zu bilden:
1. Sekretär der Bezirksleitung der SED (Vorsitzender), Vorsitzender des Rates des Bezirkes, Chef der Bezirksverwaltung der Staatssicherheit, Chef der Bezirksbehörde der Deutschen Volkspolizei. Der zuständige Truppenkommandeur oder Militärkommandant einer großen Stadt.

III. Organisation der bewaffneten Kräfte
Es übernehmen die zentrale Befehlsgewalt:
a) Im Falle der 1. Etappe
– der Minister für Staatssicherheit über die bewaffneten Kräfte der Staatssicherheit, des Ministeriums des Innern und die Kampfgruppen;
– in den Bezirken und großen Städten der Chef der Bezirksverwaltung bzw. örtlichen Befehlsstellen der Staatssicherheit über alle unter a) genannten Kräfte.
b) Im Falle der 2. Etappe
– der Minister für Nationale Verteidigung über alle bewaffneten Kräfte.
Die zuständigen Stellen der Nationalen Volksarmee übernehmen damit die Befehlsgewalt über sämtliche bewaffneten Kräfte in ihren Bereichen. [...]

V.
1. In der ersten Etappe ist gegen Störungen der öffentlichen Ruhe und Ordnung zunächst nur mit einfachen polizeilichen Mitteln (Absperrungen, Wasserwerfer usw.) vorzugehen. Schußwaffengebrauch bleibt dem besonderen Beschluß der Kommission vorbehalten, soweit er nicht notwendig ist als Notwehr gegen Angriffe auf Personen und Objekte. [...]
2. a) Auch in der zweiten Etappe gilt der Grundsatz für den Schußwaffengebrauch wie in der ersten Etappe.
   Die Truppenteile und Einheiten der Nationalen Volksarmee sind in erster Linie zum geschlossenen Einsatz zu verwenden. Wenn und wo es zu militärischem Einsatz kommt, werden Verhandlungen nicht geführt. Die Aufgabe ist unbedingt durchzusetzen.
   Die Befehlsführung für die anderen bewaffneten Kräfte erfolgt unmittelbar über die zuständigen Befehlsstellen der Staatssicherheit bzw. der Bezirksbehörde der Volkspolizei. [...]
   b) Die Auslösung von Alarm gemäß Etappe 1 und 2 darf nur erfolgen auf Beschluß der Kommission. [...]

Anlage 3 zum Protokoll 57/56 der Sitzung des SED-Politbüros vom 8. November 1956. In: SAPMO-BArch, DY 30, IV 2/J 2/511.

S4: *Abkommen zur sowjetischen Truppenstationierung* 12. März 1957

Die Regierung der Deutschen Demokratischen Republik und die Regierung der Union der Sozialistischen Sowjetrepubliken
   stellen fest, daß, ungeachtet der Bemühungen der Deutschen Demokratischen Republik, der Sowjetunion und anderer friedliebender Staaten, bis jetzt noch keine friedensvertragliche Regelung mit Deutschland und keine vereinbarte Regelung erzielt wurden, die den europäischen Staaten ausreichende Friedens- und Sicherheitsgarantien bieten,
   sind unter Berücksichtigung der Tatsache, daß auf dem Gebiet der Deutschen Bundesrepublik ausländische Truppen stationiert und Militärstützpunkte der Teilnehmerstaaten des aggressiven Nordatlantikblocks errichtet sind, [...]
   übereingekommen, daß die mit den internationalen Verträgen und Abkommen im Einklang stehende zeitweilige Stationierung sowjetischer Streitkräfte auf dem Territorium der Deutschen Demokratischen Republik notwendig ist und den Interessen der Gewährleistung des Friedens und der Sicherheit des deutschen und des sowjetischen Volkes wie auch der anderen Völker Europas entspricht. [...]

Artikel 1
Die Souveränität der Deutschen Demokratischen Republik wird durch die zeitweilige Stationierung sowjetischer Streitkräfte auf ihrem Territorium nicht beeinträchtigt; die sowjetischen Streitkräfte werden sich nicht in die inneren Angelegenheiten der

Deutschen Demokratischen Republik und in das gesellschaftliche Leben des Landes einmischen. [...]

Artikel 18
Im Falle der Bedrohung der Sicherheit der sowjetischen Streitkräfte, die auf dem Territorium der Deutschen Demokratischen Republik stationiert sind, kann das Oberkommando der sowjetischen Streitkräfte in der Deutschen Demokratischen Republik bei entsprechender Konsultation der Regierung der Deutschen Demokratischen Republik und unter Berücksichtigung der entstandenen Lage und der Maßnahmen, die durch die staatlichen Organe der Deutschen Demokratischen Republik eingeleitet werden, Maßnahmen zur Beseitigung einer derartigen Bedrohung treffen. [...]

Abkommen zwischen der Regierung der Deutschen Demokratischen Republik und der Regierung der Union der Sozialistischen Sowjetrepubliken über Fragen, die mit der zeitweiligen Stationierung sowjetischer Streitkräfte auf dem Territorium der Deutschen Demokratischen Republik zusammenhängen. In: GBl. I, Nr. 28 vom 20. April 1957, S. 238 f., 243.

S5: Spionageziele
1981

Grundlegende Schwerpunkte für die Informationsbeschaffung sind:
1. die Militärpolitik, die militärischen Pläne und Absichten und das militärische Potential der NATO, der USA, der BRD, der anderen imperialistischen Hauptmächte und der VR China;
2. die Rüstungsforschung und Rüstungsproduktion in den USA und den anderen NATO-Staaten, insbesondere die Entwicklung und Produktion neuer strategischer Waffen und Waffensysteme;
3. die Politik der USA, der NATO, der BRD, der anderen imperialistischen Hauptmächte sowie der VR China gegenüber den Staaten der sozialistischen Gemeinschaft, einschließlich ihrer Reaktionen auf die Friedenspolitik der sozialistischen Staaten;
4. die Pläne, Absichten, Agenturen, Mittel und Methoden der imperialistischen Geheimdienste, der Zentren der politisch-ideologischen Diversion und anderweitiger Diversionszentralen der NATO, der USA, der BRD und weiterer imperialistischer Hauptstaaten gegen die sozialistische Staatengemeinschaft und die anderen revolutionären Hauptkräfte;
5. die Aktivitäten der NATO, der USA, der anderen imperialistischen Hauptländer und der VR China zur Sicherung und zum Ausbau ihrer strategischen Positionen in internationalen Krisenzonen und in anderen bedeutenden Regionen;
6. die Entwicklung der Beziehungen zwischen den imperialistischen Staaten, den internationalen imperialistischen Organisationen sowie der Zusammenarbeit zwischen den imperialistischen Hauptmächten und der VR China;
7. die Entwicklung der innenpolitischen Lage in den USA, in der BRD, in den anderen imperialistischen Hauptländern und in der VR China;

8. die Ergebnisse von Forschung und Entwicklung der imperialistischen Hauptstaaten, die für die Entwicklung der Volkswirtschaft in der sozialistischen Staatengemeinschaft und in der DDR von besonderer Bedeutung sind;
9. die Regimeverhältnisse, die für die Gewährleistung einer hohen Effektivität und Sicherheit der Arbeit mit IM erforderlich sind.

1. Kommentar zur Richtlinie 2/79 für die Arbeit mit Inoffiziellen Mitarbeitern im Operationsgebiet von 1981. In: BStU, ASt Neubrandenburg.

S6: »Bürger auf den Wehrdienst vorbereiten«
25. März 1982

§ 1 Grundlegende Bestimmungen über den Wehrdienst [...]
(3) Mit dem Wehrdienst ihrer Bürger stärkt die Deutsche Demokratische Republik als Teilnehmerstaat des Warschauer Vertrages die Einheit und Verteidigungsfähigkeit der sozialistischen Militärkoalition und trägt zur Erfüllung ihrer internationalen Bündnisverpflichtungen bei. [...]
§ 5 Vorbereitung auf den Wehrdienst
(1) Die staatlichen Organe sowie die Kombinate, wirtschaftsleitenden Organe, Betriebe, Einrichtungen, Genossenschaften, gesellschaftlichen Organisationen und Vereinigungen (nachfolgend Betriebe genannt) sind verpflichtet, die Bürger auf den Wehrdienst vorzubereiten. [...]
(2) Die Vorbereitung auf den Wehrdienst ist Bestandteil der Bildung und Erziehung an den allgemeinbildenden Schulen, Einrichtungen der Berufsbildung, Fachschulen, Hochschulen und Universitäten.
(3) In der Gesellschaft für Sport und Technik wird zur Vorbereitung der Jugend auf den Wehrdienst [die] vormilitärische Ausbildung durchgeführt. Die dazu notwendigen Anforderungen legt der Minister für Nationale Verteidigung fest. [...]
§ 22 Grundlegende Aufgaben der Angehörigen der Nationalen Volksarmee
(1) Die Angehörigen der Nationalen Volksarmee [...] haben bereit und fähig zu sein, getreu dem sozialistischen Patriotismus und proletarischen Internationalismus an der Seite der Sowjetarmee und der anderen Bruderarmeen jederzeit den Sozialismus gegen alle Angriffe zu verteidigen und ihre ganze Person für die Erringung des Sieges einzusetzen.
(2) Die Angehörigen der Nationalen Volksarmee [...] haben nach den Geboten der sozialistischen Ethik und Moral zu leben, die sozialistischen Beziehungen untereinander unablässig zu festigen, innerhalb und außerhalb des Dienstes Vorbild zu sein sowie die Ehre und Würde der Nationalen Volksarmee stets zu wahren.

Gesetz über den Wehrdienst in der Deutschen Demokratischen Republik (Wehrdienstgesetz) vom 25. März 1982. In: GBl. I, Nr. 12 vom 2. April 1982, S. 222–225.

S7: »Umstellung auf Verteidigung äußerst schwierig«
19. Mai 1987

Es ist jedoch wichtig, vor der ganzen Welt unser Verhältnis zum Krieg und zum Kampf um den Frieden sowie den möglichen Charakter einer Aggression durch den Gegner und unsere in diesem Fall vorgesehenen Gegenmaßnahmen klar zum Ausdruck zu bringen. [...] Die Militärdoktrin der Teilnehmerstaaten des Warschauer Vertrages hat einen ausgeprägten Verteidigungscharakter. Wir werden niemals als erste einen Krieg beginnen. [...] Unsere Verteidigungsdoktrin fordert, daß sich die Führungsorgane der Streitkräfte und Truppen in der Ausbildung und Erziehung mehr als bisher auf die Erfüllung von Verteidigungsaufgaben konzentriert. Das ist eine äußerst schwierige Aufgabe. Gleichzeitig gilt es zu berücksichtigen, daß der Aggressor nur durch entschlossene Angriffshandlungen endgültig zerschlagen werden kann. Es ist deshalb von besonderer Bedeutung, immer bereit zu sein, dem Aggressor eine vernichtende Niederlage beizubringen. Die Verteidigungshandlungen müssen so vorbereitet und geführt werden, daß wir dabei kein Territorium verlieren bzw. preisgeben. Die aktive Verteidigung muß daher an der Grenze zwischen NATO und Warschauer Vertrag beginnen.

Anlage zum Schreiben vom 19. Mai 1987: Wesentlicher Inhalt der Ausführungen des Ministers für Verteidigung der UdSSR. In: BArch MZA, VA - 01/32 676, Bl. 2 f.

S8: Straftaten von Angehörigen sowjetischer Streitkräfte
21. März 1990

1. Zahlenübersicht
1.1. Im Berichtszeitraum wurden in der Dienststelle des Militär-Oberstaatsanwaltes insgesamt 1 624 Vorgänge bekannt und erfaßt, denen Straftaten von Angehörigen der WGS zugrunde liegen, die sich gegen Betriebe, Einrichtungen und Bürger der DDR und vereinzelt auch gegen Bürger dritter Staaten richteten.
Im Jahre 1988 waren 1 594 Vorgänge bearbeitet worden. Die 30 Vorgänge, die 1989 mehr registriert werden mußten (+1,9%), fallen gegenüber dem Vorjahr kaum ins Gewicht, so daß man von einer annähernd gleichbleibenden Tendenz ausgehen kann. Der kontinuierliche Rückgang, der in den letzten Jahren zu verzeichnen war, hat sich allerdings nicht fortgesetzt. [...]
1.4. Sachliche Schwerpunkte der Kriminalität
Aus der Zahlenübersicht ergibt sich, daß im Berichtszeitraum erfreulicherweise keine Tötungsverbrechen auftraten. Bei Eigentumsdelikten, die auch weiterhin am häufigsten anfielen, hat sich die Abnahme von Straftaten gegen das persönliche Eigentum (1987: 755 Vorgänge, 1988: 547 Vorgänge) nicht fortgesetzt. Mit 633 Vorgängen und 39% vom Gesamtanfall ist vielmehr ein Anstieg zu verzeichnen.
Auch die Straftaten gegen das sozialistische Eigentum bilden mit 30,3% vom Gesamtanfall einen sachlichen Schwerpunkt. Erneut ist darauf hinzuweisen, daß infolge massiver Straftatenhäufungen in zahlreichen Vorgängen die Anzahl der

Straftaten gerade bei der Eigentumskriminalität die der erfaßten Vorgänge weit übersteigt. So sind beispielsweise im Vorgang III-1209/89 [zwei] Angehörige der WGS [...] verdächtig, im Jahre 1989 66 Eigentumsstraftaten begangen zu haben. Rowdytum und vorsätzliche Körperverletzungen lassen sich erfassungsmäßig auf Grund der Tatsache, daß die abschließenden Untersuchungen von der sowjetischen Seite geführt werden, nur schwer voneinander abgrenzen. Zusammengerechnet bilden sie mit 110 Vorgängen und 6,8 % vom Gesamtanfall einen weiteren Schwerpunkt und bedürfen wegen ihrer hohen Öffentlichkeitswirksamkeit ständiger Beachtung. Das trifft auch auf Raubüberfälle zu. Hier gibt es einen Anstieg von 22 auf 45 Vorgänge (+104 %). [...]
Auch bei den sonstigen Sexualstraftaten gibt es einen sichtbaren Anstieg von 18 auf 27 (50 %).
Schließlich sei noch auf die Kategorie der fahrlässigen Brandstiftungen verwiesen. Die immer noch vorhandenen Unklarheiten, ob sie in den Bereich der (nicht kriminellen) Übungsschäden oder der Straftaten einzuordnen sind, lassen keinen exakten Überblick zu, so daß sicher von höheren Zahlen ausgegangen werden müßte. So wurden in der U/A III allein im Zeitraum von Mai bis 20.8.1989 110 Waldbrände bekannt, die nach Ansicht der zuständigen Organe der DDR durch Angehörige der WGS verursacht wurden. Die Ursachen ihres Entstehens reichten von fahrlässigem Umgang mit Feuer trotz extremer Trockenheit bis zu solchen Entstehungsursachen wie Funkenflug aus Auspuffanlagen von Kettenfahrzeugen bzw. Übungsschießen. Die Schäden nur dieser Waldbrände betragen weit über 1 Million Mark. Nur eine geringe Zahl wurde von der sowjetischen Seite jedoch als durch ihr Verschulden entstanden anerkannt.
Einen ständigen Schwerpunkt der Kriminalität stellen die von Angehörigen der WGS schuldhaft herbeigeführten schweren Verkehrsunfälle dar, die im Jahre 1989 mit insgesamt 108 Vorgängen 6,7 % vom Gesamtanfall ausmachten.
[...]

3. Raubüberfälle und Vergewaltigungen
Erscheinungen einer teilweisen Bagatellisierung von Straftaten finden sich auch bei Raubüberfällen und Vergewaltigungen, die von bekannten oder unbekannten Angehörigen der WGS begangen wurden. [...]
Im Zusammenhang mit Sexualdelikten fiel auf, daß eine Reihe von Tätern als »strafrechtliche Sanktion« in die UdSSR zurückversetzt und – da das ohne Zustimmung der Militärstaatsanwälte der DDR geschah – somit der Strafverfolgung entzogen wurden. [...]
Nötigung und Mißbrauch zu sexuellen Handlungen oder versuchte Vergewaltigungen wurden zumeist mit disziplinarischen Mitteln geahndet und nicht mit strafrechtlichen Mitteln verfolgt. Es muß eingeschätzt werden, daß aber auch die zuständigen Organe der DDR (Militärstaatsanwälte, Kriminalpolizei) bei der Untersuchung von Vergewaltigungen z. T. erhebliche Mängel zuließen und auf diese Weise dazu beitrugen, daß Sexualstraftaten unbekannter Täter unaufgeklärt blieben oder zu unzureichenden Sanktionen führten. Das bezieht sich vor allem auf eine mangelhafte Zusammenarbeit mit den sowjetischen Militärstaats-

anwälten in der Phase des 1. Angriffs und die mangelnde Dokumentation von Ermittlungshandlungen.

Militär-Oberstaatsanwalt Pilz, Leiter der U/A III: Bericht vom 21.3.1990 über die in der Zeit vom 1.1.1989 bis 31.12.1989 beim Militär-Oberstaatsanwalt erfaßten Vorgänge über Straftaten Angehöriger der Westgruppe der Streitkräfte (WGS) der UdSSR. Zit. nach: Koop 1996b, Anhang S. 1–7.

S9: Geschönte Informationen
Oktober 1989

Im Oktober 1989 dann, als die Wahrheit absolut nicht mehr schönzureden war, wurden [...] Informationen nicht mehr weitergegeben. Der riesige Beschaffungsapparat der HV A fühlte sich gelähmt, da kein Interesse mehr an seinen Erkenntnissen bestand. Vorher jedoch war nach immer neuen Informationen gerufen worden, mußten alle Quellen pausenlos berichten, vor allem auch über abwehrrelevante Vorgänge. Die Diensteinheiten der Abwehr erstickten fast in Informationen, ihre Auswertung jedoch erfolgte dort ganz besonders mit den von der SED verordneten Scheuklappen. Und wenn sie selbst einmal Mißstände registrierten, blieben sie dabei stehen, konnten sie keinen Beitrag zu den notwendigen Veränderungen leisten. Immer öfter fragten Kundschafter aus der Bundesrepublik, was denn mit ihren Informationen werde, ob man sie nicht ernst nehme, warum die DDR-Führung – obwohl vom Geheimdienst ins Bild gesetzt – nicht reagiere. Die erste Selektion der unangenehmen Wahrheiten erfolgte [...] schon ihm Hause der HV A; dies setzte sich fort bei der gegen jede »Diversion« (auch die der DDR-Führung!) vorgehende Zentrale Auswertungs- und Informationsgruppe, die jedes weitergegebene Material in Mielkes Auftrag zensierte. Der Minister selbst legte mitunter auch noch Hand an, und selbst dieses geschönte Resultat wurde schließlich als unglaubwürdig ad acta gelegt. Die Ignoranz ging so weit, daß einfach nicht geglaubt wurde, was nicht ins eigene Bild paßte.

RICHTER/RÖSLER 1992, S. 138 f.

2. Innere Sicherheit: Grenztruppen, MfS, Volkspolizei, Wehrerziehung und Zivilschutz

S10: »Niederhaltung der Feinde«
10. Oktober 1948

Die Verschärfung des Klassenkampfes voraussehend, hatte das Zentralsekretariat [der SED] schon vor einem halben Jahr die Verstärkung der Polizei beschlossen, also desjenigen Teils des Staatsapparates, der zur Niederhaltung und Bekämpfung der Feinde der demokratischen Ordnung und des Neuaufbaus berufen ist, der, mit einem Worte gesagt, den gesellschaftlichen Fortschritt zu sichern hat. [...] Alle diese Arbeiten konnten aber nur bei der allergrößten Unterstützung unserer sowjetischen Freunde geleistet werden.

Fischer, Kurt: Bericht auf der Konferenz der Ministerpräsidenten der Länder, der Landesvorsitzenden der SED und der Wirtschaftsfunktionäre in Potsdam, 10. Oktober 1948. In: SAPMO-BArch, BY IV/2/1.01/100.

S11: »Im Kampf gegen die Feinde des Volkes«
31. Mai 1949

In der sowjetischen Besatzungszone war es die Volkspolizei, die bei der Durchführung der Bodenrefom das Eigentum der Neubauern gegen die Drohungen und Anschläge reaktionärer Junker und Großagrarier schützte. Und als durch geheime Abstimmung der Bevölkerung und durch Beschlüsse der Landtage die Betriebe der Konzerne und anderer Kriegsverbrecher in die Hände des Volkes übergingen, war es die Volkspolizei, die den Schutz des Volkseigentums übernahm. [...]
  Das erfordert, daß der Volkspolizist sein fachliches Können erhöht, daß er ein Fachmann auf seinem Gebiet wird, daß er wirklich imstande ist, das Volkseigentum zu schützen, Saboteure ausfindig zu machen, mit dem schaffenden Volk zusammen den Kampf gegen Kriegshetze und Kriegsverbrecher zu führen, daß er das Volk im Kampf gegen Spekulanten und andere Feinde des Volkes unterstützt.

Ulbricht, Walter: Die Aufgaben der Volkspolizei. In: ULBRICHT 1960, S. 470–474.

S12: Gesetz zur Bildung des MfS
8. Februar 1950

§ 1 Die bisher dem Ministerium des Innern unterstellte Hauptverwaltung zum Schutze der Volkswirtschaft wird zu einem selbständigen Ministerium für Staatssicherheit umgebildet. Das Gesetz vom 7. Oktober 1949 über die Provisorische Regierung der Deutschen Demokratischen Republik (GBl. S. 2)[70] wird entsprechend geändert.
§ 2 Dieses Gesetz tritt mit seiner Verkündung in Kraft. [...]

GBl. I, Nr. 15 vom 21. Februar 1950, S. 95.

---

[70] Gesetz über die Provisorische Regierung der Deutschen Demokratischen Republik vom 7. Oktober 1949. In: GBl. I, Nr. 1 vom 8. Oktober 1949, S. 2.

S13: »Bedeutender Schießsport«
7. August 1952

Der Aufbau des Sozialismus in der Deutschen Demokratischen Republik und die Organisierung des Schutzes unserer Heimat und der demokratischen Errungenschaften erfordern die Aneignung hoher wissenschaftlicher und technischer Kenntnisse durch breite Schichten der Bevölkerung, insbesondere durch die Jugend.

Die Werktätigen, vor allem die Jugend, haben in zahlreichen Verpflichtungen und Entschließungen ihren Willen zum Ausdruck gebracht, die Regierung in ihrem Bestreben zu unterstützen, Wissenschaft, Kultur und Technik auf eine bisher nie dagewesene Höhe zu entwickeln.

Von großer Bedeutung ist hierbei die Entwicklung des Segel- und Motorflugsportes, des Flugmodell- und Fallschirmsportes, des Motor- und Wasserfahrtsportes, des Schieß- und Geländesportes sowie des Amateurfunkens zum wahrhaften Massensport. [...]

§ 2
(1) Die »Gesellschaft für Sport und Technik« hat die Aufgabe, die Regierung beim Aufbau des Sozialismus und bei der Stärkung der volksdemokratischen Grundlagen der Staatsmacht zu unterstützen.
(2) Sie vereinigt in ihren Reihen auf freiwilliger Grundlage Jugendliche und Erwachsene beiderlei Geschlechts mit dem Ziel, sie durch den Sport körperlich zu ertüchtigen und mit technischen Kenntnissen auszurüsten.

Verordnung über die Bildung der »Gesellschaft für Sport und Technik« vom 7. August 1952. In: GBl. I, Nr. 108 vom 14. August 1952, S. 712.

S14: »Kasernen für den Sozialismus«
1953

Mein lieber Hans! [...]
Für mich persönlich ist das Leben hier einfach grausam. Wir leben hier mit 14 Kameradinnen in einem Zelt und liegen auf Stroh. [...] Wir haben fast keine Gelegenheit, uns zu waschen. Die Wäsche fällt mir beinahe vom Körper. An Läuse und Lagerkrätze haben wir uns schon längst gewöhnt. Ob Jungen oder Mädchen, viele sind geschlechtskrank, denn sobald es dunkel ist, liegen die Pärchen im Straßengraben. [...]

Arbeiten tun wir auf dem Bau. Wir bauen die Häuser des Sozialismus, mit anderen Worten, die Kasernen für unsere Volkspolizisten. Jetzt ist es ja unsere Volksarmee, denn sie ist seit dem 7. Oktober neu eingekleidet. Für mich ist die Arbeit furchtbar, denn ich bin die Arbeit nicht gewöhnt. Schmeiße ich mal einen Stein nicht richtig, so werde ich angebrüllt wie ein Stück Vieh. Schmeißen sie mir die Steine zu, so kann ich sie wieder nicht auffangen vor Unterleibsschmerzen, und die Hände bluten mir auch. Zur Arbeit marschieren wir geschlossen in unseren dreckigen und speckigen Arbeitsanzügen, manchmal ungewaschen und ohne Essen. (Wenn es Essen gibt, ist es sehr gut, was ich zugeben muß.) [...]

Das ganze Gebiet hier ist Sperrgebiet. Ganz in unserer Nähe ist ein großes VP-Lager. Jede Menge Geschütze sind aufgefahren. Die Volkspolizei steht mit aufgepflanztem Bajonett Wache. Gehen wir einen Schritt außerhalb des Lagers, so wird scharf geschossen. Jungen und Mädchen versuchen täglich, aus diesem Hexenkessel auszureißen. Natürlich vergebens. Auch ich grübele Tag und Nacht, wie ich nur wieder nach Hause kann. Ein halbes Jahr halte ich nicht aus, lieber nehme ich mir das Leben.

Schreiben von Ilse S. [17 Jahre] an Hans. Zit. nach: BUDDRUS 1994, S. 183 f.

S15: *Berliner Volkspolizei am 17. Juni 1953*
18. Juni 1953

Die Maßnahmen von Partei und Regierung vom 11.6.1953 und die Ereignisse am 16. und 17.6.1953, sowie der [sic!] damit verbundenen polizeilichen Einsätze, waren ein Maßstab in Bezug auf politische Zuverlässigkeit, der Einsatzbereitschaft, dem fachlichen Können, der Treue zur Regierung der DDR und der Verbundenheit mit der SED.

Rein äußerlich betrachtet hat die Deutsche Volkspolizei in ihrer überwiegenden Mehrheit bei den letzten Vorkommnissen ihre schweren Aufgaben erfüllt und hat somit ihre Zuverlässigkeit in einer ernsten Situation unter Beweis gestellt. [...] Bei allen beobachteten Einsätzen war das Verhalten der Einsatzkräfte einwandfrei und diszipliniert. In der Leipziger Straße wurde beobachtet, daß dreimal vom Gummiknüppel Gebrauch gemacht werden mußte, weil die VP-Angehörigen von dem Pöbel angegriffen wurden. Festnahmen, die in der Rathausstraße notwendig waren, wurden äußerst korrekt vorgenommen.

Besonders diszipliniert und einsatzbewußt war das Verhalten der KVP-Angehörigen, die in der Prenzlauer Allee und am Alexanderplatz Festnahmen durchführten.

Die Unsicherheit, die vor dem Erlassen des Ausnahmezustandes vorhanden war, schlug nach weiteren ernsten Provokationen (Steinwürfen) in einen sichtbaren Haß gegen die Provokateure um. Es konnte nicht einmal beobachtet werden, daß sich die VP-Angehörigen ideologisch beeinflussen ließen oder undiszipliniertes Verhalten zeigten.

Als die Provokation am Alexanderplatz begann und ihren Höhepunkt darin fand, daß die Provokateure gegen das Polizeipräsidium anstürmten, 4 Lastkraftwagen der VP ansteckten, die Fensterscheiben mit Steinen einwarfen, bemächtigte sich der gesamten Polizeiführung eine Kopflosigkeit. Der Präsident der Berliner Volkspolizei[71] erschien, nachdem man seine Fensterscheiben eingeschlagen hatte, plötzlich als Zivilist. Auch der Operativstab verstand es nicht, den im Einsatz befindlichen VP-Einheiten die richtigen und notwendigen Befehle zu erteilen, um eine Klärung der Lage beim Polizeipräsidium herbeizuführen.

---

71 Waldemar Schmidt.

Fälle von Desertionen waren nicht zu verzeichnen. Besonders diszipliniert und konsequent war das Verhalten der Angehörigen des Strafvollzuges gegenüber den festgenommenen Provokateuren. Die Leibesvisitationen der Häftlinge wurden von den VP-Angehörigen gründlich und mit einem gesunden Klassenhaß durchgeführt.

Gesamtbericht der für die Volkspolizei zuständigen MfS-Abteilung VII vom 18. Juni 1953 über den Einsatz am 16. und 17. Juni 1953. In: BStU, ZA, SdM 249, Bl. 91–94, hier 91 und 93 f.

S16: »Ohne IM keine Verbrechensbekämpfung«
8. Januar 1954

Der Genosse Chefberater[72] kritisierte insbesondere die schlechte Arbeitsweise der Kriminalpolizei und teilte mit, daß die Anweisung, die vor ca. 6 Monaten herausgegeben wurde, über die verstärkte Werbung von Informatoren[73] außerordentlich gering sei. Durch das Fehlen eines Informatoren-Apparates sei ein starkes Ansteigen der Kriminalität zu verzeichnen. Er teilte mit, daß nach ihren Erkenntnissen die Aufklärungsquote 30 % betrage. [...]
Von ihm wurde weiterhin der Strafvollzug stark kritisiert. Die Außenkommandos seien völlig ungenügend bewacht und Entweichungen von Gefangenen größerer Zahl sei die Folge davon. Aber auch die Ordnung in den Gefängnissen ist keineswegs gefestigt. Insbesondere haben die Kontrollen der sowjetischen Genossen ergeben, daß zwischen den VP-Angehörigen und den Gefangenen vielfach freundschaftliche Beziehungen hergestellt wurden. [...]
Der Genosse Chefberater gab eine Einschätzung der Situation [innerhalb des Staatssicherheitsdienstes] anhand der Überprüfungen unserer sowjetischen Freunde. Er wies darauf hin, daß in der Arbeit mit Informatoren ein sehr ernster Zustand besteht. Einmal sei die Zahl der Informatoren völlig ungenügend und zum anderen die Methoden der Werbung von Informatoren fehlerhaft. [...] Besondere Schwierigkeiten bei der Arbeit mit den Informatoren und Werbung von solchen bildet die außerordentlich niedrige Qualifikation der Sachbearbeiter in den Kreisdienststellen. Weil sie ein niedriges Bildungsniveau haben, wagen sie es nicht, Gespräche mit Intelligenzlern und anderen Schichten der Bevölkerung zu führen und wählen deshalb ihre Informatoren nur unter Arbeitern und einfachen Leuten. [...]

Aktennotiz der Abteilung für Sicherheitsfragen des ZK der SED vom 8. Januar 1954. In: SAPMO-BArch, DY 30/IV 2/12 (Abteilung Sicherheitsfragen)/119, Bl. 1–7.

---

72 Möglicherweise handelt es sich hierbei um den sowjetischen Oberst Waleri I. Bulda, der von August 1953 bis 1957 einer der Chefberater des MfS war.
73 Informatoren hießen inoffizielle Mitarbeiter in der Zeit von 1950–1968.

S17: »Unbegründete Verhaftungen«
16. Mai 1957

Eine ziemlich lange Zeit war in der Staatsanwaltschaft bei einem Teil der Richter eine Erscheinung zu verzeichnen, die ganz deutlich eine Aufweichung zum Ausdruck brachte in bestimmten Fragen der formalen Auslegung, sogar eine gesetzlich unzulässige Entschuldigung von Beschuldigten, Haftbefehle für notwendige Verhaftungen wurden nicht gegeben usw. Aber in der letzten Zeit hat sich das geändert.
 Genossen, jetzt dürfen wir aber nicht einen Fehler machen. Weil die Staatsanwaltschaft [und] ein Teil der Richter anständig einen auf den Kopf bekommen haben [...], sind sie jetzt bereit, alles zu unterschreiben, was wir ihnen geben. Hier müssen wir aufpassen, daß wir nicht unbegründete Verhaftungen durchführen. Die gesetzlichen Voraussetzungen bei Verhaftungen müssen vorhanden sein. [...]
 Aber die gesetzlichen Voraussetzungen sollen auch voll ausgenutzt werden, nicht nur gegen Agenten, sondern auch gegen Feinde, die keine Agenten sind. [...] Aber auch sorgfältige Überprüfung ist unsere Aufgabe, damit wir nicht in die Lage kommen, eine Reihe von Menschen freizulassen, weil wir sie freilassen müssen, weil die gesetzlichen Voraussetzungen nicht gegeben waren. Und dann werden wir nämlich nur denjenigen helfen, die gegen uns sind und die dann damit beweisen wollen, daß wir schlecht gearbeitet haben, daß sie eigentlich doch recht hatten.

Schlußwort des Genossen Minister [Ernst Wollweber] auf der Dienstkonferenz am 16. Mai 1957 in der Bezirksverwaltung Erfurt. In: BStU, ZA, SdM 1921, Bl. 350.

S18: »Beim Mauerbau mangelhafter Kampfgruppeneinsatz«
August 1961

In Berlin war anläßlich des Einsatzes am 13.08.61 ca. 7 Stunden nach Auslösung des Alarms die Einsatzbereitschaft lediglich für ca. 12,7 % der Kampfgruppen-Bataillone (mot.) und für ca. 13,8 % der allgemeinen Kampfgruppen-Bataillone und Hundertschaften hergestellt. Nach ca. 14 Stunden waren es ca. 36,6 % bei den Kampfgruppen-Bataillonen (mot.) und 28,8 % bei den allgemeinen Bataillonen und Hundertschaften.
 Im Bezirk Potsdam belief sich die Herstellung der Einsatzbereitschaft für das beste Kampfgruppen-Bataillon (mot.) nach 6 Stunden auf 29,2 % und für die 3 übrigen Kampfgruppen-Bataillone (mot.) auf 15,1 % bis 15,5 %. Die allgemeinen Kampfgruppen-Einheiten erreichten 14,5 %. Selbst nach 15 Stunden lag in Potsdam die Herstellung der Einsatzbereitschaft der Kampfgruppen-Bataillone (mot.) zwischen 44,8 und 59,5 %.

Zit. nach: KOOP 1997, S. 97.

S19: »Nach Zielschüssen versank die Person«
29. August 1961

Der in diesem Abschnitt eingesetzte Sicherungsführer [...] sowie die Posten [...] hatten die Aufgabe, die Grenzarbeiten entlang der Uferböschung zu sichern. Zu diesen Arbeiten waren 40 Arbeiter der Fa. Gum (Kanal- und Kanalisationsarbeiten) aus Potsdam eingesetzt. Ofw. [...] bemerkte gegen 14.00 Uhr, wie eine Person, ca. 70 m von ihm entfernt, in den Kanal sprang. Auf sofortigen Anruf und Warnschuß reagierte diese Person nicht. Sie schwamm in Richtung WB weiter. Daraufhin gab Ofw. [...] den Feuerbefehl für die Zielschüsse. Ofw. [...] schoß aus seiner MPi in kurzen Feuerstößen 18 Schuß [...]. Durch hinzukommende, in diesem Abschnitt eingesetzte Kräfte der Kampfgruppe wurde durch einen Angehörigen der KG ebenfalls ein Zielschuß abgegeben. Name des KG-Angehörigen bisher unbekannt. Die Zielschüsse wurden abgegeben, als H. ca. 15 m schwimmend im Kanal zurückgelegt hatte. Geschoßeinschläge auf westlicher Seite wurden nicht beobachtet.

Nach den Zielschüssen versank die Person sofort in dem Kanal und tauchte nicht wieder auf. Auf der Wasseroberfläche kam eine Aktentasche zum Vorschein, die ca. 30 m kanalabwärts durch einen Genossen der KG geborgen wurde.

Fernschreiben des Kommandeurs der 5. Grenzbrigade über den Tod von Roland Hoff an den Stab des Ministerium des Innern vom 29. August 1961. Zit. nach: KOOP 1997, S. 102.

S20: Ausweisung aus dem Grenzgebiet
1. September 1961

Aus dem Bereich der 5 km-Sperrzone und des 500 m-Schutzstreifens sind auszuweisen:
a) ehemalige Angehörige der SS, unverbesserliche Nazis, ehemalige Ortsbauernführer, Personen, die durch ihre reaktionäre Einstellung den Aufbau des Sozialismus hindern sowie Personen, die ihrer Einstellung nach und durch ihre Handlungen eine Gefährdung für die Ordnung und Sicherheit im Grenzgebiet darstellen;
b) Erstzuziehende aus Westdeutschland und Westberlin;
c) Rückkehrer aus Westdeutschland und Westberlin, die bisher noch nicht durch gute Arbeitsleistungen ihre Verbundenheit zur Deutschen Demokratischen Republik unter Beweis gestellt haben und die bei der Eingliederung in das gesellschaftliche Leben große Schwierigkeiten bereiten;
d) Personen, die als Grenzgänger angefallen sind oder die Arbeit der Deutschen Grenzpolizei erschwerten oder behinderten, darunter fallen arbeitsscheue und asoziale Elemente, HwG-Personen usw.;
e) alle Personen, die der polizeilichen Meldepflicht nicht nachgekommen sind bzw. bewußt versucht haben, die Meldepflicht zu umgehen;
f) Ausländer und Staatenlose.

Die in enger Gemeinschaft lebenden Angehörigen der unter a–f genannten Personen sind mit auszuweisen.

Befehl 45/61 des Ministers des Innern vom 1. September 1961 zur Ausweisung von Personen aus dem Grenzgebiet der Westgrenze der DDR. In: SAPMO-BArch, J IV/2/3/63.

S21: Aufbau des MfS
28. August 1962

Am 11. April 1947 wurde ich also Chef der sächsischen Kriminalpolizei. [...] Zwei Jahre später, im April 1949, kam eines Tages der Genosse Erich Mielke nach Dresden und fragte mich, ob ich mitmache? Ich sagte ihm, daß ich doch wissen müsse wobei. Darauf[hin] sagte er, daß ich das bald erfahren würde, wenn ich meine Zusage gegeben hätte, jeden Parteiauftrag zu erfüllen. Worauf ich ihm antwortete, daß das selbstverständlich sei, wie ja mein ganzes Leben beweise. Darauf[hin] erzählte er mir, daß das, was jetzt in der Kriminalpolizei die K 5 ist, ein selbständiges Organ werden würde, welches ausschließlich mit den Fragen der Sicherheit des Staates sich befassen würde. Aus inner- und außenpolitischen Gründen werde dies zu Beginn aber ein Dezernat mit der Buchstabenbezeichnung D der Kriminalpolizei sein. Dieses Dezernat D sei jedoch sofort als selbständiges Organ mit eigenen Häusern, Menschen und Einrichtungen zu schaffen. So wurde ich am 1. Mai 1949 der Gründer, Leiter und Organisator der Staatssicherheit im Lande Sachsen, wo ich jeden Mitarbeiter, jedes Haus, jeden Wagen selbst heranschaffen mußte.

Gutsche, Josef: Erinnerungen vom 28. August 1961. In: BStU, ZA, SV 333/87, Bl. 169.

S22: Freiwillige Helfer der Grenztruppen
16. März 1964

Die neuen gesellschaftlichen Bedingungen in der Deutschen Demokratischen Republik, die auf den Sieg der sozialistischen Produktionsverhältnisse beruhen, haben zu grundlegenden Veränderungen im Bewußtsein der Werktätigen geführt. Sie erkennen immer mehr ihre Verantwortung für den Schutz der sozialistischen Gesellschaft und für die Einhaltung der Regeln des sozialistischen Gemeinschaftslebens. Daraus erwächst ihre Bereitschaft und das Bedürfnis, bei der Gewährleistung der öffentlichen Ordnung und Sicherheit und der Sicherheit an der Staatsgrenze mitzuwirken. Diese Entwicklung ermöglicht eine noch breitere Einbeziehung gesellschaftlicher Kräfte bei der Durchsetzung der sozialistischen Gesetzlichkeit.

Bei der Gewährleistung der öffentlichen Ordnung und Sicherheit und der Sicherheit an der Staatsgrenze werden die Deutsche Volkspolizei und die Grenztruppen der Nationalen Volksarmee aktiv von freiwilligen Helfern unterstützt. Zur Erhöhung ihrer gesellschaftlichen Wirksamkeit ist es erforderlich, entsprechend den Bedingungen die Rechte und Pflichten der freiwilligen Helfer bei der Lösung der staatlichen Aufgaben zu erweitern. Die Tätigkeit der freiwilligen Helfer ist Ausdruck der aktiven Wahrnehmung des staatsbürgerlichen Rechts, bei der Lenkung und Leitung ihres Staates mitzuwirken.

Verordnung über die Zulassung und die Tätigkeit freiwilliger Helfer zur Unterstützung der Deutschen Volkspolizei und der Grenztruppen der Nationalen Volksarmee vom 16. März 1964. In: GBl. II, Nr. 30 vom 8. April 1964, S. 241.

S23: Aufgaben der Volkspolizei
11. Juni 1968

§ 7 Aufgaben
(1) Die Deutsche Volkspolizei hat die öffentliche Ordnung und Sicherheit jederzeit zuverlässig zu gewährleisten. Ihr obliegt es im Rahmen ihrer Zuständigkeit:
  a) Straftaten, Verfehlungen und Ordnungswidrigkeiten vorausschauend und zielgerichtet vorzubeugen, alle Straftaten aufzudecken, zu untersuchen und aufzuklären, Verfehlungen und Ordnungswidrigkeiten zu ahnden sowie die Ursachen und Bedingungen der Straftaten, Verfehlungen und Ordnungswidrigkeiten aufdecken und beseitigen zu helfen,
  b) anderen Gefahren vorzubeugen und Störungen zu beseitigen, die das Leben oder die Gesundheit von Menschen sowie das sozialistische, persönliche oder private Eigentum bedrohen oder in anderer Weise die öffentliche Ordnung und Sicherheit beeinträchtigen,
  c) die zum Schutz der Staatsgrenze für die Grenzgebiete festgelegte Ordnung durchzusetzen,
  d) die Ordnung und Sicherheit im Straßenverkehr, auf den Binnengewässern, den inneren Seegewässern im Bereich der Grenzzone sowie in den Seehäfen zu gewährleisten,
  e) den Personenverkehr und den Gütertransport auf dem Eisenbahngebiet im Binnen- und Transitverkehr zu schützen, insbesondere den Transport volkswirtschaftlich hochwertiger und gefährlicher Güter zu gewährleisten,
  g) eine strenge Ordnung im Umgang mit Waffen, Sprengmitteln und Giften durchzusetzen,
  h) die Einhaltung der gesetzlichen Bestimmungen für die Tätigkeit von Vereinigungen, die Durchführung von Veranstaltungen und die Polizeistunde zu gewährleisten,
  i) wichtige Betriebe, Anlagen und Objekte zu sichern,
  j) die im Rahmen der Landesverteidigung übertragenen Aufgaben zu erfüllen.

(2) Bei Gefahren oder Störungen, für deren Abwehr oder Beseitigung andere Staatsorgane zuständig sind, hat die Deutsche Volkspolizei auch tätig zu werden, wenn die öffentliche Ordnung und Sicherheit erheblich beeinträchtigt ist und die Gefahren oder Störungen durch die zuständigen Staatsorgane nicht mit eigenen

Kräften und Mitteln abgewehrt oder beseitigt werden können oder deren Mitarbeiter nicht gegenwärtig sind.

Gesetz über die Aufgaben und Befugnisse der Deutschen Volkspolizei vom 11. Juni 1968 (Auszug). In: GBl. I, Nr. 11 vom 14. Juni 1968, S. 233.

S24: Gesellschaft für Sport und Technik
10. September 1968

Die Gesellschaft für Sport und Technik (GST) ist eine sozialistische Massenorganisation der Deutschen Demokratischen Republik, deren Hauptaufgabe im System der sozialistischen Wehrerziehung darin besteht, die Jugendlichen im vorwehrpflichtigen Alter auf den Wehrdienst in den bewaffneten Kräften der Deutschen Demokratischen Republik vorzubereiten.

Diesen Interessen dienend, ist die GST gleichzeitig Träger der wehrsportlichen Tätigkeit in der Deutschen Demokratischen Republik.

Mit ihrer Tätigkeit leistet sie einen aktiven Beitrag zur sozialistischen Wehrerziehung der Werktätigen und unterstützt sie bei der Wahrnehmung ihrer verfassungsmäßigen Rechte und Pflichten auf dem Gebiet der Landesverteidigung.

Die gesamte Tätigkeit der Gesellschaft für Sport und Technik ist auf die hohen Anforderungen und komplizierten Aufgaben gerichtet, die an die Landesverteidigung, besonders an die Nationale Volksarmee im Interesse der militärischen Sicherung des Aufbaus der entwickelten sozialistischen Gesellschaft unter den Bedingungen der Revolution im Militärwesen und der verschärften Aggressivität des Imperialismus gestellt werden.

Die Gesellschaft für Sport und Technik erfüllt ihre Aufgabe unter Führung der Sozialistischen Einheitspartei Deutschlands und arbeitet eng mit den bewaffneten Organen der Deutschen Demokratischen Republik und anderen staatlichen Organisationen sowie mit allen in der Nationalen Front des demokratischen Deutschland vereinigten Parteien und Massenorganisationen zusammen.

Verordnung über die Gesellschaft für Sport und Technik vom 10. September 1968. In: GBl. II, Nr. 97 vom 18. September 1968, S. 779.

S25: Statut des MfS
30. Juli 1969

§ 1 (1) Das Ministerium für Staatssicherheit (MfS) ist ein Organ des Ministerrates. Es gewährleistet als Sicherheits- und Rechtspflegeorgan die staatliche Sicherheit und den Schutz der Deutschen Demokratischen Republik. [...]

§ 2 Die Hauptaufgaben des MfS zum Schutze der Souveränität, bei der allseitigen politischen, militärischen, ökonomischen und kulturellen Stärkung der Deutschen Demokratischen Republik, der Sicherung der sozialistischen Errungen-

schaften und der Staatsgrenze mit spezifischen Mitteln und Methoden bestehen darin:
a) feindliche Agenturen zu zerschlagen, Geheimdienstzentralen zu zersetzen und andere politisch-operative Maßnahmen gegen die Zentren des Feindes durchzuführen und
ihre geheimen subversiven Pläne und Absichten, ihre konspirative Tätigkeit insbesondere gegen die Deutsche Demokratische Republik und andere sozialistische Länder offensiv aufzudecken;
durch rechtzeitige Aufdeckung geplanter militärischer Anschläge und Provokationen gegen die Deutsche Demokratische Republik und andere sozialistische Länder dazu beizutragen, Überraschungshandlungen zu verhindern;
b) entsprechend den übertragenen Aufgaben alle erforderlichen Maßnahmen für den Verteidigungszustand vorzubereiten und durchzusetzen;
c) Straftaten, insbesondere gegen die Souveränität der Deutschen Demokratischen Republik, den Frieden, die Menschlichkeit und Menschrechte sowie gegen die Deutsche Demokratische Republik aufzudecken, zu untersuchen und vorbeugende Maßnahmen auf diesem Gebiet zu treffen;
d) die zuständigen Partei- und Staatsorgane rechtzeitig und umfassend über feindliche Pläne, Absichten und das gegnerische Potential sowie über Mängel und Ungesetzlichkeiten zu informieren;
e) die staatliche Sicherheit in der Nationalen Volksarmee und den bewaffneten Organen zu gewährleisten;
f) in Zusammenwirken mit den staatlichen Organen, insbesondere dem Ministerium für Nationale Verteidigung und dem Ministerium des Innern die Staatsgrenze mit spezifischen Mitteln und Methoden zu schützen und unter Einbeziehung der Organe der Zollverwaltung der Deutschen Demokratischen Republik den grenzüberschreitenden Verkehr zu sichern. [...]

§ 8 (1) Der Minister leitet das MfS nach dem Prinzip der Einzelleitung. Er ist persönlich für die gesamte Tätigkeit des MfS verantwortlich und der Volkskammer, dem Staatsrat, dem Nationalen Verteidigungsrat und dem Ministerrat rechenschaftspflichtig.

Statut des Ministeriums für Staatssicherheit der Deutschen Demokratischen Republik vom 30. Juli 1969. In: BStU, BF 26.

S26: *»Einwandfreies Schußfeld gewährleisten«*
3. Mai 1974

In der Aussprache [...] legte Genosse Erich Honecker folgende Gesichtspunkte dar:
- die Unverletzlichkeit der Grenzen der DDR bleibt nach wie vor eine wichtige politische Frage,
- es müssen nach Möglichkeit alle Provokationen an der Staatsgrenze verhindert werden,
- es muß angestrebt werden, daß Grenzdurchbrüche überhaupt nicht zugelassen werden,

- jeder Grenzdurchbruch bringt Schaden für die DDR,
- die Grenzsicherungsanlagen müssen so angelegt werden, daß sie dem Ansehen der DDR nicht schaden, [...]
- überall muß ein einwandfreies Schußfeld gewährleistet werden, [...]
- nach wie vor muß bei Grenzdurchbruchsversuchen von der Schußwaffe rücksichtslos Gebrauch gemacht werden, und es sind die Genossen, die die Schußwaffe erfolgreich angewandt haben, zu belobigen, [...]

Erich Honecker auf der 45. Sitzung des Nationalen Verteidigungsrates vom 3. Mai 1974 zum Tagesordnungspunkt 4: Bericht über die Lage an der Staatsgrenze der DDR zur BRD, zu Westberlin und an der Seegrenze. In: BArch MZA, VA–01/39 503.

S27: »Auftrag: Fahnenfluchten verhindern«
3. Dezember 1974

Auftrag [...]
1. Verhinderung von Fahnenfluchten
   Erkennen von Fahnenfluchtabsichten, um deren Verhinderung mit allen sich daraus ergebenden Konsequenzen zu gewährleisten.
   Um versuchte Fahnenfluchten während des Grenzdienstes zu verhindern, macht es sich notwendig, daß Sie diese rechtzeitig erkennen und vereiteln. Aus diesem Grund dürfen Sie sich nicht von Ihrer Waffe trennen und die Kontrolle der Funktionstüchtigkeit hat vor Beginn des Grenzdienstes zu erfolgen. Bei Notwendigkeit haben Sie die Schußwaffe konsequent anzuwenden, um den Verräter zu stellen bzw. zu liquidieren. [...]
2. Verhinderung von Grenzdurchbrüchen
   Es ist Ihre Pflicht, Ihre Einzelkämpfer- und tschekistischen Fähigkeiten so zu nutzen, daß Sie die List des Grenzverletzers durchbrechen, ihn stellen bzw. liquidieren, um somit die von ihm geplante Grenzverletzung zu vereiteln. Handeln Sie dabei umsichtig und konsequent, da die Praxis die Gefährlichkeit und Hinterhältigkeit der Verräter mehrfach beweist.
   Zögern Sie nicht mit der Anwendung der Schußwaffe, auch dann nicht, wenn die Grenzdurchbrüche mit Frauen und Kindern erfolgen, was sich die Verräter schon oft zunutze gemacht haben. [...]
   Zur Kenntnis genommen: Ofw. S.

Auftrag vom 3. Dezember 1974 der Hauptabteilung I, Äußere Abwehr, Einsatzkompanie an Oberfeldwebel S. In: BStU, ZA, AIM 713/76, Bl. 2f.

S28: »Ausnutzung und Zersetzung«
Januar 1976

Der zuverlässige Schutz der gesellschaftlichen Entwicklung und die allseitige Gewährleistung der inneren Sicherheit der DDR erfordern vom Ministerium für Staatssicher-

heit die zielstrebige, konzentrierte und schwerpunktmäßige vorbeugende Verhinderung, Aufdeckung und Bekämpfung aller subversiven Angriffe des Feindes.
Eine wichtige Voraussetzung für die erfolgreiche Lösung dieser Hauptaufgabe ist die ständige Qualifizierung der Entwicklung und Bearbeitung Operativer Vorgänge auf der Basis einer schwerpunktbezogenen politisch-operativen Grundlagenarbeit zur Gewährleistung der Sicherung und Ordnung im jeweiligen Verantwortungsbereich.
Mit der zielstrebigen Entwicklung und Bearbeitung Operativer Vorgänge ist vor allem vorbeugend ein Wirksamwerden feindlich-negativer Kräfte zu unterbinden, das Eintreten möglicher Schäden, Gefahren oder anderer schwerwiegender Folgen feindlich-negativer Handlungen zu verhindern und damit ein wesentlicher Beitrag zur kontinuierlichen Durchsetzung der Politik der Partei- und Staatsführung zu leisten. [...]
1.8.2. Politisch-operative und strafrechtliche Voraussetzungen für das Anlegen Operativer Vorgänge und erforderliche Leiterentscheidungen
Operative Vorgänge sind dann anzulegen, wenn der Verdacht der Begehung von Verbrechen gemäß erstem oder zweitem Kapitel des StGB – Besonderer Teil –[74] oder einer Straftat der allgemeinen Kriminalität, die einen hohen Grad an Gesellschaftsgefährlichkeit hat und in enger Beziehung zu den Staatsverbrechen steht, bzw. für deren Bearbeitung entsprechend meinen dienstlichen Bestimmungen und Weisungen das MfS zuständig ist, durch eine oder mehrere bekannte oder unbekannte Personen vorliegt. [...]
2.1. Die politisch-operativen Zielstellungen der Bearbeitung Operativer Vorgänge
Die politisch-operativen Zielstellungen der Bearbeitung Operativer Vorgänge bestehen darin:
– durch eine offensive, konzentrierte und tatbestandsbezogene Bearbeitung die erforderlichen Beweise für den Nachweis des dringenden Verdachtes eines oder mehrerer Staatsverbrechen bzw. einer Straftat der allgemeinen Kriminalität zu erbringen;
– beginnend mit und im Verlauf der gesamten Bearbeitung rechtzeitig die erkannten oder zu erwartenden gesellschaftsschädigenden Auswirkungen der staatsfeindlichen Tätigkeit bzw. anderer Straftaten weitestgehend einzuschränken oder zu verhindern;
– bereits während der Bearbeitung die eine staatsfeindliche Tätigkeit oder andere Straftaten auslösenden oder begünstigenden Bedingungen und Umstände festzustellen, zu beweisen und weitestgehend einzuschränken oder zu beseitigen;
– die Pläne, Absichten und Maßnahmen imperialistischer Geheimdienste, anderer feindlicher Zentren, Organisationen und Kräfte umfassend und ständig aufzuklären und durch entsprechend gezielte politisch-operative Maßnahmen ihre Realisierung rechtzeitig und wirkungsvoll zu verhindern.
[...]
2.3.3. Die Einführung von IM in die Bearbeitung Operativer Vorgänge
Die Einführung von IM in die Bearbeitung Operativer Vorgänge ist darauf zu richten, qualifizierte, überprüfte, für die im jeweiligen Operativen Vorgang zu lösenden

---

[74] Der Besondere Teil des Strafgesetzbuchs (StGB) enthält im 1. Kapitel die §§ 85–95 (»Verbrechen gegen die Souveränität der Deutschen Demokratischen Republik, den Frieden, die Menschheit und die Menschenrechte«) und im 2. Kapitel die §§ 96–111 (»Verbrechen gegen die Deutsche Demokratische Republik«).

politisch-operativen Aufgaben geeignete IM an die verdächtigen Personen mit der Zielstellung heranzuführen, deren Vertrauen zu gewinnen, um Informationen und Beweise über geplante, vorbereitete oder durchgeführte feindlich-negative Handlungen sowie Mittel und Methoden des Vorgehens der verdächtigen Personen und ihrer Hintermänner rechtzeitig zu erarbeiten und Voraussetzungen für die vorbeugende Verhinderung bzw. Einschränkung der feindlich-negativen Handlungen zu schaffen. [...]

2.3.4. Das Herausbrechen von Personen aus feindlichen Gruppen
Das Herausbrechen ist darauf zu richten, Personen aus feindlichen Gruppen für eine inoffizielle Zusammenarbeit zu werben, um dadurch in die Konspiration der Gruppe einzudringen und Informationen und Beweise über geplante, vorbereitete oder durchgeführte Handlungen sowie Mittel und Methoden ihres Vorgehens zu erarbeiten, Anknüpfungspunkte und Voraussetzungen für eine notwendige Paralysierung und Einschränkung der feindlichen Handlungen bzw. zur Auflösung der Gruppen zu schaffen. [...]

2.6.1. Zielstellung und Anwendungsbereiche von Maßnahmen der Zersetzung
Maßnahmen der Zersetzung sind auf das Hervorrufen sowie die Ausnutzung und Verstärkung solcher Widersprüche bzw. Differenzen zwischen feindlich-negativen Kräften zu richten, durch die sie zersplittert, gelähmt, desorganisiert und isoliert und ihre feindlich-negative Handlungen einschließlich deren Auswirkungen vorbeugend verhindert, wesentlich eingeschränkt oder gänzlich unterbunden werden. [...]

2.6.2. Formen, Mittel und Methoden der Zersetzung [...]
Bewährte anzuwendende Formen der Zersetzung sind:
- systematische Diskreditierung des öffentlichen Rufes, des Ansehens und des Prestiges auf der Grundlage miteinander verbundener wahrer, überprüfbarer und diskreditierender sowie unwahrer, glaubhafter, nicht widerlegbarer und damit ebenfalls diskreditierender Angaben;
- systematische Organisierung beruflicher und gesellschaftlicher Mißerfolge zur Untergrabung des Selbstvertrauens einzelner Personen;
- zielstrebige Untergrabung von Überzeugungen im Zusammenhang mit bestimmten Idealen, Vorbildern usw. und die Erzeugung von Zweifeln an der persönlichen Perspektive;
- Erzeugen von Mißtrauen und gegenseitigen Verdächtigungen innerhalb von Gruppen, Gruppierungen und Organisationen;
- Erzeugen bzw. Ausnutzen und Verstärken von Rivalitäten innerhalb von Gruppen, Gruppierungen und Organisationen durch zielgerichtete Ausnutzung persönlicher Schwächen einzelner Mitglieder;
- Beschäftigung von Gruppen, Gruppierungen und Organisationen mit ihren internen Problemen mit dem Ziel der Einschränkung ihrer feindlich-negativen Handlungen;
- örtliches und zeitliches Unterbinden bzw. Einschränken der gegenseitigen Beziehungen der Mitglieder einer Gruppe, Gruppierung oder Organisation auf der Grundlage geltender gesetzlicher Bestimmungen, z. B. durch Arbeitsplatzbindungen, Zuweisung örtlich entfernt liegender Arbeitsplätze usw.

Richtlinie 1/76 des Ministeriums für Staatssicherheit vom Januar 1976 zur Entwicklung und Bearbeitung Operativer Vorgänge. In: BStU, ZA, DSt o. Nr.

S29: Verweigerung des Wehrunterrichts
22. Mai 1981

Auf der Grundlage Ihres Schreibens [...] haben die Direktoren der Schulen mit allen Eltern, deren Kinder nicht am Wehrunterricht teilnehmen, Aussprachen geführt. Das sind in unserem Bezirk 59 Schüler aus 17 Kreisen und einem Stadtbezirk von Karl-Marx-Stadt. In 7 Kreisen und 2 Stadtbezirken von Karl-Marx-Stadt nehmen alle Schüler am Wehrunterricht teil. Die betreffenden Eltern wurden aktenkundig darüber belehrt, daß sie mit ihrer Entscheidung gegen die Schulpflichtbestimmungen und die Verfassung der DDR verstoßen.

Die Reaktion der Eltern in diesen Gesprächen war unterschiedlich. In 5 Fällen konnte eine Änderung der Haltung zum Wehrunterricht erreicht werden. [...] 3 Eltern gestatteten ihren Kindern, an den Unterrichtsstunden teilzunehmen, aber nicht am ZV-Lehrgang. Diese Eltern sprachen ihre Zustimmung zur Friedenspolitik unserer Regierung aus und erkannten an, daß die Friedensinitiativen von den sozialistischen Ländern, vor allem der Sowjetunion, ausgehen. Sie traten sachlich auf und waren den aufgeworfenen Fragen gegenüber aufgeschlossen. Vom vormilitärischen Charakter des ZV-Lehrganges distanzierten sie sich jedoch.

Drei weitere Eltern wollen ihre Entscheidung nochmals überdenken. Bis zum gegenwärtigen Zeitpunkt liegt aber noch keine neue Meinungsäußerung vor. 48 Eltern lehnen nach wie vor die Teilnahme ihrer Kinder am Wehrunterricht ab.

Schreiben des Rates des Bezirkes Karl-Marx-Stadt vom 22. Mai 1981 an das Ministerium für Volksbildung. Zit. nach: GEISSLER et al. 1996, S. 496.

S30: »Grenzverletzer« und Schußwaffenanwendung
25. März 1982

§ 9 Allgemeine Bestimmungen
(1) Die Staatsgrenze der Deutschen Demokratischen Republik darf grundsätzlich nur über die Grenzübergangsstellen oder an anderen in völkerrechtlichen Verträgen festgelegten Stellen und mit den erforderlichen Dokumenten passiert werden. [...]
(3) Der unberechtigte Austausch von Gegenständen sowie die unberechtigte Aufnahme anderer Verbindungen über die Staatsgrenze sind verboten.
§ 17 Grenzverletzungen
Grenzverletzungen im Sinne dieses Gesetzes sind alle Handlungen, die gegen die Unverletzlichkeit der Staatsgrenze oder die territoriale Integrität der Deutschen Demokratischen Republik gerichtet sind, sowie Handlungen, die das Hoheitsgebiet oder den Verlauf der Staatsgrenze der Deutschen Demokratischen Republik beeinträchtigen. Dazu gehören:
a) das Schießen oder Werfen von Gegenständen über die Staatsgrenze,
b) das widerrechtliche Passieren der Staatsgrenze,
c) das widerrechtliche Eindringen in die See- oder Grenzgewässer oder das widerrechtliche Verlassen der See- oder Grenzgewässer [...].

§ 18 Pflichten der staatlichen Organe
(1) Die Schutz- und Sicherheitsorgane und die anderen zuständigen staatlichen Organe haben in enger Zusammenarbeit die erforderlichen Maßnahmen zur Gewährleistung der Sicherheit und der Ordnung in den Grenzgebieten und den Seegewässern, des grenzüberschreitenden Verkehrs und zur Durchsetzung der Rechtsvorschriften zu treffen.
(2) Die Grenztruppen der Deutschen Demokratischen Republik (nachfolgend Grenztruppen der DDR genannt) haben alle erforderlichen Maßnahmen zum zuverlässigen Schutz der Staatsgrenze zu treffen und im engen Zusammenwirken mit den anderen Schutz- und Sicherheitsorganen die territoriale Integrität der Deutschen Demokratischen Republik und die Unverletzlichkeit ihrer Staatsgrenze zu gewährleisten. [...]

§ 27 Anwendung von Schußwaffen
(1) Die Anwendung der Schußwaffe ist die äußerste Maßnahme der Gewaltanwendung gegenüber Personen. Die Schußwaffe darf nur in solchen Fällen angewendet werden, wenn die körperliche Einwirkung ohne oder mit Hilfsmitteln erfolglos blieb oder offensichtlich keinen Erfolg verspricht. Die Anwendung von Schußwaffen gegen Personen ist erst dann zulässig, wenn durch Waffenwirkung gegen Sachen oder Tiere der Zweck nicht erreicht wird.
(2) Die Anwendung der Schußwaffe ist gerechtfertigt, um die unmittelbar bevorstehende Ausführung oder die Fortsetzung einer Straftat zu verhindern, die sich den Umständen nach als ein Verbrechen darstellt. Sie ist auch gerechtfertigt zur Ergreifung von Personen, die eines Verbrechens dringend verdächtig sind.
(3) Die Anwendung der Schußwaffe ist grundsätzlich durch Zuruf oder Abgabe eines Warnschusses anzukündigen, sofern nicht eine unmittelbar bevorstehende Gefahr nur durch die gezielte Anwendung der Schußwaffe verhindert oder beseitigt werden kann.
(4) Die Schußwaffe ist nicht anzuwenden, wenn
a) das Leben oder die Gesundheit Unbeteiligter gefährdet werden können,
b) die Personen dem äußeren Eindruck nach im Kindesalter sind oder
c) das Hoheitsgebiet eines benachbarten Staates beschossen würde.
Gegen Jugendliche und weibliche Personen sind nach Möglichkeit Schußwaffen nicht anzuwenden.
(5) Bei der Anwendung der Schußwaffe ist das Leben von Personen nach Möglichkeit zu schonen. Verletzten ist unter Beachtung der notwendigen Sicherheitsmaßnahmen Erste Hilfe zu erweisen.

Gesetz über die Staatsgrenze der Deutschen Demokratischen Republik (Grenzgesetz) vom 25. März 1982. In: GBl. I, Nr. 11 vom 29. März 1982, S. 198–200.

S31: »Vom Sinn unseres Lebens«
1983

Die Staaten des Warschauer Vertrages verfügen über solche Potenzen, daß sie auch in Zukunft nicht zulassen werden, daß die Imperialisten militärische Überlegenheit gewinnen. Deshalb halten sie ihre Streitkräfte stets auf dem erforderlichen Stand und rüsten sie mit modernen Waffen aus. Der Frieden muß bewaffnet sein, und zwar so gut, daß der Aggressor keine Chance hat. Wir sind uns immer bewußt, daß die Kriegsgefahr nicht von den Waffen an sich ausgeht. Waffen in den Händen der Aggressoren sind die eigentliche Gefahr für den Frieden. Sie zwingen uns, adäquate Waffen zu entwickeln und in Dienst zu stellen, um zu verhindern, daß jemals die Waffen sprechen.

Was kann der einzelne heute für die Erhaltung des Friedens tun? Jeder Bürger, der mit fleißiger und ideenreicher Arbeit, mit hohen Leistungen an seinem Platz den Sozialismus stärkt, macht dadurch auch den Frieden sicherer. Jeder junge Mensch, der in der Schule, in der Berufsausbildung oder im Studium seinen Mann steht, der mithilft, die Verteidigungsfähigkeit der DDR zu stärken, nimmt dadurch aktiv am Frieden teil. Mit machtvollen Demonstrationen, mit unserer Unterschrift unter Resolutionen, mit der Waffe sozialistischer Kunst, mit dem Liederfestival und dem Solidaritätsbasar kämpfen wir gegen die Kriegstreiber.

Der wirkungsvollste Dienst am Frieden ist zweifellos der Ehrendienst in der Nationalen Volksarmee und in den Grenztruppen der DDR. Jeder Wehrpflichtige, jeder Freiwillige, jeder Reservist, jeder Angehörige der Kampfgruppen der Arbeiterklasse und der anderen bewaffneten Organe unseres Volkes, der an der Seite seiner Waffenbrüder die Errungenschaften des Sozialismus mit Hilfe moderner Waffentechnik und mit der festen Überzeugung von der Gerechtigkeit unserer Sache gegen imperialistische Aggressoren zuverlässig schützt, leistet einen ehrenvollen und lebensnotwendigen Beitrag zur Sicherung des Friedens.

In: SINN 1983, S. 201 f.

S32: *Grundsätze für Isolierungslager*
14. November 1983

3. Vollzug der Isolierung
    3.1. Der Vollzug der Isolierung erfolgt in zentral vorbereiteten Isolierungsobjekten des Ministeriums für Staatssicherheit und der Bezirksverwaltungen. [...]
    3.2. Die zu isolierenden Personen sind bei der Aufnahme in das Isolierungsobjekt erkennungsdienstlich zu behandeln, medizinisch zu befragen, mit [...] Angaben zur Person zu erfassen und mit fortlaufender Nummer zu registrieren. Über jede Person ist eine Handakte zu führen. Mitgeführte Gegenstände, die nicht dem persönlichen Gebrauch dienen, sind mit Protokoll in Effektenkammern zu lagern. Rückgabe bzw. Weitergabe hat nur auf Weisung und gegen Quittung zu erfolgen. Die Isolierten sind über ihre Rechte und Pflichten sowie die Ordnungs- und Verhaltensregeln zu belehren und mit der Hausordnung vertraut zu machen.
    3.3. Unterbringung, Versorgung und Betreuung der Isolierten haben so zu erfolgen, daß sie den allgemeinen Grundsätzen zur Erhaltung der Gesundheit, der Hygiene und des Zusammenlebens in Gemeinschaftsunterkünften und unter Beachtung des vorhandenen operativen Materials, getrennt nach Ge-

schlecht, der Schwere begangener Straftaten und Jugendlichen. Isolierte tragen die für sie festgelegte Kleidung.
3.4. Zur Durchsetzung einer straffen Disziplin, Ordnung und Sicherheit sowie Pflichterfüllung sind in einer Hausordnung [...] die Rechte und Pflichten der Isolierten, die Verhaltensregeln gegenüber den Vollzugs- und Sicherungskräften, die Bestimmungen für den allgemeinen Tagesablauf sowie für das Verhalten untereinander festzulegen. Zur Gewährleistung von Disziplin, Ordnung und Sicherheit können Isolierte eingesetzt werden als
Stuben- und Unterkunftsältester,
Bereichs- bzw. Funktionsbereichsältester,
Objektältester,
Schichtleiter, Brigadier, Ordner,
Beauftragter der Objektleitung für Sonderaufgaben.
Die Bekleidung der Isolierten mit Funktionen ist gemäß Anlage 4 zu kennzeichnen.
Der Leiter des Isolierungsobjektes ist ermächtigt, mit Unterstützung der eingesetzten Sicherungskräfte die Maßnahmen zur Isolierung und Gewährleistung der Disziplin, Ordnung und Sicherheit, erforderlichenfalls mit zweckentsprechenden und angemessenen Zwangsmaßnahmen, durchzusetzen.
3.5. Isolierte können zu gesellschaftlich notwendigen Arbeiten eingesetzt werden. Für den Arbeitseinsatz finden die im Verteidigungszustand für den Strafvollzug gültigen Grundsätze analoge Anwendung. Der Arbeitseinsatz kann inner- und außerhalb des Isolierungsobjektes erfolgen.
[...]
6.3. Zum Bereich der Außensicherung des Isolierungsobjektes gehören eine Umwehrmauer bzw. -zaun mit beidseitiger Sperrzone, sofern die Voraussetzungen zur Schaffung bestehen. [...] Das unmittelbare Vorgelände des Isolierungsobjektes ist sichtbar abzugrenzen, [...] zu kennzeichnen und erforderlichenfalls zu umfrieden. Es ist unter ständiger Kontrolle zu halten und darf durch Unbefugte nicht befahren oder betreten werden. Das erweiterte Vorgelände des Isolierungsobjektes ist als Sperrgebiet zu kennzeichnen.
[...]
7.2. Die operativen Diensteinheiten, die Personen für die Isolierung planen, haben sicherzustellen, daß sich darunter ein ausreichender Bestand an IM befindet bzw. geschaffen wird, damit die politisch-operative Abwehrarbeit, besonders in der Anfangsphase, gewährleistet werden kann. [...] An die für einen Einsatz im Isolierungsobjekt vorgesehenen IM sind hohe Ansprüche hinsichtlich der Zuverlässigkeit und Standhaftigkeit zu stellen. [...]

Anlage 4: Kennzeichnung der Bekleidung
Stuben- bzw. Unterkunftsältester – 1 Ärmelstreifen grün 2 cm breit,
Bereichs- bzw. Funktionsbereichsältester – 2 Ärmelstreifen grün 2 cm breit,
Objektältester – 3 Ärmelstreifen grün 2 cm breit,
Schichtleiter – gelbe Armbinde – SL – Buchstaben schwarz,
Brigadier – gelbe Armbinde – B – Buchstabe schwarz,

Ordner – gelbe Armbinde – O – Buchstabe schwarz,
Beauftragter der Objektleitung für Sonderaufgaben – blaue Armbinde – SAG[75] –
Buchstaben schwarz.
Die Ärmelstreifen sind in einer Länge von 10 cm auf ein Stoffstück in der Farbe der Oberbekleidung aufzunähen und dieses auf den linken Unterärmel der Oberbekleidung – 13 cm vom unteren Rand entfernt – quer anzubringen. Die Armbinde ist am linken Oberärmel der Oberbekleidung zu tragen.

Grundsätze zur Vorbereitung und Durchführung der Isolierung sowie der Gewährleistung der inneren und äußeren Sicherheit der Isolierungsobjekte der Arbeitsgruppe des Ministers vom 14. November 1983. Zit. nach: AUERBACH 1995, S. 89–100.

S33: »Menschen bespitzeln«
1984

Dann erhielt ich so einen Auftrag, andere Menschen in ihrer Arbeit zu beobachten, ihre Handlungen zu überwachen und zu beurteilen. Man muß Verständnis dafür haben, daß dieses erst einmal einen gewissen Widerspruch mit sich brachte; denn ich sage es heute noch, [...] daß es für mich eines der größten psychologischen Probleme wäre, wenn durch eine Unachtsamkeit der Genossen des MfS ich ins Gerede komme und Freunde und Bekannte mich als einen sogenannten Spitzel betrachten würden. Ich glaube auch, daß selbst meine Familie und vor allem meine Freunde dafür kein Verständnis aufbringen würden. Das führte auch dazu, daß ich über einen langen Zeitraum ganz einfach nicht fertig geworden bin, daß ich Menschen bespitzeln muß und meine Aussage falsch sein könnte, meine Beobachtungen nicht richtig sind, daß ich durch meine Bemerkungen und meine Erkenntnisse Menschen in Schwierigkeiten bringen könnte.

Erfahrungsberichte von IM über ihren Einsatz in Operativen Vorgängen. In: BStU, ZA, JHS 13/84, S. 14 f.

S34: »Haß«
1985

Haß [ist ein] intensives und tiefes Gefühl, das wesentlich das Handeln von Menschen mitbestimmen kann. Er widerspiegelt immer gegensätzliche zwischenmenschliche Beziehungen und ist im gesellschaftlichen Leben der emotionale Ausdruck der unversöhnlichen Klassen- und Interessengegensätze zwischen der Arbeiterklasse und der Bourgeoisie (Klassenhaß). Der moralische Inhalt des H. ist abhängig vom Gegenstand, auf den er gerichtet ist, und kann von daher wertvoll und erhaben oder kleinlich und niedrig sein. H. zielt immer auf die aktive Auseinandersetzung mit dem ge-

---

75 Beauftragter der Objektleitung für Sonderaufgaben.

haßten Gegner, begnügt sich nicht mit Abscheu und Meidung, sondern ist oft mit dem Bedürfnis verbunden, ihn zu vernichten oder zu schädigen. H. ist ein wesentlicher bestimmender Bestandteil der tschekistischen Gefühle, eine der entscheidenden Grundlagen für den leidenschaftlichen und unversöhnlichen Kampf gegen den Feind. Seine Stärkung und Vertiefung in der Praxis des Klassenkampfes und an einem konkreten und realen Feindbild ist Aufgabe und Ziel der klassenmäßigen Erziehung. H. ist zugleich ein dauerhaftes und stark wirkendes Motiv für das Handeln. Er muß daher auch in der konspirativen Arbeit als Antrieb für schwierige operative Aufgaben bewußt eingesetzt und gestärkt werden.

Stichwort »Haß«. In: SUCKUT 1996, S. 168.

S35: Personenkennziffern für Vorbeugemaßnahmen
20. Januar 1986

Die Zielstellung für die Aufnahme in den Vorbeugekomplex besteht darin: Personen festzunehmen, zu denen begründete operative Hinweise vorliegen, daß sie staatsfeindliche Handlungen oder andere politisch-operativ bedeutsame Straftaten begehen, die in Spannungsperioden, während der Mobilmachung oder im Verteidigungszustand geeignet sind, die Erfüllung verteidigungswichtiger und lebensnotwendiger Aufgaben zu gefährden oder zu beeinträchtigen;
Personen zu isolieren, die eine verfestigte feindlich-negative Einstellung zu den gesellschaftlichen Verhältnissen in der DDR besitzen und bei denen aufgrund ihres bisherigen Gesamtverhaltens begründete Anhaltspunkte vorliegen, daß unter den Bedingungen von Spannungsperioden, der Mobilmachung oder des Verteidigungszustandes von ihnen akute Gefahren ausgehen können, die gegen die Interessen der Sicherheit der DDR und ihre Verteidigungsbereitschaft gerichtet sind. [...]

Kennziffer 4.1.1.
In diese Kennziffer sind aufzunehmen:
alle Personen, die unter dem dringenden Verdacht stehen, staatsfeindliche Handlungen gegen die DDR zu begehen, zu dulden bzw. davon Kenntnis haben;
Personen, die als mögliche Führungskräfte in Erscheinung treten können. [...][76]

Kennziffer 4.1.3.
In diese Kennziffer sind aufzunehmen:
Personen, von denen aufgrund ihrer verfestigten feindlich-negativen Grundhaltung gegenüber der sozialistischen Staats- und Gesellschaftsordnung und unter Berücksichtigung ihres bisherigen Auftretens, ihrer offiziell und inoffiziell bekannt gewordenen Äußerungen, ihrer Kontakte und Verbindungen sowie bestimmter Lebens- und Verhaltensweisen mit Wahrscheinlichkeit im Verteidigungszustand eine akute Gefährdung der staatlichen Sicherheit und Ordnung ausgehen kann oder die solche Handlungen dulden oder unterstützen. [...]

---

76 Eine Kennziffer 4.1.2. ist im Dokument nicht aufgeführt.

Kennziffer 4.1.4.
In diese Kennziffer sind aufzunehmen:
Personen, die in Schlüsselpositionen der staatlichen Leitung, der Landesverteidigung, der Volkswirtschaft oder in anderen wichtigen Bereichen des gesellschaftlichen Lebens tätig sind *und* deren Zuverlässigkeit im Verteidigungszustand aufgrund ihres bisherigen Gesamtverhaltens anzuzweifeln ist, deren rechtzeitige Herauslösung bzw. kadermäßige Veränderung jedoch nicht oder noch nicht möglich ist;
Personen, die aufgrund ihrer gesellschaftlichen Stellung, ihrer Tätigkeit, ihres Ansehens oder ihrer Verbindungen zu den Zielgruppen des Gegners gehören und deren Mißbrauch, Ausnutzung oder Einbeziehung durch den Gegner nicht auszuschließen sind, was zu bedeutenden Störungen und Schäden der gesellschaftlichen Entwicklung und damit zur erheblichen Gefährdung der inneren Sicherheit führen könnte. [...]

Kennziffer 4.1.5.
Unter diese Kennziffer sind Personen aufzunehmen, die eine feindlich-negative bzw. labile Grundeinstellung zu den gesellschaftlichen Verhältnissen in der DDR besitzen und die zum gegenwärtigen Zeitpunkt von den inhaltlichen Kriterien für die spezifisch-operativen Vorbeugungsmaßnahmen im Verteidigungszustand nicht erfaßt werden.

1. Ergänzung zu den instruktiv-methodischen Hinweisen für die Präzisierung und Komplettierung der Dokumentation der spezifisch-operativen Vorbeugungsmaßnahmen vom 31.1.1984 mit Anhalten für die Aufnahme von Personen in den Kennziffernkomplex vom 20.1.1986. In: BStU, ZA, DSt 400 011.

S36: »Provokation im Wehrunterricht«
10. April 1986

Drei Schüler der Klasse 9a der 18. Oberschule Berlin-Köpenick provozierten im Wehrunterricht ihren Lehrer mit folgenden Fragen:
– Warum wurden die Partisanen in Rußland Freiheitskämpfer genannt und die Partisanen in Afghanistan Banditen?
– Die Russen werfen in Afghanistan Kinderspielzeug mit Sprengkörpern ab. Sie verfolgen nur das eine Ziel, sich über Afghanistan die Herrschaft bis zum Mittelmeer zu sichern!
– Als die Russen während des 2. Weltkrieges die deutschen Grenzen überschritten, führten sie von diesem Zeitpunkt an einen ungerechten Krieg. [...]
Im Auftrag des Sekretariats der Kreisleitung der SED wurde unter Führung des Stadtbezirksschulrates am 27.3.1986 eine Arbeitsgruppe gebildet, die den Auftrag hat, an der Schule die politisch-pädagogische Arbeit wirksam zu unterstützen. Den gleichen Auftrag hat der zuständige Bezirksschulinspekteur vom Bezirksschulrat.

Schreiben der Hauptschulinspektorin vom 10. April 1986 an Staatssekretär Lorenz. Zit. nach: GEISSLER et al. 1996, S. 540 f.

S37: Wehrerziehung im Kindergarten
23. Juli 1986

Vor einigen Tagen haben wir das neue »Programm für die Bildungs- und Erziehungsarbeit im Kindergarten« im Buchhandel gekauft und gelesen. [...] Nach dem Lesen der entsprechenden Texte können wir hier nur die unseres Erachtens gravierendsten Fragen vor Ihnen, dem verantwortlichen Minister, ansprechen:

- Es ist uns aufgefallen, daß in allen Kindergartengruppen, im Bekanntwerden mit dem gesellschaftlichen Leben, ein klares Freund-Feind-Denken entwickelt werden soll.
- Es wird eindeutig auf unterschiedliche politische Lager bezogen (»die große Sowjetunion und andere sozialistische Länder unsere Freunde« und »Feinde, die uns Schaden zufügen wollen«. Konkret: »Ausbeuter und Faschisten [...] wie z. B. in der BRD«).
- Es werden Kinderängste geweckt, indem ohne politische Notwendigkeit und ohne konkrete Differenzierung »Kinder [...] erfahren [sollen], daß es Menschen gibt, die unsere Feinde sind und gegen die wir kämpfen müssen, weil sie den Krieg wollen«.
Wir fragen uns bei der Lektüre dieses Programms, wer heute im Herzen Europas Krieg will!
- Begegnungen mit »Angehörigen der bewaffneten Organe« von Erzieherinnen unserer Kindergartenkinder im Alter von 3-6 Jahren scheinen uns keine geeignete Erziehungsaufgabe im Rahmen der Kindergartenerziehung zu sein.
- Darüber hinaus ist es uns unverständlich, wie es als Erziehungsaufgabe angesehen werden kann, »den Kindern [...] zu verdeutlichen, daß die Angehörigen der Nationalen Volksarmee [...] bei ihren Übungen ständig darum ringen, beim Schießen genau zu treffen, mit einem Fallschirm zielgerichtet zu landen, Nachrichten pünktlich zu übermitteln« usw. Oder wie ein Teil der Väter der Kindergartenkinder »neben ihrer Arbeit üben, mit Waffen umzugehen«.
- Wir empfinden es als fehlgeleitetes Spiel, wenn 5jährige Kinder ausdrücklich durch Erzieherinnen dazu angehalten werden [sollen], im kindertypischen Rollenspiel, Spielideen und -themen aus dem Bereich der »bewaffneten Organe« nachzugestalten.
- Das Programm dient nicht der Herausbildung eines Problembewußtseins gegenwärtiger politischer Möglichkeiten, daß Sicherheit nur als gemeinsame Sicherheit zu erreichen ist. Statt dessen wird Sicherheit und Geborgenheit in der DDR ausschließlich auf die Kampfkraft der NVA und der Bruderarmeen zurückgeführt.

Schreiben des Pfarrkonvents des Kirchenkreises Magdeburg vom 23. Juli 1986 an das Ministerium für Volksbildung. Zit. nach: GEISSLER et al. 1996, S. 503 f.

S38: »Angriffe« auf die Staatsgrenze (I)
28. April 1989

In den Jahren 1987/88 und in den ersten Monaten dieses Jahres haben die Angriffe aus dem Innern auf die Staatsgrenze erheblich zugenommen. Trotz bedeutender Anstrengungen im Innern und bei der Sicherung der Staatsgrenze gab es einen wesentlichen Anstieg von Grenzdurchbrüchen, darunter zahlreiche spektakuläre Aktionen, die durch hohe Gesellschaftsgefährlichkeit und Risikobereitschaft der Täter gekennzeichnet waren. Durch eine umfassende Vermarktung in den Medien des Gegners ist der DDR ein erheblicher politischer Schaden entstanden und die offensive Politik unserer Partei gestört worden.

Diese Hetzkampagne wurde im Februar und März dieses Jahres im Zusammenhang mit der völlig gerechtfertigten Anwendung der Schußwaffe durch Angehörige der Grenztruppen der DDR, mit gelungenen und verhinderten ungesetzlichen Grenzübertritten, zum Teil mittels schwerer Technik sowie mit dem Überfliegen der Staatsgrenze zu Westberlin mit einem mit Gas gefüllten Ballon, weiter eskaliert.

Mielke, Erich: Referat auf der Zentralen Dienstbesprechung des MfS am 28. April 1989 (Ms.). In: BStU, ZA, DSt 103 582, S. 124 f.

S39: »Angriffe« auf die Staatsgrenze (II)
28. April 1989

Ich will überhaupt mal was sagen, Genossen. Wenn man schon schießt, dann muß man es eben so machen, daß nicht noch der Betreffende wegkommt, sondern dann muß er eben da bleiben bei uns. Was ist das denn für eine Sache, was ist denn das, 70 Schuß loszuballern, und der rennt nach drüben, und die machen eine Riesenkampagne. Da haben sie recht. Mensch, wenn einer so mies schießt, sollen sie eine Kampagne machen.

Mielke, Erich: Referat auf der Zentralen Dienstbesprechung des MfS am 28. April 1989 (Tonbandabschrift). In: BStU, ZA, ZAIG TB 3.

S40: Motivation zur IM-Tätigkeit
1990

Was meine Motivation betrifft, so bin ich keine Ausnahme. Was bringt Menschen dazu, das zu tun? Gut, man kann sagen das System, aber das ist nur Blabla. Ich frage mich, was kann ich tun, um damit fertig zu werden? Muß ich ewig mit meiner Schuldenlast rumrennen, mich ängstlich umgucken, wem ich vielleicht begegne? Ich versuche, mich einfach hinzustellen: hier bin ich, ihr müßt mich annehmen. Aber das ist nur äußerlich. Das halte ich nicht durch. Auf meiner jetzigen Arbeit sind ja auch solche wie ich. Und ich merke bei denen dieselbe Ängstlichkeit, wie ich sie habe. Es geht doch auch nicht, zu sagen, wir hätten das geltende Recht auf unserer Seite gehabt.

Sich damit herauszureden, das wäre dann so wie nach der Nazizeit. Ich habe auch versucht, mich damit herauszureden: Ich habe gehandelt, nach meiner Überzeugung und nach dem geltenden Recht. Aber das trifft heute überhaupt nicht mehr zu. Was nun, wie lebe ich denn jetzt damit? Ich muß mich nicht nur mit meinen alten Überzeugungen befassen, ich muß heute auch davon ausgehen, daß anderes Recht gilt. Ich bin ja während meiner Stasi-Arbeit nicht mal auf die Idee gekommen, bestimmte Dinge, die sie erwartet haben, zu verweigern. Ich hätte ja auch mein eigenes Ding draus machen können. Auf die Idee bin ich überhaupt nicht gekommen. Ich bin nur gelaufen, wie so eine Marionette an der Strippe. Das ärgert mich maßlos.

KUKUTZ/HAVEMANN 1990, S. 175.

S41: *Grenztruppen und Grenzbevölkerung*

Das Verhältnis zwischen den Offizieren, Unteroffizieren und Soldaten der Kompanie und der Bevölkerung der Grenzorte war in der Regel gut. Man kannte sich, unterhielt sich auf der Straße und saß in der Dorfkneipe gemeinsam am Tisch.

Die Pflege des guten Verhältnisses zur Bevölkerung war eine der wichtigsten Aufgaben jeder Kompanieleitung. Dazu gehörte beispielsweise auch, daß Dienstfahrzeuge der LPG kurzzeitig zur Verfügung gestellt wurden, wenn dort mal Not am Mann war, daß Soldaten während der Ernte halfen und an Arbeitseinsätzen zur Verschönerung des Dorfes teilnahmen.

In den Grenzorten existierten Gruppen von freiwilligen »Grenzhelfern«. Sie hielten die Augen offen und informierten die Kompanie über verdächtige Wahrnehmungen. Auch zur Abriegelung von vermutlichen Fluchtrichtungen und zur Suche von Flüchtlingen wurden sie im Bedarfsfall mit eingesetzt. Sie nahmen auch an Schulungen der Kompanie teil.

In Stadtordnungen grenznaher Städte der DDR, so zum Beispiel der Stadt Gräfenthal im Thüringer Schiefergebirge, wurde es den Einwohnern zur »staatsbürgerlichen Pflicht« gemacht, die Sicherheitsorgane über alle Wahrnehmungen in Hinblick auf mögliche Verletzungen der Grenzordnung zu informieren. Die enge Zusammenarbeit großer Teile der Bevölkerung mit den Grenztruppen trug wesentlich dazu bei, daß die meisten Flüchtlinge festgenommen wurden, bevor sie die Sperren erreichten. Daran mag in den ehemaligen Grenzorten heute niemand mehr erinnert werden.

FRICKE 1993, S. 207 f.

3. Entscheidungsgremien der Sicherheitspolitik: Verteidigungsrat und SED-Führung

S42: *»Dringendste Aufgabe der KPD«*
11. Juni 1945

Vollständige Liquidierung der Überreste des Hitlerregimes und der Hitlerpartei. Mithilfe aller ehrlichen Deutschen bei der Aufspürung der versteckten Naziführer, Gestapoagenten und SS-Banditen. Restlose Säuberung aller öffentlichen Ämter von den aktiven Nazisten. [...] Schnellste und härteste Maßnahmen gegen alle Versuche, die verbrecherische nazistische Tätigkeit illegal fortzusetzen, gegen alle Versuche, die Herstellung der Ruhe und Ordnung und eines normalen Lebens der Bevölkerung zu stören.

Aufruf des Zentralkomitees der KPD. In: Deutsche Volkszeitung vom 13. Juni 1945.

S43: *»Rechtlose Feinde«*
8. Dezember 1946

Darum sollen Faschismus und Militarismus, Monopole und Großgrundbesitz keine »Opposition« in unserem demokratischen Staatswesen sein, die nach gewissen verfassungsrechtlich fixierten »demokratischen« Spiegelregeln ihr dunkles Spiel treiben darf; sie stehen außerhalb der Verfassung und außerhalb der Gesetze. Sie werden durch die Strafgewalt des demokratischen Staates unterdrückt, der ein Staat der Werktätigen ist und deren Interessen vertritt. Keine Grundrechte für die, die diese Grundrechte selbst zu vernichten trachten, die eine Politik verfolgen, die die politischen, gesellschaftlichen und staatlichen Fundamente des Staates untergräbt.

Grotewohl, Otto: Erste Zwischenbilanz der Verfassungsdebatte. In: GROTEWOHL 1959, S. 83.

S44: *»Keine Freiheit für die Feinde der Freiheit«*
20. September 1947

Es gibt keine Freiheit für die Feinde der Freiheit! Es gibt keine Demokratie für die Feinde der Demokratie. [...] Unsere Gegenwartsaufgabe lautet, die Demokratisierung und Entnazifizierung von Wirtschaft, Verwaltung, Schule, Justiz in dem gesamten öffentlichen Leben durchzuführen. In dieser Phase befinden wir uns heute, in der Phase der Organisierung und Durchführung entscheidender Abwehrmittel gegen eine Restauration der alten wirtschaftlichen Verhältnisse, durch die der Nazismus erst zur Macht getragen wurde. Die erste Phase der Abwehr ist zugleich die Phase der Sicherung der demokratischen Entwicklung in Deutschland, und ohne eine umfassende Sicherung der Demokratie gegen den Nazismus und seine wirtschaftlich tragenden

Kräfte ist die Erringung der politischen Macht durch die Arbeiterbewegung mit friedlichen Mitteln nicht denkbar.

Fechner, Max: Eröffnungsansprache. In: PROTOKOLL 1947, S. 53 f.

S45: »Säuberung«
24. September 1947

Die zweite Aufgabe ist die unmittelbare Führung des Kampfes um die Säuberung der Verwaltungen. Es sind die Namen der Advokaten und Richter festzustellen, die Nazis und zum großen Teil Kriegsverbrecher waren. Öffentlich ist Anklage gegen jene zu erheben, die unter dem Hitlerregime die Antifaschisten verurteilt haben. Öffentlich ist Anklage zu erheben gegen die höheren Verwaltungsbeamten im Zweizonenwirtschaftsamt, die früher in leitenden Stellen der hitlerischen Kriegswirtschaft tätig waren und mit dafür verantwortlich sind, daß der Hitlerkrieg auf deutschem Boden weitergeführt wurde. Es muß also die Liste der Kriegsverbrecher und der aktiven Nazis aufgestellt, eine wirkliche Volksstimmung gegen diese Verbrecher entfacht und so die Säuberung dieser Verwaltungen erzwungen werden.

Ulbricht, Walter: Schlußwort (Auszug). In: PROTOKOLL 1947, S. 482.

S46: »Hetze«
16. Oktober 1947

Vor allem gilt es für das deutsche Volk, zu erkennen, daß die neue Hetze gegen die sozialistische Sowjetunion der Nebelschleier ist, hinter dem die reaktionären Kriegsprovokateure ihr verbrecherisches Handwerk betreiben. Wer an diesen Verleumdungen teilnimmt, dient den Interessen der Reaktion und Kriegshetzer und vergeht sich an den Interessen der Demokratie und des Friedens.

Beschluß des Parteivorstandes der SED vom 16. Oktober 1947. In: Zum 30. Jahrestag der Sozialistischen Oktoberrevolution. In: SED-DOKUMENTE 1952a, S. 251 f., hier 252.

S47: »Feinde niederhalten«
23./24. Juli 1948

So vollziehen sich Aufbau und Festigung der demokratischen Ordnung bei uns inmitten eines verschärften Klassenkampfes und einer zunehmenden Auseinandersetzung mit den enteigneten faschistischen Großkapitalisten und Elementen, die monopolkapitalistische oder formaldemokratische Verhältnisse restaurieren möchten. Deshalb besteht eine der Funktionen der Staatsgewalt in der Niederhaltung dieser Kräfte.

Wer aber anders als die Arbeiterklasse und die demokratischen, antifaschistischen Werktätigen kann diese Feinde niederhalten?

Ulbricht, Walter: Die gegenwärtigen Aufgaben unserer demokratischen Verwaltung. In: ULBRICHT 1960, S. 257–283, hier 265 f.

S48: »Offene Kriegsprovokation«
20. September 1948

Die Initiative der Sozialistischen Einheitspartei Deutschlands zum Aufbau einer demokratischen Friedenswirtschaft ist vom Klassengegner mit einer Verschärfung des Klassenkampfes beantwortet worden. Die feindlichen Elemente haben nicht nur ihre antisowjetische und antisozialistische Hetze ins Maßlose gesteigert, sondern sie sind zur offenen Kriegsprovokation, zur Zersetzungsarbeit und zur direkten Sabotage übergegangen.

Über die Verstärkung des Studiums der »Geschichte der Kommmunistischen Partei der Sowjetunion (Bolschewiki) – Kurzer Lehrgang«. In: SED-DOKUMENTE 1952b, S. 128–130, hier 128.

S49: »Heiliger Kampf«
25. Januar 1949

Je mehr wir unsere Volkspolizei verstärken, je mehr wir den Justiz- und Verwaltungsapparat von Reaktionären säubern, um so mehr tun wir für den Frieden. Gleichzeitig mit der Stärkung des Verwaltungsapparates muß die von uns geschaffene demokratische Gesetzmäßigkeit allseitig gefestigt werden. Sie ist ein wichtiges Mittel zur Stabilisierung unserer demokratischen Ordnung und zum Kampf gegen Kriegshetzer, Schädlinge und Saboteure. [...]
Wir kennen die dunklen Kräfte, die unser Volk von diesem Wege abbringen wollen. [...] Der Kampf gegen die Kriegshetzer ist der heiligste, gerechteste Kampf, den es zu führen gilt, der Kampf gegen den imperialistischen Krieg.

Pieck, Wilhelm: Der Kampf um den Frieden und gegen die Kriegshetze. In: PROTOKOLL 1949, S. 55–101, hier 96 und 101.

S50: »Keine Menschenrechte«
25. Januar 1949

Wer [...] im bezahlten Solde einer fremden Macht desorganisiert, wer Diversanten, Saboteure und Spitzel organisiert, hat sich des Anspruchs auf die Menschenrechte selbst begeben [sic!]. (Lebhafter Beifall) [...] Zu welchen Ergebnissen die Tätigkeit dieser Agenten bereits geführt hat, ist bisher der Öffentlichkeit noch nicht zusammenhängend dargelegt worden. Soviel muß aber hier dazu gesagt werden, daß die konspirative Arbeit dieser Agenten von der Spionage bis zur Durchführung von Brandstiftungen und Bombenattentaten geht. Sie umfaßt Sabotagemaßnahmen in Werken aller Art und ist eine ständige Quelle übelster Gerüchtemacherei und Beunruhigung. [...] Soweit die Agententätigkeit aufgespürt werden konnte, ist sie zerschlagen, und, Genossen, sie wird in unseren eigenen Reihen, wo immer wir sie treffen werden, auch in Zukunft zerschlagen werden. [...] Ihre Antwort auf unsere fortschrittlichen Maßnahmen besteht daher in einer Steigerung der Aktivität ihrer Agenten, und so bleiben diese Kreise immer wieder darum bemüht, das aufgebrochene Netz von Saboteuren und Provokateuren wieder so dichtmaschig wie möglich zu machen. Unsere Genossen müssen überall die Augen offenhalten und rücksichtslos dazu beitragen, daß den Agenten des anglo-amerikanischen Imperialismus das Handwerk gründlich und endgültig gelegt wird.

Grotewohl, Otto: Die Politik der Partei und die Entwicklung der SED zu einer Partei neuen Typus. In: PROTOKOLL 1949, S. 327–397, hier 361 f.

S51: »Reinheit und Sauberkeit der Partei«
8. April 1949

Die Einführung der Kandidatenzeit gibt uns die Möglichkeit, die Reinheit und Sauberkeit der Partei zu sichern, sie vor dem unkontrollierten Eindringen kapitalistischer und ideologisch fremder Elemente zu schützen, vor Karrieristen, die persönlicher Vorteile willen Mitglied der SED werden wollen, vor Opportunisten, Schumacher-Agenten[77] und Spionen fremder Geheimdienste zu bewahren.

Richtlinien der SED vom 8. April 1949 zum Beschluß über die Einführung einer Kandidatenzeit in der SED (Auszug). In: SED-DOKUMENTE 1952b, S. 235.

S52: »Ungenügende Wachsamkeit«
10. Januar 1950

Wir sollen uns darüber im klaren sein, daß gerade die Festigung der demokratischen Republik und die Aussichtslosigkeit für die Tätigkeit der feindlichen Kräfte zur Folge haben, daß sie jetzt mit barbarischen Mitteln den Kampf führen, mit Mitteln des Terrors, der Attentate, der Brandstiftungen usw.

Hier aber zeigt sich eine mangelnde Wachsamkeit bei unseren Genossen. Sie erkennen nicht den Zusammenhang zwischen den Agenten, die vom anglo-amerikanischen Spionagedienst beauftragt sind, Diversionsakte durchzuführen, und jenen reaktionären Gruppierungen in CDU und LDP, die sozusagen die legale Basis

---

77 Kurt Schumacher: SPD-Vorsitzender; gemeint sind Sympathisanten der bundesdeutschen SPD.

vorbereiten, damit die Agenten ihre feindliche Tätigkeit ausüben können. Wir haben eine Reihe Materialien studiert und dabei festgestellt, daß die Agententätigkeit eine sehr intensive ist. [...]
Aber ich möchte hervorheben, daß in letzter Zeit eine ganze Reihe von Sabotageakten nur infolge ungenügender Wachsamkeit von seiten unserer Genossen und der anderen demokratischen Kräfte möglich wurden. Es gibt eine Reihe von Brandstiftungen, die systematisch von langer Hand vorbereitet wurden. Es gibt eine Reihe von Explosionen, die ebenfalls von langer Hand organisiert waren. Es gibt Direktiven von westlichen Agenturen an reaktionäre Kräfte in bestimmten Organisationen mit der Aufforderung, Sabotageakte durchzuführen, sogar solche Direktiven, durch Verbreitung von Tierkrankheiten die Durchführung des Viehzuchtplanes unmöglich zu machen.

Ulbricht, Walter: Bericht des Politbüros an die 24. Tagung des Parteivorstandes der SED vom 10. Januar 1950. In: SAPMO-BArch, BY IV/2/1/39.

S53: »Schädlingsarbeit«
20. Juli 1950

Die anglo-amerikanischen Agenten und andere Verbrecher schrecken vor Diversionsakten, Brandstiftungen, Eisenbahnattentaten und Sabotageakten gegen unsere Volkswirtschaft nicht zurück. Die Regierung unserer Republik beantwortete diese feindlichen Anschläge mit der Schaffung des Ministeriums für Staatssicherheit, das berufen ist, die Schädlinge, Saboteure und Attentäter, alle Feinde unserer Republik zu fassen und unschädlich zu machen. (Beifall.) Man darf nie vergessen: Je erfolgreicher unsere Republik sich entwickelt und festigt, desto mehr geraten die Feinde eines einheitlichen, friedliebenden und demokratischen Deutschland in Wut. [...]
Unsere Volkspolizei, die Organe der Staatssicherheit und der Justiz sind weiter zu festigen. Es muß erreicht werden, daß sie mit dem Volk fest verbunden sind, auf die Signale der Werktätigen achten, sich in ihrer gesamten Tätigkeit auf das Volk stützen und sich dem Volke verantwortlich fühlen. [...]
Gleichzeitig wurden aus der Partei viele Karrieristen, zersetzte und korrumpierte Elemente, die um ihrer persönlichen Vorteile willen in die Partei gekommen waren, und auch feindliche Agenten ausgeschlossen, die von imperialistischen Spionagediensten in unsere Reihen geschickt worden waren. Es versteht sich von selbst, daß die Vertreibung feindlicher Spione und parteifremder Elemente die Partei gefestigt hat. [...]
Schädlingsarbeit auf dem Gebiet der Ideologie ist in gewissem Sinne gefährlicher als auf dem Gebiete der Wirtschaft. Durch sie wird versucht, die Partei vom richtigen marxistisch-leninistischen Wege abzubringen, ihr fremde Ansichten und Weltanschauungen aufzuzwingen.

Pieck, Wilhelm: Die gegenwärtige Lage und die Aufgaben der Sozialistischen Einheitspartei Deutschlands. In: PROTOKOLL 1951, S. 57.

S54: »Ausmerzen«
24. Juli 1950

Aus dieser Lage ergibt sich für die Sozialistische Einheitspartei Deutschlands die Aufgabe, die revolutionäre Wachsamkeit in ihren Reihen in jeder Weise zu erhöhen und die bürgerlich-nationalistischen Elemente und alle sonstigen Feinde der Arbeiterklasse und Agenten des Imperialismus, unter welcher Flagge sie auch segeln mögen, zu entlarven und auszumerzen. Es kommt vor allem darauf an, die ständige Wachsamkeit der breiten Massen und aller Parteimitglieder zur Entlarvung der Schädlinge zu entwickeln sowie die Tätigkeit der Staatssicherheitsorgane zu verbessern, die sich in ihrer Arbeit auf die breitesten Volksmassen stützen müssen.

Pieck, Wilhelm: Die gegenwärtige Lage und die Aufgaben der Sozialistischen Einheitspartei Deutschlands (Auszug). In: PROTOKOLL 1951, S. 225.

S55: »Parteiüberprüfung«
1. Dezember 1950

Die Überprüfung [der Parteimitglieder] wird uns helfen, solche parteifremde Elemente, die sich von der Partei entfremdet haben, aus der Partei zu entfernen. Die Überprüfung wird uns helfen, solche parteifremde Elemente zu entfernen, die in den Jahren seit 1945 zu uns gekommen sind, um ihre unsauberen Geschäfte mit dem Mitgliedsbuch unserer Partei zu tarnen, oder aus persönlichen Gründen Karriere machen wollten. Die Erfahrung hat gelehrt, daß die imperialistischen Agenturen gerade solche Leute für ihre feindliche Tätigkeit auszunutzen versuchen. Die Überprüfung wird dazu beitragen, die Partei gegen solche Einflüsse immun zu machen.

Schreiben von Walter Ulbricht vom 1. Dezember 1950 an alle Mitglieder und Kandidaten der SED (Auszug). In: SED-DOKUMENTE 1952c, S. 277.

S56: »Massenwachsamkeit«
9. Juli 1952

Der Kampf gegen die von den Kriegstreibern entsandten Hetzapostel, Agenten, Saboteure und sonstigen Verbrecher ist also nicht nur eine Angelegenheit unserer Sicherheitsorgane, sondern der gesamten friedliebenden Bevölkerung unserer Republik. Jede Entlarvung eines solchen Banditen ist eine Tat für den Frieden. Jeder vereitelte Sabotageakt bewahrt nicht nur Volkseigentum vor der Zerstörung, sondern dient zugleich der Sicherung des Friedens. Diese Erkenntnis ist in die Massen zu tragen und sie zu aktiver Wachsamkeit zu mobilisieren, gehört zu den wichtigsten Aufgaben der Partei.

Pieck, Wilhelm: Diskussionsbeitrag (Auszug). In: PROTOKOLL 1952, S. 212.

S57: »Hinterland festigen«
9. Juli 1952

Die Aufgabe besteht darin, unser Hinterland zu festigen und von den Feinden zu säubern, wobei wir auch nicht davor haltmachen können und dürfen, mit den Terroristen und Brandstiftern abzurechnen, die in unsere Fabriken und Betriebe eingeschmuggelt werden. Der Schutz des Landes ist ohne ein festes Hinterland unmöglich. [...] Solche Agenten können aber nur dort ihre Wühlarbeit leisten, wo politische Hilflosigkeit und Gleichgültigkeit herrschen und wo die erforderliche Wachsamkeit fehlt. [...]
Unser Haus ist unser Staat. Unser Haus muß schön und wohnlich sein, und die darin wohnen, müssen sicher und stark sein, damit niemand uns stören und kein Brandstifter unser Haus in Brand setzen kann.

Grotewohl, Otto: Diskussionsbeitrag. In: PROTOKOLL 1952, S. 337, 346 f.

S58: »Wachsam und noch einmal wachsam«
20. Dezember 1952

Die Entlarvung und Unschädlichmachung von Agenten wie Merker[78] ist für die Partei heute von größter Wichtigkeit. In der Periode des sozialistischen Aufbaus kann die Partei keine Abweichungen, keine doppelten Meinungen in ihren Reihen dulden. Sie muß, um ihre gestellten Aufgaben zu lösen, wachsam und noch einmal wachsam sein, muß die Parteimitglieder zur Unversöhnlichkeit erziehen und ihnen Klarheit verschaffen über die gegenwärtige Arbeit des Feindes.

Beschluß des Zentralkomitees der SED vom 20. Dezember 1952 zu den Lehren aus dem Prozeß gegen das Verschwörerzentrum Slánský (Auszug). In: SED-DOKUMENTE 1954, S. 210 f.

S59: Gesetz über die Bildung des Nationalen Verteidigungsrates
10. Februar 1960

Ausgehend von dem Willen des deutschen Volkes, die nationalen Lebensfragen auf friedlichen und demokratischem Wege zu lösen, hat die Deutsche Demokratische Republik als Bastion des Friedens eines besondere Verantwortung. Angesichts der aggressiven imperialistischen Pläne der gegenwärtig in Westdeutschland herrschenden Kreise ist es notwendig, bis zur Wiedervereinigung Deutschlands durch die Bildung eines Nationalen Verteidigungsrates eine einheitliche Leitung der Sicherheitsmaßnahmen der Deutschen Demokratischen Republik zu schaffen. Die Tätigkeit des Nationalen Verteidigungsrates erfolgt im Rahmen der Gesetze und Beschlüsse der

---

[78] Paul Merker war Mitglied des SED-Politbüros und wurde 1950 aus der Partei ausgeschlossen.

Volkskammer der Deutschen Demokratischen Republik. Nach Abschluß eines Friedensvertrages und bei Abrüstungsverhandlungen wird der Nationale Verteidigungsrat der Deutschen Demokratischen Republik entsprechende Beschlüsse fassen.

§ 1
(1) Der Nationale Verteidigungsrat der Deutschen Demokratischen Republik hat die Aufgabe, den Schutz des Arbeiter- und Bauern-Staates und der sozialistischen Errungenschaften der Werktätigen zu organisieren und zu sichern sowie die sich daraus ergebenden Maßnahmen festzulegen. Weitere Aufgaben können dem Nationalen Verteidigungsrat durch Beschluß der Volkskammer oder ihres Präsidiums übertragen werden.
(2) Der Nationale Verteidigungsrat besteht aus dem Vorsitzenden und mindestens zwölf Mitgliedern. Der Vorsitzende des Nationalen Verteidigungsrates wird auf Vorschlag der Volkskammer vom Präsidenten der Republik ernannt. Die Mitglieder des Nationalen Verteidigungsrates werden vom Präsidenten der Republik ernannt.
(3) Der Vorsitzende leitet die gesamte Tätigkeit des Nationalen Verteidigungsrates auf der Grundlage eines Statuts, welches vom Nationalen Verteidigungsrat zu beschließen ist. Der Vorsitzende legt fest, wer ihn von den Mitgliedern in der Zeit seiner Abwesenheit vertritt.

§ 2
Der Nationale Verteidigungsrat der Deutschen Demokratischen Republik trägt für seine Tätigkeit beim Präsidium der Volkskammer gegenüber die Verantwortung.

§ 3
Das Gesetz tritt mit sofortiger Wirkung in Kraft.

Gesetz über die Bildung des Nationalen Verteidigungsrates der Deutschen Demokratischen Republik vom 10. Februar 1960. In: GBl. I, Nr. 8 vom 13. Februar 1960, S. 89.

S60: *Zentrale Parteikontrollkommission*
21. Mai 1976

Die Zentrale Parteikontrollkommission hat folgende Aufgaben:
a) Sie schützt die Einheit und Reinheit der Partei, kämpft gegen feindliche Einflüsse sowie gegen jede fraktionelle Tätigkeit. Sie befaßt sich mit den Mitgliedern und Kandidaten, die mit opportunistisch-revisionistischen Auffassungen oder durch dogmatisches Verhalten die Politik der Partei verfälschen und entstellen.
Sie hilft dort die Parteiprinzipien zu verwirklichen, wo die Leninschen Normen des Parteilebens, die Rechte der Mitglieder und Kandidaten verletzt werden und die Durchführung der Beschlüsse gefährdet ist. Sie wacht über die Einhaltung der Parteidisziplin durch die Mitglieder und Kandidaten der Partei, zieht diejenigen zur Verantwortung, die sich der Verletzung der Beschlüsse, des Programms und des Statuts der Partei, der Partei- und Staatsdisziplin schuldig gemacht haben.

Statut der Sozialistischen Einheitspartei Deutschlands (Auszug). In: PROTOKOLL 1976, S. 284.

S61: Landesverteidigung
13. Oktober 1978

§ 1 Grundlagen der Landesverteidigung [...]

(3) Die Landesverteidigung der Deutschen Demokratischen Republik erfolgt in Übereinstimmung mit dem Recht auf individuelle und kollektive Selbstverteidigung entsprechend Artikel 51 der Charta der Vereinten Nationen[79], dem darauf beruhenden Warschauer Vertrag über Freundschaft, Zusammenarbeit und gegenseitigen Beistand vom 14. Mai 1955[80] und den Verträgen über Freundschaft, Zusammenarbeit und gegenseitigen Beistand mit der Union der Sozialistischen Sowjetrepubliken und anderen Staaten der sozialistischen Gemeinschaft. Eine grundlegende Voraussetzung für die Stärke der Landesverteidigung der Deutschen Demokratischen Republik ist die auf den Prinzipien des sozialistischen Internationalismus beruhende enge Waffenbrüderschaft der Nationalen Volksarmee mit den Armeen der Sowjetunion und anderer sozialistischer Staaten.

§ 2 Leitung der Landesverteidigung

(1) Dem Nationalen Verteidigungsrat der Deutschen Demokratischen Republik obliegt auf der Grundlage und in Durchführung der Gesetze und Beschlüsse der Volkskammer sowie der Beschlüsse des Staatsrates die zentrale Leitung der Verteidigungs- und Sicherheitsmaßnahmen. Er gewährleistet in Zusammenarbeit mit den anderen staatlichen Organen die Landesverteidigung und trifft die dazu erforderlichen Festlegungen, die für alle staatlichen und wirtschaftsleitenden Organe, Kombinate, Betriebe, Einrichtungen, Genossenschaften, gesellschaftlichen Organisationen, Vereinigungen und Bürger verbindlich sind. Dazu erläßt er Rechtsvorschriften in Form von Anordnungen und Beschlüssen.

(2) Der Nationale Verteidigungsrat besteht aus seinem Vorsitzenden und mindestens zwölf Mitgliedern.

(3) Der Ministerrat organisiert die Erfüllung der ihm übertragenen Verteidigungsaufgaben. [...]

Gesetz über die Landesverteidigung der Deutschen Demokratischen Republik (Verteidigungsgesetz). In: GBl. I, Nr. 35 vom 19. Oktober 1978, S. 377–380, hier 377 f.

---

[79] Vgl. Charta der Vereinten Nationen vom 18. September 1973. In: GBl. II, Nr. 14 vom 12. Oktober 1973, S. 146–162, hier 151.

[80] Vgl. Vertrag über Freundschaft, Zusammenarbeit und gegenseitigen Beistand zwischen der Volksrepublik Albanien, der Volksrepublik Bulgarien, der Ungarischen Volksrepublik, der Deutschen Demokratischen Republik, der Volksrepublik Polen, der Rumänischen Volksrepublik, der Union der Sozialistischen Sowjetrepubliken und der Tschechoslowakischen Republik vom 14. Mai 1955. In: GBl. I, Nr. 46 vom 13. Juni 1955, S. 382–391.

S62: Aufgaben des Nationalen Verteidigungsrates
2. Oktober 1981

I. Stellung und Funktion des Nationalen Verteidigungsrates
1. Der Nationale Verteidigungsrat ist das oberste zentrale Führungsorgan der Landesverteidigung der Deutschen Demokratischen Republik.
2. Grundlage für seine Tätigkeit sind die Beschlüsse des Zentralkomitees der Sozialistischen Einheitspartei Deutschlands und seines Politbüros, der Volkskammer und des Staatsrates, insbesondere das Gesetz über die Landesverteidigung der Deutschen Demokratischen Republik[81].
3. (1) Der Nationale Verteidigungsrat ist ein kollektiv arbeitendes Organ.
   (2) Der Generalsekretär des Zentralkomitees der SED und Vorsitzende des Nationalen Verteidigungsrates leitet die Tätigkeit des Rates. Er verfügt über das alleinige Weisungsrecht gegenüber den Leitern der zentralen Führungsbereiche sowie den 1. Sekretären der Bezirksleitungen der SED und Vorsitzenden der Bezirkseinsatzleitungen.
4. Der Nationale Verteidigungsrat
   - organisiert und leitet alle erforderlichen Verteidigungs- und Sicherheitsmaßnahmen und regelt alle grundsätzlichen internationalen Fragen der Militär- und Sicherheitspolitik der Deutschen Demokratischen Republik,
   - bestimmt alle staatlichen, wirtschaftsleitenden und gesellschaftlichen Organe, Institutionen und Organisationen verbindlich zum Schutz und zur Sicherheit der Deutschen Demokratischen Republik, zur Erfüllung ihrer internationalen militärischen Bündnisverpflichtungen sowie zur Gewährleistung der Verteidigungsbereitschaft und Verteidigungsfähigkeit des Landes erforderlichen Aufgaben und Maßnahmen,
   - übt die oberste militärische Kommandogewalt gegenüber allen bewaffneten Kräften der DDR aus,
   - verwirklicht die unmittelbare Leitung des Einsatzes der Nationalen Volksarmee und der Schutz- und Sicherheitsorgane der DDR sowie dessen Koordinierung mit den Handlungen der Vereinten Streitkräfte bei Gefährdung der inneren und äußeren Sicherheit.
5. (1) Der Nationale Verteidigungsrat erläßt Rechtsvorschriften in Form von Anordnungen und Beschlüssen.
   (2) Der Generalsekretär des Zentralkomitees der SED und Vorsitzende des Nationalen Verteidigungsrates erläßt zur administrativen Regelung von Fragen der sozialistischen Landesverteidigung Befehle und Direktiven.
6. (1) In einer Spannungsperiode, zur Durchführung der Mobilmachung des Landes und im Verteidigungszustand ist der Generalseketär des Zentralkomitees der SED und Vorsitzende des Nationalen Verteidigungsrates Oberster Befehlshaber aller bewaffneten Kräfte der DDR.

---

81 Gesetz über die Landesverteidigung der Deutschen Demokratischen Republik (Verteidigungsgesetz). In: GBl. I, Nr. 35 vom 19. Oktober 1978, S. 377–380.

(2) Er verwirklicht die operative Führung des Landes nach dem Prinzip der Einzelleitung entsprechend den Grundsätzen für die Führung der DDR im Verteidigungszustand über
   a) die Leiter der zentralen Führungsbereiche,
   b) die 1. Sekretäre der Bezirksleitungen der SED und Vorsitzenden der Bezirkseinsatzleitungen.
7. Der Generalsekretär des Zentralkomitees der SED und Vorsitzende des Nationalen Verteidigungsrates bestätigt
   – den Plan der Überführung der DDR vom Frieden in den Verteidigungszustand,
   – die Einsatzplanung der Nationalen Volksarmee und der Schutz- und Sicherheitsorgane der DDR,
   – die Entschlüsse der Vorsitzenden der Bezirkseinsatzleitungen zur Verteidigung der Bezirke und Gewährung der Operationsfreiheit sowie
   – den Plan der Maßnahmen des Nationalen Verteidigungsrates für das laufende Kalenderjahr.

II. Hauptaufgaben des Nationalen Verteidigungsrates
8. Der Nationale Verteidigungsrat erfüllt in Übereinstimmung mit den Beschlüssen der Organe der Teilnehmerstaaten des Warschauer Vertrages folgende Hauptaufgaben:
   a) Bestätigung der Gesamtkonzeption zur Verteidigung der Deutschen Demokratischen Republik sowie zur Gewährleistung ihrer Sicherheit,
   b) Schaffung und Durchsetzung der organisatorischen und rechtlichen Grundlagen für die Verteidigung und Sicherheit der Deutschen Demokratischen Republik auf der Grundlage der Normen des Völkerrechts,
   c) Regelung aller grundsätzlichen Maßnahmen, die sich aus der Anwesenheit von Streitkräften der Teilnehmerstaaten des Warschauer Vertrages auf dem Hoheitsgebiet der Deutschen Demokratischen Republik ergeben,
   d) Gewährleistung der Organisation der operativen Führung der DDR im Verteidigungszustand und Bestimmung der Verantwortung der zentralen und örtlichen Staatsorgane auf dem Gebiet der Landesverteidigung,
   e) Bestimmung der Grundsätze und Hauptmaßnahmen zur Überführung des Landes vom Frieden in den Verteidigungszustand,
   f) Festlegung grundsätzlicher Maßnahmen der sozialistischen Wehrerziehung der Bevölkerung der DDR und der militärischen Propaganda,
   g) Einleitung von Abrüstungsmaßnahmen der DDR im Falle entsprechender internationaler Vereinbarungen.
9. (1) Der nationale Verteidigungsrat ist zuständig für die Festlegung und Durchsetzung grundsätzlicher Verteidigungs- und Sicherheitsmaßnahmen auf politischem, militärischem, staatlichem, wirtschaftlichem und internationalem Gebiet.

Statut des Nationalen Verteidigungsrates der Deutschen Demokratischen Republik vom [2. Oktober] 1981; Protokoll der 64. Sitzung des Nationalen Verteidigungsrates der DDR vom 2. Oktober 1981. In: BArch MZA, VA–01/39525.

Matthias Judt

Deutschland- und Außenpolitik

1. Gründungsanspruch und Staatsverständnis der DDR-Führung

Am 8. September 1949, einen Monat vor der Gründung der DDR, notierte ihr designierter Ministerpräsident, Otto Grotewohl: »Das eigentliche Deutschland [ist] die sowjetische Besatzungszone. Darum handelt es sich [bei der Gründung der DDR] nicht um eine ostdeutsche Staatenbildung oder um eine ostdeutsche Regierung, sondern um eine Regierung für Gesamtdeutschland.«[1] Dieser wenig bekannte eigene Alleinvertretungsanspruch der DDR (D5) konkurrierte mit dem der Bundesrepublik Deutschland, in deren Grundgesetz man in der Präambel lesen konnte, ihre Autoren hätten »auch für jene Deutschen gehandelt, denen mitzuwirken versagt war«[2]. Obgleich der DDR-Alleinvertretungsanspruch völkerrechtlich nicht durchsetzbar war und damit praktisch ohne Belang blieb,[3] drückte er doch zumindest das Ziel des jungen Staates aus, mit seiner Gründung allen Deutschen das »Beispiel« für den zukünftigen Weg Deutschlands gegeben zu haben. (D1; D4; D8) Ihr Selbstverständnis definierte die DDR ganz wesentlich mit der kommunistischen Ideologie, nach der der erste »deutsche Arbeiter- und Bauernstaat« (D9) mit dem Aufbau des Sozialismus und Kommunismus den »Endpunkt« allen möglichen historischen Fortschritts anstrebte. Seine offiziellen Repräsentanten verkündeten immer wieder sowohl intern (D1) als auch öffentlich (D8; D10) diesen Anspruch, der sich nicht von ungefähr dann auch in »halboffiziellen« Texten wiederfand. (D7; D20)

Die Bedeutung dieser »ideologischen Basis« des zweiten deutschen Staates ist nicht zu unterschätzen. Je weniger die DDR-Führung tatsächlich in der Lage war, die DDR gegenüber den eigenen Bürgern und gegenüber dem Ausland als das »eigentliche« Deutschland zu präsentieren, um so mehr mußte die kommunistische Ideologie Ersatz bieten. Damit unterschied sich die DDR von den anderen staatssozialistischen Ländern in ganz entscheidender Weise: Polen, Ungarn, Rumänien, Bulgarien und andere Staaten, die sich anfangs »volksdemokratisch« nannten, verfügten immer in erster Linie über eine nationalstaatliche Grundlage, die Herrschaft einer kommunistischen Partei war in diesen Ländern in ihrer Bedeutung für die Selbstdefinition des Staates zweitrangig.

---

1 Disposition für die Regierungserklärung Grotewohls, 8. September 1949. In: SAPMO-BArch, NY 4036 (Nachlaß Pieck), Nr. 768, Bl. 2. Zit. nach: LEMKE 1993, S. 149.
2 Grundgesetz für die Bundesrepublik Deutschland. In: VERFASSUNG 1990, S. 55.
3 LEMKE 1993, S. 149 f.

Da die Herrschaft der SED sich wenig auf eine nationale Grundlage stellen konnte und die ideologische Begründung nicht ausreichte, mußte für die DDR somit die Sowjetunion nicht allein ideologische, militärische und politische Führungsmacht sein, sondern auch ihre letztendliche Garantiemacht. (S4) Solange die UdSSR willens und in der Lage war, für den Bestand der DDR einzutreten (wie zum Beispiel am 17. Juni 1953 bei der Niederschlagung des Arbeiteraufstandes [D6] oder kurz nach dem 13. August 1961, als sie an den alliierten Grenzübergängen in Berlin Panzer auffahren ließ), solange war der ostdeutsche Staat nicht zu erschüttern. Nach dem Scheitern anderer sowjetischer Politikvarianten, z. B. der Stalin-Noten von 1952,[4] blieb die DDR, wie Leonid Breschnew im August 1970 einer hochrangigen SED-Delegation verdeutlichte (D12),[5] für die UdSSR als »Errungenschaft, die mit dem Opfer des Sowjetvolkes, mit dem Blut der Sowjetunion erzielt wurde«, wichtigster Verbündeter im Ostblock. (D13) Trotz des bedeutenden sowjetischen Einflusses auf und bezüglich der DDR wäre es jedoch falsch, diesen als die ausschließliche Grundlage der Herrschaftssicherung der SED und damit der Existenzsicherung für die DDR zu deuten. Es hieße, den deutschen Kommunisten und denjenigen Sozialdemokraten, die sich in der SED mit ihnen verbünden ließen, zu unterstellen, mit der DDR-Gründung den Gedanken an die Wiedervereinigung aufgegeben[6] und in Wahrheit quasi eine sowjetische Dependence in Deutschland errichtet zu haben. Immerhin verstand sich die DDR-Führung lange Zeit als die »wahre Interessenvertreterin« des deutschen Volkes, mit deren Hilfe und Beispiel die »deutschen Patrioten« eines Tages »aus ganz Deutschland ein Land der Werktätigen« machen würden. (D7)

Aus diesem Anspruch heraus ergab sich folgerichtig, daß die DDR zum Zeitpunkt ihrer Staatsgründung kein Definitionsproblem bezüglich ihres Staatsvolkes hatte. Die erste DDR-Verfassung betonte – deutlicher als das Grundgesetz: »Es gibt nur eine deutsche Staatsangehörigkeit« (D2), womit auch der Nationenbegriff abgedeckt wurde. Die semantische Einheit der Begriffe »Nation« und »Staatsbürgerschaft« manifestierte sich zudem in der Tatsache, daß das Reichs- und Staatsangehörigkeitsgesetz vom 22. Juli 1913 in der Bundesrepublik wie auch in der DDR zunächst fortwirkte und erst am 20. Februar 1967 durch ein »Gesetz über die Staatsbürgerschaft der DDR« ersetzt wurde. Dieses Gesetz begründete in Verbindung mit der wenige Monate später verabschiedeten »sozialistischen Verfassung« vom 6. April 1968 (D2) die im offiziellen Sprachgebrauch zeitweilig existente begriffliche Trennung von Nation (»deutsche Nation«) und Staatsvolk (»DDR-[Staats]Bürger«). Diese beiden legislativen Maßnahmen markierten wichtige Schritte auf dem Wege zur noch unter der Führung des greisen Walter Ulbricht öffentlich vorgetragenen Abgrenzungspolitik gegenüber den Deutschen in der Bundesrepublik.[7] (D12) Diese fand – nun schon zu Zeiten Erich Honeckers – im September 1974 einen Höhepunkt in der erneuten umfassenden

---

4   Zur fortgesetzten Debatte um deren Glaubwürdigkeit siehe STEININGER 1996, S. 173 f. und WETTIG 1993. Wenig beachtet scheint in diesem Zusammenhang das klassische Instrument russischer Außenpolitik zu sein, verschiedene Optionen gleichzeitig voranzutreiben, ggf. aufzugeben oder wieder aufzunehmen.
5   Siehe dazu auch **K8; K/M 22**.
6   Vgl. WILKE 1991.
7   Siehe dazu auch **K8; K/M22**.

Revision der DDR-Verfassung, bei der sowohl alle Verweise auf die gemeinsame deutsche Nation (D2) als auch ein besonderer Artikelabsatz über die deutsch-deutschen Beziehungen gestrichen wurden. (D3)

Selbst wenn in den siebziger Jahren der Versuch scheiterte, im öffentlichen Bewußtsein eine eigene »DDR-Nation« zu installieren (D16),[8] definierten halboffizielle Texte wie Lexikoneintragungen (D22) fortan die Deutschen nicht mehr als Angehörige einer Nation, sondern »nur« noch einer gemeinsamen Nationalität. Eine logische Schlußfolgerung aus der im »Inneren« offiziell vollzogenen Abgrenzung von der Bundesrepublik war spätestens seit den Verfassungsänderungen von 1974 die sowohl international (D17; D24) als auch in den Verhandlungen mit den verschiedenen Bundesregierungen immer öfter vorgetragene Forderung der SED-Führung an die BRD, den Vertretungsanspruch gegenüber DDR-Bürgern aufzugeben und die DDR-Staatsbürgerschaft anzuerkennen. (D19; D20; D26) Mit einiger Berechtigung konnte sie sich dabei auf das Völkerrecht berufen (D22), denn die aus dem Auftrag des Grundgesetzes, die deutsche Einheit wieder herzustellen, hergeleitete westdeutsche Sicht, daß die DDR ein Staat »ohne Volk« sei (D14; D15), fand hierin keine Grundlage.

Der fundamentale Gegensatz zwischen beiden deutschen Regierungen in der Staatsvolk-Frage beeinflußte bis zur demokratischen Revolution in der DDR 1989 alle direkten und indirekten Verhandlungen zwischen Vertretern beider Seiten. (D18; D19; D20; D21; D25; D26) Auch wenn die DDR sich in der völkerrechtlichen Theorie auf das angelsächsische Nationenverständnis[9] berufen konnte, setzte sich letztendlich in Deutschland das Nationenverständnis der Bundesrepublik durch. Mit der Erklärung der Volkskammer über den Beitritt der DDR zum Grundgesetz (D33) und dem Einigungsvertrag (D34) zwischen beiden deutschen Staaten wurde das westdeutsche Grundgesetz quasi nochmals bestätigt, wenn auch im Einigungsvertrag einige Änderungen daran geregelt wurden.

Tatsächlich ist zu fragen, ob – statt des völkerrechtlichen – eher das Statusproblem treibendes Motiv im Handeln der DDR-Führung bis 1989 war. Selbst wenn die Bundesrepublik die DDR-Staatsbürgerschaft damals anerkannt hätte – wozu eine politisch nicht gewollte (D14; D21; D28) und auch nicht durchsetzbare Änderung des Grundgesetzes notwendig gewesen wäre –, wäre es bundesdeutschen Behörden weiterhin überlassen geblieben, DDR-Bürgern eine »BRD-Staatsbürgerschaft« zu verleihen, sobald sie westdeutschen Boden betreten hätten. Das Problem der Republikflucht, das eigentliche Handicap der DDR, wäre dadurch »technisch« nicht gelöst worden, der von ihr ausgehende wirtschaftliche, demographische und vor allem der

---

8 Allerdings sollte ein erneuter Versuch offenkundig im Oktober 1989 erfolgen, indem bis dahin intern fortgesetzte Forschungen zur sozialistischen Nation wiederum im Neuen Deutschland in einem Artikel popularisiert werden sollten. Am 13. Oktober 1989 schlug Hermann Axen in einer SED-Hausmitteilung Erich Honecker die Veröffentlichung eines Artikels von Erich Hahn im Neuen Deutschland mit dem Titel »Sozialistische Nation in der DDR« vor. Zwei Tage später vermerkte Honecker sein Einverständnis, wohl eine der letzten Entscheidungen, die er vor seinem Sturz am 18. Oktober traf. Siehe SAPMO-BArch, DY 30/IV 2/2035 (Büro Axen)/16, Bl. 179.

9 »The American Nation« ist ein Beispiel für dieses territoriale Nationenverständnis, dem die ethnische Definition der BRD gegenüber steht.

Prestigeverlust für die DDR wäre erhalten geblieben. Daher scheint die Vehemenz im Vortrag der DDR-Forderungen schwer erklärbar zu sein. Sicherlich begünstigte die Aussicht, nicht längere Zeit nur den Flüchtlingsstatus, sondern ohne Unterbrechung staatsbürgerliche Rechte zu genießen, bei DDR-Bürgern die Entscheidung zur Flucht. Es waren jedoch nicht ferngesteuerte »Heim-ins-Reich«-Psychosen, die »Einmischung in die souveränen Angelegenheiten« der DDR oder der Wille seitens der Bundesrepublik, in der DDR »alles zu zerschlagen« (D26; D27; D30), die ihre Bürger aus dem eigenen Land trieb, sondern im wahrsten Sinne des Wortes die »inneren Angelegenheiten« der DDR. Das irreparabel gestörte Verhältnis eines Bürgers zur DDR und ihrer Ordnung entstand nicht über Nacht. Zeitweilig vorhandene Sympathien für den Sozialismus und Hoffnungen bezüglich der Entwicklung in der DDR (D11) gingen mit der Zeit verloren. (D31; D32)

2. Das Selbstverständnis der DDR-Bürger

Das Verhältnis der DDR-Bürger zum eigenen Land und zum anderen deutschen Staat ist sicherlich komplizierter zu fassen, als bekannte Erklärungsmuster vorgeben: Weder die in Westdeutschland gebräuchliche Bezeichnung »DDR-Bewohner« noch besagte Erfindung einer »DDR-Nation« liefern plausible Erklärungen. Unverkennbar ist der Einfluß der Spaltung Deutschlands auf das Selbstverständnis der DDR-Bürger.

Die Bevölkerungsbewegung zwischen beiden deutschen Staaten ist hierbei in doppelter Hinsicht von entscheidender Bedeutung. (D49) Einerseits ist sie für ein wichtiges Phänomen deutscher Nachkriegsgeschichte verantwortlich zu machen. Die DDR entwickelte sich weitestgehend »frei« von einem im Innern agierenden Antikommunismus – seine Träger hatten die DDR meist schon in den fünfziger Jahren in Richtung Westen verlassen. In der BRD, auf der anderen Seite, existierte – anders als in Italien oder Frankreich – spätestens seit dem Verbot der KPD 1956 keine nennenswerte, also einflußreiche kommunistische Bewegung – auch deren Träger waren, diesmal in die andere Richtung, abgewandert.

Der Konflikt, sich für ein Bleiben oder Auswandern zu entscheiden, existierte vor allem für DDR-Bürger. Während der Entschluß auszuwandern eine klare Absage an Politik und Praxis in der DDR beinhaltete (was als Motiv alle möglichen positiven Lebenserfahrungen überlagern mußte), war mit der Entscheidung, im Lande zu bleiben, nicht viel mehr als eine unklare Loyalität gegenüber den Herrschenden verbunden (D11), derer diese sich nicht sicher sein konnten. (D45)

Das Bleiben, das seine Begründung in familiären Bindungen, aber auch politischen Überzeugungen oder schlicht im persönlichen Besitz in der DDR finden konnte, deutete eine scheinbare Akzeptanz der in weit stärkerem Maße als für Bürger anderer sozialistischer Länder eingeschränkten Reisemöglichkeiten an. Wie falsch dieser Eindruck war, zeigten die Bilder von DDR-Bürgern, die in der Nacht vom 9. zum 10. November 1989, mitunter mit Tränen in den Augen, zum ersten Mal nach mehr als 28 Jahren wieder in den Westteil von Berlin gelangen konnten. Innerhalb von zehn Tagen besuchten elf Millionen DDR-Bürger, angereist in völlig überfüllten Eisenbahnzügen oder bis zu 70-Kilometer-lange Staus auf den Autobahnen in Kauf nehmend, West-Berlin und die Bundesrepublik.

Diese Ereignisse bieten auch eine nachträgliche Erklärung, warum zwischen 1961 und 1989 verwandtschaftliche Beziehungen in den Westen über das »normale« Maß hinaus gepflegt wurden. Sie boten für DDR-Bürger in der Regel die einzige Möglichkeit, besuchsweise in ein westliches Land zu reisen. (D44) Die Ausdehnung dieser Reisemöglichkeiten besonders nach Aufnahme der staatlichen Beziehungen zwischen der DDR und der Bundesrepublik war nicht Ergebnis der »humanitären Politik des sozialistischen Staates«, sondern war dem regelmäßigen Drängen der Bundesregierungen zu verdanken. (D18; D19; D21) Die Erteilung einer Reiseerlaubnis blieb prinzipiell bis zum 9. November 1989 (D47) der durchaus restriktiven Handhabung seitens staatlicher Stellen der DDR überlassen. Hatte die Verfassung von 1949 noch ein Auswanderungsrecht eingeräumt, beschränkten die nachfolgenden Verfassungen von 1968 und 1974 die Freizügigkeit auf das Territorium der DDR. (D35) Die eingeschränkten Reisemöglichkeiten bildeten für einen Großteil der DDR-Bürger den ausschlaggebenden Grund, einen »Antrag auf Entlassung aus der Staatsbürgerschaft der DDR« zu stellen. (D41) Die »ständige Ausreise« bedeutete in der Regel den endgültigen Abschied von der DDR. (G16; K33; K/M26) Trotz gegenteiliger Behauptung[10] wollten und konnten nur relativ wenige ehemalige DDR-Bürger zurückkehren. (D49)

Ausreisende zogen nicht einfach – wie verharmlosend in der Bundesrepublik oft behauptet – »von Deutschland nach Deutschland«, sondern sie wanderten aus. Gerade der desperate Entschluß, die DDR durch Überwinden der Grenzsicherungsanlagen zu verlassen, macht deutlich, daß die Flüchtenden sogar bereit waren, sich selbst in Gefahr zu bringen (D40; G17), auch wenn nicht selten Ortskundigkeit die Ausführung des Fluchtplans erleichterte. Das Verhalten der Grenzsoldaten der DDR blieb unvorhersehbar, weil das »Grenzregime« ein System von Belobigungen (D38) und Bestrafungen (D37) für Grenzpolizisten beinhaltete, das die Soldaten zum Schußwaffengebrauch ermutigte. (S19; S26; S27; S30)

Die weniger gefährliche Alternative, der Ausreiseantrag, brachte die Übersiedlungsersuchenden in Kontakt mit besonders ausgewähltem Personal in den Referaten Inneres der DDR-Kreisverwaltungen. Vornehmliches Ziel der staatlichen »Gesprächsführer« war es, antragstellende Bürger »zur Abstandnahme vom Ersuchen« zu bewegen. (D43) Dies war durchaus mit Erfolg beschieden, insbesondere dann, wenn DDR-Bürger Ausreiseanträge zum Erreichen ganz anderer Ziele (Verbesserung ihrer Wohnsituation, Gewerbegenehmigungen etc.) gestellt hatten. Zwischen 1972 und 1988 zogen über 41 Prozent der Antragsteller ihre Ersuchen wieder zurück, zum einen, weil – wie sie in schriftlichen Erklärungen versicherten – die Gründe für ihre Unzufriedenheit beseitigt wären,[11] zum anderen, weil das Erreichen der Ausreise, angesichts der staatlichen Charakterisierung der Ausreiseanträge als rechtswidrig (außer bei Familienzusammenführungen und Eheschließungen), unwahrscheinlich er-

---

10 Vgl. »Über 20 000 Ehemalige wollen zurück«. In: Neues Deutschland vom 6. März 1985.
11 Zwischen dem 1. Januar 1972 und dem 31. Dezember 1988 wurden von 193 009 Ausreiseanträgen (auch solchen, die zum wiederholten Male gestellt worden waren) 79 488 wieder zurückgezogen. Siehe »Information über die Unterbindung und Zurückdrängung von Versuchen zur Erreichung der Übersiedlung nach der BRD und Westberlin« (o. D.). In: BArch, DO 1 34.0, Nr. 34 127, o. Bl.

schien.[12] Der paternalistische Anspruch des DDR-Staates, seine Bürger vor einem »Irrtum« zu bewahren, zeigte sich überdies bei der Beobachtung von eigentlich als »zuverlässig« eingestuften Reisekadern, bei denen selbst nicht geplante Republikfluchten verhindert wurden. (D42)

Für die meisten DDR-Bürger stand jedoch nie ernsthaft die Entscheidung an, das Land zu verlassen. Sozialisation, familiäre Bindungen, persönlicher Besitz, Karrieren sowie politische Zielvorstellungen und Ideale im zweiten deutschen Staat wurden zu ausschlaggebenden Gründen, sich in der DDR einzurichten. (G1) Gleichzeitig nahm offenkundig der während der Spaltung Deutschlands scheinbar unmerkliche und erst nach der neuerlichen Vereinigung erkannte Abstand zur alten Bundesrepublik zu, der sich im übrigen in der – vorrangig aus Ablehnung des politischen Systems der DDR entstandenen – Distanz der Westdeutschen zur DDR spiegelte.[13] Gerade bei jüngeren DDR-Bürgern mußte sich dieser Abstand trotz des Zugriffes auf westliche elektronische Medien (das westdeutsche Fernsehen konnte 80 Prozent, der Rundfunk sogar 95 Prozent des DDR-Territoriums erreichen) unweigerlich einstellen, weil innenpolitische Debatten in Westdeutschland von ihnen nur im Ausschnitt und in jedem Fall nur vom Standpunkt des »Nichtbetroffenen« beobachtet wurden. Dagegen führte die Sozialisation in der DDR bei ihren Bürgern generell zu immer stärkerer Reflexion des sie umgebenden Landes. Diese konnte für die DDR »günstig« ausfallen – nicht nur bei Ostdeutschen, sondern ebenfalls bei, wenn auch über die Jahre immer weniger übersiedlungswilligen Bundesbürgern. (D36; D39) Als Ergebnis vieler sportlicher Erfolge von DDR-Athleten im Ausland, der staatlichen Anerkennung der DDR durch Dutzende von Ländern ab 1969 oder des besonders in den siebziger Jahren spürbar verbesserten Lebensstandards stellte sich die schon erwähnte unklare und unbeständige Loyalität ein. Die Abnahme von Sympathiegefühlen für die DDR am Ende der achtziger Jahre beschleunigte sich in dem Maße, wie die SED-Führung unter Erich Honecker ihre Reformunwilligkeit sichtbar werden ließ. (D32; D46) Die Massenflucht von DDR-Bürgern im Sommer und Herbst 1989 hatte mehr mit der auch von der Bundesregierung beobachteten (D25) Aufgabe jeglicher Hoffnungen in die Verbesserung der politischen und alltäglichen Lebensumstände in der DDR selbst zu tun als mit einem Zusammengehörigkeitsgefühl mit den Westdeutschen. (D29; D31; K13; K35)

Erst die politische Emanzipation der DDR-Bürger im Herbst 1989 ließ auch eine Divergenz zwischen denjenigen DDR-Bürgern, die für den Fortbestand des zweiten deutschen Staates eintraten, und denen, die nicht (mehr) bereit waren, Hoffnungen

---

12 Dies war insbesondere in den siebziger Jahren der Rückzugsgrund. Erst die »Reiseverordnung« vom 30. November 1988, die am 1. Januar 1989 in Kraft trat, beinhaltete zum einen die Pflicht für die staatlichen Stellen, Gründe für die Versagung der besuchsweisen und ständigen Ausreise zu benennen, und zum anderen einen Katalog von Genehmigungskriterien. Auf der Grundlage dieser Reiseverordnung wurden bis Ende September 1989 160 785 Ausreiseanträge, darunter 59 725 Erstanträge gestellt. Siehe »Information über die Entwicklung und Zurückdrängung der Antragstellung auf Ständige Ausreise nach der BRD und nach Westberlin. Berichtszeitraum 1.1.–30.9.1989«. In: BArch, DO 1 34.0, Nr. 34 127, o. Bl.
13 Siehe u. a. LAY/POTTING 1995.

und Anstrengungen in ein vages gesellschaftliches Experiment zu investieren, voll zur Geltung kommen. Der von prominenten Intellektuellen initiierte Aufruf »Für unser Land« vom 26. November 1989 (**D48**) steht als Beispiel für die erste Gruppe. Bis Ende Januar 1990 unterzeichneten mehr als 1,167 Millionen DDR-Bürger diesen Aufruf.[14] Gemessen an der späteren Entwicklung blieb er jedoch nur ein, wenn auch signifikantes Minderheitenvotum.

Die Mehrheit der DDR-Bürger befürwortete in der Wende vom Herbst 1989 hingegen die Vereinigung mit der Bundesrepublik, auch wenn die Bevölkerungsmehrheit zunächst keine schnelle, sondern eine als Ergebnis eines mittelfristigen Annäherungsprozesses entstehende Vereinigung anstrebte. Jedoch beschleunigte sich der Vereinigungsprozeß immer mehr. Das Umschlagen der Stimmung bei der Bevölkerung kam nirgends besser zur Geltung als in Leipzig: Innerhalb weniger Wochen nach der Maueröffnung ersetzte bei den dortigen Montagsdemonstrationen der Ruf »Wir sind ein Volk!« die vorherige Losung »Wir sind das Volk!«; überall im Land trennten Bürger von schwarz-rot-goldenen Fahnen die DDR-Staatswappen ab, beim Autokennzeichen »DDR« verschwanden zwei Buchstaben. Als der letzte SED-Ministerpräsident, Hans Modrow, am 1. Februar 1990 seinen Deutschlandplan vorstellte, der – für die jahrzehntelang regierende SED ein großer Schritt – die stufenweise Vereinigung der beiden deutschen Staaten über Vertragsgemeinschaft, Konföderation und Föderation vorsah, begannen die anderen wichtigen Parteien schon, ihren Wahlkampf für die am 18. März 1990 anstehenden ersten (und einzigen) freien Volkskammerwahlen auf das Wahlversprechen einer schnellen D-Mark-Einführung – und folgerichtig: der schnellen Vereinigung – auszurichten. Letztlich offenbarte der Wahlsieg einer »Allianz für Deutschland« aus Ost-CDU, dem konservativen Demokratischen Aufbruch und der rechtsgerichteten Deutschen Sozialen Union bei den Volkskammerwahlen den bei der Mehrheit der DDR-Bürger offenkundig tiefsitzenden Wunsch nach Wiederherstellung der deutschen Einheit.

3. Deutsch-deutsche Beziehungen und Außenpolitik der DDR

Die Deutschlandpolitik der DDR und ihre Außenpolitik müssen sowohl in ihrer inhaltlichen Trennung als auch in ihrer Einheit bewertet werden. Einerseits verfolgte die DDR etwa in der Entwicklung ihrer Beziehungen zu Entwicklungsländern eigene, augenscheinlich nicht mit der deutschen Frage verbundene ökonomische und politische Ziele. Ihre Einbindung in das »sozialistische Lager« war nicht allein Folge der Besetzung ihres Territorium durch die sozialistische Besatzungsmacht Sowjetunion, für die der zweite deutsche Staat ein wichtiger Teil ihres Imperiums werden sollte, sondern deutsche Kommunisten verfolgten ihren eigenen Traum von der Schaffung eines sozialistischen deutschen Beispielstaates. Es war nicht nur »Vasallentreue«, wenn die DDR-Führung auf Hilfe aus der Sowjetunion rechnete. (**D1; D58**) Die direkte Abhängigkeit von der Sowjetunion wurde durch die indirekte, die sich aus der

---

14 Neues Deutschland vom 23./24. Januar 1990. Der Verfasser dankt Volker Steinke für diese Information.

Fixierung auf die Bundesrepublik ergab, ergänzt. Beide Abhängigkeiten entstanden immer dann, wenn es um die Festsetzung der außenpolitischen Ziele der DDR sowie der Wege, Bedingungen und Möglichkeiten zu deren Erreichen ging, und wirkten auf diese ein.

Der gegenseitige, weitgehende Verzicht auf deutsch-deutsche Verhandlungen fand anfangs seine Hauptursache in der realen Rolle der Siegermächte. Jeder der beiden deutschen Staaten begründete für sich den eingangs beschriebenen Alleinvertretungsanspruch, der die Denunziation des anderen deutschen Staates als »Marionettengebilde« benötigte. (D5) Tatsächlich verfügten die vier Besatzungsmächte des Zweiten Weltkrieges über Vorbehaltsrechte, die die Souveränität der beiden deutschen Staaten einschränkten und – je nach Standpunkt – »positiv« und »negativ« bewertet werden konnten. Für die junge Bundesrepublik galt das Besatzungsstatut,[15] im Falle der DDR waren Eingriffsrechte der sowjetischen Besatzungsmacht ebenfalls »vereinbart«. (D13; D50)

Gleichzeitig war in Gestalt der DDR-Regierung die traditionelle Antibürgerlichkeit der kommunistischen Arbeiterbewegung »an die Macht« gekommen, die auf die in der Bundesrepublik nach wie vor dominanten bürgerlichen Werturteile bezüglich der Sowjetunion traf.[16] Deren Bild war zudem in ganz Deutschland durch die nationalsozialistische Propaganda vergiftet, die nach dem Krieg durch die von Soldaten der Roten Armee verbreiteten Schrecken geradezu bestätigt worden war, ohne dabei ähnliches Verhalten deutscher Soldaten in der Sowjetunion in die Bewertung mit einzubeziehen. Die Negativperzeption einer sich als Verbündete der Sowjetunion präsentierenden DDR-Regierung (D5) war damit absehbar. Doch – abgesehen von der Zeit unmittelbar nach der Gründung der DDR – konnte die ostdeutsche Führung weitestgehend autonom, zumindest bei innenpolitischen Entscheidungen, agieren, wenn auch Einfluß über sowjetische Berater, die Botschaft in Berlin (Ost) oder in direkten Verhandlungen zwischen sowjetischer und DDR-Führung genommen wurde. Weit seltener als es den Anschein macht, griff die UdSSR mit spektakulären Aktionen in innenpolitische Vorgänge in der DDR ein. (D6)

Die sowjetische Hegemonie in außenpolitischen Fragen[17] wurde regelmäßig von der DDR-Führung vertraglich (D53; D60) bzw. in Absprache mit der UdSSR anerkannt. (D5; D17; D61; D63) Immerhin: »Freundschaft zur Sowjetunion« bildete eine der konstituierenden Grundprinzipien der DDR-Außenpolitik. (D3) Der »Faktor« Sowjetunion mußte somit auch bei der Entwicklung der deutsch-deutschen Beziehungen eine entscheidende Rolle spielen. Zu Regierungszeiten Konrad Adenauers versuchte die Bundesrepublik, über den Kopf der DDR hinweg den eher unrealistischen Handel mit der UdSSR zu erreichen, der entweder das »Pfand« DDR frei lassen (»Österreichlösung«) oder wenigstens innerhalb des eigenen Lagers isolieren sollte (»Randstaaten-Politik«).[18] Die während der Großen Koalition (1966–1969) unter

---

15 Siehe MÄRZ 1996, S. 83 f.
16 Siehe DEUTSCHLAND 1992, besonders die instruktiven Beiträge von Hermann Weber (»Der Kalte Krieg und die DDR«) und Wolfgang Benz (»Die Bundesrepublik im Kalten Krieg«).
17 Siehe KLESSMANN 1988, S. 431.
18 LEHMANN 1995, S. 131, 179.

Georg Kiesinger (CDU) eingeleiteten Kontakte mit der DDR waren ebenfalls zunächst nicht erfolgreich. Erst der von der ersten SPD-geführten Bundesregierung eingeschlagene »Umweg« über den westdeutsch-sowjetischen Vertrag vom 12. August 1970 (und die anderen »Ostverträge« der Bundesrepublik) sowie das Vierseitige Abkommen zwischen UdSSR, USA, Frankreich und Großbritannien, das zur Entspannung der Lage in und um Berlin beitrug,[19] ermöglichten vertragliche Regelungen in den deutsch-deutschen Beziehungen. Die Interessen der Sowjetunion fanden auch danach in Verhandlungen weiterhin Berücksichtigung. (D19; D61) Letztlich spielten sie noch einmal im Zusammenhang mit dem Prozeß der neuerlichen deutschen Vereinigung vom Oktober 1990 eine Rolle, als unter Verweis auf die alliierten Vorbehaltsrechte sowie die Stationierung und den Abzug sowjetischer Soldaten in der DDR Regelungen zu treffen waren. (D33; D64)

Im Zeitraum von 1949 bis zur zweiten Hälfte der sechziger Jahre, der hier als erste Phase der DDR-Deutschland- und Außenpolitik definiert sein soll, war der zweite deutsche Staat international isoliert. Sowohl seine Vorschläge zur Entwicklung der deutsch-deutschen Beziehungen (die anfangs noch durch die eingangs beschriebene Wiedervereinigungrhetorik gekennzeichnet war) als auch seine außenpolitischen Aktivitäten in der nicht-staatssozialistischen Welt hingen nicht nur von der Zustimmung der Sowjetunion ab, sondern mußten in der Regel auch von dieser stellvertretend verfolgt werden. In der sich daran anschließenden Phase, die bis Ende der achtziger Jahre reicht, erlangte die DDR ihre weltweite diplomatische Anerkennung sowie ihre Aufnahme in die UNO und andere Organisationen. Besonders zu Beginn der achtziger Jahre spielte sie sogar eine aktive Rolle (teilweise zudem im Dissens mit der Garantiemacht) bei der Fortsetzung des Ost-West-Dialogs nach der Stationierung zusätzlicher Atomwaffen in Europa. In der zweiten Hälfte der achtziger Jahre wähnte sich die DDR-Führung am Ziel ihrer Wünsche, als der Honecker-Besuch in Bonn zustande kam[20] und die DDR große Anstrengungen für einen offiziellen Staatsbesuch Erich Honeckers in den USA unternahm.

Nur zwei Jahre nach dem Bonnbesuch trat jedoch die Agonie des zweiten deutschen Staates offen zu Tage. Die außenpolitische Anerkennung der DDR konnte nicht länger über den im Inneren fortschreitenden Verfall hinwegtäuschen. Bei dem nach dem Sturz der SED sich beschleunigenden Vereinigungsprozeß mit der Bundesrepublik kam der letzten, demokratisch gewählten DDR-Regierung von 1990 nur eine eher beiläufige Rolle in der außenpolitischen Absicherung des Prozesses zu. Diese wurde durch das Engagement der Bundesregierung unter Helmut Kohl erreicht und beinhaltete – mit dem Zwei-plus-Vier-Vertrag – insbesondere den endgültigen Verzicht der Alliierten auf ihre Vorbehaltsrechte gegenüber Deutschland, die sie mehr als 45 Jahre in unterschiedlichem Maße wahrgenommen hatten.

---

19 Für die Vertragstexte mit der Sowjetunion und Polen, das Vierseitige Abkommen und einige weitere begleitende Unterlagen siehe MÄRZ 1996, S. 115–132.
20 Erich Honecker verdeutlichte das eigene Triumphgefühl im Vorfeld des Besuches: »Früher wollte man [in der Bundesrepublik] Hermann Matern [aus der SPD stammender SED-Politiker] verhaften, jetzt werden wir mit vollem Zeremoniell empfangen.« Protokoll der Politbüro-Sitzung vom 11. August 1987. In: SAPMO-BArch, DY 30/IV 2/2039 (Büro Krenz)/52, o. Bl.

Auf außenpolitischem Gebiet startete die DDR 1949/1950 den »Wettbewerb« mit der BRD mit einem »Punktgewinn«: Während die westdeutsche Bundesregierung durch die Bestimmungen der ersten Fassung des Besatzungsstatutes in ihren außenpolitischen Aktivitäten stark eingeschränkt war, wurde die DDR seitens der »volksdemokratischen Länder« diesbezüglich – obwohl sie noch nicht voll souverän war – demonstrativ aufgewertet (D5), ohne sie jedoch genauso demonstrativ frühzeitig in das System bilateraler Freundschafts- und Beistandsabkommen zwischen diesen Staaten, das seit 1948 unter sowjetischer Führung entwickelt wurde, einzubeziehen. Bis zum Sommer 1950 anerkannten zehn Länder die DDR, allen voran, am 15. Oktober 1949, die UdSSR. Mit vier Staaten Osteuropas vereinbarte die DDR bis zum September 1950 Deklarationen, denenzufolge auf gegenseitige Gebietsansprüche und andere Forderungen verzichtet wurde,[21] im gleichen Monat wurde sie in den Rat für gegenseitige Wirtschaftshilfe (RGW) aufgenommen. Ende Oktober 1950 nahm die DDR erstmals an einem Außenministertreffen der osteuropäischen Länder teil, bei der die Prager Beschlüsse zur deutschen Frage verabschiedet wurden. (D52)

Doch die Liste der die DDR anerkennenden Staaten sollte nach dem Sommer 1950 bis Anfang Mai 1969 nur noch um drei Staaten (Mongolei 1950, Jugoslawien 1957, Kuba 1963) erweitert werden. Vor allem die Nichtanerkennung der DDR-Regierung durch die westlichen Alliierten sowie ihre (öffentliche) Ignorierung durch die Bundesregierung bewirkten eine langfristige diplomatische Isolierung der DDR in der Welt,[22] die sie durch eine Intensivierung ihrer Beziehungen zu den staatssozialistischen Ländern zu kompensieren suchte. Im Mai 1955, 14 Monate nach Gewährung der vollen Souveränität durch die Sowjetunion, gehörte sie zu den Signatarstaaten des Warschauer Vertrages,[23] des militärischen Bündnisses der staatssozialistischen Länder in Osteuropa. Wenig später schloß sie den ersten Freundschaftsvertrag mit der Sowjetunion ab. (D53)

Die deutsch-deutschen Beziehungen in der ersten Phase waren zur gleichen Zeit von nahezu ununterbrochenen Spannungen und der gegenseitigen Bezichtigung, mit Hilfe von Sabotage- und Agentennetzen den Sturz der politischen Ordnung im jeweils anderen Staat zu befördern, gekennzeichnet. Die DDR-Regierung und die SED waren in der Welle des Antikommunismus leicht als Vasallen der Sowjets denunzierbar und konnten daher in ihren Bemühungen, offizielle und inoffizielle Kontakte im westdeutschen Staat herzustellen, nicht erfolgreich sein. Weder Kontakte von Volkskammer und Bundestag kamen zunächst zustande noch die von der SED anstrebten Gespräche »zwischen den deutschen Arbeiterparteien«. Erfolgreicher war der Versuch, Politiker, Künstler und Intellektuelle unter dem Motto »Deutsche an einen Tisch« zu-

---

21 Am 23. Juni 1950 mit der Tschechoslowakei, einen Tag später mit Ungarn, am 22. September 1950 mit Rumänien und am 25. September mit Bulgarien. Siehe LEHMANN 1995, S. 86.
22 Siehe u. a. die Erklärung der Alliierten Hohen Kommission (für Westdeutschland) vom 8. April 1954 aus Anlaß der Gewährung der Souveränität an die DDR durch die Sowjetunion sowie die Erklärung der Drei Mächte vom 26. Juni 1964 aus Anlaß des 14 Tage zuvor abgeschlossenen zweiten Freundschaftsvertrages zwischen der DDR und der UdSSR. In: MÄRZ 1996, S. 89 f., 110 f.
23 Text des Warschauer Vertrages in: GASTEYGER 1994, S. 138–140.

sammenzubringen, auch wenn dies ebenfalls nicht zur Aufnahme offizieller Kontakte zwischen den beiden deutschen Regierungen beitrug. Es ist sowieso fraglich, ob die von der DDR angestrebten Kontakte tatsächlich zu offiziellen Verhandlungen mit der Bonner Regierung führen sollten: Der »Deutschlandplan des Volkes« (**D8**) wurde Mitte April 1960 zu einer Zeit veröffentlicht, als die SPD von dem eigenen Deutschlandplan vom Vorjahr abzurücken begann. Auch das »Nationale Dokument« (**D10**) von 1962 vermittelte den Eindruck, die DDR intendiere die Abgabe der Verantwortung: statt der »unwilligen« Regierungen solle das deutsche Volk selbst die Klärung der nationalen Frage – selbstverständlich im Sinne des in der DDR schon sichtbaren »historischen Fortschritts« – in die Hand nehmen. Wenn mit dem sogenannten Berliner Abkommen vom 20. September 1951 dennoch eine offizielle Vereinbarung zwischen beiden Staaten zustande kam, dann nur deshalb, weil mit ihm die Verrechnung des innerdeutschen Handels geregelt wurde, an dem wegen der weiterhin spürbaren Verflechtung beider Volkswirtschaften beiderseitiges Interesse bestand. Als Vertragspartner erschienen überdies nicht die Regierungen, sondern die beiden Zentralbanken.

Die im Zusammenhang mit dem Berliner Abkommen gebildete Treuhandstelle für den innerdeutschen Handel (TSI) im Westteil von Berlin wurde als westdeutsche Behörde aber auch diejenige Stelle, die mittels ihrer Verbindungen zum DDR-Ministerium für Außenhandel und Innerdeutschen Handel (MAI) den Bundesregierungen unter Adenauer die Möglichkeit vertraulicher, informeller Kontakte mit der DDR-Regierung bot. Prinzipiell galt jedoch für diese Gespräche, daß mit ihnen Schaden von beiden Staaten abgewendet, Nutzen aber nicht unbedingt gemehrt werden sollte. (**D56**; **D57**) Eine Kündigung des Abkommens zum Jahresende durch die Bundesrepublik am 30. September 1960 (in Reaktion auf Behinderungen des Berlinverkehrs), die jedoch nicht praktisch wirksam wurde, weil es per 1. Januar 1961 erneut in Kraft gesetzt wurde, bestärkten in der DDR die Bestrebungen, nach der politischen auch die wirtschaftliche Spaltung (»Störfreimachung« der DDR-Volkswirtschaft) voranzutreiben. (**W69**)

Die regelrecht feindlichen Beziehungen zwischen BRD und DDR zeigten sich auch in der wirksamen Anwendung der Hallstein-Doktrin durch die Bundesrepublik ab 1955. Ihrzufolge betrachtete die Bundesregierung (außer im Falle der Siegermacht Sowjetunion) die Anerkennung beider deutscher Staaten durch ein anderes Land als »unfreundlichen Akt«, auf den sie auch mit dem Abbruch der eigenen Beziehungen zu dem betreffenden Land reagieren würde.[24] Die Hallstein-Doktrin wurde 1957 erstmals (gegen Jugoslawien) angewendet, die davon ausgehende Signalwirkung (**D54**) bewirkte, daß die DDR nur mit wenigen anderen außer den staatssozialistischen Staaten Beziehungen aufnehmen konnte und diese auf niedrigem Niveau verharrten. »Außenpolitik« der DDR meinte unter diesen Umständen zweierlei: Einerseits versuchte die DDR-Propaganda, die Teilnahme von DDR-Firmen an internationalen Ausstellungen als de-facto-Anerkennungen zu werten[25] oder Büros der DDR-Kam-

---

24 Interview mit Ministerialdirektor Dr. Grewe vom 11. Dezember 1955 (Hallstein-Doktrin). In: MÄRZ 1996, S. 97f.
25 Siehe z. B. BERICHT 1958, S. 37f.

mer für Außenhandel, Handelsmissionen und Firmenvertretungen den Status von defacto-Auslandsvertretungen zuzubilligen. Zusätzlich propagandierte die DDR auf »Umwegen« die Anerkennung des Landes: Dazu gehörten sportliche und sportpolitische Erfolge (1965 Aufnahme der DDR in das IOC, 1968 Teilnahme von DDR-Mannschaften bei Olympischen Spielen in Grenoble und Mexiko-Stadt) sowie die Verwendung des Kürzels »DDR« in Warenzeichen (»dederon«-Kunstfaser) oder im Vermerk »Made in DDR«.

Allerdings vermochte die DDR ihre hoheitliche Autorität eher mit anderen Mitteln – besonders gegenüber der Bundesrepublik – unter Beweis zu stellen. Mitte 1950 leitete sie im Rahmen ihrer Annäherung an die osteuropäischen Länder die Festlegung der noch heute gültigen deutsch-polnischen Grenze im Sinne der polnischen Vorstellungen ein.[26] (D51) Im Sommer 1961 verband die DDR ihr Ziel, die Republikflucht zu stoppen (D49), mit einem in jedem Sinne massiven Zeichen ihrer Präsenz: dem kurz zuvor verklausuliert von Ulbricht angekündigten Mauerbau in Berlin. (D55) Obwohl sie damit freiwillig ein negatives »Erkennungsmerkmal« der DDR schuf, erreichte sie gleichzeitig, daß der Westen sie nunmehr als Staat ernstnehmen mußte. (D24) Immerhin konnte die DDR nach dem Bau der Mauer tatsächlich ihre deutschland- und außenpolitischen Aktivitäten wesentlich verstärken. Die 1963 bis 1966 ausgehandelten Passierscheinabkommen (1. am 17.12.1963, 2. am 24.9.1964, 3. am 25.11.1965 und 4. am 7.3.1966) wertete sie als de-facto-Anerkennung, weil es für ihren Abschluß erstmals zu offenen Kontakten zwischen Regierungsstellen der DDR und dem Senat von Berlin (West) gekommen war. Mit gesonderten Senats-Verhandlungen versuchte die DDR zudem, die von ihr verfolgte Drei-Staaten-Theorie, in deren Rahmen West-Berlin als Freie Stadt oder »Besondere politische Einheit« und von der Bundesrepublik als »unabhängiges« Gebiet anzusehen sei, wenigstens de facto durchzusetzen. (D59)

Fünf Jahre nach dem Mauerbau kündigte Georg Kiesinger (CDU) am 13. Dezember 1966 die Bereitschaft der Regierung der Großen Koalition an, mit der DDR-Regierung Kontakte aufzunehmen. Wenige Monate später (zwischen Mai und September 1967) tauschten beide Regierungen Noten aus, in denen die DDR ihre völkerrechtliche Anerkennung durch die BRD verlangte. Diese Maximalforderung der DDR verursachte zunächst den Abbruch des Kontaktes durch Kiesinger, der aber dennoch damit hergestellt war. Das »Aufweichen« der Hallstein-Doktrin (Wie-

---

26 Die KPD-Führung war nach 1945 zunächst davon ausgegangen, daß Stettin als wichtiger Ostseehafen Deutschland erhalten bleiben würde. Tatsächlich entsprach dies auch den Intentionen der Alliierten im Potsdamer Abkommen, die dort vereinbarten, daß außer dem nördlichen Ostpreußen, das an die Sowjetunion ging, alle anderen Gebiete »östlich der Linie, [...] von der Ostsee unmittelbar westlich von Swinemünde und von dort die Oder [...] und die westliche Neiße entlang bis zur tschechoslowakischen Grenze [...] unter die Verwaltung des polnischen Staates kommen« sollten. Siehe »Mitteilung über die Dreimächtekonferenz von Berlin«. In: POTSDAMER ABKOMMEN 1984, S. 193. Das »Abkommen zwischen der DDR und der Republik Polen über die Markierung der deutsch-polnischen Staatsgrenze« vom 6. Juli 1950 folgte in seinem Artikel 1 der alliierten Diktion. Text in: GASTEYGER 1994, S. 104–106. Schließlich wurde Stettin, am Westufer der Oder liegend, dennoch eine polnische Stadt. Im Rahmen der Zwei-plus-Vier-Verhandlungen erreichte Polen 1990 die endgültige und fortgesetzte Anerkennung dieser Grenzregelung.

deraufnahme der westdeutsch-jugoslawischen Beziehungen Ende Januar 1968 trotz Fortbestehen der Beziehungen zur DDR; westdeutscher Verzicht auf den Abbruch der Beziehungen zu Kambodscha im Mai 1969) begünstigte schließlich die »Anerkennungswelle« für die DDR. Mit Kambodscha erkannte 1969 das erste Entwicklungsland die DDR an, die Schweiz folgte 1972 als erster westlicher Industriestaat. Trotz des Aufeinanderzugehens, das die gegenseitige diplomatische Anerkennung verdeutlichen sollte, war die Anerkennungswelle Anfang der siebziger Jahre in gewisser Weise auch Ausdruck der vollen Ausprägung der deutschen und europäischen Spaltung: Nie zuvor und nie mehr danach waren Ost und West so weit auseinander wie kurz vor Abschluß der Ostverträge, des Vier-Mächte-Abkommens und der deutsch-deutschen Verträge. Der Routine der ersten 15 Jahre in den deutsch-deutschen Beziehungen, »nichts« möglich werden zu lassen, folgte mit den Verträgen zunächst eine nur wenige Jahre andauernde »spektakuläre« Zeitspanne, in der die Grundlagen gelegt wurden für die Routine der letzten 15 Jahre der deutsch-deutschen Beziehungen, in denen »vieles« möglich werden sollte. Die deutsch-deutsche Entspannung und die internationale Anerkennung der DDR bedingten sich hier wechselseitig. Nur deshalb konnte die DDR eine zunehmende Flexibilität in ihren außenpolitischen Aktivitäten in den achtziger Jahren zeigen.

Hatten die Treffen des DDR-Ministerpräsidenten, Willi Stoph, mit Bundeskanzler Willy Brandt in Erfurt und Kassel im März und Mai 1970 noch keinen direkten Erfolg gebracht, und war der deutsche Verhandlungsprozeß zunächst in einer »Denkpause« steckengeblieben, so kam danach der Verhandlungsprozeß voran. Kurz nach Unterzeichnung der Ostverträge und des Viermächte-Abkommens am 3. September 1971, das wesentlich zur Entspannung der Situation in und um Berlin beitrug, folgten die beiden deutschen Staaten mit ihrer ersten vertraglichen Übereinkunft. Das Transitabkommen vom 17. Dezember 1971 stand noch in engem Zusammenhang mit dem Vierseitigen Abkommen, der nur wenige Monate später folgende Verkehrsvertrag vom 26. Mai 1972[27] hatte weitreichendere Bedeutung: Mit ihm wurden Angelegenheiten geregelt, die nicht nur mit dem Berlinverkehr zu tun hatten (allgemeine Regelungen zum Eisenbahn-, Schiffs- und Kraftfahrzeugverkehr zwischen den beiden Staaten und im Transit). Der *point of no return* im deutsch-deutschen »Wandel durch Annäherung« war der gegen den Widerstand der CDU/CSU zustandegekommene Grundlagenvertrag (D15), der am 21. Dezember 1972 in Berlin unterzeichnet wurde. Personell zum Teil noch an die Konfrontationspolitik zur Adenauerzeit gebunden, vermutete die Union damals in der deutsch-deutschen Verständigung, aber auch im gemeinsamen UNO-Beitritt der beiden deutschen Staaten sowie im beginnenden KSZE-Prozeß, die »schleichende« Aufgabe des Wiedervereinigungsgebotes des Grundgesetzes. Auch wenn die spätere Entwicklung gezeigt hat, daß die Annäherung den Wandel förderte, konnte in der ersten Hälfte der siebziger Jahre ein gegenteiliger Eindruck entstehen, weil das deutsch-deutsche Vertragswerk mit einer festeren Einbindung der DDR in das östliche Bündnis »gegengesichert« wurde. (D60) Die Aussichten auf die deutsche Wiedervereinigung schienen sich zu verschlechtern: Bei den Verhandlungen, die zum Abschluß des KSZE-Prozesses in Helsinki 1975 führten, verfolgte das DDR-

---

27 Text in: MÄRZ 1996, S. 133–137.

Außenministerium noch exakt die Linie, die mit den anderen Warschauer-Pakt-Staaten (außer Rumänien) abgesprochen war (D18); die DDR informierte bis zu ihrem Ende die Sowjetunion regelmäßig über ihre Intentionen im KSZE-Prozeß. (D63) Doch die positiven Veränderungen im deutsch-deutschen Verhandlungsklima, wozu nach den ersten Zusammentreffen von Bundeskanzler Schmidt und SED-Chef Honecker in Helsinki während der Unterzeichnung der KSZE-Schlußakte auch deren weitere Treffen (1980 in Belgrad und vor allem 1981 am Werbellinsee) sowie die Helmut Kohls mit Erich Honecker (1984 und 1985 in Moskau und vor allem 1987 in Bonn) beitrugen, ließen besagte Routine in den Ergebnissen entstehen. Die Einrichtung von Ständigen Vertretungen in Bonn und Berlin (Ost) 1974, die nach 1968 mehrfache Fortsetzung der Swing-Regelung im innerdeutschen Handel (d. h. die gegenseitige Gewährung von Überziehungskrediten auf den Verrechnungskonten, in der Regel von der DDR-Seite in Anspruch genommen), die Postabkommen 1976 und 1983, Regelungen zur Grenzziehung 1978, zum Verkehrsausbau 1978 und 1980, im Veterinärwesen 1979 sowie das Kulturabkommen 1986, das Abkommen zur gegenseitigen Information im Umweltschutz und der Zusammenarbeit in Wissenschaft und Technik 1987 und zur Transitpauschale ab 1990 verdeutlichten die Fähigkeit beider deutscher Regierungen, in Sachfragen zu einvernehmlichen Lösungen zu kommen. (D18)

Die Vorteile der Vertragspolitik überwogen offenkundig die Nachteile, weshalb Helmut Kohl, acht Wochen nach seiner Wahl zum Bundeskanzler, Erich Honecker in einem Brief die Fortsetzung der deutsch-deutschen Verhandlungspolitik auch durch eine von der CDU geführte Bundesregierung zusicherte. (D21) Wie sein Vorgänger verfolgte Helmut Kohl in der Bewertung der DDR-Sichtweise eine pragmatische Linie, die zwar die Positionen der DDR nicht teilte, jedoch respektierte. (D62) Beide Bundeskanzler profitierten dabei auch von Honeckers gewachsener Rolle in der internationalen Arena, die dieser zur Stabilisierung und Fortsetzung des Ost-West-Dialogs Ende der siebziger Jahre (D61) und in der Mitte der achtziger Jahre genutzt hatte.[28]

Gleichzeitig setzten sich die schwer oder gar nicht überbrückbaren Gegensätze in den zentralen Fragen des Selbstverständnisses der beiden deutschen Staaten fort. Weder die sozialliberale noch die unionsgeführten Bundesregierungen gingen in den siebziger und achtziger Jahren auf die vier zentralen Forderungen der DDR ein (D19; D20; D23): Anerkennung der DDR-Staatsbürgerschaft; Umwandlung der Ständigen Vertretungen in Botschaften – im Zusammenhang mit der Herstellung regulärer völkerrechtlicher statt »nur« staatlicher Beziehungen zwischen der DDR und BRD –; Festlegung des deutsch-deutschen Grenzverlaufs auf der Elbe in der Strommitte und Schließung der Erfassungsstelle Salzgitter.[29] Auf der anderen Seite erreichte die Bundesregierung mühsam Erleichterungen im Mindestumtausch, jedoch – wegen der wirtschaftlichen Abhängigkeit der DDR von den Einnahmen – nicht seine Abschaffung. Auch die prinzipiellen Gegensätze bei Regelungen zu Ost-West- wie auch West-

---

28 LEHMANN 1995, S. 329 f.
29 Gemeint ist die Zentrale Erfassungsstelle der Länderjustizverwaltungen zur Registrierung und Aufklärung an der Zonengrenze.

Einleitung

Ost-Reisen und bei der Vertretung von West-Berlinern sowie der Einbeziehung West-Berlins in deutsch-deutsche Verträge blieben erhalten. (**D18; D19; D21; D25; D26; D63**) Flexibilität zeigte die DDR in der Regel nur dann, wenn ein wirtschaftliches Interesse gegenüber ihren politischen Prinzipien größeres Gewicht erhielt.

Die Sichtweise der DDR auf die deutsch-deutschen Beziehungen und die außenpolitischen Aktivitäten besonders in Europa war auch in der Phase der Entspannungspolitik von der beständigen Angst beeinflußt, die westlichen Länder könnten die staatssozialistischen Staaten militärisch angreifen (**D17**), worin eine wesentliche Begründung für Honeckers flexible Außenpolitik in der ersten Hälfte der achtziger Jahre (**D61**) zu finden ist. Die andere »Grundangst« der DDR-Führung war davon geprägt, die Bundesregierungen könnten bei den DDR-Verbündeten größere Sympathie für das bei den westdeutschen Regierungen feststehende Ziel der deutschen Wiedervereinigung erreichen. (**D27; D28, D46**) Wie begründet diese Angst war, zeigte die Entwicklung in der Wendezeit. Die 1989/90 aktive Bundesregierung unter Helmut Kohl forderte unmittelbar im Verlauf der Wende seit Anfang Oktober 1989 sowie der Öffnung der Grenzen ab dem 9. November die Wiedervereinigung. Der DDR-Führung bekannt war auch, daß sowohl die SPD (**D28**) als auch die Unionsparteien diejenigen Kräfte in der DDR unterstützten, mit denen das Ziel der neuerlichen Vereinigung Deutschlands erreicht werden konnte. Die Fixierung auf die von außen wirkenden Kräfte versperrte der DDR-Führung jedoch die Sicht auf die Entwicklung im Innern. Sie hätte sonst sehen können, daß es eine Mehrheit der DDR-Bürger war, die erneut die Entscheidung für »Deutschland – einig Vaterland« traf und somit die Weichen in Richtung auf die neuerliche Vereinigung Deutschlands stellte.

Dokumente

1. Gründungsanspruch und Staatsverständnis der DDR-Führung

D1: *Erich Mielke über die Rolle der Sowjetischen Besatzungszone*
30. Oktober 1946

Deutschland ist zur Zeit keine Einheit, es gibt zwei Zonen und daher zwei Entwicklungen. Hier in der Sowjetzone [ist] die Arbeiterklasse die führende Kraft in der demokratischen Entwicklung, [...] die sowjetische Besatzungsmacht erleichtert unsere Aufgaben, sie unterstützt uns, sie gibt uns Ratschläge, macht Vorschläge und hält die versteckte Reaktion nieder. In den anderen Zonen, die ich hier als eine Zone bezeichne, haben wir eine Entwicklung, die der nach 1918 ähnelt, also keine Führung der Arbeiterklasse, sondern eine Koalition mit der Bourgeoisie, die von der Sozialdemokratie geführt wird. Zusätzlich drei Armeen aus kapitalistischen Ländern [...] Ohne Zweifel wäre es falsch, nun hier in der Sowjetzone langsam zu treten oder weniger gründlich die demokratische Entwicklung voranzutreiben. Die reaktionäre Entwicklung in der anderen Zone wird dadurch nicht aufgehalten, daß wir stehen bleiben, im Gegenteil, die demokratischen Kräfte der westlichen Zone erhalten durch die konsequente Weiterführung unseres demokratischen Aufbaus eine wirksame Unterstützung. [...]

Erich Mielke am 30. Oktober 1946. In: LAUFER 1993, S. 33.

D2: *DDR-Verfassungen: Wiedervereinigungsrhetorik und Abgrenzungspolitik*
7. Oktober 1949, 6. April 1968 und 7. Oktober 1974

Präambeln:
1949: Von dem Willen erfüllt, die Freiheit und die Rechte des Menschen zu verbürgen, das Gemeinschafts- und Wirtschaftsleben in sozialer Gerechtigkeit zu gestalten, dem gesellschaftlichen Fortschritt zu dienen, die Freundschaft mit allen Völkern zu fördern und den Frieden zu sichern, hat sich das deutsche Volk diese Verfassung gegeben.
1968: Getragen von der Verantwortung, der ganzen deutschen Nation den Weg in eine Zukunft des Friedens und des Sozialismus zu weisen, in Ansehung der geschichtlichen Tatsache, daß der Imperialismus unter Führung der USA im Einvernehmen mit Kreisen des westdeutschen Monopolkapitals Deutschland gespalten hat, um Westdeutschland zu einer Basis des Imperialismus und des Kampfes gegen den Sozialismus aufzubauen, was den Lebensinteressen des Volkes widerspricht, hat sich das Volk der [DDR], fest gegründet auf den Errungenschaften der antifaschistisch-demokratischen und der sozialistischen Umwälzung der gesellschaftlichen Ordnung, einig in seinen Werktätigen Klassen und Schichten das Werk der Verfassung vom 7. Oktober 1949 in ihrem Geiste fortführend und von dem Willen erfüllt, den Weg des Friedens, der sozialen Gerechtigkeit, der Demokratie, des Sozialismus und der Völker-

freundschaft in freier Entscheidung unbeirrt weiterzugehen, diese sozialistische Verfassung gegeben.
1974: In Fortsetzung der revolutionären Traditionen der deutschen Arbeiterklasse und gestützt auf die Befreiung vom Faschismus hat das Volk der [DDR] in Übereinstimmung mit den Prozessen der geschichtlichen Entwicklung unserer Epoche sein Recht auf sozial-ökonomische, staatliche und nationale Selbstbestimmung verwirklicht und gestaltet die entwickelte sozialistische Gesellschaft. Erfüllt von dem Willen, seine Geschicke frei zu bestimmen, unbeirrt auch weiter den Weg des Sozialismus und Kommunismus, des Friedens, der Demokratie und der Völkerfreundschaft zu gehen, hat sich das Volk der [DDR] diese sozialistische Verfassung gegeben.

Artikel 1, Auszug:
1949: Deutschland ist eine unteilbare Republik; sie baut auf den deutschen Ländern auf. [...] Es gibt nur eine deutsche Staatsangehörigkeit.
1968: Die [DDR] ist ein sozialistischer Staat deutscher Nation. Sie ist die politische Organisation der Werktätigen in Stadt und Land, die gemeinsam unter Führung der Arbeiterklasse und ihrer marxistisch-leninistischen Partei den Sozialismus verwirklichen.
1974: Die [DDR] ist ein sozialistischer Staat der Arbeiter und Bauern. Sie ist die politische Organisation der Werktätigen in Stadt und Land unter Führung der Arbeiterklasse und ihrer marxistisch-leninistischen Partei.

Zusammenstellung durch den Verfasser. Nach: VERFASSUNG 1949, S. 11, 13; VERFASSUNG 1968, S. 5, 9; VERFASSUNG 1974, S. 5 f.

D3: *DDR-Verfassungen: Außenpolitische Grundsätze und deutsch-deutsche Beziehungen*
7. Oktober 1949, 6. April 1968 und 7. Oktober 1974

1949: (Artikel 5, Auszug) Die allgemein anerkannten Regeln des Völkerrechts binden die Staatsgewalt und jeden Bürger. Die Wahrung und Aufrechterhaltung freundschaftlicher Beziehungen zu allen Völkern ist die Pflicht der Staatsgewalt.
1968 und 1974: (Artikel 8, Absatz 1, Auszug) Die allgemein anerkannten, dem Frieden und der friedlichen Zusammenarbeit der Völker dienenden Regeln des Völkerrechts sind für die Staatsmacht und jeden Bürger verbindlich.

[1949 keine Charakterisierung der Beziehungen zu einzelnen Ländergruppen]
1968: (Artikel 6, Absatz 2) Die [DDR] pflegt und entwickelt entsprechend den Prinzipien des sozialistischen Internationalismus die allseitige Zusammenarbeit und Freundschaft mit der [UdSSR] und den anderen sozialistischen Staaten.
1974: (Artikel 6, Absatz 2) Die [DDR] ist für immer und unwiderruflich mit der [UdSSR] verbündet. Das enge und brüderliche Bündnis mit ihr garantiert dem Volk der [DDR] das weitere Voranschreiten auf dem Wege des Sozialismus und des Friedens. Die [DDR] ist untrennbarer Bestandteil der sozialistischen Staatengemeinschaft. Sie trägt getreu den Prinzipien des sozialistischen Internationalismus zu ihrer Stärkung bei, pflegt und entwickelt die Freundschaft, die allseitige Zusammenarbeit und den gegenseitigen Bestand mit allen Staaten der sozialistischen Gemeinschaft.

1968: (Artikel 6, Absatz 3) Die [DDR] unterstützt die Bestrebungen der Völker nach Freiheit und Unabhängigkeit und pflegt auf der Grundlage der Gleichberechtigung und gegenseitigen Achtung die Zusammenarbeit mit allen Staaten.

1974: (Artikel 6, Absatz 3) Die [DDR] unterstützt die Staaten und Völker, die gegen den Imperialismus und sein Kolonialregime, für nationale Freiheit und Unabhängigkeit kämpfen, in ihrem Ringen um gesellschaftlichen Fortschritt. Die [DDR] tritt für die Verwirklichung der Prinzipien der friedlichen Koexistenz von Staaten unterschiedlicher Gesellschaftsordnung ein und pflegt auf der Grundlage der Gleichberechtigung und gegenseitigen Achtung die Zusammenarbeit mit allen Staaten.

1968: (Artikel 6, Absatz 4) Die [DDR] erstrebt ein System der kollektiven Sicherheit in Europa und eine stabile Friedensordnung in der Welt. Sie setzt sich für allgemeine Abrüstung ein.

1974: (Artikel 6, Absatz 4) Die [DDR] setzt sich für Sicherheit und Zusammenarbeit in Europa, für eine stabile Friedensordnung in der Welt und für allgemeine Abrüstung ein.

1968: (Artikel 8, Absatz 2) Die Herstellung und Pflege normaler Beziehungen und die Zusammenarbeit der beiden deutschen Staaten auf der Grundlage der Gleichberechtigung sind nationales Anliegen der [DDR]. Die [DDR] und ihre Bürger erstreben darüber hinaus die Überwindung der vom Imperialismus der deutschen Nation aufgezwungenen Spaltung Deutschlands, die schrittweise Annäherung der beiden deutschen Staaten bis zu ihrer Vereinigung auf der Grundlage der Demokratie und des Sozialismus.
[1974 ersatzlos gestrichen]

Zusammenstellung durch den Verfasser. Nach: VERFASSUNG 1949, S. 14; VERFASSUNG 1968, S. 11–13; VERFASSUNG 1974, S. 8 f.

D4: Staatshymne der DDR
6. November 1949

Auferstanden aus Ruinen und der Zukunft zugewandt,
laß uns Dir zum Guten dienen, Deutschland, einig Vaterland.
Alle Not gilt es zu bezwingen, und wir zwingen sie vereint,
und es wird uns doch gelingen, daß die Sonne schön wie nie
über Deutschland scheint.
Glück und Frieden sei beschieden Deutschland unserm Vaterland,
alle Welt sehnt sich nach Frieden, reicht den Völkern Eure Hand.
Wenn wir brüderlich uns einen, schlagen wir des Volkes Feind.
Laßt das Licht des Friedens scheinen, daß nie eine Mutter mehr
ihren Sohn beweint.

Laßt uns pflügen, laßt uns bauen, lernt und schafft wie nie zuvor,
und der eignen Kraft vertrauend steigt ein neu Geschlecht empor.
Deutsche Jugend, bestes Streben unsres Volkes in Dir vereint,
wirst Du Deutschlands neues Leben. Und die Sonne, schön wie nie
über Deutschland scheint.

Auferstanden aus Ruinen, Text: Johannes R. Becher; Musik: Hanns Eisler. Zit. nach: Neues Deutschland vom 6. November 1949.

D5: Wilhelm Pieck: »Die Probleme der deutschen Außenpolitik« 20. Juli 1950

Im Interesse ihrer Kriegspolitik haben die anglo-amerikanischen Imperialisten Deutschland zerrissen [...] So kam es, daß die Gründung der friedliebenden [DDR] nach den schwerwiegenden Worten des Genossen Stalin zu einem Wendepunkt in der Geschichte Europas werden mußte. [...] Drei Tage [nach ihrer Gründung], am 10. Oktober [1949], wurden in einem feierlichen Staatsakt [...] von [...] dem Obersten Chef der Sowjetischen Militärverwaltung in Deutschland deren Verwaltungsfunktionen an die Organe der [DDR] übergeben. Das war ein wahrhaft großherziger Akt Stalinscher Friedenspolitik, durch den das deutsche Volk im Bereich unserer Republik seine nationale Selbständigkeit und Unabhängigkeit erhielt. Er wurde bekräftigt durch die Aufnahme diplomatischer Beziehungen zwischen der UdSSR und unserer Republik. Diesem großen Beispiel folgten die Länder der Volksdemokratien [...]. Damit war die internationale Isolierung, in die der Hitlerkrieg das deutsche Volk gestoßen hatte, durchbrochen [...] Betrachten wir nun, was die Bonner Marionettenregierung auf außenpolitischem Gebiet erreicht hat. Am Tage der Regierungsbildung [...] durfte Adenauer von den Hohen Kommissaren [...] das Besatzungsstatut[30] in Empfang nehmen, mit dessen Anerkennung die Heuß, Schumacher und Adenauer das deutsche Volk einer halbkolonialen Versklavung auslieferten. Sie anerkannten das Ruhrstatut [...] Dieser Marionettenstaat befindet sich in völliger wirtschaftlicher und politischer Abhängigkeit vom anglo-amerikanischen Imperialismus. [...] Selbstverständlich hat die Bonner Marionettenregierung auch keinerlei diplomatische Beziehungen zu anderen Ländern. [...] Demgegenüber können wir [...] die Aufgaben der Außenpolitik unserer [DDR] folgendermaßen zusammenfassen:
1. Kampf für den Frieden, für das Verbot der Atomwaffe [...]
2. Kampf für den schnellen Abschluß eines gerechten Friedensvertrages mit Deutschland und darauffolgender Abzug aller Besatzungstruppen aus Deutschland.
3. Wiederherstellung der politischen und wirtschaftlichen Einheit Deutschlands auf demokratischen und friedlichen Grundlagen.
4. Enge und unzerstörbare Freundschaft mit der großen Sowjetunion, dem Bollwerk des Friedens und der Demokratie in der ganzen Welt. [...]
5. Freundschaft mit den Ländern der Volksdemokratien, der Chinesischen Volksrepublik, [Nord-]Korea, Vietnam und allen anderen friedliebenden Völkern [...]

30 Vgl. Besatzungsstatut für die Bundesrepublik Deutschland. In: MÄRZ 1996, S. 83.

6. Herstellung freundschaftlicher Beziehungen zu allen Ländern, die eine Friedenspolitik betreiben und die nationalen Interessen Deutschlands anerkennen.
[...]
9. [...] Besondere Förderung der Handelsbeziehungen Deutschlands mit der Sowjetunion, China und den Ländern Ost- und Südosteuropas als den natürlichen Handelspartnern Deutschlands. [...]
10. Allseitige Stärkung der [DDR] als Bollwerk des Friedens und der Demokratie in Deutschland. [...]

Ausschnitt aus der Rede Wilhelm Piecks auf dem III. Parteitag der SED in Berlin, 20–24. Juli 1950. In: Aufbau 9/1950, S. 807–811.

D6: Generalmajor Dibrowa gibt bekannt ...
17. und 18. Juni 1953

Befehl des Militärkommandanten des Sowjetischen Sektors von Berlin
[...] Für die Herbeiführung einer festen öffentlichen Ordnung im Sowjetischen Sektor von Berlin wird befohlen: [...]
Ab 13 Uhr des 17. Juni wird im Sowjetischen Sektor von Berlin der Ausnahmezustand verhängt. [...] Alle Demonstrationen, Versammlungen, Kundgebungen und sonstige Menschenansammlungen über drei Personen werden auf Straßen und Plätzen wie auch in öffentlichen Gebäuden verboten. [...] Jeglicher Verkehr von Fußgängern und der Verkehr von Kraftfahrzeugen und anderen Fahrzeugen wird in der Zeit von 21 Uhr bis 5 Uhr verboten. [...] Diejenigen, die gegen diesen Befehl verstoßen, werden nach dem Kriegsrecht bestraft. [...]

Bekanntmachung des Militärkommandanten des Sowjetischen Sektors von Berlin vom 18. Juni 1953
Hiermit wird bekanntgegeben, daß Willi G., Bewohner von Westberlin, der im Auftrage eines ausländischen Aufklärungsdienstes handelte und einer der aktiven Organisatoren der Provokationen und der Unruhen im Sowjetischen Sektor von Berlin war und an den gegen die Machtorgane gerichteten banditenhaften Ausschreitungen teilgenommen hat, zum Tode durch Erschießen verurteilt wurde. Das Urteil wurde vollstreckt. [...]

Befehl des Militärkommandanten des Sowjetischen Sektors von Berlin vom 17. Juni 1953; Bekanntmachung des Militärkommandanten des Sowjetischen Sektors von Berlin vom 18. Juni 1953. In: Tägliche Rundschau vom 19. Juni 1953.

D7: Wer ist ein Patriot?
Dezember 1955

Unser Vaterland ist die [DDR]. In dieser Republik hat erstmalig in der deutschen Geschichte das werktätige Volk die Macht. [...] Dieses Vaterland ist die Zukunft des ganzen Deutschland, der einigen und unteilbaren deutschen Nation. Sein Vaterland lieben, heißt deshalb die [DDR] mit all' ihren fortschrittlichen Errungenschaften lieben. Für das Vaterland tätig sein, bedeutet zum Nutzen der [DDR] tätig sein. [...] Es gilt, das Vaterland der deutschen Werktätigen gegen alle frechen Ansprüche der westdeutschen Imperialisten zu verteidigen [...] Unter den heutigen Bedingungen in Deutschland heißt Vaterlandsverrat, wenn ein Mensch aus böswilligen und egoistischen Motiven die [DDR] verläßt, wenn er [...] den Feinden des Volkes hilft, Terror und Sabotage gegen die DDR zu organisieren. Vaterlandsverrat begeht ein junger Mensch auch dann, wenn er in der Stunde der Gefahr nicht bereit ist, das Vaterland gegen die Aggression der Feinde zu verteidigen. [...] Wir deutschen Patrioten werden die Feinde unseres Vaterlandes besiegen, wir werden gegen die Macht der westdeutschen Monopolisten und Großgrundbesitzer aus ganz Deutschland ein Land der Werktätigen machen. Die Kraft dazu schöpfen wir aus unserer tiefen Liebe zum Vaterland und auch aus dem brennenden Haß gegen seine junkerlichen und imperialistischen Feinde.

Wer ist ein Patriot? In: Junge Generation 12/1955.

D8: *Deutschlandplan des Volkes*
17. April 1960

[...] Manche Leute sagen, es gäbe keine Gemeinsamkeiten mehr zwischen den Arbeitern in Ost und West und zwischen den Arbeiterparteien und Gewerkschaften in beiden Teilen Deutschlands. Das könnte den Feinden der Arbeiterklasse so passen. [...] Ihr seid deutsche Arbeiter, und wir sind deutsche Arbeiter. Wir sind Brüder und Schwestern aus der großen Familie des deutschen Arbeitervolkes. Wir haben eine lange, gemeinsame Geschichte des Klassenkampfes, des Leids, des Kampfes um Frieden, Freiheit, Menschenrechte und Demokratie. Es kann gar nicht anders sein, als daß wir Brüder bleiben, gemeinsam unseren Kampf vollenden und gemeinsam an der Spitze des deutschen Volkes eine glückliche, friedliche und reiche Zukunft aufbauen. Denn außer der Arbeiterklasse, die von der geschichtlichen Entwicklung berufen ist, die Führung der Nation zu übernehmen, gibt es keine Kraft mehr in unserem Deutschland, die in der Lage wäre, alle friedliebenden demokratischen Kräfte der verschiedenen Klassen und Schichten zusammenzufassen. [...] Das Problem [auf welche Weise Deutschland wiedervereinigt werden kann] liegt ja nicht in dem Vorhandensein zweier gesellschaftlicher Systeme in Deutschland, sondern in der Tatsache, daß der heutige westdeutsche Staat ein militaristischer Staat [...] ist, während die DDR ein sozialistischer Friedensstaat ist [...]. Natürlich ist die Frage des Vorhandenseins zweier gesellschaftlicher Systeme in Deutschland ein Problem, das nicht einfach zu lösen ist. Aber wenn wir nicht auf die Wiedervereinigung verzichten wollen [...], bleibt doch gar keine andere Möglichkeit, als [...] in einer Konföderation die maximale Annäherung der beiden deutschen Staaten und ihre friedliche Zusammenarbeit zur Überwindung der Spaltung zu sichern. Im Rahmen dieser [...] Zusammenarbeit [...] werden die beiden gesellschaftlichen Systeme miteinander wetteifern und zeigen, welches am meisten für das deutsche Volk zu leisten vermag. [...]

Deutschlandplan des Volkes. In: Neues Deutschland vom 17. April 1960.

D9: Das Deutschlandbild in »Meyers Neuem Lexikon«
1962

Die DDR, sozialistisches Land in Mitteleuropa, erster deutscher Arbeiter- und Bauernstaat, ist der einzig rechtmäßige Staat und konsequenter Friedensstaat auf deutschem Boden. Sie wurde am 7.10.1949 gegründet, nachdem die Feinde der deutschen Nation, die deutschen und ausländischen Imperialisten, mit der Gründung eines westdeutschen Separatstaates die Spaltung D.s vollendet hatten. Die DDR ist die staatliche Basis im Kampf der deutschen Patrioten zur Schaffung eines einheitlichen, friedliebenden, demokratischen D. [...]

West-D.[31], Staat (Bundesrepublik) in Mitteleuropa, ist ein entgegen den Beschlüssen der Konferenzen von Jalta und Potsdam auf Veranlassung der westlichen Besatzungsmächte in Übereinstimmung mit den deutschen Monopolkapitalisten und Junker am 7.9.1949 gebildeter deutscher Separatstaat. [...] Fortschrittliche Kräfte in West-D. kämpfen unter Führung der illegal arbeitenden KPD und mit Unterstützung der DDR gegen die klerikal-militaristische Herrschaft und für die Schaffung einer parlamentarisch-demokratischen Ordnung in West-D. [...]

Stichworte »Deutsche Demokratische Republik« und »Westdeutschland«. In: Meyers Neues Lexikon in Acht Bänden, Bd. 2. Boston-Epibionten, Leipzig 1962, S. 552, 575, 586.

D10: Nationales Dokument
25. März 1962

Die Lebensinteressen des deutschen Volkes fordern die Beseitigung der Herrschaft der Konzerne, Großbanken und ihrer Hitlergenerale. Geschichte und Gegenwart des deutschen Volkes haben es andererseits auch hundertfach bewiesen, daß Sozialismus und Lebensinteressen des deutschen Volkes, daß Sozialismus und nationale Interessen völlig übereinstimmen. Der Sieg des Sozialismus in der [DDR] liegt also im nationalen Interesse des ganzen deutschen Volkes und ist entscheidende Voraussetzung für die Lösung unserer nationalen Frage. Der Sieg des Sozialismus in der [DDR] und später in der westdeutschen Bundesrepublik befreit unser Volk von dem unheilvollen Kreislauf Konjunktur, Krise, Krieg, befreit es für immer von kapitalistischer Ausbeutung, sichert die Einheit des Vaterlandes und ein glückliches Leben in Frieden und Sozialismus.

Die geschichtliche Aufgabe der DDR und die Zukunft Deutschlands [Nationales Dokument], 25. März 1962 (Auszug). In: Zeitschrift für Geschichtswissenschaft 4/1962, S. 776–78.

---

31 Hier Abkürzung für West-Deutschland.

D11: »*Wenn sich etwas verändern soll, dann ist das erst nach Honecker zu erwarten*«
22. Juli 1968

[...] Am 19.7.1968 bat mich mein Freund (Genosse Ing. Peter J. [...]) telefonisch um eine Aussprache. [Bei der Aussprache] erklärte er folgendes: Sein Vorgesetzter, Genosse Dr. K., habe vor einigen Wochen einige merkwürdige Bemerkungen über die Entwicklung in der ČSSR gemacht. [Deren] Sinn [...] sei ihm erst [...] bewußt geworden, nachdem er den Brief an das ZK der KPČ[32] gelesen habe. [...] Vor ungefähr 6 Wochen war Dr. K. in Warschau zu einer Fachtagung [...]. Dort ist [er mit] Fachleuten aus Prag zusammengekommen und erklärte nach seiner Rückkehr, er habe die Zusicherung, daß es in der ČSSR noch weitergeht mit der Freiheitsbewegung, die geben nicht auf! Danach sei Dr. K. übers Wochenende per Flugzeug in Prag gewesen. Gegenüber [...] Mitarbeitern [...] hat Genosse Dr. K. sehr offen seine Meinung gesagt: [Die dortige] absolute Pressefreiheit [ist] zu begrüßen. Wenn sie nicht vorhanden ist, das sieht man bei uns, dann wird das Volk zuwenig informiert. Charakteristisches Beispiel ist das Dokument der 2 000 Worte.[33] Wir bekommen nur ein paar Sätze daraus zu lesen. Warum nicht alles? Es könnte ja mit einem Kommentar versehen sein. [...] Wenn so etwas in Rumänien oder Jugoslawien geschieht, und sie weichen doch sehr stark vom Moskauer Kurs ab, dann setzen sich doch auch keine ZK's in Warschau zusammen.[34] Es muß doch einen Weg geben, auf dem man das Gute des Kapitalismus und das Gute des Sozialismus zu aller Nutzen vereint. [...] Wenn alles unter der Oberfläche brodelt und nicht öffentlich zur Sprache kommt, dann ist das doch viel gefährlicher. Wenn genügend Kommunisten da sind, dann können doch konterrevolutionäre Versuche gar nichts ausrichten. Wenn aber die Bevölkerung das [...] sozialistische System nicht will, dann ist das trotzdem eine innere Angelegenheit der ČSSR, und wir haben kein Recht, uns einzumischen. Der Warschauer Vertrag sieht nur Hilfe bei imperialistischen Provokationen von außen vor. [...] Es wäre wünschenswert, wenn man die Verhältnisse auf uns übertragen könnte. Auf alle Fälle ist das gut, wenn die Tschechen das machen, weil bei uns sich vielleicht auch einiges lockert. Allerdings nicht unter Ulbricht und auch nicht, wenn Honecker Nachfolger wird. Wenn sich etwas verändern soll, dann ist das erst nach Honecker zu erwarten. [...]

Information [eines Mitarbeiters der ZK-Abteilung Agitation an die ZK-Abteilung für Sicherheitsfragen vom 22. Juli 1968, am 24. Juli 1968 an MfS weitergeleitet]. In: SAPMO-BArch, DY 30/IV A2/12 (SED, ZK, Abt. Sicherheitsfragen)/27, o. Bl.

32 Gemeint ist der gemeinsame Brief der kommunistischen Parteien der Sowjetunion, Bulgariens, Polens, Ungarns und der DDR an die Führung der KPČ vom 15. Juli 1968, in dem diese fünf Parteien die Tschechoslowakei zur Abkehr vom Reformkurs des Prager Frühlings aufforderten.
33 In der ČSSR am 27. Juni 1968 über die Massenmedien verbreitetes Manifest, das in der Gegenpropaganda der staatssozialistischen Länder als Beweis des Einflusses der Konterrevolution in der Tschechoslowakei angesehen wurde.
34 Gemeint ist das Treffen von Vertretern der fünf kommunistischen Parteien in Warschau, das am 14. und 15. Juli 1968 in Warschau stattfand und in dessen Verlauf der gemeinsame Brief an die KPČ verabschiedet wurde.

D12: *Walter Ulbricht: »Zwei deutsche Staaten«*
12. Dezember 1969

[...] In der Tat ist die Lage an der Schwelle der 70er Jahre dadurch gekennzeichnet, daß es nun schon im dritten Jahrzehnt in Europa den sozialistischen Staat, die [DDR], und den vom Monopolkapital beherrschten Staat, die [BRD] gibt. Die beiden in ihrer Gesellschaftsordnung wie in ihrer inneren und äußeren Politik so unterschiedlichen Staaten nehmen [...] unabhängig voneinander als selbständige und völkerrechtlich anerkannte Staaten, also als Subjekte des Völkerrechts, an den internationalen Angelegenheiten aktiv teil. Jeder von ihnen hat sein eigenes Gesicht. [...] Es ist längst überfällig, daß auch die westdeutsche Bundesrepublik den unentbehrlichen Beitrag zu einer europäischen Friedensordnung und zur europäischen Sicherheit leistet und ohne Vorbehalte die Lage anerkennt, so wie sie sich nun einmal seit der Niederlage, der bedingungslosen Kapitulation Hitlerdeutschlands und der Spaltung Deutschlands einerseits und der Durchführung des Potsdamer Abkommens in der [DDR] andererseits entwickelt und stabilisiert hat. [...]

Ulbricht, Walter: Die neue Situation in der westdeutschen Bundesrepublik und die Beziehungen der beiden deutschen Staaten, 12. Dezember 1969. In: Neues Deutschland vom 14. Dezember 1969.

D13: *»Deutschland gibt es nicht mehr«*
20. August 1970

[...] Wichtig ist, daß die DDR eine Struktur haben muß wie die SU und die sozialistischen Länder, sonst bekommen wir Schwierigkeiten. Es ist notwendig, in Zukunft einen festen Kurs auf die Stärkung der Positionen des Sozialismus in der DDR zu halten. Die DDR ist für uns, die SU, für die vereinigten sozialistischen Bruderländer ein wichtiger Posten. Sie ist das Ergebnis des 2. Weltkrieges, sie ist unsere Errungenschaft, die mit dem Opfer des Sowjetvolkes, mit dem Blut der Sowjetsoldaten erzielt wurde. Die DDR ist nicht nur Eure, sie ist unsere gemeinsame Sache. Die DDR ist für uns etwas, das man nicht erschüttern kann und darf. [...] Die Politik der Reg[ierung] Brandt ist [trotz des Vertrages mit der UdSSR] darauf gerichtet, die DDR zu erschüttern. Weder wir noch [Ihr könnt Euch] gleichgültig gegenüber einer solchen Gefahr verhalten. [...] Nochmals – die Existenz der DDR entspricht unseren Interessen, den Interessen aller sozialistischen Staaten. Sie ist das Ergebnis des Sieges über Hitlerdeutschland. Deutschland gibt es nicht mehr. Es gibt die sozialistische DDR und die kapitalistische Bundesrepublik. [...] Die Zukunft der DDR liegt in der sozialistischen Gemeinschaft. Wir haben unsere Truppen bei Ihnen. Das ist gut so und wird so bleiben. [...]

Zu den Gesprächen mit Gen. L. I. Breschnew, 20. August 1970 [Abschrift handschriftlicher Notizen Erich Honeckers]. In: SAPMO-BArch, DY 30/vorl. SED (hier Büro Honecker), Nr. 41 656, o. Bl.

Dokumente 517

D14: *Brief zur deutschen Einheit*

21. Dezember 1972
Sehr geehrter Herr Kohl!
Im Zusammenhang mit der heutigen Unterzeichnung des Vertrages über die Grundlagen der Beziehungen zwischen der [BRD] und der [DDR] beehrt sich die Regierung der [BRD] festzustellen, daß dieser Vertrag nicht im Widerspruch zum politischen Ziel der [BRD] steht, auf einen Zustand des Friedens in Europa hinzuwirken, in dem das deutsche Volk in freier Selbstbestimmung seine Einheit wiedererlangt.

Mit vorzüglicher Hochachtung
Bahr

Brief Bundesminister für besondere Aufgaben beim Bundeskanzler [Egon Bahr] an Staatssekretär beim Ministerrat der DDR, Michael Kohl, vom 21. Dezember 1972. In: BGBl. II, 1973, S. 425.

D15: *Der Grundlagenvertrag*[35]
21. Dezember 1972

[...] Artikel 1: Die [BRD] und die [DDR] entwickeln normale gutnachbarliche Beziehungen zu einander auf der Grundlage der Gleichberechtigung.
Artikel 2: Die [BRD] und die [DDR] werden sich von den Zielen und Prinzipien leiten lassen, die in der Charta der Vereinten Nationen niedergelegt sind, insbesondere der souveränen Gleichheit aller Staaten, der Achtung der Unabhängigkeit, Selbständigkeit und territorialen Integrität, dem Selbstbestimmungsrecht, der Wahrung der Menschenrechte und der Nichtdiskriminierung.
Artikel 3: [Die BRD und die DDR] bekräftigen die Unverletzlichkeit der zwischen ihnen bestehenden Grenze jetzt und in der Zukunft und verpflichten sich zur uneingeschränkten Achtung ihrer territorialen Integrität.
Artikel 4: Die [BRD] und die [DDR] gehen davon aus, daß keiner der beiden Staaten den anderen international vertreten oder in seinem Namen handeln kann.
[...]
Artikel 6: Die [BRD] und die [DDR] gehen von dem Grundsatz aus, daß die Hoheitsgewalt jedes der beiden Staaten sich auf sein Staatsgebiet beschränkt. Sie respektieren die Unabhängigkeit und Selbständigkeit jedes der beiden Staaten in seinen inneren und äußeren Angelegenheiten.
Artikel 7: Die [BRD] und die [DDR] erklären ihre Bereitschaft, im Zuge der Normalisierung ihrer Beziehungen praktische und humanitäre Fragen zu regeln. Sie werden Abkommen schließen, um [...] die Zusammenarbeit auf [verschiedenen] Gebieten zu entwickeln und zu fördern. [...]

---

35 Der Vertrag wurde am 21. Dezember 1972 in Berlin unterzeichnet und trat am Tage nach dem Austausch der Noten (20. Juni 1973 in Bonn) in Kraft.

Artikel 8: Die [BRD] und die [DDR] werden ständige Vertretungen austauschen. Sie werden am Sitz der jeweiligen Regierungen errichtet. [...]

Vertrag über die Grundlagen der Beziehungen zwischen der Bundesrepublik Deutschland und der Deutschen Demokratischen Republik, 21. Dezember 1972. In: BGBl. II, 1973, S. 423 f.

D16: Das Deutschlandbild in »Meyers Jugendlexikon« 1973

Die BRD, amtlich Bundesrepublik Deutschland, ist ein Bundesstaat in Mitteleuropa mit 10 Bundesländern. Gegründet im September 1949 im Widerspruch zum Potsdamer Abkommen; Mitglied der EWG, der NATO und der Montanunion. [...] Die deutschen Imperialisten und Militaristen lösten – aus Angst vor der Arbeiterklasse und um ihre alten Machtpositionen zu behaupten – mit Hilfe der westlichen Besatzungsmächte dieses Gebiet aus dem damaligen deutschen Nationalverband und vertieften in der Folgezeit durch ihre reaktionäre Politik [...] die Spaltung. [...]

Die Deutsche Demokratische Republik (DDR) ist ein sozialistischer Staat, in dem sich die sozialistische deutsche Nation entwickelt. Sie ist ein fester Bestandteil der sozialistischen Staatengemeinschaft. [...]

Stichworte »BRD« und »Deutsche Demokratische Republik«. In: Meyers Jugendlexikon. 3. Aufl., Leipzig 1973, S. 109, 144.

D17: Das DDR-Außenministerium schätzt die KSZE-Schlußakte ein[36] 28. Juli 1975

Der große Erfolg für die Staaten der sozialistischen Gemeinschaft ist die Ausarbeitung und Aufnahme des Prinzips der Unverletzlichkeit der Grenzen als selbständiges Prinzip in den Prinzipienkatalog. [Es] enthält die klare Aussage, daß es nicht allein um den Ausschluß der Gewaltanwendung, sondern um jegliche Forderungen und Handlungen geht, die darauf gerichtet sind, Grenzen anderer Staaten zu verletzen oder sich des Territoriums anderer Staaten zu bemächtigen. Nicht verhindert werden konnte die Aufnahme eines Satzes über das Ändern von Grenzen. Die von diesem Satz ausgehende negative Wirkung konnte aber dadurch abgeschwächt werden, indem er nicht, wie von der BRD angestrebt, dem Prinzip über die Unverletzlichkeit der Grenzen zugeordnet wurde. Außerdem konnte bei den Verhandlungen über den deutschen Wortlaut dieses Satzes erreicht werden, daß die BRD zu keinem der Prinzipien eine interpretative Erklärung im Sinne des sogenannten Briefes zur deutschen Einheit[37] abgibt.

---

36 Die Schlußakte von Helsinki selbst, auf die hier Bezug genommen wird, wurde am 1. August 1975 von Erich Honecker für die DDR unterzeichnet. Für einen Textauszug siehe MÄRZ 1996, S. 160–163.
37 Siehe Dokument D14.

Von weitreichender Bedeutung ist die klare Ausgestaltung des Prinzips der Nichteinmischung in die inneren und äußeren Angelegenheiten. In diesem Zusammenhang ist bedeutsam die Feststellung über die Rechte jedes Teilnehmerstaates, sein System und seine Gesetze und Verordnungen zu bestimmen. [...]
- Die kapitalistischen Staaten sind mit sehr weitgehenden Forderungen insbesondere in den Fragen des Prinzipienkatalogs, der vertrauensfördernden Maßnahme und der »Freizügigkeit von Menschen und Ideen« in die Konferenz gegangen und haben diese hartnäckig verfolgt. Sie nutzten ihre Möglichkeiten und unser Interesse an einem erfolgreichen Abschluß der Konferenz aus, um insbesondere in den Prinzipien und den Bereichen Information und Kontakte einige detailliertere Aussagen durchzusetzen, als von uns ursprünglich beabsichtigt war. Diese Aussagen sind jedoch so abgesichert, um unmittelbar negative Auswirkungen auf unsere gesellschaftlichen Verhältnisse auszuschließen. [...]
- Den Versuchen Rumäniens, die Bedeutung der Prinzipiendeklaration durch ein gesondertes Dokument über Maßnahmen zur Wirksamkeit des Gewaltverzichts auszuhöhlen, konnte insofern begegnet werden, daß für Staaten des Warschauer Vertrages annehmbare Aussagen aus dem rumänischen Vorschlag in die Generaldeklaration übernommen wurden. Formulierungen über das Verbot des Einmarsches von Truppen oder ihre Unterhaltungen auf anderen Gebieten, die gegen den sozialistischen Internationalismus genutzt werden könnten, wurden zurückgewiesen.
- Die vertrauensfördernden Maßnahmen konnten im wesentlichen auf die Ankündigung größerer militärischer Manöver und den Austausch von Manöverbeobachtern beschränkt werden. Die dazu getroffenen Festlegungen schließen Elemente der politischen Kontrolle über militärische Aktivitäten aus und berücksichtigen die Sicherheitsinteressen der Staaten des Warschauer Vertrages. Das von den westlichen Staaten, insbesondere der BRD verfolgte Ziel der »Transparenz der militärischen Aktivitäten« konnte damit durchkreuzt werden. [...] Die Ankündigung größerer militärischer Manöver sowie die Einladung von Manöverbeobachtern erfolgt im Einzelfall auf der Grundlage der Freiwilligkeit und wird demzufolge ausdrücklich in die Souveränität des Staates gestellt. Die von westlichen Staaten angestrebte Verpflichtung, über große Truppenbewegungen zu informieren, wurde zurückgewiesen. [...]

Im Bereich der Kontakte, insbesondere bei familiären Begegnungen, Familienzusammenführung, Eheschließung und Reisen aus persönlichen und beruflichen Gründen wurde [aus westlichen Vorschlägen] die Verpflichtung übernommen, jeweilige Anträge »wohlwollend« zu behandeln. Das innerstaatliche Genehmigungsverfahren bleibt unberührt. [...] Alle westlichen Vorschläge, die auf eine »freie« Ein- und Ausreise ausländischer Bürger im Gastland abzielten, konnten zurückgewiesen werden. [...]

Im Bereich Kultur und Bildung konnten alle jene Elemente, die auf eine ideologische Diversion hinausliefen, wie die Einrichtung ausländischer Kinos, Lesesäle, Bibliotheken usw., ausgeschlossen werden. [...]

3. Phase der Konferenz über Sicherheit und Zusammenarbeit in Europa in Helsinki (Berichterstatter: O. Fischer, S. Bock). Anlage 2. Bericht über Ergebnisse der 2. Phase der europäischen Sicherheitskonferenz. In: Protokoll der Sitzung des Politbüros vom 28. Juli 1975. In: SAPMO-BArch, DY 30/J IV 2/2/1573, Bl. 12–16.

D18: *Erich Honecker und Helmut Schmidt (I): Vorschläge der Bundesregierung für Verhandlungsthemen und Bemerkungen Honeckers[38] dazu*
28. Juni 1977

1. Energietrasse (Elektrizität, Erdgas) zwischen Berlin (West) und der [BRD] im Zusammenhang mit »*nein*«
   a) Stromlieferungen der DDR nach Berlin (West) *Haken*
   b) Lieferung eines Kernkraftwerkes aus der BRD an die DDR
   c) Vorschlag des Generalsekretärs Breschnjew einer europäischen Energiekonferenz *Haken,* »*Transportfragen, Umweltschutz*«
2. Verbesserung des nichtkommerziellen Zahlungs- und Verrechnungsverkehrs. Kann [...] mit der Einführung des Euroschecks in der DDR verbunden werden. *Haken*
3. Umweltfragen (auch diejenigen, die der Berliner Senat mit der DDR zu verhandeln hätte). *Haken*
4. Herabsetzung der Altersgrenze bei Ost-West-Reisen »*nein*«
5. Ablehnung von Ost-West-Reisen in dringenden Familienangelegenheiten *Haken,* Zurückweisung der Ansprache dieser Fälle durch unsere Ständige Vertretung »*innere Angelegenheit*«
6. Probleme der Ständigen Vertretung, insbesondere Interessenvertretung von West-Berlinern, die sich nicht in der DDR befinden. »*Wiener Konvention + Abkommen 3. Sept. '71*«[39]
7. Verbesserung der Zusammenarbeit bei der Ermittlung der Verkehrszahlen für die Transitpauschale. *Haken*
8. Abschluß der Postverhandlungen. *Haken*
9. Kulturverhandlungen. »*?*«
10. Wirtschaftliche Zusammenarbeit in dritten Ländern. *Haken*
11. DDR-Außenhandelsbüros in Düsseldorf. *Haken*
12. Besteuerung von DDR-Lkws – Vereinbarung eines Befreiungsabkommens. *Haken*
13. Straßenbenutzungsgebühren in Berlin (Ost). »*nein*«
14. Verkehrswege nach Berlin (West) [Hamburg-Autobahn; Ausbau der Wasserstraßen]
15. Tätigkeit der Grenzkommission *Haken* [Ausklammerung des Elbe-Bereiches; Abschluß der übrigen Arbeiten; Fortsetzung der Tätigkeit der Kommission]
16. Verkehrsprojekte Berlin (West). *Haken* Impuls für die Verhandlungen Berliner Senat/DDR zu [Nordübergang; Teltow-Kanal; Südgelände;[40] Schleuse Spandau]

---

38 Honeckers Bemerkungen erscheinen hier in kursiver Schrift. Grammatik und Orthographie nach dem Original
39 Gemeint ist das Vier-Mächte-Abkommen vom 3. September 1971.
40 Gemeint ist ein Eisenbahngelände im West-Berliner Bezirk Schöneberg.

17. Kleinere Baumaßnahmen an den Transitstrecken *Haken* [sechsspuriger Ausbau der Grenzstrecke bei Helmstedt; sechsspuriger Ausbau der Grenzstrecke Wertha[41] – Herleshausen; Autobahnbrücke Helmstedt]
Verbesserung der Vertragspraxis (Rest der sogenannten 25 Punkte)[42] *»nein«*

Gedankenstütze [Anlage zu Brief Schmidt an Honecker, 28. Juni 1977; Auszug]. In: SAPMO-BArch, DY 30/J IV J (Büro Honecker)/86, o. Bl.

D19: *Erich Honecker und Helmut Schmidt (II): Zweierlei Bemühungen um Reiseerleichterungen*
17. Oktober 1978

[...] H. Sch.: [Angesichts der zu erwartenden Kritik der Presse und der Opposition im Bundestag an der Höhe der westdeutschen finanziellen Leistungen im Zusammenhang mit dem Abschluß von deutsch-deutschen Verkehrsverhandlungen[43]] wollte [ich] Sie fragen, ob Sie es nicht für möglich halten [...], daß im Bereich des Reiseverkehrs weitere Schritte in Richtung Normalisierung bei dieser Gelegenheit möglich sind. Ich will einmal ein paar Beispiele nennen: [Reisen] bei dringenden Familienangelegenheiten [besuchsweise Wiedereinreise von Ausgereisten; Ausdehnung der Reisedauer im grenznahen Reiseverkehr] auf ein volles Wochenende [...] Insbesondere würde mich natürlich freuen, wenn Sie meine Heimatstadt Hamburg einschließen könnten. Hamburg und Hannover zum Beispiel in den kleinen Grenzverkehr. [...]
E. H.: [...] Es wird schwierig sein, andere Fragen [mit der Verkehrsvereinbarung] zu verbinden. Meine persönliche Meinung ist [...], daß im Kern dieses Pakets wirklich ein ausgewogenes Verhältnis hergestellt wurde zwischen Leistungen und Gegenleistungen. Und ich möchte dazu nichts weiter [sagen], weil Sie ja selbst sehr gut verstehen, um was es sich da handelt. [Verweist auf Verhandlungen der Grenzkommission bei gleichzeitig offener Grenzfrage entlang des Elbabschnittes und ergänzt:] Nehmen wir zum Beispiel eine Reihe anderer Fragen von unserer Seite, die noch vollkommen offen sind und die wir jetzt nicht mehr ins Gespräch gebracht haben. So steht die Frage der Verwandlung [sic!] der Ständigen Vertretung in Botschaften. [...] Dann die Frage der Staatsbürgerschaft und auch die Frage des Mißbrauchs der Transitwege.[44] Wir haben mit Absicht, Herr Schmidt, gegenwärtig diese Fragen von unserer Seite nicht in den Vordergrund geschoben, um die große Sache zum gegenseitigen Vorteil zum Abschluß zu bringen [...]. Was die anderen Fragen betrifft, [...] so würde ich sie in diesem Zusammenhang, jedenfalls auf der Verhandlungsebene, nicht ins Gespräch bringen.

---

41 Es muß heißen: Wartha.
42 Gemeint ist eine Vorschlagsliste des damaligen Ständigen Vertreters der Bundesrepublik in der DDR, Günter Gaus, die langfristig abgearbeitet wurde.
43 Die dazugehörige Vereinbarung wurde dann am 16. November 1978 unterzeichnet.
44 Gemeint sind Fluchthilfeaktionen auf den Transitwegen.

H. Sch.: Ich hatte nicht die Absicht anzudeuten, daß ich diese Reiseprobleme nachträglich in das Verhandlungspaket hineingeschoben wissen möchte. [...] Ich kann mir [jedoch] vorstellen, daß [...] ein bißchen atmosphärische Verbesserungen möglich wären, das würde ich für eine große Hilfe ansehen. Lassen Sie mich aber noch einmal ganz offen auf einen anderen Punkt zu sprechen kommen. Ich bin [...] davon unterrichtet worden, daß der Herr Axen zu dem DKP-Parteitag nach Mannheim fliegen will, und da möchte er gern eine Überfluggenehmigung.[45]
E. H.: [...] Nicht nur Herr Axen, sondern einige meiner weiteren besten Kampfgefährten und Freunde, zum Beispiel Naumann und Felfe.
H. Sch.: Ist das nicht ein bißchen dick – Eure Vertretung?
E. H.: Ach nein.
H. Sch.: Für so eine kleine Partei?
E. H.: Das macht nichts. Das ist üblich zwischen Bruderparteien.
H. Sch.: Welcher Bruderpartei darf ich denn meine besten Freunde in die DDR hinschicken?
[Honecker reagiert nicht offen darauf, das Gespräch gleitet zunächst von diesem Thema ab.]
E. H.: [Was] sollte es ausmachen, wenn Sie eine Landeerlaubnis erwirken für ein Sonderflugzeug, es geht nicht um ein Linienflug.
H. Sch.: Das ist es ja gerade. Mit Sicherheit würde die [...] Erlaubnis hier viel Krach auslösen. [Ich] bekomme noch zusätzlichen Krach, weil Ihr einen Tag später, wenn der [Regierende Bürgermeister von Berlin (West), Dietrich] Stobbe Bundesratspräsident wird, auch irgendwelche Protestaktionen macht. [...]
E. H.: Wir können uns jetzt nicht über Herrn Stobbe unterhalten. Ja? [...]
H. Sch.: [Ich sehe] kaum irgendeine Möglichkeit, [bei der Überfluggenehmigung] etwas zu machen. [...]
E. H.: Ich werde natürlich auch ein bißchen Krach bekommen, wenn meinen Kollegen die Landeerlaubnis verweigert wird. [...]
H. Sch.: [Ich] bitte Sie zu verstehen, daß das zeitliche Zusammentreffen mit dieser Stobbe-Geschichte [...] die Sache nicht ermöglichen wird. Sie sollen nur nicht das Gefühl haben, daß ich unwillig bin. Wenn ich das ein bißchen früher gehört hätte, hätte ich das vielleicht beeinflussen können. [...]
E. H.: [...] Ich möchte das von [Stobbes Amtseinführung] trennen, [aber] es ist so: Diese Fragen [...] reichen wirklich über Verkehrs- und Finanzpolitik hinaus. [...] Aber wenn [das] verbunden wird mit der Nichterlaubnis für die Landung einer hochgestellten Delegation der DDR in Frankfurt, dann ist das natürlich dem Atmosphärischen nicht sehr günstig. [...] Es sind einige Male Bundeswehrflugzeuge hier in Berlin-Schönefeld gelandet.
H. Sch.: Aber das war ja ein staatlicher [...] Verhandlungsbeauftragter.

---

45 Wegen des fehlenden deutsch-deutschen Luftverkehrsabkommen und alliierter Rechte in dieser Frage war es nur den Alliierten erlaubt, die deutsch-deutsche Grenze zu überfliegen. Nur in seltenen Ausnahmefällen wurden gegenseitig Überflug- und Landegenehmigungen gewährt.

E. H.: Bei uns ist das schwer auseinanderzuhalten[,] Staat und Partei. [...] Also sagen Sie, auf diesem Gebiet ist nichts zu machen?
H. Sch.: Nein, ich sehe das nicht, wie ich das machen soll.
E. H.: Schön, dann wollen wir unsere Zeit nicht damit verschwenden, wobei ich Ihnen ganz offen sage, daß das selbstverständlich für mich wenig Unterstützung ist in diesen ganzen Fragen.
H. Sch.: Ja, das glaube ich, daß Sie das stören muß. [...]
E. H.: Zumal in der letzten Zeit der Reiseverkehr von Persönlichkeiten der Bundesrepublik in die DDR sehr stark zugenommen hat.
H. Sch.: Von Persönlichkeiten? Dafür habe ich gesorgt, mein Lieber. [...] Weil ich daran Interesse habe, habe ich einen ausgewachsenen Bundesminister geschickt.
[Die Debatte um die Landeerlaubnis geht in dieser Weise noch eine Weile weiter, sie füllt etwa 20 Prozent der gesamten Gesprächszeit. Das Gespräch dreht sich hiernach noch einmal um die Verkehrsverhandlungen. Danach gehen beide in den Plauderton über:]
H. Sch.: [...] Sind Sie im Sommer bei dem großen Bruder[46] gewesen?
E. H.: Ja, ich war bei dem großen Bruder, der ja kurz vorher bei Ihnen in Hamburg war. [Er hat mich] über drei Stunden [besucht]. Und wir haben [...], nur unter uns, eine schöne Flasche sowjetischen Wodka ausgetrunken.
H. Sch.: Aha, da muß man ja aufpassen, daß er einen nicht unter den Tisch trinkt. [Ich] habe immer Angst, wenn man zuviel mittrinken muß. [...]
Ich werde übrigens in diesem Jahr noch 60 Jahre alt. [...] Von da an bitte ich, mich als weise zu betrachten.
E. H.: Ich habe das gehört. Aber schauen Sie mal, dann gehöre ich ja schon zu den Weisen. Denn ich bin 66.
H. Sch.: Also ich bin bereit, das sofort anzuerkennen.
E. H.: [...] Aber die Anerkennung hilft mir in diesem Augenblick nichts. Die Anerkennung der Staatsbürgerschaft wäre schon etwas Besseres.
H. Sch.: Sie hätten auch gut Teppichhändler werden können, Herr Honecker.
E. H.: Nein, kein Talent. Das überlasse ich Ihrem Graf Lambsdorff oder dem, der dafür zuständig ist. [...]
H. Sch.: Ich würde gern bei Gelegenheit einmal den Herrn Mittag kennenlernen. Können Sie den nicht einmal mit irgendeinem Auftrag hierherschicken?
E. H.: Herr Mittag hatte einmal das Vergnügen, den Parteitag der DKP in Düsseldorf zu besuchen, und da hat er auch keine Landeerlaubnis bekommen.
H. Sch.: Aber der Parteitag hat trotzdem stattgefunden. [Schmidt leitet Verabschiedung ein und trägt Grüße »an die anderen Herren« im Politbüro auf.]
E. H.: [...] Ich werde [es] nicht versäumen, [Ihre Grüße zu übermitteln], wobei ich Ihnen unverbindlich noch einmal ans Herz legen möchte zu überprüfen, ob sich nicht ein Weg findet, daß das Flugzeug [in Frankfurt] landen kann. Das wird mir ermöglichen, einige andere Sachen besser zu machen. [...] Haben Sie dann keine Angst um Herrn Stobbe.

---

46 Gemeint ist Honeckers traditionelle Urlaubsreise auf die Krim, bei der es alljährlich auch zu Treffen mit Leonid Breschnew kam.

H. Sch.: Angst habe ich nicht.
E. H.: Ich meine: dann. [...]

Telefongespräch zwischen dem Generalsekretär des ZK der SED und Vorsitzenden des Staatsrates der DDR, Genossen Erich Honecker, und dem Bundeskanzler der BRD, Herrn Helmut Schmidt, am 17. Oktober 1978, 20.30 Uhr. In: SAPMO-BArch, DY 30/J IV J (Büro Honecker)/86, o. Bl.

D20: *Erich Honecker vor SED-Funktionären in Gera*
13. Oktober 1980

[...] Die [DDR] strebt nach gutnachbarlichen Beziehungen zur [BRD], und ebenso wie gegenüber anderen westlichen Staaten ist ihre Politik auch hier die Politik der friedlichen Koexistenz. [...] Zahlreiche Verträge und Abkommen konnten geschlossen werden, die im wesentlichen funktionieren. [...] Natürlich kann man nicht übersehen, daß zwischen der DDR und der BRD weiterhin viele Probleme bestehen [...]. Die Hauptursache dafür sind fortgesetzte Versuche der BRD, in den Beziehungen zur DDR, unter Verletzung des Grundlagenvertrages, entscheidende Prinzipien der Souveränität unseres Staates zu mißachten. In diesen Beziehungen kann sich aber nur dann etwas vorwärtsbewegen, wenn ohne jeden Vorbehalt von der Existenz zweier souveräner, voneinander unabhängiger Staaten mit unterschiedlicher Gesellschaftsordnung ausgegangen wird. Jegliches Streben nach einer Revision der europäischen Nachkriegsordnung muß die Normalisierung des Verhältnisses zwischen beiden deutschen Staaten belasten, ja in Frage stellen. Ganz wesentlich ist, daß das Prinzip der Nichteinmischung sowohl im bilateralen Verhältnis als auch in den Beziehungen zu dritten Staaten von beiden Seiten uneingeschränkt akzeptiert und eingehalten wird. [...] Weitergehenden Regelungen [zur Normalisierung der Beziehungen], die den Bürgern der BRD und der DDR nützlich wären, werden von Seiten der BRD noch immer schwerwiegende Hindernisse entgegengestellt. Wir haben oft auf ihre Beseitigung gedrungen, aber kein Entgegenkommen gefunden. Das gilt vor allem für die Anerkennung der Staatsbürgerschaft der DDR. Da die BRD an völkerrechtswidrigen Konzeptionen festhält und sich weigert, die Staatsbürgerschaft der DDR zu respektieren, wird die Personalhoheit unseres Staates geleugnet. [...] Von großer Bedeutung ist die Lage an der Staatsgrenze DDR–BRD [...]. Den Interessen des Friedens und der guten Nachbarschaft würde es dienen, möglichst bald eine Regelung des Grenzverlaufs auf der Elbe[47] entsprechend dem internationalen Recht herbeizuführen, die bisher an unannehmbaren Standpunkten der BRD scheitert. [...]

Zu aktuellen Fragen der Innen- und Außenpolitik der DDR. Aus der Rede des Generalsekretärs des ZK der SED und Vorsitzenden des Staatsrates der DDR, Erich Honecker, auf der Aktivtagung zur Eröffnung des Parteilehrjahres 1980/81 in Gera. In: Neues Deutschland vom 14. Oktober 1980.

---

47 Die DDR bestand auf einem Grenzverlauf in der Strommitte, die Bundesrepublik am Ostufer.

D21: *Helmut Kohl kündigt Kontinuität in den deutsch-deutschen Beziehungen an 29. November 1982*

Sehr geehrter Herr Generalsekretär,
die neue Bundesregierung mißt dem Verhältnis zur [DDR] große Bedeutung bei. Deshalb liegt mir daran, auch persönlich mit Ihnen Verbindung aufzunehmen. Der Grundlagenvertrag sowie die anderen Abkommen, Vereinbarungen und Regelungen zwischen den beiden deutschen Staaten bleiben Grundlage und Rahmen für die Entwicklung der Beziehungen. Die Bundesregierung ist an guten Beziehungen mit der [DDR] interessiert. [...] Ich habe alle mit den Beziehungen zur [DDR] befaßten Bundesminister gebeten, die laufenden Verhandlungen mit der Regierung der [DDR] fortzusetzen. Nehmen Sie dies bitte als den Ausdruck unseres festen Willens, die Möglichkeiten des Grundlagenvertrages auszuschöpfen und so dazu beizutragen, daß die zwischen den beiden deutschen Staaten bestehenden Gegensätze die komplizierte internationale Lage nicht zusätzlich belasten. Diese Politik der Bundesregierung ist vor allem anderen Friedenspolitik und wird von allen Kräften des Deutschen Bundestages unterstützt. Ich teile mit Ihnen die Überzeugung, daß von deutschem Boden nie wieder Krieg ausgehen darf. Aufgrund ihrer gemeinsamen Geschichte schulden die beiden deutschen Staaten ihren europäischen Nachbarn die Beherrschung ihrer Gegensätze und tragen in besonderem Maße Verantwortung für die Sicherung des Friedens in Europa. In einer problemgeladenen Welt müssen wir – auch hier rechne ich fest mit Ihrem Einvernehmen – alles tun, um trotz der Zugehörigkeit beider Staaten zu unterschiedlichen Bündnissystemen, die Zielsetzungen der Schlußakte der [KSZE] zu verwirklichen. Die zukünftige Zusammenarbeit zwischen der [BRD] und der [DDR] sollte positive Impulse für Zusammenarbeit und Dialog in Europa geben. An diesen Aufgaben sollten wir beharrlich arbeiten. Wir dürfen dabei nicht aus den Augen verlieren, daß die Menschen in beiden deutschen Staaten den Stand der Entwicklung der Beziehungen auch daran messen werden, wie weit es gelingt, Probleme zu lösen, die das Leben belasten. Sie wissen, welch hohes Gewicht die neue Bundesregierung im Interesse der Menschen auf Verbesserungen im Reise- und Besucherverkehr legt. [Die Rücknahme der] von der Regierung der [DDR verfügten] Erhöhung des Mindestumtausches [...] würde dazu beitragen, eine [...] fortwirkende Belastung der Gesamtbeziehungen abzubauen. Mein Vorgänger hat Sie bei seinem Besuch am Werbellinsee in die [BRD] eingeladen. Die Menschen knüpfen an ein solches Treffen hohe Erwartungen. Ich halte an dieser Einladung fest. Sobald der Zeitpunkt für beide Seiten geeignet erscheint, sollten wir nicht zögern, einen Termin zu verabreden. Ich gehe davon aus, daß die Gespräche zwischen dem Leiter der Ständigen Vertretung der [BRD] und Ihrem Beauftragten wie bisher fortgesetzt werden. Mit Genugtuung habe ich zur Kenntnis genommen, daß auch die Bemühungen in humanitären Angelegenheiten weitergeführt werden [...] Die neue Bundesregierung tritt für Verläßlichkeit und Berechenbarkeit in den Beziehungen ein. Es ist mein Wunsch, alle Möglichkeiten auszuschöpfen, um dem Wohl der Menschen und dem Frieden zu dienen.
Mit freundlichen Grüßen
Kohl

Brief Helmut Kohl an Erich Honecker, 29. November 1982. In: SAPMO-BArch, DY 30/vorl. SED (hier Büro Honecker), Nr. 41 664, Bl. 13–15.

D22: Das Deutschlandbild im »BI Universallexikon«
1985

Die BRD entstand im Sept. 1949 als staatl. Zusammenschluß der US-amerikan., brit. und franzos. Besatzungszone Deutschlands. Die imperialist. Besatzungsmächte, reaktionäre bürgerl. Politiker und rechte SPD-Führer beabsichtigten mit der Gründung der BRD, innenpolitisch die völlige Wiederherstellung und Festigung der ökonom. und polit. Macht des deutschen Monopolkapitals. Ihr außenpolit. Ziel war die Zurückdrängung des Sozialismus, bes. in der DDR [...] Unter dem Deckmantel der Wiedervereinigung Deutschlands strebte die Adenauer-Regierung, ausgehend von einer Politik der Stärke (Alleinvertretungsanmaßung), den Anschluß bzw. die Beseitigung der DDR an. [...]

Aus der antifaschist.-demokrat. Umwälzung und dem Kampf gegen den Imperialismus ging die DDR hervor, der erste Staat in der deutschen Geschichte, in dem die Arbeiterklasse im Bündnis mit den Bauern und den anderen Werktätigen die polit. Herrschaft ausübt. Die Errichtung der sozialist. Arbeiter- und Bauernmacht als einer Form der Diktatur des Proletariats markierte den Beginn der sozialist. Etappe des Übergangs vom Kapitalismus zum Sozialismus. Die DDR entstand im Prozeß der Herausbildung und Festigung des sozialist. Weltsystems. Sie war die notwendige und einzig mögl. Antwort auf die Spaltung Deutschlands durch den Imperialismus. [...]

Stichworte »Bundesrepublik Deutschland, Geschichte« und »Deutsche Demokratische Republik, Geschichte«. In: BI Universallexikon in fünf Bänden. A/Dolu. 1, Leipzig 1985, S. 323, 434.

D23: »Die BRD ist demnach verpflichtet ...«
30. Januar 1985

[Mit] dem Entstehen eines Staates [ist] auch die Entstehung einer Staatsbürgerschaft verbunden [...]. Im Grunde genommen gibt es [...] keinen Staat, außer der BRD, der diese Tatsache [...] in Frage stellt. Es gibt keinen Staat ohne Staatsbürger. [...] Beim Abschluß des Grundlagenvertrages [1972] konnte man über diese einfache Wahrheit keine Übereinstimmung erzielen [...] Seit Unterzeichnung des Grundlagenvertrages [...] konnten sich Millionen von Besuchern aus der BRD davon überzeugen, daß es nicht nur die DDR, sondern auch Bürger der DDR gibt. [...] Es ist [...] an der Zeit, daß seitens der bundesdeutschen Regierung Abschied genommen wird von der angeblich ihr übertragenen Obhutspflicht für alle Deutschen [...] Die Pflicht zur Respektierung der Staatsbürgerschaft anderer Staaten ergibt sich unmittelbar aus den allgemein verbindlichen Normen des Völkerrechts: Danach gehört es zu den Souveränitätsrechten eines jeden Staates, durch seine innerstaatliche Gesetzgebung die Bedingungen des Erwerbs, Besitzes oder Verlustes seiner Staatsbürgerschaft zu bestimmen. [...] Bei der Respektierung der Staatsbürgerschaft der DDR im Verhältnis zur BRD ist [davon] auszugehen[, daß] ein Staat Schutzrechte und damit korrespondierende Schutzpflichten nur für eigene Staatsbürger geltend machen kann. Die BRD ist demnach verpflichtet, [...] die Inanspruchnahme von Bürgern der DDR als »Deutsche

Dokumente 527

Staatsangehörige« aufzugeben; [...] die Ausstellung bzw. Einziehung von Personaldokumenten für Bürger der DDR zu unterlassen; [...] die Anmaßung der Ausübung von Schutzrechten für Bürger der DDR einzustellen; [...] die Treuepflicht der Bürger der DDR gegenüber ihrem Staat zu achten. [...]

Zur DDR-Staatsbürgerschaft. In: Neues Deutschland vom 30. Januar 1985.

D24: *»Wenn die Ursachen, die zum Bau der Mauer führten, verschwinden, wird auch die Mauer verschwinden«*
8. Juni 1985

Frage [von *Le Monde*]: Welches sind Ihrer Auffassung nach die Punkte, die für die Deutschen beiderseits der Elbe etwas Gemeinsames darstellen?
Antwort [von Erich Honecker]: Die Deutschen beiderseits der Elbe und Werra leben seit mehr als 35 Jahren in zwei voneinander unabhängigen, souveränen Staaten mit unterschiedlicher Gesellschaftsordnung, die unterschiedlichen Bündnissen angehören. Die Existenz der beiden Staaten ist ein wesentliches, unverzichtbares Element der europäischen Nachkriegsordnung, ihrer Stabilität. Davon ausgehend können die Beziehungen zwischen der DDR und der BRD nur völkerrechtliche Beziehungen der friedlichen Koexistenz sein. Wenn man von einer »gemeinsamen Basis« sprechen will, dann ist dies das Interesse der Bürger der DDR und der BRD an der Erhaltung des Friedens im Zentrum Europas, an einer friedlichen Zukunft für sich und ihre Kinder.
Frage: Im Westen [...] verbindet sich das Bild der DDR zunächst mit der Mauer. Können Sie sich eine Situation in Europa vorstellen, die den Abriß der Mauer gestattet?
Antwort: Sie wissen, daß es bis zum 13. August 1961 weder in Berlin noch an der Grenze zur BRD eine Mauer gab. Diese Lage wurde ausgenutzt, um die DDR auszuplündern. Wenn die Ursachen, die zum Bau der Mauer führten, verschwinden, wird auch die Mauer verschwinden. Solange die Ursachen bestehen, bleibt auch die Mauer. Die Existenz dieser kontrollierten Grenze führte in Europa eine Situation herbei, die später die Konferenz von Helsinki ermöglichte. Die durch die Mauer geschaffene Stabilität führte zur Anerkennung der beiden deutschen Staaten und schließlich zur KSZE. [...] Im übrigen fällt die Art der Kontrolle einer Grenze in die Souveränität eines jeden Staates. [...]

Interview der Pariser Zeitung Le Monde mit Erich Honecker. Nachdruck in: Neues Deutschland am 8. Juni 1985.

D25: *»Wir werden niemanden zurückweisen«*
14. August 1989

Sehr geehrter Herr Generalsekretär,
in den letzten Wochen hat sich eine ständig wachsende Zahl von Menschen aus der [DDR] an [Vertretungen] der [BRD] mit der Bitte gewandt, ihren Wunsch auf Aus-

reise aus der [DDR] zu unterstützen. Obwohl die Mitarbeiter in den Vertretungen jedem einzelnen in intensiven [...] Gesprächen klargemacht haben, daß die Entscheidung über eine Ausreisegenehmigung ausschließlich bei den zuständigen Stellen der [DDR] liegt [...], ist es in vielen Fällen nicht gelungen, die Hilfesuchenden zum Verlassen der Missionsgebäude zu bewegen. Ohne Hoffnungen hinsichtlich ihres Ausreiseanliegens [...] haben sich diese Menschen nicht bereit gefunden, freiwillig zu gehen. Die Bundesregierung hat oft erklärt, es sei nicht Ziel, daß möglichst viele Menschen aus der [DDR] in die [BRD] übersiedeln. Wir werden jedoch auch niemanden, der sich an uns mit der Bitte um Hilfe wendet, zurückweisen und gewaltsam zum Verlassen unserer Vertretungen nötigen. Unser Wunsch ist freilich, daß die Menschen in ihrer angestammten Heimat ein für sie lebenswertes Leben führen können. Nach meinem Eindruck sehen derzeit [...] ein größere Zahl, insbesondere auch viele jüngere Menschen, dafür unter den gegebenen Umständen keine Perspektive. Dies zu ändern, liegt ausschließlich in der Verantwortung der Führung der [DDR]. [...] Die gegenwärtige Lage erschwert [die] Bemühungen [um die deutsch-deutschen Beziehungen]. Auf die Dauer sind Belastungen unserer Beziehungen mit negativen Auswirkungen in allen Bereichen nicht auszuschließen. [...] Ich möchte an Sie auch persönlich appellieren, zu konstruktiven Lösungen beizutragen, und wiederhole meine Anregung, durch vertrauliche Gespräche zwischen Vertretern der Führungen beider Seiten dafür Möglichkeiten zu suchen.

Mit freundlichen Grüßen
gez. Helmut Kohl

Anlage (Vorabversion eines Briefes von Helmut Kohl an Erich Honecker) zu Brief Franz Bertele [Leiter der Ständigen Vertretung in Ost-Berlin] an Franz Jahsnowsky [DDR-Protokollchef] vom 14. August 1989. In: SAPMO-BArch, DY 30/IV 2/2035 (Büro Axen)/87, Bl. 170–172.

D26: »*Einmischung in souveräne Angelegenheiten eines anderen Staates*« Nach dem 14. August 1989

Sehr geehrter Herr Bundeskanzler!
[...] Ich stimme völlig mit [...] Ihnen [...] überein, daß die Entscheidung über die Ausreise von Bürgern der [DDR] ausschließlich bei den dafür zuständigen Organen der [DDR] liegt. Diesbezügliche Entscheidungen beruhen auf den für alle Bürger gleichermaßen gültigen gesetzlichen Regelungen, die – wie Sie wissen – von der [DDR] sehr großzügig gehandhabt werden. Angesichts des derzeitigen Aufenthaltes von Bürgern der [DDR] in [Vertretungen] der [BRD] ist jedoch der Hinweis berechtigt, daß alle Versuche einzelner, [...] für sich Sonderregelungen [...] zu erpressen, von der [DDR] nicht gebilligt werden können. [Öffentlichen Mitteilungen westdeutscher Stellen], daß der Weg über [Vertretungen der BRD] kein Weg zur ständigen Ausreise aus der [DDR] sein kann, [...] wäre nichts hinzufügen, wenn nicht auf der anderen Seite von den Vertretungen Ihres Landes Bürgern der [DDR] Aufenthalt in diesen Vertretungen gewährt würde. Eine solche Praxis negiert die sich aus dem Völkerrecht erge-

bende Tatsache, daß die [BRD] für Bürger der [DDR] keinerlei Zuständigkeiten wahrnehmen kann. [...] Bei einer Beibehaltung dieser Praxis sind in der Tat Belastungen unserer Beziehungen nicht auszuschließen. Die Lösung des entstandenen Problems kann deshalb nur darin bestehen, von seiten der [BRD] dafür Sorge zu tragen, daß die Bürger der [DDR] unverzüglich die Vertretungen der [BRD] verlassen. Aus der Tatsache des Aufenthaltes in den Missionen werden ihnen [...] keine Nachteile entstehen. Darüber hinausgehende Zusagen sind jedoch nicht möglich. Zu Ihrer Anregung, vertrauliche Gespräche zwischen Vertretern beider Seiten zu führen, habe ich keine Einwände. Ihr Brief, Herr Bundeskanzler, veranlaßt mich jedoch noch zu einer weiteren Bemerkung: Es sollte vermieden werden, der anderen Seite Vorhaltungen bezüglich ihrer Verantwortung für die Perspektiven der Entwicklung zu machen. Das kann nicht anders als eine Einmischung in souveräne Angelegenheiten eines anderen Staates betrachtet werden und ist der Gestaltung gutnachbarlicher Beziehungen zwischen beiden Staaten nicht dienlich. [...]

Mit vorzüglicher Hochachtung
E. Honecker

Entwurf eines Antwortschreiben Erich Honeckers zum Brief Helmuts Kohls.[48] In: SAPMO-BArch, DY 30/IV 2/2035 (Büro Axen)/87, Bl. 178–180.

D27: *Günter Schabowski zur drohenden Massenflucht von DDR-Bürger über Ungarn*
29. August 1989

Der Gegner hat doch ein großes Konzept, er will bei uns alles zerschlagen. Sie wollen doch, daß wir den harten Rundumschlag führen. [...] Wir müssen den Feind angreifen. Das ist der Imperialismus in der BRD. Das sind die eigentlichen Schuldigen. Nicht zuerst auf die Verleiteten herumhacken, aber den Verrat müssen wir auch als solchen brandmarken. Das ist auch ein Reflex der Selbstauflösungstendenzen im Sozialismus, den Menschen wird die Perspektive genommen. Deshalb kommen Parolen des Gegners zum Teil an. Was die sozialistischen Länder betrifft, müssen wir an allem anknüpfen, was sich noch bietet. [...] Wir müssen von der Suggestion des Westfernsehens abkommen. Wünschenswert wäre es dennoch, mehr Material zur Argumentation zu geben. Wir sollten auch die Versorgungsfrage beachten. Nicht lamentieren, sondern vor der eigenen Tür kehren. [...]

Protokoll der Sitzung des Politbüros vom 29. August 1989. SAPMO-BArch, DY 30/IV 2/2039 (Büro Krenz)/76, o. Bl.

---

48 Siehe Dokument D25.

D28: MfS-Bericht zu SPD-Aktivitäten in der DDR
Anfang September 1989

[...] Führungskräfte der SPD [verfolgen] gegenüber der DDR das strategische Ziel, langfristig innenpolitische »Wandlungsprozesse« [...] in Gang zu setzen, um die sozialistische Staats- und Gesellschaftsordnung [...] entsprechend ihrer Konzeption vom »demokratischen Sozialismus« zu verändern. [Sie] mißbrauchen [...] ihren Aufenthalt in der DDR zum Zwecke des Führens offizieller Gespräche [...] zur Intensivierung von Kontakten zu [prominenten] Vertretern der evangelischen Kirchen sowie zu feindlichen, oppositionellen und anderen negativen Kräften in der DDR. [...] Streng internen Hinweisen zufolge sind derartige Zusammenkünfte [...] hauptsächlich ausgerichtet, [...] unter Nutzung kirchlicher Kräfte und Möglichkeiten sozialdemokratisches Gedankengut in die DDR-Bevölkerung hineinzutragen, [...] bestimmte kirchliche Kreise in dem Bestreben zu bestärken, sich als eigenständige politische Kraft in der Gesellschaft zu profilieren und damit den Politisierungsprozeß in den evangelischen Kirchen voranzutreiben, [...] die Kirchen und Christen in der DDR dahingehend zu beeinflussen, sich für die »Bewahrung der Einheit der deutschen Nation« einzusetzen. [...] Neben der Informationsabschöpfung über Vorhaben und konkrete feindlich-negative Aktivitäten [feindlicher und oppositioneller] Kräfte [...] wird der Inhalt derartiger Kontakte wesentlich dadurch bestimmt, ihnen Orientierungen für sogenannte Alternativprogramme sozialreformistischen Inhalts zu vermitteln und Handlungsanleitungen für feindlich-negative Aktivitäten unter demagogischer Bezugnahme auf Aussagen des gemeinsamen Dokuments SED–SPD zu geben. [...] Im Ergebnis der gezielten gegnerischen ideologischen Einflußnahme und mit Blick auf die Neugründung [...] einer sozialdemokratischen Partei in [Ungarn] entwickeln nach vorliegenden Hinweisen hinlänglich bekannte feindliche, oppositionelle Kräfte, hauptsächlich tätig im kirchlichen Bereich, [...] Aktivitäten zur Bildung einer sozialdemokratischen Partei in der DDR. [...]

Information [des MfS, unterzeichnet von Mielke] über sicherheitspolitisch zu beachtende aktuelle Aspekte des Zusammenwirkens der SPD mit Vertretern der evangelischen Kirchen und personellen Zusammenschlüssen in der DDR [von Anfang September 1989]. In: SAPMO-BArch, DY 30/IV 2/2035 (Büro Axen)/81, Bl. 303–313.

D29: Aufbruch 89 – Gründungsaufruf des Neuen Forum
10. September 1989

In unserem Lande ist die Kommunikation zwischen Staat und Gesellschaft offensichtlich gestört. Belege dafür sind die weitverbreitete Verdrossenheit bis hin [...] zur massenhaften Auswanderung. Fluchtbewegungen dieses Ausmaßes sind anderswo durch Not, Hunger und Gewalt verursacht. Davon kann bei uns keine Rede sein. [...] In Staat und Wirtschaft funktioniert der Interessenausgleich zwischen Gruppen und Schichten nur mangelhaft. Auch die Kommunikation über die Situation und die Interessenlage ist gehemmt. Im privaten Kreis sagt jeder schlechthin, wie seine Diagnose lautet und nennt die ihm wichtigsten Maßnahmen. Aber die Wünsche und Bestrebungen sind sehr verschieden [...]. Auf der einen Seite wünschen wir uns eine Erweiterung des Warenangebots [...], andererseits sehen wir deren soziale und ökologische Kosten und plädieren wir für die Abkehr von ungehemmtem Wachstum. Wir wollen Spielraum für wirtschaftliche Initiative, aber keine Entartung in die Ellenbogengesellschaft. Wir wollen das Bewährte erhalten und doch Platz für Erneuerung schaffen [...]. Wir wollen geordnete Verhältnisse, aber keine Bevormundung. Wir wollen freie, selbstbewußte Menschen, die doch gemeinschaftsbewußt handeln. Wir wollen vor Gewalt geschützt sein und dabei nicht einen Staat von Büttel und Spitzeln ertragen müssen. [...] Um all diese Widersprüche zu erkennen, Meinungen und Argumente dazu anzuhören und zu bewerten, [...] bedarf es eines demokratischen Dialogs über die Aufgaben des Rechtsstaates, der Wirtschaft und der Kultur. Über diese Fragen müssen wir in aller Öffentlichkeit, gemeinsam und im ganzen Land, nachdenken und sprechen. [...]

Aufbruch 89 [Gründungsaufruf des Neuen Forums], 10. September 1989. In: MÜLLER-ENBERGS 1992, S. 24–26.

D30: »Man sollte ihnen keine Träne nachweinen«
2. Oktober 1989

[...] Zügellos wird von Politikern und Medien der BRD eine stabsmäßig vorbereitete »Heim-ins-Reich«-Psychose geführt, um Menschen in die Irre zu führen und auf einen Weg in ein ungewisses Schicksal zu treiben. Das vorgegaukelte Bild vom Leben im Westen soll vergessen machen, was diese Menschen von der sozialistischen Gesellschaft bekommen haben und was sie nun aufgeben. Sie schaden sich selbst und verraten ihre Heimat. [...] Sie haben sich selbst von ihren Arbeitsstellen und von den Menschen getrennt, mit denen sie bisher zusammen lebten und arbeiteten. Bar jeder Verantwortung handelten Eltern auch gegenüber ihren Kindern, die im sozialistischen deutschen Staat wohlbehütet aufwuchsen und denen alle Bildungs- und Entfaltungsmöglichkeiten offenstanden. [...] Sie alle haben durch ihr Verhalten die moralischen Werte mit Füßen getreten und sich selbst aus unserer Gesellschaft ausgegrenzt. Man sollte ihnen deshalb keine Träne nachweinen.

Sich selbst aus unserer Gesellschaft ausgegrenzt. In: Neues Deutschland vom 2. Oktober 1989.

D31: Die DDR-Bürger schreiben ihre Führung ab
16. Oktober 1989

In [...] Meinungsäußerungen [aus der Bevölkerung] haben äußerst kritische Auffassungen an Umfang und Intensität zugenommen über die Wahrnehmung der Verantwortung der führenden Rolle durch die SED, darunter direkte Angriffe auf die Partei- und Staatsführung der DDR. Vor allem Personen aus dem Bereich Kunst und Kultur, Angehörige der Intelligenz und Studenten, anwachsend aber auch Arbeiter und andere Werktätige [...], darunter langjährige Mitglieder der SED und andere progressive Kräfte sowie Mitglieder und Funktionäre befreundeter Parteien, treten in diesem Sinne auf. Die Verantwortung für die innenpolitische Lagezuspitzung in der DDR wird [...] weitestgehend der Parteiführung der SED angelastet. [...] Progressive Kräfte schätzen ein, daß es [...] in besorgniserregendem Umfang Meinungsäußerungen aus allen Bevölkerungsteilen [...] gibt, in denen der Parteiführung das Vertrauen und die Verbindung zum Volk abgesprochen werden. Die »Reformfähigkeit« der Parteiführung und ihr Wille dazu werden [...] direkt in Abrede gestellt. In diesem Zusammenhang werden immer wieder Forderungen nach einer Kaderverjüngung in der Parteiführung erhoben. Die Erklärung des Politbüros des ZK der SED[49] sei lediglich unter dem Druck der Ereignisse in der DDR abgegeben worden. [...] Zahlreiche Mitarbeiter zentraler [...] Organe, Mitglieder und Funktionäre der SED erklären, nicht mehr zu akzeptieren, daß es im realen Sozialismus in der DDR Massenfluchten, Mangelerscheinungen, ökonomische Stagnation, offene Unzufriedenheit unter der Bevölkerung sowie [eine] lebensfremde Medienpolitik gäbe. [...] In vielen Aussprachen [...] wird darüber hinaus gefordert, ab sofort mit der Schönfärberei und selbstherrlichen Darstellungen Schluß zu machen. [...] Die [...] in den [Medien präsentierten] ausschließlich positiven Planbilanzen werden [...] als Volksverdummung bezeichnet.

Weitere Hinweise auf Reaktionen der Bevölkerung zur Erklärung des Politbüros des ZK der SED, 16. Oktober 1989 [Information der Zentralen Auswertungs- und Informationsgruppe im MfS]. In: Deutschland Archiv 4/1990, S. 617 f.

---

49 In einer Erklärung hatte das Politbüro am 11. Oktober 1989 einen Dialog mit der Bevölkerung über nicht näher bezeichnete Probleme in der DDR angeregt, gleichzeitig behauptete es: »Viele von denen, die unserer Republik in den letzten Monaten den Rücken gekehrt haben, wurden Opfer einer [seitens der BRD] großangelegten Provokation. [...] Deshalb ist es ein Gebot der Stunde, daß sich alle, deren Handeln von politischer Vernunft [...] gegenüber den Menschen unseres Landes bestimmt [wird], deutlich abgrenzen von jenen, die die Bürger für konterrevolutionäre Attacken zu mißbrauchen trachten. [...] Das Politbüro weiß sich mit der großen Mehrheit unseres Volkes in seinem Handeln einig.« Vgl. Neues Deutschland vom 12. Oktober 1989.

D32: *Identifikation von Jugendlichen und jungen Erwachsenen mit der DDR – Umfrageergebnisse 1970 bis 1989*

Zustimmungsgrad unter Lehrlingen (L), jungen Arbeitern (A) und Studenten (S) zu Aussagen: »Ich bin stolz, ein Bürger unseres sozialistischen Staates zu sein« (bis 1979, dann:) »Ich fühle mich mit der DDR eng verbunden«

Jahr	stark			mit Einschränkungen			kaum/überhaupt nicht		
	L	A	S	L	A	S	L	A	S
1970	41	37	45	50	53	46	9	10	9
1975	57	53	66	38	42	32	5	5	2
1979	40	38	51	50	52	44	10	10	5
1983	46	55	70	45	38	29	9	7	1
1985	51	57	70	43	39	28	6	4	2
1986	48	-	68	46	-	30	6	-	2
1988 (Mai)	28	32	52	61	61	45	11	7	3
1988 (Okt.)	18	19	-	54	58	-	28	23	-
1989 (Feb.)	-	-	34	-	-	51	-	-	15

Zusammenstellung des Verfassers. Nach: FRIEDRICH/GRIESE 1991, S. 139.

D33: *Beitrittserklärung der Volkskammer*
23. August 1990

Die Volkskammer erklärt den Beitritt zum Geltungsbereich des Grundgesetzes nach Artikel 23 zum 3. Oktober 1990. Sie geht davon aus, daß bis zu diesem Zeitpunkt die Beratungen zum Einigungsvertrag abgeschlossen sind, die Zwei-plus-vier-Verhandlungen einen Stand erreicht haben, der die außen- und sicherheitspolitischen Bedingungen der Einheit regelt, und die Länderbildung soweit vorbereitet ist, daß die Wahl zu den Länderparlamenten am 14. Oktober 1990 durchgeführt werden kann.

Beitrittserklärung der Volkskammer. In: Berliner Zeitung vom 24. August 1990.

**D34: Einigungsvertrag
31. August 1990**

Die [BRD] und die [DDR] –
ENTSCHLOSSEN, die Einheit Deutschlands in Frieden und Freiheit als gleichberechtigtes Glied der Völkergemeinschaft in freier Selbstbestimmung zu vollenden,
AUSGEHEND VON DEM WUNSCH der Menschen in beiden Teilen Deutschlands, gemeinsam in Frieden und Freiheit in einem rechtsstaatlich geordneten, demokratischen und sozialen Bundesstaat zu leben,
IN DANKBAREM RESPEKT vor denen, die auf friedliche Weise der Freiheit zum Durchbruch verholfen haben, die an der Aufgabe der Herstellung der Einheit Deutschlands unbeirrt festgehalten haben und sie vollenden,
IM BEWUSSTSEIN der Kontinuität deutscher Geschichte und eingedenk der sich aus unserer Vergangenheit ergebenden besonderen Verantwortung für eine demokratische Entwicklung in Deutschland, die der Achtung der Menschenrechte und dem Frieden verpflichtet bleibt,
IN DEM BESTREBEN, durch die deutsche Einheit einen Beitrag zur Einigung Europas und zum Aufbau einer europäischen Friedensordnung zu leisten, in der Grenzen nicht mehr trennen und die allen europäischen Völkern ein vertrauensvolles Zusammenleben gewährleistet,
IN DEM BEWUSSTSEIN, daß die Unverletzlichkeit der Grenzen und der territorialen Integrität und Souveränität aller Staaten in Europa in ihren Grenzen eine grundlegende Bedingung für den Frieden ist –
SIND ÜBEREINGEKOMMEN, einen Vertrag über die Herstellung der Einheit Deutschlands [...] zu schließen [...]

Vertrag zwischen der Bundesrepublik Deutschland und der Deutschen Demokratischen Republik über die Herstellung der Einheit Deutschlands – Einigungsvertrag, 31. August 1990. In: BULLETIN Nr. 104, S. 877.

2. Das Selbstverständnis der DDR-Bürger

**D35: DDR-Verfassungen: Freizügigkeitsrecht
7. Oktober 1949, 6. April 1968 und 7. Oktober 1974**

1949: (Artikel 10, Auszug) Jeder Bürger ist berechtigt, auszuwandern. Dieses Recht kann nur durch Gesetz der Republik beschränkt werden.
1968 und 1974: (Artikel 32) Jeder Bürger der [DDR] hat im Rahmen der Gesetze das Recht auf Freizügigkeit innerhalb des Staatsgebietes der [DDR].

Zusammenstellung durch den Verfasser. Nach: VERFASSUNG 1949, S. 15; VERFASSUNG 1968, S. 33; VERFASSUNG 1974, S. 21.

D36: Merkblatt für die Übersiedlung in die DDR
1965

Zu Ihrem Vorhaben empfehlen wir Ihnen, bis zu einem von Ihnen gewählten Grenzkontrollpunkt an der Staatsgrenze zwischen der [DDR] und Westdeutschland zu reisen und bei den Mitarbeitern unserer staatlichen Organe Ihre Absicht, in die [DDR] überzusiedeln, vorzutragen. Eine besondere Aufenthaltsgenehmigung benötigen Sie dazu nicht. Zur Entscheidung der Aufnahme sowie der Beratung Ihres zukünftigen Wohnsitzes und zur Vorbereitung Ihrer beruflichen Tätigkeit in unserer Republik werden Sie vorübergehend in einem der dafür vorgesehenen Heime Aufnahme finden. Ihnen wird dort Gelegenheit gegeben, alle weiteren Einzelheiten mit dem Mitarbeiter unserer staatlicher Organe zu erörtern. Zur Erleichterung konkreter Festlegungen bitten wir Sie, alle vorhandenen Ausweis- und Arbeitspapiere mitzubringen. Weiter geben wir Ihnen zur Kenntnis, daß auch die Überführung Ihrer Möbel und des Hausrats möglich ist, die Sie per Eisenbahn oder Kraftfahrzeug bis zu dem von Ihnen benutzten Grenzkontrollpunkt befördern lassen können. Dort treffen dann unsere staatliche Organe in Absprache mit Ihnen die weiteren Maßnahmen zur Lagerung des Gutes bis zur abschließenden Klärung Ihrer Aufnahme und Unterbringung in der [DDR].

Merkblatt für die Übersiedlung in die DDR, o. D. [1965 – Datum des Vordruckes]. In: BArch Berlin, DO1 (MdI) 34.0 (HA Innere Angelegenheiten), Nr. 32 165, o. Bl.

D37: Bestrafung eines Grenzers
16. April 1966

[...] Werter Genosse Honecker!
Am 15.04.1966 [...] versuchte der P., [...] mit dem LKW, Typ Granit (2,5t) [...] an der Grenzübergangsstelle Wartha einen gewaltsamen Grenzdurchbruch nach Westdeutschland. Da der Posten der Deutschen Volkspolizei rechtzeitig die Grenzübergangsstelle informierte, wurde die Hauptsperre an der Grenzübergangsstelle geschlossen, der P. fuhr in die Hauptsperre und blieb stecken. Da der Diensthabende Offizier an der Grenzübergangsstelle keine Handlungen zur Festnahme des Grenzverletzers eingeleitet hatte, gelang es dem P. nach der Flucht aus dem LKW, die Staatsgrenze [...] ca. 500 m westlich des Bahnhofs Wartha zu durchbrechen. Durch die eingesetzten Grenzposten an der Grenzübergangsstelle wurde [...] von der Schußwaffe Gebrauch gemacht, ohne jedoch den Grenzverletzer festzunehmen. Durch den Militärstaatsanwalt des Kommandos der Grenztruppen wird gegen den Diensthabenden Offizier der Grenzübergangsstelle ein Ermittlungsverfahren eingeleitet. Die weiteren Ermittlungen führt das Kommando der Grenzbrigade. [...]

Mit sozialistischem Gruß
[gez.] W.

SED-Hausmitteilung ZK-Abteilung Sicherheitsfragen an Erich Honecker, 16. April 1966. In: SAPMO-BArch Berlin, DY 30/IV A2/12 (Abteilung Sicherheitsfragen)/91, o. Bl.

D38: *Belobigung eines Grenzers*
25. April 1967

[...] Werter Genosse Hoffmann!
Wie Dir bereits bekannt, verhinderte am 23. April 1967 der Unteroffizier Harald G. [...] unter Anwendung der Schußwaffe die Fahnenflucht des Grenzsoldaten K. Genosse G. zeigte bei dieser Handlung Mut und Entschlossenheit und verhinderte unter Einsatz seines Lebens[50] das Überlaufen eines Verräters zum Klassengegner. Das Mitglied des Politbüros, Genosse Erich Honecker, den wir eingehend über dieses Vorkommnis informierten, hat entschieden, Genossen G. für seine vorbildliche Handlungsweise sofort zum Leutnant zu befördern. Wir bitten Dich, die dazu erforderlichen Maßnahmen einzuleiten und in würdiger Form die Ernennung zum Offizier durchführen zu lassen.[51]

Mit sozialistischem Gruß
B.

ZK-Abteilung Sicherheitsfragen [DDR-Verteidigungsminister Heinz Hoffmann, 25. April 1967]. In: SAPMO-BArch Berlin, DY 30/IV A2/12 (Abteilung Sicherheitsfragen)/91, o. Bl.

D39: *The Party Brothers wollen in die DDR übersiedeln*[52]
16. Mai 1967

[...] Sehr geehrte Herren!
Meine Kollegen und Ich haben den Wunsch nach der DDR überzusiedeln. Wie Sie schon am Briefkopf erkennen, sind wir eine Kapelle. Wir arbeiten seit über 5 Jahren zusammen und sind von der Bundesrepublick kulturell enttäuscht. Obwohl wir nach wie vor gut im Geschäft sind. Auf Unserer letzten Reise nach Berlin überzeugten wir uns gründlichst von allen Vor- und Nachteilen die uns in der DDR erwarten. Wir waren überrascht. Im Ministerium für Kultur bekamen wir alle Fragen zu unserer Zufriedenstellung beantwortet. Die Arbeits- und Einsatzmöglichkeiten teilte uns Herr W. von der Künstleragentur T. mit. So sind dann all' unsere Fragen beantwortet bis auf ein Anliegen von zwei meiner Kollegen. Da diese zwei Herren ihre Eltern hier haben, möchten sie die Möglichkeit eingeräumt bekommen, im Jahr zweimal in die Bundesrepublik für ein paar Tage einreisen zu dürfen. Das ist unser größtes Anlie-

---

50 K. und G. waren in ein Handgemenge verwickelt, während dem beide jeweils kurzzeitig im alleinigen Besitz einer MPi waren, mit der K. letztendlich erschossen wurde. Siehe Hausmitteilung von Abteilung Sicherheitsfragen an Honecker vom 24. April 1967. In: SAPMO-BArch Berlin, DY 30/IV A2/12 (Abteilung Sicherheitsfragen)/91, o. Bl.
51 G. wurde am 26. April 1967 durch Hoffmann am Sitz des DDR-Verteidigungsministeriums in Strausberg (bei Berlin) empfangen und zum Unterleutnant (dem untersten Offiziersrang) ernannt, da er nur einen Abschluß der 8. Klasse besaß. (Siehe Brief Hoffmann an Honecker vom 27. April 1967, a. a. O.)
52 Orthographie und Grammatik nach dem Original.

gen. Wir freuen uns heute schon darauf, den Werktätigen Menschen in der DDR frohe Stunden zu bereiten und nicht zuletzt eine gesicherte Zukunft zu haben. Zum Abschluß bitten wir Sie Uns Anträge, 8 Anträge (u. Formulare) auf Staatsbürgerschaft der DDR zu zusenden. Vielen Dank! Bis auf Ihr Antwortschreiben verbleibend

Mit vorzüglicher Hochachtung
D. F. u. Kollegen [...]

Brief »The Party Brothers«, Hanau, an DDR-Innenministerium, 16. Mai 1967. In: BArch Berlin, DO1 (MdI) 34.0 (HA Innere Angelegenheiten), Nr. 32164, o. Bl.

D40: *Protest eines DDR-Bürgers gegen tödliche Schüsse an der Berliner Mauer*
14. Mai 1973

[...] Hiermit bekunde ich meinen Protest gegen die Tötung eines Flüchtlings am Abend des 27.4.1973 bei der Flucht nach Berlin (West) in der Nähe des Reichstagsgebäudes.

Diese Tötung betrachte ich als eine verabscheuenswürdige Tat der Unmenschlichkeit, die mit den Grundsätzen menschlicher Würde und Freiheit unvereinbar ist. Ich fordere Sie auf, das Recht auf Auswanderung zu gewährleisten und für die Achtung und Respektierung der Menschenrechte zu sorgen, wie sie in der Konvention der Vereinten Nationen über Bürgerrechte und politische Rechte vom 16.12.1966 niedergelegt sind.

H. R.

Protest [eines Ost-Berliners, gesandt an den Magistrat von Groß-Berlin am 14. Mai 1973]. In: BArch Berlin, DO1 (MdI) 34.0 (HA Innere Angelegenheiten), Nr. 44915, o. Bl.

D41: *Argumente bei »rechtswidrigen Ersuchen auf Übersiedlung«*
29. September 1977

[...] Typische Argumente, mit denen sich die gesprächsführenden Bereiche Inneres, Betriebe und Einrichtungen bei der Zurückweisung rechtswidriger Ersuchen auf Übersiedlung auseinanderzusetzen haben, sind: [...] das Recht auf Übersiedlung ergebe sich aus dem geltenden Völkerrecht; [...] in der DDR ist die Freiheit der Persönlichkeit nicht garantiert; [...] die Diktatur des Proletariats läßt keine persönliche Freiheit zu; [...] die Verweigerung der Genehmigung von Übersiedlungsersuchen ist gleichzusetzen mit Freiheitsberaubung und Entmündigung; [...] die Verweigerung der Übersiedlung ist gleichzusetzen mit dem Bruch des Völkerrechts. [...] Manipuliert durch Fernseh- und Rundfunksendungen der BRD zu den Übersiedlungen solcher Personen wie [Nina] Hagen, [Reiner] Kunze, [Manfred] Krug und [Sarah] Kirsch sowie der Ehefrau des [republikflüchtig gewordenen Eberhard] Cohrs, behauptet ein

Teil der Bürger, daß es in der DDR keine einheitliche Anwendung des Rechts auf Übersiedlungen gäbe und fordert die unverzügliche Realisierung ihres Ersuchens. [...]

Stellvertreter des Ministers des Innern, Giel, an Minister des Innern, Dickel: »Information über Ergebnisse und Entwicklungstendenzen bei der Zurückdrängung rechtswidriger Versuche von Bürgern der DDR, die Übersiedlung nach der BRD bzw. Westberlin zu erreichen«, 27. September 1977. In: BArch, DO 1 (MdI) 34.0 (HA Innere Angelegenheiten), Nr. 34 126, o. Bl.

D42: *Verhinderung einer nichtgeplanten Republikflucht*
9. Juli 1984

[...] Nach Rückkehr [von einem Spiel], am 7.7. um 1.30 Uhr (Mitternacht), erwarteten uns [im Hotel in Trosa, Schweden,] zwei Genossen unserer Botschaft. [...] Konsul Dieter E. bat mich sofort um eine Aussprache [...]. Genosse E. fragte, ob es irgendwelche Probleme gäbe. Nachdem ich das verneint hatte, sagte mir Genosse E. sinngemäß: »Rene Müller[53] hat seine Republikflucht vorbereitet, diese Information liegt aus der DDR vor [...]« [...] Als wir unsere Verwunderung [...] zum Ausdruck brachten und betonten, daß R. Müller [...] tadelsfrei auftrate und häufig von seinem zukünftigen Hausausbau und seiner Heirat spräche, sagte mir Gen. E. sinngemäß: »Die Bedeutsamkeit, mit der die Übermittlung von der Form her aus Berlin eingegangen sei, zeuge von gesicherten Erkenntnissen und einer höheren Entscheidungsebene.« Danach teilte Gen. E. mit, er habe Order, mich zu überzeugen, daß R. Müller am 7.7. [...] nach Saßnitz gebracht wird. [...] Bliebe R. Müller bei der Mannschaft, dann müsse ich garantieren, daß von ihm keine Flucht ausgeht. Die Verantwortung liegt dann voll bei mir. [...] Nach Rücksprache [u. a.] mit [...] dem Nationaltrainer [Bernd] Stange [...], entschied ich mich für die sofortige Rückreise von R. Müller. [...] Zur Tarnung [...] entschieden wir uns, neben Müller zwei weitere Leipziger Spieler zurückzuschicken. [...] Um 4.30 Uhr weckten wir die drei Spieler und sagten ihnen, daß die Iranreise des 1. FC Lok Leipzig aus Verletzungsgründen einiger Leipziger Clubspieler gefährdet sei. Aus politischen Erwägungen habe der Generalsekretär des DFV der DDR, Gen. Zimmermann, entschieden, daß drei Spieler aus Schweden sofort zurückkehren, um mit dem 1. FC Lok Leipzig in den Iran zu reisen. [...] Alle drei Spieler zeigten Enttäuschung, aber auch Einsicht. [...] Während der Reise nach Saßnitz [sprach] Müller mir gegenüber wiederum vom Hausausbau und den bevorstehenden Auswahlaufgaben [...]

Nachbemerkung: [...] Ab 1.30 Uhr bis zum Wecken um 4.30 Uhr wurde durch mich und [den stellvertretenden Delegationsleiter] der Korridor, auf dem sich das Hotelzimmer von R. Müller befand, bewacht. [...]

Bericht Dr. F. (Delegationsleiter – Schwedenreise), 9. Juli 1985. In: SAPMO-BArch, DY 30/ IV 2/2039 (Büro Krenz)/247, Bl. 41 f.

---

53 Torwart und Kapitän der DDR-Nationalmannschaft.

D43: Verhaltensregeln für den Umgang mit Ausreiseantragstellern in den Abteilungen Inneres bei den Räten der Kreise
6. März 1985

[Es empfiehlt sich], im ersten Teil des Gespräches [den Antragsteller] zu einer selbständigen, zusammenhängenden, freien Schilderung seines Anliegens zu veranlassen. [Dies empfiehlt sich besonders für das Erstgespräch, weil:] der Übersiedlungsersuchende [...] den Mitarbeiter noch nicht [kennt, er] sich schwer auf ihn einstellen [kann, er] unter diesen Umständen zumindest Teile seines vorbereiteten Konzepts verraten [muß und es die Möglichkeit eröffnet, Informationen über den Übersiedlungsersuchenden und sein Umfeld sowie seine Lebensumstände zu sammeln. Zusätzlich dient das Erstgespräch dazu, auszuloten, inwieweit beim Übersiedlungsersuchenden] Gesprächsbereitschaft[,] Informiertheit, Verdeckungstendenzen[,] sprachliche Ausdrucksschwierigkeiten[,] Gehemmtheit[,] aggressives Auftreten [vorzufinden sind. Der Mitarbeiter sollte sich nicht vordergründig als Vertreter der Staatsmacht präsentieren.] Dazu sind folgende Verhaltensweisen des Mitarbeiters förderlich: [...] Vertrauen zeigen, wo es angebracht scheint[,] Verständnis entgegenbringen[,] keine »Amtsmiene« aufsetzen[,] nicht den Fachmann spielen, wo man keiner ist[,] nicht kühl distanziert, abweisend verhalten[,] nicht um »peinliche Sachen« oder »heiße Eisen« herumreden[,] keinen routinemäßigen, desinteressierten, gelangweilten Eindruck erwecken[,] nicht voreingenommen sein, keine Vorurteile herauskehren[,] vorhandene oder aufsteigende Antipathie unterdrücken[,] nicht provozieren lassen, sondern sachlich bleiben[,] Schaffung von Anlässen für provozierendes Verhalten des Übersiedlungsersuchenden vermeiden, usw.

[Um zu versuchen,] Vertrauensbeziehungen [aufzubauen, sollte folgendermaßen vorgegangen werden: Höfliche Begrüßung, Anbieten eines Platzes, ggf. Hand geben.] Streite nicht unsachlich mit dem Antragsteller, wenn er Informationen und Argumentationen aus den westlichen Massenmedien anbietet, die Dir unbekannt sind. Versuche eher, diese in größere Zusammenhänge zu stellen und dadurch deren Haltlosigkeit nachzuweisen! [...] Bemühe Dich immer, das Anliegen des Antragstellers zu verstehen, ohne es dabei immer zu akzeptieren! Dadurch fühlt er sich verstanden und geachtet, was ihn ebenfalls zur Achtung des staatlichen Vertreters bewegen kann. [...] Gib ihm zu verstehen, daß Dir die von ihm vorgebrachten Widersprüche und Ungerechtigkeiten in unserem Staat bekannt sind und erkläre ihm, [daß viele davon schon beseitigt sind oder noch ausgeräumt werden] (z. B. Versorgungslage). [...] Erkläre ihm verstehbar, daß Dein Bemühen darauf gerichtet sein wird, seine Probleme lösen zu helfen! [...] Paß Dich der Sprache und der Ausdrucksweise des Partners[54] an! [...] Biete

---

54 In dem Schulungsmaterial erhielten für die Gespräche mit den Mitarbeitern der Abteilungen Inneres die Ausreiseantragsteller die Bezeichnung »Gesprächspartner«, während die staatlichen Vertreter als »Gesprächsführende« und damit die Unterhaltung Lenkende bezeichnet waren.

ihm weitere vertrauensvolle Gespräche an, die beispielsweise auch in dessen Betrieb stattfinden können, u. a. [...]

Vorschlag zum Inhalt eines Materials »Die wirksame Gestaltung der Gespräche mit Übersiedlungsersuchenden unter Beachtung [von] deren Persönlichkeit und anderen Faktoren« [übersandt am 6. März 1985 für Schulungen im I. Quartal 1985]. In: BArch Berlin, DO 1 (MdI), 34.0 (HA Innere Angelegenheiten), Nr. 46 672, o. Bl.

D44: »*Das ist für uns schwer, nicht, es ist schwer für uns.*«
April 1987

[...] Frau A.: Der Junge hat Stahlschiffbauer mal gelernt und (ging) dann zur Armee. Und heute ist er beim Zoll. Das ist für uns schwer, nicht, es ist schwer für uns.
In diesem Moment winkt Herr A. sehr energisch ab: Seine Frau soll aufhören, darüber zu sprechen. [...]
I[nterviewer] (zum Mann): Was winken Sie ab?
Frau A.: Na ja, schon, wir sind ja weiter nichts. Das ist schwer für uns, wenn die solch große Funktionen haben, nicht.
I.: Ihr Sohn hat eine große Funktion? Was macht er denn, das kann man doch sagen?
Herr A.: Er ist Offizier beim Zoll.
I.: Und warum ist das schwer?
Sie: Na ja, weil wir doch unsere meiste Verwandtschaft drüben haben und möchten da mal hinfahren, nicht, und das ist ein bißchen mit Schwierigkeiten verbunden.
I.: Ach so. Ich muß vielleicht dazu sagen, weil Sie so abwinken und so ein bißchen Sorge haben [...]
Er (unterbricht): Wir möchten keine Schwierigkeiten haben, verstehen Sie, was ich meine? Ich möchte auch zu meinem Bruder halten, zu meiner Schwester ihre Kinder, nicht, und der Sohn darf es nicht –
Sie (unterbricht): Der darf es nicht wissen, nicht, so sieht das aus. [...]
Er: Nein, ich möchte auch nicht, daß mein Sohn da – Wir sind jetzt sowieso schon ein bißchen getrennt, nicht, der kommt nie hierher.
I.: Und warum, hat er Angst? Weil er dadurch Schwierigkeiten –
Er (unterbricht): Er hat keine Angst, er hat keine Angst, er hat keine Angst.
Sie: Das ist für sie verboten, nicht.
Er: Ob nun verboten, oder. Er hat jedenfalls keine Angst, er ist eben fortschrittlich, nicht. Und ich bin im Westen gewesen, er mußte sich verpflichten, ich sollte mich auch verpflichten. Da habe ich gedacht, nein, ich habe meine Geschwister jahrelang nicht gesehen, und ich bin froh, wenn ich mal rüberfahren kann. [...] Na ja, und da möchte ich keine Schwierigkeiten. Er (der Sohn) kommt auch bei uns nicht her. Wir sind getrennt.
I.: Also deshalb, weil Sie Westkontakte haben?

Er (wird sehr traurig): Es ist schwer für uns, nicht war, es war mein Liebling. [...] Es ist nicht einfach, und ich möchte nicht, daß ich Schwierigkeiten kriege, und ich möchte auch für ihn keine. Er ist mein Sohn [...]

Interview Alexander von Plato mit dem Ehepaar Barbara und Burghardt A., April 1987. Zusammenstellung der Interviewteile durch den Verfasser. Nach: PLATO 1991, S. 322–324.

D45: *Erich Mielke über die Bürger der DDR*[55]
31. August 1989

[...] Warum, also sie [die Bürger der DDR] anerkennen die Vorzüge des Sozialismus und alles, was der Sozialismus bietet an Vorzügen, aber trotzdem wollen sie weg, weil, das betrachten sie als Selbstverständlichkeit [die sozialpolitischen Maßnahmen in der DDR, der Wohnungsbau u. a.] und gehen darüber hinweg und kommen dann mit allen möglichen anderen Gründen, die sie vorschieben; deshalb wollen sie weg. [...] Der Sozialismus ist so gut; da verlangen sie immer mehr und mehr. So ist die Sache. Ich denke immer daran, als wir erlebten, ich konnte auch keine Bananen essen und kaufen, nicht, weil es keine gab, sondern weil wir kein Geld hatten, sie zu kaufen. Ich meine, das soll man nicht so schlechthin nehmen; das soll man ideologisch nehmen, die Einwirkung auf die Menschen. [...]

Dienstbesprechung beim Minister für Staatssicherheit, 31. August 1989. In: Deutschland Archiv 4/1990, S. 614.

D46: *Das Politbüro diskutiert das Fluchtproblem*
12. September 1989

[Mittag]: Seit der letzten [Politbüro-]Sitzung gibt es eine Reihe von Veränderungen, insbesondere die Schleusungen von DDR-Bürgern aus Ungarn in die BRD. Es sind ca. 10 000. [...] Was Ungarn gemacht hat, ist der Bruch der Vereinbarungen mit der DDR unter dem Denkmantel des Humanismus. [...] Ungarn ist nicht mehr Ungarn wie vor zwei oder 10 Jahren. [...] Die erste Frage für mich ist, das Loch Ungarn zuzumachen, um keine neuen Sachen anlaufen zu lassen. [...] Wir sollten intern regeln, die Ausreisen nicht mehr so global durchzuführen wie bisher. Wieso müssen die wackligen Kandidaten fahren? Diese interne Regelung darf allerdings nicht unsere Partei und die Masse der Bevölkerung betreffen. Wir würden sie verärgern. [...] Da Ungarn Transitland ist, müssen wir das auch für Bulgarien und Rumänien prüfen. Wir müssen auch die Lage an der Grenze ČSSR/Ungarn prüfen. Denn die ČSSR brauchen wir unbedingt für den Reiseverkehr. [Für Verhandlungen über die Wirtschaftsbeziehungen] müssen [wir] prüfen, was sich aus der Kooperation mit Ungarn lösen läßt, denn der Kurs Ungarns geht in Richtung EG. [... Es] ist [jetzt] eine Weltkampagne

---

55 Ausdrucksweise nach Original.

geworden, die durch den Verrat der Ungarn noch erweitert wird. [...] Nach dem 40. Jahrestag der DDR müssen wir einiges analysieren, was mit der Weiterführung unserer Politik zusammenhängt. Bei uns sind natürlich Kräfte vorhanden, die jetzt aufgemöbelt werden.
[Hager]: Wir sollten den Reiseverkehr nach Ungarn so kontrollieren, daß nicht die Falschen fahren, ansonsten wäre ich für eine Suspendierung. [...] Es steht überhaupt die Frage, was wir mit diesem sogenannten Bruderland machen. Wir sollten unseren Botschafter zur Berichterstattung zurückrufen. [...]
[Stoph]: [...] Wir sollten [...] an die verantwortlichen Genossen in der ČSSR, Rumänien und Bulgarien herantreten, ob sie mehr Urlauber aus der DDR aufnehmen können. Den Botschafter aus Ungarn zurückzurufen, ist überlegenswert. [...] Wir müssen [die BRD] immer wieder darauf verweisen: Wer Beziehungen zum Staat DDR hat, muß auch akzeptieren, daß dieser Staat Staatsbürger hat. Intern müssen wir analysieren, warum solche Menschen abhauen. Wir müssen noch mehr mit den Bürgern in ein vertrauensvolles Verhältnis kommen, denn es gibt Kritiken, Unzufriedenheit usw. Aber das kann ja nicht der Grund sein, warum man alles im Stich läßt. [...]
[Keßler]: [...] Unseren Botschafter aus Ungarn dürfen wir nicht abberufen. Genau das wollen sie. [...]
[Axen]: [...] Den Botschafter sollten wir jetzt nicht zurückziehen. [...]
[Hager, protestierend]: Ich bin doch nicht das Sprachrohr des Gegners. Ich habe mir doch den Vorschlag, den Botschafter zurückzurufen, gut überlegt.
[Axen]: Das will ich Dir doch gar nicht unterstellen. Der Hauptfeind ist die BRD, nicht Ungarn. [...]
[Böhme]: Es ist richtig, die Reisen nach Ungarn dosiert zu behandeln, aber das darf sich nicht gegen die Masse der Bevölkerung richten. [...] Das würde sie gegen uns aufbringen. Wir sollten den Botschafter nicht zurückziehen. Die [Protest-]Note an Ungarn ist gut. [...] Aber wir brauchen auch eine staatsoffizielle Erklärung. Ich bin dafür, die Ursachen zu untersuchen, aber der größte Teil ist Opfer des ideologischen Klassenkampfes. [...] Ein großer Teil [der Fluchtwilligen] ist mit dem Kopf schon länger in der BRD. [...]
[Mielke]: [...] Der Vorschlag zur Kontrolle [der Reisen] nach Ungarn ist intern. [...] Die Sache mit der BRD-Botschaft in Prag soll nach dem Berlin-Beispiel geklärt werden. Der BRD-Botschafter wollte den ČSSR-Außenminister unter Druck setzen. Er hat das abgelehnt. [sic] [Die West-SPD ist] dabei, in der DDR eine SPD gründen zu wollen. [...] Die Hetze gegen Erich Honecker überschlägt sich. [...] Die entscheidende Frage ist: der Feind schlägt gegen die Partei. Auch bei Privatreisen [in dringenden Familienangelegenheiten] bleiben viele weg. Es entstehen zum Teil empfindliche Lükken [...].
[Sindermann]: [...] Ehmke hat mir heute früh mitteilen lassen, daß der Besuch [einer Delegation der Bundestagsfraktion bei der Volkskammer] für die SPD einen hohen Stellenwert hat. Er werde zeigen, daß man auch in schwierigen Zeiten mit der SED reden kann. Wir sollten das wahrnehmen und ihnen alles sagen, was wir zu sagen haben.[56] Was sich der Westen gegen Erich Honecker leistet, ist wie zur Zeit der faschistischen Judenpogromhetze. [...]

---

56 Die SPD-Delegation wurde vier Tage später von Sindermann ausgeladen.

[Tisch]: [...] Ich bin darauf eingestellt, daß es [bei meinem Besuch beim DGB in der BRD] zu Provokationen kommt. [...] Es gibt [...] keine Anzeichen für Streiks oder nach Forderungen nach neuen Gewerkschaften. Wir müssen aber darauf eingestellt sein.
[Hager]: [...] Was die Ursachen [der Republikflucht] betrifft, stehen wir vor der Notwendigkeit, in einer der nächsten Sitzungen die gesamte politische Situation einzuschätzen. Wo liegen die Ursachen, daß viele junge Leute die DDR verlassen. Wir müssen das mit konkreten Schlußfolgerungen analysieren, was sich verändern muß. Wir können den [XII.] Parteitag [1990] nicht nur mit Kontinuität vorbereiten, sondern auch mit Erneuerung. [...] Wir haben mittlerweile 250 000 Alkoholiker in der DDR. Ich habe Informationen von Schriftstellern, die regelrechte Hoffnungslosigkeit widerspiegeln. [...]
[Dohlus]: [...] Niemand darf nervös werden. Wir müssen Ruhe bewahren und das nach unten bis in die Grundorganisationen spüren lassen. [...] Die Entwicklungen in Polen, Ungarn und in der Sowjetunion haben eine große Wirkung und Unsicherheit in unserer Partei ausgelöst. [...] Viele Genossen sagen, man müsse die Ursachen auch im eigenen Land erforschen. Sie fragen, warum gehen so viele Jugendliche. Man muß die Arbeit unter der Jugend verbessern. Alle Massenorganisationen müssen Position beziehen. Wir haben bisher 270 000 Anträge an den Parteitag. An der Grundtendenz wird sich nichts ändern. [...]
[Mittag]: Es war wichtig, sich auszutauschen. Das war eine gute Aussprache, um zu einem Gesamtbild zu kommen. Wenn man bestimmte Sendungen sieht, muß man erst einmal Std. Luft holen. [...] Die Schritte gegenüber Ungarn müssen wir uns gut überlegen. Der Gegner will uns mit allen Mitteln gegeneinander aufbringen. [...] Die Note an Ungarn ist sofort zu übergeben und der Inhalt zu veröffentlichen. [...] Was die Ursachen [der Fluchtbewegung] anbetrifft und was wir verändern müssen, so sollte jeder in seinem Verantwortungsbereich schon beginnen. Dabei sollten wir aufpassen, daß wir nicht neue Dinge ins Spiel bringen. Der Alkoholismus ist wirklich ernst, aber wir sollten den Zeitpunkt überlegen, um nicht neue Angriffspunkte zu schaffen. Wir müssen sehen, was unsere Bevölkerung bewegt. Bei uns hungert und friert keiner. Was die Ausreisenden in Ungarn betrifft, so wollten sie schon immer raus. Was unsere Grenztruppen, Schutz- und Sicherheitsorgane leisten, ist enorm. Der mündige Bürger der DDR muß einen Paß haben und nicht Einlagen im Personalausweis. Das ist nicht richtig. [...]

Protokoll der Sitzung des Politbüros vom 12. September 1989. In: SAPMO-BArch, DY 30/IV 2/2039 (Büro Krenz)/77, Bl. 27–34.

D47: *Originaltext der vorläufigen Reiseverordnung vom 9. November 1989*
9. November 1989

1. Privatreisen nach dem Ausland können ohne Vorliegen von Voraussetzungen, Reiseanlässe und Verwandschaftsverhältnisse, beantragt werden. Die Genehmigungen werden von den zuständigen Abteilungen Paß- und Meldewesen der

Volkspolizeikreisämter kurzfristig erteilt. Versagungsgründe werden nur in besonderen Ausnahmefällen angewandt.
2. Die zuständigen Abteilungen Paß- und Meldewesen der Volkspolizeikreisämter in der DDR sind angewiesen, Visa zur ständigen Ausreise unverzüglich zu erteilen, ohne daß dabei noch geltende Voraussetzungen für eine ständige Ausreise vorliegen müssen. Die Antragstellung auf ständige Ausreise ist wie bisher bei den Abteilungen Innere Angelegenheiten möglich.
3. Ständige Ausreisen können über alle Grenzübergangsstellen der DDR zur BRD bzw. zu Berlin (West) erfolgen.
4. Damit entfällt die vorübergehende Erteilung von Genehmigungen in Auslandsvertretungen der DDR bzw. die ständige Ausreise mit dem Personalausweis der DDR über Drittstaaten.

DDR-Regierungssprecher zu neuen Reiseregelungen. In: Neues Deutschland vom 10. November 1989.

D48: *Für unser Land*
26. November 1989

Unser Land steckt in einer tiefen Krise. Wie wir bisher gelebt haben, können und wollen wir nicht mehr leben. Die Führung einer Partei hatte sich die Herrschaft über das Volk und seine Vertretungen angemaßt, vom Stalinismus geprägte Strukturen haben alle Lebensbereiche durchdrungen. Gewaltfrei, durch Massendemonstrationen hat das Volk den Prozeß der revolutionären Erneuerung erzwungen, der sich in atemberaubender Geschwindigkeit vollzieht. Uns bleibt nur wenig Zeit, auf die verschiedenen Möglichkeiten Einfluß zu nehmen, die sich als Auswege aus der Krise anbieten.

Entweder können wir auf der Eigenständigkeit der DDR bestehen und versuchen, mit allen unseren Kräften und in Zusammenarbeit mit denjenigen Staaten und Interessengruppen, die dazu bereit sind, in unserem Land eine solidarische Gesellschaft zu entwickeln, in der Frieden und soziale Gerechtigkeit, Freiheit des einzelnen, Freizügigkeit aller und die Bewahrung der Umwelt gewährleistet sind.

Oder wir müssen dulden, daß, veranlaßt durch starke ökonomische Zwänge und durch unzumutbare Bedingungen, an die einflußreiche Kreise aus Wirtschaft und Politik der Bundesrepublik ihre Hilfe an die DDR knüpfen, ein Ausverkauf unserer materiellen und moralischen Werte beginnt und über kurz oder lang die Deutsche Demokratische Republik durch die Bundesrepublik Deutschland vereinnahmt wird.

Laßt uns den ersten Weg gehen. Noch haben wir die Chance, in gleichberechtigter Nachbarschaft zu allen Staaten Europas eine sozialistische Alternative zur Bundesrepublik zu entwickeln. Noch können wir uns besinnen auf die antifaschistischen und humanistischen Ideale, von denen wir einst ausgegangen sind.

Alle Bürgerinnen und Bürger, die unsere Hoffnung und unsere Sorge teilen, rufen wir auf, sich diesem Appell durch ihre Unterschrift anzuschließen. [...]

[Es folgen 31 Namen der Erstunterzeichner, darunter: Götz Berger; Wolfgang Berghofer; Frank Beyer; Volker Braun; Tamara Danz; Christoph Demke; Stefan Heym;

Dieter Klein; Günter Krusche; Sebastian Pflugbeil; Ulrike Poppe; Friedrich Schorlemmer; Jutta Wachowiak; Konrad Weiß und Christa Wolf]
»Für unser Land«, 26. November 1989. In: Neues Deutschland vom 29. November 1989.

D49: *Deutsch-deutsche Übersiedlungsstatistik 1949 bis zum 30. Juni 1990*

Jahr	Übersiedlung in den Westen		Übersiedlung in die DDR[57]
	Westliche Daten	DDR-Angaben	DDR-Angaben
1949	129 245		
1950	197 887		
1951	165 648	135 767	27 372
1952	182 393	135 988	24 012
1953	331 390	270 440	32 201
1954	184 198	173 279	77 239
1955	252 870	270 115	72 928
1956	279 189	316 028	73 768
1957	261 622	304 957	77 927
1958	204 092	194 714	54 600
1959	143 917	120 226	63 083
1960	199 188	181 473	42 479
1961	207 026		33 703
1962	21 365		13 080
1963	42 622		11 647
1964	41 866		9 895
1965	29 552		8 833
1966	24 131		
1967	19 573		
1968	16 036		
1969	16 975		
1970	17 519		
1971	17 408		
1972	17 164	14 310	

57 Rückkehrer und Zuziehende. 1951 bis 1953 nur Rückkehrer.

Jahr	Übersiedlung in den Westen		Übersiedlung in die DDR
	Westliche Daten	DDR-Angaben	DDR-Angaben
1973	15 189	11 761	
1974	13 252	11 760	
1975	16 285	16 586	
1976	15 168	13 489	
1977	12 078	9 795	
1978	12 117	10 669	
1979	12 515	11 513	
1980	12 763	10 438	
1981	15 433	13 166	
1982	13 208	11 118	
1983	11 343	9 154	
1984	40 974		
1985	24 912		
1985	26 178		
1986	26 178		
1987	18 958		
1988	39 832		
1989	343 854	203 116	
30.6. 1990		238 384	

Zusammenstellung durch den Verfasser. Nach: für Ost-West-Wanderung: westliche Angabe nach HERTLE 1996, S. 320 (dort nach Angaben des Bundesausgleichsamtes über legale Ausreisen und registrierte Notaufnahmeverfahren), DDR-Angaben 1951–1960: Stand und Entwicklung der Bevölkerungsbewegung im Jahre 1960. In: BArch Berlin, DO 1, 34.0 (MdI, HA Innere Angelegenheiten), Nr. 54 134, o. Bl.; 1972 – 1983: Einschätzung der Entwicklung von Wohnsitzänderungen bzw. Übersiedlungen nach der BRD und nach Westberlin. In: ebenda, Nr. 34 126, o. Bl.; 1989 (nur Antragsteller): [Handschriftlicher Bericht, o.D.]. In: ebenda, Nr. 34 127, o. Bl.; für West-Ost-Wanderung: 1951–1960: Stand und Entwicklung der Bevölkerungsbewegung im Jahre 1960. In: ebenda, Nr. 54 134, o. Bl., 1961: berechnet nach Briefen Bergmann (Leiter der HA Innere Angelegenheiten) an Dr. Dengler (Nationale Front des demokratischen Deutschlands) vom 4. Mai, 29. August und 8. November 1961 sowie 27. Januar 1962. In: ebenda; 1962–1965: ebenda, Nr. 31 851, passim.

3. Deutsch-deutsche Beziehungen und Außenpolitik der DDR

D50: *Aufgaben der Sowjetischen Kontrollkommission für die SED*
11. November 1949

a) Erfüllung der allg[emeinen] Vereinbarungen der Alliierten gewährleisten
b) Kontrolle der Durchführung des Potsd[amer] Abkommens
c) Erfüllung der Wiedergutmachung und Besatzungskosten gewährleisten
d) Beteiligung an Viermächteberatungen
e) Ausgehend davon, a) daß Reg[ierung] die Beschlüsse zu erfüllen hat, b) daß SKK nicht eingreifen in Maßnahmen der Reg[ierung], sofern diese nicht zuwider[laufen].
f) Laufen einige Gesetze zuwider, [hat] die SKK das Recht, sie aufzuheben, nachdem Einverständnis der Reg[ierung] der UdSSR [vorliegt].
g) In Ausnahmefällen kann SKK mit Zustimmung der Reg[ierung] der UdSSR Anordnungen erlassen, die bindend [sind].
h) Die SKK hat das Recht – von Regierung notwendige Inform[ationen] einzuholen – Untersuchungen – Kontrollen – darüber Bericht an Reg[ierung] der SU.
i) Die SKK soll sichern, daß Abkommen mit anderen Ländern nicht den allg[emeinen] Vereinbarungen entgegenstehen.
k) Kontrolle des Handelsverkehrs – daß strategisch wichtige Rohstoffe nicht ohne Verständigung mit SKK [gehandelt werden].
Alle bisherigen Befehle [der SMAD] werden nachgeprüft, ob in Übereinstimmung [mit diesen Regelungen] oder [werden] revidiert oder [angepaßt].

Klarschrift der handschriftlichen Notizen Piecks zur Besprechung am 11. November 1949 zwischen Tschuikow, Iljitschow, Grotewohl, Ulbricht und Pieck [angefertigt am 10.11.1964] (Auszug). In: SAPMO-BArch, NY 4036 (Nachlaß Pieck)/736, Bl. 8.

D51: *Festlegung der Oder-Neiße-Grenze*
6. Juni 1950

Die Delegation der Provisorischen Regierung der [DDR] und die Regierung der Republik Polen haben, von dem Wunsch erfüllt, den Frieden zu festigen und das unter Führung der Sowjetunion stehende Friedenslager im Kampfe gegen die Umtriebe der imperialistischen Kräfte zu stärken sowie in Anbetracht der Errungenschaften der [DDR] bei der Festigung der neuen demokratischen Ordnung und der Entwicklung der Kräfte, die sich um die Nationale Front des demokratischen Deutschland scharen, vereinbart, daß es im Interesse der Weiterentwicklung der gutnachbarlichen Beziehungen, des Friedens und der Freundschaft zwischen dem deutschen und dem polnischen Volke liegt, die festgelegte, zwischen beiden deutschen Staaten bestehende unantastbare Friedens- und Freundschaftsgrenze an der Oder und Lausitzer Neiße zu markieren.[58]

Deklaration von Warschau über die Markierung der deutsch-polnischen Grenze an der Oder und Neiße, 6. Juni 1950 (Auszug). In: DOKUMENTE 1954, S. 332.

D52: *Prager Deutschland-Beschlüsse osteuropäischer Staaten*
21. Oktober 1950

[Die] Regierungen [der volksdemokratischen Länder halten es] für dringend geboten:

1. Abgabe einer Erklärung der Regierungen der USA, Großbritanniens, Frankreichs und der Sowjetunion darüber, daß sie die Remilitarisierung Deutschlands und seine Einbeziehung in jegliche Aggressionspläne nicht zulassen und konsequent die Potsdamer Beschlüsse zur Sicherung der Bedingungen für die Bildung eines einheitlichen, friedliebenden, demokratischen, deutschen Staates durchführen werden.
2. Aufhebung aller Beschränkungen der Entwicklung der deutschen Friedenswirtschaft und die Verhinderung der Wiederherstellung des deutschen Kriegspotentials.
3. Unverzüglicher Abschluß eines Friedensvertrages mit Deutschland unter Wiederherstellung der Einheit des deutschen Staates in Übereinstimmung mit dem Potsdamer Abkommen und mit der Maßgabe, daß die Besatzungstruppen aller Mächte in Jahresfrist nach Abschluß eines Friedensvertrages aus Deutschland zurückgezogen werden.
4. Bildung eines gesamtdeutschen konstituierenden Rates unter paritätischer Zusammensetzung aus Vertretern Ost- und Westdeutschlands, der die Bildung einer gesamtdeutschen souveränen demokratischen und friedliebenden provisorischen Regierung vorzubereiten und den Regierungen der UdSSR, der USA, Großbritanniens und Frankreichs die entsprechenden Vorschläge zur gemeinsamen Bestätigung zu unterbreiten hat, und der bis zur Bildung einer gesamtdeutschen Regierung zur Konsultation bei der Ausarbeitung des Friedensvertrages heranzuziehen ist. Unter bestimmten Voraussetzungen kann eine unmittelbare Befragung des deutschen Volkes über diesen Vorschlag durchgeführt werden.

Erklärung der Regierungen der UdSSR, Albaniens, Bulgariens, der Tschechoslowakei, Polens, Rumäniens, Ungarns und der DDR, Prag, 21. Oktober 1950 (Auszug). In: KLESSMANN 1982, S. 463.

---

58 Am 6. Juli 1950 wurde im östlichen (polnischen) Teil von Görlitz das diesbezügliche Abkommen von den beiden Ministerpräsidenten, Grotewohl und Cyrankiewicz unterzeichnet. Vertragstext in: GASTEYGER S. 104–106.

D53: Freundschaftsvertrag mit der UdSSR von 1955

20. September 1955

Artikel 1: Die vertragsschließenden Seiten bestätigen feierlich, daß die Beziehungen zwischen ihnen auf völliger Gleichberechtigung, gegenseitiger Achtung der Souveränität und der Nichteinmischung in die inneren Angelegenheiten beruhen. In Übereinstimmung hiermit ist die [DDR] frei in der Entscheidung über Fragen ihrer Innenpolitik und Außenpolitik, einschließlich der Beziehungen zur Deutschen Bundesrepublik, sowie der Entwicklung der Beziehungen zu anderen Staaten.
Artikel 2: Die vertragsschließenden Seiten erklären ihre Bereitschaft, im Geiste aufrichtiger Zusammenarbeit an allen internationalen Handlungen teilzunehmen, deren Ziel die Gewährleistung des Friedens und der Sicherheit in Europa und in der ganzen Welt ist und die mit den Grundsätzen der Satzungen der Vereinten Nationen übereinstimmen. Zu diesem Zweck werden sie sich gegenseitig über alle wichtigen internationalen Fragen beraten, die die Interessen beider Staaten berühren [...]
Artikel 4: Die zum gegenwärtigen Zeitpunkt in Übereinstimmung mit den bestehenden internationalen Abkommen auf dem Gebiet der [DDR] stationierten sowjetischen Truppen verbleiben zeitweilig in der [DDR] mit Zustimmung der Regierung der [DDR] zu [besonders festgelegten] Bedingungen [...]. [Sie] werden sich nicht in die inneren Angelegenheiten der [DDR] und in das gesellschaftliche Leben des Landes einmischen.
Artikel 5: Zwischen den vertragsschließenden Seiten besteht Übereinstimmung darüber, daß es ihr Hauptziel ist, auf dem Wege entsprechender Verhandlungen eine friedliche Regelung für ganz Deutschland herbeizuführen. In Übereinstimmung hiermit werden sie die erforderlichen Anstrengungen für eine friedensvertragliche Regelung und die Wiederherstellung der Einheit Deutschlands auf friedlicher und demokratischer Grundlage unternehmen. [...]

Vertrag über die Beziehungen zwischen der DDR und der UdSSR vom 20. September 1955. In: Neues Deutschland vom 21. September 1955.

D54: Die DDR in der diplomatischen Isolation

5. April 1960

[...] Mit der Entsendung Seydou Contés[59] nach Berlin verfolgte die Regierung Guineas die Absicht, die Herstellung diplomatischer Beziehungen mit der DDR einzuleiten. Dabei sollten alle Vorgänge zunächst intern bleiben [Durch die de facto-Akkreditierung Contés in der DDR], unsere Veröffentlichung [darüber] und ihre Notifizierung u. a. an Ghana wurden die ursprünglichen Absichten der guinesischen Regierung gestört. Das führte bis zur endgültigen Klärung aller Einzelheiten zu einem gewissen Mißtrauen bei der Regierung Sékou Tourés. [...] Die von [Guinea] eingeschlagene Taktik [...] hat zum Ziel:

---

59 Name des damals von Guinea vorgesehenen Botschafters in der DDR.

[...] den Abruch der Beziehungen zwischen Westdeutschland und Guinea zu verhindern [...]; [...] die Gefahr einer außenpolitischen Isolierung Guineas im Zusammenhang mit [seinem Austritt aus der Franc-Zone am 1. März 1960] zu mindern und die Bildung einer französisch-westdeutschen Einheitsfront gegen Guinea zu behindern bzw. verhindern; [...] die in anderen Territorien französisch-Afrikas [sic!] entfachte Propaganda gegen Guinea [...] abklingen zu lassen.

Diese von der Regierung in der Erklärung Sékou Tourés und in seinem Schreiben an Adenauer befolgte Linie ist widerspruchsvoll und hat die DDR in eine unangenehme außenpolitische Lage gebracht [...]

Schlußfolgerungen:
a) Der Kontakt zwischen beiden Regierungen in der Frage der Herstellung diplomatischer Beziehungen muß bis zum Abschluß der Dinge ständig aufrechterhalten bleiben [...][60]

Einschätzung der Delegation [der DDR] zur gegenwärtigen Situation in den Beziehungen Guineas zu beiden deutschen Staaten und Schlußfolgerungen. In: SAPMO-BArch, DY 30/IV 2/2 (Politbüro, Reinschriftenprotokolle)/696, Bl. 49–53.

D55: *Walter Ulbricht kündigt den Bau der Berliner Mauer an 15. Juni 1961*

Ich verstehe Ihre Frage[61] so, daß es in Westdeutschland Menschen gibt, die wünschen, daß wir die Bauarbeiter der Hauptstadt der DDR dazu mobilisieren, eine Mauer aufzurichten. Mir ist bekannt, daß eine solche Absicht besteht. Die Bauarbeiter unserer Hauptstadt beschäftigen sich hauptsächlich mit Wohnungsbau, und ihre Arbeitskraft wird dafür voll eingesetzt. Niemand hat die Absicht, eine Mauer zu errichten! [...]

Walter Ulbricht auf einer internationalen Pressekonferenz in Berlin (Ost) am 15. Juni 1961. In: DEUTSCHLAND 1992, S. 185.

D56: *Deutsch-deutsche Besprechungen vor dem Mauerbau 7. Juli 1961*

Werter Genosse Ulbricht!
[Bei] einem Gespräch mit »privatem Charakter« [äußerte sich Dr. Leopold, Leiter der TSI] auf die Frage, ob Bonn die Absicht hat, den [...] Handel abzubrechen, wie folgt: Daran sei nach Ansicht L. solange nicht gedacht, »wie in Berlin und von und nach Berlin nichts passiere«. Er erläuterte das so, daß die Bonner Regierung jegliche

---

60 Die gegenseitige diplomatische Anerkennung erfolgte offiziell am 9. September 1970.
61 Gemeint ist die Frage eines Journalisten.

Eingriffe in den Personen- und Warenverkehr von und nach Berlin, wie auch innerhalb Berlins, mit »harten Maßnahmen im Handel« beantworten wird. [Er befürchte], daß von unserer Seite in der Frage der sogenannten Grenzgänger[62] neue Regelungen kämen, die Bonn »einem Eingreifen innerhalb Berlins gleichsetzen würde«. [...] Leopold bemerkte weiter, [...] daß man sich dann auf unserer Seite darüber klar sein sollte, daß Westdeutschland in einer solchen Situation nicht allein steht, »sondern sicherlich ein Totalembargo gegen die DDR, vielleicht auch gegen die anderen sozialistischen Staaten einsetzt«. [...]

[gez.] Lange

SED-Hausmitteilung ZK-Abteilung Handel, Versorgung und Außenhandel an Walter Ulbricht [vom 11. Juli 1961, weitergeleitet an Erich Apel]. In: SAPMO-BArch, DY 30/ IV 2/ 2029 (Büro Apel)/90, o. Bl.

D57: *Deutsch-deutsche Besprechungen nach dem Mauerbau*
8. November 1961

Werter Genosse Ulbricht!
[Nach einer Unterbrechung in den Verhandlungen] seit dem 19.9.1961 [...] fand am 1.11.1961 wiederum eine Beratung in den Räumen der [TSI] in Westberlin statt. Die westdeutschen Vertreter blieben den Besprechungen in den Räumen des Ministeriums für Außenhandel in den letzten Wochen fern mit dem Argument, sie würden sich den Kontrollmaßnahmen an der Staatsgrenze in Berlin nicht unterwerfen. [...]
In [seinen Darlegungen] legte Dr. Leopold Wert darauf, die »loyale« Haltung der Westseite zum Handel mit der DDR herauszustellen und führte dafür an:
1. die am 30.9.1961 nicht erfolgte Kündigung des Abkommens [über den innerdeutschen Handel] durch die Westseite,
2. die in den nächsten Tagen vorgesehenen Ausschreibungen für das Jahr 1962 in voller Höhe und ohne jegliche Einschränkungen [...]
L. begründete diese Haltung zum Handel mit der DDR allein mit dem Interesse der Westseite an der Aufrechterhaltung eines ungehinderten Verkehrs nach Westberlin.

[gez.] Lange

SED-Hausmitteilung ZK-Abteilung Handel, Versorgung und Außenhandel an Walter Ulbricht [vom 8. November 1961, weitergeleitet an Erich Apel]. In: SAPMO-BArch, DY 30/ IV 2/2029 (Büro Apel)/90, o. Bl.

---

62 Damit sind DDR-Bürger gemeint, die vor dem 13. August 1961 ihren Wohnsitz in der DDR hatten und in West-Berlin arbeiteten.

D58: *Ulbrichts Entmachtung wird bestellt*
21. Januar 1971

Teure Genossen!
Wie Ihnen bekannt ist, kam es bei uns in den letzten Monaten in wachsendem Maße zu einer außerordentlich schwierigen Lage im Politbüro. [...] Nachdem die 14. Tagung des Zentralkomitees [im Dezember 1970] eine realistische Einschätzung der inneren, insbesondere der wirtschaftlichen Entwicklung und eine entsprechende Zielstellung erarbeitet und gebilligt hatte, hielt Genosse Walter Ulbricht ein Schlußwort, das in seiner Grundtendenz nicht mit dem, was auf dieser Tagung gesagt wurde, und unserer gemeinsamen Linie übereinstimmte. Das Politbüro war gezwungen, die Veröffentlichung dieses Schlußwortes abzulehnen. [...] Das Politbüro mußte auch im Januar ein von Genossen Walter Ulbricht überraschend eingereichtes Material ablehnen, das [...] an die Bezirks- und Kreisleitungen sowie an die Grundorganisationen der Partei versandt werden sollte. Auch darin wurden zwar die Beschlüsse der 14. Tagung [...] und vorangegangener Politbürositzungen verbal anerkannt, in der Tat aber versucht, eine andere Einschätzung der Lage zu geben und erneut die Partei auf irreale Ziele zu orientieren. In diesem Material ist vorgegeben, zum VIII. Parteitag eine Orientierung zu geben und Beschlüsse zu fassen, die nicht auf die Fragen des Lebens Antwort geben [...], sondern durch lebensfremde, pseudowissenschaftliche, teilweise »technokratische« Theorien eine sogenannte Vorausschau bis 1990 und darüber hinaus ersetzt werden sollen. [Walter Ulbrichts] Haltung gipfelte in der Behauptung, daß er »unwiederholbar« sei. Die übertriebene Einschätzung seiner Person überträgt er auch auf die DDR, die er immer wieder in eine »Modell«- und »Lehrmeisterrolle« hineinmanövrieren will. So stellte er allen Ernstes der Partei und dem Staat die Aufgabe, in den nächsten Jahren eine jährliche Zuwachsrate der Industrieproduktion der Arbeitsproduktivität von 10 % unter allen Umständen zu erreichen, weil das angeblich objektiv notwendig sei. Gleichzeitig vertrat er den Standpunkt, daß es darauf ankomme, »bisher Nichtgedachtes« einzuschätzen und zu bilanzieren.
[Briefschreiber schlagen vor, die Ämter Staatsratsvorsitzender und 1. Sekretär des ZK der SED zu trennen, Ulbricht nur als Vorsitzenden des Staatsrates zu belassen, dessen Kompetenzen eingeschränkt und unter die Kontrolle des Politbüros gestellt werden sollten.] Deshalb wäre es sehr wichtig und für uns eine unschätzbare Hilfe, wenn Genosse Leonid Iljitsch Breschnew in den nächsten Tagen mit Genossen Walter Ulbricht ein Gespräch führt, in dessen Ergebnis Genosse Walter Ulbricht von sich aus das Zentralkomitee der [SED] ersucht, ihn auf Grund seines hohen Alters und seines Gesundheitszustandes von der Funktion des Ersten Sekretärs des [ZK] der [SED] zu entbinden. Diese Frage sollte möglichst bald gelöst werden, das heißt unbedingt noch vor dem VIII. Parteitag der SED. [...] Wir erwarten Ihre Antwort und Hilfe.
Mit kommunistischen Gruß
[Unterschriften von Hermann Axen, Gerhard Grüneberg, Kurt Hager, Erich Honecker, Günter Mittag, Horst Sindermann, Willi Stoph, Paul Verner, Erich Mückenberger, Herbert Warnke, Werner Jarowinsky, Werner Lamberz, Günther Kleiber]

Brief [von Mitgliedern und Kandidaten des SED-Politbüros] an das Politbüro des ZK der KPdSU [und] Leonid Iljitsch Breschnew, 21. Januar 1971. In: SAPMO-BArch, DY 30/vorl. SED (hier Büro Honecker), Nr. 41 656, o. Bl.

D59: Unmerkliche Anwendung der Drei-Staaten-Theorie
4. März 1975

[...] Die Regierungsdelegation der DDR hat in den Verhandlungen mit der BRD zur Anwendung der Postleitzahl »1« des BRD-Postleitzahlensystems und des Kennzeichens »D« für Westberlin im Postverkehr der DDR mit Westberlin zu erklären, daß dies im Widerspruch zum Vierseitigen Abkommen vom 3.9.1971 steht und die DDR eine solche Forderung nicht anerkennt. Die [gegenteilige] Festlegung im Beschluß des Politbüros vom 14.1.1975 [...] wird damit aufgehoben. [...] Für Westberlin wird die postalische Bezeichnung »Berlin (West)« – ohne Postleitzahl und Kennung – festgelegt. Die staatlichen Organe und gesellschaftlichen Organisationen sind durch das Büro des Ministerrates intern anzuweisen, künftig die postalische Bezeichnung »Berlin (West)« anzuwenden. Eine allgemeine öffentliche Bekanntgabe durch die Deutsche Post der DDR, wodurch künftig alle Postkunden, auch die Bürger, die Bezeichnung »Berlin (West)« verwenden sollen, hat nicht zu erfolgen. [...] Die Deutsche Post der DDR hat alle Sendungen im gegenseitigen Postverkehr zwischen der DDR mit Westberlin, die anders als »Berlin (West)« lautende postalische Bezeichnungen tragen, weiterhin zu befördern und nicht zurückzuweisen. [...]

Anwendung einer Postleitzahl und einer Kennung vor Postleitzahlen im Postverkehr von der DDR nach Westberlin, in: Protokoll der Sitzung des Politbüros vom 4.3.1975. In: SAPMO-BArch, DY 30/J IV 2/2 (Politbüro)/1550, Bl. 51 f.

D60: Freundschaftsvertrag mit der UdSSR von 1975
7. Oktober 1975

Artikel 1: Die hohen vertragsschließenden Seiten werden in Übereinstimmung mit den Prinzipien des sozialistischen Internationalismus auch künftig die Beziehungen der ewigen und unverbrüchlichen Freundschaft und der brüderlichen gegenseitigen Hilfe auf allen Gebieten festigen. Sie werden die allseitige Zusammenarbeit planmäßig und unentwegt entwickeln [...] auf der Grundlage der gegenseitigen Achtung der staatlichen Souveränität und Unabhängigkeit, der Gleichberechtigung, und der Nichteinmischung in die inneren Angelegenheiten. [...]
Artikel 4: Die hohen vertragsschließenden Seiten werden die weitere Entwicklung der brüderlichen Beziehungen zwischen allen Staaten der sozialistischen Gemeinschaft maximal fördern und stets im Geiste der Festigung ihrer Einheit und Geschlossenheit handeln. Sie erklären ihre Bereitschaft, die notwendigen Maßnahmen zum Schutz und zur Verteidigung der historischen Errungenschaften des Sozialismus [...] zu treffen [...]
Artikel 6: Die hohen vertragsschließenden Seiten betrachten die Unverletzlichkeit der Staatsgrenzen in Europa als wichtigste Voraussetzung für die Gewährleistung der europäischen Sicherheit und bringen ihre feste Entschlossenheit zum Ausdruck, gemeinsam und im Bündnis mit den anderen Teilnehmerstaaten des Warschauer Vertrages [...] die Unantastbarkeit der Grenzen der Teilnehmerstaaten [...], einschließlich der Grenzen zwischen der [DDR] und der [BRD] zu gewährleisten. [...]

Vertrag über Freundschaft, Zusammenarbeit und gegenseitigen Beistand zwischen der DDR und der UdSSR vom 7. Oktober 1975. In: Neues Deutschland vom 8. Oktober 1975.

D61: *Erich Honecker und Helmut Schmidt (III): »... wir haben außerdem auch noch andere Loyalitäten.«*
28. November 1979

S.: [...] Sie haben mir auf dem offiziellen Wege [vor kurzem] zu [Abrüstungsvorschlägen von] Leonid Breschnew[63] eine Botschaft zukommen lassen.
H.: Hm.
S.: [erläutert die eingetretene Verzögerung bei der Beantwortung mit dem abzuwartenden Besuch des sowjetischen Außenministers in Bonn, bittet darum, Günter Gaus zur Entgegennahme seiner Antwort zu empfangen, weshalb auf weitere Erörterung der Antwort im Telefonat verzichtet werden soll.] Ja, also ich will es nicht glauben, daß die Situation genau die gleiche ist wie vorher. Aber ich glaube schon, [...] daß auf beiden Seiten ein ernsthafter Wille zur Fortsetzung der Entspannungspolitik gegeben ist. [...]
H.: Ja, das habe ich aus Ihren Darlegungen entnommen. Deshalb möchte ich doch bitten, vielleicht keine Fehleinschätzung zu begehen. Es könnte doch etwas finsterer werden.
S.: Etwas?
H.: Etwas finsterer, dunkler werden in den Beziehungen.
S.: Ja, das hat Herr Gromyko auch angedeutet.
H.: Und das ist die Frage. Die Frage, die [ich in] meiner Botschaft [ansprach], war das Problem, dafür einzutreten, daß von deutschem Boden nie wieder ein Krieg ausgeht. [...] Ich werde dann Herrn Gaus empfangen[, der] mir Ihre Antwortet übermitteln [wird].
S.: [geht zu einem anderem Punkt über und berichtet von seinem Gespräch mit Gromyko:] Er hat [...] von sich aus sorgfältige, ausführliche Darlegungen gemacht, wie sehr der Sowjetunion daran liegt, daß sich das Verhältnis zwischen den beiden deutschen Staaten [...] positiv entwickele. Ich habe ihm darin ausdrücklich zugestimmt. [...] Ich würde im übrigen auch glauben, daß es nun langsam mal an der Zeit sei, wenn die beiden deutschen Spitzenleute [...] den Dialog zwischen sich einmal fortsetzen. [...] [Wieder an Honecker gerichtet:] Ich bin bereit, als Erster Sie zu besuchen. Irgendwann müssen Sie dann natürlich einen Gegenbesuch machen. Ich bin für einen Arbeitsbesuch, um den protokollarischen Aufwand gering zu halten. Ich könnte mir vorstellen, daß man sich im Januar [...] oder im Februar [1980] in Rostock [trifft]. Ich kann mir auch vorstellen, daß man sich im März in Leipzig trifft. [...]
H.: [...] Selbstverständlich ist es so, daß ich zu solch einem Treffen bereit bin. Aber die Frage entsteht vom Standpunkt des Termins – was wird kommen nach diesem Beschluß der NATO [...] über die Produktion und Stationierung dieser neuen amerikanischen Mittelstreckenraketen auf [bundesdeutschem] Gebiet. [Falls] ein Treffen zwischen uns auch von Ihrer Seite für zweckmäßig erachtet wird [...], wäre das natürlich nützlich vor der Tagung der NATO.

---

63 Bei einer Ansprache aus Anlaß des 30. Jahrestages der DDR-Gründung hatte der sowjetische Generalsekretär den einseitigen Abzug von 20 000 Soldaten sowie 1 000 Panzern angekündigt.

S.: Das kann ich technisch gar nicht mehr machen, weil ich ja nächste Woche [SPD-] Parteitag [in Berlin (West)] habe.
[...] H.: Am 3. [Dezember], und am 12. [Dezember] ist die Tagung [der NATO].
S.: Am 12. geht das los.
H.: Sagen Sie einmal, [der dänische Ministerpräsident] Jörgenson hat doch einen interessanten Vorschlag gemacht. [...]
Einwurf S.: Den finde ich nicht so gut.
[wieder Honecker:] Er machte doch den Vorschlag, den Beschluß ein halbes Jahr zu verschieben und vorher zu verhandeln.
S.: Ja, aber [...] in einem halben Jahr wird das nicht verhandelt. Herr Gromyko hat uns gesagt, die Verhandlungen dauern Jahre [...].
H. Und wenn man das testen würde? Erst verhandeln, dann entscheiden?
S.: Nein, ich glaube nicht an den Test. Die Sowjetunion installiert Mittelstreckenraketen in großer Zahl.
H.: Also, Herr Schmidt, [...] ich kenne auch die Karten.
S.: Die Zahlen sind ja auch nicht aus der Luft gegriffen, sondern es sind Zahlen, die von Herrn Gromyko nicht bestritten werden. [Wegen notwendiger Absprachen in den Bündnissen und der technischen Details] bin ich der Meinung von Gromyko [...].
H.: [Ich] hatte ja die Möglichkeit [...], einen Meinungsaustausch mit [Leonid] Breschnew persönlich zu führen. Und ich muß sagen, daß dieser Meinungsaustausch äußerst fruchtbar war, und daß dieses Angebot [...] eine große Chance darstellt für den Frieden. [...] Aber auf der anderen Seite wurde [...] deutlich [...], daß, wenn man die Chance nicht ergreift, man selbstverständlich auch etwas verpaßt. Verpaßt vom Standpunkt, wirklich den Entspannungsprozeß durch Abrüstungsmaßnahmen zu ergänzen und in Verbindung damit selbstverständlich auch die Frage der Normalisierung [...] bzw. der Entwicklung der Beziehungen [zwischen] der Sowjetunion und der BRD und [zwischen] der DDR und der BRD. [...] Ich verrate dabei kein Geheimnis, aus meiner Kenntnis gibt es da doch irgendwelche Zusammenhänge. [Die] Sowjetunion ist ja bereit, in Verhandlungen einzutreten – sofort und nicht erst nach dem [NATO-]Beschluß. [Die] Sache ein halbes Jahr zu verschieben, was soll dabei verloren gehen?
S.: In einem halben Jahr werden die Verhandlungen nicht wesentlich gefördert werden. Dann habe ich hier in einem halben Jahr Bundestagswahlkampf. Ich bin davon nicht begeistert, muß ich sagen, ich bin davon nicht begeistert.
H.: Tja, das ist eben die Frage. Und das war auch der Hauptsinn meiner Botschaft damals, daß wir uns verständigen könnten über solche Fragen. Sagen wir erst verhandeln und dann die Chancen ausloten.
S.: Ja, man konnte ja lange verhandeln. Ich bin ja kein Verhandler, ich bin ja nicht der Vertreter einer nuklearen Macht.
H.: Na, ich ja auch nicht.
S.: Ja, ja.
H.: Ich wollte bloß in Kenntnis der Dinge (Einwurf S.: Die hätten die beiden Großmächte längst in Gang bringen können.) Ihnen sagen, wie die Sachen stehen von unserer Seite aus.
S. Ich habe Sie schon verstanden. [Wir] sind beide eingebunden in Loyalitäten verschiedener Art. Wir haben zueinander ein ordentliches Verhältnis entwickelt, nicht nur persönlich, sondern auch zwischen unseren beiden Staaten im Laufe der letzten

Jahre. Das ist unvergleichlich viel besser als vor dem Grundlagenvertrag, aber wir haben außerdem auch noch andere Loyalitäten. Die machen das Leben für Sie nicht immer leicht und für uns auch nicht immer leicht. Das hat aber keinen Zweck am Telefon. [...] Vor diesem Dezemberdatum sehe ich keine Möglichkeit, Herr Honecker.
H. Da sehen Sie keine Möglichkeit?
S.: Nein, das sehe ich nicht.
H.: [... Ich] werde selbstverständlich Herrn Gaus empfangen und [Ihre] Botschaft entgegennehmen und werde soweit wie möglich auch unmittelbar antworten – ich würde Sie ungeachtet dessen bitten, die Dinge doch noch mal durch den Kopf gehen zu lassen. Ich weiß also – [Ihre] Einbindung ins Bündnis und Sie kennen unsere Einbindung ins Bündnis, das ist ganz klar. Aber mir scheint, auf Grund [...] der Kenntnis der Dinge, daß eine Chance vorhanden ist. [...]
S.: Was machen Sie nächsten Sonntag [2. Dezember]?
H.: Nächsten Sonntag werde ich arbeiten. Wir bereiten ein Plenum des Zentralkomitees vor. Aber ich kann das alles auf die Seite schieben.
S.: Wie ist denn das, wenn wir ohne Ankündigung, ohne daß jemand vorher etwas davon erfährt, zusammen Mittag essen?
H.: Können wir machen.
S.: Oder ist das eine Schnapsidee?
H.: Nein, kann man machen. Dann würde ich allerdings sagen, daß ich da meinen Freund, Sie wissen, wen ich meine, einschalte.
S.: Sie meinen den »Briefträger«?[64]
H.: Wegen dem Treffpunkt.
[Daran schließen sich Überlegungen an, wo und wann die beiden sich unter Nutzung privater Verbindungen der Familie Schmidt in der DDR treffen könnten][65]

Telefongespräch zwischen dem Generalsekretär der SED und Vorsitzenden des Staatsrates der DDR, Genossen Erich Honecker, und dem Bundeskanzler der BRD, Herrn Schmidt, am 28. November 1979 in der Zeit von 22.15 Uhr bis 22.45. In: SAPMO-BArch, DY 30/J IV J (Büro Honecker)/86, o. Bl.

64 Gemeint ist Rechtsanwalt Wolfgang Vogel. Im Telefonat vereinbaren Schmidt und Honecker, daß Vogel mit Hans-Jürgen Wischnewski und Herbert Wehner die weiteren Details des Zusammentreffens besprechen sollten.
65 Das hier avisierte Treffen fand nicht statt, Honecker kündigte am 13. Dezember 1979 ein Treffen für Anfang 1980 an, das wenige Wochen später jedoch auf Wunsch der DDR wieder verschoben wurde. Jedoch nutzten beide die Trauerfeierlichkeiten für den Anfang Mai 1980 verstorbenen jugoslawischen Staatspräsidenten, Josip Broz Tito, zu einem Treffen, wo Honecker auch mit dem SPD-Vorsitzenden Brandt und mit Bundespräsident Karl Carstens (CDU) zusammentraf. Helmut Schmidt und Erich Honecker trafen in der DDR erst im Dezember 1981 zusammen.

D62: *Die Ständige Vertretung in Ost-Berlin betreibt Schadensbegrenzung*
28. Januar 1988

Während einer diplomatischen Veranstaltung am 27. Januar äußerte sich der Stellvertreter des Leiters der BRD-Vertretung, Staab, wie folgt: [...] Er habe für die Haltung der DDR zur beabsichtigten Einreise von P. Kelly und G. Bastian am 27. Januar Verständnis. Sicher würden beide den Fakt der Einreiseverweigerung politisch ausschlachten, aber bei einer Einreise hätten sie mehr Rummel gemacht. Er gehe davon aus, daß sich beide Politiker auch in Berlin an Aktivitäten beteiligt hätten, die die DDR nicht hätte hinnehmen können. [...] Die Bundesregierung bemühe sich, die gegenwärtigen »Probleme«[66] nicht zu eskalieren. Aber sie habe keinen Einfluß auf Journalisten und einige Politiker. Die BRD-Vertretung habe bereits [...] eindringlich mit den akkreditierten Fernsehkorrespondenten gesprochen und sie zur Mäßigung aufgefordert. [...] Die BRD-Vertretung habe aus Bonn auch den Auftrag, sich – ganz im Gegensatz zu den Botschaften der USA und Großbritanniens – bei Kontakten zu den sogenannten unabhängigen Gruppen zurückzuhalten. Am 26. Januar abends habe man lediglich [einen] Mitarbeiter der BRD-Vertretung [...] in die Kirche schicken müssen, da es »dumme Fragen« von der USA-Botschaft gegeben habe. [...]

Weitere Informationen [vermutlich vom MfS, 28. Januar 1988]. In: SAPMO-BArch, DY 30/ IV 2/2035 (Büro Axen)/88, Bl. 35.

D63: *Instruktionen zum Wiener KSZE-Folgetreffen*
10. Januar 1989

[...] Der Leiter der DDR-Delegation in Wien kann für den Fall, daß er als einziger den Konsens verweigern muß, gegen die Aussagen zu »Helsinki-Gruppen« und Mindestumtausch im präzisierten Entwurf der neutralen und nichtpaktgebundenen Staaten für ein Schlußdokument kein Einwand erheben. [...] Innerstaatlich bleibt es beim Mindestumtausch und keiner Legalisierung von »Helsinki-Gruppen« (unter Bezugnahme auf die im Schlußdokument enthaltene Achtung der nationalen Gesetze, Verordnungen, Praxis und Politik durch die Teilnehmerstaaten). [Der DDR-Außenminister] wird das durch eine Erklärung bekräftigen. [...] Er nimmt am Abschluß des Wiener KSZE-Treffens teil [...]. Seine Rede und der Mandatstext werden in vollem Wortlaut veröffentlicht [...]
   Einige Aspekte [des Gespräches Erich Honeckers zum Wiener Treffen mit dem Leiter der sowjetischen Delegation, Juri Kaschlew:]
   Die Zulassung der »Helsinki-Gruppen« würde eine Legalisierung konterrevolutionärer Aktivitäten bedeuten. [...] Ein Vorgehen mit Repressivmaßnahmen gegen solche Gruppen würde zu massiven DDR-feindlichen Kampagnen seitens der NATO, der BRD führen. [...] Völlig unklar ist, was der Mindestumtausch mit der europä-

---

[66] Gemeint sind die Vorgänge um und nach den Festnahmen von Bürgerrechtlern bei der Luxemburg/Liebknecht-Demonstration in Berlin (Ost) am 17. Januar 1988.

ischen Sicherheit zu tun hat. In der DDR werden Preise von Waren durch Subventionen niedrig gehalten, die auch NSW-Besucher in Anspruch nehmen. In Westberliner Wechselstuben wird unsere Währung und [die] anderer sozialistischer Länder zu einem Schwindelkurs von 1:5 bis 1:12 gehandelt. Die DDR läßt sich nicht ausplündern. [...] Im Vergleich [zu anderen sozialistischen Ländern] ist die DDR eine ruhige Insel. [...]

Gespräch des Generalsekretärs des ZK der SED und Vorsitzenden des Staatsrates der DDR, Genossen Erich Honecker, mit dem Leiter der sowjetischen Delegation auf dem Wiener KSZE-Folgetreffen, Genossen Juri Kaschlew, am 5. Januar in Berlin [Bericht für die Politbürositzung am 10. Januar 1989]. In: SAPMO-BArch, DY 30/IV 2/2039 (Büro Krenz)/69, o. Bl.

D64: *Unterhalt der sowjetischen Truppen in der DDR im 2. Halbjahr 1990*
27. Juni 1990

[...] Die Seiten verständigten sich darüber, daß bei allen nichtkommerziellen Operationen zwischen der DDR und der UdSSR der Übergang zu Verrechnungen und Zahlungen in frei konvertierbarer Valuta ab 1. Juli 1990 erfolgt. In diesem Zusammenhang [wurde] zur Kenntnis genommen, daß [...] für die Finanzierung der Ausgaben [zum] Unterhalt der Westgruppe der Streitkräfte im 2. Halbjahr 1990 seitens der UdSSR Warenlieferungen in Höhe von 255 Mio. transferablen Rubeln eingesetzt werden; [...] Die DDR-Seite teilte mit, daß beginnend ab 1. Juli 1990 der Umrechnungskoeffizient [transferabler Rubel/DM] 1:2,75 beträgt. [Unter] Beachtung des Vorgenannten [wird] durch die DDR zur Finanzierung des Unterhalts der Westgruppe [...] im 2. Halbjahr 1990 ein äquivalenter Betrag unter Berücksichtigung der Kaufkraft und der Preise in Höhe von 1 250 Mio. DM der UdSSR zur Verfügung gestellt [...], davon 250 Mio. DM am 1. Juli 1990, einschließlich 50 Mio. DM zweckgebunden für die Feldbank der Westgruppe [...]
[Entsprechend] dem Staatsvertrag [zur Währungsunion erfolgt] die Umstellung vom Mark der DDR in Deutsche Mark grundsätzlich im Verhältnis 2:1. [Bei] der Umstellung der Geldmittel der Feldbank [wird] von einem Verhältnis zwei Mark der DDR zu einer Deutschen Mark ausgegangen [...]

Niederschrift [zu den Ergebnissen der Verhandlungen von Staatssekretär G. Krause mit dem Stellvertreter des Vorsitzenden des Ministerrates der UdSSR, S. A. Sitarjan, am 26. Juni 1990 in Moskau] = Beschluß [des DDR-Ministerrates vom 27. Juni 1990]. In: BArch Berlin, DC 20 (Ministerrat der DDR), I/3 – 3008, Bl. 96 f.

Matthias Judt

Anhang

Chronik der SBZ- und DDR-Geschichte

1945
3.–11.2.	Konferenz der Drei Mächte USA, Großbritannien und UdSSR in Jalta (Kriminsel).
30.4.	Abreise von drei »Initiativgruppen« der KPD aus Moskau: »Gruppe Ulbricht« wird in Berlin aktiv, »Gruppe Sobottka« in Mecklenburg-Vorpommern, »Gruppe Ackermann« in Sachsen.
8.5.	Vertreter der Deutschen Wehrmacht unterzeichnen in Berlin-Karlshorst die bedingungslose Kapitulation Deutschlands.
5.6.	Die Siegermächte Frankreich, Großbritannien, UdSSR und USA übernehmen die oberste Regierungsgewalt in Deutschland und bilden den Alliierten Kontrollrat.
10.6.	Befehl Nr. 2 der SMAD über die Zulassung politischer Parteien und Gewerkschaften in der SBZ.
11.6.	Wiederaufnahme der legalen KPD-Tätigkeit. (**P2**)[1]
15.6.	Gründung des FDGB. Wiederaufnahme der SPD-Tätigkeit.
Sommer	Einige Universitäten und Hochschulen nehmen ihre Tätigkeit wieder auf. (**B12**)
26.6.	Gründung der CDU (SBZ).
1.–3.7.	Rückzug der Westalliierten aus den von ihnen zunächst besetzten Gebieten in Sachsen-Anhalt, Thüringen und Mecklenburg. Gleichzeitig besetzen sie den westlichen Teil Berlins.
5.7.	Gründung der LDPD.
8.7.	Gründung des Kulturbundes zur demokratischen Erneuerung Deutschlands. (**K/M1**)
14.7.	Bildung der Einheitsfront der antifaschistisch-demokratischen Parteien (später: Demokratischer Block).
17.7.–2.8.	Konferenz der drei Siegermächte USA, UdSSR und Großbritannien in Potsdam, Abschluß des Potsdamer Abkommens.
27.7.	Bildung von zunächst elf Deutschen Zentralverwaltungen.
31.7.	Bildung antifaschistischer Jugendausschüsse.

---

1 Signaturen verweisen auf Dokumente, die im direkten bzw. indirekten Zusammenhang mit dem Datum stehen.

September	Erlaß von Verordnungen zur Bodenreform durch die Landes- und Provinzialverwaltungen der SBZ. (W2; W3)
1.10.	Wiedereröffnung der Schulen. (B4)
19.10.	Stuttgarter Schulderklärung der EKD. (K43)
22.10.	SMAD erteilt Länder- und Provinzialverwaltungen das Recht, Gesetze und Verordnungen, die Gesetzeskraft besitzen, zu erlassen.
30.10.	SMAD-Befehle 124 und 126 regeln die Enteignung von Nazis und Kriegsverbrechern in der SBZ. (G2)
3.11.	SMAD genehmigt die Gründung von Frauenausschüssen. (G58)
13./14.11.	Der Oberste Chef der SMAD, Georgi Schukow, kündigt die Gründung von Unternehmen in der SBZ an, die unter sowjetischer Leitung stehen. (W4)
20./21.12.	»Sechziger-Konferenz« von ZK der KPD und Zentralausschuß der SPD zur Vorbereitung der Vereinigung beider Parteien.

1946

9.–11.2.	1. Zonenkonferenz des FDGB.
2./3. 3.	Parteikonferenz der KPD in Berlin. (K/M3)
7.3.	Gründung der FDJ.
31.3.	Urabstimmung der SPD in West-Berlin lehnt bevorstehende Vereinigung mit der KPD in der SBZ ab, befürwortet jedoch die Zusammenarbeit der beiden Parteien.
19./20.4.	Letzte Parteitage von KPD (15. Parteitag) und SPD (40. Parteitag) in der SBZ beschließen Vereinigung.
21./22.4.	Vereinigungsparteitag von KPD und SPD zur SED in der SBZ. (P8)
22.5.–2.6.	Einführung der Einheitsschule.
8.–10 .6.	1. Parlament (Kongreß) der FDJ.
30.6.	Volksentscheid im Land Sachsen über die Enteignung der Betriebe von Naziaktivisten und Kriegsverbrechern. (W7)
1.7.	SMAD befiehlt Wiedereröffnung der Deutschen Akademie der Wissenschaften. (B27)
13./14.7.	1. Delegiertenkonferenz der antifaschistischen Frauenausschüsse der SBZ.
Juli/August	Die anderen SBZ-Länder erlassen nach dem Modell Sachsens Verordnungen zur Enteignung von Industriebetrieben.
September	Kommunalwahlen in der SBZ finden mit starken Behinderungen der bürgerlichen Parteien CDU und LDPD statt, die nicht in allen Orten antreten dürfen.
20.10.	Wahlen zu den Land- und Kreistagen der SBZ. Die SED erhält durchschnittlich 47,5 % der Stimmen.
Winter	Beginn des Hungerwinters 1946/47. (W10)

1947

22.2.	Gründung der VVN.
März	Gründung des FDGB-Feriendienstes. (P28)

7.3.	Gründung des DFD.
10.3.–4.4.	Moskauer Außenministerkonferenz der Siegermächte.
4.6.	Gründung der DWK. (W33; W34)
5.6.	Noch vor Beginn der Ministerpräsidentenkonferenz aller deutschen Länder verlassen die Ministerpräsidenten aus der SBZ den Konferenzort München, weil die westdeutschen Ministerpräsidenten zu diesem Zeitpunkt noch keine Verhandlungen zum Erreichen der deutschen Einheit abhalten wollen.
30.6.	Gründung der Gesellschaft zum Studium der Kultur der Sowjetunion, der späteren DSF.
20.–24.9.	II. Parteitag der SED.
4.10.	1. Schriftstellerkongreß des Kulturbundes.
22./23.11.	1. Bauerntag, Gründung der VdgB.
25.11.–15.12.	Londoner Außenministerkonferenz der Siegermächte.
6./7.12.	Tagung des 1. Deutschen Volkskongresses für Einheit und gerechten Frieden, zu dem die politischen Parteien und Organisationen Vertreter schicken.
19.12.	Die SMAD setzt die bisherigen CDU-Vorsitzenden Jakob Kaiser und Ernst Lemmer ab.

1948

26.2.	Die DWK übernimmt die Lenkung der zentralgeleiteten Wirtschaft der SBZ.
17./18.3.	Tagung des 2. Deutschen Volkskongresses mit Delegierten aus den Parteien.
20.3.	Die sowjetischen Vertreter verlassen den Alliierten Kontrollrat.
17.4.	Der SMAD-Chef, Marschall Sokolowski, veranlaßt das Ende des Sequesterverfahrens in der SBZ-Wirtschaft. (W15)
23.4.	Gründung der ersten VVB.
29.4.	Gründung der DBD.
25.5.	Gründung der NDPD.
20.6.	Währungsreform in den westlichen Besatzungszonen.
23.6.	Währungsreform in der SBZ, die die SMAD auf ganz Berlin ausdehnen möchte. (W12; W16)
25.6.	Die Westalliierten führen in den Berliner Westsektoren die DM (West) ein, worauf die SMAD alle Verbindungswege zwischen West-Berlin und den Westzonen mit einer Blockade belegt.
16./17.7.	1. Parteikonferenz der DBD.
2./3.9.	1. Parteitagung der NDPD.
16.9.	Bildung der ZPKK. (S60)
13.10.	Der sächsische Bergmann Adolf Hennecke erfüllt seine Norm mit 380 %. Damit beginnt in der SBZ die Aktivistenbewegung.
26.11.	Auflösung der Betriebsräte.
13.12.	Gründung der Pionierorganisation innerhalb der FDJ.

1949

25.–28.1.	1. Parteikonferenz der SED. (P3)
8.3.	Das SED-Politbüro beschließt das erste Nomenklaturkadersystem für die SBZ.
19.3.	Der Deutsche Volksrat billigt die Verfassung für eine »deutsche demokratische Republik«.
8.4.	Das SED-Politbüro beschließt die Einführung einer Kandidatenzeit bei der Aufnahme neuer Mitglieder. (S51)
12.5.	Ende der Berliner Blockade.
15./16.5.	Wahlen zum 3. Deutschen Volkskongreß nach dem Prinzip der Einheitslistenwahl. Die Kandidaten erhalten bei 95,2 % Wahlbeteiligung 66,1 % der Stimmen.
29.5.–3.6.	3. Deutscher Volkskongreß nimmt Verfassung für eine »deutsche demokratische Republik« an.
23.–25.6.	1. Parteitag der NDPD.
4.10.	Der SED-Parteivorstand proklamiert die Nationale Front des demokratischen Deutschland.
7.10.	Gründung der DDR. Umbildung des Deutschen Volksrates zur Provisorischen Volkskammer. Erste Verfassung der DDR. (D2; D3; D35)
8.10.	Abschluß des Frankfurter Abkommens über den Interzonenhandel mit einer Laufzeit von neun Monaten. Es wird mehrfach verlängert.
10.10.	An die Stelle der SMAD tritt, nach Übergabe wichtiger Verwaltungsfunktionen an die DDR-Regierung, die SKK. (D50)
11.10.	Wilhelm Pieck wird erster (und einziger) Präsident der DDR.
15.10.	Anerkennung der DDR durch die UdSSR. (D5)
17.10.–2.12.	Anerkennung der DDR durch Bulgarien, die Tschechoslowakei, Polen, Ungarn, Rumänien, China, (Nord)Korea, Albanien.
5.11.	Der Ministerrat faßt einen Beschluß über die DDR-Nationalhymne. (D4)
8.12.	Bildung des Obersten Gerichts und der Generalstaatsanwaltschaft der DDR.

1950

Januar/Februar	Kampagne gegen führende Landespolitiker aus LDPD und CDU im Zusammenhang mit der Durchsetzung des Einheitslistenwahlsystems.
3.2.	Bildung des Nationalrates der Nationalen Front.
8.2.	Volkskammer beschließt Gesetz zur Bildung des MfS. (S12)
13.3.	Protest der DDR-Regierung gegen die Lostrennung des Saargebietes.
23.3.	Gründung der Deutschen Akademie der Künste.
13.4.	Anerkennung der DDR durch die Mongolei.
19.4.	Volkskammer beschließt Gesetz der Arbeit.

Chronik der SBZ- und DDR-Geschichte

21.4.	Volkskammer beschließt Gesetz zum Schutz des innerdeutschen Handels. (W58)
17.5.	Herabsetzung des Volljährigkeitsalters in der DDR von 21 auf 18 Jahre. (G71)
19.5.	Rückgabe von 23 SAG-Betrieben an die DDR.
27.–30.5.	Deutschlandtreffen der FDJ.
4.7.	Konstituierung des Deutschen Schriftstellerverbandes.
6.7.	Polen und die DDR unterzeichnen das Görlitzer Abkommen, mit dem die »Oder-Neiße-Friedensgrenze« festgeschrieben wird. (D51)
20.–24.7.	III. Parteitag der SED. (D5; S53; S54)
29.9.	Aufnahme der DDR in den RGW.
15.10.	Wahlen zur Volkskammer und zu den Kommunalvertretungen nach dem Prinzip der Einheitsliste. Das offizielle Ergebnis lautet bei 98,44 % Beteiligung 99,7 % der Stimmen für die Liste. (P22) Bei allen folgenden Wahlen bis 1989 bleiben die Prozentzahlen in etwa gleich hoch.
21.10.	Prager Deutschlandbeschlüsse der Warschauer Vertragsstaaten. (D52)

1951

1.1.	Beginn des ersten Fünfjahrplanes der DDR.
11.1.	Ministerrat beschließt die Gründung der Deutschen Akademie der Landwirtschaftswissenschaften.
19.1.	Abschluß der Arbeiten zur endgültigen Markierung der Oder-Neiße-Grenze.
20.1.	Artikel in der *Täglichen Rundschau* von N. Orlow gegen »formalistische« Kunstrichtungen. (K/M4; K/M6)
17.3.	Das ZK der SED faßt seinen Beschluß gegen Formalismus und Kosmopolitismus. (K/M6)
22.4.	Gründung des NOK der DDR.
21.5.	Unterzeichnung des ersten Betriebskollektivvertrages in einem DDR-Unternehmen.
5.–19.8.	Weltfestspiele der Jugend und Studenten in Berlin.
20.9.	Abschluß des Berliner Abkommens über den innerdeutschen Handel.
8.10.	Teilweise Aufhebung der Lebensmittelrationierung.
31.10.	Volkskammer beschließt Gesetz über den Fünfjahrplan 1951–1955.
8.12.	Eröffnung der Deutschen Bauakademie in Berlin.
21.12.	Eröffnung des Instituts für Gesellschaftswissenschaften beim ZK der SED.

1952

2.1.	Start des Nationalen Aufbauwerkes. (W36, W59)
10.3.	Erste Stalin-Note an die drei Westmächte mit dem Vorschlag, Friedensverhandlungen mit einer gesamtdeutschen Regierung aufzu-

	nehmen, wird von den Westmächten mit der Forderung nach freien Wahlen abgelehnt.
9.4.	Zweite Stalin-Note nimmt freie Wahlen in das Konzept auf. Westmächte verlangen freie Wahlen als Voraussetzung für Verhandlungsbeginn. Folgende Notenwechsel verhärten die Positionen nur noch.
29.4.	UdSSR teilt Übergabe von 66 SAG-Betrieben an die DDR mit.
8.5.	Ankündigung der Aufstellung »nationaler Streitkräfte« in der DDR.
26.5.	Erlaß einer Verordnung über eine fünf Kilometer breite Sperrzone entlang der deutsch-deutschen Grenze.
27.5.	Unterbrechung des Fernsprechverkehrs zwischen Ost- und West-Berlin.
27.–30.5.	Die FDJ erhält ein neues Statut. (P23)
8.6.	Gründung der ersten LPG in Merxleben (Thüringen).
1.7.	Die bisherige Hauptverwaltung Ausbildung im MdI erhält die Bezeichnung Kasernierte Volkspolizei.
9.–12.7.	Bei der 2. Parteikonferenz der SED verkündet Walter Ulbricht die »planmäßige Errichtung der Grundlagen des Sozialismus in der DDR«. (P10; S56; S57)
23.7.	Per Gesetz werden die bisherigen fünf Flächenländer der DDR in 14 Bezirke und 217 Kreise aufgeteilt.
25.7.	Gründung der Organisation Dienst für Deutschland. (S14)
7.8.	Verordnung über die Gründung der GST. (S13)
5./6.12.	Erste Konferenz mit Vorsitzenden und »Aktivisten« der LPG: Beschluß über die Musterstatuten der verschiedenen LPG, der am 19. Dezember von ZK und Ministerrat bestätigt wird.
20.12.	Erklärung des ZK zum Slánský-Prozeß. (S58)
21.12.	Der Deutsche Fernsehfunk beginnt mit der Ausstrahlung von Sendungen.

1953

15.1.	Der bisherige DDR-Außenminister, Georg Dertinger (CDU), wird wegen angeblicher Spionage verhaftet.
21.2.	Auflösung der VVN in der DDR und Bildung eines Komitees der antifaschistischen Widerstandskämpfer.
6.3.	Der Ministerrat veranlaßt Staatstrauer wegen des Todes von Jossif Stalin am Tage zuvor.
9.4.	Verschiedene Verordnungen führen zum Entzug der Lebensmittelkarten für einige Bevölkerungsgruppen wie »Grenzgänger« und Selbständige. (W60)
20.4.	Die Bischöfe der Evangelischen Kirche wenden sich in einem Brief an die Generalstaatsanwaltschaft der DDR gegen den Kirchenkampf der SED und die Verfolgung von Mitgliedern der Jungen Gemeinden. (K2)
30.4.	Schaffung der Konfliktkommissionen in den Betrieben.

Chronik der SBZ- und DDR-Geschichte 565

28.5.	Der Ministerrat beschließt eine Normenerhöhung um mindestens zehn Prozent. (W61)
29.5.	Auflösung der SKK; Einrichtung der Funktion eines Sowjetischen Hohen Kommissars in Deutschland.
10.6.	Gespräch des Ministerpräsidenten Grotewohl mit den evangelischen Bischöfen Dibelius, Hahn, Beste, Mitzenheim, Müller und von Scheven.
11.6.	Ministerrat verkündet den Neuen Kurs, der die Verbesserung der »Lebenslage der Werktätigen« in den Vordergrund stellt.
16.6.	Streik von Bauarbeitern an der Baustelle der Ost-Berliner Stalinallee.
17.6.	Ausweitung der Streiks auf mehrere hundert Orte der DDR. Übergang in den offenen Aufstand, der von sowjetischem Militär niedergeschlagen wird. (S15; D6)
25.7.	Festigung der Position Walter Ulbrichts durch seine Wahl zum Ersten Sekretär des ZK. Ausschluß von Rudolf Herrnstadt und Wilhelm Zaisser aus dem ZK. (K/M7)
6.8.	Neubildung der Industrie- und Handelskammer der DDR.
31.12.	Ende der Reparationslieferungen an die Sowjetunion. (W18)

1954

1.1.	Übergabe der letzten 33 SAG-Betriebe an die DDR. Nur die Wismut AG bleibt im Besitz der Sowjetunion, die DDR wird jedoch 50prozentige Teilhaberin.
25.1.–18.2.	Berliner Außenministerkonferenz der Siegermächte.
14.3.	Das Politbüro faßt Beschluß zur SED-Kirchenpolitik. (K3)
25.3.	Die DDR erhält erweiterte Souveränitätsrechte von der UdSSR.
30.3.–6.4.	IV. Parteitag der SED.
18./19.9.	Erstmalige Durchführung sog. Wählervertreterversammlungen, in denen sich die Kandidaten der Einheitsliste ihren Wählern vorzustellen haben.
13.11.	Ein Zentraler Jugendweiheausschuß ruft die Eltern auf, ihre Kinder für die Jugendweihe anzumelden. (G72)
29.11.–2.12.	Konferenz der Ostblockländer in Moskau gegen die Pariser Verträge.

1955

25.1.	Die Sowjetunion erklärt den Kriegszustand mit Deutschland für beendet.
27.3.	Erste Jugendweihen in Ost-Berlin. (G72)
14.5.	Unterzeichnung des Warschauer Vertrages durch Albanien, Bulgarien, Ungarn, die DDR, Polen, Rumänien, die UdSSR und die Tschechoslowakei.
18.6.	Das NOK der DDR wird als Provisorisches Mitglied in das IOC aufgenommen.
18.–23.7.	Genfer Gipfelkonferenz der Siegermächte.

18.8.	Ministerrat beschließt Verordnung über die PGH.
20.9.	Erster Freundschaftsvertrag DDR/UdSSR. **(D53)** Die DDR erhält die »volle« Souveränität von der UdSSR. Das Amt des Sowjetischen Hohen Kommissars wird aufgelöst. Die Interessen der Sowjetunion werden fortan von der Botschaft wahrgenommen.
27.10.–16.11.	Genfer Außenministerkonferenz der Siegermächte, an der Delegationen aus beiden deutschen Staaten als Beobachter teilnehmen können.
1.12.	Die DDR-Grenzpolizei übernimmt von der Sowjetunion die Sicherung der DDR-Staatsgrenzen.

1956

18.1.	Gesetz zur Schaffung der NVA. **(S2)**
27.1.	NVA-Truppen werden dem Vereinten Oberkommando des Warschauer Vertrages unterstellt.
14.–25.2.	Die von Nikita Chruschtschow auf dem XX. Parteitag der KPdSU gehaltene Geheimrede, die einen Teil der Verbrechen der Stalinzeit benennt, markiert den Beginn der Entstalinisierungskrise in allen staatssozialistischen Ländern.
15./16.2.	Der FDGB-Bundesvorstand beschließt die vollständige Übernahme des Sozialversicherungssystems unter seine Verwaltung.
24.–30.3.	3. Parteikonferenz der SED: Beschlüsse zur Förderung der PGH-Gründung, zu Kommissionsverträgen mit privaten Händlern und zur Bildung von BSB.
1.9.	In den Schulen beginnt der obligatorische Werkunterricht als Teil der polytechnischen Ausrichtung der Schulen.
4.–6.10.	Treffen von Vertretern der LDPD und FDP in Weimar.
25.10.–4.11.	Aufstand in Budapest, der von sowjetischem Militär blutig niedergeschlagen wird.

1957

30.1.–1.2.	Auf der 30. Tagung des ZK der SED wird die Bildung einer deutschen Konföderation vorgeschlagen.
12.3.	Abkommen zwischen der DDR und der UdSSR zur Stationierung sowjetischer Truppen auf dem Territorium der DDR. **(S4)**
27./28.4.	Gründung des DTSB.
6.6.	Gründung des Forschungsrates beim Ministerrat der DDR.
10.10.	Jugoslawien und die DDR nehmen diplomatische Beziehungen zueinander auf. Die BRD bricht daraufhin am 19. Oktober ihre Beziehungen zu Jugoslawien ab.

1958

2./3.4.	Babelsberger Konferenz zur Rechtswissenschaft. **(P39)**
28.5.	Abschaffung der letzten Lebensmittelkarten. **(W35)**
10.–16.7.	V. Parteitag der SED. **(P12)**

1.9.	Einführung des »Unterrichtstages in der Produktion« für Schüler der 7. bis 12. Klasse und des Schulfaches »Einführung in die sozialistische Produktion« für Schüler der 9. bis 12. Klasse.
16.–26.10.	1. Messe der Meister von morgen in Leipzig.
27.11.	Chruschtschow-Note mit dem Vorschlag, West-Berlin zur »Freien Stadt« zu machen.
8.12.	Gesetz zur Auflösung der Länderkammer und Gesetz über den Ministerrat stärken den »demokratischen Zentralismus«.

1959

3.1.	Aufruf zum Wettbewerb um den Titel »Brigade der sozialistischen Arbeit«. (K/M8)
5.1.	Eröffnung der Militärakademie Dresden.
18.3.	Deutschlandplan der SPD.
24.4.	Erste Bitterfelder Kulturkonferenz. (K/M9)
11.5.–20.6.	Genfer Außenministerkonferenz der vier Siegermächte, an der Delegationen beider deutscher Staaten als Beobachter teilnehmen.
12.–21.6.	1. Arbeiterfestspiele (im Bezirk Halle).
2.12.	Volkskammer beschließt die Einführung der zehnjährigen Schulpflicht bis 1964.

1960

10.2.	Gesetz zur Schaffung des NVR. (S59)
14.4.	Abschluß der zuletzt zwangsweisen Kollektivierung in der Landwirtschaft. (W22)
17.4.	»Deutschlandplan des Volkes« als offener Brief des SED-ZK an die Arbeiterschaft der BRD. (D8)
7.9.	Tod Wilhelm Piecks.
12.9.	Bildung des Staatsrates der DDR, der die Funktion des Präsidenten der Republik übernimmt. Erster Vorsitzender wird Walter Ulbricht.
30.9.	Kündigung des Berliner Abkommens über den innerdeutschen Handel durch die westdeutsche Seite mit Wirkung zum Jahresende.
29.12.	Das Berliner Abkommen wird in veränderter Fassung wieder in Kraft gesetzt, so daß es realiter nicht ausgesetzt war.

1961

4.1.	Die Staatliche Plankommission faßt Beschluß zur »Störfreimachung« der DDR-Volkswirtschaft, mit dem ihre Abhängigkeit von Importen, vor allem aus Westdeutschland, gemindert werden soll. (W64)
12.4.	Die Volkskammer beschließt das Gesetzbuch der Arbeit. (G9)
15.6.	Ulbricht kündigt bei einer Pressekonferenz verklausuliert den Bau einer Mauer in Berlin an. (D55)
13.8.	Abriegelung der Grenzen zum Westteil Berlins. Unterbrechung des freien Reiseverkehrs von und nach West-Berlin. (S18)
20.9.	Die Volkskammer beschließt Verteidigungsgesetz.

1962

24.1.	Die Volkskammer beschließt das Gesetz über die allgemeine Wehrpflicht.
25.3.	Der Nationalrat der Nationalen Front veröffentlicht das »Nationale Dokument« der DDR. (D10)
5.4.	Erste Sitzung des Forschungsrates.
7.6.	Bildung eines Exekutivkomitees des RGW.
19.10.	Volkskammer beschließt die Verlängerung der laufenden Legislaturperiode.

1963

15.–21.1.	VI. Parteitag der SED beschließt neues Programm und neues Statut für die SED.
13.5.	Beschluß des Ministerrates zur ABI.
24./25.6.	Wirtschaftskonferenz des ZK und des Ministerrates leitet offiziell das NÖSPL ein. (W42)
23.9.	Ministerrat verabschiedet Personalausweisordnung, die die Ausgabe von Personalausweisen mit der Aufschrift »für Bürger der DDR« regelt.
22.10.	Abschluß eines Abkommens unter den Mitgliedsländern des RGW über die mehrseitige Verrechnung des Handels zwischen ihnen in der Verrechnungseinheit »transferabler Rubel«. Gründung der diesbezüglichen Internationalen Bank für Wirtschaftliche Zusammenarbeit in Moskau.
17.12.	Erstes Passierscheinabkommen der DDR mit dem Senat von Berlin (West).

1964

30.1.	Der Ministerrat beschließt die erste Etappe der Industriepreisreform im Rahmen des NÖSPL, die am 1. April beginnt. (W42)
16.3.	Verordnung über die Zulassung und Tätigkeit freiwilliger Helfer zur Unterstützung der DVP und der Grenztruppen der NVA. (S22)
4.5.	Die Volkskammer beschließt neues Jugendgesetz. (G73)
16.–18.5.	Letztes Deutschlandtreffen der FDJ mit Teilnehmern aus beiden deutschen Staaten.
12.6.	Zweiter Freundschaftsvertrag DDR/UdSSR.
21.9.	Tod Otto Grotewohls.
24.9.	Willi Stoph wird Vorsitzender des Ministerrates.
1.12.	Einführung eines Zwangsumtausches für westliche Besucher bei Reisen in die DDR.

1965

25.2.	Die Volkskammer beschließt das Gesetz über das einheitliche sozialistische Bildungssystem. (B2)
8.10.	Das IOC läßt Mannnschaft der DDR für die Olympischen Spiele 1968 zu.

Chronik der SBZ- und DDR-Geschichte

15.–18.12.	11. Tagung des ZK der SED, das sog. Kulturplenum, in dessen Folge die komplette Jahresproduktion der DEFA verboten wird. **(K/M13; K/M14)**
20.12.	Die Volkskammer beschließt das Familiengesetzbuch. **(G40)**
22.12.	Der Ministerrat beschließt die Verordnung über die Einführung der 5-Tage-Arbeitswoche für jede zweite Woche.

1966

28.2.	Die DDR beantragt die Aufnahme in die UNO.
9.5.	Inbetriebnahme des ersten Kernkraftwerkes der DDR bei Rheinsberg.
6.10.	Übereinkunft über eine Passierscheinstelle in Berlin (West) für Härtefälle.
10./11.12.	Gründungskongreß des Verbandes der Theaterschaffenden der DDR.
13.12.	Bundeskanzler Kiesinger kündigt an, Kontakte mit der Regierung der DDR aufnehmen zu wollen.

1967

21./22.1.	Gründungskongreß des Verbandes der Film- und Fernsehschaffenden der DDR.
20.2.	Die Volkskammer beschließt das Gesetz zur Staatsbürgerschaft der DDR.
17.–22.4.	VII. Parteitag der SED. **(P14; K/M22)**
10.5.	Erste Note der DDR, die von der Bundesregierung beantwortet wird, beinhaltet die Forderung nach völkerrechtlicher Anerkennung der DDR durch die BRD.
28.8.	Generelle Einführung der 5-Tage-Arbeitswoche in der DDR.
18.9.	Zweite Note der DDR-Regierung an die Bundesregierung beinhaltet Vertragsentwurf für normale, völkerrechtliche Beziehungen. Kiesinger beendet Notenwechsel, weil er keinem solchen »Teilungsvertrag« zustimmen möchte.

1968

12.1.	Die Volkskammer beschließt das neue Strafgesetzbuch der DDR.
6.4.	Volksentscheid über die erste »sozialistische Verfassung der DDR«: Beteiligung 98,0 %, 94,5 % Ja-Stimmen. **(D2; D3; D35; P40)**
15.7.	Gemeinsamer Brief mehrerer kommunistischer Parteien an die Prager Führung, in dem sie ihre »Besorgnis« über die Situation in der ČSSR ausdrücken. **(D11)**
21.8.	Einmarsch sowjetischer Truppen in die Tschechoslowakei zur Niederschlagung des »Prager Frühlings«. Die DDR, die selbst keine Truppen entsendet, unterstützt den Einmarsch jedoch mit allen anderen Mitteln.
12.9.	Erlaß einer Verordnung über die GST. **(S24)**
12.10.	Die DDR wird vollberechtigtes Mitglied des IOC.

1969

8.5.	Die Anerkennung der DDR durch Kambodscha markiert den Beginn der »Anerkennungswelle« der folgenden Jahre.
30.7.	Neues MfS-Statut. (S25)
10.–14.9.	1. Synodaltagung des neugebildeten Bundes der evangelischen Kirchen in der DDR.

1970

19.3.	Treffen von Bundeskanzler Willy Brandt und Ministerpräsident Willi Stoph in Erfurt. Willy-Rufe aus der Bevölkerung.
21.5.	Zweites Treffen von Brandt und Stoph, diesmal in Kassel, ist von heftigen Protesten gegen den Aufenthalt der DDR-Delegation begleitet.
15.9.	Gründung der Akademie der Pädagogischen Wissenschaften der DDR. (B6)

1971

31.1.	Der seit dem 27.5.1952 unterbrochene Fernsprechverkehr zwischen Ost- und West-Berlin wird wieder aufgenommen.
3.5.	Walter Ulbricht verliert seinen Posten als Erster Sekretär des ZK der SED. Nachfolger wird Erich Honecker. (D58)
15.–19.6.	VIII. Parteitag der SED: Wende zu einer auf Sozialpolitik ausgerichteten Entwicklung der DDR.
3.9.	Unterzeichnung des Vierseitigen Abkommens durch die vier ehemaligen Besatzungsmächte.
17.12.	Transitabkommen als erster deutsch-deutscher Vertrag.

1972

8.2.	Das SED-Politbüro beschließt nach einer Initiative der DDR-CDU die Überführung von BSB, industriell produzierenden PGH und privaten Unternehmen in Volkseigentum. (W24)
9.3.	Die Volkskammer liberalisiert das Abtreibungsrecht in der DDR. (G62, G63; G64)
28.4.	Beschluß des Sozialpolitischen Programms. (G25)
26.5.	Deutsch-deutscher Verkehrsvertrag.
16.10.	Die Volkskammer beschließt ein neues Gesetz über den Ministerrat. (P41)
20.12.	Die Schweiz erkennt als erstes westliches Industrieland die DDR offiziell an.
21.12.	Unterzeichnung des Grundlagenvertrages, dessen Bestandteil der »Brief zur deutschen Einheit« der Bundesregierung ist. (D14; D15)

1973

4.1.	DDR wird Mitglied der ECE.
8.2.	Diplomatische Beziehungen mit Großbritannien.
9.2.	Diplomatische Beziehungen mit Frankreich.
3.–7.7.	In Helsinki wird die sog. erste Phase der KSZE durchgeführt.

Chronik der SBZ- und DDR-Geschichte

1.8.	Tod Walter Ulbrichts.
18.9.	Die beiden deutschen Staaten werden als Mitglieder in die UNO aufgenommen.
21.9.	Nach dem Militärputsch in Chile bricht die DDR die diplomatischen Beziehungen ab.
2.10.	Das ZK der SED beschließt das Wohnungsbauprogramm, mit dem bis 1990 etwa 2,8 bis drei Millionen Wohnungen neugebaut bzw. modernisiert werden sollen. (G27)

1974

1.1.	Die DDR führt eigenes Autokennzeichen ein: »DDR« ersetzt bisheriges »D«.
28.1.	Die Volkskammer verabschiedet erneut ein Jugendgesetz. (G75)
2.5.	Beide deutsche Staaten eröffnen jeweils am Sitz der anderen Regierung Ständige Vertretungen.
4.9.	Aufnahme diplomatischer Beziehungen mit den USA.
7.10.	Per Gesetz wird die erst 1968 verabschiedete Verfassung der DDR geändert. Es verschwinden alle Verweise auf die deutsche Nation. (D2; D3; D35; P15)

1975

1.1.	Zur Papierersparnis erscheinen sämtliche DDR-Zeitungen fortan ohne Sonntagsausgabe.
19.6.	Die Volkskammer verabschiedet das Eingabengesetz und das Zivilgesetzbuch der DDR, das das Bürgerliche Gesetzbuch vom 8.5.1896 ablöst.
1.8.	Erich Honecker unterzeichnet für die DDR die KSZE-Schlußakte von Helsinki. (D17) Zusammentreffen mit Helmut Schmidt.
7.10.	Neuer Freundschaftsvertrag DDR/UdSSR geschlossen. (D60)

1976

30.3.	Deutsch-deutsches Postabkommen unterzeichnet.
18.–22.5.	IX. Parteitag der SED beschließt ein neues Statut und ein neues Programm der SED. (G14; S60; P5; P16)
24.6.	Verlängerung der Legislaturperiode von vier auf fünf Jahre, Festlegung des Wahlrechtsalters auf 18 Jahre.
18.8.	Der Pfarrer Oskar Brüsewitz verbrennt sich öffentlich in Zeitz. (K28; K29)
16.11.	Ausbürgerung des Liedermachers Wolf Biermann. (K/M15; K/M16; K/M17)

1977

16.6.	Die Volkskammer verabschiedet ein neues Arbeitsgesetzbuch. (P31)
23.8.	Verhaftung Rudolf Bahros nach Veröffentlichung seines Buches »Die Alternative« in der Bundesrepublik.
7.10.	Tumulte auf dem Berliner Alexanderplatz bei einem Volksfest.

1978

6.3.	Zusammentreffen von Erich Honecker mit dem Vorstand der Konferenz der Evangelischen Kirchenleitungen leitet Phase der Entspannung ein. (K9; K10)
26.8.	Siegmund Jähn ist der erste Deutsche, der an Bord einer sowjetischen Raumkapsel ins All fliegt.
13.10.	Gesetz über die Landesverteidigung der DDR (Verteidigungsgesetz). (S61)
16.11.	Deutsch-deutsches Verkehrsabkommen sieht den Ausbau der Transitwege nach West-Berlin vor. (D19)

1979

16.4.	Einführung der sog. Forumschecks für den Einkauf von Waren in Intershopläden durch DDR-Bürger.
7.6.	Ausschluß von neun Mitgliedern aus dem Schriftstellerverband der DDR.
28.6.	Die Volkskammer verabschiedet das 3. Strafrechtsänderungsgesetz, das in verschiedenen Paragraphen das politische Strafrecht verschärft.
7.10.	Leonid Breschnew kündigt den Abzug von 20 000 Soldaten und 1 000 Panzern an. (D61)
13.12.	Erich Honecker kündigt Besuch Helmut Schmidts an, der jedoch wenig später auf Wunsch der DDR verschoben wird.

1980

1.1.	Die DDR wird für zwei Jahre »nichtständiges« Mitglied des UN-Sicherheitsrates.
8.5.	Bei den Trauerfeierlichkeiten für den verstorbenen jugoslawischen Staatspräsidenten Josip Broz Tito kommt Erich Honecker mit Helmut Schmidt, Karl Carstens und Willy Brandt zusammen.
13.10.	Anläßlich der Eröffnung des SED-Parteilehrjahres stellt Honecker in einer Rede die vier »Geraer Forderungen« auf. (D20) Drastische Erhöhung des Zwangsumtausches für westliche Reisende in die DDR.
30.10.	Aufhebung des paß- und visafreien Reiseverkehrs für DDR-Bürger bei Reisen nach Polen.

1981

15.1.	Gespräch Honeckers mit dem Vorsitzenden der Berliner Bischofskonferenz, Bischof Schaffran.
11.–16.4.	X. Parteitag der SED.
11.6.	Der Ministerrat verordnet die Gewährung eines Stipendiums an alle Studenten.
11.–13.12.	Der mehrfach verschobene Besuch des Bundeskanzlers in der DDR wird von der Verhängung des Kriegsrechtes in Polen überschattet. (D61)

1982

1.1.	Volkszählung in der DDR.
25.3.	Die Volkskammer beschließt Gesetz über den Wehrdienst und Gesetz über die Staatsgrenze. (S6; S30)
Frühjahr	Devisenmangel führt zu ernsthaften und überall sichtbaren Versorgungsmängeln. (W25; W26)
29.11.	Der neue Bundeskanzler Helmut Kohl versichert dem SED-Generalsekretär die Fortsetzung der deutsch-deutschen Verhandlungspolitik. (D21)

1983

21.4.	Im Rahmen der Feierlichkeiten zum Lutherjahr treffen der Vorsitzende des Lutherkomitees der Evangelischen Kirche, Werner Leich, und Erich Honecker zusammen. (K9)
29.6.	Ein von Franz Josef Strauß vermittelter Milliardenkredit westdeutscher Banken beendet faktisch die westliche Kreditsperre gegenüber der DDR. (W25; W26)
25.10.	Der NVR teilt mit, daß in der DDR Atomwaffen der Sowjetarmee stationiert werden, da in einigen westeuropäischen Ländern, einschließlich der BRD, Atomraketen stationiert werden sollen.

1984

9.1.	Deutsche Reichsbahn übergibt den West-Berliner S-Bahnbetrieb an die BVG.
13.2.	Zusammentreffen von Kohl und Honecker anläßlich der Trauerfeierlichkeiten für den verstorbenen Juri Andropow in Moskau.
25.7.	Die DDR erhält einen weiteren Kredit der BRD.
30.11.	Abschluß der in einem Interview Honeckers am 6.10.1983 angekündigten Demontage der Selbstschußanlagen an der deutsch-deutschen Grenze.

1985

12.3.	Bei Trauerfeierlichkeiten für Konstantin Tschernenko in Moskau treffen Honecker und Kohl zusammen.
26.4.	Verlängerung des Warschauer Vertrages um 20 Jahre.
5.7.	Erhöhung des zinslosen Überziehungskredites im deutsch-deutschen Handel auf 850 Mio. Verrechnungseinheiten (=DM).

1986

17.–21.4.	XI. Parteitag der SED.
25.4.	Erste deutsch-deutsche Städtepartnerschaft zwischen Eisenhüttenstadt und Saarlouis.
6.5.	Deutsch-deutsches Kulturabkommen.

1987

26.8. Erhöhung des »Begrüßungsgeldes« für DDR-Bürger auf einmalig 100 DM pro Jahr.

27.8. Die SPD-Grundwertekommission und die Akademie für Gesellschaftswissenschaften beim ZK der SED vereinbaren ihr gemeinsames Papier »Der Streit der Ideologien und die gemeinsame Sicherheit«. Die SED erkennt darin die Reformfähigkeit von beiden Systemen an.

7.–11.9. Honeckers mehrfach verschobener Besuch in Bonn findet statt.

25.11. Sicherheitskräfte dringen in die Räume der Umweltbibliothek der Berliner Zionsgemeinde ein und beschlagnahmen dort Vervielfältigungsmaschinen und Druckmaterial. (**K34**)

1988

17.1. Bei der Liebknecht/Luxemburg-Demonstration kommt es zur Verhaftung von Bürgerrechtlern. (**P19; D62**)

1.7. Gebietsaustausch zwischen der DDR und Berlin (West), der alle gegenseitigen Enklaven beseitigt.

20.11. Verbot der sowjetischen Monatszeitschrift *Sputnik*. (**K/M42**)

1989

1.1. Neue »Reiseverordnung« (vom 30.11.1988) bietet erweiterte Möglichkeiten zur Antragstellung auf Privatreisen in den Westen bzw. auf ständige Ausreise.

13.1. Gründung des Freidenkerverbandes der DDR. (**K24**)

7.5. Letztmalig finden in der DDR Wahlen nach dem Muster der Einheitslistenwahl statt. Bürgerkontrollen belegen den praktizierten Wahlbetrug. (**P35; P36**)

19.8. Das Paneuropäische Picknick an der ungarisch-österreichischen Grenze bei Sopron wird von Hunderten DDR-Bürgern zur Flucht genutzt.

4.9. Montagsdemonstration in Leipzig mit ca. 1 200 Teilnehmern, überwiegend Antragsteller auf Ausreise.

10.9. Das Neue Forum veröffentlicht seinen Gründungsaufruf, den binnen weniger Wochen 200 000 DDR-Bürger unterzeichnen. (**D29**)

11.9. Ungarn öffnet seine westlichen Grenzen für ausreisewillige DDR-Bürger. Beginn einer Massenflucht von DDR-Bürgern über Ungarn bzw. die diplomatischen Vertretungen der BRD in staatssozialistischen Ländern. (**D27; D46**)

12.9. Gründungsaufruf von Demokratie Jetzt.

18.9. Prominente Rockmusiker der DDR unterstützen in einem Aufruf, den sie bei Konzerten verlesen, die Gründung des Neuen Forums und fordern die Regierung zu Reformen auf. (**K/M18**)

19.9. Die Bundessynode der BEK in Eisenach fordert in einem Beschluß Demokratisierung und tatsächliche Reformen in der DDR. (**K34**)

1.10. Gründung des Demokratischen Aufbruchs.

Chronik der SBZ- und DDR-Geschichte 575

2.10.	Montagsdemonstration in Leipzig mit ca. 15 000 Teilnehmern. Rufe wie »Wir bleiben hier« werden laut.
4.10.	Die DDR-Regierung suspendiert die Bestimmungen des paß- und visafreien Reiseverkehrs nach der ČSSR. Damit können DDR-Bürger in kein Land der Welt ohne amtliche Genehmigung reisen.
7.10.	Feierlichkeiten zum 40. Jahrestag der DDR. Polizei und MfS-Kräfte gehen in mehreren Städten in der DDR gegen Demonstranten vor. Gründung der SDP.
9.10.	Bei der Montagsdemonstration in Leipzig mit über 75 000 Teilnehmern bleiben nach einem u. a. von SED-Funktionären verfaßten »Aufruf Leipziger Bürger« Gewaltaktionen des Staates aus. Die Teilnehmer skandieren die Losung »Wir sind das Volk«.
11.10.	Das SED-Politbüro ruft zu einem Dialog über die Entwicklung in der DDR auf. (**D31**)
17.10.	Honecker wird vom Politbüro zum Rücktritt gezwungen.
18.10.	Das ZK beruft Egon Krenz zum Generalsekretär. Er versucht in einer Fernsehansprache das Vertrauen der DDR-Bürger zu gewinnen. Hierin prägt er den Begriff »Wende«.
27.10.	Fünf führende Wirtschaftsfachleute der DDR legen ein Gutachten zur tatsächlichen Lage der DDR-Volkswirtschaft vor. (**W54**)
4.11.	Auf dem Alexanderplatz in Ost-Berlin findet die größte Demonstration in der Geschichte der DDR statt. (**K/M19**)
6.11.	Eine neue Reiseverordnung stößt ob ihrer bürokratischen Hürden in der Bevölkerung auf Kritik und Mißtrauen.
7.11.	Rücktritt der Regierung Stoph.
8.11.	Geschlossener Rücktritt des alten Politbüros.
9.11.	Nach der Ankündigung voller Reisefreiheit durch Günter Schabowski passieren in der Nacht die ersten Ost-Berliner die Grenze nach West-Berlin. Damit beginnt der Fall der Mauer. (**D47**)
13.11.	Wahl des letzten von der SED gestellten Ministerpräsidenten, Hans Modrow.
24.11.	Gründung der Grünen Partei der DDR.
26.11.	Aufruf »Für unser Land«. (**D48**)
28.11.	Letzte Sitzung des Demokratischen Blocks der bisherigen Parteien. Bundeskanzler Kohl legt Zehnpunkteplan zur schrittweisen Überwindung der Teilung Deutschlands und Europas vor.
1.12.	Streichung des SED-Führungsanspruches aus der DDR-Verfassung.
3.12.	Egon Krenz, Politbüro und ZK treten unter dem Druck anhaltender Massendemonstrationen zurück.
4.12.	Bei den Montagsdemonstrationen in Leipzig beginnen Rufe nach Herstellung der deutschen Einheit (»Wir sind ein Volk«) zu überwiegen.
7.12.	Erste Sitzung des Runden Tisches unter der Moderation von Kirchenvertretern.

8./9.12.	1. Sitzung des Außerordentlichen SED-Parteitages. Gregor Gysi wird zum Vorsitzenden gewählt. Ein Antrag auf Selbstauflösung der SED scheitert.
15./16.12.	Sonderparteitag der CDU markiert die endgültige Abkehr dieser Blockpartei von der bisherigen Politik. 2. Sitzung des Parteitages der SED, die sich nunmehr SED-PDS nennt.
19./20.12.	Besuch Helmut Kohls in Dresden, wo er mit Jubel empfangen wird.

1990

1.1.	Die Visumfreiheit für Bundesbürger und die Abschaffung des Zwangsumtausches treten in Kraft. Ein »Reisefonds« erlaubt DDR-Bürgern, 100 Mark zum Kurs 1:1 in D-Mark umzutauschen, sowie weitere 500 Mark für den Erwerb von 100 D-Mark zu verwenden.
12.–14.1.	Gründungsparteitag der SDP und Umbenennung in SPD.
15.1.	Zehntausende von Demonstranten erstürmen die Zentrale des MfS in Berlin. Die Erfurter SED-Bezirkszeitung *Das Volk* sagt sich als erste SED-Zeitung von der sie bisher tragenden Partei los und erscheint unter dem Namen *Thüringer Allgemeine* als unabhängige Zeitung.
20.1.	Vereinigung mehrerer konservativer Parteineugründungen zur DSU.
25.1.	Gewährung der vollen Gewerbefreiheit. Eine »Joint-Venture-Verordnung« läßt 49-Prozent-Beteiligungen von Nicht-DDR-Bürgern an gemeinsamen Unternehmen zu. Rückzug der CDU-Minister löst Regierungskrise aus, die durch den Eintritt von Bürgerrechtlern als Minister ohne Geschäftsbereich am 28. Januar entschärft werden kann. Der ursprünglich am Runden Tisch auf den 6. Mai festgelegte Volkskammerwahltermin wird auf den 18. März vorverlegt.
1.2.	Ministerpräsident Modrow schwenkt mit seinem Plan »Für Deutschland, einig Vaterland« auf den Vereinigungskurs ein.
4.2.	Konstituierung einer FDP in der DDR.
5.2.	DDR-CDU, DSU und DA verabreden die Allianz für Deutschland.
7.2.	Das Neue Forum, Demokratie Jetzt und die Initiative für Frieden und Menschenrechte vereinbaren das Bündnis 90 als Listenverbindung.
12.2.	Die LDPD, die DDR-FDP und die vom Neuen Forum abgespaltene Deutsche Forum-Partei bilden den Bund Freier Demokraten.
12.3.	Letzte Sitzung des Runden Tisches. Letzte Montagsdemonstration mit wenigen Teilnehmern in Leipzig.
18.3.	Die einzigen freien Wahlen zur Volkskammer in der DDR enden mit einem Wahlerfolg der Allianz für Deutschland aus DDR-CDU (40,8%), DA (0,9%) und DSU (6,3%). Zweitstärkste Partei wird

	die DDR-SPD (21,9%), gefolgt von der PDS (16,4%) und den Liberalen (zusammen 5,3%). Die Bürgerrechtsgruppen erreichen als Bündnis 90 nur 2,9% der Stimmen.
20.3.	Vorschlag der Bundesregierung an die DDR für eine Wirtschafts-, Währungs- und Sozialunion.
27.3.	Die NDPD tritt korporativ dem Bund Freier Demokraten bei.
12.4.	Bildung einer Koalitionsregierung aus Allianzparteien, SPD und den Liberalen unter Führung Lothar de Maizières.
5.5.	Auftakt der Zwei-plus-Vier-Verhandlungen in Bonn.
6.5.	Die freien Kommunalwahlen bestätigen auch auf der Ebene der Städte und Gemeinden den von der Volkskammerwahl vorgegebenen Trend.
17.6.	Die Volkskammer verabschiedet das Treuhandgesetz. (**W75**)
25.6.	Der DBD-Vorstand beschließt mehrheitlich die Fusion mit der DDR-CDU, die dem zustimmt. Ein Teil der DBD-Mitglieder wechselt jedoch zur SPD und zu den Liberalen.
1.7.	Die D-Mark wird im Rahmen der am 18.5.1990 zwischen beiden deutschen Staaten vereinbarten Schaffung der Währungs-, Wirtschafts- und Sozialunion offizielle Währung in der DDR. (**W74**)
24.7.	Austritt der Liberalen aus der Koalitionsregierung.
4.8.	Fusion von DA und DDR-CDU.
5.8.	Gründung der gesamtdeutschen Listenvereinigungen Linke Liste/PDS und Bündnis90/Grüne für die für den 2. Dezember anberaumten ersten gesamtdeutschen Bundestagswahlen.
11./12.8.	Die FDP gründet sich in Hannover als erste gesamtdeutsche Partei, in der sich die Liberalen Parteien aus Ost- und Westdeutschland vereinigen.
15.–20.8.	Koalitionskrise, die mit dem Rückzug der SPD-Minister endet.
23.8.	Die Volkskammer erklärt für die DDR den Beitritt zum Geltungsbereich des Grundgesetzes per 3.10.1990. (**D33**)
31.8.	Die beiden deutschen Staaten unterzeichnen den Einigungsvertrag. (**D34; K/M24; B41**)
12.9.	Die beiden deutschen Staaten und die vier ehemaligen Besatzungsmächte unterzeichnen in Moskau den Zwei-plus-Vier-Vertrag.
20.9.	Verabschiedung des Einigungsvertrages mit den erforderlichen Zweidrittelmehrheiten in Volkskammer und Bundestag.
27.9.	Vereinigung der beiden SPD.
30.9.	Auflösung des FDGB.
1./2.10.	Vereinigung der beiden CDU.
2.10.	Letzte Sitzung der Volkskammer.
3.10.	Beitritt der DDR zur Bundesrepublik Deutschland wird rechtskräftig.

Abkürzungsverzeichnis

AA	Akademiearchiv
ABI	Arbeiter- und Bauerninspektion
ABF	Arbeiter- und Bauernfakultät
ABV	Abschnittsbevollmächtigter der Deutschen Volkspolizei
AdK	Akademie der Künste der DDR (1972–1990, davor DAK)
ADN	Allgemeiner Deutscher Nachrichtendienst
AdW	Akademie der Wissenschaften der DDR (1972–1990, davor DAW)
AG	Aktiengesellschaft
AIM	Archivierter Vorgang eines Inoffiziellen Mitarbeiters
AkM	Akademiemitglied
APN	Außenpolitischer Nachrichtendienst
APW	Akademie der Pädagogischen Wissenschaften
ASt	Außenstelle
AWE	Automobilwerk Eisenach
AWG	Arbeiter-Wohnungsbaugenossenschaft
AZKW	Amt für Zoll und Kontrolle des Warenverkehrs (bis 1962)
B	Brigadier
BArch	Bundesarchiv
BBAW	Berlin-Brandenburgische Akademie der Wissenschaften
BDJ	Bund deutscher Jugend
BDM	Bund deutscher Mädel
BEK	Bund der Evangelischen Kirchen in der DDR
BF	Bildung und Forschung
BGL	Betriebsgewerkschaftsleitung
BHG	Bäuerliche Handelsgenossenschaft
BK	Bekennende Kirche
Bl.	Blatt
BMA	Berufsausbildung mit Abitur
BMK	Baumaschinenkombinat
BRD	Bundesrepublik Deutschland
Brg.	Bürger
BSB	Betriebe mit staatlicher Beteiligung
BStU	Der Bundesbeauftragte für die Unterlagen des Staatssicherheitsdienstes der ehemaligen Deutschen Demokratischen Republik
BVG	Berliner Verkehrsgesellschaft
CDU(D)	Christlich-Demokratische Union (Deutschlands)
ČSM	Československý svaz mládeže (Tschechoslowakischer Jugendverband)
ČSR	Tschechoslowakische Republik
ČSSR	Tschechoslowakische Sozialistische Republik
CSU	Christlich-Soziale Union
DA	Demokratischer Aufbruch
DAK	Deutsche Akademie der Künste
DAW	Deutsche Akademie der Wissenschaften
DBD	Demokratische Bauernpartei Deutschlands
DDR	Deutsche Demokratische Republik
DEFA	Deutsche Film-Aktiengesellschaft
DEWAG	Deutsche Werbe- und Anzeigen-Gesellschaft
DFD	Demokratischer Frauenbund Deutschlands
DFV	Deutscher Fußballverband
DGB	Deutscher Gewerkschaftsbund
DHZ	Deutsche Handelszentrale
DJ	Demokratie Jetzt

Abkürzungsverzeichnis

DKP	Deutsche Kommunistische Partei	EVP	Einzel[handels]verkaufs- oder Endverbraucherpreis
D-Mark	Deutsche Mark	EWG	Europäische Wirtschaftsgemeinschaft
DM	Deutsche Mark (bis 1964 auch Bezeichnung der DDR-Landeswährung)	Ex	Exquisit-Läden
DRK	Deutsches Rotes Kreuz	FAZ	*Frankfurter Allgemeine Zeitung*
DSF	Gesellschaft für Deutsch-Sowjetische Freundschaft	FC	Fußballclub
		FDGB	Freier Deutscher Gewerkschaftsbund
DSt	Dokumentenstelle		
DSU	Deutsche Soziale Union	FDJ	Freie Deutsche Jugend
DT 64	Rundfunksendung bzw. -sender, abgeleitet aus der Bezeichnung »Deutschlandtreffen der FDJ 1964«	FKK	Freikörperkultur
		FR	*Frankfurter Rundschau*
		FUB	Freie Universität Berlin
DTSB	Deutscher Turn- und Sportbund	GBl.	Gesetzblatt der Deutschen Demokratischen Republik
DVdI	Deutsche Verwaltung des Innern	GD	Generaldirektion, Generaldirektor
DVP	Deutsche Volkspolizei	Gen.	Genosse
DWK	Deutsche Wirtschaftskommission	Genn.	Genossin
		Gestapo	Geheime Staatspolizei
DZfPh	*Deutsche Zeitschrift für Philosophie*	GHG	Großhandelsgesellschaft
		GKR	Gemeindekirchenrat
		GOL	Grundorganisationsleitung
ECE	Economic Commission for Europe (UN-Wirtschaftskommission für Europa)	GOST	Gossudarstwenny standard (Symbol für staatliche Standardisierung und Standards in der UdSSR)
EDV	Elektronische Datenverarbeitung		
		GSSD	Gruppe der Sowjetischen Streitkräfte in Deutschland
EG	Europäische Gemeinschaft		
EgSS	Entwickeltes gesellschaftliches System des Sozialismus	GST	Gesellschaft für Sport und Technik
E. H.	Unterschriftkürzel von Erich Honecker	GÜSt	Grenzübergangsstelle
EKD	Evangelische Kirche in Deutschland	ha	Hektar
		HA	Hauptabteilung
EKiBB	Evangelische Kirche in Berlin-Brandenburg	HGL	Hausgemeinschaftsleitung
		HJ	Hitler-Jugend
ESG	Evangelische Studentengemeinde	HO	Handelsorganisation
		Hptm.	Hauptmann
EOS	Erweiterte Oberschule	HUB	Humboldt-Universität zu Berlin
EV	Ermittlungsverfahren		
EVG	Europäische Verteidigungsgemeinschaft	HV A	Hauptverwaltung Aufklärung
		HVDVP	Hauptverwaltung der Deutschen Volkspolizei

HwG	Häufig wechselnder Geschlechtsverkehr	KPdSU	Kommunistische Partei der Sowjetunion. Der zeitweilige Zusatz »(B)« stand für »Bolschewiki«.
IAP	Industrieabgabepreis		
IG	Industriegewerkschaft		
IM	Inoffizieller Mitarbeiter	KSZE	Konferenz für Sicherheit und Zusammenarbeit in Europa
IOC	International Olympic Committee (Internationales Olympisches Komitee)		
		KVP	Kasernierte Volkspolizei
		KWV	Kommunale Wohnungsverwaltung
JHS	Juristische Hochschule des MfS	KZ	Konzentrationslager (NS)
JP	Junge Pioniere	LDP(D)	Liberal-Demokratische Partei (Deutschlands)
JW	Junge Welt (FDJ-Zentralorgan)		
		LPG	Landwirtschaftliche Produktionsgenossenschaft. Die Zusätze »(T)« bzw. »(P)« bezeichneten ihre Spezialisierung auf die Tier- bzw. Pflanzenproduktion
K 1	Arbeitsgebiet 1 der Kriminalpolizei		
K 5	Kommissariat 5 (politische Polizei)		
KAkM	Korrespondierendes Akademiemitglied		
		LSK	Luftstreitkräfte
KAP	Kooperative Abteilung Pflanzenproduktion	LV	Luftverteidigungseinheiten
		MAI	Ministerium für Außenhandel und Innerdeutschen Handel
KFHW	Kirchliches Forschungsheim Wittenberg		
		MAS	Maschinen-Ausleih-Stationen (in der Landwirtschaft)
Kfz.	Kraftfahrzeug		
KG	Kampfgruppen	MdI	Ministerium des Innern
KGB	Komitet gossudarstwennoi besopasnosti (Komitee für Staatssicherheit der UdSSR)	MfAA	Ministerium für Auswärtige Angelegenheiten
		MfHV	Ministerium für Handel und Versorgung
KGD	Konzert- und Gastspieldirektion		
		MfK	Ministerium für Kultur
KIZ	Kultur- und Informationszentrum	MfS	Ministerium für Staatssicherheit
		MHV	Ministerium für Hoch- und Fachschulwesen
KKL	Konferenz der Kirchenleitungen		
		Mio.	Millionen
KKW	Kernkraftwerk	m.-l.	marxistisch-leninistisch
KMU	Karl-Marx-Universität Leipzig	ML	Marxismus-Leninismus
		MMA	Militärmedizinische Akademie
Kom.	Komitee	MMM	Messe der Meister von morgen
KP	Kommunistische Partei		
KPČ	Kommunistische Partei der Tschechoslowakei	MNV	Ministerium für Nationale Verteidigung
		mot.	motorisiert
KPD	Kommunistische Partei Deutschlands	MQ	militärische Qualifizierung
		MPi	Maschinenpistole

Mrd.	Milliarden	PEN	International Association of Poets, Playwrights, Editors, Essayists and Novelists (Internationale Vereinigung von Autoren und Verlegern)
MTA	medizinisch-technische Assistentin		
MTS	Maschinen-Traktoren-Station		
MWT	Ministerium für Wissenschaft und Technik	Pg.	Parteigenosse (NS)
MZA	Militärisches Zwischenarchiv	PGH	Produktionsgenossenschaft des Handwerks
NATO	North Atlantic Treaty Organization (Nordatlantikpaktorganisation)	PKE	Paßkontrolleinheit
		PKW	Personenkraftwagen
		POS	Polytechnische Oberschule
NAW	Nationales Aufbauwerk	PSF, PF	Postschließfach
ND	*Neues Deutschland* (SED-Zentralorgan)	Q	Gütezeichen für höchsten Qualitätsstandard
NDP(D)	National-Demokratische Partei (Deutschlands)		
NF	Nationale Front des demokratischen Deutschland/der DDR	RIAS	Rundfunk im amerikanischen Sektor
N. F.	Neue Folge	RFT	Rundfunk-Fernsehen-Television (Kurzbezeichnung des für die Produktion von Unterhaltungselektronik zuständigen Kombinates)
NOK	Nationales Olympisches Komitee		
NÖS (PL)	Neues Ökonomisches System (der Planung und Leitung)		
NS	Nationalsozialismus	RGW	Rat für gegenseitige Wirtschaftshilfe (Wirtschaftsorganisation der staatssozialistischen Länder)
NSDAP	Nationalsozialistische Deutsche Arbeiterpartei		
NSW	Nichtsozialistisches Wirtschaftsgebiet	RM	Reichsmark
NVA	Nationale Volksarmee	SAG	Sowjetische Aktiengesellschaft
NVR	Nationaler Verteidigungsrat	SAPMO	Stiftung Archiv der Parteien und Massenorganisationen der DDR
O	Ordner		
ÖLB	Örtliche Landwirtschaftsbetriebe	SBZ	Sowjetische Besatzungszone
		SDAG	Sowjetisch-Deutsche Aktiengesellschaft
ÖSS	Ökonomisches System des Sozialismus	SdM	Sekretariat des Ministers
Ofw.	Oberfeldwebel	SDP	Sozialdemokratische Partei (in der DDR)
OibE	Offizier im besonderen Einsatz		
OPK	Operative Personenkontrolle	SED	Sozialistische Einheitspartei Deutschlands
OV	Operativer Vorgang		
		SERO	Sekundärrohstoffe bzw. Unternehmen, das diese einsammelte (umg.)
PB	Politbüro		
PDS	Partei des Demokratischen Sozialismus		
		SiVo	Sicherungsvorgang

SKET	Schwermaschinenbaukombinat »Ernst Thälmann«	US-$	US-Dollar
SKK	Sowjetische Kontrollkommission	UV	Untersuchungsvorgang
		VBK(D)	Verband der Bildenden Künstler (Deutschlands bzw. der DDR)
SL	Schichtleiter		
SMA(D)	Sowjetische Militäradministration (in Deutschland)		
		VdF	Verband der Freidenker
SoFD	Sozialer Friedensdienst	VdgB	Vereinigung der gegenseitigen Bauernhilfe
SPD	Sozialdemokratische Partei Deutschlands		
		VdJ	Verband der Journalisten (der DDR)
SPK	Staatliche Plankommission		
Stck.	Stück	VE	Volkseigenes (als Vorsatz zu Kombinat o. ä.)
StGB	Strafgesetzbuch		
StJB	Statistisches Jahrbuch	VEB	Volkseigener Betrieb
SU	Sowjetunion	VEG	Volkseigenes Gut
SV	Sondervorgang	vH	vom Hundert
SW	Sozialistisches Wirtschaftsgebiet	VH	Vorderhaus
		VM	Valuta-Mark
		VHS	Volkshochschule
t	Tonne	VP	Volkspolizei (DVP)
TB	Tonband	VR	Volksrepublik
TGL	Technische Normen, Gütevorschriften und Lieferbedingungen (Symbol für die staatliche Standardisierung und Standards in der DDR)	VVB	Vereinigung Volkseigener Betriebe
		VVN	Vereinigung der Verfolgten des Naziregimes
TH	Technische Hochschule	WB	West-Berlin
ThSA	Theologische Studienabteilung	WGS	Westgruppe der Streitkräfte der UdSSR
TR	*Tägliche Rundschau*		
TSI	Treuhandstelle für Interzonenhandel (später in Treuhandstelle für Industrie und Handel umbenannt)	W. U.	Unterschriftkürzel von Walter Ulbricht
		ZA	Zentralarchiv
TU	Technische Universität	ZAIG	Zentrale Auswertungs- und Informationsgruppe des Ministeriums für Staatssicherheit
U/A	Unterabteilung		
UdSSR	Union der Sozialistischen Sowjetrepubliken	ZBK	Zugbegleitkommando
		ZK	Zentralkomitee
U-Haft	Untersuchungshaft	ZKK	Zentrale Katastrophenkommission
UK	Unterhaltungskunst		
UNO	United Nations Organization (Organisation der Vereinten Nationen)	ZPKK	Zentrale Parteikontrollkommission
		ZV	Zivilverteidigung
USA	United States of America (Vereinigte Staaten von Amerika)	ZVV	Deutsche Zentralverwaltung für Volksbildung

Literaturverzeichnis

AGDE 1991: AGDE, GÜNTER (Hg.): Kahlschlag. Das 11. Plenum des ZK der SED 1965. Berlin 1991.
AKTION SÜHNEZEICHEN 1985: Aktion Sühnezeichen (Hg.): Leben und Bleiben in der DDR, Gedanken zu einem neuen/alten Thema. Ein Text der Theologischen Studienabteilung beim Bund der Evangelischen Kirchen in der DDR. Berlin 1985.
ALEXY 1993: ALEXY, ROBERT: Mauerschützen. Göttingen 1993.
AMMER 1994: AMMER, THOMAS: Universität zwischen Demokratie und Diktatur. Ein Beitrag zur Nachkriegsgeschichte der Universität Rostock. 2. Aufl., Köln 1994.
ANWEILER et al. 1992: ANWEILER, OSKAR/FUCHS, HANS-JÜRGEN/DORNER, MARTINA/ PETER-MANN, EBERHARD (Hg.): Bildungspolitik in Deutschland 1945–1990. Ein historisch-vergleichender Quellenband. Opladen 1992.
ANZ 1991: ANZ, THOMAS (Hg.): »Es geht nicht um Christa Wolf«. Der Literaturstreit im vereinten Deutschland. München 1991.
ARBEITSGEBIET I: Das Arbeitsgebiet I der Kriminalpolizei. Aufgaben, Struktur und Verhältnis zum Ministerium für Staatssicherheit. Hrsg. vom BStU. Berlin 1994.
ARNOLD 1995: ARNOLD, JÖRG: Die Normalität des Strafrechts der DDR. Freiburg 1995.
AUERBACH 1995: AUERBACH, THOMAS: Vorbereitung auf den Tag X. Die geplanten Isolierungslager des MfS. Berlin 1995.
AXEN 1996: AXEN, HERMANN: Ich war ein Diener der Partei. Autobiographische Gespräche mit Harald Neubert. Berlin 1996.
BAAR et al. 1993: BAAR, LOTHAR/KARLSCH, RAINER/MATSCHKE, WERNER: Kriegsfolgen und Kriegslasten Deutschlands. Zerstörungen, Demontagen und Reparationen. Berlin 1993.
BAAR et al. 1995: BAAR, LOTHAR/MÜLLER, UWE/ZSCHALER, FRANK: Strukturveränderungen und Wachstumsschwankungen. Investition und Budget in der DDR 1949 bis 1989. In: *Jahrbuch für Wirtschaftsgeschichte* 1995/2, S. 47–74.
BAHRMANN/LINKS 1994: BAHRMANN, HANNES/LINKS, CHRISTOPH: Chronik der Wende. Die DDR zwischen 7. Oktober und 18. Dezember 1989. Berlin 1994.
BALD et al. 1995: BALD, DETLEF/BRÜHL, REINHARD/PRÜFERT, ANDREAS (Hg.): Nationale Volksarmee – Armee für den Frieden. Beiträge zu Selbstverständnis und Geschichte des deutschen Militärs 1945–1990. Baden-Baden 1995.
BARTH et al. 1996: BARTH, BERND-RAINER/LINKS, CHRISTOPH/MÜLLER-ENBERGS, WELMUT/WIELGOHS, JAN (Hg.): Wer war wer in der DDR. Ein biographisches Handbuch. 3., aktual. Aufl., Frankfurt a. M. 1996.
BAUERNKÄMPER 1994: BAUERNKÄMPER, ARND: Von der Bodenreform zur Kollektivierung. Zum Wandel der ländlichen Gesellschaft in der Sowjetischen Besatzungszone Deutschlands 1945–1952. In: KAELBLE et al. 1994, S. 119–143.
BEBEL 1879: BEBEL, AUGUST: Die Frau und der Sozialismus. Leipzig 1879.
BECKER et al. 1992: BECKER, ULRICH/BECKER, HORST/RUHLAND, WALTER: Zwischen Angst und Aufbruch. Das Lebensgefühl der Deutschen in Ost und West nach der Wiedervereinigung. Düsseldorf 1992.

BECKERT 1995: BECKERT, RUDI: Die erste und letzte Instanz. Schau- und Geheimprozesse vor dem Obersten Gericht der DDR. Goldbach 1995.
BEFEHLE 1945: Befehle des Obersten Chefs der Sowjetischen Militärverwaltung in Deutschland. *Aus dem Stab der Sowjetischen Militärverwaltung in Deutschland* 1/1945 (Sammelheft).
BEHRENS 1994: BEHRENS, JENS: Die Zerrissenheit der Kritik in der DDR-Philosophie. In: *angebote. organ für ästhetik* 7/1994, S. 125–143.
BENNEWITZ/POTRATZ 1997: BENNEWITZ, INGE/POTRATZ, RAINER: Zwangsaussiedlungen an der innerdeutschen Grenze. 2., aktual. Aufl., Berlin 1997 (=Forschungen zur DDR-Geschichte; 4).
BERICHT 1958: Bericht des Zentralkomitees an den V. Parteitag der SED, Juli 1958. Berlin 1958.
BERICHT 1971: Honecker, Erich: Bericht des ZK der SED an den VIII. Parteitag der SED, Juni 1971. Berlin 1971.
BERICHT 1994: Bericht des 1. Untersuchungsausschusses des 12. Deutschen Bundestages. Der Bereich Kommerzielle Koordinierung und Alexander Schalck-Golodkowski. Werkzeuge des SED-Regimes. Bonn 1994.
BERICHTE 1989: Berichte der Landes- und Provinzialverwaltungen zur antifaschistischen-demokratischen Umwälzung 1945/46. Berlin 1989.
BESCHLÜSSE 1995: Beschlüsse zum Vorermittlungsverfahren Dr. Manfred Stolpe. Hrsg. vom Öffentlichkeitsbeauftragten der Evangelischen Kirche in Berlin-Brandenburg. Berlin 1995.
BESIER 1993: BESIER, GERHARD: Der SED-Staat und die Kirchen. Der Weg in die Anpassung. München 1993.
BESIER/WOLF 1993: BESIER, GERHARD/WOLF, STEFAN (Hg.): »Pfarrer, Christen und Katholiken«. Das Ministerium für Staatssicherheit der ehemaligen DDR und die Kirchen. Neukirchen-Vluyn 1993.
BESSEL/JESSEN 1996: BESSEL, RICHARD/JESSEN, RALPH (Hg.): Die Grenzen der Diktatur. Staat und Gesellschaft in der DDR. Göttingen 1996.
BEWÄHRUNG 1946: Ein Jahr Bewährung der Mark Brandenburg. Rückblick und Rechenschaft. Hrsg. vom Präsidium der Provinzialverwaltung Mark Brandenburg am 5. Juli 1946. Potsdam 1946 [fotomechanischer Nachdruck 1989].
BIALAS 1996: BIALAS, WOLFGANG: Vom unfreien Schweben zum freien Fall. Ostdeutsche Intellektuelle im gesellschaftlichen Umbruch. Frankfurt a. M. 1996.
BLUME 1996: BLUME, EUGEN: In freier Luft. Die Künstlergruppe Clara Mosch und ihre Pleinairs. In: FEIST et al. 1996, S. 728–741.
BODEN/ROSENBERG 1997: BODEN, PETRA/ROSENBERG, RAINER (Hg.): Deutsche Literaturwissenschaft 1945–1965: Fallstudien zu Institutionen, Diskursen, Personen. Berlin 1997.
BÖHME 1978: BÖHME, ERICH (Hg.): Deutsch-deutsche Pressefreiheit. Vom Grundlagenvertrag bis zur Schließung des SPIEGEL-Büros. Hamburg 1978.
BOHN 1960: BOHN, HELMUT: Die Aufrüstung in der Sowjetischen Besatzungszone Deutschlands. Berlin/Bonn 1960.
BRAUN 1995: BRAUN, MATTHIAS: Drama um eine Komödie. Das Ensemble von SED und Staatssicherheit, FDJ und Ministerium für Kultur gegen Heiner Müllers »Die Umsiedlerin oder Das Leben auf dem Lande« im Oktober 1961. Berlin 1995.

BRECHT 1967: BRECHT, BERTOLT: Nicht feststellbare Fehler der Kunstkommission. In: Gesammelte Werke, 20 Bde. Frankfurt a. M. 1967, Bd. 10.
BROSZAT 1981: BROSZAT, MARTIN: Der Staat Hitlers. 9. Aufl., München 1981.
BROSZAT/WEBER 1993: BROSZAT, MARTIN/WEBER, HERMANN (Hg.): SBZ-Handbuch. Staatliche Verwaltungen, Parteien, gesellschaftliche Organisationen und ihre Führungskräfte in der Sowjetischen Besatzungszone 1945–1949. München 1993.
BUCHHEIM 1995: BUCHHEIM, CHRISTOPH: Wirtschaftliche Folgelasten des Krieges in der SBZ/DDR. Baden-Baden 1995.
BUDDRUS 1994: BUDDRUS, MICHAEL: Die Organisation »Dienst für Deutschland«. Arbeitsdienst und Militarisierung in der DDR. München 1994.
BÜHL 1974: BÜHL, HARALD: Kultur im sozialistischen Betrieb. Zur Leitung, Planung und Gestaltung des geistig-kulturellen Lebens im Betrieb. Berlin 1974.
BULLETIN Nr. 104: Bulletin des Presse- und Informationsamtes der Bundesregierung, Nr. 104 vom 6. September 1990.
BULLETIN Nr. 63: Bulletin des Presse- und Informationsamtes der Bundesregierung, Nr. 63 vom 18. Mai 1990.
HAMEL 1957: HAMEL, JOHANNES: Christ in der DDR. Berlin 1957.
CHRISTOPH 1994: CHRISTOPH, JOACHIM E. (Hg.): Kundgebungen: Worte und Erklärungen der Evangelischen Kirche in Deutschland 1959–1969. Hannover 1994.
CORNI/SABROW 1996: CORNI, GUSTAVO/SABROW, MARTIN (Hg.): Die Mauern der Geschichte: Historiographie in Europa zwischen Diktatur und Demokratie. Leipzig 1996.
DBD 1968: 20 Jahre Demokratische Bauernpartei Deutschlands. o. O. 1968.
DDR 1974: DDR – Werden und Wachsen. Berlin 1974.
DDR 1985: DDR-Handbuch. Hrsg. vom Bundesministerium für innerdeutsche Beziehungen, unter der Leitung von Hartmut Zimmermann. 3., überarb. u. erw. Aufl., Köln 1985.
DEUTSCHLAND 1992: Deutschland im Kalten Krieg 1945–1963 [Katalog einer Ausstellung von 1992 im Zeughaus Berlin]. Berlin 1992.
DIEDRICH 1991: DIEDRICH, THORSTEN: Der 17. Juni 1953. Bewaffnete Gewalt gegen das Volk. Berlin 1991.
DIETRICH 1983: DIETRICH, GERD: Um die Erneuerung der deutschen Kultur. Dokumente zur Kulturpolitik 1945–1949. Berlin 1983.
DIETRICH 1996: DIETRICH, GERD: Karrieren im Schnellverfahren: die HJ-Generation in der frühen DDR. In: *hochschule ost* 2/1996, S. 25–34.
DIETZSCH 1996: DIETZSCH, INA: Deutsch-deutscher Gabentausch. In: Wunderwirtschaft 1996, S. 204–213.
DILCHER 1994: DILCHER, GERHARD: Politische Ideologie und Rechtstheorie, Rechtspolitik und Rechtswissenschaft. In: KAELBLE et al. 1994, S. 469–482.
DIW 1990: Die Lage der Weltwirtschaft und der deutschen Wirtschaft im Herbst 1990. In: *DIW Wochenbericht* 43–44/1990 vom 25. Oktober 1990.
DÖBERT 1995: DÖBERT, HANS: Das Bildungswesen der DDR in Stichworten: inhaltliche und administrative Sachverhalte und ihre Rechtsgrundlagen. Neuwied 1995.
DOKUMENTE 1954: Dokumente zur Außenpolitik der Deutschen Demokratischen Republik, Bd. 1: Von der Gründung der DDR am 7.10.1949 bis zur Souveränitätserklärung am 25.3.1954. Berlin 1954.

DOKUMENTE 1963–66: Dokumente zur Geschichte der Freien Deutschen Jugend, 4 Bde. Berlin 1963–1966.
DOKUMENTE 1968: Um ein antifaschistisch-demokratisches Deutschland. Dokumente aus den Jahren 1945–1949. Berlin 1968.
DÖLLING 1995: DÖLLING, IRENE: Das Veralten der Frauenforschung. In: Frauen-Prisma 1995, S. 6–39.
DRAHEIM/HOFFMANN 1991: DRAHEIM, DIRK/HOFFMANN, DIETER: Kindheit und Jugend, Student und Antifaschist (1910–1945). In: HAVEMANN 1991, S. 13–63.
DUHM 1996: DUHM, BURGHARD: Walter Dötsch und die Brigade Mamai – der Bitterfelder Weg in Bitterfeld. In: FEIST et al. 1996, S. 564–574.
EBERT 1996: EBERT, HILDTRUD (Hg.): Drei Kapitel Weißensee. Dokumente zur Geschichte der Kunsthochschule Weißensee 1946 bis 1957. Berlin 1996.
EBERT 1997: EBERT, ELVIRA: Einkommen und Konsum im Prozeß der Transformation. Opladen 1997.
ECKELMANN et al. 1990: ECKELMANN, W./HERTLE, HANS HERMANN/WEINERT, RAINER: FDGB-intern. Innenansichten einer Massenorganisation der SED. Berlin 1990.
ECKERT 1993: ECKERT, JÖRN (Hg.): Die Babelsberger Konferenz vom 2./3. April 1958. Rechtshistorisches Kolloquium 13.–16. Februar 1992. Baden Baden 1993.
ECKERT 1996: ECKERT, RAINER: Wissenschaft mit den Augen der Staatssicherheit: Die Hauptabteilung XVIII/5 des Ministeriums für Staatssicherheit in den Jahren vor der Herbstrevolution von 1989. In: CORNI/SABROW 1996, S. 138–158.
EISENFELD 1995: EISENFELD, BERND: Eine »legale Konzentration feindlich-negativer Kräfte«. Zur politischen Wirkung der Bausoldaten in der DDR. In: *Deutschland Archiv* 28/1995, S. 256–271.
EISERT 1993: EISERT, WOLFGANG: Die Waldheimer Prozesse. Der stalinistische Terror 1950. Ein dunkles Kapitel der DDR-Justiz. Esslingen 1993.
EMMERICH 1996: EMMERICH, WOLFGANG: Kleine Literaturgeschichte der DDR. Leipzig 1996.
EPPELMANN et al. 1996: EPPELMANN, RAINER/MÖLLER, HORST/NOOKE, GÜNTER/WILMS, DOROTHEE: Lexikon des DDR-Sozialismus. Paderborn 1996.
ERLER et al. 1994: ERLER, PETER/LAUDE, HORST/WILKE, MANFRED (Hg.): »Nach Hitler kommen wir.« Dokumente zur Programmatik der Moskauer KPD-Führung 1944/45 für Nachkriegsdeutschland. Berlin 1994.
ERNST/KLINGER 1995: ERNST, ANNA-SABINE/KLINGER, GERWIN: Von »bürgerlichen Gelehrten« und »braven Parteisoldaten«. Ernst Bloch an der Deutschen Akademie der Wissenschaften. In: *Bloch-Almanach* 14/1995, S. 93–125.
FABER/WURM 1992: FABER, ELMAR/WURM, CARSTEN (Hg.): »... und leiser Jubel zöge ein.« Autor- und Verlegerbriefe 1950–1959. Berlin 1992.
FALCKE 1986: FALCKE, HEINO: Mit Gott Schritt halten: Reden und Aufsätze eines Theologen in der DDR aus 20 Jahren. Berlin 1986.
FALCKE 1991: FALCKE, HEINO: Die Kirchen, die Umwälzung in der DDR und die Vereinigung Deutschlands. München 1991.
FALKENAU 1995: FALKENAU, MANFRED (Hg.): Kundgebungen: Worte, Erklärungen und Dokumente des Bundes der Evangelischen Kirchen in der DDR. Hannover 1995.

FEIEREIS 1993: FEIEREIS, KONRAD: Das authentische Leben der Kirche: Die Verkündigung des Erbarmens. In: Friemel, Franz Georg/Schneider, Franz (Hg.): Abbrüche, Umbrüche, Aufbrüche. Leipzig 1993, S. 102–110.

FEIST et al. 1996: FEIST, GÜNTER/GILLEN, ECKHART/VIERNEISEL, BEATRICE: Kunstdokumentation SBZ/DDR 1945–1990. Bonn 1996.

FERIEN 1976: Das Ferien- und Bäderbuch. 4. Aufl., Berlin 1976.

FILMER/SCHWAN 1991: FILMER, WERNER/SCHWAN, HERIBERT: Opfer der Mauer. Die geheimen Protokolle des Todes. München 1991.

FILMMUSEUM 1994: Filmmuseum Potsdam (Hg.): Das zweite Leben der Filmstadt Babelsberg. DEFA-Spielfilme 1946–1992. Berlin 1994.

FINN 1989: FINN, GERHARD: Die politischen Häftlinge in der Sowjetzone 1945–1959. Köln 1989.

FISCHER/KATZER 1988: FISCHER, ALEXANDER (unter Mitarbeit von NIKOLAUS KATZER): Ploetz – Die Deutsche Demokratische Republik. Daten, Fakten, Analysen. Freiburg/Würzburg 1988.

FORSTER 1983: FORSTER, THOMAS M.: Die NVA. Kernstück der Landesverteidigung der DDR. 6. Aufl., Köln 1983.

FRÄNKEL 1975: FRÄNKEL, HANS JOACHIM: Das Zeugnis der Bibel in seiner Bedeutung für die Menschenrechte. Vortrag, Provinzialsynode der Ev. Kirche des Görlitzer Kirchengebiets, 4.–7. 4. 1975. In: *epd Dokumentation* 20/1975, S. 21–31.

FRAUEN-PRISMA 1995: Frauen-Prisma. Wissenschaftliche Beiträge zur Frauenforschung. Potsdam 1995.

FRICKE 1989: FRICKE, KARL WILHELM: Die DDR-Staatssicherheit. Entwicklung, Strukturen, Aktionsfelder. 3. Aufl., Köln 1989.

FRICKE 1991: FRICKE, KARL WILHELM: MfS intern. Macht, Strukturen, Auflösung der DDR-Staatssicherheit. Analyse und Dokumentation. Köln 1991.

FRICKE 1993: FRICKE, HANS: Davor. Dabei. Danach. Ein ehemaliger Kommandeur der Grenztruppen der DDR berichtet. Köln 1993.

FRICKE/MARQUARDT 1995: FRICKE, KARL WILHELM/MARQUARDT, BERNHARD: DDR-Staatssicherheit. Das Phänomen des Verrats. Die Zusammenarbeit zwischen MfS und KGB. Bochum 1995.

FRICKE 1996: FRICKE, KARL WILHELM: Akten-Einsicht. Rekonstruktion einer politischen Verfolgung. 4. Aufl., Berlin 1996.

FRIEDRICH/GRIESE 1991: FRIEDRICH, WALTER/GRIESE, HARTMUT (Hg.): Jugend und Jugendforschung in der DDR. Gesellschaftspolitische Situationen, Sozialisation und Mentalitätsentwicklung in den achtziger Jahren. Opladen 1991.

FULBROOK 1995: FULBROOK, MARY: Anatomy of a Dictatorship. Inside the GDR. 1949–1989. Oxford 1995.

GANDOW 1994: GANDOW, THOMAS: Jugendweihe, Humanistische Jugendfeier. München 1994.

GASTEYGER 1994: GASTEYGER, CURT: Europa zwischen Spaltung und Einigung 1945 bis 1993. Darstellung und Dokumentation. Bonn 1994.

GAUCK 1991: GAUCK, JOACHIM: Die Stasi-Akten. Das unheimliche Erbe der DDR. Reinbek 1991.

GAUS 1981: GAUS, GÜNTER: Texte zur deutschen Frage. Mit den wichtigsten Dokumenten zum Verhältnis der beiden deutschen Staaten. Darmstadt/Neuwied 1981.

GAUS 1983: GAUS, GÜNTER: Wo Deutschland liegt – Eine Ortsbestimmung. Hamburg 1983.
GEISSLER 1992a: GEISSLER, RAINER: Die Sozialstruktur Deutschlands. Opladen 1992.
GEISSLER 1992b: GEISSLER, RAINER: Die ostdeutsche Sozialstruktur unter Modernisierungsdruck. In: *Aus Politik und Zeitgeschichte* 29–30/1992, S. 15–28.
GEISSLER et al. 1996: GEISSLER, GERT/BLASK, FALK/SCHOLZE, THOMAS: Schule: Streng vertraulich! Berlin 1996.
GEPPERT 1996: GEPPERT, DOMINIK: Störmanöver. Das »Manifest der Opposition« und die Schließung des Ost-Berliner »Spiegel«-Büros im Januar 1978. Berlin 1996.
Geschichte 1978: Geschichte der Sozialistischen Einheitspartei Deutschlands. Abriß. Berlin 1978.
GIESECKE 1995: GIESEKE, JENS: Die hauptamtlichen Mitarbeiter des Ministeriums für Staatssicherheit. Berlin 1995.
GIESSMANN 1992: GIESSMANN, HANS-JOACHIM: Das unliebsame Ende. Die Auflösung der Militärstruktur der DDR. Baden-Baden 1992.
GILL 1989: GILL, ULRICH: Der Freie Deutsche Gewerkschaftsbund (FDGB). Theorie – Geschichte – Funktionen – Kritik. Opladen 1989.
GILL/SCHRÖTER 1991: GILL, DAVID/SCHRÖTER, ULRICH: Das Ministerium für Staatssicherheit. Anatomie des Mielke-Imperiums. Berlin 1991.
GILLEN/HAARMANN 1990: GILLEN, ECKHART/HAARMANN, RAINER (Hg.): Kunst in der DDR. Künstler, Galerien, Kulturpolitik, Adressen. Berlin 1990.
GLAESSNER 1977: GLAESSNER, GERT-JOACHIM: Herrschaft durch Kader. Leitung der Gesellschaft und Kaderpolitik in der DDR am Beispiel des Staatapparates. Opladen 1977.
GLAESSNER 1995: GLAESSNER, GERT-JOACHIM: Kommunismus – Totalitarismus – Demokratie. Frankfurt a. M. 1995.
GLASER 1995: GLASER, GÜNTHER (Hg.): »Reorganisation der Polizei« oder getarnte Bewaffnung der SBZ im Kalten Krieg. Dokumente und Materialien zur sicherheits- und militärpolitischen Weichenstellung in Ostdeutschland 1948/49. Frankfurt a. M. 1995.
GORDIEWSKY/ANDREW 1990: GORDIEWSKY, OLEG/ANDREW, CHRISTOPHER: KGB. Die Geschichte seiner Auslandsoperationen von Lenin bis Gorbatschow. München 1990.
GRAMMES/ZÜHLKE 1994: GRAMMES, TILMAN/ZÜHLKE, ARI: Ein Schulkonflikt in der DDR. Dokumentenband. Bonn o. J. [1994].
GRANSOW 1975: GRANSOW, VOLKER: Kulturpolitik in der DDR. Berlin 1975.
GRAU 1990: GRAU, GÜNTER: Lesben und Schwule – was nun? Berlin 1990.
GREIF ZUR FEDER, KUMPEL 1959: Zentralhaus für Volkskunst (Hg.): Greif zur Feder, Kumpel. Gedichte von Laienautoren. Leipzig 1959.
GROTEWOHL 1959: GROTEWOHL, OTTO: Im Kampf um die einige deutsche demokratische Republik, 6 Bde. Berlin 1959.
HACKER 1992: HACKER, JENS: Deutsche Irrtümer. Schönfärber und Helfershelfer der SED-Diktatur im Westen. Frankfurt a. M. 1992.
HAHN et al 1990: HAHN, ANNEGRET/PUCHER, GISELA/SCHALLER, HENNING/SCHARSICH, LOTHAR (Hg.): 4.11.89. Protestdemonstration Berlin DDR. Berlin 1990.

HAIN/STROUX 1996: HAIN, SIMONE/STROUX, STEPHAN: Die Salons der Sozialisten. Kulturhäuser in der DDR. Fotoessay von Michael Schroedter. Berlin 1996.
HAMEL 1957: HAMEL, JOHANNES: Erwägungen zum Weg der evangelischen Christenheit in der DDR. In: HAMEL 1957, S. 3–30.
HANKE 1991: HANKE, HELMUT: Das »deutsche Fernsehen« – doch kein Nullmedium? Fernsehgesellschaft und kulturelle Chance. In: HOFF/WIEDEMANN 1991, S. 7–23.
HARICH 1993: HARICH, WOLFGANG: Keine Schwierigkeiten mit der Wahrheit. Zur nationalkommunistischen Opposition in der DDR 1956. Berlin 1993.
HAVEMANN 1991: HAVEMANN, ROBERT: Dokumente eines Lebens. Berlin 1991.
HEIDER 1993: HEIDER, MAGDALENA: Politik – Kultur – Kulturbund. Zur Gründungs- und Frühgeschichte des Kulturbundes zur demokratischen Erneuerung Deutschlands 1945–1954 in der SBZ/DDR. Köln 1993.
HEIDER/THÖNS 1990: HEIDER, MAGDALENA/THÖNS, KERSTIN (Hg.): SED und Intellektuelle in der DDR der fünfziger Jahre. Kulturbund-Protokolle. Köln 1990.
HELWIG 1995: HELWIG, GISELA: Rückblicke auf die DDR. Köln 1995.
HENKE/ENGELMANN 1995: HENKE, KLAUS-DIETMAR/ENGELMANN, ROGER (Hg.): Aktenlage. Die Bedeutung der Unterlagen des Staatssicherheitsdienstes für die Zeitgeschichtsforschung. Berlin 1995.
HENKEL 1994: HENKEL, RÜDIGER: Im Dienste der Staatspartei. Über Parteien und Organisationen der DDR. Baden-Baden 1994.
HENKYS 1982: HENKYS, REINHARD (Hg.): Die Evangelischen Kirchen in der DDR. Beiträge zu einer Bestandsaufnahme. München 1982.
HERBST et al. 1994: HERBST, ANDREAS/RANKE, WILFRIED/WINKLER, JÜRGEN: So funktionierte die DDR. Bde. 1–2: Lexikon der Organisationen und Institutionen; Bd. 3: Lexikon der Funktionäre. Reinbek 1994.
HERTLE 1996: HERTLE, HANS-HERMANN: Chronik des Mauerfalls. Die dramatischen Ereignisse um den 9. November 1989. Berlin 1996.
HERZBERG/MEIER 1992: HERZBERG, GUNTOLF/MEIER, KLAUS (Hg.): Karrieremuster. Wissenschaftlerporträts. Berlin 1992.
HEYDEMANN/BECKMANN 1997: HEYDEMANN, GÜNTHER/BECKMANN, CHRISTOPHER: Zwei Diktaturen in Deutschland. Möglichkeiten und Grenzen des historischen Diktaturenvergleichs. In: *Deutschland Archiv* 30/1997, S. 13–40.
HOBSBAWN 1994: HOBSBAWN, ERIC: Age of Extremes. The Short Twentieth Century 1914–1991. London 1994 (dt.: Das Zeitalter der Extreme. Das kurze 20. Jahrhundert 1914–1991. München 1995).
HOFF/WIEDEMANN 1991: HOFF, PETER/WIEDEMANN, DIETER (Hg.): Medien der Ex-DDR in der Wende. *Beiträge zur Film- und Fernsehwissenschaft* 40/1991.
HOFFMANN et al 1993: HOFFMANN, DIERK/SCHMIDT, KARL-HEINZ/SKYBA, PETER (Hg.): Die DDR vor dem Mauerbau. Dokumente zur Geschichte des anderen deutschen Staates 1949–1961. München 1993.
HOFFMANN/NEUMANN 1994: HOFFMANN, DIETRICH/NEUMANN, KARL (Hg.): Erziehung und Erziehungswissenschaften in der BRD und der DDR. Weinheim 1994.
HOLZWEISSIG 1985: HOLZWEISSIG, GÜNTER: Miltärwesen in der DDR. Berlin 1985.
HRADIL 1987: HRADIL, STEFAN: Sozialstrukturanalyse in einer fortgeschrittenen Gesellschaft. Opladen 1987.

HUB 1960: Autorenkollektiv (unter der Leitung von Gerhard Krüger): Die Humboldt-Universität. Gestern – Heute – Morgen. Zum einhundertfünfzigjährigen Bestehen der Humboldt-Universität zu Berlin und zum zweihundertjährigen Bestehen der Charité, Berlin. Berlin 1960.

JÄGER 1995: JÄGER, MANFRED: Kultur und Politik in der DDR 1945–1990. Köln 1995.

JANKA 1989: JANKA, WALTER: Schwierigkeiten mit der Wahrheit. Hamburg 1989.

JESSE 1996: JESSE, ECKHARD (Hg.): Totalitarismus im 20. Jahrhundert. Eine Bilanz der internationalen Forschung. Bonn 1996.

JESSEN 1992: JESSEN, RALPH: Die Akten und das Chaos. Eine quellenkritische Bilanz zur Geschichte der DDR. In: *Deutschland Archiv* 25/1992, S. 1202f.

JESSEN 1994: JESSEN, RALPH: Professoren im Sozialismus. Aspekte des Strukturwandels der Hochschullehrerschaft in der Ulbricht-Ära. In: KAELBLE et al. 1994, S. 217–253.

JOHNSON 1987: JOHNSON, UWE: Der fünfte Kanal. Frankfurt a. M. 1987.

JUDT/CIESLA 1996: JUDT, MATTHIAS/CIESLA, BURGHARD (Hg.): Technology Transfer Out of Germany After 1945. Amsterdam 1996.

JUGEND 1992: Jugend '92. Lebenslagen, Orientierungen und Entwicklungsperspektiven im vereinigten Deutschland. Hrsg. vom Jugendwerk der Deutschen Shell, Bd. 3: Die neuen Länder: Rückblick und Perspektiven. Opladen 1992.

KABUS 1993: KABUS, ANDREAS: Auftrag Windrose. Der militärische Geheimdienst der DDR. Berlin 1993.

KAELBLE et al. 1994: KAELBLE, HARTMUT/KOCKA, JÜRGEN/ZWAHR, HARTMUT (Hg.): Sozialgeschichte der DDR. Stuttgart 1994.

KAISER 1993: KAISER, MONIKA: Die Zentrale der Diktatur – organisatorische Weichenstellungen, Strukturen und Kompetenzen der SED-Führung in der SBZ/DDR 1946 bis 1952. In: KOCKA 1993, S. 57–86.

KARLSCH 1993: KARLSCH, RAINER: Allein bezahlt? Die Reparationsleistungen der SBZ/DDR 1945–1953. Berlin 1993.

KERSHAW 1996: KERSHAW, IAN: Nationalsozialistische und stalinistische Herrschaft. Möglichkeiten und Grenzen des Vergleichs. In: JESSE 1996, S. 13–22.

KERSHAW 1980: KERSHAW, IAN: Der Hitler-Mythos: Volksmeinung und Propaganda im Dritten Reich. Stuttgart 1980.

KESSLER 1993: KESSLER, MARIO: Zwischen Repression und Toleranz. Die SED-Politik und die Juden (1949 bis 1967). In: KOCKA 1993, S. 149–167.

KIRCHLICHES JAHRBUCH 1954: Kirchliches Jahrbuch für die Evangelische Kirche in Deutschland 1953. Gütersloh 1954.

KLEIN 1993: KLEIN, MANFRED: In Verantwortung für den Hörfunk – Versuche und Versagen. In: SPIELHAGEN 1993, S. 83–91.

KLEMPERER 1996: KLEMPERER, VICTOR: Und so ist alles schwankend. Tagebücher Juni bis Dezember 1945. 2. Aufl., Berlin 1996

KLESSMANN 1984: KLESSMANN, CHRISTOPH: Die doppelte Staatsgründung. Deutsche Geschichte 1945–1955. 3., erg. Aufl., Bonn 1984.

KLESSMANN 1988: KLESSMANN, CHRISTOPH: Zwei Staaten, eine Nation. Deutsche Geschichte 1955–1970. Bonn 1988.

KLESSMANN/WAGNER 1993: KLESSMANN, CHRISTOPH/WAGNER, GEORG (Hg.): Das gespaltene Land. Leben in Deutschland 1945–1990. Texte und Dokumente zur Sozialgeschichte. München 1993.

KLOHR et al. 1989: Autorenkollektiv unter Leitung von OLOF KLOHR (Hochschule für Seefahrt, Warnemünde-Wustrow): Prognose 2000, Kirchenstudie 1989. Rostock-Warnemünde 1989.

KOCH/ESCHLER 1994: KOCH, UWE/ESCHLER, STEPHAN (Hg.): Zähne hoch Kopf zusammenbeißen, Dokumente zur Wehrdienstverweigerung in der DDR von 1962 bis 1990. Kückenshagen 1994.

KOCKA 1993: KOCKA, JÜRGEN (Hg.): Historische DDR-Forschung. Aufsätze und Studien. Berlin 1993.

KOHN 1964: KOHN, ERWIN (Hg.): In eigener Sache. Briefe von Künstlern und Schriftstellern. Halle 1964.

KOLBE et al. 1988: KOLBE, UWE/TROLLE, LOTHAR/WAGNER, BERND (Hg.): MIKADO oder Der Kaiser ist nackt. Selbstverlegte Literatur in der DDR. Darmstadt 1988.

KONFERENZ 1958: Staats- und Rechtswissenschaftliche Konferenz in Babelsberg am 2. und 3. April 1958, Protokoll. Berlin 1958.

KONFERENZ 1960: Konferenz des Zentralkomitees mit jungen Mitgliedern und Kandidaten der Sozialistischen Einheitspartei Deutschlands, 21. und 22. November zu Berlin. Berlin 1960.

KÖNIG 1991: KÖNIG, KLAUS (Hg.): Verwaltungsstrukturen der DDR. Baden-Baden 1991.

KOOP 1993: KOOP, VOLKER: Ausgegrenzt. Der Fall der DDR-Grenztruppen. Berlin 1993.

KOOP 1995: KOOP, VOLKER: Abgewickelt. Auf den Spuren der Nationalen Volksarmee. Bonn 1995.

KOOP 1996a: KOOP, VOLKER: »Den Gegner vernichten.« Die Grenzsicherung der DDR. Bonn 1996.

KOOP 1996b: KOOP, VOLKER: Zwischen Recht und Willkür. Die Rote Armee in Deutschland. Bonn 1996.

KOOP 1997: KOOP, VOLKER: Armee oder Freizeitclub? Die Kampfgruppen der Arbeiterklasse in der DDR. Bonn 1997.

KOPSTEIN 1997: KOPSTEIN, JEFFREY: The Politics of Economic Decline in East Germany, 1945–1989. Chapel Hill 1997.

KOWALCZUK 1994: KOWALCZUK, ILKO-SASCHA: »Wo gehobelt wird, da fallen Späne.« Zur Entwicklung der DDR-Geschichtswissenschaft bis in die späten fünfziger Jahre. In: *Zeitschrift für Geschichte* 4/1994, S. 302–318.

KOWALCZUK et al. 1995: KOWALCZUK, ILKO-SASCHA/MITTER, ARMIN/WOLLE, STEFAN (Hg.): Der Tag X – 17. Juni 1953. Die »Innere Staatsgründung« der DDR als Ergebnis der Krise 1952/54. Berlin 1995 (= Forschungen zur DDR-Geschichte; 3).

KRELL 1996: KRELL, DETLEF: Unabhängige Künstlerwerkstätten in Dresden. In: FEIST et al. 1996, S. 742–750.

KRUG 1996: KRUG, MANFRED: Abgehauen. Ein Mitschnitt und Ein Tagebuch. Düsseldorf 1996.

KRUSCHE 1984: KRUSCHE, GÜNTHER: Frieden schaffen aber wie? Plädoyer für eine politikfähige Friedensarbeit. Informations- und Dokumentationsstelle der EKD Berlin. Berlin 1984.

KUBINA/WILKE 1995: KUBINA, MICHAEL/WILKE MANFRED (Hrsg.): »Hart und kompromißlos durchgreifen.« SED contra Polen 1980/81. Geheimakten der SED-Führung über die Unterdrückung der polnischen Demokratiebewegung. Berlin 1995.

KUKUTZ/HAVEMANN 1990: KUKUTZ, IRENA/HAVEMANN, KATJA: Geschützte Quelle. Gespräche mit Monika H. alias Karin Lenz. Berlin 1990.

KULTURKONFERENZ 1982: Kulturkonferenz der FDJ, 21. bis 22. Oktober 1982 in Leipzig. Berlin 1982.

LAPP 1987: LAPP, PETER-JOACHIM: Frontdienst im Frieden. Die Grenztruppen der DDR. 2. Aufl., Koblenz 1987.

LAUFER 1993: LAUFER, JOCHEN: Auf dem Wege zur staatlichen Verselbständigung der SBZ. Neue Quellen zur Münchener Konferenz der Ministerpräsidenten 1947. In: KOCKA 1993, S. 27–55.

LAUTER 1951. LAUTER, HANS: Der Kampf gegen den Formalismus in Kunst und Literatur, für eine fortschrittliche deutsche Kultur. Berlin 1951.

LAY/POTTING 1995: LAY, CONRAD/POTTING, CHRISTOPH (Hg.): Gemeinsam sind wir unterschiedlich. Deutsch-deutsche Annäherungen. Bonn 1995.

LEHMANN 1995: LEHMANN, HANS-GEORG: Deutschland-Chronik 1945–1995. Bonn 1995.

LEMKE 1989: LEMKE, JÜRGEN: Ganz normal anders. Berlin und Weimar 1989.

LEMKE 1993: LEMKE, MICHAEL: »Doppelte Alleinvertretung«. Die Wiedervereinigungskonzepte der beiden deutschen Regierungen bis 1952/53. In: SCHERSTJANOI 1993, S. 148–155.

LENZMANN 1973: LENZMANN, JAKOW: Wie das Christentum entstand. Berlin 1973.

LEONHARD 1992: LEONHARD, WOLFGANG: Die Revolution entläßt ihre Kinder. Köln 1992.

LEPSIUS 1994. LEPSIUS, M. RAINER: Die Institutionenordnung als Rahmenbedingung der Sozialgeschichte der DDR. In: KAELBLE et al. 1994, S. 17–30.

LEWEK et al. 1981: LEWEK, CHRISTA/STOLPE, MANFRED/GARSTECKI, JOACHIM: Menschenrechte in christlicher Verantwortung. 2. Aufl., Berlin 1981.

LIEDERBUCH 1979: Zentralrat der FDJ (Hg.): Liederbuch der FDJ. Berlin 1979.

LINIE 1996: In Linie angetreten. Die Volksbildung der DDR in ausgewählten Kapiteln. Eine Publikation des Ministeriums für Bildung, Jugend und Sport des Landes Brandenburg, Bd. 2: Geschichte, Struktur und Funktionsweise der DDR-Volksbildung. Berlin 1996.

LIPPMANN/MOSCHÜTZ 1969: LIPPMANN, LOTHAR/MOSCHÜTZ, HANS DIETRICH (Hg.): Das System der sozialistischen Gesellschafts- und Staatsordnung in der DDR. Dokumente. Berlin 1969.

LOEST 1992: LOEST, ERICH: Die Stasi war mein Eckermann oder: Mein Leben mit der Wanze. Göttingen 1992.

LOEWE 1977: LOEWE, LOTHAR: Abends kommt der Klassenfeind. Eindrücke zwischen Elbe und Oder. Frankfurt a. M./Berlin/Wien 1977.

LÜBBE 1984: LÜBBE, PETER (Hg.): Dokumente zur Kunst-, Literatur- und Kulturpolitik der SED 1975–1980. Stuttgart 1984.

LUCCHESI 1993: LUCCHESI, JOACHIM (Hg.): Das Verhör in der Oper. Die Debatte um Brecht/Dessaus »Lukullus« 1951. Berlin 1993.
LUDZ 1974: LUDZ, PETER C.: Deutschlands doppelte Zukunft. Bundesrepublik und DDR in der Welt von morgen. München 1974.
LUDZ/LUDZ 1985: LUDZ, PETER CHRISTIAN/LUDZ, URSULA: Sozialistische Einheitspartei Deutschlands. In: DDR 1985, S. 1160–1189.
MÄHLERT/STEPHAN 1996: MÄHLERT, ULRICH/STEPHAN, GERD-RÜDIGER: Blaue Hemden – Rote Fahnen. Die Geschichte der Freien Deutschen Jugend. Opladen 1996.
MAHLSDORF 1995: MAHLSDORF, CHARLOTTE VON: Ich bin meine eigene Frau. Ein Leben. 3. Aufl., Berlin 1995.
MALYCHA 1995: MALYCHA, ANDREAS: Auf dem Weg zur SED. Die Sozialdemokratie und die Bildung einer Einheitspartei in den Ländern der SBZ. Bonn 1995.
MAMPEL 1982: MAMPEL, SIEGFRIED: Die sozialistische Verfassung der Deutschen Demokratischen Republik. Kommentar. 2., völlig neubearb. u. erw. Aufl., Frankfurt a. M. 1982.
MÄRZ 1996: MÄRZ, PETER (Hg.): Dokumente zu Deutschland 1944–1994. München 1996.
MATERIALIEN 1995: Materialien der Enquete-Kommission »Aufarbeitung von Geschichte und Folgen der SED-Diktatur in Deutschland« (12.Wahlperiode des Deutschen Bundestages). Hrsg. vom Deutschen Bundestag. Baden-Baden 1995.
MERKEL 1994: MERKEL, INA: Leitbilder und Lebensweisen von Frauen in der DDR. In: KAELBLE et al. 1994, S. 359–382.
MERZYN 1993: MERZYN, FRIEDRICH (Hg.): Kundgebungen: Worte und Erklärungen der Evangelischen Kirche in Deutschland 1945–1959. Hannover 1993.
MEUSCHEL 1992: MEUSCHEL, SIGRID: Legitimation und Parteiherrschaft. Zum Paradox von Stabilität und Revolution in der DDR 1945–1989. Frankfurt 1992.
MEUSCHEL 1993: MEUSCHEL, SIGRID: Überlegungen zu einer Herrschafts- und Gesellschaftsgeschichte der DDR. In: *Geschichte und Gesellschaft* 19/1993, S. 5–14.
MICHAEL/WOHLFAHRT 1991: MICHAEL, KLAUS/WOHLFAHRT, THOMAS (Hg.): Vogel oder Käfig sein. Kunst und Literatur aus unabhängigen Zeitschriften in der DDR 1979–1989. Berlin 1991.
MISSELWITZ 1996: MISSELWITZ, HANS-J.: Nicht länger mit dem Gesicht nach Westen. Das neue Selbstbewußtsein der Ostdeutschen. Bonn 1996.
MITTEILUNGEN 1994: *Mitteilungen aus der kulturwissenschaftlichen Forschung* 34/1994.
MITTER/WOLLE 1990: MITTER, ARMIN/WOLLE, STEFAN (Hg.): Ich liebe euch doch alle! Befehle und Lageberichte des MfS. Berlin 1990.
MITTER/WOLLE 1993: MITTER, ARMIN/WOLLE, STEFAN: Untergang auf Raten. Unbekannte Kapitel der DDR-Geschichte. München 1993.
MOLLNAU 1994: MOLLNAU, KARL A.: Die Babelsberger Konferenz von 1958. In: Namen des Volkes 1994, S. 231–235.
MÜHLBERG 1994: MÜHLBERG, DIETRICH: Überlegungen zu einer Kulturgeschichte der DDR. In: KAELBLE et al. 1994, S. 62–94.
MÜHLBERG 1996: MÜHLBERG, DIETRICH: Wenn die Faust auf den Tisch schlägt. Eingaben als Strategie zur Bewältigung des Alltags. In: WUNDERWIRTSCHAFT 1996, S. 175–184.

MÜLLER-ENBERGS 1991: MÜLLER-ENBERGS, HELMUT: Der Fall Rudolf Herrnstadt. Tauwetterpolitik vor dem 17. Juni. Berlin 1991.
MÜLLER-ENBERGS 1992: MÜLLER-ENBERGS, HELMUT (Hg.): Was will die Bürgerbewegung? Augsburg 1992.
MÜLLER-ENBERGS 1994: MÜLLER-ENBERGS, HELMUT: IM-Statistik 1985 bis 1989. Berlin 1994.
MÜLLER-ENBERGS 1996: MÜLLER-ENBERGS, HELMUT (Hg.): Inoffizielle Mitarbeiter des Ministeriums für Staatssicherheit. Richtlinien und Durchführungsbestimmungen. 2., durchges. Aufl., Berlin 1996.
MÜLLER-ENBERGS 1997: MÜLLER-ENBERGS, HELMUT (Hg.): Inoffizielle Mitarbeiter des Ministeriums für Staatssicherheit. Anleitungen für Agenten, Kundschafter und Spione in der Bundesrepublik Deutschland. Berlin 1997.
MÜLLER-ENBERGS et al. 1991: MÜLLER-ENBERGS, HELMUT/SCHULZ, MARIANNE/JIELGOHS, JAN: Von der Illegalität ins Parlament. Werdegang und Konzepte der neuen Bürgerbewegungen. 2. Aufl., Berlin 1991.
MÜLLER-ENBERGS et al. 1993: MÜLLER-ENBERGS, HELMUT/SCHMOLL, HEIKE/STOCK, WOLFGANG: Das Fanal. Das Opfer des Pfarrers Brüsewitz und die evangelische Kirche. Frankfurt a. M. 1993.
MÜLLER/FLORATH 1996: MÜLLER, SYLVIA/FLORATH, BERND (Hg.): Die Entlassung. Robert Havemann und die Akademie der Wissenschaften. Berlin 1996.
MUSCHTER/THOMAS 1992: MUSCHTER, GABRIELE/THOMAS, RÜDIGER (Hg.): Jenseits der Staatskultur. Traditionen autonomer Kunst in der DDR. München und Wien 1992.
Museumspädagogischer Dienst 1990: Kunstkombinat DDR. Daten und Zitate zur Kunst und zur Kunstpolitik der DDR 1945–1990. Hrsg. vom Museumspädagogischer Dienst Berlin. Berlin 1990.
MYTZE 1977: MYTZE, ANDREAS W. (Hg.): Über Wolf Biermann. *europäische ideen* (Sonderheft) 1977.
NAMEN DES VOLKES? 1994: Im Namen des Volkes? Über die Justiz im Staat der SED. Katalogband, Dokumentenband und Wissenschaftlicher Begleitband zur Ausstellung des Bundesministeriums der Justiz. Leipzig 1994.
NAUMANN 1993: NAUMANN, KLAUS (Hg.): NVA – Anspruch und Wirklichkeit nach ausgewählten Dokumenten. Berlin 1993.
NDPD 1977: Der 11. Parteitag der National-Demokratischen Partei Deutschlands. Leipzig 21. bis 23. April 1977. Stenographische Niederschrift. Berlin 1977.
NEUBERT 1995: NEUBERT, EHRHART: »Obwohl der scheinbar tiefe Frieden...« Zur Genese der systemimmanenten protestantisch geprägten Opposition in der DDR 1972–1978. In: HELWIG 1995, S. 45–57.
NEUBERT 1996: NEUBERT, EHRHART: »gründlich ausgetrieben«. Studie zum Profil und zur psychosozialen und religiösen Situation von Konfessionslosigkeit in Ostdeutschland und den Voraussetzungen kirchlicher Arbeit (Mission). Begegnungen 13. Hrsg. von der Studien- und Begegnungsstätte der EKD Berlin. Berlin 1996.
NEUBERT 1997: NEUBERT, EHRHART: Geschichte der Opposition in der DDR 1949 bis 1989. Berlin 1997.
NEUBERT 1956: NEUBERT, RUDOLF: Die Geschlechterfrage. Rudolstadt 1956.

NEUNER 1996: NEUNER, GERHART: Zwischen Wissenschaft und Politik. Ein Rückblick aus lebensgeschichtlicher Perspektive. Köln 1996 (= Deutsches Institut für Internationale Pädagogische Forschung. Studien und Dokumentationen zur deutschen Bildungsgeschichte; 61).

NEUTSCH 1964: NEUTSCH, ERIK: Spur der Steine. Halle 1964.

NICKEL 1993: NICKEL, HILDEGARD MARIA: Frauen. In: WEIDENFELD 1993, S. 311 bis 322.

NIEKISCH 1974: NIEKISCH, ERNST: Erinnerungen eines deutschen Revolutionärs, 2 Bde. Köln 1974.

NIETHHAMMER 1985: NIETHAMMER; LUTZ: Fragen – Antworten – Fragen. Methodische Erfahrungen und Erwägungen zur Oral History. In: NIETHAMMER/PLATO 1985, S. 392–447.

NIETHAMMER 1990: NIETHAMMER, LUTZ: Das Volk der DDR und die Revolution. Versuch einer Wahrnehmung der laufenden Ereignisse. In: SCHÜDDEKOPF 1990, S. 251–279.

NIETHAMMER 1994: NIETHAMMER, LUTZ: Prolegomena zu einer Geschichte der Gesellschaft. In: KAELBLE 1994, S. 95–118.

NIETHAMMER/PLATO 1985: NIETHAMMER, LUTZ/PLATO, ALEXANDER VON (Hg.): »Wir kriegen jetzt andere Zeiten«. Auf der Suche nach der Erfahrung des Volkes in nachfaschistischen Ländern. Berlin/Bonn 1985.

NIETHAMMER et al. 1991: NIETHAMMER, LUTZ/PLATO, ALEXANDER VON/WIERLING, DOROTHEE: Die volkseigene Erfahrung. Eine Archäologie des Lebens in der Industrieprovinz der DDR. 30 biographische Eröffnungen. Berlin 1991.

OBERSTES GERICHT 1988: Oberstes Gericht der Deutschen Demokratischen Republik, Präsidium: Bericht an den Staatsrat der Deutschen Demokratischen Republik: Der Beitrag der Gerichte zum Schutz der Volkswirtschaft und des sozialistischen Eigentums. Berlin 1988.

OELSSNER 1951: OELSSNER, FRED: Diskussionsbeitrag auf dem 5. Plenum des ZK der SED, März 1951. In: LAUTER 1951, S. 46–59.

OKTOBER 1989: Oktober 1989. Berlin (West) 1989 bzw. Berlin (Ost) 1990.

ORGANISATIONSSTRUKTUR 1995: Die Organisationsstruktur des Ministeriums für Staatssicherheit 1989. Berlin 1995.

OSANG 1997: OSANG, ALEXANDER: Tamara Danz. Legenden. Berlin 1997.

PETERSEN 1978: PETERSEN, OLAF: »Uns verbinden keine Gemeinsamkeiten«. Die Grundlagen der journalistischen Ost-West-Beziehungen. In: BÖHME 1978, S. 14 bis 37.

PFANNKUCH 1993: PFANNKUCH, JULIA: Volksrichterausbildung in Sachsen 1945 bis 1950. Frankfurt a. M. 1993.

PLATE 1989: PLATE, BERNARD VON: Die Außenpolitik und internationale Einordnung der DDR. In: WEIDENFELD/ZIMMERMANN 1989, S. 589–604.

PLATO 1985: PLATO, ALEXANDER VON: Fremde Heimat. In: NIETHAMMER/PLATO 1985, S. 172–219.

PLATO 1991: PLATO, ALEXANDER VON: Familienfluchten. In: NIETHAMMER et al. 1991, S. 302–328.

PLEITGEN 1994: PLEITGEN, FRITZ: ARD-Korrespondent in der DDR. In: RIEDEL 1994, S. 199–203.

POLITIK 1955: Zur ökonomischen Politik der Sozialistischen Einheitspartei Deutschlands und der Regierung der Deutschen Demokratischen Republik. Berlin 1955.

POLLACK 1990: POLLACK, DETLEF: Das Ende einer Organisationsgesellschaft. Systemtheoretische Überlegungen zum gesellschaftlichen Umbruch in der DDR. In: *Zeitschrift für Soziologie* 19/1990, S. 292–307.

POTSDAMER ABKOMMEN 1984: Das Potsdamer Abkommen. Dokumentensammlung. Berlin 1984.

PROGRAMM 1976: Programm und Statut der SED vom 22. Mai 1976. Mit einem einleitenden Kommentar von Karl Wilhelm Fricke. Köln 1976.

PROTOKOLL 1947: Protokoll der Verhandlungen des 2. Parteitages der Sozialistischen Einheitspartei Deutschlands, 20. bis 24. September 1947 in der Deutschen Staatsoper zu Berlin. Berlin 1947.

PROTOKOLL 1949: Protokoll der Ersten Parteikonferenz der Sozialistischen Einheitspartei Deutschlands, 25. bis 28. Januar 1949 im Hause der Deutschen Wirtschaftskommission zu Berlin. Berlin 1949.

PROTOKOLL 1951: Protokoll des III. Parteitages der Sozialistischen Einheitspartei Deutschlands, 20. bis 24. Juli 1950 in der Werner-Seelenbinder-Halle zu Berlin. 1.–3. Verhandlungstag. Berlin 1951.

PROTOKOLL 1952: Protokoll der Verhandlungen der II. Parteikonferenz der SED, 9. bis 12. Juni 1952 in der Werner-Seelenbinder-Halle zu Berlin. Berlin 1952.

PROTOKOLL 1958: Protokoll der Verhandlungen des V. Parteitages der SED, 10. bis 16. Juli 1958 in der Werner-Seelenbinder-Halle zu Berlin. Berlin 1959.

PROTOKOLL 1967: Protokoll der Verhandlungen des VII. Parteitages der Sozialistischen Einheitspartei Deutschlands, 17. bis 22. April 1967 in der Werner-Seelenbinder-Halle zu Berlin. Berlin 1967.

PROTOKOLL 1976: Protokoll der Verhandlungen des IX. Parteitages der Sozialistischen Einheitspartei Deutschlands im Palast der Republik in Berlin, 18. bis 22. Mai 1976. Berlin 1976.

RAUHUT 1991: RAUHUT, MICHAEL: DDR-Beatmusik zwischen Engagement und Repression. In: AGDE 1991, S. 52–63.

RECHT und VERSÖHNUNG 1991: Theologische Studienabteilung, Referat Information und Dokumentation (Hg.): Recht und Versöhnung (Teil 1). Berlin 1991.

REIHER 1996: REIHER, RUTH (Hg.): Mit sozialistischen und anderen Grüßen. Porträt einer untergegangenen Republik in Alltagstexten. 2. Aufl., Berlin 1996.

REIMANN 1974: REIMANN, BRIGITTE: Franziska Linkerhand. Berlin 1974.

REIPRICH 1996: REIPRICH, SIEGFRIED: Der verhinderte Dialog. Meine politische Exmatrikulation. Berlin 1996 (= Schriftenreihe des Robert-Havemann-Archivs; 3).

REISSIG/GLAESSNER 1991: REISSIG, ROLF/GLAESSNER, GERT-JOACHIM: Das Ende eines Experiments. Umbruch in der DDR und deutsche Einheit. Berlin 1991.

RICHTER 1983: RICHTER, EDELBERT: Die neue Kirchenpolitik der SED und die Marxsche Religionskritik. In: *Kirche im Sozialismus* 3/1983, S. 9–23.

RICHTER 1994: RICHTER, ERIKA: Zwischen Mauerbau und Kahlschlag 1961 bis 1965. In: Filmmuseum 1994, S. 159–211.

RICHTER/RÖSLER 1992: RICHTER, PETER/RÖSLER, KLAUS: Wolfs West-Spione. Ein Insider-Report. Berlin 1992.

RIEDEL 1994: RIEDEL, HEIDE (Hg.): Mit uns zieht die neue Zeit. 40 Jahre DDR-Medien. Berlin 1994.
RITTER/LAPP: RITTER, JÜRGEN/LAPP, PETER JOACHIM: Die Grenze. Ein deutsches Bauwerk. Berlin 1997.
ROTTLEUTNER 1994a: ROTTLEUTHNER, HUBERT: Steuerung der Justiz in der DDR. Einflußnahme der Politik auf Richter, Staatsanwälte und Rechtsanwälte. Köln 1994.
ROTTLEUTNER 1994b: ROTTLEUTHNER, HUBERT: Steuerung der Justiz. In: NAMEN DES VOL-KES? 1994, S. 221–229.
RUBEN/WAGNER 1994: RUBEN, THOMAS/WAGNER, BERND: Kulturhäuser in Brandenburg. Eine Bestandsaufnahme. Potsdam 1994.
RÜDDENKLAU 1992: RÜDDENKLAU, WOLFGANG: Störenfried. DDR-Opposition 1986–1989. Mit Texten aus den »Umweltblättern«. Berlin 1992.
RÜSS 1976: RÜSS, GISELA (Hg.): Dokumente zur Kunst-, Literatur- und Kulturpolitik der SED 1971–1974. Stuttgart 1976.
SBW 1980: Sozialistische Betriebswirtschaft. Lehrbuch. 4., wesentl. überarb. Aufl., Berlin 1980.
SCHABOWSKI 1991: SCHABOWSKI, GÜNTER: Der Absturz. Berlin 1991.
SCHENK/FILMMUSEUM 1995: SCHENK, RALF/Filmmuseum Potsdam (Hg.): Regie: Frank Beyer. Berlin 1995.
SCHERSTJANOI 1993: SCHERSTJANOI, ELKE: »Provisorium für längstens ein Jahr«. Protokoll des Kolloquiums Die Gründung der DDR. Berlin 1993.
SCHERZER 1989: SCHERZER, LANDOLF: Der Erste. Eine Reportage aus der DDR. Köln 1989.
SCHIVELBUSCH 1995: SCHIVELBUSCH, WOLFGANG: Vor dem Vorhang. Das geistige Berlin 1945–1948. München und Wien 1995.
SCHLECHTE/SCHLECHTE 1991: SCHLECHTE, HELGA/SCHLECHTE, KLAUS (Hg.): Witze bis zur Wende. 40 Jahre politischer Witz in der DDR. München 1991.
SCHLOMANN 1986: SCHLOMANN, FRIEDRICH-WILHELM: Operationsgebiet Bundesrepublik. Politik, Wissenschaft, Wirtschaft. Die Spionage der DDR. 3. Aufl., München 1986.
SCHLUCHTER 1996: SCHLUCHTER, WOLFGANG: Neubeginn durch Anpassung? Studien zum ostdeutschen Übergang. Frankfurt a. M. 1996.
SCHMUTZLER 1992: SCHMUTZLER, GEORG-SIEGFRIED: Gegen den Strom. Erlebtes aus Leipzig unter Hitler und der Stasi. Göttingen 1992.
SCHNEIDER 1990: SCHNEIDER, WOLFGANG (Hg.): Leipziger Demontagebuch. Leipzig und Weimar 1990.
SCHOLZ 1994: SCHOLZ, MICHAEL F.: Kurt Viewegs alternative Agrarpolitik 1956. In: *Beiträge zur Geschichte der Arbeiterbewegung* 3/1994, S. 78–87.
SCHÖNBOHM 1992: SCHÖNBOHM, JÖRG: Zwei Armeen und ein Vaterland. Das Erbe der Nationalen Volksarmee. Berlin 1992.
SCHRÖDER 1992: SCHRÖDER, ROLF XAGO: Diskussionsbeitrag auf dem Symposion Europäische Kulturpolitik vor neuen Aufgaben, 3./4. September 1990 in Bonn. In: *Wendezeit. Zur deutschen Auswärtigen Kulturpolitik. Zeitschrift für Kulturaustausch* 1/1992, S. 43 f.

SCHRÖTER/ZEDDIES 1995: SCHRÖTER, ULRICH/ZEDDIES, HELMUT (Hg.): Nach-Denken. Zum Weg des Bundes der Evangelischen Kirchen in der DDR. Frankfurt a. M. 1995.
SCHUBBE 1972: SCHUBBE, ELIMAR (Hg.): Dokumente zur Kunst-, Literatur- und Kulturpolitik der SED 1946–1970. Stuttgart 1972.
SCHÜDDEKOPF 1990: SCHÜDDEKOPF, CHARLES (Hg.): »Wir sind das Volk!« Flugschriften, Aufrufe und Texte einer deutschen Revolution. Reinbek 1990.
SCHULTZE 1993: SCHULTZE, HARALD: Das Signal von Zeitz: Reaktionen der Kirche, des Staates und der Medien auf die Selbstverbrennung von Oskar Brüsewitz 1976. Leipzig 1993.
SCHULZ 1996 SCHULZ, ILONA: Die Barlach-Ausstellung 1951/1952 in der Deutschen Akademie der Künste, Berlin (Ost). In: FEIST et al. 1996, S. 139–159.
SCHUSTER 1997: SCHUSTER, ULRIKE: Wissen ist Macht. FDJ, Studenten und die Zeitung Forum in der SBZ/DDR. Eine Dokumentation. Berlin 1997.
SCHWARZ 1978: SCHWARZ, ULRICH: »Sie werden euer Büro dichtmachen«. Die Erfahrungen des SPIEGEL in der Deutschen Demokratischen Republik. In: BÖHME 1978, S. 38–51.
SCHWARZER 1991: SCHWARZER, THOMAS: Interviewtranskript von Vater und Sohn M. Leipzig 1991.
SCHWEIGEL et al. 1994: SCHWEIGEL, KERSTIN/SEGERT, ASTRID/ZIERKE, IRENE: Ostdeutsche Lebensgeschichten. Mitteilungen 1994, S. 192–398.
SCHWEINEBRADEN 1996: SCHWEINEBRADEN, JÜRGEN: Reflexionen und Beschreibungen einer vergangenen Zeit. Erinnerungen 1956–1980. In: Feist et al. 1996, S. 676–727.
SED-DOKUMENTE 1952a: Dokumente der Sozialistischen Einheitspartei Deutschlands. Beschlüsse und Erklärungen des Zentralsekretariats und des Politischen Büros, Bd. I. Berlin 1952.
SED-DOKUMENTE 1952b: Dokumente der Sozialistischen Einheitspartei Deutschlands. Beschlüsse und Erklärungen des Zentralsekretariats und des Politischen Büros, Bd. II. Berlin 1952.
SED-DOKUMENTE 1952c: Dokumente der Sozialistischen Einheitspartei Deutschlands. Beschlüsse und Erklärungen des Parteivorstandes des Zentralkomitees sowie seines Politbüros und seines Sekretariats, Bd. III. Berlin 1952.
SED-DOKUMENTE 1954: Dokumente der Sozialistischen Einheitspartei Deutschlands. Beschlüsse und Erklärungen des Zentralkomitees sowie seines Politbüros und seines Sekretariats, Bd. IV. Berlin 1954.
SEGERT 1994a: SEGERT, ASTRID: Frau Schrader – ein deutsches Frauenschicksal. Fallanalyse eines biographischen Interviews. In: MITTEILUNGEN 1994, S. 192–389.
SEGERT 1994b: SEGERT, ASTRID: Herr Schmitt – Leben als Aufgabe. Fallanalyse eines biographischen Interviews. In: MITTEILUNGEN 1994, S. 310–332.
SEGERT 1995: SEGERT, ASTRID: Das Traditionelle Arbeitermilieu in Brandenburg. In: VESTER et al. 1995, S. 289–329.
SEGERT/ZIERKE 1997: SEGERT, ASTRID/ZIERKE, IRENE: Sozialstruktur und Milieuerfahrung. Aspekte des alltagskulturellen Wandels in Ostdeutschland. Opladen 1997.

SIEBENMORGEN 1993: SIEBENMORGEN, PETER: »Staatssicherheit« der DDR. Der Westen im Fadenkreuz der Stasi. Berlin 1993.
SILLGE 1991: SILLGE, URSULA: Un-Sichtbare Frauen. Lesben und ihre Emanzipation in der DDR. Berlin 1991.
SINN 1983: Vom Sinn unseres Lebens. Zur Erinnerung an die Jugendweihe gewidmet vom Zentralen Ausschuß für Jugendweihe in der Deutschen Demokratischen Republik. Berlin 1983.
SPELLERBERG 1997: SPELLERBERG, ANNETTE: Lebensstil, soziale Schicht und Lebensqualität in West- und Ostdeutschland. In: *Aus Politik und Zeitgeschichte* 13/1997, S. 25–37.
SPIELHAGEN 1993: SPIELHAGEN, EDITH: So durften wir glauben zu kämpfen ... Erfahrungen mit DDR-Medien. Berlin 1993.
SPITTMANN 1987: SPITTMANN, ILSE (Hg.): Die SED in Geschichte und Gegenwart. Köln 1987.
SPITTMANN 1995: SPITTMANN, ILSE: Fünf Jahre danach – Wieviel Einheit brauchen wir? In: *Aus Politik und Zeitgeschichte* 38/95.
SPITTMANN/FRICKE 1982: SPITTMANN, ILSE/FRICKE, KARL WILHELM: 17. Juni 1953. Arbeiteraufstand in der DDR. Köln 1982.
STAATSTHEORIE 1980: Marxistisch-leninistische Staats- und Rechtstheorie. Lehrbuch. 3. Aufl., Berlin 1980.
STARITZ 1989: STARITZ, DIETRICH: Die Geschichte der DDR. In: WEIDENFELD/ZIMMERMANN 1989, S. 69–85.
STARITZ 1990: STARITZ, DIETRICH: Geschichte der DDR. Frankfurt a. M. 1990.
STARKE 1994: STARKE, KURT: Schwuler Osten. Homosexuelle Männer in der DDR. Mit einer Einleitung von Bert Thinius und einem Interview mit Eduard Stapel. Berlin 1994.
STATISTISCHES TASCHENBUCH 1988: Statistisches Taschenbuch der DDR 1988. Berlin 1988.
STATISTISCHES TASCHENBUCH 1989: Statistisches Taschenbuch der DDR 1989. Berlin 1989.
STATUT 1969: Statut des Verbandes der Kleingärtner, Siedler und Kleintierzüchter. Beschlossen auf dem 1. Verbandstag am 6. und 7. April 1966 und ergänzt auf dem 2. Verbandstag am 6. und 7. August 1969 in Leipzig. Leipzig 1969.
STEIGER/FLASCHENDRÄGER 1981: STEIGER, GÜNTER/FLASCHENDRÄGER, WERNER (Gesamtredaktion): Magister und Scholaren, Professoren und Studenten. Geschichte der deutschen Universitäten und Hochschulen im Überblick. Leipzig/Jena/Berlin 1981.
STEIKE 1992: STEIKE, JÖRN: Die Bereitschaftspolizei der DDR 1950–1990. Geschichte, Struktur, Aufgaben, rechtliche Ausgestaltung. München 1992.
STEINER 1991: STEINER, ANDRE: »...daß Du vielmehr als bisher sogenannte ›heiße Eisen‹ anfassen solltest«. In: *Utopie kreativ* 6/1991, S. 99–104.
STEINER 1995: STEINER, ANDRE: Wirtschaftliche Lenkungsverfahren in der Industrie der DDR Mitte der fünfziger Jahre. Resultate und Alternativen. In: BUCHHEIM 1995, S. 271–293.
STEININGER 1996: STEININGER, ROLF: Deutsche Geschichte seit 1945. Darstellung und Dokumente in 4 Bde., Bd. 2. (1948–1955). Frankfurt a. M. 1996.

STJB-BRD 1990: Statistisches Jahrbuch für die BRD 1990. Stuttgart 1990.
STJB-BRD 1992: Statistisches Jahrbuch für die BRD 1992. Wiesbaden 1992.
STJB-DDR 1980: Statistisches Jahrbuch der DDR 1980. Berlin 1980.
STJB-DDR 1989: Statistisches Jahrbuch der DDR 1989. Berlin 1989.
STJB-DDR 1990: Statistisches Jahrbuch der DDR 1990. Berlin 1990.
STOCK/MÜHLBERG 1990: STOCK, MANFRED/MÜHLBERG, PHILIPP: Die Szene von innen. Skinheads, Grufties, Heavy metals, Punks. Berlin 1990.
STRITTMATTER 1963: STRITTMATTER, ERWIN: Ole Bienkopp. Berlin 1963.
STSCHUKINA 1982: STSCHUKINA, G. I. (Hg.): Zur Theorie und Methodik der kommunistischen Erziehung in der Schule. Berlin 1982.
SUCKUT 1986: SUCKUT, SIEGFRIED (Hg.): Blockpolitik in der SBZ/DDR 1945–1949. Die Sitzungsprotokolle des zentralen Einheitsfront-Ausschusses. Quellenedition. Köln 1986.
SUCKUT 1996: SUCKUT, SIEGFRIED (Hg.): Das Wörterbuch der Staatssicherheit. Definitionen zur »politisch-operativen Arbeit«. Berlin 1996.
TAGUNG 1973: 10. Tagung der SED, 2. Oktober 1973. Berlin 1973.
TANNERT 1991: TANNERT, CHRISTOPH: FRISCHWÄRTS. Eröffnungsrede zur Ausstellung WORT + WERK in der Samariterkirche Berlin, Juni 1986. In: MICHAEL/WOHLFAHRT 1991, S. 285–287.
TENORTH et al. 1996: TENORTH, HEINZ-ELMAR/KUDELKA, SONJA/PAETZ, ANDREAS: Politisierung im Schulalltag der DDR. Durchsetzung und Scheitern einer Erziehungsambition. Weinheim 1996.
TENT 1988: TENT, JAMES F.: Freie Universität Berlin 1948–1988. Eine deutsche Hochschule im Zeitgeschehen. Berlin 1988.
TEXTE: Texte zur Deutschlandpolitik, Hrsg. vom Bundesministerium für gesamtdeutsche Fragen/seit 1969 für innerdeutsche Beziehungen. Bde. 1 ff. Bonn/Berlin 1968 ff.
THIELE 1974: THIELE, GERDA: VEB Robotron-Elektronik, Riesa: Erfahrungen aus der Teilnahme an der Facharbeiterqualifizierung. In: Bundesvorstand des FDGB et al. (Hg.): Qualifizierung der Frauen im Betrieb. Berlin 1974, S. 106–109.
THINIUS 1990: THINIUS, BERT: Verwandlung und Fall des Paragraphen 175 in der Deutschen Demokratischen Republik. In: Die Geschichte des § 175. Berlin 1990, S. 145–162.
THOMAS 1996: THOMAS, RÜDIGER: Staatskultur und Kulturnation. Anspruch und Illusion einer »sozialistischen deutschen Nationalkultur«. In: FEIST 1996, S. 16–41.
THOSS 1994: THOSS, BRUNO (Hg.): Volksarmee schaffen – ohne Geschrei! Studien zu den Anfängen einer »verdeckten Aufrüstung« in der SBZ/DDR 1947–1952. München 1994.
THOSS 1995: THOSS, BRUNO (Hg.): Vom Kalten Krieg zur deutschen Einheit. Analysen und Zeitzeugenberichte zur deutschen Militärgeschichte 1945 bis 1995. München 1995.
TIMOFEJEW 1975: TIMOFEJEW, WIKTOR: Kommunismus und Religion. Über die sozialen Prinzipien. Berlin 1975.
TISCH 1987: TISCH, HARRY: Gewerkschaftsarbeit für Sozialismus und Frieden. Ausgewählte Reden und Schriften. Berlin 1987.

ULBRICHT 1960: ULBRICHT, WALTER: Zur Geschichte der deutschen Arbeiterbewegung. Berlin 1960.
USCHNER 1993: USCHNER, MANFRED: Die zweite Etage. Funktionsweise eines Machtapparates. Berlin 1993.
VERFASSUNG 1949: Die Verfassung der Deutschen Demokratischen Republik. Hrsg. vom Sekretariat des Deutschen Volksrates. Berlin 1949.
VERFASSUNG 1968: Verfassung der Deutschen Demokratischen Republik vom 6. April 1968. Berlin 1973.
VERFASSUNG 1974: Verfassung der Deutschen Demokratischen Republik und Jugendgesetz. Berlin 1976.
VERFASSUNG 1990: Die Verfassung von Berlin mit kurzer Einführung und das Grundgesetz für die Bundesrepublik Deutschland sowie ergänzende Dokumente. 18. Aufl., Berlin 1990.
VERORDNUNG 1951: Zentralvorstand der IG Bergbau im FDGB (Hg.): Verordnung zur Verbesserung der Lage der Bergarbeiter und Durchführungsbestimmungen. Kommentiert vom Zentralvorstand der Industriegewerkschaft Bergbau in Zusammenarbeit mit dem Ministerium für Schwerindustrie am 10. August 1950. Berlin 1951.
VESTER et al. 1993: VESTER, MICHAEL/OERTZEN, PETER VON/GEILING, HEIKO/TERRMANN, THOMAS/MÜLLER, DAGMAR: Soziale Milieus im gesellschaftlichen Strukturwandel. Zwischen Integration und Ausgrenzung. Köln 1993.
VESTER et al. 1995: VESTER, MICHAEL; HOFMANN, MICHAEL; ZIERKE, IRENE (Hg.): Soziale Milieus in Ostdeutschland. Köln 1995.
VORSTEHER 1996: VORSTEHER, DIETER (Hg.): Parteiauftrag: Ein Neues Deutschland. Bilder, Rituale und Symbole der frühen DDR. Berlin 1996.
WAGENBACH 1979: WAGENBACH, KLAUS (Hg.): Vaterland, Muttersprache. Deutsche Schriftsteller und ihr Staat von 1945 bis heute. Berlin 1979.
WAGNER 1996: WAGNER, REINHARD: DDR Witze: Walter schützt vor Torheit nicht. Erich währt am längsten. Berlin 1996.
WALTHER 1995: WALTHER, PETER TH.: »It Takes Two to Tango: Interessenvertretungen an der Deutschen Akademie der Wissenschaften zu Berlin in den fünfziger Jahren«. In: *Berliner Debatte Initial* 4–5/1995, S. 68–78.
WALTHER 1996: WALTHER, JOACHIM: Sicherungsbereich Literatur. Schriftsteller und Staatssicherheit in der Deutschen Demokratischen Republik. Berlin 1996.
WANDER 1978: WANDER, MAXI: Guten Morgen, du Schöne. Protokolle nach Tonband. Berlin 1978.
WEBER 1968: WEBER, HERMANN: Von der SBZ zur DDR. 1945–1968. Hannover 1968.
WEBER 1982: WEBER, HERMANN (Hg.): Parteiensystem zwischen Demokratie und Volksdemokratie. Dokumente und Materialien zum Funktionswandel der Parteien und Massenorganisationen in der SBZ/DDR 1945–1950. Köln 1982.
WEBER 1986: WEBER, HERMANN: Geschichte der DDR. 2. Aufl., München 1986.
WEBER 1987: WEBER, HERMANN (Hg.): DDR. Dokumente zur Geschichte der Deutschen Demokratischen Republik 1945–1985. 3. Aufl., München 1987.
WEBER 1993: WEBER, HERMANN: Die DDR 1945–1990. 2., überarb. u. erw. Aufl., München 1993 (=Oldenbourg Grundriß der Geschichte; 20).

WEBER/STARITZ 1993: WEBER, HERMANN/STARITZ, DIETRICH (Hg.): Kommunisten gegen Kommunisten. Stalinistischer Terror und »Säuberungen« in den kommunistischen Parteien Europas seit den dreißiger Jahren. Berlin 1993.

WEIDENFELD 1989: WEIDENFELD, WERNER: Deutschland 1989. Konturen im Rückblick auf vierzig Jahre. In: WEIDENFELD/ZIMMERMANN 1989, S. 13-31.

WEIDENFELD 1993: WEIDENFELD, WERNER: Deutschland. Eine Nation – doppelte Geschichte. Köln 1993.

WEIDENFELD/KORTE 1992: WEIDENFELD, WERNER/KORTE, KARL-RUDOLF (Hg.): Handwörterbuch zur deutschen Einheit. Frankfurt a. M. 1992.

WEIDENFELD/ZIMMERMANN 1989: WEIDENFELD, WERNER/ZIMMERMANN, HARTMUT (Hg.): Deutschland-Handbuch. Eine doppelte Bilanz 1949-1989. München 1989.

WEIDIG 1988: WEIDIG, RUDI (Hg.): Sozialstruktur der DDR. Berlin 1988.

WENZEL 1995: WENZEL, OTTO: Kriegsbereit. Der Nationale Verteidigungsrat der DDR 1960 bis 1989. Köln 1995.

WERKENTIN 1997: WERKENTIN, FALCO: Politische Strafjustiz in der Ära Ulbricht. Vom bekennenden Terror zur verdeckten Repression. 2., überarb. Aufl., Berlin 1997 (= Forschungen zur DDR-Geschichte; 1).

WETTIG 1993: WETTIG, GERHARD: Die Deutschland-Note vom 10. März 1952 auf der Basis diplomatischer Akten des russischen Außenministeriums. Die Hypothese des Wiedervereinigungsangebotes. In: *Deutschland Archiv* 7/1993, S. 785-803.

WICKE/MÜLLER 1996: WICKE, PETER/MÜLLER, LOTHAR (Hg.): Rockmusik und Politik. Analysen, Interviews und Dokumente. Berlin 1996.

WIELGOHS et al. 1992: WIELGOHS, JAN/SCHULZ, MARIANNE/MÜLLER-ENBERGS, HELMUT: Bündnis 90. Entstehung, Entwicklung, Perspektiven. Berlin 1992.

WILKE et al. 1992: WILKE, MANFRED (unter Mitarbeit von MARTIN GOERNER und HORST LAUDE): SED-Kirchenpolitik 1953-1958. Arbeitspapiere des Forschungsverbundes »SED-Staat« 1/1992, Freie Universität Berlin.

WINKLER 1990a: WINKLER, GUNNAR (Hg.): Sozialreport 1990. Berlin 1990.

WINKLER 1990b: WINKLER, GUNNAR (Hg.): Frauenreport 1990. Berlin 1990.

WOLF 1994: WOLF, CHRISTA: Im Dialog. Aktuelle Texte. München 1994.

WOLLE 1995: WOLLE, STEFAN: »Agenten, Saboteure, Verräter ...« Die Kampagne der SED-Führung gegen den »Sozialdemokratismus«. In: KOWALCZUK et al. 1995, S. 243-277.

WOLLENBERGER 1992: WOLLENBERGER, VERA: Virus der Heuchler. Innenansicht aus Stasi-Akten. Berlin 1992.

WÖRTERBUCH 1967: Kleines Politisches Wörterbuch. Berlin 1967.

WÖRTERBUCH 1983: Kleines Politisches Wörterbuch. 4. überarb. u. erg. Aufl., Berlin 1983.

WÖRTERBUCH 1984: Wörterbuch der sozialistischen Journalistik. Leipzig 1984.

WROBLEWSKI 1990: »Wo wir sind ist vorn«. Der politische Witz in der DDR. Aufgeschrieben und kommentiert von Clement de Wroblewsky. 2., überarb. u. erw. Aufl., Hamburg 1990.

WUNDERWIRTSCHAFT 1996: Wunderwirtschaft. DDR-Konsumkultur in den 60er Jahren. Köln/Weimar/Wien 1996.

ZANK 1993: ZANK, WOLFGANG: Wirtschaftliche Zentralverwaltungen und Deutsche Wirtschaftskommission. In: BROSZAT/WEBER 1993, S. 253-296.

ZIERKE 1994a: ZIERKE, IRENE: Frau Lanke – eine Vertreterin der DDR-Aufbau-Generation. Fallanalyse eines biographischen Interviews. In: MITTEILUNGEN 1994. S. 235–255.

ZIERKE 1994b: ZIERKE, IRENE: Nadine Heroldt – Ein Kind der Republik macht Karriere. Fallanalyse eines biographischen Interviews. In: Mitteilungen 1994, S. 256 bis 279.

ZIERKE 1996: ZIERKE, IRENE: Wenden im Leben ostdeutscher Frauen. In: *Berliner Debatte Initial* 6/1996, S. 92–106.

ZIMMERMANN 1989: ZIMMERMANN, HARTMUT: Deutschland 1989: Probleme und Tendenzen nach vierzig Jahren Zweistaatlichkeit. In: WEIDENFELD/ZIMMERMANN 1989, S. 699–718.

ZWAHR 1993: ZWAHR, HARTMUT: Ende einer Selbstzerstörung. Leipzig und die Revolution in der DDR. Göttingen 1993.

Annotiertes Personenregister

Abel, Jürgen, Musiker, Mitinitiator der Resolution der Rockmusiker vom Sept. 1989   332

Ackermann, Anton, eigentlich Eugen Hanisch (1905–1973), 1949–1953 Kandidat des Politbüros und Staatssekretär im Ministerium für Auswärtige Angelegenheiten, zuständig für Auslandsspionage, 1954 Ausschluß aus dem ZK, 1958 Rehabilitierung, Freitod   295, 317, 433

Adenauer, Konrad (1876–1967), 1946 bis 1966 CDU-Vorsitzender, 1949 bis 1963 Bundeskanzler, 1951–1955 auch Außenminister   17, 119, 268, 500, 503, 511, 526

Adorno, Theodor W. (1903–1969), Philosoph, Soziologe, Musiktheoretiker, Hauptvertreter der Kritischen Theorie   299

Anderson, Alexander [Sascha] (geb. 1953), Schriftsteller, Vertreter der unabhängigen Literaturszene Ostberlins, 1986 Übersiedlung nach Berlin (West)   222

Apel, Erich (1917–1965), 1958–1965 Leiter der Wirtschaftskommission beim SED-Politbüro, 1963–1965 Vorsitzender der Staatlichen Plankommission, stellvertretender Vorsitzender des Ministerrates, Freitod   157, 551

Arendt, Erich (1903–1984), Lyriker, Übersetzer   329

Arndt, Günter, Abteilungsleiter Strafverwaltung, Stellvertreter, später Leiter der Zollverwaltung   438

Asmussen, Hans Christian (1898 bis 1968), evangelischer Theologe, führender Vertreter der Bekennenden Kirche   428

Aufderbeck, Hugo (1909–1981), katholischer Theologe und Bischof   378

Axen, Herrmann (1916–1992), 1966 bis 1989 Sekretär des ZK für Internationale Verbindungen, 1970–1989 Mitglied des Politbüros   34, 44, 495, 522, 542, 552

Bahr, Egon (geb. 1922), 1969–1972 Staatssekretär im Bundeskanzleramt, 1972–1974 Bundesminister für besondere Aufgaben, 1974–1976 für wirtschaftliche Zusammenarbeit   517

Bahro, Rudolf (geb. 1935), Philosoph, Wirtschaftsfunktionär, nach Veröffentlichung seines Buches »Die Alternative« Verurteilung und 1979 Abschiebung in die Bundesrepublik Deutschland   33

Barlach, Ernst (1870–1938), Bildhauer, Graphiker, Dichter   296, 357

Barton, Rüdiger [Ritchie] (geb. 1954), Komponist, Musiker (»Silly«), Mitinitiator der Resolution der Rockmusiker vom Sept. 1989   332

Bastian, Gert (1923–1992), Generalleutnant, 1956–1980 Bundeswehr, Mitglied der Gruppe Generale für Frieden und Abrüstung, Politiker der Grünen   557

Bauer, Conrad [Conny] (geb. 1943), Jazzmusiker, 1987–1990 Vorsitzender der Sektion Jazz des Komitees für Unterhaltungskunst   332

Baumgarten, Arthur (1884–1966), 1949 Mitglied der DAW, 1952–1960 Präsident der Deutschen Akademie für Staat und Recht   281 f.

Baumgarten, Klaus-Dieter (geb. 1931), Generaloberst, 1979–1989 Chef der Grenztruppen und stellvertretender Minister für Nationale Verteidigung   437

Becher, Johannes R. (1891–1958), Schriftsteller, 1945 Mitbegründer und bis 1958 erster Präsident des Kulturbundes, 1954–1958 Minister für Kultur, 1953–1956 Präsident der DAK 294, 299, 304, 311, 336 f., 350

Becker, Jurek (1937–1997), Schriftsteller, 1977 Ausschluß aus dem DDR-Schriftstellerverband und der SED, Übersiedlung nach Berlin (West) 301, 304, 329

Behrens, Friedrich [Fritz] (1909 bis 1980), Wirtschaftswissenschaftler, 1955–1957 stellvertretender Vorsitzender der Staatlichen Plankommission 94, 132 f.

Beil, Gerhard (geb. 1926), 1976–1986 Staatssekretär, 1986–1989 Minister für Außenhandel, 1981–1989 ZK-Mitglied 147

Benary, Arne (1929–1971), Wirtschaftswissenschaftler, 1958 wegen »Revisionismus« Strafversetzung in das Berliner »Kabelwerk Oberspree«, Freitod 94, 133

Bengsch, Alfred (1921–1979), katholischer Bischof, 1961 Bischof von Berlin, 1976 Vorsitzender der Berliner Bischofskonferenz 372

Bentzien, Hans (geb. 1927), 1961–1966 Minister für Kultur, 1966–1975 Direktor des Verlags Neues Leben, 1989–1990 Generalintendant des DFF 298, 325

Berger, Götz (1905–1996), 1946 bis 1950 Justitiar im ZK, 1951–1957 Richter, seit 1963 Rechtsanwalt, 1976 Berufsverbot nach Verteidigung Havemanns 544

Berfelde, Lothar, bekannt als Charlotte von Mahlsdorf (geb. 1927), Initiator und Leiter des Gründerzeitmuseums Berlin-Mahlsdorf 177, 212

Berghofer, Wolfgang (geb. 1943), 1986 bis 1990 Oberbürgermeister von Dresden, 1989–1990 stellvertretender PDS-Vorsitzender 544

Bergmann, Leiter der Hauptabteilung Innere Angelegenheiten des MdI in den 60er Jahren 546

Bergmann, Friedrich Ernst von (1907 bis 1982), Pharmakologe, 1948–1955 Kuratorialdirektor, 1955–1969 Kurator der FU Berlin 240

Berija, Lawrenti Pawlowitsch (1889 bis 1953), 1941–1946 und 1953 Minister für Staatssicherheit der UdSSR, 1953 Verhaftung und Erschießung 431

Bertele, Franz (geb. 1931), Jurist, 1988 bis 1990 Leiter der Ständigen Vertretung der Bundesrepublik Deutschland in der DDR 528

Berthold, Arno (1908–1984), Oberst, 1952–1955 Chef der GST 443

Bertsch, Heinrich (1897–1981), Chemiker, 1953 Mitglied der DAW 281

Beyer, Frank (geb. 1932), Film- und Fernsehregisseur, 1980 SED-Ausschluß 299, 304, 327, 342, 344, 544

Biermann, Wolf (geb. 1936), Liedermacher, Schriftsteller, 1976 Ausbürgerung aus der DDR 22, 33, 166, 235, 272, 300, 304, 327–330, 339, 375 f.

Binder, Ludwig (1881–1958), Institutsdirektor für Starkstrom- und Hochspannungstechnik, 1949 Mitglied der DAW 281 f.

Bischoff, Norbert (1959–1993), Liedermacher, Mitinitiator der Resolution der Rockmusiker vom Sept. 1989 332

Bloch, Ernst (1885–1977), 1948–1957 (zwangsemeritiert) Professur am Lehrstuhl für Philosophie in Leipzig, 1955–1961 (Ausschluß) Mitglied der DAW, 1961 Übersiedlung in die Bundesrepublik Deutschland, Gastprofessur in Tübingen 239 f., 372

Bock, Siegfried (geb. 1926), 1977–1984 Botschafter in Rumänien, 1984–1990 Abteilungsleiter im Ministerium für Auswärtige Angelegenheiten 519

Böhme, Hans-Joachim (geb. 1929), 1981–1989 Erster Sekretär der SED-Bezirksleitung Halle, 1986–1989 Mitglied des Politbüros, Jan. 1990 Ausschluß aus der SED/PDS 542
Bokow, Fjodor J. (geb. 1903), Generalleutnant, 1945–1946 Kriegsrat der SMAD 127
Bormann, Rolf, Sexualwissenschaftler 219
Borning, Walter (1920–1983), Generalleutnant, 1960–1972 Leiter der ZK-Abteilung Sicherheit 447
Brandt, Willy, eigentlich Herbert Frahm (1913–1992), 1964–1987 SPD-Vorsitzender, 1969–1974 Bundeskanzler 505, 516, 556
Bräunig, Werner (1934–1976), Schriftsteller, 1959 Initiator des Aufrufs »Greif zur Feder, Kumpel!« 298
Braun, Volker (geb. 1939), Schriftsteller, 1983 Mitglied der AdK 301, 329, 544
Brecht, Bertolt (1898–1956), Schriftsteller, Regisseur, 1949 Gründer des Berliner Ensembles 296, 319
Breschnew, Leonid I. (1906–1982), 1964–1982 Generalsekretär der KPdSU, 1960–1964 sowie 1977 bis 1982 Vorsitzender des Präsidiums des Obersten Sowjets 494, 516, 520, 523, 552, 554f.
Brosche, Karl (geb. 1926), Oberst, Leiter der MfS-Hauptabteilung XX/7 (Literatur) 359
Brüsewitz, Oskar (1929–1976), Pfarrer, 1976 Selbstverbrennung aus Protest gegen die DDR-Kirchenpolitik 376, 411f.
Brugsch, Theodor (1878–1963), 1945 bis 1957 Direktor der Klinik für innere Medizin an der Berliner Charité, 1949 Mitglied der DAW 281
Bruyn, Günter de (geb. 1926), Schriftsteller, 1978 Mitglied der AdK 301

Bubnoff, Serge von (1888–1957), Geologe, 1949 Mitglied der DAW 281
Buchwitz, Otto (1879–1964), SED, 1946–1952 Präsident des Sächsischen Landtages, 1949–1950 Ko-Vorsitzender der Zentralen Parteikontrollkommission 447
Bulda, Waleri I., 1953–1957 sowjetischer Chefberater im MfS 462
Burnham, Linden Forbes S. (1923 bis 1985), 1980–1985 Präsident der Republik Guyana 82

Carow, Heiner (geb. 1929), Regisseur bei der DEFA, 1982–1993 Vizepräsident der AdK 177
Carstens, Karl (1914–1992), 1973–1976 Fraktionsvorsitzender der CDU/CSU im Bundestag, 1976–1979 Präsident des Bundestages, 1979–1984 Bundespräsident 556
Chnoupek, Bohuslav (geb. 1925), ZK-Mitglied der KP der Tschechoslowakei, 1969–1971 ČSSR-Botschafter in Moskau, 1971–1988 Außenminister 82
Christoph, Günter (geb. 1933), Baggerführer, Mitinitiator des sozialistischen Wettbewerbs nach Nicolai Mamai 321
Chruschtschow, Nikita S. (1894 bis 1971), 1953–1964 Erster Sekretär des ZK der KPdSU, 1948–1964 sowjetischer Ministerpräsident, 1964 Absetzung 20, 33, 311, 364
Coch, Friedrich (1887–1945), Bischof der Evangelisch-Lutherischen Kirche in Sachsen 423
Cohrs, Eberhard (geb. 1921), Schriftsteller, Humorist, 1977 nach Gastspiel Verbleib in Berlin (West) 537
Conté, Seydou (geb. 1921), Diplomat, 1960 als Botschafter Guineas in der DDR vorgesehen 549
Correns, Erich (1926–1981), Chemiker, 1951–1962 Mitglied der DAW,

1950–1981 Präsident des Nationalrats der Nationalen Front 281
Corválan, Luis (geb. 1916), 1958–1989 Generalsekretär der KP Chiles 341
Cremer, Fritz (1906–1993), Bildhauer, 1974–1983 Vizepräsident der AdK 296, 299, 325 f., 357
Cyrankiewicz, Josef (geb. 1911), 1954 bis 1970 Ministerpräsident der VR Polen 548

Danz, Tamara (1952–1996), Rocksängerin (»Silly«), Mitinitiatorin der Resolution der Rockmusiker vom Sept. 1989 und des Aufrufes »Für unser Land« vom Nov. 1989 301, 332, 347, 544
Demke, Christoph (geb. 1935), 1983 Evangelischer Bischof der Kirchenprovinz Sachsen, seit 1990 Vorsitzender der Konferenz der Kirchenleitungen 430, 544
Demmler, Kurt (geb. 1943), Liedermacher, Rockmusiker 214, 332
Dengler, Gerhard (geb. 1914), Journalist, 1959–1968 Vizepräsident des Nationalrats der Nationalen Front 546
Dessau, Paul (1894–1979), Komponist, 1959–1968 Mitglied der DAK 296, 319 f.
Deubel, Fritz (1898–1966), Geologe, 1953 Mitglied der DAW 281
Dibelius, Otto (1880–1967), 1945–1966 Evangelischer Bischof in Berlin-Brandenburg, 1949–1961 Vorsitzender des Rates der Evangelischen Kirche in Deutschland 365, 367, 385, 428
Dibrowa, Pawel, Generalmajor, sowjetischer Stadtkommandant von Berlin am 17. Juni 1953 512
Dickel, Friedrich (1913–1993), Armeegeneral, 1963–1989 Minister des Innern und Chef der Deutschen Volkspolizei 442, 538

Dieckmann, Johannes (1893–1969), Mitbegründer und 1948–1969 stellvertretender Vorsitzender der LDPD, 1949–1969 Präsident der Volkskammer 66, 277
Dobberstein, Johannes (1895–1965), Veterinärpathologe, 1949 Mitglied der DAW 281
Dohlus, Horst (geb. 1925), 1963–1989 ZK-Mitglied, 1980–1989 Mitglied des Politbüros 543
Donda, Arno (geb. 1930), 1963–1990 Leiter der Staatlichen Zentralverwaltung für Statistik der DDR 147
Dubček, Alexander (1921–1992), 1968 bis 1969 Erster Sekretär des ZK der KP der Tschechoslowakei, 1990 bis 1992 Parlamentspräsident 271, 369
Duda, Fritz (1904–1991), Maler, Initiator der Arbeitsgemeinschaft Künstler in der SED 306
Dymschitz, Alexander (1910–1975), Germanist, 1945–1949 Chef der Abteilung Kultur der SMAD-Informationsverwaltung 295

Eberlein, Werner (geb. 1919), 1983 bis 1989 Erster Sekretär der SED-Bezirksleitung Magdeburg, 1986–1989 Mitglied des Politbüros 447
Eckart, Gabriele (geb. 1954), Schriftstellerin, 1987 Übersiedlung in die Bundesrepublik Deutschland 375
Eger, Jürgen (geb. 1954), Liedermacher, Mitinitiator der Resolution der Rockmusiker vom Sept. 1989 332
Ehle, Jürgen (geb. 1956), Musiker, Mitinitiator der Resolution der Rockmusiker vom Sept. 1989 332
Ehmke, Horst (geb. 1927), 1969–1972 Chef des Bundeskanzleramtes, 1977 bis 1991 stellvertretender SPD-Fraktionsvorsitzender im Bundestag 542
Eisler, Hanns (1898–1962), Komponist (u.a. Nationalhymne der DDR), 1950 Gründungsmitglied der DAK 357

Emmel, Hildegard, Assistentin des Greifswalder Germanisten Hans-Friedrich Rosenfeld 262
Engels, Friedrich (1820–1895), Philosoph, Freund von Karl Marx, Klassiker des Marxismus-Leninismus 12, 72, 53
Eppelmann, Rainer (geb. 1943), Evangelischer Pfarrer, Bürgerrechtler, 1990 Minister für Abrüstung und Verteidigung der DDR 222, 377, 435
Ertel, Hans (1904–1971), Geophysiker, 1951–1961 Vizepräsident der DAW 278–280, 282, 284

Falcke, Heino (geb. 1929), evangelischer Theologe, führender Exponent einer staatskritischen Theologie in der DDR 369, 417
Fechner, Max (1892–1973), 1949–1953 Minister für Justiz, 1953 SED-Ausschluß, Verhaftung, 1958 Wiederherstellung der SED-Mitgliedschaft 483
Felfe, Werner (1928–1988), 1976–1988 Mitglied des Politbüros, 1981 bis 1988 Sekretär für Landwirtschaft 522
Fiedler, Wolfgang, Jazzmusiker, Mitinitiator der Resolution der Rockmusiker vom Sept. 1989 332
Fischer, Ernst (1899–1972), Schriftsteller, Politiker der KP Österreichs, 1969 Parteiausschluß wegen Protestes gegen die Besetzung der Tschechoslowakei 299
Fischer, Kurt (1900–1950), 1946–1948 Sächsischer Minister des Innern, 1949–1950 erster Chef der Deutschen Volkspolizei 442, 450, 459
Fischer, Oskar (geb. 1923), 1971–1989 ZK-Mitglied, 1975–1990 Minister für Auswärtige Angelegenheiten 82, 519
Fränkel, Hans Joachim (geb. 1909), evangelischer Bischof, Vorsitzender des Rates der Evangelischen Kirche der Union 376, 411
Franck, Hans-Heinrich (1888–1961), Chemiker, 1949 Mitglied der DAW, 1949–1959 Präsident der Kammer der Technik 260, 281
Franck, James (1882–1964), deutsch-amerikanischer Physiker, 1929–1942 und 1946–1951 korrespondierendes Mitglied der DAW 277
Frenzel, Walter (1884–1970), Textilchemiker, 1949 Mitglied der DAW 281
Friedrich, Walter (1883–1968), Physiker, 1951–1955 Präsident der DAW 277, 281 f.
Friedrichs, Rudolf (1892–1947), SPD, 1945–1947 Ministerpräsident von Sachsen 108
Frings, Theodor (1886–1968), Germanist, 1946–1968 Präsident der Sächsischen Akademie der Wissenschaften 281 f., 284, 385
Fröhlich, Paul (1913–1970), 1952–1970 Erster Sekretär der SED-Bezirksleitung Leipzig, 1963–1970 Mitglied des Politbüros 299
Frühauf, Hans (1904–1991), Hochfrequenztechniker, 1957–1961 Vizepräsident der DAW 281
Fuchs, Jürgen (geb. 1950), Schriftsteller, Bürgerrechtler, 1977 Inhaftierung und Ausbürgerung aus der DDR 271, 300
Fühmann, Franz (1922–1984), Schriftsteller, Essayist, 1972 Mitglied der DAK 298, 301, 324 f., 329
Fürnberg, Louis (1909–1957), Schriftsteller, Begründer und Mitherausgeber der *Weimarer Beiträge*, 1955 Mitglied der DAK 32, 47

Gaebler, Rainer (geb. 1938), seit 1984 Vizepräsident der Landessynode der Evangelisch-Lutherischen Kirche Sachsens, seit 1986 Mitglied der Synode des Bundes der Evangelischen Kirche in der DDR 398

Gartmann, Hermann (1906–1972), Generalmajor, 1953–1956 Chef der Grenztruppen der DDR, 1956–1958 stellvertretender Minister für Staatssicherheit 436

Gast, Gabriele (geb. 1943), Agentin der Hauptverwaltung Aufklärung des MfS 433

Gaus, Günter (geb. 1929), Journalist, Publizist, 1973–1980 Leiter der Ständigen Vertretung der Bundesrepublik Deutschland in der DDR 305, 521, 554, 556

Genin, Salomea (geb. 1932), Publizistin 379, 427

Giel, Günter (1930–1988), Generalleutnant, 1974–1988 Stellvertretender Minister des Innern, Leiter der Hauptabteilung Paß- und Meldewesen 538

Girnus, Wilhelm (1906–1985), 1957 bis 1962 Staatssekretär für Hoch- und Fachschulwesen, 1964–1981 Chefredakteur von *Sinn und Form* 296, 357

Goebbels, Joseph (1897–1945), 1933 bis 1945 Minister für Volksaufklärung und Propaganda des Dritten Reiches sowie Präsident der Reichskulturkammer 45

Göring, Hermann (1893–1946), Reichsmarschall, 1933–1945 preußischer Ministerpräsident, Minister für Luftfahrt des Dritten Reiches, Oberbefehlshaber der Luftwaffe 45

Götting, Gerald (geb. 1923), 1949–1966 Generalsekretär, 1966–1989 Vorsitzender der CDU (DDR), 1969–1976 Präsident der Volkskammer 38, 121

Goldenbaum, Ernst (1898–1990), 1948–1982 Vorsitzender der DBD, 1949–1950 Minister für Land- und Forstwirtschaft 37

Gorbatschow, Michail S. (geb. 1931), 1985–1991 Generalsekretär der KPdSU, 1988–1991 Vorsitzender des Präsidiums des Obersten Sowjets 19, 161, 304, 427

Gothan, Walter (1879–1954), Paläobotaniker, 1949 Mitglied der DAW 281

Gottschaldt, Kurt (1902–1991), Psychologe, 1953 Mitglied der DAW 281, 284

Grapow, Hermann (1885–1967), Ägyptologe, 1938 Mitglied der DAW, 1956–1962 Direktor des Instituts für Orientforschung der DAW 281, 284

Grass, Günter (geb. 1927), Schriftsteller, Graphiker 298

Grewe, Georg Wilhelm (1911–1993), 1955–1958 Leiter der Politischen Abteilung des Auswärtigen Amtes, Botschafter in Washington, Brüssel (NATO), Tokio 503

Gromyko, Andrej A. (1909–1989), 1957–1985 sowjetischer Außenminister, 1973–1988 Mitglied des KPdSU-Politbüros 431, 554 f.

Großmann, Werner (geb. 1929), Generaloberst, 1986–1990 Stellvertretender Minister für Staatssicherheit und Leiter der Hauptverwaltung Aufklärung 433

Grotewohl, Otto (1894–1964), SPD, 1946–1954 Ko-Vorsitzender der SED, seit 1949 Ministerpräsident bzw. Vorsitzender des Ministerrats 31, 239, 279 f., 284, 302, 311, 334, 350, 356, 367, 448, 452, 482, 485, 488, 492, 547 f.

Grüneberg, Gerhard (1921–1981), 1966 bis 1981 Mitglied des Politbüros, 1960–1981 Sekretär des ZK für Landwirtschaft 552

Guillaume, Günter (1927–1995), Oberst des MfS, Agent der Hauptverwaltung Aufklärung, 1972–1974 Referent im Bundeskanzleramt bzw. des Bundeskanzlers 433

Gutsche, Josef (1895–1964), Generalmajor, 1950–1957 Mitarbeiter des MfS, Fachberater des Ministers für Staatssicherheit 465

Gysi, Klaus (geb. 1912), 1966–1973 Minister für Kultur, 1973–1978 Botschafter in Italien bzw. Malta, 1979 bis 1988 Staatssekretär für Kirchenfragen 395

Hagen, Nina (geb. 1955), Rocksängerin, 1976 Übersiedlung nach Berlin (West) 537

Hager, Kurt (geb. 1912), 1958–1989 Leiter der Ideologischen Kommission beim Politbüro, 1963–1989 Mitglied des Politbüros 226, 238, 267, 285f., 299f., 304, 331, 335, 343f., 427, 542f., 552

Hahn, Erich (geb. 1930), Philosoph, 1971–1990 Direktor des Instituts für Marxismus-Leninismus der Akademie für Gesellschaftswissenschaften des ZK 495

Hahn, Hugo (1886–1957), 1947–1953 Bischof der Evangelisch-Lutherischen Kirche in Sachsen 423, 428

Halbritter, Walter (geb. 1927), 1965 bis 1989 Minister und Leiter des Amtes für Preise, 1967–1989 ZK-Mitglied 148, 161

Hamel, Johannes (geb. 1911), evangelischer Theologe, 1955–1976 Dozent für Praktische Theologie am Katechetischen Oberseminar in Naumburg 376, 389

Harich, Wolfgang (1923–1995), Philosoph, Publizist, 1953–1956 Chefredakteur der *Deutschen Zeitschrift für Philosophie*, 1957–1964 Zuchthaus wegen »staatsfeindlicher Gruppenbildung« 297, 311f., 357f.

Hartke, Werner (1907–1993), Altphilologe, 1958–1968 Präsident der DAW 239, 284f.

Hartung, Fritz (1883–1967), Historiker, 1923–1948 Professor an der Berliner Universität, 1939 Mitglied der DAW 281

Hassbecker, Uwe, Gitarrist (»Stern Meißen«, »Silly«), Mitinitiator der Resolution der Rockmusiker vom Sept. 1989 332

Hauptmann, Gerhart (1862–1946), Schriftsteller, Ehrenpräsident des Kulturbundes 294

Haussherr, Hans (1898–1960), Historiker, 1955 Mitglied der DAW 285f.

Havemann, Robert (1910–1982), Physikochemiker, Philosoph, 1945 Mitbegründer des Kulturbundes, 1964 SED-Ausschluß sowie Verlust der Professur an der Humboldt-Universität zu Berlin 33, 240, 286–288, 290, 377

Heidebroek, Enno (1876–1955), Maschinenbauingenieur, 1945–1947 Rektor der TH Dresden 50

Heidorn, Günther, 1965–1976 Rektor der Universität Rostock, 1976–1990 stellvertretender Minister für Hoch- und Fachschulwesen der DDR 262f.

Hein, Christoph (geb. 1944), Schriftsteller 314, 360f.

Heinemann, Gustav (1899–1976), 1969–1974 Bundespräsident, Mitunterzeichner der Stuttgarter Schulderklärung 428

Heise, Wolfgang (1925–1987), Philosoph, Kunsttheoretiker, 1985 korrespondierendes Mitglied der AdW 300, 330f.

Held, Heinrich (1897–1957), Theologe, Mitunterzeichner der Stuttgarter Schulderklärung 428

Hennecke, Adolf (1905–1975), Bergmann, 1948 Auslöser der Wettbewerbsbewegung in der DDR nach sowjetischem Vorbild 96

Herbich, Karl-Heinz (geb. 1937), Hauptmann im MfS 422

Herger, Wolfgang (geb. 1935), 1985 bis 1989 Abteilungsleiter Sicherheit des ZK 447
Hermes, Andreas (1878–1964), 1945 CDU-Vorsitzender (SBZ), 1947 Flucht in die Bizone, 1948–1954 Präsident des Deutschen Bauernverbandes, 1948–1961 Präsident des Deutschen Raiffeisenverbandes 37
Hermlin, Stephan, eigentlich Rudolf Leder (1915–1997), Schriftsteller, Vizepräsident des PEN-Zentrums DDR und (seit 1975) des Internationalen PEN-Zentrums 298, 300 f., 303, 329
Herrnstadt, Rudolf (1903–1966), 1950–1953 Kandidat des Politbüros, 1949–1953 Chefredakteur des *Neuen Deutschland,* 1954 SED-Ausschluß 33
Hertwig, Manfred, Redaktionssekretär der *Deutschen Zeitschrift für Philosophie,* 1957 Zuchthaus wegen „Boykotthetze" 311
Herzberg, André (geb. 1955), Rocksänger (»Pankow«), Mitinitiator der Resolution der Rockmusiker vom Sept. 1989 332
Heubner, Wolfgang (1877–1957), Pharmakologe, 1946–1950 Mitglied der DAW 240
Heuß, Theodor (1884–1963), 1948 bis 1949 FDP-Vorsitzender, 1949 bis 1959 Bundespräsident 511
Heym, Stephan, eigentlich Helmut Flieg (geb. 1913), Schriftsteller, Vorstandsmitglied des Deutschen Schriftstellerverbandes, 1979 Ausschluß 180, 311, 329, 354, 375, 544
Heymann, Stefan (1896–1967), 1951 bis 1957 DDR-Botschafter in Ungarn und Polen, 1957–1959 Abteilungsleiter im Ministerium für Auswärtige Angelegenheiten 44
Himmler, Heinrich (1900–1945), 1933 bis 1945 Chef der Deutschen Polizei und Innenminister des Dritten Reiches 45
Hitler, Adolf (1898–1945), 1921 bis 1945 Vorsitzender der NSDAP, 1933 bis 1945 Kanzler (»Führer«) des Dritten Reiches 28, 31
Höcker, Wilhelm (1886–1955), SED, 1946–1951 Ministerpräsident von Mecklenburg-Vorpommern 106
Höfner, Ernst (geb. 1929), 1981–1990 Minister für Finanzen 147
Höpcke, Klaus (geb. 1933), 1973–1989 stellvertretender Minister für Kultur, 1989 Leiter der Kulturkommission des Politbüros 314, 361
Hörnig, Johannes (geb. 1921), 1955 bis 1989 Abteilungsleiter Wissenschaft des ZK 226, 238
Hoff, Roland, 1961 an der Berliner Mauer erschossen 464
Hoffmann, Ernst (1776–1822), Schriftsteller, Komponist, Maler 357
Hoffmann, Heinz (1910–1985), Armeegeneral, 1960–1985 Minister für Nationale Verteidigung, 1974–1985 Mitglied des Politbüros 434 f., 536
Hoffmann, Theodor (geb. 1935), Vizeadmiral, 1989–1990 Minister für Nationale Verteidigung 435
Holtzhauer, Helmut (1912–1973), 1951–1953 Mitglied des Ministerrats und Vorsitzender der Staatlichen Kommission für Kunstangelegenheiten 312, 357
Homann, Heinrich (1911–1994), 1972 bis 1989 Vorsitzender der NDPD 71
Honecker, Erich (1912–1994), 1971 bis 1989 Erster bzw. Generalsekretär der SED, 1976–1989 Vorsitzender des Staatsrates und des Nationalen Verteidigungsrates, Leiter des Einsatzes von NVA und Kampfgruppen am 13. August 1961 18 f., 21, 23 f., 28, 49, 86, 98 f., 101, 121 f., 140, 197, 273, 299, 300, 303, 310, 326 f., 337 f., 365, 369–371, 392, 394 f., 418, 446, 452,

468f., 494f., 498, 501, 506f., 515f., 518, 520–525, 527–529, 335f., 542, 552, 554–558
Honecker, Margot (geb. 1927), 1963 bis 1989 Ministerin für Volksbildung und ZK-Mitglied 226, 229 f., 247 f.
Horkheimer, Max (1895–1973), Philosoph, Soziologe, Hauptvertreter der Kritischen Theorie 299
Huchel, Peter (1903–1981), Lyriker, 1948–1962 Chefredakteur von *Sinn und Form,* 1971 Übersiedlung in die Bundesrepublik Deutschland 299
Hüneke, Andreas (geb. 1944), Theologe, Kunsthistoriker, Ausstellungskurator 345

Iljitschow, Iwan I., Stellvertreter des Politischen Beraters beim Vorsitzenden der Sowjetischen Kontrollkommission 547
Immer, Karl (1916–1984), 1971 bis 1981 Präses der Evangelischen Kirche im Rheinland 394 f.

Jahn, Günther (geb. 1930), 1967 bis 1974 Erster Sekretär des Zentralrats der FDJ, 1976–1989 Erster Sekretär der SED-Bezirksleitung Potsdam 270
Jahn, Rudolf [Rudi] (1906–1990), SED, 1949–1952 Ministerpräsident von Brandenburg, 1959–1963 Botschafter in Bulgarien 44
Jahsnowsky, Franz (geb. 1930), 1973 bis 1990 Protokollchef des Ministeriums für Auswärtige Angelegenheiten 528
Janka, Walter (1914–1994), 1952–1956 Leiter des Aufbau-Verlages, 1957 bis 1960 Zuchthaus wegen Bildung einer »konterrevolutionären Gruppe« 311, 350
Jarowinsky, Werner (1927–1990), 1980 bis 1989 Mitglied des Politbüros, 1974–1989 Sekretär des ZK 122, 371, 552

Jodl, Alfred (1890–1946), Generaloberst, 1939–1945 Chef des Wehrmachtführungsamtes 45
Jörgenson, Anker (geb. 1922), 1972 bis 1973 und 1975–1982 dänischer Ministerpräsident 555
Johnson, Uwe (1934–1984), Schriftsteller, 1959 Übersiedlung in die Bundesrepublik Deutschland, 1969 Mitglied des PEN-Zentrums der Bundesrepublik Deutschland 309, 352
Joyce, James (1882–1941), irischer Schriftsteller 299
Junck, Herbert, Schlagzeuger (»Silly«), Mitinitiator der Resolution der Rockmusiker vom Sept. 1989 332
Just, Gustav (geb. 1921), Übersetzer, 1955 stellvertretender Chefredakteur des *Sonntag,* 1957–1959 Zuchthaus wegen »Boykotthetze« 311
Justi, Ludwig (1876–1957), Kunsthistoriker, 1946–1957 Generaldirektor der Staatlichen Museen Berlin, 1949 Mitglied der DAW 281

Kabelka, Karl (geb. 1921), Schweißer, Volkskorrespondent, Mitglied des Literaturzirkels der Neptunwerft Rostock 323 f.
Kafka, Franz (1883–1924), Schriftsteller 299
Kaiser, Jakob (1888–1961), 1945–1947 Vorsitzender der CDU (SBZ), 1948 Flucht nach Berlin (West), 1949 bis 1957 Bundesminister für Gesamtdeutsche Fragen, 1950–1958 stellvertretender CDU-Vorsitzender 37
Kamnitzer, Heinz (geb. 1917), 1953 bis 1955 Herausgeber der *Zeitschrift für Geschichtswissenschaft,* 1970–1989 Präsident des PEN-Zentrums DDR 60
Karma, Werner (geb. 1952), Liedtexter 346
Kaschlew, Juri, sowjetischer Spitzendiplomat, Leiter der UdSSR-Delega-

tion bei KSZE-Verhandlungen 1989 557f.

Kegel, Herbert (1920–1990), 1958 Generalmusikdirektor, 1977 Chefdirigent der Dresdner Philharmonie, Freitod 281

Keitel, Wilhelm (1882–1946), Generalfeldmarschall, 1938–1945 Chef des Oberkommandos der Wehrmacht 45

Kelly, Petra (1947–1992), Politologin, Gründungsmitglied der Grünen, Bundesvorstandsmitglied 557

Kerschowski, Lutz, Liedermacher, Mitinitiator der Resolution der Rockmusiker vom Sept. 1989 332

Kertzscher, Günter (1913–1995), 1949 bis 1955 Chefredakteur der *Berliner Zeitung*, 1956–1983 stellvertretender Chefredakteur des *Neuen Deutschland* 329f.

Keßler, Heinz (geb. 1920), Armeegeneral, 1985–1989 Minister für Nationale Verteidigung, Mitglied des Nationalen Verteidigungsrates 435, 542

Kienle, Johann [Hans] (1895–1975), Astronom, 1946 Mitglied der DAW 284

Kiesinger, Georg (1904–1988), 1958 bis 1966 Ministerpräsident von Baden-Württemberg, 1966–1969 Bundeskanzler, 1967–1971 CDU-Vorsitzender 501, 504

Kirsch, Sarah (geb. 1935), Schriftstellerin, 1977 Ausschluß aus SED und Schriftstellerverband, 1977 Übersiedlung in die Bundesrepublik Deutschland 301, 329, 537

Kleiber, Günter (geb. 1931), 1984–1989 Mitglied des Politbüros, 1973–1989 Minister für Allgemeinen Maschinenbau 552

Klein, Dieter (geb. 1931), Wirtschaftswissenschaftler, 1978–1990 Prorektor der Humboldt-Universität zu Berlin für Gesellschaftswissenschaften, Mitinitiator des Aufrufes »Für unser Land« vom Nov. 1989 544

Klein, Fritz (geb. 1924), Historiker, langjährige leitende Tätigkeit an den historischen Instituten der AdW 289

Klein, Manfred (geb. 1929), Chefredakteur Nachrichten beim Staatlichen Rundfunk, zeitweilig amtierender Generalintendant 308

Klemperer, Eva (1882–1951), Ehefrau von Victor Klemperer 50

Klemperer, Victor (1881–1960), Romanist, Germanist, 1953 Mitglied der DAW 34, 50, 281

Klohr, Olof (1927–1991), Marxistischer Religionssoziologe, 1962–1969 Inhaber des einzigen Lehrstuhls für wissenschaftlichen Atheismus an der Universität Jena 402

Kloß, Paul, Stadtrat für Arbeit und Soziales in Leipzig 44

Kober, Karl Max (1930–1987), Kunstwissenschaftler, Mitglied des Hauptvorstandes der NDPD, Vizepräsident des Verbandes der Bildenden Künstler (DDR) 306, 342, 345

König, Hartmut (geb. 1947), Liedermacher, 1976–1989 Sekretär für Kulturarbeit im Zentralrat der FDJ, 1989 stellvertretender Minister für Kultur, 1986–1989 ZK-Mitglied 221

König, Lothar, 1990 Mitglied der Provinzialsynode der Kirchenprovinz Sachsen 429

Kohl, Helmut (geb. 1930), 1969–1976 Ministerpräsident von Rheinland-Pfalz, seit 1973 CDU-Vorsitzender, seit 1982 Bundeskanzler 501, 506f., 525, 528f.

Kohl, Michael (1929–1981), 1965–1973 Staatssekretär beim Ministerrat, 1974–1978 Leiter der Ständigen Vertretung der DDR in Bonn 517

Kolbe, Uwe (geb. 1957), Lyriker, Herausgeber von *Mikado,* 1987 Übersiedlung in die Bundesrepublik Deutschland 548

Konzock, Willi-Peter (1902–1984), 1950–1958 stellvertretender Minister für Leichtindustrie, 1950–1984 Mitglied des Nationalrats der Nationalen Front, 1951–1984 stellvertretender LDPD-Vorsitzender 66

Konrad, Hans, Rezensent beim *Neuen Deutschland* 328

Kowal, Konstantin I., 1945–1949 Gehilfe für ökonomische Fragen und stellvertretender Oberster Chef der SMAD 127

Krack, Erhard (geb. 1931), 1974 bis 1990 Oberbürgermeister von Berlin (Ost) 197

Krahl, Toni (geb. 1949), Rockmusiker (»City«), 1988–1989 Vorsitzender der Sektion Rockmusik beim Komitee für Unterhaltungskunst, Mitinitiator der Resolution der Rockmusiker vom Sept. 1989 332

Krapp, Wolfgang, Generalmajor, Abteilungsleiter bzw. Leiter der Kampfgruppen im MdI 440

Krause, Günter (geb. 1953), 1989 Landesvorsitzender der CDU Mecklenburg-Vorpommern, 1990 Chef der CDU / DA - Volkskammerfraktion, 1991–1993 Bundesverkehrsminister 558

Krauss, Werner (1900–1976), Romanist, 1949 Mitglied der DAW 281

Krenz, Egon (geb. 1937), 1974–1983 Erster Sekretär des Zentralrats der FDJ, 1983–1989 Mitglied des Politbüros und ZK-Sekretär für Sicherheit, 1989 SED-Generalsekretär, Vorsitzender des Staatsrates und des Nationalen Verteidigungsrates 94, 160 f., 273, 446

Krug, Manfred (geb. 1937), Schauspieler, Sänger, 1976 Übersiedlung nach Berlin (West) 299, 304, 339 f., 537

Krusche, Günter (geb. 1931), seit 1983 Generalsuperintendent der Evangelischen Kirche Berlin-Brandenburg 395, 397, 544

Krusche, Werner (geb. 1917), 1968 bis 1983 evangelischer Bischof von Sachsen, 1981–1982 Vorsitzender der Konferenz der Kirchenleitungen 378

Kruse, Martin (geb. 1929), 1977–1994 Bischof von Berlin-Brandenburg, bis 1991 für Berlin (West), 1985–1991 Vorsitzender des Rates der Evangelischen Kirche in Deutschland 420 f.

Kuhn, Harry (1900–1973), 1949 bis 1951 Generalsekretär der VVN, 1963–1971 Chefredakteur der *Außenpolitischen Korrespondenz* 44

Kunert, Christian (geb. 1952), Schriftsteller, Musiker (»Renft-Combo«) 301

Kunert, Günter (geb. 1929), Schriftsteller, 1979 Übersiedlung in die Bundesrepublik Deutschland 301, 329

Kunze, Reiner (geb. 1933), Schriftsteller, 1968 SED-Austritt, 1976 Ausschluß aus dem Schriftstellerverband, 1977 Übersiedlung in die Bundesrepublik Deutschland 375, 537

Kuron, Klaus, Agent der Hauptverwaltung Aufklärung 433

Kutzschebauch, Günter (geb. 1930), Vizeadmiral, 1974–1982 stellvertretender Chef der Volksmarine, 1982 bis 1990 Chef der GST 443

Lamberz, Werner (1929–1978), 1967 bis 1978 ZK-Sekretär für Agitation und Propaganda, 1971–1978 Mitglied des Politbüros 299, 304, 552

Lambsdorff, Otto Graf von (geb. 1926), 1982–1984 Bundeswirtschaftsminister, 1988–1993 FDP-Vorsitzender 523

Lange, Fritz (1898–1981), SED, 1949 bis 1954 Vorsitzender der Zentralen Kommission für Staatliche Kontrolle, 1954–1958 Minister für Volksbildung 367, 501

Lange, Ingeburg (geb. 1927), 1961–1989 Abteilungsleiterin Frauen des ZK, 1973–1989 Kandidatin des Politbüros 160

Lauter, Hans (geb. 1914), 1950–1953 Sekretär und ZK-Mitglied, 1953 Ablösung, 1956 Rehabilitierung 296

Laux, Karl (1896–1976), Musikwissenschaftler, 1948–1951 Chefredakteur von *Musik und Gesellschaft*, 1957 bis 1963 Rektor der Hochschule für Musik Dresden 296

Legal, Ernst (1881–1955), Schauspieler, 1945 Gründungsmitglied des Kulturbundes, 1945–1952 Produzent an der Berliner Staatsoper 296

Lehmann, Otto (geb. 1913), 1950–1963 Sekretär des Bundesvorstandes des FDGB, 1957–1959 Stellvertretender FDGB-Vorsitzender, 1963–1967 Direktor der Sozialversicherung der Arbeiter und Angestellten 153

Leibnitz, Eberhard (1910–1986), 1955 bis 1958 Rektor der TH für Chemie Leuna-Merseburg, 1971–1986 Präsident der Urania (DDR) 264, 281

Leich, Werner (geb. 1927), 1978 Evangelischer Bischof von Thüringen, 1986 bis 1990 Vorsitzender der Konferenz der Kirchenleitungen 371, 420 f.

Lemmer, Ernst (1898–1970), 1945 bis 1947 einer der Vorsitzenden der CDU (SBZ), 1949 Flucht nach Berlin (West), 1949–1956 Chefredakteur von *Der Kurier* 37

Lenin, Wladimir Iljitsch, eigentlich Uljanow (1870–1924), Vorsitzender des Rates der Volkskommissare Rußlands und der KP (Bolschewiki), Theoretiker des Marxismus 72, 86, 251, 354, 364, 405

Leopold, Kurt (1900–1973), Leiter der Treuhandstelle für Interzonenhandel in Berlin (West) 156, 550 f.

Lewin, Kurt (1890–1947), Psychologe 247

Liebknecht, Karl (1871–1919), Rechtsanwalt, SPD-Politiker, Mitbegründer des Spartakusbundes und der KPD, ermordet 33, 60 f.

Lilje, Johannes (1899–1977), 1947 bis 1971 Bischof der Evangelisch-Lutherischen Landeskirche Hannover, 1952 bis 1957 Präsident des Lutherischen Weltbundes 385, 428

Lingner, Max (1888–1959), Maler, 1950 Gründungsmitglied der DAK 296

Linke, Helmut (1906–1972), Drogist 107, 112 f.

Linke, Richard (1872–1956), Lehrer 150

Loch, Hans (1898–1960), 1949–1955 Minister für Finanzen, 1951–1960 LDPD-Vorsitzender, 1950–1960 stellvertretender Vorsitzender des Ministerrats 666

Lohberger, Kurt (geb. 1914), Generalmajor, 1963–1968 Chef der GST 443

Lohmann, Karl (1898–1978), Physiologe, Biochemiker, 1949 Mitglied der DAW 281 f.

Lorenz, Werner (geb. 1925), 1958–1990 Staatssekretär für Volksbildung, 1986 bis 1989 ZK-Mitglied 253 f., 478

Ludwig, Paul (1910–1992), Generalmajor, 1958–1960 Chef der Grenzpolizei, 1960–1970 Chef der Transportpolizei 436

Lukács, Georg (1885–1971), Literaturhistoriker, Philosoph, Professur für Ästhetik und Kulturphilosophie in Budapest, 1956 Minister für Kultur unter Imre Nagy 133, 306, 311

Lukjantschenko, Grigori S., Generalleutnant, 1947–1949 Chef des Stabes der SMAD 114

Luther, Martin (1483–1546), Reformator, Begründer des Protestantismus 370
Lutze, Lothar und Renate, Agentenehepaar der Hauptverwaltung Aufklärung 433
Luxemburg, Rosa (1870–1919), SPD-Politikerin, Mitbegründerin des Spartakusbundes und der KPD, ermordet 33, 60 f.

Magritz, Kurt (geb. 1909), Architekt, 1952–1961 Chefredakteur der Zeitschrift *Deutsche Architektur* 357
Maizière, Lothar de (geb. 1940), Rechtsanwalt, 1989–1990 Vorsitzender der CDU (DDR), 1990 Ministerpräsident der DDR 101
Mamai, Nicolai (geb. 1926), sowjetischer Bergmann, 1958 Begründer einer Wettbewerbsbewegung zur täglichen Übererfüllung der Schichtnormen 321
Mampel, Siegfried (geb. 1913), Rechtswissenschaftler 36
Mangold, Ernst (1879–1961), Tierernährungswissenschaftler, 1949 Mitglied der DAW 281
Maron, Karl (1903–1975), Generaloberst, 1950–1963 Chef der Deutschen Volkspolizei, 1955–1963 Minister des Innern 442, 452
Marx, Karl (1818–1883), Philosoph, Klassiker des Marxismus-Leninismus 12, 53, 72, 256, 363, 374, 427
Matern, Hermann (1893–1971), 1948 bis 1971 Vorsitzender der Zentralen Parteikontrollkommission, 1950 bis 1971 Mitglied des Politbüros 44, 447, 452, 501
Matern, Jenny (1904–1960), 1950–1959 stellvertretende Ministerin für Arbeit und Gesundheitswesen, 1959–1960 Vorsitzende der Volkssolidarität 44
Mattheuer, Wolfgang (geb. 1927), Maler, 1965–1974 Professor an der Hochschule für Grafik und Buchkunst Leipzig, 1978 Mitglied der AdK, 1988 SED-Austritt 304, 347
Mayer, Hans (geb. 1907), Literaturhistoriker, 1948–1960 Professor in Leipzig, 1963 Übersiedlung in die Bundesrepublik Deutschland, 1963–1973 Professor an der TU Hannover 309
Meffert, Major im MfS (1969) 421
Meinecke, Friedrich (1862–1954), Historiker, Mitbegründer und erster Rektor der Freien Universität Berlin, 1915–1950 Mitglied der DAW 226
Meiser, Hans (1881–1956), 1933 bis 1955 Landesbischof der Evangelisch-Lutherischen Kirche in Bayern, Mitunterzeichner des Stuttgarter Schuldbekenntnisses 428
Mellmann, Karl (geb. 1911), Generalmajor, 1961–1972 Chef der Kampfgruppen, Leiter der Hauptabteilung Kriminalpolizei der Deutschen Volkspolizei 440
Merker, Paul (1894–1969), 1946–1950 Mitglied des Parteivorstandes bzw. des ZK und des Politbüros, 1950 SED-Ausschluß, 1952–1956 Haft, 1956 Rehabilitierung 488
Meusel, Alfred (1896–1960), Historiker, 1952–1960 Direktor des Museums für Deutsche Geschichte Berlin, 1953 Mitglied der DAW, 1954–1960 Vizepräsident des Kulturbundes 281
Meyer, Ernst Hermann (1905–1988), Musiksoziologe, Komponist, 1968 bis 1982 Präsident des Verbandes der Komponisten und Musikwissenschaftler 296
Mielke, Erich (geb. 1907), Armeegeneral, 1957–1989 Minister für Staatssicherheit, 1976–1989 Mitglied des Politbüros 439, 458, 465, 480, 508, 530, 541 f.
Mitscherlich, Eilhard Alfred (1874 bis 1965), Bodenkundeforscher, 1947 Mitglied der DAW 281

Mittag, Günter (1926–1994), 1962 bis 1973 und 1976–1989 Sekretär für Wirtschaft, 1966–1989 Mitglied des Politbüros, 1982–1989 Mitglied des Nationalen Verteidigungsrates, 1984 bis 1989 stellvertretender Vorsitzender des Staatsrates 94, 273, 523, 541, 543, 552

Mitzenheim, Moritz (1891–1977), 1947 bis 1970 Bischof der Evangelisch-Lutherischen Kirche in Thüringen 365, 367 f.

Modrow, Hans (geb. 1928), 1973–1989 Erster Sekretär der SED-Bezirksleitung Dresden, 1989–1990 Vorsitzender des Ministerrats 24, 499

Molotow, Wjatscheslaw M. (1890 bis 1986), 1939–1949 und 1953–1956 Außenminister der UdSSR 289

Morosow, A. A., Oberstleutnant, Stabschef der sowjetischen Militärkommandantur in Berlin 44

Mothes, Kurt (1900–1983), Biologe, 1952 Mitglied der DAW, 1954–1974 Präsident der Leopoldina 281

Mückenberger, Erich (geb. 1910), 1954 bis 1989 Mitglied des Politbüros, 1971–1989 Vorsitzender der Zentralen Parteikontrollkommission 447, 552

Müller, Hanfried (geb. 1925), evangelischer Theologe, 1982 Mitbegründer und Herausgeber der *Weißenseer Blätter* 366

Müller, Heiner (1929–1995), Schriftsteller, Dramatiker, 1990 Präsident der AdK 272, 298, 326, 329

Müller, Ludolf Hermann (1882–1959), 1946 Vorsitzender der Vorläufigen Kirchenleitung, 1947–1955 Bischof der Evangelischen Kirchenprovinz Sachsen 365

Müller, René (geb. 1959), 1984–1989 Torwart der DDR-Fußballnationalmannschaft 538

Naas, Josef (1906–1993), Mathematiker, 1946–1953 Direktor der DAW 238

Nagy, Imre (1896–1958), 1953–1955 und erneut 1956 ungarischer Ministerpräsident, 1958 Verurteilung und Hinrichtung 311

Naumann, Konrad (1928–1992), 1971 bis 1985 Erster Sekretär der SED-Bezirksleitung Berlin, 1976–1985 Mitglied des Politbüros, 1985 von allen Funktionen entbunden 522

Nelles, Johannes (1910–1968), 1945 bis 1967 Chef der Buna-Werke 264

Nesmejanow, Alexander N. (1899 bis 1980), 1951–1961 Präsident der Akademie der Wissenschaften der UdSSR 278

Neuner, Gerhart (geb. 1929), Pädagoge, 1970–1989 Präsident der Akademie der Pädagogischen Wissenschaften 247, 249

Neutsch, Erik (geb. 1931), Schriftsteller, 1974–1991 Mitglied der AdK 167, 327

Niekisch, Ernst (1889–1967), Historiker, 1949–1958 Mitglied des Präsidialrats des Kulturbundes, 1953 Bruch mit der SED 316

Niemöller, Martin (1892–1984), 1947 bis 1964 Präses der Evangelischen Kirche in Hessen und Nassau, Mitglied des Rates der Evangelischen Kirchen in Deutschland 366, 428

Niesel, Wilhelm (1903–1988), reformierter Theologe, Mitunterzeichner des Stuttgarter Schuldbekenntnisses 428

Noack, Kurt (1888–1963), Botaniker, 1946 Mitglied der DAW 281 f.

Nuschke, Otto (1883–1957), 1948–1957 Vorsitzender der CDU (DDR), 1949 bis 1957 stellvertretender Vorsitzender des Ministerrates 38, 63

Oelßner, Fred (1903–1977), Wirtschaftswissenschaftler, 1950–1958 Mitglied

des Politbüros, 1953 Mitglied der DAW, 1955–1958 stellvertretender Vorsitzender des Ministerrates, 1958 Amtsenthebung, 1958–1969 Direktor des Instituts für Wirtschaftswissenschaften an der DAW   33, 281
Oppermann, Lothar (geb. 1930), 1963 bis 1989 Leiter der Abteilung Volksbildung beim ZK   226
Orlow, Nikolai, Pseudonym für Autor der *Täglichen Rundschau*   295, 317 f.

Palme, Sven Olof (1927–1986), 1969 bis 1976 und 1982–1986 schwedischer Ministerpräsident, ermordet   61
Pannach, Gerulf (geb. 1948), Musiker (»Renft-Combo«), Mitunterzeichner der Protesterklärung gegen die Ausbürgerung Biermanns, 1977 Abschiebung in die Bundesrepublik Deutschland   301
Peter, Erich (1919–1987), Generaloberst, 1960–1979 Chef der Grenztruppen, 1972–1979 stellvertretender Minister für Verteidigung   437
Petersen, Asmus (1900–1962), Landwirtschaftswissenschaftler, 1949 Mitglied der DAW   281
Pflugbeil, Sebastian (geb. 1947), Mathematiker, Bürgerrechtler des Neuen Forum, 1990 Minister ohne Geschäftsbereich   544
Picasso, Pablo (1881–1973), Maler, Graphiker, Bildhauer   317
Pieck, Wilhelm (1876–1960), Mitbegründer des Spartakusbundes und der KPD, 1946–1954 SED-Vorsitzender, 1949–1960 Präsident der DDR   28, 31, 63, 108, 256, 295 f., 388, 484, 486 f., 511 f., 547
Pilz, Militär-Oberstaatsanwalt   458
Plenzdorf, Ulrich (geb. 1934), Schriftsteller, Filmdramaturg   301
Poppe, Ulrike (geb. 1953), Bürgerrechtlerin, Gründungsmitglied von Frauen für den Frieden   544

Pöschel, Hermann (geb. 1919), 1958 bis 1989 Leiter der Abteilung Forschung und technische Entwicklung des ZK   226
Praunheim, Rosa von (geb. 1942), Filmregisseur   177
Proust, Marcel (1871–1922), französischer Schriftsteller   299

Rau, Johannes (geb. 1931), seit 1977 SPD-Landesvorsitzender, seit 1978 Ministerpräsident von Nordrhein-Westfalen   394 f.
Reagan, Ronald (geb. 1911), 1981 bis 1989 Präsident der USA   395
Reimann, Brigitte (1933–1973), Schriftstellerin, 1963–1973 Vorstandsmitglied des Schriftstellerverbandes   167, 175
Reingruber, Hans (1888–1964), 1949 bis 1953 Minister für Verkehrswesen, 1953–1964 Professur für Verkehrswesen in Dresden   277
Reiprich, Siegfried (geb. 1955), Student der marxistisch-leninistischen Philosophie in Jena, 1976 Exmatrikulation aus politischen Gründen, 1981 erzwungene Ausreise in die Bundesrepublik Deutschland   271 f.
Renn, Ludwig, eigentlich Arnold Vieth v. Golßenau (1889–1979), Schriftsteller, 1952 Mitglied, 1969 Ehrenpräsident der DAK   357
Rentzsch, Hermann (1913–1978), 1961 Chef der Rüstungsproduktion der DDR, 1962–1965 stellvertretender Vorsitzender des Volkswirtschaftsrates, 1966–1968 stellvertretender Minister für Schwermaschinenbau   436
Reschke, Erich (1902–1980), 1945 bis 1946 Chef der Landespolizei Thüringen, 1946–1948 Präsident der Deutschen Verwaltung des Innern, 1950 Leiter des Zuchthauses Bautzen, 1951–1955 Haft in der UdSSR, 1956 Rehabilitierung, 1956–1962 Tätigkeit

in der Verwaltung Strafvollzug im MdI 442

Reznicek, Hans-Jürgen, Bassgitarrist (»Silly«), Mitinitiator der Resolution der Rockmusiker vom Sept. 1989 332

Ribbentrop, Joachim von (1893–1946), 1938–1945 Außenminister des Dritten Reiches 289

Richter, Edelbert (geb. 1943), Evangelischer Theologe, 1989 Mitbegründer des Demokratischen Aufbruch 370

Rienäcker, Günter (1904–1989), Chemiker, 1946–1948 Rektor der Universität Rostock, 1953 Mitglied der DAW, 1957–1963 Generalsekretär der DAW 281, 283 f.

Roebelen, Gustav (1905–1967), Oberst, 1948–1958 Abteilungsleiter Schutz der Volkswirtschaft bzw. Sicherheit des ZK 447

Romberg, Walter (geb. 1928), Friedensforscher, 1990 Finanzminister der DDR 261

Rompe, Robert (1905–1993), Physiker, 1953 Mitglied der DAW, 1954–1987 Mitglied des Präsidiums der DAW bzw. AdW, 1958–1989 ZK-Mitglied 281

Rosenberg, Alfred (1893–1946), 1933 Reichsleiter und Chef des Außenpolitischen Amtes der NSDAP, 1941 bis 1945 Minister für die besetzten Ostgebiete des Dritten Reiches 261

Rosenfeld, Hans-Friedrich (1899–1993), Altgermanist an der Universität Greifswald, 1960 Übersiedlung in die Bundesrepublik Deutschland 233, 260 f.

Roßberg, Kurt (1906–1991), 1946 bis 1950 Hauptgeschäftsführer der Volkssolidarität, stellvertretender Chefredakteur der *Tribüne*, 1953 Ablösung, 1962–1971 erneut stellvertretender Chefredakteur 44

Ruh, Anton (1912–1964), 1950–1962 Leiter der Zollverwaltung, 1963 bis 1964 Botschafter in Rumänien 438

Rupp, Ann-Christine und Rainer, Agentenehepaar der Hauptverwaltung Aufklärung 433

Saft, Walter (geb. 1923), Oberkirchenrat, 1972–1989 Dozentur/Professur für Praktische Theologie in Jena 426

Sartre, Jean-Paul (1905–1980), Philosoph, Schriftsteller, Hauptvertreter des französischen Existentialismus 299

Schabowski, Günter (geb. 1929), 1978 bis 1985 Chefredakteur des *Neuen Deutschland*, 1984–1989 Mitglied des Politbüros, 1985–1989 Erster Sekretär der SED-Bezirksleitung Berlin, 1989 Sekretär des ZK 49, 88, 142, 362, 529

Schalck-Golodkowski, Alexander (geb. 1932), 1966–1989 Leiter des Bereiches Kommerzielle Koordinierung, 1967–1975 stellvertretender Minister für Außenhandel, 1975–1989 Staatssekretär im Ministerium für Außenhandel, 1986–1989 ZK-Mitglied, 1989 Flucht nach Berlin (West) 147

Scharf, Kurt (1892–1990), 1961–1967 Vorsitzender des Rates der Evangelischen Kirche, 1966–1976 Bischof der Evangelischen Kirche Berlin-Brandenburg, ab 1972 nur für Berlin (West) 368

Schdanow, Andrej A. (1896–1948), 1939–1948 Mitglied des KPdSU-Politbüros, 1947–1948 Leiter des Kominformbüros 295, 305

Scheibe, Herbert (1914–1991), Generaloberst, 1967–1972 Chef der Luftstreitkräfte, 1972–1985 Abteilungsleiter Sicherheit des ZK 447

Scherzer, Landolf (geb. 1941), Schriftsteller, Vorsitzender des Bezirksver-

bandes Suhl des DDR-Schriftstellerverbandes 83
Scheunert, C. Arthur (1879–1957), Ernährungswissenschaftler, 1953 Mitglied der DAW 281
Schirdewan, Karl (geb. 1907), 1953 bis 1958 Mitglied und Sekretär des Politbüros, 1958 Ausschluß, 1958–1965 Leiter der Staatlichen Archivverwaltung beim MdI der DDR 33
Schmidt, Hans (geb. 1923), 1952–1953 Vorsitzender der IG Metall (DDR), 1953 Ausschluß aus FDGB und SED, 1954–1955 Aufhebung der Ausschlüsse 53 f.
Schmidt, Helmut (geb. 1918), SPD, Publizist, 1974–1982 Bundeskanzler 375, 506, 520–524, 554–556
Schmidt, Waldemar (1909–1975), 1950 bis 1953 Polizeipräsident von Berlin, 1953–1963 stellvertretender Oberbürgermeister von Berlin (Ost) 461
Schmutzler, Siegfried (geb. 1915), evangelischer Pfarrer, 1957–1961 Zuchthaus wegen »Boykotthetze«, 1961 bis 1980 Pfarrer der Jakobikirche Dresden 372
Schneider, Rolf (geb. 1932), Schriftsteller, 1979 Ausschluß aus dem Schriftstellerverband 301, 329
Schnitzler, Karl-Eduard von (geb. 1918), 1960–1989 Autor und Moderator der Fernsehsendung »Der schwarze Kanal« 309, 351
Schnurre, Wolfdietrich (1920–1989), Schriftsteller 298
Schöbel, Frank (geb. 1942), Sänger, Komponist, Mitinitiator der Resolution der Rockmusiker vom Sept. 1989 332
Schöne, Frank, Lyriker 301
Schöne, Gerhard (geb. 1952), Liedermacher, Mitinitiator der Resolution der Rockmusiker vom Sept. 1989 332
Schönherr, Albrecht (geb. 1911), 1969 bis 1981 Vorsitzender der Konferenz der Kirchenleitungen, 1972–1981 Bischof der Evangelischen Kirche Berlin-Brandenburg, Region Ost 368 f., 392, 394 f.
Schorlemmer, Friedrich (geb. 1944), evangelischer Theologe, 1989 Mitbegründer des Demokratischen Aufbruch, 1990 Übertritt zur SPD (DDR) 544
Schreiber, Walter (1884–1958), 1945 Mitbegründer der CDU (SBZ), 1947 bis 1955 Vorsitzender des CDU-Landesverbandes Berlin, ab 1948 Berlin (West), 1953–1954 Regierender Bürgermeister von Berlin (West) 37
Schröder, Kurt (1909–1978), Mathematiker, 1959–1965 Rektor der Humboldt-Universität zu Berlin 281
Schröder, Robert (1884–1959), Gynäkologe, 1953 Mitglied der DAW 281
Schröder, Rolf Xago (geb. 1942), Maler, Grafiker 302, 333
Schürer, Gerhard (geb. 1921), 1965 bis 1989 Vorsitzender der Staatlichen Plankommission, 1973–1989 Kandidat, 1989 Mitglied des Politbüros 136 f., 147
Schütz, Josef (1910–1989), Generalmajor, 1947–1949 Chef der Grenzpolizei, 1949–1956 Botschafter in Moskau, 1956–1989 Abteilungsleiter im Ministerium für Nationale Verteidigung 436
Schukow, Georgi K. (1896–1974), Marschall der Sowjetunion, 1945–1946 Oberkommandierender der sowjetischen Streitkräfte in Deutschland und Chef der SMAD 106, 108, 208
Schulze, Rudolph (geb. 1918), CDU, 1955–1958 Präsident der Industrie- und Handelskammer, 1963–1989 Minister für Post- und Fernmeldewesen 309
Schumacher, Kurt (1895–1952), 1946 bis 1952 SPD-Vorsitzender 485, 511

Schumann, Georg (1886–1945), kommunistischer Widerstandskämpfer gegen das NS-Regime, hingerichtet 44

Schwanitz, Wolfgang (geb. 1930), Generalleutnant, 1986–1989 Stellvertretender Minister für Staatssicherheit, 1989–1990 Leiter des Amtes für Nationale Sicherheit 439

Seidemann, Erich (geb. 1908), Redakteur, Dozent 50

Seifert, Willi (1915–1986), Generalleutnant, 1957–1983 Stellvertretender Minister des Innern, Leiter der Kampfgruppen 440

Selbmann, Fritz (1899–1975), 1950 bis 1955 Minister für Schwerindustrie bzw. Berg- und Hüttenwesen, 1956 bis 1958 stellvertretender Vorsitzender des Ministerrates, 1961–1964 stellvertretender Vorsitzender des Volkswirtschaftsrates 239, 259, 338

Simon, Hans (geb. 1935), 1984–1997 Pfarrer an der Zionskirche Berlin 417

Sindermann, Horst (1915–1990), 1967 bis 1989 Mitglied des Politbüros, 1976–1989 Präsident der Volkskammer 542, 552

Sitarjan, Stepan A. (geb. 1930), 1986 bis 1989 Erster Stellvertreter des Vorsitzenden des Staatlichen Plankomitees, 1989–1991 stellvertretender Vorsitzender des Ministerrates der UdSSR 558

Slánský, Rudolf (1901–1952), 1945 bis 1951 Generalsekretär der KP der Tschechoslowakei, 1952 Verurteilung und Hinrichtung 488

Smend, Rudolf (1882–1975), Staats- und Kirchenrechtler 428

Smolosz, Richard (geb. 1913), Oberst, Leiter der Deutschen Grenzpolizei im MfS 436

Sokolowski, Wassili D. (1897–1968), Marschall der Sowjetunion, 1946 bis 1949 Chef der SMAD und Oberkommandierender der sowjetischen Streitkräfte in Deutschland 107, 113f.

Solutuchin, Pjotr W. (1897–1968), Generalleutnant, 1945–1948 Chef der Abteilung Volksbildung der SMAD 274

Sommer, Dieter (geb. 1945), Präsident des Radiosportverbandes, Chef der GST 443

Staab, Franz-Jürgen, stellvertretender Leiter der Ständigen Vertretung der Bundesrepublik Deutschland in der DDR 557

Staimer, Richard (1907–1982), Generalmajor, 1955–1963 Chef der GST 443

Stalin, Jossif Wissarionowitsch, eigentlich Dschugaschwili (1879–1953), 1929–1953 Generalsekretär des ZK der KPdSU 13, 16, 20, 33, 86, 237, 276, 311, 364, 511

Stange, Bernhard (geb. 1948), Trainer der DDR-Fußballnationalmannschaft 538

Stauch, Gerhard (geb. 1924), 1953–1961 stellvertretender Leiter der Transportpolizei, 1964–1989 Leiter der Zollverwaltung 438

Steinberger, Bernhard (1917–1990), Ökonom, 1957–1960 Zuchthaus wegen »Boykotthetze« 311

Steinhoff, Karl (1892–1981), SED, 1946–1949 Ministerpräsident von Brandenburg, 1949–1952 Minister des Innern 434, 442

Steinitz, Wolfgang (1905–1967), Philologe, Völkerkundler, 1951 Mitglied der DAW, 1954–1958 ZK-Mitglied, 1954–1963 Vizepräsident der DAW 239, 281, 284

Steinmetz, Max (1912–1990), Historiker, 1960–1977 Professor an der Universität Leipzig 234

Stobbe, Dietrich (geb. 1938), SPD, Politologe, 1977–1981 Regierender Bürgermeister von Berlin (West) 522f.

Stolpe, Manfred (geb. 1936), Kirchenjurist, 1982–1990 Konsistorialpräsident des Evangelischen Konsistoriums Berlin-Brandenburg, seit 1990 Ministerpräsident von Brandenburg 369, 399 f., 413

Stoph, Willi (geb. 1914), 1952–1955 Minister des Innern, 1956–1960 der Verteidigung, 1964–1973 und 1976–1989 Vorsitzender des Ministerrats, 1973 bis 1976 Vorsitzender des Staatsrates 136 f., 434 f., 442, 452, 505

Strauß, Franz Josef (1915–1988), CSU, 1956–1962 Bundesverteidigungsminister, 1966–1969 Bundesfinanzminister, 1978–1988 Ministerpräsident von Bayern 22, 100

Strawinsky, Igor F. (1882–1971), Komponist, Dirigent 320

Strempel, Horst (1904–1975), Maler 296

Strittmatter, Erwin (1912–1994), Schriftsteller, 1959 Mitglied der DAK, 1969 bis 1983 Vizepräsident des Schriftstellerverbandes 167, 324 f.

Stroux, Johannes (1886–1954), Altphilologe, 1937 Mitglied, 1946–1951 Präsident, 1951–1954 Vizepräsident der DAW 274, 281 f., 284

Stubbe, Hans (1902–1989), 1951–1968 Präsident der Deutschen Akademie der Landwirtschaftswissenschaften 281

Szinda, Gustav (1897–1988), Generalmajor, 1949–1951 Abteilungsleiter Sicherheit des ZK, 1958–1965 Bezirksverwaltungsleiter des MfS Neubrandenburg 447

Täschner, Herbert (1916–1984), 1950 bis 1954 Generalsekretär der LDPD, 1954–1956 Verlagsleiter bei der *Thüringer Landeszeitung*, 1956–1962 Leiter des GST-Verlages, 1962–1979 Leiter des Verlages Lied für die Zeit 66

Tannert, Christoph (geb. 1955), Kunstwissenschaftler, 1981–1984 Sekretär der Zentralen Arbeitsgemeinschaft Junger Künstler beim Zentralvorstand des Verbandes Bildender Künste der DDR 305, 345

Teichmann, Dieter, stellvertretender Stabschef, Leiter der Grenztruppen 437

Teller, Günther (1925–1982), Generalleutnant, 1968–1982 Chef der GST 443

Thälmann, Ernst (1886–1944), 1925 bis 1944 KPD-Vorsitzender, ermordet 33

Thilo, Erich Rudolf (1898–1977), Chemiker, 1949 Mitglied der DAW 281

Tisch, Harry (1927–1995), 1975–1989 Vorsitzender des FDGB-Bundesvorstandes und Mitglied des Politbüros sowie des Staatsrates 71, 543

Tito, Josip Broz (1892–1980), 1937 bis 1980 Generalsekretär der KP Jugoslawiens, 1963–1980 jugoslawischer Staatspräsident 13, 556

Touré, Ahmad S. (1922–1984), 1958 bis 1984 Staatspräsident Guineas 549 f.

Tragelehn, Bernhard K. (geb. 1936), Regisseur, 1961 Berufsverbot, Braunkohlearbeiter, später wieder Regisseur, Übersetzer 298

Treibs, Wilhelm (1890–1978), Chemiker, 1953 Mitglied der DAW 281

Trofanow, Nikolai Iwanowitsch (1900 bis 1982), General, 1945 Stadtkommandant von Leipzig 44

Trolle, Lothar (geb. 1944), Schriftsteller, Mitherausgeber von *Mikado* 348

Tschuikow, Wassili Iwanowitsch (1900 bis 1982), 1948–1953 Oberkommandierender der sowjetischen Streitkräfte in Deutschland bzw. Vorsitzender der Sowjetischen Kontrollkommission 547

Ulbricht, Walter (1893–1973), 1950 bis 1971 Generalsekretär bzw. Erster Sekretär des ZK, 1960–1973 Vorsitzender des Staatsrates und (bis 1971) des Nationalen Verteidigungsrates 18, 20 f., 28, 31, 35, 41, 52 f., 55, 57, 69, 79, 98, 119 f., 127, 156 f., 188, 203, 233, 238–240, 268, 277–280, 285 f., 297, 300, 306 f., 311, 323, 335, 350, 372–374, 446, 452, 459, 483 f., 486 f., 494, 504, 515 f., 547, 550–552
Uschner, Manfred (geb. 1937), Referent von Axen, 1989 Verlust der Stellung im ZK, Versetzung an die AdW 49

Verner, Paul (1911–1986), 1959–1971 Erster Sekretär der SED-Bezirksleitung Berlin, 1963–1984 Mitglied des Politbüros, 1981–1984 stellvertretender Vorsitzender des Staatsrates 187, 552
Vogel, Wolfgang (geb. 1925), Rechtsanwalt, 1962–1990 Bevollmächtigter der DDR für humanitäre Fragen 556
Voigt, Peter, Soziologe 56
Volmer, Max (1885–1965), Chemiker, 1955–1958 Präsident der DAW 283 f.

Wachowiak, Jutta (geb. 1940), Schauspielerin, 1983 Mitglied der AdK 544
Wagner, Bernd (geb. 1948), Schriftsteller, Mitherausgeber von *Mikado*, 1985 Übersiedlung in die Bundesrepublik Deutschland 348
Waigel, Theo (geb. 1939), CSU, seit 1989 Bundesfinanzminister 163
Wandel, Paul (1905–1995), SED, 1945–1949 Präsident der Zentralverwaltung für Volksbildung, 1949 bis 1952 Minister für Volksbildung, 1958 bis 1961 Botschafter in China, 1961 bis 1964 stellvertretender Außenminister 225, 236, 277, 284

Wander, Maxie (1933–1977), Schriftstellerin, 1958 Übersiedlung aus Österreich in die DDR 167, 175
Warnke, Herbert (1902–1975), 1948 bis 1975 Vorsitzender des FDGB-Bundesvorstandes, 1958–1975 Mitglied des Politbüros 552
Wehner, Herbert (1906–1990), KPD, 1946 Eintritt in die SPD, 1949–1966 Vorsitzender des Bundestagsausschusses für gesamtdeutsche und Berliner Fragen, 1958–1973 stellvertretender SPD-Vorsitzender, 1966–1969 Bundesminister für gesamtdeutsche Fragen, 1969–1983 SPD-Fraktionsvorsitzender im Bundestag 556
Wehner, Willy (geb. 1922), Baggerführer, Mitinitiator des sozialistischen Wettbewerbs nach Nicolai Mamai 321
Weiskopf, Franz Carl (1900–1955), Schriftsteller, 1947–1952 tschechoslowakischer Diplomat in den USA, Schweden und China, 1952 Übersiedlung in die DDR, 1954 Mitglied der DAK 294
Weiß, Konrad (geb. 1942), Dokumentarfilmer, Bürgerrechtler, 1989 Mitbegründer von Demokratie Jetzt und Mitinitiator des Aufrufs »Für unser Land« vom Nov. 1989 544
Weiz, Angelika (geb. 1954), Rock- und Jazzsängerin, Mitinitiatorin der Resolution der Rockmusiker vom Sept. 1989 332
Wendt, Erich (1902–1965), 1947–1954 Leiter des Aufbau-Verlages, 1957 bis 1965 stellvertretender Kulturminister 358
Wenzel, Hans-Eckardt (geb. 1955), Liedermacher, Schriftsteller, Mitglied des Liedertheaters »Karls Enkel«, Mitinitiator der Resolution der Rockmusiker vom Sept. 1989 332

Wiegand, Joachim (geb. 1932), Oberst, Leiter der MfS-Hauptabteilung XX/4 (Kirchen) 395

Willmann, Heinz (1906–1991), 1945 bis 1950 General- bzw. Bundessekretär des Kulturbundes, 1950–1966 Leiter bzw. Generalsekretär des Friedensrats, 1966–1967 Botschafter in der ČSSR 315

Winderlich, Dieter, Generalmajor, 1989 bis 1990 Chef der Deutschen Volkspolizei und stellvertretender Minister des Innern 442

Wischnewski, Hans-Jürgen (geb. 1922), SPD, 1974–1976 Staatsminister im Auswärtigen Amt, 1976–1979 und 1982 im Bundeskanzleramt 556

Wittbrodt, Hans (1910–1991), Physiker, 1953–1957 Direktor bzw. Wissenschaftlicher Direktor bei der DAW 282

Wolf, Christa (geb. 1929), Schriftstellerin, 1963–1967 Kandidatin des ZK, 1965 Mitglied des PEN-Zentrums DDR und Bundesrepublik Deutschland, 1974 Mitglied der AdK, Juni 1989 Austritt aus der SED 59 f., 175, 301, 329, 544

Wolf, Gerhard (geb. 1928), Schriftsteller, Lektor, 1972 Mitglied des PEN-Zentrums DDR, 1976 SED-Ausschluß 301, 329

Wolf, Markus Johannes [Mischa] (geb. 1923), Generaloberst, 1952–1986 Leiter der Hauptverwaltung Aufklärung, 1955–1986 stellvertretender Minister für Staatssicherheit 433

Wolf, Richard (geb. 1919), Rundfunkredakteur, 1957 Zuchthaus wegen „Boykotthetze" 311

Wollweber, Ernst (1898–1967), 1953 bis 1955 Staatssekretär, 1955–1957 Minister für Staatssicherheit, 1954–1958 ZK-Mitglied, 1958 Amtsenthebung und ZK-Ausschluß 439, 452, 463

Wonneberger, Christoph (geb. 1944), evangelischer Pfarrer, 1981 Begründer der Initiative »Sozialer Friedensdienst« 377

Wurm, Theophil (1868–1953), 1945 bis 1949 Vorsitzender der Evangelischen Kirche in Deutschland 428

Zaisser, Wilhelm (1893–1958), 1950 bis 1953 Minister für Staatssicherheit, Mitglied des Politbüros, 1954 SED-Ausschluß wegen »Fraktionstätigkeit« 33, 434, 439

Zimmermann, Karl (1932–1987), 1983 bis 1987 Generalsekretär des Deutschen Fußballverbandes der DDR 538

Zöger, Heinz (geb. 1915), 1955–1956 Chefredakteur des *Sonntag*, 1957 Verhaftung, 1959 Flucht in die Bundesrepublik Deutschland 311

Zweig, Arnold (1887–1968), Schriftsteller, 1950–1953 Präsident der DAK, seit 1957 deren Ehrenpräsident 296

Orts- und Länderregister

Afghanistan 16, 478
Afrika 550
Ahrenshoop 316
Albanien 490, 548
Altenburg 423
Anhalt 106, 378
Apolda 74
Aue 423
Auschwitz (Oświęcim) 44
Australien 379

Baabe 196
Bad Düben 351
Bad Liebenstein 84
Bad Saarow 256, 316
Bad Salzungen 84
Belgrad (Beograd) 393, 506
Belzig 349
Bergwitz 349
Berlin (Ost) 12, 15, 21, 24, 68, 73, 75, 84, 96 f., 111, 141 f., 147, 150–152, 154, 177, 187 f., 196–198, 205, 207, 212, 225, 228 f., 231–233, 235–237, 251–254, 256, 260, 262, 266–269, 274–277, 280 f., 293, 295, 308, 326, 341–343, 353, 357, 362, 365, 375, 377–379, 383, 389, 394, 417 f., 424, 501, 505 f., 512, 517, 520, 522, 527, 550, 557
Berlin (West) 16 f., 78 f., 96, 147, 150, 152, 156 f., 187, 232, 234, 240, 254 bis 256, 268 f., 334, 340, 352, 371, 383, 433, 442, 464, 469, 480, 496–498, 501, 503–505, 507, 512, 520, 522, 527, 537, 544, 551, 553, 555
Bernau 246, 249
Bernburg 258
Bernsdorf 74
Bitterfeld 107, 153, 297, 322
Blankenburg 258, 423
Bonn 191, 302, 501, 506, 517
Borsdorf 423
Brandenburg (Land) 75, 91, 109, 113, 237, 246 f., 378

Brandenburg (Stadt) 192, 220, 275
Buchenwald 44, 299, 358
Budapest 191, 233
Bulgarien 190, 217, 490, 493, 502, 515, 541 f., 548
Buna 138, 264
Bützow 78

Chemnitz 154
Chicago 276 f.
China 16, 397, 454, 511 f.
Cottbus 122, 154, 246
Cranzahl 219

Delitzsch 423
Dessau 141, 153
Dippoldiswalde 183
Doberlug-Kirchhain 103, 107, 113, 126 f.
Dresden 44, 107, 122, 141, 154, 191, 233, 257 f., 273, 342, 369, 377 f., 419, 422 f., 434 f., 465
Droßdorf-Rippicha 411
Düsseldorf 520, 523

Eberswalde 246
Eggersdorf 434
Eichsfeld 378
Eilenburg 351, 423
Eisenach 65, 143, 398, 410
Erfurt 233, 235, 258, 338, 378, 417, 422, 463, 505

Finnland 217, 261
Formosa (Taiwan) 63
Forst 154
Frankfurt am Main 522 f.
Frankfurt (Oder) 154, 268
Frankreich 496, 501, 548
Freiberg 231, 257
Fürstenwalde 368, 391

Gatersleben 275
Genf 82
Gera 119 f., 422, 524
Ghana 549

Görlitz   145, 376, 378, 423, 548
Göschwitz   108
Göttingen   277, 285
Gräfenthal   481
Greifswald   231, 233, 256, 260–262, 378
Griechenland   190
Großbritannien   501, 548, 557
Guinea   549 f.
Guyana   82

Halberstadt   154
Halle (Saale)   122, 153, 231, 235, 256
Hamburg   520 f.
Hannover   423, 521
Helmstedt   521
Helsinki   393, 505 f., 518 f., 527
Herleshausen   521
Hirschberg   156
Holzthaleben   425
Hoyerswerda   425

Ilfeld   423
Ilmenau   257
Ilsenburg   160
Indien   82
Iran   538
Italien   340, 496

Jena   108, 134, 138, 231, 235, 256, 268, 271, 372, 377, 414
Jugoslawien   191, 217, 270, 502 f., 515

Kambodscha   505
Karl-Marx-Stadt   134, 141, 257, 423, 472
Karlsbad (Karlovy Vary)   82
Kassel   505
Kirchmöser   196
Klosterfelde   74
Köln   300, 328 f.
Korea   63
Krummhennersdorf   423
Kühlungsborn   78 f.

Lausitz   97
Leipzig   16, 23, 44, 76, 94, 122, 145, 153, 177, 195, 233, 235, 239, 256, 258, 268, 273, 275, 347, 373, 377, 422 f., 435, 499, 538, 554
Leuna   258, 297
Loccum   420 f.
Luckau   112
Lückendorf   423
Ludwigslust   154

Magdeburg   55, 233, 257 f., 268, 377 f., 412, 419, 479
Mannheim   522
Marburg   261
Marienborn   82
Mecklenburg   378
Mecklenburg-Vorpommern   91
Meiningen   378
Meißen   258, 378
Melnik   190
Merseburg   258
Mongolei   502
Monowitz (Monowicze)   44
Moritzburg   423
Moskau (Moskva)   27, 35, 222, 238, 289, 296, 341, 366, 506
Müncheberg   154

Nelkanitz   142
Neubrandenburg   154, 422, 435
Neuruppin   154
Neustrelitz   154
Niederlausitz   103
Niemegk   348 f.
Niesky   423
Nordkorea   511
Nordrhein-Westfalen   228

Oberhof   196
Oberlausitz   378
Oebisfelde   203
Österreich   217, 340

Peking   301
Perleberg   247
Polen   16, 32, 95, 100, 168, 182, 184, 289, 395, 490, 493, 501, 504, 515, 543, 547 f.
Posen (Poznań)   233

Potsdam 74, 122, 231, 246, 250 f., 268, 272, 348, 435, 459, 463
Prag (Praha) 270, 515, 542, 548
Prenzlau 410
Prerow 206

Quedlinburg 209

Reinowitz 323
Riesa 73
Rostock 55, 78, 232, 257, 260–263, 323, 338, 389, 422, 435, 554
Rumänien 100, 217, 397, 490, 493, 502, 506, 515, 519, 541 f., 548
Rußland 11, 106, 478

Sachsen 90, 97, 106–108, 168, 235, 378, 412, 423 f., 429, 465
Sachsen-Anhalt 105 f., 235
Saigon 341
Salzgitter 506
Saßnitz 538
Schmölln 423
Schneeberg 154
Schweden 538
Schweiz 338, 340, 505
Schwerin 122, 154, 378, 422, 434
Senftenberg 154
Sonneberg 84
Sowjetunion 11–13, 19–23, 28, 35, 46 f., 61, 63, 69, 71, 85, 89, 93, 95, 97, 99, 120, 124, 146 f., 156, 170, 217, 231, 237, 240, 278, 303, 319, 364 f., 385, 418, 431 f., 435, 449, 453 f., 472, 479, 483, 490, 494, 499–504, 506, 511 f., 515 f., 543, 547 f., 553–555, 558
Sri Lanka 82
Stendal 141
Stettin (Szczecin) 504
Strausberg 434, 536
Stüdnitz 108
Stuttgart 427 f.

Suhl 122, 220, 422
Swinemünde (Świnoujście) 504

Teltow 520
Thüringen 108, 235, 365, 378, 424
Torgau 201, 423
Treysa 382
Trier 233
Tschechoslowakei (ČSSR) 16, 32, 168, 220, 270 f., 323, 338, 369, 431, 490, 502, 515, 541 f., 548

UdSSR, siehe Sowjetunion
Ungarn 16, 23, 32, 101, 191, 431, 437, 490, 493, 502, 515, 529 f., 541–543, 548
Unterwellenborn 108, 270
USA, siehe Vereinigte Staaten von Amerika

Vereinigte Staaten von Amerika 22, 28, 122, 156, 395, 418, 454, 501, 548, 557
Vietnam 63, 511

Warnemünde 258
Warschau (Warszawa) 515
Wartha 521, 535
Weimar 257, 424
Werder 247, 450
Wernigerode 109
Wieck 206
Wien 557
Wiesbaden 421
Wismar 258, 351
Wittenberg 256, 348, 376, 423
Wünsdorf 432
Wustrow 258

Zehdenick 74
Zeitz 153, 376, 411 f.
Zerbst 154
Zittau 258
Zwickau 154, 258

Schlagwortregister

Abrüstung 160, 209, 392, 418, 489, 492, 510, 554 f.
Abwicklung 120, 290
Akademie 230 f., 233-242, 247-249, 256-258
- der Künste der DDR (DAK/AdK) 296, 299, 304
- der Landwirtschaftswissenschaften der DDR 238
- der Pädagogischen Wissenschaften der DDR (APW) 229, 291
- der Wissenschaften der DDR (DAW/AdW) 226 f., 232, 235-242, 265 bis 267, 274-291, 354
- der Wissenschaften der UdSSR 237, 277 f.
Aktion Sühnezeichen 417, 421
Aktivisten 112 f., 317, 320
Alkoholismus 321, 543
Allianz für Deutschland 24, 499
Alliierte 12, 18, 106, 225, 236, 293, 295, 360, 434, 494, 501 f., 505, 554
Antifaschismus 35 f., 44 f., 60, 62 f., 112 f., 208, 226, 296, 372, 376, 483
Antikommunismus 12, 17, 48, 496, 502
Arbeiter- und Bauernfakultät (ABF) 231, 243 f., 256, 262
Arbeiter- und Baueminspektion (ABI) 445
Arbeiter- und Bauern-Staat 9, 12, 54, 71, 168, 187, 209, 262, 271, 307, 390, 402, 441, 450 f., 489, 493, 526
Arbeitslosigkeit 45, 51, 326, 329, 354
Atomkrieg 414
Atomwaffen 501, 511
Aufenthaltsgenehmigung 535
Aufstand vom 17. Juni 1953 15 f., 27, 33, 35, 96, 238, 297, 312, 366, 431, 434, 440 f., 461 f., 494, 512
Ausreise 17, 23, 60, 75, 177, 190 f., 301, 304, 337-340, 377, 415-417, 437, 496-498, 519, 527 f., 534, 539-541, 543 f., 546

Außenhandel 22, 116, 120, 122, 150, 155-157, 503 f., 520, 551
Außenpolitik 22, 63, 81, 396, 408, 431, 433, 493-558
Auszeichnungen 160, 196, 250, 437

Babelsberger Konferenz 41, 79
Barmer Erklärung 368
Bausoldaten 376, 410, 436
Behinderte 379
Bergbau 100, 115, 185, 287
Berliner Abkommen 97, 99, 163, 503
Besatzung 12, 14, 20, 28, 34, 89, 107, 112, 116, 256, 294, 364, 432, 499 f., 508, 511, 514, 518, 526, 547
Bibliotheken 307 f., 321, 338, 341, 347, 354, 519
Bildung 12 f., 17, 21, 34, 38, 161, 169, 174, 177, 187, 210, 215, 222, 225 bis 291, 307, 321, 336, 345, 373 f., 380, 393, 401 f., 416, 449, 455, 462, 479, 519, 531
Bitterfelder Konferenz 297 f., 307, 322-325
Blockade 231
Blockparteien, siehe Demokratischer Block der Parteien und Massenorganisationen
Bodenreform 13, 37, 91, 103-106, 168
Boykotthetze 15, 311
Brigaden 34, 56, 68, 171 f., 188, 197, 199, 203, 205, 214, 297, 307, 321 f., 324 f., 349
Bund Deutscher Jugend (BDJ) 383
Bund Deutscher Mädel (BDM) 34
Bundesrepublik Deutschland (BRD)
- Bundeskanzler 375, 433, 505 f., 517, 524, 528 f., 556
- Bundesministerium der Finanzen 124
- Bundesministerium für innerdeutsche Beziehungen 191, 228

Schlagwortregister

- Bundesministerium für Verteidigung 433
- Bundesregierung 17, 102, 124, 147, 291, 366, 375, 495, 497 f., 501 – 503, 506 f., 520, 557
- Bundestag 9, 27, 502, 521, 525, 555

Caritas 364, 379
Christen 38, 364 – 430, 530
Christlich-Demokratische Union (CDU) (Ost) 14, 24, 29, 37 f., 62 f., 90, 101, 120 f., 128, 195, 310, 365 f., 368, 485, 499
Christlich-Demokratische Union (CDU) (West) 501, 504 – 507
Christlich-Soziale Union (CSU) 22, 505, 507

D-Mark 79, 88, 95, 101, 162, 164, 499, 558
Demokratie 14, 27, 31, 37, 45 f., 51, 64, 81, 118, 188, 298, 300, 303, 316, 365, 377, 399, 401, 482 f., 508, 510 – 513
Demokratie Jetzt (DJ) 377
Demokratische Bauernpartei Deutschlands (DBD) 14, 37 f., 62 f., 92, 120, 128
Demokratischer Aufbruch (DA) 24, 377, 499
Demokratischer Block der Parteien und Massenorganisationen 13, 24, 29, 37 – 40, 53, 62 – 67, 293 f., 310, 362, 386, 446
Demokratischer Frauenbund Deutschlands (DFD) 38, 63, 128, 176, 214
Demokratischer Zentralismus 14, 30, 38, 46
Demontage 89 f., 106, 108 f., 116, 149, 162
Deutsch-deutsche Beziehungen 21 f., 99, 156 f., 170, 172, 309, 493 – 558
Deutsche Demokratische Republik (DDR)
- Anerkennung 18, 22, 98, 241, 373, 431, 498, 501 – 506, 523 f., 549 f.
- Gründung 13, 17 f., 21, 41 f., 195, 301 f., 365, 493, 500, 508, 511, 554
- Hymne 87, 510 f.
- Provisorische Regierung 547
- Staatshaushalt 88, 99, 123 f., 144 bis 146, 148, 164
- Staatsratsvorsitzender 70, 188, 197, 524, 556, 558
- Verfassung 14 f., 22, 24, 27, 36, 42, 57, 63, 66, 77, 80 f., 194, 202, 216, 218, 222, 288, 303, 332, 361, 365, 367 f., 384 f., 387, 393, 402, 450, 472, 494 f., 497, 508 – 510, 534
Deutsche Film-Aktiengesellschaft (DEFA) 21, 177, 180, 296, 299, 304, 326, 339 f., 343 f.
Deutsche Notenbank 79, 135, 268,
Deutsche Soziale Union (DSU) 24, 499
Deutsche Verwaltung des Innern (DVdI) 440
Deutsche Volkspolizei (DVP) 65, 150, 434, 436, 440 – 442, 444 f., 449, 451 bis 453, 458 – 462, 465 – 467, 484, 486, 535, 544
- Abschnittsbevollmächtigter (ABV) 442
- Bereitschaften 434, 441, 446, 450
- Helfer 323, 442
- Kasernierte Volkspolizei (KVP) 183, 434, 440, 450, 461
- Kommissariat 5 (K 5) 438, 465
- Kriminalpolizei 183, 440 f., 457, 462, 465
- Ordnungspolizei 440
- Schutzpolizei 440
- Transportpolizei 440 – 442, 446
- Verkehrspolizei 440
Deutsche Wirtschaftskommission (DWK) 13, 29, 41, 94, 113, 128, 445
Deutsche Zentralverwaltung für
- Arbeit 93
- Finanzen 93, 112
- Industrie 93
- Sozialfürsorge 93
- Volksbildung 225 f.
Deutscher Friedensrat 386 f.

Deutscher Gewerkschaftsbund (DGB) 543
Deutscher Turn- und Sportbund (DTSB) 172, 179
Deutsches Pädagogisches Zentralinstitut, siehe Akademie der Pädagogischen Wissenschaften der DDR (APW)
Deutsches Reich 293
Deutschlandplan 499, 503, 513
Diakonie 364, 379
Dienst für Deutschland 443

Einheit Deutschlands 11, 61, 64 f., 147, 385, 387, 488, 494 f., 498 f., 501, 505, 507, 511, 513, 517 f., 533 f., 549
Einheit von Wirtschafts- und Sozialpolitik 36, 57 f., 99, 148, 161, 166
Einheitsfront antifaschistisch-demokratischer Parteien 29, 37, 63
Einigungsvertrag 24, 101, 241, 290 f., 303, 336, 495, 533 f.
Einkommen 111, 146, 170, 191, 194, 232, 378
Einreise 367, 395, 521, 536, 557
Einzelhandel 90, 117, 122 f., 126, 139, 152, 186, 191
- Handelsorganisation (HO) 91, 123, 192, 349
- Konsumgenossenschaft 91, 123, 128, 192
Eiserner Vorhang 375
Entnazifizierung 12 f., 40, 90, 112 f., 225–227, 230, 246, 261, 482 f.
Entspannungspolitik 554
Entstalinisierung 20, 33, 233
Erfassungsstelle Salzgitter 506
Europäische Gemeinschaft (EG) 163, 541
Europäische Wirtschaftsgemeinschaft (EWG) 122, 518
Export 99 f., 122–124, 135, 138, 146, 161

Familienpolitik 171, 194, 200

Ferien 39, 70, 73, 171, 178 f., 196, 206 f., 220, 267
Feuerwehr 226, 440 f.
Film 21, 175, 177, 180, 203, 218, 296, 299, 304, 308, 310, 326–328, 335, 338 f., 342–345, 348 f., 351
Finanzpolitik 522
Flucht, siehe Republikflucht
Formalismus 278, 295–297, 302, 306, 312, 317–320, 325
Forschungspolitik 98, 137, 226 f., 232–234, 236–239, 241, 249, 259 f., 288, 290 f.
Frauenpolitik 167, 173–177, 208 f., 215
Freidenkerverband 374
Freie Deutsche Jugend (FDJ) 14, 38 f., 55, 63–65, 68–70, 74 f., 120, 128, 177–179, 182, 218 f., 221, 231 f., 250, 261, 268, 270–273, 307–309, 332, 337, 340 f., 350 f., 365, 384, 387, 389 f., 419, 441, 444 f.
Freier Deutscher Gewerkschaftsbund (FDGB) 14, 27, 37–40, 54, 62 f., 70 bis 73, 112, 120, 128, 194, 197, 207, 307, 332, 338, 444
- Betriebsgewerkschaftsleitung (BGL) 39, 54, 66, 72 f., 108, 141, 153, 215
Friedensbewegung 371, 376 f., 396, 413–415, 417 f., 436
Friedensvertrag 156, 209, 390, 511, 548
Friedliche Koexistenz 510, 524, 527
Fünfjahrplan 19, 81, 96, 146, 185, 194–196, 318
Fürstenwalder Erklärung 368, 391

Geheime Staatspolizei (Gestapo) 31, 482
Genossenschaften 63, 92, 118, 168, 352, 455, 490
- Bäuerliche Handelsgenossenschaft (BHG) 118
- Landwirtschaftliche Produktionsgenossenschaft (LPG) 20, 91 f., 117

bis 119, 128, 186, 203, 258, 307, 324, 424, 481
- Produktionsgenossenschaft des Handwerks (PGH) 20, 121, 186, 203, 426

Gerichte 27, 40 f., 191, 433, 463

Gesellschaft für Deutsch-Sowjetische Freundschaft (DSF) 38, 214, 349

Gesellschaft für Sport und Technik (GST) 410, 442 f., 446 f., 451, 455, 460, 467

Gesetz
- Arbeitsgesetzbuch 72 f., 187
- Familiengesetzbuch 200
- Jugendgesetz 215–218
- Strafgesetzbuch 176

Gewerkschaften, siehe auch FDGB 53–55, 70–73, 96, 141 f., 153, 182, 197, 199, 214, 288, 307 f., 338 f., 433, 513, 543

Glasnost 23, 301, 310, 333, 408

Grenzsicherung 190, 436–438, 451, 464, 468 f., 472 f., 480, 536
- Deutsche Grenzpolizei 436 f., 440, 464 f.
- freiwillige Helfer 436, 465 f., 481
- Grenzgänger 96, 153, 187 f., 268 bis 270, 464, 551
- Grenzgebiet 436 f., 464–466, 472 f., 481
- Grenztruppen 310, 436–439, 446, 449, 458 f., 465 f., 473 f., 480 f., 497, 535, 543
- Grenzübergangsstelle (GÜSt) 82, 395, 437, 472, 535, 544

Großgrundbesitz 91, 105, 107, 448, 482

Grundgesetz (der BRD) 24, 291, 314, 351, 493–495, 505, 533

Grundlagenvertrag 18, 98 f., 309, 505, 517 f., 524–526, 556

Gruppe der Sowjetischen Streitkräfte in Deutschland (GSSD), siehe auch Rote Arme, Westgruppe 16, 19, 27, 431–433, 452 f., 455

Hallstein-Doktrin 503 f.

Handwerk 20, 90 f., 132, 152, 168, 186

Hauptverwaltung
- Aufklärung im MfS (HVA) 433, 458
- Ausbildung im MdI 434
- Deutsche Volkspolizei im MdI (HVDVP) 440
- Verlage und Buchhandel im MfK 313, 358 f.

Hausbuch 444

Hausgemeinschaftsleitung (HGL) 444

Herbstrevolution 40, 371, 375, 420, 431, 449, 495, 498 f., 544

Hitlerjugend (HJ) 34 f., 182

Hochschulen 59, 166, 225–227, 231 bis 235, 241, 243–245, 254–259, 266–273, 277, 283, 379 f., 455

Homosexualität 176 f., 208, 212, 219, 375

Imperialismus 45, 47 f., 51, 53, 63–65, 71, 85, 229, 249, 318, 372, 385, 435, 451, 454 f., 470, 473 f., 484 f., 488, 508, 510 f., 513–515, 518, 526, 529, 547

Import 19, 92, 99 f., 122, 124, 136, 138, 146, 154 f., 157 f., 266,

Industrie, Industriebranchen 13, 18, 20, 68, 89–91, 93–100, 103, 106 f., 113, 115, 117, 121, 125, 132, 134 bis 138, 145 f., 149, 152–154, 159 f., 162, 168 f., 191, 218, 229, 233 f., 283, 424 f., 552

Initiative Frieden und Menschenrechte 418

Innenpolitik 63, 81, 392, 408, 500 bis 516, 524, 532, 549

Inoffizieller Mitarbeiter (IM) des MfS 305, 368, 380, 395, 399 f., 421 f., 433, 439–441, 455, 462, 470 f., 475 f., 480 f.

Intelligenz 33, 53, 70, 168 f., 173, 188 f., 201, 215, 224, 259, 276, 280, 315, 319–321, 327, 350, 373, 380, 462, 499, 502, 531

Internierungslager 40, 432, 440

Isolierungslager 440, 474–476

Journalismus 15, 207, 309–311, 314, 347, 352–355, 378, 557
Judikative 15, 40–42, 77–79, 81, 83, 463, 482, 486
Jugendpolitik 44, 166, 171, 177–181, 215–218, 307, 330, 337 f.
Jugendweihe 141, 178, 216 f., 219, 221, 308, 348, 373 f., 380, 387, 402, 419
Junge Pioniere (JP) 39, 178 f., 207, 220, 250, 388, 419, 444

Kader 13, 17, 28 f., 38, 41, 59, 85, 93, 136, 283, 424, 439, 447, 498, 532
Kalter Krieg 9, 12, 30, 35, 187, 254 f., 304, 307, 329, 351, 448, 500
Kampfgruppen der Arbeiterklasse (KG) 410, 440, 442, 446 f., 449, 451 f., 463 f., 474
Kinder 109, 152, 161, 170–172, 174 bis 176, 178–180, 185, 192, 200, 202, 204, 207 f., 210 f., 213 f., 220, 222 f., 373, 378, 387 f., 403, 411, 424 f., 443, 472 f., 479, 527, 531, 540
Kino 138, 177, 293, 299, 318, 519
Kirche 18, 60, 75 f., 105, 178, 308, 315, 363–430, 439, 479, 557
– Evangelische Kirche 17 f., 22, 75, 177, 305, 365 f., 368–371, 375 f., 378–380, 382 f., 385, 388–398, 400, 407, 409–412, 420 f., 424, 427–430, 530
– Bekennende Kirche (BK) 365, 368, 423
– Evangelische Studentengemeinde (ESG) 384, 387, 424
– Junge Gemeinde 240, 366, 378, 383 f., 387, 389 f.
– Konfirmation 178, 221, 373, 387
– Katholische Kirche 371 f., 378 f., 381, 385, 407, 422
– Berliner Bischofskonferenz 378
– Firmung 373
– Kirche im Sozialismus 369, 393

Kollektiv 55 f., 85, 91, 133, 141, 160, 168, 171–173, 179, 185, 196 f., 199, 205, 210, 214, 220, 321, 338 f., 374, 441
Kombinate 85, 94, 125 f., 136, 145, 147, 205, 455, 490
Komitee für Unterhaltungskunst 339
Kommunale Wohnungsverwaltung (KWV) 196
Kommunistische Partei Deutschlands (KPD) 12 f., 28–30, 34 f., 37, 45, 50 f., 60, 108, 176, 262, 293, 295, 316, 333, 426, 482, 496, 504, 514
Kommunistische Partei der Sowjetunion (KPdSU) 20 f., 30, 33, 46, 52, 209, 311, 484, 515, 552
Konferenz für Sicherheit und Zusammenarbeit in Europa (KSZE) 393, 435, 505 f., 518 f., 525, 527, 557 f.
Konföderation 147, 513
Konsumgüter 18, 89 f., 95, 99, 134, 138, 145 f., 157, 170, 301
Konzentrationslager (KZ) 34 f., 44, 299, 382, 432
Kosmopolitismus 30, 33, 318, 320, 334
Kredit 22, 100, 122–124, 135, 144 bis 146, 163, 211
Kriminalität 42, 82, 433, 441, 456 f., 470
Kulturbund zur demokratischen Erneuerung Deutschlands 38, 63, 128, 260, 294 f., 304, 307, 315 f., 335
Kulturpolitik 17 f., 21 f., 42, 166, 221, 237, 276, 293–362, 401
Kulturrevolution 36, 294
Kunst 175, 180, 216, 246, 257, 273, 295–297, 299 f., 302 f., 305 f., 312, 316–320, 323, 325 f., 335–338, 341 bis 345, 347–349, 356–358, 375, 474, 531

Landwirtschaft 13, 20, 68, 87, 89–92, 103–106, 110, 117–119, 145, 149, 152, 161, 168, 218, 246, 258

Lehrer 50, 60, 74, 177, 184 f., 188 f., 218, 223, 227, 229, 235, 246–251, 264–267, 340 f., 380, 387 f., 478
Lehrlinge 55, 175, 186, 214, 341, 442, 533
Liberal-Demokratische Partei Deutschlands (LDPD) 14, 24, 29, 37, 62 f., 65–67, 120, 128, 485
Literatur 21, 60, 136, 167, 175, 300, 302 f., 305 f., 312–314, 319–324, 326, 335, 337, 345, 347–349, 358 f., 375

Marshallplan 170
Marxismus-Leninismus 11, 13, 30, 33, 35 f., 38, 46, 53, 57, 72, 79, 195, 233, 260–262, 268, 271, 281, 320, 325, 335, 363 f., 372–374, 401, 408, 411, 486, 509
Maschinen- und Traktorenstation (MTS) 118
Massenorganisationen 27, 32, 37–41, 43, 46, 48, 57, 62–67, 176, 362, 385, 387, 467, 543
Mauer 16–19, 24, 27, 97, 101, 149, 162, 165, 167, 177, 190, 227, 234, 238 f., 268, 298, 302, 367, 389 f., 431, 436 f., 440 f., 463, 499, 504, 527, 537, 550 f.
Medien, siehe auch Journalismus 139, 179 f., 293–362, 372, 397 f., 480, 515, 531 f.
– Allgemeiner Deutscher Nachrichtendienst (ADN) 273, 310, 314, 332, 351, 353, 384, 392
– Fernsehen 84, 138, 204, 218, 308 bis 311, 314, 328, 332, 338 f., 343 f., 350 bis 354, 369, 393, 498, 529, 537, 557
– Aktuelle Kamera (Fernsehnachrichten) 308, 311, 314, 353 f., 356
– Rundfunk 138, 218, 268, 294, 308 f., 311, 328, 332, 350 f., 386, 393, 498, 537
– DT 64 (Radiosender) 180, 337
Menschengemeinschaft, sozialistische 80, 168, 188, 372
Menschenhandel 187 f., 351

Menschenrechte 222, 376, 411–413, 418, 468, 470, 484, 508, 513, 517, 534, 537
Messe der Meister von morgen (MMM) 179
Militärwesen 20, 95, 410, 433–436, 441–447, 450–456, 467 f., 472–474, 491 f., 519
Mindestumtausch, siehe Zwangsumtausch
Ministerium
– des Innern (MdI) 434, 436, 440, 447 f., 452, 459, 464, 468
– für Außenhandel und Innerdeutschen Handel (MAI) 150, 503, 551
– für Auswärtige Angelegenheiten (MfAA) 352, 433
– für Finanzen 141
– für Handel und Versorgung (MfHV) 221
– für Hoch- und Fachschulwesen (MHF) 226 f., 444
– für Kultur (MfK) 297, 313, 339, 358 f., 436
– für Land- und Forstwirtschaft 258, 291
– für Nationale Verteidigung (MNV) 433 f., 436, 442, 445, 447, 451 f., 468, 536
– für Post und Fernmeldewesen 355
– für Staatssicherheit (MfS) 9, 20, 38, 75 f., 177, 190, 212, 227, 300, 304, 310, 313, 340, 359, 361, 368 f., 374, 377, 379 f., 395, 399 f., 408 f., 417, 421, 428, 433, 436–442, 444, 446 bis 448, 451 f., 458 f., 462, 465, 467–471, 474, 476, 480, 486, 515, 530, 557
– für Volksbildung (MfV) 226 f., 229, 239, 253, 472, 479
– für Wissenschaft und Technik (MWT) 227
– Industrieministerien 137
Ministerrat 81, 88, 125, 131, 152 f., 158, 194, 197, 218, 226, 239, 257, 263, 288, 313, 387, 451 f., 467 f., 490, 517, 553

Modernisierung 88, 94, 98f., 146f., 159, 240, 297, 378
Moral, sozialistische 54, 188, 321, 326, 374, 455, 531
Museen 177, 212, 307f.
Musik 179f., 213f., 296, 299, 301, 306f., 318–320, 331f., 337f., 340, 345f., 348f., 375

Nation 32, 297f., 302f., 322, 334–336, 375, 494–496, 503, 508–510, 512 bis 514, 518, 530
National-Demokratische Partei Deutschlands (NDPD) 37, 62, 71
Nationale Front 39, 57, 64, 66f., 76, 188, 200f., 319, 323, 386f., 467, 547
Nationale Volksarmee (NVA) 230, 271, 410, 432–436, 446, 450–453, 455, 465, 467, 474, 479, 490f., 492
Nationaler Verteidigungsrat (NVR) 446f., 468f., 488–492
Nationales Aufbauwerk (NAW) 130, 151, 172, 200
Nationalsozialismus (NS) 11, 28, 34, 59, 365, 372, 380, 428, 482, 500
Nationalsozialistische Deutsche Arbeiterpartei (NSDAP) 31, 37, 112, 183, 227, 261, 482
Naturwissenschaften 226f., 229, 232, 235–238, 240–242, 259, 264, 266, 269, 275, 282, 287f., 290
Neuer Kurs 35, 149, 162, 320, 357, 366
Neues Forum 23, 301, 331, 333, 377, 530f.
Neues Ökonomisches System der Planung und Leitung (NÖSPL/ NÖS) 21, 36, 56f., 94, 98, 135f.
Nomenklatur 34, 41f., 85, 93
Normen 96, 152f., 155

Oder-Neiße-Grenze 504, 547f.
Ökumene 377, 379, 393, 417, 419f., 427f.
Opposition, siehe auch Widerstand 17, 22, 33f., 40, 301, 313, 369–371, 376f., 415, 426, 436, 448, 482, 530

Ostverträge 501, 505

Pädagogik 74, 228–232, 246f., 249, 269
Partei des Demokratischen Sozialismus (PDS) 24, 35, 61
Partei neuen Typus 13, 30, 46f., 61, 485
Passierscheinabkommen 504
Perestroika 23, 301, 310, 408
Philosophie 32, 237, 283, 287, 290, 300, 334, 363f., 372, 374
Planwirtschaft 11f., 17, 19–21, 36, 57, 72, 81, 88, 92–94, 97, 102, 125f., 131–133, 145–147
Postabkommen 506
Potsdamer Abkommen 504, 516, 518, 547f.
Prager Frühling 16, 235, 270f.
Preise 93, 96, 98, 111, 113, 135f., 161f., 179
– Endverbraucherpreis (EVP) 99, 101, 134–136, 139, 141, 148, 170, 192f., 558
– Industrieabgabepreis 134, 136f., 146
Pressefreiheit 222, 299, 301, 310f., 316, 515
Propaganda 16, 88, 179, 330, 354f., 366, 372, 404, 408, 410, 437, 443 bis 445, 492, 500, 503f.
Psychologie 33, 208, 247, 271, 311, 342, 344, 353, 374, 408

Rassismus 48, 376, 392, 413
Rat
– der Stadt/der Gemeinde 59, 125, 216
– des Bezirkes 59, 125, 131, 452
– des Kreises 59, 125, 216
Rat für gegenseitige Wirtschaftshilfe (RGW) 88, 92, 120, 124f., 147, 163, 234, 240, 502
Rationierung 91, 97
Realismus, sozialistischer 299, 305f., 326, 341f., 344

Recht, sozialistisches 15, 80f., 83, 187, 194, 367, 412, 419, 435, 481
Rechtsstaat 15, 27, 40, 301, 365, 367, 388, 399, 531, 534
Rechtswissenschaft 41, 79, 283, 287
Regierung, siehe Ministerrat
Reichskristallnacht 376, 427
Reichsmark (RM) 89, 95
Reichstag 105, 537
Reisefreiheit 23, 222, 301, 398, 496f., 506, 519–523, 525, 540f., 543f.
Religion 222, 228, 363f., 372–374, 380, 383–389, 393, 401–406, 408f.
Rente 72, 141, 148–150, 161, 163, 170, 184, 194, 197
Reparationsleistungen 20, 89f., 93, 95, 106f., 112, 116, 123f., 149, 162, 170
Repression 11, 30, 36, 233, 365f., 372f., 383, 389, 417f., 439
Republikflucht 16f., 19f., 92, 97, 101, 190f., 193, 233f, 239, 260, 263f., 285f., 301, 366, 375, 397, 415, 431, 436f., 464, 468f., 480f., 495–498, 504, 521, 529f., 532, 535–538, 541 bis 543
Revisionismus 94, 132f., 270, 369
Rote Armee/Gruppe der Sowjetischen Besatzungstruppen in Deutschland, siehe auch Gruppe der Sowjetischen Streitkräfte in Deutschland (GSSD), Westgruppe 11, 44, 89, 103, 106, 113f., 182f., 274, 500
Runder Tisch 241, 302, 371
Rüstung 22, 371, 377, 392, 395, 410, 414, 433, 435f., 445, 454, 474, 554f.

Sabotage 151–156, 366, 383, 459, 484–488, 502, 513
Schauprozesse 260, 297, 447
Schichten, soziale 17, 167–169, 182f., 185f., 188f., 508
Schießbefehl 437f., 464, 469, 473, 480, 497, 537
Schriftsteller 60, 167, 297–299, 301, 303–305, 311f., 314, 320, 322, 324, 329, 336f., 347, 354, 360f., 375

Schulen 178f., 215f., 220, 225–230, 243–254, 367, 406
– Erweiterte Oberschulen (EOS) 221, 228–230, 244f., 251–254
– Fachschulen 59, 228, 243–245, 256
– Polytechnische Oberschulen (POS) 74f., 244f.
Schwangerschaftsabbruch 175, 210f.
Schwarzer Markt 95, 110f.
Sicherheit
–, äußere 431–436, 446–458, 482 bis 492
–, innere 431f., 436–449, 458–492
Sicherheitsorgane, siehe auch MfS 15, 431, 438, 448, 486f., 491, 543
Siebenjahrplan 21, 69, 96f., 119f., 322, 324, 358
Souveränität 432, 453, 467, 470, 496, 500, 502, 524, 526f., 534, 549, 553
Sowjetische Aktiengesellschaft (SAG) 13, 89f., 115f.
Sowjetische Besatzungstruppen, siehe Gruppe der Sowjetischen Streitkräfte in Deutschland (GSSD), Rote Armee, Westgruppe
Sowjetische Besatzungszone (SBZ) 12, 14, 19, 29, 89f., 92f., 95, 103f., 106, 110–112, 114–116, 127, 168, 225, 235f., 254, 256–259, 274, 307, 315, 364, 378, 436, 440, 448, 459, 493, 508
Sowjetische Kontrollkommission (SKK) 237, 547
Sowjetische Militäradministration in Deutschland (SMAD) 12, 29, 31, 37, 93, 106–108, 112, 115f., 127, 168, 183, 208, 225, 236f., 274, 293, 295, 312, 315f., 365, 434, 436, 511f., 547
Sozialdemokratische Partei Deutschlands (SPD) 494
– (Ost) 24, 28–30, 35, 37, 108, 128, 530, 542
– (West) 507, 530, 542, 555
Sozialer Friedensdienst 377, 436
Sozialismus
–, demokratischer 30, 35, 51, 369, 530
–, real existierender 36, 328, 340, 532

Sozialistische Einheitspartei Deutschlands (SED)
- Bezirksleitung 19, 59, 85, 122, 187
- Erster Sekretär, Generalsekretär 31, 49, 94, 98, 188, 197, 446, 491 f., 552
- Kandidat 31, 33, 39, 56, 63, 67, 485, 487
- Kreisleitung 42, 59, 83 f.
- Mitglied 24, 30 - 32, 34 f., 42, 46 - 48, 59, 63, 487
- Parteitag 14, 18 - 20, 30 - 33, 35, 38, 51, 56, 59, 71 f., 85, 98 f., 140, 142, 166, 190, 194 f., 197 f., 249, 543, 552
- Politbüro (PB) 14, 21 f., 24, 28, 30 f., 33, 41 - 43, 49, 67, 77, 82, 119, 121 f., 125, 144, 148, 159, 161, 195, 209, 446 f., 491, 552
- Programm 18, 57 f., 180, 489
- Sekretariat des Zentralkomitees 30 f., 67, 446 f., 458
- Statut 14, 20, 47 f., 447, 489
- Zentrale Parteikontrollkommission (ZPKK) 30, 34, 447, 489
- Zentraler Parteiapparat 14, 77, 226, 230, 240, 298
- Zentralkomitee (ZK) 14, 21, 30 f., 38, 42, 52, 82, 98, 101, 121 f., 125 f., 140, 154, 194 f., 197, 232, 238 f., 262, 273, 446 f.

Sozialversicherung 39, 70, 150, 163, 187
Sozialwissenschaften 167
Spionage 278, 383, 431, 433, 438 f., 454 f., 458, 463, 468, 470, 485 - 487, 502
Sport 161, 179, 202 f., 218, 229, 336, 442 - 444, 460, 467, 498
- Olympische Spiele 147, 504
Sprachwissenschaften 241, 260, 265, 269, 275
Staatengemeinschaft, sozialistische 71, 234, 454, 490, 499, 509, 516, 518
Staatliche Kommission für Kunstangelegenheiten 312, 356 - 358

Staatliche Plankommission (SPK) 94, 97, 110, 125 f., 132, 134, 154 - 156, 158, 226
Staatsanwaltschaft 384, 457, 463
Staatsbürgerschaft 236, 300, 328 f., 494 - 497, 506, 521, 523, 526
Staatssicherheit, siehe MfS
Stalinismus 15, 28, 30 f., 53, 61, 365, 544
Ständige Vertretung
- in der DDR 506, 520, 525, 527 - 529, 557
- in der Bundesrepublik 506, 520 f.
Störfreimachung 239, 503
Strafe 15, 33, 40 f., 78 f., 150 f., 176, 190 f., 222, 252, 271, 368, 372, 376, 432, 535
Studenten 174, 215, 221, 234 f., 240, 255 - 258, 261, 265, 268 - 273, 366, 384, 531
Stuttgarter Schulderklärung 380, 427 f.
Technik 226, 228, 232, 237 f., 269, 460, 506
Theater 272, 293, 296, 298, 307 f., 338, 348
Theologie 367 - 369, 376, 378 f., 423
Totalitarismus 367
Treuhandanstalt 164
Treuhandstelle für den innerdeutschen Handel 156, 503

Übersiedlung, siehe auch Ausreise 23, 183 f., 416, 497 f., 535 - 539, 541, 545 f.
Umerziehung 293, 295
Umsiedler 91, 104, 109, 168 f., 183 f., 227
Umwelt, Umweltbewegung 160, 377, 417, 506, 520
United Nations Organization (UNO), siehe Vereinte Nationen
Universitäten 55, 166, 177, 226, 231 bis 235, 237 - 240, 243 - 245, 254 - 273, 277, 285
Unternehmer 168

Urania 230, 349, 444 f.
Verband Bildender Künstler (VBK) 299, 302, 306, 326, 332, 342
Vereinigte Linke 377
Vereinigung der gegenseitigen Bauernhilfe (VdgB) 63, 104, 118, 120, 128
Vereinigung der Verfolgten des Naziregimes (VVN) 63
Vereinigung Volkseigener Betriebe (VVB) 94, 125 f., 135, 138
Vereinte Nationen 490, 501, 505, 517, 537, 549
Vergewaltigung 184, 433, 457
Verhaftung 301, 311, 366, 377, 417, 461, 463
Verkehrswesen 135, 145, 149, 170, 257, 439, 506, 520 f.
Verlage 60, 248, 275, 311, 313 f., 347, 358
– Aufbau-Verlag 294, 315, 512
– Mitteldeutscher Verlag 297
– Neues Leben 60
– Volk und Wissen 248
– Wagenbach 327
Versorgung der Bevölkerung 117, 119, 122, 126, 170, 198, 301, 529
Vier-Mächte-Abkommen, siehe auch Alliierte 505
Völkerrecht 352, 394, 472, 492 f., 495, 504, 506, 509, 516, 524, 526–528, 537
Volkseigener Betrieb (VEB) 73 f., 90, 94, 121, 125, 134 f., 138, 141, 160, 169, 188, 195 f., 209, 323
Volksentscheid 90, 107 f., 168
Volkskammer 13, 22, 63, 70, 78, 81, 144, 150, 202, 216, 273, 288, 446, 468, 491, 495, 502, 533

Wahlen
– Kommunalwahlen (DDR) 14, 23, 40, 67, 75 f., 143
– Volkskammerwahlen 14, 39 f., 63, 499, 542
Wahlfälschung 14 f., 23, 76 f., 301, 365
Währungsreform 95, 110 f., 231, 409

Währungsunion 24, 88, 95, 101 f., 124, 162 f., 438, 558
Waldheimer Prozesse 40
Warschauer Vertrag 20, 147, 369, 434 f., 441, 451, 455 f., 473, 490, 492, 502, 506, 515, 519, 553
Wehrdienst 376, 396, 410, 435 f., 441 f., 455, 467, 474
Wehrerziehung 180, 223, 377, 442 bis 445, 449, 455, 467, 472, 478 f., 492
Weimarer Republik 28, 34, 227 f.
Wende, siehe auch Herbstrevolution 10, 25, 235, 375, 380, 499, 507
Westgruppe der Streitkräfte der UdSSR (WGS) 432, 456–458, 501, 558
Widerstand, siehe auch Opposition 59, 300 f., 310, 330–332, 371, 373, 377
Wohnung 18, 42, 58, 82, 87, 98 f., 101, 106, 145, 147 f., 151, 161, 170, 180, 193–198, 444, 497

Zeitschriften
– *Aufbau* 294
– *Deutsche Zeitschrift für Philosophie* 311
– *Einheit* 241
– *Mikado* 347 f.
– *Neue deutsche Literatur* 60
– *neues leben* 180
– *Sinn und Form* 299, 326
– *Sputnik* 23, 310, 355
Zeitungen 255, 314, 362, 386
– *forum* 180
– *Junge Welt* 383–385
– *Märkische Volksstimme* 192
– *Neue Zeit* 310
– *Neues Deutschland* 24, 272, 296, 299 f., 308, 339
– *Ostsee-Zeitung* 323
– *Sonntag* 294, 311
– *Tagesspiegel* 255
– *Tägliche Rundschau* 293, 295
– *Telegraf* 334
– *Tribüne* 96, 153, 323
– *Volksarmee* 251
– *Werftecho* 323

Zensur 167, 222, 296, 299, 310, 313 f., 355, 358–362
Zionismus 30, 376
Zivildienst, siehe Sozialer Friedensdienst
Zivilverteidigung der DDR 84, 443 bis 446, 472
Zoll 438, 468

Zuchthaus 44, 150
Zwangsaussiedlung 227
Zwangsumtausch 506, 525, 557 f.
Zwei-plus-Vier-Vertrag 432, 501, 533
Zweiter Weltkrieg 12, 18, 89, 123, 225, 289, 483, 500

Der Herausgeber

JUDT, MATTHIAS,
Historiker, Jahrgang 1962, Studium der Wirtschaftsgeschichte in Berlin, wissenschaftliche Tätigkeit in Berlin, Hannover, Washington D.C. und in Halle/Saale. Zahlreiche Veröffentlichungen, zuletzt erschienen: »Technology Transfer Out of Germany«, Amsterdam 1996.